C000099709

1 MONTH OF
FREE
READING

at

www.ForgottenBooks.com

By purchasing this book you are eligible for one month membership to ForgottenBooks.com, giving you unlimited access to our entire collection of over 1,000,000 titles via our web site and mobile apps.

To claim your free month visit:

www.forgottenbooks.com/free1011888

ISBN 978-0-364-38890-7
PIBN 11011888

Die

Kirche Christi

und

ihre Zeugen.

———

Zweiter Band. Dritte Abtheilung.

Die
Kirche Christi

und

ihre Zeugen

oder die

Kirchengeschichte in Biographieen

durch

Friedrich Böhringer.

Zweiter Band.　Mittelalter.

Dritte Abtheilung.

Zürich

Verlag von Meyer & Zeller.

1855.

Die
Deutschen Mystiker

des

vierzehnten und fünfzehnten Jahrhunderts

Johannes Tauler,
Heinrich Suso, Johannes Rusbroek, Gerhard Groot,
Florentius Radevynzoon, Thomas von Kempen.

Von

Friedrich Böhringer.

Zürich

Verlag von Meyer & Zeller.

1855.

Vorrede.

In der vorliegenden Darstellung der germanischen Mystiker des 14. und 15. Jahrhunderts hoffe ich keine ganz
unnütze Arbeit geliefert zu haben. Einmal schon um dieser Mystiker selbst willen, die einen Reichthum von Le-
bens- und Gedankeninhalt entfalten, von dem gewiss nur
die Wenigsten eine Ahnung haben; dann auch, weil es,
so viel ich sehe, bis jetzt an einer eingehenden und zusammenhängenden Darstellung dieser Mystiker gefehlt hat.

Wie Vieles ist im Allgemeinen in Bezug auf diese
Mystiker geschrieben, reflektirt, kritisirt, spekulirt worden,
und wie wenig kennt man sie selbst! Ich halte, offen
gestanden, diese Manier für eine leichte Arbeit in unsern Tagen, in denen es gar bequem ist, von oben herab
mit den Schlagwörtern: Entwickelung, Nothwendigkeit,
Standpunkt, Unmittelbarkeit u. drgl., und mit dem Besitz
solcher Begriffe irgend Etwas ins Allgemeine hinein zu
konstruiren, zu schematisiren oder zu kritisiren. Ich halte
es aber auch für eine unfruchtbare und vorübergehende

Arbeit, und diese Weise zugleich für ein Grundgebrechen in den geistigen Zuständen der Gegenwart. Nachgerade wird der Einzelne (und ich glaube auch das Publikum), je älter und reifer er wird, dieser Manier satt und will einen reinen, vollen, unverfälschten Inhalt, statt blosser Reflexionen darüber. Sättigen silberne Platten, denen aber die Gerichte mangeln? Oder sättigt Erzählen von köstlichen Speisen? Etwas Anderes ist, sie selbst kosten; und wer sie gekostet hat, weiss, wie sie schmecken, besser als aus aller Beschreibung. Ich habe mit diesem Bilde m e i n e Darstellung versinnlichen wollen. Wer aber glaubt, „nur so ausziehen", sei eine leichte Arbeit, weiss weder was Reproduktion ist, welche die vollständigste Kenntniss der Quellen zur Voraussetzung hat und zugleich eine geistige Beherrschung derselben, die es allein möglich macht, ein Bild vom Ganzen und vom Einzelnsten in dem Organismus dieses Ganzen zu geben; noch kennt er diese Quellen selbst, welche meistentheils von der Form eines zusammenhängenden Ganzen gar nichts an sich haben, obwohl sie, wenn auch nicht `auf den ersten Blick, doch bei längerem Vertrautsein ein (mehr oder minder) zusammenhängendes Ganzes darbieten.

Allerdings anerkenne ich mit Dank einige tüchtige Vorarbeiten; aber theils sind sie mir doch viel zu wenig in das eigentliche Verständniss des innern Baues der mystischen Systeme eingedrungen, theils erstrecken sie sich selbst nur auf Einzelne dieser Mystiker, während das Wesen der germanischen Mystik nur aus einer zusammenhängenden

Darstellung der Hauptrepräsentanten derselben erkennbar ist, und auch jeder Einzelne mehreres Licht wieder durch den Andern erhält.

Ich darf die Versicherung geben, dass ich die vorhandenen Quellenschriften auf's Gewissenhafteste durchstudirt habe, dass kein Winkel in denselben ist, in dem mich vertraut zu machen ich mich nicht bestrebt hätte. Wie ist es mir auch so wohl gewesen, wenn ich in diesen heiligen Räumen umherwanderte! Dass ich auch Kritik geübt, kann ich versichern; freilich ohne viel Apparat, der ohnehin für dieses Buch gar nicht am Platze wäre; die rechte Kritik übt sich von selbst mit wenigen Andeutungen oder auch — Weglassungen; aber allerdings nur wer die Quellen kennt, sieht das. Ich sage das auch mit Beziehung auf den letzten Band, z. B. auf das Leben des Franziskus.

Nichts habe ich mehr bedauert bei Abfassung einiger dieser Mystiker, besonders Tauler's, als dass „Pfeiffer" uns noch nicht mit den Werken dieser Mystiker nach den vorhandenen und verglichenen alten Manuskripten beschenkt hat. Denn ich bin gar nicht der Ansicht Martensen's, der den ganzen·Inhalt dieser Mystiker auf ein paar spekulative Gedanken zurückführen will. Genauere Beschäftigung z. B. mit Tauler's Predigten und der Nachfolgung hätte ihn schon gleich eines Andern belehren können. So weit indessen stimme ich Martensen zu, dass es sich bei einer umfassenden, systematischen Darstellung dieser Mystiker zunächst nicht um philologisch-diplomatische Genauigkeit handelt, sondern um den substanziellen Gedankeninhalt, und dass dieser, auch wenn die alten Manuskripte edirt würden, wohl nicht wesentlich anders gefasst werden würde (wenn auch allerdings im Einzelnen bestimmter oder schöner), als es nach den vorhandenen Ausgaben möglich ist. Hievon sind freilich die mehr didaktischen Mystiker, wie Rusbroek, auszunehmen.

In Bezug auf Tauler bemerke ich, dass ich Schmid's Mittheilungen, die er aus der Strassburger Bibliothek geschöpft (doch nicht ohne Widerspruch gegen seine Annahme von „waldenserischen Gottesfreunden" zu erheben), dankbar benutzt habe; dagegen ist meine Darstellung der Tauler'schen Mystik eine ganz andere als die seinige. Ich überlasse Kennern die Vergleichung und das Urtheil.

Suso's Leben habe ich nicht mehr kürzen können, wenn ich nicht Gefahr laufen wollte, diesem Leben, wie schon der alte Murer bemerkte, „den Geruch und die Lieblichkeit zu nehmen". Ich habe von dem Büchlein: „von der ewigen Weisheit", ein altes Manuskript, das früher den Dominikanernonnen am Oetenbach in hier angehörte (mit denen Suso in Verbindung stand), und nun auf hiesiger Stadtbibliothek sich befindet und· mir gütigst zur Benutzung überlassen wurde, mit der Ausgabe von Diepenbrock verglichen, bin aber nirgends auf erhebliche Differenz gestossen.

Bei Rusbroek habe ich, wie billig, Arnswald, dem man für die Herausgabe der vier Rusbroek'schen Schriften nach alten Geldernschen und Kölnischen Manuskripten nicht dankbar genug sein kann, zu Grunde gelegt und den Surius nur mitbenutzt für die leider noch so zahlreichen andern Rusbroek'schen Schriften, von denen wir noch keine originale oder annähernd originale Ausgaben besitzen. — Engelhard's Schrift, die man vielfach als eine „sehr gründliche" bezeichnet hat, ist zwar allerdings ein höchst fleissiger Auszug aus Surius, aber auch ohne alles Verständniss der Rusbroek'schen Mystik im Einzelnen und im Ganzen, so dass gar nicht möglich ist, aus dieser verworrenen Darstellung auch nur irgendwie ein zusammenhängendes Bild zu gewinnen. Indessen ist über keinen Mystiker von den Kirchenhistorikern so ohne genauere Kenntniss gehandelt worden, als eben über Rusbroek.

Bekanntlich hat auch Ullmann in seinen „Vorläufern" von diesen drei Mystikern eine Zeichnung gegeben; aber, wie das auch nicht sein Zweck war, von genauerem Eingehen ist keine Rede; die Arbeit selbst, übrigens voll Geschmack und Feinheit, wie Alles was Ullmann schreibt, ist überhaupt nicht Quellen-Arbeit.

Groot und Florentius bilden mehr Uebergänge zu Thomas — schlichte Lebensbilder. Dass ein Nichtniederländer nichts Neues geben konnte, liegt auf der Hand. Die vorhandenen und mir zugänglichen Quellen und Bearbeitungen habe ich gewissenhaft benutzt.

Thomas von Kempen, der Letzte dieses Bandes und der Bekannteste dem grössern Publikum, ist nach seinen sämmtlichen bekannten Schriften, wie ich hoffe, getreu und in einem naturgemässen Zusammenhang dargestellt. Ich habe ihn,

wie die andern, meist selbst sprechen lassen. Der prak-
tisch-einfach-fromme Mann bildet für Manche wohl eine
angenehm-abspannende Lektüre auf jene dunklere und
schwerere des Rusbroek.

Dass ich Eckard nicht in diesen Kreis aufgenommen
habe, so hoch dieser Geist auch steht, wird man leicht
begreifen.

Mögen denn diese edlen Mystiker, die zum erstenmale einem grössern Publikum in zugänglicher Gestalt
und aber in umfassender Behandlung zugleich ganz lauter
und quellenmässig geboten werden, den verdienten Kreis
von Lesern und Freunden finden!

Zürich, im Herbst 1854.

Der Verfasser.

Inhalts–Verzeichniss.

Johannes Tauler.

»Wisse, welches Werk du thust, dem du ein anderes Ende setzest denn Gott, in dem vergissest du
Gottes, denn Gott soll von Natur ein Ende aller Dinge
und aller Meinung sein, und wo du ein anderes Ende
setzest, da thust du, als ob du sein verläugnest.
Denn du gibst der Kreatur das, was Gottes von Natur
eigen ist.«

T's. Predigt am Mittwoch vor
dem Palmtag.

Das 14. Jahrhundert als kirchlich religiöses ist in seinem besten Theil das Jahrhundert der Mystik,
welche „das Heiligthum der Kirche in jener Zeit" genannt
worden ist.

Diese Mystik ist entsprungen aus einem tiefen Verlangen
des Menschen nach Einigung mit Gott, ja sie ist wesentlich eine unendliche Sehnsucht, ein Hunger und Durst nach
Gott, nur nach Gott, nach Gott selbst, im eigensten
Innern, im unmittelbarsten Haben, durch alle bisherigen
Vermittelungen hindurch und über sie hinaus, die sich
als immer mehr unzureichende den heilsbegierigen Seelen erwiesen haben. Die Seele hat „einen unvergesslichen Blick in
sich gethan": sie hat sich zwar in ihrem „gewordenlichen"
Zustande und in ihrer „blossen Natürlichkeit" als „gebresthaft" erkannt, aber auch als göttlich in ihrer Ursprünglich-
keit, daher das Verlangen, wie sie „ausgeflossen" aus Gott,
in ihn wieder „einzufliessen", „eingeführt", „eingenommen"
zu werden. Weil sie sich aber zugleich als gebresthaft erkannt, so ist ihr dieser „Wiederfluss" in ihren ersten Ur-

sprung nur möglich durch einen mystischen „Reinigungsprozess", der sich „durch alle Stationen", die zwischen der Sünd-
haftigkeit und blossen Natürlichkeit der Individualität und
ihrer „Vergottung" liegen, hindurchbewegt. Diesen Prozess,
der bei den Verschiedenen verschiedene Namen hat, bei T.
vorzugsweise „Armuth", bei Suso „Gelassenheit", dessen Stufen von den Verschiedenen auch verschieden dargestellt werden — doch sprechen alle von „anhebenden", „zunehmenden", „vollkommenen" Menschen — fassen doch alle Mystiker übereinstimmend so, dass in ihm alle Gebrechen abfallen, alle Mittel und alle Bilder verlöschen sollen, bis auf das
gnadenreiche Bild unsers Heilandes, in dem die Einheit des
Menschen mit Gott natürlich und urbildlich zur Erscheinung
gekommen ist." In der lebendigen Aneignung Christi wird
dieser mystische Prozess zum „Christifikations-Prozess", und
durch ihn und in ihm zugleich und schliesslich zum „Deifi-
kations-Prozess."

Diese Mystik ist eine Lebensmacht in der Kirche geworden, als die andern Mächte sich zu neigen anfingen.

Vieles hat zu ihrem Entstehen zusammengewirkt. Gewiss
eben diess Sinken der andern Mächte, welche das kirchliche
Leben und die religiösen Geister vorzugsweise bis jetzt getragen haben. Zunächst das Sinken der mittelalterlichen
Hierarchie in ihrer Spitze als Papalhoheit — mit dem
Antritt des 14. Jahrhunderts. Seit Klemens V., im Dienste
des französischen Königthums, das Werk Philipps des Schönen gegen Bonifaz krönend, den Stuhl Petri nach Avignon,
in einen Winkel der Provence, verlegte, waren es eigentlich
die französischen Könige, welche über die Schlüssel Petri ver-
fügten; aber diese (französische) Partikularität der päpstlichen Interessen und Anschauungen konnte das Papstthum
selbst nur degradiren, dessen Karakter eben Universalität
allen Partikularitäten gegenüber sein sollte.

Als wollten sich nun aber diese französischen Päpste (zugleich Franzosen von Geburt) für ihre französische Abhängig-
keit und Demüthigung entschädigen, sprachen sie anderseits
Grundsätze von einer päpstlichen absoluten Universalmo-
narchie aus, wie es in solcher konzentrirten Weise nie zu-

vor ausgesprochen worden war. „Gott selbst hat in der Person
des Petrus dem Papst die Rechte des irdischen zugleich und
himmlischen Reiches anvertraut", lautete der oberste Grundsatz, der ganz einfach, und nicht eben nur so weit es unter
sittliche und religiöse Gesichtspunkte fällt und nach diesen zu
ordnen ist, auch das Weltliche sich anmasst. Besonders aber
gegenüber dem römischen Kaiserthum machten die avignonschen Päpste diese Grundsätze, die bisher nur theilweise ausgesprochen worden waren, bis zur Spitze geltend: darnach
hatte der Papst die zum Kaiser gewählte Person zum Kaiser
nicht bloss zu salben, nicht bloss zu bestätigen, und über sie zu
entscheiden, und nicht bloss in streitigen Fällen, sondern
überhaupt (s. Innozenz S. 333); der Kaiser hat geradezu dem
Papste den Eid der Treue, den Lehens-Eid zu leisten, wird
aus einem Schutzvogt des Papstes zu dessen Lehensmann,
und ohne diesen Eid überhaupt gar nicht — Kaiser; gewiss
ganz konsequent dem obersten Grundsatz gemäss! Es war nur
die letzte Konsequenz, dass zur Zeit der Vakanz — und diese
war, wenn ein Papst den von den Deutschen gewählten
deutschen König als römischen Kaiser nicht anerkannte —
der Papst der Verweser des Reichs überhaupt und im Besonderen sei.

Diese Ansprüche wurden nicht bloss ausgesprochen,
sondern „mit gesteigertem Uebermuthe" in Anwendung
gebracht von diesen avignonschen Päpsten zur selben Zeit,
als sie den französischen Königen unterthänig waren, ja eben
im Dienste der partikulär-französischen Interessen.

Um die Inkongruenz dieser Ansprüche zu vollenden, war
gerade in den heftigsten dieser Päpste kaum eine Spur von
geistlichem Karakter in der Art eines Innozenz III. oder Gregor VII.; nicht einmal sittliche Würde, deren Stelle Habsucht, Eigennutz und Ueppigkeit eingenommen hatten, so
dass man sagen muss, je höher die Ansprüche dieses Papst-
thums an Macht, je tiefer sei es an innerm Werthe gestanden.

Wahrlich von einer solchen Leitung des Pontifikats
konnte keine positive Lebensanregung ausgehen auf die Kirche
und ihre Söhne; ja eben im Gefühl dieser innern Leerheit

der Kirche, welche mit dem Papstthum noch zusammenfiel, in dem Unbefriedigtsein von ihr, um nicht zu sagen im Gegensatze hiezu, mussten die wahrhaft religiösen Gemüther anderswo Genüge für ihr religiöses Lebensbedürfniss suchen, und diess war eben das Seelenheil im unvermittelten und unmittelbaren Leben in Gott. Dass sich so die Geister auf sich selber setzten, in ihr inneres Adyton sich zurückzogen, darauf wurden sie durch das Pontifikat gewissermassen selbst gestossen, das in dem langen, bittern Zerwürfniss mit Kaiser Ludwig dem Baiern über alle Gemeinden, Städte und Länder, welche politisch zu Ludwig standen, das Interdikt aussprach in einer so grässlich egoistischen und zähen Weise, dass Tausende und Tausende vom Volke der kirchlichen Lehr-, Trost- und Gnadenmittel Jahrzehnde lang sich beraubt sahen, gleich als wäre das Seelenheil des Volks nur Nebenpunkt gegenüber der Durchführung der neu-päpstlichen absoluten Doktrinen. Was blieb in dieser kirchlichen Noth und Entbehrung den heilsbegierigen Seelen, als die „Kapelle des Herzens", wie Suso sich einmal ausdrückt? In diesem wirren Konflikt mit der Staatsgewalt, durch welche das Bewusstsein je der Besten, die so gerne Gott was Gottes und dem Kaiser was des Kaisers ist, gegeben hätten, zerrissen werden musste, was blieb diesem Bewusstsein, das wie mit Gewalt zerrissen wurde, übrig, als Ahnung eines über den beiden streitenden Interessen stehenden höheren, von beiden unantastbaren Gebietes? als die Auswanderung aus dieser äusseren zerrissenen Welt, um im beschlossenen Innern in der stillen geistigen Welt einen unbewegten Punkt zu finden, auf dem man ausruhen und sich ansiedeln mochte? Und davon war nur noch ein Schritt bis zu jenen freiern Ansichten über das Verhältniss von Staat und Kirche, nach welchen wie der Einzelne so auch der Staat den absoluten Ansprüchen der Hierarchie gegenüber in weltlichen Dingen auf seine ursprüngliche Autonomie sich zurückzuziehen habe. Was in der selbstsüchtigsten und listigsten Form die französischen Könige bereits durchgeführt hatten, die das Papstthum sogar für ihre eigenen Interessen ganz und gar auszubeuten wussten, wurde in Deutschland zum Kampf zwischen

Papstthum und Kaiserthum, so hart wie nur immer in den Zeiten der Salier und Hohenstaufen, zwar ohne ein so grossartiges geschichtliches Drama darzubieten, weil die grossen Karaktere und auch theilweise die realen Interessen fehlten, aber — von den unerhört kühnen und einseitigen, indessen auch rein nur individuellen Behauptungen der Partei-Schriftsteller abgesehen — mit bestimmtern und anerkanntern Resultaten, welche ins allgemeine Staatsbewusstsein drangen und im ersten Kurverein zu Rhense durch die Erklärung der nationalen Autonomie des deutschen Königthums — allerdings nicht ohne einige Vermischung von deutschem Königthum und römischem Kaiserthum — formulirt wurden.

Zu diesen politischen und kirchlichen Zuständen, welche offenbar die Mystik wenn nicht ermöglichen, so doch sehr befördern müssen, gesellten sich in diesen Zeiten noch die Schrecken der übermächtigen N a t u r: Hungerjahre, Erdbeben, vor allem jene Weltseuche, welche der schwarze Tod genannt wurde.

Auf so wankendem, zerrissenem Grunde fühlten sich die stilleren und frömmeren Seelen wie von allen Seiten gedrängt auf den Weg, der allein zum Troste führen konnte.

Denn auch die S c h o l a s t i k, die eine der Lebensmächte in der Kirche gewesen war, vermochte, zum Scholastizismus ausgeartet, die realen Geister nicht mehr zu befriedigen. Eine Philosophie ohne Empirie, ein Begriffsformalismus, der mit der Wirklichkeit in kein lebendiges Verhältniss trat, hatte dieser Scholastizismus das religiöse Dogma zwar „in das kunstreiche Netz der Verstandesmetaphysik eingesponnen" und „bewiesen", aber es weder „begriffen" noch für das innere Leben flüssig und anwendbar gemacht. Die kirchliche Lehre war ein Schatz, aber ein „todter" Schatz in ihm. Um so mehr suchte nun das von ihm verlassene und ihn verlassende Bewusstsein anderswo Nahrung, nicht aus den Büchern, wie oft wiederholt das T.! sondern da, wo das Leben ursprünglich und rein quillt.

Was sollen wir von der zunehmenden Veräusserlichung des Kirchenlebens, des Kultus, der Kirchendisziplin, von dem Mechanismus und der Kasuistik sagen?

Auch die Ordensstiftungen des 13. Jahrhunderts
hatten bereits im 14. ihre ursprüngliche Kraft verloren, was
man aus ihren Streitigkeiten ersieht. Allerdings war die Mystik vorzugsweise heimisch in den Klöstern. Das stille Klosterleben war eine ganz besonders geeignete Form, in die
sich der mystische Geist eingiessen liess. Aber der Ordensstand als solcher war nicht das Prinzip, das die Mystiker zu
dem machte, was sie waren, die sie tragende Macht, wie er
eine religiöse Macht gewesen war im 13. Jahrhundert und
noch früher.

So wies die missleitete Hierarchie das religiöse Bedürfniss
in die Kapelle des Herzens, die in Scholastizismus ausgear-
tete Scholastik auf die innerliche Vernehmung und Erfahrung
des Christenthums, die Kasuistik auf einen „sichersten und
kürzesten Weg zum Heil ohne alle Glossen", das scheinheilige
und äusserlich gebundene Mönchsthum auf wahrhaftere, durch
gleichartiges Geistesleben verbrüderte und freiere Ge-
meinschaftsformen: gewiss Momente genug, wenn man sie
auch allerdings mehr negativer Art nennen wollte, die zur
Mystik des 14. Jahrhunderts hindrängten oder doch mitwirk-
ten. Es hat aber dem erregten Bedürfniss des Geistes hiefür
auch nicht an positiven Ansatzpunkten, Vorbereitungen und
Vorläufern gefehlt; denn die Mystik selbst ist der Kirche zu
keiner Zeit fremd gewesen.

Man kann zwei Hauptperioden und Hauptformen in der
bisherigen Mystik unterscheiden: die eine die griechische oder
die doch griechischen (und morgenländischen) Karakter trägt,
mit Dionysius Areopagita, die andere die abendländische.
Beide unterscheiden sich von einander in derselben Weise,
in der überhaupt sich die griechische Kirche von der occiden-
talischen unterscheidet. Die griechische Mystik (dem Orient
verwandt) mit ihrer neuplatonischen Ansicht der Endlichkeit, vorzugsweise in der intelligiblen Welt, im „Himmel der
Ideen, welcher jenseits der menschlichen Wirklichkeit gelegen ist", lebend, dem überweltlichen Sein zugekehrt, geht
durchweg von oben aus, vom göttlichen Standpunkte, und
führt den Menschen nur wie flüchtig, nur wie durch Symbole
in die Gottheit wieder ein; denn die schärfsten Punkte des

menschlichen Seins, die Sünde, die Erlösung, die menschliche Natur Christi haben in ihrem Bewusstsein keine rechten Wurzeln. Die Mystik der abendländischen Kirche hingegen, der Augustin sein unvergängliches Gepräge aufgedrückt hat, geht vom Anthropologischen aus, vom Menschen, von dem eigenen Seelenheil; und wenn man jene mehr objektiv nennen könnte, weil sie nicht vom Subjekte ausgeht, so ist in dieser Beziehung diese überwiegend subjektiv.

Diese abendländische Mystik finden wir in Anselm, in dem Scholastik und Mystik sich einten, dann als diese beiden auseinandergingen, in Bernhard, endlich in derjenigen Schule, die beide wieder zu vermitteln suchte, in den Viktorinern (deren letzter Ausläufer Gerson war), auch in Bonaventura. Es ist diess, wie man sieht, die romanische Mystik gewesen. Diese Mystik ist mehr psychologischer Art; in ihr ist auch die Reflexion noch vorherrschend, welche die Rechte des Verstandes und Gefühls gegen einander abzuwägen und ins Gleichgewicht zu stellen sucht, so dass je das eine Element das andere reguliren und beleben sollte; daher denn auch ihre scholastisch-methodische Haltung. Insofern sie vermischt war mit andern Elementen, scholastischen nicht bloss, sondern auch kirchlich-hierarchischen, war sie nicht reine Mystik der Seele; sie war aber auch nicht national, nicht populär, nicht einflussreich auf das Volksleben, keine religiöse Macht im Volke.

Diess war der zweiten Periode oder der zweiten Hauptform der abendländischen Mystik vorbehalten, in der diese in ihrer Reinheit und Fülle sieh offenbaren sollte.

Im 14. Jahrhundert war die Zeit „erfüllet", dass diese kommen sollte (eben in Folge der schon bezeichneten Erscheinungen). Die ganze Atmosphäre war wie schwanger von diesem und ähnlichem Geiste. Wir erinnern, um von den Waldensern nicht zu sprechen, an die Fratricellen, an die Begharden und Beguinen, eine Art von geistlichen Orden, die sich ohne strengeren Klosterzwang einem beschaulichen Leben widmeten, und von denen ein Theil in allmäligem häretischen Uebergange mit den Brüdern des freien Geistes verwuchs; an diese „freien" Geister endlich selbst, die bis zum

spirituellen Pantheismus und sittlichen Antinomismus, bis zur
Emanzipation des Fleisches gingen. Zwischen diesen After-
mystikern und Ketzern und der bestehenden amtlichen Kirche
stand diese reine Mystik des 14. Jahrhunderts in der Mitte,
Elemente von j e n e r in sich aufnehmend, aber von ihrem unsittlichen, unreligiösen und antikirchlichen Niederschlag sie rei-
nigend; d i e s e aber, die amtliche Kirche, nicht verläugnend
und nicht von ihr ausgestossen, aber ihr Erstarrtes in einen
innern Fluss bringend, aufs Innere applizirend und ihr Aeus-
serliches vergeistigend: so zugleich zwischen der alten und der
neuen Zeit stehend, wie am Ausgange des antiken Lebens der
Neuplatonismus.

Die Heimat d i e s e r Mystik des 14. Jahrhunderts war
D e u t s c h l a n d, wie Frankreich der Schauplatz der romanischen des 12. und 13. Jahrhunderts gewesen war: Deutschland, wo alle die Gründe und Bedingungen, die wir angeführt
haben, politische, nationale, religiöse in diesem Jahrhundert
zusammentrafen, und dessen Volkes Art und Weise es von
je war, dass „die Macht des religiösen Elementes aus der
Tiefe des Gemüthes sich geltend machte". Im B e s o n d e r n
waren es die R h e i n l a n d e, vom Bodensee, Konstanz bis
Köln, bis in die Niederlande, die „Pfaffengasse", wie man
den Rhein wegen der vielen geistlichen Herrschaften, die er
durchfloss, zu nennen pflegte; ein höchst bewegter Boden!
Denn der Rhein war auch damals noch „gleichsam die geistige
Schlagader des deutschen Reiches". Besonders waren es die
bischöflichen, freien und Reichs-Städte, wo die Bürgerschaf-
ten den Bischöfen ein Hoheitsrecht nach dem andern entzogen
und die Handwerkszünfte ihren Antheil an der Leitung der
Gemeinwesen ertrotzten, daher in natürlicher Anhänglichkeit
an die Kaiser standen, die ihnen ihre Privilegien be-
stätigten.

Diese a n d e r e Hauptform der abendländischen Mystik
war also die g e r m a n i s c h e, die d e u t s c h e. Sie lebt rein
aus e i g e n e n M i t t e l n, das heisst, sie erzeugt und konstru-
irt sich aus der eigenen Tiefe des Gemüths, ohne Verbindung
mit der Scholastik, oder eher im Gegensatze zu ihr; insofern
schon ist sie g a n z e, r e i n e Mystik, wiewohl sie allerdings

schon vorhandene Elemente der romanischen und griechischen
Mystik in sich aufnimmt und in ihr Fleisch und Blut verwandelt: die Viktoriner und Bernhard in psychologischen Anklän-
gen, besonders aber den Areopagiten, der, von den romanischen Reflexions-Mystikern in Hintergrund gestellt, der deutschen Ueberschwenglichkeit entgegenkommt und ihr die metaphysischen Voraussetzungen liefert. Diese germanische Mystik
ist aber auch durch und durch national und populär und
unterscheidet sich auch dadurch von der romanischen, die
nicht aufs Volk es abgesehen hatte, noch romanisch schrieb
(wenigstens wissen wir nichts von „romanischer“, d. h. romanisch geschriebener Mystik). National und populär aber ist
diese deutsche Mystik, sofern das deutsche Gemüth sie, erzeugt hat, sofern sie auf das Volk wirken will, und sofern sie
deutsch predigt, deutsch schreibt in der ans Herz redenden
Muttersprache, nicht mehr lateinisch, das mit dem veralteten
lateinischen Scholastizismus veraltet schien. Längst war die
deutsche nationale Poesie auf ihrer Höhe; nur die deutsche
Prosa, vielleicht eben in Folge der Vorliebe für die poetische
Behandlung, war zurückgeblieben. Jetzt, zu einer Zeit gerade,
als die Poesie stagnirte, erhob diese Prosa ihr Haupt in diesen deutschen Predigern und Mystikern, wie schon im
13. Jahrh. z. B. durch Berthold und David von Augsburg es
in wahrhaft epochemachender Weise geschehen war.

In diesen heimischen Lauten, welche diese Mystiker,
die „Minnesänger“ der religiösen deutschen Prosa, wie man
sie genannt hat, in einer Kraft und Originalität anschlugen,
wie erst ein Luther nach ihnen und dann nach Luther wieder
Jahrhunderte Niemand, in dieser lebendigen Zunge, in
welcher die tiefsten Wurzelwörter der deutschen Sprache
ausgesprochen wurden, die Emanzipation von „der abstrak-
ten, alle Individualität nivellirenden Herrschaft“ des Lateins
angebahnt, und eine nationale geistliche Literatur geschaffen
wurde, schlug die religiöse Individualität (das Gemüth) deutscher Nation erst ihr seelenvolles Auge auf.

Dem Zwecke gemäss, den übrigens diese Mystik verfolgt,
sind auch ihre Mittel, ist die Abfassung und Form ihrer
Schriften: es ist eine praktische, das heisst, diese Mystik will

ihr eigenes und das Heil Anderer wirken, wenn sie schreibt;
ein rein literarischer oder wissenschaftlicher Zweck liegt ihr
ferne, darum auch eine solche Form. Wir müssen sie daher
suchen in Predigten, die sie an Mönche und Nonnen oder an
ein weiteres Publikum gehalten hat, und die von ihren Zuhörern, auch von ihnen selbst niedergeschrieben wurden;
auch in Abhandlungen mit jener praktischen Tendenz, oder in
Sendschreiben und Briefen, deren Inhalt gegenseitige Mittheilungen über religiös sittliche Zustände, Leitung der Seelen u. s. w. bilden. Diese Literatur ist reich an Trost- und
Kernsprüchen, die den kernhaften Geist ihrer Sprecher verrathen; aber eine fortschreitende Entwickelung der Gedanken,
wenigstens der Form nach, würde man vergebens bei ihnen
suchen. Doch ist allerdings ein realer Zusammenhang in diesen Gedanken, die sie bald da bald dort, wie es der Ort,
das Bedürfniss, die Erregtheit mit sich brachte, bruchstück-
weise und getheilt hingeworfen haben, welche Bruchstücke
zu einem Ganzen zusammenzufinden und zu rekonstruiren
allseitig liebendes Eingehen in ihre hinterlassenen
Denkmäler erfordert.

Nicht mit Unrecht hat man diese Männer, sowohl mit
Rücksicht auf den Gedanken und Inhalt als auf die sprach-
liche Darstellung, die „Erzväter", wir sagen nicht sowohl der
deutschen Spekulation als aller deutschen Mystik genannt,
die allerdings auch ihr spekulatives Element in sich
schliesst.

Ihrer Abstammung und Wirksamkeit nach hat man sie
in oberdeutsche und niederdeutsche (niederländische) getheilt:
aber wie die oberdeutschen selbst vielfach mit den nieder-
deutschen verkehrten, so ist auch kein wesentlicher Unterschied in ihrer Mystik, die erst später in den Nord-Nieder-
landen sich auf die edelste Weise ins rein Praktische umsetzte
und popularisirte.

Noch auf Eines müssen wir aufmerksam machen. Die
deutschen Mystiker des 14. Jahrhunderts waren vorzugsweise
Dominikaner, wie die des 13. Jahrhunderts vorzugsweise
Franziskaner gewesen waren, „die in populären Vorträgen,
in ihren vom Volk mit ungeheurem Beifall aufgenommenen

Wiesen - und Feldpredigten, die bis dahin mehr oder weniger
noch in den Fesseln der lateinischen Sprache befangene
Prosa in raschem Aufschwung zu einer an Höhe der damaligen Poesie gleichstehenden Vollkommenheit ausbildeten".
Im 14. Jahrhundert traten die Franziskaner zurück und an
ihre Stelle, wie gesagt, die Dominikaner, Eckard an ihrer
Spitze, der mit seinem urkräftigen Geiste vielleicht eben die
Empfänglicheren seines Ordens in diese Bahn riss. Tauler,
Suso, Heinrich von Löwen, Johann von Sterngasse, Heinrich
von Nördlingen waren Dominikaner gewesen. Unter diesen
aber ist Johannes Tauler ohne Zweifel der geachteteste Name.

Tauler, auch Tauller, Tauweler, Thauler, ist nach den
ältesten Handschriften „bürtig aus Strassburg". Erst Specklin
(im 16. Jahrhundert) nennt ihn „hürtig aus Köln". Schon die
Geschichtschreiber des Dominikaner-Ordens aber, Echard
und Quetif, haben bemerkt, dass in dem Verzeichniss des
Dominikaner-Konvents zu Köln keine Spur von ihm vorkomme.
Geboren scheint er im Jahr 1290; denn in der „Historie",
die von ihm vom Jahr 1340 berichtet, heisst es, er möge
etwa 50 Jahre alt sein. Von seinen Eltern weiss man nichts
Gewisses. In einer Predigt, in der er (unter Anderm) von der
Gefahr eines nicht gewissenhaften Almosennehmens
von Seiten der Bettelmönche, (s. u. „das arme Leben") spricht,
sagt er, es sei ein sorglich Ding Almosen zu nehmen, wiewohl das alte und das neue Testament erlauben, Almosen zu
nehmen von wegen der Priesterschaft, denn wer dem Altar
diene, der soll vom Altar leben; „dennoch fürchte ich mich
also sehr das Almosen zu nehmen; hätte ich gewusst, da
ich noch meines Vaters Sohn war, was ich nun weiss, ich
wollte von seinem Erbe gelebt haben und nicht von Almosen". Daraus hat man geschlossen, dass sein Vater nicht unbemittelt gewesen sein müsse. Ueber seine Jugend wissen wir
nichts, als dass er der Welt entsagt und zu Strassburg in den
Dominikaner-Orden getreten ist, dem sich auch eine Schwe-

ster von ihm einverleibt hat als Nonne im Kloster S. Klaus in
den Unden. Diess erhellt aus der Zuschrift eines Manuskripts,
welches ein Jugendfreund von ihm, der Verfasser eben dieses
Traktats, Johannes von Dambach, und T. gemeinschaftlich
dem Konvent zu Skt. Jakob in Paris nach dem Jahr 1350 als
Geschenk übersandten und in welchem diese beiden als zum
Strassburger-Konvent gehörig bezeichnet werden. Daraus
schloss man auch, dass T. in Paris im genannten Prediger-
Kollegium zu S. Jakob studirt habe, wie er denn auch —
was freilich damals eine sprichwörtliche Redensart unter den
Mystikern war — der „kunstreichen Meister von' Paris" öfters gedenkt; doch vielleicht erst Jahre nach seinem Eintritt
in den Orden, wenn er frühe in denselben getreten ist, denn
„damals wurde, wie Echard bemerkt, Niemand zu seiner
Ausbildung aus fremden Provinzen auf die Universität Paris
geschickt, der nicht schon von reiferem Alter war und in seiner Provinz in allen Anfangsgründen der Wissenschaft absolvirt hatte". In „der Historie" und bei den Zeitgenossen heisst
T. „Doktor" und „Meister der h. Schrift"; wann er aber
und ob er überhaupt diese Würde erhielt, ist unbekannt;
sein Name fehlt in den Verzeichnissen sowohl der Kölner als
der Pariser Doktoren; in dem Verzeichnisse von S. Jakob
heisst er lediglich „Bruder Tauler". Vielleicht nannte man ihn
in Strassburg Doktor, weil er ein berühmter Prediger ward.

Die Richtung, die T. einschlug, war indessen nicht die
der „Pariser Meister". Zeit, Ort und Orden — Alles wies
ihn auf eine andere, zu der sein „deutsches Gemüth" wohl
von Haus aus geneigt war. Eckard († vor 1329 in Köln)
lebte und predigte Anfangs der Zwanzigerjahre in verschiedenen Klöstern Strassburgs; auch Nikolaus von Strassburg, dessen Predigten, oder vielmehr Homilien, ganz in der allegori-
sirenden Weise jener Zeit, aber lebendig individualisirend voll
Gleichnisse und Beispiele aus dem Leben, ohne gerade durchweg mystisch zu sein — er dogmatisirt mehr als die Mystiker
und hebt auch das objektive Verdienst Christi viel schärfer
hervor — doch alle die mystischen Fragen, die theologischen
ausgenommen, berühren, die bei T., Suso, Rusbroek uns allenthalben entgegentreten. Noch andere Namen wissen wir,

aber auch nur Namen. Wir treffen aber in Strassburg damals
(und schon im 13. Jahrhundert) auch „den Mystizismus
in häretischer Gestalt" bei den schwärmerischen Begharden,
„den Brüdern des freien Geistes"; jetzt zwar nicht mehr so
zahlreich, seit Bischof Johann von Ochsenstein im Jahr 1317
über sie eine Verfolgung hatte ergehen lassen, doch immer
noch vorhanden. Wie T. sich zu ihnen stellte, werden wir
unten sehen.

Aber auch politisch-kirchlich war Strassburg, das, wie
nur immer ein Gemeinwesen, in die Kämpfe jener Periode
verflochten war, sehr bewegt. Von Anfang an hatte sich der
grössere Theil der Bürgerschaft für Ludwig den Baiern erklärt und hielt fest zu ihm, auch als ihn der Papst Klemens V.
im Jahr 1324, weil er sich ohne päpstliche Autorität das Kaiserthum angemasst habe, in Bann that, aller Rechte für ver-
lustig erklärte und alle seine Anhänger mit dem Interdikt belegte; selbst die wiederholten und immer heftiger werdenden
päpstlichen Bannflüche, selbst das entgegengesetzte Verhalten
der Strassburger Bischöfe, Johanns von Ochsenstein und später Bertholds von Buchecke, machte die Stadt nicht wankend;
ja gerade in diese Dreissigerjahre fällt die Veränderung der
Verfassung in demokratischem Sinne (gegenüber dem Bischof
und den Adelichen) in einigen Städten am Rhein, 1332 zu
Strassburg, 1339 zu Basel.

In dieser zerrissenen Zeit, in dieser „Zweiung" der geist-
lichen und weltlichen Gewalt war die Stellung der Geistlich-
keit offenbar die schwierigste und gerade in Städten, wie
Strassburg, wo die Bürgerschaft die staatlichen Rechte, der
Bischof die kirchlich-hierarchischen vertrat, kam sie in die
schlimmste Alternative. Wir wollen Königshofer sprechen
lassen: „Etliche Pfaffen und das Mehrtheil die wollten des
Papstes Briefen gehorsam sein, und wollten nicht singen noch
Gottesdienst halten. Also die Augustiner und viel bei allen
Orden zu Strassburg und anderswo in freien und Reiches
Städten, die waren 17 Jahre (seit 1330?) ohne Singen.
Aber die Prediger und Barfüsser zu Strassburg die sungen
viele Jahre an der Erste wider des Papstes Briefe. Hinten-
nach liessen die Prediger ab, und wollten auch nimmer sin-

gen (eben jetzt, als der Konflikt zwischen Kaiser und Papst
aufs Höchste gestiegen war). Da sprachen die Herren von
Strassburg: seit dass sie hätten vor gesungen, da sollten sie
auch fürbas singen oder aber aus der Stadt springen. Da zogen die Prediger aus der Stadt und liessen ihr Kloster leer
stehen 4 ein halb Jahr. Auch zweiete sieh die Pfaffheit unter
einander so sehr, dass die Pfaffen auf einer Stift und die
Mönche in einem Kloster ihrer etliche sungen und die andern
schwiegen. Der Kaiser war so gut und tugendhaft, dass er keinen armen Pfaffen thät darum kästigen (strafen), doch zwang
er die Bischöfe und Prälaten, dass sie mussten ihr Lehen von
ihm empfahen."

Diese „Zweiung" stieg noch höher im Jahr 1338, als
der Kaiser gehoben durch die Erklärung des Kurvereins zu
Rhense sein Manifest an die gesammte Christenheit erliess gegen die Ansprüche des Papstes, und zugleich befahl, dass
Niemand die päpstlichen Exkommunikationen und Interdikte
halten solle.

Wenden wir uns nun zu Tauler. In der „Historie" heisst
es von ihm: er habe viel geprediget, und man habe ihn gerne
gehört und viele Meilen weit von seiner Lehre gesprochen.
Das war vor 1340. Ein anderes Zeugniss haben wir vom
Jahr 1336. Da schreibt der Bruder Venturini von Bergamo
an den Bruder Egenolf von Ehenheim, seinen Schüler im
geistlichen Leben, der zu Strassburg lebte, unter Anderm:
„Auch bitte ich dich, wenn du jenen deinen und auch
meinen geliebten Johann Tauler sehen wirst, du möchtest
mich bei ihm entschuldigen, und ihn bitten, dass er mir
schreibe; denn ich habe ihn mit dir in mein Herz aufgenommen, und hoffe, dass durch dich und durch ihn und durch
Andere, deren Namen im Buche des Lebens sind, der Name
Christi in Deutschland verbreitet werde." Ein drittes Zeugniss findet sich in den chronologisch leider unbestimmten
Briefen Heinrichs von Nördlingen an die ehrw. Marg. Ebnerin
(† 1351). Da heisst es öfters: „unser lieber Vater der Tauler". Wir finden ihn nämlich in brüderlicher Verbindung mit
Gleichgesinnten — Männern und Frauen, Geistlichen und
Weltlichen, zu denen die schon genannten Egenolf, Ventu-

rini, Heinrich von Nördlingen, Margaretha im Predigernon-
neukloster zu Maria-Medingen unweit Dillingen im Bisthum
Augsburg, und ihre Schwester Christina, Aebtissin des Klosters Engelthal bei Nürnberg, Suso (Sense) und R. Merswin
als die bekannteren Namen gehören (s. „Gottesfreunde").
T. wechselte, naeh den dürftigen Notizen, die auf uns gekommen sind, mit ihnen Briefe, Bücher, Geschenke: er wäre
der liebste Mensch, den Gott auf dem Erdreich hätte, erfuhr
Christina in ihren Offenbarungen. Wir finden ihn aber auch
auf verschiedenen Reisen: einmal in Basel bei Heinrich, wahrscheinlich im Jahre 1338, als dieser hier eine Unterkunft gefunden; „T. war bei mir, schreibt Heinrich an die Nonne,
und half mir mit ganzen Treuen, als viel er vermochte."
Ein andermal in Köln. „Der Tauler, schreibt derselbe Heinrich, ist gefahren gen Köln"; auch diess war vor 1340, denn
der Brief ist geschrieben bald nach der Schlacht bei Laupen
(21. Juni 1339). Er scheint selbst mit Heinrich, nach einer
brieflichen Aeusserung des letztern, bei der M. Ebner auf Be-
such gewesen zu sein.

Das sind die wenigen dürftigen Notizen über Ts. bisan-
herigen Lebensabschnitt, und mehr nur über sein äusseres
als sein inneres Leben. Auf einmal fliesst uns nun aber eine
höchst reiche Quelle über eine Krisis seines inneren Lebens.
Wir meinen „die Historie".

Um diese Zeit lebte im „Oberlande" (Basel?) ein Mann,
noch jünger als Tauler, wenigstens 10 Jahre, aber ein schon
gereifter „Gottesfreund". Sein Name wird weder in der „Historie" genannt, wo er nur „der erleuchtete Laie" heisst,
noch in dem „Memoriale" des ehemaligen Strassburger Johanniterhauses, wo er stets nur der „liebe" oder der „grosse
Gottesfreund im Oberlande" genannt wird. Denn er wollte
— aus Gründen — „der Welt allzumal unbekannt bleiben".
In seiner Jugend war er „ein Mann der Welt" gewesen, „ein
also gar weltweiser, weltseliger Mann, als man unter tausend
kaum einen finden mochte." Es war ihm auch „Alles hold,
Weib oder Mann, wer ihn kannte"; dazu hatte er auch „des
zeitlichen, zergänglichen Gutes recht genug", und was er angriff, das „ging ihm recht nach allem seinem Willen". Aber

es konnte ihn nicht befriedigen. Mitten auf dem Höhepunkte
d i e s e s Lebens — „da geschah es, dass ich in einer Morgenstunde allein war und ward in mir selber gedenkend, dass die
Welt so gar übel lohnend ist, und wie gar ein bitter Ende
sie nimmt, und wie gar falsch und wie gar ungetreu sie worden ist; und gedachte auch, dass man in diesen Zeiten so gar
wenig Menschen findet, die mit dem Munde reden, was sie
auch ganz und wahrhaft mit dem Herzen meinen. Und da
ich also in diesen Gedanken war, da kam mich eine Reue und
ein Leidsein an um meine verlorene Zeit und um alle meine
Sünde." Er liess es nicht bei der Reue bewenden; wenn er
„der Welt nicht einen ganzen freien Urlaub gäbe", was hülfe
es denn? Er bat sofort Gott inständigst um seine Gnade und
um Kraft dazu. „Und da ich also betete, ward mein Wille so
stark, dass ich mich also gar festiglich und also gar verwegent-
lich darein gab, eh' einen bittern Tod zu leiden, ehe dass ich
von Gott wollte abgehen." Das war Ende der Zwanzigerjahre
(des 14. Jahrhunderts). Aber es ging noch durch lange und
schwere Kämpfe und mannigfache Umwege und Versuche.
„Denn ich hatte die Schrift nicht, wie ihr habt", sagt er (der
Laie) zu Tauler, als er ihm diess erzählte. Er las „von der
Heiligen Leben die deutschen Bücher". Er gedachte, sie wären
ebensowohl Menschen gewesen wie er in dieser Zeit und hätten
vielleicht nicht gesündigt wie er. Er übte sich nun in der
strengsten Aszese, wie er las von jenen Heiligen; „davon ich
aber so krank war, dass ich bald gar gestorben wäre." Er
fand, das heisse: „sich selber tödten vor der Zeit"; er solle
sich gänzlich Gott lassen, der könne ihn besser üben, denn
er selber oder der Teufel.

Diese aszetischen Uebungen und Kämpfe und Versuchungen waren nicht die einzigen. „Von Natur gar ein sinnreicher,
wohlgeschickter, gutherziger Mann", wie er in der „Historie"
von sich sagt, hatte er auch — eben ohne die Schrift, wie er
war — seine spekulativen Versuchungen, seine Kämpfe mit
seiner Vernunft. Es kam „unterweilen" in ihm „also gross,
dass er sich selber wunderte"; er meinte, wenn er sich mit
rechtem Ernst dazu kehre, vielleicht käme er wohl so hoch,
dass er „Etwas begriffe". Er wollte sich seinen Gott speku-

liren, wie man sieht. Aber er merkte, dass es alles „falsch" war.
„Hätten wir einen solchen Gott, um den gebe ich nicht eine
Schlehen." Und als er einmal Gott angekommen, er möchte
ihn „Etwas erfinden lassen, das da über über alle sinnliche
Vernunft wäre", da „erschrack er gar sehr" dieser „grossen
Begehrung" und strafte sich drüber, dass ihm „das Blut über
den Nacken floss." — Er meldet uns aber auch „von grosser, überschwenglicher, übernatürlicher Freude", die ihm
von Gott gewährt worden, nachdem er „den ersten Stoss"
überwunden; von Schauungen, Illuminationen, Verzückungen
nach Pauli Vorgang, zwar nur von kurzer Dauer, aber von
unendlichem Gehalt. „In derselben Stunde (als er sich geschlagen hatte) ward ich all meiner verständigen Vernunft
(Reflexion) beraubt;... aber fand mehr Wahrheit und lichtreichen Unterschied, denn alle Lehrer bis an den jüngsten
Tag mit dem Munde und mit allen natürlichen Künsten oder
Lehren nimmer mochten mir sagen oder lehren." Und das
nicht nur einmal. „Ich spreche das in Wahrheit, dass ich
oft und viel zu manchen Zeiten dazu gekommen bin, dass
ich auf eine Stunde mehr Mähre und grössere köstliche fremde
Wunder je befunden habe, denn alle die Ritter, die nach
weltlicher Ehre fahren." In der That, er konnte wohl
von sich sagen, er habe „gar wohl der Welt zergängliche,
übellohnende Freude gekannt", und „so habe er aber auch
von der Gnade Gottes wohl etwas befunden, wie Gott hie in
der Zeit mit seinen Freunden heimlich lebend sei;" nicht dass
er sich dessen berühmen wollte, es seie ihm „Etwas wider,
von sich selber zu reden"; aber es könne geschehen, „dass
Gott selber einem den Mund aufbreche", und dann „müsse
der Mensch gehorsam sein."

Fünf Jahre, sagt er, hätte diese Zeit des Durchbruchs und
Umschwungs gedauert; er hat sie selbst beschrieben in einem
(noch nicht aufgefundenen) Buche von den „fünf Jahren seines Anfangs", das er seinem (nachmaligen) Freunde Rulmann Merswin übersandte. In dieser Zeit, binnen 30 Wochen, sagt er, sei er durch göttliche Kraft dahin gekommen,
die h. Schrift so gründlich zu verstehen und so sehr „in gu-

ter Grammatika sprechen zu können, als ob er alle seine Tage
in den hohesten Schulen gestudirt hätte."

Ein Mann, und dazu ein Laie, mit dieser Energie des religiösen Lebens, nach diesen Kämpfen, mit diesen Resultaten
und mit diesem auf seine Mitmenschen gerichteten Mitgefühl
konnte nicht gleichgültig zu seiner Zeit stehen; in den „sorglichen Zeiten", von denen auch die andern Gottesfreunde so
viel reden, „nicht mit Kindesspiel umgehen". Er hat ihre
Schäden aufgedeckt, mit den Strafgerichten Gottes gedroht,
zur Busse und zu einem ganzen Kehr gemahnt. Er befand,
dass es „nützer wäre, dass man die Christenheit zwinge, wieder in Ordnung zu kommen, denn man sie allezeit lasse hinter sich gehen und abnehmen und dazu in ihren Sünden verderben." Diess hat er in Sendschreiben gethan. Eines vom
Jahr 1356 ist wieder aufgefunden worden. Es ist zu Rulmann
Merswins bekanntem Büchlein von den 9 Felsen ein Pendant,
selbst bis auf die einleitende Form. Wie dem Merswin in einem
Advent Morgens früh (1351), als er „sich einkehrte", „wunderliche fremde Bilde, davon er sehr erschrack", vorgehalten
werden, und in ihnen der Zustand der Christenheit und das
Loos, das sie erwarte, so wird dem „Gottesfreund" in der
Christnacht (1356) ebenfalls „in einer übernatürlichen Weise"
gar „grosse, fremde Mähr" mitgetheilt: wie es um die Christenheit stände in diesen „gegenwärtigen sorglichen Zeiten".
Wie Jener Gott gebeten haben will, er möchte doch der Christenheit verschonen, ebenso appellirt dieser an die „grundelose Barmherzigkeit". Wie aber der L a i e Rulmann von
Gott bezwungen wird, „dass er offen die Gebrechen darlegen
und die Welt warnen muss", so muss auch unser L a i e, der
„Gottesmann", gehorsam sein und die Gebrechen offenbaren
und die „Plagen", die Gott senden werde, damit die Christenheit „wieder in christenliche Ordnung komme"; er solle
das „in ein kleines Büchlein mit gar kurzen stumpfen Worten" abfassen. Der Unterschied in der Form ist nur, dass M.
den schadhaften Zustand der Christenheit nach den Ständen
schildert: Papst, Kardinäle, Bischöfe, Aebte, Bettelorden,
Lehrer, Frauenklöster, weltliche Pfaffen, Beguinen, Begharden; dann weltlicher Seits: Kaiser, Könige, Herzoge, Grafen,

freie Ritter und edle Leute, Bürger, Handwerksleute, Bauern,
weltliche Weiber, Eheleute; unser Laie aber schildert sie
nach den „Hauptgebresten". Als diese bezeichnet er die
„Hoffarth", den „Grit" (Geiz), die „Unkeuschheit", die „Gerichte, geistliche oder weltliche", da man nicht „Gott vor allen
Dingen meint" (vgl. die Gottesfreunde); die „betrogene Beichte"
(vergl. Beichte): so man „mit also gar glossirten behenden
Worten beichtet, dass etliche Beichtväter sich nicht zurecht-
finden können", dann auch dem Beichter folgt, selbst wenn
„die eigene Bescheidenheit (Einsicht) sagt, dass der Beichter
nicht den nächsten sichersten Weg führe"; und nun in dieser
betrogenen Beichte „alle Jahre Gott empfahet". Die sechste
Sünde endlich, „darum Gott plagen will", seien „alle Beichter, wie sie genannt sind, die der Mutter, der h. Christenheit, Pfleger und Hüter sollten genannt sein und ihr vor sollten gegangen sein in einem Gott minnenden und meinenden
Leben, und diess nicht gethan haben und die heilige Christenheit haben lassen abnehmen und hinter sich gehen." Und
„ist die Schuld an ein Theil Sachen ihrer"; aber diess, setzt
er hinzu, soll kein weltlich Mensch urtheilen noch richten.
„Wenn es Gott haben will und die Zeit kommen
ist, so will es Gott selber richten und schlichten und ümkehren." Ueberhaupt soll „Keiner dem Andern die Schuld geben", denn es seien „in diesen Zeiten" gar
wenige Menschen ohne Schuld; vielmehr „nehmet euer selber
wahr, ... so soll ein Jeglicher also viel mit ihm selber finden
zu thun, dass er billig und wohl andere Menschen vergessen
und ihm selber die Schuld geben soll". — Seine allgemeinen
Mahnungen hat der Laie zusammengefasst in das Wort: „Alle
lieben Christenmenschen, ich rathe euch in göttlicher Minne
und in aller brüderlichen christlichen Treue, dass ihr von der
übellohnenden Welt lasset und euch zu der Martel und zu dem
Tode unsers lieben Herrn Jesu Christi kehret, dess Todes und
der Martel also gar sehr in diesen gegenwärtigen Zeiten vergessen ist und er doch unser Haupt ist und wir sollten seine
Glieder sein". — Zugleich nennt er den Heilsbegierigen, die
noch nicht gereift sind, auch die Mittel und Wege, wie sie
zu dem Ziele eines gottgefälligen Lebens desto eher könnten

gelangen. Sie sollten (s. Gottesfreunde) solche Menschen auf-
suchen, „die in der ewigen Wahrheit wohl gelehrt sind, und
sollen die bitten, dass sie sie lehren wider alle Untugenden
streiten"; auch „sollen sie gerne predigen hören und gute
deutsche Büchlein lesen, von denen man auch wohl gelehrt mag werden". Zwar „sprechen etliche Lehrer deutsche
Bücher ab": sie wären ein Schade der Christenheit. Das sei
„in einem Weg wohl wahr", in Beziehung auf solche Schriften
nämlich, „da viel Glossen (erklärende Anmerkungen) darüber
gehören"; solche glossirten Bücher „gehören allerdings Laien
nicht zu", die nicht daraus kämen und durch sie nur irre
würden, sondern „der Pfaffheit"; dagegen solche Bücher als
„diess Büchlein" (das er ihnen schrieb) sei, und auch andere
deutsche Bücher, die „auch in der Weise sind und nicht
wider die h. Schrift" — praktisch fassliche christliche
Schriften, — solche Bücher „sind einfältigen Laien gar nütze
und gut"; und „ihr sollet sie euch nicht lassen absprechen von
den grossen Lehrern". „Dieselben Lehrer (s. u. die „Schreiber") sind voll der Geschrift und Lehre Gottes, aber suchen
sich selber in Ehre der Welt mehr denn Gott ... und lassen
uns also in einer Mistlache stecken und sagen uns nicht, wo
wir aus sollen oder wie wir daraus kommen sollen". Wo man
aber Lehrer finde, „die sich selbst nicht meinen", denen solle
man gehorchen; was solche rathen, das komme „aus dem
h. Geiste". Solle die Christenheit überhaupt wieder in christliche Ordnung kommen, so müsse sie, meint der Laie, der ver-
knöcherten Schultheologie, dem Mechanismus und der äussern
Autorität der Kirche gegenüber „Rath haben, der aus dem
h. Geiste kommt, seis durch Pfaffen, seis durch Laien",
und „solcher Rath ist nicht wider die h. Schrift; denn die h.
Schrift und der heilige Geist sind einhellig miteinander". Die
aus dem h. Geiste Rath geben möchten, deren seien allerdings
wenige, „doch findet man ihrer noch in der Zeit". Aber „wie
sinnreich diese weltweisen Menschen in diesen gegenwärtigen
Zeiten sind, so sind ihnen doch solche Menschen gar zumal
unbekannt. Ich will euch sagen und wisst das fürwahr, wo
dieser Menschen einer in einem ganzen Lande wäre und hätte
man seinen Rath und folgete ihm auch dann seines Rathes, das

ganze Land wäre desto sicherer und desto behüteter vor allem
Uebel; und hieran will das sinnliche, weltweise Volk keinen
Glauben haben".

Das Sendschreiben, dem wir dieses entnommen, hatte
„der Gottesfreund aus dem Oberlande" im Jahr 1356 verfasst, „da Basel fiel"; man merkt ihm diese Zeit der Abfassung
auch wohl an, denn gleich einem Propheten des alten Bundes
droht er mit den Strafgerichten Gottes, davon das Basler
Erdbeben ihm ein Anfang schien. In „einen Landen" werde das
Volk „mit Feuer und mit Wasser bezwungen", und dann „in
andern mit Blutgiessen und mit Verderbung der Früchte, und
dann aber in einen Landen mit jähem Tode", und gar „mit
unbekannten grossen Winden"; an welchen Enden aber Gott
finde „eine christliche unbetrogene Besserung, derselben
Gegne will er schonen und in seiner Hut behaben".

So durch W o r t und S c h r i f t wirkte der „Gottesfreund"; aber g e h e i m: nie setzte er seinen Namen bei; wer
ihn kannte, für den war es nicht nothwendig; den Andern
aber wollte er verborgen bleiben. Mit seiner Person stand
auch sein B e s i t z im Dienste des Reiches Gottes. „Gott hat
mich zu einem Schaffner gesetzt, dass ich habe des zeitlichen
Gutes fünftausend (50,000 nach heutigem Geldwerthe) Gulden, und wüsste ich, wo man ihrer bedürfte oder wo sie Gott
hinwollte, da gäbe ich sie hin". Es war ihm aber daran noch
nicht genug. Er wollte Leben; er stiftete eine Verbrüderung
Gleichgesinnter; oder vielmehr bildete sie sich ganz von selbst
um den Mann, der eine Anziehungskraft ausübte, wie sie nur
einer übermächtigen Persönlichkeit zukömmt. In einem noch
nicht aufgefundenen „Buche von den fünf Mannen", in dem er
sein eigenes und seiner Brüder — viere ohne ihn — Leben
beschreibt und das er im Jahr 1377 an R. Merswin sandte,
— naeh dem schon genannten „Memoriale" des Strassburger
Johanniter-Hauses — lässt er uns einen Blick thun in eine
freie Gemeinschaft von fünf Männern, von denen jeder alle
Ehren und Freuden der Welt verlassen, einer, zuvor ein
Jude, sogar erst dem Christenthum gewonnen worden war,
ein anderer, ein gelehrter Jurist und Domherr, seine reichen
Pfründen aufgegeben hatte, und die nun (in Basel?) in brü-

derlich frommem Verein und geheimer Zurückgezogenheit gemeinschaftlich ein Haus bewohnten und, scheint es, den verborgenen Mittelpunkt für einen weiten Kreis von Seelsorge
und geistlicher Wirksamkeit bildeten.

Diess war der geheimnissvolle Mann, der unter dem Namen des „gnadenreichen Laien" in der „Historie" erscheint
und in Ts. Leben nun so tief eingreift. Denn dass „der erleuchtete" Laie, der den T. „strafte", und „der Gottesfreund
aus dem Oberlande" in dem Memoriale des ehemaligen Strassburger Johanniterhauses eine und dieselbe Person gewesen,
sagt eben diess „Memoriale", Ms. des 15. Jahrhunderts, positiv,
und auch schon die innere Gleichartigkeit der Schriften bezeugt es. Es war im Jahr 1340; Tauler stand schon hoch in
der öffentlichen Meinung. „Es geschah, heisst es in der Historie, dass ein Meister der heiligen Schrift in einer Stadt viel
predigte, und man hörte ihn auch gern und man sprach viele
Meilen weit von seiner Lehre." Das ward „ein Laie, ein gna-
denreicher Mann" gewahr; er war schon längst auf T., der
ohnehin öfters nach Basel kam, aufmerksam geworden; er
ahnte, dass hier Geistesverwandtschaft sei oder doch w e r d e n
könne, dass Gott in diesem Manne sich wohl ein Organ geschaffen habe oder schaffen könnte zu grossem Nutzen der
Christenheit. Es liess ihm keine Ruhe: „er sollte gehen in die
Stadt, da der Meister inne war und sollte ihn predigen hören",
ward er dreimal in dem Schlaf gemahnet. Nun „war die
Stadt (Basel?) in einem andern Lande, wohl 30 Meilen
(Stunden?) weit". Da gedachte der Mann: „du willst hingehen und willst warten, was Gott da schaffen oder wirken
will." — Nachdem er den Meister fünfmal gehört, „erkannte"
er, dass derselbe „gar ein süsser, sanftmüthiger, gutherziger
Mann war in seiner Natur, und gutes Verständniss hatte der
Schrift", aber dass „er finster im Licht der Gnade" wäre;
und „das erbarmte ihn gar sehr".

Er sucht nun auf ihn zu wirken, und in der Art, wie er
diess thut, beweist er sich als „Meister". Zunächst sucht er
das Vertrauen Taulers zu gewinnen, als Einer, der von ihm
zu empfangen habe. „Lieber Herr Meister, ich bin wohl 30
Meilen um euretwillen gezogen, dass ich eure Lehre hörte;

nun habe ich euch zu fünfmalen predigen gehört; ich bitte euch durch Gott, dass ihr meine Beichte höret." T. entsprach. „Da beichtete der Mann dem Meister gar einfältiglich, und wenn er Gottes Leichnam nehmen wollte (Abendmahl), so gab er ihn ihm". Nach 12 Wochen bat der Mann den Meister, er möchte doch eine Predigt halten, „wie der Mensch zum Nächsten und Höchsten kommen möge, dazu er in dieser Zeit kommen mag". Der Meister hatte seine Bedenken: „ich glaube wohl, dass du von so hohen Dingen gar wenig verstehest". Aber „der Mann" liess nicht nach. „Ach! lieber Herr, ob ich davon wenig oder nichts vernehme, so soll mich doch darnach jammern; euch laufen viele Leute naeh; wäre nur ein Mensch unter den Allen, der es verstände, so wäre all' eure Arbeit wohl gethan". Da sagte der Meister endlich zu, kündigte auch in seiner nächsten Predigt seinen Zuhörern seinen Vorsatz an.

Die Predigt, die T. den dritten Tag darauf hielt, spricht nun von diesem Höchsten und Nächsten als einem „Ausgehen" von sich selbst, von eigenem Willen, eigener Vernunft, und als von einem sich Gott zu Grunde lassen. Diesen Kern entfaltet er so zu sagen in 24 „Stücken", die er als Thesen hinstellt und in denen jener Gedanke sich vielfach wiederholt. — Wenn man die andern spätern Predigten Ts. gelesen hat, so findet man in dieser ganz dieselben mystischen Grundgedanken, und es hält schwer, eine Verschiedenheit, eine Veränderung, einen Fortschritt in jenen herauszufinden. Aber auch nicht im System, wenn wir so sagen dürfen, ging die Veränderung in T. vor, die der Laie in ihm hervorrief. Wir sehen diess sofort. Dieser hatte zu Hause die angehörte Predigt wörtlich niedergeschrieben und las sie dem T. zu dessen grösstem Erstaunen vor. „Ich bekenne, dass es mich sehr verwundert an dir, dass du mir also lange bist verborgen gewesen, und ich nicht gemerket, dass du also sinnreich bist, da du mir doch oft gebeichtet hast, hast mir aber das verhalten, dass ich es nie erkannte an dir." T. war, wie man sieht, in eigentlicher Spannung. Da „that der Mann, als ob er heim ziehen wollte". T. will ihn nicht ziehen lassen; „füget es Gott, so habe ich Willen, schier mehr zu predigen auf ein vollkom-

men Leben". „Da sprach der Mann: lieber Meister, ihr sollt
fürwahr wissen, dass ich darum nicht bin hergekommen um
eurer Predigt willen; ich kam darum her, dass ich gedachte,
ich sollte mit der Hülfe Gottes etwas Nutz schaffen". Mit diesen Worten hatte der „gnadenreiche Laie" auf einmal die
Stellung gekehrt. „Sprach der Meister: was Rathes wolltest
du schaffen, du bist doch ein Laie und verstehest die
Schrift nicht, und gebübret dir auch nicht, dass du sollest predigen"? Gewiss, diese Worte verrathen etwas Schrift-
gelehrten- und Priesterstolz; den hat ihm der Laie herunter-
gethan, und hat ihn auf die Höhe des allgemeinen Priesterthums gehoben, auf der T. — mit aller Achtung vor dem geordneten Priesterstand — von nun an auch steht. Aber es
muss noch etwas Anderes gewesen sein, was aus der geschriebenen Predigt nicht zu finden ist, was aber aus den
gehaltenen, was aus dem ganzen Umgange der „Mann", der
offenbar ein scharfer Menschenkenner und Kenner religiöser
Zustände war, herausfand; es fehlte dem T. noch die persönliche Durchdrungenheit von dem, was er predigte, sein Leben, sein Ich war noch nicht „durchgangen" damit. Das
hielt er ihm vor; und nach dieser Seite fällt die grosse Veränderung, die er in ihm weckte. „Herr Meister, ihr seid ein
grosser Pfaffe und habt in dieser Predigt eine gute Lehre gethan, ihr lebet aber selber nicht darnach, und redet dazu etwas und sprecht zu mir, ich soll bleiben, ihr wollet mir noch eine Predigt thun. Herr, ihr sollt wissen, dass
eure Predigt und die äussern Worte, die man in der Zeit
reden mag, in mir nichts schaffen mögen, denn sie haben
mich unterweilen mehr gehindert denn gefördert, und das kam
davon: wenn ich von der Predigt kam, so fielen mir etliche
Unbilden ein in der Predigt, deren ich darnach mit grosser
Arbeit in langer Zeit kaum ledig ward. Ihr habt doch selber
gepredigt; wenn der höchste Meister aller Wahrheit zu dem
Menschen kommen solle, so müsse dieser ledig und los werden
aller vergänglichen Dinge. Wisset, wenn derselbe Meister zu
mir kommt, so lehret er mich mehr in einer Stunde, denn
ihr und alle die Lehrer, die von der Zeit sind, bis an den
jüngsten Tag thun möchten." Diese Worte drangen wie Wi-

derhacken in Ts. Seele, der den „Mann" nun nur um so weniger gehen liess. Dieser fährt nun fort, dem T. einen Spiegel
seines Herzensstandes vorzuhalten. Er verlasse sich auf seine
sinnreiche Meisterschaft, sei noch ein Pharisäus, sagte er
ihm, „wiewohl nicht der falschen Pharisäer einer". Er unterschied nämlich zwei Gattungen von Pharisäern, die böswilligen
und die gutmeinenden — solche, „bei denen Leben und
Lehre, ohne dass sie selbst sich dessen bewusst würden, doch
noch nicht ganz übereinstimmten, bei welchen das, was sie
predigten, noch mehr Sache des Buchstabens und der vernünftigen Erkenntniss als Sache der Wahrheit und der innern
Herzenserfahrung sei, die zwar schön zu predigen wüssten
von der Liebe, aber doch noch in kreatürlicher Liebe befangen
wären": „Ihr seid geneigt zu den Kreaturen, und sonderlich
zu einer Kreatur seid ihr geneigt, mit Gunst unordentlich".
Und „darum, wenn der reine lautere Wein der göttlichen
Lehre durch ein unreines Fass gebet, geschieht es, dass dem
reinen liebhabenden Herzen eure Lehre nicht schmecket noch
Gnade bringet."

T. erkannte sich in dem vorgehaltenen Spiegel getroffen;
er „umfing den Mann und küsste ihn"; es war ihm, „wie der
heidnischen Frau (der Samariterin) bei dem Brunnen geschah". „Du sollst wissen, lieber Sohn, dass mir von dir alle
meine Gebrechen geoffenbaret sind, du hast mir gesagt, was
ich in mir heimlich verborgen hätte, und sonderlich, dass ich
zu einer Kreatur geneigt bin, du sollst aber fürwahr wissen,
dass ich sie selbst nicht weiss (kenne). Ich glaube auch nicht,
dass in dieser Zeit irgend ein Mensch davon kann wissen.
Doch wundert mich von dir, wer dir das gesagt habe. Denn
daran zweifle ich nicht, du habest es von Gott. ... Ich habe
Willens mich zu bessern mit der Hülfe Gottes, und nach deinem Rath, was dich gut dünket, will ich mich willig darnach
richten zu bessern mein Leben."

So fühlte sich T. „bezwungen", wie gebannt in die
Kreise dieses Mannes, der, der Erste in diesem Leben, mit
solcher Sicherheit und religiöser Ueberlegenheit sich ihm gegenüber stellte, dabei so abschätzend über „alle Lehrer" gesprochen, die ihn nicht so viel lehren könnten bis an den

jüngsten Tag, als er in einer Stunde (kraft innerer Erleuchtung des h. Geistes) sei gelehrt worden; aber es suchte ihm
doch noch nach, dass es „ein Laie" sei, der zu ihm ⸺ „einem
Meister der h. Schrift" — so viel „in lehrender Weise" geredet habe. Doch der Laie verwies ihn auf das Beispiel der
h. Katharina, „die doch eine Jungfrau war kaum 14 Jahre
alt, und wohl fünfzig der grossen Meister überwand". Und
„glaubt ihr nicht, dass der h. Geist n o c h dieselbe Gewalt
hat? auch zu dieser Zeit durch mich armen Sünder euch zu-
sprechen möge? sprach er doch durch Kaipham die Wahrheit, der auch ein Sünder war"? Er beruft sich auf einen
Vorgang aus seinem eigenen Leben. Er habe einem Heiden,
der ein Verlangen zum wahren Glauben in sich getragen,
einen Brief geschrieben „fern in die Heidenschaft" in der
Weise und Sprache des Heiden, und der Heide sei dadurch
zum Glauben gekommen und habe geantwortet „in guter
deutscher Zunge, dass ich den Brief gar wohl lesen konnte."
Das habe der h. Geist durch ihn gewirkt. „Fremde Dinge, die
du mir da erzählt hast"! ruft T. aus; und gewiss war hier
Täuschung, eigene oder fremde, oder frommer Betrug im
Spiel! T. aber war nun einmal entschlossen, dem „Manne"
sich zu Grunde zu lassen. „Lieber Sohn, ich bitte dich lauter
durch Gott, dass du mir rathest, wie ich mein Leben angreifen soll und mich lehrest, wie ich zu der allerhöchsten Vollkommenheit kommen soll, dazu der Mensch in dieser Zeit
kommen mag". Das sei schwer, meinte der Laie, denn
„wenn ihr sollt umgekehrt werden, so muss euern gewöhnlichen Sitten gar wehe geschehen, weil ihr eure alte Weise
müsset lassen, und dazu so möget ihr wohl bei 50 Jahren
sein". Aber T. hat einen Lebensentschluss gefasst: „und
wüsste ich, dass ich sterben sollte". Nun denn, erwiederte der
Laie, „da ihr die Gnade habt von Gott, dass ihr euch wollet
demüthigen und unterwerfen und biegen unter eine schnöde,
arme, unwürdige Kreatur, so will ich in göttlicher Liebe euch
rathen und will euch eine Lektion aufgeben, wie man in der
Schule zuerst den Kindern fürgibt, das sind die 24 Buchstaben". Es waren in der Form eines A-B-C einfache Le-
bens- und Sittenvorschriften, die der Laie Taulern gab, ganz

allgemeinen Inhalts: z. B. „Anfangen sollet ihr ein reines,
göttliches Leben. Böses sollet ihr meiden und Gutes dafür
thun. Minne zu Gott und zu euern Nebenmenschen sollet ihr
lernen haben. Ordiniren und kehren alle Dinge zu dem Besten.
Uebermass, in welcher Weise es wolle, das sollet ihr lehren
abthun und ablassen". Diese Lektion solle er fünf Wochen
lang wohl lernen; und „so ihr an einem dieser Buchstaben
fehlet und euch dünket, dass ihr ihn nicht könnt wohl lernen,
so sollt ihr euch selber ausziehen und sollt euern Leichnam
züchtigen, dass er der Seele unterthan werde und der Vernunft".

So „kindlich" diese Lektion schien, so bekannte doch T.
nach den ersten Wochen, dass er „mehr geschlagen sei um
dieser Lehre willen", denn er alle seine Tage je geschlagen
ward. Ganz in der stufenmässigen Weise, die auch Suso z. B.
gegen Elsbeth Stäglin inne gehalten hat, sollte sie eine praktische Probe und Uebung nicht bloss des Gehorsams und der
Demuth, sondern des sittlichen Ernstes überhaupt sein und
zugleich eine Vorschule zu jenem Höheren, das der Laie (und
die Mystik damals überhaupt) als den nächsten Weg zur
„Vollkommenheit" ansah, zu jenem: „mit St. Maria Magda-
lena vor die Füsse Christi fallen", zu der „Armuth", von der
T. später so oft redet. Nachdem T. diese „Lektion" inne
hatte, verlangte er nach Mehrerem. Da erinnert ihn der Mann
an den Jüngling im Evangelium, zu dem der Herr gesprochen,
er solle alles verkaufen was er habe, und den Armen geben;
„in demselben Wege müsset ihr durchgehen"; er erinnert
ihn, wie man sein Kreuz auf sich nehmen und Christo nachfolgen müsse „in rechter Wahrheit, in Demuth und in Geduld". Und als er den Meister fest und entschieden sieht, verlangt er von ihm geradezu ein zeitweiliges Aufgeben aller seiner
„Meisterschaft" und seiner bisherigen Wirksamkeit. „Ihr müsset alle eure stolze sinnreiche Vernunft ablassen, die ihr durch
die Schrift habt... oder ohne die Schrift, ... und alles, wie
oder was es sei, dadurch ihr Ehre in dieser Welt mochtet erwerben oder dadurch ihr Liebe oder Lust möchtet vor Zeiten
gehabt haben.... Ihr sollet in dieser Zeit nicht studiren noch
predigen, gegen eure Beichtsöhne und Töchter aber sollt ihr

euch gar einfältiglich halten; wenn sie gebeichtet haben, und
ihnen keinen Rath. mehr geben, sondern ihr sollt zu ihnen
sprechen: ich will lernen, dass ich mir selber mag rathen und
wenn ich das kann, so will ich euch gerne auch rathen".
So solle er sich „der Leute entschlagen"; im Uebrigen in seinen Pflichten als Ordensmann fürfahren: „seid gehorsam
euerm Orden und euern Obersten", auch dann, „wenn ihr
werdet gedrungen und gedrückt werden und allermeist von
euern Brüdern"; in seiner Zelle solle er die Zeiten lesen und
im Chor helfen singen, „wenn ihr möget" und des Tages
Messe halten. „Was euch Zeit übrig bleibt, darin sollt ihr das
Leiden unsers Herrn für euch nehmen und betrachten, wie
euer Leben gewesen sei gegen sein Leben und gedenkt an
eure verlorne Zeit, dass ihr euch selbst darin gemeint habt
und wie gar klein eure Liebe gewesen sei gegen seine Liebe....
So möget ihr eurer alten Gewohnheit entwerden.... Wenn
es dann unsern Herrn Zeit dünket, so macht er aus euch einen
neuen Menschen, dass ihr also von Gott anders werdet geboren.... Es mag aber wohl geschehen, dass alles euer Thun
und alles euer Lassen wird verachtet und vernichtet werden
in der Leute Augen, alle euere Beichtsöhne werden von euch
gehen und denken, ihr habt nicht gute Sinnen, und alle eure
guten Freunde und Brüder in euerm Kloster werden sich
stossen an euch. Wenn nun diese Sachen gekommen sind,
so sollet ihr gar nicht erschrecken, sondern freuet euch denn
alsdann, so ist nahe euer Heil". „Es dünket mich freilich etwas hart, dieses anzugreifen", meinte T., aber der „Mann"
erwiedert, er wisse „keinen näheren noch sicherern Weg denn
diesen, dem wahren Bilde unsers Herrn J. Christi nachzufolgen"; übrigens „nehmet euch eine Zeit und bedenket euch
gar eben, was euch denn Gott zu thun gibt, das thut im
Namen Gottes." Nach eilf Tagen, nachdem er „grosse Marter, Streitens und Fechtens Tag und Nacht" in ihm selber
gehabt, erklärte er dem Manne: „Ich habe mich durch Gottes Gnade nun ganz vereiniget mit allen meinen Kräften, von
innen und aussen, diese Dinge fröhlich anzugreifen, fest und
stet daran zu bleiben, mir geschehe wohl oder wehe". Dass
er ein solch kühnes Gemüth in Gott gefunden, darüber freute

sich der „Mann" von Herzen. „Hebt es nun an im Namen unsers Herrn J. Christi"; mit diesen Worten verabschiedete
er sich.

Es ging aber T., wie ihm der Mann vorausgesagt. Ehe
das Jahr „umkam", ward er „unwerth" im Kloster gehalten;
auch seine „Beichtleute" zogen sich von ihm, „als ob sie ihn
nie gesehen hätten". Das that ihm „zumal wehe". Er ward
„krank (schwach) an seinem ganzen Leibe und sonderlich am
Haupte", und schickte desshalb nach dem Manne. Der tröstete ihn. „Wisset, dass ihr mir wohl gefallet, und es steht
gar wohl um euer Leben und es wird noch alle Tage besser.
Nun, ihr wisset wohl, wer auf den rechten Weg will kommen, der muss etwas dem Leiden unsers Herrn Jesu Christi
nachfolgen.... Wisset, mir geschahe auch also". Indessen
möge er dem Leibe „nun gütlich thun mit guter Speise"; im
Anfange allerdings, da der Körper noch geil gewesen, habe
er sich strenge halten müssen; nun aber, da der Körper
„dürr" worden und dem Geist gehorsam, so „mag man ihm
wohl etwas zu Hülfe kommen durch Besserung, es wäre anders eine Versuchung Gottes.... Nun, lieber Herr, nehmet
Gott zu Hülfe und geht fröhlich für euch und lasst euch Gott
in ganzer, wahrer, grundloser Barmherzigkeit und erwartet
der Gnade Gottes, was Gott dann von euch will, es sei süss
oder sauer, dass ihr dem mit der Hülf Gottes genug seid.
Auch bitt ich euch durch Gott, dass ihr es nicht für übel nehmet, denn ich muss wegen einer grossen Sache heim, da liegt
mir gross daran; das rede ich ernstlich. Wäre es aber, dass
ihr meiner nicht entbehren wollt oder möchtet, so sendet nach
mir in die Stadt, so will ich gerne kommen. Aber wenn
ihr euch leiden könntet, ohne aller Kreatur
Hülfe, das wäre euch das allerbeste". Ein erfahrner Seelenarzt wusste der Mann, dass wie eine Zeit zu leiten
und den Weg zu weisen sei, so dann die Zeit komme, den also
Geleiteten der innern Arbeit zu überlassen, damit er zu
geistlicher Reife und Mündigkeit gelange; denn offenbar wollte
er an T. nicht einen Schüler von ihm, sondern einen Schüler
Christi ziehen: so fern war er, das Haupt einer Sekte oder
Schule sein zu wollen. Er sagte es auch offen zu T., der ihn

dringend bat zu bleiben: er hätte sonst „keinen Trost in der
Zeit“. „Lieber Herr, sprach er, ich will euch einen bessern
Trost geben, das ist der h. Geist, der euch hiezu gerufen, geladen und gebracht hat, vermittelst einer armen Kreatur;
dessen ist das Werk, das an euch geschehen ist, und nicht
mein, sondern ich bin sein Werkzeug dazu gewesen.... Geschiehet es, dass euch etwas Geldes gebricht oder noth thut,
so versetzt einen Theil euerer Bücher, und leidet keinen übrigen Mangel und Gebrechen; aber mit nichten sollet ihr die
Bücher verkaufen; denn es kommt noch die Zeit,
dass euch gute Bücher gar nütze werden und ihr
derselben wohl bedürfen werdet“. Damit „nahm der Mann Urlaub und schied von dannen; es gingen aber dem Meister seine
Augen über und er begann zu weinen“.

   Noch ein Jahr — im Ganzen also zwei Jahre — dauerte
die schwere Zeit Ts. an: er ward verachtet, krank am Leib,
verarmte, „also dass er einen Theil seiner Bücher versetzen
musste“, da — wir wollen „die Historie“ wieder selbst anhören,
wie sie diese höchste Anfechtung und den endlichen Durchbruch des Lichts und der Gnade beschreibt — „geschah es
auf S. Pauli Bekehrung in der Nacht, da kam ihm die allergrösste Anfechtung, die man immer erdenken mochte; davon
ward alle seine natürliche Kraft so krank, dass er auf die
Zeit nicht konnte zur Messe kommen, sondern er blieb also
sitzen in der Zelle und liess sich Gott in grosser Demüthigkeit
ohne aller Kreatur Trost und Hülfe. Und da er in dieser
Krankheit lag, da gedachte er an das Leiden unsers Herrn
Jesu Christi und an seine grosse Liebe, die er zu uns hat,
und bedachte sein eigenes Leben und wie gar klein sein Leben
gewesen war gegen die Liebe Gottes. Und er kam gar in
eine grosse Reue um alle seine Sünden und um alle seine verlorene Zeit.... Und da er also sass in seiner Krankheit und
grossen Traurigkeit, völlig wachend, da hörte er mit seinen
leiblichen Ohren, dass eine Stimme sprach: Stehe nun fest
in deinem Frieden und vertraue Gott, und wisse, da er auf
Erden in menschlicher Natur war, welchen Siechen er gesund
machte am Leibe, den machte er auch gesund an der Seele.
Während diese Worte gesprochen wurden, da kam er von

seinen Sinnen und von seiner Vernunft und wusste nicht, wie
oder wo er hingezogen war. Aber da er wieder zu sich selber
kam, da befand er in sich selber, dass er in allen seinen innerlichen und äusserlichen Kräften einer neuen Kraft und Macht
gewahr ward, und befand auch viel lauterlichen Unterschied
in den Dingen, die ihm zuvor gar fremd waren." Es war die
Krisis und Heilung seiner geistigen Krankheit gewesen; in der
Stimme, die er zu hören meinte, hatte, wie schon so oft in
solchen erregten Zuständen, wie wir es von Franziskus gelesen
haben und von Suso und den andern Mystikern lesen werden,
das eigene zum Durchbruch gekommene Herz sein W o r t
gefunden. Ihm selbst kam es anfangs gar fremd vor; er
konnte sich nicht hierein finden und sandte nach seinem
Freund im Oberlande, der, in solchen Zuständen erfahren,
ihn orientirte. „Ihr sollt wissen, dass ihr nun allererst die
wahre grosse Gnade in Gott gefunden habt, und ich sag' euch
in der Wahrheit, dass ihr von dem Obersten allererst berührt
seid worden.... Ihr habt nun das Licht des h. Geistes empfangen und habt nun in e u c h die h. Schrift;... und darum
werdet ihr auch hinfür vielmehr lauterliche Dinge erkennen
durch die Schrift denn ihr zuvor thatet, denn ihr wisset wohl,
dass die Schrift an vielen Enden lautet, als w ä r e s i e wider
einander;.... nun aber in dem Lichte des h. Geistes werdet ihr
erkennen, dass alle Schrift hat einen gleichen Uebertrag und
sich selber nicht zuwider ist." Er rieth ihm nun auch wieder
an zu p r e d i g e n; er „s o l l e s e i n e N e b e n c h r i s t e n-
m e n s c h e n l e h r e n u n d w e i s e n d e n r e c h t e n Weg
z u d e m e w i g e n L e b e n"; auch gute Bücher werden ihm
jetzt nütze werden. „Und wisset, dass eine Predigt wird nun
nützer, und die Leute werden mehr Frucht davon empfangen,
als zuvor von hunderten, denn die Worte, die ihr n u n aussprechen werdet, gehen aus einer lauteren Seele, gar einfältiglich schmeckend." Auch so unwerth er den Leuten gewesen
sei, um so viel werther und lieber werde er ihnen jetzt werden,
nur soll er sich stets demüthig halten, „denn wer einen grossen
Schatz offenbar trägt, der muss sich gar wohl hüten vor den
Dieben". S e i n e Aufgabe, schloss der Laie, sei nun an ihm
erfüllt; „es ist nicht mehr noth, dass ich in lehrender Weise

mit euch rede, wie vordem; denn ihr habt nun den rechten
und wahren Meister, dessen Werkzeug ich gewesen bin;
dem höret zu und seid ihm gehorsam. Und ich begehre nun in
aller göttlichen Liebe von euch Lehren zu empfahen; ich habe
nun mit Gottes Hülfe den Nutzen geschafft, warum ich herge-
trieben und gekommen bin. Und ich hab Willen, ob Gott will,
eine gute Weil bei euch zu bleiben allhie, und eure Predigt zu
hören. Gäbe es euch Gott zu thun, so deuchte mich gut, dass
ihr nun wieder anhübet zu predigen". Zugleich gab er ihm
Geld, um die Bücher, die er versetzt, — für dreissig Gulden —
wieder einzulösen.

      Die erste Predigt, die T. sofort auf den dritten Tag ankün-
digte, lief seltsam genug ab. „Diewohl er so lange nicht gepredigt hatte, kamen viele Leute dar, eine gar grosse Schaar. Da
nun der Meister kam, und sah, dass das Volk also viel war,
da stieg er auf das Lektorium an eine hohe Stätte, dass man
ihn desto besser hörte. Da that er seine Kappe für seine Augen
und sprach: Barmherziger, ewiger Gott, ist es dein Wille, so
gib mir zu reden, dass dein göttlicher Name davon gelobet und
geehret und diese Menschen davon gebessert werden. Da er
diese Worte sprach, da flossen seine Augen von inniglichem
Weinen ihm so sehr über, dass er kein Wort sprechen konnte
vor grosser Innigkeit; das währte also lange, dass es die Leute
gar sehr verdross. Da sprach ein Mensch aus dem Haufen:
Herr, wie lange sollen wir hier stehen und sitzen? es ist gar
spät, wollt ihr nicht predigen, so lasst uns heimgehen. Der
Meister sprach unterweil in grosser Andacht: ach mein Herr
und mein Gott, ist es dein göttlicher Wille, so nimm das Weinen von meinen Augen, und gib mir, dass ich diese Predigt
vollbringen möge zu deinem Lob und Ehre. Ists, dass du das
nicht thust, so ists ein Zeichen, dass du meinest, ich sei noch
nicht genug zum Gespött worden. Nun vollbringe, lieber Herr,
deinen göttlichen Willen an mir Armen zu deinem Lob und zu
meiner Nothdurft. Dieses half alles nichts, des Weinens ward
je mehr und mehr; da erkannte er, dass es Gott also haben
wollte, und sprach mit weinenden Augen: Ihr lieben Kinder,
mir ist von ganzem Herzen leid, dass ich euch so lange habe
aufgehalten, denn ich kann kein Wort zu diesem Mal vor

Weinen sprechen; bittet Gott für mich, dass er mir helfe, so will ich es euch bessern (ersetzen) mit seiner Gnade auf eine andere Zeit, so ich allererst kann". Man mag sich vorstellen, welch' Aufsehen dieser Vorfall erregte. T. „wurde recht zum Gespötte, und von allen Leuten vernichtiget"; nun sehe man wohl, dass er „ein rechter Thor" sei worden; auch seine Klosterbrüder machten ihm bittere Vorwürfe, dass er mit seiner thörichten Weise, davon ihm das Haupt wüste geworden, dem Kloster geschadet und den Orden geschändet habe. Sie verboten ihm das Predigen. Trost allein sprach ihm „der Mann" zu, nach dem er wieder gerufen hatte. „Der Bräutigam pfleget zu thun allen seinen liebsten uud besten Freunden also, und es ist ein gewiss Zeichen, dass Gott euer guter Freund ist; denn es ist ohne Zweifel noch etwas Hochmüthiges in euch verborgen gewesen, das ihr selber nicht gewusst; und desshalb seid ihr zu Spott worden". Auch möge er „etliche grosse Gaben" von Gott empfangen haben, die er selber „noch nicht kenne" und die ihm zu Theil werden „durch die Geduld", die er gehabt habe in seiner Anfechtung. „Doch dürfet ihr diess nicht für eine fremde Sache halten, denn ich habe dergleichen wohl mehr vernommen an andern Leuten. Ihr sollet diesen Druck des Kreuzes, den euch Gott zugesandt, nicht verschmähen, sondern ihr sollt ihn achten für einen grossen Schatz und übergross Gab von Gott". Er rathe ihm nun, sich fünf Tage stille zu halten „zu Ehren der h. fünf Wunden unsers Herrn Jesu Christi". Dann solle er seinen Prior bitten, das er ihm erlaube (zur Probe) eine Predigt in Latein zu halten, oder doch den Brüdern eine Lektion in der Schule lesen zu dürfen. — Letzteres ward ihm gewährt und er thats — zu voller Zufriedenheit. Jetzt erlaubten sie ihm auch eine Predigt (dem Volke) zu thun, welche sofort angekündigt wurde auf den folgenden Tag. Es war „ein Jungfrauenkloster", da der Meister die Predigt hielt. „Lieben Kinder, begann er, es mögen wohl zwei Jahre sein oder mehr, dass ich zu dem letztenmale geprediget habe; da sagte ich euch von 24 Stücken; es war aber damals meine Gewohnheit, dass ich viel Latein sprach und viele Stücke (Divisionen und Subdivisionen naeh damaliger Art) anführte, allein ich habe Willens, solches nicht mehr zu thun, son-

dern wenn ich Latein will sprechen, das will ich thun, so die
G e l e h r t e n gegenwärtig sind, die das vernehmen". Er predigte nun über die bei den Mystikern so beliebten Worte:
Matth. 25, 6. „Sebet, der Bräutigam kommt, gebet aus, ihm
entgegen"!

Diese Predigt ist ganz aus der Tiefe seiner jüngsten Er
fahrungen und Erlebnisse geschöpft, viel konkreter, lebendiger, persönlicher als jene (abstrakte) mit ihren 24 Regeln;
sie ist so zu sagen seine eigene jüngste Geschichte, zugleich
die ganze Tauler'sche Mystik im Kleinen. Wie die Braut
„thun soll, dass sie dem Bräutigam entgegen geht", und wie
der Bräutigam sich gegen sie hält, diess ist, durchgeführt
theilweise in der Form eines Wechselgespräches beider, der
Inhalt. Auf beiden Seiten aber geht es stufenweise: die Braut,
als treue liebende Braut, will immer mehr von sich abthun,
was sie vom Bräutigam scheidet, ihm immer „mehr gefällig"
werden; und der Bräutigam führt sie aus Liebe immer tiefer
von aller Welt ab durch lauter „Bekorungen" (Versuchungen),
immer tiefer hinein, hinan, hinauf. Es thut zwar der Braut
wehe, sie meint oft, „sie möge nicht ausharren, sie müsse
sterben", weil sie „noch etwas blöd ist": aber der Bräutigam
spricht ihr zu: „Sintemal dein Bräutigam 33 Jahre manche
Schmach, Hunger, Frost, Durst, Hitze und die bittern Martern und zuletzt den bittern Tod um der Braut willen gelitten
hat in rechter Liebe, ists denn nicht billig, dass sich die Braut
in den Tod wage um des Bräutigams willen, aus Liebe und
von Herzen"? D a s erschreckt und erhebt zugleich die Braut
zu neuer Nachfolge. „Lieber Herr Bräutigam, ich will dir sicherlich getrauen und geloben alles, was du willst, dass ich
auch das will. Ich werde siech oder gesund, es thue wohl
oder wehe, es sei süss oder sauer, kalt oder warm, trocken
oder nass, wie du immer willst, also will ich auch und will
meines Willens ganz ausgehen und will dir gänzlich und willig
gehorsam sein". Und so beginnt sie ihm erst recht „lieb" zu
werden, und „von ächter Liebe lässet er sie leiden in aller
ihrer Natur so lange, bis die Braut von allen ihren Gebrechen
und Befleckung ihrer Sünden ganz schön und rein geworden
ist". Nachdem sie ihm nun „gänzlich wohlgefällig" geworden,

erfolgt die H o c h z e i t. Und „es kommt des ewigen Bräutigams Vater, und nimmt den Bräutigam und die Braut und
führet sie zur Kirche und trauet sie zusammen und bindet sie
zusammen mit göttlicher Liebe, und da bindet sie Gott mit
solchen Banden fest, dass sie weder in Zeit noch in Ewigkeit
nicht können geschieden werden". Der „Schenke" zur
Hochzeit aber ist der h. Geist; der „giesst in die Braut die
überfliessende göttliche Liebe, dass die Liebe fliesst in den
Bräutigam, also dass die Braut gar von sich selbst kommt und
zu Grunde trunken wird von Liebe, dass sie sich selber vergisst und alle Kreaturen in Zeit und in Ewigkeit mit sich....
Diese Braut ist dann eine wahre Anbeterin, denn sie betet
den Vater an im h. Geiste. Die Freude ist so gross, dass sie
kein sinnliches Leben nach Vernunft begreifen noch erlangen
kann". Als T. diese Worte redete, rief ein Mensch: „es
ist wahr" und fiel nieder, als ob er todt wäre. Auch ein Weib
aus dem Volke rief: „Herr, höret auf, oder dieser Mann
stirbt uns unter unsern Händen". (Es erinnert diess unwillkürlich an jenes Beispiel in der Geschichte der Elisabeth von
Thüringen, 2. Bd. 2. Abth. 627.) T. aber, im Strome seiner
„trunkenen" Begeisterung, ruft aus: „Ach, lieben Kinder,
nimmt denn der Bräutigam die Braut und führt sie mit ihm
heim, so wollen wir sie ihm gern lassen; aber doch will ich ein
Ende machen und aufhören". Zum Schlusse hebt er nach
einigen Ermahnungen noch diess beides hervor (was er
in seinen spätern Predigten ebenfalls oft genug wiederholt
hat): dass d i e s e r höchste Zustand der mystischen Union allerdings nur ein vorübergehender, ein Raptus, ein Hochzeit-
tag sei, dass aber, „auch wenn die Braut von dieser Hochzeit
scheide und wieder zu sich selber gelassen werde und schaue,
wie sie wieder im Elende in dieser Zeit sei", die Verbindung
darum doch, wenn auch in naturgemäss anderer Weise, fort-
daure; denn die Braut „ist so gar gelassen in grundloser Demuth gegen ihren Bräutigam"; und „darum lässt der Bräutigam sie nicht" und „schaut unterweilen nach seiner Braut".

Von der Wirkung dieser Predigt haben wir schon vernommen; sie beschränkte sich aber lange nicht darauf. Wir
lesen von Zuständen, wie sie in ähnlicher Weise uns von den

Wirkungen eines Whesley, Whitfield, jener grossen Metho-
distenprediger, berichtet worden. „Als die Predigt aus war,
da ging der Meister und las Messe, und gab etlichen guten
Kindern Gottes Leichnam (Leib); aber es blieben auf dem
Kirchhof sitzen naeh der Predigt wohl 40 Menschen; dess
hatte der Mann wahrgenommen. Da die Messe aus war, da
sagte er es dem Meister und führte ihn auch dahin, da die
Leute sassen, damit er sähe, wie ihnen wäre; allein dieweil
er Messe hatte gehalten, waren sie aufgestanden bis auf zwölf,
die sassen noch da. Da sprach der Meister zu dem Mann:
Lieber Sohn, was dünket dich, dass wir diesen Leúten thun?
Da ging der Mann von einem zu dem andern und rührte sic
an. Aber sie bewegten sich gar wenig; sie lagen gleich als ob
sie todt wären“. Das war dem Meister „gar fremd, denn er
hatte solches niemals gesehen“. Der Mann aber bedeutete
ihm, das sei die Wirkung seiner Predigt und „die Schuld des
Bräutigams“. „Ich wollte, dass man sie in 'den Kreuzgang
brächte, damit sie allhier in dieser Luft nicht krank würden
an ihrem Leibe auf dieser kalten Erde“. Und das geschah;
sie „wurden — es war in den Quadragesimalfasten — an
die Wärme gebracht, und man gab ihnen „etwas Warmes“.
— „Sehet ihr nun wohl“, hub der „Mann“ an, als er mit dem
„Meister“ in dessen Zelle gegangen war, „was Gott Wunders
wirket mit gutem Gezeng? Wär es euer Wille, so däuchte
mich gut, dass ihr diese kranken Kinder liesset eine Weile ruhen, denn sie haben eine lange Weile zu schaffen mit dieser
Predigt. Und dünket es euch dann gut, und gibt es euch
Gott zu thun, so möget ihr den Weltlichen auch eine Predigt
thun“. —

Mit diesem verlässt uns „der Mann“, und erst am Todbette Ts. finden wir ihn wieder. Gewiss, er war ein ächter,
mystischer Gottesfreund; und alle seine religiösen Gedanken,
Räthe, Handlungsweisen werden wir in T. und den übrigen
Mystikern wieder finden: dieselben Klagen über die „sorglichen“ Zeiten, selbst bis aufs Einzelne hinaus, z. B. über den
Beichtunfug, über das Verketzern und Verdammen; dasselbe
tiefe Mitgefühl mit der verwahrlosten Christenheit, in dem sie
wie mit der Gerechtigkeit Gottes ringen; dieselben Aufforde-

rungen an die redlichen Seelen, sich doch an die Gottesfreunde anzuschliessen; dieselbe Anschauung von dem mystischen Reinigungsprozess, den „der Mann" den T. hatte einschlagen lassen und den er selbst eingeschlagen hatte; dieselben Begriffe von ganzem Kehr, von unbedingtem Aufgeben alles Eigenen, von völliger Gelaſſenheit, von innerem Durchfechten, von Bekorungen, Erprobungen, Leiden, bis man auf die lichte Höhe der mystischen Union komme; aber auch von geistlichen Erquickstunden, von ekstatischen Zuständen, von dem heimlichen seligen Verkehr mit Gott; dieselben Ansichten von dem „Geist", der „Schrift in uns", von .dem innern Gelehrtsein durch den „Meister", den äussern scholastischeń und kirchlichen Autoritäten jener Zeit gegenüber. Nur dass der „Mann", der ein Laie ist, auch mehr aufs Praktische gerichtet ist, hierin dem Laien Rulmann Merswin am nächsten stehend, und viel weniger von den mystisch-psychologisch-spekulativen Beithaten hat, in denen die eigentliche Schule der studirten Mystiker sich vielfach ergeht: z. B. vom Grund der Gottheit, Grund der Seele u. dgl. Auch in den einzelnen kirchlichen Dogmen hält er es ganz wie die Mystiker: er anerkennt die Messe, die „Mutter", das „Fegfeuer", die „Heiligen", die „Verfassung" der Kirche. Nur dass er so geheimnissvoll, so heimlich auftritt, ist ihm eigen; und das liegt nicht bloss in seiner persönlichen Demuth; es liegt in seiner Stellung als Laie, der religiös nicht wirken, nicht deutsch schreiben, deutsche Schriften verbreiten durfte ohne Gefahr von Seiten der amtlichen Kirche jener Zeit, welche in nichts stark war als im Verketzern und Verfolgen.

In den spätern Zeiten des 14. Jahrhunderts wird zweimal eines Nikolaus von Basel Erwähnung gethan. Einmal in einer gegen einen gewissen ketzerischen Martin von Mainz erlassenen Sentenz vom Jahr 1393. Da steht unter den 16 Verdammungsartikeln unter anderm auch, Martin habe bekannt: ein Laie, Namens Nikolaus von Basel, dem er sich zu Grunde gelassen, verstehe deutlicher und vollkommener das Evangelium, als die Apostel und Paulus selbst es verstanden (5 Art.). Auf Geheiss desselben Nikolaus könne man auf keine Weise sündigen, selbst wenn man einen Menschen tödtete oder ein Weib er-

kennete (9 Art.). Es wäre besser, man würde in Unzucht
fallen und wieder sich erhebend im Gehorsam des Meisters
bleiben, als dass man vom Gehorsam gegen denselben Nikolaus
liesse und ohne Sünde bliebe (11 Art.).

Man hat nun geschlossen, dass der „gnadenreiche Laie",
der „erleuchtete Gottesfreund aus dem Oberlande" — dieser
Nikolaus von Basel gewesen sei, und hat ihn zu einem „wal-
densischen" Gottesfreunde gemacht. Aber in dem „Laien" ist
alles spezifisch mystisch, und es ist kein Zug an ihm, der
sich nicht wieder finden liesse in diesem oder jenem Mystiker,
dagegen ist kein Zug an ihm, der spezifisch waldenserisch
wäre. Wo meldet die Geschichte überhaupt Etwas von „wal-
densischen" Gottesfreunden? Sollte gleichwohl der „Laie", der
Gottesfreund aus dem Oberlande, jener Nikolaus gewesen sein;
liesse sich diess nicht bloss konjekturiren, sondern positiv ge-
schichtlich nachweisen, wie man nachgewiesen hat, dass der
Laie und der Gottesfreund dieselbe Person ist, so haben wir
in diesen Anklagen gegen Martin (noch mehr im Tode des
Niklas, s. u.) wieder einmal unwahrsten, unverständigsten,
rohesten Ketzerverfolgungsfanatismus.

Wir kehren nun wieder zu T. zurück. Nach der 2jährigen
retraite spirituelle finden wir ihn seine ehevorige Thätigkeit
als Prediger und Beichtvater aufnehmen. Wir wissen, dass er
z. B. Rulmann Merswins Beichtvater ward (1347), dessen
übertriebener Aszese er Einhalt that. Und in der „Historie"
lesen wir, dass er in einer Klause, wo fünf Klosnerinnen waren, gepredigt; auch heisst es: „Nun sollt ihr wissen, dass
dieser Meister in einem göttlichen Leben zunahm, und ward
durch die Gnade des h. Geistes so weise, dass er Geistlichen
und Weltlichen predigte auf diese Weise und ward in dem
Lande also lieb und werth und auch in der Stadt, dass, was
die Leute Wichtiges zu schicken hatten, musste er ausrichten
mit seiner Weisheit, es mochten sein geistliche oder weltliche
Sachen, und was er ihnen rieth, dess waren sie ihm williglich und ganz gehorsam". Specklin sagt (in seinen Kollektaneen auf der Strassburger Bibliothek) unter dem Jahre 1341:
„Damalen hub ein Predigermönch zu Strassburg an, göttliche
Lehr zu predigen, solches hat er bis in die 20 Jahre gethan.

Bischof Bechthold hat ihn viel und gern gehört mit Verwunde-
rung, denn diess Predigen ein seltsam Ding war, darum sollt
er das Evangelium auslegen.... Er schrieb auch viel herrliche
Bücher, die noch vorhanden sind".

Die hinterlassenen Predigten Ts. selbst zeigen ihn uns in seinem hohen Eifer um das Heil der Seelen, die er in einer Zeit der
Kalamitäten mit der Macht seines Wortes auffordert, im Innern und in der Gemeinschaft mit Gott den Frieden zu suchen, den die Welt nicht biete. Wie eifert er gegen den
w e l t l i c h e n Sinn seiner Zeitgenossen, „welche ihre Lust
und ihr Genüge in den Kreaturen nehmen und in den äusseren
Sinnen und damit verzehren sie ihre Macht und alle ihre
Sinne, und alle ihre Zeit gehet damit hinweg;.... die ihre
Gedanken, ihr Herz, ihren Willen an die Welt verkaufen, um zeitliche Dinge dafür zu kaufen"! Ach! „wie
voll d i e s e r Kaufleute, ruft er aus, ist die Welt, unter
Weltlichen, unter Mönchen, unter Nonnen!... voll, voll,
voll"! Wie eifert er über den Mangel an Liebe in der Welt,
die einem Verketzern habe Platz machen müssen (s. Liebe),
über die Lauigkeit in göttlichen Dingen, statt des Fleisses und
des starken „Ernstes", der etwa in den Menschen war; und „will
sich Niemand nichts mehr um Gottes willen sauer werden lassen.... Es ist leider in eine Gewohnheit gekommen, man lässet es gut sein, und ist alles als ob es ein Spiel sei". Am besten, meint er, stünde es noch unter dem weiblichen Geschlechte. „Man siehet wenig starke Männer, die sich Gottes
unterwinden; die das thun, das sind arme Frauennamen".

Sein ernstes Wort richtete er ganz besonders auch an die
g e i s t l i c h e n Leute, die uns die Strassburger Synodalakten
vom Jahr 1335 allerdings nicht von der vortheilhaftesten
Seite zeigen. Ein gut Theil der „Pfaffen" — damals kein
Schimpfwort — seien „verdingte" oder „gezwungene" Knechte
Gottes, die, was sie thun, thun m ü s s e n oder um der
P f r ü n d e willen thun. In den Klöstern, in denen des Auslaufens,
des Schwatzens, Verhandelns, Sponsirens (s. Suso) so viel,
suchte er eine bessere Disziplin einzuführen. — Ebenso be-
kämpfte er auch die f a l s c h e n Zeitrichtungen: den Mechanismus und den Pharisäismus einerseits und das freie Gei-

sterthum anderseits (worüber weiter unten). Die Historie und
Specklin wissen nun freilich von den Wirkungen seiner Thätigkeit nur Erfreuliches zu berichten; das aber ist nirgends der
Gang der Welt. Auch T. machte sich gar keine Illusionen,
wie wir aus seinen Predigten ersehen; man verdrehte ihm
z. B. seinen Seelsorger- und Beichtiger-Ernst (s. Beichte); man
verspottete und verkehrte sein Dringen auf inneres Christenthum, das sich Zusammenthun der Gottesfreunde (s. Gottesfreunde); seine Worte nannte man die Sprache eines Begharden, eines neuen Geistes, die Weise eines Sektirers, Se-
paratisten.

Indessen dauerte das Interdikt über die Anhänger Ludwigs fort; im Jahr 1346 sprach Klemens VI. den entsetzlich-
sten Bannfluch gegen Ludwig aus.

T. scheint mit dem Antritt dieses Papstes, des geschwor-
nen Todfeindes von Kaiser Ludwig, die schwersten Zeiten
vorausgesehen zu haben, — Jahre, in denen in Folge des
Interdikts alles Predigen des Wortes Gottes, alles Spenden
der Sakramente aufhören, und eine eigentliche Verfolgung
über Alle, denen das Seelenheil des Volkes über Alles ginge,
ergehen würde; besonders über die „Gottesfreunde", die, obwohl sie sich in dieser brennenden Tagesfrage, bei ihrer
nur auf das Wesentliche gerichteten Frömmigkeit, gegenseitig
frei gewähren liessen, und obwohl ein Theil von ihnen, wie
Heinrich von Nördlingen, aus kirchlicher Gewissenhaftigkeit es nicht wagten, während des Interdikts den Zumuthun-
gen der weltlichen Obrigkeit, Gottesdienst zu halten, zu entsprechen, doch wohl zum grössten Theile und aus den edelsten Gründen, wie man an T. sehen wird, die Handhabung
des päpstlichen Interdikts für unverantwortlich fanden und ihr
zuwider zu handeln in ihrem sittlichen Gewissen sich gedrungen fühlten. Ludwig war zwar im Jahr 1347 gestorben,
und Karl IV. Kaiser geworden, den Klemens VI. von Anfang
begünstigt hatte. Aber Strassburg, das „den Pfaffenkaiser"
nicht anerkennen wollte, blieb noch im Interdikt. Zu diesen
politischen und kirchlichen Zerwürfnissen kam noch im Jahr
1348 die fürchterliche Seuche, der schwarze Tod genannt,
der einen grossen Theil Europas verheerte, auch über den

Elsass, „Die Leute, sagt Königshofen, sturben alle an Beulen
und an Drüsen, die sich erhoben unter den Armen und oben
an den Beinen; und wen die Beule ankam, die da sterben
sollte, die sturben an dem vierten Tage oder an dem dritten;...
und in welches Haus das Sterben kam, da hörte es nicht auf
mit Einem". Es währte bis ins Jahr 1349. In Strassburg
sollen damals in Allem an die 16000 Menschen gestorben
sein. Das Bewusstsein des Volkes ward tief aufgeschreckt
durch diese Heimsuchung Gottes. Es suchte Beruhigung,
Sühnung Gottes bald so, bald so, in gewaltsamer äusserer,
selbstgemachter Weise. Wir sprechen zunächst von den Geiss-
lern (Flagellanten, Kreuzbrüdern), mit ihren Geisselungen,
„Brüderschaften", „Fahrten", Prozessionen, die, nach dem
ersten Hervorbrechen von Perugia aus (1260), aus Anlass der
Pest sich zuerst im Frühling 1349 in Oberdeutschland bildeten und sich bald über ganz Deutschland und die benach-
barten Länder verbreiteten. Klosener, Priester am Strassburger Münster, in seiner im Jahr 1362 vollendeten deutschen
Chronik, und nach ihm Königshofen, berichten von der
„grossen Geisselfahrt", die im Jahr 1349 auch nach Strassburg kam. „Die Erd bidemet", klagen sie in ihren Gesängen;
das „grosse Sterben" hat sie aber am allermeisten aufgeschreckt.

>Nun hebet auf die euern Hände.
Dass Gott diess grosse Sterben wende!...
Jesus, durch deine Wunden roth
Behüt uns vor dem gähen Tod.«

In diesen Naturgerichten sahen sie eine Kundthuung des
Zornes Gottes über die Missethaten der Menschen.

>Die Christenheit will mir entweichen,
Das (desshalb) will ich lan
Die Welt zergan,
Das wisset sicher ohne Wahn.«

So lassen sie in ihrem Leich Christus im Himmel zu den
Engeln sprechen. Gottes Zorn wenden, sühnen wollten sie
nun durch Busse.

>Wir sollen die Busse an uns nehmen,
Dass wir Gotte desto bass gezemen.«

Diese Busse, Sühne war ihnen ihre „Marter", G e i s s e -
l u n g bis aufs „Blut" — nach Christi Aehnlichkeit.

>»Jesus Christ der ward gefangen,
An ein Kreuze ward er erhangen.
Das Kreuze ward von Blute roth,
Wir klagen Gott's Marter und seinen Tod!
Durch Gott vergiessen wir unser Blute,
Das sei uns für die Sünde gute:
Das hilf uns, lieber Herre Gott,
Des bitten wir dich durch deinen Tod.
Sünder, womit wilt du mir lohnen?
Drei Nägel und ein Dornenkronen.
Das Kreuze fron, ein's Speeres Stich,
Sünder! das litt ich alles durch dich.
Was willst du leiden nun für mich?
So rufen wir aus lautem Tone:
Unsern Dienst gen wir dir zu Lohne!
Durch dich vergiessen wir unser Blut,
Das sei uns für die Sünde gut,«

Sie geisselten sich mit „Geisseln von Riemen, die hatten
Knöpfe vornen, darin waren Nadeln eingesteckt, und schlu-
gen sich über ihre Rücken, dass Mancher sehr blutete". Ueber
den Gegeisselten sprach „der Meister" eine Art Absolution
in den Worten:

»Steht auf durch der r e i n e n M a r t e l E h r e,
Und hüt dich vor der Sünden mehre.«

Eine ächt mittelalterliche Anschauung der Marter wie
einer Art Sühnung, Weihe, Kraft. Die Masse war im Anfang, wie stets und überall, für s o l c h e Bewegung, die
die Geissler noch überdem mit einem Briefe vom Himmel
herab zu legitimiren wussten. „Mehr denn 1000 Menschen
liessen sich in Strassburg in ihren Verein aufnehmen. Männer nicht bloss, auch Frauen und Kinder, thatens ihnen nach
und gingen aufs Feld und geisselten sich. Es währte länger
denn ein halb Jahr, dass alle Wochen solche Geisselschaaren
kamen". Darnach „ward man ihrer müd", man fand, dass
jener Brief ein „Lug" sei. Die geistliche und weltliche Ohrig-
keit, wegen der Gefahr für kirchliche und politische Ordnung,
legte sich ins Mittel; „wer sich geisseln wollte, der sollte
sich heimlich in seinem Haus geisseln, wie viel er wollte".

Diese Geisslervereine sind in mehrfacher Beziehung karakteristisch für diese Zeit. Einmal mit Rücksicht auf ihre a u s s e r o r d e n t l i c h e Geisseldisziplin, als ob die gewöhnlichen kirchlichen Sühnungs - und Heilmittel wenigstens für ausserordentliche Fälle nicht zureichten, wie sie denn auch in einem „Lais" (Leich) sangen:

> »Wär diese Busse nicht geworden,
> Die Christenheit wär gar verschwunden.«

Aber auch als Verein sind die Geisslergesellschaften bezeichnend, die, wie ihre Disziplin die kirchliche für unzureicheud hält, so auch in ihrer Existenzform ein Misstrauen gegen den Klerus, die „amtliche Kirche", an den Tag legten. „Sie hatten ein Gesetz, dass sie Pfaffen unter ihnen hätten, aber ihrer Keiner sollte Meister unter ihnen sein, noch in ihren heimlichen Rath gehen", sagt Königshofen. Das Laien-Element tritt hervor, wie man sieht. Man kann sich kaum erwehren, dabei an die „Gottesfreunde" zu denken, zu denen T. gehörte. Auch sie bilden einen freien Verein, aus Klerkern und Laien, Männern und Frauen, ohne Unterschied, aber auch ohne Vorzug; auch sie halten die kirchlichen „Uebungen" für unzureichend und dringen auf Mehreres und Höheres. Aber wie ganz verschieden sind sie wieder von ihnen, ja direkt entgegengesetzt! Diess Mehrere, Höhere ist ihnen nicht ein noch mehr Veräusserlichtes, Selbstgemachtes; es ist die wesentliche, geistige Erfüllung aller kirchlichen Vorschriften in einem reinen, innern Gottesdienste. Das hat denn auch T., so wenig wir sonst Andeutungen in seinen Schriften (Predigten) auf diese Flagellanten finden, oft genug wiederholt. Diese Flagellanten-Disziplin konnte ihm nur als die Spitze der verkehrten und verkehrenden Bussübung erscheinen. Wahrlich, e r verlangte andere, bessere Früchte der Busse, als „wenn man sich des Tages zehnmal den Rücken geisselte". Und wenn es auch scheinen möchte, als ob er mit Franziskus (wenigstens in seiner „Nachfolgung") einen fast eben so knappen Begriff als den höchsten im christlichen Leben, als eine Art „Weihe" und „Kraft" über Alles andere gesetzt hätte: die „Armuth", so hat er doch diesen Begriff anderseits (siehe s. System) wieder so idealisirt und verallgemeinert, dass

er mit dem Begriff der christlichen Vollkommenheit zusammenfällt. Das ist übrigens die Weise des Mittelalters gewesen, in
solchen engen Begriffen alle religiösen Anschauungen und
Triebe zu konzentriren, um diese dadurch lebendiger für das
Individuum zu machen.

Aus Anlass des schwarzen Todes brach auch im selben
Jahre die grosse Verfolgung gegen die Juden aus, als die, die
Brunnen vergiftet hätten. Auch in Strassburg ging es schrecklich her: die Obrigkeit wurde von der fanatischen Masse dazu
gezwungen. „Man fing die Juden und verbrannte sie auf ihrem
Kirchhofe auf einem hölzernen Gerüste. Der waren auf zwei
Tausend, als man schätzte; welche sich aber wollten taufen
lassen, die liess man leben. Es wurden auch viel junger Kinder aus dem Feuer genommen um ihrer Mütter und Väter willen, die getaufet wurden; und was man den Juden schuldig
war, das ward alles wett....“ — „Willst du wissen, was die
Juden ertödt hat“? sagt Taulers Freund und Beichtkind, Rulmann Merswin, in seinem Schriftchen von den 9 Felsen, das
er 1352 in den Fasten schrieb. „Wisse, das that der Geiz der
Christen und der Juden heimliche Sünden, diese zwo Ursachen
erschlugen die Juden. Wisse, sollte Gott die Christen nieder-
schlagen um ihrer heimlichen und offenbaren Sünden, er thäte
nimmermehr anders denn schlagen, als auch in Kurzem wohl
geschehen mag“. Dieses Urtheil, wahr und gerecht, war
wohl auch dasjenige Taulers; von ihm selbst haben wir
keine Aeusserungen.

Gewiss, Vieles war nun seit Jahren zusammengekommen,
was ein Tauler'sches Herz, was jedes Christenherz aufs Tiefste
bewegen musste: kirchliches, politisches, soziales, physisches
Elend. Und aber welche Früchte? Wir meinen die Noth dieser Zeit und die Herzensstimmung Ts. und die Stimme des
Propheten in der Wüste an diess Geschlecht aus einigen besonders ergreifenden Stellen in einigen seiner Predigten zu
hören. „Die Fürsten der Welt und die Gewaltigen sollten die
allerbesten sein, aber so sind sie leider nun zumal die allerbö-
sesten und ärgsten und sind rechte Rosse und Pferde, darauf
die Teufel reiten, dass sie die auserwählten Menschen Gottes
peinigen und martern. Dazu machen sie allen Unfrieden

und Unglück in aller Welt mit einander, Weltlich und
Geistlich.... Es stehet geschrieben in der Apokalypse, dass
grosse unsägliche Plagen kommen sollen, die nicht viel minder
seien, denn der jüngste Tag, wiewohl er es doch nicht ist;
und die Zeit der Geschichte ist uns jetzt gegenwärtig, alle Tage und alle Jahre und alle Stunden. Und
wenn diese Plagen kommen, die uns geweissaget sind, so kann
überall Niemand genesen, denn die Menschen, die das Kreuz
an sich tragen.... Welcher Mensch das Kreuz Christi nicht in
ihm und vor ihm hat, der wird ohne Zweifel nicht geschonet...
Bei dem Kreuz versteht man Peinlichkeit. Gott hiess den Engel
nicht schonen der Menschen mit den grossen Vernunften,
noch der Schauenden, noch der eigenwillig Wirkenden; er
sprach allein: der leidenden (gelassenen) Menschen.... Du
musst alles dessen blos werden, was Gott nicht ist, dass du
nicht einen Faden an dir behaltest, und dasselbe muss dazu
vor deinen Augen verspielt und vernichtet werden und von
andern Menschen für ein Gespött und Thorheit und eine Ketzerei geachtet und geschätzt werden... Es gebet leider daran,
dass dem Ding anders werden will. Man darf schier nicht lehren,
nicht predigen, nicht warnen, und ist das in viel Landen;
darum sage ich euch es zuvor, dieweil ihr noch das Wort Gottes
habet, denn es ist sorglich wie lange, und machet es euch viel
nutze". Er hatte, sieht man, in Folge des Interdiktes am Ende
ein völliges Verstummen des Wortes Gottes gefürchtet, denn,
wie wir oben von Königshofen hörten, allgemein war das
Interdikt nicht gehalten worden; die Pfaffheit war getheilet
gewesen, auch in Strassburg. Jetzt aber scheinen ihm die Zeiten noch viel schwerer werden zu wollen. Er hat nur einen
Trost: Fürbitte und Thätigkeit der Freunde Gottes. „Wenn
Gott sein Urtheil und seinen Zorn über uns Sünder beweisen
will, wie man gräuliche Dinge viel gesagt vom Feuer und vom
Wasser, von grosser Finsterniss und von grossen Winden und
dürrer Zeit (wohl vor 1348, denn vom Sterben ist hier noch
nicht die Rede), so weinen sie (die Freunde Gottes) diess unserm Herrn ah Tag und Nacht, und er schonet und hält auf und
beitet, ob wir uns bessern wollen; und thun wir das nicht, so
haben wir fernere, schwerere und schädlichere Plagen zu

warten. Die Wolke ist recht jetzo hier, und diese halten
die Gottesfreunde auf mit ihrem Weinen; aber seid dess
sicher, bessern wir uns nicht, so wird sie bald schwer fallen,
dass ein solches Treiben und Jagen kommen wird, dass man
des jüngsten Tages dabei gedenken soll. Die nun in Friede
sind, die sollen grossen Druck leiden, und das Wort Gottes
und der Gottesdienst soll fast fremd werden, und der eine
hierhin und der andere dorthin, und soll man nicht wissen,
wie es gehen wird. Aber der getreue Gott wird wohl ein
Nestlein finden, darin er die Seinen erhalte.... Wisset, wenn
das gräuliche Gestürm kommt, dessen wir allezeit gewärtig
sind, wenn alle Dinge unter einander geworfen werden, so
findet dann Gott je ein Nestlein, da er die Seinen, die Auserwählten, verbirgt und erhält".

Das sind die dürftigen Andeutungen in seinen Predigten.
Sie erhalten einiges Licht durch Mittheilungen Specklins, strass-
burgischen Stadtbaumeisters, gest. 1589, der aus alten Handschriften Kollektaneen gemacht (aber sie auch mit eigenen Be-
merkungen vermischt) hat, über diese Zeit von 1342—1350.
Darnach war T. „hart wider den Bann, dass man das arm
unwissend Volk liess also unschuldig im Bann stecken". T.
stand indessen nicht allein. Thomas von Strassburg, Augustiner General (seit 1345), damals zu Strassburg, und Ludolph
aus Sachsen, Prior der Karthaus in Strassburg, „hielten mit
ihm zusammen". Wir wollen nun Specklin reden lassen. „Da
männiglichen im Sterbet von wegen König Ludwigs noch im
grossen Bann war, arm und reich, jung und alt, Frau und
Mann, schuldig und unschuldig,... liessen sie ein Schreiben
an alle Priester ausgehn, wenn sie zu Kranken und Sterbenden kämen, dass sie die Kranken trösten sollten auf das bitter
Leiden und Sterben Christi, welcher nicht allein ihrer, sondern
der ganzen Welt Sünde hätte gegen Gott ein Genüge gethan,
welcher den Himmel geöffnet und uns alle vor Gott vertritt;
und könnte der Papst den Himmel vor Einem, so unschuldig im
Bann wär, nicht zuschliessen. Wer dann seine Sünde
beicht, die Absolution und das h. Sakrament begehrte, sollten
sie ihm solches reichen und ihn trösten und mehr auf Christi
und seiner Apostel Wort gehen, denn auf den Bann, wel-

cher allein aus Neid und weltlichem Ehrgeiz geschehe".
Diess war nach Specklin die eine „Trostgeschrift". Sie haben
aber noch eine andere Schrift, mehr theoretischen und kir-
chenrechtlichen Inhalts, und nicht unter den gemeinen Mann,
sondern unter die Geistlichen und Gelehrten lassen ausgehen.
Der Inhalt desselben war, zu beweisen, „dass zweierlei
Schwerter wären, ein geistliches, welches wäre Gottes Wort,
das andere die weltliche Obrigkeit, und hätte keins mit
dem andern zu thun; dieweil sie alle beide von Gott eingesetzt wären, könnten sie nicht wider einander sein, sondern das geistliche versieht sein Amt und Gottes Wort und
vertheidigt die Oberkeit; die Oberkeit vertheidigt Gottes Re-
giment und die Frommen, und straft die Bösen. Darum müssen die Frommen, welche Gottes Wort predigen, von weltlicher Gewalt aus Gottes Ordnung vor den Bösen beschirmt
werden. Warum sollte dann die Oberkeit von Geistlichen
verdammt werden, dann also würde Gott sein Werk selber
verdammen". Damit hatte das Schreiben die göttliche Institution
und Gleichberechtigung beider Mächte ausgesprochen im
Gegensatz zu der Ansicht, nach welcher der Staat sein Recht
von der Kirche zu Lehen trägt. „Wo aber ein weltlich Haupt
sündigt, gebührt dem Geistlichen, den Sünder auf den rechten
Weg zu weisen mit grosser Demuth, und Gott Tag und
Nacht mit Zähren (sammt den Seinigen) anzuliegen, dass der
Sünder wiederum zu wahrer Erkenntniss seiner Sünden
komme, da Gott nicht den Tod des Sünders begehrt, sondern
dass er sich bekehre und lebe. Dass aber Christus und die
Apostel und die Kirche befehle, wenn sich der Sünder von
seinem bösen Weg durch viele Ermahnung nicht will bekehren, ihn in Bann einzuschliessen, bis er sich bekehrt, absteht
und sich bessert, den soll man auch zu Gnaden wiederum aufnehmen". Also, wenn Bann über das sündige weltliche
Haupt, dann nur als höchste Strafe nach stufenweisem
Vorgehen und nur vorübergehend, bis es sich gebessert, und
nur persönlich! „Noch viel weniger (nämlich) gebühre einem
christlichen Hirten, wenn Einer des Bannes schuldig, dass
man unschuldige arme Leute, die etwa den Schuldigen nicht
kennen noch gesehen haben, ja ganze Länder, Städte, Dör-

fer, Alles ohne Unterschied verbanne und verdamme, welches
von Christo noch den heiligen Aposteln und Konzilien nicht befohlen, sondern aus eigener angemasster Gewalt. Derhalben
gebühre dem Papst, die Sünder auf den rechten Weg zu weisen". — „Dass aber Alle die dem Papste müssten Ketzer sein,
die ihm den Fuss nicht wollten küssen, oder dass solches ein
A r t i k e l   d e s   G l a u b e n s wäre, und ein Abtrünniger von
der Kirche, welcher durch ordentliche Wahl der Kurfürsten
sich ein König oder Kaiser nennt und sein Amt versehe, auch
alle die ihm als von Gott verordneter Oberkeit Gehorsam leisten, wider die Kirche sündigten und Ketzer wären, könne
mit göttlicher Schrift nicht beigebracht werden". Diess gegen
das neu-bonifazische Papstdogma und für die Selbständigkeit
der weltlichen rechtmässig gewählten Königsgewalt im Sinne
des Kur-Rhense-Beschlusses.   „Oberkeit ist ein Stand von
Gott, dem man in w e l t l i c h e n Sachen solle gehorsamen,
auch die Geistlichen, es sei wer es wolle. Der Kaiser ist die
höchste Oberkeit, darum ist man ihm Gehorsam schuldig; regiert er nicht recht, muss er Gott Rechenschaft darum geben,
und nicht der arme Unterthan; so wenig als Gott von den unschuldigen armen . Unterthanen für eine böse Oberkeit wird
Rechenschaft fordern, also wenig kann man arme unschuldige
Unterthanen von wegen ihrer Oberkeit bannen noch verdammen. Deshalb Alle, die den wahren christlichen Glauben
halten und allein an der Person des Papstes sündigen, sind
keine Ketzer, sondern die sind Ketzer, die auf viel Ermahnen
halsstarrig wider G o t t e s - W o r t handeln und sich nicht bessern wollen, da kein Mörder, Schelm, Dieb, Ehebrecher,
der mit grosser Reue und Busse d u r c h C h r i s t u m Verzeihung begehrt und sich bessert, nicht kann aus der Kirche geworfen werden. Daraus ist schliesslich, dass Alle, die in un-
rechtem und unschuldigem Bann sind, f r e i v o r G o t t sind;
denn ihre Vermaledeiung kehrt sich zur Benedeiung, ihr Bann
und Unterdrückung wird Gott erhöhen; derhalben sich Christus nicht wider die weltliche Oberkeit gelegt, denn er sprach:
mein Reich ist nicht von dieser Welt; derhalben er der Oberkeit gehorsam war, so er doch Gottes Sohn war, befahl auch,
dass man Gott soll geben, was Gott gehört, und dem Kaiser, was

dem Kaiser gehört. Denn unser Seel' gehört Gott, Leib und
Gut dem Kaiser".

Das war, nach Specklin, des zweiten Schreibens Inhalt,
„mit langen Worten besser ausgestrichen". Grundsätze offenbar
waren hier ausgesprochen, welche die natürliche und berech-
tigte Gegenwirkung der masslosen Ueberspannung von Seite
der avignonschen Päpste waren. Die Wirkung dieser Schriften war nach Specklin auf Priester und Volk gleich gesegnet.
„Viel P r i e s t e r wurden ganz fromm... Sie brachtens auch
dahin, dass die L e u t e fröhlich sturben und den Bann nicht
hoch mehr fürchteten; denn sonst viel Tausende zuvor ohne
Beicht in grosser Verzweiflung gestorben sind". Dagegen habe
der Papst dem Bischof von Strassburg — Specklin nennt ihn
Johann, aber Berthold starb erst 1353 — befohlen, diese
Bücher zu verbrennen, „und sollten solche Bücher die Geistlichen noch die Laien bei dem Bann nicht lesen". Bischof
Berthold, von dem Sp. sagt, er habe den T. viel und gerne gehört, der aber im Jahr 1345 in einem an Klemens gerichteten
Schreiben sich von Ludwig, mit dem er sich einige Zeit ausgesöhnt hatte, völlig lossagte und für die Zukunft dem römischen
Stuhl völligen Gehorsam versprach, liess — „die Bücher auf-
heben". Ihre Verfasser aber „hielten sich in der neuen Kart-
haus heimlich (wo Ludolph Prior war); da schrieben sie noch
mehr, da sie es vor gelassen hatten". Im Jahr 1350, sagt Sp.,
vielleicht wahrscheinlicher im Jahr 1348, kam Karl IV. nach
Strassburg, um von den Bürgern seine Anerkennung als römischen König zu erbitten. Man mochte ihm von T. und dessen
Freunden gesagt haben; er liess sie daher vor sich kommen.
„Als der König und der Bischof sie vorforderten und sie ihr
Bekenntniss vorlasen, waren sie schier selbst ihrer Meinung
(? Specklinisch), deshalben der König noch alle Bischöfe nichts
durften wider sie vornehmen". Aber Sp. selbst widerspricht sieh
im gleichen Athem; denn, sagt er, „man (die Bischöfe) gebot
ihnen, wider die christliche Kirche und den Bann nicht mehr
freventlich zu handeln"; „insonders wurden die (oben angegebenen) aus ihren Schriften gezogenen Artikel verboten und
ganz wie ketzerisch erkannt".

So weit Specklin. Sollten sich auf diese Geschichten nicht

die Andeutungen, die wir oben aus Ts. Predigten gezogen,
beziehen? Die gänzliche Untersagung des Dienstes am Worte
Gottes? Die Wolke, die sich entladet? Das Nest, das den
Gottesfreunden noch bleiben werde? Wohl auch in diese Pe-
riode fällt die Aeusserung Heinrichs von Nördlingen an die
Marg. Ebner: „Bittet Gott für unsern lieben Vater den Tau-
ler, der ist auch gewöhnlich in grossen Leiden, weil er die
Wahrheit lehrt und ihr lebt so gänzlich als ich einen weiss.
Nun, Lieben, bittet für ihn". Wir wiederholen es: in Ts.
Schriften selbst findet sich gar nichts hierauf Bezügliches,
nicht einmal Etwas, was auch nur den Grundsätzen ähnlich sähe, die wir oben gehört haben (s. T. und die Kirche).
Anderseits zeugen aber eben diese Predigten, in denen Anspielungen auf den Bann sich finden, dass er während des
Bannes selbst, auch wenn es Sp. nicht bestimmt sagte, gepredigt haben muss. Die gehäufte Noth des Volkes mag ihn dann
zu jenem Entschiedenen und Aeussersten, das Sp. berichtet,
getrieben und seinen Liebeseifer für das Volk in Zorneseifer
gegen dessen falsche Führer umgewandelt haben.

In die Zeit n a c h diesen Geschichten muss sein längerer
Aufenthalt in K ö l n fallen, wo ihm verwandte Geister (wenigstens kurz zuvor noch) lebten, uns freilich jetzt mehr nur
dem Namen nach oder doch nur aus Bruchstücken bekannt:
Heinrich von Löwen, Heinrich von Köln, Franke von Köln,
Gerhard oder Johann von Sterngasse — ein ganzer Eckartianer,
alle dem Dominikaner-Orden angehörig. Dass er vor 1348
bleibend in Strassburg und nur vorübergehend in Köln sich
aufgehalten hat, geht aus den Briefen Heinrichs von Nördlingen hervor. W a n n er nach Köln sich gewandt, wissen
wir nicht. In der Historie heisst es: „da nun dieser Meister
wohl 8 Jahre in diesem fruchtbaren Leben war, da wollte
Gott seinen Diener nicht länger in diesem Elende lassen und
wollte ihn zu sich lassen kommen". Man hat nun diese 8 Jahre
auf die Zeit von 1342 an, da er wieder öffentlich auftrat, bezogen, und so 1850 als das Jahr gefunden, da er nach Köln
gezogen sei, als ob nicht vielmehr von seinem nach diesen
8 Jahren eingetretenen Tode die Rede in der Historie wäre,
die hier offenbar falsch berichtet, oder eine falsche Leseart

hat (statt 18). Ebenso wenig wissen wir, wie l a n g e T. sich
in Köln aufgehalten hat. Nach der Vorrede zur kölnischen Po-
stille pflegte er daselbst in dem Dominikanerinnenkloster zu
S. Gertrud zu wohnen und zu predigen; wahrscheinlich war
er Beichtiger desselben. In seinen Predigten selbst erwähnt er
einigemal der Stadt Köln. Er belobt ihren religiösen Eifer: es
sei eine gute Gewohnheit in Köln, dass man gar gerne das h.
Sakrament des Abendmahls empfange, aber es werde gar ungleich empfangen (s. Abendmahl). In derselben Predigt spricht
er von einem „Land“, da er gewesen sei, „da die Leute gar
männlich sind und thun also einen wahren starken Kehr und
bleiben dabei, und da bringt das Gotteswort mehr wirkliche
Frucht in e i n e m Jahre, denn hie in zehn Jahren, und sieht
man Wunder an diesem minniglichen Volk und grosse
Gnade“. Deutet diess nicht hin wie auf eine Art Heimweh
nach dem Oberrhein und seinem Strassburg, das er den Köl-
nern als Muster vorhält? Ein andermal sagt er in einer Predigt: „hie in Köln haben die Leute gar kranke (schwache)
Häupter“.

Das ist Alles, was wir in seinen Predigten über seinen
Aufenthalt in Köln finden. Seine Thätigkeit setzte er hier,
wie früher in Strassburg, in g l e i c h e m G e i s t e fort: auch
waren hier wie dort dieselben Elemente, die er zu bekämpfen
hatte. — Mit dem Gottesfreund vom Oberland, der ihm im
Jahr 1356 das schon oben angeführte Sendschreiben sandte,
blieb er im Verkehr. Auch zu Rusbroek ins Brabant soll er
gekommen sein.

Wann er nach Strassburg zurückgekehrt ist, wissen wir
nicht. Wir finden ihn 1361 in seiner Vaterstadt auf dem
Todbette.

Die „Historie“ gibt uns hierüber wieder Mittheilung.
Es „griff ihn mit grosser Krankheit an, also dass er zu Bette
lag wohl 20 Wochen, dass er gar grosse Wehetage hatte
und grosse Schmerzen litt. Er erkannte, dass er aus dieser
Welt scheiden sollte und sandte nach seinem lieben Freund
aus dem Oberlande“. So treffen wir denn diesen Mann, nach
langem Stillschweigen, wieder am Sterbebette Taulers. Sie
besprachen Vieles mit einander. „Ich bitte dich, sprach eines

Tages T. zu seinem Freunde, dass du nehmest die Bücher
(Notizen), die da liegen; da findest du geschrieben alle die
Reden, die du vor Zeiten mit mir geredet hast und auch
meine Antworten;.... lieber Sohn, dünkt dich es gut und
gäbe Gott dir Gnade es zu thun, mache ein Büchlein davon".
Der „Mann" versprachs. Da bat ihn der Meister, doch keinen
Namen darin zu nennen; „denn du sollst fürwahr wissen, das
Leben und die Wort und Werk, die Gott durch mich armen,
unwürdigen, sündigen Menschen gewirkt hat, die sind nicht
mein gewesen, sondern des allmächtigen Gottes, dessen sie
noch heut des Tages und auch ewiglich sind. Darum, willst
du es schreiben zum Nutzen unserer Nebenchristen, so schreib
es ja, dass weder mein noch dein Name genannt werde, du
magst aber wohl schreiben: der Meister und der Mann. Auch
sollst du das Büchlein Niemand in dieser Stadt lesen lassen
oder sehen, man merket sonst, dass ich es wäre gewesen,
sondern führe es mit dir hin in dein Land, also dass es bei
meinem Leben nicht auskomme". Das that der Laie, fügte
auch (nach Ts. Tode) einige Predigten desselben, die er seiner Zeit in Strassburg angehört, und den Bericht von dessen
Ende (und Erscheinung) bei; und so entstand das Büchlein,
ohne Angabe, wie T. gewünscht, von Ort und Namen, das
unter die Urkunden des Strassburger Johanniterhauses kam.
In einer alten Handschrift hat es den Titel: „von einem Lehrer der h. Geschrift und von einem Laien, ein schön Legend",
in dem ältesten Drucke aber und seitdem in allen Ausgaben
gewöhnlich die (nicht passende) Aufschrift: „die Historie und
das Leben des ehrwürdigen Doktors Johann Tauler".

Eilf Tage darnach „kam die Zeit, dass T. sterben sollte".
Er verhiess dem Laien, ihm nach seinem Tode zu erscheinen; „ich bitte dich, lieber Sohn, dass du deinen Willen dazu
gebest, so es Gott fügte, dass mein Geist wieder zu dir käme und
dir sagte, wie es um mich wäre". Da sprach der Mann: „lieber Herr, will es Gott also haben, so will ich es auch gerne".

Der Todeskampf Ts. (physisch oder psychisch) muss
schwer gewesen sein; er hatte „an seinem Ende eine gar
grässliche und schreckliche Gebehrde, dass alle Brüder in dem
Kloster und auch andere Leute in grosse Angst und Noth ka-

men, und wunderten sich sehr des erschrecklichen Ernstes, den sie sahen an seinem Ende". Er starb ausserhalb seines Konventes bei seiner Schwester, einer Nonne im Dominikanerkloster S. Klaus in den Unden, wohin er sich in seiner Krankheit hatte bringen lassen, in einem Gartenhause. Das hat ihm ein strenger Mystiker „als ein Gebresten" zugerechnet, dass er seiner Natur „zu viel Behelfens" suchte bei seiner Schwester. Er starb den 16. Juni 1361. In seinem Kloster im Kreuzgang ward er begraben. Der Stein, der sein Grab bedeckte, ist seit 1824 aber in der Kirche (jetzt „Neue Kirche" genannt) aufgestellt.

Ueber seinen Tod wurden „Alle bewegt mit Leid, die im Kloster und in der Stadt waren". Sie wollten wenigstens dem „Manne" noch Ehre erweisen, der so lange und bis an sein Ende „ihm heimlich gewesen". Er aber „floh von Stund an aus der Stadt und zog wieder heim". Unterwegs, in einem kleinen Dörfchen, da er übernachtete, den dritten Tag nach seines Meisters Tod, — mit diesem Bericht, den er sofort an Prior und Konvent des Dominikanerklosters, da T. gewesen, sandte, schliesst die Historie, — erschien ihm T. „Er hörte eine Stimme ganz nahe bei ihm und sah doch Niemand. Da begann ihn zu grausen und er machte ein Kreuz für sich. Da sprach die Stimme: fürchte dich nicht; ich bins, der Meister. Da sprach der Mann: so begehre ich, dass ihr mir wollet sagen, wie es um euch steht und was die Sach war, dass ihr so gar ein streng End hattet. Denn eure Brüder in dem Kloster wurden sehr verzaget an euch, und es ist zu glauben,... dass sie sich daran gar sehr werden stossen". Darüber beruhigte ihn nun die Stimme: er hätte diess leiden müssen „für ein Fegfeuer", und damit die h. Engel seine Seele „von Stund an" hätten in Empfang nehmen können, die ihn sofort in das Paradies (n i c h t : die höchste Seligkeit) geführt; hier müsse er fünf Tage beiten (harren), dann werde er geführt in die „unaussprechliche Freude". — Eine Erscheinung, die, wenn sie auch nicht eine absichtliche Fiktion ist, berechnet darauf, den Eindruck des schweren Todes des T. auf die Umgebung aufzuheben, doch eine unabsichtliche und unwillkührliche sein mag.

Ein a n d e r e s Ende als der „Meister" hatte der „Mann",
vorausgesetzt, dass er dieselbe Person ist mit dem Niklass von
Basel. Im Jahr 1379 hatte er an die Strassburger Johanniter
geschrieben: „Die Freunde Gottes sind etwas im Gedränge,
aber was daraus werden will, das wissen sie nicht, Gott der Herr
weiss es wohl". Doch getröstet er sich der Worte des Herrn
an Paulus: lass dir an meiner Gnade genügen. Er hatte, so verborgen sein Wirken war, doch, so scheint es, den Argwohn der
Inquisition erregt. Waldenser, Begharden, Brüder des freien
Geistes, — es war ja leicht, ihn dessen eines Punktes zu be-
schuldigen. Ist ja auch Tauler, auch Suso so beschuldigt worden. Johann Nider, der gegen die Mitte des 15. Jahrhunderts
Dominikaner-Prior in Basel war, berichtet, und diess ist das
andere Mal (ausser jenem ersten Male bei Gelegenheit des
Martin von Mainz), dass der Nikolaus mit Namen erwähnt
wird: „Kurz zuvor (vor dem Konzil von Pisa 1409) lebte ein
einfacher Laie, mit Namen Nikolaus. Dieser wanderte in den
Rheinlanden um Basel und unterhalb zuerst als Begharde
herum, und galt daher bei Vielen, welche die Ketzer verfolg-
ten, als einer der verdächtigsten aus deren Zahl. Denn er war
gar scharfsinnig und wusste seine Irrthümer mit schönen Worten aufs beste zu verhüllen. Desshalb war er auch den Händen
der Inquisition schon lange und oft entgangen. Daher gewann
er auch einige Schüler für seine Sekte. Er war nämlich im
Bekenntniss und dem Leben nach einer aus den verdammten
Begharden, der in dem vorgenannten verdammten Leben viele
Visionen und Offenbarungen hatte, die er für untrüglich
schätzte. Frech behauptete er, er wisse, dass Christus in der
That in ihm wäre und er selbst in Christo, und noch anderes
mehr, was er alles, da er endlich zu Vienne, im Sprengel von
Poitiers, gefangen wurde, inquirirt öffentlich bekannte. Und
da er seine im Punkt des Glaubens verdächtigen und ihm dafür wohl bekannten vertrauten Schüler Jakob und Johannes
dem kirchlichen Untersuchungsrichter nur im Feuer herausgeben (d. h. sich nur im Tode von ihnen trennen) wollte, und
er in vielen Stücken abweichend vom wahren Glauben und un-
belehrbar erfunden wurde, so ward er mit Recht der weltlichen Gewalt übergeben, die ihn verbrennen liess". D i e s e s

Ende hatte Nikolaus, der, wenn er der Gottesfreund aus dem
Oberlande gewesen, ein fast 100jähriger Mann gewesen sein
muss, da er erzählte, sein geistliches Leben hätte schon im
Jahre 1330 begonnen.

Die Hauptschriften Ts. sind seine „Nachfolgung des armen Lebens Christi" und seine „Predigten". Die „Nachfolgung" besteht aus zwei Theilen. Der erste Theil handelt
„von viel Unterschied der wahren Armuth", d. h. er beschäftigt sich mit dem Begriff des Wesens derselben. An die Spitze
setzt T. das Höchste, das er zu sagen weiss: Armuth sei
„eine Gleichheit Gottes", was soviel sagen will, als sie sei der
„Stand der wahren Gottesempfänglichkeit". Armuth nämlich
sei (wie Gott) „ein abgeschiedenes Wesen von allen Kreaturen" (K. 1—15); ein „frei Vermögen" (15—43); ein „lauter Wirken" (43—49) — in der Sphäre des natürlichen, des
gnadelichèn und des göttlichen Werkes (49. 50). Diess letztere
führt er nun im Einzelnen durch: zunächst in der Sphäre des
natürlichen Werkes als leibliches (51); als sinnliches (52);
als geistliches (53) in Erkennen, Lieben und Gedenken (53);
doch handelt er nur von dem Erkennen (53—59). Vom natürlichen Werk geht er zum gnadelichen über, aber es
ist auch nur das „gnadeliche Verständniss" (sittliche Erkenntniss), das er behandelt (59—97). Es folgt nun, man weiss
nicht, ist es eine Unterabtheilung dieses Theiles, oder der
dritte Haupttheil der Kategorie des dreifachen Werkes im
Menschen, das göttliche Werk, das „Einsprechen des
göttlichen Geistes im Menschen" (91), zunächst als „Wiedersprechen des menschlichen Geistes in Gottes Geist", d. h. als
korrespondirendes Verhalten des Menschen in leiblicher Armuth
(98—115), Nachfolge Christi (117—130), Tugendübung
(131); dann als eigentliches Werk Gottes, dessen bildloses
Einsprechen „Leben (133—141), Licht und Wahrheit" im
Menschen ist (141—169).

Der zweite Theil hat zum Titel: „wie man soll kommen
zu einem vollkommenen armen Leben". 1. „Der Mensch solle

ansehen die Lehre Jesu Christi und sein Leben" (1—22).
2. „Vollkommenheit der Tugend" (22—25). 3. „Dass er ihm
selber und allen Kreaturen ersterbe" (25—31). 4. „Vollkommenheit eines schauenden Lebens" (31—49). Auf diese vier
Motive folgen die v i e r W e g e (40). 1. „Ein vollkommener
Wille, allem dem abzugehen, das wider Gott ist" u. s. w.
(41–42); 2. „Nachfolgung des armen Lebens Christi" (42–58);
3. „dass der Mensch alles, das ihn geistlich tödtet, nicht fliehe",
sondern „sich darein gebe" (58—106); 4. „fleissige Hut
alles dess, das in den Menschen fallen mag, es sei geistig oder
leiblich, dass das also empfangen werde, dass es den Geist
nicht mittle" (106—128).

Diess die Eintheilung, wie sie T. angiebt. Aber sie ist
rein nur Form, kein Faden, an dem ein wirklicher Gedanken-
fortschritt sich fortspänne. Denn unter jeder Rubrik kommen
fast einzeln alle Fragen und Gedanken wieder zur Sprache,
so dass die Entwickelung des Tauler'schen Gedankensystems
nicht aus einer Analyse des Buchs geschöpft, sondern nur
durch freie Synthesis des demselben gleichsam zu Grunde
und in ihm verborgen liegenden Ideenzusammenhanges gewonnen werden kann.

Und hier ist auch das Verhältniss der Nachfolgung zu den
Predigten in Betracht zu ziehen. Jene ist systematischer, zuweilen in scholastischer Form von Fragen; „nun möchte man
fragen", „nun möchte man sprechen", worauf dann die Antwort, die Lösung folgt; sie ist auch umfassender, allgemeiner
als diese, anderseits wieder beschränkter, spezieller, indem
die ganze mystische Anschauung auf das arme Leben als Ziel
bezogen wird, was in den Predigten nicht der Fall ist. So ergänzen sich beide Schriften. Aber auch im Inhalt ist Verschiedenheit und darum Ergänzung. Die Stufen z. B., die natürliche, gnadeliche, göttliche, was die Nachfolgung Christi sei,
und anderes ist viel genauer in der „Nachfolgung" entwickelt.
Der mystische Akt selbst aber, die Versenkung des (subjektiven) Grundes in den göttlichen, die Gotteseinigung, auch
die psychologischen Details, z. B. über den „Grund" der
Seele, sind viel reicher behandelt in den Predigten. In diesen treten auch die Gottesfreunde viel mehr hervor; viel seltener in der

„Nachfolgung", in der „der vollkommen arme Mensch" die Stelle der „Gottesfreunde" vertritt.

Die P r e d i g t e n Ts. sind nun eben die andere Haupt-quelle seiner Mystik. Nur ist höchlich zu bedauern, dass man durchaus nicht weiss, aus welcher Zeit die einzelnen datiren. Das würde viel Licht werfen auf Ts. Entwicklung, auf das nähere Verhältniss der Predigten zur Nachfolge, selbst auch vielleicht auf die „Krisis" durch den Laien.

Von den P r e d i g t e n wurden frühe verschiedene Samm-lungen veranstaltet, oft mit fremden Produkten von den bei-den Eckard, Rusbroek, Suso und Andern vermischt. Wohl die beste, zuverlässigste und älteste Handschrift aus dem Ende des 14. Jahrhunderts (73 Predigten enthaltend) befindet sich auf der Strassburger Bibliothek, und stammt aus dem ehema-ligen Johanniterhause, welches duch Rulmann Merswin ein Herd der Mystik in Strassburg geworden war. Eine genaue und vollständige Ausgabe von Ts. Predigten in der Ursprache ist noch nicht erschienen. Vorliegende Darstellung hat sich meist nur an die 84 Predigten der ersten Sammlung in der Basler Ausgabe vom Jahr 1521 gehalten als die unzweifelhaft ächten, wie sie jener ältesten Strassburger Handschrift ent-sprechen; der erste Anhang jener Ausgabe, in dem Vieles n i c h t t a u l e r i s c h ist, wurde nur selten und mit Vorsicht benutzt.

Das sind die anerkannt ächten Schriften Ts., zu denen vielleicht noch einige ganz kleine unbedeutende Traktate, z. B. die „Prophecien", gebören mögen. Sehr vermischt mit fremden Beigaben sind die von Peter von Nymwegen zuerst (1543) bekannt gemachten Briefe Ts., meist an Nonnen; ohne spezielles Interesse. Von Ts. Gedichten siehe unten. Die „Me-dulla" ist eine blosse Kompilazion aus Taulers und anderer Mystiker Schriften. Noch andere ihm zugeschriebene Traktate sind entschieden unächt.

Die Mystik Tauler's.

Die **Mitte** der Mystik Tauler's ist die Einung der Seele mit Gott durch einen mystischen Prozess. Wie nun dieser mystische Kelch sich **entfaltet** zur offenen Blume, so hat er auch seine Wurzeln, ohne die er nicht gedacht werden kann — die Voraussetzungen und Unterlagen der Tauler'schen Mystik, welche Gott und den Menschen, die Sünde und die Gnade zum Gegenstand haben; diess ist der erste Theil. Auf diesen folgt als Haupttheil der eigentliche mystische Prozess mit der Union als ihrem Ziel, deren **Entfaltung** dann den dritten Theil der Mystik bildet.

Die Grundlagen und Voraussetzungen.
Gott (Wesen, Trinität. Eigenschaften).

T. ist in Verlegenheit zu sagen, was Gott sei, denn alle menschlichen Bezeichnungen reichen nicht an Gott. Er theilt diess mit den andern Mystikern, mit Eckard. Er nennt daher Gott „das Nichts", wovon S. Dionysius spreche, dass Gott keines deren Dinge sei, die man nennen oder verstehen möge.

Das ist freilich nur eine **negative** Bestimmung, die aber doch zu positiveren führt: zu dem Begriffe des **Wesens**; denn unter Wesen versteht er das was **ist**, wenn man alle Relation, Weise, Namen abzieht. Er nennt daher Gott Wesen **schlechthin**, „lauteres, einfältiges" Wesen, die „weislose Einheit". Man sieht: die anfänglich rein negative Bestimmung ist zu einer **allgemein** positiven geworden. Dieses allgemeine Gottsein selbst lässt er aber (mit Eckard) in einem ewigen Prozesse seiner selbst sich zu dem seiner selbst bewussten Gott bestimmen. Er spricht nämlich von einem „göttlichen, innerlichen Abgrund", da „Gott sich selbst erkennet und verstehet und seine eigene Weisheit und Wesenheit schmeckt"; er braucht auch Ausdrücke, wie: die „stille, wüste Gottheit", die „Wüste der Gottheit", die „Einöde der göttlichen Eigenschaften", die „göttliche Finsterniss". Damit

will er allerdings auch das über alles kreatürliche Verständniss
Hinausgehende, das durch die Ueberfülle seiner Klarheit
Blendende des göttlichen Wesens bezeichnen; denn „die göttliche Finsterniss ist aus unaussprechlicher Klarheit finster allem Verständniss der Engel und der Menschen, wie der Glanz
und die Sonne in ihrem Rad den kranken Augen eine Finsterniss ist.... Der Abgrund der göttlichen Finsterniss ist sich
allein bekannt und allen Dingen unbekannt". Aber was T.
göttlichen Abgrund, Wüste, Finsterniss nennt, das ist ihm
zugleich eine objektive Idee, und was er damit in Gott setzt,
versteht man am deutlichsten durch das, was er als „geschaffenen" Grund im Menschen setzt (s. unten), welcher Grund
das menschliche Gegenbild des „ungeschaffenen" göttlichen
ist. Dieser „Abgrund" ist nämlich nichts anderes als das
Gottsein Gottes, der „Grund" der göttlichen Persönlichkeit,
wie er auch bei Eckard, Suso, Rusbroek, und selbst in den
Systemen späterer Theosophen (Böhme) und Philosophen
(Schelling) eine Rolle spielt. T. deutet dahin Bibelstellen,
wie z. B. Josua 2, 14, die er allegorisch interpretirt.

Die Gottheit konnte aber in dieser „weislosen", „stillen"
Weise nicht bleiben: „von Ueberflüssigkeit des überschwenglichen Reichthums der Güte Gottes mochte der Vater sich
nicht innen enthalten; er musste sich ausgiessen und gemeinsam machen". In dieser Art begründet T. den Fortgang der
Gottheit zu Gott, zur Trinität.

Er ist es sich übrigens ganz bewusst, wie unzulänglich jedes (adäquat sein wollende) Verständniss und Darstellung des
Trinitäts-Dogmas sei. Es sei „besser, hievon zu befinden denn
zu sprechen", besonders da die Worte (anderswoher) „ e i n -
g e t r a g e n" seien. Man könne „kein eigentlich Wort" hiefür finden, und „müssen doch Worte sein"; was man hievon
sprechen oder denken möge, sei „zu tausendmal minder denn
eine Nadelspitze gegen Himmel und Erde". Man solle diess
daher „den grossen Prälaten und Gelehrten befehlen"; die
„müssen doch etwas Rede davon haben, den Glauben zu beschirmen"; in der Unkunst müssen sie „dennoch wohl mit Urlaub stammeln, um der h. Kirche willen, ob das wäre, dass
sie in Noth käme von Ketzerei wegen, dass sie sich aussprechen

könnten". Um so mehr klagt er, dass „unwissende" Menschen
kommen und „thun, als ob sie es recht durchgesehen hätten".
Wie viel besser wäre es, sie liessen ihr Disputiren sein und
liessen sich an Gott und achteten, dass er in ihnen geboren
werde, „nicht in vernünftiger, sondern in wesentlicher
Weise".

Offenbar verräth sich hier der auf das (innere) L e b e n
gerichtete Sinn Taulers, der die unberufene, müssige, unfruchtbare Spekulationssucht bekämpft. Es wäre aber voreilig, daraus zu schliessen, er selbst lasse nun dieses Mysterium
uneröffnet. Einerseits ist, wie er mit Thomas sagt, wie „kein
Fall sorglicher denn hierin zu irren", so „kein Ding lustlicher
und wonnesamer zu empfinden"; und er weiss sich diesem
(spekulativen) Reize um so weniger zu entziehen, da das mystische Gebäude, der ganze „ Heilsprozess" des Menschen und
die Erkenntniss darum das Wesen und die Dreieinigkeit Gottes
und die Erkenntniss um sie zu Voraussetzungen hat. Anderseits will, was er gibt, er gar nicht als ein solches gegeben
haben, das ein Werk müssiger Spekulation oder Dialektik
wäre, sondern als das Produkt einer Art mystischen Erhebung
oder Vertiefung. In der eigenen (mystischen) religiösen Erfahrung nämlich finde man, sagt er, einen trinitarischen Heilsprozess als die Wirkung der göttlichen Trinität, welche Wirkung eben diese Trinität bezeuge und in ihrer Analogie sie
erkennen lasse. Gewiss, ein ebenso tiefsinniger als ächt christ-
licher Gedanke! Man fiude nämlich das göttliche Bild „wahrlich, eigentlich und bloss in der Seele", freilich „nicht so
adelich, als es an sich selbst sei". Dieses Bild nun, „von dessen Adel" übrigens auch schwer sei zu reden, denn Gott sei
„in diesem Bilde selbst unbildlich", hätten „die Meister" verschieden im Menschen nachzuweisen versucht; die Einen in
den obersten Kräften: Gedächtniss, Verständniss und Wille
(Augustinus, und nach ihm die Andern), als mit welchen
Kräften der Mensch „eigentlich empfänglich und gebräuchlich"
sei der h. Dreifaltigkeit. T. sagt von dieser Ansicht, sie sei
wahr, aber „im untersten Grunde", sei „noch in der Natur".
Höher habe Thomas gegriffen, der sage, die Vollkommenheit
des Bildes liege im Wirken, in der Aktualität, in der Uebung

dieser Kräfte. Die höchste Ansicht (die mystische) sei nun
aber diejenige, wornach das trinitarische Bild „im allerinnersten, in dem allerverborgensten Grunde" der Seele und in
deren unaussprechlichen Erfahrungen liege (s. u.). In diesem
Grunde nun „gebäre" der himmlische Vater „seinen eingebornen Sohn". Wer diess befinden wolle, „der kehre sich
ein, fern über alles Wirken seiner auswendigen und inwendigen Kräfte und Phantasieen, und alles was je von aussen eingetragen ward, und versinke dann und verschmelze in den
Grund. Dann kommt die väterliche Kraft und ruft dem Menschen durch sich und seinen eingebornen Sohn. Und wie der
Sohn aus dem Vater geboren wird und wieder in den Vater
fliesst, also wird dieser Mensch in dem Sohn von dem Vater
geboren und fliesst wieder in den Vater mit dem Sohn und
wird eins mit ihm;... und da giesst sich der h. Geist in einer
unaussprechlichen Liebe und Lust aus und durchgiesst und
wiederfliesst den Menschen mit seinen Gaben". Diess ist Taulern das ächte (mystische) Zeugniss für die göttliche Trinität.
Schon Heiden, sagt er, seien diesem Grunde „heimlich" gewesen, seien ihm „nachgegangen" in „Verschmähung zergänglicher Dinge". Proklus z. B. habe es gelehrt, wie man
stufenweise alle Mannigfaltigkeit, vernünftige Bilde u. s. w.
lassen müsse, um da hinein zu kommen, und darum hätten
diese „grossen Meister" (Proklus, auch Plato) eine Erkenntniss („Unterscheid") dieser Dreieinigkeit gefunden und sie
denen, „die von sich selbst sie nicht finden konnten", mitgetheilt. T. beruft sich dafür auf Augustin, der es gesagt habe,
dass Plato „das Evangelium: im Anfang war das Wort, ganz
ausgesprochen hätte" bis auf das Wort: „es war ein Mensch
von Gott gesandt". Dass diese Heiden zu diesem „Unterscheid" gekommen, „Kinder, das kam alles aus dem inwendigen Grunde; dem lebten sie und warteten dess".

In der Trinität schaut nun T. den ewigen göttlichen
Lebens- und Selbstbewusstseins-Prozess. „Der
Vater in seiner persönlichen Eigenschaft kehrt sich in sich
selber mit seinem göttlichen Verständniss und durchsiehet sich
selber im klaren Verstehen in dem wesentlichen Abgrund seines ewigen Wesens; und von dem blossen Verstehen seiner

selbst spricht er sich ganz aus, und das Wort ist sein Sohn,
und das Erkennen seiner selbst ist das Gebären seines Sohnes
in der Ewigkeit. Er ist innebleibend in wesentlicher Einigkeit
und ist ausgehend in persönlichem Unterschiede. Also gebet
er in sich und erkennet sich selber und er gehet dann ausser
sich in ein Gebären seines Bildes, das er da erkannt und verstanden hat in persönlichem Unterschied. Er gebet dann wieder in sich in vollkommenem Gefallen seiner selbst. Das Gefallen (seiner selbst) fliesst aus in eine unaussprechliche Minne,
das da ist der h. Geist. Also bleibet er inne und gebet aus
und gehet wieder ein". Der „Sohn", wie man sieht, ist die
in Gott sich gegenständlich gewordene oder s e i e n d e Erkenntniss seiner selbst, das „Wort", als innerliches, und das
sich Gegenständlich-Setzen Gottes in diesem Selbstbewusst-
seinsprozess ist „das Gebären" des Sohnes; der h. Geist aber
ist die „Liebe ihrer beider", das heisst, dass sich der Erkennende und Erkannte (Vater und Sohn) als derselbe (Gott)
wissen. „In (dieser) ihrer wesentlichen Einigkeit ist der Vater
was der Sohn ist und der h. Geist, in der Macht, in Weisheit und in Minne; also ist der Sohn und der h. Geist mit dem
Vater alles eins und ist doch grosser Unterschied an den Personen, und derselbe in Einigkeit der Naturen, unbildlich, ausfliessend und einfliessend". Dieses Sich Setzen und Aufheben
nennt T. (nach Prov. 8, 30. 31) mit Eckard ein S p i e l :
„wie der Sohn dem Vater vorspielt, und wie sie beide in
ausblühender Liebe geisten den h. Geist." Zugleich warnt er
aber, diess Verhältniss nicht als ein zeitliches, einmaliges zu
denken. Es sei ein ewig nothwendiger Lebensprozess in
Gott als Geist, so ewig als Gott selbst. Ewig, ohne Unterlass gebäre der Vater seinen Sohn, und das Wort spiele ewig
dem Vater in seinem väterlichen Herzen, und Gott der
h. Geist fliesse allezeit von ihnen beiden. — Eigenthümlich
dieser Fassung ist noch diess, dass T. nicht nach kirchlichem
Sprachgebrauch von einem Gezeugtwerden des Sohnes, sondern von einem Geborenwerden spricht. Gott gebiert sich
gleichsam aus sich selbst in sich selbst. Das ist der Sprachgebrauch der Mystiker jener Zeit, die in den Worten: Geburt,

Gebären, Geborenwerden den geistigen Lebensprozess sowohl
in Gott als in den Menschen am liebsten symbolisiren.

Dieses trinitarische Sein Gottes hat übrigens nach T. auch
wesentliche Bedeutung für die Welt. Diese „Entgiessung"
des Wortes aus dem Vater, um mit Suso zu reden, ist im
Tauler'schen System nach dem Vorgange Eckards das
ewige Vorbild für die kreatürliche Geschichte im Grossen und
Ganzen, welche ihr zeitliches Nachbild ist, und im Besondern
für den mystischen Lebenslauf der einzelnen Seele, die „ganz
in sich gehen soll und dann ausser sich und wieder in sich",
oder: die „nach derselben Weise als sie ausgeflossen ist aus
Gott, nach derselben wieder einfliessen soll" (s. u.). Darum
sagt T., alle Hochzeiten (Feste), die durch das ganze Jahr
seien, nähmen all' ihr Ziel und Ende vom Dreifaltigkeitsfeste.

Dieses Verhältniss Gottes zur Welt oder der Welt
zu Gott wird noch klarer und bestimmter durch den allgemeinen
nen Gottesbegriff, wie ihn T. gibt. Wesen, sagt er, sei Gott,
aber im allerumfassendsten Sinne, nämlich „aller Wesen
Wesen", das Wesen, „Einwesen, in dem alle Mannigfaltigkeit geeiniget sei". Weil es „ist", erklärt er sich mit Augustinus, darum „sind wir"; weil es „gut" ist, darum „sind
wir gut", denn „Alles, was alle Kreatur Gutes hat, das ist
alles von der wesentlichen Güte Gottes allein gut". Und hinwiederum: Alles was ist, was Wesen hat und Wesen ist und
gut ist, darin ist Gott. Er adoptirt das Wort Augustins: „Siehest du einen guten Menschen, einen guten Engel, einen
guten Himmel, thue ab Menschen, thue ab Engel, thue ab
Himmel; und was da bleibt, das Wesen des Guten, das ist
Gott." Gott ist „Alles in allen Dingen" und „doch fern
über alle Dinge".

In dieser Richtung gehen auch die dürftigen Andeutungen,
in denen sich T. über einige göttliche Eigenschaften auslässt.
Er spricht einmal über das apostolische Wort: von der Länge,
Breite, Höhe und Tiefe Gottes. Offenbar ist ihm die Breite
die Allgegenwart, die allgegenwärtig wirksame Liebe Gottes.
„Die Breite Gottes, sagt er, soll der Mensch in einer gemeinen Liebe verstehen, dass sich Gott gibt in allen Städten, in
allen Landen, in allen Weisen und Werken, die gut sind.

Es ist kein Ding so breit und so gemein als Gott, noch so nahe in dem innersten Grund; wer ihn da suchen will, der findet ihn. Auch alle Tage finden wir ihn in dem h. Sakrament, in allen Gottesfreunden und in allen Kreaturen". Unter der Länge begreift er die Ewigkeit, „die kein Vor und kein Nach hat, denn Gott ist eine stille Unwandelbarkeit, darin alle Dinge gegenwärtig sind, in einem steten, unwandelbaren Anschauen seiner selbst, und in ihm alle Dinge gegenwärtig". In der Höhe und Tiefe schaut er das Vonsichselbstsein Gottes im Gegensatze zu allem Geschaffenen; die Transzendenz Gottes. Da „soll der Mensch ansehen, dass Gott, der allé Dinge vermochte, diess nicht vermochte, dass er eine Kreatur so edel machte, dass sie durch ihre Natur die hohe Wesentlichkeit seines Wesens erlangen oder mit ihrem natürlichen Verständniss erkennen könnte.... Denn sie ist geschaffen und Gott ist von Niemand geschaffen, denn was er ist, das ist er von sich selbst und von Niemand anders".

Von diesen Eigenschaften selbst sagt er, sie seien Gottes Wesen. „Sein Wesen ist sein Wirken, sein Erkennen, sein Lieben, sein Lohn, seine Barmherzigkeit, seine Gerechtigkeit, alles ein". So sehr ist er bestrebt, im Gegensatze zu den Eigenschaften, die der Mensch nur hat, die göttlichen als Gott wesentliche, als er selbst sie seiende darzustellen, wie er diess auch so ausdrückt: „alle Kreaturen haben wohl Güte, Liebe, sie sind aber nicht das Gute, die Liebe, sondern Gott allein ist das Wesen der Güte und alles was man nennen mag". Anderseits will er aber auch dadurch das substanzielle Sein Gottes rein erhalten als das absolut einfache, ohne doch durch die Negation aller Bestimmungen im göttlichen Wesen dieses zu einem Leeren und Nichtigen zu machen.

Die Welt. Der Mensch.

Tauler sagt es, und setzt es überall voraus, wo er es nicht sagt, dass die Welt geschaffen worden, oder wie Suso sich ausdrückt, zum gewordenlichen Ausbruch gekommen sei; aber wir finden bei ihm nicht die nähern Ausführungen, wie z. B. eben bei Suso. Er spricht sich nur über die Welt aus, die ist.

Diese Welt nun der geschaffenen, endlichen, zeitlichen
Dinge in ihrer Mannigfaltigkeit und Vergänglichkeit nennt er
nun „scheinend“, „eitel“, „unstät“, „ungeruhig“, „zergäng-
lich“, „blind“, „tödtlich in ihnen selbst“. Ebendarum „zer-
spreiten“, „vermannigfaltigen“, „zerstreuen“, „verunruhigen“,
„vermitteln“, „verblinden“, „tödten“ sie den Menschen, der
„mit ihnen umgeht“. T. ist voll der Eitelkeit aller Dinge; er
ist ganz von dieser neuplatonischen Ansicht imprägnirt. Sie
haben ihm nur Wesen, Wahrheit, Werth, so weit sie in Gott
sind und Gott in ihnen ist und wirkt, der das einzig wahrhaft
Seiende, das einzig Gute ist. Denn Gott, das wiederholt er oft
nach Augustinus, sei ein Gut, das allerdings „in alle Dinge geflossen“ sei. Gott „ist in allen Dingen wesentlich, wirklich
und gewaltig“. Alle Kreaturen sind „ein Gespüre oder Fuss-
tapf“ von ihm.

Der Mensch, die Seele ist aber nicht bloss „ein Fuss-
tapf Gottes“, sondern „natürlich nach Gott gebildet“. Vor
seiner Geschaffenheit, ehe er dieser Mensch war, „in seiner
Ungeschaffenheit“ sei der Mensch, sagt T. in Uebereinstimmung mit Eckard und den andern Mystikern, die alle eine
ideelle Präexistenz der Welt in Gott setzen, ein „istiges (seien-
des, wesendes) Wesen mit Gott“ gewesen; da „verstund er
nichts“, da „wollte er nichts“, da „war er Gott mit Gott“.
Dieses Gott-istige Wesen sei nun ein „natürlich“ Wesen geworden in seiner kreatürlichen Erschaffung, sagt T., ohne
dass er sich auf das Wie? näher einlässt, wie es Suso thut.
Als dieser kreatürliche sei der Mensch, diess kann er nicht oft
genug wiederholen, „ein Mittel zwischen Zeit und Ewigkeit“,
stehe er zwischen beiden Welten.

Zwischen diesen Endpunkten bewegt sich denn auch die
Tauler'sche Anthropologie, eine trichotomische. „Der Mensch
ist recht, als ob er drei Menschen sei, und ist doch nicht mehr
denn ein Mensch; der eine ist der auswendige Mensch, der
andere der inwendige, vernünftige, der dritte der gottförmige,
und diess alles ist ein Mensch“.

Der auswendige Mensch ist der Mensch „mit seinen
sinnlichen, viehelichen (thierischen) Kräften“, der „Viehelich-
keit“; sie ist das geöffnete Thor, das Organ für die äussere

Sinnenwelt, von der die Seele die Eindrücke und „die natürlichen Bilde" empfängt; sie ist aber auch, wie der Komplex der
äusseren Dinge, diese Sinnenwelt, „unstät", „unbeweglich"
u. s. w., denn mit ihr „gehört der Mensch in die Zeit".

Der vernünftige (mittlere) Mensch — zwischen der
Zeit und Ewigkeit stehend, und gleichsam beide mit einander
verbindend — umfasst die „niedern" und die „höbern" Kräfte
der Seele, das „Hausgesinde" der Seele im Gegensatz zu ihr
selbst. Diese Kräfte konstituiren das vermittelte sittlich-geistige
Leben im Gegensatze zu dem unvermittelten religiösen des
„gottförmigen" Menschen. — Die niederen Kräfte sind als niederes Begehrungsvermögen die „begierliche" Kraft (vis con-
cupiscibilis (s. u.); als niederes Denkvermögen die „vernünftige" Kraft; und die „zürnende" oder „zornige" Kraft. Als die
„höheren" die „edlen", die „obersten" Kräfte, Vermögen, als
die „Grundkräfte" der Seele nennt T.: Gehugnisse (Imagination), Verständniss (Vernunft), freier Wille. „In diesen Kräften ist die Seele ein wahres Bild der h. Dreifaltigkeit; durch
sie ist sie Gottes empfänglich und ihn begreifend, dass sie Alles dessen empfänglich werden mag, was Gott ist und hat und
geben mag und ist durch dieses schauend in die Ewigkeit".
Doch sagt er wieder an einem andern Orte (s. o.) und konse-
quenter, es seie diess „nur in dem untersten Grade wahr". —
In diesen anthropologischen Bestimmungen, die bei ihm (wie
auch bei Rusbroek) die psychologische Grundlage
seiner mystischen Gliederung oder Stufenent-
wickelung bilden, worin er sich von Eckard unterscheidet,
der sich um solche anthropologische Bestimmungen in seinem
spekulativen Flnge wenig bekümmert, folgt T. theilweise den
gangbaren psychologischen Eintheilungen seiner Zeit, besonders des Thomas, doch ohne die wünschbare Präzision.

Weitläufiger lässt er sich über den obersten, den „gottförmigen" Menschen aus, ein ächt mystischer Punkt, den er
besonders in seinen Predigten überall in Vordergrund
stellt als anthropologische Voraussetzung und
Bedingung aller Möglichkeit mystischer Union.
Ueber dem „vernünftigen Menschen" nämlich, d. h. über den
einzelnen, getheilten, ausfliessenden Kräften der Seele, steht ihm

noch ein Höheres, der „Grund“, „Abgrund, den die Seele in sich hat und worin der inwendige Adel der Seele verborgen liegt“, ihr „Wesen“, sie selbst in ihrer einheitlichen einfachen Wurzel. Er ist dasselbe im Menschen, was in Gott der Grund, die Gottheit ist, dessen Abbild er ist. Er ist das, was der Mensch vor aller Getheiltheit, Diremtion seiner Kräfte ist, das unmittelbar einfache Geistsein, die reine Geistigkeit des Menschen, dessen geistige Ursubstanz, von der gewissermassen noch immer gilt, was T. (s. o.) gesagt hat über den idealen unerschaffenen Menschen.

T. ist in Verlegenheit (embarras des richesses), wie er diesen Grund bezeichnen soll. So wenig als man Gott einen eigenen Namen geben könne, so wenig könne man diesem einen eigenen Namen geben, so edel sei er. Er nennt ihn „den inwendigen edlen Menschen, gekommen aus dem edlen Grund der Gottheit und gebildet nach dem edlen, lautern Gut“. Ein andermal braucht er den Namen Syntheresis, ein Ausdruck, der bei den mittelalterlichen Mystikern häufig ist; oder auch „Boden“, „Funken“, „Fünklein“, „Dolde“ der „Seele oder der Istigkeit“ (Blüthe des Urzustandes der Seele) nach Dietrich und Eckard; auch wohl „Gemüth“; hie und da scheint er auch unter der „Vernunft“ im höheren Sinne ihn zu bezeichnen.

In diesem Grunde „sind alle Kräfte der Seele gesammelt“, als ihrem mysteriösen Zentrum und Fokus; von ihm „nehmen sie all’ ihr Vermögen, sind darin, fliessen daraus“; „so er (das Gemüth) recht gerichtet und wohl zugekehrt ist, so sind alle andern Kräfte recht gerichtet; und so er abgekehrt ist, so ist alles abgekehrt, man wisse es oder nicht“; er ist „höher“, „innerlicher“ als die Kräfte, „wohin diese (Vernunft, Wille, Gedächtniss) nicht gelangen können“, „fern darüber“, z. B. über „den Theil, der dem Leib Leben und Bewegung gibt“ (Seele); er ist „ferner über sie alle, mehr denn ein Fuder Wein über einen Tropfen ist“; „sonder Mass“. Er ist „gar einfältig, wesentlich und einförmig“. Da „ist es so still und so heimlich und so wüste, da ist nichts anderes denn lauter Gott und kam darein nie fremdes, nie Kreatur, noch hat die Seele da Wirken noch Verständniss noch Wissen“, darum auch „kein Bild weder von sich selbst noch von einer Kreatur“.

Dieser „Grund" ist aber nicht bloss die wurzelhafte oberste
Einheit aller Seelenkräfte. In ihm ist zugleich „das wahre edle
Bild der Dreieinigkeit innen verborgen", er ist „das Schiff
(Luk. 5, 1—4), darin Gott wahrlich sitzet"; hier „ist eigentlich und wahrhaft Gottes Wohnung und Stätte, viel mehr
denn im Himmel und in den Kreaturen". Hier „hat der ewige
Gott gegrundet" und liegt da „verborgen und verdeckt"; hier
ist „Gott der Seele viel näher und inwendiger, viel mehr denn
die Seele sich selbst"; da „hat die Seele Gott wesentlich,
wirklich und istiglich"; da „wirkt Gott und weset Gott und
gebraucht sein selbst"; man könnte Gott „so wenig von dannen scheiden als von ihm selbst, das ist von seiner ewigen
Ordnung, dass er es also geordnet hat, dass er nicht scheiden
mag noch von dem Grunde will"; da „hat die Seele (potenziell) alles das von Gnaden, was Gott von Natur hat". Mit
einem Worte: „die Nähe, die Gott da hat und die (Gottver-
wandtschaft) Sippschaft ist so wunderlich gross, dass man
nicht viel davon sprechen kann, noch mag, noch darf"; und
„welcher Mensch wahrlich darein kommen möchte, der fände
da Gott und sich selbst einfältig in Gott; Gott wäre ihm da
gegenwärtig und die Ewigkeit wird hier befindlich und schmeck-
lich gefunden".

Man siehet: dieser „Grund" ist das eigentlich Göttliche im Menschen, das unendliche Prinzip im
endlichen Geschöpf: der Punkt, in welchem der
Mensch (und durch ihn und mit ihm die Welt) sein „Anders-
sein" Gottes aufheben, seine Einheit mit Gott wieder gewinnen mag.

Denn hier sei der Mensch Gottes rein und ganz und
stets empfänglich, sagt T. Rein und ganz empfänglich,
das heisst: die Syntheresis sei das Vermögen der unbildlichen
und unmittelbaren Aufnahme Gottes, was den einzelnen Kräften nicht möglich sei. „Alle Werke, die die Seele wirket,
die wirket sie mit den Kräften. Was sie verstehet, das verstehet sie mit der Vernunft; so sie gedenket, das thut sie mit
dem Gedächtniss; soll sie lieben, das thut sie mit dem Willen,
und also wirket sie mit den Kräften und nicht mit dem Wesen. Alles ihr Auswirken haftet allewegen an einem Mittel.

Die Kraft des Sehens wirket nicht als durch die Augen, anders kann sie kein Sehen wirken noch geben. Also ist es mit allen' den andern Sinnen." Aber „in dem Wesen der Seele ist kein Werk; denn die Kräfte, womit sie wirkt, fliessen aus dem Grunde des Wesens." Hier „ist sie allein empfänglich des göttlichen Wesens ohne alles Mittel. Gott gehet hier in die Seele mit dem S e i n e n a l l e m, nicht mit dem Seinen zum Theil. Niemand thut den Grund berühren in der Seele, denn Gott allein. Die Kreatur mag nicht in den Grund der Seele, sie muss aussen bleiben in den Kräften, da siehet sie wohl ihr Bild an, damit sie eingezogen ist und Herberge empfangen hat. Denn wenn die Kräfte der Seele die Kreaturen berühren, so nehmen sie und schöpfen Bild und Gleichniss von der Kreatur und ziehen das in sich; dadurch kennen sie die Kreaturen; nicht näher mag die Kreatur kommen in die Seele. Von dem gegenwärtigen Bild nabet sie sich den Kreaturen. Denn Bild ist ein Ding, das die Seele von den Dingen mit den Kräften schöpft, es sei ein Stein, ein Ross, ein Mensch oder was es sei, das sie erkennen will, so nimmt sie das Bild hervor, das sie zuvor eingezogen hat. Also mag sie sich mit der Kreatur vereinigen. Wenn aber ein Mensch also ein Bild empfähet, das muss nothwendig von aussen einkommen durch die Sinne". Eben darum „mag die Seele von sich kein Bild schöpfen noch ziehen". So ist sie denn auch „innen frei von allen Mitteln und von allen Bilden". Das ist auch „Ursache, dass sich Gott lediglich mag mit ihr vereinen ohne Bild oder Gleichniss".

Wie rein und ganz, so sei, sagt T., in diesem Grunde der Mensch auch s t e t s, a l l e z e i t Gottes empfänglich. „Er mag einen steten Anhang (an Gott) wohl haben, ohne Unterlass, und stete Meinung"; aber „die (einzelnen Seelen-) Kräfte können diesen steten Anhang nicht haben".

Diese Empfänglichkeit, Potenzialität Gottes, sieht T. sich manifestiren in dem unvertilgbaren, unauslöschlichen Trieb zu Gott, der im G r u n d e des Menschen lebt. „Dieser Funke rastet nimmer, er komme denn wieder in den göttlichen Abgrund, daraus er geflossen ist, da er in seiner ersten Unerschaffenheit war.... Diess edle Gemüth, dieser lautere Grund,

ist also gepflanzet und geadelt, dass es ein ewiges Neigen und
Ziehen nach ihm ein, zu Gott, in seinen Ursprung hat, ein ste-
tiges Wiederneigen und Wiederschauen in den Grund seines
Ursprungs, in die Gleichheit.... Und diese selige Neigung
erlöschet nimmermehr, auch in der Hölle;... und das ist die
grösste, bitterste Pein der Seele, dass ihr das ewig entzogen
ist, ihr eigener Ausfluss, aus dem sie wahrlich und lauter geflossen ist, dass sie dessen ewig mangeln muss". — Diess
Quellen und Wogen des Seelen-Grundes im Innern des Menschen und zugleich nach seinem göttlichen Grunde vergleicht
T. mit einem Wogen der Gewässer aus ihrer Tiefe heraus und
in ihren Abgrund hernieder. „Wie die Wasser ebben und fliessen auf und nieder und jetzo in einen Abgrund sinken und es
da scheinet, als ob kein Wasser da sei, und alsbald über eine
kleine Zeit so rauschet es heraus, als ob es alle Dinge um sich
ertränken wollt, also gehet diess alles in einen Abgrund".

Diesen „göttlichen" Abgrund „mögen daher auch alle
Kreaturen nicht ergründen noch erfüllen noch befriedigen,
denn Gott allein mit seinem Unmaass". In diesen Abgrund
„gehört allein der göttliche Abgrund, von dem geschrieben
steht: abyssus abyssum invocat". Ps. 42, 8.

Es scheint, man habe aber schon zu Taulers Zeiten
eingewendet, das sei ein psychologisches Mysterium und
Adyton. Wenigstens gibt er sich viele Mühe, die Einwendungen, die aus der Unbegreiflichkeit der Sache hergenommen
wurden, zu beseitigen. Allerdings wisse der Mensch nichts
davon noch könne er es glauben, „dieweil er mit den
sinnlichen Dingen auswendig wirken geht". Man
müsse es erfahren, „befinden", „welche Nähe da sei
der Seele mit Gott und Gottes mit ihr, welche wunderliche
Werke Gott da wirke und welche Lust und Wonne Gott da
habe"; und erfahren könne man es nur, wenn man sich in diesen Grund lasse „Herz und Gunst" zu Gott kehre.

In dieser Auffassung geht T. übrigens ganz mit den deutschen Mystikern jener Zeit, in denen dieser „Grund" eine
grosse und mysteriöse Rolle spielt: mit „Bischof Albrecht",
„Meister Dietrich", „Meister Eckart", die er namentlich an-
führt, besonders aber beruft er sich auf den „h. Dionysius".

Er geht aber noch tiefer zurück, zu den „heidnischen Meistern": Proklus, Aristoteles, Plato. Schon die Heiden seien
diesem Grunde gar heimlich gewesen, in Theorie und Praxis;
und eben „aus diesem inwendigen Grunde" hätten sie „klaren
Unterscheid der h. Dreifaltigkeit gefunden" (s. o.). „Kinder,
dass ein Heide (Proklus) das verstünde und dazu käme, dass
wir ihm so ungleich sind, das ist uns ein Laster und grosse
Schande.... Das macht nichts anderes denn unsere grosse
Mannigfaltigkeit und Ausserkeit, womit wir allezeit verbildet
und bekümmert sind". — Aus der Bibel beruft er sich hiefür
besonders auf des Herrn Wort: „das Reich Gottes ist in
euch".

Des Menschen Bestimmung; Aufgabe; normale Entwickelung; Entwickelungsstufen.

„Alle Ausgänge sind um der Wiedereingänge willen". In
diesen Worten hat T. die Bestimmung des geschaffenen Menschen ausgesprochen, als der wieder „in seinen Ursprung fliessen",
„allein in Gott länden", „sein Ende in wesender und wirkender Weise in den, in dem alle Dinge enden, setzen soll".
„Der inwendige edle Mensch ist gekommen aus dem edlen
Grund der Gottheit und auch gebildet nach dem edlen lautern
Gott und wieder eingeladen und gerufen und wird wieder eingezogen, also dass er alles Gutes mag theilhaftig werden, und
was Gott minniglichen Grund hat von Natur, das
mag die Seele überkommen von Gnaden". Man
sieht daraus, welch' hohen Flug diese Mystik nimmt. „Die
Zeit aber sollte nicht mehr von uns haben denn einen Durchgang zu dem Ende"; die Ewigkeit sollte „unsere Wohnung
und unser Ende" sein. „Sintemal alle Elemente in ihren Ursprung wiederum eilen, der Stein, das Feuer und alle Dinge,
wie sollte denn die edle Kreatur, der Mensch, der da ein Wunder aller Wunder ist, um dess willen Gott alle Dinge geschaffen hat,... nicht wieder einkehrend sein in seinen edlen, ewigen Ursprung, in das Ende und in das wahre Licht Gottes"?
Darum „ist des Menschen Lauf alleredelst und vollkommen,
denn er gebet allereigentlichst in seinen Ursprung". —

In diesem Wiedereingehen des geschöpflichen Menschen in
seinen Schöpfer sieht T. ein zeitliches Abbild des ewigen Le-
bensprozesses in der Gottheit (Trinität), in der auch ein Ausgehen und Wiedereinfliessen ist (s. o.). Diese Bestimmung ist
aber nach den Mystikern nicht etwa nur eine jenseitige, sondern ihre Verwirklichung ist das Leben des Menschen bienie-
den, der in ihrer Lösung seine r e l i g i ö s e V o l l e n d u n g
feiert. Die Potenz, Gottes ganz und rein inne zu werden, ist,
wie wir wissen, in den Menschen gelegt, a l l e i n in den Menschen, aber in seinen i n n e r s t e n S e e l e n - G r u n d. Dass
nun diese Potenz zur Wirklichkeit erhoben, dass das Bild Gottes in uns „geziert und v o l l b r a c h t werde mit der göttlichen Geburt" (s. u.), deren „keine Kreatur empfänglich ist
denn der Mensch" — das ist dessen höchste A u f g a b e.

T. bezeichnet aber n o c h n ä h e r diese Bestimmung und
diese Aufgabe. Einmal soll es rein Gott, nur Gott sein, auf
den das Suchen und Verlangen der Seele gehen soll, Gott „als
das höchste Gut", Gott „um sein selbst willen", nicht „um der
Gaben und Gutes willen, die er gibt". Denn „leider ist er so
selten in Geistlichen wie in Weltlichen, dass der Mensch Gott
in allen Dingen lauter meinet und anders nichts". Aber „stünde
das Himmelreich vor dir offen, du solltest nicht hineingehen;
du solltest zuerst wahrnehmen, ob es Gott also von dir haben
wolle". Und wie Gott um sein selbst willen „der Gegenwurf"
des Menschen sein soll, so verlangt T. auch ein u n m i t t e l-
b a r e s, unverbildetes, unbildliches Haben Gottes als das
wahrhaft religiöse. Denn darin „liegt die höchste Seligkeit".
Dazu gehört nun eben, dass der Mensch in seinen innersten
Grund eindringe, auf das „H ö c h s t e seiner Natur" steige,
und „nicht in den Sinnen und niedersten Kräften bleibe und
darin allzumal verbleibe"; und „wird nichts daraus". „Gleichwie wenn die leibliche Speise in dem Magen bliebe und sich
nicht fürbass eintrüge und nicht mittheilte dem Herzen und
dem Haupte noch den Gliedern, so müsste die Natur verderben, also thun alle Menschen, die Gott nehmen in den niedersten Kräften, in den Sinnen und in den Gedanken und nicht
fürbass, darum kommt nimmer keiner zu dem lautern Gut....."
Diess unmitteliche Innewerden Gottes im innersten Grunde sei

nun aber nicht möglich, wenn nicht der Mensch alles, was
ihn vermittele, abthue, wenn er nicht „das Gemüth inwendig
kehrt in den lautern Grund Gottes von allen Kreaturen ab",
oder doch von aller Unordnung im Gebrauch der Kreaturen.
Was T. unter dieser „Vermittelung" versteht, sagt er uns in
einem Bilde aufs deutlichste. „Wer ein Becken nimmt mit
Wasser zur Sommerzeit, so die Sonne hoch am Himmel steht,
und legt darein einen kleinen Spiegel, so erscheinet darin die
grosse Sonne mit einander, und scheinet darin (weil sie ferne
ist) kaum wie eine kleine Bohne". Wie klein nun aber „das
Mittel wäre, das da zwischen den kleinen Spiegel und die
grosse Sonne käme, das nähme dem Spiegel das Bild der
grossen Sonne zuhand". Auf gleiche Weise sei es um jedes
Mittel, das zwischen Gott und die Seele trete. „Ohne allen
Zweifel, das Mittel, wie klein es ist, benimmt dem Menschen,
dass sich das grosse Gut, das da Gott ist, in dem Spiegel seiner Seele nicht erbilden kann noch mag". Ja, „wie edel und
wie lauter Bilde immer sein", die machen allesammt Mittel des
unverbildeten Bildes — Gottes. „In welcher Seele sich daher
der einige gütige Gott erspiegeln soll, die muss blos und lauter
sein, gefreiet von allen Bilden; und wo sich ein einig Bild in
diesem Spiegel weist und zeiget, da wird die Seele des wahren Bildes vermittelt, das da Gott selber ist".

Wir kennen jetzt die Bestimmung, die Aufgabe des Menschen, wie sie T. aufstellt. Sie schliesst nothwendig die „Or-
dinirung der Kräfte" in sich, das heisst, deren normales
Verhalten zu einander und zum Ganzen, in dem
jede Kraft der andern und dem Ganzen Handreichung leistet
zur Erreichung dieser höchsten Bestimmung; mit andern Worten: die Unterordnung je der niedern Kräfte unter die höhern,
die „nachziehende und zähmende" Macht der höhern über die
niedern, so dass „die Sinne allwege eingezogen und aufgerichtet sind in die oberen Kräfte und die oberste gerichtet ist in
Gott". So „möchte die menschliche Natur göttliche Kraft
empfahen, allen Gebresten zu widerstehen", und „bliebe allweg in der Gerechtigkeit, da Gott den Menschen inne be-
schuf".

T. kennt daher normale Stufen dieser (normalen)

Entwickelung; und nichts ist interessanter, als was er
hierüber, freilich nur aphoristisch, mittheilt. Es ist kaum
möglich, einen klaren Einblick in den Zusammenhang seines
Systemes zu gewinnen ohne diese Kenntniss, weder in die
Sünde und ihre Genesis und die mit der Sünde gesetzte anor-
male Entwickelung, noch auch in jene durch die Gnade einerseits und den mystischen Reinigungsweg anderseits gewon-
nene Erneuerung und Vollendung der menschlichen Natur.
Zu beiden verhält sich die normale Stufen-Entwickelung, in
der noch kein „gebrestenlicher Zufall“ hineinspielt, als die
(ideelle und geschichtliche) Voraussetzung.

Als die erste Stufe bezeichnet nun T. die natürliche
(natürlich-geistige).

Auf dieser Stufe ist es die eigene Natur des
Menschen, die thätig ist, denn „der Mensch hat von Natur, dass er erkennt, und das gibt ihm Unterscheid von andern Thieren“; und der „Vorwurf“ (Objekt), auf das sich der
Geist der eigenen Natur in Erkennen und Wollen und Thun
bezieht, sind auf dieser Stufe „die geschaffenen Dinge“, die
„blosse Natur“. Steht der Mensch auf dem „Adel“, auf
dem „Höchsten“ dieser seiner Natur, so erkennt er die
„geschaffenen Dinge“, versteht er „viel natürliche Wahrheit“,
„den Unterschied mannigerhand Dinge“, „jegliches Ding wie
es ist“. „Da Adams Geist stund auf dem Höchsten seiner
Natur, da verstund er alle geschaffenen Dinge“. Die Natur
erschliesst, so zu sagen, ihren natürlichen Wahrheits- und
Lebensinhalt dem natürlichen Geist. „Wie dem Geist, der
erhaben ist über sich selber und über alle Dinge in Gott, göttlich Licht und Leben und göttliche Wahrheit zufliesst, also
fliesset dem natürlichen Geist, der da stehet auf seiner blossen
Natur, natürlich Licht und natürliche Wahrheit zu“. Diese
Wahrheit führt ohne Zweifel ihre hohe Befriedigung mit sich,
„gebiert im Menschen grosse Lust“, und „der Lust jaget ihn
je mehr und mehr in Wissen“; aber der Lust ist — „von
Natur“.

Diess ist die natürliche Stufe — rein aufgefasst — zunächst nach der Seite des Erkennens. In eben dieser Weise
bestimmt T., obwohl weniger einlässlich, auch das prak-

tische Verhalten auf dieser Stufe, — die Willens-Seite.
Er kennt nämlich, wie eine natürliche Erkenntniss, so auch
eine „natürliche" Tugend. „Die Meister der Natur,
sagt er, haben von Tugenden geschrieben"; sie „liessen auch
die Untugend durch natürlicher Kunst willen"; „von Natur";
denn „die Tugenden sind von Natur lustlicher denn die Untugenden". Eben darum spricht er auch den Heiden die Möglichkeit dieser Tugend zu; und als die Tugenden dieser natürlichen Stufe, als die „natürlichen" Tugenden nennt
er: „Demuth, Sanftmuth, Stille (Geduld), Milde (Barmherzigkeit)".

Diese natürliche Stufe ist aber nach T. — wenn auch
eine vollkommene in ihrer Art, doch wieder eine unvollkom-
mene. Er weist diess besonders nach der intellektuel-
len Seite nach. Sie sei nicht die höchste, weder nach ihrem
Inhalt noch nach ihrer Form. Ihrer Form nach nicht, denn
der Karakter dieser (Erkenntniss) Stufe sei „Bilder und Formen, die der Mensch durch die Sinne einzieht und von einem
jeglichen Dinge schöpfet, die der Wahrheit allernächst sind",
das heisst, die natürliche Erkenntnissstufe sei keine unmittelbar aus dem eigenen tiefsten Bewusstsein, dem Seelengrunde
selbst geschöpfte, sondern eine durch die Naturwelt vermittelte.
Aber anders sei freilich kein „natürlich Verständniss" möglich. Ebenso wenig sei — fährt T. fort — diese natürliche
Erkenntniss nach ihrem Gegenstande die höchste, denn
sie habe nur die Natur, „die (Ur-) Sachen eines jeglichen
Dinges", nicht Gott zum Vorwurf; darum sei sie auch als
solche, wenn nicht, der Mensch sie aufs Gute oder Böse
ziehe, „weder bös noch gut", erwerbe desshalb dem Menschen
auch nicht „ewige Seligkeit".

Nichts desto weniger hat sie nach T. ihre eigenthümliche
Bedeutung und Nothwendigkeit, und „ist in einer Weise nicht
abzusprechen, sondern zuzusprechen"; und „so der Mensch
Unterscheid bedarf und sein nicht suchet, das ist viehisch und
nicht menschlich, denn der Mensch begehret von Natur viel,
(an einer andern Stelle sagt T: „alle geschaffenen Dinge") zu
wissen; und darum ist er ein Mensch, dass er verstehet die
Wahrheit, und was ihm gebricht, das soll er suchen". —

„Vernünftiger Unterscheid in Bildern und Formen" sei nämlich einerseits ein n o t h w e n d i g e r D u r c h g a n g zur hö-
beren Wahrheits- und Lebens-Stufe, sofern „ein Mensch
noch stehet in Zweifelung"; sofern überhaupt ein Mensch
„nicht gelehrt werden mag denn mit Unterscheid"; sofern endlich „ein Mensch, der noch nicht in der rechten Armuth ist,
und noch mit Mannigfaltigkeit beladen ist, ´sich mit Unterscheid ablegen muss" Anderseits sei der vernünftige Unterscheid auch auf dem höhern Standpunkt und für ihn ein
b l e i b e n d e r , n o t h w e n d i g e r R e g u l a t o r u n d k r i -
t i s c h e r B e g l e i t e r; denn „der Mensch, so er in der Zeit
ist, hat er ein Wirken in der Zeit nach dem ä u s s e r e n Menschen"; und „um dass er nun nicht bleibe auf der Zeit, und
der äussere Mensch wohl geordnet sei zu dem innern Menschen, dazu gehört ein lauterer, vernünftiger Unterscheid".
Auch „sofern der Mensch nicht lange mag bestehen ohne mannigfaltige, gebrestenliche Einfälle, muss er mit Unterscheid
widerstehen, dass er lauter und arm bleibe".

Denn allerdings s o l l der Mensch auf diesem Standpunkte n i c h t verharren. Er k a n n es auch nicht, wenn er
anders dem Zuge ¹seines Innersten folgt; „er kann keine Ruhe
finden; alle Dinge mögen ihm nicht genug sein; sie ziehen
ihn in das Allerinnerste, denn dieses ist ein Ende". Vielmehr
ist jede niedere Stufe in ihrem höchsten Punkte bestimmt in
die höhere überzugehen. „Der natürliche Mensch, so er kommt
auf das H ö c h s t e s e i n e r Natur, soll sich kehren von ihm
selber in Gott und göttlichen Adel anschauen"; seine natürliche Tugend, daran er „nur die Lust suchte und nichts anderes", soll werden wahre Tugend, die da „stehet in der Verzeihung (Verzichtleistung) alles menschlichen Lustes"; die Natur soll werden „ein Durchgang zu Gott"; denn „Gott hat alle
Dinge (zur Nothdurft, und) nicht zur Genügde gemacht noch
zur Lust, denn für sich selber allein".

 Das nicht auf eine höhere Stufe sich Fortentwickeln, das
(mit Bezug auf die folgende Stufe) nicht Gnade-Werden der
Natur werde, diess ist die weitere Einsicht, die T. ausspricht,
n o t h w e n d i g z u r S ü n d e, zum „gebrestenlichen Zufall". Denn „keine Natur mag lange bestehen ohne Zufälle,

entweder der Zufall ist Sünde oder Gnade". Denn eben das
sich nicht weiter Entwickeln zum Gnadenstand „ist ein Bleiben
auf ihm selbst mit Eigenschaft (sucht)", das als Lust, Stolz, Genuss
u. s. w. sich entwickelt. „Ist dass der Mensch bleibet auf dem
natürlichen Wissen (oder natürlicher Tugend), dass er nicht
kommt in ein geistlich oder göttlich Wissen, so kehret er das
Wissen auf sich selber und besitzt sich mit Eigenschaft darin".
T. nennt diess „ein Wiederbiegen der blossen Natur auf sich
selber". Sobald aber „der Mensch sich auf sich selber kehret",
das ist „Sünde". Und „wäre er so edel als Luzifer, er muss
fallen und mag nicht bestehen". T. sagt daher und ganz mit
Recht, natürliches Verständniss, reiche natürliche Bildung
oder natürliche Tugend sei für den Menschen „nur um so
schädlicher", so er „auf ihm selber bleibt und nicht kommt in
das wahre Verzeihen sein selbst und aller Dinge"; dagegen
„nicht Schade sondern Nutz", sofern er „leichtiglicher zu göttlicher Wahrheit kommt als ein Mensch, der grob von Natur
ist". Denn „was der grobe Mensch mit grosser Arbeit erkrieget und fern muss suchen, das hat der vernünftige Mensch
in ihm ohne grosse Arbeit". Insofern „ist eine wohl geordnete
Natur, so sie wohl will, eine gar gute Hülfe zu Gott; aber so
sie übel will, und so sie auf ihr selbst bleibt, so fällt sie viel
eher denn eine grobe Natur". Beispiel: Luzifer. —

Die zweite Stufe nennt T. „die gnadeliche". Offenbar begreift er unter derselben das übernatürliche, das heisst,
das sittliche Gebiet, das, als wahrhaft sittliches, nicht
aus der blossen Natur herzuleiten ist; ebenso auch das Gebiet
der religiösen Vorstellungen, Erkenntnisse, Uebungen, was
alles den Inhalt dieser zweiten Stufe bildet. Ihre Form ist
zwar auch noch eine vermittelte, bildliche, gleich der ersten,
das heisst: auch diese Stufe beruht auf Mittheilung von aussen, auf Vorstellungen u. s. w.; aber wie die Stufe ihrem Ge-
halte nach eine höhere ist als jene Naturstufe, so ist sie es
doch auch ihrer Form nach. Die Mittheilung nämlich ist eine
Mittheilung höherer Geister an die andern Menschen (der Engel, Christi nach seiner Menschheit, des Wortes Gottes in der
h. Schrift u. s. w.); ebenso sind auch ihre „Bilder und Formen" „nutz und gut"; „sie weisen den Menschen von ihm sel-

ber und vor allen Dingen auf Gott", „auf den Weg der Wahrheit", gerade wie ihrerseits die natürlichen Bilder den Menschen auf einen „Aufenthalt in der Natur" weisen. T. nennt
daher diese Stufe auch die „engelische", die Bilder „engelische". Dieser Gedanke trägt bei ihm ein mythologisches Gewand (nach dem Areopagiten). „Der oberste Engel, sagt er,
der schöpfet ein Bild in Gott und das Bild wird gemehret in
ihm und er gibt es fürbass dem mittelsten, und der mittelste
gibt es dem niedersten, und der niederste gibt es den Seelen;
und die Seele nimmt Unterschied darinnen, wie sie sich zu
der Wahrheit solle halten, und wie sie nun jegliche Tugend
soll wirken nach Ordnung und nach Bescheidenheit und nach
Nothdurft". T. sagt auch, das engelische Bild hätten wir von
Christus, der es „mit ihm gebracht, nachdem wir es verloren
von Adams Fall". Welcher Mensch nun „dieser Bilder allermeist in sich hat, der kann sich allerbest halten in rechter
Ordnung äusserlich und innerlich.... Triebe er sie aus, so
gebräche ihm an Ordnung tugendhafter Uebung". — Als die
Tugenden, die diesem sittlichen Gebiete eignen, als die
„sittlichen Tugenden", nennt T. die gewöhnlichen
vier Kardinal-Tugenden: Weisheit, Stärke, Gerechtigkeit,
Mässigung.

Aber auch diese gnadeliche Stufe habe auf ihrer Höhe
die Bestimmung überzugehen in die göttliche. „So die Erkenntniss durchlaufet allen Unterscheid und alle Erkenntniss,
dass der Mensch einen wahren Unterscheid aller Wahrheit in
ihm hat", soll er „allen bildlichen Unterscheid lassen", „aller
Mannigfaltigkeit entwerden", und „sich eintragen mit Ein in
Ein ohne allen Unterscheid". — Ebenso nach der Seite des
Willens und Thuns. Der Mensch soll „sich auswirken in allen
Tugenden", bis er so weit gekommen, dass er Gott allein in
ihm Werkmeister kann sein lassen.

Diese dritte höchste Stufe nennt T. die „göttliche".
Auf dieser ist nicht die Natur wie auf der ersten, auch nicht
diese oder jene Tugend oder religiöse Vorstellung, Idee, wie
auf der zweiten, sondern Gott selbst, rein, „die ewigen
Dinge" an und für sich sind „Vorwurf" des Menschen; und die
Form ist über, ohne Bilder, d. h. sie ist innerliches „Schauen,

Befinden"; ist ohne Mittel, d. h. Armuth, Ledigkeit, Gott-
leidentlichkeit. Auf dieser Stufe tritt nämlich „nichts zwischen
des Menschen Seelen-Grund und den göttlichen Grund".
Da „gebet der Grund ganz adelich und lauterlich in Gott ohne
alles Mittel wie die Sonne auf das Erdreich". Als die eigenthümlichen Tugenden d i e s e r Stufe, als die ü b e r n a t ü r -
l i e b e n, die „vom h. Geist in die Seele gegossen werden",
bezeichnet T. die gewöhnlichen sog. theologischen: Glaube,
Liebe, Hoffnung. Doch nicht bloss diese „übernatürlichen"
werden h i e r erzeugt, sondern auch die natürlichen und sittlichen Tugenden erst recht „geordnet und gesetzt". Ueberhaupt sind auf dieser Stufe die vorangehenden (Stufen) in
„W a h r h e i t a u f g e h o b e n" — in dem doppelten, dem
negativen und positiven Sinne dieses Wortes. „Ein Gleichniss
an der Sonnen. So die aufgehet, so verwandelt sie alle Lichter
in ihr Licht, dass kein Licht mehr ist denn ihr Licht.... Also
ist es auch in einer lautern Seele.... Wenn Gott dann leuchtet mit seinem Licht, so ist es auch billig, dass andere Lichter
untergehen, sie seien natürlich oder gnadelich: nicht also,
dass das natürliche Licht zu Nichte wird, also dass es sei als
ein Ding, das nicht ist, sondern es wird verwandelt in ein
göttlich Licht und verkläret, wie Augustinus spricht: Gott
ist nicht ein Zerstörer der Natur, sondern er ordnet sie und
machet sie vollkommen". Da „wandelt Gott alles natürlich
und gnadelich Verständniss in göttlich Verständniss und bestätigt den Menschen darin, dass er nicht mag fallen"; was
„den Engeln geschah, die bei Gott blieben", und „den Aposteln am Pfingsttage". So „wird des Menschen natürlicher
Adel bekleidet mit göttlichem Adel und seine Natur vereiniget
mit göttlicher Natur und wird untödtlich, und Licht und Leben und Wahrheit fliesset in ihm zu und das gebiert Gott
allezeit in ihm". — Das ist die eigentlich und im höchsten
Sinnne r e l i g i ö s e Stufe.

Allerdings anerkennt T. auch eine durch die Natur und
die sittliche Welt vermittelte Religiosität; spricht er doch oft
genug von einem Durchgang durch die Natur zu Gott. Aber
diess ist ihm mehr religiöse Betrachtung der Natur, nicht eigentlich Religion an und für sich, oder auch mehr nur Mittel

zur Religion. S o w e i t aber erkennt er diese Religiosität in
Bildern und durch Mittel nicht bloss als möglich an, sondern
auch als nothwendig. Denn in alle Dinge sei ja Gott ausgeflossen; man könne daher „in allen Dingen Gott finden“.
„Wer die Dinge könnte nehmen n a c h d e r O r d n u n g,
als sie Gott geordnet hat“, der fände in allen Dingen „einen
gegenwärtigen“ Gott; Gott „im Mittel aller Kreaturen“. Und
„dass wir Gott in allen Dingen nicht finden, das ist, dass wir
die Dinge unordentlich nehmen“. Wenn daher „der Mensch
mit Kreaturen und Werken umgeht“, so muss er nur „das
Mittel der Maasse wahrnehmen, und also kommt er von
Maassen wegen zu Gott“. Die Vernunft, die so Gott findet
in der Welt, nennt T. die einwirkende; aber d i e s e s Finden
Gottes ist ihm doch nur eine Vorstufe. Die religiöse Seele hat
darin noch kein Genügde; denn „so die Seele Gott findet, so
vergisst sie der Dinge und banget Gott allein an und suchet
Ruhe in Gott allein.... Erkennend, dass alle Dinge ungeruhig
sind, hebt sie sich aus allen Dingen und suchet Gott ausser
allen Dingen, und das geschieht in einer Auswirkung der Bilder, die sie in sich gezogen hat von den Kreaturen, also dass
sie sich lediget und entblösset von aller kreatürlichen Bildung.
Und wie die Vernunft zuvor Bilde der Kreaturen in sich zog,
um dass sie Gott da innen fände, also wirket sie nun ab alle
Bilde der Kreaturen“, um dass sie „auswendig allen Kreaturen
einen b l o s s e n Gott fände“. So komme man von dem Gott,
den man in dem Mittel der Kreaturen greife, zu dem „unmittelichen“ Gott, da man Gott greife über alle Mittel; „von
Gott zu Gott“.

Die Sünde; ihre Möglichkeit, Wirklichkeit, Folgen.

Die M ö g l i c h k e i t der Sünde findet T. in der zwie-
fachen Natur des Menschen, sofern er „geschaffen ist z w i-
s c h e n zwei Enden, zwischen Zeit und Ewigkeit“, oder „von
Zeit und Ewigkeit, von der Zeit nach dem Leibe, und von
Ewigkeit nach dem Geiste“. Nun „ist jeglich Ding geneigt auf
seinen Ursprung; und indem der Leib geschaffen ist von Erden und von der Zeit, davon neiget er sich auf irdische und

auf zeitliche Dinge, und da sucht er seinen Lust inne; und der
Geist ist geflossen aus Gott, und davon neiget er sich auf Gott
in Ewigkeit, und die widerwärtige (entgegengesetzte) Neigung
ist das widerwärtige Begehren".

Nach der sinnlichen Seite ist somit der Natur „der Lauf
in die zeitlichen Dinge sehr leicht", d. h. „sie ist bereit, aus-
zulaufen in die sinnlichen Dinge", und, „vermöge der Sippschaft, die die obersten Kräfte mit den niedersten haben",
auch diese obersten nach sich zu ziehen; denn „Seele und
Leib ist Eins; was denn vereiniget ist, das ist dem andern getreu; also hat die Seele Treue zu dem Leib und der Leib zu
der Seele". Ist nun die sinnliche Natur Meisterin, und die
Seele „blind" (u. s. w.), so „folget" sie dem Leib, und
„nimmt an sich Gleichheit des Leibes, das ist Tödtlichkeit";
wie umgekehrt, wenn die geistige Natur Meisterin ist, „so
folget die Seele Gott, und mit der Begierde, die sie hat zu
Gott, so zeucht sie die sinnliche Begierde an sich und vereiniget sich mit ihr, dass die Sinne nichts mögen begehren,
denn was die Seele will; und also muss der Leib der Seele
folgen und unterthänig sein".

Hiemit ist die objektive Möglichkeit der Sünde erklärt;
aber freilich nur die Möglichkeit, nicht aber ihre Wirklichkeit oder gar Nothwendigkeit. Sie sei auch nicht, sagt
T., aus der Natur zu erklären, die als solche gut ist, daher er das Sündigen „unnatürlich", „unmenschlich", „unvernünftig" nennt. „Man spricht, es sei menschlich sündigen,
aber es ist — nicht menschlich", es ist „wider die Natur",
denn die Natur „ist geschaffen zu Gott" und „begehret Gutes
und nicht Uebels". Die Sünde aber „beraubt den Menschen
alles Gutes", natürlichen und geistlichen. Die Natur „wird
davon zerstört und entsetzt von ihrem Adel"; und darum „hasset sie von Naturen die Sünde". Sündigen sei eher „teufelisch", wiewohl auch der Teufel „hasset von Naturen die
Sünde; und was er sie liebet, das machet ihn einen Teufel".
Wenn daher „Einige die Natur gar fast schelten, die wissen
nicht was Natur ist; denn die Natur ist gar edel, der ihr
recht thut. Man soll Bosheit schelten und nicht die Natur:
denn Gott hat die menschliche Natur also lieb, dass er ihr

alle Dinge zu Dienste hat beschaffen, und den Tod in menschlicher Natur durch sie hat gelitten, und in seinem Tod ist
menschliche Natur erhöhet über alle Engel. Man spricht von
natürlichen Menschen, dass sie seien schädliche Menschen;
aber ich spreche, dass ein r e c h t e r natürlicher Mensch ein
lauterer (lauter-natürlicher) Mensch ist, denn ein jegliches
Ding ist zu nehmen n a c h   s e i n e m   B e s t e n.... Denn so
ein Mensch stehet in seinem rechten natürlichen Adel, so ist
er ohne allen gebrestenlichen Zufall.... Es ist viel natürlicher
Tugend wirken, denn Untugend". Eben darum — es ist der
gleiche Gedanke — findet T. es auch „unrecht, dass man
V e r n u n f t schilt". „Wer sie schilt, der thut ihr gar unrecht
n a c h   e i n e r   W e i s e"; denn es ist ihr „viel natürlicher,
dass sie sich kehrt zu Gott denn zu den Kreaturen, denn alle
Kreaturen mögen sie nicht erfüllen, sondern Gott allein". Dass
aber der Mensch „die Kreatur erwählet und Gott lässet, das
geschieht nicht mit Vernunft, d e n n   w ä r e   V e r n u n f t   d a,
e s   g e s c h ä h e   n i m m e r. Was die Kreatur wählet für Gott,
das thut die Sinnlichkeit und nicht die Vernunft."

Er beruft sich für diese seine Gedanken vom Adel der
Natur auch auf die Heiden, „die (wir wissen nun in welchem
Grade) von rechter Natur Untugend liessen und Tugend wirkten"; auch auf einen Ausspruch Senekas (den er überhaupt
öfters zitirt): „wenn auch die Götter seine Sünde nicht erkenneten und rächeten, so wollte er doch die Sünde lassen um
ihrer Unfläthigkeit willen. So man daher „die Natur schilt,
das ist nach Adams und nach Luzifers Gleichheit".

Was daher die mögliche Sünde wirklich macht, das ist T.
nichts anderes als der f r e i e   W i l l e   d e s   M e n s c h e n. „Sünde
kommt vom Willen", oder vielmehr: dass in Kraft des freien
Willens „der Mensch sich von Gott ab zu den Kreaturen hin
kehret", dass „er sich selbst besitzen will inwendig und auswendig, in Geist und Natur"; diese Sinnlichkeit, dieser „Muthwillen", diese Eigensüchtigkeit — das mache, das sei die
Sünde, meint Tauler; „dass ein natürlicher Mensch zu schelten ist, das ist, dass sie auf ihnen selber bleiben und mit Eigenschaft und Wohlgefälligkeit ihrer selbst besitzen". „Luzifer,
da er stund in seinem natürlichen Adel, als ihn Gott geschaf-

fen hatte, da war er eine lautere, edele Kreatur; aber da er
blieb auf ihm selber und sich selbst mit Eigenschaft in seinem
natürlichen Adel besass, da fiel er und ward aus einem Engel
ein Teufel. Also ist es auch um den Menschen". Der verkehrte
Wille, wiederholt deshalb T., sei „das rechte Subjectum"
(Grundlage) aller Sünden und Fehler, auch der falschen
Geistes-Richtungen. „Denn der Wille des Menschen
bedeckt inwendig die Augen der Seele, zu gleicher Weise,
wie das auswendige Auge des Menschen mit einem Fell bedeckt wird, dass es dadurch nicht sehen kann". Der Wille
„ist recht wie eine Säule oder Pfeiler, daran sich alle Unordnung des Menschen anhält; könnten wir die gänzlich und
wahrlich niederfällen, so fielen die Mauern alle nieder". Doch
nicht den Willen an sich treffe die Schuld; noch weniger
Gott. Denn anders als einen freien konnte Gott den Menschen
nicht erschaffen, wenn er einen Menschen erschaffen
wollte. „Man spricht, warum Gott den Menschen schuf, da
er ihn wollte fallen lassen? Ich spreche: sollte er den Menschen ent(ge)halten haben, er müsste ihn anders geschaffen
haben; nun aber hat er Seele und Leib mit einander vereiniget und hat dem Menschen seinen freien Willen gegeben, sich
zu kehren, wo er hin wollte". Woher und warum nun aber
diese verkehrte und verkehrende Richtung, dieser Missbrauch
des freien Willens? darüber hat sich T. nicht ausgesprochen.

Die Sünde selbst hat nach ihm ihre Grade. Sie ist „Ge-
brest" (im engeren Sinne): „Fehlen aus Unachtsamkeit";
„Schuld": „so man mit Lust bleibt auf einem Ding, das
bös ist"; „Sünde" (im engern Sinne) oder „tägliche" Sünde:
„so man wissentlich ein Ding thut, das da bös ist", doch „Niemanden Schade ist"; „Todsünde": „so der Mensch mit
Muthwillen thut, das verboten ist und das lässt, das geboten
ist" — das Brechen der zehn Gebote, „darinnen die sieben
Todsünden verboten sind"; auch „das freventliche Brechen
der Gebote, die die h. Kirche aufgesetzt hat"; „Haupt-
sünde"; „so man thut, das unmenschlich ist, als: Vater und
Mutter schlagen, rauhen, brennen". — T. theilt die Sünden
auch in Sünden „gegen Gott, den Vater": sündigen aus
Schwäche; „gegen den Sohn": unwissentlich sündigen; „ge-

gen den h. Geist": „so man sündiget auf Gottes Erbarmung";
oder „in seinen Sünden an Gottes Erbarmung verzweifelt";
oder „den Rath des h. Geistes in ihm tödtet"; oder „das Gute,
das man von Gott hat, ihm selber zueignet und Gott nicht dan-
ket"; oder „so man, wenn der h. Geist seine Werke will wirken, sich davon kehrt und ihm nicht Statt gibt und sein Herz
mit andern Dingen bekümmert, die wider Gott sind, und den
h. Geist austreibt".

Ganz so, wie T. die Sünde beschrieben hat als wirklich
werdend und geworden, beschreibt er auch A d a m s F a l l.
„Hätte Adam sich eingekehret in den innern Menschen und
darinne die Wahrheit angesehen, als er sich auskehrte in die
Sinne; er wäre nicht gefallen"; es „hätte ihn die Wahrheit
begriffen und hätte ihn behalten vor Falle". Das ist nahezu
Alles, was sich in Taulers Schriften über den sogenannten
„Sündenfall" findet.

Als F o l g e n der U r s ü n d e A d a m s nennt er zunächst
„die Neigung der Sünde", die „eingewurzelt" ist. Er spricht
aber auch von einem „g e b r e s t h a f t e n" Z u s t a n d e der
Menschen, den er an einigen Stellen bestimmt als Folge des
Falles Adams bezeichnet, wiewohl an andern ü b e r h a u p t nur
als einen thatsächlich vorhandenen. Ein „Gift", sagt er, sei
„in die Natur gefallen von der Erbsünde wegen"; er spricht
„von der Vergiftigkeit des ersten Falles" und hebt besonders
die — Eigensüchtigkeit hervor. „Von diesem Gift ist die Natur in allen Dingen in allweg a u f s i c h s e l b s t gekehrt"
und „will alles mit Eigenschaft besitzen"; und „ist die Ver-
giftung in dem Grund des Menschen so tief gewurzelt, dass
alle kunstreiche Meister diesem mit ihren Sinnen nicht nachgehen können, und mit allem Fleiss kann man kaum diesen falschen Grund ausreuten, in Geist und in Natur, denn es geschieht oft, dass wenn man wähnet, dass Gott lauter da sei,
so ist da oft die vergiftete Natur und der Mensch suchet das
Seine und meint es auch in allen Dingen".

D a m i t hat T. die „Gebresten" des Menschen in seinem
M i t t e l p u n k t e bezeichnet.

Er geht nun aber auch auf den g a n z e n U m k r e i s dieses gebresthaften Zustandes ein: auf die e i n z e l n e n K r ä f t e

des Menschen, auf ihre g e g e n s e i t i g e S t e l l u n g; auf
das V e r h ä l t n i s s d e s M e n s c h e n n a c h o b e n, n a c h
u n t e n; zu Gott, zur Natur. Und sein Ausspruch darüber
ist: „es ist Alles verirrt von Adams Fall".

Die S i n n e seien verirrt. Unzähligemal findet man die
Klage bei ihm, dass die Sinne „ohne Urlaub der Bescheidenheit (ratio) sich in die Aeusserlichkeit verlaufen hätten" und
„noch verlaufen".

Wie die Sinne, so seien auch „die K r ä f t e d e r S e e l e"
verirret, und „wachsen in ihnen gar schädliche und böse Zacken". Aus der „begierlichen Kraft sei die Lust an sinnlichen
Dingen" gewachsen. „Wie schädlich es damit die Menschen
gemeinlich treiben, das kann kaum Jemand denken oder sprechen". Ebenso gebrauche man gar unordentlich die andere
Kraft, die „zornige", die „gar kein Auswirken haben sollte
denn in die Dinge, die Gott zuwider sind" (d. h. sie sollte alles
Ungöttliche abstossen), und „ist eine gar edle Kraft in sich
selbst"; aber „darin wachsen nun gar böse Haare in manchen
Menschen, dass sie mit Jählichkeit auf ein jegliches Ding unordentlich fallen, und mit einer falschen Gerechtigkeit wollen
sie meistern". Desgleichen erhebe sich in der „vernünftigen
Kraft" ein „Schaden": „in der bleiben viele Menschen gar
schädlich und lassen sich auf sie und gloriren da und vermessen sich da mit der vernünftigen, mit der lebenden und wesentlichen Wahrheit; denn d a m i t, dass m a n d i e W a h r-
h e i t e r k e n n e t, h a t m a n s i e n o c h n i c h t; also betrügt
mancher Mensch sich selbst und wähnet, er habe darum Alles,
weil es ihm in der Vernunft vorspielt, und ist ihm hundert
Meilen ferne und vermisset (verliert) damit den edlen Schatz,
das ist eine tiefe, versinkende Demuth in dem falschen Schein
vor sich selbst und auch vor andern Menschen".

Nicht bloss die einzelnen Kräfte seien verirrt, es sei auch
— was damit zusammenhängt —, das Verhältniss der Kräfte zu
einander, die g a n z e u r s p r ü n g l i c h e O r d n u n g, worauf
die Menschennatur angelegt gewesen, ihre Harmonie und
die normale Entwickelung derselben „verirrt", „verkehrt".
„Keines ist dem andern mehr gehorsam". Die niedersten
Kräfte handeln ohne Urlaub der obersten; seien Meister;

die obersten stehen in ihrem Dienst. Es sei eine völlige „Unordnung", „Verkehrung". „Die Natur; klagt T., ist von der
Vergiftigkeit des ersten Falles ganz niedergesunken in die al-
lerniedersten Theile", und i n s o f e r n „setzet Sünde die Natur aus ihrem Adel und zerspreitet sie in einen Unadel, den
alle Kreaturen hassen":

Ebenso verkehrt wie das Verhältniss der Kräfte im Menschen sei nun auch das V e r h ä l t n i s s d e s M e n s c h e n z u
G o t t u n d z u r W e l t. Gott sollte das Ziel sein, und Zeit
und Welt ein Mittel, ein Weg zum Ziel; nun sei der Weg
zum Ziele geworden. Die Natur, die uns „zur Nothdurft" gegeben sei, brauche der Mensch „mit Lust"; und „statt eines
Durchgangs" mit „Ankleblichkeit". „Es kehret der arme
Mensch von dem natürlichen Fall wegen Alles auf die kränkste
(schwächste) Seite von wegen seiner Blindheit und nimmt sich
Ruhe in dem Weg und vergisst seines rechten Endes.... Die
Natur ist also gar anklebend geworden, womit sie umgehet,
darauf fällt sie und will Ruhe nehmen, es sei geistliche oder
leibliche, inwendig oder auswendig.... Ist das nicht ein elendes, erbärmliches Ding, sintemal doch alle Dinge in ihren
Ursprung wieder kehren, dass der vernünftige Mensch, diese
edle Kreatur, in den Dingen haften bleibt"?

Die Wirkung dieses verkehrten Verhältnisses auf Vernunft und Willen bezeichnet T., wie schon angedeutet, mit
den Worten: die Menschen seien „verbildet", „besessen",
„vermittelt", „bekümmert". So ganz gewöhnt an die „natürlichen Bilder" (Vorstellungen der Aussenwelt) und damit an-
gefüllt sei der Geist, so ganz das Herz mit der Lust daran oder
der Eigenlust — „von sich selbst" — besessen, dass die Menschen
s i c h s e l b s t, ihrem rein geistigen Ich (ihrem Lebensgrunde)
ganz entfremdet geworden seien. „Ihr inwendiger Grund ist
recht wie ein eiserner Berg, darin nie ein Licht erscheinet.
Wenn ihnen die Sinnlichkeit entgehet, die Bilder und die
Formen, so wissen und empfinden sie nichts mehr". Und wie
sie sich selbst, so sei ihnen auch Gott und Gottes ewiges Wort
fremd geworden. „Wovon kommt das, dass dir Gott so fremd
ist und dass dir seine minnigliche Gegenwart so oft unterge-
het oder entzogen wird? Das ist keine andere Sache, denn

dass dein Gemüth nicht blos und ledig ist, dass du mit den Kreaturen bekümmert und damit verbildet bist.... Von dem an, dass der erste Mensch seine Ohren dem Einsprechen des Feindes erbot, von dem Hören sind sie taub geworden und wir alle nach ihm, also dass wir das minnigliche Einsprechen des ewigen Wortes nicht hören noch verstehen können, und wir wissen doch, dass das ewige Wort uns so unaussprechlich inwendig nahe in userm Grunde ist, dass der Mensch sich selber, seine eigene Natur, noch seine Gedanken, noch alles was man nennen oder sagen kann oder verstehen mag, dass alles nicht so nahe ist, noch so inwendig, als das ewige Wort in dem Menschen ist, und spricht ohne Unterlass in dem Menschen, und der Mensch höret diess Alles nicht, aus grosser Taubheit, die den Menschen besessen hat. Wessen Schuld ist das? Das sage ich, es ist dem Menschen etwas vor die Ohren gefallen, das hat ihm die Ohren verstopft, dass er dieses Wort nicht hören mag, und ist von dem also verblendet, dass er sich selber nicht erkennet.... Wie mag das sein, dass die edle Vernunft also erbärmlich verblendet ist, dass sie das wahre Licht nicht findet? Der grosse erbärmliche Schade ist davon gekommen, dass eine dicke, grobe Haut und ein dickes Fell darüber gezogen ist, das ist Liebe und Meinung der Kreaturen, es sei der Mensch selbst oder etwas des Seinen.... In die zeitlichen Dinge ausgelaufen entgehet die Seele der Ewigkeit; denn kehret sie sich zu der Zeit, so vergisst sie ohne Zweifel der Ewigkeit".

Diess ist der thatsächliche gebrestenliche Zustand, wie ihn T. auf allen Blättern seiner Schriften zeichnet. Selten spricht er von dem leiblichen Elend, dem „Tod", wiewohl er dem Augustin es nachsagt, dass die Menschheit ohne die Sünde nicht diesen leiblichen Tod hätte sterben müssen. Dagegen spricht er zuweilen von dem geistigen Tod, der „Tödtlichkeit" der Seele, die durch „die Auskehr des Menschen in die Sinne", in die „Gleichheit des Leibes" gefallen sei. Diess ist der „erste Tod", und „der andere Tod, der allezeit den Sünden folget, ist die ewige Pein". Er spricht auch einmal, wo er von dem Sündenstand redet, von „dem gebrestlichen

Nichts", das er unterscheidet von dem „natürlichen". „Das
natürliche Nichts ist, dass wir von Natur nichts sind (s. o.
S. 65), und das gebrechliche Nichts ist, was uns zu einem
Nichts gemacht hat". So klar hält er den (meta)physischen
und ethischen Stand auseinander; wiewohl „diese beiden
Nichte" den Menschen nun nur desto eifriger und demüthiger
„vor die Füsse Gottes" legen sollen.

Diess Sündenelend selbst, sagt T. mit tiefer Menschen-
und Welterfahrung, den Schaden der Sünde, „mag Niemand
recht erkennen denn die, die in Sünden sind gewesen, und
die Sünde haben gelassen und zu Gnaden sind kommen; denn
es wäre eine Höllenpein, sollten sie wieder fallen in Sünden.
Sie haben e i n e n Tag mehr Lust und Freude, denn alle Sünder je gewonnen. Ihre Arbeit ist lustlicher, denn der Sünder
Ruhe, die sie doch keine haben. Sie arbeiten allwegen und
geruhen nimmer und ihre Arbeit ist doch unfruchtbar. Aber
gute Menschen die ruhen allwegen: nicht dass sie müssig
sitzen, aber ihre Arbeit ist Ruhe. Aber der Sünder hat Unruhe in allen Dingen;... er thue, was er wolle, sein Herz
wird doch nimmer froh. Er beweiset wohl eine Freude auswendig, dass man wähne, er sei fröhlich; es ist aber keine
Freude da, denn der Grund der Freude, da die Freude daraus
entspringet, der ist betrübt, und davon mag er keine Freude
haben; er geilet auch wohl, und das thut auch ein Hund".

Es ist klar, dass nach allem diesem T. n i c h t mit Augustin eine Art Nothwendigkeit zu sündigen, eine totale Unfähigkeit von Seite des Menschen zum Guten in der Erkenntniss
und im Thun, eine Korruption der Natur in Folge des Sünden-
falles, hat annehmen können. „Es ist wohl menschlich, sagt
er, Neigung der Sünde, denn das hat der Mensch von Adams
Fall; aber dass er sündiget, das thut er von Muthwillen und ist
nicht von Natur". Wie hätte er auch von den bessern Heiden
aussagen können, dass „sie von rechter Natur" Untugend gelassen und Tugend gewirkt, dass „sie von Natur erkannt hätten, dass Untugend den Menschen hindert an Seligkeit", wofür er sich auf einen Ausspruch Senekas beruft! Wie hätte er
auch einigen heidnischen Philosophen die Vertrautheit mit dem
inneren göttlichen Leben und die daraus geflossene Erkennt-

niss der höchsten göttlichen Dinge (Trinität) zuschreiben können! Wir wissen zwar, wie er das meint; es ist immer nur
die n a t ü r l i c h e Stufe der Tugend-Uebung und Tugend-Er-
kenntniss. Er war daher auch nichts weniger als geneigt, den
Unterschied der durch Christus erleuchteten Welt und der
ihrem „natürlichen" Licht überlassenen zu verwischen. „Man
spricht, die Heiden kamen zu grossem natürlichem Licht.
Ich spreche, dass alles ihr Licht war als die Nacht gegen den
Tag wider dem Licht, dazu ein Christenmensch kommt, der
seine Vernunft zumal zu Christo kehret; denn in diesem so erstirbt alle Ungleichheit des Lichtes und er wird zumal Licht;
aber in den Heiden starb nicht alle Ungleichheit nud darum
waren sie nicht Licht". Aber eben so gewiss ist, dass T. für
eine Destruktion der Natur in seinem Systeme keinen Raum
hat; und wenn er zuweilen sagt, dass die Natur durch die
Sünde „zerstört und in ihrem Adel entsetzet" werde, so wissen wir, wie das bei ihm zu verstehen ist.

Das Heil; das »gnadeliche« und das „göttliche« Werk, Christus.

„Die Seele mag von ihr selber (in ihrem Fürsichsein)
nicht Leben haben, das sie selig mache; sie muss es von
Gott empfahen". Gottes werde die Seele allein „durch Gott"
gewaltig. „Nach der Weise als die Kreatur ausgeflossen ist aus
Gott, nach derselben soll sie wieder einfliessen; und darum
wirket Gott in der Seele, um dass er sie wieder bringe in
ihren ersten Ursprung, denn mit ihren Werken mag sie nicht
wieder einkommen". So führt T. das Heil auf die göttliche
Ursächlichkeit zurück.
     Diese Lebens- und Selbst-Mittheilung Gottes an die em-
pfänglichen Menschen, diese Erfüllung findet T. in der N a t u r
Gottes selbst begründet, sie ist ihm ein göttliches Naturgesetz.
„Gottes Art und Natur ist, dass er sich ausgiesst.... Gott
mag nichts eitel noch leer lassen; Gott oder die Natur mögen
das nicht leiden, dass ein Ding eitel oder leer sei.... Wäre
ichts (Etwas) eitel unter dem Himmel, es wäre was es wäre,
klein oder gross, entweder der Himmel zöge es in sich oder
er müsste sich hinunterneigen und es erfüllen mit sich selber....

So der Mensch die Stätte, den Grund, bereitet, so ist kein
Zweifel daran, Gott muss das allzumal erfüllen; der Himmel
risse ehe und erfüllte das Leere, únd Gott lässet nun viel
minder dich leer; es wäre wider alle seine Natur und wider
seine Gerechtigkeit.... Gott mag sich nicht enthalten; er muss
sich geben; denn es ist seine Natur, dass er sich gemeinsame
der Seele, diē sein empfänglich ist.... In der Wahrheit, Gott
ist allezeit nach uns so noth, als ob alle seine Seligkeit und
sein Wesen an uns liege; Niemand mag es vollkommen aussprechen, wie dürstend und wie begierlich und wie lustlich es
allezeit dem ewigen Gott gegen einen jeglichen Menschen ist,
der sich hiezu mit Ernst und mit Seele kehret;... als ob alle
seine Seligkeit ganz daran läge, dass der Mensch behalten
werde". Klingt diess nicht fast wie eine Eckart'sche Saite?
ist diess nicht eine Art Nothwendigkeit göttlicher Selbstver-
mittlung? Ein lauter Herz, sagt T., „ist ein Tempel Gottes,
da Gott der Vater s i c h s e l b e r anbetet".

Diese Lebensmittheilung Gottes dehnt T. auch auf den
s ü n d i g e n Menschen in d e.m Sinne aus, „dass Gott nicht
dabei ansehen will, wer der sündige Mensch gewesen sei,
sondern ansehen will, wie er gegen Gott zu sein von Grund
seines Herzens begehrt".

Doch weil Gott nicht bloss a n dem Menschen das Heil
wirken will, sondern i n ihm, darum kann er es auch nur
d u r c h i h n; und darum müsse der Mensch sich als ein ge-
fügiges Material in den Händen Gottes erweisen, er müsse des
Werkes Gottes e m p f ä n g l i c h sein. „Kehret er sich von
den Sinnen zur Vernunft (Grund, s. o.)., da muss ihm Gott
mit Recht helfen; kehret er sich aber aus in die Sinne, so
kehret er sich von Gott, und darum k a n n und soll ihm Gott
keine Gnade geben; denn was von dem andern empfahen soll,
das muss bei dem andern sein, von dem es empfahet". Das
Mass des Empfänglichseins bestimmt das Mass des „Erfüllt-
werdens mit dem h. Geiste", der Gnade, des Heils. „So viel
(so oft) der Mensch sich selbst und allen Dingen ausgehet,
also viel gebet Gott mit seinen göttlichen Gnaden ein.... Du
sollst ein Ding wissen: wärest du der Bilde der Kreaturen ledig, du möchtest Gott ohne Unterlass (s. o. Grund) haben;

denn er möchte sich nicht enthalten weder in dem Himmel
noch in dem Erdreich, er müsste in dich kommen; oder hätte
er es geschworen (nicht zu kommen), es müsste sein Wort
wandeln und müsste deine Seele zumal erfüllen, wenn er sie
ledig fände; aber kehre es wie du willst, dieweil die Kreaturen in dir sind, so musst du Gottes entbehren und eitel bleiben.
Nimmst du ihm des deinen ein Kleines, ohne Zweifel so nimmt
er dir das Grosse ungemessen, was er ist, ein ungemessenes
Theil".

Man sage aber nur nicht, meint T., dass die Empfänglichkeit
für das Werk Gottes in dem Menschen nicht mehr, nicht in Allen
vorhanden sei. Sie sei der N a t u r des Menschen noch immer
wesentlich; selbst wenn der Mensch „sein inwendiges Gesicht
der Seele verkehrt und irre geht", so „hat er doch ein ewiges
Locken und Neigen" in ihm, in seinem inwendigen Grunde,
zu Gott, „seinem Heil"; es vergehe (s. o.) in der Hölle nicht
einmal. „Nein, liebes Kind, nicht verwege (entschlage) dich
Gottes, des allerbesten, lautersten Gutes, als eines Dinges,
das nicht sein könnte; denn willst du Fleiss haben, so kannst
du Gott wohl überkommen und das eitle, lautere Gut, in allen
Weisen und Werken, darinnen du bist". Den „gegenwärtigen" Gott könne man „in aller Mannigfaltigkeit, in Weisen und
Werken" finden, wenn man nur ein „Einsehen in ihn" habe,
und „ein getreuliches, fleissiges Wahrnehmen seiner selbst".

Nicht an der Empfänglichkeit, sofern sie im Vermögen,
K ö n n e n des Menschen ruht, fehlt es, wie man sieht, so
wenig als an Gott, dessen Natur es ist, sich zu gemeinsamen,
und der es an keinerlei Art von Mitteln und Wegen, die
Menschen zu ihm zu rufen, — „an gnadelichen Werken" —
fehlen lässt; — es fehlt, wenn es fehlt, meint T., am W o l l e n
des Könnens, das in des M e n s c h e n freien Willen gelegt
und die Bedingung alles Heilswirkens Gottes im Menschen ist.
„Gott begehrt und bedarf nichts auf aller dieser Welt, denn
allein e i n e s Dings, das begehrt er also sehr, dass er allen
seinen Fleiss daran legt. Das ist das Einige, dass er den edlen
Grund, den er in den edlen Geist des Menschen gelegt hat,
bereit und blos finde, dass er seines göttlichen Werkes darin
bekommen möge. Denn Gott hat ganze volle Gewalt im Him-

mel und auf Erden. Aber daran gebricht ihm allein, dass er
seines allerwonniglichsten Werkes an dem Menschen nicht bekommen mag. Nun, was soll der Mensch dazu thun, dass Gott
in diesem inniglichen Grund leuchten und wirken möge? Er
soll aufstehen, spricht das Wort (Jes. 60, 1). Stehe auf!
Diess lautet, als ob der Mensch etwas dazu thun soll". Man
kann diese Gedanken Ts. wohl nicht besser ausdrücken als
so: das freie menschliche Wollen habe die potenzielle Empfänglichkeit zur wirklichen zu erheben eben durch den mystischen Reinigungsprozess: „so viel du gelediget bist, so empfängst du auch so viel; und so viel minder du gelediget bist,
so viel minder bist du empfänglich". Wenn daher die Menschen nicht wollen, so seien sie ebendarum auch nicht empfänglich, und dass sie es nicht seien, das sei ihre Schuld.
„Sind sie blind, das sei ihr Schade.... Mancher Mensch
spricht: ich habe nicht Gnade. Das ist keine Schuld anders,
denn dass du sie nicht recht suchest, aber suchtest du sie
recht, kehrtest du dich dazu, da die Gnade hingehört (Inneres)
und Gnade fliesst (Christus), du fändest allezeit Gnade und allen Trost.... Kinder, die Ursache, dass man nicht von Gott
berührt worden ist, darf man dem ewigen Gott nicht Schuld
geben, wie doch oft die Menschen bildlich sprechen: der ewige
Gott berührt oder treibet mich nicht, wie den oder jenen
Menschen. Diese Rede ist falsch und ist ein Irrsal; denn Gott
treibt, rührt und mahnet alle Menschen gleich und will alle
Menschen, so viel als es an ihm ist, selig machen; aber sein
Berühren, sein Ermahnen und seine Gaben werden ungleich
empfangen und genommen. So nun Gott mit seiner Berührung
und mit seinen milden Gaben zu vielen Menschen kommt, so
findet er die Stätte bekümmert (besetzt und verunreinet) und
findet andere Geister; dann muss er nothwendig umkehren und
kann also zu uns nicht kommen.... Kinder, das ist die Ursache unsers ewigen Schadens, die Schuld ist unser und nicht
Gottes. Wie viel unnütze Musse machen wir uns mit den armen Kreaturen, dass wir unser selbst nicht wahrnehmen und
Gottes Gegenwart, und damit thun wir uns unaussprechlichen,
ewigen Schaden".

Zuletzt leitet T. freilich auch das Wollen selbst, wenn

es ein **energisches** ist, von der göttlicben Einwirkung
her. „Der Mensch, der allen Gedanken widerstehet, die ihn
von Gott vermitteln und Gott allein statt gibt, in ihm zu wohnen, das ist von lebelicher (lebendiger und lebendig machender) göttlicher Kraft, die Gott in ihn giesset, und das Giessen
ist sein Einsprechen". Denn „die nächste und die allerhöchste
Bereitung, ihn zu empfangen, muss **Gott selbt** bereiten
und wirken in dem Menschen; er muss die Stätte zu sich selbst
bereiten und muss sich auch selbst in dem Menschen empfangen". — Dieses Einwirken auf das menschliche Wollen
(vorangehende Gnade) findet T. besonders in den innern un-
ablässigen Rufen des Geistes Gottes, die man erst hintennach,
wenn man ihnen Gehör gegeben, recht erkenne. „Wie der
h. Geist der Menschen Herz neiget, reizt und treibt und jagt
ohne Unterlass, davon haben **d i e** Menschen wohl ein wahres
Befinden, die zu sich selbst gekehret sind in dem wunderbaren
Werke Christi.... Ach wie gar lieblich der ewige Gottessohn
den Menschen die Thüre des väterlichen Herzens erschliesst
und ihnen ohne Unterlass den verborgenen Schatz seiner
Herrlichkeit aufthut, davon kann noch mag Niemand vollkommen denken noch reden.... Dieses liebliche Einladen und Nachgehen Gottes sollte billig alle Menschen reizen, dass ihr Herz
bereit wäre, ihm nachzufolgen". **Ueberhaupt** aber in der
ganzen Schöpfung und Weltordnung, die darauf angelegt ist,
den Willen des Menschen zu Gott zu ziehen, sieht T. dieses
Einwirken auf den Willen. „Der himmlische Vater rufet uns
mit allem dem was er ist, hat und vermag.... Alles was er
gemacht und geschaffen hat im Himmel und auf Erden, mit
aller seiner Weisheit und Güte, das hat er alles darum gethan,
dass er uns damit wieder rufe und lade in unsern Ursprung".
Aber von einer **Unwiderstehlichkeit** der Macht Gottes auf den menschlichen Willen weiss T. nichts.

Diess gesammte Heilwirken Gottes befasst T., besonders
in seinen Predigten, zuweilen unter dem Worte: „Gnade".
Nur noch häufiger, besonders in seiner „Nachfolgung", scheidet er, wie die damalige Mystik überhaupt, das Heilwirken
Gottes in ein „gnadeliches" Werk im **engern** Sinne und in
ein „göttliches" Werk — nach den beiden Stufen, die wir

bereits kennen. Wir wollen zwei Hauptstellen hierüber anführen. Die eine ist diese: „Gnade ist nichts anderes, denn ein
Licht, das Gott schöpfet in ihm selbst, und es giesset in die
Seele, und die Seele damit ziehet von Leiblichkeit in Geistlichkeit, und von Zeit in Ewigkeit, von Mannigfaltigkeit in
Einigkeit; so dann die Seele erhaben ist über alle Leiblichkeit,
über Zeit und über alle Mannigfaltigkeit, dass sie ist ein blosser Geist, der da wohnet in Ewigkeit und sich einiget in das
einige Ein, so wird Gnade gewandelt in Gott, dass dann
Gott die Seele nicht mehr ziehet nach kreatürlicher Weise,
sondern er führet sie mit ihm selber in göttlicher Weise, er
führet sie von ihm zu ihm.... Und auf d e m Punkte, so ist
die Seele gnadenarm“. Die andere Stelle lautet: „Dann wirket Gott in seiner Gnade in dem Menschen, so er ihm räth und
ihn treibet von Sünden zu der Tugend; und dass er lässet die
Sünde und die Tugend wirket, das ist von Gottes Gnaden;
und mit der Gnade machet Gott den Menschen genehm und
die Gnade jaget den Menschen von allen Dingen, die gebresthaft sind, und treibet den Menschen durch alle Tugenden,
also, dass er mit der Gnade erkrieget alle Tugenden häblich
(habituell) und wirklich: und da gehet der Mensch in ein
vollkommen Leben, in dem er verstehet den allerliebsten
Willen Gottes und dem lebet auf das allernächste. Das a n -
d e r e Werk, das Gott wirket in der Seele, das ist wesentlich: und das ist, so der Mensch dazu kommt, dass er alle zu-
fällige Tugend erkrieget, dass er kommet in das Wesen der
Tugend, dass Gott in ihm nach wesentlicher Weise alle Tugend wirket, das ist, so der himmlische Vater gebiert seinen
Sohn in der Seele, und d i e Geburt erhebt den Geist über alle
geschaffenen Dinge in Gott. Und dann so heisset der Geist
gnadenlos, sofern Gnade eine Kreatur ist und der Geist über
alle Kreaturen erhaben ist. Und doch bleibet die Gnade in
dem Menschen und ordinirt die Kräfte des Menschen, zu warten der Geburt, die Gott gebiert in dem Wesen der Seele.
Und was dann Gott wirket, das heisset ein wesentlich Werk
und das Werk ist über alle Gnade und über Vernunft in dem
Lichte der Glorien. Und da wird Gnade verwandelt in das

Licht der Glorien, und da heisset der Mensch ein vergötteter
Mensch".

Das gnadeliche Wirken begreift, was nicht schwer ist zu
erkennen, alles Mittelbare und Bildliche in sich, die christlichen
Lehr-, Gnad- und Zuchtmittel, wodurch Gott a u f den Menschen wirket, und alles' Wachsthum des Menschen in guten
Erkenntnissen, Tugenden (gnadelicher Stand s. o.) bedingt
und gefördert wird, wesswegen T. die Gnade etwas „Kreatürliches" nennt im Gegensatze zu dem unmittelbaren, über-
bildlichen Wirken Gottes i n der Seele Grund. Zwischen beiden setzt er das gleiche Verhältniss, wie wir es später finden
werden zwischen Tugenden und wesentlicher Tugend, zwischen
Wirken und Schauen: die eine ist die Vorstufe zur andern,
„bereitet" zur andern; aber die Errungenschaften der gnadelichen Stufe sind doch zugleich bleibende Momente der
göttlichen Stufe, sind in ihr „aufgehoben".

Die k o n k r e t e Darstellung, Offenbarung, Mittheilung
dieser Gnade verehrt T. in C h r i s t u s: des gnadelichen
Werkes in Christus nach seiner Menschheit, des göttlichen
nach seiner Gottheit, so dass in dieser Einen Person und ihrem
Heilswerk Möglichkeit und Fähigkeit dem Menschen gegeben
ist, die g a n z e Gnade sich anzueignen, vom Einen zum Andern fortzuschreiten, von der gnadelichen zu der göttlichen
Stufe, jetzt „auf den blühenden Baum" seiner Menschheit,
besonders „seines würdigen Leidens zu steigen", dann „weiter auf die Höhe seiner hochwürdigen Gottheit", und so „einzugehen und auszugehen" und „volle Weide zu finden".
Denn eben darum „ist das ewige Wort in der Zeit geboren
worden" und hat sich zu unserer Schwachheit herabgelassen,
um uns d u r c h die Menschheit, in der das göttliche Licht
an sich, das unsere Augen nicht hätten fassen noch ertragen
können, temperirt war, zu sich, zu seiner Gottheit zu erheben. „Die grosse, edle Sonne hat, wie Augustinus sagt, unter sich eine mindere Sonne gemacht, und die beschattet mit
ihren Wolken die grosse Sonne, nicht zu einem Bedecken,
sondern zu einem Temperiren, dass wir die grosse Sonne sehen können. Die grosse Sonne ist der himmlische Vater, der
hat unter sich die niedere Sonne gemacht, das ist das väter-

liche Wort, Gott der Sohn. (!) Wiewohl es ist, dass er ihm
an der Gottheit gleich ist, so hat er doch selber sich demüthiglich nach der Menschheit geniedert, nicht sich uns zu verbergen, sondern dass er uns getemperirt würde, dass wir ihn
wahrlich sehen möchten".

Als Mensch ist nun Christus Taulern, wie der damaligen Mystik überhaupt, eben der Urtypus des Mystikers, sein
Leben ist der Urtypus des mystischen Lebens. Gewiss, das mystische Leben ist nicht bloss eine Nachbildung des Lebens
Christi, sondern dieses Leben Christi selbst, man darf es wohl
sagen, wird von T. und den Mystikern jener Zeit überhaupt
als die vollkommene Verwirklichung und Darstellung dessen
aufgefasst, was ihnen ihr mystisches Ideal ist; so ganz tragen
sie auf ihn alle die Züge in urbildlicher Weise über, die wir
bei ihnen als Züge des Mystikers überhaupt finden werden:
das „vollkommene arme Leben" im Verhältniss zu den Dingen
dieser Welt und Zeit; die Leidens- und Kreuzes-Signatur,
ohne die sie kein irdisches Leben, das aber über diese Zeitlich-
keit hinaus will, sich denken können, und in der sie daher
Christum ganz besonders und mit einseitiger Vorliebe betrachten als den „Leidenden" und „Verdrückten" und „Gekreuzigten"; die umfassende Liebe zu den Menschen; das Leben
nur aus Gott, in Gott und zu Gott. So fasst auch Tauler
Christum: so dessen urbildliches Verhalten, „in dem er dem Vater alles gründlich wieder aufgetragen hat in aller Weise und
in allem dem, was er von dem Vater empfangen hat, also
dass er ihm nicht ein Haar vorhielt noch sich annahm und
allein die Glorie seines Vaters suchte"; so dessen Liebe zur
Menschheit, welche zur „mitleidenden Traurigkeit" des Heiligen und Reinen über die sündige Welt wurde bis zum freiwilligen Tod für sie, durch welches erleuchtende, erwär-
mende, reinigende, in seiner einzigen Liebe und Geistesherr-
lichkeit fast mit magischer Gewalt auf Jeden, der sich ihm hin-
gibt, wirkende Leben, Leiden und Sterben Christus uns nicht
bloss unsere wahre Bestimmung zum Bewusstsein gebracht,
sondern auch die Kraft, zu diesem erkannten Ziele die Bahn
zu wandeln, gegeben, unsere Willenskraft nämlich von den
sinnlichen Banden, in denen sie gefangen lag, losgelöst und

in Gott gefreit hat. So fasst T. das gnadeliche Werk Christi; und ganz vorzüglich diess Werk eben als die Darstellung dieser einzigen Persönlichkeit. „Wir haben einen köstlichen Schenken und davon ist auch das Trank kostbar. Denn der Schenke und das Trank sind Eines: und das er ist, das schenket er, und das er schenket, das ist er". Zwar spricht T. auch vielfach von dem „minniglichen, zarten" Blute Christi, ohne welches „kein Mensch genesen mag", von den „h. fünf Wunden" unsers Herrn, „durch deren Ueberguss wir gewaschen, rein gemacht und gesund werden und erlöst von den täglichen Siechtagen und Gebrechen"; von seinem Tod, da „er einen ganzen Frieden und Sühne zwischen den Menschen und dem himmlischen Vater machte". Wie er aber fast überall nur von einem durch die Sünde verursachten alterirten subjektiven Verhältniss des Menschen zu Gott weiss, so gehen auch seine Gedanken über das Werk Christi nur auf die sittliche und religiöse Erneuerung und Vereinigung des Menschen mit Gott. „Durch das Kreuz sollen wir wiedergeboren werden in den hohen Adel, in dem wir in der Ewigkeit waren.... Der himmlische Vater hat uns wider die grossen Hindernisse (der Selbstverblendung, Wollust u. s. w.) grossen Trost und Hülfe gegeben, dass er von Liebe seines göttlichen Herzens gesandt hat seinen eingebornen Sohn, unsern Herrn J. Christum und sein h. Leben, und dazu seine grosse vollkommene Tugend und sein lauteres edles Bild und Lehre und sein mannigfaltiges, bitteres Leiden und Verschmähung, Elend und Armuth, das er alles uns in ganzer ewiger Liebe und unsers Heiles willen vorgetragen hat, uns allen zu einem Exempel".

Es ist klar, in dieser assimilirenden, gleich machenden Kraft dieser einzigen Persönlichkeit verehrt T. das hauptsächliche Werk Christi: die Erlösung; wie ihm auch dieses „Gleichwerden" mit Christo (s. u.) eben die Nachfolgung Christi ist. Diese anziehende und heilende Kraft des Erlösers vergleicht er treffend schön mit der Anziehungskraft eines Magnets. „Wie der Agtstein (Magnet) das Eisen nach sich zieht, also zieht J. Christus alle Herzen nach sich, die da von ihm berührt werden; wie das Eisen

von dem Stein mit seiner Kraft berührt wird, so gehet es zu
Berg dem Stein nach, wiewohl es seine Natur nicht ist, so
rastet es doch nicht in sich selbst, es komme denn über sich
in die Höhe. Also alle Gründe, die von diesem Agtstein des
ewigen Sohnes Gottes wahrlich und lauter berührt werden,
dieselben Menschen behalten weder Liebe noch Freude noch
Trost (der Welt); sie gehen allezeit über sich zu Gott auf....
Sintemal Gott gegeben hat, dass Steine und Kräuter grosse
Kraft haben, Krankheiten zu vertreiben, welche grosse Kraft
glaubt ihr, dass der Sohn Gottes habe, alle Krankheit der
Seele zu vertreiben mit seinem Tode und mit seinem h. Bilde"!

Der mystische Reinigungs- und Einungs-Prozess (der „Widerlauf").

Alles Bisherige ist mehr nur Voraussetzung und Unterlage
dessen gewesen, was den eigentlichen Mittelpunkt aller Mystik
bildet: die Einigung der Seele mit Gott, die durch
einen mystischen Prozess vollzogen wird, in welchem Alles,
was die Seele von Gott „vermittelt", abfällt.

Denn „sollen wir Gott finden, so müssen wir ihn suchen
mit Gleichheit (reiner Fähigkeit, ihn zu fassen); die Ungleichheit macht, dass wir Gott nicht finden". Diess ist der
so einfache Grundsatz, den T. an die Spitze des Einungs-
prozesses stellt. „Ein Gleichniss an der Sonnen. Darnach die
Lüfte lauter sind, darnach wirft die Sonne ihren Schein in der
Luft.... Was das Licht umgreifen mag, das erleuchtet es, und
was des Lichtes empfänglich ist, das empfahet Licht: als der
Luft. Der Luft, der ist subtil, und ein Glas, das ist lauter;
was aber grob ist und unlauter und dick, das ist des Lichtes
nicht empfänglich und darum empfahen sie nicht Licht, als
die Erde oder ein Stein oder ein Holz. Also ist es auch um die
Seele.... Was das Licht empfahen soll, das muss
dem Lichte gleich sein.... Nach der Gleichheit empfahet auch die Seele das Licht". Nun „ist Gott inwendig und
ein Geist; entblösset von allen Kreaturen, verflossen in lautere
Einfältigkeit, durchglästet mit seinem Licht, das er selber ist,
durchbrennet mit der Liebe, die er selber ist; — also müs-

sen auch wir sein, sollen wir Gott finden, eingekehrt von allen äusserlichen Werken, ein blosser Geist, und entblösset von allen Bildern und Formen, und lauter, einfältig und durchglästet mit dem göttlichen Glanz und durchbrennet mit dem Liebesfeuer des h. Geistes; und mit d e r Gleichheit so finden wir einen b l o s s e n Gott".

Noch n ä h e r aber modifizirt sich da der „Ausgang" des Menschen in ein „Auslaufen", „sich Verlaufen", in eine Verkehrung der normalen Lebensordnung und des wahren Verhältnisses zu Gott ausgeschlagen, der Heilsweg zugleich als der u m g e k e h r t e von jenem: „ein W i d e r l a u f ist von Noth, ein ganzer, männlicher, wahrer Kehr"; und da braucht es Ernst, Arbeit, Selbstüberwindung. „Der Mensch mag nicht fürbass kommen, denn mit einem grossen Gewalt Anthun dem äusseren Menschen und mit einem Abbrechen allen seinen Sinnen in allen Dingen".

Dieser Reinigungsprozess hat nun aber seine S t u f e n: die Stufe des ä u s s e r e n; des i n n e r n, „vernünftigen", „mittleren"; des „a l l e r i n w e n d i g s t e n" Menschen. „Wenn der Mensch mit aller Uebung den äussersten Menschen in den inwendigen, vernünftigen Menschen zieht, und diese zwei Menschen, das sind die sinnlichen und die vernünftigen Kräfte, sich zumal einmüthig in den allerinwendigsten Menschen auftragen, das ist, in die Verborgenheit des Geistes, worin das wahre göttliche Bild liegt, und sich allzumal in den göttlichen Abgrund erschwinget, in dem er ewiglich in seiner Ungeschaffenheit war; — wenn dann der barmherzige Gott den Menschen also in seiner Lauterkeit und in der Blosheit zugekehrt findet, so neigt sich der göttliche väterliche Abgrund und sinkt in den lautern, zugekehrten Grund und da überformet er den geschaffenen Grund und zieht ihn in die Ungeschaffenheit". In diesen Worten hat T. einen flüchtigen Ueberblick über diese mystischen Stufen und über das Ziel und Ende derselben gegeben. Es fehlt übrigens in seinen Schriften auch nicht an andern Stufen-Bestimmungen. Sie geben sich aber sofort nur als nähere Momente jener erstern. Wenn er z. B. das, „wovon man sich abkehren solle", bestimmt, so nennt er einmal: „alles, das wider Gott ist" (Sünde); dann: „dess Gott nicht eine

Ursache ist" (zeitlich Gut, eheliche Freuden u. dgl.); und endlich: „das nicht wahr, lauter, bloss Gott ist" („geistliche Bilder und Formen, die den Menschen vermitteln" u. s. w.). Das
sind die „drei" „Berufungen" und die „dreierlei Menschen",
denen wir noch später begegnen werden, oder die allgemeine
Laienfrömmigkeit, die aszetische, und endlich die mystische.
Aber es ist klar, dass sie doch zugleich nur Stadien des Einen
vollen mystischen Prozesses sind, dass das letzte Moment — Abkehr von allem, was nicht lauter und bloss Gott ist, — der
letzten Stufe eignet, das zweite vorzugsweise der zweiten, das
erste der ersten. Ebenso spricht sich auch T. so aus, als ob
der „Widerlauf" gleichsam seine zwei Hälften habe, und zwar
sei in der einen der Mensch vorzugsweise wirkend und thätig,
in der andern verhalte er sich vorzugsweise leidend, und diese
letztere habe jene erstere zu ihrer Bedingung und Voraussetzung. Unter der letztern meint er die eigentlich religiöse
Stufe; denn die Vollendung der Religiosität im Menschen ist
nach ihm nicht sowohl ein Ergreifen und Wirken als ein
Ergriffen und Gewirkt werden, oder vielmehr ein sich Ergreifen lassen, ein „Gottleiden", denn der Mensch, wie er sich
auch ausdrückt, durch Gott aus Gott geflossen, könne nur
durch Gott wieder zu Gott kommen. Aber auch diese Bestimmungen sind nur wieder nähere Momente jener drei
Stufen, deren beiden ersten mehr das wirkende, der letztern
das leidende Verhalten des Menschen zukömmt. Uebrigens
lässt T. die niedrigen Stufen allerdings in die höhere aufgehen, doch so, dass sie in ihr aufgehoben, verwahrt
bleiben (s. u.). —

Der „Ausgang" von den „Kreaturen" und die „Einziehung der Sinne." (Erste Stufe.)

Der „Widerlauf" zu Gott bedingt den „Ausgang" aus
der „Geschaffenheit." „Soll Gott eingehen, muss die Kreatur ausgehen.... Ihr wollet Gott und die Kreaturen mit einander haben, das ist unmöglich, Lust Gottes und Lust der
Kreaturen; und weintest du Blut, es mag nicht sein.... Gott
kann nicht in dir geboren werden, so lange die fremden Geburten
— zeitliche, vergängliche und sinnliche Dinge — in dir sind."

In solchen Mahnungen ist T. unerschöpflich, denn der
Karakter der Welt, der Aussendinge, der sinnlichen „Diess
und Das" ist ihm Mannigfaltigkeit, daher „Zerspreitung" als
Wirkung, der Karakter Gottes Einheit; dieselben Gegensätze findet er auch (s. S. 66 ff.) im Karakter der Organe des
Menschen, die für die Auffassung dieser beiden Welten bestimmt sind: in den Sinnen den Karakter der Mannigfaltigkeit, Bildlichkeit, und im Grund, im Gemüthe den Karakter
der Einfalt, Bildlosigkeit. Wer daher „Gott will haben, der
muss die Kreaturen lassen, denn die Seele ist also enge
(Einheit der Persönlichkeit), dass Gott und die Kreaturen
nicht mögen mit einander in ihr sein. So daher die Seele
mit Mannigfaltigkeit beladen ist, so mag sie ihres Wesens
nicht gebrauchen."

Doch nicht allein um der Gegensätze willen, die an sich
vorhanden sind, mahnt T. zu einem „Ausgang" von der
"Geschaffenheit", sondern sofern der Mensch bereits in die
Dinge ausgelaufen ist, „an ihnen klebt, sie mit Lust besitzt"; sofern er von ihnen (in seiner Vernunft) „verbildet",
(in seinem Willen) „besessen", überhaupt mit den Kreaturen
„verdingt", „vermackelt" ist. Er muss daher von diesen
„geschaffenen" Bildern ledig und frei, bildlos und „unbekümmert" werden. Er muss „ersterben allen ungeordneten
Lüsten in Speise, in Trank, in Sehen, in Hören, in Gehen,
in Stehen, in Worten und Werken.... Die Weisen, Wirkungen und Einbildungen der Welt, das ist der Welt Trost,
Freude, Liebe und Leid in Lieben, in Furcht, in Traurigkeit, in Sorgfalt, alle diese schädlichen Besitzungen muss er
abthun, diese Liebe zu den Kreaturen, womit er gefangen
ist, sie seien lebendig oder todt, so es Gott nicht ist, und
sonderlich menschliche Liebe, die so nahe in der Natur ist,
wegen Gleichheit der Menschen."

Nicht bloss das eigentlich Sündhafte in diesem Verhältnisse straft T. und will er abgethan wissen, sondern auch einen Weltbesitz und Weltgenuss, auch Zustände, die sonst
für unschuldigere angesehen werden, ja als der Ver-
schönerung dieses Lebens dienend. Wir kennen das normale Verhältniss zur Welt, das er dem Menschen vorsteckt:

„Nothdurft" und „Durchgang" zu Gott. Sein Kanon ist nun: Was der Mensch über die Nothdurft brauche und was ihm kein Durchgang zu Gott sei, das, wenn es auch nicht Sünde sei, vermittle doch die Seele, und wäre es auch nur bohnengross (s. o.); und von dem müsse der Mensch ausgehen. „Er thue recht, als ob er spräche: ich suche, ich meine, ich jage Gott allein nach... und was ihm begegnet, das grüsse er und gesegne Gott und fahre für sich seinen Weg und dringe durch alle Zufälle und schlage sie in Gott." Leider aber sei die entgegengesetzte „Weise" diese „Lust und Genüge der Kreaturen" jetzt in aller Welt, „wunderlich viel" unter Weltlichen und unter Geistlichen; „einem Menschen möchte sein Haupt davon umgehen, so viel und so mancherlei ist des Wunders an den Kleidern, an den Speisen, am Gezimmer und Gebäuden, und viel mancherlei, deren man den zehnten Theil nicht bedürfte. Und doch sollte hier in dieser Jammerzeit nichts anders sein denn ein Durchgang zur Ewigkeit, und sollte nichts anders sein, denn dass Leib und Seele bei einander bleiben möchten." T. rechnet unter dieses unordentliche „Auslaufen" auch die „Gesellschaft und Kurzweil in Worten und Werken, darin Gottes Ehre und Lob nicht ist." Besonders zielt er dabei auch auf das Leben in den Klöstern (s. Leben Susos). Und für Alles habe man Entschuldigungen: „das schadet nichts, es ist eine geistliche Liebe, ich meine es nicht in Uebel noch in Argem; ich bin jung; ich muss mich ergötzen und etwas Kurzweil haben." Aber T. nennt diese Entschuldigungen in seiner konsequenten Frömmigkeit nur falsche Glossen. „Ach, lieber Gott! wie mag das sein, dass das lautere, wonnigliche, süsse, ewige, geliebte Gut dir nicht lüstet noch schmecket, und dass du an der leidigen, verfinsterten, verderbenden, tödtenden Kreatur Lust und Kurzweil, Freude und Friede finden solltest, die doch eine Zerstörung alles Friedens ist, damit du aus deinem Herzen das lautere, edle Gut vertreibest, das dich geschaffen hat, den lieblichen Geist, der ein Tröster ist und heisst." —

Da nun aber der Mensch durch die Sinne ausläuft, als das nächste Organ für die Aussenwelt, so dringt T. eben zugleich auch auf eine Sinnenzucht.

Von der **W e l t** sich, seine Sinne abkehren, heisse **z u -
n ä c h s t** und **z u g l e i c h** auch: **d i e   S i n n e** „**n i c h t   a u s -
k e h r e n   a l s   z u r   N o t h d u r f t**", sie „zuschliessen." Denn
„so die Sinne sich über die Nothdurft auskehren, so wird der
Mensch zerstreut und mag nicht lauter bleiben, als ob seine
Sinne gesammelt wären in Eins; er kann selten auskehren, die
Sinne empfahen etwas, das unlauter ist — und so sie wieder heim
kommen, so bringen sie das mit ihnen, das das Haus der Seelen
unrein macht. Niemand schätze sich so vollkommen und frei, dass
er meine, es schade ihm nichts, dass er sich auskehre auf
Werke, die nicht Nothdurft seien; ich spreche, es ist wenig Jemand so heilig in der Zeit, dass er also lauter bleibe
in dem Auskehr als in dem Einkehr.... Denn die Kreatur ist
auswendig, und diese ist unbärhaft (unfruchtbar), Gott aber
inwendig, und Gott ist bärhaft. Wer sagt, dass ihm unnothdürftig Auskehr nicht sei Schade, das ist ein Zeichen,
dass er nie zu rechter Ledigkeit kam .... Es ist gar klein,
das den lautern Augen wehe thut; noch viel kleiner ist das,
das den innern Menschen letzet, und man muss sein viel bass
büten, denn der Augen, soll er allwegen lauter bleiben."

Da nun die Kräfte an einander hangen, „so wird,
wenn die eine wirket, die andere gehindert und geirret." So
viel nun die Sinne „aus bleiben", also viel sind sie „zerstreut in Mannigfaltigkeit ihrer Werke"; und so viel sie
mannigfaltig sind, also viel „wird der innere Mensch gehindert, zu verstehen die einfache göttliche Wahrheit, die Gott
selber ist." T. sagt daher, der Mensch solle „s i n n e l o s" (wie
„erkenntnisslos", „liebelos" s. u.) werden.

Nicht bloss sei von Noth, fährt er fort, die Sinne nicht
auskehren, sondern sie „e i n z i e h e n", sie „unter dem Band
der Bescheidenheit (ratio) halten", denn das Sinnenleben an
sich sei der Religiosität unempfänglich. Ihr Wesen sei Ver-
änderlichkeit, der äussern Welt korrespondirend, aber entgegengesetzt dem einigen und ewigen Wesen Gottes: „sie
sind unstät und wandelbar, hinfliessend mit der Zeit, ein hin-
fliessendes Wasser." Sie sind „darum nicht empfänglich göttlicher Wahrheit und der besten Gaben Gottes, denn sie haben Gleichheit mit der Zeit, göttliche Gaben aber bleiben

ewiglich"; darum „begabet" sie auch Gott nicht mit seinen
besten Gaben. „Wie ein Herr nicht gerne seine Herrschaft und
sein Gut einem Buben empfiehlt, der sein nicht gepflegen mag
und beschirmen, also thut auch Gott den Sinnen, weil sie Buben sind, und verspielen alles, das man ihnen gibt und behalten nichts Gutes." Daher solle man auch „keinem äusserlichen
Menschen keines vollkommenen Guts noch vollkommener Gabe
getrauen", und „ob ihm Gott gern sein bestes Gut gäbe, er
entmag (vermag nicht); denn er findet keine Statt in ihnen. . .'.
Er wäre ein Thor, der sich annähme, zu bauen auf ein hinfliess-
send Wasser."

    Eingezogen aber in den innern Menschen
werde das Sinnenleben diesen nicht bloss nicht hindern, sondern ihm helfen und durch ihn empfahen, „denn wo
Zwei eine Gabe sollen empfahen, da muss allwegen das Krän-
keste bei dem Besten sein, was dann dem Mindsten gebrichet,
das muss von dem Besten erfüllet werden. Nun ist die Seele
und Leib eine Person, davon haben sie ein Wirken, und
die Seele mag nicht gewirken, es sei denn, dass die Sinne
dabei seien; und darum so mag die Seele nicht empfahen göttliche Gaben, es sei denn, dass sie ungehindert sei von den
Sinnen. Und dann ist sie ungehindert, so die Sinne zumal eingezogen sind und alles sinnlichen Werkes ledig; und dann so
mag die Seele die nächste Wahrheit empfahen, und was sie
dann empfahet, das theilet sie mit den Sinnen, und also mögen
die Sinne nicht empfahen nach ausbleibender sinnlicher Weise
göttliche Wahrheit, sondern nach eingezogener Weise in den
innern Menschen, und da inne wird Wahrheit empfangen und
bricht aus in die Sinne und zwinget sie zu folgen der Wahrheit."

    Der „Ausgang" von „dem eigenen Ich« und »die Ordinirung« der
    Kräfte und die »Uebung" der ordinirten Kräfte (Zweite Stufe).

    Nicht bloss Abkehr von der äussern Welt und Einziehung
der Sinne verlangt T., sondern auch einen Ausgang des Menschen von ihm selbst, von der Liebe seiner selbst — „das
andere Gefängniss" in dem „etliche Menschen sich befinden,
wenn sie von dem ersten Gefängniss, von Liebe der Kreaturen

und der auswendigen Dinge erlöset werden." Dieses „sich
selbst besitzen wollen in allen Dingen" sei es auch, was die Aussenwelt uns zu einem Fallstrick mache. „Die Dinge, damit du
umgehest in der Zeit, hindern dich desswegen, dass du mit ihnen verbildet bist mit Eigenschaft (sucht); wärest du der Bilder
und der Eigenschaft ledig und frei und unbekümmert, wisse in
der Wahrheit und hättest du ein ganzes Königreich, es schadete
dir ganz nichts."

In dieser Art dringt T. bis zur Wurzel, „die in dem
Grunde verborgen liegt." Wir sollen verläugnen „alle Eigenschaft Willens, Begehrens und Wirkens." Es „muss ja
ein jeglicher Mensch sterben, soll ihm anders recht geschehen.
Wie wollen wir nun diesen Menschen nennen oder heissen?
Er ist oder heisst eigener Wille oder Eigenschaft." Denn „so
lange dieser eigene Wille und diese eigene Weise in uns
bleibt, und darin wahrlich nicht erstirbt, so ersprosset er sich
durch alle Kräfte des inwendigen und des auswendigen Menschen, bis er alles verderbt, darin Christus pflanzen sollte.
Wie viele Menschen, die in ihrem geistlichen Leben so gross
erschienen sind, und mit denen Gott so grosse Dinge angefangen hat, verdarben darin, dass sie der Wahrheit nicht
lauter wahrgenommen, sondern sich selbst besessen haben, inwendig und auswendig, in Geist und in Natur? ... Das Weizenkorn muss sterben, soll es anders seine Frucht bringen; also
müssen auch alle Dinge innerlich in uns ersterben; ... also
musst du auch deinem eigenen Willen zu Grunde sterben."
Dieses Sterben und sich Gott zu Grunde lassen, meint T., wäre
besser, „denn ob der Mensch alle seine Kleider vom Leib nähme
und sie durch Gott armen Menschen gäbe, ja vielmehr, als
wenn er Steine und Dornen ässe, so es anders die Natur erleiden möchte . . . Liebes Kind, löse darum dein Gemüth von allen Enden, wo es zum Pfande steht;
. . . denn alle Dinge sind ein Abgott, dess Gott
nicht ein Ende ist."

Diese eigenhaftige Weise, sagt T., „sucht das Ihre an Gott
und an allen Kreaturen und verirret alle Kräfte" (s. o.). Darum
bekämpft er sie auch nach allen diesen Richtungen. In ihrer
Richtung auf das Wissen als Verirrung der vernünfti-

gen Kraft, z. B. als Wissens- und Erkenntniss- (nicht
Wahrheits-) Lust. Da „fallen die Menschen auf ihr eigenes,
natürliches Licht und bleiben also darin; denn darin ist so
grosser unübertrefflicher Lusten in der natürlichen Vernunft,
dass aller Lusten, den die ganze Welt hat, nichts ist gegen
diesen, der in dem natürlichen Licht verborgen ist, und diess
natürliche Licht haben die Heiden be- (er) kannt und lieb gehabt, aber sie sind darin geblieben und nicht fürbass gekommen, also dass sie dadurch in ewiger Finsterniss bleiben müssen." Oder sei es nicht eigensüchtiger Wissens-Lust, so sei
es Wissens-Hochmuth. Da „lassen sich viele Menschen
auf ihre Vernunft und gloriren darin. Und alles, was in dem
Geiste sollte geboren werden, das verderben sie damit, dass sie
in der Vernunft gloriren, es sei Lehre, es sei Wahrheit oder
welcherlei es sei, dass sie das verstehen und davon reden können und damit etwas scheinen und erhöhet werden, und es
weder zu Leben noch zu Werken bringen." Von dieser Verirrung der Vernunft — es geht auf die Scholastiker und „freien
Geister" (s. u.) — warnt T., als wodurch die an sich edle Vernunft „verblindet" werde; ja er bezeichnet sie als gefährlicher
noch, denn den leiblichen Lusten, und beruft sich hiefür auf den
Fall Luzifers.

Eine zweite eigenhaftige Weise, die er zu bekämpfen hat,
findet T. in dem Praktischen, in der „Werklichkeit",
und in dem unsittlichen „Schein-Leben vor der Welt." Auch auf
diese „Weise" eine ebenso verkehrte und auch ebenso verbreitete und mächtige, wie die Weltlust, wie den Wissenshochmuth, hat er die Wucht seines Geistes und Wortes fallen lassen. Was er unter dieser Schein-Sittlichkeit versteht, darüber
wollen wir ihn nun selbst wieder reden lassen; denn er thut
diess in einer Art, die karakteristisch ist für seine Zeit, wie
für ihn selbst. „Die Menschen geben ihr Almosen oder thun
grosse Werke oder Dienste der Liebe oder geben Jemand grosse
Gaben. So es ein anderer Mensch nicht weiss und Gott allein
weiss, und du darin nicht Frieden (Selbstgenüge) hast, so ist
darin ein verborgenes Lob, dass die Gabe und der Dienst unermesslich ist. Aber so eignen die Menschen ihr Almosen, und
wollen, dass es die Leute wissen und machen Fenster und Al-

täre in die Kirchen und zeichnen sie mit Schilden, und wollen, dass es alle Menschen wissen, damit haben sie ihren Lohn genommen. Nun entschuldigen sie sich und meinen, dass man für sie bitten soll. Ihnen wäre ein lauteres Almosen nützer, das sie zumal in den Schooss Gottes ihm allein verbärgen, denn ob sie eine grosse Kirche mit Wissen aller Menschen machten, und sie alle für sie beteten. Denn Gott wird das wohl ersetzen, was alle Menschen beten möchten, liessen sie ihm ihre guten Werke und vertraueten ihm. Das Almosen bittet selber mehr aus einer lautern, gelassenen Meinung, denn alle Menschen mit Wissen beten möchten... O was ist dieser pharisäischen Reise auf Erdreich, dass die Menschen gemeiniglich auswendige Dinge in Worten und in Werken meinen, was da einen geistlichen Schein hat, und meinen doch mehr auswendige Dinge, Gut und Ehre und Vortheil und angesehen und geachtet zu sein und Gunst und Lust! Nun, alle Werke, die der Mensch thut, die mehr zum Schein dienen, oder dass man gesehen und geachtet oder für gross gehalten werde, aller dieser Werke nimmt sich Gott nicht an, wie gross oder wie hoch sie sind oder scheinen. Wer des Werks eine Ursache ist, da die Geburt gebiert, dessen ist die Geburt und nicht eines andern." Das sei „der äussere Pharisäismus." T. kennt aber auch noch eine „innerliche pharisäische Weise." Er nennt sie, wie wir gesehen haben, „die Werklichkeit" (Werkheiligkeit), deren eigenschaftlichen Grund und Selbstbetrug der Mann der Herzensfrömmigkeit ohne Schonung enthüllt. „Es gibt Menschen, die lassen sich bedünken, wie sie gar wohl mit Gott daran seien, aber so man ihr Werk recht ansieht, lieben sie sich und meinen sich selbst in dem Grunde, es sei Gebet oder was es sei, und das merken sie nicht, und diese Menschen thun viele grosse scheinende Werke und gehen um ihren Ablass und beten, und klopfen an ihr Herz und sehen die schönen Bilder an und knien und laufen hin und her in der Stadt, dessen alles nimmt sich Gott nicht an." Er nennt diese Werke „Kreatürliche"; er spricht auch von „einer sinnlichen Uebung der Tugenden." „Dass ich viel spreche: Herr! Herr!, viel hete, viel lese, viel schöner Worte habe, viel verstände, gut scheine ... so hoch sänge,

bis es an den Himmel langte, … nein, nein, es gehört anders
dazu. Betrügst du dich, der Schaden sei dein, nicht mein!….
Es ist Gott nicht um die Werke, so er des Herzens und der Liebe beraubt ist. Was soll ihm
die Spreu, so ein Anderer das Korn hat!" Er jammert über die Macht dieser pharisäischen Richtung in seinem
Zeitalter. „Des Verirrens und Anklebens ist so viel, nun hie,
nun dort, dass es ganz überhand genommen hat; und ist alles
unsere Angenommenheit, Auswirkung, Aufsätze und Gutdünk-
lichkeit, und Niemand will sich mehr dem h. Geist lassen und
Jedermann schafft das Seine". Und an einem andern Orte sagt
.er: „Ich verstehe mich gar wohl, dass diess falsche Scheinen und Weise nun alles der gemeine
Lauf aller geistlichen Menschen ist."

Endlich auch in einer falschen Lust an den Gaben
Gottes findet T. eine verdeckte Eigensüchtigkeit. „Viele Menschen zieht die Lust mehr denn die göttliche Liebe und nehmen die Lust für Gott, und was sie wähnen, dass Gott sei,
das ist ihre Lust. Denn verginge ihre Lust, so verginge auch
ihr Fleiss". Das sei nichts anderes denn Selbstsucht; „denn
die Untugend steckt so tief und so verborgen in dem thierischen
Grunde des Menschen, dass sie allezeit etwas Gegenwurf (Oh-
jekt) haben will, worin sie das Ihre sucht, es sei in Worten
oder in Werken; dazu sucht sie das Ihre in Gott selbst und 'in
seinen edlen Ausflüssen so verborgen, dass es ein grosses
Wunder ist, und kann es ihr nicht mehr werden, so
sucht sie Trost an Gott und am Empfinden seiner
und begehrt das Himmelreich" (s. unten die „falschen
Gründe").

So tief schneidet T. mit seinem Messer ein, so ganz enthüllt er die Schäden, auch die verborgensten. Was Alles aus
einem solchen „selbstbesessenen" Grunde kommt, nennt er
„wurmmässig". „Die Aepfel, dieweil sie da liegen, sind also
schön geschaffen, wie die guten, ehe man sie anrührt, aufhebt
und behandelt". Also „mag alles wurmstichig werden (und ist
alles wurmstichig, da der Grund nicht lauter ist), es sei wirkendes oder schauendes Leben, oder Jubiliren oder Kontempliren, oder ob man bis in den dritten Himmel entzückt würde,

dergleichen grosse Prophezeiungen und grosse Zeichen thun,
die Siechen gesund machen und Unterscheid der Geister und
verborgene, künftige Dinge erkennen". Es komme Alles auf
den G r u n d an. „Die Dinge werden in euch geprüfet recht
wie der, der einen Zweig pflanzet auf einen Stock, und nach
dem Zweige wird alle Frucht, die der Stock tragen wird, und
nicht nach seiner Art". Also werden „alle äusserlichen, fremden Geburten", also wird „alle Frucht nach dem Zweige geprüft". Was aber „der Vater nicht gepflanzet, das wird ausgeworfen und verdirbt".

Nicht bloss ohne allen sittlich religiösen Werth sei all diess
Beten, Fasten, Studiren u. dgl. aus eigenem Willen und Ei-
gensüchtigkeit; es halte uns auch auf, „dass wir nicht bloss
und lauter in uns selbst kommen mögen, in den inwendigen
Grund unserer Seele". Nichts sei daher nothwendiger für den
Menschen, als „stete Unterscheidung, was Natur und was
Gott sei", Der Mensch „solle grossen Fleiss haben, sich selbst
zu erkennen, worauf sein Grund gehe, seine Meinung, seine
Liebe und sein Fleiss, ob Unkraut darunter gewachsen sei".
Er müsse sich stets üben; nicht allein „die groben" Haare,
sondern auch „die Schoosshaare" abschneiden. T. stellt geradezu in der Alternative, wo man nicht wisse, welches das Beste
sei: Thun oder Lassen als Kanon auf: „d a s i s t d a s s i -
c h e r s t e , w a s d e r N a t u r a m a l l e r w i d e r z ä h m e -
s t e n i s t u n d d a z u s i e a l l e r m e i s t g e n e i g t i s t , i n
d e m s e i d i h r a m a l l e r m e i s t u n s i c h e r".

Es ist jedoch, das müssen wir stets festhalten, n i c h t die
Uebung, die Anwendung der Kräfte an s i c h, die T. bekämpft, sondern ihr Gebrauch aus einem falschen, selbst besessenen Grunde heraus. Etwas anderes sei es um die Uebung,
Entfaltung, Anwendung derselben, so sie recht „ordinirt"
seien. „Ihr sollt nicht wähnen, ruft er in einer Predigt, wahrscheinlich zu Köln gehalten, den Nonnen zu, dass ihr des h.
Geistes also werden sollt, dass euch eure auswendigen guten
Werke des h. Geistes hindern, wie Werke des Gehorsams,
der Liebe u. dgl. Nein, es ist nicht also, dass man alle Dinge
fahren lassen muss und seiner also warten. Ein Mensch, der
Gott gerne liebet und dienet, der soll alle Dinge aus Liebe

thun, Gott zu Lob, in rechter Ordnung, die Dinge, die auf
ihn fallen, wie es ihm Gott füget, in Liebe und in sanftmüthiger Güte und in friedlicher Gelassenheit, dir und deinem
Nächsten in Frieden zu bleiben. Die Werke hindern dich
nicht (s. S. 105 von den Dingen), sondern d e i n e U n o r d -
n u n g in deinen Werken hindert dich, die lege ab und meine
Gott lauterlich in allen deinen Werken". So sich z. B. „die
wirkende Vernunft vernünftiglich übet in der Kreatur in einer
Ordnung und Wiedereintragung der Kreatur in ihren Ursprung oder sich selber austragend zu göttlicher Ehre und zu
göttlichem Lob", — d a s Wirken sei ein „ordinirtes".

Unter diesen „Tugenden", „tugendlichen Werken" —
dieser Uebung der ordinirten Kräfte, versteht T. bald Tugenden im allgemein sittlichen Sinne, bald — und diess noch
häufiger — die aszetischen der Keuschheit, Armuth, des Gehorsams; oder Fasten, Wachen, Beten, Lesen, Knieen, Singen, und „was dieser tugendlichen Uebungen mehr".

D i e s e Uebungen, recht „ordinirt", haben ihm nun
nicht bloss i h r e n O r t im Reinigungsprozess — und
zwar g e r a d e i n d i e s e m Stadium; sondern auch i h r e
N o t h w e n d i g k e i t. E i n m a l als positive Bekämpfung aller Untugenden. „Um die Gebresten (von Adams Fall) zu zer-
stören, muss der Mensch an jegliche Statt der Gebresten eine
Tugend setzen", „Untugend mit Tugend überwinden", „aus-
rotten"; darum „muss man sich allezeit an Tugend üben, will
man Gebresten ledig sein". Dann als Bewahrung vor dem
Bösen; denn „indem dass der Mensch ledig ist oder müssig an
Tugenden, so hat die Untugend Gewalt an ihm". In diesen
Uebungen soll daher der Mensch „gefangen und aufenthalten
werden vor fremden, ungeschickten, ungöttlichen Dingen,
dass er dadurch gerichtet werde in Gott und göttliche Dinge,
dass er sich selber nicht böse Stätte gebe zu keiner Ungleichheit, dass er damit geübt werde und sich selber nicht entlaufe
in fremden Dingen, auf dass, wenn Gott ihn haben will, er
ihn bereit finde". Denn dazu „sei alles (aszetische) Wirken erfunden und erdacht"; dazu sei es „von Ordnung wegen dem
Menschen gesetzt", besonders für noch „u n g e ü b t e (s i n n -
l i c h -) s t a r k e, j ü n g e r e", „anhebende" Menschen; die

sollen sich „grösslich und sehr üben mit mancher guten Weise
und viel guten Werken inwendig und auswendig"; denn „die
bedürfen es noch". Endlich verlangt T. diese Uebungen
als Vorschule und Bereitung für das rein innere Werk. Was
daher den Menschen „allermeist reizen mag, wozu er allermeist Liebe und Gnade und Andacht hat, das solle er vor
sich nehmen: das Leben und Leiden unsers Herrn, oder dann
andere sonderliche gute Uebung".

Man solle sich aber „auswirken an Tugenden", sagt
er (s. S. 18); dann erst möge die dritte Stufe anheben. Den
Uebergang von der zweiten zu dieser dritten Stufe im
Menschen zeichnet er am deutlichsten in den folgenden Worten: „Sind die Menschen mit einer guten Begehrung durch
alle Tugend mit Leben gegangen, so überdringen sie alle Tugend. Gleichwie von vielen Kohlen (einzelnen Tugenden, Uebungen) ein grosses Feuer wird, und dann eine lichte Flamme
über die Kohlen in die Höhe ausschlägt, also soll der Mensch
von allen Gedanken, Einbildungen und Wirkungen seiner niedersten und obersten Kräfte auf eine übertreffende Weise sein
Gemüth durchdringen lassen, welche hoch fährt über alles
sein Vermögen und Wirken seiner selbst und aller Kreaturen
in die edle Höhe der überwesentlichen Gottheit."

Die »Inwendigkeit« und die »Armuth« des Geistes; die »Leidentlichkeit«.
(Die dritte Stufe: der »nächste Stand, Gott zu empfangen«.)

Auf der dritten Stufe soll der Mystiker in sich einkehren,
„von der auswendigen Mannigfaltigkeit der Uebungen sich ein-
sammeln", in dieser Einkehr aller thätigen Uebung auch der
höheren (mittleren) Kräfte im Heilswerke sich entäussern;
gleichsam wie weiblich empfangend sich verhalten zu der
männlich befruchtenden Thätigkeit des göttlichen Prinzips,
damit die göttliche Geburt im Grund der Seele werde, die
mystische Union mit Gott.

Diess die Uebersicht dieses Stadiums, das mit der „Inwendigkeit" anhebt. Wie nämlich die Sinne, die „sinnlichen
Kräfte", auf der ersten Heilsstufe „eingezogen" werden mussten aus ihrem äusserlichen Zerspreitetsein und ihrem In-der-

Welt-sich-verlaufen-haben in die höheren, so müssen n u n
die obern Kräfte, nachdem sie „ordinirt" wurden und sich
„ausgeübt" haben, „gesammelt werden in Eins", eingezogen
werden in den allerinnersten Menschen (den Grund), so dass
der Mensch „ganz innen" sei, „einfältig", — „in einer fleissigen Hut alles dess, was in ihn fallen mag, es sei geistlich
oder leiblich, dass das also empfangen werde, dass es den Geist
nicht mittle". Diess nennt T. die „Sammlung", die „Einkehr", die „Einigkeit", die „Innigkeit", die „Inwendigkeit".

In dieser Sammlung, Einkehr in seinen Grund, seine
Wurzeln, in diesem „Ein" aller seiner Kräfte sei, sagt er,
d e r M e n s c h a l l e i n d e s H ö c h s t e n e m p f ä n g l i c h,
f i n d e e r G o t t a l l e i n. So lange die Seele mit den einzelnen Kräften wirke, sei sie „auswendig ausgebreitet mit den
Kräften, und eine jegliche Kraft zerstreut in ihr Werk, und
unvollkommen und unfähig, inwendig zu wirken"; und nicht
bloss jede einzelne Kraft der Seele sei es, sondern auch sie
selbst, die Seele, die also gebunden zu den Kräften sei, dass sie
„mit ihnen hinfliesse, wo sie hinfliessen", denn sonst „möchten
die Kräfte mit ihr nicht wirken". Auch hindere die eine Kraft
die andere in ihren Werken, „weil wir uns kehren müssen
von einem auf das andere", und daher unser Wissen und Wirken „nicht an uns in Einem mag sein ohne Hinderniss des Andern", wie „in den Seligen, die ein Bild sehen und in dem
Bild erkennen sie alle Dinge"; oder wie Gott selber, „der in
sich siehet und in sich alle Dinge erkennet", und es „nicht bedarf sich zu kehren von sich auf das andere, wie wir thun
müssen". Wenn wir daher freilich „in diesem Leben allezeit
einen Spiegel vor uns legeten, in dem wir in e i n e m Blick alle
Dinge sähen und erkenneten in e i n e m Bilde, so wäre unser
Wirken noch Wissen kein Hinderniss". Da nun aber diess alles nicht sei, so müsse die Seele, wolle sie kräftiglich wirken inwendig, „wieder heimrufen alle ihre Kräfte und Sinne von allen
zerbreiteten Dingen in ein inwendiges Wirken". Denn „alle
Kräfte der Seele und ihre Werke, das alles sind Menge; Gedächtniss, Verständniss und der Wille, diess alles vermannigfaltiget dich". In dem „Ein" dagegen sei der Mensch auf der
Höhe seiner innern Fähigkeit. „So ein Schütze ein Ziel will

treffen, so thut er ein Auge zu, dass das andere desto genauer
sehe; also der ein Ding tief will merken, der thut alle seine
Sinne (Kräfte) dazu und zwinget sie dazu auf Eins, in die Seele,
wovon sie ausgeflossen sind". T. erinnert dabei gar sinnig an
Archimedes. „Ein heidnischer Meister war gekehret auf eine
Kunst, das war eine Rechnung. Er hatte alle seine Kräfte
dazu gekehrt und sass ohne Essen und zählte und suchte die
Kunst. Da kam Einer und zückte ein Schwert, und er wusste
nicht, dass es der Meister war und sprach: sage, wie heissest
du oder ich tödte dich. Der Meister war sehr eingezogen, dass
er den Feind weder sah noch hörte, noch konnte er sich so
viel äussern, dass er sprechen mochte: ich heisse also. Und
da der Feind lange und viel gerufen und er nicht sprach, da
schlug er ihm den Hals ab. Das war um eine natürliche Kunst
zu gewinnen. Wie vielmehr sollten wir uns entziehen von allen
Dingen und alle unsere Kräfte sammeln, zu schauen und zu
erkennen die ewige, unmässige Wahrheit"! — In dieser Einziehung der Kräfte in den Grund der Seele (und durch ihn in
den Grund Gottes) werden diese aber nicht negirt, sondern
„aufgehoben", gerade wie die Sinne, als sie in die obern
Kräfte eingezogen wurden: sie werden potenzirt. „Hier
sind drei Dinge, das eine klebet an der Natur im Fleische, als
die leiblichen Sinne und Sinnlichkeit. Das andere ist die Vernunft. Das dritte eine lautere, blosse Substanz der Seele.
Diese alle sind ungleich und empfinden auch ungleich, jegliches nach seinem Wesen. Der Schein der Sonne ist gar einfältig an sich selber, aber derselbe Schein wird gar ungleich
in dem Glase empfangen, das eine Glas ist schwarz, das andere gelb, das dritte weiss. Bei dem schwarzen Glase mag
man die Sinnlichkeit, bei dem gelben die Vernunft, und bei
dem weissen den blossen lautern Geist verstehen. Wenn nun
die Sinnlichkeit in die Vernunft, und die Vernunft in den
Geist einzieht, so wird das schwarze gelb und das gelbe weiss
und wird eine lautere Einfältigkeit, wo diess Licht allein leuchtet und anders Niemand; und wird diess Licht in der Wahrheit recht empfangen, so fallen alle Bilde, Formen und
Gleichnisse ab und es (das Licht) weist allein die Geburt in
der Wahrheit.... Die Sinne nehmen von den natürlichen

Dingen die Bilde, und doch viel edler in den Sinnen, denn
die Dinge von sich selber sind. Das schwarze Glas bedeutet
die Sinne, die Vernunft kommt hinüber und löset und scheidet die Bilde von ihrer Sinnlichkeit und machet sie vernünftig. Da wird das alles gelb. Aber so die Vernunft sich selbst
entwird nnd sich in den lautern blossen Geist verwandelt, da
wird es weiss, da leuchtet dieser Stern (die Stelle ist aus einer Predigt über den Stern der Weisen) allein".

Aber nicht bloss, sofern der Mensch darin allein die volle
Kraft der Empfänglichkeit habe, sei ihm dieses „Ein" von
Noth, sondern auch „weil Gott allein in dem Ein
sein allervollkommenstes Werk wirken kann".
„Wer allereinigest ist, der ist Gottes allerempfänglichst; denn
so der Himmel allereinfältigest ist, so mag die Sonne ihren
Schein allerbest auswerfen in die Luft; also ist es auch, so
die Seele allereinfältigest ist.... Denn das Licht ist einfältig,
also will es auch einfältigen Grund haben, dass es in ihm seinen Schein auswerfe".

Daher sagt T.: hier „werde der Glaube empfangen" und
„nicht von den Sinnen" (= Kräften). „Das Gehör höret die
Weise des Glaubens; die Vernunft (der innerste Mensch) empfahet das Leben des Glaubens". „Die zumal in den Sinnen
bleiben, die haben nicht Glaubens; sie mögen wohl sprechen:
ich glaube, als einer spricht: ich habe hundert Pfund Pfenninge, und doch nicht einen Pfenning hat". In dieser Inwendigkeit sei der Mensch „der besten Gaben Gottes", „des
Werkes Gottes empfänglich". Wer sich dagegen „an dem
Innerlichen versäumet, der versäumet sich auch an den besten
Gaben, die Gott geben mag; denn der innere Mensch hat etwas Gleichheit mit Gott (s. S. 68); und allein in dem Grunde inwendig über allen Werken wird Christus geboren". Daher
das stete Rufen Ts.: einzugehen in „diess inwendige Haus"!

Wir haben nun einen Schritt weiter zu gehen. Nicht
bloss sollen die höheren Kräfte als solche, es soll auch ihr
Wirken eingezogen werden. Wie der Mensch auf der ersten Stufe sich des sinnlichen Thuns (Weltlust, Weltbilder),
auf der zweiten alles eigensüchtig-geistigen Thuns zu entäussern hatte, so hat er, auf diesen Standpunkt angelangt,

nun auch alles eigenen sittlich-religiösen Thuns in Vorstellungen, Reflexionen, Uebungen sich zu entäussern. Diess ist Ts. und aller damaligen Mystiker Ansicht. Aber erst nur auf d i e s e m Standpunkt, das heisst: erst wenn man durch die früheren Stufen hindurchgegangen sei und sich „ausgeübt habe", wesswegen T. mit Vorsicht sagt: „d i e s e Rede gehört a l l e i n guten und vollkommenen Menschen zu, nicht natürlichen und ungeübten". Auf d i e s e r (dritten) Stufe aber angelangt habe der Mensch „sich müssig zu halten", rein „a u f d e r W a r t e d e r g ö t t l i c h e n G e b u r t z u s t e h e n", und „kein Mitwirken mehr, damit er erwerbe oder verdiene, dass diese Geburt in ihm geschehe".

In den in der mystischen Sprache jener Zeit überhaupt gangbaren Ausdrücken: Armuth (Matth. 5, 3), Ledigkeit, Schweigen, Leidentlichkeit, Entwerden hat T. seine ausführlichen Gedanken hierüber niedergelegt.

Unter der A r m u t h versteht er zunächst „die inwendige Armuth, die das Wesen der rechten wahren Armuth ist", zu der „Alle berufen sind, die Gottesfreunde wahrlich sein wollen"; die andere nennt er „die auswendige nach dem Zufall, die nicht alle Menschen haben sollen", wie auch „nicht alle dazu berufen sind" (s. u.). Diese „inwendige" Armuth fasst er — nach der i n t e l l e k t u e l l e n Seite — als Entäusserung alles eigenen religiösen Vorstellens aus den frühern Zuständen her, das nur die Gleichheit Gottes vermittele. „Wir haben hie eine Frage: ob der Mensch die (göttliche) Geburt finden möge in etlichen Werken, die zwar göttlich und doch von aussen eingetragen sind durch die Sinne (Kräfte) als etliche Bilde von Gott, wie dass Gott gut ist, weise und barmherzig und was dessen ist, das die Vernunft in sich begreifen mag und doch göttlich ist in der Wahrheit; ob man in diesen allen diese Geburt finden möge in der Wahrheit"? N e i n, „wiewohl es gut und göttlich ist"; denn „es ist darein getragen von Aussen durch die Sinne, es muss allein von Innen auf-, von Gott herausquellen". So wenig hält T. für „die n ä c h s t e Empfänglichkeit Gottes" jede Art religiös-moralischer Reflexion, als: „ein Einbilden und ein Gedenken an Gott", so dass man „sich ein Bild in seiner Vernunft und in seinen Gedanken

schöpft und sich daran übt: also gedenkend: Gott ist weise,
allmächtig, ewig, und was man also erdenken mag von Gott...
Der andächtige Mensch soll die Bilde (der zweiten Stufe) bald
fallen lassen und soll dadurch begierlich aufdringen mit Flam-
men der Liebe Gottes durch den mittleren Menschen in den
allerinwendigsten Menschen; denn derselbe inwendige Mensch
hat kein Werk und dasselbe Werk ist allein Gottes in ihm".
Sich in seiner zuweilen etwas paradoxen Weise ausdrückend
sagt T., des Menschen Wissen solle zu „einem lauteren Unwissen" werden, in „eine Finsterniss sich setzen", d. h. die
Vernunft solle alle Bilde der Kreatur, die sie je in sich gezogen, von allen erschaffenen Dingen nicht bloss, sondern
auch von Gott „abhauen", der Mensch solle im höchsten
Sinne (d. h. nicht bloss in sinnlicher Beziehung) entbildet,
bildlos, kennlos werden — reine Potenz göttlicher Erleuchtung, einer Erkenntniss, die nicht bloss Gott zum Gegenstand
habe, sondern auch unmittelbar von Gott gewirkt sei, „in der
Gott sich selbst weiss". „Soll die (göttliche) Geburt eigentlich und lauter in dir leuchten, so muss alles dein Wirken
liegen, und auch die Kräfte müssen dem Seinen dienen, nicht
dem Deinen.... Wenn du deines Wissens ausgehest, so gehet
Gott wahrlich und williglich ein mit seinem Wissen und leuchtet da klärlicher. Wo sich Gott also wissen soll, da mag dein
Wissen nicht bestehen noch dazu dienen. Du sollst nicht
wähnen, dass deine Vernunft dazu wachsen oder kommen
möge, dass du Gott erkennen mögest; soll Gott in dir göttlich leuchten, so fördert dein natürlich Licht nichts dazu,
sondern es muss zu einem lautern Nichts werden". Dieses
Nichts, dieses Unwissen, diese Finsterniss ist aber unserm T.,
noch einmal sei es gesagt, nicht ein reines Nichts, sondern
— unverkümmerte, reine Potenz des Göttlichen, „eine
mögliche (potenzielle) Empfänglichkeit, in der du
vollbracht werden sollst"; und wenn sie in ihrer
Reinheit erhalten wird, „rubet sie nimmer, sie werde denn
erfüllet mit vollem Wesen". „Recht wie die Materie nimmer
ruhet, sie werde denn erfüllet mit allen Formen, die ihr
möglich sind, also rubet die Vernunft nimmer, ihr werde denn,
was ihr möglich ist".

Wie eine Armuth des Geistes (religiösen Wissens), ebenso
kennt T. auch eine Armuth des (religiösen) W o l l e n s u n d
T h u n s i n B e z u g a u f G o t t. Der Mensch soll in religiöser
Beziehung auch seines eigenen Willens (nicht: eigensüchtigen
Willens, der schon auf der früheren Stufe abgethan wurde)
ganz ausgehen. „Sässe Gott in des Menschen Willen und in seinem Wunsch, dass er aller seiner Gebrechen ledig werden
und alle Tugend und Vollkommenheit gewinnen möchte, das
schiene eine Thorheit, wenn ich das nicht wollte oder nähme.
Aber wenn ich mich dessen bedenke, ob ich den Willen und
Wunsch haben möchte, so wollte ich sprechen: Nein, Herr,
nicht meine Gnade oder Gabe oder Wille, sondern wie du
willst, also nehme ich es, oder wäre es nicht dein Wille, so
will ich es entbehren und darben in deinem Willen. Also im
Mangeln und Entbehren in rechter Gelassenheit nimmt man
mehr und hat man mehr denn man nähme und hätte in eigenem Willen, es sei Gott oder Kreatur". Der Wille, sagt T.,
müsse „willenlos" werden wie der Geist erkenntnisslos, wie die
Sinne sinnelos. Aehnlich spricht er auch von einem „Entthun"
das von Noth sei, nicht aber ein Thun; es müsse nämlich der
Mensch auch arm werden alles eigenen religiösen Thuns, aller
eigenen Gerechtigkeit, aller eigenen Weisen. T. gibt eine Analogie. „Soll mein Auge empfahen Bilde an der Wand oder was
es sehen soll, so muss es in sich selbst blos sein aller Bilder,
denn hat es ein einiges Bild in sich, so könnte das Auge nicht
sehen, oder hat das Ohr ein Getön', so kann es nicht hören.
Welches Ding empfahen soll, das muss eitel ledig sein.... Es
muss gar lauter sein, da der h. Geist eigentlich wirken soll
nach seinem Adel und nach seinem Unmass". In solchen und
ähnlichen Worten motivirt er seine Gedanken von dieser Armuth — „Ledigkeit", „Abgeschiedenheit", in der der Mensch
fähig werde „anzuschauen die wunderliche Reichheit und
Blosheit Gottes", in der der Geist „ein b l o s s Gezeuge"
werde, „dass Gott ohne Hinderniss sein Wort sprechen möge
in dem Grund der Seelen". Auf dass der Mensch nur als
„eine lautere blosse Materie" bleibe, so müssen „alle die Formen gar von dannen, die man in allen Kräften je empfing:
das Erkennen, das Wissen, das Wollen, die Vorwürflichkeit,

die Befindlichkeit, die Eigenschaftlichkeit". Er parallelisirt
diese geistige Schöpfung Gottes in der Seele aus diesem
„Nichts" (Geburt) mit der grossen Weltschöpfung.   „Da
Gott, sagt er, alle Dinge schaffen und machen wollte, da war
ihm nichts vor denn nichts. Er machte nicht alle Dinge von
icht (Etwas); er machte alle Dinge von nicht. Wo Gott einfältiglich wirken soll, da bedarf er nichts zu, denn nichts.
Das Nichts ist seines Werkes in findender Weise empfängli-
cher denn ein Icht; denn willst du ohne Unterlass alles dessen
empfänglich sein, was Gott geben und wirken mag und will in
seiner allerausgenommensten Freunden Wesen und Leben,
und zumal dich in alle seine Gaben stürzen, so befleisse dich
vor allen Dingen, dass du in der Wahrheit in deinem Grunde
nichts seiest, denn unsere Istigkeit und Annehmlichkeit hindert Gott seines Werkes in uns.... O, ruft T. aus, wer diesen
Weg wohl lernete und begriffe und keine andere Uebung
thäte, denn dass er ohne Unterlass in sein Nichtvermögen nie-
dersähe, da würde die Gnade Gottes wahrlich geboren! Nun
hat der Mensch nichts von sich selbst; er ist zumal lauter Gottes, ohne Mittel, und kommt von ihm gross und klein, von
jenem nicht, denn er ist ein Verderbniss alles Guten, inwendig
und auswendig, und ist da irgend Etwas, das ist seines zumal
nicht. Diess soll der Mensch nimmer aus seinem Herzen kommen lassen.... Die Gottheit hat nirgends eigentliche Stätte zu
wirken denn in dem Grunde der Vernichtigkeit".

Statt der „Armuth", der „Ledigkeit" hat T. auch noch
einen andern mystischen Ausdruck, der der Gottesgeburt,
mit der er so oft das Wesen des neuen Menschen bezeichnet,
korrespondirt. Er spricht nämlich von einem „Vernichten seiner selbst", einem „Tod", „Sterben", „Entwerden".
„Niemand mag ein Anderer werden, er muss zuvor entwerden,
was er ist... Zwei Formen mögen nicht mit einander bestehen; soll die Speise in des Menschen Leib verwandelt werden,
so muss sie entwerden; soll Feuer werden, so muss das
Holz von Noth seiner Holzheit entwerden; soll der Baum werden, muss der Kern verwerden". Ebenso nun, „soll Gottes
Vorgang in uns werden, so muss die Kreatur in uns verwerden"; wir müssen „der Unserheit an uns selbst verwer-

den", „entsetzet" werden „aller Eigenheit, Liebhabung, Angenommenheit und Wirklichkeit in aller Weise, darin wir uns
selbst besessen haben.... Wisse fürwahr, es kann nicht minder sein; denn zwei Wesen und zwei Formen können in keinem Wege bei einander sein". T. spricht auch von einem
„Entformt werden", ehe es zum „Ueberformt werden" kommen könne, doch, wie gesagt, am liebsten von einem Sterben, einem Tode. „Es muss auf die Natur mancher (durch die
verschiedenen Stufen hindurch) Tod fallen auswendig und inwendig; demselben antwortet ewiges Leben".

In der Armuth, dem Entwerden hat T. das Verhalten des
Menschen z u s i c h s e l b s t auf der l e t z t e n S t u f e des
mystischen Heilprozesses ausgedrückt; das Verhalten des
Menschen, eben auch auf d i e s e r Stufe, mehr aber in seiner
d i r e k t e n B e z i e h u n g z u G o t t als ein völliges „Vernehmen", „Sich lassen", drückt er aus in den Worten:
„Schweigen" und „Leidentlichkeit". „Soll Gott in deine
Seele sprechen, so müssen alle Kräfte deiner Seele s c h w e i-
g e n.... Du musst in dir machen eine Stille, eine Ruhe, ein
Rasten;.... allein hören, was Gott in deiner Seele spricht....
Denn ob Gott (s. die Inwendigkeit) gerne sein Wort spräche
in äusserliche Mannigfaltigkeit, es möchte doch nicht gehört
werden; denn wo Zwei mit einander reden, da mag man sie
nicht beide vernehmen, sondern Eins muss schweigen.... Es
ist aber billig, wo der Herr spricht, dass die Knechte hören.
Und wer sein Wort unterspricht, der bietet ihm Unehre und
der Herr mag zürnen.... Die grösste Ehre und Liebe aber,
die man Gott beweisen mag, ist, dass man sein inwendiges
Wort höre.... Als unser Herr einging in Egypten, fielen alle
Abgötter nieder, die im Lande waren. Diess sind deine Abgötter: alles, was dich irret des unmittelbaren Eingangs der
ewigen Geburt.... Man mag daher dem Wort nicht besser
dienen, denn mit Schweigen und mit Lauschen". T. findet
von diesem Schweigen „viel geschrieben in der alten und
neuen Ehe (Test.), wie Moses in diese Finsterniss geführt ward
und wie man auch in dem Buch der Könige liest: von dem
Propheten Elias, wie die Stürme alle hingingen, in denen der
Herr nicht kam — aber diess war alles eine Bereitung —

und darnach in einem Stillschweigen und einem Gewispel kam
Gott der Herr. Auch wie man liest (Buch der Weisheit K. 18,
V. 14, 15, eine Lieblingsbeweisstelle Ts., worüber er mehrere Predigten hielt): dum medium silentium etc., das sagt:
in der Mitte des Schweigens, da alle Dinge auf das Höchste
schwiegen und in dem Tiefsten der Nacht, Herr, da kam
deine allmächtige Rede oben herab, von den königlichen Stüb-
len deiner obersten Gottheit".

Noch häufiger und noch bezeichnender für diese Beziehung bedient sich T. des Ausdrucks: „Gott leiden";
„Leidentlichkeit". Das ist „nichts Eigenes in keiner Weise zu
sein oder zu werden oder zu gewinnen, denn allein Gott statt
zu geben auf das Höchste und auf das Naheste, dass er seines
Werkes und seiner Geburt in dir bekommen möge und von
dir an dem ungehindert bleibe.... Denn wenn zwei sollen
Eins werden, so muss sich das eine halten leidend, das andere wirkend". Und „soll das Werk vollkommen sein,
so muss es Gott allein wirken und du sollst es allein leiden....
Unsere Seligkeit liegt nicht an unserm Wirken, sondern an
dem, dass wir Gott leiden; denn so viel edler Gott ist denn
alle Kreaturen, also viel ist das Werk Gottes edler denn das
meine". Ja diess Schweigen und Leiden sei „das vollkommenste Werk", das der Mensch „haben", „die Kräfte leisten
mögen". Es „machet ihn lebend"; „will er aber sprechen"
oder „die Kreaturen in ihm sprechen lassen", das „machet ihn
tödtlich". T. fiudet ebendarin, dass der Mensch sich mehr pas-
siv gegen Gott zu verhalten habe, dass Gott „unsere Seligkeit
in ein (Gott) Leiden gelegt habe", sehr sinnreich, ein Zeichen
„der unmässigen Liebe Gottes". „Denn wir mögen mehr
leiden, denn wirken, und ungleich mehr nehmen, denn geben, und eine jegliche Gabe bereitet die Empfänglichkeit zu
einer neuen Gabe; eine jegliche göttliche Gabe erweitert die
Empfänglichkeit und die Begehrung zu einem grössern und
mehr zu empfahen. Davon sprechen etliche Meister: an dem
sei die Seele Gott gleichmässig; denn wie Gott unmässig ist
in dem Geben, also ist die Seele unmässig in dem Nehmen
oder Empfangen. Und wie Gott allmächtig ist in dem Wirken, also ist die Seele abgründig im Leiden, darum wird sie

übergeformet mit Gott und in Gott. Gott soll wirken und die
Seele soll leiden. Er soll s i c h   s e l b e r be(er)kennen mit
s e i n e r Bekenntniss und soll lieben mit s e i n e r Liebe, darum ist sie viel seliger mit dem Seinen denn mit dem Ihren;
also ist die Seligkeit mehr gelegen an seinen Werken, denn
an den ihren".

Diese Armuth u. s. w. findet T. in den Schriftworten:
„wer sein selbst nicht verläugnet u. s. w., ist mein nicht würdig"; „wer Etwas verliert durch mich, der soll es hundert-
fältig wieder nehmen"; „ich muss abnehmen, er aber muss
wachsen", und in dem „Ausziehen des alten, Anziehen des
neuen Menschen" und in ähnlichen Stellen.

Der »Uebergang«; die »Ingeburt«.

„Blos aller Anderheit" steht nun die Seele; alle „Ungleichheit ist ihr entfallen"; sie „ist in eine Gleichheit (mit Gott) gesetzt". Damit will T. sagen, die Seele sei nun reinste Potenz
des Göttlichen. Wir müssen diess beides festhalten. R e i n s t e
Potenz sei sie, d. h. sie habe sich in ihrem Grunde entbildet,
entmittelt, sich gereiniget zum Organ, das „unmitteliche
blosse göttliche Wesen" zu erfassen; sie sei aber auch zugleich
P o t e n z, und als solche mächtig, die göttliche Mittheilung
zu e r g r e i f e n. Es ist diess nicht ein Thun, ein Wirken des
Heils aus eigenen Mitteln, aber Potenz ist ebenso wenig absolute Passivität; oder wie T. sich ausdrückt: „die Möglichkeit
ruhet nimmer, sie werde denn erfüllt mit vollem Wesen;
recht wie die Materie nimmer ruhet, sie werde denn erfüllet
mit allen Formen, die ihr möglich sind" (s. S. 116).

T. hat für d i e s e s Moment der Potenz verschiedene
Wendungen. Er spricht von einem „Ausdringen" und „Eindringen" des „Ein" in das „einige Ein, das Gott ist", in das
„ungeschaffene Gut" (Gott). „Die Seele muss auch bei dem
Lichte sein, soll sie Licht empfahen. Denn wenn ein Glas
immer lauter wäre, man hielte es nicht an die Sonne, es gäbe
keinen Schein. Also muss die Seele sich heben zu dem göttlichen Glaste, will sie Klarheit des Lichtes empfahen. Und
das Zuheben ist nichts anderes denn ein inbrünstiges Eindrin-

gen mit vollkommener Liebe in dem Lichte des Glaubens".
Oder er spricht von einem „Uebergang", „Ueberschwung" in Gott, von „einem Gezogen werden des Menschen durch die Höhe Gottes über sich selbst, also hoch und
fern über sich selbst", dass er sich selbst „entwächst"; von
einem „lauteren Angaffen göttlichen Wesens"; von einem
„sich Drücken in das ungeschaffene Bild, das Gott ist"; oder
von einem „Entsinken", „sich Verlieren", „Ertrinken in den
Grund, in das grundlose Meer". „Es fällt der Mensch wieder
in den Grund und entsinket, wie er ausgeflossen ist in aller
Lauterkeit und in aller Unbefiecktheit, so blos und so
unbefangen als er ausgeflossen ist.... Recht wie ein Wasser ins Erdreich versinket, also versinket das geschaffene
in das ungeschaffene Nichts, das ist, was man nicht verstehen
oder geworten mag. Hier wird das Wort wahr (s. S. 70): der
Abgrund leitet den Abgrund ein; der Abgrund, der geschaffen
ist, leitet sich ein in den ungeschaffenen Abgrund" Da „findet man Gott nicht in sinnlicher, noch in vernünftiger
Weise, wie man gelesen hat oder gehört oder durch die
Sinne eingekommen ist, sondern in befindender, schmeckender Weise, wie es aus dem Grunde herausquellend ist a l s
a u s s e i n e m e i g e n e n B r u n n e n, und n i c h t e i n g e -
t r a g e n, denn ein Brunnen ist besser denn eine Cisterne;
die Cisternen faulen und trocknen, aber der Brunnen lauft
und quillt und wächst; er ist wahr, eigen und süss". Ein solches unmittelbarstes, lebensfrischestes Gottesbewusstsein meint
Tauler, das aus dem Ursprünglichsten im Menschen quelle und
auf das Ursprünglichte in Gott (d. h. nicht auf Eigenschaften
Gottes u. s. w.) gehe. „V e r b i r g dich in die Verborgenheit
vor allen Kreaturen und vor allem dem, was dem Wesen ungleich und fremd ist. Diess soll nicht in bildlicher oder ge-
dächtlicher, sondern in w e s e n t l i c h e r Weise sein". T.
spricht wohl auch von einer „I n g e b u r t", gegenüber der
„Ausgeburt" (s. u.), „nämlich so die Seele mit Umgriffen des
göttlichen Lichtes eindringt in das väterliche Herz", sich da
gleichsam eingebäret.

Das Werk Gottes: die »Erfüllung« und »Ueberformung«.

„Es ist aber nicht genug an der Lauterkeit, der Geist
werde denn mit dem Licht der Gnade überformet, von Gottes
Geiste übergossen". In dem höchsten mystischen Akte, zu
dem der Einigungsprozess hingeführt, muss sich nämlich mit
der menschlichen Potenzialität die göttliche Aktualität vereinigen, und sie vereinigt sich allemal (s. Gnade), wenn ihr die
Stätte bereitet ist. Wie in d i e s e m Akte der Mensch „in
einem leidenden steht", so ist Gott „in einem wirkenden";
wie der „Mensch das Wort Gottes leidet", so „wirkt es Gott";
wie der Mensch „die geistliche Mutter dieser göttlichen Geburt" ist, so ist „Gott allein der Werkmeister". „In der Empfänglichkeit wirket Gott". Dieses W i r k e n nennt T. auch
das „Einsprechen", das „Gebären Gottes oder des überwesentlichen Wortes Gottes im Menschen". Oder auch: Gott „ziehet die Seelen in eine wüste Wildniss, das ist in die verborgene weislose Finsterniss des weislosen Gutes"; er „führet
sie ein und vereiniget sie mit sich", er „erfüllet alle d i e m i t
s i c h s e l b s t, die ihn in ihrem Herzen Hauswirth sein lassen". Oder: „die väterliche K r a f t kommt und rufet den
Menschen in sich durch seinen eingebornen Sohn". Oder: „so
die Blicke lauterlich und leidentlich durchbrochen werden,
dann kommt die ewige Wahrheit und blickt s i c h s e l b s t
ein und zieht das Gemüth nach sich, leidentlich in sich selbst".
Oder: „der göttliche väterliche Abgrund neiget sich und sinkt
in den lautern zugekehrten (s. o.) Grund und da überformet
er den geschaffenen Grund und zieht ihn in die Ungeschaffenheit". „Wenn Gott die Seele (in diesem Zustande) findet, so
thut er recht wie geschrieben steht, dass der König Ahasverus that, da er die selige Esther mit bleichem Antlitz vor
sich stehen sah, und ihr ihres Geistes gebrach und sie geneiget war; da bot er ihr zu Hand seinen goldenen Szepter und
stand auf von seinem königlichen Throne und umfing sie und
gab ihr seinen freundlichen Kuss, und erbot sich, mit ihr sein
Königreich zu theilen. Dieser Ahasverus das ist der himmlische
Vater, wenn er die geminnte Seele also vor ihm sieht, mit
bleichem Antlitz, von allen Dingen ungetröstet und ihr ihres

Geistes gebricht, zuhand bietet er ihr seinen goldenen Szepter
und stehet auf von seinem Thron (nach Rede zu sprechen und
nicht nach Wesen) und gibt ihr seinen göttlichen Umfang und
hebet sie auf über alle ihre Krankheit in dem göttlichen Umfange. Ach, was Wunders wähnt ihr, dass da in dem Geiste
werde? Er gibt ihr seinen eingebornen Sohn in dem Neigen
des Szepters, und in dem allersüssesten Kuss giesst er ihr zumal die oberste überwesentliche Süssigkeit des h. Geistes ein".
Diess schöne Bild von Ahasverus und der Esther hat T. auch
noch etwas anders gewandt an einer andern Stelle: „Wenn
der Geist der Gegenwart Gottes gewahr wird, so geschieht
ihm, wie der Frauen Esther geschah, da sie vor dem König
Ahasverus kam und ihn ansah, da kam sie von sich selbst.
Also geschieht dem Geist; ... alles was sein war, entfällt ihm
hier, alles in allen Weisen, und in allen Dingen sinkt er in
sein lauteres Nichts. Und würde er nicht von den Armen der
göttlichen Kraft enthalten, ihn deuchte, er müsste ein lauteres
Nichts werden". Aber „je niederer, je höher; da antwortet
Eins in das Andere und wird ein einiges Eins. Gottes Hoheit
sieht eigentlich allermeist in das Thal der Demuth.... Er
bringet alles das mit sich ein, dem du ausgegangen bist, und
tausendmal mehr und dazu eine neue Form, die in sich alles
beschlossen hat".
    Ueberblicken wir nun noch einmal dieses Menschen- und
dieses Gottes-Werk, am liebsten in Ts. eigenen Worten, die
Alles zusammenfassen: „Wenn die Natur das Ihre thut (entsinket) und nicht fürbass kommen mag, das ist, so sie auf
ihr Höchstes kommt, so kommt dann der göttliche Abgrund
und lässet seine göttlichen Funken in den lautern
Geist stieben, und von derselben Kraft der übernatürlichen
Hülfe Gottes wird der verklärte Geist des Menschen aus sich
selbst in ein sonderliches, unaussprechliches, lauteres Gott-
meinen gezogen und aufgeführt, das den Menschen hier auf
diesem Erdreich über alle Maassen bereitet". — Das ist das
Ende dieses Prozesses, der „ein wüster, wilder Weg" durch
Armuth und Tod gegangen ist. „Ach zarter minniglicher Vater
und ewiger Gott, wie nimmt diess Leiden ein Ende? Wohin
landet noch diess mit seinem Entwerden und mit seinem Ge-

dränge? O wohl wie begegnet ein edles Ende diesem Grunde
zuletzt; denn diese weislosen Menschen werden überformet
und geeiniget und in Gott geformt." T. weist dabei auf die
inneren Erfahrungen eines Jeden, „so er sich zu Gott kehrt";
da werde ihm „Erleuchtung und viel gute Anweisung, der
er zuvor nichts gewusst oder verstanden". So werde das Herz
auch „oft berührt und verkehrt von der Welt", und „es reizt
dich zu Gott, du wirst viel guter Vermahnungen gewahr und
weisst nicht, woher sie dir kommen; die inwendige
Neigung kommt in keiner Weise von einer Kreatur noch von
ihrer Anweisung, denn was Kreatur weist und wirket, das
kommt alles von aussen zu". Was es denn nun sei? Gott sei
es; „zuband so er den Grund rühret mit der Wahrheit, so wirft sich Licht in die Kräfte".

Diess schöpferische Wirken Gottes im Menschen bestimmt
aber T. so (s. o. S. 92), dass er allen falschen Synergismus
abweisen will, indem er „die Bereitung" selbst auf eine göttliche Ursächlichkeit zurückführt, jedenfalls aber mit der
Empfänglichkeit zugleich auch schon die Wirkung Gottes
setzt. „Du möchtest gerne bereitet sein zum Theil von dir
und zum Theil von Gott, was doch nicht sein mag; sondern du
kannst das Bereiten nimmer sobald bedenken noch begehren,
denn Gott sei zuvor da, dass er dich bereite. Nun sei, dass es
getheilt sei, dass dein sei alles Bereiten und dass sein sei das
Einwirken und das Eingiessen (was doch unmöglich ist), so
wisse, dass Gott alles einwirken und eingiessen muss, so
schier er dich bereit findet. Wähne nicht, dass es mit Gott
sei, wie mit einem leiblichen Zimmermann, der wirkt und wirkt
auch nicht so viel er will; in seinem Willen stehet es, wie es
ihn lüstet zu thun und zu lassen. Also ist es nicht in Gott;
wann oder wo dich Gott bereit findet, so muss er wirken und
sich in dich ergiessen. Sicherlich es wäre ein grosses Gebrechen an Gott, wenn er nicht grosse Werke wirkte und grosses
Gut in dich gösse, so er dich ledig und blos fände. Also sprechen die Meister: Dass in demselben Punkte, wo die Materie
des Kindes bereitet ist in der Mutter Leib, in demselbigen
Augenblick giesst Gott einen lebendigen Geist ein, das ist die
Seele, die des Leibes Form ist. Es ist in einem Augenblick

das Bereiten und das Eingiessen. Wenn die Natur auf ihr
Höchstes kommt, so gibt Gott Gnade in demselben Punkte...
Du darfst ihn nicht suchen, weder hier noch da. Er ist nicht
ferner denn vor der Thür, da stehet er und wartet, wen er
bereit findet, der ihm aufthue und ihn einlasse... Er mag es
kaum erbeiten (abwarten), dass du ihm aufthuest, ihm ist es
um tausend Stund begehrlicher denn dir. Es ist nichts
mehr denn ein Punkt: das Aufthun und das Eingehen".

Der mystische Prozess als Nachfolge Christi.

Wir haben den mystischen Einigungsprozess bis zu seiner
Spitze verfolgt; bis hieher aber ohne Beziehung auf Christus,
wie das auch T. vielfach thut. Die Nachfolge Christi selbst ist
nun gar nichts anderes als eben dieser mystische Einigungsprozess, aber als konkreter, durch Christus vermittelter, lebendig-
diger, lebendig gemachter und lebendig machender; wir
werden daher hier dieselben Züge von dort finden, nur mehr
mit Fleisch und Blut bedeckt.

Damit des Menschen Geist — davon geht T. aus — „ein
Geist mit Gott werde", sei es „von Noth, dass er vor mit
Christo vereiniget werde", denn „Christus ist eines mit Gott;
alles aber, das an uns ist, das ist geneigt zu fallen, und soll
es werden aufgerichtet, das muss geschehen in dem Bild unseres Herrn". Oder: „Damit der Mensch vor allen Sünden
behütet werde, muss er sich (äusserlich und innerlich) bekleiden mit dem Bilde unseres Herrn", denn „sein Bild war eine
Wiederbringung den Menschen", und „er nahm nicht an sich
Sünde, aber alles, das die Sünde tilget und büsset".

Diese „Vereinigung", „Gleichheit" des Menschen mit
Christo „geschieht durch Nachfolgung".

Wie nun aber T. den Heilsprozess zuerst an dem äusserlichen Menschen hat beginnen lassen, so spricht er auch hier
zunächst von einer „äusserlichen Uebung in dem Bild
Christi", von einem Leben, da der Mensch „seine Sinne
kehrt in den äusseren Menschen Christi, dass sie lauter
und geordnet werden in den inneren Menschen" und „wieder-

bracht"; weiter dann von einer thätig-sittlichen Uebung der Kräfte, von Wirkung der Tugenden,
„so dass du alles das wirkest, das Christus wirkte nach seiner
Menschheit, so weit du vermagst und dir zugehört", denn
dann ist der Mensch „Eins mit Christo, so er ein Wirken
hat mit ihm." „Möchte man aber etwa sprechen: Christus ist
Gott und Mensch — wie mag denn ein lauterer Mensch ein
Wirken mit ihm haben? so wisse, es ist zweierhand Werk,
die an Christo waren, das eine Werk gehört zu seiner Gottheit, als: auf dem Meer gehen und Zeichen thun und 40 Tage
fasten, und was solcher Werke sind, die gehören uns nicht
zu.... Die andern Werke, die an Christo waren, die gehören
seiner Menschheit zu, als: arm sein, elend sein und verschmähet sein, Hunger und Durst haben und Pein leiden, und
alle Tugenden, die an Christo waren, als: demüthig sein, geduldig sein, sanftmüthig sein, und was solcher Werke sind,
die gehören uns zu, und deren sollen wir uns annehmen zu
wirken und damit werden wir eines mit Christo". T. kennt
überhaupt keinen andern Weg zur Gottes-Gemeinschaft,
denn in der Lebensgemeinschaft mit dem Menschen Christus.
„Was wähnet man, das uns Gott allernächst mache im Himmelreich? Das ist, dass wir ihm allernächst folgen auf Erdreich nach seinem Leben". Besonders hebt er die Armuth
hervor, die, wie sie ihm die höchste aller Tugenden ist, so
auch recht das Eigenthum Christi gewesen sey; daher auch
keine Nachfolge Christi „ohne die Nachfolgung seines armen
Lebens". „Wer eines mit Christo sein will, der muss sein selbst
zumal ausgegangen sein und in dem Ausgang seiner trifft er
das Ziel; aber wer nicht allen Dingen ausgeht und sich doch
übet in guten Werken, der kommt wohl zu dem Ziel, das
Christus ist, aber er trifft sein nicht, — sondern nur der sein
Kleid anthut und ihm zumal nachfolget.... und sich wirft in
sein elend verschmähetes Leben, das er auf Erdreich gehabt
hat". Das Thun, sagt T., vollbringe Christi Willen an uns
und mache, dass unser Wille sein Wille und sein Wille unser
werde.

Dieser „äusseren Bekleidung des Menschen mit dem Bilde
Christi" müsse aber die „Bekleidung des inneren Menschen"

folgen, welche eine stete „innerliche und glaubensvolle
Betrachtung der guten Werke, des Lebens und des scharfen
Leidens Christi" erfordere. Kein Ding mache uns „Christo
gleicher". „Nimm seine tiefe Milde, die er allen Menschen
beweiset und seine gebenedeite Armuth; Himmelreich und
Erdreich war sein und er besass es nie mit Eigenschaft. Alles
was er sprach und alles was er wirkte, damit wirkte er seines
Vaters Ehre und aller Menschen Seligkeit. Nun siehe in das
minnigliche Bild unseres Herrn, — viel näher und tiefer denn
ich dich lehren kann, und siehe dich mit Fleiss an, wie ungleich du bist... Wirf das Netz deiner Gedanken dahin
aus.... Du sollst mit ganzem Fleiss alle Materien vor dich
nehmen, die dich zu h. Andacht reizen oder reizen mögen,
das hochwürdige Leben und Leiden und den h. tugendlichen
Wandel und die Werke unseres Herrn, und sollst dich
darin so tief verbilden, dass dir die Liebe alle deine
Sinne und Kräfte durchgehet". Du sollst Christum dir aneignen, dessen Leben und Leiden „gleich einem Schleifstein
ist", auf dass „abfalle alles, das da rostig ist". Auf ihm sollst
„du dich schleifen", „leben von allen seinen Tugenden, Lehren und Leben"; sollst „dich bekümmern mit seinen Worten,
Werken und Leiden", „allezeit in dem Gemüth daraus saugen", einer- „Biene gleich, die da flieget auf die Blumen und
sauget daraus die Süssigkeit und davon machet sie Honig";
sollst „die Bilde der vergangenen Gewohnheit vertreiben mit
dem Bilde unseres Herrn Jesu Christi, und sollst recht einen
Pfahl mit dem andern austreiben und sollst das
also innerlich mit grosser Andacht in deinen Grund drücken
und ziehen, dass alle Ungleichheit verwerde und verlösche";
du sollst „deiner Lichter dich begeben gegen Christi Licht";
denn „das muss von Noth sein, soll ich kommen in das Seine,
so muss ich ihn von Noth in das Meine aufnehmen; so viel
des Meinen, so viel des Seinen, das ist gleicher Kauf". „Setze
dein grosses Ungleich gegen seinem Gleichen, und siehe, wie
fern und fremd du diesem heilsamen Wege bist und opfere
mit Andacht dem himmlischen Vater sein Gleiches für dein
Ungleiches, seine unschuldigen Gedanken, Worte und Werke,
Tugend und Wandel, sein unschuldiges bitteres Leiden für

deine Schuld und für aller Menschen Schuld, lebendig und todt".

Besonders soll das Leiden des Herrn dein „Gegenwurf" (Objekt) sein, das sollst du „in dein Herz fassen", „innerlich", „stetiglich", mit hitziger Liebe betrachten, „angaffen", „darein dich senken", „mit ganzem Fleiss dich kehren"; „deinen Mund an den Quell halten, daraus ohn Unterlass göttliche Liebe ausfliesset", denn in dem Leiden Christi „findest du, wie du allen Dingen sollst abgehen, die Gott nicht sind und dich üben in einer jeglichen Tugend, damit du zu Gott kommst". Doch warnt T. vor einer sinnlich-sentimentalen Betrachtung (s. falschen Gründe).

Davon werde dem Menschen „eine Kraft", eine „eigentlich göttliche", die er aus sich selber nie hätte, die ihn „in einer Stunde näher führt denn er in langer Zeit möchte kommen mit seiner natürlichen Kraft", „eine Liebe, dass er sich selbst nicht mehr behagen mag", „Alles aufgibt um das, dass er Gott die Liebe möge wiederum beweisen". „Wer daher sich tödtet, das ist, wer seinen Leib peiniget auswendig dem Leiden unseres Herrn, der tödtet sich unrecht... Wer seinen Leib recht tödten will, von allen Gelüsten, der senke sich in das Leiden unseres Herrn; denn darin vergehen alle leiblichen Gelüste". In dieser Kraft werde der Mensch „ein anderer Christus, denn Liebe einiget"; da werden wir „gelediget von aller Ungleichheit", „Anderheit" (Christi), da „gehen wir allen Dingen ab", die Gott nicht sind, oder die „Mittel machen zwischen Gott und dem Menschen, es sei leiblich oder geistlich", denn „es ist kein Mittel, das dazwischen tritt, so gross, so es getragen wird in das Leiden unseres Herrn, es muss vergeben und werden zu nichte", wer aber „nicht alle Dinge äusserlich und innerlich lässt, das ist ein Zeichen, dass er nie recht kam in das Leiden unseres Herrn, in dem von Noth alle Dinge müssen zergehen"; da „ersterben wir allen sinnlichen Gelüsten", „vergeht aller gebrestenliche Zufall", da „zerschmelzen wie der Schnee, der an das Feuer gehalten wird, alle Sünden", die „in die feuernden Wunden unsers Herrn gehalten werden"; da „bereiten wir uns zu allen Tugenden", ist „die Ehre Gottes allein der Gegenwurf", „kommen wir wieder zu unserer

normalen Lebensordnung", denn „die Uebung in Christo machet die Kräfte zumal lauter". Wenn so „die äusseren Sinne
wiedergebracht werden in Christo (nach dem Bilde Christi),
also dass sie kommen auf den Staat (Stand) ihrer ersten Ordnung"; und „geläutert" und „geordnet" und „eingezogen
werden in den innern Menschen" („der äussere Mensch bekleidet mit dem äusseren Kleide Christi"); wenn so auch „die
inneren Kräfte der Seele geläutert und ordiniret werden"; der Wille „entbunden von aller kreatürlichen Anhaftung", dass er „allein an Gott haftet", „frei", „liebereich",
„willenlos" wird, „mehr Gottes Wille heisset .denn eigener
Wille"; die Vernunft „erleuchtet", „entblösst von allem Mittel"; — so komme der Mensch „zu rechter Lauterkeit und Blosheit"; werde geschickt, gereiniget, „bereitet",
Gott „nach seiner blossen Gottheit, nach seinem blossen Wesen, in Wesentlichkeit ohne Mittel zu schauen", in diesem
„Anschauen" „Eins" mit ihm zu werden, ein Geist mit ihm,
„also umgriffen mit Gott, dass er nichts anderes weiss denn
um Gott" und in „dem grundlosen Meer der Gottheit er-
trinket, und in Gott als ein Fisch in dem Meere schwimmt". —.
Das „erkriege" der Mensch in dem Leben und Leiden Christi.
    „So der Mensch auf den Acker (mit Anspielung auf: das
Himmelreich ist gleich einem verborgenen Schatz im Acker)
kommt, da diese klingenden Bronnen entspringen, so thut er
seinen Mund auf und trinket, und übertrinket sich, dass er
trunken wird und hinfliesset von Wonne: und von unmässiger
Freude, so kann er sich nicht enthalten, er läuft hinweg und
verkauft was er hat, das ist, alles das Gott nicht ist; das lässt
er, und kauft den Acker, da die gnadenreichen Bronnen aus
entspringen. Und die Bronnen-Rinse gehet er je
mehr und mehr auf, bis dass er kommt zu seinem
ersten Ursprung, dannen aus er entsprungen ist, — das
ist aus dem väterlichen Herzen".
    Diess ist die dritte Stufe. „Durch die Menschheit Christi
zu seiner Gottheit": der Stufengang, den wir bereits kennen
als denjenigen vom Vermittelten zum Unmittelbaren, vom Bildlichen zum Ueberbildlichen, vom Thätigen zum Leidenden u. s. w.
Der eine Wandel ist „nach dem Bild unseres Herrn"; der

andere ist „unbildlich". „Wie du zuvor an (zeitliche) bildliche
Weisen gedachtest, es wäre an die Geburt oder Weisen oder
Werke des Herrn, also kehre dich nun an die inwendigen
(ewigen) Weisen und Werke" (z. B. an die ewige Geburt)...
Darin „trage ganz dein Unwesen und deine Vernichtigkeit und
deine mannigfaltige Zerstreuung;... dem trage entgegen deine
Verflossenheit". Doch nicht so meint es T., dass die menschliche Stufe negirt würde (s. o.); sie bleibt „aufgehoben" in
der göttlichen. Denn „nimmer soll (noch kann) der Mensch
so hoch kommen, dass er jemals aus den Fusspuren unseres
Herrn kommen sollte; je höher er kommt, je tiefer er darein
kommt und darein tritt, in wirklicher und gebräuchlicher
Weise.... Das Leiden unseres Herrn und seine h. Menschheit
wird dem Menschen in seinem Bedünken nie so gar gründlich lieb (als auf dieser Stufe) und dünkt ihn, dass er erst
wolle zu lieben anfangen und fängt recht an in allen Tugenden und h. Uebungen, und das wird ihm in einer wesentlichen Weise in dem Mindesten wie in dem Grössten; denn
das Meiste und das Mindeste sind in ihm Eins, wie Gott auch
in der Natur geordnet hat, dass das Niederste antworte dem
Obersten".

Man sieht: die „Nachfolgung Christi" ist nichts anderes
als der mystische Reinigungsweg an der Hand Christi, durch
Christus vermittelt und in ihm allein möglich, der
nicht bloss Weg und Ziel geoffenbaret hat, sondern auch
die Kraft auf diesem Wege zu diesem Ziele hin mittheilt;
denn dieses Ziel zu finden und zu erreichen sei — sagt T. —
gar nicht möglich ohne Christus, „ohne einen
Durchgang des Leidens unseres Herrn", und „wer es anders
meint, ist ein Dieb und ein Mörder; denn Christus selbst
spricht: ich bin die Thür nach meiner Menschheit, durch
die man zu Gott eingehet". In Christo aber sei der Heilsprozess nicht allein möglich, sondern auch ganz sicher.
Da „gewinnt der Mensch den allersichersten Zugang zu Gott".
„In der Wahrheit, wer Christum anhanget, — so wenig der
Vater den Sohn mochte lassen, so wenig mag Gott den
Menschen lassen". Gott führe die Nachfolger Christi eben in
Kraft dieser Nachfolge „aus ihnen", immer inniger, persönli-

cher zu Christus, durch Christus, „zu ihm, in ihn", gleichsam mit
Gewalt. „Die Menschen, die nicht so zugehen und mit andern
guten Werken sich bekümmern, die g e h e n nur zu Gott oder
stehen oft stille, oder gehen oft hinter sich: aber diese Menschen gehen nicht zu Gott, sondern sie laufen, als der sie
mit Schwertern jaget, und sie stehen nimmer stille, noch
gehen sie hinter sich, sondern sie laufen allwegen ohne Unterlass vor sich; und das ist nicht von ihrer Kraft, sondern
es ist von der göttlichen Kraft, die ihnen gegeben ist in der Betrachtung des Leidens unseres Herrn, und sie ist so gross, dass
sie ihr nicht widerstehen mögen. Wie Gott der Vater gebiert
seinen Sohn in ihm selber und in allen Dingen, mit derselben
Geburt führt Gott den Menschen durch sein Leiden und durch
alle Tugend in ihn, und wie Gott ewig ist an seiner Geburt,
also ist auch das Einführen ewig, damit der Mensch durch sein
Leiden wird geführt und Niemand mag ihn hindern, denn so
wenig Gott mag gehindert werden an seiner Geburt, er gebäre
ewiglich sein Wort, also wenig will Gott den Menschen lassen
irren, der sich mit ganzer Liebe giebt in sein Leiden".

Die mystische Union; die göttliche Geburt.

Das R e s u l t a t der menschlichen Hingabe (Potenzialität)
einerseits in der Nachfolgung Jesu Christi und der göttlichen
Erfüllung (Actualität) anderseits ist die „Einung". „Die beiden
Abgründe" werden „ein einiges Eins". „Der inwendige gottförmige Mensch fliegt in seinen göttlichen Ursprung, in seine
erste Unbeschaffenheit zurück und da wird der lautere Geist
ein Licht in dem Lichte" und „in diesem Lichte erlöschen in
einigem Maasse alle andern Lichter, denn sie werden alle eine
Finsterniss, alle natürlichen und alle eingegossenen Lichter,
die in den Menschen je leuchteten". Diese „Einung" nennt T.
eine g e i s t i g e; wofür er sich besonders auf den Ausspruch
Christi bei Johannes beruft: „dass sie Eins werden in uns, wie
wir sind mit einander;" und auf das Wort Pauli: „Welcher
Mensch Gott ohne Unterlass anhänget, der wird ein Geist mit
ihm." Es werde, sagt T. näher, die Seele v e r w a n d e l t in
Gott, „verkläret", „überformet", „geläutert", „gezogen über

alle ihre Natürlichkeit und Ungleichheit, und mit Gott durchgangen", gleichsam gesättigt (in der chemischen Bedeutung
dieses Wortes), „in eine göttliche Weise gewiesen uud übergeführet"; der Mensch werde „vergöttet", so ,dass er
keines Dinges so wahr empfindet als Gottes in einer wesentlichen Weise, doch fern über vernünftige Weisen, … nichts
weiss, nichts liebet, nichts schmecket, denn das Eine". In
diesem Sinne sagt T., der Geist verliere ganz allen
Unterscheid, so nahe werde er eingeführt in die Einigkeit
Gottes; er wisse zumal „nichts anderes denn einen blossen,
lauteren, einfältigen Gott, in dem er zu Grunde versinke. …
Wo ist diess hingekommen, der Geist und alles das wovon wir
gesprochen haben? Es ist alles in Gott lauter geflossen… recht
als ein Tropfen Wassers in einem grossen Fass guten Weins
sich verliert; und noch weit mehr"; oder „wie die Sonne in
einem Glase scheinet", oder in die Luft „ihren natürlichen
Schein giesst, und die Luft mit dem Licht durchsonnet wird";
oder „wie die Seele mit dem Leibe vereiniget ist, die einen
Menschen und ein Wesen machen"; oder wie „das Feuer das
Holz verwandelt", „in das Holz wirkt", und „ihm die Feuchtigkeit, die Grüne und die Grobheit benimmt und es wärmer,
hitziger und gleicher macht; so viel das Holz der Gleichheit
näher kommt, so viel fliebt die Ungleichheit mehr und mehr,
und in einer schnellen Stunde zieht das Feuer die Materie des
Holzes ah, und es wird auch Feuer und verlässet die Natur, —
ungleich und gleich, und ist nicht mehr gleich, sondern es ist
eins mit dem Feuer geworden und die Einigkeit verliert Mannigfaltigkeit". Also „zieht die geistliche Speise (Gott) den Geist
aus aller Ungleichheit in Gleichheit und aus Gleichheit in eine
göttliche Einigkeit, und das geschieht in dem verklärten Geiste,
der verliert ungleich und gleich". Darum „wisset, wäre es möglich, dass man den Geist in dem Geiste sehen möchte, er würde
ohne Zweifel für Gott angesehen", die Seele „wird so gott-
farben, sähe sie sich selber, sie schätzte sich für Gott allzumal,
oder der sie sähe, der sähe sie in dem Kleide, in der Farbe, in
der Weise, in dem Wesen Gottes von Gnaden und nicht von
Natur"; wie „wer eine Seele in ihrem Grunde sähe, die völlig
ihre Liebe und ihren Grund nach den Kreaturen gefärbt hätte,

der sähe ohne Zweifel, dass sie nicht anders beschaffen wäre
denn wie der Teufel, der doch gräulich und unleidentlich beschaffen ist". Ja man könne von einer solchen Seele sprechen,
„dass sich Gott in ihr kenne, liebe, gebe, durch sie wirke, lebe
und gebrauche". Sie sei Gottes Reich; „da reichsnet Gott
wahrlich", da „sitzt der ewige königliche Herr auf seinem königlichen Thron und regieret ganz den Menschen nach allem
seinem Willen".

Diese geistige Einung, dieses Sein Gottes im Menschen und
Sein des Menschen in Gott fasst T., wie man sieht, als eine
ethisch-religiöse, aber im höchsten Sinne des Wortes,
und als solche als eine wesentliche auf dem Grunde unserer
ursprünglichen und wesentlichen Verwandtschaft, womit die
andern Mystiker übereinstimmen. „Der ewige Gott, sagt er in
einer Erklärung über die drei ersten Bitten des Vater Unsers,
ist das Reich, um das wir bitten, und in demselben Reich reichet
er in alle vernünftige Kreatur. Darum ist wahrlich, was wir
bitten, Gott selbst mit allem seinem Reichthum. In demselbigen
Reich wird Gott unser Vater, und hier beweiset sich die
väterliche Treue und seine väterliche Kraft in dem, dass er
wahrlich Stätte in uns sein lauteres, ewiges Wort zu wirken
findet; darin wird wahrlich der Name Gottes geheiliget, ge-
grösset und bekannt. Diess ist sein Geheiligtwerden in uns,
dass er in uns wahrlich herrschen und sein edles, lauteres
Werk wirken möge ohne alles Hinderniss; da wird denn
wahrlich sein Wille auf der Erde wie in dem Himmel, das
ist, in uns wie in ihm selbst".

So wesentlichen, so unendlichen Gehalts sei diese Union
für den Menschen, dass, wer hierin wahrlich und recht ge-
rathe, dem sei, „als ob er ewiglich hier gewesen", wiewohl es „kaum wie ein Augenblick" sei, der „Blick" leuchte
aus und Gott „gibt da ein Zeugniss, dass der Mensch ewig in
Gott gewesen ist, in seiner Ungeschaffenheit". (s. S. 65), —
was von Rusbroek besonders weitläufig ausgeführt wird.

Indessen so entschieden sich T. für eine geistige, wesen-
hafte nicht bloss für eine im gewöhnlichen Sinne moralische
„Einung" ausspricht, denn „Gott ist, der wirket, und das
Werk, das Gott ist, das wirket er, und das er wirket, das ist

er", so entschieden verwahrt er sich vor einer s u b s t a n -
z i e l l e n — im Gegensatze gegen die pantheistischen freien
Geister. Allerdings sei die Union eine so beschaffene, dass
man sagen könne von einem solchen unirten Menschen (in
dem höchsten Momente seiner Union) „er h e i s s e mehr Gott,
denn Geist — n i c h t d a s s e r G o t t sei, sondern er sei
g ö t t l i c h". Was aber diese Einung bewirke, sei eben nicht
die Natur, noch Kraft der Natur, wiederholt T. stets, sondern
Gnade, d. h. Mittheilung Gottes. „In dieser Verlorenheit blickt
allerdings nichts ein, denn e i n Grund, der wesentlich auf sich
selber steht, e i n Wesen, e i n Leben überall; das ist aber
nicht von natürlicher Eigenschaft, sondern von Ueberformung,
die der Geist Gottes dem geschaffenen Geiste gegeben hat".
Ebenso bleibe auch im höchsten Moment der Union doch immer, so zu sagen, ein U e b e r s c h u s s d e s G ö t t l i c h e n,
so dass sich Gott und Kreatur nie decken. „Wenn der Wille
Gott einmal ergreifet, so bleibet ihm doch viel mehr über,
denn er begreift; und v o n d e m U e b e r b l e i b e n d e r
G o t t h e i t s o h a t d e r W i l l e v i e l m e h r F r e u d e, d e n n
v o n d e m, d a s e r b e g r e i f t." Etwas ganz anderes aber sei
eine Verwandlung in göttliche N a t u r. „Unverständige Menschen nehmen diese Verwandlung fleischlich und sprechen, sie
sollten in göttliche Natur verwandelt werden; und das ist zumal
f a l s c h u n d b ö s e K e t z e r e i, denn von der allerhöchsten,
nächsten und innigsten Einigung mit Gott so ist doch göttliche Natur und sein Wesen hoch und höher über alle Höhe;
das gebet in einen göttlichen Abgrund, was da nimmer keine
Kreatur wird". Dieselben Aeusserungen fanden wir schon oben
über die Eigenschaften Gottes, in denen T. eben so sehr die
a b s o l u t e Transzendenz Gottes als eine Immanenz ausspricht.

Ueberhaupt verkennt er die Abgründe nicht, die hart unter dieser Höhe liegen. „Die in diese Weise (Gotteinheit)
sähen mit u n r e c h t e r F r e i h e i t, und mit falschem Licht,
das wäre die sorglichste Weise, die man in dieser Zeit haben
möchte" (s. die falschen Gründe). Er verkennt nicht, wie
n a h e diese Versuchung liegt. Wenn die bösen Geister „diese
hohen Menschen nicht anders mehr fallen machen können,

sagt er, so bringen sie sie in geistliche Hoffarth, als wenn sie
selbst Gott seien, in dieser hohen, edlen Anschauung Gottes,
worin diese Menschen in ihren Zugängen zu Gott gezogen
werden.... Aber das wäre ein grosses, sorgliches Ding,... und
soll der Mensch darum grosse Reu' und Leid haben, will er
anders wieder kommen".

Mit dieser mystischen Union und dieser Schöpfung eines
göttlichen Lebens findet T. „Alles wieder gebracht,
was verloren war", also dass „ein jeglich Ding wieder zu seinem ersten Adel kommt". Die Seele „stehet nun in ihrer
Gerechtigkeit, da sie Gott hat inne geschaffen von Natur"; darin ist sie „nun gezogen von Gnaden". —

Diese Union bezeichnet T. zum öfteren mit dem Namen
einer göttlichen Geburt im Menschen. Doch hat er nie
die biblische Bezeichnung „Wiedergeburt", obwohl er sich auf
diese Stelle (Joh. 3, 3) beruft.

Wenn er die Thätigkeit Gottes in diesem mystischen
Akte hervorheben will, so ist es „Gott der Vater", der „seinen Sohn" oder auch „seine Geburt" in uns gebiert; oder:
„der Mensch wird in dem Sohn von dem Vater geboren".
Wenn er aber die Rezeptivität des Menschen betont, so ist es
die Seele, die Gott, Gottes Sohn, Wort gebiert; „so die Seele
blos stehet aller Anderheit, so ist sie schwanger worden des
ewigen Wortes" und „ist sie empfänglich zu gebären den
Sohn in der Gottheit": und „dann so gebiert sie Gott, so sie
aufgezogen wird mit inhitziger Liebe in das blosse göttliche
Wesen; und da liegt sie Kindbetts in und gebiert — in ihrem
„Grunde", „Wesen" — den Sohn in der Gottheit". Sie
werde, sagt er auch, „eine Mutter Gottes, eine geistliche Mutter dieser göttlichen Geburt".

Diese Geburt stellt er als eine kreatürliche Analogie der
ewigen Geburt (Zeugung) in der Trinität dar. „Nach der Weise
als Gott der Vater gebiert seinen Sohn in der Gottheit, also
wird auch der Sohn geboren in der blossen Seele und die Seele
wieder in Gott.... Nach dem als der Vater gaffet auf seine
Natur, so gebiert er den Sohn von Naturen, — also ist es
auch, so Gott die Seele angaffet und sein Wort in ihr spricht,
so gebiert er seinen Sohn von Gnaden".

In dieser Geburt werde der Mensch gnadelicher Sohn Gottes; „so Gott geboren wird in der Seelen, mit der Geburt
rücket Gott den Geist von der Seelen und wirft ihn in das
Düsterniss seiner Gottheit und er übergöttet ihn mit seiner
Gottheit, dass er zumal gottförmig wird, und er verliert Ge-
staltniss aller Geschaffenheit und wird zumal gebildet in das
formlose Bild des Sohns in der Gottheit, dass er ein Sohn wird
von Gnaden, als jener ein Sohn ist von Natur.... So die
Seele dazu kommt, dass sich das ewige Wort in ihr gebiert,
und sie sich mit demselben Wort wieder in Gott gebiert, so
ist sie ein Sohn Gottes, nicht ein natürlicher Sohn als das
Wort in der Gottheit, sondern ein gnadelicher Sohn“. Denn
„in dieser Geburt wird Gott der Seele also eigen und gibt sich
ihr also eigen, dass nie kein Ding also eigen war.... Er ist
unser und ganz unser eigen und überall eigen, denn er wird
allezeit geboren ohn' Unterlass in uns“.

T. spricht auch von einem „S p r e c h e n d e s e w i g e n
W o r t e s“, „das Gott der Vater in der Seele Grund spricht“
(wie in dem Prozess der Dreieinigkeit), und von einem „Hö-
ren des Menschen“; oder von einem „Sprechen des göttlichen
G e i s t e s in uns“. Immer derselbe Gedanke. „Das Sprechen
Gottes und sein Wirken und sein Werk ist sein Wort, der Sohn
in der Gottheit, und diess geschieht in dem Wesen der Seele....
Es ist nichts anderes denn ein blosser Vorwurf göttlicher
Wahrheit, in der der menschliche Geist gerücket wird ausser
Sinnlichkeit und über alle Bilder und über alle Kräfte, in die
Blosheit göttlichen Wesens;... und mit diesem göttlichen
Sprechen so wird der Geist geeiniget mit dem göttlichen
Geiste“; er „geht sein selbst aus nach Geschaffenheit und
wirft sich in ein lauter Nicht“ (entäussert sich nach seiner
vergänglichen Seite), so dass nur „das Icht“ (die Wesenheit
an ihm), „das göttliche Bild, das in den Menschen gedrückt
ist, bleibt“, und „das mag nicht zu Nichte werden“ und
„das nimmt Gott und einiget es mit ihm“. Diesem Sprechen
Gottes „antwortet“ in der Seele ein „Widersprechen in Gott“,
— die menschliche Ergänzung zu dem göttlichen Worte —
die „Mutterschaft“; und so „entspringet eine göttliche Liebe
zwischen ihnen beiden, und mit der Liebe liebet Gott die Seele

und die Seele liebet ihn mit derselben Liebe und mit d e r
Liebe wird Gott recht geliebet".

Das Geheimniss dieser »Einung«.

Ein Unbegreifliches für die S i n n e und den V e r s t a n d
nennt T. diese „Einung". „Wie es da gehet, davon ist besser zu befinden, denn zu sprechen". Uebrigens „was Wunder"? Selbst in den niedrigeren Analogieen sei Manches dem
äusseren Menschen ein Unbegreifliches. Z. B. der Verwand-
lungsprozess der Speise, bis sie zu dem Herzen komme, in
das Haupt, und mit den Sinnen Eins und dann „vernünftig"
werde. „So ist denn die Speise sich selbst so ungleich geworden, dass kein Auge so klar ist noch kein Sinn so subtil, der
das begreifen noch sehen könnte, dass es eine Speise wäre".
Ebenso wenig sehe der Mensch den Unterschied der Luft von
dem Lichte, von dem die Luft durchsonnet sei; ebenso wenig
begreife er, wie die Seele mit dem Leibe vereinet sei und wie
sie wirke und sich bewege in der Hand, in den Füssen und
in den andern Gliedern. Wie „solle der Mensch denn göttliche
übernatürliche Einigung verstehen, wo der Geist in den Abgrund seines Ursprungs eingenommen und eingezogen ist".
Doch lässt es T. auch nicht an Andeutungen fehlen, die
das Mysterium einigermassen dem G e i s t e erhellen sollen:
Wiederholt nämlich weist er hin auf die Beschaffenheit des
geistigen Lebensgrundes im Menschen (s. o), auf den A d e l
d e r m e n s c h l i c h e n N a t u r ; „was weisst du, was Adels
Gott gelegt hat an diese Natur, das noch nicht alles geschrieben ist, sondern verborgen"; auf das (befreite) B i l d Gottes
im Menschen. „Diess Bild ist nicht, dass die Seele allein nach
Gott gebildet ist, sondern es ist d a s s e l b e Bild, was Gott selber ist, in seinem eigenen, lautern, göttlichen Wesen", und
„allhier in diesem Bilde liebt, erkennt, gebraucht Gott sein
selbst"; hier „ist das ewige Wort dem Menschen unausssprech-
lich nahe". So sei denn diess unmittelliche Sein des Menschen
in Gott nur die V o l l e n d u n g dessen, was potenziell dem
Menschen gegeben, ursprünglich in ihm angelegt sei; in dem
Einigungsprozesse „beginnen die Mittel also d ü n n e zu wer-

den, dass man die göttlichen Sonnenstrahlen und Einblicke
gar nah hat ohne Unterlass, das ist also recht und schnell,
als man sich mit Ernst und mit Vernunft hiezu kehren mag".

Anderseits weist T. hin auf das Wesen Gottes, das
allen Kreaturen gemein sei, einer jeden nach ihrer
Empfänglichkeit, und auf das Wirken Gottes,
das, je göttlicher es sei und vom Menschen empfangen werde,
desto unmittelbarerer Art und Natur sei. „Du
kannst nicht anders, welch' Vermögen du einem Meister gibst,
du musst dasselbe Vermögen Gott geben ohne alles Maass.
Je weiser und mächtiger nun ein Meister ist, desto unmitte-
licher geschieht sein Werk und desto einfältiger ist es. Der
Mensch hat viele Mittel in seinen auswendigen Werken; ehe
er die vollbringt, wie er sie in sich gebildet hat, dazu gehört
viele Bereitschaft. Der Mond und die Sonne in ihrer Meisterschaft und in ihrem Werk, das ist ein Erleuchten, das thun
sie gar schnell; sobald sie ihren Schein ausgiessen, in demselben Augenblick ist die Welt voll Lichtes an allen Enden.
Aber darüber ist der Engel; der bedarf noch minder Mittels
in seinen Werken, und hat auch minder Bilder.... Aber Gott
bedarf keiner Bilder, noch hat er ein Bild. Gott wirket in der
Seele ohne alles Mittel, Bild oder Gleichniss in dem Grunde,
worein nie ein Bild kam, denn er selbst mit seinem eigenen
Wesen". Gott der Vater „gebiert seinen Sohn in der Seele
in aller Weise, wie er ihn gebiert in der Ewigkeit (nach der
Analogie seines Sohnes in der Dreieinigkeit), nicht minder,
noch mehr (s. Dreieinigkeit), und „vereinigt sich also mit ihr";
und „wäre da irgend Bild, so wäre da nicht mehr Einigung";
und „an der wahren Einigung liegt alle Seligkeit". Möchte
man einwenden, in der Seele seien „nichts denn Bilde von
Natur", so „würde, wäre diess wahr, die Seele immer selig
und Gott wäre (in ihr) nicht die höchste Seligkeit und das
Ende, was doch seine Natur ist und Wille, dass er, sei ein
Anbeginn und Ende aller Dinge". „Gott wirket alle seine
Werke in sich selbst und aus sich selbst in einem Blicke.
Wähne nicht, da Gott Himmel und Erde machte
und alle Dinge, dass er heute eins machte und
morgen das andere, wiewohl solches Moses schreibt,

denn er that es um der Leute willen, die es nicht anders konnten merken; Gott that nicht mehr dazu, denn allein: er wollte
und sie wurden. Gott wirket ohne Mittel und ohne Bilde, und
je mehr du ohne Bilde bist, je mehr du seines Einwirkens em-
pfänglicher bist".

Auch psychologisch sucht T. erklärlich zu machen,
wie der göttliche Geist im Menschen wirke und der menschliche sich leidend verhalte, ohne dass doch menschliche Persönlichkeit irgend in ihrer Einheitlichkeit getrübt werde. Gott,
sagt er nämlich, wirke an der Stelle der „wirkenden"
Vernunft auf die leidende. „Die Meister schreiben
von einer wirkenden Vernunft und von einer leidenden. Die
wirkende schauet die Bilder von äussern Dingen und bauet
Bilde ab von äusseren Dingen und entkleidet sie von Materien
und Zufällen und setzt sie in die leidende Vernunft und die
gebiert sie dann in sich als geistliche Bilde. Wenn dann die
leidende Vernunft von der wirkenden schwanger worden ist,
so behält sie die Bilde und (er)bekennet dann die Dinge mit
dem Eintragen der wirkenden Vernunft. Dennoch mag sie die
Dinge nicht erkennen, die wirkende Vernunft muss anders sie
erleuchten und ihr Licht von neuem auf sie ergiessen." Was
nun die wirkende Vernunft an einem natürlichen Menschen
thue, „dasselbe thut auch Gott ganz in aller Weise an einem
abgeschiedenen Menschen. Er nimmt hie ab die wirkende Vernunft und setzt sich selber nieder an die Stätte und wirket mit
sich selber, was die wirkende Vernunft sollte wirken. Denn
dieser Mensch hat sich selber gemüssiget und die wirkende
Vernunft alle geschweiget an sich. Hierum ist es Noth, dass
sich Gott dieses Werks unterwinde und er muss selber der
Werkmeister sein und Geber in die leidende Vernunft". Und
das erkenne man daran. „Die wirkende Vernunft kann nicht
zwei Bilder mit einander zugleich haben, sie hat eins vor und
ein anderes nach. Wie die Luft weist die Farben, doch
magst du nur eine nach der andern sehen; also thut die wirkende Vernunft". Das Wirken Gottes aber sei ein den ganzen
Menschen umfassendes, ihn in eine ganze Welt von neuen
Anschauungen, Kräften u. s. w. versetzendes, ein ursprüngli-
ches. „Wenn Gott gebieret in der Stätte der wirkenden Ver-

nunft, so gebieret er mancherlei Bilder mit einander in einem
Punkte. Denn so Gott dich beweget zu e i n e m guten Werk,
zuband so erbieten sich da alle guten Werke. Dein Gemüth
gebet mit dem fürbass (gänzlich) auf, tausendmal fester, und
auf a l l e s Gute. Was du Gutes vermagst, das erbeut und er-
bildet sich da alles mit einander in einem Blick, in einem
Punkt mit einander". Das sei das Zeichen, dass das Werk
nicht der Vernunft Werk noch Geburt sei, sondern „dessen,
der alle Bilder mit einander in sich selber hat". Wenn T. hier
von Bilden redet, so erklärt er sich darüber so: „von Gott
wurde es geboren und gegeben überzeitlich, über alle Bilde,
und vom Menschen nur zeitlich empfangen und genommen".

Uebrigens, meint T., wenn man auch das „Wie" und
das „Was" nicht „wisse", so empfinde man doch das „dass".
Und eben, dass man das Wie und Was nicht vollständig begreife, darin erkennt er ein Heilsames. „Denn der Mensch,
weiss er der Ding' Ursach, zuhand ist er der Dinge müde und
suchet ein anderes zu erfahren und zu wissen und jammert ihn
also immer mehr nach Wissen und hat doch kein Beibleiben....
Ebendarum erhält ihn die unbekannte Kenntniss bei diesem
Beibleiben und er jaget dem nach, bis wir es erspüren, auf
dass wir nimmer aufhören, bis wir es begreifen".

Das mystische Leben in seiner Entfaltung.

Die V o r a u s s e t z u n g e n der mystischen „Einung",
dann d i e s e s e l b s t in ihrem W e r d e n haben wir kennen
lernen, so weit sich darüber T. ausgesprochen hat. Sie selbst
in ihrem S e i n und in ihrer L e b e n s - E n t f a l t u n g wollen
wir nun ins Auge fassen, denn T. hat darüber besonders reiche
Andeutungen gegeben.

Die göttliche Geburt als höchster Lebens m o m e n t; dessen Er-
neuerung zum Lebens z u s t a n d.

Das Höchste, was T. aus der mystischen Lebens-Erfah-
rung kennt, hat er mit dieser „göttlichen Geburt", mit dieser

„Einung" ausgesprochen, und „man möchte das auch wohl an
manchen Stellen der Schrift (= h. Schrift und Väter) mit den al-
lergrössten Heiligen, die die Zeit hatte, bewähren. Diess nennt
David einen Schlaf und Skt. Paulus einen Frieden, der alle
Sinne übertrifft; Skt. Johannes eine Stille, die eine halbe
Stunde währte, und manche andere grosse Heiligen der h.
Kirche, S. Dionysius und S. Gregorius und viele andere, die
viel hievon geschrieben haben".

Aber dieses Höchste, sagt er, sei doch nur ein — Akt,
ein M o m e n t des Lebens, ein „Blick" (Blitz), ein „Zuck",
die Sache einer „halben" Stunde, einer „Stunde", „schnell
und geschwind, recht wie ein Augenblick oder noch minder";
„je schneller, je edler.... In dem (Seelen-) Grunde gebiert der
himmlische Vater seinen eingebornen Sohn h u n d e r t t a u -
s e n d m a l s c h n e l l e r denn ein Augenblick nach unserem
Verstehen ist, und in dem Blick der Innigkeit allezeit neu,
in dem Adel, in der unaussprechlichen Klarheit seiner selbst....
So alle Formen entworden sind, dann in e i n e m B l i c k so
wird der Mensch überformet". Denn es ist ein Moment religiöser Inspiration, der allerdings nicht treffender denn mit einem
Blitz in der Seele verglichen werden kann; und T. spricht
hierin nicht bloss aus seiner eigenen Erfahrung (S. 30); sondern auch ganz in Uebereinstimmung mit den andern Mystikern; z. B. Bernhard (S. 637), Suso (s. u.). Obwohl aber nur
ein Moment, sei er doch ein h o c h b e g n a d i g t e r, der
h ö c h s t e Lebensmoment, ein unantastbares Heiligthum.
„Kinder, in diesem e i n e n Augenblick zu stehen ist besser,
denn alle auswendigen Werke.... Dieser Menschen (in diesem Moment) soll sich Niemand annehmen (richten), denn der
Papst und die h. christliche Kirche nehmen sich dessen
nicht an; sie lassen Gott mit ihnen gewähren". Es sei ein
Moment (Raptus) so überwältigend, dass die menschliche Natur ihn kaum fassen könne. „Wenn der Herr kommt in den
Menschen nach allen diesen Vorgängen, die geschwind und
stark gewesen sind und so grosse Bewegung gemacht haben,
und alles, was da ist in der armen Natur und in dem Geiste,
also gebrannt ist, und dann d e r H e r r s e l b t k o m m t, o
was Wunders wähnet ihr, dass da werde? Wisset, erhielte

Gott nicht diese Natur in übernatürlicher Weise und hätte ein
Mensch hundert Menschen Kräfte, er möchte der Wonne und
des Wunders nicht erleiden; dennoch ist diess nichts denn ein
Blick".

Dieser Moment könne wohl auch von einem klaren Bewusstsein begleitet sein, öfters aber trete das Tages-Bewusst-
sein ganz zurück; „es ist öfter mit einem Unterschied, öfter
in einer Finsterniss ohne Unterschied"; meist aber doch letzteres; denn „in diesem Abgrunde verliert der Mensch sich so
tief in so grundloser Weise, dass er von sich selbst nichts weiss,
weder Weise, noch Wort, noch Werk, noch Geschmack,
noch Erkennen, noch Lieben, denn es ist alles ein blosses,
lauteres, einfältiges Gut, ein unaussprechlicher Abgrund und
ein Wesen und ein Geist". T. erzählt uns ein seltsames Beispiel von einem solchen (ekstatischen) Moment an einem Laien.
„Ein guter Mann stand und drosch sein Korn, indem ward er
verzückt, und der Engel musste den Flegel haben, oder er
hätte sich selber erschlagen".

Ob nun aber dieser Moment nicht zu einem dauernden
Zustande werden könnte? Eine wichtige Frage, an der
T. nicht vorübergeht; er drückt sie auch so aus: „ob diese Geburt allewegen geschehe oder unterweilen"? In der Beant-
wortung bringt er vorerst eine sehr umsichtige Distinktion an.
„Eine Weise ist, dass der Mensch zu allen Zeiten von
dem h. Geiste geordnet und bewegt wird, das ist, dass ihn der
h. Geist zu allen Zeiten ermahnet, treibt, lockt und in ein ge-
ordnetes Leben zieht, das thut er allen denen, die seiner warten und ihm Stätte geben, dass sie ihm folgen. Die andere
Weise, die der h. Geist in seinen Werken hat, in den Söhnen (s. Rusbroek), das ist, dass er sie jählings über alle
Weise und Wege zieht, in einem Augenblicke, in einem viel
höhern Grade, und das sind die allerliebsten Kinder Gottes".
Was nun diesen höchsten, aber spezifisch ganz eigenen Lebensmoment betreffe, so könne derselbe kein andauernder sein,
schon um des Leibes willen, der in dem steten Verzückt-
sein der Seele „gänzlich darben" müsste; denn „die Seele ist
eine einfältige Form des Leibes, und wo sie sich hinkeh-
ret, da kehret sie sich ganz hin; wenn ihr dann das Gute be-

kaunt ist, so möchte sie sich nicht davon kehren, also dass sie dem Leibe keinen Einfluss oder Hülfe thut, wie dem h. Paulus geschah". — Wenn nun aber als Akt nicht allewege, so könne dieser Moment doch allewege sein in seinen Wirkungen. „Was ein Mensch vor zehn Jahren sprach, das hat er bei sich wohl im Angedenken, es ist jetzund nicht, dennoch ist es ihm also nahe, weil er jetzund daran gedenkt und wirkt. Eins hat er in einer Habung (habitus, Zustand), das andere in einer gegenwärtigen Wirkung". So sei es mit dieser „Geburt". Der Herr habe gesprochen: über ein Kleines sollt ihr mich jetzund nicht sehen und aber über ein Kleines sollt ihr mich sehen. „Also der getreue Gott etwann so zeigt er sich und etwann so verbirgt er sich". Wie er wisse, dass es uns gut sei, so ordne er es uns. In der Wirkung könne und solle dagegen diese Geburt zu einem bleibenden Zustande werden; denn „wo der Mensch Gutes fiudet, da mag er sich mit nichten davon scheiden"; T. erinnert dabei an Petri Worte — auf dem Wege der Verklärung. „Wo nun die Erkenntniss das findet, da muss die Liebe und das Gedächtniss nachfolgen". Nun habe das Gemüth sich im Momente der göttlichen Geburt „so verlaufen in Gott, dass es nimmermehr herwieder kommen möge". „So wenig ein Stein, den man in ein Meer würfe, das da nicht Grundes hätte, von seiner Kraft wieder aufkommen möchte zu einem irdischen Dinge, denn er sein Zentrum nicht hat, da er aufliegen möchte, also geschieht auch dem Gemüthe, das sich wirft in Gott, der grundlos ist — darinne versinket es und kommt doch nimmer zu Grunde, und Niemand mag es herwieder aufziehen, denn es kein kreatürlich Zentrum hat, da es aufbliebe". — Doch nicht als wie von selbst, als wie mit magischer Gewalt! Um den Zustand bleibend zu erhalten, sei von Noth, dass man das h. Feuer hüte, das heisst: eine stete Erneuerung aller der Mittel, durch die man zum ersten Durchbruche gekommen. „Das gebet nicht eines Tages zu noch in kurzen Zeiten; es muss mit einem Durchbruch erstritten werden, und man muss sich dazu mit einem emsigen Fleiss und Ernst gewöhnen, so wird es dem Menschen zuletzt leicht und süss.... Es will nicht eines Tags noch eines Jahres zugehen; es nimmt

Zeit. Man kann sich nicht heut üben und morgen schlafen,
sondern es soll sein ein emsiges Verharren bis an das Ende,
mit aufgereckten Händen allezeit bereit zu sein in allem göttlichen Willen, wirkend und leidend.... Denn so oft der
Mensch sich zu Gott kehret, in einem jeglichen Augenblick
empfängt er neue Gaben und Gnaden.... Etliche Menschen
sind so fleissig, sobald sie einen Gedanken (der nicht gut ist)
gewahr werden, der muss zuhand mit dem eisernen Fleiss ab-
geschoren werden. Im Anfang ist diess etwas hart, das stete
Wahrnehmen seiner selbst, aber darnach, wenn sich der
Mensch daran gewöhnt, so ist es ihm leicht und, wozu er im
Anfang einen Fleiss bedurfte, das bläset er nun ab". Besonders dieses Einkehren in seinen Grund solle der Mensch üben
einmal wenigstens jeden Tag, ja „zu 77 Malen, wenn es möglich wäre, dass es die Natur erleiden möchte". Doch empfiehlt
er vorzüglich die nächtliche Stille. „Kinder, diess zu befinden, muss Stund und Stätte haben, eine Stille, ein Beibleiben, eine Ledigkeit, und dazu ist die Nacht gut, die still
und lang ist. Denn wenn man des Morgens ein wenig empfinden sollte, so bedarf man diess und das und lauft her und dar
und wirkt diess nicht von innen in Ledigkeit. So kommt denn
der Teufel und verstopft dir die Wege, dass dir vielleicht dessen nimmer wird". Mit dieser nächtlichen Stille meint er die
Zeit unmittelbar nach den Metten, „wann der Mensch einen
guten Schlaf gethan".

In dieser Art mahnt T. zu dem steten Erneuerungsprozess in ernsten Worten; er glaubt sich nicht genug
thun zu können, „weil die falschen Gründe in verdeckter
Weise so schädlich und sorglich mit dem göttlichen Lichte
selbst vermischt werden". Durch diesen steten Erneuerungsprozess, sagt er, werde man dann jenen Akt selbst, durch
welchen der Zustand begründet worden, in sich wieder erneuern, und so „aus der Gewohnheit ein Haben (habitus) entstehen". Darum „thäte der Mensch in einem ganzen Jahr
nichts anderes, denn dieses Werk in ihm wahrnehmen, so
wäre nie ein Jahr von ihm so wohl angewendet, wenn er auch
kein anderes gutes Werk gethan hätte".

Man möchte versucht sein, zum Schlusse zu fragen, ob T.

d i e s e „Weise" als Lebensregel für a l l e Menschen hin-
stelle. Gewiss als mystisches Lebens-Ideal. Aber er ist sich
wohl bewusst, dass die Erreichung dieses (wie jedes) Ideals
nur das Erbtheil auserwählter und hochbegnadigter Seelen
ist und selbst in diesen nur annähernd. Daher sagt er geradezu, diese „Geburt" sei selten, nur in „Wenigen" (vrgl.
„die dreierlei Menschen"), wenigstens im Verhältnisse der
Masse der Andern; am empfänglichsten seien übrigens noch
die J ü n g e r e n. „Wisset, Kinder, diese edlen Gründe finde
ich etwa wohl in j u n g e n Menschen, aber in den alten ist
es zumal verdorben, denn die alten Menschen stehen zu fest
auf ihren eigenen Aufsätzen und ihren alten Weisen mit ihrer
Eigenschaft.... Wo denn aber eine gute Natur ist (noch nicht
besessen mit angenommenen Weisen) und die Gnade dazu
kommt, da gebet es gar schnell voran; wie ich mehr denn einen Menschen weiss, j ü n g e r e Menschen von 25 Jahren,
in d e r E h e, und edel von Geburt, die in diesem Wege vollkommen stehen". Doch beschränkt er anderwärts wieder
diese Aussprüche. Zur v ö l l i g e n R e i f u n g, meint er dann
— allerdings nicht zum ersten Durchbruch — brauche es
auch der Jahre. „Es wird keiner ein wesentlicher himmlischer
Mensch, sagt er in einer Pfingstpredigt, es sei denn, dass er
a n s e i n e 4 0 J a h r e k o m m e (s. Rusbroek); es hängt so
manche Fessel an dem Menschen". Er beruft sich dafür auf
die 40 Tage der Jünger bis zu ihrem Pfingstfest. „Was aber
den Jüngern Tage waren, das sind uns Jahre; denn weil sie
das Fundament sein sollten, darum ward ihre Frist kurz, ein
Tag für ein Jahr". — Er weiss übrigens von Menschen, „die
in den vordersten Uebungen stehen, in die diese lautere
Ueberformung einleuchtet wie in einem übernatürlichen Einblick, etwa z u d e r W o c h e n e i n - o d e r z w e i m a l, das
ist so oft, als es ihnen Gott durch seine Erbarmung gibt, denn
es ist ohne Verdienst". — Offenbar muss in d i e s e n Personen dieser „Einblick" eine „Gewohnheit", eine Art „anderer
Natur" geworden sein. Wer aber dächte dabei nicht zugleich
an eine nervos-somatische Basis! T. spricht sogar von einer jungen Tochter, „die — sie lebt noch — alle Tage z u d e m

mindesten einmal von Gott gezogen wird in den
göttlichen Abgrund Gottes".

Die göttliche Geburt und die Schuld und die Sünde.

Mit dem neuen Leben sei die S c h u l d der frühern Sünden getilgt, sagt Tauler. „Mit den göttlichen Werken so werden alle bösen Werke vertilget, die je geschahen; und davon
so wird der Mensch geabsolviret a pœna et a culpa, das ist von
Pein und von Schuld, denn mit dem dass sich Gott offenbaret in
der Seele, so muss alle Anderheit entweichen.... Wo der Wiederfluss recht geschieht, da wird alle Schuld genüglich bezahlt und wären ihrer so viel, als alle Menschen je schuldig
waren von Anfang der Welt.... Hätte ein Mensch hundert
Jahre gelebt und hätte alle Tage hundert Todsünden gethan,
und gäbe ihm Gott einen wahren, ganzen Kehr, von den Sünden zu lassen, und er ginge mit dem Kehr zu dem h. Sakrament, so wäre das alles unserm Herrn ein kleines Ding, in
dieser hohen edlen Gabe alle die Sünden in einem Augenblicke
zu vergeben, gleich wie einen Staub aus der Hand zu blasen.
Und der Kehr möchte also kräftig sein, dass alle Pein und
Busse damit abginge, und der Mensch damit heilig werden
könnte.... Es mag wohl sein, dass diese Menschen (die einen
rechten Kehr gethan,) weiter gefallen sind, denn alle diese
(lauen) Menschen in manche schwere, grosse Todsünde; d a
a c h t e i c h n i c h t a u f, w i e v i e l o d e r w i e g r o s s d i e
s i n d;.... es sind doch selige und liebliche Sünder.... Sie
nahen sich unserm Herrn von Grund und thun oder haben einen wahren, gründlichen Abkehr von allem dem gethan, was
Gott nicht lauter und blos ist. Von dieser Menschen Sünden
will Gott nimmer keine Rechnung haben; er will auch ihre
Sünden nicht wissen; s i e h a b e n s i c h g ä n z l i c h d a v o n
g e k e h r t, s o h a t s i c h a u c h G o t t d a v o n g e k e h r t.
Wollen sie ihrer nicht mehr wissen, so will ihrer auch Gott
nicht mehr wissen".

In dieser Art vermittelt T. die Vergebung der Sünden
durch „den Kehr" von Seite des Menschen. Er spricht zwar
auch von einer Versöhnung durch das Blut Christi, doch ohne

nähere Bestimmungen; dagegen will er dieses Blut nicht zum
„fruchtlosen Spielen" werden lassen. „Sicher es gebet nicht,
wie ihr wähnet. Nein, traun, nein; diese blinden Menschen
meinen, dass das kostbare Leiden unsers Herrn J. Christi und
sein theures Blut- also mit Spielen ohne Frucht soll hingehen.
Nein, Kinder, nein, es gebet nicht also". — Denn das neue
Leben selbst ist -eben die Freiheit von der Sünde.
„In demselben Nu, so Gott der Vater gebiert seinen Sohn in
der Seelen, so vergehen alle Sünden und alle Ungleichheit,
und werden in ihm geboren alle Tugenden in einer Gleichheit
Gottes; und in demselben Nu stehet der Mensch ohne Sünde
in allen Tugenden;... wie Skt. Joh. sagt: wer geboren ist,
der mag nicht sündigen".

Doch modifizirt T. diesen Satz. „Die Gabe, die der h.
Geist ist, wird empfangen durch den innern Menschen und
behütet ihn fürbass mehr vor allen Menschen; aber der äussere Mensch ist der Gaben nicht empfänglich, und darum
wird sie nicht empfangen von dem äusseren Menschen, und
darum mag er nicht allewegen leben ohne tägliche Sünde".
Denn „er hat Gemeinschaft mit der Zeit, die unstät ist,
und darum sind auch die Sinne unstät.... Wäre es nun möglich, dass die Sinne allwege eingezogen wären in den innern
Menschen und dass der innere Mensch vereinigt wäre mit
Gott, der Mensch lebte allwegen ohne Sünde"; aber „so der
Mensch wieder kommt zu ihm selber und Werke hat in den
Sinnen, so mag er etwan Gebresten haben, und das geschieht
ohne Urlaub der Bescheidenheit, so der Mensch sein selbst
vergisst — und das ist eine tägliche Sünde". „Unsere
Natur ist von Adams Fall voll gebrestenlicher Neigung, und kann
nimmer zu Grunde vertilget werden; denn es geschieht wohl,
dass ein Mensch stirbt nach dem vernünftigen Willen, und
dass der nicht anders will, denn das Gott will, aber der sinnliche Wille nach sinnlicher Neigung der kann in der Zeit nimmer zu Grunde ersterben. Und die Neigung muss der vernünftige Wille allezeit tödten, also dass die Sinnlichkeit gerichtet
sei in die obersten Kräfte in Gott". Das „mag aber nicht allwegen sein, nur etwan so Gott den Menschen darein ziehet:
und darum mag man nicht allwegen ohn' Gebresten sein".

Aber diese Gebresten des n e u e n Lebens sind nach T.
eben nur in den niedersten Kräften, sind n i c h t W i l l e n s -
Sünden. Es mag auf diesem Standpunkte dem Menschen wohl
etwas z. B. „einfallen", was nicht recht ist (etwa „natürliche"
oder „teuflische Bilder"); aber er bleibt nicht darauf; wesswegen T. in seinen Predigten geängsteten Gemüthern, denen
solche Gedanken „einfallen", ohne dass ihr Wille, ihr innerer
Mensch dabei wäre, zuruft, sie sollen sie sich nur auch wieder „ausfallen" lassen, einfältiglich ihre Gebrechen und ihre
Sünden „in den finstern, unbekannten, göttlichen Willen werfen". Und wie nur in den niedersten Kräften, so sind es, sagt
T., auch nur „die e r s t e n R e g u n g e n zur Sünde, deren
Niemand ledig ist", von denen man im neuen Leben noch
getroffen wird.

Daher bestimmt er den Satz, dass nur „eine wahre, ganze
Habung aller Tugend" Schuld- und Sündlosigkeit sei und
genannt werden könne, dahin, dass (denn von einer Rechtfertigung im Sinne des Apostels Paulus weiss er nichts) der
„vollkommene" Willen, das Gute zu thun, und eine volle
Reue, ein ganzer „Unterfall in den Grund der Demuth vor
Gott" — rechtfertige. Denn das seien P o t e n z e n, die als
solche eben zur Habung aller Tugenden den Menschen führen.
Es sei, wie wenn Einer einen grossen Sprung thun wolle;
„je ferner er davon gehet und sich einen weiten Zulauf nimmt,
je weiter er springt". Auf gleiche Weise sei es mit diesen
Menschen; „je unwürdiger sie sich schätzen gegen Gott und
alle Kreaturen, ohne Zweifel desto näher und kräftiglicher
springen sie in Gott.... Die Seele, so sie einen Inschlag thut
in sich selber, so sieht sie sich an, was sie war, was sie ist
und was sie nicht ist; was sie war, nach gebrestlicher Weise,
und das begreifet sie mit Bitterkeit, und die Bitterkeit, die
Reue und das Gedränge und Missfallen machet sie lauter, und
in der Lauterkeit entspringt ein klares Licht und zeiget ihr alle
Wahrheit und der h. Geist macht das Licht brennen und in-
hitzig und inbrünstig und jaget sie damit in alle Wahrheit, die
ihr ist gezeiget, und lässt sie in keiner Weise wiederkehren in
ihre alten Gebresten, sondern er führet sie frei in alle Wahrheit, ohn alles Wiedersehen,... und zu erlangen alle Tugend".

„Eine ganze Reue beschliesst in ihr zu lassen alle Sünden·
Und ist, dass dem Menschen Tugend gebricht an den Werken,
— er muss sie aber haben in dem Willen; und will er, dass
keine Sünde mehr Statt in ihm habe, so muss er den Willen
erfüllen mit den Werken, so weit er mag; und in dem ganzen
Willen, den der Mensch hat, nicht mehr zu sündigen und alle
Tugend zu erlangen, vergibt ihm Gott seine Sünden. Aber er
muss d a r n a c h eine jegliche Untugend mit einer sonderlichen
Tugend überwinden“.

Ja e b e n d i e s e e r s t e n s ü n d h a f t e n R e g u n g e n,
diese täglichen Sünden führen für die gottliebenden Menschen i h r e H e i l i g u n g m i t s i c h, sagt T., nicht an und
für sich, sondern kraft des innern Zuges, den sie zu Gott haben. „Wohl haben diese Menschen den ersten Anstoss und die
ersten Bewegungen zur Sünde, denn davon ist Niemand ledig,
aber darnach so ihnen die Gebrechen vorgehalten werden,
es sei Hoffarth oder Lust des Fleisches oder zeitlicher Dinge,
oder Zorn oder Hass, oder welcherlei das ist, damit sie angefochten werden, zuhand nach der ersten Bewegung kommen
sie an Gott demüthiglich und lassen sich in seinen Willen....
Ist, dass d e r (gottliebende) Mensch von Vergessenheit ein
Gebresten übet, so er sich darnach erkennet, so wird er mehr
gepeiniget denn ein anderer Mensch, der eine Todsünde thut:
und ist das die Sache: wer süsse Dinge geschmecket hat, dem
ist das Saure viel bittrer denn dem, der sein nicht geschmecket hat“. Und „d i e B i t t e r k e i t b e r e i t e t i h n m e h r
z u L a u t e r k e i t und zu grösserer Liebe; und darum verhängt Gott etwan über gute Menschen, dass sie einen täglichen
Gebresten üben“. Insofern könne man von ihnen sagen, dass
noch der Wille Gottes über sie und an ihnen, um den sie
gebetet, auch d a n n erfüllt werde, wenn sie in Gebresten
fallen. „Nicht dass der Wille Gottes Gebresten sei, sondern Gott verhänget es, auf dass der Mensch seine Krank-
heit·erkenne und in den Grund der Demüthigkeit werde gesetzt, in dem man allein mag bestehen ohn’ allen Fall....
Und dass die Wohlgefälligkeit getödtet werde und dass der
Mensch komme in Erkenntniss sein selber Krankheit, so verhängt Gott, dass etwan gute Leute fallen, dass sie vor grös-

serem Uebel behütet werden.... Nicht dass die Sünde gut
sei, aber sie zeiget dem Menschen seine Krankheit; nicht dass
sie (von ihr selbst) den Menschen erleuchtet, sich selbst zu erkennen, sondern es ist eine Sache (= Ursache), dass, das
verborgen war, bekannt werde.... Und in dem demüthigen
Grunde stehet er dann sicherlich vor allem Fall, der da
schädlich ist".

Die »Ausgeburt« und die Dinge.

Ein n e u e s Leben ist grundgelegt im Menschen: im Gegensatz zum alten „kreatürlichen", „tödtlichen" ein „lebeli-
ches", „göttliches".

Dieses Leben hat sich nun zu e n t f a l t e n; und diese
Entfaltung nennt T. die „A u s g e b u r t"; ganz entprechend
der „Ingeburt", womit er das Sich-Versinken, Sich-Eingebä-
ren in den göttlichen Grund bezeichnet hat, und „der göttlichen Geburt" selbst, welche in der Mitte zwischen der In-
und Ausgeburt die Schöpfung des neuen Lebens ist und bezeichnet. „Wie der Mensch neu ingeboren wird, also wird er
auch neu ausgeboren — das ist, dass aller sein äusserer
Mensch verändert wird in eine neue Weise, die gottförmlich
ist; und wie er seine Glieder vor hat gegeben zur Ueppigkeit,
also heut er sie nun zu dienen Gott in Heiligkeit und Gerechtigkeit, und wie dann alle Dinge neu gemacht sind innerlich, also
werden auch alle äusserliche Dinge neu gemacht, und wie diess
göttliche Feuer das Herz inbrünstig macht und alle Ungleichheit innerlich verschwendet, und die Kräfte ordinirt auf ihr
Bestes, also bricht das göttliche Feuer aus in den Leichnam
(Leib) und verschwendet an ihm alle sündliche Neigung, und
richtet ihn auf in alle Tugend und jaget ihn in alle gute Werke,
und also kommt er zu seiner ersten Gerechtigkeit und heisset
ein neuer Mensch, der nach Gott geschaffen ist in Heiligkeit".

Diese Ausgeburt hat eine d o p p e l t e R i c h t u n g:
n a c h a u s s e n, i m V e r h ä l t n i s s z u d e n D i n g e n,
zu der Welt, den Gaben, dem „Zufall" (quod accidit); und
nach i n n e n, als Entfaltung in den Sinnen und in den See-
lenk r ä f t e n des Menschen.

In eine der früheren entgegengesetzte Lebenssphäre ist
der Mensch versetzt, „also dass da recht seine Inwendigkeit
umgekehrt und zumal verwandelt wird, und ihm die Dinge
nicht schmecken, die ihm zuvor wohl schmeckten und ihm
lustlich waren; davor ihm vormals graute, das ist ihm nun
lustlich und er begehret dessen von Herzen, dasselbe ist
Schmach und Elend und eine edle Ledigkeit, Inwendigkeit,
Demüthigkeit, Verworfenheit und Abgeschiedenheit von allen
Kreaturen. Diess alles ist ihm dann seine höchste Wonne,
wenn diese Berührung des h. Geistes in der Wahrheit in ihm
geschehen ist". Mit einem Worte: „unschmecklich und bitter
und widerzäme ist ihm Alles das, was Gott nicht ist,
in ihm selbst und in allen Kreaturen".

　Vermöge dieser innern „Gott-Gleichheit" fasst der Mensch
nun alle Dinge — alles was ihm „zufällt", leiblich und geistlich — unter demselben göttlichen Karakter, prüft sie nach
demselben Masstab, weist und deutet sie auf dasselbe Ziel.

　Darin erweist sich nach T. diese Ausgeburt, dass der
Mensch Alles, „was auf ihn fällt ohne sein Zuthun", als „von
Gott nimmt und nicht von den Kreaturen", es ist ihm alles
„eine Gabe Gottes, es sei was es sei, Lieb oder Leid, Sauer
oder Süss"; Gott allein „will sein Geber sein" (s. u.).

　Und wie er alles als von Gott nimmt, so wird ihm auch,
weil „Gott, der in allen Dingen ist, gewurzelt ist in
dem Grund seiner Seele", d. h. vermöge des Karakters seiner
Gott-Gleichheit Alles zu Gott, und weist ihn auch Alles
zu Gott. „Wenn diese Geburt in der Wahrheit (in dir) geschehen ist, so mögen dich alle Kreaturen nicht hindern,...
noch entsetzen und zerstreuen,...; sondern sie weisen dich allezeit zu Gott und zu dieser Geburt. Also fiuden wir ein Gleichniss an dem Blitz; was der Blitz trifft, so er schlägt, es sei
Baum oder Thier oder Mensch, das kehrt er mit der Fahrt
(Richtung) zu ihm, und hätte der Mensch den Rücken darge-
kehrt, zu der Stunde wirft er ihn um mit dem Antlitz. Hätte
ein Baum tausend Blätter, sie kehrten sich alle gegen den
Schlag mit ihrer Richtung. Sieh' also geschieht denen, die
von dieser Geburt gerührt und getroffen werden; sie werden
schnelliglich gekehrt zu dieser Geburt, in einem jeglichen, das

gegenwärtig ist. Ja wie grob es doch ist, ja was dir ein Hinderniss war, das führet dich nun allzumal, das Antlitz wird
dir alles gekehrt zu dieser Geburt. Ja alles, was du suchest
oder hörest oder was da sei, so magst du in allen Dingen
nicht anderes nehmen denn diese Geburt. Ja alle Dinge
werden dir lauter Gott, denn in allen Dingen meinest
noch liebst du nichts denn lauter Gott. Recht als wenn ein
Mensch lange die Sonne ansähe an dem Himmel; was er darnach ansähe, da bildete die Sonne ein".

Endlich trägt auch der Mensch alle Dinge Gott wieder auf. „Denn merket, der Mensch hat alle Dinge von
Gott empfangen, alles was er hat inwendig und auswendig,
Gut der Natur, Gut der Gnade, Gut des Glücks; diess hat er
Alles nur darum, dass er es Gott wieder auftragen solle mit
Liebe, mit Dankbarkeit und mit Lob". T. drückt sich auch
so aus: „Wie der Mensch aus Gott geflossen ist, mit demsel-
ben Ausfluss Gottes fliesst er wieder in Gott" — mit allem
was er hat; oder: wie der Geist Gottes „in den Menschen gesprochen hat", also „soll der Mensch mit seinem Geist alle
Dinge wieder in Gott sprechen". Was heisst nun aber das:
„Gott Alles wieder auftragen"? Das heisst, nach T.: auf die
Dinge, Gaben, Gnaden Gottes „nicht fallen mit Lust und mit
Liebe"; „nicht damit spielen"; „sich nicht daran halten";
„sich ihrer allzumal nicht annehmen"; sie „nicht mit Eigenschaft an sich ziehen, als ob es recht das Seine (Eigene) wäre",
und so „einen gefährlichen Schaden an sich selbst thun";
sich nicht durch sie vermitteln, besitzen lassen, sondern
„durch alle Dinge, die da zu beiden Seiten zuschlagen in allem
Ausfliessen Gottes", nur „ein Gemerk haben auf Gott", wie
„wer ein Ding mit allen seinen Kräften durch einen engen
Spalt einer Mauer siehet, so lange er das mit allen seinen Kräften gern ansähe (was er dadurch sieht), so hindert ihn das
Mittel nicht". Es heisst: die Dinge brauchen als einen „Durchgang" zu Gott (s. o.), in allen Werken „nicht diess noch das,
denn lauter, blos Gott allein meinen", so „dass allein die Ehre
Gottes und sein wohlgefälliger Wille im Menschen und durch
ihn vollbracht werde und in allen Kreaturen"; bleiben in allen
Dingen „in einer lautern Empfänglichkeit Gottes, wenn er

wolle sprechen, dass man ihn höre" — ganz wie Jesus Christus (S. 96); überhaupt: sich zu allen Dingen so verhalten, sie
„so behalten, wie sie der ewige Gott will von uns gehalten
haben in Armuth unseres Geistes, wie St. Paulus spricht: diess
sind die durch Gott alle Dinge gelassen haben und doch alle
Dinge besitzen in der Wahrheit; das ist also, dass wir kein
Ding in dieser Zeit also lieb sollen haben, weder Gut noch
Freund, noch Ehre, noch Leib, noch Seele, noch Lust, noch
Nutzen, dass, wenn Gott ein anderes von uns haben wollte,
wir das gern und willig und fröhlich ihm zu Liebe und zu Lobe
seinem göttlichen, väterlichen Willen lassen sollten". Das
heisse: Gott alles auftragen. Da „stehen die Menschen allezeit
in Bereitschaft, alle Dinge frei und ledig durch Gott zu lassen,
so der ewige Gott sie von ihnen gelassen haben wollte"; denn
„dieweil dieses Menschen Gemüth kein vergängliches Ding zu
Ruhe noch zu Friede mag sättigen, reckt er allewege die Hand
seiner Begehrung aus zu dem edlen Almosen des milden Gutes, das Gott selber ist". Und wenn der Mensch „Lust und
Unlust hat in Gewinn und in Schaden, das ist nur in den
niedersten Kräften"; da „muss man sich inne leiden und
lassen und dann sich Gott wieder auftragen".

Und so, sagt T., das Verhältniss dieser gottgeborenen
Menschen zu den Dingen zusammenfassend, so „wirken sie
auswendig der Zeit in Ewigkeit, aus Geschaffenheit in Ungeschaffenheit, aus Mannigfaltigkeit in Einfältigkeit; sie bleiben
im Frieden in Unfriedsamkeit und sinken mit einer Begehrung in den Grund und tragen Gott alle Dinge wieder auf, als
es ewiglich in ihm gewesen ist und er es geliebt und gemeinet·
hat". Das nennt er „ein Eingehen und Ausgehen", ein „Ausgehen und Eingehen".

Das „arme Leben«.

·· Nur bis zu dieser Bereitschaft, alle Dinge (die
dem Menschen nur zur „Nothdurft" und als „Durchgang zu
Gott" gegeben sind) zu lassen, wenn es Gott verlangte, ist T.
in seinen Predigten in der Regel gegangen; und er spricht die
Möglichkeit geradezu aus, dass man ein Königreich haben

könnte und doch innerlich frei sein, und „das schadete nicht".
Doch finden sich Stellen, in denen er auch von einer Armuth
„auswendig und inwendig" spricht, „um dem Bilde unseres
Herrn, seiner blossen lauteren Armuth nachzufolgen aus rechter Liebe, unbekümmert und unbefangen, inwendig und auswendig".

In seiner „Nachfolgung" ist er in d i e s e m Sinne konsequent weiter gegangen ganz im u r s p r ü n g l i c h e n Geiste
der B e t t e l o r d e n: „ein arm vollkommen Leben" anerkennt
er da nur in einer wirklichen „faktischen" äusseren Armuth
als Ausdruck der inneren. So wenig er es sich denken kann,
dass der Leib nicht dem Impuls der Seele folge, das Aeussere
nicht dem Inneren diene, eben so wenig kann er sich ein „innerlich erstorben Leben" denken, ohne ein äusseres. B e i d e
m i t e i n a n d e r konstituiren erst diess „vollkommen arm Leben." Allerdings genüge nicht äussere „willige" Armuth, die
Armuth „nach dem Zufalle" ohne die innere, w e s e n t l i c h e.
„Unser Herr meint nicht, dass Vollkommenheit daran läge,
dass man zeitlicher Dinge nicht hätte; denn man findet ihrer
gar viel, die doch nicht vollkommen sind". Nur „wer in der
I n n i g k e i t kommt zu einem armen Leben", der „thut der
Armuth Recht und Niemand anders"; und „es muss von Noth
sein, wer recht will arm sein, dass er innig sei". Armuth
„ohne Innigkeit" ist „gleich als ein König ohne Königreich",
oder „als ein Leib ohne Seele, oder eine Seele ohne Gott";
und „wie Gott der Seelen Leben gibt, und die Seele dem
Leib, also machet Innigkeit des Menschen Leben fruchtbar
und Gott angenehm. Und darum sprach Christus: es sei denn
dass das Waizenkorn ersterbe, so mag es nicht Frucht bringen. Und also müssen alle Dinge innerlich in uns ersterben,
und wir in Gott, so bringen wir viele Frucht.... Und darum
ist ein äusserlicher armer Schein nicht viel Schatzes werth,
denn die Buben in den Gassen haben auch einen armen Schein
und darum sind sie nicht heilig: sondern dass der Mensch zu
Grund innerlich ersterbe und damit in einen armen Schein
geht, das gehört zu einem armen Leben, da Vollkommenheit
inne ist". Manche Menschen, sagt T., „gehen alle äusserlichen
Dinge" hinweg und das thun sie vom Hörensagen, so man

spricht, dass Vollkommenheit daran liege." Aber „sie bleiben
auf der äusseren Weise der Armuth"; sie sind „gute heilige"
Leute, aber „grob, unerleuchtet, und wissen nichts von der
Heimlichkeit Gottes noch von seinem Wirken".

Diese innere Armuth soll sich aber v e r ä u s s e r l i c h e n,
verlangt T., w e n n der Mensch „vollkommen" sein, im Stand
eines vollkommen armen Lebens stehen wolle; „denn ein
Mensch ist nicht allein ein Mensch nach der Seele, sondern
auch nach dem Leibe" und darum „ist Vollkommenheit des
Menschen nicht allein zu nehmen nach Ledigkeit des innern
Menschen, sondern auch nach dem äusseren Menschen". „Der
Geist, der zumal ledig und arm ist von Liebe, dessen Leib
muss auch nothwendig ledig und arm sein, so viel er von
blosser Nothdurft entbehren mag, denn die Seele gebeut dem
Leib, und nicht der Leib der Seelen, und was dem andern
gebeut, da muss das Andere auch ihm gehorsam sein, so
vollbringet es seinen Willen".

T. hatte, wie wir sehen, ganz im Geiste des Apostels
Paulus, ein äusserlich Haben und doch innerlich Frei sein in
seinen Predigten anerkannt. „Sei ohne Eigenschaft und bildlos und ledig und frei... so gönnet dir der ewige Gott wohl
deine Nothdurft." In seiner „Nachfolgung" wirft er dieselbe
Frage auf, „ob das nicht sein möchte, dass man, wie Etliche
sprechen, die Dinge behalten möchte, also dass der Mensch
sein selbst Willen nicht darin besitzt, sondern den Willen Gottes"? ob das nicht möglich wäre, „dass das Feuer göttlicher
Liebe in dem Menschen brenne und ihm alle Dinge zu nichte
mache nach dem i n n e r n Menschen und doch der äussere
Mensch seine Nothdurft möge haben"? „Eine gemachte Rede"!
ruft er aber aus. „Ich spreche, darnach das Licht brennet im
Menschen und darnach das Brennen ist, darnach beweiset es
sich von aussen: ist es gross, es brennet dem Menschen alle
Dinge ab, äusserlich und innerlich; aber ist es klein, so behält der Mensch seine Nothdurft von aussen an und verschmähet die Dinge (nur) von innen". Denn „das Band göttlicher Liebe zerbricht alle Bande der Kreaturen und wer noch
gebunden ist mit den Kreaturen, das ist ein Zeichen, dass er
nicht gebunden ist mit Gott". Auch ist „göttliche Liebe ein

solcher Quell: wer seinen Mund recht hält an den Quell, der überfliesset mit Liebe, dass er von allen Kreaturen muss fliehen und allein an Gott haften.... Und dasselbe will ich bezeugen mit allen Gott liebenden Menschen, wenn sie recht entzündet werden von dem Feuer göttlicher Liebe, dass ihnen das Feuer alle Dinge verschwendet, die Gott nicht sind". Dann erst „fangt der Mensch an, in das Wesen zu gehen, so er alles Zufalles (was hinzukommt) ledig ist"; „ist er aber Zufalles ledig, das ist ein Zeichen, dass ihm göttliche Liebe abgezogen hat alle zeitlichen Dinge, und er ledig und bloss stehet äusserlich und innerlich aller Dinge".

In dieser Fassung eines „arm vollkommen Lebens" sieht T. die höhere Einheit derer, die nur äusserlich, und derer, die nur innerlich „ausgehen".

Was er nun freilich unter der äusseren Armuth versteht, das ist doch nicht ganz klar. Das eine Mal sagt er, man solle „alle Dinge lassen", vorausgesetzt, dass man deren habe; nicht sie liegen lassen, setzt er hinzu, und davon gehen, sondern „sie verkaufen und austheilen", und zwar „unter die Armen, nicht unter die Reichen"; und dann solle man „Gott nachgehen". Im Falle aber der Mensch nicht Vermögen habe, so solle er arm bleiben; „das du nicht hast, das sollst du lassen, ob (obwohl) du es möchtest gewinnen". — Scheint das nicht auf absolute äussere Armuth im Geiste des Franziskus zu deuten? Dann aber sagt T. wieder, man solle arm sein, „so weit man von blosser Nothdurft entbehren mag"; seine Nothdurft solle man aber nehmen „in der allerverschmähtesten Weise, das ist in einem armen Leben nach der Lehre Jesu Christi". Die „reine" Nothdurft scheint er also doch gelten zu lassen; zumal wenn der Mensch krank, schwach wäre. „Hat er Etwas, ist, dass er es braucht, das ist nicht wider die Tugend, und gäbe er es weg, er thäte wider die Ordnung, und dass er ihm selbst zu Hülfe kommt, das ist recht, als ob er es einem armen Menschen gäbe". Aber, meint er, und diess deutet wieder auf unbedingte Armuth, „er wäre doch viel vollkommener, so er gesund wäre, dass er sich also entblössete von allen zeitlichen Dingen, dass er nichtes nicht hätte, so er sich würde".

Von dem S e g e n dieser Armuth weiss T. Mancherlei zu
sagen. Sie (wie jedes Leiden) „tilge Gebrechen", besonders
„die Unlauterkeit aus dem (früheren) Gebrauche zeitlicher
Dinge: „in dem Mangel zeitlicher Dinge werden die Wunden
verheilet, damit der Mensch sich hat verschnitten in Habung
zeitlicher Dinge". Sie b e w a h r e vor Gebresten, denn „zeitlich Gut hat viel Ursache zu Sünden; sofern nun arme Leute
zeitlich Gut ledig sind, so haben sie auch nicht Ursache zu
Sünden". Sie „t ö d t e" die Natur, sofern man mangeln und
heischen müsse; denn „wer allewege stehet in Mangel, der
stehet allwegen in Sterben", und davon „die nichtshaben-
den Menschen die werden reich an Gnaden, dass sie selber
nicht wissen, denn ihr Sterben ist ohne Zahl, und davon ist
die Gnade ohne Zahl, die ihnen Gott gibt verborgenlich". Als
„Hinweggehen zeitlicher Dinge" sei Armuth auch eine Pflicht
der Liebe gegen den Nebenmenschen; denn „es mag kaum
mit einander bestehen ein Herz voll Liebe und ein Seckel
voll Pfennige".

Das sind aber doch noch nicht die w e s e n t l i c h e n Motive
Ts. Er greift h ö h e r.

„Willige" Armuth — geistig und leiblich — sagt er, und
es erinnert diess an die Stoiker, sei „wahre Freiheit", e i n
f r e i V e r m ö g e n, unbezwungen von Niemand, unabhängig
von aller Welt, weil „abgeschieden von allen Kreaturen". Die
Seele aber, dieweil sie beladen sei mit zeitlichen und gebrestlichen Dingen sei nicht frei, sondern „ein Gebürde". Dass nun
freilich Menschen d i e s e r Art diese Freiheit schelten, das sei
„billig"; denn „sie haben sie nicht, und was man nicht hat,
das mag man nicht loben".

Armuth, meint er ferner, sei (und bedinge) „w e s e n t -
l i c h e T u g e n d", d. h. s i t t l i c h e V o l l k o m m e n h e i t.
So lange der Mensch von „natürlicher Habung" noch nicht
entblösset sei, möge er die Tugend „nicht haben in dem
Wesen, sondern nur in dem Zufalle", d. h. sein Wirken sei
abhängig von äusseren Bedingungen, nicht von ihm selbst
allein; auch sei sein Wille, so lange er noch nicht alles auf
ihn selbst stelle, noch kein vollkommener (s. weiter unten:
„über das wesentliche Wirken und die wesentliche Tugend").

Wenn er aber „allen Dingen ausgegangen" sei, so habe der
Mensch einen vollkommenen Willen zu allen Tugenden und
dieser vollkommene Wille, alle Tugend zu wollen, habe zugleich, weil aller äusseren Dinge entblösst, nur sich selbst
zum unbeschränkten Material statt der äussern Dinge; und so
gleichsam absolutes Subjekt und Objekt zugleich vermöge er
in Einem alle Tugenden, stets, überall zu wirken. „Wer aber
nicht allen Dingen ausgegangen ist, dess Wille hat nicht Kraft,
alle Tugenden in Einem zugleich zu wirken, und mag die Tugend nicht vollbringen in dem W e s e n, er wirke sich denn
aus in alle Tugenden, die er vermag; und so er alle Materien
hat gelegt an die Tugend, dann fähet an K r a f t des Willens,
alle Tugenden zu wollen", und zwar „in einem Nu", d. h. in
jedem einzelnen Akte das Ganze; denn „entblösst von aller
natürlichen Habung hat er nicht Vermögens, zu wirken einige
Tugend mit der Materie, denn allein mit reinem einfältigen
Willen, sich Gott zu lassen in alle Tugend", und also „mag
er die Tugend haben im Wesen und nicht im Zufall". Oder,
wie T. denselben Gedanken auch wendet: die Werke eines
solchen Menschen seien „unmittelich, denn sie werden gewirket auswendig aller Kreaturen und über alle Kreaturen".

Armuth, meint T. im Weiteren, sei und bedinge r e l i -
g i ö s e V o l l k o m m e n h e i t, w a h r e, h ö c h s t e Religio-
s i t ä t. Die Beweisführung ist ähnlich wie in Bezug auf die
sittliche Vollkommenheit, nur dass, was h i e r die wesentliche
Tugend ist, in der religiösen Sphäre Gott ist. „So viel der
Mensch Eigenschaft zeitlicher Dinge hat, so viel gebricht ihm
Eigenschaft ewiger Dinge, denn zeitliche Dinge und ewige
Dinge sind widerwärtig; wer eines hat, der muss das andere
lassen"; eine Voraussetzung, deren Motivirung wir bereits oben
haben kennen lernen. Zeitliche Dinge seien „von Natur schwer,
und darum ziehen sie allweg das Gemüth nieder", das mit ihnen bekümmert sei; wer aber zeitlicher Dinge ledig sei, der
habe „allweg ein aufdringend Gemüth in Gott"; oder wie T.
in seiner körnigen Sprache diess auch ausdrückt: „A r m u t h
(in dem umfassenden Sinne) h a f t e t a n n i c h t s u n d n i c h t s
a n i h m", d. h. „ein armer Mensch haftet an nichts, das unter ihm ist, denn allein an dem, das über alle Dinge erhaben

ist". Armuth sei daher nichts anderes denn „ein Darben alles
dess, das Gott nicht ist" — und „so man dess ledig sei und
alle Mittel ab seien, so habe man Gott gegenwärtig, und so
man die Grobheit auswendig abthue, so habe man einen blossen Gott". Die Freiheit, die man in der Armuth habe, sei
eben die, „in einem einigen, inne bleibenden Leben Gottes
allein wahrzunehmen", wesswegen auch „Schauen und Armuth
auf e i n e m Grade stehen".

Nicht dass T. sagte, Religiosität und Sittlichkeit überhaupt seien ohne „Armuth" nicht denkbar, nur die h ö c h s t e
nicht, nicht „ein schauend Leben" oder dann nur — ohne die
wahre B e r e c h t i g u n g. Ein schauend Leben nämlich —
eben diese höchste Stufe — sei, dass der Mensch allein ohne
Mittel zu Gott geordnet sei, dass er aller äusserlichen Werke,
die in den Kreaturen geschehen, ledig sei; und dass Gott in
der Ledigkeit wirken möge die allervollkommensten Werke.
So lange aber der Mensch „Materien" (zeitliche Dinge) habe,
dürfe er „ohne Gebresten n i c h t ledig und müssig sein";
vielmehr sei es dann seine Pflicht, „ein Aufsehen zu haben
auf die Kreaturen, ihnen zu Dienste durch Gott". Erst wenn
man alle Dinge an die Armuth gewandt habe, habe man nicht
bloss das Recht, sondern auch die Pflicht, „Gottes allein
wahrzunehmen", und „wer in seinem armen Leben bekümmert ist mit den Kreaturen, und mit äusserlichen Werken,
dess Armuth ist mehr Gebresten denn es Vollkommenheit ist,
denn Gott hat ihn (eben in der Armuth) geordnet zu einem
innerlichen Leben... und ein solcher thut seinem armen Leben
nicht recht".

Alles diess zusammenfassend und das Höchste ausspre-
chend, was er zu sagen vermag, sagt T.: Armuth sei „eine
G l e i c h h e i t G o t t e s", d. h. reinste Gottes-Empfänglichkeit,
denn sie hafte an nichts. „Wer aber nicht haftet an einem
Ding, das Gott bloss nicht ist, es sei wie klein es wolle, der
macht sich damit unwürdig eines grossen Guts; denn Würdigkeit stehet in Gleichheit und wer an Ichts haftet, der ist
Gott ungleich". —

Diess sind die berühmten Grundgedanken dessen, was T.
„Armuth" nennt, ein Wort, das ihm eine Form ist, darein er

zuweilen verschiedenartigen Inhalt giesst, das er bald im engeren, bald im weiteren Sinne, bald als Mittel und Weg, bald als
Ziel und Ende fasst, und das in dieser höchsten und letzten
Bedeutung eben die Mystik selbst ist in allen den Momenten
ihres Inhalts, die wir bis jetzt haben kennen lernen. Vielleicht
hat T., indem er diesen Begriff des „armen Lebens Christi"
so strenge wieder hervorhob, seine stillschweigende · Partei-
nahme ausdrücken wollen für die so ganz verdrängte ursprüngliche Tendenz der Bettelordensstiftungen, die einem
Weltbesitz und einer Weltbegier Platz machen mussten, über
die er sich fast in allen seinen Predigten bitter auslässt.
Vielleicht hat er in dieser Absicht oder doch in einer solchen
möglicherweise durch die kurz zuvor ventilirte Frage, ob Christus und seine Jünger Eigenthum gehabt, angeregten, doch,
scheint es, mehr nur vorübergehenden Stimmung sein Buch
„von der Nachfolgung" geschrieben. In seinen Predigten, wie
gesagt, herrscht dieser Begriff der Armuth nicht, nicht
einmal der Gebrauch des Wortes in diesem Umfange. Uebrigens lässt sich nicht läugnen, dass dieser Begriff die letzte
Konsequenz seines Systems gewesen ist.

Er war überzeugt, dass er damit ganz auf der Bibel
stehe; dass Christi Leben eben ein solch' armes Leben gewesen
sei, wesswegen er sein Buch die Nachfolgung des armen Lebens Christi nennt; dass ein solches Leben eben das wahrhaft
christliche sei. Diese Ansicht theilt er mit vielen edlen
schwärmerischen Seelen des Mittelalters. Besonders beruft er
sich auf die Bibelstelle Matth. 19, 21.: „willst du vollkommen
sein, so verkaufe alle Dinge und gib es den Armen, und folge
mir nach"; auch auf jene: „wer nicht alle Dinge lässt, kann
nicht mein Jünger sein". Alles, sage der Herr, „nicht ein Theil
lassen und ein Theil haben". Wenn es nun aber in der Berg-
predigt heisst: „selig sind die Armen im Geist", so irrt ihn
das nicht. „Hiezu spreche ich, dass, wo zwei Dinge eines
sind, da soll man allwegen das Ding zum Besten nehmen: wenn
nun Seele und Leib eines sind und die Seele das edelste ist,
so soll man Seligkeit nehmen nach der Seele und nicht nach
dem Leibe, denn die Seele ist der Seligkeit empfänglich und
nicht der Leib. Hätte Christus gesprochen: selig sind die

Armen des Leibes, so mögte ein Sünder auch selig sein und
alle reichen Leute wären verdammt". Auch schliesse die Armuth des Geistes diejenige des Leibes in sich. „Darum bedurfte
Christus nicht sprechen: selig sind die Armen des Geistes und
des Leibes".

Er ist übrigens weit entfernt, diese „Armuth" als Christen pflicht hinzustellen, auch nicht in der Nachfolgung; und
wir haben, um ihm gerecht zu werden, diesen Punkt noch besonders hervorzuheben. Wahr ist es, dass er sagt, man sei
kein ebenbürtiger Nachfolger Jesu Christi, noch nicht vollkommen eingenommen in Christo, in Gottes Willen, wenn
man nicht diesen Weg betrete, der der nächste Weg, ja
die Höhe der Vollkommenheit sei; wahr ist es, dass er
auf die Frage, ob wohl auch reiche Leute „zu dem Grad der
Vollkommenheit kommen, wie ein lauterer, armer Mensch",
nur die Antwort hat: „es ist gut, geschieht es; aber das
Evangelium spricht es nicht, wenn es sagt, die Reichen werden schwerlich in das Reich Gottes kommen"; denn es könne,
meint er, nicht beides sein: „arm sein wollen des Geistes und
reich des Fleisches"; „den Kern essen, ohne dass die Hülsen
oben herab kommen". Wahr ist es, dass er dieses Ideal der
Vollkommenheit, die „Armuth", Allen hinstellt gegen alle
Einreden Einzelner. Z. B.: „Gott hat alle Dinge gesetzt in Ordnung; also hat er mich auch vielleicht also geordnet, dass ich
in der Ehe sei und Kinder habe und denen zeitlich Gut gewinne, dass sie nicht verderben". Aber: Gott habe „alle Dinge
geordnet zu dem Besten, und dass sie anders geordnet
werden, das ist nicht die Ordnung Gottes; und der Mensch
ordnet oft ihm selber, das er wähnet, es sei die Ordnung
Gottes". Oder: „es sei also! ich aber bin nicht dazu bereitet;
ein lauter arm Leben und die Hoheit gehört mir vielleicht
nicht zu"; ein „kranker Mensch unterwinde sich nicht eines
starken Streits". Aber: das Beste gehöre „allen Menschen
zu, und Gott will es geben, so wir es wollen nehmen, ... und
wir sollen uns fügen in alle die Wege, die dazu gehören, dass
wir darin kommen, und sind wir zu schwach und zu krank,
so sollen wir Gott zu Hülfe nehmen und sollen unsere Krankheit vermischen mit seiner Stärke".

So unbedingt spricht Tauler. Indessen eben so wahr ist,
dass er, hierin ganz im Dienste seiner Zeit stehend, zwischen
G e b o t e n und R ä t h e n des Evangeliums u n t e r s c h e i d e t.
Zwar betrachtet er es allerdings als ein Zeichen der Vollkommenheit, den Räthen zu folgen, die er besonders in den Worten heraushört: wer mir nachfolgen will, der verläugne sich
selbst; die rechte Liebe, sagt er, thue „nicht bloss was Christus
gebiete, sondern auch was er rathe"; ein rechter Lieber vollbringe „als mehr den Rath seines Geliebten als sein Gebot";
während „die Liebe in dem niedersten Grad" sei, dass wir
halten „die zehn Gebote, die eine blosse Nothdurft (nothwendige Bedingung) zu dem ewigen Leben seien"; und es „der
linke Lieber" sei, der „nur auf dem Gebot bleibe und den
Rath übergeben lasse". Aber von einer P f l i c h t dazu weiss
er nichts; vielmehr räumt er es ein, auch im Buch von der
„Nachfolgung", der Religiöse könne auch ohne diese fast absolute Entäusserung „seiner natürlichen Habung" zu Gott und
zum ewigen Leben kommen, wenn er anders nur „in der
rechten Ordnung" diese Habung gebrauche; noch mehr: es
sei diess nicht bloss a u c h ein Weg, ein erlaubter, sondern
ein n o t h w e n d i g e r in s e i n e r Art: einmal für diejenigen,
welche nur durch ihn als durch die wesentliche Vorstufe zur
Beschauung hinansteigen können, also für die erwählten Seelen, deren es, wie T. wohl weiss und es so oft sagt, immer
nur Wenige sind und sein können; dann aber für jene grosse,
ehrenwerthe Zahl von Menschen, die in der Welt, ohne Entäusserung derselben, aber in O r d n u n g, zu Gott kommen
wollen (s. die Berufungen).

Es ist nun aber der „vollkommene arme Mensch" doch in
die B e d ü r f n i s s e d e s t ä g l i c h e n L e b e n s hineingestellt.
Wie verhält er sich zu ihnen?
   „Ein wahrer, christenlicher, armer Mensch, sagt T., stirbt
allwegen, er esse, er trinke, er schlafe oder wache, es ist
ihm alles eine Pein was das sei, dass er etwan lebet als andere gemeine Menschen, das ist, dass es eine Ordnung ist
des ä u s s e r e n Menschen, der sich nicht allwegen mit Gott

bekümmern mag, — und dasselbe ist ihm ein Sterben; er
wollte aber nach dem innern Menschen, dass er sich allwegen
mit Gott mögte bekümmern und alle andere Dinge lassen".
Nun „möchte man freilich sprechen, wie kann der Mensch
ohne Lust, Freude und Begierde sein, dieweil er in der Zeit
ist? Mich hungert, ich esse, mich durstet, ich trinke, mich
schläfert, ich schlafe, mich friert, ich wärme mich, das kann
doch nicht geschehen, dass mir das bitter sein möge, sondern
nach Begierde der Natur, das kann ich nimmer anders machen,
sofern die Natur Natur ist". Aber „diese Freude, Lust, Gemach,
Wonnesamkeit oder Gefälligkeit soll nicht eingehen, noch
keine Stätte in der Innigkeit haben. Sie sollen
hinfliessen mit den Werken und kein Bleiben sein; und du
sollst nicht Lust darauf setzen.... Es ist nur in den niedersten Kräften, dass der Mensch Lust oder Unlust hat".

In dieser Art hält sich der vollkommen arme Mensch
zu den äusserlichen nothwendigen Bedürfnissen und Genüssen:
— nicht mehr und nicht weniger als zu „einer Ordnung des
äusseren Menschen". Weil aber doch eine (gottgesetzte)
Ordnung, wird sie auch als solche vom vollkommen armen Menschen vollzogen; d. h. Alles, was er Sinnliches
thut, „macht er lauter" (Essen, Trinken); in Allem „hält
er Maass und Mittel, auf dass das Werk wohl geordnet zu
Gott sei".

T. geht noch weiter. Ein rechter geistlicher Mensch, sagt
er, und dadurch nimmt er dem sinnlichen Genuss seinen sinnlichen Karakter und potenzirt ihn gewissermaassen, indem er
ihn zu einer nothwendigen Unterlage des geistigen Lebens
macht, „verwandelt das Leibliche ins Geistliche", wie denn
„alles im h. Geiste verzehrt werden soll." „Wie des Menschen
Herz brennen soll in Liebe des h. Geistes, so zieht die Kraft,
die der Mensch genommen hat von der Speise, der h. Geist
zumal an sich und verbrennet sie in dem Liebefeuer und macht
sie zumal geistlich; und also an der Statt der leiblichen Kraft
wird dem Menschen eine geistliche". Solcher „geistlichen
Menschen Essen ist Gott lieber, denn anderer Leute Fasten,
und wer sie speiset, der speiset Gott selber, denn was sie
essen oder trinken, das verzehrt Gott in ihnen".

Wie „der arme Mensch" dergestalt alles (auch Sinnliches)
nur in Gott geniesst, so nimmt er aber auch alles
nur als von Gott; auch wenn es ihm durch Mittel der
Kreaturen gereicht wird, er will es nur von Gott haben; und
„wem etwas anderes wird denn von Gott, das ist ein Zeichen,
dass er nicht ein rechter armer Mensch ist; denn die Kreatur
mag es nicht leisten, dass sie einem vollkommenen armen
Menschen Etwas gebe denn durch Gott, und dieselbe Gabe
ist von Gott". Desswegen dringt T. für seine Mitmönche, die
Bettelbrüder) auf alle mögliche Gewissenhaftigkeit im Almosen-
heischen, wie er selbst einmal (s. S. 11) in einer seiner Predigten sagt, hätte er, ehe er Mönch ward, gewusst, was „ein sorgliches Ding es wäre, Almosen nehmen, so hätte er wohl lieber
von seines Vaters Erbe gelebt". Man solle „seine Nothdurft
nehmen nur aus Wahrheit" und sich „nicht mit Unwahrheit
behelfen", d. h. „das Almosen nicht heischen, so man sein
nicht bedürfe, sich zu den Leuten nicht zu viel zuthun, noch
sich viel unledig machen um seine Nothdurft". Man solle
„seine Nothdurft nehmen nur aus dem h. Geist"; der Mensch
„soll das Seine nicht dazu thun, dass man ihm nichts aus natürlicher Liebe gebe, oder um seine Dienste, oder um sein
Reden, sondern der h. Geist soll allein der Beweger sein der
Gaben, die man ihm gibt". Wenn man nun aber nichts erhalte, wie dann? „Wie der Mensch Gott nicht zu viel lieb
haben kann, also kann er ihm auch nicht zu viel vertrauen....
Liebes Kind, gibt dir Gott ein Königreich, so gibt er dir auch
eine Nothdurft; gibt er dir das Grosse, so gibt er dir auch,
was du bedarfst.... Gott muss helfen, und wäre es auch durch
unvernünftige Kreaturen." — Umgekehrt, „wenn die Kreatur
mit Gunst sich zu dir kehret, wie dann?" Nun: „was
auf dich fällt ohne dein Zuthun, das sollst du alles annehmen
von Gott und nicht von der Kreatur. Ist's viel, so nimm es
so, dass du allezeit ein armer Mensch bleibest; gib, was über
die Nothdurft dir bleibt, fürbass".— Uebrigens hält T. nicht
viel von den Gaben der Reichen. „Was sie an armen Menschen lieben, das thun sie in Furcht der Hölle und aus Liebe
des Himmelreichs, und das ist nicht Liebe noch rechte Treue,
denn sie lieben sich selbst darinne; und möchten sie ohne

arme Leute zu Himmelreich kommen, sie hätten nicht viel
Heimlichkeit zu ihnen". Und „ob sie je einem armen Menschen Treue und Liebe beweisen, das ist nicht ganz, sondern
ein Theil und ein Stück, und ist auch nicht vollkommen, denn
er (der Reiche) mag es nicht alles lassen — das zu der Liebe
gehört — sondern nur ein wenig und dasselbe kaum und
mit grossem Gedränge". Recht im Gegensatze hiezu findet T.
des vollkommen armen Menschen, der, wie er alles als von
Gott empfängt, so auch alles Gott wieder aufträgt, „Nehmen
und Geben", allwegen „edel und lohnbar"; und für ihn selbst
nicht bloss, sondern auch für die Andern; „denn ihm wird
Nichts gegeben, denn von Gnaden: und darum ist sein Leben
gar fruchtbar; denn alle die ihm Liebe beweisen, die verdienen
Lohn an ihm; und er bringt sich nicht allein zu Himmelreich,
sondern manchen Menschen mit ihm".

Die »Ausgeburt« und »die Kräfte«.

Wie in Bezug auf die äusseren Dinge, so entfaltet sich
das neue Leben auch im Innern des Menschen, in den
„Kräften". Gott „gebiert sich in dem Wesen der Seele";
und „mit der Geburt bricht er aus in alle Kräfte, und gibt
einer jeglichen, was ihr zugehört;... und jegliche empfahet
eine göttliche Kraft, allem dem zu widerstehen, was wider
Gott ist.... Gott gibt dem Menschen nach dem Reichthum
seiner Gnade, und da wird er also grösslich von den Gnaden
Gottes begabet, dass von dieser Reichheit alle niedersten,
obersten und mittelsten Kräfte begabet und gestärkt
werden. Diess ist die Gabe, die Gott nach dem Reichthum
seiner Glorie gibt. Der Vernunft gibt er das Licht, dem Willen Liebe, dem Gedächtniss Stärke.... So Gott sein ewig
Wort spricht in die Seele, so quillet aus die Liebe des h.
Geistes und durchfliesset die Seele und alle ihre Kräfte, dass
es alles Liebe wird, was von ihnen fliesst... Der h. Geist erfüllet das ganze Haus; und wie in einem jeglichen Hause viele
Wohnungen und Kammern sind, also sind in den Menschen
viele Sinne, Kräfte und Wirkungen. In alle diese Kammern
kommt der h. Geist mit seinen Gnaden. Alle Kräfte (von den

Sinnen an) werden fruchtbar, umfangen, umgriffen von
göttlichem Leben und Licht.... Wie die leibliche Sonne
mannigerhand Dinge gebiert, also gebiert auch die göttliche
Sonne (Licht) im Menschen manniges wunderliche Wunder....
Wenn Gott sich offenbart in dem Wesen der Seele, so ziehet
er alle Kräfte zu ihm und einiget sie in ihm.... Und so die
Kräfte geschmecket, wie süss Gott ist, und von der Süssigkeit
werden sie verleckert, dass die darnach allezeit Gott nachfolgen und nacheilen".

Diese Entfaltung des neuen Lebens in den Kräften geht
eigentlichst vom G r u n d e aus, in dem der Mensch von Gott
ergriffen worden ist und eine Bewegung erfahren hat, „wie
dort das Wasser zu Bethesda, wann der Engel niederstieg".
Dieser Grund „giesst sich gleichsam über": „das Wesen
der Seele ist so voll, dass es überläuft in die Kräfte", es
„bricht aus" und wirket auf die höheren Kräfte und diese wieder auf die niedern; es „leuchtet fürbass heraus in die zween
Stände des Menschen, den vernünftigen und den auswendigen,"
und zwinget und lehrt alle Lust, Begehrung und alle Unred-
lichkeit zu lassen", so dass der Mensch „gänzlich alles ablegt,
was ein Heischen in den niedersten Kräften wider Gottes
Willen hat". Es ist derselbe Prozess, wie mit der Speise:
wie die Speise, so „dringt das Leben, das er in dir gewirkt
hat, durch die Adern an deinen äussern Menschen", und „wird
in alle Glieder, in alles des Menschen Leben und Wesen um-
getheilt, also dass alle Gedanken, Worte und Werke wohl
geordnet werden mögen und allen Menschen besserlich".

In d i e s e r Entwickelung schaut T. das G e g e n t h e i l derjenigen des n a t ü r l i c h e n Menschen (s. S. 85), dá den inneren Menschen der äussere nach sich gezogen hat, der in die Aeusserlichkeit und Kreatürlichkeit verschlagen war. Umgekehrt
gehe nun die Entwickelung v o n o b e n herab, nicht mehr
von unten herauf; „den b e s t e n Kräften gibt Gott zu dem ersten"; denn „gäbe er den niedersten zum ersten, so wären sie
zu krank (schwach) und möchten nicht die Gabe behalten".
Aber a l l e Kräfte müssen „vortreten in den Dienst Gottes";
auch „die niedersten"; sie „werden aufgeführt in die obersten
und die obersten in das Wesen das Seele, da Gott inne ist als

in seinem eigenen Hause". Damit ist die n o r m a l m ä s s i g e
Stellung der Kräfte und Funktionen im Menschen wieder eingetreten. Da ist keine Hemmung der einen mehr durch die
andere, kein Widerspruch. Vielmehr dienet jede der andern
im harmonischen Zusammenwirken aller. „Jegliche (Kraft)
setzt sich nieder zu Tisch und will Brod (von der göttlichen
Tafel) essen; und jegliches beut sich dem andern zu essen und
zu trinken und sie essen alle und trinken alle und werden alle
trunken und gar gemeinsam, und ein jegliches lässt sich das
andere bekehren und was eines will, das will auch das andere, und kommen gar wohl überein, denn in dem, dass sich
die oberste Kraft des Geistes einiget mit Christo, so wird sie
aufgezogen mit Christo und ziehet alle Dinge mit ihr;... und
so müssen auch die niedersten Kräfte stehen auf dem Vollkommensten, dazu sie geordnet sind". Denn „ist der innere
Mensch wohl geordnet zu dem Besten, so muss der äussere
Mensch auch wohl geordnet sein zu dem Besten; was der
Geist empfahet von Gott, das gibt er den niedersten Kräften,
und als ihn Gott ordiniret, also ordiniret er auch die niedersten Kräfte". Jede Kraft aber wird „auf ihren Adel gebracht,
auf den Grad der Vollkommenheit, zu der sie ursprünglich
bestimmt und angelegt ist, und neiget sich, dazu sie geordnet ist".

In dieser Art lässt T. den Kelch des neuen Lebens sich zu
einem reichen Blüthenkranze entfalten, fern von einem quieti-
stisch-pantheistischen Zerfliessen des Menschen in Gott. „Etliche sprechen, dass das sei die höchste Armuth und die
nächste Abgeschiedenheit (mystische Vollkommenheit), dass
der Mensch also sei als er war, da er noch nicht war; da
verstund er nichts, da wollte er nichts, da war er Gott mit
Gott. Das wäre wohl wahr, möchte es also sein". Aber „weil
der Mensch hat ein n a t ü r l i c h Wesen, so muss er auch
haben Wirkens, denn daran liegt seine Seligkeit, dass er Gott
erkenne und liebe".

Die Ausgeburt und der äussere Mensch.

Nachdem Gott „unser gewaltig geworden ist", sagt. T.,
„also werden wir auch ohne Zweifel unser gewaltig" — so

„dass uns selbst der Leib in keinen Werken hindert, die Gott von
uns haben will"; wie „die lieben Heiligen thaten, die „ihres Leibes also gewaltig waren und ihn auch so gewöhnt hatten, dass,
wenn der Geist wollte, der Leib hervorsprang, als ob er
spräche: ich will hier sein, eher denn du; wie man von dem
demüthigen Franziskus liest". Denn „als ein Herr gebeut
seinem Gesinde, und was er gebeut, das thut sein Gesinde,
und thut es das nicht, er gibt ihm Urlaub: also ist auch der
Leib der Seele Gesinde, und was die Seele gebeut, das soll
der Leib thun". Wie ferner „ein Herr, der in einen Streit
fährt, so muss sein Gesinde mit ihm fahren und muss ihm helfen streiten: also ist es auch um die Seele, dieweil sie in dem
Leib ist, so muss sie streiten und fechten wider ihre Feinde,
und der Leib muss ihr helfen, denn ohne den Leib mag sie
nicht siegen. Und davon, dass sie gewappnet ist, also wapp-
net sie auch den Leib; ist sie dann abgeschieden von zeitlichen
Dingen, dasselbe gibt sie auch dem Leib; denn will er Lohn
haben mit ihr, so muss er auch Arbeit haben mit ihr, und muss
ihr helfen alle Dinge überwinden, die Gott nicht sind". Und
„auch darum, sofern Seel' und Leib eine Person ist, —
und was die Seele aus Gott empfahet, das gibt sie dem Leib;
und dieselbe Süssigkeit, die die Seele befindet aus Gott, die
befindet der Leib von der Seele; und darum will der Leib
Süssigkeit haben mit der Seele, so muss er auch Arbeit mit
ihr haben". Es „thut zwar dem Leibe wehe nach natürlicher Art — und das Wehe ist das Widergebaren (Widerstreben), das er hat wider den Geist; aber er folget doch.
Wie es dem Geiste wider war, dass er sich neigete auf den
Leib, und er that es doch von Blindheit.... Und so der Menschen Leib zumal vereinigt wird mit dem Geist, und der Geist
mit Gott, so ist kein Krieg mehr, sondern ein lauterer Friede
und ein lieblich Folgen: wie zwei Gemahel eines dem andern
folget, und was eines will, das will auch das andere, und was
ist der allerliebste Wille Gottes, den wollen sie beide, und ein
jegliches thut, das es vermag, dass der Wille Gottes vollbracht werde".

Das sei, meint T., die wahre Aszese; nicht jene, die
nur von aussen nach innen wirken will, am wenigsten jene,

die das Maass überschreitet, also dass der Mensch dadurch „entrichtet“ wird, ihm „etwan seine Sinne entgehn, dass er thorecht wird und als fern von ihm selber kommt, dass er nimmermehr wieder zu seinem Herzen mag kommen und er sich also gar erkränket, dass er darnach viel guter Werke muss unterwegen lassen, die Gott in ihm sollte wirken“. In solcher Aszese sieht T. nur „ein Einsprechen des bösen Geistes“. — Das sei auch die allein w i r k s a m e und kräftige. „Etliche Menschen gehen darauf aus, alle ihre Sinne zu tödten, und fasten und wachen, und haben grosse äusserliche Uebung, die gut ist“. Aber „wer seine Sinne zumal will tödten, der mache sich ledig äusserlicher Werke und kehre sich in den innern Menschen und bezwinge sie, da m ü s s e n s i e r e c h t s t e r - b e n und dem innern Menschen gehorsam sein“. Denn da „macht sich der Mensch göttlicher Kraft empfänglich, und mit d e r Kraft bezwinget er die Sinne und mit keiner andern Kraft mögen sie bezwungen werden, denn mit göttlicher Kraft“. Daher auch „manche Menschen, die sich stärklich haben geübet, zu Fall gekommen sind“, denn „ihre Sinne waren nicht eingenommen in den Grund, da man sie bezwingen mag mit der göttlichen Kraft“. „Das nutzeste Band aber, das man den Sinnen anlegen mag, das ist, dass sie zumal eingezogen uud mit der göttlichen Wahrheit innerlich gebunden werden, Gott zu leben; und welches Sinne mit diesen Banden nicht gebunden werden, der mag sich nicht wohl vor Fällen hüten.“... Merke, alles pönitenzliche Leben ist unter andern Sachen darum erfunden, es sei Wachen, Fasten, Weinen, Beten, Disziplin nehmen oder härene Hemder, hart Liegen und was dessen ist, das ist alles darum, weil der Leib und das Fleisch sich allezeit wider den Geist stellet, er ist ihm viel zu stark! Recht also ist unter ihnen ein Kampf und ein ewiger Streit. Der Leib ist hier kühn und stark, denn er ist hier in seiner Heimat, die Welt hilft ihm, das Erdreich ist sein Vaterland. Ihm helfen hier alle seine Freunde, die Speise, der Trank, die Zartheit, das alles ist wider den Geist, denn er ist hier elend (fremd). Aber in dem Himmel sind alle seine Freunde und alles sein Geschlecht, da ist er wohl gefreundet, ob er sich dahin richtet und sich dahin heimlichet. Und darum, dass man

ihm zu Hilfe komme in diesem Elend, und dass man das Fleisch
etwas kränke in diesem Streite, dass es dem Geist nicht ob-
siegen möge, thut man ihm den Zaum der Pönitenz an und
drückt es, darum, dass sich der Geist sein erwehren möge,
sintemal man dem Leib das thut, um ihn zu fangen. W i l l s t
d u i h n d e n n t a u s e n d m a l b e s s e r f a h e n u n d b e l a-
d e n, s o l e g e i h m d e n Z a u m u n d d a s B a n d d e r
L i e b e a n, mit der überwindest du ihn allerschierst und be-
ladest du ihn allerschwerst.... W e r an dieser Angel hängt,
der ist also gefangen, dass die Füsse, Hände, Mund, Augen
und Herz und alles was an dem Menschen ist, Gott eigen sein
muss".

Wie dergestalt der äussere Mensch dem innern dient, so
ist er, wie man sieht, zugleich dem innern Menschen, der als
solcher unbeweglich in Gott ruht, D a r s t e l l u n g s m i t t e l
und O r g a n. „Und was auch der Mensch mit (durch) den
Sinnen wirket, sofern das Werk mit Urlaub der obersten Bescheidenheit gewirkt ist, das ist kein sinnlich Werk, sondern
ein vernünftig Werk, eine Tugend, mehr göttlich denn
menschlich". Denn eben diesen niedern (im weitesten Sinne
den äusseren Menschen umfassend, im Gegensatz zu dem inneren) Kräften theilt T. vorzugsweise (s. Schauen und Wirken)
das t h ä t i g e Gebiet zu. „Wollte aber der Mensch, wenn er
dahin (zu einem vollkommenen armen Leben) gekommen ist,
nach den innersten Kräften müssig liegen und nichts thun, als
die niedersten Kräfte schlafen lassen, so würde nichts daraus.
Die niedersten Kräfte soll man halten nach ihrer Weise oder
der h. Geist ginge zumal hinweg, und da würde geboren geistliche Höffarth, ungeordnete Freiheit und vernünftige Wohlgefälligkeit".

Die Ausgeburt als wesentliche Erkenntniss.

Die „Ausgeburt" in der „e r k e n n e n d e n Kraft" ist
nach T. eben die „wesentliche" Erkenntniss, die „Habung
wesentlicher Wahrheit". Der Mensch, sofern er nach seiner
erkennenden Potenz in der „göttlichen Geburt" von „göttlichem Licht umfangen und umgriffen" wird, erkennt „Gott

mit Gott", „nicht mehr aus sich selbst", der er „von Erkennen kennlos" geworden ist. Oder vielmehr: „Gott erkennet sich in ihm selbst". — Man könnte diese wesentliche Erkenntniss die göttliche intellektuelle Gegenwart, „Offenbarung" im Menschen nennen.

Diese Wahrheits-Erkenntniss sei eine andere, sagt T., als
„die kunstreichen Meister dieser Welt nach dem Wissen" lehren, denen sie „allzumal unbekannt und verborgen sei, deren
doch die auserwählten Menschen Gottes ein ganz lauteres Wissen
und Bekennen haben". Sie werde auch nicht aus Büchern geschöpft. „Die Meister von Paris lesen mit Fleiss die grossen
Bücher und kehren die Blätter um, das ist sehr gut; aber
diese Menschen (die Mystiker) lesen das wahre, lebendige
Buch, darin es Alles lebt". Man könne sie auch nicht Andern
andemonstriren; die sie haben, finden selbst kaum Worte für
sie; denn „es ist über alle Bilder und Formen, in einem lautern Befinden des göttlieben Gutes, davon Niemand reden
kann. Davon müssen sie schweigen und zu stumme werden
und man schätzt sie für unvernünftig, und das ist gar billig,
denn sie geben es nicht zu verstehen, was sie wissen, denn sie
können es mit Worten nicht vorbringen. Und sollten sie das
aussprechen, das sie innerlich sehen, sie müssten mehr lügen,
denn sie wahr sprechen, denn, wie Dionysius sagt, was man
von Gott spricht, so ist er als ein Anderes.... Und diese Menschen kann man nicht besser erkennen, denn bei ihrem
Schweigen; denn ein Mensch redet wohl, das er nicht ist,
aber diese Menschen geschweigen, das sie sind. Und wer sich
viel Klaffens annimmt, das ist ein wahres Zeichen, dass das
einfältige göttliche Gut nie vollkommen in ihm geboren ward".

Man sieht, diese „wesentliche religiöse Erkenntniss" ist
eine unmittelbare, überbildliche; oder wie T. sich ausdrückt: der Mensch habe sie nur „in befindlicher Weise";
„das Gefühlen sei sein Erkennen". Nur müssen wir festhalten, dass diess in den Gedanken Ts. doch nicht ein natür-
lich-unmittelbares Erkennen ist, sondern auf der Arbeit
voraufgehender Stadien beruht, in denen der Christ „von allem
gebrestenlichen Zufall", der den Menschen am „wesentlichen
Verständniss hindert", von allem sinnlichen „Diess und Das",

von allem Spiel der Phantasieen, „die die Dinge zu viel in sich bilden, und nach den Bilden die Wahrheit nehmen", sich geledigt, „die Lehre Christi mit L e b e n durchlaufen", und so „das Auge (und Ohr) der Vernunft allewege lauter und unvermittelt" gemacht hat, die „blosse" Wahrheit zu „erfassen", und das Wort, „das Gott in ihm spricht", in „einfältigem, lauterm Grunde" zu vernehmen.

Man könnte diese „wesentliche" Erkenntniss Ts. vielleicht am passendsten als das gereinigte r e l i g i ö s - s i t t l i c h e G e w i s s e n bezeichnen, denn n u r , s o w e i t es sich um religiös-sittliche Normen handelt, bezieht T. diese Erkenntniss. „Der h. Geist wird uns nicht alle Dinge lehren, also, dass wir wissen, ob viel Korn oder Wein wachse, oder dass es theuer oder wohlfeil, oder ob dieser Krieg versöhnt werden soll; aber er wird uns alle Dinge lehren, die uns zu einem vollkommenen Leben nothdürftig sind, und zu einer Erkenntniss der verborgenen Wahrheit Gottes und Schalkheit der Natur, der Untreue der Welt und der Listigkeit der bösen Geister". Aber auch so recht wie im Gegensatze zu einer b l o s s s p e k u l a t i v e n Erkenntniss bezeichnet T. seine Erkenntniss als das sittliche religiöse G e w i s s e n; denn wenn er auch selbst sich nicht d i e s e s Ausdrucks bedient, so sind doch seine Worte deutlich genug. „Was blosse Wahrheit nicht ist und lautere Liebe, das ist dem Geiste peinlich.... Und so offenbart sich denn ein jeglich Ding als es ist: ist es gut, so bleibt der Geist zufrieden, — ist es bös, so wird er entfriedet, und also erkennen gute Leute ein jeglich Ding bei ihrem Frieden, denn in ein lauter Herz mag nichts fallen: das nicht gut ist, das muss sich zeigen für bös; denn es ist als ein lauterer Spiegel, in dem man alle Dinge siehet, die ihm vor werden gehalten, und wie das Ding ist, also erzeiget es sich den Augen. Also ist es auch in einem lautern Geist, der mit Gott vereiniget ist: so lässt Gott nichts darein fallen, das die Einigung zerstöre; und was nicht zum Haus gehört, das wird mit Unfrieden ausgeworfen.... Der Mensch erkennt in e i n e m i n n e r l i c h e n B e f i n d e n , was Gott und Kreatur ist, was Zeit und Ewigkeit ist, was Lauter und Unlauter ist, was Mannigfaltigkeit und Einfältigkeit ist, was Nutz und Schade ist, was Bös und Gut

ist.... Die Menschen, die von Gott innerlich berührt werden
oder sind, die erkennen es Alles ohne natürliche Bilder in
einem lautern Befinden. Denn der Mensch, der die Kreatur
gelassen und sich zu Gott gekehret hat, der befindet wohl in
ihm, ohn' alle Bildung, Süssigkeit Gottes und Bitterkeit der
Kreaturen.... Und als Gott alle Dinge in ihm versteht ohne
alle geschaffene Bilder, in einem einfältigen Anblick sein
selbst, also verstehet ein göttlicher Mensch in einem lautern
Innebleiben in Gott alle Dinge: denn wer Gott verstehet, der
verstehet alle Dinge. Und das Verstehen ist nichts anderes,
denn dass der Mensch verstehet das Werk Gottes und seine
Frucht, und bei dem Werk und der Frucht, die der Mensch
in ihm befindet, so schätzet er und examiniret alle andern Werke und andern Früchte, die von Gott nicht sind,
denn Gottes Werk ist lustlich und seine Frucht ist süss; und
der Kreaturen Werk ist unlustlich und ihre Frucht ist bitter.
Als der einen süssen Apfel isset und einen sauern, darnach so
erkennt er den sauren bei dem süssen: also ist es auch, so der
Mensch Gottes geschmecket, so erkennt er das, dass alle andern Dinge bitter sind, und darnach schätzt er sie.... Und
diess ist der Unterschied natürlicher Wahrheit und göttlicher
Wahrheit".

Weil es nun ein so ganz unmittelliches Gottberührt werden, Innesein und Innebefinden, ein so ganz bildloses Erkennen ist, ebendarum sagt T. von dieser Erkenntniss, sie sei eine
für den Menschen ganz sichere, unumstössliche, zwei-
fellose, beseligende, fruchtbare. „So der Mensch die
Wahrheit nicht nimmt nach einem Scheine oder Glanze, sondern nach dem Wesen, das Gott oder göttlich blos ist, ohne
alles das und das, der mag nicht betrogen werden in ihm
noch in andern Menschen. Denn Trügniss ist in etwas Anhaftung oder Besitzung, es sei in geistlichem oder in leiblichem
Gut, oder in dem das da scheinet Gut, da wird man oft betrogen, aber in rechter Gelassenheit da wird Niemand betrogen.... So Gott sich offenbaret in der Seele, das ist ohne allen Zweifel,... und dass alle Menschen sprächen, es wäre
nicht von Gott, das möchte doch nicht in ihn kommen: denn
er hat solche Wahrheit in ihm befunden, die

Niemand geben mag denn Gott allein.- Aber natürlich Licht das ist zweifelhaftig und ist im Wahne; aber diess
Licht und diese Befindung ist ohn allen Zweifel und ohn allen
Wahn, in einem ganzen Wissen — und die es befunden haben, die wissen wohl, dass es wahr ist, das ich spreche; aber
die es nicht haben befunden, die wissen auch nicht hievon zu
sagen.... Diess Licht bricht aus mit Hitze in den Leichnam,
dass der Mensch mit leiblichem Fühlen gewahr wird des göttlichen Lichtes, und die Hitze des Lichtes gibt ihm zu erkennen, dass es von Gott ist, denn das Licht von Naturen das ist
kalt, aber das göttliche Licht ist heiss".

Wenn nun T. für den „vollkommen armen Menschen",
der „von Gott gelehrt ist", in religiös-sittlichen Dingen eine
Art Autonomie in Anspruch nimmt (s. T. und die Kirche)
gegenüber dem äusserlichen Sich-lassen an menschliche Autoritäten, so behauptet er anderseits gegenüber der Schwärmerei und den falschen Visionen die Gebundenheit an
das Wort Gottes hl. Schrift, als die Glaubens- und
Lebens-Norm. „Wer unbetrogen sein will, der halte sich an
die Lehre Jesu Christi; das h. Evangelium führet in die ein-
faltige, göttliche Wahrheit.... Wer anders darein geführt
wird denn von der Lehre Jesu Christi, der ist ein Dieb und ein
Mörder und ist ein Nachfolger des Antichrists.... Die Wahrheit ist worden offenbar in unserm Herrn J. Christi (es gilt
diess gegen die Visionäre, s. u), und wer ausser derselben und
seiner Lehre wahrnimmt, betrügt sich selbst und auch andere
Leute, und alle die ihm glauben, die sind krank an dem Glauben; die in denen Christus lebt und die in Christo leben, die
mögen nicht anderes vermögen und verstehen, denn Christum,
und was anderes in ihnen sich offenbart, das halten sie für
falsch.... Wer anders geboren wird denn aus dem Evangelio, der ist nicht ein Ehekind, sondern ein Bastard.... Dass
sich unser Herr vor offenbarte in Visionen, das war darum,
weil die Wahrheit verborgen war"; nun aber „ist es nicht
Noth" und „darum geschiehet es gar selten".

T. weiss aber wohl zu unterscheiden zwischen der „Habung" der wesentlichen Wahrheit und dem wissenschaftlichen Bewusstsein um dieselbe und ihrer wissenschaft-

lichen Entwickelung, die „vielen lauteren armen Menschen“
fehlen kann. „Wo aber ein lauterer armer Mensch ist, ich
spreche, dass in seinem innigesten Wesen seiner Seele alle
Wahrheit beschlossen ist“; und „verstehet er die Wahrheit
nicht in Bildern und Formen, er verstehet sie doch nach Wesen“ — und „befindet er die Wahrheit nicht in den Kräften,
er befindet sie doch in Wesen“.

Es möchte scheinen, als ob er diese Erkenntniss in eine Art
religiösen Gewissens, religiösen Ur-Instinkts ganz auflösete —
ohne sie zu einer klaren Bestimmtheit sich weiter entwickeln
zu lassen, und allerdings hebt er jene Seite hervor als den
religiös inspirirten, schöpferischen Momenten angehörig und
als die Quelle alles „Unterscheids“, die „im obersten Menschen“ fliesst. Aber diess „göttlich Verständniss“ lässt er doch
in Beziehung auch auf die bestimmten einzelnen Gebiete zu einem „lichten, klaren Unterscheide“ werden, und
nennt es dann „gnadelich“ Verständniss. Diess gnadeliche
Verständniss beurkunde sich auf dem sittlichen Gebiete
z. B. als „Unterscheid“ der Tugend und Untugend, des eigenen sittlichen Zustandes und des Zustandes von Andern,
in der Erkenntniss der Sünde, der Ursachen, der bösen Folgen, der Grade der Sünde. Ebenso auch in den Fragen des
Glaubens. „Kinder, sagt T.. wenn diese Menschen zu
sich selbst kommen, so haben sie von Gott empfangen
schönen, wonniglichen Unterscheid von allen Artikeln des lautern h. Glaubens, mehr denn Niemand sonst mag haben in
dieser Zeit“, denn „er wird und ist allein geboren in der einfältigen Einigkeit“. Ganz besonders aber haben sie Unterscheid „von der h. Geschrift“. Denn „von blosser Natur mag
man nicht kommen in rechte Erkenntniss der h. Geschrift;
denn die h. Schrift ist aus dem h. Geist, und wer sie recht
verstehen will, der muss erleuchtet sein mit der Gnade des
h. Geistes“. Allerdings „verstehen nun viele die h. Schrift,
die doch nicht viel Gnade haben noch heiligen Lebens“. Aber
„sie verstehen sie nur nach dem (Wort-) Sinne und nicht
recht in dem Grunde“. Wie aber die Apostel das Evangelium
predigten „nicht aus Behendigkeit (Subtilität) natürlicher Erkenntniss“, so „ist sie auch nur zu verstehen von einem armen

Menschen". Nicht dass er sie verstände „in a l l e r Weise als sie
verständlich ist"; aber „er verstehet sie nach dem Wesen",
und verstehet „die blosse Wahrheit, darum alle Geschrift ist".
Und „weil er hat begriffen das Wesen aller Wahrheit, so ist
ihm nicht Noth, dass er die Wahrheit nehme nach Zufällen,
und dass er alle Figuren verstehe, die in der h. Geschrift
sind".

Die »Ausgeburt« und die wesentliche Liebe.

„So Gott sein Wort spricht in die Seele, und mit dem
Einsprechen quillet aus die Liebe des h. Geistes und durchfliesset die Seele und alle ihre Kräfte, dass es alles Liebe
wird, was von ihnen fliesst". So ist die „Ausgeburt" im H e r -
z e n des Menschen — L i e b e. „Liebe ist sein Hinfliessen;
und er mag nichts anderes denn lieben; Liebe hat ihn zumal
durchflossen, dass er nirgends mag hinfliessen denn mit Lieben. Und wer ihn anders zeihet (vorwirft) denn Liebe, der
thut ihm Unrecht, denn er ist allzumal Liebe; und wer ihm
Liebe wollte nehmen, der muss ihm sein Leben nehmen, denn
Liebe ist sein Leben und sein Sterben; lebet er, er lebet von
Liebe, — stirbet er, er stirbet von Liebe, — und wie das
Loos fället, so ist es allwegen Liebe. Liebe ist sein eigen, und
was Liebe angehet, das gebet auch ihn an, und was ihn an-
gebet, das gehet auch Liebe an;... wer ihm gibt, der gibt
es der Liebe, und wer ihm nimmt, der nimmt es der Liebe".
Diese wesentliche Liebe — analog der wesentlichen Erkenntniss — könnte man die G e g e n w a r t G o t t es im H e r -
z e n, Gefühl des gottgebornen Menschen nennen, wiewohl T.,
wie wir wissen, das Gefühl nicht kennt als eine der drei Seelenkräfte, sondern statt dessen das Gedächtniss, dessen Funk-
tion er aber nirgends recht auszuführen weiss. Er nennt diese
Liebe auch eine wahrhaft „göttliche": denn sie umfasse als
„Vorwurf" (Objekt) g a n z Gott „nach seiner je gewesenen
Istigkeit"; sie liebe auch Gott ganz göttlich (unendlich), als ob
sie „ewiglich" gewesen wäre, wesswegen ihr auch Gott „nach
dem allerhöchsten Inbegriff der Liebe messe", „nach ewiger
Liebe lohne"; Gott sei daher nicht blos Objekt dieser Liebe, son-

dern auch das bewegende Subjekt; der h. Geist entzünde sie,
nicht der Mensch „bewege s i c h dazu“, Gott zu lieben. So
liebe Gott sich selbst, sei „sich selbst Vorwurf“ in diesen Menschen, die — „Gott mit Gott lieben“. Von dieser Liebe, die
nichts will als Gott, gibt T. ein Beispiel. Ein Mensch, der
Gott lieben will, siehet in sich selbst und findet, dass er lieb-
und grundlos ist; da stehet in ihm ein gräuliches Urtheil auf,
er versenket sich damit in die Hölle, in das Fegfeuer, und
stehet alles Unglück in ihm auf; da kommt er nun an Gott,
er möge ihn ohne alles Fegfeuer zum Himmel gelangen lassen.
„Nun, diess ist wohl gut, das widerspreche ich nicht; wer
aber wahre Liebe hätte, der fiele mit seinem Urtheil und mit
allen seinen Gebrechen in ein Einsinken in Gott, in einen
wahren Ausgang alles eigenen Willens und begehret das Urtheil von Gott in der Liebe, dass Gottes Gerechtigkeit an ihm
genug geschehe... und sein Wille an ihm werde, wie er es
ewiglich gewollt und in seinem ewigen Willen zuvor geordnet
hat oder noch ordnen will, es sei in dem Fegfeuer oder wie es
ihm wohlgefällt, was, wie oder wann oder wie lange oder wie
bald“.

Diese Liebe hat nach T. ihre Stufen, Momente, ihr
Wachsthum. „Denn mit Liebe verdienet man Liebe, je mehr
man liebet, je mehr man lieben kann und lieben mag“ — bis
zu dem höchsten Moment, da man in den „Geliebten“ sich so
versenkt und ihm so sich unbedingt lässt, dass man nur (in
dem Seelengrunde) ihn liebt; aber auch schon in den niederen Stufen und untern Kräften „werden der Natur viele süsse
Bisslein geschenkt“.

Bekanntlich haben die Mystiker des Mittelalters über diese
Liebe und ihre Stadien Ueberschwengliches zu sagen gewusst.
Wir finden das auch bei Tauler. Die eine Eintheilung ent-
nimmt er dem Richard, „einem grossen Meister der h. Schrift“.
Nach ihm habe die Liebe vier Grade: die verwundete, die ge-
fangene, die quälende und die verzehrende Liebe. Anders ist
die Eintheilung, die ihm eigener ist und auch in seine Gedanken sich wie von selbst einfügt: in wirkende und ruhende
Liebe. Die wirkende „durchbrennt das Herz, verschwendet
alle böse Hitze, ordnet alle ungeordneten Kräfte, subtilet alle

Grobheit (Materialität), vertilget alle Ungleichheit". Diese wirkende Liebe nennt er auch „tobende" Liebe; denn „so lange noch Ungleiches in dem Menschen ist, so muss er Arbeit haben". In dieser tobenden Liebe „ist dem Menschen etwan, wie wenn er zumal verbrennen wolle". Darnach, „so die wirkende Liebe alle Ungleichheit abgewirket, so stehet dann eine süsse Liebe in dem Menschen auf, und das heisst die leidende Liebe, die dann in einer stillen Ruhe Gott leidet". Und „so ziehet Gott die Seele mit ihm selber und macht die Seele e i n e Lieb mit ihm selber".

Diese (Gottes-) Liebe, die „du inwendig haben sollst, die sollst du aber merken und verstehen an der Liebe, die du a u s w e n d i g zu deinem N ä c h s t e n hast". So ist nach T. die Nächstenliebe P r ü f s t e i n - der Gottesliebe. „Denn du liehest Gott nicht, ehe du findest, dass du deinen Nächsten liehest.... An der brüderlichen Liebe sollst du die andere bewähren, die inwendig ist gekehrt zu Gott, in seinen Ursprung". Sie ist aber auch die natürliche Frucht und Offenbarung der göttlichen Liebe in den Menschen, die voll Liebe, wie sie sind, „sich selbst entfliessen möchten, inwendig und auswendig, in wahrer Liebe ihres Nächsten". „Die eine Liebe trägt und ist schwanger und aus ihr wird die andere geboren".

Diese wesentliche (Menschen-) Liebe ist aber n i c h t P a r t i k u l a r - L i e b e; sie ist ohne „sonderliche Anhaftung"; denn „Anhaftung machet Mittel und davon so wird man mit der Liebe vermittelt"; sie ist vielmehr eine „gemeine", „sie liebet den Nebenmenschen in der Gemeine". T. vermisst schmerzlich diesen Hauch einer allgemeinen Liebe, von der er sagt, dass sie, könnte sie sich mit a l l e n Menschen theilen, das willig, fröhlich und gern um Gottes willen thäte, in seiner Zeit, besonders auch in dem getheilten Klosterwesen und Geistlichkeits-Leben seiner Zeit. „Es ist jetzt, klagt er, Alles partheiische oder getheilte Liebe, man gehe in Klöster oder Klausen, in die Welt oder in die Häuser oder unter die Gemeine der Menschen, so ist die Liebe wenig mehr vollkommen. Denn es liebet sich ein Jegliches selbst und die Menschen, die es zu geniessen getraut. Diess sollte nicht also sein;

es sollte alles eine Gemeine sein, nichts ausgeschlossen, i n
gleicher Weise, wie in der Welt Gottes.... Es
sollte eine Liebe sein, nicht allein zu den Deinen, sondern zu
allen Menschen, es seien Pfaffen, Mönche, Nonnen oder Beghinen, von was Leben oder von welcher Weise sie seien".

Diese reine Nächstenliebe, wie sie ohne „sonderliche Anhaftung" ist, ist aber ebenso auch ohne „natürliche Anhaftung", d. h. nicht reine, blinde Natur-Liebe, denn
die christliche Nächstenliebe, sagt T. sehr schön, „liebet
nicht den Menschen allein", sondern „sie liebet (in ihm)
das Bild und das Leben unsers Herrn"; wer aber
„auswendig dem Leben Christi liebet, die Liebe ist natürlich". Daher wird nach ihm jene allgemeine Menschenliebe
doch wieder von selbst zu einer besondern, eben zu denen,
in denen sie das Bild Christi, das sie im Menschen vorzugsweise liebet, findet (s. T. und das Wirken; ferner: T. und die
Gottesfreunde).

Mit dieser Liebe nun, verlangt er, sollen die Menschen
„eingehen in der Welt Noth". Und allerdings auch in die
leibliche, „auswendige". „Also waren die lieben Menschen, unserer l. Frauen Vater und Mutter, Herr Joachim
und Frau Anna; die theilten in drei Theile alle ihre Habe:
einen Theil zu dem Dienste Gottes und zu dem Tempel, den
andern Theil den gemeinen Armen; von dem dritten Theil
lebten sie selbst. Wo Kargheit ist, da ist eine unreine Grube,
was zumal böse ist, ein Mensch sollte milde sein über diese
schnöden vergänglichen Dinge.... Du sollst deine Liebe auch
auswendig wirken lassen, sofern als du vermagst, mit Gaben,
mit Trost, mit Hülfe und mit Rath;... und wenn du es nicht
vermagst, sollst du doch deine Liebe allezeit reizen, dass du
es vermöchtest, gern nach deinem Vermögen zu thun. Diess
sind die wahren Zeichen der Liebe und dass der Mensch nicht
taub ist". In der „Nachfolgung", wie wir gesehen haben,
verlangt T. sogar, dass man Alles den Armen gebe, um dann
erst die rechten vollkommenen, unmittelichen Werke der
Liebe auch an dem Nebenmenschen wirken zu können. Das
sind dann offenbar die geistigen Liebeswerke, wess-

wegen d i e s e Liebe oft von weltlichen Menschen verkannt und als eine „müssige gescholten werde".

Das g e i s t l i c h e Liebeswerk ist nun eben, dass der Mensch eingehe in der „C h r i s t e n h e i t g e i s t l i c h e Nö- then". Zunächst schon in t r a g e n d e r G e d u l d. T. ist hierüber, gegenüber der herrschenden Verketzerungssucht und Richterei, unerschöpflich, so reich an Erbarmungen ist sein Herz. „Deine Liebe soll (gegen deinen Nächsten) auch an seinem verkehrten Menschen erscheinen; dem sollst du lieb- lich seine Gebrechen mit tiefer Geduld vortragen. Du sollst nicht mit schwerem Urtheil darauf fallen, sondern leide mit ihm in Barmherzigkeit seine Untugend. Unterweilen kommen solche Untugenden nicht aus der Gewohnheit der Bosheit; sie kommen wohl von Unvorsichtigkeit oder von Trägheit oder auch, wie S. Gregorius sagt, von Gottes Verhängniss, dass der Mensch damit gedemüthigt werde und sich in den Gebrechen bekenne. Diese Menschen, denen es nicht aus der Gewohn- heit der Untugend kommt, sondern aus Zufall, die kommen zuband wieder und strafen sich selbst und geben sich schuldig; denen sollst du in Liebe vortragen und daran sollst du dich prüfen an dir selbst. Aber fällst du hierauf mit geschwindem und schwerem Urtheil, wie etliche so geschwind sind auf ihres Nächsten Gebrechen, als ob sie mit den Köpfen durch die Mauern fahren wollten, das ist ein gewisses Zeichen, dass man an der göttlichen Liebe dürr ist und jetzo dorret.... Wisset, entfriedet ihr euren Nächsten, so verliert ihr Gott und seine Gnade".

Diese wesentlichē Nächstenliebe erweise sich weiter als heiliges S c h m e r z g e f ü h l m i t d e m S ü n d e n - E l e n d der Welt und als inbrünstiges Streben und Wirken für ihr S e e l e n h e i l. „Sie gehet unter die armen, verblendeten, verdorbenen Sünder, und hat einen jämmerlichen, empfindli- chen, heimlichen Schmerz mit ihnen.... Wäre es möglich, sie zöge den Menschen bis in den Grund der Hölle, und hätte es der ewige Gott also geordnet, was er doch nicht hat, dass alle Seelen, die in der Hölle sind, könnten erlöst werden und herauskommen, diese Menschen gäben sich gern willig hinein, damit sie allesammt ledig würden.... Ja ich höre von einem

grossen Freunde Gottes, der ein heiliger, frommer Mensch
war, dass er sprach: Ich kann noch mag nicht anders, ich
muss meinem Nächsten mehr Himmelreich wünschen und wollen in begehrender Weise, denn mir selbst; das heisse ich
Liebe". Ganz insbesondere drücke sich dieses Mitgefühl in
steter F ü r b i t t e v o r G o t t aus. „Der (göttlichen) Liebe
Guss und Uebergüss mag sich in d e n Menschen nicht enthalten", sondern „sie haben ein begierliches Begehren zu unserm
Herrn und sprechen also: Eya, lieber Herr J. Christe, erbarme
dich durch dein Erbarmen über alle Menschen und verzeihe
ihnen ihre Sünde und Missethat, und sonderlich über die
Menschen, die gute Werke gewirket und dieselben wieder
verloren haben, durch Ungnade der Sünde, und gib ihnen,
lieber Herr, die Brocken, die von dem reichen Tisch deiner
milden Gnade fallen, und bekehre sie durch deine Gnade von
ihren Sünden in der Pein des Fegfeuers, und theile ihnen daselbst das überfliessende Mass deiner Gnade mit, dass sie durch
d e i n V e r d i e n e n behalten werden. Also tragen diese auserwählten Menschen alle Dinge wieder in den wahren Grund
Gottes, sich selbst und alle Kreaturen und nehmen alle Dinge,
die da in der h. Kirche der Christenheit geschehen, und
o p f e r n e s A l l e s a u f, aus einem fröhlichen, demüthigen,
gelassenen Herzen, d e m e w i g e n h i m m l i s c h e n V a t e r
für sich selbst und für alle Menschen, böse und gute, denn
ihre Liebe schliesst Niemand aus, hier in dieser Zeit der
Gnade, und sie sind allezeit mit allen Menschen vereiniget".
Aus dem innern Leben mit Gott, darin „der Geist in das
heisse Feuer der Liebe, die Gott selbst ist, eingezogen ist",
„gehen diese Menschen nieder in alle Noth der h. Christenheit,
und gehen mit h. Gebeten und Begehrung in alles das, darum
Gott will gebeten werden, und für alle ihre Freunde, und gehen also in die Sünde und in das Fegfeuer, und gehen also
um Rath zu schaffen in aller Liebe in eines jeglichen Menschen Noth in der h. Christenheit". Doch nicht, dass sie „für
diese oder jene" bitten, sondern „in einer einfältigen Weise,
wie ich euch allhier vor mir sitzen sehe, mit e i n e m Angesicht, also ziehen sie alles mit sich in denselben Abgrund, in
die göttliche Liebe, in eine anschauliche Weise, und sehen

dann wieder in denselben Abgrund, in das Feuer göttlicher
Liebe und rasten da, und sehen wieder hernieder auf alle die,
die in Nöthen sind in der b. Christenheit". Also „gehen sie
aus und ein und bleiben doch allewege innen in dem stillen,
lieblichen Grunde".

Das seien Menschen, „der h. Christenheit nützlich"; „wären diese Menschen nicht, so wären wir übel daran". Eine
s o l c h e Kraft vindizirt T. ihrer Frömmigkeit als dem Salz
der Christenheit und insbesondere ihren Fürbitten bei Gott
(s. Gottesfreunde). „Was wähnet man, dass die Sünder halte,
dass sie Gott lässt leben und sie nicht vertödte.   Unter andern
(Ur-) Sachen so ist das eine, dass gute Menschen, die da den
Mund ihres Gemüthes an den Wunden unsers Herrn halten,
und saugen daraus alle Gnade, und mit der Gnade wieder
fliessen sie in Gott und bitten für den Sünder; und wenn die
Gnade den Menschen bezwungen, dass sie müssen bitten, also
zwingen sie Gott, dass er sie muss erhören.... Denn wenn
allerdings in der alten Ehe (Bund) der Ueberfluss göttlicher
Gnade nicht vollkommen war, und darum Gott den Sünder
zuband schlug, so ist n u n der Ausfluss göttlicher Gnaden
vollkommen und umfliesset alle lautern Herzen und bezwinget sie mit rechter Liebe, dass sie Gott müssen anhangen;
u n d   d a r u m   s o   w i r d   a u c h   G o t t   v o n   i h n e n   b e -
z w u n g e n".

Wir haben bis jetzt diese Liebe betrachtet, die, so weit
sie sich mittheilt und eingeht in Anderer Noth, diese Noth
Anderer — die leibliche und geistliche — tragen hilft und
wendet. Aber indem sie sich gemeinsamet, empfängt sie zu-
gleich   r e i c h s t e n   S e g e n   f ü r   s i c h   s e l b s t, sofern der
Mensch in dieser Liebe sich zugleich mit den Tugenden der
Freunde Gottes und mit Gott selbst gemeinsamet. Und d a s
ist für ihn eine höchst wesentliche Ergänzung. Denn in seiner
Endlichkeit und Besonderheit ist er ein beschränkter, und
kann darum nie den v o l l e n Reichthum a l l e r menschheit-
lichen Tugenden sich aneignen und in sich darstellen. In der
Liebe dagegen, in der er in Gott und in die ganze Menschheit,
und diess nicht bloss nach ihrer Tiefe, sondern auch nach
ihrer Höhe und „Grossheit", eingeht, ergänzt er seinen parti-

kularen Defekt, indem er seinen vollen Theil — und je lie-
bender, desto volleren Theil nimmt an den guten Werken der
Andern; und er bereichert und bildet sich so zur menschlichen
Allgemeinheit aus. Das, sagt T., sei der unaussprechliche Segen des liebenden Christen. „Was nicht sein war, das wird
sein eigen; die guten Werke, die andere Menschen wirken
und auch die Christus je wirkte und alle Heiligen und alle gute
Menschen, oder immer mehr wirken, die sind eines lautern
Menschen eigen, als ob er sie selber gewirkt hätte. Denn indem dass er ausgehet sein selbst und aller Dinge, die Gott
nicht sind, und sich mit ganzer Liebe zu Gott kehrt, so gemeinsamet er sich Gottes und aller der Dinge, die göttlich
sind, und was er dann nicht vermag mit den Werken, das
vollbringt er mit der Liebe. Das dann ein Anderer thut mit
den Werken, das ist sein eigen in der Liebe.... Wie die edle
Salbe von dem Haupte Aarons in seinen Bart herniederging,
also, dieweil der Mensch eine ganz ungetheilte Liebe
gegen alle Menschen hat, so fliesst ihm durch die Liebe die
Theilsamkeit aller andern Tugenden und Ausflüsse Gottes zu....
Die überfliessende Liebe („umgreift") zieht alle Dinge zu sich,
das sind alle gute Werke und Leiden und alles Gute, was in
der ganzen Welt geschieht von allen Menschen, bösen und guten, das zieht diese überfliessende Liebe zu sich in ihr Fass.
Denn wer diese Liebe hat, dem werden jedes Menschen gute
Werke viel mehr zu Theil und zu geniessen, denn dem,
der die Werke selbst thut und dabei dieser überfliessenden Liebe mangelt. Darum, so manche Psalter, Vigilien und Messen gelesen und gesungen werden, und
manches grosse Opfer, was da um Gottes Willen geopfert
wird, das Gute alles wird mehr diesen Menschen zu Theil
denn denen, die es vollbringen und nicht in überfliessender
Liebe stehen.... Darum ist diese Tugend göttlicher Liebe
eine Tugend über alle andere Tugend, denn sie zieht alle
güten Werke, Weisen und Verdienste in ihre
Liebe zu sich, die da im Himmel und auf Erden
in Gnaden geschehen. Was Jemand Böses an sich
hat, das bleibt ihm; aber was Gutes an ihm ist,
das wird der Liebe". — Selbst Gott zwinge man durch

diese Menschen-Liebe, sagt T. in dem Sinne, dass, wie die
Liebe zu Gott sich in der Liebe zu dem Nebenmenschen kund
thue, so eben durch die Liebe zu dem Nebenmenschen, besonders zu den Gott liebenden, auf Gott gewirkt werde. „Wer
auf Gott allernächst will wirken, der wirke auf den liebenden
Menschen"; denn „an dem liebenden Menschen so kommt
ein jeglich Ding in seinen Ursprung, dannen aus alle Dinge
geflossen sind; denn er ist dem ersten Ursprung allernächst,
und was zu dem ersten Ursprunge kommen soll, das muss
durch ihn einfliessen. Und wer den liebenden Menschen Treue
und Liebe beweist, es ist wohl zu glauben, dass ihn Gott nimmer lasse verloren werden; denn die Liebe und Treue wird
aufgetragen in solcher Liebe, dass Gott der Liebe nicht wohl
versagen kann" (s. S. 166 und u. Wirken).

Die »Ausgeburt« und der wesentliche Wille und dessen Werk.

Wie von der Erkenntniss, wie von der Liebe, so sagt T.
auch von dem Willen des Gottgebornen, er sei ein „vollkommener", „wesentlicher".

Als solcher sei er „von allen Zufällen gelediget". „sein
selbst", „der Besitzung sein selbst" „äusserlich" (in wahrer
äusserer Armuth) und „innerlich" (in wahrer innerer Armuth)
„ausgegangen".

Diesen Willen nennt T. ebendarum einen wahrhaft
„freien" in Bezug auf die Dinge und auf die eigene sinnliche und selbstische Natur, „unbezwungen von Niemand". „Und wie der Wille anders ist, so ist er
nicht frei"; denn was machet ihn unfrei? „Was machet ein
Gebürde"? Das thut „Grobheit (Materialität) und Blindheit
und Untugend". Aber „eine freie Seele gibt Urlaub allen Gebresten und allen geschaffenen Dingen", ihr sind „alle Dinge
gleich, Lieb als Leid, Schelten als Loben, Armuth als Reichthum, Wehe als Wohl, Feind als Freund". Sie „lässt sich
kein Ding hinziehen, das sie von Gott gescheiden oder vermitteln möge", und „dringet frei durch alle Mittel in ihren
ersten Ursprung".

Für diesen welt- und sein selbst ausgegangenen Willen —

er erinnert fast an den der Stoiker — verschmäht T. auch
paradoxe Ausdrücke nicht. Der vollkommene Wille, sagt er
z. B., wolle „weder Gutes noch Böses“; „er will nichts“; und
„da ist Nichts (d. h. Willenlosigkeit)“ des Willens Gegenwurf“.
Dieser Wille sei wesentlich aber zugleich ein „göttlicher“,
„erhaben über Zeit und Raum“. Nur „das höchste Gut“,
Gott, „die Ehre Gottes“ ist sein „Gegenwurf“ in allem seinem Thun und Lassen“; er ist in Gott und von Gott eingenommen“, „eingeholet“, so dass er sich „zu keinen sündlichen
Werken mehr giebt, zu allen Tugenden bereitet, die Gott
von ihm will haben, und die ihm zugehören; dass er alle Töde,
die ihm begegnen, nicht fliehet, sondern sie gerne leidet durch
Gott“; mit einem Wort: dass er „ein Wollen und ein Nicht-
wollen mit Gott hat“; allezeit „den Willen dessen vollbringet,
dem er sich gelassen hat“; und „in derselben Wesenlichkeit
allezeit eindringet in den verborgenen Willen Gottes und seinen Willen darin verliert“. Insofern sei dieser Wille allerdings auch ein Gottgebundener. T. sagt, gleich „in
seinem ersten vollkommenen Ausgang“ sei der
Wille von Gott gefangen genommen worden. „In dem Ausgang seines (des Menschen) Willens so nimmt Gott seinen
Willen und kleidet ihn mit seinem Willen“. Diese (Gott-)
Gebundenheit sei das höchste Band, das es geben möge. „Kein
Ding bindet die freie Seele denn die Tugend“. „Also gar ist
das Gemüth von Gott gebunden, — der aller Kreaturen Kraft
zusammen thäte, sie mögten das Band nicht zerbrechen; ja das
Gemüthe ist sein selbst so ungewaltig worden, dass es von
ihm selber das Band nicht mag zerbrechen“.

Aber eben diese Gottgebundenheit, wiederholt T. oft, sei
in Wahrheit „nicht ein Band, sondern die Art der
Freiheit“; „Freiheit des Willens wird nicht benommen,
sondern ihm wird Freiheit gegeben“. Denn „dann ist der
Wille recht frei, wenn er nichts anders vermag, denn das Gott
will, nur das Beste vermag und das Böse gänzlich lässet, denn
Freiheit stehet nicht in Sünden, sondern die Knechtschaft“.
„Einer heisst ein freier König, der alle seine Feinde mag überwinden und gewaltiglich regiert in seinem Königreich — und
der heisst nicht ein freier König, der von seinen Feinden über-

wunden und vertrieben wird aus seinem Königreich; also ist
auch der Wille ein freier König, so er alle seine Feinde überwindet und gewaltiglich regiert, das ist, in Gott, in dem er
er alle Dinge vermag, als St. Paulus spricht.... Je gefangener,
desto freier! ... Dass wir also gefangen und ausgefreiet
werden, das helfe uns Gott"!

Als dieser gottgebundene sei der Wille auch ein „unbeweglicher", „stetiglicher" in Gott. Darunter versteht T.,
dass „der Wille sich nicht kehrt auf die Zeit und Kreatur und
den Leib", sondern „erhaben ist über Zeit in Ewigkeit und
gelediget von allen Zufällen, dass er sich nicht lässt auf dies
noch das, sondern allweg Eines will und das ist Gott", und
„dem banget er allezeit an ohne alle Vonkehr von ihm und
darum heisst er unbeweglich, denn er lässt sich nicht bewegen
von Gott. Und sein Laufen ist nichts Anderes, denn ein ewig
Eindringen in Gott und daran stetes Bleiben; und diese Stä-
tigkeit des Willens heisset eine Unbeweglichkeit.... Das Innebleiben ist sein Laufen, und das Laufen ist sein Innebleiben;
und so er allermeist inne bleibt, so er allermeist in Gott läuft,
und so er allermeist in Gott läuft, so er allerstillest ist von aller
Beweglichkeit". Besonders aber verstehet T. unter dieser Unbeweglichkeit des Willens das, dass er sich „nicht bewegen
lässt vom Guten zum Bösen" (Todsünden). Ob diess aber
auch möglich sei, dass „der Mensch dazu komme in der Zeit,
dass sein Wille unbeweglich werde"? da doch fast jeder Mensch
„in ihm befinde", dass sein Wille sich neige „nun auf diess, nun
auf das", auch der Mensch, „dieweil er in der Zeit sei, eine Bewegung habe mit der Zeit." Diesen Einwurf beantwortet T. so,
dass er einerseits die Unbeweglichkeit eben nur in Beziehung
auf das vorsätzliche Böse und anderseits nur in Hinsicht auf die
obersten Kräfte will verstanden wissen. „Wenn der
Mensch erhaben wird mit den obersten Kräften aus Zeit
in Ewigkeit, so wird er unbeweglich nach den obersten Kräften, denn Ewigkeit ist unbeweglich; und er bewegt doch die
niedersten Kräfte nach der Zeit;... mit den obersten in die
niedersten, und nicht mit den niedersten in die obersten". Die
niedersten Kräfte aber, indem sie den obersten dienen, werden dadurch „geordnet" und widersprechen insofern jener

Unbeweglichkeit nicht. Der Mensch, „sofern er gemacht ist
von Zeit und von Ewigkeit, davon so muss er einen Influss
haben von ihnen beiden. Und der Leib ist des zeitlichen In-
flusses empfänglich und den muss er haben, dieweil er in der
Zeit ist; und von des Leibes Nothdurft so neiget sich der Wille
auf den Leib und lässt ihm zufallen seine Nothdurft; und nach
der Weise so ist der Wille beweglich. Ist nun, dass der
Mensch die leiblichen Dinge ordinirt nach Bescheidenheit und
dem Leib seine Nothdurft gibt, die ihm zugehört, und die in
dem Dienste Gottes verzehrt, so ist es nicht wider die Wahrheit
noch die Vollkommenheit, noch ist nicht rechte Bewegung:
denn Bewegung ist, dass der Wille sich neiget von dem Guten
auf das Böse und das ist hier nicht, denn der Wille verhängt
nur dem Leib seine Nothdurft und verhängt den Sinnen, dass
sie das suchen, und was er nicht bedarf, das verhängt er ihm
nicht; und er meint darin nicht dem Leib zu Trost noch zu
Lust, sondern Gottes Ehre darin. Und so der Leib seine Nothdurft nimmt, so nimmt der Wille die Kraft, die der Leib
empfangen hat von der Speise, und trägt sie auf in Gott, also
dass sie zumal in Gott schwindet" (s. o. S. 164). Und was
Bewegung an ihm ist, das ist m e h r e i n e s i n n l i c h e
B e w e g u n g , denn des W i l l e n s und ist u m S a c h e
d e r T u g e n d , und von keiner Untugend lässt er sich bewegen.... Und also bleibet er allwegen in der Wahrheit,
und er lässt sich nicht daraus führen". T. ist sich indessen
bewusst, was er Grosses und Schweres damit sagt: „Man
findet viel Menschen, die da sprechen: ich begehre, dass die
Ehre Gottes vollbracht werde an mir und an allen Dingen —
er ist wohl gut zu sprechen, aber es ist gar kaum zu erfolgen,
also dass es allwegen in ihm geschehe, und es mag Niemand
gehaben denn ein vollkommener Mensch".

Wenn aber der Wille wesentlich sei, so sei auch sein
W i r k e n und Wirkens-Produkt, das Werk, wesentlich. „Ist
er aus Gott geboren, so gebiert er auch mit Gott, was Gott
gebiert". Denn „wenn ein jeglich Ding wirket nach seiner Eigenschaft, so wirket ein wesentlicher Wille wesentlich". Zwar
„ist der menschliche Wille in ihm selber ein unvollkomme-
ner, und darum so hat er auch ein unvollkommenes Werk";

denn „kein Ding mag wirken über sich selbst"; aber „so ein
unvollkommen Ding wird vereiniget mit einem, das da vollkommen ist, so wird. es nicht nach seiner Unvollkommenheit
wirken, sondern es wirket nach dem, mit dem es vereiniget
ist — ist dass die rechte Ordnung wird inne gehalten in den
Werken".

Was versteht nun aber T. näher unter diesem „wesentlichen" oder „vollkommenen Wirken"? Wir können·es nicht
deutlicher bezeichnen als in der schon angegebenen Weise
(S. 158). Das Wirken ist ihm ein wesentliches; einmal, sofern
der Wille kein äusseres Material mehr hat, das ihm gegenüber steht, „nicht mehr nach Zufällen wirket", d. h. sich nicht
mehr von äusserlichen Veranlassungen, Bedingungen, Mög-
lichkeiten abhängig macht und abhängig zu machen hat, das
Material selbst sein inneres, reines, unbeschränktes Wollen ist; dann, sofern der Wille, der sich zum reinen Material
hat, auch in sich selbst, qualitativ, ein von aller Partikularität,
von aller sinnlichen Unruhe geledigter, ein in Gott unbeweglich ruhender ist.

Diese beiden Bedingungen, von denen keine ohne die
andere, ermöglichen nach T. ein wesentliches Wirken und
Werk. In einem solchen Wirken sei nämlich die Seele nicht
getheilt, sondern sie bleibe in ihrem Ganzen, ihrem Grund
und Wesen „ein und einfältig und in eine ganze Stillheit gesetzt"; und mit dieser Einfältigkeit „gemeinsamet sie sich in
alle Dinge und bleibt doch in ihr selber ungetheilt und unbewegt". Ein solches Wirken (Werk) sei daher auch nicht „in
Theil" oder „in Stücken", sondern ein Ganzes: „ein Werk
ist alle Werke und alle Werke ist ein Werk"; es leiste auch
„so viel in einem Nu, als ein anderes in langer Zeit"; ja es
möge „in einem Nu alle Tugend wirken", denn das Wesen
dieser Menschen sei „also simpel und also kleinfüge (subtil)",
dass sie mögen „in alle Tugend dringen und wirken". Es sei
mit einem Worte ganz ein Wirken und Werk n a c h d e r A r t
G o t t e s, „göttlicher Tugend etwas gleich". „Wie Gott alle
Tugend bewegt und sie thut wirken und er doch u n b e w e g-
l i c h bleibt in einer lauteren Stillheit, also bewegen diese
Menschen alle Tugend. Denn ehe eine Tugend angefangen

ist, so ist sie vor bewegt in einem lautern Herzen; denn
ein lauter Herz das bewegt mehr Tugend in der Liebe, denn
er und alle Menschen mögten vollbringen mit den Werken;
und also bewegt er die Tugend und bleibt er doch unbeweglich.... Wie Gott (als der unbeweglich Bewegende) alle Dinge
in ihm begreifet („bewegt"), also begreift (bewegt) ein lauterer armer Mensch alle Tugenden in einer einfältigen Liebe
(in einem Blick) und in der Liebe wirket er alle Tugenden,
und die Tugenden sind wesentlich"....

T. geht noch weiter, und was er da sagt über den
Willen, ist ein Pendant zum Segen der Liebe. Nicht bloss
sei das Werk des wesentlichen Willens ein vollkommenes, sofern es mit diesem selbst, dem vollkommenen individuellen
Willen, zusammenfalle; sondern sofern der menschliche
vollkommene Wille, in seiner Vollkommenheit als Wille, potenziell alles Gute überhaupt in sich trage oder doch zu
haben verlange, werde das wesentliche Werk in dieser Beziehung nicht bloss als ein individuell vollkommenes, sondern
auch als ein allgemein menschlich vollkommenes Werk von
Gott angesehen, habe es vor ihm diesen Werth. Der wesentliche Wille „begreift in einem guten Werke nicht bloss alle
guten Werke, die er mag wirken", sondern „die alle Menschen und alle Engel und alle Heiligen wirken. Und das ist
darum: wie er thut in einem Werke alles, das er vermag,
so mögte er alle Werke wirken als das eine Werk; er thäte
es gerne; ja mögte er die Werke wirken, die Gott wirket, er
liess es nicht unterwegen". „Nach der Vollkommenheit nun,
als er es liebet (d. h. des Willens), also antwortet ihm das Werk
— als ob er es hätte gewirket nach seiner Vollkommenheit —
und also ist es ihm auch lohnbar". Und „das ist darum: was
ihm gebricht an Vollkommenheit, das ist ihm leid: — und er
wollte gerne vollkommen sein nach dem allerliebsten Willen
Gottes —, und er thut dazu, was er vermag, dass er es werde;
und darum, was ihm gebricht, das erfüllet Gott mit seinen
Werken"; denn „einen guten Willen begabt Gott mit allem
Gut"; und „wenn Gott einem vollkommenen Willen nicht
alle Dinge gäbe, dass ihm ichtes (irgend etwas) icht bleibe,
Gott hätte ihm nicht gelohnet und der Wille hätte kein Be-

gnügen; und davon so muss Gott einem vollkommenen Willen alle Dinge geben, das ist, sich selber".

Aber auch diess ist noch nicht der Höhepunkt nach Tauler. Vollkommen nennt er das Werk allerdings schon, sofern es der adäquate Ausdruck des individuell-menschlichen vollkommenen Willens ist, das heisst, sofern es der Wille selbst in seinem reinen Wollen ist, es im Grunde der Seele geschieht; dann aber auch, sofern es gleichsam aus dem Grunde, dem Wesen der Menschheit heraus geschieht. Im höchsten Sinne wesentlich heisst ihm aber das Werk doch desswegen, weil es eigentlich ein Werk Gottes sei, das Wirken des Menschen ein Wirken Gottes in ihm, wie auch der Wille ebendarum vorzüglich ein wesentlicher heisse, sofern er Gottes Wille im Menschen sei. „Thaten die Menschen bisher ihre Werke mit sich und aus sich selber, so trägt sie nun Gott und wirket alle ihre Werke in ihnen und durch sie. Sie sprechen oder sie gehen, sie stehen, sie essen, alle ihre Werke wirkt Gott in ihnen und sie leben und schweben in Gott.... In ihnen wirkt Gott nicht bloss diess und das, sie sind selbst und ganz von Gott gewirkt". „Gott machet so diese Menschen zu Mitwirkern mit ihm in allen guten Werken, nach weselicher Weise". Ja, ihre Werke seien „Gottes Werk" und doch „Gottes Werk ihr Werk". Ihre Werke seien daher „gute, heilige Werke". „Alle Werke, die alle Menschen und alle Kreaturen wirken könnten oder wirken sollten bis an das Ende der Welt ohne die Gnade Gottes, das ist alles mit einander ein lauteres Nichts, wie gross man auch ein Werk nennen mag, gegen das mindeste Werk, das von Gott in dem Menschen gewirket wird durch seine Gnade und dass der Mensch von Gott gewirket wird. So viel als Gott besser als alle Kreaturen, so viel sind seine Werke besser, denn alle Werke oder Weisen oder Aufsätze, mit aller Annehmlichkeit, die alle Menschen erdenken möchten".

Unter allen göttlichen Werken, sagt daher T., seien diese Werke Gottes in und durch den freien Menschen gethan „die edelsten, viel edler denn alle die Werke, die Gott je wirkte in.Zeit und in Ewigkeit. Und das ist darum: da Gott alle Dinge schuf, da hatte er kein Hinderniss an seinem

Werke; aber das Werk, das Gott in der Seele wirket, daran
mag er gehindert werden, von Freiheit des Willens; und darum dass sie ihren Willen vereinigen mit Gottes Willen, ist
das Werk so edel".

Anders urtheilen freilich, klagt er, die äusserlichen Menschen von diesen wesentlichen Werken; weil es eben nicht
äusserliche seien, darum zeihe man den „Gottesfreund" oft, dass
er nicht Liebe habe. Aber „es verdreusst ihn in aller Mannigfaltigkeit und darum muss er manches äussere Liebeswerk
unterwegen lassen; aber was ihm gebricht an den äusserlichen
Liebewerken, das wirket er alles ohne Mittel in Gott, und da
ist das Liebeswerk tausend Stund edeler, denn es ist in Mittel
der Kreaturen"; es ist kein zufälliges, es ist ein „weselich"
Werk"; denn „wer alle seine Werke wirket in der unmittelichen Liebe, der ist gar reicher guter Werke, denn er wirket
in einem Werke alle Werke und alle diese Werke sind weselich".

Die Tugend (»die wesentliche«) und die Tugenden (»nach dem Zufalle«);
die »Schaulichkeit« (das Schauen) und die „Wirklichkeit" (das Wirken).
Der Lebensberuf: „die dreierlei Menschen" (»Berufungen").

Das „wesentliche" Wirken ist nach T. eben das Wirken
der Tugend, die er von den Tugenden unterscheidet, ganz
wie die genadeliche Stufe von der göttlichen. Die Tugenden
sind ihm die einzelnen Uebungen und Aeusserungen der
auf das Gute gerichteten mittleren und unteren Kräfte,
denen er, wie wir wissen, das äussere Thun und Wirken in
der Welt und auf die Welt zutheilt; die Tugend aber wirkt
der Mensch (Mystiker) in seiner obersten Kraft, in der er
sich Gott gelassen hat, in Gott, den er in sich wirken lässt,
„ohne alle Arbeit", in der „Stillheit" und Einheit seiner selbst.
Die Tugenden hat und wirkt ferner der Mensch im „Zufall",
und unter dem Zufall (= das hinzufällt zum Wesen) versteht
T.: „das ist, das nun ist und das nicht ist", die ganze Sphäre
der äusserlichen Veranlassungen, Materien und Vermögen,
daher er die Tugenden auch „kreatürlich" nennt, „wenigstens
in den Werken, wenn auch nicht in der Meinung", und sofern

der Mensch da nur wirkt, „als ihm vorgeht oder -kommt". Die Tugend aber zu wirken, das setzt voraus, dass der Mensch „alle Dinge an sie gelegt hat", dass er „sich um sie entblösset hat von allen Dingen und Gott allein anhaftet". „Ich nehme ein Beispiel. Wer zumal barmherzig ist, der behält nichtes nicht, und wer etwas behält, der ist nicht zumal harmherzig, sondern ein Theil und ein Stück". Mit andern Worten: die wesentliche Tugend haben, heisst: sie haben (wirken) „innerlich", in einer „lautern Meinung, die Gott ist", im „Willen", da „aller Zufall ab ist und allein ein bloss Wesen ist, und in dem blossen Wesen wird die Tugend gewirkt und davon heisst sie wesentlich". (Oder wie Franke von Köln sich ausdrückt: der Mensch sei da selber mehr Tugend, als er sie habe. Die Tugend sei der Seele natürlich worden). „So viel nun Wesen edler ist denn Zufall, so viel sind eines armen Menschen Tugenden edler denn eines andern Menschen, der die Tugend wirket in Zufällen"; und „wer (diese) eine Tugend hat, der hat alle Tugenden; denn alles, was der Mensch leisten mag äusserlich und innerlich, das gehört zu einer Tugend, die da soll vollkommen sein; und so er alle Dinge gekehrt hat auf die eine Tugend, damit gewinnt er das Wesen der Tugend — und mit dem Wesen so ziehet er an sich alle andern Tugenden und machet sie wesentlich". Man sieht, das sind ganz dieselben Gedanken, wie über das wesentliche Wirken.

In dem Verhältniss der Tugend zu den Tugenden befindet sich nun aber T. in einem gewissen Schwanken. Dass die wesentliche Tugend der Höhepunkt ist, zu dem die Uebung der Tugenden eine Art nothwendiger Vorstufe bildet, das spricht er durchweg aus. Der Mensch „soll sich lassen in alle Tugend", „durchüben" in allen Tugenden, „bis dass die Tugend sein eigen wird und sein Wesen"; denn „eine jegliche Tugend steuret ihn fürbass und hilfet ihm dahin, da er von ihm selber nicht hin mag kommen.... So lange aber der Mensch nicht alle Tugend erkrieget, bis dass die Tugend sein Wesen wird, der ist ungelassen und besitzt sich noch mit Eigenschaft seines Willens". — Wir möchten diess die aufsteigende Linie nennen (vergl. den Heilsweg). Dem entspricht aber die

absteigende nicht, wenigstens nicht überall in Ts. Schriften. Wenn nämlich die wesentliche Tugend eben das Wesen
aller Tugenden ist, oder alle Tugenden wesentlich in sich begreift, so sollten die Tugenden hinwiederum als die Erschei-
nungsformen, als die Darstellung dieser wesentlichen Tugend hingestellt sein. Nun sagt aber T., „auf der Stufe der
wesentlichen Tugend" möge man die Tugend lassen im Zufall ohne Gebresten; der Mensch, sagt er geradezu, solle „Tu-
gendenarm" (wie Gnaden-arm S. 94) werden, „in allen Tugenden sich also gar ausüben, dass er Bild aller Tugenden verliere".
Das ist eine Idee, die er aus der einseitigen Spiritualität und
Idealität des rein inneren Lebens berüber genommen hat, und
die auf der Verkennung dessen, was „Wirken in der Welt"
heisst, beruht, das ihm, dem Mönche, nur zu gerne zusammenfällt mit den äusserlichen frommen Uebungen, mit der
„Werklichkeit" seiner Zeit; es ist aber doch auch eine Idee,
die in dieser Spiritualität eine natürliche, eine wohlthätige, ja
eine erhabene Opposition bildet gegen eben diese äusserlichen, mechanischen, gemachten, künstlichen Tugend-Uebun-
gen, und in dieser Beziehung sagt er mit Recht, der Mensch
solle Tugenden arm werden. Er selbst hat, wie wir in seinem
Leben gesehen haben, das Wirken auf die Welt nicht verkannt, ja er war, bei aller Innerlichkeit, und eben darum,
einer der kräftigsten Beweger seiner Umgebungen und seiner
Zeit. Aber auch in der Doktrine hat er anderseits diese Ein-
seitigkeit doch wieder aufgehoben; denn er hat an vielen Stellen (vrgl. gnadeliches und göttliches Werk S. 95) ein wesentliches Zusammensein beider, der inneren, wesentlichen
Tugend und der Tugenden im Zufall ausgesprochen theils als
Ausdruck der verschiedenen Funktionen der (höheren und
niederen) Seelenkräfte, in deren nothwendigem Zusam-
menschluss des Menschen sittliches Sein erst ein Einiges, Ganzes und Vollendetes sei (s. u.), theils als ein
Oszilliren zwischen den beiden Tugendformen, je nach
den vorherrschenden Seelenzuständen. „So ein Mensch
von Gott verzückt wird, alldieweil übet er sich nicht in Werken
der Tugenden, Geduld, in Barmherzigkeit noch in dergleichen; aber sobald er wieder zu sich selbst kommt, so hat

er alle Tugenden, wie ihre Zeit zu wirken kommt". T. gibt auch eine Art Tagesordnung — allerdings nur für die Mönche berechnet. An dem Morgen möge sich der Mensch zu Gott kehren, es sei ihm da „leichter denn zu einer andern Zeit"; nach Imbiss möge sich der Mensch üben in äusserlichen Liebeswerken, und „aber zur Vesperzeit seines Herzens wahrnehmen"; und also „soll er Ordnung haben an seiner Zeit".

Ganz ähnlich spricht sich T. über S c h a u e n und W i r - k e n und ihr V e r h ä l t n i s s z u e i n a n d e r aus, wie er denn „Schauen" und „wesentliche" Tugend, „Wirken" und „Tugenden im Zufall" verwandt fasst. Auch hier scheint er in einer Art Schwanken und Widerspruch sich zu befinden (z. B. das Schauen als das schlechthin höchste zu bezeichnen und wieder nicht), aber auch hier fehlt im Gesammtzusammenhang seiner Ansichten die Ausgleichung nicht.

Offenbar kennt T. über beiden: Schauen und Wirken, ein H ö h e r e s, dem er beide unterordnet, und diess ist ihm das Wesentliche: „S i c h d e m W i l l e n G o t t e s lassen und ihm folgen, wie und in welcher Weise und durch welchen Weg er den Menschen ziehen will". „Nehmet, ruft er aus, keine Weise noch Werke wahr, denn den göttlichen Willen.... Der Mensch soll ausser diesem nichts meinen noch wollen, weder die Weise, weder die Rast (Schauen) noch die Wirklichkeit (Wirken), weder diess noch das, sondern er lasse sich dem unbekannten Willen Gottes... Was denn Werke er wirket oder nicht wirket, das ist ganz Eins, er thue icht oder nicht, daran liegt nichts". Von d i e s e m obersten Gesichtspunkte aus sind beide — Schauen und Wirken — offenbar gleich g u t e und w e s e n t l i c h e W e g e zum Ziele — Gott, und „es hat nur der Mensch innerlich wahrzunehmen, wenn ihn der h. Geist zum Leiden oder zum Wirken mahnet, dass er einem jeglichen folge, dass er thue und lasse aus der Einwirkung des h. Geistes, nun rasten, nun wirken und thue dann sein Werk, göttlich und friedlich". Also „soll der Mensch zuweilen wirken, zuweilen ruhen, je nachdem er von Gott getrieben und ermahnet wird, und ein jeglicher, nachdem er befindet, was ihn am besten zu Gott ziehen mag, es sei in Wirken oder in der Stille.... Den Menschen ruft zuweilen

unser Herr auswendig, zuweilen inwendig, wie es ihm wohlgefällt"; darum „sollen wir nur unseres Berufes warten, wie
und wozu und in welcher Weise uns Gott beruft: etliche Menschen in ein innerliches Schauen, den andern in ein Wirken,
den dritten in ein wonnigliches, innerliches Ruhen, in ein
Stillschweigen, anzuhängen in Einigkeit des Geistes der göttlichen Finsterniss". Wie man „von Gott ermahnet wird, dem
soll man nicht widerstehen"; Gott soll „dir genug sein und
sollst dich lassen in alles das, das Gott von dir haben will";
z. B. „So der Mensch in dem inwendigen Werk wäre, gäbe
ihm denn Gott, dass er es liesse, und sollte gehen, einem
Siechen zu dienen, das soll der Mensch mit grossen Freuden
thun. Ob ich dieser Menschen Einer wäre und sollte mich
herauskehren, zu predigen oder dergleichen zu thun, so könnte
geschehen, dass uns Gott gegenwärtig wäre und uns mehr
Gutes thäte in dem äusserlichen Werke als in grosser Beschaulichkeit".

Wenn nun aber T. d a s e i n e g e g e n d a s a n d e r e
h ä l t, so gibt er der Schaulichkeit allerdings weitaus d e n V o r-
z u g v o r d e r W i r k l i c h k e i t. „Ein einiger Anblick blosser
göttlicher Wahrheit ist besser denn alle die Werke, die die
h. Christenheit mit einander wirket.... Die Ledigkeit ist viel
edler denn die Unmüssigkeit mit der Kreatur; denn Christus
rühmte Magdalenen Müssigkeit (s. dagegen S. 204), denn
unser Herr kann nur mit müssigen Leuten spazieren (sich ergehen)". Wohl hat ihm das W i r k e n noch immer s e i n e n
O r t u n d s e i n e N o t h w e n d i g k e i t, aber nur als eine
Art S u r r o g a t, wenn das Schauen nicht möglich ist, sei es,
dass man die „Gegenwart Gottes nicht spürt", oder dass der
äussere Mensch den anhaltenden Zustand der Kontemplation
nicht mehr „erleiden" mag; oder die Rücksicht gegen den
Nebenmenschen (die aber ihre Gränzen hat), oder die „Habung
äusserer Materien" es gebietet.

T. spricht sich über alle diese Punkte sehr bestimmt aus.
„Wenn man gewahr wird, dass der H e r r da ist,... wenn der
Mensch sich wohl geschickt findet zu Gott und ihn Gott treibet von äusserlichen Werken zu ihm selber,... so soll man
(er) das Werk ledig lassen und soll ihm feiern... und alle

Unmuss der Auswendigkeit von sich ablegen; denn alsdann
wären des Menschen Werke und auch seine guten Gedanken
nur hinderlich"; dann soll der Mensch nichts anders thun, denn
dass er Gott leide, ihn „innerlich in ihm wirken lassen". Wenn
aber der Mensch „aus sich selbst gelassen wird und Gottes
Werke in befindlicher oder bekenntlicher Weise nicht mehr
in sich gewahr wird", und „ihm das innerliche Werk
unterzogen wird", so soll er wieder „mit seinem Fleiss wirken
und sich in allen Tugenden üben" und insonderheit die ihm
„allerbest mögen dienen, und „seine heilige Uebung thun", oder
„soll er sich lassen in äusserliche Liebeswerke". — Oder es ist
auch die Rücksicht auf die eigene „Nothdurft" (Bedürfniss) massgebend für das Wirken. Sofern nämlich der
Mensch „sich innerlich verzehret, dass es der Leib nicht
mehr erleiden mag"; wenn „seine Natur beschwert oder also
krank ist, dass er seines Herzens nicht wohl mag wahrgenehm-
men und sich innerlich zu Gott kehren", so „mag er sich wohl
auskehren auf ein äusserlich Liebewerk, das ihm dann das
allernächste sei". Aber es müsse eine wirkliche „Nothdurft" (Bedürfniss) für den Menschen sein, wenn er sich
auskehre, sagt Tauler. „Wenn ein Mensch aus seiner Inwendigkeit getrieben wird zu reichen Leuten, um sich denen
zu lassen und genug zu sein, ohne Nothdurft der Tugend, und
seine Zeit minniglich mit ihnen vertreibt, und wohl mit ihnen
lebet in Essen und Trinken, und er dann meint, seine Natur
bedürfe sein wohl, um dass er desto stärker werde und Gott
desto besser diene, ein solcher greift weit über die Nothdurft
und er wird beschwert und entrichtet und vermannigfaltiget,
dass er nicht also wohl mag wiederkommen zu seinem Herzen,
als ob er bei ihm blieben wäre; und diess ist von dem bösen
Geist und von leiblicher Natur, denn leibliche Natur findet
auch ihren Lust darinnen". Und nicht bloss, wenn er zu viel,
sondern auch, wenn er „zu frühe", „ehe es Zeit ist", auf
„unnothdürftige Liebeswerke und in Ergötzlichkeit der Sinne
sich auskehret", auch das „sei vom bösen Geist und von leiblicher Natur, denn „es ist dem Leib schwer, viel innen zu
bleiben". Und auch das nennt T. „über die Nothdurft sich
auskehren auf äusserliche Liebeswerke", wenn der Mensch

„über die Masse" Fasten, Wachen und andere strenge
Uebung halte.

Auch die Rücksicht auf den Nebenmenschen
könne das Wirken zur Pflicht machen; allerdings nicht im
obersten Grunde, denn ein rechter armer Mensch, sagt T.,
freilich mit Rücksicht auf die aszetischen äussern Werke,
„ist Niemand nichts schuldig denn Gott, und dass er sich allzeit also halte, wenn Gott sein Werk wolle wirken, dass er
ihn bereit finde; und ist es ob den äusseren Werken, er soll
sie lassen, und soll keinen Gehorsam ansehen des Menschen,
sondern er soll Gott genug sein und nicht den Menschen".
Doch soll er sich auch „lassen und sich üben an seinem Bruder", und T. meint hier besonders die Werke der Barmherzigkeit, in deren Uebung Christus uns ein Vorbild gelassen habe, und auf denen so grosse Verheissungen ruhen.
Aber auch hier stellt er seine Bedingungen auf, unter
denen ein solch' äusserliches Liebeswerk allein gestattet,
ja Pflicht sei. Zunächst eben die „Nothdurft" des Bruders;
„denn Nothdurft ist der Gaben Gegenwurf und Mittel".
Habe der Bruder Nothdurft, so „soll der Mensch sich auskehren, ihm zu Hülfe kommen — und wäre er in der höchsten
Schauung, die sein mag in der Zeit; und käme er seinem Bruder nicht zu Hülfe, er thäte gebresten". Wenn dagegen aber
der Mensch sich zu reichen Leuten thue, und „sie lädt und
wohl mit ihnen ist, und ihnen gibt, das man armen Leuten
sollte geben", und „darin der Menschen Lob und Ehre sucht,
und dass man wieder geladen werde", das sei kein Bedürfniss,
das auch keine Tugend, „so wenig, als wenn man einem vollen
Manne zu essen gäbe". — Auch darin verrathe sich ein äusserliches Liebewerk als „von Natur", so man „sich selber übet an
seinen leiblichen Freunden und ihnen Liebe beweiset";
denn „die Sünder thun das auch unter einander". Ueberhaupt
was gekehrt sei auf sich selber und sich selber meine in dem
Liebeswerk, das sei ein Werk von Natur, „denn Natur liebet
und meinet allwegen sich selber". Ein „göttlich" Liebeswerk
dagegen sei, „wo der Mensch keine Lust der Natur sucht,
und nichts darin meint, denn die Ehre Gottes und seines
Nebenmenschen Nothdurft". Wo nun aber wirklich Nothdurft

sei, da habe Jeder auf das Liebeswerk Anspruch: Freund
und Feind, Böse und Gute — " in der Nothdurft ist Niemand ausgeschlossen". Doch solle allerdings bei gleicher Nothdurft „ein Mensch in seinem Liebewerk Unterschied der Personen ansehen"; er soll nämlich „mehr gekehrt sein auf einen
guten Menschen, der alle Dinge in Gott verzehret, denn auf
einen Menschen, an dem er nicht viel Gutes erkennt"; (vergl.
die Abschnitte über die Ausgeburt und die Dinge, S. 164; und
über die Liebe); denn in einem guten Menschen seien „alle
Dinge fruchtbar und Gott löblich und alle Dinge werden in
ihm wieder aufgetragen in ihren ersten Ursprung"; insofern
würden die Gaben von guten Menschen reiner empfangen,
denen sie dienen als Unterlage für göttliche Entwickelung, „sofern Gott allezeit wirket in einem guten Menschen".
Damit daher der Mensch „gestärket würde, dass er das Wort
Gottes erleiden möge", so solle man ihm „zu Hülfe kommen
fürbasser, denn einem andern Menschen, in dem Gott nicht
so lauterlich wirkt". Ebendarum seien die Gaben an gute Menschen die fruchtbarsten auch für den Geber selbst, denn „ein guter
Mensch mag viel mehr dem erwerben, für den er bittet, und
Gott erhört ihn eher denn einen andern Menschen" (s. S. 166).
    Endlich solle der Mensch „äusserliche Tugend" wirken,
so lange er „Materien" (äusserliche Bedingung eines „äusserlichen Werkes") habe. Diess ist die letzte Bedingung;
und sei diese Bedingung vorhanden, so sei das äussere Wirken
Pflicht. Habe er freilich „gar alles das er hat, gelegt an
die Tugend, dass ihm gebricht Materie der Tugend, und ob
er sie gern thäte mit den Werken, er mag nicht, da er nichtes
nicht hat und arm ist und dazu so voll ist Gottes, dass er sich
keine Stunde mag von ihm kehren, und auch dass er schwach
ist an dem Leibe, dass er nicht Kraft hat, die äusserliche Tugend zu wirken", das „entschuldiget ihn an der äusserlichen
Tugend; er soll sie dann wirken in dem Willen innerlich...
und die Tugend, die solche Menschen wirken, ist wesentliche
Tugend". Hat aber der Mensch „noch nicht alle Dinge gelegt
an die Tugend", hat er noch Materien, so muss er, wenn die
(äussere) Tugend Nothdurft ist, und ihm zugehört, „sie wirken"; und „wäre es je also, dass Gott innerlich mit ihm wirkte,

— er muss dem innerlichen Werke ausgehen und sich lassen
in die äusserliche Tugend". Und „thut er es nicht, er thut gebresten, und von eigenem Willen lässt er es und nicht von
göttlichem Willen". Denn „dieweil er überladen ist mit zeitlichen Dingen, so muss er haben ein wirkend Leben, da er
hat (Ur-) Sache und Materie zu wirken; und alldieweil
die (Ur-) Sache währet, muss auch das Werk
währen; und wer sich Ledigkeit annimmt, ehe er ausgewirkt alle äusserlichen Werke, die Ledigkeit ist unvollkommen und gebresthaft und eine Müssigkeit, die wider
Gott ist und wider die Wahrheit, denn sie ist eine Versäumniss der Tugend".

Das sind die Bedingungen, unter denen an den Menschen
die Forderung ergeht, äusserlich zu wirken; daran mag er
erkennen, ob die Forderung von Gottes Geist kommt, oder
von dem eigenen oder dem bösen Geiste. Dieses Wirken
„hindert den Menschen nicht, noch benimmt ihm seine Freiheit nicht, sondern sie hilft ihm zu dem nächsten und erwir-
ket ihm Freiheit". „Ein schauend Leben" ist „ein
ausgewirket Leben". Hat er sich in Tugenden ausgewirket, so „ist er ledig und frei, und mag sich dann ohne alle
Gebresten einkehren und seines Herzens wahrnehmen. Und
dann fahet er erst ein vollkommen schauend Leben an".

T. spricht aber, wie gesagt, auch die Einsicht aus, dass
selbst auf dem höchsten Standpunkt und gerade auf
diesem die verschiedenen Weisen zugleich sein können
und müssen, ohne dass die eine die andere hemme oder auf-
hebe, nur jede an ihrem Orte: das Inwendige und das Auswendige, das Wesentliche (Unbewegliche) und das Bewegliche,
das Schauen (die Armuth) und das Wirken. Zu einem „rechten, wesenden, eingenommenen, verklärten Menschen" gehöre eben diess, dass in ihm „das Wirken und Gebrauchen
Eins würde". So sei in Gott das alleroberste Wirken und
das allerlauterste Gebrauchen ein ewig Eins; ein jegliches,
ohne das andere zu hindern. „Das Wirken ist in den Personen; das Gebrauchen gibt man dem einfältigen Wesen. Der
himmlische Vater, nach der Eigenschaft seiner Väterlichkeit,
ist ein lauteres Wirken, dass er in Bekenntniss seiner selbst

seinen lieben Sohn gebiert, und sie beide geisten aus ihnen
beiden den h. Geist, in einem unaussprechlichen Umfang; die
Liebe ihrer beider ist ein ewiges, wesentliches Wirken der
Personen; und dennoch Istigkeit und Einfalt des Wesens; so
ist da ein stilles einfältiges Gebrauchen und einfältiges Wesen
seines göttlichen Wesens, und also ist in Gott Wirken und
Gebrauchen Eins". Und nicht bloss nach dem Trinitätsverhältniss sei es so in Gott, sondern auch nach seinem Verhältniss zur Welt. „Gott ist in ihm selbst unbeweglich und beweget doch alle Dinge". Ebenso sei es auch in Christo gewesen, dessen „edle, klare Seele mit ihren obersten Kräften
ohne Unterlass vorwürflich in die Gottheit, und in ihrem ersten Anfange, da sie geschaffen ward, gekehrt und davon so
selig und gebräuchig war; nach ihren niedersten Kräften
aber war sie beweglich, wirkend und leidend; und hatte Gebrauchen, Wirken und Leiden mit einander". Die ihm nun
„allergleichst nachfolgen", sollen ihm nachfolgen „in dem Wirken und Gebrauchen"; die Gleichheit solle der Mensch, und
gerade der Mensch als die höchste aller Kreaturen, mit Gott
haben, dass er „wirkend und gebräuchlich mit einander sei".
„Der inwendige Mensch nämlich soll ein unwandelbares Anhangen an Gott innerlich haben in einem inwendigen, vollkommenen, lauteren Gott-Meinen, welches Meinen dem also ungleich ist, was nach auswendiger Weise Gott-Meinen heisst,
als Laufen und Sitzen, und mit der Inwendigkeit hat er das
Gebrauchen". Aus demselben nun soll er sich „kehren zu
Noth oder zu Nutz, auszuwirken aus demselben in dasselbe".
So „übersehe das Inwendige das Auswendige gar kurz. Wie
ein Werkmeister, der viele Knechte und Amtleute unter sich
hat, die wirken alle nach der Anweisung des Meisters, und
er wirket selbst nicht, er kommt auch selten dahin, denn jählings gibt er ihnen eine Regel und eine Form, darnach wirken
sie alle ihre Werke, und heissen ihn einen Meister wegen der
Anweisung und Meisterschaft, als ob alles, was sie gewirkt
haben, er allein gewirket und gethan habe. Von des Gebots
wegen und von seinem Anweisen ist alles eigentlicher sein,
denn es deren ist, die es gewirkt haben. Also thut der inwendige verklärte Mensch, der inwendig in seinem Gebrauchen

ist, und mit dem Lichte seiner Redlichkeit (discretio) über-
sieht er jählings die auswendigen Kräfte und berichtet die
zu ihrem wirklichen Amt, und inwendig ist
es versunken und verschmolzen, in seinem gebrauchlichen Anhang an Gott, und bleibet in seiner
Freiheit seines Werks ungehindert, doch diesem Inwendigen
dienen alle auswendigen Werke, dass kein so kleines Werk
ist, es diene alles hiezu". Und „so wäre die Wirklichkeit
in der Abgeschiedenheit" (s. o). Eigentlich seien beide,
Schauen und Wirken, doch nur Eins, wie Kraft und Wirkung, wie Licht und Ausleuchtung. „Möchtest du fragen,
sintemal dass man bedarf eines Gemüths, ledig von allen Bilden und von allen Werken, die in den Kräften auch von Natur sind; was soll denn sein in den äusseren Werken, die man
von Liebe unterweilen thun muss, als zu lehren und zu trösten die Nothdürftigen, soll man dessen müssen beraubt sein,
dessen sich die Jünger unsers Herrn oft ausgaben?... Hier
merke, eines ist wohl edler, und das andere löblicher oder
nützer. Maria allein war gelobt, dass sie das Beste hätte erwählt, doch war Martha's Leben in einem Theil nützer, denn
sie diente unserm Herrn und seinen Jüngern. Meister Thomas spricht: dass das wirkende Leben dann besser sei als das
schauende, so man in der Wirklichkeit ausgiesset von Liebe,
was man in der Schauung eingenommen hat. Das ist doch
nur eins; denn das Wirken ist eher nicht fruchtbar, als in
demselben Grund der Beschauung; das macht fruchtbar die
Wirkung; da wird die Meinung der Beschauung
vollbracht, und wiewohl da Bewegung geschehen, so ist
es doch nichts denn eins; es kommt aus einem Ende und gehet wieder in dasselbe, als ob ich ginge in diesem Hause von
einem Ende zu dem andern. Das wäre eine Bewegung und
wäre doch nichts denn Eins in Einem. Also in dieser Wirklichkeit hat man nichts vorderes noch vördereres (denn die Beschaulichkeit) in sich, die eine ruhet in der andern und vollbringet die andere, denn Gott meinet in der Einigkeit der
Schauung diese Ausleuchtung der Wirkung.... Der Christ hat
sich zu geben an alles äussere Leben, da es der Nächste bedarf, dass man das an ihm finde unverborgen. Er soll aus-

l e u c h t e n an dem Gedanken, an der Vernunft, an dem
Willen und an den Sinnen, wie unser Herr sprach: Also soll
euer Licht leuchten vor den Menschen, dass sie sehen euere
guten Werke, und also glorifiziren den himmlischen Vater.
D a s i s t w i d e r e t l i c h e M e n s c h e n, die mehr achten der
Schaulichkeit und nicht achten der Wirklichkeit und sprechen:
sie bedürfen der Uebung der Tugend nicht, sie seien darüber
kommen. Von denen sprach unser Herr nicht, da er sprach:
da diess Wort fiel in das gute Erdreich, da brachte es
100fältige Frucht. Und anderswo sprach er: der Baum, der
nicht Frucht bringet, den soll man abhauen".

Diess beides aber, Wirken wie Schauen, ist nach T.
nicht ausgeschlossen durch irgend einen Stand oder Lebensberuf; in j e d e m B e r u f e ist das Höchste zu erreichen. T. fand,
scheint es, für nothwendig, vor jener Verwechslung zu warnen, dass man seinen Beruf aufgebe, um „auf die Höhe des
beschaulichen Lebens zu steigen". Jeder „soll wahrnehmen,
wozu ihn sein Herr berufen und geladen hat". „Wäre ich
nicht ein Priester und wäre unter einer Versammlung, ich
nähme es für ein grosses Ding, dass ich Schuhe machen
könnte und ich wollte auch gerne mein Brod mit meinen Händen verdienen. Kinder, der Fuss noch die Hand sollen nicht
das Auge sein wollen; ein jegliches soll sein Amt haben....
Es ist nirgends so ein kleines Werklein noch Künstlein, noch
so schnöde, es kommt alles von Gott und es ist sonderlich
Gnade, und das soll ein jeder für den andern vorthun, der es
nicht so wohl kann. Wisset, welcher Mensch nicht übet, noch
ausgibt, noch wirket seinem Nächsten zu Nutz, der muss
grosse Antwort darum geben.... Von wannen kommt nun
das, dass so viel geklagt wird, und ein jeglicher klagt, dass
ihn sein Amt hindere, was doch von Gott ist, denn Gott gibt
Niemand nichts zur Hinderniss?... Lieben Kinder, wisset,
was dir diesen Unfrieden macht, das thun nicht deine Werke.
Nein es thuts deine Unordnung, die in den Werken ist. Thätest du deine Werke, wie du von Recht thun solltest, und
meintest du Gott allein lauter und des deinen nichts,... so
wäre unmöglich, dass dir eine Strafe in dein Gewissen fiele....
U n s e r H e r r s t r a f t e n i c h t M a r t h a u m i h r e r W e r k e,

denn die waren heilig und gut; er strafte sie um
ihre Sorgfalt (Sorge).... Willst du Fleiss haben, so kannst
du Gott wohl überkommen und das edle lautere Gott in allen
Weisen und Werken, darinnen du bist.... Ich weiss Einen,
den allerhöchsten Freund Gottes, der ist alle seine Tage ein
Ackersmann gewesen, mehr denn 40 Jahre und ist es noch.
Der fragte einst unsern Herrn, ob er das übergeben sollte und
in die Kirche sitzen gehen. Da sprach der Herr: Nein, er
sollte sein Brod mit seinem Schweisse gewinnen und verdienen, seinem edlen, treuen Blut zu Ehren".

Neben dieser, wir möchten sagen idealen Anschauung
Ts. von einem allgemeinen Priesterthum der Christen aller
Stände geht aber in seinen Schriften eine andere einher; wir
möchten sie theilweise eine realistisch-praktisch-empirische,
theilweise eine einseitig mönchische nennen, doch nicht,
ohne dass sie nicht auch von jener ersten durchbrochen würde.
T. spricht nämlich von „dreierlei Menschen" oder „Stufen" (s.
S. 100). Die ersten sind „die anhebenden" Menschen, die in den
niedersten Grad berufen werden; dann „die zunehmenden in
den andern Grad"; zuletzt „die vollkommenen in den obersten
Grad der Vollkommenheit". Die Gebote und Verbote Gottes
(in den 10 Geboten) beziehen sich auf den ersten Grad.
„Welche Menschen diese Wege recht gehen und in dem wahren Glauben unterthänig und der h. christlichen Kirche gehorsam sind, nach rechter Ordnung, so ist es der niederste Grad,
in dem man dem Rufe Gottes folget, und die diesem recht
thun, die sind auf dem Wege, sicher zu Gott zu kommen,
sofern als alles in dem Fegfeuer abgebrannt ist, wenn sie
hierin nicht lauter gelebt haben". Dieser Grad ist, wie man
sieht, der allgemeine Laienstand. — Nun kommen „die zunehmenden" Menschen; diese erhalten nicht bloss die Gebote,
sondern auch die Räthe, und diese sind „die Wege der Tugend, wie Keuschheit des Leibes, Armuth und Gehorsam".
Und „dieser Ruf ist viel höher und anders denn der erste
mit den Geboten". Dass nun „diesem Rathe Gottes in diesem
Rufe recht und wohl gefolget werde, so hat die h. christliche
Kirche von Rath des h. Geistes geistliche Versammlungen und
Orden gemacht, dass man darin dem Rathe Gottes folgen

möge, und diese haben viele Gesetze, die alle darauf gehen".
— Der „höchste und oberste" Grad endlich ist der des —
Mystikers, des „inwendigen" Menschen, der, wie T. sich ausdrückt, „den Vorbildern unsers Herrn nachfolget inwendig
und auswendig, in wirkender, in leidender Weise, mit Bildern
oder in schauender Weise über alle Bilder". Offenbar stossen
wir hier auf die mönchisch-aszetische Anschauung der Zeit und
schon des christlichen Alterthums. Als ob eine solche Scheidung
zwischen Gebot und Rath wirklich zulässig wäre innerhalb einer
neutestamentlich-christlichen Ethik! Als ob das Gesetz, auch
der Buchstabe sich neutestamentlich erfüllen liesse ohne den
lebendigen Geist, d. h., um den Ausdruck beizubehalten, ohne
die Räthe Christi!

T. verlangt nun aber n i c h t, dass alle zu dieser höchsten Stufe sich erheben. Das ist sein praktisch-empi-
rischer Standpunkt, von dem wir oben gesprochen haben.
„Jeder nehme nur wahr, in welchem Weg ihn Gott haben
will, und folge einfältig dem Rufe". Aber dazu seien „alle
Christenmenschen verbunden, die behalten werden wollen,
dass sie wider Gott nichts wollen", dass sie sich „frei
mit ihrem Willen muthig zu Gott kehren und mit Vorsichtig-
keit in den Geboten Gottes und der h. Kirche leben, und sich
ihre vergangene und gegenwärtige Sünde leid sein lassen und
einen ganzen festen Willen haben, die Sünde hinfort nimmermehr zu thun und fürbass in Reue, Busse und in Beichte
leben, mit einem ganzen guten Vertrauen zu der Gnade und
Barmherzigkeit Gottes". Diess sei „ein rechtes christliches
Leben", ein „gutes Maass, das da ohne Zweifel in das ewige
Leben gehöret", eine „nothdürftige Regel aller rechten Christenmenschen". Dieser „einfältigen" Laienfrömmigkeit, die
ihrem „Rufe" (eben d i e s e r Laienfrömmigkeit) folge, erkennt
T. ihren W e r t h zu, wenn sie auch nicht die höchste sei.
„Wisset, dass mancher Mensch mitten in der Welt ist, und
hat der Mann Weib und Kind und die Frau Mann und Kind
und sitzet mancher Mensch und machet seine Schuhe, und es
ist seine Meinung zu Gott, sich und seine Kinder zu ernähren.
Etliche arme Menschen aus einem Dorfe geben ihr Brod mit
grosser Arbeit zu gewinnen, und denen mag geschehen, dass

sie zu hundertmal besser fahren, so sie einfältig ihrem Ruf
folgen, denn die geistlichen Menschen, die auf ihren Ruf nicht
Acht haben". Von den „geistlichen" Menschen dagegen
(Klosterleuten), die allerdings schuldig seien, zu leben und zu
begehren allezeit der Vollkommenheit, klagt T., dass sie vielfach ihren „Ruf" verkenneten. „D i e s e Weise ist in den meisten Theilen sehr verkehrt, dass die, welche Geistliche scheinen, weltliche Herzen haben". Er meint sogar, weltliche
Menschen in der Ehe und etliche Wittwen laufen diesen Menschen weit vor; um wie viel mehr, wenn sie nicht bloss mit
ihrer Laienfrömmigkeit sich begnügen, sondern (in ihrem
Stande) sich zur höchsten Stufe erheben, die an keinen Stand
gebunden sei. Er sagt, j e n e Menschen mit „grossem Namen
und Schein" müssten jenseits „noch grossen Dank nehmen,
dass sie unter die ungelehrten und ungelebten Menschen, die
Bauern, gewiesen werden. Und etliche arme, einfältige Menschen, von denen Niemand nichts hält, werden um ihrer demüthigen Verdrucktheit willen über diese alle sein so hoch,
dass jene kaum darein sehen könnten, da diese sind".

Die neue Geburt und das Seligkeitsgefühl.

Wie die Menschen „mit einem ungeordneten Gemüth und
manch eitlen Bilden" ebendarum auch „manche ungeordnete
Traurigkeit" haben, so ist hinwiederum mit dem Leben aus
Gott auch alles Seligkeitsgefühl, so weit es hienieden möglich
ist, gesetzt. „Die Menschen, die in rechter Lauterkeit leben,
in denen ist der Bronn aller Wonne und Freude". Es ist eine
andere Freude als diejenige der Weltmenschen. Menschen,
„die in Sünde leben", haben überhaupt keine wahre Freude;
„so wenig als die Todten sich freuen mögen, so wenig mag
sich ein Sünder freuen". Die Sünder „haben die Freude der
Traurigkeit"; denn „so der Leib sich frenet in zeitlichen
Dingen und in Sünde, so trauert der Geist"; die Frucht ihres
zeitlichen Lustes „ist viel mehr ein Schein und ein Wahn.
Das Seligkeitsgefühl der Gottgebornen aber ist das selige Gefühl um die erreichte Bestimmung". In dem nun „das Leben
allergrösst ist, in dem ist auch die Freude allergrösst".

Und keine Welt mit allem, was sie auf sie fallen lassen mag, kann diese Seligkeit den Menschen nehmen, die „in allen Dingen das Himmelreich haben, in dem ihr Wandel und ihre Wohnung ist". Sie sind „mit ihrem Herrn in Frieden gesetzt", dass sie „keine Kreatur — nicht der Feind, nicht die Welt, nicht das eigene Fleisch — entfrieden kann".

Dass aber ihre Freude „nicht also gross ist als derer im Himmelreich, das ist Sache, dass sie noch mit dem Leibe beladen sind; und wären sie des Leibes ledig, sie hätten dieselbe Freude, die die im Himmelreich haben". Sie „bedürfen nichts mehr, als dass sie den andern Fuss, den sie noch hier in der Zeit haben, in das ewige Leben nach sich ziehen, weil sie ohne Mittel in das ewige Leben gehören". Aber auch diess wird kommen. „Es ist jetzund mit ihnen angefangen und wird ewiglich währen".

Uebrigens, sagt T., gebe es Stufen dieses Seligkeitsgefühls, das „dem Geiste" werde, wenn die „Geburt" in ihm geschehe; es gebe eine j u b i l i r e n d e, ausbrechende Freude, die „inwendig quelle, wie gährender Wein, der in dem Fass braust"; und man solle sie nur nicht hemmen wollen; „es ist besser, dass es ausbreche, denn dass die Natur zu schwach würde und das Blut zu Mund und zu Nase herausbreche". Diese jubilirende „Freude", von der auch Suso und Rusbroek viel erzählen und die sie in gleicher Weise beschreiben, auch gleich stellen als mehr der untern Stufe angehörig, diese „geistliche Trunkenheit" muss damals, wie ähnlich noch oftmals später unter ähnlichen Verhältnissen, bei den der Mystik zugewandten Gemüthern auf ihrem ersten Stadium häufig vorgekommen sein. „So wird der Mensch Gottes also voll, dass er in Wonne und Freude seiner selbst vergisst und ihn dünket, wie dass er grosse Wunder vermöge. Ja, ihn dünket, er solle wohl und fröhlich gehen durch Feuer und Wasser, ja auch durch tausend Schwerter, er fürchtet weder Leben noch Tod, noch Lieb, noch Leid. Und das ist dess Schuld, dass diese Menschen sind in Gottes Lieb trunken worden. Diese Freud' heisst Jubiliren. Unterweilen schreien sie, unterweilen lachen sie, dann singen sie; das können die Vernünftigen nicht begreifen, die hievon nichts wissen,... als was die Natur gibt;...

und fallen alsbald mit Urtheil auf die Auserwählten Gottes....
Diese aber haben einen lechzenden Durst nach Gott;... denselben Menschen brechen recht ihre Herzen entzwei nach unserm
Herrn. Das sind die grossen Werke Gottes, dass diese Menschen die grossen Werke Gottes nicht erleiden können, die
in ihnen so gross und so überschwänglich sind. Wisset, dass
davon mancher Mensch gestorben ist, dass er sich diesem
wunderlichen Werk also sehr ergab, dass es die arme kranke
Natur nicht erleiden mochte". Wenn diess aber der Herr sehe,
so entziehe er ihnen das süsse Empfinden; „so werden sie
dann auf sich selber gelassen, dass sie da sehen, was sie sind,
und was sie vermögen durch ihr eigenes Vermögen.... Und
sie werden also demüthig und gelassen und gutgläubig gegen
alle Menschen und stille mit ihren äusseren Werken". Denn
dieses Jubiliren sei doch noch ein niederer Grad gewesen;
„diess Gestürme und diese Werke, in denen will Gott keine
Weile wohnen.... Es ist ihm da zu klein und zu enge, er
kann seines Werkes da vollkommen nicht bekommen. Er will und
muss wohnen in den obersten Kräften der Seele". Der Mensch
spüre dann oft wenig von der Lust, „die in den Zuwürfen
geschenket wird, es sei in schmeckender oder befindlicher
Weise, es sei schauend oder gebrauchend"; er werde „eingesetzt und gezogen in einen engen Weg"; aber da antworte
Gott „mit sich selber" in „wesentlicher" Weise. Doch
auch dieses Seligkeitsgefühl, wie gross oder wie gut es sei,
so sei es doch „aller der Süssigkeit so ungleich, die man in dem
ewigen Leben habe, wie der mindeste Tropfen Wasser gegen
das grundlose Meer". Es sei nur ein „Vorgeschmack der verborgenen Gemahlschaft", damit Gott die Seinen „stärken will,
dass das Warten nicht zu sauer werde".

Die Bereitung und Erprobung der Freunde Gottes in Leiden, Anfechtungen und »Bekorungen«.

Das Göttliche, das wir als das herrschend gewordene
Prinzip im neuen Leben haben kennen lernen, ist es aber doch
noch stets in menschlichen Gefässen und im Kontakt mit einer

endlichen Welt; daher noch immer die Sünde (s. S. 148.), daher
auch — die Leiden, Anfechtungen, Bekorungen (Versuchungen). „Kinder, wisset, es mag anders nicht sein, man kehre
es wie man wolle, der Mensch muss immer ein Kreuz tragen,
so er anders ein guter Mensch sein oder zu dem ewigen Leben
kommen will.... Diess alles hat der ewige Sohn Gottes, Jesus
Christus, zuvor getragen, und haben es nach ihm Alle getragen, die seine allerliebsten Freunde gewesen sind. D i e s s
K r e u z i s t d e r f e u r i g e W a g e n, a u f d e m E l i a s g e n
H i m m e l f u h r".

T. nennt verschiedene Arten von Leiden. Sie können von
a u s s e n kommen, von der Welt, „und wird der Mensch von
den Kreaturen geschmähet, geurtheilet und durchächtet". T.
eifert viel gegen dieser Welt Weise „mit ihren schweren, rau-
sehenden Worten und mit ihren Urtheilen, die den Gott liebenden Menschen jagen und durchächten". Er muss seine
schweren Erfahrungen gemacht haben (und hat sie gemacht),
wie alle die Männer seiner Richtung: die Mystiker, die Gottesfreunde, die einen religiösen Weg einschlugen, der nicht die
breite Heerstrasse der damaligen Welt, auch nicht der Klo-
sterwelt war. „Der himmlische Vater, ruft er aus, hat seine
J a g d h u n d e überall, in Klausen, in Klöstern, in Häusern,
in Wäldern, in Städten.... Vor Zeiten marterten, bereiteten
und peinigten die Heiden die Gottesfreunde, aber nun thun
es die gut scheinenden Christen, und diese Wunden gehen
auf den Grund, und das sind doch unsere Nachbarn". — Die
Leiden können aber auch von u n s s e l b s t kommen.

Sie können ferner ä u s s e r l i c h e r Art sein, „in der Natur" („Siechtage" z. B.), oder i n n e r l i c h e, „im Geist". Besonders diese letzteren hat er im Auge, wenn er sagt: „Es
haben die Menschen also wunderbarliches Leiden unter sich,
also mancherlei Myrrhe, dass sich kaum Jemand darnach richten mag; aber Gott weiss wohl, was er damit will". Auch T.
hat viel davon gewusst; denn er beschreibt diese mancherlei
„Leiden" wie ein rechter Seelen-Physiolog. Bald sei es ein
im G e m ü t h e A n g e f o c h t e n sein, eine „Bekorung" vom
„Einsprechen" der W e l t oder des „bösen Geistes, der auf
alle Weise den Menschen zu Falle zu bringen sucht"; oder

von der eigenen Natur, vom Blut, von „natürlicher Schwermuth"; auch zuweilen vom „Himmel" (der Luft). Bald seie s ein inneres sittliches Leiden aus der Reaktion der Sünde, von den Nachwirkungen des frühern Zustandes, dem noch nicht völlig gehobenen Widerstreit des Geistes und Fleisches; und „ist der Mensch recht zwischen zwei Wänden, und ist in grossem Weh und Gedränge. Das Schifflein ist in die Höhe geführet, also dass in diesem Menschen, so er in dieser Noth und Verlassenheit steht, alles Gedränge aufstehet, alle Widerwärtigkeit und alle Bilde der Unseligkeit, die der Mensch längst überwunden hat, die streiten nun wider ihn und mit aller Macht kommen sie und stossen ihn auf das Schiff mit grossem Sturmwetter, und es schlagen die Wellen auf das Schiff". T. spricht auch von „zwei Gedrängen", die da in dem Menschen „zusammenkommen"; und das ist „nichts anderes, denn dass der inwendige Mensch allezeit gerne zu Gott wäre, da seine eigene Stätte ist, und diess treibt dann den inwendigen Menschen allezeit zu Gott und nach Gott. Doch jagt der auswendige Mensch einen andern Weg und will allezeit auswendig sein, da auch seine eigene Stätte ist"; und „also ist eine Zweiung in dem Menschen". — Oder es sei (was mit dem vorigen zusammenhängt) „das gräuliche Urtheil und die strenge Beweisung der Gerechtigkeit Gottes, was sich in dem Menschen mit mancher Weise bewähret, mit hartem, peinlichem Leiden, mit einem nagenden Gewissen". Das nennt T. ganz treffend „das Leiden der alten Ehe" (Test.). Oder es seien die Wehen der neuen Geburt: „das inwendige Gedränge, das da von der Entsetzung geboren wird"; und „je mehr der Mensch Eigenheit gehabt hat und mehr Aufenthaltens, in dem er die Angenommenheit gehabt hat, also viel mehr bitter und schwerer der Druck sein muss.... Die Menschen, die hierin stehen, in denen wird ein unleidliches, peinliches Wehe von dem Entwerden geboren; das ist, so dem Menschen diese weite Welt mit einander zu enge werden will, davon wird dann die Natur so bitterlich genöthiget und gedrückt, dass der Mensch nicht wissen kann, was ihm ist oder gebricht; aber ich will euch sagen, was euch gebricht: das Entwerden macht dir diess Wehe, du willst nicht sterben, und

musst doch wahrlich in dir selbst sterben". — Oder es sei
das Gefühl der Ferne, der Abwesenheit Gottes,
eine innere Leere: die Seele fühlt sich so „finster, dürr, kalt,
verlassen von allem göttlichen Trost und Süssigkeit"; es sei
„Winter" in ihr. Gewiss, zu allen Zeiten und unter allen
Verhältnissen haben solche Anfechtungen ernstere Naturen
heimgesucht. Besonders häufig aber finden wir sie — wenigstens einige davon — bei Mönchen, in dem (damaligen) Klosterleben. Es entstanden, auch wenn sie schon längere Zeit
in dieser Lebensweise zugebracht hatten, Wechsel in ihren
Gemüthsstimmungen. „Zu sehr aber in ihre subjektiven Gefühle
sich versenkend, verzehrten sie sich in der Reflexion über diese
veränderlichen Gefühlszustände. Sie fühlten Leerheit in ihrem
Innern, es fehlte ihnen die Freudigkeit und Lebendigkeit bei
dem Gebete. Die hösen Gedanken gewannen desto mehr die
Oberhand, je mehr sie sich darüber ängstigten und grübelten,
statt in einer höheren und alle Kräfte der Seele in Anspruch
nehmenden Thätigkeit sich selbst zu vergessen".

Zuletzt weiss T. auch von einem den Gottesfreunden eigenen Leiden (s. o. die Liebe) — von einem sympathetischen Leiden: „so der Mensch ein Aufsehen hat auf
seinen Nebenmenschen und ihn siehet in Leiden". Diese „mit-
leidende Traurigkeit von Liebe der Menschen", ein rechtes
Liebesleiden, sei ganz besonders eigen gewesen unserm Herrn,
und sei darum auch ein Erbtheil „aller guten Menschen, die
ihm nachfolgen".

Für alle diese Leiden hat T. aus der Tiefe seines Herzens
und seiner Erfahrungen einen solchen Reichthum köstlicher
Wahrheiten, Rathschläge und Heilmittel gegeben, dass er
vielfach an einen Anselm, Bernhard erinnert; als ein so hoch-
erfahrner geistiger Führer, Beichtiger und Seelsorger beurkundet er sich. Hören wir ihn nun im Einzelnen.

Sind es Leiden von Aussen, von den Kreaturen, von
denen man gehasset wird, — „solches Leidens, sagt T., wird
ein rechter, armer Mensch selten immer ohn"; aber eben das,
dass er gehasset werde, das sei ein Zeichen, dass er
ein Kind Gottes, ein „Lieber Christi" sei. Denn „Gleiches liebet nur seines Gleichen", und „Niemand liebet den An-

dern, er finde denn etwas Gleichheit an ihm, beide von Natur
und von Gnade". Nun „stirbet ein wahrer armer Mensch allweg seiner Natur an ihm und an andern Menschen", und darum „wird er von keiner Kreatur nimmer geliebet nach kreatürlicher Weise, noch er liebet Niemand von Natur; wer ihn
liebet, das ist von Gnade"; er wird „allein aus göttlicher Liebe
geliebet"; ebenso ist auch „göttliche Liebe allweg sein Gegenwurf", denn „wer aller Gleichheit der Naturen stirbt, dess
Ausbruch ist göttliche Liebe, und sein Influss ist auch göttliche Liebe". Wer „daher will, dass er nimmer unrecht geliebet werde, der achte, dass er allwegen seiner Naturen
sterbe an ihm und an andern Menschen, und was dann an
ihm geliebet wird, das ist Gott". Wer aber noch „von natürlichen Menschen geliebet wird, das ist ein Zeichen, dass er
noch nicht seiner Naturen todt ist". Dagegen sei „ein gut Zeichen, so ein Mensch in der Welt gehasset wird" und „sich
darüber freuet".

Denselben Gedanken führt T. aus, sofern der gute Mensch
von der Welt geurtheilet werde. Wer „nicht geurtheilt
wird, das ist ein Zeichen, dass er nie rechte Tugend
wirkte, denn die höchste Tugend, die der Mensch mag wirken, die wird allermeist angefochten mit Urtheil" — von denen nämlich, „die in derselben Nahheit nicht stehen", — und
„wer das Urtheil fleucht, der fliehet die Tugend". Um des
Urtheils der Welt willen unter dem Vorwand: „ich will meines Nebenmenschen schonen, dass er nicht an mir falle", solle
aber Niemand die Tugend lassen; denn „Niemand ist schuldig, dass er seinem Besten ausgehe und anderer Menschen
Bestes folge"; ebensowenig wäre es im wahren Interesse des
Nebenmenschen: „denn wahre Tugend ist Niemand (Ur-)
Sache eines Falles, sondern es ist eine Sache, alle Menschen
aufzurichten und sie zu behüten vor allem Falle.... Wenn
Urtheils darauf fällt, das ist nichts anderes denn eine Offenbarung der Wahrheit und der Gerechtigkeit;... und wer sein
Bestes nicht darin nimmt, das ist dess Schuld, dass er sein
nicht würdig ist; und um die Unwürdigkeit soll Niemand eine
Tugend unterwegen lassen; er fiele sonst in dieselbe Unwür-
digkeit". Ebensowenig „liegt Gottes Ehre daran, dass ich

meines Nebenmenschen schone mit Tngenden, sondern dass
ich alle Tugenden vollbringe, und was Urtheils darauf fällt,
das soll ich leiden — und das ist die Ehre Gottes". Wer
daher „die Tugend lässt durch Urtheil willen", der „fürchtet
sein selbst mehr an leiblichem Schaden, denn er andere Leute fürchtet an ihrem geistlichen Schaden"; und das
„ist ein Zeichen, dass er nie rechte Tugend gewann", denn
„der gestorbene Mensch vollbringt die Tugend und sollte auch
höllische Pein darauf fallen"; denn „er wirket keine Tugend
weder von Furchten der Hölle noch um das Himmelreich, denn
allein von lauterer, göttlicher Liebe". Wer daher „noch etwas
Sehens hat auf die Leute nach ihrer Gefälligkeit, dessen Auge
ist nicht lauter und davon auch sein Werk nicht".

. Aber nicht bloss über die Anfechtungen und Leiden von
der Welt her hat T. die Freunde Gottes zu verständigen, die
ihre innern Wege gehen; er weiss auch von Anfechtungen von
der geistlichen Welt her. „Unser Herr „übet diese
Menschen allezeit; und alle die bei ihnen sind, üben sie.
Wo in einer Versammlung (Kloster) dieser Menschen sind,
eins oder zwei, die andern alle üben sie mit harten Weisen,
Worten und Hammerschlägen. Vor Zeiten (s. o.) marterten
Heiden und Juden die Heiligen; nun sollen dich martern, die
auch sehr heilig scheinen und viel mehr Werke thun, denn du.
Denn sie sprechen: dir sei zumal unrecht, und sie haben viel
gesehen und gehört, und wissen viel, und du weisst nichts,
was du anfangen oder wo du dich hinkehren sollst. Das geht
durch das Mark; nun leide dich, lasse dich, hüte dich und
schweige still. Sprich inwendig: Lieber Herr, du weisst es
wohl, ich meine nichts denn dich".

Warum nun aber die, so Gott ernstlich meinen, mit solchen Anfechtungen heimgesucht werden? „Mehr denn als sie
noch in der Welt waren"? Schon desswegen, weil sie „ihrer
jetzt mehr wahrnehmen"; „vorher kam die Anfechtung;
nun aber werden sie ihres Jagens gewahr"; dann: weil Gott
geprüfte Leute an ihnen wolle. „In gleicher Weise wird
der andächtige Mensch gejaget, wie ein edles Thier, das man
dem Kaiser geben will; dasselbe Thier wird gejaget, von den
Hunden gerissen und gebissen, und das ist dem Kaiser viel

angenehmer, denn ob es sanftmüthiglich gefangen wäre.
Der ewige Gott ist dieser ehrwürdige Kaiser.... Er hat seine
Hunde dazu, das ist der böse Geist,... die Welt und die Men-
schen,... deine eigenen Gebrechen und die Neiglichkcit deiner
Natur". (Ein Lieblingsbild dieses Gejägde!) Das alles aber thue
Gott „von unmässiger Liebe willen", um dadurch diese Menschen immer inniger in ihn zu jagen. „Um des Leidens willen hat er alle Dinge gesetzt in Widerwärtigkeit wider den
Menschen; ebenso wohl und ebenso leichtlieh hätte Gott das
Brod lassen wachsen als das Korn; aber der Mensch muss in
allen Dingen geübet sein. Und also ein jegliches hat er in seiner Ordnung geordnet und versehen, dass der Maler nimmer
also in seinem Sinne versieht, wie er einen jeglichen Strich
streiche an dem Bilde, wie kurz, wie lang, wie breit er sein
soll, das doch nicht anders kann sein, soll anders das Bild eine
meisterliche Form gewinnen und die roth und blaue Farbe
erscheinen. Gott ist tausendmal mehr geflissen,
wie er den Menschen mit manchen Strichen des
Leidens und mancher Farbe zu der Form bringe,
dass er ihm auf das Höchste gefällig werde, wäre
es nur, dass wir dieser Gabe recht thäten".

T. hat aber, wie schon gesagt, auch für jedes einzelne
Leiden sein Wort. Ists von dem Einsprechen des bösen Geistes oder des Weltgeistes, sinds dessen „Bekorungen", die in
uns aufsteigen ohne unsern Willen —: „Ich sage euch, Kinder,
was wider meinen freien Willen ist, es sei halt wie bös oder
wie unrein es wolle, das befleckt mich nicht, es wird mich wohl
reinigen, läutern und lauter bereiten zu userm Herrn und zu
sonderlicher Gnade. Darum habet guten Muth und seid fröhlich und nicht traurig und schwermüthig, ob euch auch unterweilen böse, unreine Gedanken zufallen, sie seien wie böse
sie wollen, daran kehret euch nicht. Denn wenn sie dir
wider deinen Gedanken und Willen einfallen, so
lasse es auch wieder ausfallen. Wenn dir diess allermeist in dem Gebete zufällt und in deinem Zukehr zu Gott, das
lasse recht in dem Namen Gottes sein, und diese Anfechtung
und diesen unreinen Unflath leide recht fröhlich, demüthig
und gelassen um den Willen Gottes. Wisset, der Mensch kann

dadurch dazu kommen, dass ihm solche Dinge bekannt und offenbar werden, welche ihm zumal ein fremdes Ding wären, wäre er nicht durch diesen Weg gegangen.... Und ob auch alle Teufel, die in der Hölle sind, mit einander mit aller ihrer Bosheit, Schalkheit und Unreinigkeit durch eure Seelen und durch euren Leib flössen und durch Fleisch und Blut, und dazu die Welt mit einander mit aller ihrer Unreinigkeit, so dasselbige Alles wider deinen Willen ist, dass du eher fröhlich mit Gott sterben wolltest, ehe du in dieser Sünden eine fallen wolltest, so schadet es dir gegen Gott nicht ein einiges Haar breit". Darum „stehe fest, es schadet dir gar nichts; denn du musst ohne Zweifel gejaget werden, soll dir anderes recht geschehen".

Ganz so sprechen die andern Mystiker. Ists aber der Widerstreit, die „Zweiung" zwischen Geist und Fleisch, wie Skt. Paulus spricht, sinds „die zwei Gedränge" des inwendigen Menschen, „der allezeit gern zu Gott wäre, da seine eigene Stätte ist", und des auswendigen, „der einen andern Weg jagt" —: „Wo diess Jagen recht und wohl verstanden wird, da stehet es sehr wohl in demselben Menschen, denn alle Menschen, die von dem Geiste Gottes gejaget werden, sind die auserwählten Kinder". Oder ists das alttestamentliche Gericht Gottes im Gewissen —: „Wer zu dem neuen kommen will, der muss mit dem alten vereiniget werden; siehet der Mensch der alten Ehe recht unter die Augen, so wird er durch die alte zu der neuen bereitet;... kehret es wie ihr wollet, ihr müsset diesen Weg und keinen andern".

Oder sind die Leiden die Wehen der neuen Geburt —: „Verlasset euch auf mich, es stehet nimmer ein Gedränge in dem Menschen auf, Gott will nach dem eine neue Geburt in ihm erneuern". Aber auch das „sollst du wissen, dass die wahre göttliche Geburt in dir nimmer geschieht, diess Gedränge und diess Leiden muss zuvor von Noth in dir vorgehen, und darnach erst die Geburt".

Oder ists die innere Dürre, Leerheit überhaupt — ein Kapitel, worauf T. besonders oft zu sprechen kommt; da müsse man, sagt er, wohl unterscheiden zwischen Abwesenheit Gottes und zwischen der subjektiven Empfindung,

als ob Gott nicht gegenwärtig sei. Gott könne da sein, aber
er könne sich dem Gefühl entziehen; es scheine Winter in der
Seele, aber das sei doch „ein anderer, als da wo das Herz
erkaltet und erhärtet ist, weil der kalte Schnee und Reif, das
sind die leidigen, verdörrten und verderbten Kreaturen, mit
Liebe und mit Lust das Herz besessen haben". Man solle nur
daran festhalten, G_{ott} sei d a, w o m a n i h n m e i n e. „Nun
möchtest du sprechen: wie mag das sein, ich empfinde ihn
doch nicht. Nun merke, das Empfinden ist nicht in deiner
Gewalt, sondern es ist in seiner, so es ihm füget. Er mag dich
weisen, so er will, und mag sich verbergen, so er will.... Das
meinte unser Herr zu Nikodemo, als er sagte: der Geist geistet,
wo er will, seine Stimme hörest du, weist aber nicht von wannen er kommt noch wo er hinfährt.... U n s e r e Zeit ist allezeit, dass wir hinaufgehen (über uns selbst gehen); Gottes
Zeit aber ist nicht allezeit, dass er sich offenbaren und entdecken solle: die Zeit sollen. wir ihm empfehlen.... Er ist ohne
allen Zweifel heimlich da, wo er gesucht und gemeinet wird,
er ist da, aber ist dir noch verborgen;... du findest ihn sicherlich zuletzt". Das predigte er einst den Nonnen zu ihrer Er-
munterung und Aufrichtung. „Es ist wohl ein offenes Zeichen,
dass uns Gott gegenwärtig ist, so sich junger Menschen Herz
zwinget, die von Natur wild und zu der Welt geneigt sind,
dass sie sich mögen lassen zähmen und fahen und Gott nachfolgen und alle Kreatur lassen, und wiewohl sie kein grosses
Befinden von Gott haben, sich doch leiden. E s w ä r e u n -
m ö g l i c h, d a s s G o t t n i c h t d a w ä r e, doch heimlich in
einer verborgenen Weise". Gott könne sogar „manchem lauteren Menschen die vorschmeckende Befindlichkeit des Grundes entziehen a l l s e i n L e b t a g e, dass ihm nimmer ein
Tropfen des Mahls werde, bis an sein Ende oder vielleicht bis
er dorthin kommt". Aber dabei habe Gott seine Absichten.
„Er lässt unterweilen die Menschen für sich liegen und sie
sind zumal genesen und wissen es doch nicht und haben sich
alles ihres Lebens versehen; und das thut der ewige Gott um
das Allerbeste". Denn „wüssten sie, dass sie also ganz genesen wären und gesund worden, sie kehrten alsbald auf sich
selber mit Wohlgefälligkeit.... Denn in der Natur mag es gar

leicht werden, dass sie über sieh schwimmt". Oder auch weil
sie „so geniessig" wären, müsse Gott ihnen „die Reichheit"
nehmen; ihr süsses „Empfinden" sei „ein krankes Fundament" gewesen, „darauf sie ihre Zuversicht gesetzt hätten und
nicht wahrlich auf den lautern blossen Gott in Liebe und in
Leid". Oder überhaupt „schlage" Gott den Menschen wieder
nieder, den er zuvor ergötzet habe, „dass er in seinem Befinden sich nicht überhebe". — Uebrigens „so der Mensch das
Seine thut und er von innen verlassen ist, das gehet über
alles Schmecken und Befinden, das man haben mag;
diess bittere Elend trägt den Menschen näher in den
Grund lebendiger Wahrheit denn alle Befindlichkeit".

Nicht bloss sein erleuchtend und tröstend, sondern auch
sein ermahnend Wort hat T. für diese inneren Leiden.

Das eine Wort heisst: stille halten, ausleiden;
denn „welches Ding dir diess Gedränge und Leiden entlöset,
das gebieret sich in dich und benimmt dir die Geburt, die
wahrlich in dir sollte geboren worden sein, wenn du dich anders ausgelitten hättest". Daher warnt er vor allem Auslaufen, Ausbrechen, um diesem Gedränge zu entgehen, wie
„manche Menschen thun", die gen Rom laufen, unter die Armen, in Klöster, in Klausen, zu den Lehrern, Gottesfreunden,
„viel fragen" und „hören", und „hoffen, sie sollen etwas hören, wodurch ihnen etwas Aufenthaltes und dadurch ihnen geholfen würde". Denn „die Natur wagte sich viel lieber gen Rom zu gehen, denn bis auf den letzten
Punkt auszuleiden. Aber laufe so lange du lebst, es
hilft dir zumal nichts, du musst es von innen erwarten und
da nehmen,... ohne allen Behalt von aussen aller
Kreaturen.... Lasset das gemeine Volk laufen und dasselbe hören, dass sie nicht verzweifeln noch in Unglauben fallen, aber wisset, alle die Gottes sein wollen, die kehren
sich in sich selbst". Ebenso wenig solle man „aus diesem
Gedränge laufen mit natürlicher Behendigkeit, das
ist, mit vernünftigen Dingen und Bilden." Man solle sich
alles „leidigen Suchens der behenden Natur" einfältiglich entschlagen, sich „gütlich lassen in diesem Gefängniss Gottes"

und warten, bis Gott selber ledige. Es gehen daher oft „einfältige Leute schnelliglicher zu und viel besser, als die mit den
vernünftigen Dingen umgehen, denn die Einfältigen folgen
Gott einfältiglich und wissen nicht anders, sondern sie trauen“.
Aber auch mit aszetischen Uebungen solle man sich nicht zu
„behelfen“ suchen. „Sich Lassen in diesem Elende ginge
wahrlich vor Gott und vor allen seinen Auserwählten über alle
Uebung des Menschen, es sei Wachen, Fasten, Beten, oder
dass du alle Tage tausend Ruthen auf dir zerschlügest“. „Ausleiden“ mache „die adelichen“, „die allerliebsten Menschen
Gottes“. Und „laufen dir deine Gebrechen mit strengen,
schweren Urtheilen entgegen und strafen dich, bleibe dabei,
und strafe dich selber viel härter, und stände das Urtheil ein
ganzes Jahr, das wäre sehr gut, steinige dich selbst damit vor
Gott, in dir selbst“. So ganz verlangt T., dass man sich
„hüte, dass nichts anderes dazu schlage, was dieses Leiden
erleichtere, und man nicht fremden Trost suche, welcher die
Innigkeit vertreibe“; er will ein „Ausleiden“ bis zu dem
Punkte, dass man nicht einmal zu den Gnadenmitteln seine
Zuflucht nehme: zur Beichte, zur Anhörung des Wortes Gottes, zu dem Abendmahl. Man „solle in diesem Gegenwurf
(des innern Gedränges) keinen Behelf suchen noch meinen (z. B.), an dem Sakrament zu empfangen.... Alle Behelfung ist dir hier ein Hinderniss“. Also doch eben nur unter
dem Gesichtspunkt als Behelfung der Natur weist T. den
Gebrauch der Gnadenmittel in diesem Prozess des Entwerdens der Natur ab. Diess müssen wir festhalten und dabei die Weise der gewöhnlichen Menschen, ihre innern Bedrängnisse, „das Leiden der alten Ehe“ im Gewissen „auszuwirken und herauszutreiben“, z. B. mit vielem Beichten,
um durch diess Mittel als einen Behelf der Natur jener innern
Lebens- und Gewissensforderungen los zu werden — ein Missbrauch der Gnadenmittel, wie T. meint, im Interesse und zur
Erleichterung des natürlichen, nicht zur Förderung des geistigen Menschen! „Wisse in der Wahrheit, ob du zu tausendmal beichtetest, es hülfe dir nichts, es sei denn, dass du
die Todsünde mit Genugthung büsstest, das andere soll man
Gott demüthig lassen. Leidet euch hierin, bis euch Gott das

durch seine Gnade leicht macht und beichtet i h m die anderen
in dem Gemüthe inwendig in der Seele, mit einem demüthigen Gelassen in den göttlichen Willen und sein verborgenes
Urtheil zu Grund, bis auf den letzten Punkt ohne alle Hülfe
euret selbst und aller Menschen.... Viele eilen auch zu dem
F r o n l e i c h n a m, die Süssigkeit Gottes bedenkend, die sie
an dem würdigen Sakrament gehabt haben, als zu einer Behelfung der Natur, die in diesem Gedränge zäppelt und gern
Trost, Freude und Aufenthalt nähme.... Wäre es dir freilich
eine Hülfe zur g e i s t i g e n Geburt, so möchtest du gar wohl
in der Woche 2 oder 3 Mal das h. Sakrament empfangen,
besonders wenn du das in dir findest, dass es dich zu deinem
Grad fördert". Aber etwas anderes sei es, wenn man „dazu
laufe", um den Geburtswehen des Geistes zu entgehen. Daher würde er, sagt T., so Einer in diesem Gedränge zu ihm
käme und das h. Sakrament zu empfangen begehrte, zuerst
ihn fragen, wer ihn hergesandt hätte, ob es Gott oder die
Natur um ihren Behelf gethan hätte oder die gute Gewohnheit. „Fände ich dann die zwei letzten beiden in dir, so gäbe
ich dir das h. Sakrament nicht, ausser wenn deine Natur so
übertrefflich krank wäre, dass du dieses Gedränge und dieses
Leiden nicht wohl könntest ausleiden. Wenn das wäre, so
möchtest du wohl zu dem h. Sakramente ein- oder zweimal in
der Woche gehen, n i c h t z u e i n e r Lösung, s o n d e r n
d a s s d u e s d e s t o b e s s e r a u s l e i d e n k ö n n t e s t".
Das a n d e r e Mahnwort, das T. für diese Zustände gibt,
heisst: „in G o t t laufen, fliehen". „Der Mensch soll thun,
als wenn ein furchtbar Wetter kommt, Regen, Wind oder
Hagel, da fliehen die Menschen unter ein Dach, bis das Wetter vergehet.... Also, lieber Freund, stehe unter dem Dach
des göttlichen Willens". Das sei die Weise der Gottesfreunde,
des vollkommen armen Menschen. „Wenn grosse, schwere
Leiden auf die Menschen fallen, mit demselben Leiden fliehen die wahren Freunde Gottes zu unserm Herrn und leiden
diess gütlich durch seinen Willen und nehmen es allein von
i h m und von Niemand anderem, und verlieren sich zumal in
Gott den Herrn, dadurch ihnen denn Gott s o gar innig und
lieb wird, dass ihnen Leiden nicht Leiden ist, sondern es

ihnen grosse Freude und Wonne ist, durch Gottes Willen zu leiden".

U e b e r h a u p t weiss T. den S e g e n eines Leidens nicht reich genug zu preisen, das „n a c h   s e i n e m   A d e l" empfangen werde, das heisst, das, was es auch sein möge, und woher es auch kommen möge, als von Gott, als ein Rathschluss zur „Bereitung" und „Vollendung" des Menschen, „zu der du nimmer kommen könntest, denn mit Leiden und Anfechtungen" angenommen und d e m g e m ä s s — „im höchsten Grade göttlicher Liebe" — getragen werde.

Diesen Segen fasst T. i m   A l l g e m e i n e n in das Wort zusammen: „Kein Ding mache den Menschen G o t t   g e m e i n e r denn Leiden". Oder: Nichts sei „f r u c h t b a r e r als die Ungleichheit, welche das Wesen der Wahrheit bringe". Das Gleiche sei „die Blume", das Ungleiche „die wahre, wesentliche Frucht", das Gleiche sei dem Ungleichen dienstbar und gehe ihm voran; es helfe und stärke den Menschen zu der Bürde des Ungleichen, aber in der Ungleichheit werde der Mensch in der Wahrheit in Gott verborgen geboren.

T. bezeichnet diesen Segen näher. Er spricht von einer s ü h n e n d e n Kraft der Leiden, einer Verallgemeinerung der Idee von der sühnenden und sündentilgenden Kraft des Marterthums. Z. B. wenn der Mensch sich mit Sünden geworfen habe in den Hass Gottes, so „soll der Hass vertilget werden mit dem Hass der Kreaturen"; und „wer allermeist gehasst wird im Reuen der Sünden, dem wird allerschierest vergeben seine Sünde". Solle der Mensch aller Urtheile, die er verschuldet, ledig werden, so müsse er geurtheilet werden; und „mit dem Urtheil, das er geduldiglich leidet, wird ihm genommen das Urtheil Gottes"; und „das ist eine Nothdurft denen, die zu Gott gehören, dass sie mit mannigerhand Urtheil bereitet werden". Diese sühnende Kraft vermittelt T., wie man sieht, durch ihre s ü n d e n t i l g e n d e „bereitende"; denn kein Ding bringe mehr Lebens in der Seele denn Leiden; es vertilge alles das, das da tödtlich sei in der Seele, das „hässig" und „Gott unangenehm" sei. Dieweil der Mensch in der Zeit seie, möge er nicht ohne gebrestenlichen Einfall bestehen; diesen nun müsse ein jeglicher mit Leiden vertilgen,

„wer allermeist leidet, das ist ein Zeichen, dass ihn Gott aller-
lauterst macht".

Ganz besonders wachse der Mensch im Leiden, so es recht
empfangen werde, an Willenskraft und Licht. Oder,
wie T. sich ausdrückt, Leiden stärke den Menschen auf dem
Wege Gottes; „Kraft fliesset allwegen durch Leiden in die
Seele"; und „wem gebricht an Leiden, dem gebricht an Kraft",
und „wem gebricht an Kraft, der mag nicht allwegen vor sich
gehen". Ebenso „erleuchte" es die Vernunft; darum „die
durchgelittenen Menschen das sind die allervernünftigsten
Menschen"; denn „Leiden gibt ein jeglich Ding zu erkennen,
als es ist"; und „wie üppige Freude und zeitliche Wollüste
die Vernunft in das Finsterniss der Kreaturen zerstreuen, also
dass sie zumal blind wird, — und das sieht man wohl an der
Welt Liebe; also sammelt Leiden die Vernunft von allen
Dingen, die Gott nicht sind, in sich selber und nimmt ihn
ihr selber; und in dem Licht, das sie ist und Gott in ihr, ist
die Wahrheit eines jeglichen Dinges, als es ist"; und „also
kommt der Mensch in Erkenntniss sein selbst und aller Dinge
in Leiden"; denn „dann erkennen wir Gott in uns und uns in
Gott, so alle Dinge, die Gott nicht sind, aus uns mit Leiden
getrieben werden, und also bleibt Gott in uns allein bekannt...
Der Mensch wird seines inwendigen Grundes nimmer besser
gewahr, denn in der Anfechtung des Leidens".

Das sind einige Züge, wie T. den Segen des Leidens beschreibt; „und ist dasselbe gar ein edel Kraut, das dem Menschen gar schier seine Wunden heilet;... und spricht ein hoher
Meister: So wenig das Fleisch ohne Salz bleiben mag, dass
es nicht faul werde, so wenig mag der Mensch Gott wohlgefallen ohne Leiden und Anfechtungen". Sie seien den Menschen so „nothdürftig als die Gnade", und Gott „mag sich
darin eben so geben, wie durch die hohen, ehrwürdigen Sakramente". Aber damit es „lohnbar" sei, wiederholt T. stets,
müsse es als von Gott genommen und nach Gottes Absichten
getragen werden. „Etlichen Menschen freilich genügt nicht
an der Myrrhe, die ihnen Gott giebt, sie wollen ihrer noch
mehr auf sich laden, und machen böse Häupter und kranke
Phantasieen und haben lange gelitten und viel, und thun den

Dingen nicht recht; es wird ihnen daraus wenig Gnade, denn sie bauen auf ihren eigenen Aufsatz, es sei in Pönitenz oder Abstinenz oder im Gebete oder in Andacht.... Gott hat sich (aber) dessen berathen, dass er nichts lohne denn seine eigenen Werke... Was er nicht in dir wirkt, davon hält er nichts".

T. ist sich daher ganz konsequent, wenn er geradezu die Behauptung aufstellt, das Leiden als ein Segens-Leiden sei ein Vorzug „der guten Menschen"; und darum lasse auch Gott die Sünder „wenig leiden in der Zeit"; denn „gäbe Gott weltlichen Leuten Leiden, und guten Leuten zeitlich Gut, so thät er dergleichen, als der seinen Freund ertödtete, und seine Feinde lebendig machte". Gute Menschen dagegen müssen desswegen viel leiden, und „wer weise wäre, der empfinge Leiden mit grösserer Freude, denn ob man ihm alles gute Erdreich gäbe". Wer somit sich nicht freue in Leiden, das sei „ein Zeichen, dass sein Leiden nicht fruchtbar sei; dass er es nicht nehme aus dem Grunde der unaussprechlichen Liebe Gottes".

In dieser Art löst er auch den scheinbaren Widerspruch zwischen dem Seligkeitsgefühl des neuen Lebens, das er einerseits behauptet und den beständigen Leiden, die er andererseits auf eben diese Menschen fallen lässt. Das Seligkeitsgefühl „ist ein inwendiges" und „kommt von einer lauteren Konscientia", — ein „Zeichen, dass Gott das Herz besessen hat, und sich gesetzt an der Traurigkeit Statt; wo dann Gott ist, da ist alle Freude". Der „äussere" Mensch möge wohl „trauern,... und grösslich leiden und durchbewegt werden", aber der Geist freue sich in Gott und habe Frieden, und „die Freude und die Freudigkeit haben gute Leute". Ja, das Leiden selbst, die Traurigkeit „bereite", „gebäre" die Freude; so dann „der Mensch alles Leiden durchleidet, so ist er alles Leidens ledig". Und also „stehen Leiden und Freuden mit einander, und nehmen diese Menschen in Leid Liebe, in Freude Leid, in Schmach Ehre, in Trost Untrost", alles in der „süssen Liebe Gottes, in der sie alles Leiden vergessen, ob man sie liebe oder hasse", „nach der Aehnlichkeit mit Christo, der in allem seinem Leben mehr trostlos, arm

und elend gewesen, denn je ein Mensch in dieser Welt", und
„doch waren hiedurch die obersten Kräfte seiner Seele
nicht minder selig denn sie jetzt sind".

„Eine Seele voll Gottes", so karakterisirt daher
T. den Christen hienieden, und „ein Leichnam voll
Leidens"!

T. hat bis jetzt verlangt, dass der Mensch die Leiden, die
auf ihn fallen, „verschuldet oder unverschuldet, inwendig
oder auswendig" mit Geduld auf sich nehmen und „gütlich
und fröhlich" um Gottes willen leiden solle, denn „ich sage
dir in Wahrheit, fleuchst du den Reif, so fällst du in tiefen,
kalten Schnee". Er hat dabei auf den innern Segen des Leidens hingewiesen: denn „wähne nicht, dass deine Natur überwunden sei, sie muss angegriffen werden; es kommt dir nicht
vom Himmel herab in deinen Schooss geflogen"; auch auf die
Pflicht der Nachfolge Jesu Christi und auf die Liebe zu Christo: denn „des Christen Würdigkeit ist das Kreuz Christi, d. h.
Verschmähung, Durchächtung und alles Leiden und da nimmt
er Ehre und Würdigkeit an; denn göttliche Liebe will Niemand gleich sein, denn dem, den sie liebet, und was sie von
der Gleichheit ziehet, das ist ihr peinlich, und was zur Gleichheit ihres Geliebten führet, das ist ihre Freude". Eine solche
Leidenswilligkeit verlangt T. im Gegensatze zu den Vielen „von
Simonis Geschlecht, der das Kreuz Gottes hintennach trug,
aus Zwang und nicht aus Liebe.... Gar viele Menschen, weltliche und geistliche, wären gerne Nachfolger Christi, so es in
einem Gleichen stünde, d. h. wenn sie nicht Widerwärtigkeiten hätten". Sie wollen „nicht den wilden, wüsten, unbekannten Weg gehen, da Gott den Menschen leitet, zieht und
ihn sterben lehrt". Aber einen andern Weg der Nachfolge
Christi gebe es nicht.

T. geht aber noch weiter. „So der Mensch in dem
Licht des Glaubens ansiehet die Liebe unsers Herrn, die ihn
zwang zu leiden also grosse Marter durch ihn, so entspringet
eine Wiederliebe in dem Menschen, dass er gerne von rechter Liebe unserem Herrn alles das wollte vergelten, das er
je durch ihn (um seinetwillen) litte, und also fällt er mit
Willen auf alles das Leiden, das man ihm anthun möchte....

Und seine Begierde ist dann grösser zu Leiden, denn zu keinen Dingen, die in der Zeit sind, und von rechter widerlie-
bender Liebe wirft er von ihm alles das, das Lust, Trost und
Freude bringen mag, und gibt sich in ein Darben alles leiblichen Lustes und Trostes". Und „darum so thut er alles,
das er vermag, dass ihm Leiden begegne"; und
„was ihm dann begegnet nach den Werken, das erfüllet er
mit dem Willen". Und nicht bloss „in das eigene, wirkliche
und mögliche Leiden" dringe dieser freie, freudige Leidens-
wille, sondern „in alles das Leiden, das Christus je gelitten und alle Heiligen je gelitten und noch alle Menschen
je leiden mögen, und er einiget sich darin mit vollkommener Liebe, dass er ihm des Leidens wohl gönnete, dass er
es alles hätte oder noch leiden sollte". In diesem sympathetischen Leiden, das T. auch ein Leiden im Willen nennt, ein
im Willen, in der Liebe sich gemeinsam Machen mit aller
Welt Leiden, mache sich der Mensch zugleich „theilhaft all'
des Segens", der in dem Leiden unsers Herrn und aller
Heiligen und aller guten Leute sei. Und „also machen sich
noch gute Leute der Märtyrer Gesellen mit einem liebenden
Willen aller Martern" (s. S. 183 ff.).

Die „falschen Gründe".

T. berührt in seinen Predigten wohl auch die rein
„weltlichen" Menschen (vergl. S. 39), die „in den Kreaturen
bleiben und in den äusseren Sinnen"; und „alle ihre Zeit geht
damit hinweg". Aber diese Menschen seien „zumal in der
Finsterniss und „widerwärtig dem göttlichen Lichte". Auch
in der geistlichen Welt gebe es solche rein weltliche Herzen,
„gezwungene Knechte Gottes", die man zu dem Chor und zu
dem Dienst Gottes zwingen müsse, und die das Wenige, was
sie thun, „nicht aus göttlicher Liebe noch aus Andacht, sondern aus Furcht thun"; oder „gemeine, verdingte Knechte
Gottes, Pfaffen und Nonnen und alle solche Leute, die Gott
um ihre Pfründe und um Präsenz dienen", und „wären sie
nicht sicher, sie dieneten Gott nicht und kehreten wieder um

und würden Gesellen der Feinde Gottes". Von allen diesen
Menschen halte Gott „nicht einen Tropfen", sagt T. Er selbst
hat es darum auch nur seltener mit Solchen zu thun, die so
ganz ausserhalb aller religiösen Bewegung und Strömung
stehen.

Dagegen bekämpft er um so eifriger alles, was nur immer
die Seele irren und hemmen kann auf ihrem Heilswege, alle
in seiner Zeit vorzugsweise vorkommenden T r ü b u n g e n,
A b w e g e, Z e r r b i l d e r des religiösen Bewusstseins, die
„f a l s c h e n G r ü n d e", welche die Seele besitzen, dass sie
Gott nicht lauter und rein meint, und die sich zu f a l s c h e n
Z u s t ä n d e n f i x i r e n. „Die böse Natur ist so aufgreifig
und so sehr auf sich selbst geneigt, dass sie allezeit hinzu-
schleicht und sich dessen annimmt, was ihr nicht ist und verderbt und befleckt die lautern Gaben Gottes und hindert damit den ewigen Gott seines edlen Werks. ... Es geschieht oft,
dass, wenn man wähnet, dass Gott lauter da sei, so ist da oft
die vergiftete Natur und der Mensch suchet das Seine und
meinet es auch in allen Dingen.... Wisset, es sei im Geist
oder in der Uebung der Tugend oder an Gott selbst, so schlägt
die Natur allewege zu, ehe man es recht gewahr wird, und
diese ungeordnete Liebe hat die Natur zu sich selbst". Sie
will eben „etwas in sich selbst sein" und will „sich aller Dinge
mit Eigenschaft unterwinden, wo sie anders kann oder mag,
wenn man ihr anders nicht allezeit mit einem emsigen Abgehen und Sterben in sich selbst widerstehet, in Geist und in
Natur"; denn „es ist der Natur allezeit von Grund aus zuwider,
unterzugehen und unterdrückt zu sein, und in allen Dingen
sich selbst und ihres eigenen Willens zu sterben, darin sie
Aufenthalt finden könnte".

Diese „Eigenschaft" (sucht) kann sich nun im religiösen
Prozess auf die V e r n u n f t (vergl. S. 106) schlagen; oder
wie T. sich ausdrückt, „dem Berühren des Grundes (der religiösen Bewegung im Innern) könne begegnet oder gefolget
werden in vernünftigen Weisen", statt sich in den Grund zu
lassen. Da „kommen die Menschen mit ihrer natürlichen Behendigkeit und mit vernünftigen Bilden, und mit hohen Dingen, und damit nehmen sie grossen Frieden, und wähnen

in den Werken vernünftiger Bilde ein Jerusalem zu sein". T.
warnet vor dieser Vernunftspekulation, die Herz und Willen
leer lasse. „Frage nicht nach .hohen Künsten, sondern geh'
in deinen eigenen Grund und lerne dich selber kennen; und
frage nicht von der Verborgenheit Gottes, von seinem Ausfluss und Einfluss, und von dem Icht in dem Nicht, und von
dem Funken der Seele in der Istigkeit; denn euch, sprach
Christus, ist nicht noth zu wissen von der Heimlichkeit Gottes.
Wir sollen halten einen einfältigen, wahren, ganzen Glauben
an einen Gott in Dreifaltigkeit der Personen…". Offenbar geht
das auf die Scholastiker wie auf die „freien Geister", welche
diese trinitarischen und psychologischen Mysterien in einer
Weise behandelten, die, losgeschält von aller Beziehung auf
das eigene innere Leben, dem spekulativen Spiel und der Eitelkeit um so mehr konvenirte. Und um so verderblicher und
gefährlicher erschien diess Spiel (besonders der freien Geister)
unserm T., je grössere Prätensionen es machte.

Diese „grossen, subtilen, vernünftigen Geister" — so
nennt sie T. — die „mit ihrem natürlichen Lichte in ihrem
blossen, ledigen, unverbildeten Grunde kommen, besitzen
da ihr natürliches Licht mit Eigenschaft, gleich als ob es
Gott sei und es ist nichts denn ihre blosse Natur". Sie
„gloriren auf ihre hohen vernünftigen Weisen und Worte",
und „vermessen sich mit der vernünftigen, mit der lebenden
und wesentlichen Wahrheit"; aber „damit, dass man die Wahrheit be(er)kennt, damit hat man sie nicht". Also „betrügt
mancher Mensch sich selbst, und wähnet, er habe darum
Alles, weil es ihm in der Vernunft vorspielt, und ist ihm hundert Meilen ferne, und vermisset damit den edlen Schatz, das
ist, eine tiefe versinkende Demuth, in dem falschen Schein
vor sich selbst und auch vor andern Menschen". T. nennt diese
Menschen „besessene vernünftige Menschen", besessen von
ihrer selbstsüchtigen Vernunft; damit „geschieht grosser Schaden". Sie hätten es im Wissen, aber „nicht im Wesen"; sie
„haben davon gehört und gelesen und haben es in vernünftiger Weise", aber „nicht in einem wahren Erfolgen".

Oder die Eigensucht macht sich an das fromme Thun
(S. 106); denn wie die Natur in und durch sich erkennen.

wolle (und darin sich fixire), so wolle sie „etwas von sich selbst
gethan haben", denn „sie will ja Etwas in sich selbst sein",
und „begehret also heilig und gross zu sein". Da „suchet
die Natur ihre Ruhe in ihren geistlichen Uebungen, an ihren
inwendigen Weisen und Werken, an ihren Aufsätzen und
abgeschiedenen Uebungen" und „bleibet darin so fest, dass
sie damit den Herrn irren zu der nächsten Wahrheit".

D a h e r , sagt T., stamme die W e r k l i c h k e i t , die
S e l b s t g e f ä l l i g k e i t , Selbstgenügsamkeit, das selbstgemachte Leiden und das lohnsüchtige Thun ü b e r h a u p t , das
er geradezu einen Handel mit Gott, eine S i m o n i e , nennt.
„Sehet, liebe Kinder, das sind alles Kaufleute (S. 30.), die
sich vor groben Sünden hüten und gerne gute Leute wären
und ihre Werke Gott zu Ehren thun, als Fasten, Wachen,
Beten und was dessen ist, allerhand gute Werke, und das
thun sie doch darum, dass ihnen unser Herr darum Etwas
gebe oder thue, was ihnen lieb sei, und suchen sich selbst
in allen Dingen. Sie wollen das eine um das andere geben
und wollen also mit unserem Herrn kaufen und werden in
dem Kauf betrogen, denn alles, was sie haben und zu wirken
vermögen, das haben sie alles durch Gott, darum wäre ihnen Gott nichts zu geben schuldig noch zu thun, er wolle es
denn gern umsonst thun.... Gott ist von Natur ein Ende aller
Dinge, aber in dieser Weise setzest du die armen, geschaffenen Dinge an die Stätte Gottes, in der falschen verdeckten
Meinung um ein böses, schnödes, zeitliches Ding.... Welcher
Mensch aber gute, geistliche Werke wirket, die allein ganz
göttlich und gottförmig sein sollten, und auch erscheinen,
und dann diese Werke in seiner Meinung um zeitliche Sachen
giebt, welcherlei Sachen das sind, es sei inwendig oder auswendig, die in der Wahrheit Gott nicht lauter sind, der macht
sich etwas schuldig an der Sünde in geistlicher Weise, die da
Simonie heisst, wodurch das edle Netz der Seele zerrissen
wird."

D a h e r stamme auch die p h a r i s ä i s c h e B e s c h r ä n k t -
h e i t , die nur ihre e i g e n e n Aufsätze und Weisen kennt
und diese für A l l e , und keine Ahnung habe von religiöser I n -
d i v i d u a l i t ä t und von F ü h r u n g e n Gottes. So ungleich

aber wie die Menschen seien, so seien auch die Wege zu Gott.
„Was eines Menschen Leben wäre, das wäre des andern Tod,
und wie des Menschen Komplexionen und Naturen sind, darnach richtet sich oft ihre Gnade.... Gott zieht seine
Diener nicht in einem Wege, noch in einer Weise, denn
Gott ist in allen Dingen, und der Mensch dienet Gott
nicht eigentlich, der ihm nicht anders dienen kann als in
seiner aufgesetzten Weise.... So diese Menschen ihre gewöhnliche Weise nicht befolgen, so können sie nichts recht schaffen,
und so Gott dieselben Menschen einen andern Weg ziehen
will, so kehren sie um... und vermannigfaltigen sie sich;...
und ist die Ursache, dass sie einen gedachten und gemachten Gott haben, der nicht wesentlich ist, und darum, so
ihnen ihre Weise abgehet, so entgehet ihnen auch die Gegenwart Gottes“.

Daher stamme endlich dieses Herabsehen auf Andere,
diess Richten, Urtheilen und Verdammen Anderer, — im
reinen Gegensatz zur wahren Christenliebe (s. S. 179). Dass
diese Menschen sich asketisch üben, das sei zwar an sich
„nütze und gut“; aber dass sie davon halten, als ob sie etwas
Gutes gethan hätten und dann die andern Menschen in ihrem Herzen verkleinern oder vernichten, welche diess nicht
thun, das sei „böse“. „Es wollen leider alle Menschen, Bischöfe, Prälaten, Pfaffen und Mönche, Provinziale und Aebte,
Edel und Unedel je eins das andere richten und urtheilen, und
damit machet ihr grosse und starke Mauern zwischen Gott und
euch selber. Hütet euch davor, so lieb euch der ewige Gott ist,
und die immerwährende Seligkeit, und richtet und urtheilet
euch selber, das ist euch nütze, wollet ihr von dem ewigen
Gott unbeurtheilet bleiben und von allen seinen auserwählten Heiligen. Es sollte ein Mensch kein Urtheil urtheilen, das
nicht offenbare Todsünde wäre. Er sollte viel eher und lieber
in seine Zunge beissen, dass sie ihm blute, denn einen Menschen urtheilen in kleinen oder grossen Dingen. Man soll es
dem ewigen Urtheil Gottes befehlen; denn von dem Urtheil
des Menschen über seinen Nächsten erwächst ein eigenes
Wohlgefallen seiner selbst und böse Hoffarth und eine Verschmähung seines Nächsten.... Der grossen schädlichen schwe-

ren Urtheile sind so viele und des Berichtens in dem Menschen,
dass es gross zu erbarmen ist, dass sich die Menschen so jämmerlich damit versehen und versündigen.... Willst du einem
Andern sein Haus löschen und willst das deine anbrennen?
Schone vielmehr deines Hauses als eines andern. Du willst eine
kleine Wunde an deinem Nächsten heilen und schlägst ihm
zwo oder drei dabei".

Die Selbstsucht endlich, besonders wenn sie „nicht mehr
in sich selbst sein und von sich selbst gethan haben könne",
werfe sich auch auf das fromme Gefühl (S. 108). Die
böse Natur suche „Trost, Freude und Lust nur in den Ausflüssen Gottes", in den „Gaben", im „Zufall (Akzidenz)",
nicht in Gott selbst, in Gottes Wesen. Oder auch bleibe
die Natur, wenn sich Gott der Seele, die sich zu ihm gewandt, fühlbar gemacht habe, am Genusse hängen, statt
durch diese Gabe zu Gott selbst weiter vorzudringen; sie
spiele damit, klebe an dieser Süssigkeit der Gnade Gottes,
„recht wie der Bär thut an dem Honig", und „verbleibe",
verkomme hierin. — Für diese Menschen braucht T., wie wir
wissen, den Ausdruck „geniessig". Aber „auf gleiche Weise,
wie sich die weltlichen Menschen beschädigen in ihren Lüsten
der Sinne, es sei in Gut oder in Ehren oder an der Lust ihres
Leibes, also beschädigen sich die geistlichen Menschen, es sei
in wirkender Weise, oder in süsser, schmeckender Weise,
das ist an den ausfliessenden Gaben Gottes und fallen nicht
einfältiglich, gründlich auf Gott, sich williglich zu lassen in
wahrer Armuth ihres Geistes.... Es ist mancher Mensch, der
wähnet sehr wohl daran zu sein, wenn ihm der einige Gott
so grosse sonderliche Gnade einsenket, damit er allzumal sollte
geboren werden; dann fällt er darauf mit Lust und mit Liebe
und spielet damit und fliesst nicht zuband alsbald wieder in
den Ursprung, sondern hält sich daran und zieht es an sich
mit Eigenschaft, als ob es recht das Seine sei, und thut dann
seinen gefährlichen Schaden an sich selbst.... Aber der
Mensch sollte nicht mit Liebe auf dem Luste bleiben, also
dass er Gott liebe um Lust, sondern er soll Gott lieben, Gott
um Gott, und soll sich alles Lustes verzeihen (enthalten) und
soll Gott allein anhangen, ohne alles Warum; und also ist

seine Liebe vollkommen, denn liebte er Gott um Luste, so
liebte er ihn nach kreatürlicher Weise". In dieser Weise zeichnet T. diese „geniessigen" Menschen. Kein Wunder, ruft er
aus, wenn sie, die Gott nicht rein lieben, in der P r o b e
nicht bestehen! „Es sind manche Menschen, die mit göttlicher
Süssigkeit durchflossen gewesen sind, durch ihren Leib und
Seele, dass es recht durch Mark und durch ihre Adern ging;
und wenn das Leiden und Finsterniss kam, dass sie von Gott
und den Kreaturen gelassen wurden, auswendig und inwendig, so wussten sie dann nicht recht, wohin sie mit sich selbst
fliehen sollten; und also ward ganz nichts aus diesen Menschen.... So es ihnen wohl geht, das ist, wenn sie in Trost
und Andacht sind, so dünket denn solchen Menschen, sie
seien recht wohl daran und wähnen, sie können Gott nimmermehr genug besitzen und ersättiget werden, aber wenn die
grausamlichen Anstösse kommen, so wissen sie nicht, womit
sie vormals umgegangen sind oder wie sie nun daran sind....
Kinder, diese Geburt zeigt, dass der inwendige Grund nicht
wesentlich Gott lauter gewesen ist, denn ihr süsses Empfinden
ist ein krankes Fundament gewesen.... Sie habens, wie St.
Peter; so sie die Wonne und Tröstung in sich befinden und
gewahr werden, so wollten sie sich gerne gar darin versenken und wollten darin gern entschlafen und ruhen und bleiben darin gern in der Genügde, wie St. Peter drei Tabernakel von einem Tropfen machen und gerne da bleiben wollte;
aber das wollte unser Herr nicht.... Alle, die das thun, bleiben allesammt stehen und kommen nicht fürbass". —
    Diese Klasse Menschen fallen wohl auch, klagt T., in ih-
rer Süssigkeit in „u n r e c h t e F r e i h e i t"; denn „in dieser
Lust und Befinden wiederbeuget sich die Natur auf sich selbst
mit Behendigkeit und besitzet sich selbst da, wozu der Mensch
von allen Dingen geneiget ist und verlasset sich auf das Gewahr werden,... und es dünket sie, dass sie rechte Hülfe
habe;... und wirke nicht so fleissig als sie sonst thäte".
    Dieselbe Geniessigkeit, dieselbe sinnliche, bildliche Weise
tadelt T. auch in jener einseitig-sentimentalen Betrachtung
C h r i s t i , b e s o n d e r s s e i n e s L e i d e n s . Er kenne Menschen, „die können so viel gedenken an den süssen Menschen

Christum, wie er geboren ward, und wie sein Leben, sein Leiden und sein Tod war; das fliesst mit grosser Lust und mit Zähren durch sie recht wie ein Schiff durch den Rhein". Wer aber dabei bleibe, „der thue keinen Durchbruch in den Grund". Doch nicht, dass T. dieses „Schmecken und Befinden" an und für sich verwürfe; es hat ihm seinen Werth als Stärkung des Menschen in seinen niederen Kräften zum höheren Fortgang und als ein Reizungsmittel Gottes. „Gott zieht und reizt mit solcher Süssigkeit den Menschen weiter in einen Für-gang, dass die wahre Liebe mit diesem Befinden zuletzt in ihm gebildet und geformet werd' und geboren, und dass also mit dem Schmecken in ihm erlösche der Schmack und Lust der Natur und aller Dinge, und der Mensch soll diess mit Demüthigkeit nehmen und soll es seiner Kleinheit zuschreiben, dass man ihn also darum reizen und locken muss, und soll gehen durch die Bilde in Ueberbilde.... Sollen wir dieser Seligkeit und Ruhe entlaufen und sie vertreiben? Nein, wir sollen sie mit grosser Dankbarkeit nehmen, und mit Demuth Gott wieder auftragen und uns ihrer ganz unwürdig bekennen.... Wir sollen sie brauchen und doch nicht ge-brauchen.... Wir sollen es machen wie ein frischer Geselle, der wenig hat, hungrig und durstig ist, und zu laufen hat. Könnte er nur vier Meilen laufen und ihm würde dann wohl zu essen, er würde dadurch so froh, stark und geneigt, dass er wohl zehn Meilen liefe.... Es soll der andächtige, gute Mensch thun zu gleicher Weise als der Arbeiter des Wein-gartens thut; der arbeitet den ganzen Tag und wie das sei, so muss er doch einen Imbiss haben, und das ist gar eine kurze Zeit und ist doch die Arbeit lang und kaum eine Stund' ist der Imbiss und das ist um der Arbeit willen. Darum dass er arbeiten mag, muss er essen, und dieselb Speise gehet ihm durch Blut und durch Fleisch und durch Mark und Gebein, und daselbst trägt sie sich allezeit wieder auf und wird da ver-zehrt mit des Menschen Arbeit; und so es denn alles verzehrt wird in dem Werk des Menschen, so isset er denn wieder ein wenig, darum dass er es abermals verzehren möge in dem Werke des Weingartens.... Also zu gleicher Weise solle

der edle Mensch auch thun.... Wenn er eine Neigung in sich
findet, Gott zu haben oder seine himmlische Gnade und was
desgleichen ist, soll er darin ein gar Kleines des Seinen suchen und meinen, ausser zu einer blossen Nahrung, damit er
es verzehren möge in der Arbeit, und so es dann auf das
Allerhöchste verzehret wird mit wiederfliessender Liebe in
Gott, so muss er dann abermals wohl gelabet werden in den
Ausflüssen, und da warten, dass er es abermals fruchtbarlich
verzehren möge. Alle diese geistlichen Menschen, die also
die milden Gaben Gottes leiblich und geistlich in Gott auftragen,... werden dann allezeit mehr empfänglich und
dazu wieder würdig". —

Wir wollen nun die geschichtlichen Repräsen-
tanten und Inkarnationen dieser Richtungen (nach T.) betrachten.

Tauler und die Gottesfreunde.

In seinen Predigten — weniger in seiner Nachfolgung —
spricht T. viel von „Gottesfreunden", ein Name (den er übrigens
auch den Aposteln beilegt z. B. dem Matthäus, der „zuerst ein
grosser Sünder, darnach einer der allergrössten Freunde Gottes" geworden sei), wahrscheinlich aus Joh. 15, 15 und Jak. 2,
23 genommen. Die Bezeichnung ist überhaupt unter den mystischen Schriftstellern des 14. Jahrhunderts sehr häufig; nur
Rusbroek kennt noch etwas Höheres als die Freunde Gottes,
nämlich die Söhne. Gottesfreunde im allgemeinen Sinne
nennt nun T. ebendie, in denen diess ganze Leben, wie
wir es bisher aus ihm haben kennen lernen, Wirklichkeit
geworden ist; Menschen, von denen er sagt: „sie wohnen in
Gott und Gott in ihnen" — Mystiker nach der neueren Bezeichnung. Sie seien die Lieblinge Gottes und die Höhepunkte
der Menschheit (diejenigen, in denen die Menschheit ihre
Höhe erreicht). Zugleich seien sie eine Art betender Priester
und Vermittler zwischen Gott und der sündigen Welt. Um sie
zu zeichnen, müssten wir alle die (uns schon bekannten) Merk-
male des mystischen Lebens wiederholen, das nur in diesen

Gottesfreunden Fleisch und Blut geworden ist. Doch einige
wollen wir beibringen, die T. in bestimmtester Weise von diesen Gottesfreunden hervorgehoben hat, und die i h r e S t e l -
l u n g z u r W e l t u n d i h r e r Z e i t vorzüglich karakterisiren.

Ein Zwiefaches ist es besonders, was er da an ihnen geltend macht. E i n m a l ihre aus eigenen geistigen Erlebnissen
und aus ihrer Lebensgemeinschaft mit Christo geschöpfte
S e e l e n - u n d M e n s c h e n - K e n n t n i s s (Unterscheid der
Geister). „Wisset, diese Menschen sind in aller Weise so gar
durchgeübet, durch Fleisch und Blut, und die Bekorungen
sind durch sie gegangen in den gräulichsten und in den schwersten Weisen und der Feind ist durch sie gefahren und sie
durch ihn, und ist Mark und Gebein durchübet, und d i e
Menschen erkennen Unterschied der Geister. Wenn sie sich
dazu kehren wollen und sie die Menschen ansehen, zuhand
erkennen sie ihre Geister, ob sie von Gott sind oder nicht und
welches die nächsten Zugänge sind und was sie dess hindere....
Denn wie Christus Gemeinschaft hat mit allen Dingen und
eine Regel aller Menschen ist, also verstehet, der die Regel
kann, alle Menschen und lernet alle Gemeinschaft in Christo....
Und Niemand nehme sich an, den Unterscheid der Menschen
zu erkennen, denn der mit göttlichem Unterschied in Natur
und Geist erleuchtet ist".

Das A n d e r e , was T. an ihnen in ihrem Verhältniss
zur Welt hervorhebt, ist ihr h e i l i g e s M i t g e f ü h l , das
schmerzliche Empfinden der Sünden der Welt, der Unehre,
die man Gott anthut, ein „über alle Massen tiefes", eben
weil diese Menschen so „göttlicher Art" seien (s. S. 181).
„Wisset, möchten die wahren Freunde Gottes diese Unehre
Gottes mit befindlicher, marterlicher Pein leiden, wie sie es
in dem Herzen erleiden, in ihrem Gemüth und in dem Schmerz
der Liebe, so durchwundete diess ihr Herz und ihre Seele
und ihr Mark in ihren Beinen, und vermöchten sie diese Unehre mit einem leiblichen Sterben verwandeln, das wäre ihnen
fröhlicher denn ihr eigenes Leben, damit sie ihrem Gott und
Herrn diese Unehre und Laster abwenden möchten, die ihm
täglich von manchen Menschen erboten wird.... Den wahren,

lautern Freunden Gottes möchte ihr Herz dorren und ihr
Mark in ihren Gebeinen erkalten, so sie das sehen und hören,
dass ihrem getreuen und ewigen Gott so grosses Unrecht und
Schade geschieht von vielen Menschen mit ihrem eigenen
grossen gefährlichen Schaden".

   . Diese ihre Liebe dringe sie nun alles zu thun, zu opfern
und zu wagen für die Christenheit (s. o.). Denn das sei wahrer Liebe Kennzeichen, „wenn der Mensch alles hätte oder
haben möchte, was er von Gott begehret oder begehren mag,
dass ihm das Gott (so er das jetzo im Besitz hätte) gar und
ganz nähme, und gäbe es dem grössten Feinde, den der
Mensch in der Zeit haben möchte, dass er ihm das von ganzer
Liebe seines Herzens wohl gönnen sollte". (Von diesem helfen-
den und rettenden Eifer zeugte alle Thätigkeit der Gottesfreunde, mit der sie auf die Menschen zu wirken suchten.
Eben auch ihre schriftstellerische: „Ich ward von Gott bezwungen, wie ungern ich es that, so musste ich doch Büchlein schreiben meinen Nebenmenschen zu Hülfe", sagt Ts.
Beichtkind, Rulmann Merswin; vrgl. Suso). Am höchsten aber
hält T. von ihrem Leben an sich, von ihrer Fürbitte vor
Gott, ihrem „Einsinken in Gott für sich und für die gemeine
h. Christenheit", von ihrem Seufzen — womit sie die Gerichte Gottes aufhalten. „Die Wolke ist recht jetzund hier
und die halten die Gottesfreunde auf mit ihrem Weinen"
(S. 46).

   Darum nennt sie T. in allen diesen Beziehungen — „die
Säulen, auf denen die Christenheit stehet"; und „wären diese
Menschen nicht hier in der Zeit, es sollte und müsste uns zu-
mal übel gehen um unserer grossen Sünden willen.... Ihr
Sein, dess sie sind, das ist weit nützlicher, denn aller Welt
Thun. Das sind die, von denen unser Herr sprach: wer sie
angreift, der greift mir in das Sehen meiner Augen, darum
hütet euch, dass ihr ihnen kein Unrecht thut".

   Welches sei nun aber ihre äussere Erscheinung
in dieser Welt, und welches die Stellung der Welt zu ihnen?
„Wo diese gottförmigen guten Menschen sind, die wären
wohl ohne allen Zweifel würdig, dass sie feine Perlen und
Gold und Silber essen sollten (möchten sie es anders geniessen),

und dazu das Allerbeste, das die Welt hätte, als ihr väterliches Erbe, und Niemand anders; aber es ist mancher edle arme Mensch Gottes, der dieser Dinge aller keines hat". Vielmehr seien sie recht „unscheinbar vor der Welt". Er vergleicht sie mit dem Holze des Weinstocks. „Diesen hohen, überedlen Menschen geschieht recht wie dem Weinholz; das ist auswendig schwarz und hart und dürr, und gar schnöde; und wenn es dem Menschen nicht bekannt wäre, so däuchte ihn, diess Holz wäre Niemand nütz noch gut, denn allein in das Feuer zu werfen und zu verbrennen. Aber in diesem dürren Holz der Reben, da sind in dem Grunde innen verborgen die lebendigen Adern und die edlen Kräfte, daraus die alleredelste Süssigkeit träuft und Frucht auskommt vor allem Holze, das da wächst und Frucht bringet. Also ist auch dem minniglichen, versinkenden Volke, das also all Zeit und Stunde in Gott versenket ist, das ist auswendig an dem Schein als ein verdorbenes Holz und schwarz und scheinet dem Menschen dürr und unnütz. Denn diese Menschen sind demüthig, inwendig und auswendig klein und unachtbar, und sind auch weder von grossen Worten noch Werken noch von Aufsätzen mit geistigen Weisen, und sind die mindesten in ihrem Theil". Und wie sie äusserlich unscheinbar seien mit ihrem in Gott verborgenen Leben, so seien sie ebendarum „natürlichen Menschen verborgen". Sie werden „von Niemand erkannt, denn der dasselbe ist". Denn „ihr Gott, den sie tragen, der ist verborgen wie Gold unter dem Erdreich"; was sie haben, ist „innerlich in dem Grund der Seelen", „über alle Bilder und Formen"; das „haben sie ausgesogen aus dem Leiden Christi"; das „ist ihnen worden in einer lautern Stille". Wer nun „noch beladen ist mit irdischen Dingen", „äusserlich" ist, „die Dinge nach bildlicher Wahrheit nimmt", noch „unlauter und ungeruhig" ist, dem sind sie „verborgen". Auch „haben sie keine sonderliche Weise an ihnen"; darum, wer „noch mit sonderlicher Weise umgehet", der „weiss nichts um diese weislosen Menschen". So seien denn die allerbesten Menschen „die allerunliebsamsten Menschen", denn „was man nicht erkennt, das mag man nicht lieben". Und doch — ruft T.

aus, wäre das — „höchste Weisheit", gute Menschen zu erkennen, aber freilich — eine fast sprichwörtliche Weise bei ihm
— das studire man nicht zu Paris, sondern in dem Leiden
Christi. Auch seien sie — ein weiterer Grund, warum sie verkannt und angefeindet werden — gar s c h w e i g s a m; „denn
so ein Mensch etwas Gutes in ihm befindet, das spricht er
nicht zuband aus.(S. 172), und sonderlich nicht gegen die,
die von Natur behend sind und viel schöner Worte haben und
wenig Lebens"; sei ja doch das neue, so sie in sich befinden,
„über Wort", man könne „es nicht bilden noch formen"; darum „der es in sich befindet, der schweiget still und leidet
es". Auch darum, dass sie ihre Werke wirken „in der unmittelichen Liebe", werden sie „geurtheilt", da „man spricht,
dass sie müssig gehen" und „sich in keinem guten Werke wollen üben"; von dem weitern Vorwurf zu schweigen, der aus
ihrer religiösen Autonomie (s. Autonomie) hergenommen werde.
Gewiss, wir müssten den gemeinen (pharisäisch gesinnten)
Haufen aller Zeiten schlecht kennen, wenn wir es nicht begriffen, wie eine Richtung von der Art der Gottesfreunde nicht
ohne Tadel, Spott, Hohn und Verfolgung von Seiten eben
dieser Welt hätte bestehen können. Denn zu alle diesem kam
noch der hohe Ernst, mit dem diese Gottesfreunde den religiösen Schaden dieser falschen pharisäischen (Mönchs-) Sicherheit aufdeckten und zu heilen suchten. Aber auch dessen
spotte man nur, sagt T., und er scheint aus eigener Erfahrung zu reden; es heisse sofort: „es ist eines Begharden (Pietisten) Rede und Nonnentand und Lügen"; es seien „die
neuen Geister". „Diess thun sie denen, die ungern ihren er-
bärmlichen Schaden sehen und die sie davon und auf die
rechte Strasse weisen". So bereit war man, sie in einen Tiegel
mit den Begharden zu werfen, oder ihnen doch diess Schimpfwort anzuhängen; und so seien diese einfältigen Freunde Gottes „die allergrösste Thorheit vor den Weisen dieser Welt".
Aber T. tröstet sich; es sei „eine edle, selige Thorheit, die
der barmherzige Gott auserkoren habe, wie der ewige Sohn
Gottes, J. Christus, spreche: ich danke dir, himmlischer Vater, dass du diese hohen, grossen Dinge vor den Grossen und

vor den Weisen der Welt verborgen und sie den Kleinen, den Demüthigen geoffenbaret hast."

Um so eindringlicher mahnt er seine Zuhörer, solche Freunde Gottes zu Wegweisern zu nehmen: man sollte „einen gelebten" Freund Gottes über hundert Meilen suchen, der den rechten Weg erkennete und sie richtete. „Bittet sie doch, dass sie euch zum rechten Leben helfen, und hänget euch denn allein blos und lauter an Gott und an die auserwählten Freunde Gottes, dass sie euch mit sich zu Gott ziehen.... Eya, wer also weise wäre, dass er die Menschen erkenncte und ihnen heimlich wäre, und was sie von ihm begehrten, dass er das thäte, der thäte gar weislich; denn was sie von Gott begehren, dess werden sie gewährt". Auch diess sprach er offenbar aus seinem eigenen Erlebnisse mit dem Gottesfreunde aus dem Oberland und in der Erinnerung an dessen Einwirkung auf sein Leben. Aber überhaupt in seiner Zeit, welche so arm war an positiv-religiösen Hervorbringungen von Seiten derer, welche die amtlichen Träger der Kirche waren oder doch für die Träger sich ausgaben, und dagegen so reich an steten Verketzerungen und gegenseitigen Bekämpfungen, sah er nur auf diesem Herde der Gottesfreunde (des Mystizismus) ein lebendiges Christenthum brennen. Daher ergab sich ihm ganz von selbst die Ermahnung, wem sein Heil lieb sei, der möchte sich an die Freunde Gottes halten, nicht als an eine Partei, sondern als an diejenigen, denen es mit dem Seelenheil vor Allem aus Ernst sei, um durch sie als wenn auch nicht amtliche, doch als geistgeweihte Priester zu Gott zu kommen. Indessen wie er stets innerhalb der Kirche blieb, so hat er doch auch „die amtlichen" Priester nicht gar bei Seite geschoben. „Wäre es nicht ein besonderer Mensch (den man sich als geistlicher Führer wählen könnte), so wäre ein gemeiner Beichtiger gut; denn es redet der h. Geist durch sie oft von ihres Amtes wegen, wie grob sie auch seien, dass sie es oft nicht wissen, noch selber verstehen; dem soll man sich unterwerfen und unterworfen sein und nicht aus sich selbst leben" — ein Wort, dem, so weit es sich auf Menschenleitung bezieht, T. übrigens nur Geltung gab für die Anfänge des geistlichen Lebens (s. Autonomie).

Um diese und andere Aussprüche über die Bedeutung der
Gottesfreunde zu würdigen, müssen wir noch einmal auf die
Zeiten zurückkommen, in denen in Folge des Interdikts die amtliche, die priesterliche Kirche vielfach aufhörte an den Orten,
die es mit dem Kaiser hielten, den Segen zu spenden und dem
Volke eine Heilsanstalt zu sein. In Basel, schreibt Heinrich
von Nördlingen, hätten sie wohl 14 Jahre des Gottesdienstes
gemangelt. In den Riss mussten nun Andere treten, Priester
dem innern Berufe nach, getrieben vom Geiste der freien
und allgemeinen Liebe, die sich des verlassenen Volkes er-
barmten und „unter der sturmbewegten Oberfläche der Zeit
ihr seelengewinnendes Netz ausspannten". Und in diese Noth
der Zeit, da alles um partikulärer Interessen willen zerrissen
und die Religion selbst von der Kirche (Hierarchie) um ihrer
hierarchischen Interessen willen in Frage gestellt wurde, traten diese Menschen mit ihrer sie weit über ihre Zeit hinaus-
stellenden und von dem Streite des Staates und der äusseren
Kirche unabhängigen Herzensreligion, als die noch in dieser
getheilten und zerrissenen Welt die Einheit in ihr und das
Band zwischen Himmel und Erde festhielten und bewahrten.
So erst versteht man es recht, wenn T. so oft sagt: „wären
diese Menschen in dieser Zeit nicht, wir wären sonder Zweifel
zumal übel daran". Offenbar waren sie nun die Träger des
religiösen Geistes im 14. Jahrhundert geworden, wie es im
13. vorzugsweise die Bettelmönche als solche gewesen waren.
Der lebendige religiöse Geist hatte sich von jenen in sie, freilich wieder in anderer, durch die Zeit bedingter und ihr entsprechender Form hinübergeflüchtet.

Diese Gottesfreunde thaten sich nun, besonders während des Interdikts, zusammen, theilten sich auch ihre
Schriften mit, wie wir denn z. B. Susos Büchlein „von der
ewigen Weisheit" sehr frühe in Ts. Händen finden; Rusbroeks
Schrift „von der geistlichen Hochzeit" in Strassburg, wohin
es seinen Freunden der Verfasser selbst im Jahr 1350 gesandt hatte (doch gehörte R. nicht zu den Gottesfreunden im
engeren Sinne). Es war zunächst ein natürlicher Verbindungs-
trieb Gleichgesinnter in zerrissenen Zeiten, ohne dass es doch
eine geschlossene, abgesonderte Verbindung mit festen Ord-

nungen gewesen wäre, wie bei den Waldensern. „Der Fürst dieser Welt, sagt T., und in diesen Worten.hat er die Art und die Nothwendigkeit eines innigeren Zusammenschliessens verwandter Geister angedeutet, hat jetzo an allen Enden das Unkraut unter die Rosen gesäet, dass die Rosen oft von den Dornen verdrückt oder sehr gestochen werden. Es muss eine Flucht, oder eine Ungleichheit und eine Sonderung sein, es sei in den Klöstern oder aussen, und das sind nicht Sekten, dass sich Gottes Freunde ungleich ausgeben der Welt Freunden". So schnell war man, wie zu allen Zeiten, so auch damals bereit mit dem Vorwurf der Sektirerei und Separation, den T. von sich weist. Es war eine stille „Gemeine", wie Heinrich von Nördlingen schreibt, zu der alle Stände und Geschlechter und Alter ihr Kontingent lieferten. Die hervorragendsten unter ihnen waren mit Tauler noch Suso, der schon genannte Heinrich, Rulmann Merswin, aus einer der angesehensten Familien des alten Strassburgs, ein reicher Wechsler und Kaufmann, ehe er sich von der Welt zurückzog, der Verfasser des Büchleins von den neun Felsen, das man bis unlängst dem Suso zugeschrieben; dann die beiden Schwestern Ebner; und „ich weiss einen der allerhöchsten Freunde Gottes, der ist alle seine Tage ein Ackersmann gewesen und ists noch". Nähere Notizen, ausser dem Allgemeinen, was wir bei T. und Suso lesen über diesen frommen Verein, geben uns eigentlich bloss noch die Briefe, welche der Altorfer Professor, Joh. Heumann, in seinen opusc. etc. bekannt machte aus einer Handschrift der Nonne Margaretha Bitterlin. Da finden wir ausser den genannten noch folgende Namen: Bruder Konrad, Abt von Kaisersheim; Elisabeth Scheppach, Priorin des Klosters Maria Medingen; Mutter Irmel von Hohenwart, einem Benediktinernonnenkloster in Baiern; die Königswittwe Agnes (!) in Königsfelden; es werden sogar ganze Klöster genannt, die mit diesen Gottesfreunden in Verbindung standen: die Nonnenklöster Unterlinden in Kolmar, Klingenthal in (Klein-) Basel. Von Laien werden in dem genannten Briefwechsel Heinrichs von Nördlingen mit der Margarethe Ebner erwähnt: ein Herr Heinrich von Rheinfelden aus dem Aargau, ein Ritter von Pfaffenheim aus dem Oberelsass, Einer

aus dem unterelsassischen altritterlichen Geschlechte von
Landspert und dessen Frau, eine Frau von Falkenstein u. A.
Auch einer Superiorin von Köln, selbst eines „grossen Freundes von Niederland" geschieht Erwähnung. Man sieht, die
Gemeinschaft zählte ihre Glieder vom Oberrhein bis zum Nie-
derrhein, auch in Baiern; in Klöstern, auf Schlössern und
unter dem Bauernstande auf dem platten Lande. Noch einmal
gesagt: es war ein Bund religiös gestimmter Seelen, die zugleich durch Darstellung eigener Religiosität, durch Predigten,
auch durch Schriften (deutsche) in den Andern das Feuer,
das in ihnen brannte, anzünden wollten.

Tauler und die »neuen«, die »freien«, die »hohen« Geister.

Die Gotteinung, die Gottgeburt, von der T. spricht, ist,
wie er es so oft sagt, keine natürliche, so dass Gott und
Mensch einfach zusammen fielen; auch führt zu ihr kein anderer Weg als jener eigene schwere der sittlichen Arbeit und
des eigenen Sterbens in der Natur. Nun gab es aber eine zahl-
reiche Partei in damaliger Zeit, welche das Ziel ohne diesen
Weg wollte an und für sich vor aller sittlichen Arbeit, oder doch nicht „in steter sittlicher Arbeit"; oder die
auch jenes falsche Ziel meinte, oder, wie am gewöhnlich-
sten, weil es zusammenhing, beides mit einander. Es waren
diess Geister verschiedener Art, in denen spekulative und
praktische Schwärmereien sich auf höchst gefährliche Art mit
einander vermischten und zu Niederreissung geheiligter und
gottgesetzter Schranken führten. Sie nannten sich Brüder und
Schwestern des freien Geistes; T. nennt sie die „freien", die
„neuen", die „hohen" Geister. Sie hatten ihre Ablagerung besonders in den Begharden und Beghinen, in denen so viel
Stoff zur Schwärmerei war; vielleicht auch in einer Abzweigung der Franziskaner, wiewohl diese Abzweigung mehr apo-
kalyptischen Karakter trug. Es waren die gleichen Rheinlande,
in denen die Mystik blühte, wo auch dieser Aftermystizismus
wucherte.

T. scheidet sich gänzlich von ihnen; er erkennt den Abgrund, zu dem die Mystik führen könnte, wenn man nicht den sittlichen Lebensernst mitbringe (s. S. 135). Hören wir ihn nun, wie er diese Geister nach ihren verschiedenen Schattirungen qualifizirt und bekämpft. Was er den Einen vorwirft, ist ihr falscher Quietismus, von dem er selbst so ganz ferne war, der keine Beschaulichkeit kannte, ohne dass man sich in den Tugenden zuvor ausgewirkt hätte, und der auch noch mit der Beschaulichkeit die thätige Uebung in den niedern Kräften stets mitgesetzt wissen wollte. Nun finde man, sagt er, „in etlichen Landen Menschen, die einer falschen Ledigkeit pflegen und sich alles Wirkens abthun und inwendig hüten sie sich vor guten Gedanken und sprechen, sie seien zum Frieden gekommen und wollen sich nicht üben in Werken der Tugend, sie seien darüber gekommen. Diese haben einen Teufel bei sich sitzen, der verbietet ihnen Alles, was sie von innen oder von aussen entfrieden mag, in Gedanken und in andern Weisen dergleichen, um dass sie in dem Frieden bleiben, und dass er sie hernach mit sich führe in einen ewigen Unfrieden in seine Hölle, darum behütet er ihnen ihren falschen Frieden. Diese falsche Weise haben nicht die Gerechten, denn diese üben sich von innen und von aussen und leiden sich in allen den Wegen, dahin sie der Herr führt, in die Bekorung und in die Finsterniss, und nehmen sich nicht an, dass sie zum Frieden gekommen seien. Sie haben nicht Unfriede, denn sie gehen in einem engen Pfad zwischen Frieden und Unfrieden, zwischen Hoffnung und unrechter Furcht, zwischen Sicherheit und Zweifel. Und ob ihnen einblickt der wahre Friede und Freiheit des Geistes der Sicherheit, zuband werfen sie das wieder in den Grund ohne Anhaften. Die Menschen, die diesen engen Weg gehen sollen, die sollen vor allen Dingen sehen, dass sie fest und nahest in den Fusstapfen unsers Herrn Jesu Christi stehen, und je härter sie hierinnen stehen, je lauterer werden sie". So wenig billigt T. den falschen Quietismus der Aftermystiker. „Man soll sich in den Tugenden üben; denn du musst dich üben, sollst du anders zu Gott kommen. Warte nicht, dass dir Gott die Tugend ohne Arbeit eingiesse. Man soll nimmer ungeübten Tugenden glauben".

Ein anderer Vorwurf, den er gegen sie erhebt, ist ihre hochmüthige, unerleuchtete, „ungeübete“, sich überfliegende Spekulation, „in ihrem blossen, ledigen, unverbildeten Grunde und in ihrer inwendigen falschen Ledigkeit“, darin sie „ihr natürliches Licht mit Eigenschaft besitzen, gleich als ob es Gott sei“, und es „ist nichts denn ihre blosse Natur,... und sprechen dann hieraus unserm Herrn zur Unehre, dass man noch nicht über die Bilde gekommen sei und andere freie Worte“. Diese Menschen hätten „keinen Durchbruch gethan durch das Leben Jesu Christi“; hätten ihre Natur nicht „mit Uebung der Tugend durchbrochen“; seien „nicht durch den Weg der wahren Liebe gegangen“, und auf „Tödtung der Untugend achten sie nicht“, denn „sie lieben ihre falsche Ledigkeit“, und sie hätten den Bilden „vor der Zeit“ Urlaub gegeben. Was nun? Nun „kommt der Teufel und bringt sie in falsche Süssigkeit und falsches Licht, und damit verleitet er sie, dass sie ewig verloren werden, und wozu er sie in ihrer Natur geneigt fiudet, es sei Unkeuschheit oder Geiz oder Hoffart, darin zieht er sie, und von dem innerlichen Empfinden und in den Lichtern, die ihnen der Teufel vorgehalten hat, sprechen sie, dass es wahrlich Gott sei, und sie lassen sich das nicht nehmen, was sie mit Eigenschaft besitzen; davon fallen sie in unrechte Freiheit, dem zu folgen, wozu sich die Natur neigt, ... und alles, das sie thun, das halten sie nicht für Sünde.... Ihr Fall ist etwas gleich Luzifers Fall, denn er ist geistlich“. Diess ist, wie man sieht, der höchste Vorwurf, den er ihnen macht: Libertinismus, sittlicher Antinomismus: der praktische Selbstbetrug, den er mit dem spekulativen in Verbindung setzt, auch als eine Frucht der falschen Ledigkeit hinstellt.

T. warnt vor diesen Menschen; man solle sie mehr fliehen denn den Feind; sie seien zwar in ihrem auswendigen Wesen, so weit man sie sehen könne, gerechten Menschen so gleich, dass sie nicht gut zu erkennen seien. Aber die Gerechten „haben den Unterschied von ihnen: sie sind hergekommen durch den Weg der Tugend, Demuth, Furcht, Gelassenheit und Sanftmuth, und sind in grosser Furcht und dürfen sich auf

nichts frei lassen, und stehen in grossem Gedränge und im
Druck und begehren, dass ihnen Gott helfe". Dagegen diese
Freien seien „kühn, muthwillig, streitig und ungelassen",
und „wo man an sie kommt, so sind sie bald gefunden in Bitterkeit, schwerem Gelass, in Worten und in Hoffart, und
wollen nicht verkleinert und verachtet sein". Daher „erkennt
man die ungeordneten freien Menschen unter Anderm auch
an ihrem untugendhaften Ausbruche", aber die gerechten
freien Menschen „an ihrem demüthigen Schweigen und sich
Leiden und es Gott Befehlen". Und diess Schweigen sei
„nicht aus Furcht, sondern wann sie erkennen, dass ihre
Rede nicht Früchte bringet, so schweigen sie; aber s o e s
G o t t v o n i h n e n w i l l h a b e n, s o r e d e n s i e o h n e
a l l e F u r c h t (S. 40). Auch mögen sie wohl viel leiden um
die Wahrheit, aber die ungerechten freien Menschen die verzagen in der Noth und behelfen sich wie sie mögen, dass sie
des Leidens ledig werden".

Tauler und „die (neuen) Schreiber und Pharisäer".

T. hat die (mystische) Frömmigkeit nicht bloss von der
Richtung der freien Geister scharf abgegränzt; er hatte auch
noch vor a n d e r n G e g e n s ä t z e n, wie wir wissen, zu
warnen. Er fasst sie zusammen unter dem Ausdruck: Schreiber und Pharisäer; „die natürliche Behendigkeit in schreiberlicher und pharisäischer Weise regieren nun leider in allen
Stätten". Uebersprangen die freien Geister, so zu sagen, den
Weg zum Ziele, so könnte man von jenen sagen, sie hätten
über dem Wege das Ziel vergessen und damit dem Heilswege selbst recht eigentlich die S e e l e genommen.

Auch von diesen beiden, den Schreibern und den Pharisäern, sagt T., sei unser Herr „ausgegangen"; denn beide
seien „zween der allerschädlichsten Gründe, die unter geistlichen Menschen sein mögen", und „in diesen Gründen verdirbt mancher edle Mensch, dass ganz nichts aus ihm wird;
und wisset, dass wenige geistliche Menschen sind, sie seien

darin besessen in einem oder mit ihnen beiden, aber doch etliche mehr denn die andern".

Unter den Schreibern versteht nun T. „die vernünftigen
Menschen, die alle Dinge in ihre Vernunft oder in ihre Sinnlichkeit ziehen, die sie durch ihre Sinne schöpfen, und ziehen
es dann also in ihre Vernunft, dass sie dadurch grosse Dinge
verstehen und haben darin ein Gloriren, und sprechen davon
schöne, hohe Worte, und in dem Grunde, da die Wahrheit
blöslich herausquellen sollte, da bleiben sie leer und wüste und
unfruchtbar". Offenbar deutet er hier auf die S c h o l a s t i k,
die zum Scholastizismus geworden war, d. h. zu einem leeren
dialektischen Formalismus. Denn von den grossen Scholastikern ehevoriger Zeit zitirt er mit Ehrerbietung seinen Thomas.
Zwar unterscheidet er diese theologische Wissenschaft seiner
Zeit von der Spekulation oder dem Aftermystizismus der freien
Geister, aber sie entbehrt ihm doch des Hauches eines innern
Lebens. „Sie haben es wohl in dem Sinne und in der Vernunft, aber in dem Grunde ist es ihnen wild und theuer, fremd
und fern". Die Höhen des innern Lebens (die Liebe z. B.)
seien so heimlich, so innerlich, „dass alle kunstreichen Meister
von Paris mit aller ihrer Behendigkeit nicht hinzu kommen
könnten, und wollten sie hievon reden, sie müssten zumal
verstummen". Er macht es auch diesen grossen Meistern von
Paris zum Vorwurf, dass sie das innere Gotteswort so wenig
lesen, sondern nur auf ihre Gelehrsamkeit bedacht seien. „Es
geschieht wohl, dass man grosse Pfaffen findet, die für
200 Gulden Werth Bücher haben, und denen ist damit so
wohl, sie lesen darin so fleissig, und diesen Weltweisen dünkt
dieser edlen Menschen (Mystiker) Leben und Wesen eine Af-
fenheit und eine Thorheit". Aber „diese grossen Pfaffen",
die „alle ihre Kunst durch die Sinne eingezogen haben, fallen
alsbald als andere sinnliche Menschen, und sie fallen etwan
eher". Vielleicht — es kann aber auch auf die freien spekulativen Geister gehen — meint er sie unter „diesen hohen,
reich vernünftigen Menschen", die „in ihrer eigenen natürlichen Vernunft aufgewachsen sind und über alle Dinge wollen
gekommen sein".

Noch mehr lässt er sich aber gegen die Andern aus, ge-

gen die modernen „Pharisäer", die falschen Aszetiker,
die Männer der „scheinenden" Gerechtigkeit, die „das äusserliche Leben haben ohne das innere", „sich zwar kehrten von
einem sündlichen Leben, den Leib angreifen mit Strengigkeit
und die Tugend äusserlich wirken, aber sich nicht ansehen innerlich, Gottes nicht wahrnehmen in ihnen selbst, und also
zumal auswendig bleiben, und von Blindheit in ein Wohlgefallen ihrer selbst fallen, und weil sie viel Uebungen an ihnen
haben, so wähnen sie die Besten zu sein". Es sind „geistliche
Menschen, die allezeit nur auf die auswendigen Weisen sehen,
in den guten Werken, in der Haltung, so ist es von ihnen alles
gethan, aber der inwendige Grund ist zumal verwachsen und
besessen mit den Kreaturen und dazu schädlich gefangen. Und
in diesem Grunde beten sie viel und lesen viel Psalter, ... und
Gott ist ihnen doch in der Wahrheit unbekannt und verborgen.... Sie nehmen Disziplin, sie beten, sie fasten, sie wachen,
und zu allem dem ist doch Gott lauterlich ihr Grund nicht,
sondern die armleidige Natur, zu der ist ihre Liebe und ihre
Meinung und ihre Begehrung allezeit mit diesen scheinenden
guten Uebungen zugekehrt.... Weil aber ihr Grund bedeckt
ist, so bleibt darin auch alle Natürlichkeit: Hoffart, Eigenwil-
ligkeit, Hartnäckigkeit und schwere Urtheile — nicht aus
Liebe noch Sanftmuth, sondern wo es weder Zeit noch Stätte
hat". Mit dieser Aeusserlichkeit, Werklichkeit (Selbstgefälligkeit) hängt nun eben auch das Hangen an den herkömmlichen
Aufsätzen, an der „Gewohnheit", zusammen, was ihnen T.
vorwirft, und was sie zu diesen äusserlichen, im Traditionellen
sich bewegenden Kirchenmenschen macht. Von lebendigem,
religiösem Bedürfniss sei da keine Spur. „So sie ihre Dinge
nach ihren Weisen gethan haben, die ihnen von aussen durch
die Sinne eingetragen sind, begnügt sie diess wohl, und sie
halten sich an ihren Cisternen, die sie sich selber gemacht
haben, und ihnen schmeckt Gott nicht, auch trinken sie nicht
von dem lebendigen Wasser. Sie legen sich nieder und schlafen und an dem Morgen heben sie ihre alte Weise wieder an,
und damit begnüget sie wohl und sie bleiben in ihr".
Menschen ohne innere, freie, religiöse Seele! „Von innen, da es herausspringen und quellen sollte, da ist zumal

nichts". Sie verlassen sich auf ihren „heiligen Orden, auf ihr
Beten und Lesen", und „das thun sie alles ohne Liebe und
Andacht, mit einem zerstreuten Herzen, so blind und so kalt,
dass es ein Wunder ist nachzudenken".

Diese „natürliche Behendigkeit in schreiberlicher oder
pharisäischer Weise in den auswendigen Scheinen oder Aufsätzen regiert, klagt T., nun leider! in allen Ständen". Die
Menschen seien „jetzund in der schreiberlichen Weise so behende, dass ein gewissenhafter Beichtiger kaum ihnen Beichte
hören kann, von Behendigkeit wegen und von ihren eigenen
Aufsätzen, darin sie allezeit bleiben".

Auch diese Menschen seien auswendig „bös zu erkennen
unter den wahren Freunden Gottes", denn sie seien „unterweilen wohl von mehr Uebungen, denn die wahren Gottesfreunde, von aussen, das ist in Beten, Fasten, Wachen, in
Härtigkeit des Lebens, dass sie dadurch also nicht zu erkennen
sind, denn allein durch die, in denen der Geist Gottes ist, die
es erkennen". Einen wahren Unterschied hätten sie auswendig von den wahren, lautern Freunden Gottes, „das ist: dieselben Menschen sind voll Urtheils anderer Menschen (die ihrer Weise nicht sind) und der Freunde
Gottes, nur ihrer selbst nicht"; für alle Warnungen
für alles innere Leben hätten sie nur Spott. „Kehrst du dich
zu Gott, so sprechen sie, du seiest unsinnig, dir sei dein Haupt
krank, du habest sonderliche Sitten und seiest ein Trügner....
Kommt ein armes Kind zu ihnen, so sprechen sie: es ist ein
schlechter (einfältiger) oder thörichter Mensch. Kommt zu dem
Andern ein Mensch, so sprechen sie: es ist ein Beghine
(Schimpfwort: Betbruder). Wohl her, ihr rechten Cisternen,
wäre der lebendige Brunnquell in eurem dürren Grunde, so
würde nimmer in euch Unterschied der Personen,... so wäre
kein Verkleinern, noch schwere Urtheile, noch Vernichtigung.
Diese Fäulniss wächst alle in den Cisternen". Darum seien
diese Menschen „zu tausendmal sorglicher daran, denn die
gemeinen weltlichen Menschen", denn diese halten sich selber
für Sünder und seien allezeit in einer demüthigen Furcht Gottes, „wie da that das gemeine Volk, das unserm Herrn Jesu
Christo nachfolgte". Aber „die Pharisäer, die Bischöfe und

die Schreiber, die da heilig schienen an ihrem Leben, die widerstanden unserm Herrn in allem seinem Leben und tödteten ihn zuletzt eines schmählichen elenden Todes. Diesen darf man nichts sagen, denn wenn man ihnen ihre Gebrechen saget, so widerstehen sie stark und zornig oder sie fliehen, wie die Juden thaten, da Christus ihre Missethat an die Erde schrieb".

Von daher hatten, wie man sieht, die Gottesfreunde, weit entfernt da eine Stätte zu finden, vielmehr die meiste und die gefährlichste Opposition zu befahren, weil diese „Pharisäer", wie zu den Zeiten Christi so auch damals auf den Stühlen Mosis sassen. Daher T. geradezu sagt: „dieselben Menschen vernichten die Freunde Gottes, die keinen eigenen aufgesetzten Weisen nachfolgen wollen, weil sie Gott in seine verborgene Weise folgen müssen". Aber er weist auf ein künftiges Gottesgericht hin. „Wie wähnet ihr, dass es diesen an der Zeit gehen werde, so die grossen Sturmwinde rauschend kommen, und alle Dinge über einander werfen und fallen"? Da „kommt der Teufel an dem Ende mit einer Axt und schlägt einen Schlag dadurch, so zerstreut und zerfliegt Alles was da war, und wird also zerstreuet, dass ein Tropfen nicht da bleibt, es wird Alles zerfahren; denn da war gar nichts innen.... Daran gedenket, so ihr in jene Welt kommet, dass ich euch das gesagt habe".

Tauler und die Visionäre (siehe die Gottgeburt und die wesentliche Erkenntniss).

Wir haben noch einen dritten Gegensatz zu zeichnen, den man von T. nicht erwartet hätte. — Zur damaligen Zeit, eben unter den Begharden, waren die Visionen im Schwang, die für göttliche Offenbarungen ausgegeben wurden. T. selbst, besonders in seinen Predigten, erzählt zwar auch von solchen Visionen und Extasen. Z. B. einmal von einem Gesicht, da eine Jungfrau am Abendmahltisch den Priester und den Altar von Licht umflossen sah. Ein andermal von einer jungen Ehefrau, die er gekannt habe. „Derselben Frauen

Gemüth erschwang sich einstmals in die Höhe und indem ward
ihr ihr eigener Grund entdeckt und erzeigt, und sie sahe sich in
einer unübertrefflichen Klarheit und sahe den Grund in einer
unerfolglichen Höhe". T. selbst sogar und seine Freunde hatten solche Zustände in ihrem L e b e n erfahren, die im Mittelalter aus verschiedenen Gründen viel häufiger waren, als in
unseren Zeiten. Dennoch stand er geistig-religiös zu hoch, um
nicht gegen das Visions- und Exstasen-U n w e s e n Opposition
zu machen. Er scheint solche ausserordentliche Zustände auf
Wendepunkte beschränkt zu haben, wo das Seelenleben
gleichsam zu einem neuen Durchbruche kommt und die Natur
wie aus ihren gewöhnlichen Fugen weicht. Dann trugen er und
seine Freunde diese Visionen in sich in aller D e m u t h und
Verborgenheit als Gnadenbezeugungen und Hülfen Gottes,
die sich dem Worte Gottes hr. Schrift unterzuordnen hätten.
Etwas anderes war es mit jenen Visionären, die sich ihrer
Visionen berühmten und „wenn ihnen eine kleine Gnade von
Gott gesandt wird, alsofort herausbrechen und es ohne Erlaubniss Gottes sagen"; die ferner ihre Offenbarungen als
göttliche Beglaubigungen ihrer Partei wollten geltend machen.
T. weist die möglichen Täuschungen hierin nach und die üblen
Folgen davon: wie „ungeordnete Freiheit" sich daraus „gebäre", und davon den Menschen einfallen könne, „das ihn
gar recht dunket". Auch „der höse Geist" möge den Menschen betrügen, „denn der mag ihm ein falsch Bild vorhalten,
dass ihn dünket, ihm sei recht". Dabei seien diese Menschen
so versessen darauf, dass sie kaum leiden mögen, dass man
sie strafe. Ueberhaupt, meint er, vereinige sich das Visions-
unwesen nicht mit der Christen-Einfalt. „Wer sich Visionen
annimmt und mit viel Bilden umgeht, das ist ein Zeichen, dass
sein Grund nicht einfältig ist und lauter; denn in einem einfältigen, lautern Grunde gebiert sich nichts anderes denn Gott
und das gottförmig ist; nun ist Gott ungesichtlich und über
alle Bilder, und davon so werden die betrogen, die sich Gesichte annehmen. Und was sich in einem lautern Grunde gebiert, das ist also subtil und einfältig, dass es Niemand mit
Bilden begreifen mag, und wer lautere Wahrheit versteht,

der weiss es wohl, dass es wahr ist. Und sie halten nicht von
Visionen, sonderlich in dieser Zeit".

Tauler und die Kirche im Allgemeinen.

Ganz in seinem Eigenen und in seiner Eigenthümlichkeit
haben wir T. bis jetzt kennen lernen in seiner Mystik. Nun
steht ihm aber die Kirche seiner Zeit mit ihren Leitungen,
Ordnungen, Mitteln u. s. w. gegenüber. Es bleibt daher,
um das Bild von ihm zu vervollständigen, übrig, nachzusehen,
wie er sich hiezu verhält.

Wir wollen gleich in ein paar Sätzen seine Stellung angeben.

Man möchte sagen, er betrachte die Kirche seiner Zeit als
eine Art alttestamentliche Anstalt, — Voranstalt und Vorbereitung zu der neutestamentlichen religiös-sittlichen Autonomie in Gott allein, oder, wie er sich anders auch ausdrückt, als für den anhebenden oder auch als für den
äusseren Menschen, um den innern Menschen reif zu machen
für diese innere, wesentliche Religiosität. So fallen denn aus
der Höhe dieses Lebens in Gott dem Mann der „Inwendigkeit" und „wesentlichen" Frömmigkeit die äusseren Formen
und Werke der Kirche von selbst ab, und er entwächst ihnen
gewissermassen. Aber anderseits verbleiben sie doch
wieder in ihrer Wahrheit, ja Nothwendigkeit, nicht
bloss für den anhebenden Menschen, sondern auch für den
vorgeschrittenen; einmal, sofern sie nicht negirt werden auf diesem Standpunkt, sondern eben nur recht in ihrem
Wesen, in dem was sie meinen, gefasst und erfüllt; und
dann, sofern diese wesentliche Erfüllung sich unwillkürlich
äussert und verleiblicht in den Uebungen der niederen
Kräfte des Menschen. Und diesen Einklang von Innerm und
Aeusserm, Wesen und Erscheinung, Freiheit und Gehorsam
im Menschen eben auch in seinem Verhältniss zur Kirche hält
T. für das Beste und Höchste. Doch ist er nicht frei von einem gewissen Schwanken (s. S. 194 Wirken und Schauen).

Aus Taulers Leben wissen wir, wie er sich ganz seinem
geistlichen Vater, dem Gottesfreunde aus dem Oberland, „zu
Grunde liess" — ganz im Geiste des Mittelalters, um nur
an Elisabeth von Thüringen und an Franziskus selbst zu erinnern. Es war diess aber nur für die entscheidende Krisis seines Lebens, wie der Gottesfreund es aussprach, dass er dadurch zur sittlich-religiösen Autonomie reifen sollte (S. 32).
Zu d i e s e r Reife ist denn auch T. gekommen. „Ich sage dir,
dass du deinen inwendigen Menschen unter N i e m a n d legen
sollst denn u n t e r G o t t a l l e i n; aber deinen a u s w e n d i-
gen Menschen sollst du in wahre, rechte Demuth legen unter
Gott und u n t e r a l l e K r e a t u r e n".
     Dass nun ein Mensch der kirchlichen Leitung eines An-
dern (Beichtvaters) zu seiner innern Erleuchtung oder sittlichen Uebung sich lasse, das sei allerdings, meint er, eine
Nothdurft für den a n h e b e n d e n Menschen: „so ein Mensch
noch stehet in Zweifel óder noch nicht ohne Mittel von Gott
berührt wurde, ist es gut, dass er sich lässt weisen und dass
man ihn weiset um sein Bestes, dass er dem folge"; auch
werde ein solcher „oft darin betrogen, dass er ein natürlich
oder ein teufelisch Licht für ein göttlich Licht nimmt". Aber
doch auch schon auf diesem untergeordneten Standpunkt verlangt T., dass „man nicht allwegen luge, was dieser oder jener sage"; denn „bleibt man allein auf des Menschen Räthen,
man kommt nimmer zu rechter Gelassenheit"; und „ist auch
die Lehre eines guten Menschen von Gott, so ist sie doch in
Mittel", „vermittelt". Der Mensch „soll ein Zeugniss d e r h.
S c h r i f t nehmen und der gemeinen Lehre, die er hört", und
darin „kann er nicht irren"; und dann soll er „selbst prüfen",
„mit der Lehre in das Licht seiner Bescheidenheit eingehen",
„lugen, was ihn Gott i n n e r l i c h heisst, und dem soll er
sich allermeist lassen", und „kein Mittel machen zwischen
Gott und der Seele".
     Und darin eben stehe das Wesen des „vollkommen ar-
men" Menschen. Wozu e r sich daher einem A n d e r n lassen

solle? Nicht „um der Unbekanntheit wegen, um dass er
gelehrt werde". Denn „er ist ein lauterer Mensch, und wo
Lauterkeit ist, da ist Licht; wo dann Licht ist, da leuchtet es
und zeiget, das verborgen ist". Er „bedarf darum nicht ausgehen und suchen anderswo, sondern er gehet in sich selber
und in dem Ausgang sein selbst und aller Dinge so muss Gott
sich ihm geben mit aller Wahrheit; hat er dann Gott, so bedarf er nichts mehr" (s. S. 175). Ja „Gott gibt ihm da (in
seinem Grund) solchen Reichthum, wäre es Noth, derselbe
Mensch gäbe allen Priestern genug Unterscheid (Unterricht), so klärlich wird der eingenommene Mensch begabet
und erleuchtet".

Ebenso wenig habe er sich um seiner sittlichen Vollendung willen einem Andern zu lassen; „weil er noch nicht
gestorben sei allen Gebresten, um dass er desto besser sterbe
aller Ungleichheit der Wahrheit". Denn die Menschen-Lei-
tung sei zu kurzsichtig hiefür. „Möchte man fragen, ob der
Mensch dazu möge kommen in dieser Zeit, dass er nicht zu
sterben habe", so „mag er wohl in der Zeit dazu kommen,
dass die Kreaturen nichts mehr finden in ihm zu tödten,
sofern er ist ausgegangen sein selbst und aller Kreaturen";
denn es „sind des armen Menschen Töde (Abtödtungen) so subtil
und so verborgen, dass es wenig keine Kreatur mag erkennen". Aber der Mensch „kommet in der Zeit nimmermehr
dazu, Gott findet etwas an ihm zu tödten: und darum ist
dem ausgegangenen Menschen nicht Noth, dass er sich der
Kreatur lasse; aber er soll sich allezeit Gott lassen". Auch um
der „Demüthigkeit" bedürfe er es nicht; „so dass er, ob
er wohl die Wahrheit verstehe und den Gebresten gestorben
sei, das nicht ansehe und sich nicht dafür halte, denn für einen
armen Sünder, und darum sich einem Andern lasse und ihm
selber nicht getraue". Denn der vollkommen arme Mensch
habe „in ihm selber die Wurzeln aller Demüthigkeit";
auch sei „nicht Noth, dass er seine Demüthigkeit der Kreatur zeige in der Weise; denn Gott verstehet sein Herz wohl...
Habe Demüthigkeit des Herzens, es ist genug". Aber „um
des Beispiels willen", dass die Leute davon gebessert werden?
„Ich spreche, bist du ausgegangen dein selbst und recht ab-

geschieden, dass man drin viel mehr gebessert wird, der sich
bessern will in der Abgeschiedenheit, denn in dem Zuthun".
Aber doch „von G e b o t der h. K i r c h e"? so dass er, was
man ihn heisst, das williglich thut? „Ich spreche: ein armer
lediger Mensch ist n i c h t gebunden zu allem dem Gesetz der
h. Christenheit, nach ä u s s e r l i c h e r W e i s e zu nehmen,
wie ein anderer Mensch, der sein selbst noch nicht ist ledig
worden.... Was die h. Christenheit wirket nach äusserlicher
Weise, das wirket der arme Mensch innerlich im Wesen,
denn in Weise ist Mannigfaltigkeit, aber Wesen ist ohne
Weise. Und der arme Mensch ist vereinfältiget so in Wesen
und darum so vermag er sich nicht mit Mannigfaltigkeit, denn
das Gesetz ist nur, dass man die Sünde lasse und die Tugend
gewinne: der wahrhaft arme Mensch hat alle Sünde gelassen
und alle Tugend gewonnen". Ein armer Mensch werde sich
daher zu dem Gesetze s o halten: „er wird einfältiglich alles
thun, das er vermag und das ihm zugehört", und „das andere
wird er lassen", aber „nicht verschmähen noch für bös
schätzen, sondern für gut; denn es ist alles gut, das die h.
Christenheit aufgesetzt hat". Und „also bleibt einem armen
Menschen allwegen seine Freiheit und ist doch recht gelassen
und gehorsam". Zwar werfe man ihm oft vor, er „breche die
Gesetze der h. Kirche"; aber „indem ihm alle äusserliche W e ise
entfallen ist, hält er in dem weiselosen Gott alle Gesetze der
h. Kirche", was freilich „äusserliche Menschen nicht verstehen
können". —

   Darnach lässt sich ermessen, wie T. über das K i r c h e n -
g e h e n und P r e d i g e n h ö r e n gedacht haben mag. Dass
der Christenmensch das Wort Gottes hören solle, diess ist
ihm, wir wissen es, eine Hauptbedingung alles Lebens in
Got t und aller Gott-Seligkeit. Ob diess nun e b e n s o der Fall
sei mit dem ä u s s e r l i c h e n Vernehmen des Wortes Gottes:
wenn man „den Lehrer, der das Wort Gottes spricht", höre?
An dieser Frage konnte T. wohl nicht vorübergehen. „Hiezu
antworte ich: Es ist zweierhand S p r e c h e n des W o r -
t e s G o t t e s und zweierhand Hören des Wortes Gottes, und
das eine Wort da ist Seligkeit innen und das andere bringt
und b e r e i t e t zur Seligkeit". Das erste Sprechen sei „in dem

Wesen" der Seelen, und da „mag keine Kreatur einkommen", da „behält allein Gott die Statt"; und da „muss die Seele ihre Kraft zumal schweigen" und nur hören, und diess Hören „ist nicht anders, denn ein innerlich Befinden, das da aus Gott in das Wesen der Seele entspringet". Das andere Sprechen sei in den „Kräften"; und diess Wort „mag der Lehrer sprechen und der Mensch mag es hören mit leiblichen Ohren"; und „von diesem Hören ist er nicht selig, denn so viel er ihm folget nach Leben". Diess Sprechen sei „in Mittel der Kreaturen" und „in Bildern und Formen", und „was in Mittel ist, das machet die Seele nicht selig, aber es bringt und bereitet sie zur Seligkeit und es lehrt sie, wie sie Mittel solle ablegen, dass sie komme in das blosse Wesen, da sie Gott ohne Mittel anschaut". Möge auch sein, dass „das Wort des Lehrers nicht sein Wort sei, sondern Gottes", es sei „dennoch ein Mittel", und dringe „nicht so nahe, als das Wort Gottes, das ohne Mittel gesprochen wird".

Die äussere Predigt des Wortes Gottes und das äussere Hören ist daher nach T. nur „ein Führen zu Gott", „ein Mittel, zu hören das ewige Wort". Es hat somit seine Nothwendigkeit und seinen Segen, „so der Mensch gefernet ist von Gott und das ewige Wort nach seiner Blossheit nicht erkennen, das heimliche Wort, das jener spricht, nicht hören mag", so er „überladen ist mit äusserlicher Grobheit", da muss man ihm sagen „in Bildern und in Formen, dass er herzukomme und höre das verborgene Wort Gottes, dass er lerne, wie er sich soll ablegen und zunehmen in Wahrheit". Es ist also zunächst für die, „die noch nicht kommen sind in den rechten Schafstall, da sie die Stimme des Hirten hören", nämlich „in das Wesen der Seele, da der Vater sein Wort inne spricht". Ist aber der Mensch „darein kommen, dass er das ewige Wort in ihm höre", so „muss er alle anderen Worte lassen und sich setzen in ein lauteres Schweigen"; der Seele Gegenwurf soll dann sein Gott nach seinem blossen Wesen, und „in die Wesentlichkeit soll sie dringen". „Ich sage euch, Kinder, dass ich gesehen habe den allerheiligsten Menschen, den ich je sah, auswendig und inwendig, der nie mehr als fünf Predigten all

sein Lebtag gehört hatte. Da er sah und merkte, dass das
wahr war, was er in sich selbst gehört hatte, gedachte er: es
ist nun recht genug, und fing an und starb, dem er sterben
sollte, und lebte dem er leben sollte". Jene Andern aber, die
es noch bedürfen, meint T., die „sollen hören predigen und
sollen merken und was sie hören oder lesen, dem sollen sie
folgen, und also kommen sie zu der rechten Wahrheit und
zu dem Leben, das Gott ist". Und „nach der Weise so ist
das äusserliche Gotteswort nutz".

Indessen hat die Predigt und das Hören derselben doch
auch ihre bleibende Bedeutung selbst für den, der dazu
gekommen, das Wort innerlich zu hören, denn „die leibliche Natur mag es nicht erleiden, dass sich der Mensch allezeit in ihm kehre"; darum „muss sich der Mensch etwa auskehren in die Sinne und muss etwas Werkes darinne haben:
und das sinnliche Werk soll er kehren in das Beste. Ist
ihm nun das Predigen nutz, er mag sie hören; ist ihm eine
andere äusserliche Tugend nutz, er mag sie wirken; und was
er dann für das Beste verstehet, darinne soll er sich üben.
Und das ist ihm nicht ein Hinderniss, das ewige Wort zu
hören, sondern es fördert ihn zum Besten; und so er sich
darinne ausgeübet, und der äusserliche Mensch gestärket
wird und geordnet zu dem inneren Menschen, so soll er sich
wieder einkehren und wahrnehmen des ewigen Wortes".

Aehnlich bestimmt T. das Verhältniss des Mystikers zu
den kirchlichen Ordnungen (Hierarchie).

Wir wissen von Specklin (S. 46), wie T. in seinem Leben
dieser Hierarchie entgegenzutreten sich nicht gescheut hat,
wo höhere Pflichten es ihm geboten. In seinen eigenen
Schriften, wie schon gesagt (S. 50), findet sich nichts davon;
vielmehr in den wenigen Stellen, die auf das Verhältniss zu
den kirchlichen Ordnungen sich beziehen, betont er in aller
innerlicher Freiheit doch den Gehorsam um Gottes Willen. „Ich habe empfangen von Gottes Gnaden und
von der h. Christenheit meinen Orden und meine Kappe und
diese Kleider und meine Priesterschaft, zu sein ein Lehrer
und Beichte zu hören; käme es also, dass mir diess der Papst
nehmen wollte und die h. Kirche, von der ich es habe, ich

sollte es ihnen lassen und nicht fragen, warum sie es thäten,
wäre ich anders ein gelassener Mensch und sollte einen
grauen Rock anthun, möchte ich ihn haben; und sollte ich
nicht mehr in dem Kloster sein bei den Brüdern, noch Priester
sein noch Beichte hören und predigen, so spräche ich: also und
in Gottes Namen: so sei es nicht mehr, denn sie haben mir es
gegeben und mögen mir es auch nehmen, dess habe ich sie
nicht zu fragen, warum? weil ich nicht wollte ein Ketzer
heissen, auch nicht wollte in Bann gethan sein; dann wäre
ich ein recht gelassener Mensch. Wollte mir aber dieser Dinge
eins Jemand anders nehmen, ich sollte eher den Tod dafür
erwählen, ehe ich mir es nehmen liesse. Auch wollte uns die
h. Kirche das Sakrament auswendig nehmen, wir sollen uns
darin lassen; aber geistlich zu verstehen, das mag
uns Niemand nehmen.... Wir haben viele Oberherren:
also habe ich einen Subprior, einen Prior, einen Provinzial,
Bischof und Papst, die alle über mich sein. Und wollten sie
alle übel an mir, dass sie alle an mir zu Wölfen würden,
und mich alle beissen wollten, doch soll ich mich in einer
wahren Gelassenheit und Unterthänigkeit demüthig unter sie
legen und dasselbe ohne alles Murmeln und Widerreden. Ge-
sehehe mir von ihnen wohl, das soll ich von Gott demüthig
aufnehmen; geschehe mir aber von ihnen übel und ungleich,
das soll ich gütlich und fröhlich um Gottes willen und um
die oberste Liebe Gottes von ihnen leiden".

Tauler und die kirchlichen Formen und aszetischen
„Uebungen" (Ordenswesen).
(vergl. die Ausgeburt und der äussere Mensch. S. 168.)

Auch hier stellt, wie wir bereits gesehen haben, T. als
das Eine, was Noth thut, den inneren Gottes-Dienst, das
Leben in Gott, an die Spitze, „die inwendigen edlen Werke".
„Gott loben mit aller Vernunft, mit Liebe und mit Meinung
von Grund des Herzens", das sei, sagt er, „über alles
fern, was man von aussen thun mag". „Ein einiger Gedanke und Durchschwung durch das Lei-

den und Sterben Jesu Christi, sagt er an einem andern Orte, mit Andacht und Liebe bedacht und betrachtet,
ist Gott an den Menschen lieber, denn die Orgeln und die Glocken, und der hohe Gesang und
dazu alles Saitenspiel".

Alles äussere Werk, Uebung, Form diene
nur dazu, sei nur Weg dahin, solle nur dazu reizen,
erwecken, bereiten: das von der Kirche Angeordnete, wie
das vom Menschen freiwillig Uebernommene. Es „sind rechte
Steuern, Hülfen", aber immerhin — nur Mittel. Und der
Maasstab ihrer Trefflichkeit sei eben der: wie weit sie diesem
Zwecke dienen; wie sie das innere Leben fördern oder hemmen, das entscheide über sie.

In zwei treffenden Vergleichungen hat T. im Allgemeinen
seine Ansichten hierüber ausgesprochen. Einmal in dem Bau
eines Domes. (Es scheint fast, als sei die Predigt gehalten
worden zur Zeit, als man am Strassburger Münster gerade
eifrig baute.) „Ihr sehet diese Kirche und das Mannigfaltige,
was dazu gehört, als: das Fundament, die Mauer, die Steine;
die da in dem Dome zimmern; darin mögen vielleicht mehr
denn hundert Menschen arbeiten oder dazu dienen in mancherlei Weise, etliche tragen Steine, die andern Mörtel; —
diess mancherlei Dienen legt man alles zu dem einigen Werk,
dass der Dom und die Kirche wohl gezimmert und gemacht
werde, und das ist alles darum, dass es ein Bethaus werde,
das geschieht alles um des Gebetes willen, dass alle diese mancherlei Weisen und Werke hiezu dienen. So dieses inwendigen wahren Geistes Gebet gethan wird, so ist alles das behalten und wohl verendet, was hiezu gedient hat, und
diess geht fern über das auswendige Gebet. Es wäre denn,
dass der Mensch also wohl geübet wäre, dass das Auswendige
mit dem Inwendigen bestehen möchte ohne alle Hinderniss".
— Die andere Vergleichung, und kaum gibt es eine treffen-
dere Analogie, hat T. genommen aus dem Verhältniss der
alt-testamentlichen Ordnungen und Uebungen zum Leben des
neuen Bundes. „Die alte Ehe (-Bund) hatte viele Gesetze und
Heiligkeit und grosse Werke und dazu mancherlei peinliche
Uebungen; aber mit allem dem mochte Niemand behalten

(erlöset) werden. Es war allein eine Bereitung zu der neuen Ehe, und der neuen Ehe war das Reich Gottes aufgeschlossen und aufgethan. Also ist es in allen auswendigen Uebungen, die nur ein Weg sind und eine Bereitung, und hierin fiudet man die Hochzeit nicht, das alles werde denn eingefügt und geendet in das Neue, und komme in den Grund und in die Lauterkeit, sonst ist es zumal klein und gar nichts".

Damit die Askese nun dem geistigen Leben d i e n e, macht T. besonders zweierlei Ansprüche an sie, die an einander hangen. Sie soll n i c h t s i c h zum Z w e c k e setzen: diess ist das Eine. „Ich meine nicht, dass man gute Uebung unterwegen lassen soll, man soll sich allezeit üben, man soll aber nicht darauf bauen, noch sich darauf halten. So halten Solche mehr darauf, dass sie härenes Hemd und Halsband getragen und gefastet, gewachet und gebetet haben und 40 Jahre ein armer Mensch gewesen seien, und alle diese Weise halten sie recht wie einen Zugang zu Gott, ohne welchen sie nicht sicher noch kühn sind. Aber wenn man aller Menschen Werke gethan hätte, die je gethan wurden, so soll man dessen also bloss und ledig in dem Grunde sein, wie die, die kein gutes Werk je thaten, weder klein noch gross, sondern Gnade um Gnade von der grossen Barmherzigkeit Gottes ohne allen Enthalt eigener Zuversicht der Bereitung empfangen".

Das Andere, was er von einer Askese, welche ihrem Zwecke diene, verlangt, ist: dass sie das Seelen-Leben und dessen freiere Entfaltung durch Uebermaass („selbstgemachte Myrrhe") nicht beeinträchtige, sondern fördere. „Wisset, dass Fasten und Wachen eine grosse, starke Hülfe ist zu einem geistlichen Leben, so es der Mensch vermag. Aber wo ein kranker (schwacher) Mensch ist, eines kranken Hauptes — in diesem Lande (Köln) haben die Leute gar böse Häupter — und befindet der Mensch, dass das seine Natur quetschet und verderben will, so streiche er ab die Fasten; und ob er auch von Gesetz fasten sollte, so nimm Urlaub von deinem Beichtiger, und ob Urlaub dir nicht mag werden, so nimm Urlaub von Gott, und iss etwa bis morgen, und wenn du zu dem Beichtiger kommst, so sprich: ich war krank und ass, und

nimm darnach Urlaub. Die h. Kirche meinte noch dachte nie,
dass sich Jemand verderben sollte.... Also was das ist, das
dich hindert an dem nächsten Wege Gottes, das streich alles
ab, es sei auswendig oder inwendig, es sei leiblich oder geistlich, es scheine oder heisse, wie man wolle". Er meint
auch wohl, auf dem mystischen Standpunkte fielen diese Dinge
„von selbst" ab, „als blos zu einer Nothdurft".

Wie daher das Aeussere dem Inneren dienen soll, so ist
es eben das I n n e r e, das für seine Zwecke ü b e r d a s A e u s-
s e r e z u e n t s c h e i d e n d a s R e c h t h a t. „Wenn du
wahrlich in dir findest, dass dich das auswendige Werk irret,
so lasse es und kehre dich mit allem deinem Vermögen zu dem
Inwendigen.... Thut, wie wir geistliche Priester in den Klöstern thun; zu den Ostern und zu den Pfingsten brechen wir
ab und kürzen das Gebet von der grossen Hochzeit wegen....
Darum schlage kühn alle äusseren Werke ab, ob sie dich
anders irren oder hindern; wenn du das allein verrichtest,
was du von Ordens wegen schuldig bist", und „wären es
auch solche Uebungen, mit denen du dich mit Gelübde verbunden hättest, die dir auch weder Papst noch Bischof abnehmen möchten". Das inwendige Werk sei ja „kein A u f h e b e n
d e s ä u s s e r e n, s o n d e r n v i e l m e h r e i n i m G e i s t
E r f ü l l e n d e s s e l b e n". Denn „wenn ein Mensch ein Gelübde thut, das mag ihm (allerdings) Niemand abnehmen,
m a n w a n d l e e s i h m d e n n i n e i n e n h ö h e r e n S t a n d.
Denn ein jegliches Gelübde ist ein sich Verbinden mit Gott".
Hätte z. B. „ein Mensch viele Gelübde gelobt, zu beten, zu
fasten, Wallfahrt u. dergl. zu thun, deren ist er aller ledig
und los, so er in einen Orden kommt, denn in dem Orden
wird er allen Tugenden und Gott verbunden". Wie viel mehr
nun sei ein Mensch, der sich Gott verbunden zu manchen
Dingen, sobald er in die w a h r e Liebe und „Innigkeit" (Beschauung) komme, ihrer aller ledig, alldieweil die wahre Innigkeit in ihm währe? „Hierin haben die Schwestern unsers
Ordens eine gute Gewohnheit; wer sich unter ihnen lauterlich einkehren will, darüber sind alle gemeiniglich froh und
geben denselben Frauen Urlaub dazu und ist doch ferne über
euere Satzungen". Und sollte eine solche Innigkeit eine Woche

währen oder einen Monat oder ein Jahr, „alldieweil versäumet weder Mönch noch Nonne nimmer keine Zeit vor Gott, dem sie verbunden sind, d e m m ü s s e n s i e v o r a l l e n D i n g e n g e l t e n (genug thun)“. Aber „wenn der Mensch wieder zu sich selber kommt, so vollbringe er das, was er gelobt hat v o n d e r Z e i t a n, von der er sich selbst wieder finden mag; aber von der vergangenen Zeit an und was er darin versäumt hat, das ihn dünkt, dass er dem Orden schuldig sei, dessen darf er sich nicht unterwinden noch gedenken zu thun. Denn Gott erfüllet es selber, dieweil er dich unmüssig machte‘. T. beruft sich hiefür auf Aussprüche von „gelehrten und von Gott und der Schrift erleuchteten Männern“. Und das gelte nicht bloss für den Geistlichen und Klostermann, sondern auch für den Laien; „so er etwas gelobt hat zu thun und auf sich genommen, es sei Gebet oder Fasten oder andere Dinge dergleichen, findet er an sich, dass es ihn hindert und er es in Gott setzt, dass er mit Wissen ledig sei der Gelübde oder Sache, die er sich vorgenommen, so sei er kühnlich ledig“. Denn das sei ein gutes Geloben, und das „die gute Meinung“ davon, dass sich der Mensch damit zu G o t t verbinden wolle, und diess habe er „dieweil für das Beste gehalten“; „so er nun aber in sich ein B e s s e r e s erkennet in seiner Verständniss, und er es in seiner eigenen Strafe (Gewissen) befindet, so ist er eben durch das Gelübde erlediget“; denn „man soll m e h r ansehen die F r u c h t u n d d i e i n n e r e W a h r h e i t als das äussere Werk“. T. erinnert dabei an den Spruch Pauli: der Buchstabe tödte, „das ist: alle äussere Uebung“; aber der Geist mache lebendig, „das ist: ein innerliches Befinden der rechten Wahrheit“.

Er ist aber allzu gewissenhaft, um nicht seinen Zuhörern zugleich das Gewissen zu schärfen, dass sie prüfen und wohl unterscheiden sollen, was sie hemme: ob die äusseren Werke selbst oder ihre Unordnung in den Werken. „Es dünket dich, dass dich die äusseren Werke hindern, wie zum Chor gehen und dienstliche Werke des Gehorsams? Nein, die mögen dich nicht irren, sondern deine Unordnung in den Werken hindert dich (s. S. 110), dass du Gott nicht lauter in deiner

Liebe, in deiner Meinung und in deinem Gemüth vorgesetzt
hast, und dass du also zerstreuet und verbildet bist, und dich
selbst also hinderst".

Könnte aber, diess ist der Schlusspunkt dieser Gedanken-
reihe, „das der Mensch wahrlich an sich selbst haben, dass
die äusserliche Tugend der Uebung die inwendigen Werke
der Seele nicht hinderte, das wäre zumal ein seliges, heiliges
Leben, denn es wären viel besser zwei denn eins" (s. Schauen
und Wirken).

T. spricht aber noch von einer a n d e r n „Uebung", die
viel wesentlicher in den G r u n d gehe: der Kampf gegen die
Wurzel der Untugenden; Sanftmuth, Geduld, Liebe u. dergl.,
das seien die rechten aszetischen Mittel, „die edlen Waffen
Gottes, mit denen ihr wahrlich der Hoffärtigkeit des Teufels
und allen Untugenden widerstehen könnet, denn uns ist nicht
allein zu fechten wider das Fleisch und wider das Blut, das
sollen die Leute merken, die das arme Fleisch martern und
tödten, und nicht die höse Sippschaft, die in dem Grunde
verborgen liegt. Was hat dir das arme Fleisch gethan? Und
wollen Solche recht als wollten sie mit den Köpfen durch die
Mauern fahren. Tödte die Untugend und nicht das Fleisch....
Das ist doch sicherlich ein Jammer. Nehmet der Wurzel eurer Untugenden wahr und tödtet die, und nicht die Natur.
Weil ihr aber das nicht thut, so verliert ihr in einer Stunde,
was ihr in einem Jahr gesammelt habt, vielleicht in Worten
und Werken, die aus den bösen Wurzeln herauswachsen, die
in dem Grunde liegen". Darum solle der Mensch „wahrlich besehen, was er abschneide. „Kennete der Weingärtner nicht
die Kunst, er schnitte das edle Holz, das die Trauben bringen
soll, ebensobald ab, als das böse Holz, und also verdürbe er
damit den Weingarten. Also thun auch solche Menschen,
welche... die arme Natur abbauen und schneiden. Die Natur
ist an sich selbst gut und edel, was willst du der noch abge-
winnen? Ich sage dir, wenn die Zeit der Früchte kommen
sollte, das ist, ein göttliches, seliges, andächtiges Leben, so
hast du d i e N a t u r v e r d e r b t".

Man mag sich nun leicht denken, wie T. das Ordenswesen überhaupt fasste. Es ist immer dieselbe s p i r i t u e l l e

Richtung. Immer ist ihm „das Wesentliche" das Leben in ·
Gott; diess nennt er „den wesentlichen Orden"; das äussere
Ordenswesen nur „Weg", „Bereitung" dazu. Jenes meinen
und jenem dienen „alle Weisen und alle Werke und Uebungen, die wir in unserem h. Orden haben". Darum seien
„alle Orden und alles geistliche Leben und aller Klöster Zucht
Gesetze und Weisen oder Klausen und alle Art zu leben, wie
sie scheinen oder heissen", und „so viel mehr sie dazu dienen", um so viel seien sie „löblicher, heiliger und nützlicher",
das habe auch ihr Ordensstifter Dominicus auf seinem Sterbebette seinen Brüdern als das Wesentliche, als „den Grund
des h. Ordens", genannt. „Halten wir diess, so halten wir
den Orden und den Grund wesentlich, den unser Vater und
alle Väter als S. Benediktus, S. Augustinus, S. Bernhardus,
S. Franziskus gehabt haben.... Lieben Kinder, diesen (den
wesentlichen) Orden bitte ich euch, dass ihr lernet von Grund
aus".

T. warnt daher stets vor der gewöhnlichen Vermischung
von Weg und Ziel, Form und Wesen. „Gott hat alle
Dinge gegeben, dass sie ein Weg zu ihm seien,
und er soll allein das Ende sein, und anders nichts,
noch diess noch das. Wähnet ihr, dass es ein Spott sei?
Traun nein! Der Orden macht euch nicht heilig. Meine
Kappe, noch meine Platte, noch mein Kloster, noch meine
h. Gesellschaft, das alles macht euch nicht heilig.... Es hilft
mir Nichts". Nun finde man Menschen, die das Kreuz wohl auswendig mit guter Uebung tragen und die Bürde eines Ordens;
„sie singen, lesen, gehen zu Chor und zum Refektorium und
thun unserem Herrn also einen schmalen Dienst mit ihrem
äusseren Menschen. Wähnet ihr, dass euch Gott allein darum
geschaffen und gemacht habe? er wollte auch seine besonderen Freunde an euch haben". Nun, „diese tragen das Kreuz
auswendig, aber mit allem Fleiss büten sie sich, dass es nicht
in sie komme, und suchen Kurzweil, wo sie mögen. Diese
tragen das Kreuz nicht mit unserem Herrn, sondern mit dem
rothen Simon, der dazu gezwungen wurde". Aber, sagt T.,
und es hängt diess mit seiner Idee von der Reinigungskraft der
Leiden zusammen, es sei doch dieses Tragen sehr gut; „es be-

hütet sie wohl vor mancher Untugend und Leichtfertigkeit und
nimmt ihnen ein gräuliches Fegfeuer ab und vielleicht die
ewige Hölle".

Ebenso wie er warnt, mahnt er nun aber auch, dem
„Rufe", der mit dem Eintritt in einen Orden an den Ordensmann ergehe, zu folgen; es sei das ein „Ruf, der viel weiter
gehe als der allgemeine", der Standpunkt „der Räthe Gottes"
(s. S. 204) und es sei die nächste Stufe zu der vollkommenen.

Tauler und die Gnadenmittel (Gebet, Busse, Abendmahl).

Als eine der vornehmsten „Uebungen" nicht bloss, sondern als rechtes Gnadenmittel und zugleich als Lebensäusse-
rung des vollkommenen Lebens nennt T. das Gebet. Zunächst ist es ihm mit Augustinus ein „Aufgang" des Gemüthes
zu Gott. „Da muss der Geist und das Gemüth unmittelich in
Gott gehen"; und „das ist allein das Wesen des wahren Gebets und anders nichts". In diesem wesentlichen Gebete, in
dem Gebete „im Geist und in der Wahrheit" sieht er „alle
Uebungen vollbracht, Worte, Werke und Weisen, die von
Adams Zeit gewesen sind und noch sein werden bis an den
jüngsten Tag"; mit diesem „überkommst du sie alle". — Als
Gnadenmittel betont er am Gebet das Gnaden-Mittel gegen
die Einen, „die nicht beten wollen und sprechen, sie könnten
nicht beten, denn sie wollen und müssen sich Gott lassen,
dass er mit ihnen und mit allen ihren Sachen recht thue, wie
er wolle". Diese Spiritualisten verweist er auf „die Ordnung"
der h. Kirche, auf das betende Vorbild Jesu Christi, auf Gottes
Ordnung selbst, denn „etliche Sachen sind, die der Herr nicht
thun will, es sei denn mit Gebet; und wisset auch, dass Gott
oft den Menschen in Noth kommen lässt, dass der Mensch dadurch gereizet werde zu bitten und dann hilft ihm Gott". Ebenso
betont er aber auch den Andern gegenüber, „die gar fleissiglich unsere Frau anbeten und andere Heiligen, um alle ihre
Sachen", das Gebet als Gnaden-Mittel, d. h. als Mittel
zur wesentlichen Gnade, zur Gottes-Gemeinschaft. „Aber die
sind so gar ungelassen und wollen immer, dass ihre Dinge

vorgehen, die sie bitten". Sie „sollen wohl bitten, aber das in
rechter Gelassenheit, wie es Gott gefiele, dass ihnen das lieb
wäre in aller Weise und in allen Dingen".

Diesem wesentlichen Gebete, sagt T., d i e n e alles ä u s-
s e r e Gebet, das „nicht das wahre Gebet ist, wie auch meine
Kappe und meine Kleider mir dienen, sie sind aber nicht, was
ich bin". „So klein ein Heller gegen hunderttausend Mark
Goldes ist, also ist alles auswendige Gebet gegen diess inwendige, das da ist und heisst: wahre Einigung mit Gott, des
geschaffenen Geistes Versinken und Verschmelzen in den ungeschaffenen Geist Gottes." In diesem inneren Gebete habe
das äussere sein Ziel und Ende gefunden. „Recht wie das
Stroh ist um des Kornes willen und zu nichts mehr, denn man
wolle denn ein Bett daraus machen, darauf du ruhest oder
einen Mist: also ist auswendiges Gebet nichts mehr nütze,
denn sofern als es zu dieser edlen Andacht den Menschen
reizet; und b r i c h t d e n n a u s d e r e d l e R a u c h, wenn
der dann auskommet, so lasse das Gebet d e s M u n d e s
kühnlich fahren", besonders „so dich e i n e r l e i Weise oder
Gebet hindert oder auswendige Werke." Es fallen, wie T.
sich auch ausdrückt, auf diesem Standpunkte alle Mittel ab,
und die Menschen empfahen alles sonder alle Mittel. „Hie
fället Gebet (des Mundes) ab und die Bilde der Heiligen und
Weisen und Uebungen".

T. findet sogar (wie bei der äusserlichen Beichte), diess
n u r äusserliche Beten s c h a d e dem Menschen, sofern es
ihn sicher mache, verhärte. „Diese Menschen kommen mit
ihren weltlichen Herzen, mit ihren besessenen Gründen und
bitten und beten, und ihnen wird das Brod nicht gegeben und
das ist nicht Gottes Schuld.... Sie lesen fast die Bücher aus,
eins nach dem andern, und diess schmeckt ihnen nicht, noch
quillt es in ihnen, und sie dürsten nicht darnach. So er nun
das in einer groben, blinden Weise thut, so legt er sich nieder
und schläft. Des Morgens hebt er abermal an wie das erste-
mal, und so er also sein Gebet thut, dünkt ihn, es sei genug.
Und dabei wird sein Grund so h a r t als ein Mühlstein, dass
man ihn weder brechen noch biegen kann".

Dagegen findet T. das innere Gebet, das zum äusseren

wird, gut, ja am besten. „Will die Einigung (mit Gott) das
Gebet des Mundes l e i d e n, so thue es"; denn „zwei sind
besser denn eins, und das darum du gebeten hast, ist gut, dass
du das nach der Weise auswendig thuest, wie du geheissen
bist und gelobet hast". Besonders „die, die zu ihrer Zeit durch
Gebote der b. Kirche verbunden sind", „Geistliche und Or-
denspersonen", oder „die etwas Gebets verheissen haben",
oder „denen von Beichtvätern Gebet auferlegt ist", sollen
auch das bestimmte äussere Gebet n i c h t unterlassen.

In diesem Artikel des Gebets rügt er übrigens scharf einige
Missbräuche: z. B. dass Reiche ums G e l d (in Klöstern) für
sich beten liessen. Da „kommen die reichen Menschen zu
euch armen, verzehrten, kranken Kindern und geben euch 4
oder 6 Heller und heissen euch viele Gebete machen oder
hundert Paternoster sprechen. Von diesem K a u f und s o n s t
v o n a n d e r n W e i s e n hält Gott in seiner Ewigkeit so viel
als er will".

Dieselbe u n m i t t e l b a r s t e und s p i r i t u e l l s t e Religiosität, denselben Gegensatz gegen die sinnliche Volks-Weise
beurkundet T. in dem, was er zugleich als tiefer Seelenkun-
diger über die A n b e t u n g d e r H e i l i g e n sagt. „Es sind
etliche geistliche Menschen, die ohne Trost nicht wollen sein;
und ehe sie ledig und bloss gefunden werden, so nehmen sie
eher für sich himmlische Kreaturen, als die Heiligen und die
Engel und besitzen sie in sich selber mit einer geistlichen Lust
und sitzen da vor sich zu einem Trost; also dieser Heilige ist
mir lieb vor andern Heiligen oder der Engel vor andern Engeln;
und wer ihnen denn diesen Ungelass umstosset, dass es
nicht sein soll, so haben sie darin wenig Friede; sie haben
wohl darin Unfriede, und das ist dir gegen Gott ein gross
Unrecht. D u s o l l s t l e d i g s t e h e n a l l e r K r e a t u r i m
H i m m e l r e i c h u n d a u f E r d r e i c h, u n d a u f N i e -
m a n d r u h e n n o c h b l e i b e n, d e n n b l o s s l a u t e r a u f
G o t t a l l e i n. W e n n d u d a s t h ä t e s t w a h r l i c h u n d
l a u t e r l i c h, s o w ä r e n a l l e H e i l i g e n w a h r l i c h u n d
v o l l k o m m e n v o n d i r g e e h r e t u n d g e w ü r d i g e t,
denn die lieben Heiligen werden allezeit gesenkt einmüthiglich in den väterlichen Abgrund der h. Dreifaltigkeit.... Darum

ist nicht verboten, die Heiligen zu e h r e n; euch ist allein
alles Anhaften mit Eigenschaft verboten, das ist mit Lust eurer selbst". D i e s e a u f G o t t d r i n g e n d e r e l i g i ö s e
U n m i t t e l b a r k e i t drückt sich noch besonders lebhaft in
folgender Erzählung aus. „Ich weiss eine junge Tochter, sagt
er, und das ist geschehen vor 4 Jahren und sie lebt noch
heute dieses Tages; diese Tochter hatte in reiner Verzückung
Gott und unsre Frau und alle Heiligen gesehen. Und als sie
diess sah, da sah sie sich selber in einer unaussprechlichen
Weite von Gott und von seiner Mutter und von allen seinen
Heiligen, und geschah diesem Geiste so unaussprechliches
peinliches Wehe, dass ihr däuchte, sie müsste von Stund an
vergehen, — von der grossen Ferne wegen, die sie zu Gott
hatte". In dieser „unaussprechlichen Noth kehrte sie sich demüthiglich und ernstlich zu unserer Frauen und zu allen Heiligen und bat sie allesammt ernstlich, dass sie ihr Gnade von
Gott erwürben. Da sah sie, dass die l. Heiligen alle sogar grösslich und einmüthiglich in Gott erstarrt waren, und
in ihm vereint, dass sie sich allesammt nicht einen einigen
Augenblick gegen ihrem Rufen und Schreien neigten. Da
kehret sie sich nach m e n s c h l i c h e r W e i s e zu dem h. bittern Leiden und scharfen Tod unsers Herrn Jesu Christi,
und es ward ihr geantwortet, warum die sollten von ihr an-
gerufen werden, denen sie doch nie vollkommen Ehre und
Würdigkeit erzeigt hätte. Da sie das sah, dass weder unsere
Frau noch die Heiligen auch die Marter unseres Herrn nicht
zu Hülfe wollten kommen, da kehret sie sich selbst mit Ernst
zu Gott.... Nun sobald sie sich demüthiglich zu Grund ergab, dem einigen Gott gelassen in Innigkeit, alsbald ward
sie gezogen fern über alle Mittel und zuband in den lieblichen
Abgrund der Gottheit eingeschlossen".

Doch spricht T. auch wieder davon, dass „Niemand in
diesem Leben mit Uebung so hoch fliegen solle, er soll des
Tags eine Stunde dazuthun, dass er unsrer Frauen ein sonderliches Lob und Dienst erbiete und sie ernstlich bitte, dass
sie uns führe und ziehe zu ihrem allerliebsten Kind". Ja in
der Predigt auf ihre Geburt setzt er sie ganz an die Stelle
Christi; denn er sagt von ihr: sie „ward lauter und rein

geboren von ihrer Mutter Leibe; in ihr ist wiedergebracht, was verloren ward im Paradiese, das edle Bild, das der Vater nach sich gebildet hatte"; sie ward „eine Wiedergebärerin mit dem Vater, alle seine Glieder wiederum zu bringen in den ersten Ursprung". Das theilt er mit seiner Zeit. —

Auch über die (kirchliche) Busse lässt sich T. in diesem Geiste aus. „Was ist das Leben der Pönitenz in dem Wesen und in der Wahrheit? Das ist anders nichts denn eine ganze wahre Abkehr von allem dem, das Gott nicht ist, und eine ganze wahre Zukehr zu dem lauteren, wahren Gut, das Gott ist und heisset. Wer das mehr hat und diess mehr thut, der thut mehr Pönitenz".

Besonders häufig aber bespricht er das Stück der Pönitenz, das im 13. Jahrhundert (s. Innoz. Leben, S. 447) erst recht zu einer kirchlichen Bestimmung geworden war, die Beichte, und ganz in seiner Weise. Die „wesentliche" Beichte ist ihm das Sündenbekenntniss vor Gott, das sich strafen lässt von ihm (im Gewissen); diess immer und stets. „Diess Beichten und Strafen ist recht wie eine Wunde, die frisch ist und schmerzt und scheuert sehr den Rost der Sünde ab". Und „hätte der Mensch nicht Reue, so habe er darum Reue; das ist Reue, dass man habe Reue um Reue. Hat man nicht Begierde oder Begehrung, so begehre man, dass man Begehrung gewinne, und die Liebe liebe um die Liebe". Dieser wesentlichen Beichte (inneren Busse) folge die kirchliche, die „auswendige" Beichte vor dem Priester erst nach, und sei auch nicht ein ebenso absolutes Erforderniss wie jene. Nun aber klagt er, sei in allem das gerade verkehrte Verhältniss eingetreten in Missbräuchen von Seiten der Beichtiger wie der Beichtenden in der Beichtpraxis (worüber wir bereits die Klagen des oberländer Gottesfreundes gehört haben). Kein Zugang zur Beichte ohne innere Reue; diess ist das Erste, was er daher den Beichtenden zuruft; keine Absolution ohne Reue, diess ruft er den Beichtigern wie Beichtenden zu; sonst werde die Beichte zu einem Sünden-Institute. Diesen Seelsorger-Ernst verdrehte man ihm, es irrte ihn aber nicht. „Kinder, ich werde unrecht begriffen, als ob ich sollte gesprochen haben: ich wollte Niemands Beichte hören, er wollte mir denn

geloben, dass er thun wollte, was ich wollte; das ist gar unrecht gesprochen: was i c h wolle. Ich will von Niemand
nichts, denn wie geschrieben steht, und dasselbe bitte ich
mir Niemand zu geloben. Ich kann Niemand absolviren, ihm
seien denn seine Sünden leid;... und er habe einen Willen,
sein Leben zu bessern und sich vor Sünden zu hüten und
auch vor den Ursachen der Sünden, nach seinem Vermögen.
Die Ursachen, die die Sünde verursachen, behalten etliche
Menschen williglich und wissentlich und gehen damit zu der
Beicht und zu unsers Herrn Leichnam, und wollen ihr Gebrechen nicht erkennen. Weil sie nicht stehlen oder Unkeuschheit thun, gehen sie fort. Wie diese absolvirt werden, da
sehen sie zu". Nicht genug, dass der Mensch sich betrüge,
sofern er „Ruhe und Rast und Genügde auswendig Gottes an
Kleidern, an Speise, an den Kreaturen" suche, suche er,
klagt T., „sie nun auch noch auf trügerische Weise an g e i s t-
l i c h e n und gutscheinenden Dingen". „So der Mensch sich
irgend entgangen ist, so eilet er sehr zu der auswendigen
Beichte, ehe er Gott innerlich beichtet mit demüthigem
Schuldiggeben. In dieser a u s w e n d i g e n Beichte suchet die
N a t u r ihre Ruhe, dass sie zu Frieden komme, u n d d a s s
d a s i n n e r l i c h e S c h e l t e n u n d S t r a f e n, das in ihm
is , g e s t i l l e t werde und schweige; denn so der Mensch
gebeichtet hat, so schweiget das Strafen und ist dann recht
zufrieden". Aber in Wahrheit, „über alle Gebrechen deiner
Besessenheit und Ruchlosigkeit, darin du Willen hast zu verbleiben, darüber hat der Beichtiger keine Macht; dass du des
Tages zu zehenmalen beichtest, das hilft dich alles nichts, du
wollest denn ablassen.... So ihr Beichte thut und wollet euch
doch vor der Ursach der Sünde nicht büten, dann löset euch
der Papst mit allen seinen Kardinälen nicht ab". Man finde
daher viele Menschen, die beichten 20 oder 30 Jahre, und
„thaten doch nie eine rechte Beichte und sind nie recht absolvirt worden und gehen damit zu dem würdigen Sakrament
(Abendmahl); das ist ein ängstliches, sorgliches, gräuliches
Ding". Wenn „der Papst etliche Artikel sich selbst behalten,
etliche den Pönitenziern verliehen hat, etliche den Bischöfen
und die andern den Priestern", so „ist diess nicht von harter

Thorheit und Unsinnigkeit geschehen, sondern dàss die Sünden damit bekannt, gewogen und gross geschätzt werden und
dass die Reue desto grösser und mehr, und man desto behutsamer werde".

Wir haben auch schon oben (S. 217) gesehen, wie T.
diess viele Beichte-Laufen missbilligt, womit der Mensch seine
innere Bedrängniss, statt sie „auszuleiden", „auswirken",
„ausrichten" wolle, „und fällt dennoch viel tiefer in den Nebel". Er kennt nur e i n e Beichte vor dem Priester als wesentlich nothwendig: „wegen Todsünde".

Je mehr er auf das Wesentliche dringt, auf die innere
aus Reue stammende Herzensbeichte vor Gott, je freier ist
er nun eben in Bezug auf die Bedingung der menschlichen Ordnung. „Könnte der Mensch zu sich selbst kommen und einen
tiefen Unterfall in den Grund der Demuth vor Gott thun, so er
keinen Beichtiger haben möchte, ... so versänke in diesem Unterfall das Gebrechen vor Gott allzuhand wie der Schnee vor der
Sonne". Und wie die Beichte vor dem Beichtiger nicht absolutes Erforderniss ist (Todsünden ausgenommen), so ist nicht
a b s o l u t e s E r f o r d e r n i s s , d a s s d i e B e i c h t e s i c h
a u f j e d e s E i n z e l n e e r s t r e c k e. „Um die Anfälle von
täglichen Gebrechen und Sünden, deren der Mensch in dieser
Zeit nicht wohl ledig sein mag, darum habt nicht grosse Noth,
wenn sie nicht alle gebeichtet werden, sondern beichtet sie
mit einem demüthigen Ernste Gott". Man solle auch den
„Beichtigern" nicht so viel ihre Zeit nehmen, sondern solche
Dinge solle man im Allgemeinen berühren. „Von Nothdurft
gehöret nichts zu beichten denn Todsünde, aber die täglichen
Sünden fallen ab durch Reue und durch das Pater Noster,
mit Knieen, mit dem Weihwasser und mit manchen Dingen".
„Lieben Kinder, ich rathe und mahne und bitte euch, dass
ihr lernet Gott innerlich und lauterlich beichten alle eure Gebrechen,... und dass ihr euch nicht setzet auf viel auswendiges langes Beichten, viel zu sagen mit Unterschied von euern
täglichen Gebrechen, denn daran ist wenig Nutzen. Von diesem vielen Sagen fallen die Gebrechen nicht ab,... und es
ist ein Zeichen eines unfleissigen (Menschen und seines) inwendigen Beichtens; denn wo die innere Wahrheit ist, da erlö-

schen die Zufälle so gar von innen, dass man wenig mit Unterschied davon sagen kann.... Diess meine ich mit täglichen Sünden; vor Todsünden behüte uns Gott.... Dringe dich in Gott so geschwinde, dass dir deine Sünde zumal so entfalle, dass wenn du damit zur Beichte kommest, du sie nicht zu sagen wissest".

Wenn T. mahnte, nicht sofort zu einem Beichtiger zu laufen, die Beichte vorzugsweise auf die Hauptsünden zu beschränken, so that er diess nicht bloss gegen die äusserlichen, leichtfertigen, sich selbst betrügenden Menschen, sondern auch mit Rücksicht auf die ängstlichen. „Ach lieber Gott, hätte ich doch einen Beichtiger, mir ist diess und das eingefallen! Ich armer Mensch, wie bin ich nun mit unserm Herrn daran"!' So lässt er diese ängstlichen Leute reden, die er mahnt, nur „guten Muth zu haben"; er wisse auch von „diesen bösen Einfällen"; aber „ich sage dir, ist dir etwas eingefallen, so lass es auch wieder ausfallen und setze dich hierin zufrieden und kehre dein Herz damit zu Gott. Entfallen dir dann deine Gebrechen, dass du sie nicht zu sagen weisst, wenn du zum Beichtiger kommest, so glaube, dass dir deine Sünde mehr vergeben sei, denn ob du sie dem Priester selbst gebeichtest hättest,... und ob man im Zweifel wäre, ob ein Ding Todsünde sei, das mache kurz".

Offenbar war unserm T. auch die (priesterliche) Beichte eine Art „Vermittlung" (das Wort als hinderndes Mittel gefasst) im Verhältnisse des Menschen zu Gott, die seiner ganzen religiösen Tendenz, die auf Unmittelbarkeit ging, widersprach. Aber auch dafür, dass die Absolution der Hauptsünden nicht möglich sei ohne die priesterliche Beichte, hat er keinen Grund angegeben. Es ist einfach die Kirche, der er sich fügt. In seinen Gedanken konnte die Beichte und das Institut der Beichtiger nur — Seelsorge, geistliche Leitung überhaupt sein; und dafür empfiehlt er im Gegensatze zu den „groben" kirchlichen Priestern, denen er zudem vorwirft, dass sie „fremde Glossen aus der h. Schrift nehmen, dass es zu erbarmen sei", einen Gottesfreund; finde man aber nicht „einen besondern Freund", so wäre ein gemeiner Beichtiger

gut, denn es redet der h. Geist durch sie oft von ihres Amtes
wegen (s. o. S. 237).

Ueber das h. Abendmahl — „zu Gottes Leichnam
gehen" — hat sich T. besonders in den Predigten am Fronleichnamsfest verbreitet, das durch eine Bulle Urbans IV.
(1264) für die Kirche angeordnet, von Klemens V. im Jahr
1311 für immer in der Kirche festgestellt ward. T. nahm dieses junge Fest mit Freuden auf — als Mittel für Geistiges. „Es ist heute, beginnt er die erste Predigt auf dieses
Fest, der hochgelobte hochzeitliche Tag, da man die Hochzeit (Fest) des h. würdigen Sakraments begehet, des zarten
Fronleichnams unsers Herrn Jesu Christi; und wiewohl wir
diess alle Jahre begehen, alle Tage gemeiniglich und dem
grünen Donnerstage sonderlich, so hat doch die h. Kirche,
unsere Mutter, diesen Tag sonderlich geordnet, dass wir gereizet und gemahnet würden zu einer neuen sonderlichen Ehr-
würdigkeit, dem Fronleichnam mit neuer Andacht Ehre zu
erbieten, wie man andere Hochzeiten begehet, und hiemit hat
uns die Kirche genug gethan; und darum thun die Menschen
auswendige Werke und Gezierde, Würdigkeit zu beweisen,
die sie zu dem Sakrament in vielen Weisen haben. Man trägt
es von einer Kirche zur andern, und die Menschen haben da
Silber und Gold gegeben, die Glocken läutet man, der Gesang
ist hoch und die Orgeln lauten wohl und dieser Ding' ist viel.
Diess alles dient dem inwendigen Lob, das man
Gott von innen thun soll; denn es ist nichts so klein,
es dienet alles hierzu; aber die auswendigen Werke alle und
die Weisen sind das mindeste Lob, das man Gott thun mag".
Auch in der Einleitung zur dritten Predigt spricht er sich über
diess besondere Fest aus. Am grünen Donnerstage, sagt er,
könne man „dem Fronleichnam nicht genug thun, denn die öf-
terliche Hochzeit kommt ihm zu nahe, so dass wir von unserer
Schwäche und seiner Grossheit ihm nicht genug thun können.
Darum hat es die h. Kirche gebessert und hat wiederum gerufen, dass wir mit aller Kraft hereingerufen sind, das wunderbare Werk anzusehen".

Die Brodverwandlungslehre selbst finden wir bei T. nirgends ausgesprochen, — doch scheint er sie vorauszusetzen;

noch weniger finden wir bei ihm nach Art der Scholastiker
Andeutungen und Ausführungen über die A r t dieser Verwandlung. Denn das ganze Mysterium ist ihm ein „unworth-
ches", und ein „lauterer, inwendiger" Mensch „möchte hievon wohl wissen in empfindender, schmeckender und wesentlicher Weise", es aber „zu Worte bringen" oder „mit der
Vernunft begreifen", möchte er nicht. Aecht mystisch hält
sich T. nur an die Wesensgegenwart Christi im Sakrament:
„dass sich unser Herr in einem demüthigen groben S c h e i n
(Specie) des Weins und Brodes gegeben hat, dass wir ihn alle
zu dem Munde eingeniessen sollen wie eine leibliche Speise".
Er verehrt darin einen Akt der höchsten Selbsterniedrigung
Gottes; auch sofern Christus laut den Einsetzungsworten: das
ist mein Leib, mein Blut, „von dem Allergrössten", von seiner Gottheit schweige, von dem „Mindesten", von dem Fleisch
und dem Blut rede, „wiewohl die Gottheit und seine h. Seele
so wahrlich da sind als das Fleisch und das Blut". T. spricht
sich auch, um den wesentlichen Genuss im Abendmahl auszu-
drücken, so aus: „hier ist der Speiser und die Speise Eins";
„Gott speist mit ihm selber"; diese Speise „lebet und ist selber das Wesen des Lebens"; in diesem Sakramente „gibt sich
Gott wesentlich, persönlich, eigentlich und wahrlich". In diesem Scheine von Brod und Wein aber gebe sich uns Christus,
weil „ihm nicht genügte, dass er unser Bruder geworden war
und unsere schnöde, kranke Natur sich annahm;... er
wollte auch unsere Speise werden.... Was wunderbare unaussprechliche Liebe ist in ihm, dass er diese Weise fand!
Diese Liebe sollte billig aller Menschen Herzen verwunden.
Es ist kein körperliches Ding, das so nahe und so inwendig
kommt, als essen und trinken. Und darum, dass er sich in
das Allernächste und in das Inwendigste zu uns vereinigte, so
fand er diese wunderbare Weise", wiewohl er „eine höhere"
hätte geben können. Doch auch durch diese Weise der
Niedrigkeit breche jeweilen die Hoheit hindurch, und T. weiss,
wie das aus jener Zeit so oft berichtet wird, in denen „dieser
Gipfelpunkt des Wunderbaren und der Selbstmittheilung Gottes an die Menschen das religiöse Gefühl und die Phantasie besonders beschäftigte", hievon Beispiele. Wenigstens erzählt er,

wie eine Schwester (seines Ordens) mit ihren leiblichen Augen
eine unbegreifliche Klarheit gesehen, die den Priester und
den Altar umfangen, und ein grosses Wunder von Engeln
und viele schöne innerliche Dinge (s. Visionen).

Als W i r k u n g des würdigen Genusses nennt er die Kon-
zentration aller christlichen Segensmittheilungen. „Alle Verklärung, Gnade und Seligkeit, die unser Herr aller Welt gebracht hat in seiner Menschheit, lebendig, todt, leidend, er-
stehend und auffahrend, das bringt er alles einem jeglichen
Menschen mit seinem h. Leichnam; und so kann man auch
keine Gnade erdenken, deren ein Mensch begehren mag, die
darin nicht begriffen noch beschlossen ist". Indem „du den
wahren Gottessohn empfängst, empfängst du sein heiliges, ab-
waschendes, rein machendes Blut, seine h. Seele, seinen h.
Geist, seine ewige Gottheit, seine zarte Menschheit, die h.
Dreifaltigkeit, und alles was er ist und hat und vermag".
Am kürzesten drückt sich T. aus und es ist zugleich das
Höchste, was er zu sagen weiss vom Abendmahlssegen, wenn
er diesen fasst als die (mystische) „E i n i g u n g" des Menschen (des Geniessenden) mit Gott (der Speise). Er bedient
sich für diesen Vorgang nach seiner Weise der Analogie und
Bilder, z. B. des Feuers und des Holzes (S. 133). Die gewöhnliche Analogie ist ihm aber diejenige von der leiblichen
Speise, worauf er sich durch das Sakrament selbst hingewiesen sah. Das (mystische) Aneignen und Angeeignetwerden
(im Sakrament) vergleicht er so mit dem Prozess des Essens,
Verdauens und der Assimilation der leiblichen Speisen. Wie
die leibliche Speise in uns „gewandelt wird", so „ist es mit
unsers Herrn Leichnam". „Wer diese Speise würdig geniesset,
dem gebet sie durch die Adern in den inwendigen Grund";
sie „verwandelt ihn in sich, so dass der Geist über alle seine
Krankheit, Natürlichkeit und Ungleichheit gezogen, in eine
göttliche Weise übergeführt, verklärt wird". Man sieht: wie
T. e i n f a c h u n b e s t i m m t Brod und Wein im Sakrament
mit Christus selbst identifizirt, oder mit Gott und Gottes
Geist, so wird ihm auch diese Vereinigung ganz unvermittelt
zu einer geistigen: auf Seiten Gottes, der uns aneignet, „isset",
oder (nach einem Worte Bernhards, dessen sich T. bedient)

in den der Mensch „verwandelt" wird, sofern er „unsere Gebrechen straft in unserm Gewissen" u. s. w.; auf Seite des
Menschen, sofern wir uns „ihm lassen", „aller Unserheit entwerden" u. s. w. Es ist diess offenbar derselbe Prozess, den
wir oben haben kennen lernen als den mystischen Heilsprozess
überhaupt, ohne dass T. nachweist, in welchem Verhältniss
dieser zu jenem stünde, wie er sie denn öfters zusammenfallen
lässt.

Wie er die Gnade im Sakrament des Abendmahls als die
höchste preist, „denn alle Uebungen der Gnaden seien nur ein
Weg·und eine Bereitung zu Gott"; aber „d i e Gnade sei das
Ende und der Lohn, und Gott selbst ohne Mittel", so sei,
sagt er, hinwiederum „kein Ding sorglicher, denn es unwürdig und unbereitet nehmen". Die Bereitung zum Sakrament
beschreibt er nun aber ganz wieder wie diejenige zur mystischen Einigung überhaupt: man müsse sich „Gott, Christo
gleich" machen, alles „Mittel, das die Frucht hindert", abthun, „wie ein Kind zu seinem väterlichen Erbe gehen". Und
gerade wenn man sich recht als Sünder fühle und sich gern
kehrte von der Kreatur, „desto lieber solle man dazu gehen,
damit die Sünden abfallen". „So ich einen Menschen in des
Zöllners Weise fände, ich wollte ihm mit. gutem Gewissen
allezeit über den andern Tag unsers Herrn Fronleichnam geben, gerne. Ich will das mit der h. Schrift bewähren. Da wir
in der h. Taufe Gott verbunden wurden, gewannen wir alle
Rechte zu dem h. Sakrament, und das Recht können uns alle
Kreaturen nicht nehmen, wir nähmen es uns denn selber".

Eben diese Bereitung und das Bedürfniss, das innere
Verlangen entscheide, sagt T., d a r ü b e r, w i e o f t man
zugeben solle. „Wo der Mensch in sich findet, dass sein Herz
noch in ihm leer, üppig und eitel bleibt, und sein auswendiges
Leben leicht bleibt, lose in Lachen und Klaffen, in Kleidern, in
Aefferei und Kurzweil, und mit Wissen und Willen dabei bleibet, und er damit zu dem h. Sakrament geht, das ist ein sorgliches Ding. Es wäre diesen Menschen zu tausendmal besser,
dass sie es n i c h t empfingen.... Seid dessen sicher, wem
seine Sünden nicht leid sind, und wer sich nicht hüten will vor
Todsünden und sein Leben bessern, der wird in der Wahrheit

an dem Leichnam unsers Herrn J. Christi schuldig". Andere
dagegen mögen „zugehen an hochzeitlichen (Fest-) Tagen";
etliche „zu Ostern", und „das ist wohl wenig, dass sich dann
dieselben eine ganze Fasten dazu bereiten"; wieder andere
„alle 4 Wochen"; etliche „alle Wochen". Aber diese nur
nicht „aus blosser Gewohnheit", weil sie „andere Menschen
das auch thun sehen". „Ihr sollet wissen, ob ich einen fände,
der ein gräulicher Mensch in der Welt gewesen wäre und
hätte einen wahren ganzen Kehr von den Sünden zu Gott gethan, ich wollte ihm lieber ein halbes Jahr alle Tage unsern
Herrn geben, denn den lauen Menschen; denn ich meinte,
ich wollte damit in diesem die ganze Welt erlöschen". Etliche
endlich „laufen zu dem Sakrament mit grosser Begierde und
der Hunger ist so gross, dass ihn Gott mit allem dem,
das er je schuf, nicht sättigen mag, denn allein
mit ihm selber; dess gewinnen sie in der Zeit nimmer genug, sie begehren allwegen mehr". Denn „nichts bereitet die
Materie so sehr und so wohl, dass sie zu Feuer wird, als dass
sie nahe dem Feuer zugefügt wird", besonders „die, so seiner
empfänglich ist.". Diese Menschen dürften des Herrn Leichnam
nehmen „so oft sie wollten", ja „alle Tage"; doch „mehr
nicht als Einmal des Tags". Denn ihnen „ist es alle Tage von
dem obersten Priester der ewigen Wahrheit erlaubt"; wie oft
sie aber in der Wirklichkeit zugeben sollen, das „befinden
sie selbst an ihrem innern Leben am besten". Und diese „rechten Ehekinder, deren Erbe das Sakrament ist, die bedürfen
es durch Niemands willen zu lassen", wer „erkennt, dass ihn
Gott speiset mit ihm selber, der esse und trinke und lasse einen jeglichen murmeln, so viel er wolle". Es scheint nach diesem, dass in den Klöstern die, so dieses tägliche Abendmahl
nahmen, Anstoss erregten; auch bei den Priestern, die dasselbe zu spenden hatten. „Wo nehmen wir den Priester, lässt
er jene ausrufen, der uns das h. Sakrament täglich gebe". T.
eifert gegen diese Priester. Wer solcher Seele versage,
die Speise zu geben, der nehme ihr „ihr väterlich Erbe,
das ihr Christus hat gelassen nach seinem Tode, dass sie davon
soll leben und ihre Nothdurft büssen". Sie sollen wohl „Sorge
haben, mahnt er die Priester, um eine solche hungrige Seele",

und sollten ihr Gottes Leichnam geben, „um dass sie nicht
vor Hunger sterbe". Uebrigens beruhigt er auch diese Seelen, und der Trost, den er ihnen gibt, ist zugleich'wieder karakteristisch für seine innerliche Frömmigkeit. „Liebes Kind,
daran siehe nicht, ob dir Gottes Leichnam von dem Priester
versagt würde;... will ihn dir der Keller (Ausspender) nicht
geben, so siehe, dass du in rechter Gelassenheit und ganzem
Frieden bleibest und falle auf dein Nichts.... Kehre dich zu
deinem Vater und warte da deines Erbes.... Zweifle nicht,
der Friede wird dir geistlich und vielleicht fruchtbarer, denn als er dir in dem Sakrament geworden wäre. Da sollst du ihn in dem h. Geist essen".
Dieses rein mystische innerliche Geniessen, diess geistliche Empfangen ist nach T. aber freilich nur die Sache des Mystikers,
wenn die äussere sakramentliche Gabe ihm nicht wird; aber
diese innere Feier könne er nicht oft genug begehen, zu „hun-
dertmalen des Tages" wenn möglich, zu dem Mindesten einmal, „er höre Messe oder nicht, er liege sich oder wo er sei".
Von dieser rein geistlichen Feier spricht übrigens T. auch
sonst noch. „Es ist zu Köln, sagt er in einer Predigt, eine
gute Gewohnheit, dass man gerne das h. Sakrament empfängt,
aber es wird gar ungleich genommen". Die Einen nehmen es
„sakramentlich und nicht geistlich noch seliglich"; das·sind
„die, die es in Todsünden nehmen, die nehmen es wie Judas".
Die Andern nehmen es „sakramentlich und auch geistlich",
aber „empfangen doch wenig Frucht", weil sie es „mit vielen
täglichen Sünden" unandächtig empfangen. Die Dritten (sie
sind nicht näher karakterisirt) „empfangen es mit grosser
Frucht". Die Vierten endlich nehmen das Sakrament geistlich ohne Sakrament, das seien „gute, lautere, reine
Herzen, die dieses Sakrament begehren und vielleicht mehr
denn die es sakramentlich empfangen". In dieser geistigen,
nicht sakramentlichen Feier können, sagt er, Frauen und
(Laien) Mannspersonen Priester sein und „das minnigliche
Opfer opfern" und „in das Allerheiligste" eingehen, d. h.
„sich auftragen in das väterliche Herz".

Auch über das tägliche Messopfer spricht sich T. aus, doch
unklar. Er scheint es aus subjektiven Gründen der menschli-

chen Schwachheit zu rechtfertigen. „Warum, wirft er sich
ein, in dem h. Sakrament den Tod unsers Herrn neu begehen,
da unser Herr am h. Charfreitag ganz genug für alle diese Welt
that"? Und „wären ja 1000 Welten sündlich gewesen, er
hätte für sie alle genug gethan". Der „Herr", meint er, habe
„diese minnigliche Weise gefunden, weil wir von menschlicher Krankheit alle Tage nothdürftig sind, dass dies würdige
Opfer alle Tage neu geopfert werde". — Die erlösende Wirkung dieser Messen dehnt er mit seiner Zeit auch auf die
Seelen im Fegfeuer (Seelmessen) aus. „Es sind manche tausend Seelen, die in dem wallenden Ofen bis in den jüngsten
Tag liegen sollten, wäre die h. Uebung der Messe nicht,
die mit dem h. Amte erlöset werden, und sonderlich von den
lautern hohen Priestern, deren Uebung grosses Wunder wirkt
in dem Fegfeuer und hier in dieser Zeit". Er führt hier, wieder ein ächtes Kind seiner Zeit, als Zeugniss an, wie man
„geschrieben" finde, dass ein Geist einem Gottesfreunde erschienen sei in einer lichten Flamme, und bekannt, er leide
darum solche Pein, weil er in dem Empfang der Sakramente
unsers Herrn Jesu Christi „säumig" gewesen sei; er, der Gottesfreund, möchte es nun für ihn empfangen. Der habe es gethan, und „zuband des nächsten Tages kam der Geist, glänzte
heller denn die Sonne, und war seiner Pein ledig". — T. will
sogar, dass „der Mensch in inniger Begehrung sich hintragen
solle in alle Messen, soweit die Welt sei, und soll „alles
darein ziehen, die in seiner Meinung sind, lebendig oder todt".
So werde er „nicht allein der Messe theilhaftig, die er höre,
sondern aller Messen, die in aller Welt gelesen werden". Im
gleichen Zusammenhange sagt er dann aber, ein inwendiger
Mensch sollte eine Messe des Tages „inwendig hören, dass er
sich zu sich selber kehrte"; denn „je innerlicher er sich zu
Gott kehrt, desto fruchtbarer er alle Messen hört". Und
ebenso sagt er, dass durch diess innerliche Opfer der
Andacht, durch diess „priesterlich Amt" Alle, „die in der
Gnade Gottes sind und die noch darein kommen sollen, und
die armen Seelen, die in dem Fegfeuer harren, getröstet
und aufgerichtet werden". — Ueber die andern Sakramente
hat er sich nicht ausgesprochen. Er zählt sie nur einmal auf:

„zuerst den h. Glauben und die h. Taufe, und den h. Christum, und das h. Sakrament der Pönitenz: Reue, Beichte und Busse, und unseres Herrn Fronleichnam, und an dem letzten das h. Oel". So unbestimmt ist noch seine Fassung der Sakramente, in die er den Glauben aufnimmt, in der er aber die Ordination und Ehe weglässt, obwohl die bestimmte Siebenzahl durch die Schule seit Peter dem Lombarden eingeführt und in der Theologie des Bonaventura und Thomas vollkommen ausgebildet ward. — Ebenso vag ist auch seine Begriffsbestimmung der Sakramente. Er nennt sie nur „starke Steuern und Hülfen, wieder in den Ursprung zu kommen".

Tauler und die Lehre von den letzten Dingen.

In eschatologischen Lehrpunkten geht T. ganz in den oft „groben" Ansichten seiner Zeit, doch nicht, ohne dass nicht auch einige Tauler'sche Lichtfunken sie durchleuchteten. — Das Fegfeuer ist ihm ein Unbestrittenes; denn was vor Gott, „der den mindesten Gedanken nicht ungeurtheilet lässt", treten soll, das muss Gott ähnlich sein. Was nun demgemäss nicht ist, „ein jegliches Bildlein, mit Willen besessen", muss „mit unleidlichem Fegfeuer abgelegt werden". „Es ist kein Flecklein so klein, noch kein Bildlein, damit du Gott ein Hinderniss in dir gewesen bist seines edeln Werks, das du anders mit freiem Willen in dich gezogen hast,... du musst Pein in dem Fegfeuer darob leiden". Für jene mittleren, „laulichen" Menschen findet er daher besonders das Fegfeuer geordnet, für die noch nicht „geläuterten", auf dass und bis dass sie „ganz und gar geläutert werden"; für diejenigen, „die da mit auswendiger, gutscheinender, sinnlicher, blinder Weise bleiben", denen zwar Gott „aus seinem Erbarmen verleihet, dass sie an ihrem Ende behalten werden", die aber doch „unmässiges Feuer leiden, gesotten und gebraten werden müssen, so lange als er es geordnet hat." T. meint überhaupt für die täglichen Sünden, die hienieden nicht vollkommen gebüsst sind. Er gibt eine

Art Taxe. „Etliche (dieser Sünden) sind so gross, dass man
vielleicht zehn Jahre oder mehr in dem Fegfeuer darum brennen muss, so man sie ungebüsset darein bringet". So quantitativ verfährt er, während er doch anderseits ganz qualitativ
nach der Energie der Religiosität alle Schuld und Sünde für
auf einmal getilgt erklärt (s. S. 147).

Auch eine Erlösung aus dem Fegfeuer durch das Gebet
nimmt er an; ja das rechte Gebet des Mystikers soll „mit seiner Andacht darein ziehen alle Menschen, die armen Sünder,
die Guten und die Gefangnen des Fegfeuers". Dagegen spricht
er sich an einem andern Orte im paränetischen Interesse fast
entgegengesetzt aus. „Ich sage euch, worin ihr euch selbst
in dieser Zeit versäumet, das ist dann ewiglich versäumet, denn
nach dieser Zeit geht euch weder zu noch ab, ausser was ihr
verdienet habt, es sei gut oder bös. Und ob unsere Frau mit
allen Heiligen Gott mit blutigen Thränen für den Menschen
dann bäte, das hälfe nichts. . . . Wessen die Ueberschrift
des Pfennings ist, dem gibt man den Pfenning ohne allen
Widerspruch. . . . Was am allermeisten mit Begierde und Lust
dein Gegenwurf ist, es sei von aussen oder von innen, dessen
Pfenning bist du mit deiner Ueberschrift und demselben wirst
du gegeben ohne alle Widerrede".

Die Hölle malt T. in diesem gleichen paränetischen Interesse oft recht grell. „Kinder, sagt er, sehet euch vor. Es
ist nicht die Rede von kleinen Dingen. Solltet ihr in einer
heissen Stube Tag und Nacht sein, es würde euch zu schwer
dünken, geschweige mitten in der Gluth manches Jahr oder
vielleicht ewiglich". Dagegen hebt er die Gottverlassenheit
wiederum als die eigentliche Hölle und Pein hervor. „Wisset,
dass diess die grösste Pein ist in der Hölle, die die Seelen haben, dass sie sich selber gefernt oder geschieden von Gott
erkennen und von allen seinen Auserwählten, und erkennen
und wissen, dass es also ewiglich währen soll, dass sie Gott
ewiglich nimmer beschauen sollen", denn „auch in der Hölle
erlöschet dieselbe selige Reizung (das Reizen und Ziehen) zu
Gott nimmer, und das ist die grösste, bitterste Pein
in der Seele, dass ihr das ewiglich entzogen ist, ihr eigener
Ausfluss, aus dem sie wahrlich und lauter geflossen ist, dass

sie dessen ewig mangeln muss". Es sei „kein Leiden dem
gleich, Gottes zu entbèhren und zu mangeln, was fern über
alle Dinge ist".

Vom Teufel selbst spricht T. oftmals, doch meist in rhe-
torischer Weise, besonders von seinem Einfluss auf die Menschen, seinem „Einraunen in Liebe der Welt", und „in
„grossen sorglichen Anfechtungen". „Er schleicht an allen
Enden zu und jagt den Menschen mit seiner Bekorung, nun
mit Hoffarth, nun mit Geiz, nun mit Unkeuschheit, jetzt so,
dann so, und in mancherlei Untugend, damit er den Menschen anficht und dazu mit Misstrost und ungeordneter Traurigkeit".

Tauler als Prediger.

Gepredigt hat T. nicht bloss in seiner Klosterkirche,
sondern auch häufig in Nonnenklöstern und Beguinenhäusern,
wo aber auch Laien anwesend waren. Er muss viel gepredigt
haben, oder auch unmittelbar nach einander, denn oft heisst
es: „nun sprach ich gestern ein Wort in dem Sermon", was
einigemal zur (vorhandenen) vorhergehenden Predigt passt;
öfter aber nicht. — Seine Zuhörer redet er meist mit: „liebe
Kinder", „liebe Schwestern" (Nonnen) an. Seine Predigten
sind nicht, was man heutzutage moralische oder dogmatische
nennt; ihr Inhalt ist eben — seine Mystik. Man ist erstaunt, wenn man sie liest, wie viel T. seinen Zuhörern zuweilen geboten hat gegen heutzutage; hierin überboten ihn
noch andere Mystiker, z. B. Ekard, Gerhard von Sterngasse,
die freilich auch bemerken, dass man klage, sie seien so
schwer verständlich. Auch T. muss diese Erfahrung gemacht
haben. Er wolle, sagt er einmal, etwas vorbringen, was nicht
ein jeglicher Mensch verstehe und doch spreche er immer
„gutes Deutsch", aber „die Menschen verstehen diesen Sinn
allein, denen diess Etwas vorgespielt und eingeleuchtet hat
und anders Niemand". — Offenbar setzen diese Predigten
Empfänglichkeit und Bekanntschaft der Zuhörer mit der

Mystik voraus. Er variirt jedoch je nach Bedürfniss und nach
der Zuhörerschaft: bald ist er mehr praktisch, bald mehr
spezifisch - mystisch, besonders in Festpredigten oder über
Texte, welche nach damaliger Auslegungsweise besonders
hiezu einluden. Bald kehrt er je nach den Gegensätzen, die
er bekämpft, mehr diese oder jene Seite hervor: jetzt eifert
er gegen falschen Quietismus, jetzt gegen Werkheiligkeit oder
gegen eitle Spekulationssucht, gegen bloss dialektisches Spiel,
z. B. in der Trinitätsfrage. „Achtet, ruft er, dass Gott in euch
geboren werde nicht in vernünftiger Weise, sondern in wesentlicher Weise“. — Seine Predigten schliessen sich, wie
es damals Sitte war, an die lateinische Lektion der Perikope
des Tages an, welche er im Eingange seinen Zuhörern deutsch
wiederholt. Der Form nach sind sie Homilien, doch fehlt es
auch nicht an solchen, die mehr synthetischer Art — Thema
und Theile — in einheitlicher Form einen Gedanken durchzu-
führen versuchen, z. B. die Predigt am Samstag vor der Palmwoche; auf den nächsten Sonntag nach Weihnachten u. s. w.
Er scheint zuweilen sich an ein Homiliarium anzulehnen. „Nun
nehmen wir für uns des Lehrers Beda Auslegung in der Ho-
milie. . . . Das sage nicht ich, das sagt der h. Gregor“. Diess
und Aehnliches lesen wir öfters. — Von eigentlicher Textaus-
legung ist, wie schon gesagt, bei ihm keine Rede; zumal wenn
er geschichtliche Stoffe behandelt. Seine Behandlung ist eine
mystische und allegorische mit moralischen Nutzanwendungen.
Sein Styl ist kurz, aber er strebt nach Anschaulichkeit. Er
bedient sich gerne der Analogieen aus der Natur, Bilder,
Gleichnisse, Vorfälle aus dem täglichen Leben, z. B. von der Jagd:
Jäger, Hunde, Wild; oder aus dem Kriegerstand, der Schiff-
fahrt; auch Sprichwörter mischt er zuweilen ein; wohl auch
zur Beglaubigung dessen, was er sagt, Legenden, z. B. von
Kaiser Heraklius, oder Ordens-Erzählungen, z. B. von einem
gewissen Wigmann. Sie sind theilweise recht abergläubisch;
aber kritisches Urtheil ist eben nicht die starke Seite dieser
Mystiker gewesen. — In seiner naiven Weise unterbricht er
sich öfters; „nun möchtet ihr sprechen“; „nun fällt hier eine
Frage ein“; oder er lässt seine Zuhörer ihm Einwendungen,
Entschuldigungen machen: „nun lieber Herr“ u. s. w., deren

Widerlegung er dann mit den Worten einleitet: „Nun verstehet die Berichtung"; „nun merke diesen Unterschied".
Oefters weist er auch Untersuchungen, die ihm nicht zur
Sache zu gebören oder nicht am Platze zu sein scheinen, mit
den Worten ab: „das lassen wir nun liegen". Auch, wenn er
die eigentlichen mystischen Höhen berührt, die nur Wenigen
zugänglich seien, sagt er zuweilen: „Euch, lieben Kinder (die
ihr mit h. Bildern, Weisen und Werken umgehet), die meine
ich hier nicht, zu denselben spreche ich hier nicht; die nehmen sich dieser Rede nicht an". —

Wir wollen nun einige Predigten von ihm auszugsweise
mittheilen, zunächst solche, welche sich auf Feste beziehen,
in denen er die „evangelischen Grundthatsachen" nur voraussetzt, sie dann aber als Symbole für das innere Leben deutet;
z. B. ganz besonders in den Weihnachtspredigten; denn „dass
diese Geburt geschehen ist, und doch in mir nicht geschieht,
was hilft mich das? Aber dass sie in mir geschehe, daran liegt
Alles".

Am Weihnachtsfest predigt T. über den Text: ein
Kind ist uns geboren, ein Sohn ist uns gegeben (Jes. 9, 6).
„Heute begehet man dreierlei Geburten in der h. Christenheit.
Die erste und oberste Geburt ist, so der himmlische Vater gebieret seinen eingebornen Sohn in göttlicher Wesentlichkeit
und persönlichem Unterschied; die andere Geburt, die man
heute begehet, ist das mütterliche Gebähren, das geschah
in jungfräulicher Keuschheit und in rechter Lauterkeit. Die
dritte Geburt ist, dass Gott alle Tage und alle Stunden wird
wahrlich geistlich geboren in einer guten Seele mit Gnade
und mit Liebe". Diess Letzte ist nun das Thema der Predigt.
Wie wir aber „dazu kommen" sollen, das zeigt er „an der Eigenschaft der ersten väterlichen", und „der mittelsten", „müt-
terlichen" Geburt.

In diesem Geiste wird die Geschichte der Weisen aus dem
Morgenlande behandelt, z. B. über: „Wir haben seinen Stern
gesehen" (die andere Predigt auf den h. Dreikönig-Abend).
„Die Seele weiss wohl, dass Gott ist, ja auch von natürlichem
Lichte. Aber was er sei, das ist ihr allzumal unbekannt und
verborgen. Nun steht auf 'ein lieblich Begehrung und sucht

und fragt fleissiglich, und wüsste gerne von ihrem Gott, der ihr also verdeckt und verborgen ist. In diesem fleissigen Suchen geht ihr auf ein Stern, das ist, ein Schein und ein Glanz göttlicher Gnaden, ein göttliches Licht, und dieses Licht spricht: er ist jetzund geboren"; denn wie „der Stern, der diesen dreien Königen diese Geburt weist, nicht ein natürlicher war, wie ein anderer Stern, er stand auch nicht natürlich wie die andern am Himmel,... so kann uns auch „kein natürliches Licht auf die Geburt weisen, wo sie ist.... Etliche Menschen wollen mit ihrem natürlichen Licht hiernach tasten, nach dieser Geburt, und alle die müssen bleiben, sie müssen verderben, da wird nichts aus.... Nur dasselbe Licht, das diese Geburt gezeiget (offenbaret) hat, das muss auch diese Geburt beweisen und zu erkennen geben, was sie sei, wann und wo sie geschehen sei". So nun „die Vernunft sich selbst entwird, sich selber verleugnet und sich in den lautern blossen Geist verwandelt, da leuchtet dieser Stern allein".

Besonders reich-allegorisirend ist die erste Predigt an der h. drei Könige Abend über Matth. 2, 20, wo die Text-Geschichte zu einem Bilde des mystischen Lebens wird in seinen Anfängen und Gefahren, dann in seiner Entwicklung und Bedrohung von Aussen. „Herodes, der das Kind verjagte und es tödten wollte, das ist ohne Zweifel die Welt, die das Kind in dem Menschen tödtet, die man von Noth fliehen muss und soll, wenn man anders das Kind lebendig behalten will.... Das Kind ist die Seele eines jeglichen Menschen.... Wenn nun der Mensch auswendig die Welt geflohen hat, es sei in Klausen oder in Klöstern, so stehet dann Archelaus auf und herrschet in dem Menschen, das ist, die ganze Welt stehet dann in dir inwendig auf.... Denn ich sage dir, dass du viel starker, grimmiger Feinde hast, die allezeit wider dich sind und wider dich fechten. ... Der erste Feind ist die Welt, die ficht dich an mit geistlicher Hoffarth;... der andere ist dein eigenes Fleisch, das ficht den Menschen an mit leiblicher und geistlicher Unkeuschheit;... der dritte Feind ist die Argherzigkeit, so der böse Geist mit bittern, bösen Gedanken dich anficht". T. meint Gedanken des Zorns, der Rache wegen erlittener Beleidigungen. „Diesem allem musst du dich gütlich und demüthig williglich zu leiden geben, um Gottes willen, man thue dir recht oder unrecht. Hierin lasse dich Gott und die Wahrheit entschuldigen und lasse dich selbstunentschuldigt, so wird der Friede Gottes wahrlich inwendig und auswendig in dir geboren, in Leid und Liebe. Nimmst du diess nicht mit Fleiss in dich, so ist dieser Archelaus gegenwärtig, der dir dein Kind in der Wahrheit tödtet, das sind die edlen Gnaden Gottes in der Seele. Darum fragte dieser demüthige Joseph fleissig mit Ernst, ob Niemand mehr wäre, der das Kind Jesu tödten wollte. Auf gleiche Weise, wenn diese zuvorgenannten Untugenden alle in dem Menschen überwunden sind, so wisse fürwahr, dass dennoch tausend Stricke sind, die der Mensch durch und durch brechen muss, die da Niemand erkennet denn der Mensch allein, der wahrlich zu sich selbst und in sich gekehrt ist. Denn Joseph bedeutet so viel als ein fleissiges Feststehen in einem göttlichen seligen Leben.... Dieser Joseph ward von dem Engel Gottes in das Land Israel geladen. Israel ist so viel als ein Land des Schauens. Hierin verderben viele Menschen, dass sie sich aus diesen mannigfaltigen Stricken der Anfechtung ausbrechen wollen, ehe die Barmherzigkeit Gottes sie durch seine Gnade herauslässt und ehe sie von dem Engel Gottes ausgeführet und gemahnet werden.... Joseph ward gemahnet im Schlaf. Also soll der andächtige Mensch sich willig unter das Leid legen und dasselbe in einer entschlafenen Weise leiden — um Gott". T. führt diese Allegorie bis zu Ende. Wie Jesus nicht sofort in Juda und Jerusalem geblieben, auch nicht als 12jähriger Knabe, sondern „erst als er ein vollkommener Mann geworden, kam er täglich gen Jerusalem und lehrte die Juden und sagte ihnen den Weg der Wahrheit", so soll, so lange der geistige Mensch „noch jung" ist, er „noch nicht fröhlich ausfahren in das Land der Beschauung"; er mag wohl „seinen Ablass darin holen", so er will, aber er soll „wieder fliehen". Wenn er aber „vollkommen geworden ist, so soll er dann in das Land Juda kommen, denn Juda ist so viel als eine Erkennung Gottes und gen Jerusalem in den wahren Frieden".

Wie die Eltern Jesu den 12jährigen Knaben, der im

Tempel war, unter den Freunden und Bekannten suchten
und nicht fanden — Predigt am Sonntag zwischen der Oktave
der h. drei Könige — gibt T'n. Veranlassung zu predigen:
„wie du sie alle lassen musst, Sinnlichkeit und Bildung, und
alles das, worin du dich selber findest oder meinest, darnach
magst du finden diese Geburt und anders nicht. Er wird nicht
gefunden unter den Freunden noch bei den Verwandten
noch bei den Bekannten, sondern eher verliert man ihn da".

Die P a s s i o n s - Predigten haben nicht den Tod Christi,
sondern das mystische „Absterben" zum Gegenstand. Gleich
diejenige am Freitag in der Palmwoche über den Text: Es
ist euch nütz, dass ein Mensch sterbe für das Volk u. s. w. Joh.
11, 50 ff. „Es muss ja ein jeglicher Mensch sterben, soll ihm
recht geschehen. Wie wollen wir nun hier diesen Menschen
nennen oder heissen? Er ist und heisst eigener Wille oder
Eigenschaft.... Und geschieht es nicht, dass dieser Mensch
also in seinem eigenen Wohlgefallen stirbt, so kommen die
Römer und besetzen seine Stätte. Was bedeutet Rom anders
denn dàs Höchste von dieser Welt? Also ist die inwendige
Hoffarth die höchste unter allen Untugenden, die da die
Stätte besitzet, welche allein der ewige Gott mit seinen Gnaden besitzen soll; und dazu schlägt sie das Volk todt, das sind
die obersten Kräfte und auch die niedersten, das ist das Hausgesinde der Seele". T. zitirt als Beispiel Salomon und Simson.
„Sie blieben auf den Gaben mit Lust ihrer selbst und waren
darin Gott undankbar seiner Gnaden.... Nun wie sind sie in
das Urtheil Gottes zuletzt gefallen! Also dass die h. Kirche
von ihnen zweifelt, ob sie behalten sind oder nicht; das lassen
wir Gottes Güte".

Die H i m m e l f a h r t s - Predigten handeln von der mystischen Auffahrt, „da Christus in uns geistlich auffährt", bedingt durch die thatsächliche Auffahrt Christi. „Mit dieser
wunderbaren Himmelfahrt will Jesus Christus uns recht nach
sich ziehen,... dass all' unser Wandel in dem Himmel sei
und nirgend anders ausser Gott. Es kann nicht anders sein,
die Glieder sollen ihrem Haupte nachfolgen, das heute in den
Himmel aufgefahren.... Was kann uns dessen hindern? denn
er selbst hat gesprochen: ich gehe zu meinem Vater und zu

eurem Vater. Sein Grund, sein Ende, seine Seligkeit und
unsre Seligkeit ist recht e i n e Seligkeit, denn wir sind aus
demselben Grunde herausgeflossen mit allem dem, was wir
sind, und darum gehören wir wieder in dasselbe Ende und
in denselben Grund, so wir anders uns selbst dazu schicken
wollen".

Aehnlich wendet T. auch die a n d e r n g e s c h i c h t l i -
c h e n Stoffe stets auf das Werden und die Geschichte des
innern Lebens an. Das kananäische Weib z.B. (Matth. 15, 21)
ist ihm ein Bild, wie „Gott Etliche jaget durch den Streit des
inneren und äusseren Menschen" und wie in diesem Gejägde
der Mensch sich verhalten soll. „Er soll thun, wie das liebe
Fräulein that"…. „Er soll zu Jesu Christo gehen und rufen mit
lauter Stimme, das ist mit einer starken Begehrung: Herr,
erbarme dich über mich! In diesem Gejägde wird wahr geboren ein unmässiger Ruf und Freude der Inwendigkeit, und
dieses Geistes Ruf gebet über tausend und tausend Meilen,
mit einem durstigen Suchen, das da ist über alle Maass, mit
einem grundlosen Seufzen, das ist dann fern über alle Natur….
Ach, wie könnte es sein, dass sich der Born der vollkommenen Barmherzigkeit zuschlösse!… Da diess liebe Fräulein
nachrief, war derselbe barmherzige Brunn zugeschlossen in
dem Ausfluss gegen diess Fräulein…. Er versagte ihr nicht allein das Brod, sondern er versagte ihr auch menschliches natürliches Wesen, und hiess dieses Fräulein einen Hund! Was
that aber das Fräulein? Es leidet gütiglich und sanftmüthiglich und liess sich durch Gott den Herrn jagen nach seinem
liebsten Willen, und jagte sich da viel tiefer, denn er sie gejagt hatte, und ging damit gejagt in den Grund und sprach
demüthiglich: Mein lieber Herr, nicht ein Hund, sondern viel
minder, nur ein kleines Hündlein. Bei diesem Versinken und
Vernichten ihrer selbst blieb sie in einem wahren, festen Vertrauen zu unserm Herrn Jesu Christo und fing an und sprach:
O Herr, nun geschieht es oft, dass die kleinen Hündlein gespeiset und gesättiget werden von den Brosamen, die von dem
Tisch ihrer Herren fallen…. Selig und heilig wären die Menschen, die also einen wahren Einschlag thun könnten in den
Grund der Wahrheit,… dass weder Gott noch alle Kreatur

Ein in All und All in Ein
Bekennen ist ein reicher Fund;
Die diess in der Wahrheit sein,
Den' ist rechte Freude kund.

Schon in ihren Aufschriften verrathen diese Lieder ihren
Inhalt, sind daher auch weniger Poesieen als abstrakte Mystik
in Versen. Das eine, dessen Schlussvers wir so eben gaben,
hat den Titel: „von einem blossen Entsinken in die Gottheit"; ein anderes: „von inwendiger Blossheit und Gelassenheit unser selbst und aller Dinge"; ein drittes: „noch von
einem ledigen Entsinken in der Gottheit".

Dagegen trägt eine dieser Kantilenen ganz und gar
den Tauler'schen Karakter; man könnte fast jede Strophe
mit anerkannt ächt Tauler'schen Ausdrücken belegen; sie ist
auch offenbar diejenige, welche den meisten poetischen Werth
hat. Sie hat den Titel:
        „Ein Kantilene der Seelen,
            die von Lieben gewunt (verwundet) ist",
und lautet:

Gott der ist so wunniglich,
So wer ihn liebt, der ist freudenrich,
Der find't ihn zu allen Stunden.

O edel Seele, halt dich frei,
Bezwinge dein' äusser' Sinne,
Und nimm dein selbst mit Fleisse wahr,
Was dir allermeist sei inne;
Das treib aus mit aller Macht,
Als lieb als dir dein Gott je ward,
Ob du ihn begehrst befinden.

Gott der ist so wunniglich,
So wer ihn liebt, der ist freudenrich,
Der find't ihn zu allen Stunden.

O edel Seele, wohn' in dir
Und halt dich frei mit Fleisse,
Denn Freiheit ist so theuer Schatz,
Sie macht den Geist so reiche.
So wer den Schatz soll befinden,
Der muss fremder Minnen Urlaub geben,
So mag er's wohl erlangen.

Gott der ist so wunniglich,
So wer ihn liebt, der ist freudenrich,
Der find't ihn zu allen Stunden.

Gott's Minne die ist so zart,
Sie lässt sich dem nicht finden,
Den fremde Minne besessen hat,
Der gewinnt ihr nimmer Kunde.
Gott will die Seel' allein han,
Der will er auch sich selber gan,
Dass sie ihn soll befinden.

Gott der ist so wunniglich,
So wer ihn liebt, der ist freudenrich,
Der find't ihn zu allen Stunden.

Eya, kehrt euch in den Spiegel klar,
Und seht, wie er euch meinet,
Da sollt ihr finden offenbar,
Wie ihr ihm seid vereinet.
Ach senkt euch in diesen Grund
Des Tages mehr denn tausend Stund,
So wird euch seiner kund.

Gott der ist so wunniglich,
So wer ihn liebt, der ist freudenrich,
Der find't ihn zu allen Stunden.

So wer den Spiegel oft ansieht,
Der find't da Herzenwonne,
Und wird auch mancher Sorgen quit,
Da gebiert sich wahre Minne.
Die wunniglich Dreifaltigkeit,
Die leuchtet in der Inwendigkeit.
Und senkt sich in zu Grunde.

Gott der ist so wunniglich,
So wer ihn liebt, der ist freudenrich,
Der find't ihn zu allen Stunden.

Der Grund, der da, ist namenlos,
Und ist auch bloss von Bilden,
Da wird der Geist auch formelos,
Oh (und?) in der Gottheit wilde.
Auch (durch?) der minnigliche Blick (= raptus),
Da wird der Geist so inn gestickt (geheftet),
Dass er sein selbst geht unter.

Gott der ist so wunniglich,
So wer ihn liebt, der ist freudenrich,
Der find't ihn zu allen Stunden.

Gewöhnlich wird noch ein Lied Taulern zugeschrieben,
das zu den allerlieblichsten des Mittelalters gehört, aber in
seiner ursprünglichen Gestalt nicht mehr vorhanden ist. Es ist
das Weihnachtslied: „Es kommt ein Schiff geladen“. Allerdings trägt das Lied nicht den bestimmt Tauler'schen Karakter; doch — welcher Novalis des Mittelalters es auch gedichtet haben mag — es finde hier seine Stelle in der Version
(„etwas verständlicher gemacht“) des Daniel Sudermann.

Es kommt ein Schiff geladen
Bis an sein'n höchsten Bord,
Es trägt Gott's Sohn voll'r Gnaden,
Des Vater's ewig's Wort.

Das Schiff geht still im Triebe,
Es trägt ein' theure Last,
Das Segel ist die Liebe,
Der heil'ge Geist der Mast.

Der Anker haft' auf Erden,
Und das Schiff ist am Land:
Gott's Wort thut uns Fleisch werden
Der Sohn ist uns gesandt.

Zu Betlehem geboren
Im Stall ein Kindelein,
Gibt sich für uns verloren,
Gelobet muss es sein.

Und wer diess Kind mit Freuden
Küssen, umfangen will,
Der muss vor mit ihm leiden
Gross' Pein und Marter viel.

Danach mit ihm auch sterben
Und geistlich auferstehn,
Ewigs Leben zu erben,
Wie an ihm ist geschehn.

Tauler: die »Schrift«; die Väter, Eckard.

T. hatte sein bestimmtes mystisches System. Es galt ihm
als reine, volle c h r i s t l i c h e Wahrheit. Man kann nun aber
nicht sagen, dass er diess rein aus der Schrift g e s c h ö p f t
habe; doch hat er sich dafür stets auf die Schrift berufen;
er glaubte in besten Treuen, die Schrift ganz und gar für
sich zu haben, eben die lautere, ganze Schrift, ohne Glossen.
Demgemäss gestaltete sich nun auch seine Schrifterklärung;
denn so ganz fällt ihm seine Mystik und das Christenthum
zusammen, dass der Schriftinhalt unter seinen Händen Mystik
wird. Er anerkennt den historischen Christus, und wir sahen,
wie dieser Christus nicht etwa nur eine Art Wiederspiegelung
des mystischen Ideals ist, das er in seinem Herzen trug, sondern eine wirkliche, objektive, nothwendige Vermittelung für
den Christen auf seinem Wege zu Gott. Er anerkennt auch
die Thatsachen, Begebenheiten; aber sie werden ihm, wie
wir gesehen haben, zugleich und vorzugsweise Unterlagen
seiner eigenthümlich-mystischen Anschauungen, vermittelst
der allegorischen Behandlung, die, wie sie im Mittelalter
stehender Gebrauch war, auch ihn überall seinen mystischen
Prozess in der Schrift wiederfinden lässt. Daher ist seine Erklärung gewissermassen eine freie, weil er die Schrift überall
nur aus dem religiös-mystischen Inhalt ansieht; es ist in ihm
eine Ahnung von Unterschied zwischen Bibel und Gotteswort;
wo er z. B. von dem Sechstagewerk der Schöpfung redet, sagt
er, das sei nur für die kindliche Anschauung jener uralten
Zeit, Gottes Wirken sei nicht nach Menschen-Art. Anderseits
ist er dann aber in den rein didaktischen und ethischen Stellen
der Schrift, soweit sie seine mystische Ethik beschlagen, z. B.
„Selig sind die Armen", streng buchstäblich und gebunden.

Von einer treuen Schrifterklärung im Sinne unserer Tage
kann daher keine Rede bei Tauler sein. Aber auch nicht von
einer Schriftautorität als der einzigen Quelle oder Norm des
Glaubens. Allerdings kennt er nur Eine Quelle: die Offenbarung Gottes in Christo, von der die S c h r i f t Zeugniss gibt;
aber auch im christlichen G e m ü t h, wie es sich durch die
Nachfolge Christi gereinigt hat und dadurch in die unmittel-

bare Geistesgemeinschaft mit Gott getreten ist, anerkennt er
göttliche Offenbarungen, das l e b e n d i g e i n n e r e Wort,
„aus dem eigenen Grunde des lebendigen Geistes", das aber
dem geschriebenen Worte nicht widerspreche, sondern den
Buchstaben belebe (s. die wesentliche Erkenntniss). — Von
kirchlicher Tradition, Auslegung der Kirche lesen wir allerdings nichts bei T.; doch muss man sagen, dass er die h.
Schrift und die h. Schriften (Väter) nicht scharf genug scheidet, so wenig als Suso; er wolle es mit der Schrift beweisen,
kommt bei ihm wohl auch darauf hinaus, dass er es mit den
Vätern, selbst mit dem Areopagiten beweist. Beide, d i e
Schrift und die Schriften, setzt er indessen oftmals den Auslegungen, den „fremden Glossen" seiner Zeit und der Beichtväter seiner Zeit entgegen, welche ihm den ursprünglichen,
strengen, reinen Karakter der christlichen Ethik (besonders
seiner mystischen) durch ihre kasuistische Laxheit verfälsch-
ten. „Man nimmt fremde Glossen aus (zu) der h. Schrift, dass
es zum erbarmen ist."

Die „heiligen Lehrer" zitirt T. oft: Origenes, Ambrosius, Augustinus, Dionysius Areopagita, Gregor, Beda,
Bernhard, Hugo, Richard, Thomas, Bischof Albert, Eckard,
seinen Ordensstifter Dominicus, die Hildegard, selbst die Heiden Aristoteles, Plato, Seneka, Proklus; einzelne oft nur vorübergehend nach dem Homiliarium, scheint es. Wesentlichen
Einfluss haben aber auf seine Mystik nur dreie gehabt: das
metaphysische Element gab vorzugsweise der Pseudo-Areopa-
gite; das theologische Pektoralelement (wenn dieser Ausdruck
erlaubt ist) Augustinus; das psychologische Bernhard und die
Viktoriner. Nebenbei auch Thomas für die kirchliche Glau-
benslehre.

Von der allertiefsten Bedeutung aber ist E c k a r d gewesen; nicht bloss für T., sondern für die damalige deutsche
Mystik überhaupt, deren Patriarch er recht eigentlich war.
Alle die spekulativen Grundgedanken, die sich in Tauler, Suso
u. s. w. finden, hat er vor ihnen aufgestellt, aber in einer ex-
trem-überschwenglich-zweideutigen Weise, die ans Panthei-
stische nicht bloss anstreift. Wir finden bei ihm dieselben
Grundbegriffe G o t t e s als Wesen, als das Wesen, ja als

Ueberwesen; über die verborgene Finsterniss der Gottheit, über den Unterschied von Gottheit und Gott, über die göttliche Nothwendigkeit des Sich-Mittheilens. Aber gleich in diesem letztern Punkte hat er bereits an einigen Orten die theistische Gränze überschritten: Erzeugung des Sohnes und Erschaffung der Welt fallen zusammen. Ebenso finden wir bei ihm auch dieselben Gedanken vom Menschen, von dem Trieb desselben nach Gott und seiner Fähigkeit, Gottes ganz und ohne Schmälerung inne zu werden; aber auch diess wieder ins Extrem gefasst, dass nichts verborgen in Gott sei, das nicht offenbar oder das nicht des Menschen werden solle. Auch den Prozess der mystischen Union hat er ähnlich bestimmt; aber zugleich, wenn auch allerdings konsequent nach seinen Voraussetzungen als eine Nothwendigkeit Gottes. Denn der Schöpfer bedarf nach ihm des Geschöpfes ebenso sehr als das Geschöpf des Schöpfers. In dem Prozess selbst kann er dann das nicht scharf genug aussprechen, wie er denn nichts als Wesen anerkennt, als was Gott ist, so weit es in Gott ist, — dass man von der Welt der Endlichkeit, die ihm ein Unwesentliches, Scheinendes, ein „lauter Nicht" ist, ganz und gar abstrahiren solle, welchem negativen Thun er die positive Ergänzung gibt, Gott in dem Lichte zu erfassen, das er selber ist, und bis in die göttliche Finsterniss einzubrechen. Diess ist die mystische Union, die sich endlich gar in schwindelnde Höhen verliert, wie denn das Ende nur dem Ausgang, den Voraussetzungen entsprechen, die den Unterschied Gottes und der Seele aufhoben.

Man sieht, dieser hochfliegende Geist, der ganz eminent das war, was man heutzutage in gewissen Kreisen eine „spekulative Natur" nennt, neigt sich schon mehr dem Extremen zu; trunken von den Spekulationen, die er mit der Kühnheit und manchmal Derbheit eines schöpferischen Geistes hinstellt, weiss er die besonnene Gränze nicht festzuhalten; doch muss man anerkennen, dass fast für jede extreme Behauptung sich wieder Gegenbehauptungen in seinen Schriften finden, in denen er die Verschiedenheit Gottes und der Welt, die einzige Dignität Christi, die Vereinigung der Seele mit Gott in der Schauung, nicht im Wesen, die Nothwendigkeit göttli-

cher Gnadenmittheilung und Aehnliches ausspricht, — Aussprüche, die sich zwar nicht leicht mit andern vereinigen lassen, wohl aber beweisen, dass Eckard alle Elemente seiner
Zeit, die kirchlichen wie die häretisch-freigeisterischen, in
sich aufgenommen hat, um sie mit dem Samen seines Geistes
zu befruchten und in eine höhere Einheit zu verknüpfen. Daher er denn auch das Schicksal grosser Philosophen theilt, deren Anhänger sich meist nach zwei Richtungen — rechte,
linke — theilen, von denen jede sich auf den Meister beruft.
Eckard scheidet sich aber auch dadurch von den eigentlichen
Mystikern, dass er vorwiegend spekulativ ist, allerdings nicht
ohne religiös-sittlich-kirchlich-praktischen Hintergrund, während in T. und Suso und Rusbroek das vorherrschende Interesse
das Heil der Seele ist, allerdings nicht ohne spekulativen
Hintergrund. So steht Eckard zwischen den Mystikern und
den freien Geistern, zu den Einen hingezogen durch seinen
ernsten religiös-sittlichen Sinn, zu den Andern durch die Energie seiner Spekulation, doch ohne deren sittlichen Antinomismus, ohne ihre praktischen Verirrungen, ohne ihre bestimmte
und bewusste Opposition gegen die Kirche: wenigstens finden
sich keine Spuren davon in den bekannten Schriften Eckarts.

Fragen wir nun, wie sich die reinen Mystiker, ein T. im
Besondern, zu ihm gestellt haben, so lässt sich nicht läugnen:
ganz als zu ihrem „Meister", ob er ihn gleich (wahrscheinlich
aus nahe liegenden Gründen) nur in einer seiner Predigten mit
Namen nennt. Es fiudet sich kaum eine eigenthümlich-speku-
lative Stelle in Ts. (und der Andern) Schriften, für die sich
nicht in Eckard der eigentliche Urtypus fände; aber einerseits
haben diese reinen Mystiker, und eben auch T., die metaphy-
sisch-spekulativen Extreme Eckards, diese „Abgründe", vermieden, die Mystik davon gereinigt; anderseits haben sie
letztere in bestimmt ethisch-praktischem Geiste
fortgeleitet und ausgebildet.

Karakteristik Taulers.

T. hat sich selbst in dem Bisherigen so gezeichnet, dass es
nur noch weniger Worte bedarf.

Eine zu i n n e r e r H a r m o n i e durchgebrochene Persönlichkeit schaut uns offenbar in ihm an, deren Grundzüge innige Frömmigkeit, herzliche Liebe gegen seine Mitmenschen,
Gewissenhaftigkeit, Ernst und Muth in Erfüllung seiner
Pflichten und persönliche Demuth sind. Alles in seinem Leben
und seinen Schriften zeugt dafür; nur für seine persönliche
Demuth wollen wir noch ein Zeugniss beibringen. Wir wissen, auf welch' eine Höhe er den vollkommenen Mystiker gehoben hat. Wie redet er nun von sich selber? „Wähnet
nicht, dass ich mich dessen annehme, dass ich hiezu gekommen sei, wiewohl kein Lehrer lehren sollte, was er selbst im
Leben nicht hat; doch ist es zur Nothdurft genug, dass er es
liebe, meine und nicht dawider thue.... In manchen Jahren,
sagt er an einem andern Ort, durfte ich nicht denken, dass
ich unsers Vaters S. Dominici Sohn wäre und mich einen Prediger achte, denn ich mich seiner unwürdig bekenne".

Dieses i n n e r e E b e n m a s s ist auch der Karakter seiner M y s t i k, die eben sehr Front macht gegen Werkheiligkeit, Selbstgefälligkeit, eigene Gerechtigkeit, wie gegen das
spekulative und praktisch-antinomistische Freigeisterthum, gegen den Quietismus seiner Zeit, mit einem Worte: gegen Al-
les, was d a s r e i n e A b h ä n g i g k e i t s b e w u s s t s e i n v o n
G o t t t h e o r e t i s c h u n d p r a k t i s c h a u f h e b t; — so
in der M i t t e zwischen z w e i E x t r e m e n d e r Z e i t.

Am reinsten zeigt sich aber diess innere Ebenmass seiner
Mystik in der V e r e i n i g u n g d e s P r a k t i s c h e n u n d
K o n t e m p l a t i v e n, die er auch im Leben geübt hat. Er
ist nicht einseitig kontemplativ, sofern Alles auf das lebendige
Verhältniss zu Gott, auf das Seelenheil, die Gott-Seligkeit bezogen wird; er ist nicht einseitig praktisch, am allerwenigsten
praktisch im Sinne, wie man diess Wort gewöhnlich versteht in seiner moralischen und geistigen Oberflächlichkeit.
Ts. Mystik ist beides: praktisch und kontemplativ, innig und
äusserlich.

Und in d i e s e r Beziehung ist seine Mystik gewissermassen die M i t t e d e r M y s t i k e r j e n e r Zeit, bei denen bald
mehr diese, bald jene Seite vorschlägt.

Seine Sprache ist nervicht, körnig, sententiös; in den

mystisch-metaphysischen Fragen spürt man es ihm an, wie er
mit ihr ringt, um in ihr seinem Gedanken das Wort zu geben. Das hat er besonders mit Eckard gemein. Er ist einer
der Mitbegründer der deutschen philosophischen und theologischen Sprache, welchen Sprachschatz man lange genug un-
gebührlich verkannt und vernachlässigt hat.

Heinrich Suso.

»Ein gelassener Mensch muss entbildet werden
von der Kreatur, gebildet werden mit Christo, und
überbildet in die Gottheit«.

Suso's Leben K. 53 (Diepenbrock
S. 148).

Suso ist geboren am **21.** März, am **S.** Benediktustag, wie
er selbst sagt, (höchst wahrscheinlich) des Jahres **1300**, zu
Konstanz am Bodensee. Sein Vater gehörte dem in Konstanz
und Ueberlingen (dem Hegau) blühenden, alten und r i t t e r -
l i c b e n Geschlechte derer von B e r g (Berger) an, die Mutter der Familie S e u s s oder Süss. Der Vater war „der Welt
Kind“, die Mutter eine „heilige“ Frau, „mit deren Herz und
Leib Gott Wunder wirkte bei ihrem Leben“. So grundver-
schieden waren die Eltern, wie wir das oft in den Ehen des
Mittelalters finden: den Mann rauh, dem ritterlichen Welt-
leben hingegeben; das Weib zart, allen himmlischen Regungen wie eine Pflanze dem Lichte der Sonne sich öffnend. Zuweilen aber, in solchen tiefen Missverhältnissen, liess doch der
Gatte die Gattin gewähren. Nicht so Susos Vater, und das
bereitete der Mutter namenloses Weh. „Sie war alle ihre
Tage, sagt ihr Sohn Heinrich, den wir am liebsten reden lassen wollen in der unnachahmlichen Anmuth und Zartheit seiner Sprache, eine viel grosse Leiderin, und das kam von der
widerwärtigen Ungleichheit, die sie und ihr Hauswirth hatten.
Sie war voll des allmächtigen Gottes und hätte gern darnach
göttlich gelebt. Da war aber ihr Ehemann der Welt voll, und
zog mit strenger Härtigkeit dawider, und daraus fiel ihr vieles

Leiden zu“. Innerhalb 30 Jahre habe sie niemals einer Messe
beiwohnen können, bekannte sie vor ihrem Tode ihrem Sohne;
um so tiefer drückte sie ihre Liebe zu Christo in ihr H e r z ,
in einer Weise, die ganz an diejenige ihres Sohnes, wenigstens in dessen erster Periode, erinnert, auf den sie von der
Mutter als Erbe übergegangen zu sein scheint. Sie konnte sich
„bitterlich von herzlichem Mitleiden über unsers lieben Herrn
und seiner getreuen Mutter Marter erweinen“; einmal „von
der unmässigen Minne, die sie zu Gott hatte, ward sie siech
und lag wohl 12 Wochen zu Bette, also jämmerig und
schmachtend nach Gott, dass es die Aerzte kundlich inne wurden und gut Bild daran nahmen“. In diess „bittere“ Leiden
Christi, das sie so tief und fast sinnlich mit- und nachempfand,
„warf sie all’ ihr Leiden“, und „damit überwand sie ihr eigen
Leiden“. Diess Leid um Christo und diess Nachempfinden
seines Kreuzesleidens hat am Ende ihr Irdisches verzehrt: sie
ist an der Passion (in der Charwoche) gestorben. „Sie ging
einst zu angehenden Fasten in das Münster, da die Ablösung
Jesu, des Herrn, vom Kreuze in geschnitzten Bilden auf einem
Altare stund; und vor den Bilden hinterkam (empfand) sie
etwa in empfindlicher Weise den grossen Schmerz, den die
zarte Mutter unter dem Kreuze hatte; und von dieser Noth
geschah dieser guten Frau auch also weh von Erbärmde, dass
ihr Herz empfindlich erkrankte in ihrem Leibe, so dass sie
vor Ohnmacht niedersank auf die Erde und weder sah noch
sprach. Da man ihr heimhalf, da lag sie siech bis an den
Charfreitag zu Non; da starb sie unterdem, dass man die
Passion las“.

Wir wiederholen es: das Gemüth der Mutter ist auf den
Sohn übergegangen. Offenbar gehört auch die Seussin jenem
grossen und ehrwürdigen Chor Mütter an, die in ihre Söhne,
die spätere Zeugen Christi wurden, die ersten und unverlösch-
lichen Eindrücke der Religiosität gelegt haben. Vom Vater
oder in Folge seiner adelichen Abstammung mochte Heinrich
den ritterlichen Zug haben, der sich schon in seinem Lieblings-
ausruf: Waffen (= Fürwahr!), noch mehr aber in der ganzen
ritterlichen Form, in der seine religiösen Gesinnungen sich
ausprägen, ausspricht.

In seinem 13. Jahre trat Suso in das Dominikanerkloster
zu Konstanz, das auf einer kleinen Insel am Ausflusse des
Rheins aus dem See lag. Wahrscheinlich war es ein schon
längst gehegter Herzenswunsch der frommen Mutter gewesen,
einige ihrer Kinder im Kloster aufgehoben zu wissen. Als eine
anständige Versorgung und Unterkunft, wie der Klostereintritt
manchen adelichen Eltern es war für ihre Töchter oder nach-
gebornen Söhne, galt er wohl auch dem Vater. Susos weiches
Gemüth schien ohnehin dafür wie bestimmt. Nicht leer ging
übrigens dieser Sprössling einer reichen, adelichen Familie in
diess Kloster. „Ihm ward gesagt, dass sein Empfahen in den
Orden wäre geschehen mit Untertragen zeitlichen Gutes“. Es
war diess gewöhnlich; obwohl gegen die Verordnungen der
Kirche z. B. Innozenz III. (s. S. 437). Auch eine Schwester
von ihm nahm den Schleier; Murer sagt, im Kloster S. Peter
zu Konstanz.

Später ward S. als ein hoffnungsvoller Jüngling von seinen
Oberen nach Köln geschickt, um auf der dortigen Schule im
Dominikanerkloster Theologie zu studiren. Ueber diese Studien wissen wir nichts Näheres; unter seinen Lehrern führt er
allein Eckard (starb vor 1329) namentlich an. — Wie lange
diese Studienzeit in Köln dauerte und wann er nach Konstanz
zurückgekehrt ist, wissen wir ebenfalls nicht; dagegen hat er
uns über seine damalige Herzensstellung und inneres Leben
um so reichlichere Mittheilungen gemacht. Bis zu seinem
18. Jahre, sagt er, habe er nur „geistlichen Schein getragen“, aber „sein Gemüth war ungesammelt“; „so ihn Gott
nur behütete vor den schwereren Gebrechen, die seinen Leu-
mund möchten schwächen, so däuchte ihn, des Gemeinen
möchte nicht zu viel werden“; er „übte sich nach dem äusseren Menschen auf alle Stücke, da sich anfahende Menschen an
zu üben pflegen“; aber „der innere Mensch blieb ungeübt in
seiner nächsten Gelassenheit“. Dieser Stand äusserer Gerechtigkeit konnte aber S. nicht befriedigen, und darin erkannte
er später dankbar eine „Bewahrung“ Gottes. Er „empfand
wohl, dass ihm etwas gebräche, er wusste aber nicht was“.
Er „fand ein Ungenügen in sich, wo er sich hinkehrte zu den
Dingen, die ihm begierlich waren, und däuchte ihn, es wäre

etwas Anderes, das sein wildes Herz frieden sollte, und es war
ihm weh in seiner unruhigen Weise; er hatte allezeit ein Wi-
derbeissen und konnte sich doch selber nicht helfen, bis ihn
der milde Gott davon entledigte mit einem Kehr". Es ward
ihm nämlich „eines Mals ein Einkehr, in dem er ward zu sich
selbst getrieben"; es war „ein verborgener lichtreicher Zug
von Gott", und der „wirkte geschwindlich den Abkehr".
Seine Freunde „nahm Wunder ob der geschwinden Aende-
rung, wie ihm geschehen wäre, und sprach einer diess, der
andere das; aber wie es war, das rührte noch traf Niemand".
Vielleicht mag auch der Tod seiner Mutter dazu gethan haben,
der um diese Zeit erfolgte, als er zu Köln „zu Schule" war.
S. erzählt, wie sie ihm in einem Gesicht erschienen sei. „Eya,
Kind meines, habe sie ihm zugerufen, habe Gott lieb und getraue ihm wohl; er lässt dich mit nichten in keiner Widerwärtigkeit. Siehe, ich bin von dieser Welt geschieden und bin
nicht todt: ich soll ewiglich leben vor dem ewigen Gott".
Drauf „küsste sie ihn mütterlich an seinen Mund und geseg-
nete ihn treulich und verschwand also; er fing an zu weinen
und rief ihr nach und sprach: O getreue, heilige Mutter meine,
sei mir getreu bei Gott! und also weinend und seufzend kam
er wieder zu sich selber". Vielleicht hat er seit dieser Zeit, als
der ganz seiner M u t t e r Sohn gelten wollte, den Namen eben
seiner Mutter angenommen: „Seuss" oder der „Süsse", la-
tinisirt: Suso; denn so heisst er von nun an (oder Amandus),
nie aber Berg nach dem Namen seines Vaters. Das Erste auf
diesen innern Vorgang war ihm, dass er „sein Gewissen mit einer ganzen (General-) Beichte räumte", auf dass er „von dem
Beichtiger, der an Gottes Statt da sitzet, lauter und rein
ginge, und ihm alle seine Sünden vergeben wären, wie Marien
Magdalenen geschah, da sie Christo mit reuigem Herzen und
weinenden Augen seine göttlichen Füsse wusch und ihr Gott
alle ihre Sünde vergab".

–Ohne Bedenken, Fluktuationen und Reaktionen ging es
indessen nicht ab; S. nennt sie „die Vorstreite eines anfahenden Menschen, mit denen ihn der Feind seines Heiles wollte
verirret haben". Er beschreibt sie: „das innerliche Treiben,
das ihm von Gott war worden, das forderte von ihm einen ledi-

gen Vonkehr von allem dem, das ihm ein Mittel bringen
möchte". Dagegen meinten seine „anfechtenden" Gedanken:
es sei „leicht anzufahen, aber mühlich zu vollbringen". Und
als „der innere Ruf" auf Gottes Kraft und Hülfe verwies,
meinte der „Widerruf", es wäre „zweiflich, ob Gott wolle".
Dass nun aber Gott „helfen wolle allen denen, die es in seinem Namen anfahen", dess ward er aus dem Worte Gottes
„kundlich bewiesen". Nachdem „die Gnade in d i e s e m
Streite an ihm gesiegt" hatte, da kam eine andere Versuchung, ein „feindlicher Gedanke" in „Freundes Bild". Wohl
sollte er sich bessern, rieth ihm dieser Freund, aber „nicht so
fest dahinter kommen"; er solle es „mässiglich anfahen, dass
er es möge vollbringen"; er solle „fest essen und trinken" und
sich dabei „vor Sünden hüten"; sei „das Herz gut", so sei „es
alles gut", er möge mit den Leuten wohl fröhlich und doch
ein „guter" Mensch sein; andere Menschen wollen auch in
den Himmel kommen, die doch nicht ein so übendes (aszetisches) Leben haben. Man sieht: S. hatte gleich von Anfang an
seinen „Kehr" in strengster aszetischer Weise genommen
nach der Weise jugendlichen Eifers, dem herrschenden
Geiste der Zeit gemäss, die Gott und Welt gegenüberstellte,
und in völliger Aszese ihr Ideal der Frömmigkeit fand; auch
wohl in dem Gefühl, dass sein „blühender Muth" strengster
Zucht bedürfe. Alle verständigen Ermässigungen nahm er dagegen als Versuchungen, als „betrügliche Räthe". „Wer den
hailen Fisch, der da heisset ein Aal, lässt er „die ewige Weisheit" sagen, bei dem Schwanz will halten, und ein heiliges
Leben mit Lauigkeit will anfahen, der wird an ihnen beiden
betrogen, denn so er wähnet zu haben, so ist es ihm entronnen.... Wer auch einen verwöhnten widerspännigen Leib
mit Zartheit will überwinden, der bedarf guter Sinnen. Wer
die Welt will haben und doch Gott vollkommlich dienen, der
will unmöglicher Dinge pflegen, und Gottes Lehre selber fäl-
schen. Darum willst du ablassen (von strengster Aszese), so
lass auch zu frommen ab". In diesen „Gedanken", er sagt es
selbst, war er „etwa lang"; zuletzt aber „gewann er Muth
und kehrte sich kräftig von den Sachen". Einen besonders
schweren Kampf kostete es ihn, der „Gesellschaft" zu ent-

sagen; „sein wilder Muth nahm davon manch Sterben". Zuweilen überwand ihn die Natur; er gesellte sich zu seinen
Studiengenossen „zu einer Leichterung seines Gemüths"; aber
„es geschah gemeinlich, dass er fröhlich darging und traurig
von ihnen ging"; denn die Rede und Kurzweil, die sie führten,
war ihm unlustig, und die seine war ihnen unleidig. Sie setzten ihm auf verschiedene Weise zu. Der Eine meinte, „was
besonderer Weise er sich angenommen hätte"? Ein Anderer:
„ein gemein' Leben wäre das sicherste"; ein Dritter: „es
nehme nimmer ein gut Ende". Mit solchen Worten „übten"
sie ihn. Er selbst schwieg zu dem Allem „als ein Stum-
mer"; schalt sich aber nachher, dass er nicht ferne geblieben,
man hätte ihm dann nichts anhaben können. So sah er sich
auf sich selbst beschränkt; und „das war ihm ein peinliches
Leiden, dass er Niemand hatte, dem er sein Leid klagte, der
dasselbe suchte in derselben Weise, als ihm gerufen war".
Doch ganz freundlos scheint er nicht, wenigstens nicht immer
(in Köln), gewesen zu sein. An einem andern Orte erzählt
er, wie in seinen jungen Tagen, da er „zu Schule fuhr", ihn
Gott einst „eines lieben göttlichen Gesellen" berathen habe,
und diese „göttliche Gesellschaft" hätte „manch' Jahr" gewährt, — die ganze Zeit nämlich des beidseitigen Aufenthalts
in Köln.

Die Religiosität Suso's, seine Richtung auf das Göttliche
nahm nun aber einen ihm eigenthümlichen Karakter (Form)
an. Ihn traf das Göttliche ganz besonders, wie es ihm als
„Weisheit" in den Sprüchen Salomons (K. 1—4), im Prediger (K. 7), in Jesus Sirach (K. 24) entgegentrat. Da erbiete
sich die ewige Weisheit „also lieblich, als eine leutselige Minnerin, die sich heimlich aufmacht, darum dass sie allermänniglich
lich wohlgefalle, und redet zärtlich in fräulichem Bilde, dass
sie alle Herzen gen sich geneigen möge; unterweilen sagt sie,
wie betrüglich alle Minnerinnen seien und wie recht lieblich
und stät sie aber sei". Und die sich so lieblich erbiete und
deren L i e b e so wahr und stät sei, diese ewige Weisheit sei
zugleich „der ausquellende Ausfluss der blossen Gottheit", der
Ursprung aller „Schönheit, Zartheit, Herzenslust und Lieblichkeit", überhaupt „alles Gutes", darin S. „g e i s t l i c h" alles

fand, „das da schön, lieblich und begierlich war", und das
alles „in unaussprechlicher Weise". Wenn er über Tisch von
ihr vorlesen hörte, so ward ihm „viel wohl zu Muthe". „Du
solltest doch recht dein Glück versuchen, sprach er zu sich,
ob dir diese hohe Minnerin möchte werden zu einem
Lieb, von der du so grosse Wunder hörst sagen, weil doch
dein junges mildes Herz sonder Lieb nicht wohl
die Länge mag bleiben". Zwar „widerzogen" das wieder „fremde Bilde". Es sei ein zu hohes, ideales, zu mühseli-
ges Minnen; es sei „besser, eine Handvoll mit Besitzung,
denn ein Hansvoll allein mit Warten"; der „hoch zimmert
und wäch (verwegen) minnet", der „gewinnet unterweilen
hungrige Male". Wo je einem Diener so „harte Spiele" vorgeworfen worden seien? Diesem „widersprach" aber ein „göttlicher" Gedanke in ihm. Der Minne gehöre — es ist diess
ganz im Geiste des mittelalterlichen Frauendienstes — von
altem Rechte, zu leiden; es sei „kein Werber, er sei ein
Leider, noch kein Minner, er sei ein Märtyrer"; darum sei
„nicht unbillig, der so hoch minne; ob ihm etwa ein Widerwärtiges begegne". So stärkte er sich „zu vollbärten" (aus-
zuharren). Im Drange seiner Phantasie suchte er nun auch,
mit Hülfe aller darauf bezüglichen Schriftstellen, ein an-
schauliches konkretes Bild von dieser Weisheit sich zu
schaffen. „Da zeigte sie sich ihm also: Sie schwebte hoch ob
ihm in einem gewölkten Chore; sie leuchtete als der Morgenstern; und schien als die spielende Sonne. Ihre Krone war
Ewigkeit, ihr Kleid Seligkeit, ihr Wort Süssigkeit, ihr Umfang aller Lust Genugsamkeit; sie war fern und nah, hoch
und nieder; sie war gegenwärtig und doch verborgen; sie liess
mit ihr umgehen und mochte sie doch Niemand begreifen.
Sie reichet über das Oberste des höchsten Himmels, und rührt
das Tiefste des Abgrunds; sie zerbreitet sich von Ende zu
Ende gewaltiglich und richtet alle Dinge aus süssiglich. So er
jetzt wähnte zu haben eine schöne Jungfrau, geschwind fand
er einen stolzen Jungherrn; sie gebehrdete sich etwan als
eine weise Meisterin, etwan hielt sie sich als eine viel weident-
liche Minnerin. Sie bot sich zu ihm minniglich und grüsste

ihn viel lachentlich und sprach zu ihm gütlich: gib mir dein
Herz, Kind meines" (Sprüche 23, 26).

So kam S. in „die geistliche Gemahlschaft dieser ewigen
Weisheit", die, wie wir gesehen haben, ihm alles in sich
fasst, was sein minnend Herz und sein idealer Sinn nur verlangt, und in einer so „reizlichen", lebendigen, anschaulichen
Gestalt, wie sie zugleich seiner poetisch-romantischen Phantasie, seinen ritterlich-adelichen Anschauungen entsprach, besonders in dieser ersten Periode seiner Frömmigkeit, in den
Tagen seiner Jugend, da er noch „blühenden Muth" hatte.
Er fühlte sich in dieser Weise unaussprechlich selig, denn sie
entsprach ganz seiner Individualität. „In ihr hab' ich Reichthums genug, Gewalt so viel ich will; Alles, was das Erdreich
hat, wollte ich nicht mehr haben; o du, meines Herzens Glück
und Schönheit"! Er weihte ihr von nun an einen geistlichen
Kultus, wie die irdischen Minner irdischem Lieb ihre Huldi-
gung darbringen. Er liess sie sich auf ein Pergament malen
diese „ewige Weisheit, die Himmel und Erde in ihrer Gewalt hat, und in wonnesamer Schönheit und lieblicher Gestalt aller Kreaturen Dienst übertrifft", und stellte das Bild
vor sich in seiner Zelle Fenster und „blickte es lieblich an mit
herzlicher Begierde". Das war, wie er sagt, dieweil er. „zu
Schule fuhr" (schon vor seinem Abgange nach Köln); er
brachte das Bild wieder heim und „verwirkte es in die Kapelle mit minniglicher Meinung".

Von diesem neuen Lebensgefühl, eben in der Richtung
auf diese Weisheit, ist er so übervoll, dass er all sein Thun und
Lassen, seine tägliche Lebensordnung, seine Naturandacht,
in diese höhere Beziehung „übersetzt"; in „stetem Fleiss innerlicher Vereinung mit der ewigen Weisheit", wie er sagt,
aber meist auch in der schon bezeichneten Form eines Hul-
digungs-Kultus. Wenn „der Wächter den aufgehenden Tag
verkündet", so „fällt er geschwind auf die Kniee" und bringt
seiner „Weisheit" seinen Morgengruss, oder auch dem
„Geiste", oder der Maria, oder dem „aufbrechenden Morgenstern" (Symbol der Maria); ganz „wie die kleinen Vöglein im
Sommer den lichten Tag begrüssen und ihn fröhlich empfahen". „O du allerschönste, lichtreicheste, ewige Weisheit"!

war sein gewöhnlicher Morgensegen, „meine Seele hat heute
Nacht nach dir verlanget, und nun an diesem Morgen früh
bin ich in der Herzlichkeit meines Geistes zu dir, mein Lieb,
erwacht und bitte dich, gnädiger Herr meiner, dass deine
begierliche Gegenwart von mir alles Uebel an Seel' und Leib
vertreibe und die gnadlosen Winkel meines Herzens mit deiner sondern Gnade reichlich durchgiesse und mein kaltes
Herz in deiner göttlichen Minne inbrünstiglich entzünde. ...
Eia, allersüssester Jesu Christe, ich grüsse dich von dem innersten Grund meines Herzens und begehre auch, dass ... alle
Engel und Geister, die bei dir wohnen ... und alle Kreatur
dich heute von mir loben ..." — Nie geht er zu Tische, ohne
dass er „die ewige Weisheit", seinen „allerliebsten" Jesum
Christum dazu geladen. Und bei jeder Tracht, jedem Becher
bittet er „den himmlischen Hauswirth" um seinen heiligen
Segen, und hält sich in „seiner steten zarten Gegenwärtigkeit". Das nennt er „ein ordentliches Tischsitzen". — Wenn
das neue Jahr „angeht", — „als zu Schwaben, in seinem
Land, an etlichen Stätten gebräuchlich ist, so gehen die Jünglinge des Nachts in Unweisheit aus, und bitten des Gemayten,
das ist, sie singen Lieder und sprechen schöne Gedichte und
bringen es zu, wie sie mögen, mit höflicher Weise, dass ihnen
ihre Liebsten Kränze geben": also thut auch er und bittet
„sein ewiges Lieb des Gemayten.". Vor Neujahrstag nämlich geht er „vor das Bild, da die reine Mutter ihr zartes Kind,
die schöne ewige Weisheit, auf ihrem Schoosse an ihr Herz
drückt", und flebt die Mutter zuerst, in „stillem süssem Getöne" eine Sequenz ihr singend, „dass sie ihm erlaubete und
hülfe, einen Kranz von ihrem Kind zu erwerben"; dann kehrt
er sich „zu der herzlieben Weisheit", und sie preisend so
hoch er kann, betet er zujüngst: „Ach mildes Herz, ... du
mein Lieb, mein fröhlicher Ostertag (höchste Freude), du
Lieb, das mein junges Herz allein minnet und meinet, das
alle zeitliche Liebe um dich verschmähet hat; ... thue es durch
deine natürliche Güte und lass mich heute an diesem eingehenden Jahr nicht leer von dir gehen.... Eia gedenke, dass
deiner lieben Knechte einer von dir uns sagt: dass in dir nicht
sei Nein und Ja; in dir sei nur Ja und Ja; ... darum heut mir

heute ein liebliches Ja deiner himmlischen Gabe, und wie den
tauben (thörichten) Minnern ein Kranz wird gegeben, also
müsse meiner Seele heute zu einem guten Jahr etwas sonderlicher Gnade oder etwas neuen Lichtes von dir geboten werden, Herzenstraut mein"! So bat er und „ging immer unge-
währt von dannen". — Kommt Mai, da es Brauch ist, ihm zu
Ehren einen grünen Zweig festlich aufzustellen, so setzt auch
er in der Nacht des eingehenden Maien seinen Zweig, — „einen geistlichen Maien": das Kreuz; denn „unter allen schönen
Zweigen, die je wuchsen, konnte er nichts gleicheres finden
dem schönen Maien, denn den wonniglichen Ast´des h. Kreuzes, das blühender ist mit Gnaden und Tugenden und aller
schönen Zierde, denn alle Maien je wurden". Und er ehrte
den etwa lang alle Tage einmal. „Gegrüsset — also sprach
und sang er in seiner Innerkeit vor dem Maien, — gegrüsset
seist du, himmlischer Mai der ewigen Weisheit, auf dem. da
gewachsen ist die Frucht der ewigen Seligkeit". Und er bietet
ihm „für alle rothe Rosen, die der Frühling mochte hervorbringen, herzliche Minne, für alle kleinen Violen ein demüthiges
Neigen, für alle zarten Lilien ein lauterliches Umfahen, für
alle schön gefärbten Blumen, die je Haide oder Anger oder
Wald oder Aue, Baum oder Wiese im Maien hervorgebracht,
ein geistliches Küssen, für aller wohlgemuthen Vöglein Gesang, den sie je auf einem Maienreise fröhlich sangen, ein
grundloses Loben und für alle Zierde, womit je ein Maie in
in der Zeit geziert ward, ein geistliches Singen". So „beging
er den Maien". — Kommt der Sommer und treibt die zarten
Blümlein, so enthält er sich — er sagt, es sei das schon seine
Gewohnheit in seiner Kindheit gewesen — der Blumen eine
zu brechen oder zu berühren, bis er sein geistliches Lieb, „die
zarte geblümte, rosige Magd, Gottes Mutter", mit den Erst-
lingen begrüsst in einem Kranz, den er im Chor oder in
unserer Frauen Kapelle ihrem Bilde aufsetzte: „weil sie die
allerschönste Blume und seines Herzens Sommerwonne wäre,
so möchte sie die ersten Blumen von ihrem Diener nicht verschmähen".

 „ So hält ers mit der Natur; so mit allen Vorkommenhei-
ten des Lebens; so mit seinem eigenen Leib und seiner Seele.

„So er einen neuen Rock oder Kappe anlegte, so ging er
etwa zuerst hin an seine gewöhnliche Statt und bat den himmlischen Herrn, der ihn des Kleides berathen hatte, dass er
ihm Glück und Heil darin wünschte und ihm hälfe, dass er
es in seinem allerliebsten Willen verschliesse". — Wie nach
alter, vertraulicher Weise beim Aderlassen Lieb zu Lieb um
gutes Blut zu gehen pflegte, so hatte auch er in den Tagen seiner Jugend „die Weise, so er zur Ader liess, dass er zur
selben Stunde einen Kehr nahm zu Gott unter das Kreuz,
und bot seinen verwundeten Arm hervor und sprach mit innig-
liebem Seufzen: ach, herzlicher Freund meiner, du weisst
wohl, dass ich nichts Liebes habe denn dich allein, darum
komm' ich zu dir, dass du mir die Wunde segnest und mir
gut Blut machest". Ebenso bringt er auch mit den Rosen des
Feldes die Rosen seiner Wangen, sein jugendliches Antlitz,
Gott dar. „So er sich etwa geschoren hatte und da noch sein
Antlitz in schöner, frisch blühender Farbe war, erzählt er
von sich, in der Zeit seiner Jugend, so ging er hin zu dem
Herrn und sprach: ach, zarter Herr, wäre meine Gestalt und
mein Mund so rosig, wie aller rothen Rosen Schein, das wollte
dein Diener d i r behalten und niemand anderem geben; und
wiewohl du allein das Herz ansiehest und das Aeussere nicht
viel achtest, so heut dir doch mein Herz ein Minnezeichen,
dass ich damit zu dir und zu niemand anderem kehre".

Suso, in seinen späteren Tagen, als er am Siechbette seiner geistlichen Tochter E. Stäglin sass, und ihr diese Züge aus
seiner Jugend erzählte, hat selbst am besten sie karakterisirt. Als
seine Freundin ihn nämlich bat, „dass er ihr etwas sagte von
göttlichen Dingen, die n i c h t g r o s s e n E r n s t e i n t r ü-
g e n und doch einem göttlieben Gemüth l u s t l i c h wären zu
hören", da hat er ihr diese Mittheilungen von seinen — eines
jungen, anfahenden Menschen — „kindlichen Andachten"
gemacht. Man könnte sie auch in einem Lieblingsausdrucke
von ihm „die Vorspiele" göttlicher Uebung nennen, wie er
jene ersten Kämpfe die Vorspiele eines anfahenden Menschen
gemacht hat. Es war diess aber nicht etwas Gemachtes, Gesuchtes, Manierirtes bei ihm; es war der Ausdruck seines unmittelbaren, religiösen Ergriffenseins, in dessen Ueberschwang

sich ihm Alles wie unwillkürlich in diese Beziehung
wandelte und umsetzte. „Wenn er Loblieder hörte singen
oder süsses Saitenspiel erklingen, oder von zeitlicher Minne
hörte singen oder sagen, so ward ihm sein Herz und Muth
geschwindiglich eingeführt mit einem abgeschiedenen Einblick
in sein lieblichstes Lieb, von dem alles Liebe fleusst". Ganz
wie es so schön Tauler gesagt hat in jenem Gleichniss von dem
Blitz (S. 152). Dieses unwillkürliche Gerichtetsein seines Herzens nach Gott (Christus) hat S. überaus zart der unwillkürlichen Bewegung eines saugenden Kindleins verglichen, das seine
Mutter unter den Armen gefasst, auf ihrem Schoosse hat
stehen. „Wie das mit seinem Haupte und Bewegung seines
Leibes gen der zartenden Mutter emporsieht und seines Herzens Freude mit den lieblichen Geberden anzeigt, also fuhr
sein Herz oft in seinem Leibe gen der ewigen Weisheit lust-
reicher Gegenwärtigkeit in einer empfindlichen Durchflossen-
heit". — Und wie das eigene Herz empordringt, so ergreift
es auch Alles rings umher, die ganze Schöpfung, um sie
mit ihm zum Herzen Gottes zu tragen. Das ist sein „sursum
corda" (Empor die Herzen), wie es von ihm in der Messe
empfunden und gedeutet wurde (s. u.).

Diese „Gottesminne" treibt ihn nun aber auch zu dem
Ungeheuerlichsten in der Aszese, und dieses zarte,
fast jungfräulich zarte Herz, dieser hochpoetische Geist gefällt
sich, wie zum rechten Gegensatz, in dem aller Unzartesten,
aller Härtesten, aller Widerlichsten. Wir begriffen es nicht,
wenn nicht ebenso Vieles zusammenträfe, was den S. hiezu
trieb: der Geist der Zeit; die eigene jugendliche Inbrunst,
die am liebsten zu dem Aeussersten griff; endlich seine in
ihrer übersinnlichen Richtung doch wieder so sinnliche An-
schauungsweise. Eben diess unmässige „Feuer", das sein
Herz „in göttlicher Minne gar inbrünstig machte", trieb ihn
nach seiner sinnlichen Weise, zunächst „den gnadenreichen
Namen Jesus auf sein Herz zu zeichnen". Es war das in seinen
jungen Tagen. „Er war gar sehr gequält in göttlicher Liebe;
da ging er — wir wollen ihn selbst reden lassen — in seiner
Zelle an seine heimliche Statt. Ach, zarter Gott, rief er aus,
könnte ich etwas Minnezeichens erdenken, das ein ewig Zei-

chen der Liebe wäre zwischen mir und dir, zu einer Urkunde,
dass ich dein und du meines Herzens einiges Lieb bist, das
kein Vergessen nimmer vertilgen möchte! In diesem inbrünstigen Ernst warf er vorn sein Skapulier auf, nahm einen
Griffel in die Hand, sah sein Herz an und sprach: ach! gewaltiger Gott, nun gib mir heute Kraft und Macht, zu vollbringen meine Begierde; denn du musst heute in den Grund
meines Herzens geschmelzet werden. Und er fing an und
stach da mit dem Griffel in das Fleisch ob dem Herzen, und
stach also hin und her, auf und ab, bis er den Namen Jesus
(IHS) eben auf sein Herz gezeichnet hatte. Von den scharfen
Stichen fiel das Blut stark aus dem Fleisch, und rann über
den Leib ab in den Busen. Das war ihm so wonnesam anzusehen, von der feurigen Minne, dass er des Schmerzens nicht
viel achtete.... Herr, betete er dann, ich kann noch mag dich
nicht fürbass in mich drücken; ich bitte dich, dass du es
vollbringest, und dass du dich nun fürbass in den Grund
meines Herzens drückest, und deinen Namen in mich also
zeichnest, dass du aus meinem Herzen nimmermehr schwin-
dest". Also ging er „minnewund viele Zeit, bis überlang da
genas er". Der Name Jesus blieb so nach seinem Wunsche
auf dem Herzen, und „waren die Buchstaben um sich wohl
so breit, als die Breite eines geschlichteten Halmes und so
lang, als ein Glied des mindesten Fingers". Er trug den Namen „also auf seinem Herzen bis an seinen Tod", und „so
oft sich das Herz bewegte, so oft wurde der Name bewegt".
So ihn später Widerwärtigkeit traf, so „sah er das Minnezeichen an", und sie wurde ihm leichter. Er zeigte es Niemanden; nur „in göttlicher Heimlichkeit" seinem (schon genannten) Studienfreunde, der, wie sich aus dem folgenden Zuge
ergiebt, viel Aehnlichkeit mit ihm gehabt haben muss. „Eines
Mals, da sie von Gott viel gekoset hatten, da bat ihn der Geselle durch geselligliche Treue, dass er ihm den Namen Jesus
zeigte". Ungern, doch „da er seine grosse Andacht sah", ge-
währte S. die Bitte. Es gesehen zu haben, „genügte aber
demselben Gesellen nicht; da er den süssen Namen Jesus also
scheinbarlich stehen sah mitten auf dem Herzen, da fuhr er
mit seiner Hand dar und mit seinem Angesicht, und strich es

daran und legte seinen Mund darauf und ward so herzlich
weinend vor Andacht, dass ihm die Zähren über das Herz
rannen". Diesen „Gesellen" ausgenommen, liess S. das Zeichen nur noch „einen einigen auserwählten" Gottesfreund sehen,
dem es „von dem ewigen Gott erlaubt war", und „der schaute
ihn auch mit gleicher Andacht, wie dieser". War dieser
„Gottesfreund" die E. Stäglin? Ihr wenigstens hatte er auch
„in göttlicher Heimlichkeit die Sache verjähet"; und sie trieb
auch eine Art Aberglauben damit (s. u.).

Diess sichtbare „Einschmelzen" des Namens Jesu in sein
Herz war aber nur der Anfang einer langen Reihe ähnlicher
Selbstübungen, durch welche er in die Aehnlichkeit seines
Heilandes immer tiefer hineinzukommen hoffte; auch mochte
er in diesen Selbstpeinigungen eine Art von nothwendigem und
heilsamem Gegengewicht gegen die heitere poetisch-religiöse
Weise, der er sich hingegeben, und gegen seine jugendlich
kräftige Natur erkennen. Er selbst deutet auf diess letztere
hin. Er habe „gar eine lebendige Natur" in seiner Jugend
gehabt, „da die begann sich selber zu empfinden, und er
merkte, dass er mit sich selbst überladen war, das war ihm
bitter und schwer". Aber auch jenes erste berührt er, wenn
er sagt, Gott habe ihn „zum ersten viele Zeit verwöhnt
mit himmlischem Trost", und er sei darauf ganz verlickt (ver-
picht) gewesen. „Was der Gottheit angehörte", sagt er an
einem andern Orte von seiner damaligen Herzensstellung zu
Christus, das sei ihm „lustlich" gewesen; so er aber unseres Herrn Marter betrachten sollte, das war ihm schwer und
bitter; und dess „sei er von Gott härtiglich gestraft worden":
„du musst den Durchbruch nehmen durch meine gelittene
Menschheit, sollst du wahrlich kommen zu meiner blossen Gottheit". Klarer aber konnte er sich nicht auslassen, als wenn
er sagt: „an der Neue seines Anfangs hätte er von Herzen
gerne den Augen des minniglichen Gottes wohlgefallen mit
vornehmer Sonderheit, aber ohne Arbeit und ohne Leiden".

S. fängt nun damit an, dass er die Passion Christi im
Geiste mitleidet, und den Gefühlen, die ihn dabei bewegen,
Wort und mimischen Ausdruck gibt. Er nennt das „den elen-
den Kreuzgang, den er mit Christo nahm, da man ihn aus-

führte in den Tod". Nach der Mette nämlich erhob er sich,
ging ins Kapitelhaus, dort von Winkel zu Winkel, dann in den
Kreuzgang, in den Chor, auf die Kanzel, bis er kam unter
das Kreuz; so „in der Betrachtung" die Stationen des Leidens
Christi durchmachend, niederknieend, die Erde küssend, singend, betend. „Und das Bild des Herrn war ihm etwan so
gegenwärtig, recht als ob er lieblich an seiner Seite ginge".
Er hatte „noch einen andern jämmerlichen Kreuzgang"; er
begleitete im Geiste (und mimisch) die Maria vom Grabe „ihres
lieben Kindes" heim.

Aber bald nicht bloss mimisch, sondern immer tiefer in
den Ernst hinabgezogen, beginnt er nun auch in der Wirklichkeit die Reihe seiner „Uebungen" und sucht das Leiden
Christi durch empirisches leibliches Leiden an sich zu repro-
duziren. Wir nennen zuerst die strenge Abgeschlossenheit,
das Schweigen, dem er sich ergab. „Er machte sich in Gedanken drei Kreise, hinter welchen er sich in geistlicher Hut
beschloss". Der erste Kreis war „seine Zelle, seine Kapelle
und der Chor"; wenn er in diesem Kreise war, so däuchte
ihn, er wäre „in guter Sicherheit". Der andere Kreis war
das ganze Kloster bis an die Pforte: der dritte und äusserste
Kreis war diese Pforte selbst. Wenn er aus diesen drei Kreisen kam, so „gedäuchte ihm, ihm wäre als einem wilden Thierlein, das ausser seinem Loche ist und sich von Jägern umgeben
sieht". — Zehn Jahre blieb er so abgeschieden von der Welt.
„So er vom Tisch ging, so beschloss er sich in seiner Kapelle
und blieb allda. Er wollte weder an der Pforte noch anderswo
mit Frauen noch mit Männern keine lange Rede haben noch
sie ansehen. Seinen Augen hatte er ein kurzes Ziel gegeben,
über das sie nicht sollten sehen, und das Ziel war fünf
Fuss. Er blieb allezeit daheim, dass er weder in die Stadt
noch auf das Land kommen wollte; er wollte allein seiner Einigkeit pflegen". Doch, setzt er selbst hinzu, diese Hut habe
ihm nicht geholfen, dass nicht in denselben Jahren „bärliche
Leiden" auf ihn gefallen seien. Um „zu gutem Frieden seines
Herzens" zu kommen, übte er sich, wie gesagt, auch in der
Tugend des Schweigens; und in solcher Hut hielt er seine
Zunge, dass er „innerhalb 30 Jahren sein Schweigen ob Tisch

nie brach". Auf dass er „nicht zu viel mit Rede ausbrüchig
würde", nahm er „in seiner Betrachtung drei Meister, ohne
deren besondern Urlaub er nicht reden wollte": Dominikus,
Arsenius, Bernhard. So er reden wollte, so „ging er in der
Betrachtung von einem zum andern und bat Urlaub". Wenn
die Rede mochte geschehen „zu rechter Zeit und Statt, so
hatte er von dem ersten Meister Urlaub"; von dem zweiten,
wenn sie ihm „von aussen keinen Anhang" gab; und „so sie
ihm inwendig keine Unleidigkeit brachte, so däuchte ihn, dass
er ihrer aller dreien Urlaub hätte.", und dann redete er; so das
nicht war, so „däuchte ihn, dass zu schweigen wäre". Das
empfiehlt er auch später in seinen Schriften (den geistlichen
Menschen zunächst, aber gut für Alle). „Ihr sollt den Mund
nicht aufthun, ihr habet denn nothdürftige oder nütze Sachen
und mit Urlaub eines guten Menschen, den ihr in eurem Herzen zu einem Hüter setzen sollt, und sollt nicht reden, euch
däuchte denn, als wenn er gegenwärtig wäre oder er gebe
euch Erlaubniss".

Das mochten noch „nütze" Uebungen sein; wie schrecklich aber waren jene andern, durch die er den Leib dem
Geiste unterthänig machen wollte! Das Tragen eines härenen
Hemdes und einer eisernen Kette, bis dass das Blut von ihm
rann, war verhältnissmässig noch ein Weniges. Sechszehn
Jahre lang schlief er in einem „gar engen" Unterkleide, „darin
waren eingeschlagen anderthalb hundert spitzige Nägel, die
waren von Messing und scharf gefeilt, und wurden der Nägel
Spitzen allezeit gegen das Fleisch gekehrt". Nicht zufrieden,
sich von dem abscheulichsten Ungeziefer Nachts zernagen zu
lassen, so dass er „unterweilen schrie und in sich selbst gries-
gramte und sich vor Nöthen um und um wand, wie ein Wurm
thut, wenn man ihn mit spitzigen Nadeln sticht", legte er,
„damit er in dieser Marter desto minder eine Ruhe gewänne",
Nachts zwei lederne Handschuhe an, darin „messingne
spitzige Stiftlein um und um" waren. Das that er, um, wenn
er in dem Schlaf das härene Unterkleid etwa von sich werfen,
oder sich gegen das „schnöde, böse Gewürm" mit den Händen
helfen wollte, sich den Körper zu zerkratzen. Er machte sich
auch so „gräuliche Risse, dass ihm das Fleisch schwärte an

den Armen und um das Herz"; und „so er über viele Wochen
wieder genesen war, so versehrte er sich abermal und machte
neue Wunden". — Acht Jahre lang trug er ein hölzern Kreuz,
das er sich hatte machen und mit 30 eisernen Nägeln beschlagen lassen, auf seinem blossen Rücken, — „um etwas
Zeichens an seinem Leibe zu tragen eines empfindlichen Mit-
leidens des peinlichen Leidens seines gekreuzigten Herrn".
Als er diess Kreuz zum erstenmale auf seinen blossen Rücken
spannte, da „erschrack seine zarte Natur darob", und er
„widerlegte (stumpfte) ein klein wenig die scharfen Nägel an
einem Stein"; diese „unmännliche" Zagheit gereuete ihn aber
bald, und er machte sie alle mit einer Feile wieder spitzig.
Mit diesem Kreuze „nahm er nun viele Zeit alle Tage zwei
Disziplinen", d. h. er schlug hinten mit der Faust auf das Kreuz,
um die Nägel in das Fleisch zu treiben. Vor dieser Uebung
hatte er eine andere. Er hatte sich eine Geissel aus einem
Riemen gemacht und mit messingenen spitzigen Stiften beschlagen lassen, mit der er gewöhnlich Morgens vor Metten
im Chor „vor Gottes Fronleichnam", oder in seiner Zelle oder
Kapelle sich geisselte, bis es die Brüder merkten. Einmal, da
er sich „gar grimme Schläge gegeben", dass sein Blut den
Leib abfloss, kommt ein Bruder, der hatte das „Geschelle"
(Geräusch) gehört, so dass er ablassen musste. Da „nahm er
nun Essig und Salz und rieb seine Wunden damit, dass seines Schmerzens desto mehr wurde". Ein andermal traf er
eine Ader auf dem linken Arm, dass ihm das Blut über dem
Fuss abfloss und der Arm anschwoll und blutfärbig wurde.
Wenn er sich nun so recht gegeisselt hatte und „also blutig
dastand" und sich selber ansah, so schien er sich „in etlicher
Weise Christo zu gleichen, da man ihn fraislich (grausam)
geisselte". Er konnte „von Erbärmde über sich selbst so recht
herzlich weinend werden", und bat dann Gott, „dass er seine
Sünde vor seinen milden Augen vertilgete". — Zu seinem
Nachtlager hatte er eine alte Thüre, mit einem „dünnen Mätt-
lein" aus Rohr bedeckt, das ihm nur bis auf die Kniee reichte.
Ein Bettgewand hatte er nicht. „Wie er des Tages ging, also
lag er auch des Nachts; nur allein, dass er die Schuhe abzog
und einen dicken Mantel um sich that". Unter seinem Haupte

hatte er „ein Säcklein gefüllt mit Erbsenstroh und darauf ein
kleines Kisselein". Das Lager war hart, so dass ihm sein Kreuz
gar weh that, und kurz, so dass, wenn er die Füsse strecken
wollte, sie ganz bloss auf die Thüre zu liegen kamen und im
Winter erfroren. Später vertauschte er dieses Nachtlager mit
einem „Stuhle". — Das hat er 8 Jahre getrieben.

Man sieht, Kopf, Hände, Rücken, Unterleib, Füsse —
der ganze äussere Mensch sollte gekästiget (kasteiet) werden
und leiden.

Nie versuchte er binnen 25 Jahren, wie kalt es auch im
Winter sein mochte, durch die Ofenwärme sich gütlich zu
thun; ebenso mied er auch alles Waschen und Baden „zum
Ungemach seines zartsuchenden Leibes"; durch viele Zeit ass
er des Tages nur einmal und fastete ohne Fische und ohne
Eier; ein überkleines Maass erlaubte er sich zum Trinken:
Wein lange Zeit gar nicht, ausser am h. Ostertag, dem hohen
Tag zu Ehren; auch Wasser einige Zeit lang nur so wenig,
„dass ihm der Mund innen und aussen dürr war als einem
Siechen, und ihm seine Zunge zerschwand (zerbarst), dass sie
darnach in mehr als einem Jahre nicht verheilen konnte". Er
wollte auch darin ein Nachfolger sein dessen, der am Kreuze
rief: „mich dürstet"; doch übernahm es ihn zuweilen, dass er
ausrief: „o weh, ewiges Gut, deines verborgenen Gerichtes, dass
mir der breite Bodensee so nahe ist und der lautere Rhein um
und um mich fliesst, und mir ein einziger Trunk Wasser so
theuer ist"! So streng fühlte er sich g e b u n d e n, trotz aller
Qual; so wenig hatte er die innere Freiheit zu unverkümmer-
tem Genusse, bis sie ihm auf eine Weise wurde, die wieder
karakteristisch für ihn ist. Eine Freundin von ihm erklärte
ihm nämlich, wie sie in einem Gesicht Jesum und seine Mutter
gesehen und gehört hätte über ihn sprechen; „es sei nun genug an der Uebung, der Bruder solle fürohin Wein trinken
von seiner verzehrten Natur wegen"; nun trank er auch Wein,
da es ihm „also von Gott erlaubt war". — Auch in der Armuth übte er sich lange Zeit, „so dass er keinen Pfenning
wollte empfahen noch handeln, weder mit Urlaub noch ohne
Urlaub".

Vom 18. bis zum 40. Jahre trieb S. „solch ein elendes

Leben nach dem äusseren Menschen"; bald diess, bald, wie
wir gesehen haben, jenes vorzugsweise, je in einer gewissen
Periode. Statt aller Kritik wollen wir sein eigenes Urtheil aus
seiner s p ä t e r e n Zeit mittheilen, das wohl erschöpfend zu
nennen ist. Seine geistliche Tochter, E. Staglin, hatte diese
seine Aszese nachahmen wollen. Er wehrte ihr aber; das gehöre „ihrer fräulichen Schwachheit und wohlgeordneten Natur" nicht zu, denn jede Aszese müsse mehr oder weniger
eine individuelle sein. „Der liebe Jesus sprach nicht: Nehmet
mein Kreuz auf euch; er sprach: jeder Mensch nehme sein
Kreuz auf sich. Du sollst nicht anfahen zu befolgen der Altväter Strengheit, noch die harten Uebungen deines geistlichen
Vaters (eben die seinigen); du sollst aus allem dem dir selbst
ein Fach oder Theil nehmen, das du wohl erzeugen mögest
mit deinem k r a n k e n (schwachen) Leibe, d a m i t d i e U n -
t u g e n d i n d i r s t e r b e, u n d d u m i t d e m L e i b e
l a n g e l e b e s t; das ist eine sehr würdige Uebung und ist dir
die allerbeste". Dieses individuelle Recht nahm dann nun S.
auch f ü r s i c h — mit Hinweisung auf die Altväter — in Anspruch, als ihn Elsbeth frug, warum denn e r so strenge Uebung
gehabt, und sie doch weder ihr noch andern Menschen anrathen wolle. Von einigen Altvätern, sagt er, finde man geschrieben, „dass sie ein unmenschlich und unglaublich strenges Leben führten, dass es zu diesen n e u e n Zeiten etlichen
w e i c h e n Menschen ein Gräuel ist, nur davon sagen zu hören,
d e n n s i e w i s s e n n i c h t, w a s i n b r ü n s t i g e r E r n s t
e r z e u g e n m a g, m i t g ö t t l i c h e r K r a f t z u t h u n
u n d z u l e i d e n u m G o t t. Einem solchen inbrünstigen
Menschen werden alle unmöglichen Dinge möglich zu vollbringen in Gott". Von andern Altvätern dagegen finde man,
dass „sie sich selber solche grosse Strengheit nicht anthaten,
die doch beide auf e i n Ziel enden wollten. S. Peter und S.
Johannes wurden ungleich erzogen. Wer kann das Wunder
alle ausrichten, denn dass der Herr, der wunderbar in seinen
Heiligen ist, v o n s e i n e r g r o s s e n H e r r s c h a f t w e g e n
m i t m a n c h e r l e i Weise will gelobt werden. Dazu sind wir
auch ungleich genaturt; was eines Menschen Fug ist, das fügt
dem Andern nicht". Darum, meint S., solle keiner den an-

dern urtheilen, nicht die weichen Menschen die strenge Uebung an andern, noch umgekehrt. „Luge allein jeder Mensch
auf sich selbst, und merke, was Gott von ihm haben wolle und
sei dem genug und lasse andre Dinge bleiben". Im Uebrigen
aber sei „viel besser, bescheidene (vernünftige) Strengheit
führen denn unbescheidene"; und weil das Mittel (die Mitte)
mühlich zu finden, „rathsamer, ein wenig darunter zu bleiben,
denn sich zu viel hinüber zu wagen"; denn „es geschieht oft,
so man der Natur zu viel unordentlich abbricht, dass man ihr
auch darnach zu viel muss unordentlich wieder geben"; wiewohl „das sei, dass sich hierin manch grosser Heilige übersehen
habe aus inbrünstigem Ernst".

    Diese Kasteiungen, die S. mit solcher Strengheit an sei-
nem Leibe übte in der ersten Periode seines Lebens, bewahrten ihn indess lange nicht vor inneren Leiden und Anfechtungen. Wir haben über sie uns schon bei T. ausgesprochen (s.
S. 211), der sie gewissermassen als einen nothwendigen
Durchgang aller Gottesfreunde angesehen hat. Solcher geistigen Anfechtungen nennt S. besonders dreie, die ihn quälten.
Einmal: „Unrechte Einfälle von dem Glauben". Z. B. „wie
mochte Gott Mensch werden"? Man sieht, wie jene Zeiten
lange nicht so äusserlich autoritätsmässig waren, als man gemeinhin annimmt; besonders in den Klöstern kommen diese
Glaubensanfechtungen vielfach vor: aber sie sind meist geheime Herzensgeschichten geblieben. S. kam immer tiefer hinein: „so er dem je mehr begegnete, so er je mehr verwirrt
ward". Neun Jahre habe ihn Gott in dieser Anfechtung gelassen; „zujüngst, da es ihm Zeit däuchte, da half Gott ihm gänzlich davon und ward ihm von Gott grosse Festigkeit und Erleuchtung des Glaubens". Das andere innerliche Leiden
war „ungeordnete Traurigkeit". Es war ihm stets „so
schwer in seinem Gemüthe, als ob ein Berg auf seinem Gemüthe läge". Es kam zum Theil davon: „sein geschwinder
Abkehr war so stark, dass seiner leiblichen Natur gross Gedränge davon geschah". Diese Noth währte ihm acht Jahre.
Das dritte Leiden war die „Anfechtung, seiner Seele möchte
nimmer Rath werden, und er müsste ewiglich verdammt sein,
wie recht er thäte, oder wie viel er sich übte, dass das nicht

hülfe, dass er der Behaltenen einer würde" Die Anfechtung liess ihn nicht, Tag und Nacht, im Chor oder sonst. „Was hilft dir Gott dienen? Es ist dir doch nur ein Fluch". Diese Angst kam zum Theil daher: „ihm ward gesagt, dass sein Empfahen in den Orden wäre geschehen mit Uebertragen zeitlichen Gutes, davon die Sünde kommt, die da heisset Simonia". Das „senkte" er in sein Herz, bis er „in diess Leiden kam". Es währte an die 10 Jahre, da kam er zu dem „heiligen Meister" Eckard und klagte es ihm. Der „half ihm davon". Es war diess also v o r 1329. Auch „von den bösen Geistern" erlitt er unzählig viel „in angenommenen jämmerlichen Bilden", bei Nacht und Tag, wachend und schlafend, dass ihm „gar weh davon geschah".

Wohl mögen diese inneren Anfechtungen theilweise auch mit seiner überstrengen Leibes-Aszese im Zusammenhang gestanden sein; jene mögen diese befördert, diese hinwiederum in ihrer Reaktion auf das Gemüth mag jene gesteigert haben; jedenfalls aber steht diese Aszese in einer wesentlichen Verbindung mit einer andern Reihe von psychisch-leiblichen Zuständen, auf die wir nun unsere Aufmerksamkeit richten müssen. Wir meinen die e k s t a t i s c h e n und v i s i o n ä r e n, die in Suso's Leben ganz heimisch sind, und zu denen seine nervose Natur von Haus aus eine Disposition haben mochte, welche aber durch die sein Nervenleben völlig überreizende Aszese nothwendig gesteigert werden musste. Alle Tröstungen, Ahnungen, Aufschlüsse, Gaben tragen diese Form in seinem Leben oder werden ihm in dieser Form mitgetheilt, „eingeleuchtet" (inspirirt). Gemeiniglich leitet er diese Zustände mit den Worten ein: er sei „sinkend in sich selbst" geworden, in sich selber entsunken, und dann in der „Ver- (Ent-) gangenheit seiner äusseren Sinne sei ihm vorgewesen". Besonders Morgens nach der Messe, wenn er „niedergesessen in ein stilles Rühlein" in seiner Zelle oder Kapelle, finden sie sich bei ihm.

Die Reihe dieser Zustände beginnt mit der Ekstase, die er — es war „an seinem Anfang" — am St. Agnesentage nach Mittag im niedern Gestühle des rechten Chors gehabt hat. „Zu derselben Zeit hatte er ein sonderliches Gedränge von schweren Leiden, das auf ihm lag. Und so er also stand trostlos, und

Niemand bei noch um ihn war, da ward seine Seele verzückt.
Da sah er und hörte er, was allen Zungen unaussprechlich ist.
Er war formlos und weislos und hatte doch aller Form und
Weise freudenreiche Lust an sich; das Herz war gierig und
doch gesattet; der Muth war lustig und wohl geflorirt; ihm
war Wünschen geleget und Begehren entgangen. Er that nur
ein Starren in den glanzreichen Wiederglast(schein), in dem er
gewann sein selbst und aller Dinge ein Vergessen; war es Tag
oder Nacht, das wusste er nicht; es war des ewigen Lebens
eine ausbrechende Süssigkeit nach gegenwärtiger stillstehen-
der ruhiger Empfindlichkeit. Er sprach darnach: ist das
nicht Himmelreich, so weiss ich nicht, was Himmelreich ist".
Dieser „überschwängliche Zug" währte wohl „eine Stunde
oder eine halbe"; „ob die Seele in dem Leibe blieb oder von
dem Leibe geschieden war, das wusste er nicht". Da er wieder „zu sich selber" kam, da war ihm „in aller Weise als
einem Menschen, der von einer andern Welt ist kommen".
Aber sein leibliches Leben war ganz erschöpft: „der Leib
sank nieder zur Erde wider seinen Dank wie eines Menschen,
dem von Ohnmacht gebrechen will". Dagegen „seine Seele
und Gemüth waren inwendig voll himmlischen Wunders; die
himmlischen Blicke gingen und wiedergingen in seiner innigsten
Innerheit, und es war ihm, als ob er in den Lüften schwebte;
die Kräfte seiner Seele waren erfüllet des süssen Himmel-
schmacks, als so man ein gut Elektuarium aus einer Büchse
schüttet, und die Büchse dennoch den guten Geschmack behält. Dieser himmlische Schmack blieb ihm darnach viele
Zeit und gab ihm eine himmlische Sehnung und Begierde
nach Gott". Doch „auswendig merkte Niemand nichts an
ihm". — Auf diesen ersten „Blick" folgte bald das Leuchten
des über seinem Herzen eingegrabenen Namens. Es war auch
nach der Mette, er sass auf seinem Stuhl in seiner Zelle; „indem entsank er in sich selber und däuchte ihn, dass etwas
Lichtes ausdränge von seinem Herzen". Er sah hin; „da erschien auf seinem Herzen ein gulden Kreuz und darinnen waren verwirket in erhabener Weise viel edle Steine und die
leuchteten zumal schön: Jesus". Umsonst sucht er nach
seiner Kappe, das überbrechende klare Licht zu bedecken;

die „ausdringenden Glänze" waren zu mächtig. Ein andermal sah er, „in welcher Weise Gottes verborgene Wohnung in seiner Seele gestaltet war". Er sah nämlich, „dass der Leib ob seinem Herzen so lauter ward als ein Krystall, und sah mitten im Herzen ruhiglich sitzen die ewige Weisheit in lieblicher Gestalt" und bei ihr seine Seele „in himmlischer Ersehnung" und „an das göttliche Herz gedrückt". — Besonders häufig sieht und verkehrt er in diesen visionären und ekstatischen Zuständen mit „seinem" Engel oder dem himmlischen. „Ingesinde"; er sieht „den Himmel offen, die lichten Engel klar auf- und abfahren in lichtem Gewande"; er wird „eingelassen in den himmlischen Hof"; erblickt Maria, Christum. In „leidenden Zeiten" war „sein grösster Aufenthalt (Aufrechthaltung) von innen" eben der himmlischen Engel „emsige Beholfenheit" (Hülfe) (s. u.). — Auch mit Verstorbenen verkehrt er, und „es war ihm gewöhnlich, dass viele Seelen ihm erschienen, so sie von dieser Welt schieden, und ihm kund thaten, wie es ihnen ergangen wäre, womit sie ihre Busse verschuldet hätten, und womit man ihnen helfen könne und wie ihr Lohn wäre von Gott". Von seiner Mutter wissen wir es bereits; auch sein Vater erschien ihm „und zeigte ihm mit einem jämmerlichen Anblick sein ängstliches Fegfeuer, und womit er das allermeist verschuldet hätte, und sagte ihm ausgeschiedentlich, wie er ihm helfen sollte". Das that S.; und nun „erzeigte sich ihm der Vater darnach und sagte ihm, dass er davon wäre ledig worden". Auch „der selige Bruder" Johannes der Tukrer, ein Strassburger Bürger und Gottesfreund, von dem wir aber sonst nichts näheres wissen, erschien ihm in einem Gesicht, und der „selige Meister Eckard"; dieser „in überschwenglicher Günliche (Klarheit), in die seine Seele bloss vergottet war in Gott". S. stellte zwei Fragen an seinen seligen Lehrer; die eine war: „wie die Menschen stünden (jenseits), die der nächsten Wahrheit mit rechter Gelassenheit genug wären". Die Antwort lautete: „d e r Menschen Eingenommenheit in die weislose Abgründigkeit möchte Niemand geworten (aussprechen)". Auf die zweite Frage, was hiezu „die sonderlichste" Uebung wäre, sprach der Meister: „der Mensch solle sich selber nach seiner Selbstheit mit tiefer Gelassenheit entsinken,

und alle Dinge von Gott und nicht von der Kreatur nehmen,
und sich in eine stille Geduldigkeit setzen gen allen noch so
wölfischen Menschen". Auch jener liebe Studiengenosse, der
uns früher schon begegnet, erschien ihm. Sie hatten, als sie
„von einander gefahren und einander getreulich gesegnet hatten" (wahrscheinlich in Köln), ein „Gedinge" gemacht: „wer
zuvor stürbe, dem sollte der Andere ein Jahr lang alle Wochen
zwei Messen sprechen". Ueber „etwa manches" Jahr starb
dem Suso „sein getreuer Geselle" voran. Der zurückgeblie-
bene Freund gedachte des Seligen getreulich, vergass aber der
Messen. Da erschien, „als er eines Morgens eingezogen sass in
seiner Kapelle", dem Suso der Freund, und bat ihn — um
die Messen, auf dass er „bald von dem Fegfeuer erlediget
werde". — Ein andermal erschienen ihm zwei fromme Personen, die ihm „heimlich" gewesen waren; die Eine war „vornehm vor dem Volke gewesen und begabt mit göttlicher Süssigkeit". Die Andere war „nicht vornehm gewesen und Gott
hatte sie emsiglich mit Leiden geübet". Die vornehme sagte
ihm nun, dass sie noch im Fegfeuer wäre, „weil von ihrer
Vornehmheit etwas geistlicher Hoffarth ihr eingefallen, der
sie nicht bald genug ausgegangen"; die Andere aber, „die
ein verdrückter, leidender Mensch" gewesen, war „ohne Mittel zu Gott gefahren". — Dessgleichen „geschah ihm von unzählig vielen Seelen", und „von dem nahm er da Lust, und
es gab ihm viele Zeit einen bildreichen Aufenthalt" (Stärkung).
Ueberhaupt „hatte er in denselben Zeiten gar viele Visionen
künftiger und verborgener Dinge", und „gab ihm Gott eine
empfindliche Kundschaft (insofern es denn sein mochte), wie
es im Himmelreich, in der Hölle und im Fegfeuer stünde".

In diesen ekstatischen Zuständen sieht S. nicht bloss himmlische Gesichte, er hört auch himmlisches „Getöne".
Eines Males sass er nach der Mette in seiner Kapelle; „da
hörte er etwas in seiner Inwendigkeit so herzlich erklingen,
dass sein ganzes Herz bewegt ward". Die Stimme „sang mit
einer süssen Hällung und lautem Ton, da der Morgenstern auf-
ging, diese Worte: Stella maris Maria hodie processit ad ortum
(der Morgenstern Maria ist heut aufgegangen)". Dieser Gesang
„hallte also übernatürlich wohl in ihm, dass ihm sein ganzes

Gemüth erfreuet ward, und er sang mit ihm fröhlich". —
Ein andermal in der Fastnacht, „da er sein Gebet gezogen,
bis dass der Wächter den Tag anblies", und ihm nun „eine
kleine Weile die Sinne in eine Ruhe kamen", hörte er „die
himmlischen Jünglinge mit hoher Stimme das schöne Respons
singen: mache dich auf und lass dich erleuchten, Jerusalem"!
und es klang „unmässiglich süss in seiner Seele". Da sie
„kaum ein wenig gesungen hatten, da ward des himmlischen
Getöns die Seele so voll, dass es der kranke (schwache) Leib
nicht mehr erleiden mochte und gingen ihm die Augen auf
und das Herz ging über und flossen die inbrünstigen Zähren
über die Wangen ab". — Dieses „himmlische" Getöne geht
wie das „Schauen" durch Suso's Leben hindurch in dessen
bewegten oder höher gestimmten Momenten. Bald hört er
von innen heraus diese Musik, bald von aussen, besonders von
den Engeln, bald hört er nur zu und sie singen, und singen
ihm das Herz auf, dass er mitsingt („da erhub derselbe Jüngling in des Bruders — seiner — Seele ein Lied"), bald singt
e r und sie fallen mit ein in seinen Gesang. Er kann es nicht
beschreiben, „wie süssiglich es da erklingt", es ist, „als ob
alle Saitenspiele da erklängen", „so süssiglich, dass nie eine
Harfe so süssiglich sprach"; seine Seele „zerfliesst vor grosser
Wollust", seine Sinne „verfliegen von der Ueberkraft dergleichen Getönes"; sein Herz wird „so voll inbrünstiger Minne
und Jammers nach Gott", dass ihm ist, „als ob es von über-
grosser Noth zerbrechen wolle"; er muss die „rechte Hand
darauf legen", sich „selber zu Hülfe". Seine „tödtliche Natur" mag „den Ueberschwall" nicht erleiden; er „kommt
wieder zu sich selbst" in der inbrünstigen herzlichen Minne;
und „er findet seine rechte Hand auf dem Herzen liegen,
wie er sie in der ungestümen Bewegung zu Hülfe auf das
Herz gelegt hat".

Einmal sieht er sogar die singenden Engel „himmlisch
t a n z e n". Sie fordern ihn auf, sein Leiden aus dem Sinne zu
werfen und ihnen „Gesellschaft zu leisten". Und sie singen
dabei das „Gesänglein" von dem Kindlein Jesu: in dulci ju-
bilo. „Der Vorsinger konnte den Reigen gar wohl regieren,
und der sang vor und die andern nach und sangen und tanzten

mit jubilirendem Herzen. Der Vorsänger machte die Repeti-
tion wohl dreifältig: ergo merito, etc. Das Tanzen war nicht
geschaffen in der Weise, als man in dieser Welt tanzet: es
war ein himmlisches Auswallen und Wiedereinwallen in den
wilden Abgrund der göttlichen Verborgenheit".

Wir wollen über diese Zustände, in denen Suso freilich,
dankbarer Gesinnung voll, „göttliches Minnespiel", „Vorspiele göttlichen Trostes" findet, und sich „mit dem allmächtigen Gott wohl sein" lässt, einige Andeutungen anfügen. Sie
kommen meist vor — allerdings werden sie zuletzt tägliche
Erscheinung bei ihm, Gewohnheit, zweite Natur — einerseits,
wenn sein Gemüth entweder schmerzlich getroffen ist und leidet und nun die Flügel schwingen möchte, um sich aus der
Dunstregion in eine lichtere Sphäre aufzuschwingen: er ward
versetzt „in ander Land", heisst es oft; oder wenn er überhaupt höher gestimmt ist, auch in freudigem Sinne; anderseits, wenn zugleich auch sein leiblich - nervoses Leben in
Folge voraufgehenden Nachtwachens, Betens, Betrachtens gesteigert ist und in Reizbarkeit, in einer Art Vibration sich befindet. In diesen ekstatischen Zuständen, in denen er Himmlisches sieht, hört, ja schmeckt, scheint es nun aber eben
Suso's e i g e n e, aber seine h ö h e r e Natur zu sein, die in
d i e s e r Weise hervorbricht, sich Luft macht, Trost, Erleuchtung sucht und gewinnt, und ihn hinüberhebt über die
Schmerzen und Dunkelheiten dieses Zeitlebens, — denn „seiner Seele, lesen wir, blieb allemal darnach längere Zeit viel
himmlischen Geschmackes und`Jammers nach Gott". Die
p e r s ö n l i c h e Eigenthümlichkeit Suso's, noch abgesehen
von seiner religiösen, spiegelt sich ganz in d i e s e n Zuständen. Die Lauterkeit der himmlischen Erscheinungen, die
Süssigkeit der Gesänge, diess alles, was ihn so wunderbar ergreift — was ist diess anders, als eben der heimliche Dichter
und Sänger in ihm, der geweckt worden ist und nun in ihm
spielt, der sich auch verräth in jenem rhythmischen Auswallen
und Wiedereinwallen der himmlischen Reigen? — Aber auch
im I n h a l t sind diese Nachtgesichte ganz der Reflex der Tag-
gesichte: es ist immer der Suso, der erscheint und spricht,
das heisst, die Jenseitigen sprechen ganz in seinen Ideen,

Vorstellungen: seine Mutter, sein Vater, Eckard, seine
Freunde! Wer einmal seine religiösen Anschauungen kennete, hätte die Antworten ganz so geben können. Sogar die
momentanen Stimmungen, Entbehrungen, Leiden, reflektiren sich in diesen Zuständen und finden in ihnen ihre Tröstungen, Heilungen, ihren Ersatz. Die im Tagesleben gebrochene Natur verleiht in den magischen Spiegelungen ihrer
Nachtgesichte ihren Objekten den täuschenden Schein der
wirklichen Gegenwart, so dass sie eine Art Hülfe der Natur
selbst sind gegen die übermässigen Einschränkungen, die ihr
S. auferlegt. Er ist ein Liebhaber des Obstes, hat sich aber
den Genuss desselben, weil er „seine Lust zu viel daran
suchte“, zwei Jahre lang entzogen; da erscheint ihm in der
Fastnacht, als er übel hungerte und fror, ein Knabe mit süssem Gesang und bietet ihm „ein hübsches Zainlein (Körb-
chen), das war voll rother Früchte, gleich rothen, zeitigen
Erdbeeren, und die waren gross um sich“. So auch dort, in
jener strengen Enthaltsamkeit von allem Getränke, als er
einmal wieder einen durstigen Mund vom Tische davon getragen, erscheint ihm Maria und „das Kind“ mit einem
Krüglein frischen Wassers; sie gabs ihm, dass er tränke und
er trank und „er löschte seinen Durst nach Wunsch“. Einmal
gewährt ihm sogar in einer Vision „die Mutter“ von dem
„heilsamen Trank, der von ihrem Herzen fliesst“ (!). Und „da
er wohl getrunken hatte des himmlischen Trankes, da blieb
ihm etwas in dem Munde als ein kleines, weiches Knöllein,
das war weiss, wie das Himmelbrod geschaffen war, das behielt er in dem Munde, etwa lange zu einem wahren Urkund“.

Diese Visionen u. s. w. sind stehend in Suso's Leben; sie
sind aber ganz besonders ein steter Prolog zu einem jeden
besondern Akt desselben. Es geschieht nichts, es begegnet
ihm nichts, Gutes oder Leides, er thut nichts — immer geht
gleichsam eine Andeutung oder eine Aufforderung voran in
einer solchen Vision, sei es, dass er sie selbst gehabt, oder
dass sie Geistesverwandte über ihn gehabt haben; — ein
Zug, auf den wir überhaupt in jener Zeit, besonders auch

unter den Gottesfreunden, stossen, z. B. zwischen Rulman
Merswin und Nikolaus von Basel.

Selbst an wunderhaften Geschichten, oder die doch dafür
gelten sollten, um diess gleich hier noch anzufügen, fehlt es
nicht in Suso's Leben. Der Maler, der seine Kapelle bemalte,
ward, als er die Altväter mit Kohlen entworfen hatte, krank
an den Augen. Da „strich S. seine Hände an die Bilde und
bestrich dem Maler seine wehethuenden Augen und sprach:
in der Kraft Gottes und der Heiligkeit dieser Altväter gebiete ich euch, Meister, dass ihr morgen des Tages herwieder-
kommet und an euren Augen gänzlich genesen seied". Und
der Maler genas. Ein andermal, in einer „fremden Statt",
Abends, als ihrer wohl zwanzig Personen, „guter Kinder",
beisammen waren, „dass sie das Wort Gottes aus seinem
Munde zu hören begehrten" in der Nachtherberge, gebrach
es an Wein; zuletzt brachte man ein „viel kleines Fläschlein".
S. sprach den göttlichen Segen darüber und trank, denn ihn
dürstete sehr, nach dem Gehen, und die Andern tranken auch
allesammt, und tranken „aber und aber" und waren dabei
„so begierig", das Gotteswort von ihm zu hören, dass des göttlichen Wunders — Mehrung des Trankes — Niemand achtete, bis zujüngst, da sie „zu sich selber kamen". Da „wollten sie des Dieners Heiligkeit diese That und diess Zeichen
zuschreiben"; Kinder, sprach aber S., „Gott hat diese reine
Gesellschaft ihres guten Glaubens geniessen lassen und hat sie
leiblich und geistlich getränkt". — Wieder einmal auf einer
Fahrt, als er sehr angegriffen war, und sein Geselle ihm ein
Rösslein wünschte, dass er reiten möchte, kam ein solches aus
einem Walde, wohl „gezäumet und gesattelt"; und wie es zu
ihnen kam, stand es stille und S. setzte sich darauf bis er aus-
geruhet, dann liess er es wieder seine Strasse gehen. „Woher
es kam oder wessen es war, das konnte er darnach nie erfahren".

Genug davon. Wir treten nun in die zweite Periode
seines Lebens, die mit seinem 40. Jahre (Schwabenalter) beginnt, das überhaupt bei den Mystikern, auch bei Tauler (s. o.),
und Rusbroek als eine Art Wendepunkt erscheint. Die erste Periode ist, wenn auch nicht ausschliesslich doch vorzugsweise, eine

aszetische gewesen, da S. in seinem Kloster sein eigenes Heil durch strenge Uebung zu wirken suchte. Nachdem er nun „solch übendes Leben nach dem äussern Menschen geführt hatte von seinem 18. Jahre bis auf sein vierzigstes, und alle seine Natur v e r w ü s t e t war, dass nichts mehr dahinter war, denn Sterben, oder aber von solcher Uebung lassen, da liess er davon, und ward ihm v o n G o t t g e z e i g t, dass die Strengigkeit nnd die Weise allesammt nichts anders gewesen wäre, denn ein guter A n f a n g und ein Durchbrechen seines ungebrochenen Menschen, und meinte, es müsste noch fürbass gedrungen werden in einer anderlei Weise, sollte ihm je recht geschehen". An einer andern Stelle bestätigt er diess. Da seine Natur verwüstet gewesen, sei ihm in einem Gesicht an dem Pfingsttag ein himmlisch Gesinde erschienen und habe ihm kund gethan, dass es Gott nicht länger von ihm haben wolle. Da „liess er davon und warf es alles (seine Marterinstrumente) in ein abfliessend Wasser".

Auf eine h ö h e r e Stufe sollte er nun treten. „Du bist lange genug", sagt ihm ein stolzer Jüngling in einem Gesichte, „in den niedern Schulen gewesen, und hast dich genug darin geübet und bist zeitig geworden". Er sollte nun in „eine höhere S c h u l e" kommen, der „höchsten Kunst" ein „frommer Schulpfaffe" werden; oder, wie es sich ihm auch in seinem romantisch-ritterlichen Sinne gestaltet, die Zeit der geistlichen Gottes - R i t t e r schaft sollte für ihn kommen. Er war einmal im Nachdenken über das Wort Hiobs (7, 1): das Menschenleben auf diesem Erdreich ist nichts anderes denn eine „Militia", das er sich im damaligen Sinne mit R i t t e r schaft übersetzte; zuhand in einem Gesicht erscheint ihm „ein sauberer Jüngling, männlich gestaltet, und bringt ihm zween kluge (schöne) Ritterschuhe und andere Kleider, die die Ritter pflegen zu tragen"; und mit den Worten: „wisse, Ritter, du bist bisher Knecht gewesen; Gott will, dass du nun Ritter seiest", legt er ihm die Tracht des neuen Standes an. „Waffen, Gott, was ist aus mir worden"? ruft er verwundert aus, „woher die Ritterschaft (ohne Streit)"? Aber sofort wird ihm bedeudet, es „solle ihm noch genug Streites werden.... Wer die geistliche Ritterschaft Gottes will unverzaglich führen, dem

soll viel mehr grossen Gedränges begegnen, denn es je that
zuvor bei den alten Zeiten den berühmten Helden, von deren
kecker Ritterschaft die Welt pflegt zu singen und zu sagen.
Du wähnest, Gott habe dir dein Joch abgelegt, und deine
Bande hingeworfen und sollest nun Gemaches pflegen. Es
geht noch nicht also. Gott will dir deine Bande nicht ablegen,
er will sie nur ändern, und will sie viel schwerer machen,
denn sie je wurden". Es müssen damals in ihm offenbar Elemente eines höheren umfassenderen Lebens gegohren haben;
aber man spürt auch die Angst vor der Welt an dem bisher
so ausschliesslichen Klostermann. Er fuhr einmal über den
Bodensee, da traf er einen Knappen, der auf Abenteuer und
Turnier auszog, und ihm erzählte, wie die Ritter kämpfen
müssten um den Preis (Fingerring). Auch das schlug wieder
in ihn. „Ach, würdiger Herr Gott, müssen die Ritter dieser
Welt solche Leiden empfahen um so kleinen Lohn, der an
sich selbst nichts ist, wie ist dann so billig, dass man um den
ewigen Preis noch viel mehr Arbeit erleide! Ach! zarter Herr,
wäre ich dess würdig, dass ich dein geistlicher Ritter
würde"! Wie ihm nun aber Gott „in der Statt, da er hin
wollte", bärliche Leiden sendet, wird er „traurig und wider-
müthig gegen ihn". So muss er erfahren, auch in einem Art
Vorspiel, dass es mit Wünschen nicht gethan ist; dass die
Ritterschaft erprobt sein will. „Wo ist nun vornehme Ritterschaft"? muss er sich vorhalten lassen. „Was solch' ein strober-
ner Ritter und ein tuchener Mann jetzt für grosse Verwegenheit
hat in Liebe, und dann verzaget im Leid"! Da „fing er an zu
lachen, und fielen ihm doch dabei die Zähren über die Wangen ab; und er verhiess Gott, dass er nicht mehr weinen
wolle, damit ihm der geistliche Fingerring von ihm werden
möchte".

Worin bestand denn nun aber, fragen wir, dieses Höhere
und Weitere, diese neue Ritterschaft, mit Einem Worte, der
Karakter dieser zweiten Periode im Leben Suso's?

Einmal in einer Erweiterung seines Blicks und seiner
Thätigkeit. Wir wissen, wie er lange Jahre sich auf sein
Kloster hatte beschränken wollen. Seine Zelle, das Kapitel-
haus, seine Kapelle waren fast der ausschliessliche Schauplatz

seines (asketischen) Lebens und Thuns gewesen; und an d i e -
s e n Orten hatte er noch „seine heimliche gewöhnliche Statt".
Um sich diess sein „Gefängniss" zu erleichtern, als er sich selber
„die 10 Jahre ohne Eisen eingeschlossen", hatte er sich auch
seine Kapelle ausstaffiren lassen. Das Bild der Weisheit (s. o.)
hatte er dort aufgehängt; an den Wänden den Namen Jesus
(I H S) malen lassen, dann die Bilder der Altväter, auch sym-
bolische Figuren, „dass dem leidenden Menschen Leiden desto
leidlicher werde", nämlich „den tröstlichen Rosenbaum zeitlichen Leidens", und „noch einen andern Baum des Unterschieds zeitlicher und göttlicher Minne"; auch Verse standen
da in Latein: „wie sich die zweierlei Minne widerwärtiglich
halte" (E. Stäglin übersetzte sie in deutsche Reime), und
Sprüche der Altväter, z. B. „Halte deinen äusseren Menschen
in Stilligkeit und den inneren in Lauterkeit"; „Wie sich der
sterbende Christus am Kreuze bewies, darnach soll unsere
Weise gebildet sein"; „Ich thue meinem Leibe viele Härtigkeit an, weil ich von ihm viele Anfechtung habe"; „Was
dich eines lautern Gemüthes entsetzen mag, das sollst du
meiden, wie gut es scheine"; „Alle Vollkommenheit endet
da, wenn die Seele mit allen ihren Kräften eingenommen ist ·
in das einige Ding, das da Gott ist". So hatte er, „wie es
ihm und andern a n f a h e n d e n Menschen zugehört", seine
heimliche Kapelle ausgeziert, von der Heinrich Murer (im
17. Jahrhundert) sagt, sie sei zu seinen Zeiten noch gezeigt
worden im Predigerkloster, „neben dem Chor zur rechten
Hand, unter der Stiege, da man den Letner (Emporkirche)
aufgeht".

Hier, d a s war s e i n e W e l t gewesen in der ersten Periode. Wir finden zwar auch, dass er da und dort geprediget;
er mag auch Reisen gemacht haben. Er stand mit Tauler, mit
Heinrich von Nördlingen, mit den Gottesfreunden in Verbindung; er hatte bei diesen schon einen hohen Namen; Christine
Ebner hatte eine Vision über ihn, in der ihr „geoffenbart"
wurde, sein Name wäre mit dem Tauler's im Himmel geschrieben. Auch hat er in dieser Periode sein Büchlein von
der ewigen Weisheit verfasst. Doch war sein Leben bis jetzt
kein vorzugsweise t h ä t i g e s nach A u s s e n gewesen. N u n

aber fühlt er sich auch eben darauf gewiesen. „Da er viele Jahre seiner Innigkeit gepflogen hatte, da ward er von Gott getrieben mit mancherlei Offenbarung auf seines Nächsten Heil, dass er dem auch genug sein sollte".

Ein a n d e r e r Unterschied und eine höhere Stufe, welche diese zweite Periode karakterisirt, betrifft sein e i g e n e s re- ligiöses Leben. War die erste mehr asketisch, so ist diese zweite mehr m y s t i s c h; die überstrenge Kasteiung hat ein Ende; die „Kunst der höchsten Schule", wird ihm bedeu- tet, sei „eine ganz vollkommene G e l a s s e n h e i t seiner selbst, also dass ein Mensch stehe in solcher Entwordenheit, wie immer sich Gott gegen ihn erzeige, mit sich selbst oder mit seinen Kreaturen, in Lieb und Leid, dass er sich dess be- fleisse, dass er allezeit gleich stehe in einem Aufgeben des Seinen, in wiefern es menschliche Schwachheit erzeugen mag, und allein Gottes Lob und Ehr ansehe, wie sich der liebe Christus bewies gegen seinen himmlischen Vater".

Es ist diess das „Gleich in Ungleich", auf das auch Tauler so sehr dringt; zunächst die p r a k t i s c h e Mystik, die völlige Reinigung des Innern. Damit hängt denn nun ein D r i t t e s zusammen, was S. ganz besonders hervorhebt als dieser zweiten Hälfte seines Lebens zufallend; und was einerseits eine Folge eben seines sittlich-religiösen Wirkens auf die andern Menschen ist, und anderseits eben wieder diese Stufe der Gelassenheit am allersichersten bewirkt, so dass diese drei Momente sich gegenseitig bedingen. Wir meinen: Leiden und zwar Leiden von a n d e r e n Menschen, die noch etwas ganz anderes seien, als eigene Uebungen, viel weher thun, viel mehr Kraft zu tragen erfordern, auch viel mehr reinigen. Mit allen seinen äussern Uebungen, das musste er sich selbst sagen, sei er doch noch „ungelassen, zu empfahen fremde Widerwärtig- keit". „Du bist noch als ein erschrockenes Häs'chen, das in einem Busch verborgen liegt und ob jeglichem fliegenden Blatt erschrickt;... so du solltest untergehen, so fliehest du; so du dich solltest bloss darbieten, so birgst du dich; so man dich lobet, so lachest du; so man dich schilt, so trauerst du; es mag wohl wahr sein, dass du einer hohen Schule bedarfst". Die Lebensbeschreibung Suso's ist nun voll dieser schmerzlichen Erfahrungen. Er selbst betrachtet sie von dem Standpunkte, dass er „zu Grunde in allen Dingen sollte versucht werden“, oder, wie eine Gottesfreundin ein Gesicht über ihn hatte, er sollte von Gott ganz und gar mit Blut bestrichen und „gearznet“ werden, damit er „ein Mensch würde ganz nach Gottes Herzen“. In dieser Absicht sollten ihn vornehmlich dreierlei Leiden, die ihm angezeigt worden, treffen. „Du schlugest dich selbst bisher mit deinen eigenen Händen, und hörtest, wenn du wolltest, auf, und hattest Erbärmde über dich selbst (s. o.). Ich will dich nun dir selber nehmen und will dich ohne alle Wehr den Fremden zu behandeln geben“. Da solle er an seiner Ehre untergehen „durch etliche blinde Menschen, und „von dem Druck solle ihm weher geschehen denn von dem scharfen Kreuz seines verwundeten Rückens“; denn in seinen „vorderen“ Uebungen sei er bei den Leuten „gross erhaben“ gewesen; jetzt werde er „niedergeschlagen“ und müsse „zu nichte werden“. Auch seine menschliche Liebe müsse leiden. „Wie manchen bittern Tod du dir selber angethan hast, so ist dir doch das blieben von Gottes Verhängniss, dass du eine zarte, minnesuchende Natur hast“; nun aber solle geschehen, dass er an den Stätten, da er sonderliche Minne und Treue suchte, da grosse Untreue und grosses Leiden und Ungemach erfahren werde. Endlich werde ihm auch innerlich das Gefühl der göttlichen Liebe zuweilen abhanden kommen, damit er ganz und rein und selbstsuchtlos nur Gott um Gottes willen gewinne und habe. „Du bist bisher ein saugender, unentwöhnter Zärtling gewesen, und hast in göttlicher Süssigkeit wie ein Fisch in dem Meere geschwebt. Das will ich dir nun zucken (rauhen) und will dich lassen darben und dorren, dass du beide, von Gott und der Welt, sollst verlassen werden“. Um diese Zeit sah S. von dem Fenster seiner Zelle aus einen Hund im Kreuzgang, der trug „ein verschlissen“ Fusstuch im Mund, und „warf es auf und nieder und zerrte Löcher darein“. Diess Fusstuch traf sein Herz; „wie sich das Fusstuch schweigend lässt misshandeln, sprach er zu sich selbst, so thue du auch“. Er holte es, und „behielt es viele Jahre als sein liebes Kleinod, und so er wollte ausbrechen mit Ungeduld, so nahm er es hervor, dass er sich

selber darin erkennete und gen allermänniglich still hielt". Er
hatte noch ein anderes Bild, an dem er in seinen Leiden sich
hielt: jenen „Rosenbaum"; Denn er wusste kein lieberes und
erhebenderes Symbol der Leiden als — Rosen. „Ach, zarter
Herr, dass Leiden dem Menschen sogar weh thut, und es ihn
dóch geistlich so schön zieret, das ist ein wunderlich Gefüge
von dir"! Vor allem aber, damit das Leiden „adelich in
ihm" und er durch dasselbe „vollbracht" würde, hielt er
sich an Christi-Vorbild, nach dem er „in solch leidender Weise"
wollte und sollte gebildet werden.

Das sind die allgemeinen Lineamente der Physiognomie
dieser zweiten Periode. Wir finden S. in dieser Zeit — es
ist zwar nicht bestimmt gesagt, doch gewiss fallen diese häu-
figeren Reisen eher in diese, als in die frühere Periode —
in Strassburg, wohin er öfters kam, „nach seiner Gewohnheit";
den Rhein hinunter in Köln; ferner in Aachen, „fahrend zu
unserer lieben Frau"; in den Niederlanden, „fahrend zu einem
Kapitel"; sonst heisst es oft auch nur: er „fuhr einmal aus"; in
„einem Gehorsam" (gesendet von seinen Obern); er war „zu
einem Städtlein gegangen"; „es geschah in einer andern Stadt"
u. s. w.; auch in Zürich, im Predigerkloster daselbst, soll
er, einer Tradition zufolge, öfters gewesen sein.

Mit dieser Ausdehnung seines Lebens nach Aussen verband (erweiterte) er auch eine Heilsthätigkeit nach Aussen.
Hieber gehört zunächst die Stiftung der Brüderschaft
der ewigen Weisheit, die wohl nur eine engere Ge-
meinschaftsform der Gottesfreunde gewesen ist. Ein Jünger
der Weisheit, der er am liebsten sein wollte, suchte er nämlich diese Andachtsform (und durch sie Frömmigkeit überhaupt) auch in weiteren Kreisen zu verbreiten durch die Gründung der genannten „Bruderschaft" — „kein Bündniss,
wie er sagt, noch Verpflichtung, noch Gelübde", sondern
allein eine neue Weise, damit der Mensch, der bisher
träge und säumig war an Andacht, eine Ursache (Anlass) habe,
sich selbst zu wecken zu geistlicher Uebung und Andacht";
daher für „Mann oder Frau; jung oder alt, weltlich oder
geistlich, in der Ehe oder ledig". Diese „Weise", die er in
Regeln feststellt, ist nun nichts anderes als der Kultus, wie

er ihn selbst der Weisheit geweiht hat. Denn die geistliche
Gemahlschaft der ewigen Weisheit soll nicht allein inwendig
geschehen, sondern auch „mit äusserer Uebung"; doch „so
viel als es sein mag, heimlich". Zu dieser „Weise" nun gehörte, dass man „den edlen Namen Jesus" heimlich bei sich
trüge, um „desto empfindlicher an ihn zu gedenken". S.
gedenkt dabei der Art, wie er den Jesusnamen in sein Herz
gegraben, und wie das ihm „eine stäte Mahnung göttlicher
Minne" gewesen; so „unbescheiden" sollten sich nun die Andern nicht angreifen, aber doch zur Reizung der Andacht ein
Minnezeichen bei sich tragen; „und dess finden wir viele Eben-
bilde an vielen heiligen und guten Menschen, die zu einer
Reizung göttlicher Andacht der Heiligen Gebeine und Kreuze
und andere Bilde bei sich trugen, weil sie erkannten, dass
des Menschen Gemüth schier und bald ablasse von guter
Uebung, er werde denn ewiglich gemahnet". Auf diese
„Weise" scheint S. durch die E. Stäglin gekommen zu sein
(s. unten). Er gab aber auch der „Bruderschaft" eine be-
stimmte Tagesordnung im Dienste der Weisheit, ausser ihrer
allgemein verbindlichen; sie bestand in einer Zahl besonderer
Gebete (Pater noster, Ave Maria) zu bestimmten Tageszeiten
(Morgens, Mittags und Abends) für das eigene Heil, für die
Mitjünger der ewigen Weisheit, für „unsere Mutter", die h.
Christenheit; endlich „zu einem geistlichen Almosen der Seelen
im Fegefeuer". Aber auch an bestimmten Tagen im Jahre
solle diese Weisheit besonders „geehret" werden: an Petri
Kettenfeier (1. Aug.), S. Luzian (13. Dez.), „da die Christen-
heit anfahet zu lesen und zu singen die löbliche Antiphone:
o sapientia"; an Neujahr (Grund s. S. 305); an Herren-Fast-
nacht; am ersten Mai (s. S. 306), endlich „den nächsten Tag
nach Allerseelen" für die heimgegangenen Glieder der Bruderschaft. Nebst den Gebeten kennt die Regel noch Opferung
(Anzünden) eines Lichtes (Kerze) vor einem Kreuze. —
   Wir lesen aber noch von einer viel lebendigeren
Heilsthätigkeit. „Der Diener meines Kindes", sagt' „unsere l.
Frau" in einem Gesicht einer „heiligen" Person über S., „ist
kommen, und hat seinen süssen Namen Jesus weit und
breit mit Begierde umgetragen, wie auch zuvor seine Jün-

ger (Apostel) umtrugen; also hat er grossen Fleiss, dass er denselben Namen Jesus in a l l e n k a l t e n Herzen mit neuer Minne wieder entzünde". Das that er besonders durch eine eifrige missionirende, p r e d i g e n d e und s e e l s o r g e r i s c h e Thätigkeit. Wenn er predigte, strahlte sein Angesicht. Einst wollte ein Laie zu Köln gesehen haben, wie Suso's Antlitz, da er predigte, „sich zu verwandeln begann in eine wonnig-liche Klarheit und zu dreien Malen gleich der lichten Sonne ward". In dem Prolog zur deutschen Ausgabe seiner Werke von 1512 heisst es: „In seinen Predigten hatte S. die Weise: wenn er einen merklichen Sinn oder ein gut Stück wollte sagen, und das Volk aufmerksam machen, so sprach er: Mer-ket auf, denn der Seuss (Anspielung auf seinen Namen) will saussen (säussen); oder wenn er sich selbst wollte stärker und ernsthaft machen, so schrie er: „nun wohlan Seuss, du musst säussen. Oder, wenn er eine grosse Strafe wollte thun dem Volke, so sprach er: da muss der Seuss säussen, dass euch die Ohren säussen; oder wenn er eine Sache nicht getorst (wagte zu) predigen, so sprach er: der Seuss getar (darf) da nicht säussen". Worauf sich übrigens diese Mittheilung stützt, wissen wir nicht, denn in den noch vorhandenen Predigten findet sich keine Spur von solchen Anspielungen.

Diese Thätigkeit blieb keine erfolglose. „Viele" Personen, Männer und Frauen, „Wildes und Zahmes", heisst es von ihm, habe er Gott „wiederbracht"; Viele gewannen, seiner guten Lehre wegen, „ein Treiben, sich von den Sachen zu kehren und sich zu Gott zu halten". Mancher Seele ward „durch ihn geholfen". Vorzugsweise mochten es Klosterleute sein, mit denen er sich beschäftigte; aber auch von Laien kommen Beispiele vor. Er habe einmal „einen fraidigen (wil-den) Mann umgangen mit seinen guten Worten, der war 18 Jahre gegangen, dass er nie gebeichtet hatte". Der „ge-wann von Gott Gnade (Vertrauen) zu ihm, und beichtete ihm also reuiglich, dass sie beide weinend wurden; der starb kürz-lich darnach und nahm ein seliges Ende." Ein andermal kam ein „vornehmer" Mann in einem Orden, „über den Gott ein inwendiges Leiden verhängt hatte", und „klagte ihm seine Noth und begehrte seine Hülfe", und dass „er Gott für ihn

häte". Wieder ein ander Mal kam ein „weltlicher" Mann
ebenfalls innerlich leidend, zu ihm „aus einer fremden Gegend". In seiner innern Verzweiflung, erzählt er S., habe er
in ein „wüthendes" Wasser wollen springen und schon den
Anlauf genommen, da — „hörte ich eine Stimme ob mir:
halt auf, halt auf; such' einen Prediger, und nannte mir euren
Namen, den ich nie hatte nennen hören". S. machte ihm
sein Herz leicht und „lehrte ihn, was ihm zu thun sei, dass
er mit Gottes Hülfe darnach in solche Anfechtung nicht mehr
käme".

Besonders aber ging S. dem weiblichen Geschlecht
nach und ward von ihm selbst auch aufgesucht. Wir lesen
wiederum von „angefochtenen Gemüthern" unter ihnen, oder
von „Sünderinnen", — solchen, „die ihr Herz auf zergängliche Minne festgekehret hatten, das da heisst Sponsiren und
ist ein Gift geistlicher Seligkeit". Er hatte einst „zwölf gemeine Sünderinnen" bekehrt von ihrem sündigen Leben.

Allerdings eignete ihn seine ganze Individualität spezifisch
für die Behandlung weiblicher Seelen; es traf aber überhaupt Vieles in ihm zusammen, was ihn einer gewissen
Klasse von hilfsbedürftigen Menschen wie einen Engel erscheinen lassen musste und ihm den Weg zu den verschlos-
sensten Herzen bahnte. Das Allernothdürftigste für einen
Seelsorger finden wir zu allermeist bei ihm: eigene
reiche Herzens- und Lebenserfahrung, die ihn
in die Tiefen von Freud und Leid, von Seligkeit und Anfechtung, wie sie nur ein Menschenherz bergen kann, blicken
liessen; eine Theilnahme, ein mildes Herz, fast sonder
Gleichen. „Es waren, heisst es in seiner Lebensbeschreibung,
hin und her in dem Lande etwa manche Personen fräulichen
Bildes, beide, weltlich und geistlich, die waren von Schwachheit ihres Gemüths schwer in sündliche Gebrechen verfallen.
Die armen Töchter hatten Niemand, dem sie vor Scham ihr
wehethuendes Herzeleid zu bekennen wagten, so dass sie oft
von ängstlicher Noth in die Anfechtung kamen, dass sie sich
selber wollten ertödtet haben. Da diese Menschen vernahmen,
dass derselbe Diener ein mildes Herz hätte gen allen
leidenden Menschen, da erbaldeten (erkühnten) sie

sich, dass sie zu ihm kamen, eine jegliche zu ihrer Zeit, so
er ihr an die Noth ging, und klagte ihm ihre Noth und ihre
Angst. Da er die armen Herzen in dem jämmerlichen Leiden
sah, da ward er mit ihnen weinend und tröstete sie
gütlich. Er half ihnen und wagte oft seine zeitliche
Ehre fest daran, dass er ihnen an Seele und an Ehre
wieder hülfe, und liess darauf fallen von böser Zungen Rede, was darauf fallen mochte". „Zu dieser
Theilnahme gesellte sich ein Eifer, der unermüdlich war,
die Seelen zu fassen. Denn „wer für Gott oder für die Welt
etwas schaffen will, der darf nicht sobald ablassen". Als er
einmal eine solche gefallene und nun wiedergebrachte Seele,
„seine neue Tochter", besuchen wollte, um sie in ihrem seligen Leben zu „festnen", oder „gütlich zu trösten"; so sie in
einem Leiden wäre, that er sich „in der Krankheit", in der
er war, sehr wehe mit Gehen. „So er nun durch den tiefen
Koth also trat und die hohen Berge also hinanklomm, da hub
er oft seine Augen auf zu dem lebendigen Gott und sprach:
barmherziger Gott, sei ermahnet deiner elenden Fussstapfen,
die du thatest um menschliches Heil und behalte mir mein
Kind". Sein Geselle, an den er sich lehnte, der sprach von
Erbärmde: „es ziemte wohl Gottes Güte, dass manche Seele
durch euch behalten werde". — Aber auch jene feine Berück-
sichtigung der Individualität dürfen wir nicht übersehen,
wie sie der nun gereifte S. z. B. gegen E. Stäglin (s. o.) und
besonders schön auch in seinem 9. Briefe ausgesprochen hat.
Wie der Lauf und Zug der natürlichen Dinge ungleich sei,
sagt er, „dessgleichen finden wir in der grossen Ungleichheit,
die man unter Gottes Freunden prüfet, die da desselben
Guts theilhaftig sind. Denn Einer laufet mit grosser Strengheit; Einer eilet mit lauterer Abgeschiedenheit; Einer fleugt
mit hoher Schaulichkeit, Jeder als er denn gezogen ist". Was
unter den allen „das Allernächste" sei, das sei „unverborgen
in der Schrift", was aber „einem jeglichen Menschen sonderlich und ausgeschiedentlich das Nächste" sei, das könne man
„nicht wohl sagen". Hiezu gehöre besonders „eigenes Prüfen"
nach 1 Thess. 5, 21, und eigenes Empfinden nach Gregor und
göttliche Erleuchtung nach Dionysius. — Mit dieser Berück-

sichtigung der Individualität verband er jene p r a k t i s c h e
Nüchternheit, die man ihm kaum nach dem Bisherigen zuge-
traut hätte, und die wir eben auch z. B. der Stäglin gegenüber
finden werden. — Dazu der hohe, s i t t l i c h e, freilich oft
mönchisch - strenge E r n s t, der kein Spiel mit dem, was er
für Sünde hält, kennt! „In einem Kloster eines Ordens, darin
die geistlichen Herren pflegen ihre besondere Wohnung zu
haben und die geistlichen Frauen auch ihre besondere, waren
zwei geistliche Personen, ein Mann und eine Frau, an einander verklebt und verheftet mit grosser Minne und schädlicher
Heimlichkeit, und das hatte der Teufel verdeckt in ihrer beider blinden Herzen, dass sie die Missethat ansahen, als ob
es kein Gebrechen noch Sünde und ihnen von Gott erlaubt
wäre. Da der Diener (S.) dess heimlich gefragt wurde, ob es
also möchte bestehen in Gottes Willen und in der Wahrheit,
da sprach er: Nein, mit nichten“; es sei wider die christliche
Lehre; und „er schuf, dass sie davon abliessen und sich dar-
naeh lauterlich hielten“. — Wie wusste er aber zugleich den
minuenden Herzen für ihre falschen und trügerischen Bilder,
an denen sie bisher gehangen, so idealisch-schönen Ersatz zu
bieten, — ganz Susonisch dargestellt und ausgemalt, — damit
das Erstarrte für das bisher unbekannte Gut in Fluss geriethe!
Eine junge schöne „wohlgeborene“ Tochter in einem „unbe-
schlossenen“ Kloster hatte „in des Teufels Netzen manch Jahr
ihr Herz und ihre Zeit üppiglich verzehrt mit allerlei Gesinde“;
ihre leibliche Schwester bat deshalb S., er möchte doch sein
Glück an ihr versuchen, was dieser, wiewohl fast ohne Hoffnung, zusagte, denn jene Tochter selbst „floh ihn wie ein
wildes Thier“. Endlich fand er erwünschte Gelegenheit, und
wusste sie nun so zu fesseln, dass sie nicht mehr widerstrebte.
„Eia, schöne, zarte, Gottes auserwählte Jungfrau, hub er
an, wie lange wollet ihr euren schönen minniglichen Leib
und euer zartes Herz dem leidigen, bösen Teufel lassen? Ihr
seid doch von dem ewigen Gott so gar gnadenreich gestaltet,
dass es eine üble Mähre ist, dass eine solche edle Jungfrau
jemand Anderem denn dem Allerehrsamsten soll zu Theil
werden zu einem Lieb. Wer soll die schöne zarte Rose billiger brechen, denn der, dess sie da ist?... Gedenket an die

schöne auserwählte Liebe, die hier anfahet und immer und
immer währet; und nehmet auch hervor, was Kummer und
Untreue, was Leid und Leiden an Leib, an Gut, an Seele
und an Ehre die Menschen leiden müssen, es sei ihnen lieb
oder leid, die dess pflegen.... Eia, darum, du englisches Bild,
du minnigliches edles Herz, k e h r e u m d e i n e n n a t ü r -
l i c h e n A d e l a u f d e n e w i g e n A d e l, und lass davon...."
Es „war eine gute Stunde", sagt S.; die feurigen Wŏrte
„schossen" ihr durch ihr Herz. „Ich will nun allein den getreuen Gott haben und alles Andere fahren lassen", sagte sie
zu ihren Gespielinnen; und „sie hielt sich also, dass sie fest
und stät an Gott blieb bis zu ihrem Tode". — Das war überhaupt seine gewöhnliche Rede, mit der er diese „falschen"
Minner fasste: „wie sein Lieb unendlich besser wäre, denn
alles Lieb dieser Welt"! — Das Beste in dieser Sorge anbe-
fohlener Seelen ist endlich das p r i e s t e r l i c h e V e r t r e t e n
v o r G o t t, das Suso'n eine Hauptsache war. Seine geistlichen
Kinder empfahlen sich ihm „in göttlichen Treuen", und er
trug sie alle Gott vor. Als ihm E. Stäglin ihre Beicht geschickt
und ihn gebeten hatte, dass er ihr „Ablass spräche über ihre
Sünden" und „mit seinem getreuen Herzen ihn wiederbrächte
in das göttliche Herz", da kehrte er sich fürbittend zu Gott.
„Barmherziger Gott, was soll ich, dein Diener, hiezu sprechen? Soll ich sie von mir stossen? Herr, das möchte ich einem Hündlein nicht thun. Herr, thäte ich das, das stünde
vielleicht dir, meinem Herrn, übel; s i e s u c h e t d e n R e i c h -
t h u m d e s H e r r n i n s e i n e m K n e c h t e. Eia, milder
Herr, nun fall' ich mit ihr vor deine Füsse und bitte dich,
dass du sie erhörest. Lass sie geniessen ihres guten Glaubens,
ihres herzlichen Getrauens, denn sie schreiet uns nach. Wie
thatest du der Heidin?... Eia, milde Gütigkeit, sprich ein
einiges, tröstliches Wörtlein zu ihr; sprich: sei getrost, dein
Glaube hat dich gerettet; und v o l l b r i n g e d u e s a n m e i -
n e r S t a t t, denn ich habe das Meine gethan und habe ihr
g e w ü n s c h t ganzen Ablass aller ihrer Sünden". Ebenso
betet er besonders auch für die Bekehrung gewisser Seelen,
oder, wie er sich ausdrückt, er „kam" über d e n oder den

„Gott ernstlich an", dass ihm „die Gnade würde, in der er sich
geschwind von der Welt zu Gott kehrte.

Kein Wunder, wenn S. eine Anziehungskraft ausübte, besonders auf angefochtene Seelen! Dazu kam noch sein Name
als hoher Aszetiker und Mystiker, der ihn, im Geiste der Zeit,
bei Vielen zu einer Art Liebling Gottes stempelte, und fast ein
abergläubisches Vertrauen auf die Kraft der Vermittlung und
Fürsprache dieses Gottes-Lieblings bei Gott erzeugte. „Welcher
Sache er dem ewigen Gott ernstlich ankäme, sie wisse, dass Gott
ihm die nicht versagte", mit diesen Worten drang die Schwester jener verweltlichten Nonne in Suso, der anfangs erklärte,
es dünke ihn unmöglich, sie zu Gott wieder zu bringen. Er
muss in gewissen Kreisen ganz und gar einen Heiligen-Namen
gehabt haben, denn Viele bezeugen, wie sie (in Visionen) von
Gott hingewiesen worden seien zu ihm, der ihnen sogar vorher noch unbekannt gewesen sei. Wir haben oben schon
einen solchen Fall kennen lernen. Wir wollen noch einen
zweiten nennen. „Unter andern war Eine hoher Geburt, die
hatte viel grosse Reue um ihren Fall. Da erschien ihr unsere
Frau und sprach zu ihr: geh' hin zu meinem Kaplan, der
soll dir wieder helfen. Sie sprach: o weh, Frau, ich kenne
ihn nicht. Die Mutter der Erbärmde sprach: sieh her unter
meinen Mantel, da hab' ich ihn in meinem Schirm, und schau
gar wohl sein Antlitz, dass du ihn kennest; der ist ein Noth-
helfer und Tröster aller leidenden Menschen. Sie kam hin zu
ihm aus fremdem Lande und erkannte sein Antlitz, wie sie es
vor in dem Geiste gesehen hatte, und bat ihn, dass er sie be-
gnadete, und sagte ihm, wie es ihr ergangen war".

Er selbst auch hatte diese Zuversicht zu seinem Gott,
und sah sich zuweilen in diesem Lichte eines Vermittlers.
Als die Stäglin ihn um seinen Ablass gebeten, schrieb er ihr
zurück: „Was du begehrt hast von Gott durch den Diener
(eben ihn), das ist geschehen.... Ihm war vor in einem
Gesicht, wie du kämest eingehend vor ihm stehen, wo er
sass unter dem himmlischen Gesinde; und mit grossem Ernst
knietest du vor ihm, neigtest dein Antlitz eben auf sein Herz,
und knietest also mit deinem auf sein Herz geneigten Antlitz
eine gute Weile.... Was dir da, auf dem elenden Herzen

geneigt, der himmlische Vater für Gnaden that, das weisst
du gar wohl, denn nach einer guten Weile richtetest du dich
wieder auf, da war dein Antlitz fröhlich und gnadenreich gestaltet...." Und solche Interzession getraute er sich nicht
bloss „für", sondern auch „gegen" zu. Das ist mit einer
grossen Naivität in seiner Lebensbeschreibung erzählt, und
man weiss in der That nicht, worüber man mehr lächeln soll:
über diese naive Selbstzuversicht oder über den Aberglauben.
Er hatte einmal umsonst eine Nonne von ihrem „Sponsiren"
abzubringen gesucht; da sagte er zu ihr: „thust du es nicht
fröhlich, so wirst du es unfröhlich thun". Und da es Alles
nichts half, da „bat er Gott über sie, dass er sie davon zöge,
es wäre mit Lieb oder mit Leid". Eines Tages nahm er sogar
auf seinen blossen Rücken „eine starke Disziplin, dass ihm das
Blut darnach drang, und bat Gott über sie, dass sie gezähmt
würde". Es geschah; „zuhand wuchs ihr ein ungestalter
Höcker auf dem Rücken, dass sie hässlich ward; und musste
da von Noth lassen, was sie durch Gott nicht lassen wollte".
— Ein andermal drohte ihm ein wilder Mann, der Kebssohn
eines Chorherrn, von dem noch unten die Rede sein wird,
den Tod; S. wusste sich nicht anders zu helfen, als dass er
„an seinen obersten Herrn kam"; der entband ihn „von seinem Feinde und brach dem ab sein junges starkes Leben, dass
er starb".

Wie ganz anders, wie rein nur segnend und helfend erscheint S. in andern Fällen. So besonders seiner Schwester
gegenüber; und das ist eines der schönsten Blätter in seinem
Lebenskranze. Sie war, wie wir wissen, auch in ein Kloster getreten. „Nun zeigte es sich, da der Bruder anderswo wohnend
war, dass sie begann auszubrechen und sich zu schädlicher
Gesellschaft zu fügen". Bei einer solchen Gelegenheit „verfiel
sie in Sünde"; und „vor Leid und Ungemach, das auf sie gefallen war, ging sie aus ihrem Kloster und verlief sich; er
wusste nicht wohin". Wie er wieder heim kam, hinter-
brachte man's ihm; da „ersteinte er vor Leid, und es erstarb
ihm sein Herz, dass er ging wie ein sinnloser Mensch". Dazu
kam der Welt Trost; das heisst: „Jedermann schämte sich
auch seiner; so er Rath bei seinen Freunden suchte, so

wandten sie sich von ihm". Doch nur um so tiefer wurde
seine Theilnahme, sein Entschluss, ihr auf jede Gefahr hin
zu helfen: „opfere recht heute deine zeitliche Ehre dem milden Gott; wirf hin alle menschliche Scham und spring zu ihr
in die tiefe Lache und hehe sie auf". Er hatte erst lange nach
ihrem Aufenthalt zu forschen, bis er ihn in Erfahrung brachte.
Sofort machte er sich auf; es war kalt, die Bäche waren von
einem Gussregen angeschwollen; da er über einen derselben
springen wollte, fiel er hinein; aber „seiner inneren Noth war
so viel, dass er der äussern wenig achtete". Endlich fand er
die Schwester in einem kleinen Häuslein. Als er ihrer an-
sichtig wurde, fiel er nieder auf die Bank, wo sie sass, und
„schwanden ihm zweimal die Sinne". Wie er wieder zu sich
kam, so „nahm er sie unter seinen Arm und sprach: o weh,
Kind meines, o weh, Schwester meine, was hab' ich an dir
erlebt"! Da fiel sie ihm zu Füssen mit „grossen bitterlichen
Zähren". „... Getreuer Bruder und Wiederbringer meiner
verlorenen Seele, wiewohl ich eurer Rede und Bescheides
nicht würdig bin, so nehmt mich doch in euer getreues Herz
und gedenket, dass ihr Gott nirgend mehr Treue leisten noch
ihm gleicher wirken möget, denn an einer verworfenen Sünderin und an einem überladenen Herzen...." Da schloss er
sie an sein brüderlich Herz. „.... Komm her zu mir, Kind
meines; seit ich mein Kind gefunden habe, so will ich mit
Klagen ablassen, und will dich heute empfahen in der Gnade,
wie ich begehre, dass mich sündigen Menschen der barmherzige Gott empfahe an meiner jüngsten Hinfahrt, und will dir
deine Missethat kräftiglich büssen und bessern helfen gen Gott
und gen der Welt". — So „brachte er mit unsäglicher Scham
und grosser Müh das verlorene Schäflein dem milden Gott
unter seinen Arm wieder"; und Gott fügte es, „dass sie an
einer viel tröstlicheren Statt empfangen ward, denn wo sie
zuvor war; und ward darnach ihr Ernst so gross gegen Gott
und ihr Wandel so bestätet in Tugenden bis an ihren Tod,
dass der Bruder vor Gott und der Welt an ihr wohl ergötzet
ward alles Leides, das er je gehabt hatte".

Seine Verbindung mit „heiligen", gleichgesinnten
Frauen, „Gottesfreundinnen", besonders Klosterfrauen, die

er gewöhnlich „seine Töchter" nannte und (nach Murer) in
den Gotteshäusern Töss, Katharinenthal (bei Diessenhofen) und
Oetenbach (in Zürich) hatte, haben wir schon oben berührt.
Viele kommen in seiner Lebensbeschreibung vor, doch nur
flüchtig. Er steht mit Manchen zugleich wie in einem nervos-
magnetischen Rapport. Sie haben Visionen über ihn, in denen
ihnen „unsere liebe Frau" oder der Herr Christus erscheint
und ihnen Mittheilungen macht über ihn, die er selbst auch
in Visionen erhalten hat, oder Offenbarungen über seine Zukunft, besonders seine Leiden, oder auch seine Ehre bei Gott.
Es ist ganz der Reflex der Achtung, der Liebe, der Theilnahme, der Sorge, der Bewunderung, die sie für ihren geistlichen Vater haben.

Unter diesen geistlichen Töchtern müssen wir zweie hervorheben. Die eine war „eine edle Jungfrau" auf einer
„Burg", und hiess Anna. Sie war eine „heilige", „göttliche"
Person. Sie war auch leidend; und war „ihr Leben ein lauteres Leiden"; sie muss auch eine nervose Person gewesen sein,
denn sie war oft „verzückt". In einer solchen Verzückung
ward sie von „ihrem lieben Zwölfboten Johannes" an Suso,
als einen „guten Beichtiger an Seiner Statt", gewiesen: „dem
hat Gott ganze Gewalt über dich gegeben und der kann dich
wohl trösten in deinen mannigfaltigen Leiden". Damit war
die Gemeinschaft zwischen Beiden eingeleitet, die eine innige
und treue geworden ist. Wenigstens zeigt sich diess aus der
besorgten Theilnahme, die sie für ihn hatte, aus den mancherlei Gesichten, in denen sie sich mit ihm beschäftigte.
Einmal sahe sie einen Rosenbaum, und auf demselben das
Kind Jesus Rosen abbrechen und auf den Diener (Suso) werfen, der drunter sass, „so dass er zumal mit Rosen bestreut
war". Das seien, wurde ihr bedeutet, die mannigfaltigen Leiden, die ihm Gott zusende, und die er freundlich hinnehmen
und geduldiglich tragen solle. So sah sie auch einmal einen
„Rosenkranz" um sein Haupt. Ein andermal sah sie in einer
Verzückung eine grosse Schaar teuflischer Geister sich sam-
meln und hörte sie „Mord schreien" über den „bösen Mönch".
Doch ward sie in ihrer Herzensangst darob von der „milden
Mutter" getröstet: „Was mein Kind (Jesus) über ihn verhängt,

das ist und wird sein Nächstes und sein Bestes ". Ohne Zweifel, das merkwürdigste Zeichen dieses Rapports, die thatsächliche Wahrheit vorausgesetzt, ist folgende Geschichte. Wir wissen, dass sich S. einmal mit der Geissel eine Ader auf dem linken Arm traf. „In derselben Zeit und an derselben Stunde, da er sich selber also schlug, war eine Jungfrau, die hiess Anna, die war in ihrem Gebete an einer andern Statt auf einer Burg. Der war vor in einem Gesichte, dass sie heimgeführt wurde an die Statt, da er die Disziplin nahm. Da sie die harten Schläge ansah, das erbarmte sie so übel, dass sie hin zu ihm trat; und da er den Arm aufgehoben hatte und sich schlagen wollte, da unterging sie ihm den Schlag und der ward ihr auf ihren Arm, wie sie däuchte in dem Gesicht. Da sie nun zu sich selber kam, da fand sie den Schlag mit sehwarzen Blutmalen auf den Arm gezeichnet, als ob sie die Geissel getroffen hätte. Sie trug die kundlichen - Merkzeichen mit grossen Schmerzen viele Zeit".

Die bekannteste aber unter den geistlichen „Töchtern" Suso's ist Elsbeth Staglin (Stagel) im Predigerkloster zu Töss bei Winterthur, im Schweizerkanton Zürich. Sie war zart und schwächlichen Leibes, aber eine innige, heilsbegierige Seele; ein „englisch Gemüth", nennt sie Suso. „Der Kehr, den sie zu Gott nahm mit Herz und Seele, war so kräftig, dass ihr alle üppige Sachen entfielen, damit sich mancher Mensch säumet seiner ewigen Seligkeit". Zugleich war sie geistig und literarisch — für eine Klosterfrau — gebildet. „Was ihr etwa Lustliches werden mochte, das sie und andere Menschen fördern könnte zu göttlichen Tugenden", schrieb sie nieder „wie ein gewerbiges Bienlein, das den süssen Honig aus den mannigfaltigen Blümlein einträgt". Sie hat auch Lebensbeschreibungen von den „vergangenen heiligen Schwestern" aus dem Kloster — „gar reizbar zur Andacht gutherziger Menschen", verfasst. Murer hat einige derselben mitgetheilt, die mit ihren „himmlischen Heimsuchungen", „Anfechtungen", „Abtödtungen", „Andachten", fast bis in die einzelnsten Züge hinaus ganz die Susonische Weise an sich tragen.

Besonders hatte sie „einen Fleiss nach geistlicher Lehre, mit der sie möchte gewiesen werden zu einem seligen voll-

kommenen Leben". Das war, wie uns bekannt, das Lo-
sungswort der Aszeten und Mystiker jener Zeit. Von dieser
mystischen Strömung ergriffen war diese heils- und wahrheits-
gierige Seele anfänglich über die Lehren Eckards gekommen:
„hohe und vernünftige Sinne, die viel überschwenglich waren,
von der blossen Gottheit, von aller Dinge Nichtigkeit, von
seiner Selbst-Gelassenheit, von aller Dinge Bildlosigkeit" wurden ihr eingetragen; man sieht, die ächten mystischen Punkte;
aber, wie S. gut bemerkte, nicht „für anfahende und einfäl-
tigliche Menschen", für die „etwas verborgenen Schadens dahinter lag", sofern ihnen „die nothwendige Unterscheidung
gebrach, dass man die Worte mochte hin und herziehen auf
Geist und Natur, wie der Menschen Gemüth war". So ging
es denn auch der Staglin; die Lehren, „gut in sich selbst",
konnten ihr „nicht genug thun". Sie begehrte Aufschluss, einen sichern geistlichen Führer, im Leben erprobt, aber auch
kundig der mystischen Höhen. Das führte sie zu S., von dem
sie „Kundschaft" gewonnen hatte. Sie bat ihn um Wegwei-
sung, doch möchte er, meinte sie, „die grobe Lehre nur unterwegen lassen und ihr von den vordern hohen Sinnen etwas
schreiben". S. aber, praktisch und besonnen, dämpfte ihre
mystische Neugierde, zumal „wenn es nur wäre, dass sie von
dem Geiste wohl reden könnte". „Rechte Seligkeit liegt nicht
an schönen Worten, sie liegt an guten Werken. Fragst du
aber nach den Dingen, wie sie im Leben erfolgen, so lass
die hohen Fragen noch unterwegen, und nimm solche Fragen
hervor, die dir gemäss sind.". In ihrer Antwort versicherte
ihn aber St., wie sie es auch mit Recht konnte, ihres Lebens-
Ernstes: nicht nach klugen Worten, nach heiligem Leben
stehe ihr Sinn, auch habe sie Muth dazu, wie wehe es immer
thun möge, „es sei Meiden, es sei Leiden oder Sterben oder
was es sei, das mich zu dem Nächsten bringen mag, das muss
vollführet werden". Sie versicherte ihn auch der Demuth; er
möge „bei dem Niedersten mit ihr anfangen, wie man ein
junges Schülerlein zuerst lehret"; nur um Eines bittet die
reale Seele: er möchte ihr vor allem aus dem Schatze eigener
Erfahrungen und Erlebnisse mittheilen. „Ich habe hören sagen, dass der Pelikan solcher Natur sei, dass er in sich selber

heisse und seine jungen Kinder in dem Neste von natürlicher
Minne mit seinem eigenen Blute speise". So möge er sie
speisen; „nicht zu ferne suchen", sondern „aus sich selber
greifen", denn „so es euch je näher gewesen ist in auswirken-
der Weise, so es je empfindlicher ist meiner begierigen Seele".
Wie sie nun zunächst mit einer Beicht gegen ihren geistlichen
Führer (ganz nach dessen eigenem Vorgang) sich in das rechte
Verhältniss zu Gott zu stellen suchte, und in welcher Weise
S. ihr „vollen Ablass" gegeben; wie sie dann weiter ihrem
Beichtiger es auch in dessen früherer aszetischer Strenge hat
nachthun wollen, wie der ihr aber diess mit vielem Verstand
gewehrt, das alles wissen wir bereits. Ihre Frömmigkeit war
übrigens nicht ohne Aberglauben. Als ihr einmal S. schrieb:
„ein bewährter Gottesfreund sollte allezeit etwas guter Bilde
haben, davon sein Herz entzündet werde zu Gott", und zumal
mit dem göttlichen Namen Jesus sollte man allezeit gesegnet
sein, da „nähete sie den Namen Jesus (J H S) auf eine Masse
kleiner, weisser Tüchlein, und bat S., er möchte sie segnen
und die Namen alle auf sein Herz (s. S. 308) mit göttlicher
Begierde streichen und sie ihr dann wieder geben". Das that
er; und „sie nahm den ihrigen Namen und nähete den an ihr
Unterkleid ob dem Herzen, da ihn Niemand sah, — in der
Begierde, dass ihres Herzens Andacht desto mehr wüchse und
dass ihr davon Glück und Selde desto mehr folge". Und sie
trug ihren Namen (heimlich), „bis dass er ihr in das Grab folgte".
Die andern Namen (Tüchlein) sandte sie den andern geistlichen Töchtern Suso's, „dass sie selbe bei sich trügen auch in
derselben Meinung". Und „das thaten sie" (s. die Regeln der
Bruderschaft der ewigen Weisheit). — Uebrigens wurde E.
St. nachgehends von S. auch in die eigentliche Mystik jener
Zeit eingeführt, nach der sie von Anfang an so begierlich gewesen. Nachdem sie „nach der guten Lehre ihres geistlichen Vaters auf alle Stücke bildreicher Heiligkeit, nach dem
äusseren Menschen, wohl geformet war", und sie „durch das
spiegelige Leben Christi, das der sicherste Weg ist, lange Zeit
ordentlich gezogen war", hielt er sie für fähig und munterte
sie dazu auf, die „wohlgewachsenen Fittiche — die obersten
Kräfte der Seele — in die Höhe des schaulichen Adels eines

seligen, vollkommenen Lebens zu erschwingen". Er gab ihr
selbst Anleitung dazu, „leuchtete ihr vor mit dem Lichte eines guten Unterscheides"; und diese Anleitung bildet eben den
mystischen Anhang seiner Lebensbeschreibung. Nachdem die
geistliche Tochter „also adelich gewiesen" war, und es alles
wohl „ergriffen" hatte, erklärte er sie für selbständig, d. h.
unnothdürftig menschlicher Anleitung; „lasse nun dein Fragen
fürbass sein und lese und höre selbst, was Gott in dir
spreche". Man sieht: es ist ganz derselbe Stufengang, den
der Gottesfreund aus dem Oberland mit Tauler eingeschlagen
hat. „Dir ist nun fürbass nichts mehr zu thun, denn göttlichen Frieden in stiller Ruhe haben und fröhlich baiten der
Stund deiner zeitlichen Vergangenheit in die vollkommene
ewige Seligkeit". Dieser Stunde sollten aber noch lange Leiden vorangehen. „Gott hat, hatte ihr einst S. geschrieben,
mancherlei Kreuz, womit er seine Freunde kasteit. Ich versehe mich dess, dass dir Gott ein anderlei Kreuz wolle auf
deinen Rücken laden, das dir noch peinlicher wird, denn
Leibes-Kasteiung; das Kreuz empfahe gedultiglich, so es dir
kommt". Es kam so. „Gott griff E. mit längeren Siechtagen
an"; und sie blieb „siechdürftig" bis an ihren Tod, „ein ar-
beitseliger, leidender Mensch". S. bezeugte ihr seine innigste
Theilnahme. „Gott, schrieb er ihr zurück, hat auch mich in
dir gelegt (getroffen); denn ich habe nun Niemand mehr, der
mir mit solchem Fleiss und göttlicher Treue behülflich wäre,
meine Büchlein zu vollbringen, wie du thatest, dieweil du gesund warest". Mit dieser Theilnahme verbindet er aber auch
Trost — in seiner Form. Er sitzt nieder in seiner Kapelle,
die Sinne entsinken ihm, da kommen Engel Gottes und trösten
ihn E's. halber: Gott hätte das Siechthum über sie verhängt
„des Allerbesten wegen"; dessen sollte sie sich nun getrösten.
Der Verkehr beider blieb bis an ihren Tod. Wenn er unterweilen längere Zeit hingehen liess, dass er nichts „entbot", so
forderte sie ihn zu Mittheilungen auf: „Ein leidender Mensch
gewinnet ein gutes Müthlein, so er höret, dass andere seiner
Nachbarn in noch grösseren Nöthen gewesen sind, und Gott
ihnen daraus geholfen hat". Zuweilen auch besuchte S. seine
„Frau Tochter" persönlich. Und wie der Inhalt der briefli-

chen Mittheilungen, so waren auch die Gegenstände dieser persönlichen Zusammenkünfte — „göttliche Dinge", die das Herz der Siechen erquickten, besonders eben die eigenen Erlebnisse Suso's. Das nannten sie „ihr geistliches, göttliches Kosen". Schon früher hatten sie das gethan. „Wenn er zu ihr kam, da zog sie ihm aus mit heimlichen (vertraulichen) Fragen die Weise seines Anfangs und Zunehmens, und etliche Uebungen und Leiden, die er gehabt hatte". Jetzt, in den siechen Tagen, scheint sie noch viel eifriger darauf gewesen zu sein, „dass er ihr etwas sagte von Leiden aus eigener Empfindung, daran ihr leidendes Herz eine Kraft möchte nehmen". Und wie sie denn auch literarisch gebildet war, und es früher schon gethan hatte in Biographien vollendeter Schwestern ihres Klosters, so schrieb sie nun alles auf „sich selbst und andern Menschen zu einem Behelf"; doch „verstohlen vor ihm, dass er das nicht wusste". Diess ist die Basis der Lebensbeschreibung, die wir von Suso besitzen (s. u.) — Um das Jahr 1366 (nach Murer) ist diese gottselige Nonne in ihrem Kloster verstorben. Wie fast alle Lieben, von denen wir wissen, die dem S. vorangegangen, ihm erschienen sind, so erzählt er es auch von i h r. „Sie leuchtete in schneeweissem Gewande, mit lichtreicher Klarheit voll himmlischer Freude. Sie trat hin zu ihm und zeigte ihm, wie adelich sie in die blosse Gottheit vergangen wäre".

In d i e s e r seelsorgerischen Thätigkeit fehlte es Suso nicht an seligen Stündlein, „wenn er also sass bei seinen geistlichen Kindern und ihnen verleidete zergängliche Minne und ihnen geliebte und lobte die ewige Minne". Und wie sehr er von ihnen verehrt und geliebt ward, davon haben wir sattsame Zeugnisse ersehen. Aber er hatte auch die b i t t e r s t e n Erfahrungen zu machen, wie ihm war angedeutet worden (s. o.), und er musste „das gute Werk (da er manch leidenden Menschen zu Hülfe kam) hart ernarnen (erkaufen) mit märterlichem Leiden, das ihm darauf fiel". Dass er „dem Teufel das Seine also entfremdete und es Gott wieder brachte", dafür habe sich der böse Geist rächen wollen, heisst es in der Lebensbeschreibung. Besonders dass er dem gefallenen weiblichen Geschlechte nachging, trug ihm die bittersten Erfahrungen ein. Hiermit berühren wir jene Leiden von Fremden, die besonders diese zweite Periode im Gegensatz zur ersten, zu den Leiden durch eigene Aszese, karakterisiren und ihn gänzlich reifen sollten. Wo von jenen 12 Sünderinnen die Rede ist, die er bekehrte, von denen aber 10 wieder zurückfielen, heisst es: „was er von jenen erlitt, das ist unsäglich". Und hatte er nicht zu leiden von Seite der unmittelbar Betheiligten, die seine rettende Liebe mit Hass vergalten, so hatte er es von Seiten der Anverwandten der „Bekehrten", von den Vätern oder auch Liebhabern derselben. Ein Ritter auf einer Burg bedrohte ihn heftig, weil man ihm gesagt, S. hätte „seine Tochter, wie auch viele andere Menschen, in ein b e s o n d e - r e s Leben verkehrt, das da heisse der G e i s t, und die in derselben Weise seien, die heissen die Geister und Geister- innen", und es sei, habe man ihm gesagt, diess „das allerver- kehrteste Volk, das auf Erdreich lebe". Aehnliche Drohungen stiess ein anderer sündiger Mann gegen ihn aus, weil er „einen Raub genommen" an einer lieben Frau: „sie zeucht nun den Schleier vor und will mich nicht mehr ansehen, sie will nur ein- wärts sehn; das macht e r (S.) und das soll er ernarnen" (büssen).

Die schrecklichste Erfahrung in dieser Beziehung, die schrecklichste überhaupt in seinem Leben hat aber S. an einem teuflischen Weibe gemacht. Es war eine Person, die war „zu- vor m grosse Sünd' und Laster mit einem Manne gefallen"; nun wusste sie aber „ihr wölfisch Herz unter einem guten Mantel zu verbergen", dass es S. nicht merkte. Er liess sie ihre Missethat nicht entgelten, nahm sie unter seine Beicht- kinder auf und „ward ihr dienstbar mit nothdürftigen ehrba- ren Werken". Er hätte sie „gerne ganz zu Gott gezogen". Nach einiger Zeit „ward er und andere wahrhaftige Menschen kundlich inne, dass sie heimlich noch solche böse Werke, wie ehedem, trieb". Oeffentlich wollte er sie nun zwar nicht brandmarken, aber er „brach ab von ihr und ihrem Dienst". Da drohte sie ihm: „bräche er ihr ab den Nutzen, den sie von ihm hätte, das müsste er entgelten"; sie würde ihn nämlich als den Vater des Kindleins (das sie „bei einem weltlichen Manne gewonnen") überall angeben, „dass er zu Schanden würde". S. sah sich in einer schlimmen Alternative: „thue

ich das, so weh mir, thu' ich es nicht, so weh mir abermals";
er ward endlich „zu Rath mit Gott und sich selbst, dass unter zweien jämmerlichen Dingen ihm besser wäre der Vonkehr von dem bösen Menschen, wie es je auch um die zeitliche Ehre führe". Darüber voll Rachsucht „lief nun das
Weib hin und her zu Geistlichen und Weltlichen": sie hätte
ein Kind von Suso; sie „schämte sich nicht aus unmenschli-
cher Bosheit sich selber lästerlich zu schänden, nur damit sie
i h n möchte in Leiden bringen". Es scheint, sie habe ihm
auch die Sorge für ihr Kind sofort überbürdet. Wie es nun S.
erging, lässt sich denken. „Ihm ward viel grosses Unbild in
allen Menschen, die ihren Worten glaubten; und ward das
Unbild desto grösser, je ferner seine vornehme Heiligkeit er-
schollen war". Das „drang ihm durch das innerste Mark
seiner Seele, und er ging versunken in sich selbst mit Jammer und Noth umgeben, und hatte lange Tage und strenge
Nächte". Auch das vermehrte seinen Schmerz, „dass der
würdige Predigerorden um seinetwillen also entehrt würde".
Einer seiner „leiblichen Freunde" wollte ihn an dem Weibe
rächen, und machte ihm den Vorschlag, sie von der „langen"
Brücke, wenn sie daher käme, ins Wasser stossen zu wollen.
Aber S. wies das kurz ab. „Weiss Gott, der alle verborgenen
Dinge weiss, dass sie mir mit dem Kinde Unrecht gethan hat;
darum empfehle ich die Sache in seine Hand, dass er sie
tödte oder leben lasse nach seinem Willen. Und ich sage dir,
setzte er in seiner ritterlichen Weise hinzu, wollte ich meine
Seele an ihrem Tode übersehen, so wollte ich doch aller reinen Frauen Namen an ihr ehren und wollte sie dess geniessen
lassen", Einen ähnlichen Antrag machte ihm in Bezug auf das
Kind ein Weib, bei dem, scheint es, dasselbe untergebracht
war: sie wolle ihm „eine Nadel in sein Gehirn stechen, oder
ein Messer in sein Herzlein". S. schauderte. „Schweig, du
unreiner böser Teufel!.... Sei das Kind wessen es wolle auf
Erdreich, so ist es doch nach Gott gebildet und mit dem aller-
kostbarsten Blute Christi viel sauer ernarnet.... Das Schlimmste, das mir geschehen kann, das ist eine Begrabung meiner
zeitlichen Ehre; und stünde eines ganzen Landes weltliche
Ehre an mir, die will ich heute alle dem ewigen Gott aufge-

ben, ehe dass ich das unschuldige Blut wollte lassen verderben". Und als das Weib ihm dann den Vorschlag machte,
sie wolle, um ihn „der grossen Kost und Unleidigkeit", die
er mit der Auferziehung des Kindes hätte, zu überheben,
dasselbe eines Morgens heimlich in die Kirche tragen, dass
„ihm geschehe wie andern verworfenen Findelkindern", erwiederte er: „ich getraue dem reichen Gott vom Himmel, der
mich bisher alleweg berathen hat, der berathet mich auch
wohl selbander" (zu Zweien). Er hätte aber auch gerne das
Kindlein gesehen; er befahl daher dem Weibe, es ihm heimlich zu bringen. „Da er es nun auf den Schooss setzte und es
ansah, da lachte es ihn an. Davon erseufzte er grundlos....
O weh, du elendes zartes Waislein! Dein eigener ungetreuer
Vater hat dich verläugnet, und deine mördige Mutter wollte
dich hinwerfen wie ein ungenehmes, verwerfliches Hündlein.
Nun hat Gottes Verhängniss dich mir gegeben, dass ich soll
und muss dein Vater sein; und das will ich gern thun. I c h
w i l l d i c h h a b e n v o n G o t t u n d v o n N i e m a n d a n-
d e r e m". Und dabei rannen seine „grossen Zähren" über des
Kindleins Augen ab, da „ward es auch herzlich weinend mit
ihm und weinten also beide mit einander". Da er das Kind
also weinen sah, drückte er es an sein Herz. „Ich sollte dich
tödten, darum dass du nicht mein Kind bist und ich dich
sauer ernähren muss"? Nein „du musst mein und Gottes Kind
sein, und dieweil mich Gott berathet eines einzigen Mundvol-
les, den will ich mit dir theilen, dem gütigen Gott zu Lob,
und will alles das geduldiglich leiden, das mir immer darauf
fallen mag, zartes Kind meines"! Selbst das grimme Herz des
Weibes ward darüber bewegt und sie „brach in ein Heulen
aus, dass er sie stillen musste, aus Furcht, dass etwa Jemand
käme und dass man es inne würde". Nun entliess er das
Kind; „der minnigliche Gott gesegne dich und die h. Engel
beschirmen dich vor allem Uebel!" und „hiess es auf seine
Kosten wohl versehen mit aller Nothdurft".

In dieser Noth machte S. die gewöhnlichen Erfahrungen,
und zwar von der p h a r i s ä i s c h e n Welt in i h r e r Weise, die er
unübertrefflich schildert. „Er ward jämmerlich zertragen weit-
hin in ferne Lande von solchen gutscheinenden Menschen; und sie

thaten das mit guter Rede und mit bedeckten Klagworten,
in Erzeigung von Freundschaft, darin keine Treue war".
Wenn er von „Juden und Heiden oder von offenen Sündern"
nur zu leiden gehabt hätte, meinte er, so hätte er es „etwa
ertragen mögen"; aber von diesen Menschen und in dieser
Weise, das that ihm „so viel weher". Er wollte einmal seinem
leidenden Herzen bei zwei Freunden Luft machen, die, „dieweil
er noch auf dem Glücksrade sass", sich zu ihm bewiesen hatten,
als ob sie seine „getreuen Gesellen" wären. Aber da „liess ihn
Gott inne werden, dass in der Kreatur nicht Ganzheit ist";
denn „er ward von denselben und von ihrer Gesellschaft bärlich
niedergedrückt, mehr denn er vom gemeinen Volk je ward".
Sie „schämten sich seiner und kehrten sich von ihm". S. war
sich bewusst, in ähnlichem Falle ganz anders gehandelt zu
haben. „Lieber Gesell, erwiederte er dem Einen von ihnen
in jenen grossen Worten, die sich in seinem Leben nicht als
blosse Worte erwiesen haben, wärest du von Gottes Verhängniss in die trübe Lache geworfen, wie ich bin, wahrlich i c h
w ä r e   z u   d i r   h i n e i n g e s p r u n g e n und hätte dir freundlich herausgeholfen. O Jammer, nun genügt dir nicht, dass ich
tief in der Lache vor dir liege, du willst auch noch dazu auf
mich treten; das klage ich dem elenden Herzen Jesu Christi".
Und als der Gesell ihn „schweigen" hiess, man werde „nicht
allein seine Predigt, sondern auch seine Bücher, die er gemacht, verwerfen", erwiederte S.: „i c h   g e t r a u e   d e m   g u -
t e n   G o t t ,   d a s s   m e i n e   B ü c h e r   n o c h   w e r t h e r   u n d
l i e b e r   w e r d e n ,   d e n n   s i e   j e   w u r d e n, so es nun Zeit
wird". — In Heinrichs von Nördlingen Briefen (dem 17.) an
die Ebnerin findet sich die Aeusserung: „Mein Herz hält nicht
mehr zu dem Süssen, als es vormals that. Bitte Gott für uns
beide" (geschrieben 1347). Sollte sich diess auch auf die vorliegende Geschichte beziehen, in der so viele Freunde sich
von S. zurückzogen? — Gewiss, er war in einer Schule, in
der er viel zu lernen hatte. Einem Menschen, ward ihm aber auf
seine Klagen, dass „zu diesen Zeiten alle Winkel voll Judas
seien, und dass, wenn Einer abgehe, vier oder fünfe hervor-
kommen", von innen geantwortet, „einem Menschen, dem recht
ist, dem soll kein Judas Judas sein in seinem Sinne: er soll

ihm ein Gottes-Mitwirker sein, durch den er ausgewirkt werden soll auf sein Bestes. Da Judas mit dem Kuss Christum ver-
rieth, da nannte ihn Christus seinen E r e u n d und sprach:
Freund meiner, wozu bist du kommen"? — Seine Noth und
Angst stieg aber wieder auf den höchsten Punkt, als er vernahm, dass „die Meisterschaft über den ganzen Orden und
über die deutsche Provinz" in die Stadt kommen werde, da
das Weib ihn verläumdet hatte; denn bis jetzt war ihm noch
als „klein Tröstlein" geblieben, dass „die drückende Bürde
nicht vor die Prälaten des Ordens kommen werde". Er fürchtete nun, so diese dem Weihe Gehör gäben, so legten sie ihn
„in einen solchen Nothstall der Busse, dass ihm leiblicher Tod
besser wäre". In seiner Herzensangst „konnte er auf sich
selbst nirgends still bleiben; nun sass er geschwind nieder;
dann sprang er wieder auf und lief hin und her in der Kammer wie ein Mensch, mit dem Angst und Noth ringet". Wenn
er aber so rang, sprach dann „etwas von Gott" in ihm: „Wo
ist nun deine Gelassenheit? Wo ist Gleichstehn in Lieb und
in Leid, das du so oft andern Menschen fröhlich angerathen
und ihnen lieblich vorgestellt hast, wie man sich Gott lediglich
lassen und auf Nichte bleiben soll"? Und so kam er denn doch
wieder d a z u : „Es geschehe d e i n Wille!" Auch die Hoff-
nungen und Ahnungen, dass Gott es Alles noch gut wenden
werde, gingen zuletzt noch in Erfüllung. Das Weib, „der Un-
mensch", starb eines „jähen" Todes; auch Andere, „von denen ihm am allerunwirschesten geschehen war", zuckte der
Tod von hinnen, deren „einige besinnungslos, etliche ohne
Beicht und Gottes Fronleichnam dahin starben"; derselben Menschen Einer war ein P r ä l a t gewesen, der ihm gar wehe gethan
hatte. In alle dem fand S. die Hand des rächenden Gottes;
d e n Eindruck soll es auch auf Andere gemacht haben, sagt
er. Aber auch der Ordens-Provinzial liess die Sache untersu-
chen und erklären: man hätte nichts wider ihn gefunden, denn
die schändliche Nachrede rühre von einem bösen Weihe, dem
nicht zu glauben wäre. So „zerging das ungeheure Wetter
des Leidens", und S. gedachte oft: „ach Herr, w i e i s t d a s
W o r t s o w a h r, d a s m a n v o n d i r s a g t : d e m G o t t
w o h l w i l l , d e m m a g N i e m a n d ü b e l". I n n e r l i c h

besonders reifte der „Leider“ in dieser Prüfung, so dass er
zuletzt Gott für alles Bittere inniglich dankte; „nicht die
ganze Welt nähme er dafür, er hätte das Alles nicht erlitten“,
pflegte er zu sagen. „Gott gab ihm zu erkennen, dass er
durch diesen Niederschlag seiner selbst adelicher entsetzt und in Gott übersetzt worden,
denn durch alle die mannigfaltigen Leiden, die er von Jugend
auf bis an dieselbe Zeit je gewonnen hatte“.

Diess war übrigens lange nicht das einzige Leiden. Auch
seine mystisch-theologische Richtung und Thätigkeit
schuf ihm Widerwärtigkeiten. Er wurde der Ketzerei beschuldigt. Als er einst in den Niederlanden einem Kapitel seines Ordens anwohnte, traten „zwei Vornehme“ wider ihn
auf, „die viel emsig waren, wie sie ihn schwerlich möchten
betrüben“. Er ward „mit zitterndem Herzen vor Gericht gestellt“, und wurden „viele Sachen auf ihn gelegt“. Unter Anderem warfen sie ihm vor: „er mache Bücher, in denen
stünde falsche Lehre, wovon alles Land verunreiniget würde
mit ketzerischem Unflath“. Hierüber „ward er übel behandelt mit scharfer Rede“, und ward er mit noch „Härterem“
bedroht. Diess grosse „Unrecht, das man ihm anthat“, ward
aber — das ist auch wieder stehend in seiner Lebensbeschreibung — bald darauf „gerochen an dem jähen Tode deren
Zween, die ihn gepeinigt hatten“. Allerdings wusste er sich
völlig unschuldig darum. Indessen redliche Gemüther ängstlicher Art, aufgeschreckt durch die pantheistischen und unsittlichen Verirrungen der Brüder des freien Geistes, wie vielmehr noch Argwohn, Unverstand, Oberflächlichkeit und gar
Uebelwollen waren damals gleich bereit, jede höhere mystische Richtung in einen Tiegel zu werfen mit den genannten
Extremen. Wir wissen das von Tauler; wie vielmehr musste
S. dieser Verketzerung ausgesetzt sein, der nicht bloss ein
Schüler, sondern auch ein unentweglicher und offener Ver-
ehrer Eckard's war. Im Jahr 1363 wurde diese Anklage der
Ketzerei auf einem Generalkapitel zu Magdeburg erneuert.
Das gefällte Urtheil ist uns nicht bekannt, fiel jedoch schwer-
lich gegen ihn aus. Uebrigens wurde er nicht bloss von seinen
Ordensgenossen dessen beschuldigt, sondern auch, was aller-

dings leichter zu begreifen bei dem Mangel an aller geistigen
Unterscheidungsgabe, von Weltleuten, Rittern; ohnehin wenn
sie noch aufgereizt wurden. Wir hörten diess oben aus den
Aeusserungen jenes Ritters, der ihn der Weise des „Geistes"
(der Brüder und Schwestern des freien Geistes) bezüchtigte.

Die Lebensbeschreibung erzählt noch von viel andern Widerwärtigkeiten, die ihm begegneten. Auf seiner Durchreise
in einem Städtlein wurde er beschuldigt, er hätte aus einer
kleinen Kapelle, wo man ihn Abends hatte beten sehen, die
wächsernen Fx-voto-Bilder, die dort aufgehängt und in der
Nacht darauf weggekommen waren, gestohlen. — Ward er
hier eines Diebstals, so wurde er in einer andern Stadt des
Betrugs beschuldigt. An einem Kruzifix in einem Kloster (dieser Stadt) fand man eines Mals in der Fasten „frisches Blut,
unter dem Zeichen der verwundeten Seite". Mit dem Volke
kam auch S. herzugelaufen, das Wunder zu sehen, und da
er das Blut sah, „strich er es vor aller Augen an seinen Finger". Da die Sache immer grösseres Aufsehen machte, so
wurde er desshalb auch mit hineingezogen; man befragte ihn,
was er gesehen und gegriffen hätte; und er erzählte den That-
bestand, „doch in der Gewahrsamkeit, dass er kein Urtheil
darüber gab, ob es wäre von Gott darkommen oder von den
Menschen, das überliess er den Andern". Die „Mähre" erscholl auch in andern Orten und „legte Jeder dazu, was er
wollte". Bald hiess es dann, er selbst hätte sich in den Finger
gestochen und das Blut auf das Kreuz gestrichen; und den
Zulauf hätte er bewirkt „seines Geizes wegen, dass er den
Welt das Gut abnähme". Diese Deutung wurde dann zuletzt
auch den „Bürgern derselben Stadt", die, scheint es, zu Anfang recht abergläubig gewesen waren und nun hintennach
nach Menschenart, als schämten sie sich vor sich selbst und
wie wenn sie ihren ersten Fehler gut machten mit einem
andern Extreme, plausibel; es kam so weit, dass S., der
seines Lebens nicht mehr sicher war, Nachts aus der Stadt
entrinnen musste; ja die Bürger „eilten ihm nach und wollten
ihn verderbt haben, wäre er nicht entronnen". Und „wo
diese Mähre hin erscholl, da griffen sie es auf für Wahrheit
und empfing sein Namen manch' Schelten und Fluchen; es

ward manch frevles Urtheil über ihn gegeben". Die Ver-
nünftigern und Ruhigern aber, die ihn vertheidigen wollten,
mussten „schweigen und ihn lassen untergehen".

Fast noch schlimmer erging es ihm (ums Jahr 1348) in
der Zeit der Pest und grossen Judenverfolgung (s. Taulers Leben) auf einer Reise nach dem Elsass, in einem Dorfe, wo
gerade Jahrmarkt war. Sein „Geselle", ein Laienbruder, den
er schon früher erfahren und nur mit Widerwillen mit sich
genommen hatte, betrank sich mit den Bauern und Händ-
lern; es kam zum Streit und bald hiess es: „der böse Mönch
wäre ein Giftträger"; denn „es war in denselben Zeiten, da
das Geschelle war von dem Vergiften". Der elende Mensch,
in seiner Noth, wusste sich nicht anders zu helfen, als dass
er von sich ab auf Suso den erregten Fanatismus leitete: nicht
er, sein Geselle sei voll der Giftsäcklein, der und der Orden
hätten auch viel Geld von den Juden für diesen „Mord" erhalten. Nun ging es über S. her unter schrecklichen Drohungen; die fanatische Menge hätte ihn vielleicht getödtet, wenn
nicht der Priester des Orts endlich herzugekommen wäre und
mit Gewalt ihn befreit hätte.

Auch sonst hatte er gefahrvolle Abenteuer auf seinen
Reisen zu bestehen. Einmal von Strassburg kommend fiel er
in den ausgetretenen Rhein und mit ihm „das neue Büchlein,
das er jüngst gefertiget hatte (wahrscheinlich „von der ewigen
Weisheit"), dem der böse Feind gar gram war". Ein junger
Ritter, der von ungefähr des Wegs daher kam, wagte sich ins
Wasser und rettete ihn. — Ein andermal, es war kalt und er
hatte „speislos den ganzen Tag bis zur Nacht in dem kalten
Wind und frostigen Wetter auf einem Wagen gefahren",
leerte in der Dunkelheit der Knecht, der ihn fuhr, hart an
einem tiefen und reissenden Bergstrom um. S. stürzte ins
Wasser und der Wagen auf ihn; mit grosser Arbeit wurde er
halbtodt von herbeigerufenen Leuten herausgezogen. — Wieder einmal, auf einer Heimreise von den Niederlanden, kam
er in einem Walde in die Hände eines Raubmörders, doch
mit dem blossen Schreck davon, da dessen Weib Fürsprache
für ihn einlegte; der Räuber beichtete sogar Suso, und dieser
bat Gott mit inniglichem Seufzen, dass er den Elenden „ge-

niessen lasse seines guten Glaubens, den er zu ihm (S.) gewann", und dass er ihn „in seinem letzten Seufzen nicht lasse
verdammt werden"; auch „ward ihm eine solche Versicbe-
rung von Gott, daran er keinen Zweifel haben durfte, dass der
Arme sollte behalten (errettet) werden". — Auf der Rück-
fahrt von jenem Kapitel in den Niederlanden wurde er auch
noch mit Fieber heimgesucht und einem Geschwür „inwendig
nahe bei dem Herzen". Eine Vision half ihm davon; in derselben hörte er eine grosse Schaar himmlischen Ingesindes so
schön singen, „dass alle seine Natur verwandelt ward". Indem „überliefen ihm seine Augen, und er brach aus in ein
Weinen, und zuband in der Stunde zerbrach das Geschwür,
das er in sich hatte und fuhr von ihm und er genas an der
Statt". Diese gehäuften Leiden brachten ihn „auf den jüngsten Punkt seines Lebens"; man hielt ihn einmal für todt.
„Dieweil er aber also vergangen war, war seines Geistes Gegenwurf nichts anderes denn Gott und Gottheit, Wahr und
Wahrheit, nach ewiger inschwebender Einigkeit".

Er ward sich zuletzt der Leiden, „damit Gott mit ihm
ohne Unterlass spielte", so gewöhnt, dass er, als er einmal
einige Zeit ohne Anfechtungen blieb, ausrief: „Ich fürchte,
dass es jetzt übel um mich steht; ich bin jetzt wohl 4 Wochen gewesen, dass ich weder an Leib noch an Ehre von Jemand
angerennt bin, wider meine alte Gewohnheit, und fürchte,
dass Gott meiner vergessen habe". Gewiss, die bittersten, aber
auch die fruchtbarsten dieser Leiden waren dem Herzen, das
doch gegen Alle so mild war, diejenigen von Seite der Nebenmenschen. Es war zu der Zeit, als er so recht mitten im
Leiden sass, „wenn er dann unterweilen in das Siechhaus ging,
um seinem Leibe ein Gemächlein zu verstatten, oder wenn
er schweigend bei Tische sass", dass er von seinen Mitbrüdern
geradezu noch mit Spottreden und mit ungebührlichen Worten
„geübt" wurde. Als er nun einmal in einer „minniglichen Rechnung mit Gott", mit Berufung eben auf die Mildigkeit seines Wesens im Gegensatz zu der sich an ihm übenden Bosheit der
Menschen, sein Herz zu erkühlen suchte, — „denn wiewohl
das ist, dass du Niemand etwas schuldig noch verbunden bist
von deiner grossen Herrschaft, so geziemt doch wohl deiner

unmässigen Güte, dass du ein volles Herz sich mit dir erkühlen lassest von deiner Gnade, das Niemand anders hat, dem
es klage oder der es tröste" — da ward ihm von Gott „eingeleuchtet": seine kindliche Rechnung komme daher, dass er
des gelittenen Christus Wort und Weise nicht allzeit eben
wahrnehme; es genüge Gott nicht eines gütigen Herzens, er
wolle n o c h m e h r; „wenn du von Jemand misshandelt wirst,
sollst du das nicht allein gedultiglich leiden; du musst dir selbst
auch also gar untergehen, dass du nicht schlafen gehest, ehe
dass du hin zu deinem Widerpart kommst, und, sofern es möglich ist, sein wüthendes Herz beruhigest; damit benimmst du
ihm Schwert und Messer und machst ihn ohnmächtig seiner
Schalkheit". Das sei der vollkommene Weg Christi. S. folgte
der „Einleuchtung" und entwaffnete auf diese Weise seine
Gegner; wenigstens erzählt er einige Beispiele.

So lernte er immer mehr „den hohen Adel des Leidens",
und wie man es „Gott in lobender Weise wieder auftragen
solle". Und wie er einst in seinem minnereichen und dich-
terischen Herzensdrang für alles Lustliche und Wonnigliche
in allen Kreaturen Gott gelobet, ja alle Kreatur in diess Lob
mit hätte hinein und hinauf ziehen mögen, so brach er nun in
ein neues und „seltsames" Lob, das ihm nun erst bekannt
geworden, über die Herrlichkeit und Seligkeit a l l e s L e i -
d e n s aus. (Es ist diess ein Pendant zu jenem sursum corda).
„Ich begehre von meines Herzens grundlosem Abgrund, dass
alles Leiden und Leid, das ich je gelitten, und dazu aller Herzen Wehthun und Herzenleid, aller Wunden Schmerz, aller
Siechen Aechzen, aller traurigen Gemüther Seufzen, aller
verdrückten Menschen Schmach, aller dürftigen Wittwen und
Waisen Noth, aller armen und hungrigen Menschen dürrer
Mangel, aller Märtyrer vergossen Blut, aller fröhlichen Jugend Willenbrechen, aller Gottesfreunde wehthuende Uebung,
und all das verborgene und offenbare Leiden und Leid, das
ich oder irgend ein arbeitsamer leidender Mensch je gewann
an Leib, an Gut, an Ehre, oder das je ein Mensch immer mehr
erleiden soll bis an den jüngsten Tag, dass dir das ein ewiges
Lob sei, himmlischer Vater, und deinem eingebornen leidenden Sohne von Ewen zu Ewen (Aeon). Und ich dein armer

Diener, fährt S. fort in einer Weise, die an ähnliche Anschauungen und Empfindungen Tauler's erinnert (S. 233 ff.),
begehre heute aller leidenden Menschen, die vielleicht ihrem
Leiden nicht könnten genug thun mit geduldigem, dankbarem
Gotteslob, getreuer Verweser zu sein, dass ich ihr Leiden
an ihre Statt löblich auftrage, in welcher Weise sie je leiden
mögen, und opfere es dir an ihrer Statt, als ob ich selbst
das allesammt nach meines Herzens Wunsch an meinem Leibe
und Herzen allein erlitten hätte, und biete es heute dar deinem
eingebornen, leidenden Sohne, dass er ewiglich davon gelobet
und die leidenden Menschen getröstet werden, sie seien noch
hier in diesem Jammerthal oder in jener Welt in deiner Gewalt". —

Es fällt wohl in diese spätere Zeit seines Lebens, dass er
zum Prior von seinem Konvent gewählt wurde. Es waren
„schwere" Jahre, man wollte dem Kloster „weder Brod noch
Wein" geben; es „kam in grosse Schulden". Gewiss nicht
aus Neigung, noch um seiner administrativen Fähigkeiten
willen hatte ihn das Konvent gewählt; sondern wohl in der
Hoffnung, der Ruf seiner Heiligkeit möchte dem Kloster wieder aufhelfen. S. nahm die Stelle, wiewohl ungern, an. Im
Briefbüchlein (7r B.) findet sich ein Brief, darin er sich mit
vielem Verstand ausspricht, „wie sich ein Mensch in aus-
tragenden Aemtern halten soll". „So das Amt von Gottes
Ordnung (nach Paulus) euch zugefallen, so ordnet es auch
also, dass Gott davon nicht entehret werde und ihr bärlich
entrichtet". Zwar „zu dieser Zeit Meisterschaft und Pflegamt
haben und dem recht thun", das sei allerdings nicht „Gemaches
pflegen", sondern „ein marterliches Leben"; denn „da ihr
Hülfe und Rath solltet haben, seid ihr rathlos; da ihr dann
solltet Unterthänigkeit finden, findet ihr Widerstand". Dessen-
ungeachtet solle man sich nicht weigern, man solle in seinem
Amte „das Beste thun. das man verstehe", so seie man „ledig", ob es auch nicht das Beste an und für sich sei, und im
Uebrigen auf Gott vertrauen: „der Herr, den ihr da meinet,
der euch das zugeworfen hat ohne euer Zuthun, der mag euch
wohl darin nach eurem Besten versehen, nach seinem Lobe
und eurer Seligkeit". Das sage er nicht, dass man sich, „als

Viele thun", zu dem Amte „anbiete", aber dass man es als von Gott geduldiglich annehme. In der Führung des (Kloster-) Amtes stellt er den Grundsatz an die Spitze, man solle „Gott mehr ansehen, denn leiblichen Nutzen". „So das Geistliche zergeht, so ist es schier aus an leiblichen Dingen.... Gottesdienst fördern soll euch ob allem empfohlen sein". Im Verhalten zu den B r ü d e r n verlangt er „süssen Ernst", Unpartheilichkeit, strenge Sittenzucht, eigenes sittliches Vorbild. „Ihr sollet mehr von Minne denn von Furcht gebieten; Uebel mit Gut überwinden: ein Teufel treibt den andern nicht aus". „Seid gemein in den Haltungen, dass Freund und Feind gleich das Joch tragen, das gebärt Frieden". „Die Jungen haltet in Meisterschaft", denn „übelgezogene Jugend ist eine Zerstörung geistlichen Lebens". „Da ihr nicht möget beissen, da bellet aber. Möget ihr geistliche Zucht nicht gänzlich wiederherstellen, so achtet doch, dass die Zucht nicht noch mehr erschlaffe; der ein zerbrochenes altes Kleid nicht wieder ausbessern will, so ist es bald alles zerschlissen". Im Uebrigen „sollet ihr euren Untergebenen gut Bild vortragen, und mit Werken mehr denn mit Worten lehren.... Ihr sollet auch eurer selbst nicht vergessen, oft im Tage in euch selber kehren, sonderlich zweimal des Tages: spät und früh". Das sind die Grundsätze Suso's. Dabei „verweget euch Eines, denn das muss sein: so ihr euch fleisset, das Allerbeste zu thun, dass man das für das Böseste von euch wird aufnehmen; und gen denen ihr euch allermeist der Tugend fleisset, da wird euch mit Untugenden gelohnet; es mag Niemand allermänniglich gleich wohl gefallen; wollet ihr das, so widerstrebet ihr Gott und der Wahrheit; böser Leute Schelten ist guter Leute Lob". „Nun sprechet ihr vielleicht: greif ich das so an, so gewinne ich Unfrieden, so sprech' ich, selig ist d e r Unfriede, denn d e r Unfriede gebiert den ewigen Frieden". Dagegen solle man sich vor dem falschen Frieden (Jerem. 6, 14) hüten. „Suchet Gottes Lob und Ehre, als der liebe Christus seines ewigen Vaters Ehre suchte und liess sich darum haben. Ihr klaget euch zu fast; es rinnet euch noch nicht das Blut aus den empfangenen Wunden das Antlitz ab, als es den Märtyreru that".

Von Suso's Amtsführung wissen wir nur wenig. Gleich
den Tag nach seinem Amtsantritt versammelte er seine Brüder
zu einem Kapitel und forderte sie zu einem gemeinschaftlichen
Gebet in ihrer Noth auf. Einige fingen schon heimlich an,
seiner zu spotten: „wähnet er, dass Gott den Himmel aufthue
und uns Essen und Trinken herabsende? Sind wir nicht Tho-
ren, dass wir ihn zum Prior machten, da wir doch wohl wussten, dass er unkundig ist auf zeitliche Dinge und nur immer
aufwärts zum Himmel gaffet"? Ein reicher Chorherr, Suso's
Freund, brachte aber denselben Tag **20 Pfund Konstanzer**
Pfenninge zu einem Anfange; er sei heute Nacht von Gott
„innerlich dazu ermahnet worden". Und so „half Gott und S.
Dominikus, alldieweil er Prior war, dass aller Vorrath da war
und er dazu Alles wieder bezahlte, dass sie nichts schuldig
blieben". Derselbe Chorherr, als er auf seinem Todbette lag,
„besetzte ein grosses Seelgeräthe (Schenkungen zu frommen
Zwecken), hin und her, unter Anderem übergab er auch unserem Suso eine gewisse Summe Geldes zur Vertheilung unter
„arme Gottesfreunde, die ihre Kraft mit strenger Uebung verzehrt hätten". S. nahm den Auftrag nicht gern an, doch liess
er sich bereden, und „fuhr aus in das Land und vertheilte das
Geld, wie er gelobet hatte dem Freunde, hin und her, wo er
getrauete, dass es seiner (des Verstorbenen) Seele am aller-
nützesten wäre"; von der Vertheilung legte er dann seinen
Obern Rechnung ab. Das verursachte ihm nun aber grosse
Widerwärtigkeit. Ein ungerathener Kebssohn des Verstorbenen, der, „was ihm der Herr gegeben", verzehrt hatte, wollte
seine Hand darüber schlagen, und ward, da „das nicht werden
mochte", wüthend über S., dem er sogar den Tod drohte.
Doch starb er plötzlich. Auch eine „ganze geistliche Gemeinde", der der Chorherr „Grosses" gegeben, hätte noch
überdem jenes Legat gehabt; und S. ward darüber „jämmerlich durchächtet". — Diess ist das Letzte, was wir von ihm
wissen. Sein Priorat scheint er übrigens nicht bis an sein
Ende verwaltet zu haben.

Den 25. Januar 1365 vollendete S. sein „arbeitseliges"
Leben im Dominikanerkloster zu Ulm, wohin er sich, man

weiss nicht wann, begeben hatte. Im Kreuzgange daselbst
wurde er begraben.

Wir wissen bereits, wie E. Stäglin Suso's Leben, wie er
es ihr stückweise mittheilte, heimlich niedergeschrieben hat.
Als dieser „des geistlichen Diebstahls" inne ward, „strafte"
er sie darum; und sie „musste es ihm herausgeben". Er
„nahm es und verbrannte es Alles, das ihm da ward"; es
war aber nur ein Theil. Als ihm nun „das andere Theil auch
ward, und er ihm in gleicher Weise auch wollte gethan
haben, da ward er unterstanden (verhindert) mit heimlicher
Botschaft von Gott, die das wehrte". So blieb denn dieser
Theil, „wie sie es des mehreren Theils mit ihrer selbst Hand
geschrieben hatte". Als die Stäglin im J. 1360 starb, fügte
S. „etwa viel guter Lehre dazu in ihrer Person" (was sich
wohl besonders auf die eigentlich mystisch-metaphysischen
Schlusskapitel bezieht). So ist diese Biographie halb ein Werk
der Stäglin, halb Suso's, man dürfte vielleicht sagen ganz
Suso's, dessen Hand nur die St. in dem Theil war, der von ihr
geschrieben ist und den S. selbst durch die Herausgabe appro-
birte. Er zögerte aber mit der Veröffentlichung, denn er
fürchtete — Verketzerung, deren Anklage er früher schon
erfahren. Er selbst spricht sich darüber aus in der Vorrede
(die den beiden ältesten Ausgaben von 1482 und 1512 vor-
gedruckt ist). Nach reiflicherem Nachdenken aber musste er
sich sagen, dass es „zu diesen Zeiten, nach dem gegenwärtigen Lauf der abnehmenden Menschheit" doch „besser und
sicherer" wäre, das Büchlein zunächst seinen Oberen mitzutheilen, „dieweil er lebte", da es ihm dann noch möglich wäre, sich nöthigenfalls über den Inhalt desselben ver-
antworten zu können; es könnte dann auch nach seinem Tode
von „Unverständigen" oder „Lauen" und „Gnadlosen", wenn
es diesen in die Hände fiele, nicht mehr angegriffen oder gar
„verdrückt" werden, und „müsste also unnutzbarlich vergangen sein". Er sandte es daher dem Provinzial von Deutschland, Meister Bartholomäus von Bolsenheim, zur Prüfung, der
es mit einem ganzen Wohlgefallen seines Herzens überlas".

Bald darauf aber „zuckte der gütige Gott diesen Meister von
binnen", und S. war nun wieder in neuer Verlegenheit. „Also
kam er mit viel grossem Ernst an die ewige Weisheit, und bat
sie, dass sie in der Sache das Beste wiese"; darnach „ward
er erhört"; denn Bartholomäus sei ihm erschienen und habe
ihn zur Veröffentlichung aufgefordert. Wer nun „gar ein guter seliger Mensch-würde, oder den Gott mit schwerem Leiden gemeint hätte, als er gewöhnlich pflegt zu thun seinen
sonderen Freunden", dem, meint S., möchte diess Buch „eine
tröstliche Beholfenheit" sein. In seinem metaphysisch - mystischen Anhang gäbe es auch „gutherzigen Menschen eine lichtreiche Weisung zu göttlicher Wahrheit". — Eine Biographie
freilich, im strengeren Sinne des Wortes, ist diese Darstellung
des äusseren und inneren Lebens Suso's nicht, denn da fehlt
alle Zeitfolge; es wechselt die Erzählung von Kasteiungen mit
derjenigen von Visionen oder von Leiden; hier ist ein Stück
aus dem späteren, dann unmittelbar darauf eines aus dem
Jugendleben. So hat sie ganz den Karakter ihrer Abfassung
beibehalten: wie nämlich S. ein Stück aus seinem Leben mitgetheilt hat, so ist es von der Stäglin niedergeschrieben und
eins dem andern angereiht worden; und S. scheint hieran
nichts haben ändern zu wollen. Auch geht diese Biographie
theilweise von einem besondern Standpunkte aus, ist in einer
speziellen Absicht geschrieben, man möchte sagen vom Standpunkte der Leiden, in ähnlicher Weise, wie Abälard's Lebensskizze (historia calamitatum); denn eben diese bruchstück-
weisen Erzählungen, die S. der Stäglin mittheilte, sollten diese
trösten in ihrem Leiden und sie zur Gelassenheit führen. Anderseits, so lückenhaft sie ist, versetzt sie uns in eine Richtung
und in Kreise jener Zeit mit einer Anschaulichkeit, die alle
abstrakte Karakteristik weit hinter sich lässt, auch enthüllt
sie uns in ihrer kindlichen Einfalt Suso's Karakter auf
eine Weise, dass nicht leicht ein Anderer gefunden werden
wird, der die Erforschung seines innersten Seelengrundes
dem einigermaassen kundigen Forscher so leicht gemacht, als
diese durch ihre ungefälschte Lauterkeit bis in ihre tiefste
Verborgenheit durchsichtige Natur. Uebrigens gibt uns S. in
dieser Selbstbiographie zugleich „einen Typus der Anschauung,

die er sich von der inneren Entwickelung eines geistlichen
Menschen gebildet hatte".

An diese Lebensskizze, die wir gewissermassen der Stäglin zu verdanken haben, reiht sich das Büchlein „von der
ewigen Weisheit", deren Diener S. bekanntlich sich am liebsten genannt hat. Er verfasste es in hochbegnadigten Augen-
blicken, in Folge von Inspirationen und „göttlichem Zwang",
wie einer, der „das Göttliche litt"; wesswegen er auch einmal sagt, Gott habe es durch ihn gemacht. Das finden wir
ganz nach seiner Art, überhaupt nach der Art jener Gottesfreunde. So sagt auch Rulman Merswin, er sei „von Gott bezwungen worden". Im Nachwort des Büchleins sagt S., er
sei „dess gewohnt gewesen, dass ihm alles deutlich eingegeben
worden"; und er habe allemal gewartet, „bis es ihm von Gott
würde"; einmal, schon fast am Schlusse, sei er „manchen
Monat gestanden in Unterzogenheit, dass es ihm nicht konnte
werden". Aehnlich spricht er in dem Prolog, worin er das
Büchlein seinem Ordensmeister vorlegt, von „geistlichen
Offenbarungen", die ihn allemal zum Schreiben trieben und
ihm den Inhalt selbst mittheilten; was er dann aber ausser
diesen Momenten aus sich habe zusetzen oder sonst woher
nehmen oder sammeln wollen, das sei ganz schaal gewesen.
Uebrigens hätte er alles in diesen Weihestunden Niederge-
schriebene nachher genau darauf angesehen, dass sich
nichts darin fände, was mit den Vätern oder der Schrift im
Widerspruch stünde. — Auch diese Schrift wollte er, wie
seine Lebensskizze und aus denselben Gründen, anfangs keiner
Oeffentlichkeit übergeben: er fürchtete „Neidische und Hä-
mische", welche „göttliche Gnadengaben abergläubische Er-
dichtungen, und heilige Offenbarungen phantastisches Täusch-
werk" nennen, weil sie „das, was des h. Geistes sei", nicht
„gekostet" hätten, die dagegen nur die logische Methode
oder zweideutige Propositionen als „sichere Beweise" wollen
gelten lassen — der bekannte Gegensatz der scholastischen
Methode und der Mystik mit ihrem inneren Leben; aber die
göttliche Weisheit, sagt S., habe es ihm — es ist ganz wie
mit seiner Lebensskizze — nicht zugelassen; die „Mutter"
mit ihrem „Sohne" sei einer Person erschienen, und habe

ihm durch diese befohlen, dass er sein Büchlein allen „gottliebenden" Menschen mittheile. Um nun sicher zu gehen, legte
er es, eben mit diesem Vorwort, dem Ordensmeister Hugo
von Vaucemain zur Prüfung vor (wie er später auch sein
„Leben" dem Provinzial Bartholomäus übersandt hat). Zu diesem Behufe, da Hugo wohl nicht deutsch verstand, übersetzte
er es selbst ins Lateinische und gab ihm den Titel: „horolo-
gium æternæ sapientiæ" („Uhrwerk der ewigen Weisheit"),
weil es ihm in einer Vision unter der Gestalt einer kunstreichen, kostbar verzierten, himmlisch klingenden und Aller Herzen nach Oben ziehenden Uhrwerks erschienen sei. Da Hugo
dem Orden von 1333—1341 vorstand, so muss S. das
Schriftchen in diesen Jahren und zwar vor 1338 (s. unten den
Brief Heinrichs von Nördlingen) verfasst haben. Es passt auch
mit seinem Inhalt ganz in diese Zeit; denn in der Vorrede zu
dem Büchlein spricht er von der Zeit, da es ihm anfangs noch
bitter gewesen sei, Gott (Christus) nach seinen Leiden zu betrachten, bis er sich darin „geübt", und dann sei ihm „die vordere
Härtigkeit in eine innerliche Süssigkeit verkehrt worden";
auch sei ihm in Folge dieser „Betrachtungen" (Kreuzes-Andacht) „mancher lichte Einfluss göttlicher Wahrheit" geworden. Nun kennen wir diese Periode der Kreuzes-Andacht, die
auf seine fröhliche Gottesminne folgte, und in diese muss die
Abfassung der Schrift gefallen sein, in welcher er durch Darstellung der Passion Christi, der für uns fleischgewordenen
Weisheit, in einer Art von Bildern (Tableau's) die Seele
von der Minne der Welt zur Minne der ewigen Weisheit em-
porziehen will. Das Büchlein ist (wie auch R. Merswin in
Form eines Gesprächs zwischen Gott und ihm sein Büchlein
von den neun Felsen eingekleidet) in dialogischer Form abgefasst, „als ob der Jünger fragte und die Wahrheit antwortete",
und S. versichert, „die Antworten seien genommen entweder
von der ewigen Weisheit Mund, die sie selber sprach in dem
Evangelio, oder aber von den höchsten Lehrern", entweder
wörtlich oder doch dem Sinne nach; er selbst aber habe in
der Rolle des Fragenden „aller Menschen Person angenommen"; bald rede er „in eines sündigen Menschen Person",
bald „in der minuenden Seele Bild", darnach als die Materie

sei. Das Büchlein wurde bald sehr beliebt noch zu Lebzeiten
Suso's. So heisst es in Heinrichs von Nördlingen zehntem
Briefe an die Ebnerin (ums J. 1338 geschrieben): „Ein Buch
hab' ich gesandt dem Prior zu Kaissheim (Abtei Kaisersheim in
Baiern), das ist das Buch, das man nennt Orologium sapientiæ,
latein, und das ist unseres lieben Vaters Taulers (wahrscheinlich von Suso selbst seinem lieben Freunde Tauler mitgetheilt
zum Abschreiben); das heiss dir leihen, so er es abgeschrieben: das hab' ich ihm geschrieben, und schreibet ihr es dann
ab dem Konvent, dass es allezeit bei euch bleibe. Ich getraue Gott, dass er davon gelobt werde". — Die dritte Schrift,
in derselben dialogischen Form, ist das Büchlein „über die
Wahrheit" nebst den schon genannten Schlusskapiteln der
Lebensbeschreibung, die eigentlich m y s t i s c h - metaphysische
Schrift Suso's, der in derselben zugleich einen polemischen
Zweck verfolgt: vor der falschen Mystik zu warnen; und einen
apologetischen: durch Darlegung des Unterschieds der falschen Mystik von der wahren letztere gegen die Verdächti-
gungen der Ketzerei zu rechtfertigen, wie er denn selbst auch
seinen Lehrer Eckard darin vertheidigt. In der schon genannten Vorrede sagt er: „So bei unsern Zeiten etliche ungelehrte
und doch vernünftige Menschen die hohen Sinne (Aussprüche)
der Schrift(en) von den Lehrern (besonders Eckards, meint er)
verkehrlich genommen haben nach ihrem selbsteigenen und
wilden Grunde, und sie auch also angeschrieben haben und nicht
nach der Meinung der h. Schrift (der Schriften dieser Mystiker),
so weiset er (nämlich S.) hier den Menschen in demselben höchsten Sinn mit Unterschied auf den rechten Weg und auf die
einfältige Wahrheit". W a n n er die Schrift verfasst, ist unbekannt; jedenfalls in seiner späteren Periode; doch v o r der
Schlussredaktion seiner Lebensbeschreibung, da er sich in
dieser auf jene beruft. Es ist in ihr Alles nur hingeworfen,
nicht ausgeführt; Einiges dunkel; an einigen Orten scheint der
Text geradezu verderbt. — Die vierte Schrift ist das sogenannte „B r i e f b ü c h l e i n". E. Stäglin hatte aus allen Briefen, die S. ihr und andern seiner geistlichen Kinder gesendet,
eine Sammlung, ein Buch gemacht; „aus dem nun hat er ein
Theil (eine Auswahl von nur eilfen — eben diess „Briefbüchli")

genommen und hat sie gekürzt". — Seiner P r e d i g t e n haben wir nur wenige; manche von ihm mögen anonym, manche unter fremdem Namen oder doch unter fremden Samm-
lungen kompariren; einige sind nur Umschreibungen oder
weitere Ausführungen einzelner Kapitel aus dem Büchlein
der ewigen Weisheit.

Da diese Schriften, besonders das Büchlein von der Weisheit — ein Beweis übrigens von dessen schneller Verbreitung und
Popularität — „in nahen und fernen Landen von mancherlei
unkönnenden Schreibern ungänzlich" abgeschrieben wurden,
„dass ein Jeder dazu legt und davon nimmt nach seinem
Sinn", so machte S. eine authentische Sammlung, „ein recht
Exemplar nach der Weise, als sie ihm des ersten von Gott
eingeleuchtet worden sind". Diess „Exemplar" enthält eben
die vier obigen Schriften in der (allerdings nicht nach der
Zeit ihrer Abfassung geordneten) angegebenen Reihenfolge.
Diese Schluss-Redaktion seiner Schriften liess es S. lebhaft
fühlen, was es doch ein Anderes sei: der todte Buchstabe
auf dem Pergamente und das innerlich lebendig-vernommene
und lebendig-wiedergegebene Wort! Er ermahnet daher die
Leser, seine Worte nicht bloss nachzulesen, sondern in ihrem
ursprünglichen Geiste nachzuempfinden. Es ist diess eine
köstliche Stelle. „Ein Ding, sagt er, soll man wissen: als
ungleich ist, der ein süsses Saitenspiel selber hört süssiglich
erklingen gen dem, dass man allein davon hört sprechen, also
ungleich sind die Worte, die in der lautern Gnade empfangen
werden und aus einem lebendigen Herzen durch einen lebenden Mund ausfliessen, gen denselben Worten, so sie auf das
todte Pergament kommen, und sonderlich in deutscher Zunge,
denn so erkalten sie und erbleichen wie die abgebrochenen
Rosen.... Es klang nie eine Saite so süss, der sie richtet
auf ein dürres Scheit, sie verstummet.... Darum soll ein
fleissiger Mensch den ausvergangenen Runsen (Ausflüssen)
dieser süssen Lehre nacheilen, dass er sie lerne-ansehen nach
dem Ursprung, da sie in ihrer Lieblichkeit und in wonniglicher Schönheit waren". In dieser Weise wünschte S., dass
seine Schriften gelesen würden. „Und wer sie so an-
blicket, der mag kaum sie überlesen, sein Herz muss innig-

lieh bewegt werden, entweder zu inbrünstiger Minne oder zu
neuem Lichte oder Jammer (Sehnsucht) nach Gott und Missfallen der Sünde, oder aber zu etlicher geistlicher Begehrung,
in der die Seele dann erneuert wird in Gnaden".

Die Mystik Suso's.

Die Voraussetzungen.

Gott; Trinität.

„Den Menschen, die wieder eingeführt werden sollen,
denen ist sonderlich zu wissen ihr und aller Dinge erster Beginn oder Anfang; denn in demselben ist auch ihr jüngstes
Länden". Mit diesem obersten praktischen Satz begründet
S. die Nothwendigkeit des Ausgangspunkts seiner Mystik von
der Betrachtung Gottes. Dass nun „Etwas" sei, das überall
das „Erste" sei, darüber kämen Alle, „die von der Wahrheit je sprachen", überein. Diess Wesen, „grundlos", „einfältig", „weislos" und „ungemessen", wie es in sich sei, sei
nun aber als solches eben auch „unbegriffen (unbegreiflich)
aller kreatürlichen Vernünftigkeit" und darum auch unde-
finirbar, „namenlos" naeh „kreatürlicher Nehmung"; und i n-
s o f e r n „möchte man Gott mit dem Areopagiten eher ein Nichtwesen nennen", ein „Nicht", „Nichts", d. h. ein Nicht-Icht, „ein
Nicht-Etwas nach allem dem Wesen und Icht, das wir ihm
nach kreatürlicher Weise zulegen mögen, ... ein Nicht aller der
Dinge, die man besinnen oder geworten mag"; ein Nicht,
„nicht von seinem Nichtseyn, sondern von seiner übertreffen-
den Ichtigkeit und Unbegriffenheit"; denn „was man ihm dess
in s o l c h e r Weise zulegt, das ist in etlicher Weise falsch,
und seine Läugnung ist wahr", und „was man von ihm spricht,
Gottheit oder Wesen, oder was Namen man ihm gibt, die
sind ihm nicht eigen naeh dem, als die Namen sich bilden in
der Kreatur". Indessen sei es für den Menschen doch unum-
gängliches Bedürfniss, „so man von einem Ding reden soll, wie

übertrefflich oder übermerklich es sei", ihm „etwas Namen
zu schöpfen".

Der „erste" Name nun, den S. Gott beilegt, ist: „W e -
s e n", „substanzlich" Wesen, das „Nicht" (-nicht Etwas) wie
er Gott vorhin genannt hat — im Gegensatze zu allen kreatürlichen Etwas, oder „Ieht", „allerwesentlichstes Iebt an
sich selber", Wesen „in seiner lautern, blossen Einfältigkeit", nicht „diess und das theilhaftige" Wesen: „nimm allein
Wesen an sich selbst, das unvermischt sei mit Nichtwesen,
denn alles Nichtwesen läugnet alles Wesen, ebenso thut das
Wesen an sich selbst, das längnet alles Nichtwesen". Als lauteres, reines Wesen sei Gott zugleich „a l l i g e s" Wesen.
Es ergebe sich diess, sagt S., aus der Betrachtung des vermischten Wesens; denn vermischtes Wesen oder Nichtwesen
könne man nicht erkennen, denn „mit einem Gemerk des
alligen Wesens". Denn „so man ein Ding will verstehen, so
begegnet der Vernunft zuerst Wesen, und das ist ein alle
Dinge wirkendes Wesen; es ist nicht ein zertheiltes Wesen
dieser oder der Kreatur; denn das getheilte Wesen ist alles
vermischt mit etwas Anderheit, mit einer Möglichkeit, icht
(etwas) zu empfahen". Und darum müsse das namenlose
göttliche Wesen „in sich selbst ein alliges Wesen sein, das
alle zertheilte Wesen erhält mit seiner Gegenwärtigkeit". Es
sei, meint S., eben „eine wunderliche Blindheit menschlicher
Vernunft, dass sie das nicht möge prüfen, das sie vor allem
ansieht, und ohne das sie nichts mag erkennen". Ihr geschehe wie dem Auge, das vor lauter Farbe das Licht nicht
gewahr werde; „so dem ernst ist zu sehen die Mannigfaltigkeit der Farbe, so nimmt es dann nicht wahr des Lichtes,
durch das es das Andere allesammt sieht". Also sei es um
das Auge unseres Gemüthes, das vor lauter zufälligem Wesen
die lautere Wesenheit nicht erkenne; „so das ein Sehen hat
auf diess und das Wesen, so achtet es nicht das Wesen, das
da überall ein lauter, einfältig Wesen ist"; es seien die „zer-
theilten" Wesen, die das Gemüth „zerbreiten" und „blenden",
dass es „die göttliche Finsterniss", die „an sich selbst die
allerlichteste Klarheit" sei, nicht sehen möge. — Als das
Wesen „in seiner blossen Lauterkeit und Einfältigkeit ge-

nommen", sei es „von Niemand", „das Erste ohne Vor noch
Nach", „unwandelbar, ewig, das allergegenwärtigste; das
Allerwirklichste, das Allervollkommenste, in dem nicht Gebrechen noch Anderheit ist, weil es ein einiges Ein ist in
einfältiger Blossheit.... Eins beweiset und bringet das Andere".
Als diess Wesen sei Gott „Leben und Wirken" und „Leben
ist sein Wesen"; und sein Wesen „ist Vernünftigkeit", „lebende", „wesende", „istige", die „sich selbst verstehet
ohne Werke der Erkenntniss" und „alle Dinge in sich
selbst und mit sich selbst"; und sei „grundlose Lust und
Freude in ihm selbst". Zugleich sei es als das Wesen und
Leben das Leben aller Leben, die „erste, oberste Ursache
aller sächlichen (geschaffenen) Wesen", aller ihrer Vernünftigkeit, Seligkeit u. s. w. und „sind alle Dinge da als in ihrer
Neue und in ihrer Erste und in ihrem ewigen Anfang"; wesswegen da „ein gelassener Mensch anfahet und endet in ordentlicher Eingenommenheit". Von seiner „besondern Gegenwärtigkeit umschleusset Gott alle zeitliche Gewordenheit als ein
Anfang und ein Ende aller Dinge; er ist zumal in allen Dingen und ist zumal ausser allen Dingen. Darum spricht ein
Meister: Gott ist als ein zirkelicher Ring, dess Ringes mittler
Punkt allenthalben ist und sein Umschwank nirgends".

　Diese Entwickelung geht gewissermassen vom Begriffe des
Absoluten aus, ist a priori. S. schlägt aber noch einen andern
Weg, um „etwas Kundschaft von Gott zu gewinnen", ein;
er geht von der Welt, der Schöpfung aus, von dem Naturlauf.
„Das göttliche Wesen ist ein solche vernünftige Substanz,
die das tödtliche Auge nicht schauen mag in ihm selbst; man
sieht ihn aber wohl in seiner Gethat, wie man einen guten
Meister spüret an seinen Werken. Denn, wie Paulus sagt,
die Kreaturen sind wie ein Spiegel, in dem Gott wiederleuch-
tet". Diess Erkennen in diesem Spiegel nennt S. deshalb „ein
Spekuliren" (Erspiegeln); und hier ist er mit seinem hochpoeti-
schen Geiste auf seinem Felde. Wie wird ihm sein Herz so
weit von diesem Spekuliren! „Lass uns eine Weile allhier
bleiben und lass uns spekuliren den hohen würdigen Meister
in seiner Gethat. Lug über dich und um dich in die vier Enden der Welt, wie weit, wie hoch der schöne Himmel ist in

seinem schnellen Lauf und wie adelig ihn sein Meister gezieret
hat mit den sieben Planeten, und wie er gepreiset ist mit der
unzähligen Menge des lichten Gestirns. Ach, so die schöne
Sonne ungewölkct heiterlich aufbricht in der sommerlichen
Zeit, was sie dann emsiglich Frucht und Gutes dem Erdreich
gibt; wie der Anger schön grünt, Laub und Gras aufdringet,
die schönen Blumen lachen; Wald und Haide und Auen von
der Nachtigall und der kleinen Vöglein süssem Gesang wieder-
hallen; alle Thierlein, die von dem argen Winter verschlossen
waren, sich hervormachen und sich freuen und sieh zweien
(paaren); wie in der Menschheit Jung und Alt von wonne-
gebärender Freude sich fröhlich geberden! Ach, zarter
Gott! bist du in deiner Kreatur also minniglich,
wie bist du in dir selbst so gar schön und
minniglich! — Nun denn, nun hast du deinen Gott gefunden, den dein Herz lange gesucht hat.... Nun empfahe
ihn mit den endlos ausgestreckten Armen deiner Seele und
sage ihm Dank und Lob, dem edlen Fürsten aller Kreatur".
Solcher Spekulationstöne hat S. oft und viel angeschlagen.
„So ich hübsche lebende Bilder, holde und leutselige Kreaturen anblicke, so sprechen sie zu meinem Herzen: ei, wie
recht holdselig der ist, von dem wir geflossen sind! Ich
durchgehe Himmelreich und Erdreich, die schreien allesammt
in meine Ohren ein reichliches Getön deines grundlosen Lobes". Und dann erst die sittliche Weltordnung! „wie grundlos, schön und ordentlich ordnest du alle Dinge, beide, übel
und gut". Aber „gehe ich in die allerschönsten Kreaturen,
in die höchsten Geister, in die lautersten Wesen, das über-
gehest du alles unsäglich; gehe ich in den tiefen Abgrund deines eigenen Gutes, Herr, da verschwindet alles Lob vor Kleinheit". Wenn er nun gedenkt, dass diesen Gott, dieses
höchste Gut der Seele, seine Seele sich ihr selber „zu
einem einigen geminnten Lieb" auserküren darf und auserkoren hat — „mein Herz möchte vor Lob in mir selber zer-
springen und kraftlos werden". —

Das einfältige lautere Wesen ist aber, entwickelt S. weiter,
zugleich ein sich mittheilendes, eben weil es absolut „einfältig" ist, denn „ein jegliches Wesen, so es je einfältiger ist an

sich selbst, so es je mannigfaltiger ist an seiner kräftigen Vermögenheit. Das nichts hat, das gibt nichts; das viel hat, das mag
viel geben". Nun ist Gott ein „einfliessendes und überfliessendes
Gut in sich selbst; dessen grundlose, übernatürliche Gutheit
zwinget sich selbst, dass er das nicht allein will haben, er
will es auch fröhlich in sich selbst und aus sich theilen". Ehen
in dieser „vermögenden Kraft", in dieser „höchsten Gutheit"
fiudet S. das, „was diesem Wesen den ersten Ausblick gibt
zu wirken, und allermeist zu seinem eigenen Werke, das da
ist geben" (sich mittheilen); mit andern Worten: das Prinzip
der Dreieinigkeit (und weiterhin der Schöpfung), d. h. einer
w e s e n t l i c h e n und p e r s ö n l i c h e n Entgiessung. Denn
„das muss von Noth sein, dass das oberste Gut die höchste
und nächste Entgiessung habe s e i n e r s e l b s t, und das mag
nicht sein, sie sei denn in einer Gegenwärtigkeit und sei
innerlich, substanzlich, persönlich, natürlich und in unge-
zwungener Weise nothdürftiglich (frei-nothwendig), und sei
endlos und vollkommen". Um diese „substanzliche und persönliche" Entgiessung klarer zu machen, weist er auf „den
Unterschied der Entgiessung der Kreatur von der Entgiessung
Gottes" hin. Wie die Kreatur ein zertheiltes Wesen sei, so
sei auch ihr Geben und ihr Entgiessen getheilt und gemessen. „Der menschliche Vater gibt seinem Sohn in der Geburt
einen Theil seines Wesens, aber nicht zumal und ganz das,
was er ist; denn er selbst ist ein getheiltes Gut". Um so viel
inniger und edler nun die Einzigkeit und Grösse des Gutes sei,
um so viel inniger müsse auch die Entgiessung sein. Nun
übertreffe Gott „grundloslich" alles andere Gut; so müsse
auch die höchste Entgossenheit, die von der obersten wesentlichen Gutheit dringe, eine „Entgiessung seines Wesens nach
persönlicher Eigenschaft", die „alleroberste und allernächste
Mitwesenheit, die höchste Gleichheit und Selbstheit des Wesens" sein.

Soviel im Allgemeinen über die Trinität und ihre göttliche
Nothwendigkeit, sowie über die Nothwendigkeit der P e r s o n e n
in derselben einerseits und ihrer göttlichen Mitwesenheit anderseits.

Ins E i n z e l n e nun n ä h e r eingehend, sagt S.: Sofern

„des obersten Gutes lauterste Gütigkeit" (eben die Gottheit,
wie sie von ihm gefasst wird), die da „in ihrem Wesen ein
gegenwärtiglich wirkender Anfang, sich selbst natürlich und
williglich zu minnen", sei, sich als diess setze, was sie an sich
sei, sei sie zunächst Vater, der, als solcher, „der Ausfluss
der Gottheit", zugleich „ein Ursprung aller Gottheit des Sohnes und des h. Geistes, persönlich und wesentlich", sei. Mit
dem Vater, als dem „Anfang u. s. w.", sei „die natürliche Entgiessung des Wortes aus dem Vater" gesetzt; denn „der
Ausfluss oder Runs (der Gottheit im Vater) entgiesset sich natürlich in dem ausrinnenden Wort, das der natürliche
Sohn ist". Dieses Wort, dieser Sohn sei nun einerseits göttliches Wesen; denn „in der Entgossenheit des Wortes aus des
Vaters Herzen und Vernunft muss das sein, dass Gott mit seiner lichtreichen Erkenntniss auf sich selber blickt mit einer
Wiederbiegung auf sein göttliches Wesen; denn wäre in der
Vernunft des Vaters nicht der Gegenwurf des göttlichen Wesens, so möchte das empfangene Wort nicht Gott sein, sondern es wäre eine Kreatur, und das wäre falsch". Anderseits
sei das Wort ein Anderes als der Vater; denn „der Wiederblick
des göttlichen Wesens in der Vernunft des Vaters muss geschehen mit einer nachbildenden Weise einer natürlichen
Gleichheit; anders wäre das Wort nicht der Sohn". — Weil
aber „die Substanz der göttlichen Vernunft eine Erkenntniss
ist", so „muss sie auch Neigung haben zu der Form, die in
ihr empfangen ist und sich aus ihr ergossen hat", und diese
Neigung zur Form, als ihrem Ziel und Ende, „ist Wille, dessen
Begehrung ist, Lust suchen nach dem Besten". Insofern daher
der Vater „nach minnereicher Mildigkeit des Willens in den
Sohn sieh ergiesst", und hinwiederum der Sohn „sich nach
Lieblichkeit des Willens in den Vater entgiesst", so ist diess
eine „wiederbiegige Liebe des h. Geistes", die
„nach dem Minnefluss der Vater und der Sohn entgiessen". —
Der „Ausblick" des Vaters in dem Wort heisse aber Geburt,
Sohn, weil er sei „nach Form der Natur", doch in persönlichem Unterschied. Weil nun aber „der Gegenwurf des Geminnten in dem Minner nicht ist nach Gleichniss der Form
der Natur", weil „bei dem Ausruns (Ausfluss) des Willens und

der Minne nicht diese Weise ist", wie bei der Entgiessung des Wortes vom Vater, darum „mag er weder Sohn heissen noch geboren"; sondern „weil diese Minne vernünftig oder geistig ist in dem Willen, als eine Neigung oder ein Minneband inwendig in dem Minner in das, das er minnet, darum ist zugehörig der dritten Person der Ursprung, der da ist nach der Minneweise des Willens, dass er G e i s t heisse".

Suso versucht auch eine b i l d l i c h e Darstellung dieses Verhältnisses nach dem Vorgange eines „weisen Meisters", wiewohl es für Bildloses, Weisloses allerdings kein Gleichniss gebe, oder ein solches, das „tausendfältig ungleicher sei, denn es gleich sei". Man möge sich Gott nach seiner Gottheit „als einen viel weiten Ring vorstellen, dess mittler Punkt allenthalben sei, und sein Umschwank nirgend". Wer nun „mit einem Stein mitten in ein stillstehend Wasser fest würfe; da würde ein Ring in dem Wasser, und der Ring von seiner Kraft machte einen andern und der aber einen andern; und nach Vermögenheit des ersten Wurfes würden auch die Kreise weit und breit. Das Vermögen des Wurfes möchte also kräftig sein, dass es das Wasser alles überginge".

In diesem trinitarischen Prozesse habe sich, sagt S., die Gottheit „nach Nehmung (Vorstellungsweise) unserer Vernunft, zu Gott geschwungen"; zwar Gottheit und Gott seien „Eins in dem Grunde", aber doch „so wirket noch gebiert Gottheit nicht, aber Gott wirket und gebiert". Ein ähnlicher Gedanke ist es, wenn er sagt: die Einigkeit habe „ihre Wirklichkeit" an der Dreiheit, die Dreiheit ihre „Vermögenheit" an der Einigkeit.

Weniger beschäftigt sich Suso mit dem Verhältniss der Wesens-Einheit und der Personen-Dreiheit. Dann aber leidet, wie gewöhnlich, entweder das eine oder das andere Moment; wenn er z. B. das Wesen durchführt, so werden die Personen zu „wechselbezügigen Eigenschaften". In der göttlichen Natur, sagt er, sei nichts anderes, denn Wesen und die wiedertragenden E i g e n s c h a f t e n; diese aber „legen durchaus nichts zu den Wesen"; sie hätten nur „Unterschied gen dem sie sind, das ist, gen ihrem Gegenwurf"; göttliche Natur sei darum „nicht einfältiger an ihr selber, denn der Vater in derselben Natur genommen oder eine andere Person".

Offenbar enthält in der begrifflichen Entwickelung der
persönlichen Unterschiede in der Trinität die Scholastik einen
grösseren Reichthum subtiler Distinktionen, aber das Eigenthümliche der Mystik in diesem Dogma liegt eben darin, den
trinitarischen Prozess als eine Nothwendigkeit der göttlichen
Natur zu setzen, und zugleich in ihr eine s t e t e B e z i e h u n g
a u f d i e W e l t und der Welt zu ihr festzuhalten.

Schöpfung („der Kreatur gewordentlicher Ausbruch«); Welt; der Mensch.

Mit Tauler (und Eckard) spricht auch S. (platonisch-areo-
pagitisch) von einem ewigen ideellen Seyn der Kreaturen in
Gott vor ihrem „gewordentlichen Ausbruch". „Alle Kreaturen sind in Gott gewesen als in ihrem ewigen Exemplar (Idee)".
Sie hätten da „keinen gründlichen (sachlichen) Unterschied
gehabt", seien „dasselbe Leben, Wesen und Vermögen, soweit sie in Gott waren, dasselbe Ein und nicht minder" gewesen. In die Anderheit traten sie erst als kreatürliche „nach
dem Ausschlage", da sie „ihr eigen Wesen nehmen"; denn da
„hat ein jegliches sein besonder Wesen ausgeschiedentlich
m i t s e i n e r e i g e n e n F o r m, die ihm natürlich Wesen
gibt". So, indem die idealen Existenzen Form erhielten,
wurden sie erst b e s o n d e r e u n d w i r k l i c h e E x i s t e n -
z e n — kreatürliche, „denn Form gibt gesondert Wesen
und geschieden, beide, von dem göttlichen Wesen und von
allen andern; denn der Stein ist nicht Gott, noch ist Gott der
Stein; wiewohl das ist, dass er und alle Kreatur v o n Gott
sind, was sie sind." Durch d i e s e Begriffsbestimmung der
Kreation hat sich S. von den mystisch-pantheistischen Ketzern,
welche sagten, Gott sei Alles, „selbst der Form nach", geschieden. Mit der Schöpfung, als in welcher die Dinge ihre
Formen und ihre eigenen besondern Existenzen genommen,
sei eben zugleich auch der Unterschied des Schöpfers und der
Kreaturen gesetzt, und „haben alle Kreaturen ihren allmächtigen und ewigen Gott gewonnen"; denn im Moment, „da
Kreatur sieh Kreatur findet", ist ihr auch die Idee ihres Schöpfers entgegengetreten, in der sie selbst zuvor aufgegangen,

ist sie „vergichtig (eingeständig) ihres Schöpfers und ihres Gottes". So ernstlich und klar wird von S. der Schöpfungsbegriff festgehalten — ausführlicher als es von Tauler geschehen ist.

Diesen schöpferischen Akt begründet S. eben in Gottes Wesen als unendlichem, übergiessendem Leben, das wie Prinzip der immanenten Trinität, der Selbst- und Wesens-Offenbarung, so auch der Offenbarung naeh Aussen, der Welt-Offenbarung, „alle gewordene Ichtigkeit ausgiessend", ist. So ist es das Eine Prinzip der Mittheilung; aber S. scheidet scharf zwischen der trinitarischen und der kreatürlichen „Entgiessung". Jene ist eine w e s e n t l i c h göttliche, Gott durchweg gleiche, die „höchste" Entgossenheit; diese ist eine kreatürliche Anderheit. Anderseits aber vermittelt er wieder die kreatürliche Entgiessung als mittelbare, sekundäre durch· die unmittelbar göttliche, trinitarische. „Alle andern Entgiessungen, die in der Zeit oder in der Kreatur sind, die kommen von dem Wiederblick der ewigen Entgiessung der grundlosen, göttlichen Gutheit". Näher ist es in der Trinität das W o r t, „von dessen Gebären und Sprechen alle Dinge hervorgesprochen und gegeben werden"; es ist „die geistliche, überwesentliche Geburt", die „eine vollkommene (Ur)Sache" ist, „alle Dinge und Geister hervorzubringen in ihr natürliches Wesen". Eben so findet auch bei S. (wie bei Tauler) der Weltlauf sein Vorbild in dem Trinitätsverhältniss. „Es sprechen die Meister, dass in dem Ausfluss der Kreatur aus dem ersten Ursprung ein zirkeliches Wiederbiegen sei des Endes auf den Beginn; denn wie das Ausfliessen der Person aus Gott ein förmliches Bild ist der Kreatur, also ist es auch ein Vorspiel des Wiedereinfliessens der Kreatur in Gott", wesswegen S., wie er oben „von dem grossen Ringe, der da bedeutet die ewige Gottheit", gesprochen, so auch hier von „kleinen Ringen nach bildreicher Gleichniss" spricht, die „ausfliessen aus dem grossen Ringe" und die „auch bezeichnen mögen den hohen Adel ihrer Vernünftigkeit".

Alle Kreaturen haben aber ihre B e s t i m m u n g, die ihnen Gott aufgedrückt. „Der allige Fürst, das einfältige Wesen, der bewegt alle Dinge und e r ist unbeweglich. Er bewegt, als ein begierliches minnigliches Lieb soll thun: er gibt den Herzen

Eifer und den Begierden Laufen, und er ist still als ein unbeweglich Ziel, dass alle Wesen fahren (nach ihm sich richten) und
begehren. Aber der Lauf und Zug ist ungleich: er macht mit
des Himmels Lauf die Ameisen kriechen, den schnellen Hirsch
hüpfen und den Falken fliegen. Ihre Weise ist ungleich, und
sie haben doch ein Ende, und das ist ein Erhalten ihres
Wesens, das von dem Minneziel des ersten Wesens ausfliesst";
oder wie S. sich auch ausdrückt, „ein jegliches Ding hat ein
Wiederschauen zu seinem Ursprung in widerwürflicher Weise".
Vor allem aber der Mensch, der „nach seinem natürlichen
Wesen ein Spiegel der Gottheit, ein Bild der Dreieinigkeit,
ein Exemplar der Ewigkeit" ist. „Der ewige überwesentliche
Geist, der hat den Menschen geadelt, dass er ihm von seiner
ewigen Gottheit leuchtet; und das ist das Bild Gottes in dem
vernünftigen Gemüthe, das auch ewig ist". Er spricht viel
„von diesem vernünftigen Adel"; auch, wiewohl lange nicht
so häufig als Tauler, von „dem lichten Fünklein der Seele".

In diesem der menschlichen Kreatur aufgedrückten göttlichen Bilde gelange die kreatürliche Gewordenheit in ihrem
Fürsichsein gegenüber Gott gewissermassen potenziell zur Aufhebung dieser Scheidung.

Sünde. Gnade. Christus.

Wenn nun alle Kreatur von Gott für Gott sei, ein
Wiederschauen zu Gott habe, und insonders der Mensch, —
„ach Herr, wannen kommen denn Sünde und Bosheit, Hölle,
Fegfeuer, Teufel und desgleichen"? fragt der Jünger die
Weisheit. Die Antwort ist kurz: „da die vernünftige Kreatur
sollte ein entsinkendes Wiedereinjähen oder Einkehren haben
in das Ein, und sie da blieb ausgekehrt mit unrechter angesehener Eigenschaft (Eigenheit) auf die Seinheit (Selbstheit)
— dannen kommt Teufel und alle Bosheit". Es ist das Ich,
die Eigenheit, „da der Mensch den Auskehr nimmt von Gott
auf sich selbst, da er wieder einkehren sollte, und sich selbst
nach dem Ausfall ein eigen Sieh stiftet, das ist, dass er von
Blindheit sich selber zueignet, was Gottes ist, und laufet da
und verfleusset in der Zeit mit Gebrechen", und „verklebet

das leuchtende Bild" in ihm, das ist es, „das den Menschen irret und ihn der Seligkeit beraubet". Das ist die Sünde, in ihrem innersten Kern, auch die Ursünde, gewesen, die Sünde Luzifers. „Gott hat den Luzifer minniglich geschaffen und adelich geziert. Was that er aber? Er kehrte um mit Wohlgefallen auf sich selbst, mit einem Behagen; er wollte etwas sein zuband in demselben Punkt, wo er Icht sein wollte, da ward er Nicht und fiel. Dessgleichen finden wir in unserm Vater und Mutter, die Gott wunderbar und adelig geziert hatte. Der Teufel bot Frau Eva den Apfel; nein traun! sie wollte ihn nicht, damit sie nicht stürbe und zu nichte würde. Nein, sprach er, ihr sollt werden, ihr sollt sein: Eritis. Dieses Wort war ihr so genehm, und war so beliebt in ihrer Natur, dass sie schnell und unberathen den Apfelnahm und ass". Von den Folgen dieser ersten Sünde spricht S. wohl auch. „Damit sind wir alle zu nichte gekommen und verworden bis an den letzten Menschen, Kinder und Kinds-Kinder. Wer werden will, der muss von Noth entwerden". Doch gibt er nirgends etwas Näheres. Zwar nimmt er, wie sich von selbst versteht, auch die Erbsünde an, spricht auch von einem „verschuldeten menschlichen Keim", den Christus erlösen sollte; es findet sich aber nirgends eine Durchführung. Der Adel der menschlichen Natur ist ihm nicht vernichtet; sie bedarf nur vom Ballast der niedern Dinge entledigt zu werden, und — einer „Pfauenfeder" gleich erhebt sie sieh in die Höhe. S. findet diesen Adel, der ihr noch immer geblieben, besonders in ihrem unendlichen Trieb, in dem sie „ein rechtes Exemplar der Ewigkeit" ist; „wie Gott in seiner ewigen Ungewordenheit das Gut ist, das da ist endlos, also ist sie nach ihrer Begierde grundlos". Von solcher grundlosen Begierde erfüllt, kann sie von nichts befriedigt werden, was nicht Gott ist. „Mich kann nimmer vollwundern, Herr, wie fremd es mir auch bievor war, dass ein grundlos minnendes Herz in nichts denn in dir, tiefe Woge, grundloses Meer, Ruhe finden mag". Diesen unendlichen Zug und zugleich dieses Unbefriedigtsein von allem, was nicht Gott ist, diesen „Widermuth" (Eckel in ihm) hat S. selbst an sich erfahren und oft geschildert. „Mein Gemüth, lässt er den Diener der Weisheit sprechen, hat von

meinen kindlichen Tagen an Etwas gesucht mit einem eilenden Durst und was das sei, das habe ich noch nicht vollkom-
mentlich begriffen; Herr, ich habe ihm manch Jahr hitziglich
nachgejagt und es konnte mir noch nie recht werden, denn
ich weiss nicht, was es ist, und ist doch etwas, das mein Herz
und Seele nach sich zeucht, und ohne das ich nimmer in
rechte Ruhe kann gesetzt werden". Ebendarum kann auch
die Seele von der Welt und Welt-Minne nicht befriedigt werden — ein Punkt, worüber S. unerschöpflich ist. „Ich wollte
es in den ersten Tagen meiner Kindheit suchen, fährt jener
Diener fort, wie ich vor mir thun sah, in den Kreaturen, und
so ich je mehr suchte, so ich je minder fand, und so ich je
näher ging, so ich demselben je mehr fernte; denn von einem
jeglichen einblickenden Bilde hatte ich ein Einsprechen, ehe
dass ich es gänzlich versuchte, oder mich mit Ruhe darauf
ergab, also: Das ist nicht das, das du suchest, und diess Von-
treiben ist mir je und je in allen Dingen vorgewesen.... Herr,
wo ich meine Augen je hinkehrte, da fand ich immer ein
Missfallen; denn war da ein schönes Bild, so war es gnadlos;
war es schön und minniglich, so gebrach ihm Weise; oder
hatte es das auch, so fand ich doch immer Etwas, entweder
von innen oder von aussen, dem der ganze Kehr meines Herzens heimlich widersprach, und in Kundschaft (Erfahrung)
fand ich, dass es sein selbst ein Verdriessen auf sich trug....
Was hab' ich von allem meinem Minnen, denn verlorne Zeit,
verfahrne Worte, eine leere Hand, wenig guter Werke und
ein geladen Gewissen mit Gebrechen?" Nur in Gott, dem unendlichen Gut, fiudet des Herzens grundloses Sehnen seinen
Grund und sein Ruhen. Und es ist „kein Ding auf Erden,
das so gemein und leicht zu gewinnen ist als Gott, weil
wir allein mit einem guten Willen und Begehren Gott überkommen mögen; und wenn wir ihn nicht wollen einlassen, so
bleibt er vor der Thüre unserer Seele stehen und klopfet".

Zu dieser Bestimmung den Menschen zu führen, ihn
mit sich zu vereinigen, die göttliche Potenz in ihm zur Wirklichkeit zu erheben, darin erkennt S. eben das Wirken Gottes an und auf den Menschen; das ist ihm die Gnade, jene
Gutheit, die Gott wesentlich ist (s. o.), und eine Vollendung

jener Güte, die den Menschen so adelich schuf. „Herr, indem
du alle verflossene (in ihrem Ausflusse verirrte) Wesen wieder in den Ursprung geleitet hast, hast du aus dem Abgrunde
deines wesentlichen Gutes dir selber innen wiedergeleuchtet". S. findet, dass sich hierin Gott am herrlichsten erweise.
„Ach, schöner, gewaltiger Herr, wie recht schön und minniglich du seiest in allen deinen Thaten, so bist du aber doch
noch tausendfältig minniglicher und löblicher in uns armen,
sündigen Menschen, die du so gar unverdient zu begnaden und
zu dir zu ziehen geruhest!"

Diese Gnade ist Eine und dieselbe nach S., aber verschieden
in ihren Offenbarungen und in ihren Führungen mit dem Einzelnen, nach Massgabe der Individualität und des jedesmaligen
Zustandes des Einzelnen. Zunächst beschreibt er sie als negative, wiefern dem Menschen, der abwegs gebe, diess Ab-
wegsgehen nur bitter werde. „Es ist Gottes ewige Ordnung,
dass ein ungeordnetes Gemüth sich selber eine schwere Marter
und eine harte Sünde ist". „Ich habe dir, lässt S. die Weisheit ihrem Diener antworten, den Weg so oft unterstanden,
als oft du von mir geschieden warest, ob ich dich gelassen
hätte, bis dass ich dich mir selber allein gewonnen habe. Du
fandest in allen Dingen immer etwas Widerstandes; und das
ist das gewährteste Zeichen meiner Auserwählten, dass ich sie
mir selber haben will". Diese Gnade „hinterdenkend" bricht
„der Diener" in die Worte aus: „O grundlose Güte, wie hast
du dich nur so süssiglich in mir gegütet; da ich nicht war, da
gabst du mir Wesen; da ich mich von dir geschieden hatte,
da wolltest du nicht von mir scheiden; da ich dir entrinnen
wollte, da hieltest du mich so süssiglich gefangen"!

Aber die göttliche Gnade ist zugleich die positivste;
eben in der einzigen Herrlichkeit des göttlichen Wesens und
Lebens, die alle ihre offenen Herzen zu ihr ziehet und ihnen
volles Genüge gibt. Diese auf die Menschen gerichtete und
sie zu sich ziehende Seite an Gott fasst und stellt S. vorzugsweise als die „Weisheit" dar, wie wir es bereits aus seinem Leben wissen. Darum trägt er auch Alles auf sie über,
was er nur Schönes, Wahres, Gutes denken kann in seiner
Vollendung, Alles, was nur ein Herz wünschen und lieben

mag. „So man aller Leutseligkeit, Zierde, Schönheit je
grundloser nachdenken mag, so man es überschwenklicher in
dir, zartes Lieb, findet.... Da ist Alles und Alles, das alle
Menschen erdenken können von Gestalt, von Zierde und von
Gnaden, noch.unendlich minniglicher, denn es Jemand sprechen möchte". Besonders fasst er sie als den wahren Gegensatz zu der Welt-Schönheit, Liebe und Herrlichkeit, deren
Wesen Trug sei, der man nur „die obere Haut" abziehen dürfe,
um sie, wie sie sei, zu erfahren. Darum findet er in dieser
Weisheit auch „e i n Ding, das ich in der Zeit nie fand". Das
sei „Sättigung". „So man sie je besser erkennet, so man sie
je lieber gewinnt; so man ihr je heimlicher ist, so man sie je
freundlicher findet". Und wenn sie, die „das unwandelbare
Gut" sei und gleich sei und stehe, ungleich („zorniglich")
scheine, das komme nur „von Ungleichheit derer, die sie ungleich sehen". Auch das preist er an ihr als ihrer einzigen
Herrlichkeit eigenthümlich, dass sie zugleich so individuell sich
erbietend sei, als ob sie nur diese einzelne Seele „allein liebte
und aller andern Dinge ledig stände"; eine solche „Minnerin"
sei sie, die „in Einigkeit nicht verkleinert, noch in der Menge
vermenget werde".

Und diese Weisheit sei nun M e n s c h geworden, — die
Vollendung der Gnade; nur dass S. in seiner poetisch-phan-
tasiereichen Anschauung die Gnade als himmlische Weisheit
und als Christus, ja auch als Maria zuweilen zusammenfallen
lässt.

Christus, entwickelt S. theilweise mit polemischen Sei-
tenblicken auf die Freigeister, habe menschliche Natur und
nicht Person angenommen „in einer Untheilige (Ungetheiltheit)
der Materie, das der Lehrer Damascenus heisset in atomo.
Er ist der allein, dem diese unerfolgliche und unbegreifliche
Widerkeit (Widerspruch) zugehört, dass er die Natur an sich
nahm in der Lauterkeit, dass ihm nichts gefolgt hat weder
von der Erbsünde noch von keiner andern Sünde"; und insofern
war er „der allein, der den verschuldeten menschlichen Keim
erlösen mochte". Dieser „angenommenen gemeinen menschlichen Natur" entspreche das „reine Blütlein in der gesegneten Marien Leib, da er leibliches Wesen vonnahm".

Als dieser wahre Mensch (in beiderlei Beziehung) habe Christus „etwas gemein mit allen Menschen und etwas Sonderes vor allen Menschen"; und darum so habe „menschliche Natur, an ihr selbst genommen, kein solch Recht, weil Christus s i e angenommen und nicht Person, dass jeder Mensch darum sollte und möge in derselben Weise Gott und Mensch sein". Diese Verschiedenheit weist er auch in dem Verhältniss zu Gott, in der Gottessohnschaft nach. Die „Einigung des Gemüths der Seligen mit Gott" sei keine ursprünglich natürliche, sondern rein sittlich gewordene, und als solche nur eine moralische. „Aller andern Menschen verdienstliche Werke, die sie thun in rechter Gelassenheit ihrer selbst, die ordnen den Menschen eigentlich zu der Seligkeit, die da ein Lohn ist der Tugend; und d i e Seligkeit liegt an voller göttlicher Gebrauchung und Niessung, da alles Mittel und Anderheit abgelegt ist". Die „Einung der Einfliessung Christi" (in die Gottheit) dagegen sei „höher" als jene, „übergehe" sie; denn „von dem ersten Anfang, da er empfangen ward als Mensch, da war er natürlich Gottes Sohn, also dass er keine andere Selbstandung (Persönlichkeit) hatte, denn des allmächtigen, ewigen Gottes Sohn", wogegen „alle andern Menschen ihre natürliche Unterstandung in ihrem natürlichen Wesen" hätten; und „wie gänzlich sie sich immer entgehen oder wie lauterlich sie sich immer lassen in der Wahrheit, so geschieht das nicht, dass sie in der göttlichen Person Unterstandung je übersetzt werden und die ihre verlieren". Als dieser wahre und reine Mensch und wahrer Gottessohn sei Christus zugleich und ebendarum wieder im Unterschied von allen Menschen — „Haupt der Christenheit, nach gleicher Weise zu reden, des Menschen Hauptes gegen seinen Leib"; er sei darum der Mittler der Menschen ʑu Gott; durch ihn müsse man wieder „einkommen", durch ihn seinen „Durchbruch" gewinnen: „wer einst rechten Wiedereingang haben und Sohn werden will in Christo", muss sich „von sich selbst zu ihm mit rechter Gelassenheit kehren", so „kommt er, da er soll".

Gnadenmittler aber, fährt S. fort, sei Christus den Menschen zunächst als wahrer M e n s e h, da· sei er uns „so beimlich und gemein" worden, da hätten wir die Wahrheit nun in

der erkennbarsten, schaubarsten Gestalt, die göttliche Liebe
„in der allerminnigsten Gestalt". Daher er denn das Jesuskind
seinen „zarten Herzenstraut" nennt, wie er diesen Namen in
einer Vision dem Jesuskind ums Haupt hatte geschrieben sehen. Von diesem tiefsten, untersten Punkte aus müsse
der Mensch, der sündige Mensch ausgehen. „Den höchsten
Ausfluss aller Wesen von ihrem ersten Ursprung, von diesem
Satze geht S. aus, um das Werk Christi würdigen zu lehren,
nimmt man nach natürlicher Ordnung durch die edelsten Wesen in die niedersten; aber den Wiederfluss zu dem Ursprung
nimmt man durch die niedersten in die höchsten". Darum,
„willst du, lässt er die Weisheit zu ihrem Jünger sprechen,
mich schauen in meiner ungewordenen Gottheit, so sollst du
mich hier kennen lernen und minnen in meiner (gelittenen)
Menschheit, denn das ist der schnellste Weg zu ewiger Seligkeit"; oder, wie er sich auch ausdrückt, man müsse durch
das „spiegelige" Leben Christi „gezogen" sein, um zu Gott
(zu Christus als Gott) zu kommen. „Es mag Niemand kommen
zu göttlicher Hoheit, noch zu ungewöhnlicher Süssigkeit, er
werde denn zuvor gezogen (spricht die Weisheit) durch das
Bild meiner menschlichen Niedrigkeit und Bitterkeit. So man
ohne das Durchgehen meiner Menschheit je höher aufklimmt,
je tiefer man fällt. Meine Menschheit ist der Weg, den man
gehen, mein Leiden ist das Thor, durch das man dringen muss,
der zu dem will kommen, das du suchest". Besonders betont
S. die „gelittene" (leidende) Menschheit Christi, die als Offenbarung göttlicher Liebe einem gottliebenden Herzen am liebsten sein müsse. „So ich je versehrter, je tödtlicher von Minnen bin, so ich einem rechtgeordneten Gemüthe je lieblicher
bin. Meine grundlose Minne erzeiget sich in der grossen Bitterkeit meines Leidens wie die Sonne in ihrem Glaste, wie die
schöne Rose in ihrem Geruch, und das starke Feuer in seiner
inbrünstigen Hitze". Eine andere Weise, um den Menschen
zu erleuchten, ihn zu erheben und mit ihm zu vereinigen, sei
nicht möglich gewesen, sagt S., als diese Menschwerdung des
Sohnes mit diesem Leben, Leiden und Sterben. „Wisse
das, lässt er die Weisheit sprechen, dass in der Ordnung, als
nun die ausgeflossenen Wesen sind, keine behaglichere noch

gefälligere Weise werden mochte. Der Herr der Natur nimmt
wahr, was er vermag in der Natur, er nimmt wahr, was einer
jeglichen Kreatur allergezähmest (am meisten entsprechend)
ist; und darnach wirket er. Wie mochte nun der Mensch bass
erkennen die göttliche Verborgenheit, denn in der angenommenen Menschheit? Der von ungeordneter Wollust die Freude
verloren hat, wie möchte der ordentlicher ewiger Freude bewiesen werden? Wie möchte der ungeübte Weg eines harten
verschmähten Lebens getrieben werden, denn so er von Gott
selber getrieben wurde?... Wen dann meine grundlose Minne,
unsägliche Barmherzigkeit, meine klare Gottheit, meine aller-
leutseligste Menschheit, brüderliche Treue, gemahlische
Freundschaft nicht bewegen zu sinniger Minne, was soll dem
das ersteinte Herz erweichen? Frage aller Kreatur schöne
Ordnung, ob ich je in einer bequemlicheren Weise meine Gerechtigkeit möchte behalten, meine grundlose Barmherzigkeit
möchte erzeigen, menschliche Natur adeln, meine Güte entgiessen, Himmelreich und Erdreich versöhnen — denn mit
meinem bittern Tode"? In diesen Worten hat S. zugleich zusammengefasst, was alles er unter dem Werke und Verdienste
Christi sich denkt. Es ist hervorzuheben, dass er mehr als die
andern Mystiker, selbst als Tauler, Christi Leiden a u c h von
d e r Seite betont, dass es ein die Sünden der Welt abbüs-
sendes und die göttliche Gnade und Barmherzigkeit offenba-
rendes sei. „Ich bin es, die barmherzige Weisheit, die da
den Abgrund der grundlosen Barmherzigkeit weit aufgeschlossen hat, alle reuigen Herzen gütlich zu empfahen,... da ich
stand zwischen dem strengen Gericht meines Sohnes.... Ich
habe dich so recht sauer ernarnet; darum, wäre alles Erdreich
ein inbrünstiges Feuer und läge mitten darin eine Hand voll
Flachses, das wäre nach seiner natürlichen Art nicht so bald
empfänglich der feurigen Flamme, als der Abgrund meiner
Barmherzigkeit einem wiederkehrenden Sünder.... Meine
strenge Gerechtigkeit lässt kein Unrecht in aller Natur, so
klein noch so gross, es muss gebüsst und gebessert werden.
Wie sollte nun ein grosser Sünder, der vielleicht mehr denn
hundert Todsünden gethan hat, und um eine jegliche Todsünde nach dem Gesetz (der Kirche) sieben Jahre lang büssen

oder die ungeleistete Busse in dem heissen Gluthofen des Fegfeuers leisten müsste, — eya, wie sollte die elende Seele ihre
Busse vollaus leisten"? Das sei nun „gar behändiglich gebessert" durch Christi Leiden. Die Seele möge nur „in den edlen Schatz des verdienten Lohnes" Christi „greifen und ihn an
sich ziehen"; und „sollte sie tausend Jahre in dem Fegfeuer
brennen, sie hätte es in kurzer Zeit nach Schuld und Busse
abgelegt, dass sie ohne alles Fegfeuer in die ewige Freude
führe".

Das mystische »Entwerden« und »Werden«; der Eini-
gungs-Prozess (der »Wiedereinfluss«).

Mit dem Ausfluss der Kreatur ist der Wiedereinfluss gesetzt; der (Welt) Menschen Lauf ist auch hierin ein Nachbild
der Trinität (s. o.) und eben vermittelt durch sie; näher: durch
den Sohn, durch den auch die Schöpfung geworden ist. Diesen Wiedereinfluss nennt S. auch das mystische Entwerden
oder Werden, und er vergleicht diess mit der Arbeit eines
Bildhauers. „Ein Meister sah einen groben Block liegen und
sprach: ach! es ist da so schönes, wonnigliches Bild innen;
wären die Späne nur abgehauen und geschält!" — Auch in
anderer Beziehung noch hält er diess Bild fest. Es gehe Menschen, sagt er, in denen dieser Reinigungsprozess gar leicht
vor sich gehe, „wie eine Woge, worin ein Bild des Schiffes
leicht eingedrückt wird, aber auch bald wieder zusammenfällt
und vergeht"; in einen Stein aber komme das Bild „mit grosser Arbeit", und bleibe „auch hart und fest darin und vergehe
nicht bald". — So klar und bestimmt als Tauler hat S. aber die
Stadien dieses Wiedereinflusses, „die rechte Ordenhaft"
(Ordnung), nicht gegeben: doch immerhin, wenn auch mit
Schwankungen, Stadien, für die er verschiedene Namen hat:
Entbildet werden von der Kreatur, gebildet werden mit Christo,
überbildet werden in Gott; oder spricht er, wie er die Schöpfung ein Ausgebrochensein aus Gott nennt, so von einem
Durchbruch durch sich selbst mit Christo und von einem Ein-
brechen in Gott.

Die Entbildung ist die erste Stufe des subjektiven Läuterungs-Prozesses, die Entbildung von allem Kreatürlichen; denn wie S. nur e i n Icht, d a s Icht kennt, das „die einig wirkende Kraft“ ist, so ist ihm alles andere Icht oder „Sich“ das „eigene“ Sich, und „aller Dinge Sich“ in Wahrheit ein „Nicht“, wenn „ausgelassen und ausgeschlossen“ von jenem einigen Icht. Er ist daher, gleich T., voll von den Gedanken der Nichtigkeit dessen, was er Welt für sich und Leben in der Welt und Welt-Minne nennt; alles dessen, „was an Zufall haftet“. Er nennt die Welt eine „falsche, treulose“ Welt, „Frau“ Welt, das Leben in ihr einen „Traum“, einen „Betrug“, einen „Widerspruch“ diess ganze Sein. Wir werden ihn in seinen Briefen und Predigten näher darüber vernehmen. Und nicht bloss das eigentlich Sündhafte will er abgethan wissen, sondern alle Ergötzung, Alles was über die „Nothdurft“ geht; denn alles das sei schädlich, sofern es „nach seiner Natur das Herz entrichte“, den Menschen „von der Innerkeit abziehe“, ihn seines Friedens „beraube“, die Thore (die fünf Sinne) aufbreche, hinter welchen göttliches Leben verborgen sei, die Freundschaft Gottes zerstöre, von der „Zeitverlierung“ nicht zu reden. Daher verlangt er, dass man der Welt „Urlaub“ gehe, von ihr aus-, ab-gehe, alle zergängliche Minne lasse, einen Vonkehr von der Welt Lust nehme, sich freie von Allem, was an Zufall hafte, alle „Haft“ enthafte, alle „Dinge“ lasse. Er verlangt das g a n z, e n t s c h i e d e n, denn Gott und Welt-Minne gehen nicht zusammen. Es sei so unmöglich, als „den Himmel zusammendrücken und in eine kleine Nussschale beschliessen“. Es sei Selbstbetrug, beide mit einander haben wollen. „Die Natur ist recht schalkhaft und suchet das Ihre gar behende: Gott segne mich, ich meine es doch wohl. Sie können sich wohl entschuldigen und machen viele Mäntel und wollen weiser sein denn Gott. Wisset, wer eine Platte Goldes auf seine Augen legte oder eine schwarze Platte Eisen, der sähe so wenig durch das Gold als durch das Eisen, wie ein Blinder durch eins und das andere“. Wie sollte „das Ewige bei dem Zeitlichen bleiben, so doch ein

Zeitliches das andere nicht kann noch mag erleiden! Es be-
triegt sich selber bärlich, der den König aller Könige wähnet
zu setzen in ein gemeines Gasthaus". S. verweist (was auch
fast wirklich ebenso vorkömmt in einer dem Tauler zugeschrie-
benen, in der Ausgabe von 1521 zuerst mitgetheilten, Predigt) auf die Nothwendigkeit des Scheidens des Herrn von seinen Jüngern. „War je eines Menschen Beisein so unschädlich
als das Christi bei seinen Jüngern? - Da war nicht unnützer
Worte, da war nicht verlassener Geberde; es ward da nicht
hoch im Geiste angefangen, und in Tiefe unendlicher Worte
niedergelassen, da war nichts anders denn rechter Ernst und
ganze Wahrheit ohne alles Falsch. Und doch so musste ihnen
Christi leibliche Gegenwärtigkeit entzogen werden, ehe dass
sie des Geistes empfänglich wurden. Was muss dann erst
menschlich Beisein Hinderniss geben?... Kinder, alle Glossen
und alle Mäntel ab! Gleichwie der Sohn des himmlischeu Vaters, die ewige Weisheit, seinen Jüngern ein Hinderniss war,
so ist auf Erden keine Kreatur, die nicht hindere, sie sei, heisse
oder scheine, wie du willst, sie muss zu Grunde ab und aus,
sollen wir das minnigliche Gut empfangen, das Gott ist". Es
sei allerdings Mühsal dabei; aber ob nicht anderseits noch viel
mehr? Er erinnert, wie T., an das Sprüchwort: sie fürchten
den Reif und fallen in den Schnee. Es thue allerdings weh,
„Lieb von Lieb sich scheiden"; aber Gott könne ja „in Liebes-
herzen alles Lieb lieblich ersetzen"; daher „der wohl Lieb
fröhlich lassen möge, der sich selber ein Lieberes umgangen
(ausersehen) hat". Und wenn „das Entbrechen des ersten
wehe thue, wie billig", so komme darnach zujüngst, dass man
aus Lust wirke, und so „falle jenes ab".

S. verlangt aber, wie Tauler, nicht bloss einen Ausgang
von der Welt, sondern auch, sofern eben die Sinne die Organe
seien, „darin sich die Seele zerstreut, verlaufen hat auf die
Mannigfaltigkeit der äussern Dinge", ein „Beschliessen der
Sinne von allen gegenwärtigen Formen", eine Sammlung, einen „Inbruch" der Sinne, „ein vernünftiges Einleiten des äusseren Menschen in den innern". „Das Auge, sagt er in dieser Beziehung, soll kein Aussehen haben, es habe denn ein
Austragen der Bilder" (es sei denn, um sich von störenden

Mantel sässe, und eine Meile im Umfang sollte kein Land sein;
was thun? man könnte weder rufen, noch schwimmen, noch
waten; man müsste sich Gott lassen". Auf d i e s e r Stufe
handelt es sich bei S. (wie bei Tauler) gar nicht mehr um ein
eigenes äusseres Thun, sondern um ein sich zu Grunde lassen.
Denn „so sich der Mensch lange geübet und ihm der überwesentliche Geist allezeit vorspielet und ihm doch des Begreifens
vorgeht, so beginnt der kreatürliche Geist seiner selbst Unver-
mögenheit anzusehen und mit einer Entsunkenheit seiner
Selbstheit sich der ewigen göttlichen Kraft zu Grunde zu
lassen und sich von sich selbst zu kehren mit einer Verachtung
der Sinnesheit in des obersten Wesens Ungemessenheit". „Und
je mehr du dich lässest, desto mehr hast du gethan". Er nennt
es recht „verblendet", wenn man so „viel thun wolle und
so manches anfange, als ob man Gott erziehen wollte, Alles
mit sich selber, im eigenen Willen, voll Gutdünkens in eigener Natur". Nein, ruft er aus, „nicht mit deinem Erfechten,
sondern mit Lassen, mit Sterben und Verderben und mit Ver-
zichten! So lange ein Tropfen Bluts in dir ist ungetödtet, ungestorben und unüberwunden, gebricht dir. Der l. Paulus
sprach: nicht ich lebe, sondern Christus lebet in mir. Wisse,
dieweil irgend etwas in dir lebet, das nicht Gott ist, du seiest
das selbst, oder was das ist, so lebet Gott nimmer vollkommen
in dir.... In diesem sieh völligen Lassen, in diesem Untergang
werden alle Dinge vollbracht. Da Christus sprach: in deine
Hände befehl ich meinen Geist, zuhand da hiess es: es ist
vollbracht.... In dem kräftigsten Unterwurf ist die höchste Er-
standung".

Der »Uebergang«; die »Ueberfahrt«; die »Ueberbildung«.

Was S. ein „Entsinken", ein „Eindringen" in Gott „mit
einer Verlorenheit anhaftender Natürlichkeit", ein „Einschlagen" in das Nicht, das Gott ist (gegenüber dem „Ausschlag"),
„ein sich Aufschwingen" des Geistes „in seine lichtreiche Vernünftigkeit sonder gebrechliche Schwerheit", ein „weislosiglich
sich Vergehen, sich selbst unwiedernehmlich Entwerden" (und
mit Christo in Einigkeit Eins werden) nennt, diese „Gelassen-

zu Gott kommen ausser in sinnlichen Bilden oder mit gelehrten, gelesenen oder gedichteten Worten". Man soll aber
„nur aus dem Grunde, aus dem Herzen, aus dem Geiste
Gottes Geist suchen, Geist mit Geist, Herz mit Herz.... Ma-
riens Sinn und ihre Gegenwärtigkeit betete heiliger und tiefer in die Ohren Christi, denn alles was Martha sagen oder
klagen konnte".

Die Gelassenheit besonders spielt bei S. eine grosse Rolle,
fast dieselbe, wie bei Tauler das vollkommen arme Leben; sie
schliesst in sich einerseits ein Entwerden von allem dem, was
die Seele noch vermittelt zu Gott hin, worin sie noch hängt
ausser Gott; und anderseits ein völliges Sichlassen, ein einfältiges Sichversenken in Gott. Darum bezeichnet auch bei S. ein
gelassener Mensch den Mystiker überhaupt, wie der vollkommen arme Mensch des Tauler. Auf dieser Stufe „treibt der
Mensch nun alles aus (selbst das Bestscheinende), das Kreatur
oder kreatürlich ist nach jederartlicher Haft, Begierde und
Kummer, das den Menschen in einer Weise behaften mag,
und wäre es der h ö c h s t e Geist von Seraphim, oder der h.
Skt. Johannes oder was es sei, das Kreatur ist". Auf dieser
Stufe will der Mensch nichts als Gott, nicht „wie etliche gute
Menschen, die viele Begehrung mit Eigenschaft und Leben
haben, wünschend von dem Morgen zu der Nacht: ach! wollte
mir Gott Diess und Das thun, und gäbe mir diese Gnade und
d i e Offenbarung, oder wäre mir wie dem, wäre ich so oder
so! Nein, nicht also. Man soll sich Gott ganz lassen und treulich ihn allein begehren und ihm alle Dinge gänzlich und treulich befehlen". — Man sieht, auf d i e s e r Stufe handelt es
sich um die feineren und allerfeinsten „Mittel", — die ab müssen. „Bleib' auf Nichts, das nicht Gott ist.... Das ist der Grund
und das Fundament unserer Seligkeit: ein Verwerden und Vernichten unser selbst. Wer gewerden will, was er nicht ist,
der verwerde dessen, was er ist, das muss immer von Noth
sein. Dem wonniglichen lautern Gut, das Gott heisst und ist,...:
dem sollen alle Dinge sein und nicht sich selber, sondern
ihm, durch ihn. Er weset und wirket alle Dinge, und nicht
wir, denn in ihm". S. gibt ein Bild, wie man sich lassen sollte.
„Man sollte thun, als ob man in dem tiefen Meere auf einem

allen Stücken, nicht bloss in den Geboten Christi, sondern
auch in den Räthen (s. T. S. 204), so dass man „alle die Töde“,
die man an dem leidenden Christus sehe, die ein Mensch erleiden müsse von Andern und von sich, in thatsächlicher Konformität an sich auswirke. Er führt das theilweise im E i n -
z e l n e n durch; z. B. „wenn du dich fleissest, das Allerbeste
zu thun, das du verstehest, und du dann darum von den Menschen spöttliche Worte und schmähliche Geberde empfahest
und sie dich gar vernichten in ihrem Herzen, und wenn du
dich nimmer rächest; noch mehr, dass du auch den himmlischen Vater lieblich für sie bittest und sie treulich gegen ihn
entschuldigest, siehe, so oft du von Minne dir selber also er-
stirbst, so oft ergrünet und erblühet sich Christi Tod an dir“.
Oder: „wenn du dich hältst lauterlich und unschuldiglich und
doch deine guten Werke also verdrückt werden, dass man
dich mit Wohlgefallen deines Herzens zu den Schuldigen zäh-
let, und du denen, die dich peinigten und deiner Sühne nun
begehren, vergibst all das Ungemach und dazu ihnen behülflich
und diensthaft bist mit Worten und mit Werken durch die
Gleichheit des Vergebens Christi am Kreuze, so stehst du
dann wahrlich bei deinem Lieb gekreuziget“. Oder: „wenn
du dich aller Menschen Liebe, alles Nutzens und Trostes ver-
zeihest (Verzicht leistest), denn so viel es deine bärliche Nothdurft ist, so verweset deine Lieblose (dein Verlassenstehen
von aller irdischen Liebe) alle die, die den sterbenden Herrn
zu der Stunde verliessen“. Oder: „wenn dein Herz in lediger
Freiheit, bekleidest und zierest du Christi Blosheit“. Oder:
„wenn deine Begierde ein durstiges Heischen hat, Genügde und
Lust in Ichts zu suchen, das ihr lustlich wäre, und du lässest
das von Minne, so wird mit Christo dein durstiger Mund mit
Bitterkeit getränkt“. So werde das eigene Kreuz „nach Christi
Kreuz gebildet und in ihm adelig vollbracht“.

Diese subjektive Nachfolge Christi, dieses Auswirken des
heiligen Lebens und der Passion des Herrn stellt nun aber S.
nicht so nackt und unvermittelt neben den objektiv sühnenden
Segen des Werkes Christi. Vielmehr ist jene zwar ein frei-
williger, aber doch wieder unwillkürlich nothwendiger Ausdruck und Leistung dankbarer (Gegen-) Liebe („Wider-

heit" von Seite der Menschen, diess letzte und höchste Moment, ist ihm anderseits, wie dem Tauler, der Punkt, der
überschlägt in das Wirken Gottes, in ein Ergriffenwerden von
Gott, ein „trunken werden" von dem unmässigen Ueberfluss
des göttlichen Hauses. Da wird der Geist, der sich verloren
hat in Gott, „ihm selbst entnommen" (daher spricht S. so oft
von „eingenommenen" Menschen, von „Eingenommenheit"),
er wird „übergeführet", „hinausgerückt" in das Nichts, in
die Düsterheit, die Licht ist; seiner Sinnesweise „entsetzt",
„entkleidet", „entweiset", von dem „überwesentlichen Geiste
begriffen", „mit göttlichen Formen überfüllt"; Das ist die
„göttliche Gebärung nach eintragender Weise". Wenn nämlich „Eins (Gott) das Andere (die Kreatur) in solcher (eintragender) Weise gebiert, so bildet es das nach sich und in sich,
und gibt ihm Gleichheit seines Wesens und Wirkens".

Der Reinigungsprozess als Nachfolge Christi.

Dieser mystische Prozess, gleichsam „ein Verbrennungs-
prozess des stoffartigen, finstern und egoistischen Theils der
menschlichen Natur", vermittelt sich aber nach Suso wesentlich durch Nachfolge und Aneignung der Person und des
Werkes Christi. Wir wissen, wie S., gleich Nikolaus von
Strassburg und fast in denselben Worten, auf Christi Versöhnung, Sühne-Tod hingewiesen hat. So kann er sich denn auch
kein Christenthum denken ohne gläubig-vertrauende Aneignung dieses Verdienstes Christi. „All mein Trost, ruft er aus,
und meine Zuversicht liegt gänzlich an deinem Leiden, an deiner Besserung (Genugthuung) und an deinem verdienten
Lohne"! Damit ist ihm aber allerdings erst der Christifikations-
prozess grundgelegt, der sich entwickeln und vollenden soll
in „Gleichung" mit dem heilig lebenden, leidenden, sterbenden Christus, diesem mystischen Urtypus. Hiezu dient wesentlich, „dass ein Mensch mit einem reuigen Herzen oft und
schwer wiegt die Grösse und Menge seiner Missethat, womit
er die Augen seines himmlischen Vaters so bärlich erzürnet";
und darnach „ein Vernichten der Werke seiner eigenen
Besserung" (Genugthuung); denn „die sind, gegen diese

innern Bildern los zu machen). Diese Sinnenzucht ist es eben,
in der man „dem Leibe und aller seiner Viehlichkeit Urlaub
gibt“ und ihn „dem Geiste unterthänig macht“.

Noch höher hinaufsteigend soll aber der Mensch auch alles
selbstsüchtige Ich ertödten, entbildet werden von aller eigenen Kreatürlichkeit des Willens, der Vernunft in einem „Entwerden“ und freien Aufgeben seiner selbst „in allem dem,
darin er sich je geführt in eigener angesehener Kreatürlichkeit“;
der Mensch soll „ritterlich durchbrechen die harten Streite“ seiner eigenen Natur, „einen Durchbruch nehmen durch sein
selbst unerstorbene Viehlichkeit“. S. verlangt eine sittliche
Arbeit, die bis auf den Grund geht (s. seine Predigten), eine
„Erfolgung“ mit dem Leben, der That; „es muss kosten“,
denn, wie er öfters sagt, „was nichts kostet, gilt auch nichts.
Wer Leben haben will, der muss Liebe lassen“.

Der »Eingang«; die »Innerkeit«; die »Gelassenheit«.

Noch höher gehend verlangt S. eine Sammlung nicht bloss
der Sinne, sondern auch der höheren Seelenkräfte, eine Einkehr in sich selbst, eine „Stillheit des Gemüths“, ein Entwir-
ken der äusseren Sinne (= Vernunft, Wille). „Wer in dem
Innigsten will sein, der muss sich aller Mannigfaltigkeit ent-
schütten. Man muss sich setzen in ein Verruchen (Nichtachten)
alles dessen, das das Eine nicht ist“. „Je mehr ausgegangen,
je ferner; je mehr eingegangen, je näher (Gott).... Je mehr
Weisen und Worte, desto mehr Zufälle.... Wer aber allezeit
bei sich selber wohnet, der gewinnet ein gar reiches Vermögen“. Diese Innerkeit meint S. im Gegensatz nicht bloss zu dem
Auslaufen der Sinne in der Welt, was einer niederern Stufe
angehört, sondern auch zu dem äusseren „Gewerbe“, d. h. den
sittlich-religiösen Uebungen der Kräfte, „die vor in dem Ausbruch gar zu wirklich waren“; zu dem Eingetragensein der
Religion von aussen u. s. w. „Man findet Leute, die von grossen Dingen sagen können und doch nichts wissen denn von
Hörensagen oder vom Lesen, was alles mit den Sinnen eingetragen ist.... Etliche Menschen haben gar viel sinnlichen Ge-
werbs und gewinnen kaum immer Rast.... Sie können nicht

zu Gott kommen ausser in sinnlichen Bilden oder mit gelehrten, gelesenen oder gedichteten Worten". Man soll aber
„nur aus dem Grunde, aus dem Herzen, aus dem Geiste
Gottes Geist suchen, Geist mit Geist, Herz mit Herz.... Ma-
riens Sinn und ihre Gegenwärtigkeit betete heiliger und tiefer in die Ohren Christi, denn alles was Martha sagen oder
klagen konnte".

Die Gelassenheit besonders spielt bei S. eine grosse Rolle,
fast dieselbe, wie bei Tauler das vollkommen arme Leben; sie
schliesst in sich einerseits ein Entwerden von allem dem, was
die Seele noch vermittelt zu Gott hin, worin sie noch hängt
ausser Gott; und anderseits ein völliges Sichlassen, ein einfältiges Sichversenken in Gott. Darum bezeichnet auch bei S. ein
gelassener Mensch den Mystiker überhaupt, wie der vollkommen arme Mensch des Tauler. Auf dieser Stufe „treibt der
Mensch nun alles aus (selbst das Bestscheinende), das Kreatur
oder kreatürlich ist naeh jederartlicher Haft, Begierde und
Kummer, das den Menschen in einer Weise behaften mag,
und wäre es der h ö c h s t e Geist von Seraphim, oder der h.
Skt. Johannes oder was es sei, das Kreatur ist". Auf dieser
Stufe will der Mensch nichts als Gott, nicht „wie etliche gute
Menschen, die viele Begehrung mit Eigenschaft und Leben
haben, wünschend von dem Morgen zu der Nacht: ach! wollte
mir Gott Diess und Das thun, und gäbe mir diese Gnade und
d i e Offenbarung, oder wäre mir wie dem, wäre ich so oder
so! Nein, nicht also. Man soll sich Gott ganz lassen und treulich ihn allein begehren und ihm alle Dinge gänzlich und treulich befehlen". — Man sieht, auf d i e s e r Stufe handelt es
sich um die feineren und allerfeinsten „Mittel", — die ab müssen. „Bleib' auf Nichts, das nicht Gott ist.... Das ist der Grund
und das Fundament unserer Seligkeit: ein Verwerden und Vernichten unser selbst. Wer gewerden will, was er nicht ist,
der verwerde dessen, was er ist, das muss immer von Noth
sein. Dem wonniglichen lautern Gut, das Gott heisst und ist,...
dem sollen alle Dinge sein und nicht sich selber, sondern
ihm, durch ihn. Er weset und wirket alle Dinge, und nicht
wir, denn in ihm". S. gibt ein Bild, wie man sich lassen sollte.
„Man sollte thun, als ob man in dem tiefen Meere auf einem

allen Stücken, nicht bloss in den Geboten Christi, sondern
auch in den Räthen (s. T. S. 204), so dass man „alle die Töde“,
die man an dem leidenden Christus sehe, die ein Mensch erleiden müsse von Andern und von sich, in thatsächlicher Konformität an sich auswirke. Er führt das theilweise im Einzelnen durch; z. B. „wenn du dich fleissest, das Allerbeste
zu thun, das du verstehest, und du dann darum von den Menschen spöttliche Worte und schmähliche Geberde empfahest
und sie dich gar vernichten in ihrem Herzen, und wenn du
dich nimmer rächest; noch mehr, dass du auch den himmlischen Vater lieblich für sie bittest und sie treulich gegen ihn
entschuldigest, siehe, so oft du von Minne dir selber also er-
stirbst, so oft ergrünet und erblühet sich Christi Tod an dir“.
Oder: „wenn du dich hältst lauterlich und unschuldiglich und
doch deine guten Werke also verdrückt werden, dass man
dich mit Wohlgefallen deines Herzens zu den Schuldigen zäh-
let, und du denen, die dich peinigten und deiner Sühne nun
begehren, vergibst all das Ungemach und dazu ihnen behülflich
und diensthaft bist mit Worten und mit Werken durch die
Gleichheit des Vergebens Christi am Kreuze, so stehst du
dann wahrlich bei deinem Lieb gekreuziget“. Oder: „wenn
du dich aller Menschen Liebe, alles Nutzens und Trostes ver-
zeihest (Verzicht leistest), denn so viel es deine bärliche Nothdurft ist, so verweset deine Lieblose (dein Verlassenstehen
von aller irdischen Liebe) alle die, die den sterbenden Herrn
zu der Stunde verliessen“. Oder: „wenn dein Herz in lediger
Freiheit, bekleidest und zierest du Christi Blosheit“. Oder:
„wenn deine Begierde ein durstiges Heischen hat, Genügde und
Lust in Ichts zu suchen, das ihr lustlich wäre, und du lässest
das von Minne, so wird mit Christo dein durstiger Mund mit
Bitterkeit getränkt“. So werde das eigene Kreuz „nach Christi
Kreuz gebildet und in ihm adelig vollbracht“.

Diese subjektive Nachfolge Christi, dieses Auswirken des
heiligen Lebens und der Passion des Herrn stellt nun aber S.
nicht so nackt und unvermittelt neben den objektiv sühnenden
Segen des Werkes Christi. Vielmehr ist jene zwar ein frei-
williger, aber doch wieder unwillkürlich nothwendiger Ausdruck und Leistung dankbarer (Gegen-) Liebe („Wider-

legung" = Vergeltung), deren Eigenschaft als Liebe eben ist:
„das Ungleiche zu gleichen". Weil Christus aus Liebe für ihn
so unsäglich gelitten, sagt S., darum wolle der Wiederliebende
auch sein Bild an Worten und Werken auswirken. Er vergleicht
Christus daher, wie T., mit einem Adamas (Magnet). Ja „es ward
nie kein Adamas so kräftig, das harte Eisen an sich zu ziehen,
als sein vorgebildetes wonnigliches Leiden, alle Herzen zu sich
zu vereinen". Zugleich ist das auch die Anziehungskraft des
„reinen spiegeligen Lebens" Christi, der man sich nur hinge-
ben darf, damit sie in dem Menschen wirket. Und so ist denn
das Auswirken ebenso sehr ein Ausgewirktwerden durch
Christo, wesswegen S. so oft sagt: „Zeuch mich, o Herr, durch
Lieb und Leid von aller dieser Welt zu dir, vollbringe an mir
deines Kreuzes (und Lebens) allernächste Gleichheit, dass
meine Seele dich werde niessend in deiner allerhöchsten Klarheit.... Reinige die Masen meiner Missethat.... Wieder-
bringe das entstellte, verblicbene Bild meiner Seele".

In dieser liebenden Nachfolge und nachfolgenden Liebe,
in der sich der Christifikations-Prozess wahrhaft vollendet,
wird das gelassene Sich zu einem „christförmigen Ich, von
dem die Schrift sagt: ich lebe, nicht mehr ich, Christus lebt
in mir". Und „aus diesem Christo", in ihm „wirkt es allezeit,
empfaht es alle Dinge, sieht es alle Dinge in dieser Einfältigkeit an". Man habe daher nicht zu erschrecken ob dem Nachfolgen des Leidens Christi, denn „wem Gott also innerlich ist, dass ihm das Leiden leicht wird, der habe nicht zu
klagen". Es sei „halb erstritten dem, der da hat einen guten
Gehülfen". Es klagt daher Niemand so sehr „über die Bitterkeit der Hülsen", als „der, dem unkund ist die innere Süssigkeit des Kerns".

So dann der Mensch „in das Bild (des Menschen Christi)
gebildet wird, so wird er von Gottes Geist in die göttliche
Günliche (Glorie) des himmlischen Herrn überbildet von Klarheit zu Klarheit: von der Klarheit seiner zarten Menschheit zu
der Klarheit seiner ewigen Gottheit". Man sieht, ganz wie
Tauler. „Wer das Wo, das der Sohn nach seiner Menschheit
in sterbender Weise am Kreuze nahm, wer das strenge Wo in
Nachfolgung nicht gescheut hat, dem ist wohl möglich und

Sünden gezählt, als ein kleines Tröpflein gen dem tiefen
Meere"; und endlich „ein hügliches (fröhliches) Wägen
der unmässigen Grossheit der Besserung Christi; denn das
niederste Tröpflein seines kostbaren Blutes vermöchte für
tausend Welten die Sünden zu bessern". Diess sei ein „rechter Griff in den Schatz des Leidens Christi". Er spricht auch
von der „Betrachtung" des Werkes Christi, besonders der Passion; aber „nicht mit einem eilenden Ueberfahren", sondern
„mit herzlicher Minne und mit einem kläglichen Uebergehen",
denn „anders bleibt das Herz so unberührt von Andacht, als
der Mund von unverkautem süssem Holz". — D i e s e Betrachtung Christi, die zum eigentlichen Mitleiden werden konnte,
war, wie wir sahen, gerade auch der Mutter Suso's, auch
diesem selbst bis auf einen gewissen Punkt eigen. Christi Leiden, sagt er, gehe etlichen Menschen so nahe zu Herzen, die
können ihn so minniglich beklagen, mögen ihn so herzlich
beweinen. „Ach Gott! ruft er aus, könnte und möchte ich
doch alle andächtige Herzen mit Klage verwerfen! Wie wollte
ich zeigen, wie nahe uns dein elendes Leiden liegt"! Doch
nicht, dass S. ein solch empfindsames passives Mitgefühl als
ein allein oder ganz besonders Werthvolles empfohlen hätte.
„Magst du Christi Leiden wegen der bitterlichen Noth, die er
litt, nicht mit weinenden Augen übertrachten, so sollst du es
aber mit lachendem Herzen übergeben wegen dem fröhlichen
Gut, das du darin findest. Magst du aber weder lachen noch
weinen, so sollst du es ihm zu Lob in der D ü r r e deines Her
zens übergeben und sollst darin nicht minder gethan haben,
denn ob du von Zähren oder in Süssigkeit dahin flössest; denn
alsdann wirkest du von Minne der Tugend, ohne Ansehn deiner selbst".

S. will aber noch mehr als ein blosses „Betrachten",
„Uebergehen"; er will eine i n n i g s t e, i n n e r s t e Betrachtung. Man soll das Bild Christi, „wie hohe Vollkommenheit
sein Leben, sein Wandel, sein Gemüth war, wie gelassen,
wie einfältig, wie züchtig, demüthig, geduldig und aller Tugenden voll er war", in sich „drücken". „Nimm ihn zu dir ein,
zu einem Gesellen in allen Dingen. Issest du einen Mund voll,
so denke: dein liebster Herr sitzet dir gegenüber und isset

mit dir; gehest du, gehe nimmer allein, lass ihn deinen Gesellen sein" u. s. w. — Zugleich will er diese „Betrachtung"
in h ö h e r e m Style: man soll das Bild Christi nehmen, betrachten „adelich, göttlicb, vernünftig"; nicht kreatürlich oder
sinnlich wie etliche Leute, „die, wenn sie an Gott denken sollen, an ihn kreatürlich denken, wie an einen lieben Menschen",
der ihnen „viel Gutes gethan und für sie gelitten" hat, „und
haben zu ihm natürliche Barmherzigkeit und Mitleiden". Man
solle „an das allerminniglichste Bild Christi nimmer denken
als: wie an Gott"; „also gedacht und genommen ist man nimmer ohne Gott". Sei hiemit „das Bild abgesprochen"? Es „ist
in kreatürlicher, sinnlicher, bildlicher Weise abgesprochen,
wie ihn die Jünger hatten, und also mussten sie ihn lassen,
aber in minniglicher, göttlicher, übernatürlicher Weise liessen
sie ihn nie". Offenbar geht diess auf Jene, die, das andere
Extrem der freien Geister, während diese nicht durch die
Ordnung des menschlichen Lebens Christi sich ziehen lassen,
sondern unmittelbar Gottes sein wollten, umgekehrt in der
rein anthropopatischen Betrachtung Gottes und Christi stecken
blieben.

Indess mit aller Betrachtung, meint S., sei es doch noch
nicht gethan, wie zart sie sein und wie innig, und wie hoch
sie gehen möge. Länden müsse sie in der thätigen Nachfolge.
„Es erzeiget Niemand bass, spricht die Weisheit, wie nahe
ihm mein Leiden geht, denn der es trägt mit mir in E r z e i -
g u n g d e r W e r k e. Mir ist lieber ein lediges Herz, unbe
kümmert von aller zergänglichen Minne, und stets beflissen,
zu erfolgen das Nächste, nach einem Auswirken meines vorge-
bildeten Leidens; denn ob du mich immer klagtest und so
manche Zähre vom Beweinen meiner Marter vergössest, als
manch Tröpflein Wassers vom Himmel je geregnet ist; denn
das Nachfolgen war die Sache, darum ich den bittern Tod
litt, wiewohl mir die Zähren auch gefällig und genehm seien".
Diese Nachfolgung „in Verläugnung sein selbst" u. s. w., dieses Sterben „ist mir so minniglich, als ob du mit mir in den
bittern Tod gegangen wärest". S. nennt diese N a c h f o l g e
auch ein „A u s w i r k e n" der Menschheit, der Passion
Christi, ein sich dem Bilde Christi gleichförmig machen in

Kreatur, (aber) nicht gebrechlich, (sondern) vereintlich". Es
sei wie mit dem Auge (nach Eckard). „Das Auge verliert sich
in seinem gegenwärtigen Sehen; denn es wird in dem Werke
des Gesichtes (in dem Akt des Sehens) Eins mit seinem Gegenwurfe, und bleibt doch jedwedes, was es ist". —
Nur das meint S., in dem höchsten Akte, „so die Seele verloren sei in dem Nicht", „wie sie dann Kreatur sei oder das
Nicht sei, oder ob sie Kreatur sei oder nicht", das werde da
„nicht gesucht"; oder „ob sie vereinet sei oder nicht"; denn
es sei ein unaussprechlicher Zustand, wenigstens keiner der
Reflexion. So aber der Mensch „weiss und erkennet, dass er das
Nicht weiss, schauet und erkennet", das sei „ein Ausschlag
und ein Wiederschlag (Reflexion) aus diesem Ersten auf sich
(zurück) nach natürlicher Ordnung". Wenn jedoch der Mensch
ihm selbst entnommen sei, so wisse er „weder um sich noch um
Icht", und „ist zumal gestillet in dem Grunde des ewigen
Nichtes". Ebendarum spricht auch S., um das Unbegreifliche
zubezeichnen, öfter von dem „Nicht der Ewigkeit", auf das der
Geist komme; „und diese Einigkeit heisst darum Nicht, weil
der Geist keine Weise finden kann, was es sei"; aber der Geist
„empfindet wohl, dass er enthalten wird von einem andern,
denn das er selbst ist; darum ist das, das ihn da enthält, eigentlicher Icht denn Nicht; dem Geiste aber ist es wohl Nicht,
weil er keine Weise findet, was es sei". In seiner poetischen
Weise spricht er daher auch einmal von einem „wilden Ge-
birge des übergöttlichen Wo", da sich allen reinen entsunke-
nen Geistern eine „empfindliche, vorspielende Abgründigkeit
aufthue".

Uebrigens unterscheidet S. in dieser Union zwischen solchen Zuständen, die somatisch-psychisch-pneumatisch, und solchen, die rein ethisch-pneumatisch sind. Jene nennt er auch
„eine halbe Vergangenheit" (im Gegensatze zu einer ganzen);
„so ein Mensch nach schaulicher Weise in die blosse Gottheit
verzückt wird" (Paulus), oder auch „ohne das", so „ein
Mensch in entbildeter Weise entwirkt wird und sich selber
vergeht". Diese Vergangenheit, sagt er, wolle „ihre eigene
Stund und Zeit" haben und sei „unbleiblich"; „da Paulus
herwiederkam, da fand er sich denselben Paulum, einen Men-

schen wie zuvor". Schon um des Leibes willen seien, meint er, solche Zustände höchstens nur „Momente". Suso's Leben selbst, wie wir wissen, war reich an solchen Momenten, und nicht bloss an exstatischen Zuständen, denn er spricht auch von einer solchen Vergangenheit, „dass ihm war, als ob sich Herz mit Herz in blosser vernünftiger Weise (mit Gott) vereinte", und er „in eine solche Zerflossenheit kam, dass er ihm kein leibliches Gleichniss geben konnte". Aber eben auch, dass der Mensch schon als leiblicher nicht dauernd solchen Zustand ertragen könne, hat er ebenso oft erfahren, denn er, heisst es, sei darauf „kraftlos" (ohnmächtig) geworden, „niedergesunken an die Erde". — Jene rein ethische Union nennt er nun eine „entlehnte Vergangenheit, da der Mensch mit einem Aufgeben seines freien Willens sich Gott lässt i n e i n e m j e g l i - c h e n N u (Augenblick), da er sich findet, so als ob er um sich selbst nicht wisse, und Gott allein der Herr sei". Doch auch in Bezug auf diese rein ethische Einung zweifelt er, dass sie bleibend sei. Ob ein Mensch in diesem Leben „also gelassen sei, dass er d a s vollkommen begriffen (erreicht) habe, dass er die Seinheit nimmer ansehe in Liebe noch in Leid, und dass er allzumal sich selbst durch Gott minne nach der allervollkommensten Begriffenheit, — „ob ihrer sind, die gehen hervor, die ihm gelebt haben. Denn nach meinem Verstehen zu sprechen, so dünkt es mich nicht möglich, schon wegen des Seins in der Zeit und des Zusammenseins von Leib und Seele", d. h. weil der Mensch nicht reiner Geist sei; „denn so der Mensch sich selbst jetzt gelassen hat und wähnet, er sei vergangen in Gott, nach der Sinnesheit, oder nach der Sinnlichkeit sich selbst nicht mehr wiederzunehmen, zuhand in einem Augenblick ist er und sein Schalk (seine eigenwillige Ichtheit) herwiedergekommen auf sich selbst, und ist derselbe, der er auch zuvor war". In einem unverwankten Anblicke des göttlichen Gegenwurfs zu „allen Zeiten bestehen" möge Niemand, „der hier lebt in der Zeit". Es sei das alles nur ein „Vorversuchen", keine „vollkommene Besitzung".

billig, nach seinem Geheisse, dass er das lustige Wo seiner
sohnlichen blossen Gottheit in vernünftiger, freudenreicher
Weise niessen werde in Zeit und in Ewigkeit, als fern es denn
möglich ist, minder oder mehr".

Die »Einung«.

Das Ergebniss des Entwerdens und Eingenommenwerdens,
der „Ingeburt des Wortes" in der Seele und „ihrer eigenen
Wiedergeburt', wie er sich auch, doch seltener, ausdrückt,
ist nach S. (wie nach Tauler) die mystische Einung, „die
Vereinigung der höchsten Kräfte der Seele mit dem Ursprung
der Wesenheit in hohem Schauen, in inbrünstiger Minne und
süssem Niessen des höchsten Guts, so viel sie von Krankheit
des schweren Leibes mag". Da sei der Geist in seine „rechte
übernatürliche Wohnstätte gezogen, da er wohnet über sich
selbst in dem, das ihn gezogen hat". Da sterbe er „alllebend
in den Wundern der Gottheit". Wie Tauler, sagt auch S. von
dem Menschen in diesem Zustand, er werde „ein Geist mit
Gott in aller Weise, als ein kleines Wassertröpflein in viel
Weins vergossen"; denn „als das sich selber entwird, so es
den Schmack und die Farbe des Weins an sich nnd in sich
zieht", also geschieht jenen, „dass ihnen in unaussprechlicher
Weise alle menschliche Begierde entweicht und sie sich selber
entsinken und zumal in den göttlichen Willen versinken". Anders „möchte die Schrift nicht wahr sein, dass Gott solle werden alle Dinge in allen Dingen, wäre das, dass des Menschen in dem Menschen ichts bliebe, das nicht zumal aus ihm
gegossen würde". Ebenso spricht auch S. wie T. von einem
ewigen Gehalt dieser Einung. „Wer eingenommen wird in
das ewige Nicht, der besitzet All in All und hat da nicht Vor,
noch Nach, ja der Mensch, der heute würde eingenommen,
der wäre nicht kürzer dagewesen, naeh Ewigkeit zu
sprechen, denn der vor tausend Jahren eingenommen
ward".

Aber auch S. kann nicht oft genug wiederholen, dass
diese Einung, dieses „Wohnhaftwerden in dem vernünftigen
Wo, darin ein bewährter Diener dem ewigen Sohn mit-

wohnend wird", d. h. „in der istigen, namenlosen Ichtigkeit",
keine n a t ü r l i c h e Einung sei, wie in Christo (s. Christologie), sondern aus „Gnaden"; der Mensch w e r d e nicht „natürlich Gott"; nicht in der Union transsubstanziirt; der „Adel
und alle Vollkommenheit" dieses Zustandes sei „nicht zu nehmen nach Verwandlung seiner Selbst-Geschaffenheit", also,
dass dasselbe, was. er ist, Gott sei, und es nur der Mensch
wegen seiner Grobheit nicht erkenne; oder dass er Gott werde
und seine eigene Wesenheit zu nichte werde. Der Mensch sei
„ein Icht, geschaffen aus Nicht, das e w i g l i c h b l e i b e".
Wohl aber bleibe er nicht, der er gewesen nach seiner E i -
g e n s c h a f t (sucht). „Der Geist bleibt in seiner Wesenheit",
wird aber „entgeistet naeh besitzlicher Eigenschaft der Sinnesheit", „entsetzt der Ichheit der Sinnesheit nach seiner eigenen Vonwissenheit", und „in eine andere F o r m, ein höheres Vermögen übergesetzt". Insofern könne man sagen:
„der Mensch werde entmenscht". Mit einem Worte: es ist
ein ethisches Einswerden, kein substanzielles. Allerdings ver-
spricht sich S. zuweilen, wenn er z. B. sagt: „was ist die andere Form, denn die göttliche Natur und das göttliche Wesen, in das sie (die menschliche) und das in sie sich verfliesset,
dasselbe zu sein"? Aber es ist doch anderseits zu b e s t i m m t,
wie er sich gegen jedwedes natürliche Gottwerden verwahrt.
Der „kräftigliche", entwordentliche Einschlag in das Nicht
„entschlage in dem Grunde allen Unterschied", — aber „nicht
nach Wesung, sondern nach Nehmung unserhalb". Es bleibe
„Anderheit", zwar nicht Anderheit der Gesinnung, aber der
Natur; die Natur bleibe was sie sei: kreatürlich, selbständig,
persönlich, unterschieden von Gott; aber der Mensch in der
mystischen Union „verstehe sich Eins in dem, das da ist ein
Nicht aller der Dinge, die man geworten möge", und „ihm
sei Gott alle Dinge worden", und „alle Dinge seien ihm
gleichsam Gott worden"; denn (s. u.) „ihm antworten alle
Dinge in der Weise, wie sie in Gott sind und b l e i b e n,
doch ein jegliches Ding, was es sei, in seiner n a t ü r l i c h e n
W e s e n h e i t, was eine ungeübte Vernünftigkeit nach diesem
wahren Unterschied nicht will in ihr wüstes Gemerk kommen
lassen". „Wer es hat, der weiss das wohl; er erkennet sich

bleibe", hat S. immer wieder die uns schon bekannte Antwort: „So weit der Mensch ihm selber bleibet, bleibet ihm auch
das Dünken und Wähnen; so er ihm aber selber entgangen
ist in das, was da ist ein Wissen aller Wahrheit, bleibet ihm
nicht Dünken oder Wähnen; denn er ist es (das göttliche
Wissen) selbst und er steht sein unangenommen".

Ganz besonderes ist aber unserm Suso die L i e b e, wie
diess aus seinem Leben schon sich ergibt, die Seele im Leben
des Mystikers, die ihn ganz anders zu Gott stelle als die andern Menschen. „Nach gemeiner Weise zu reden, so nimmt
man Gott als einen Herrn und Schöpfer aller Welt, der keine
Bosheit lässt hingehen ungebüsst, noch kein gut Werk unge-
lohnet. Wer nun Sünde thut, dem ist Gott ein fürchterlicher
Gott. Wer auch auf Lohn Gott dienet, der hat einen grossen
lohnreichen Gott. Aber ein wohlgeübter erkennender Mensch,
der sich gebresthafter Dinge, die Gott hasset, mit mannig-
faltigem Sterben entschüttet hat und Gott mit inbrünstiger
M i n n e allezeit dienet, der minuet Gott in seinem Herzen
und nicht in den vorgesagten Weisen". Von einem solchen
nun könne man sagen, er sei „entgottet"; d. h. „er nimmt
Gott als ein herzliches minnigliches Lieb, da die knechtliche
Furcht abgefallen ist. Also bleibt dem Menschen Gott wahrlich Gott und Herr, und er steht seiner doch ledig in jener
groben Nehmung (Sinne), denn er hat ein Näheres begriffen".
— Gegen den Nächsten gibt sich aber diese Liebe kund als
„Minne ohne Behaftung, und Mitleiden ohne Sorge, Alles in
rechter Freiheit".

Nach der W i l l e n - S e i t e nennt S. den Mystiker gewissermassen „willenlos", sofern ihm „sein Wille vergeht nach
d e m Wollen, dass er will aus Eigenschaft wirken nun diess
nun das"; aber darum erst frei; denn „sein Wille ist vereint
mit dem göttlichen Willen und ist nichts wollend, denn das er
selber ist, als viel das Wollen in Gott ist". Er habe „die Freiheit, die sich gebiert in entwordener Wiedergeborenheit".
Dem gemäss sei auch sein „Ausbruch", sein W i r k e n nämlich
und sein Werk. Er wirke „für sich, als Mensch", und wirke
„m Gott", „aus Christo", und „ist doch e r es, der wirket",
denn „der Mensch wird nicht seiner eigenen Wirkung ent-

setzt", nur „bleibt sie unangesehen nach der Weise" (es fällt kein
selbstsüchtiger Blick darauf). Er wirke auch „nimmer mehr denn
ein Werk", denn „es ist nur eine Geburt und ein Grund, (nämlich) nach der Vereinung". Da habe der Mensch „nicht Sehens
zu keinem Werk, denn nur als die ewige göttliche Geburt es
wirket"; d. h. jedes einzelne Werk sei nur die naturgemässe
Entfaltung des Einen Grundes, des wiedergeborenen Selbst,
und „ist darum nicht mehr denn ein Werk, das er selber
ist, nach vereinter Weise und das er in der Zeit wirket";
und „achte ich es nur als ein Werk; man wollte es
denn nehmen nach menschlichem Verständniss". Da wirke
der Mensch (ebendeshalb) auch nicht in Unruhe, sondern
„sein Leben und Wollen und Wirken ist eine stille unbe-
rührte Freiheit, die sicher ohne allen Zweifel sein Enthalt
ist; und dem ist er sich haltend in gebärlicher Weise".

   In diesem Geiste bestimmt denn auch S. das damals
so viel besprochene Verhältniss vom Schauen und Wirken
als nothwendige Oszillationen im Leben des Mystikers, gleichsam als die beiden Pole. „Ein weiser Mensch soll seine Innerkeit nicht in der Aeusserkeit hinwirken, noch die Aeusserkeit
um die Innerkeit verläugnen"; — diess letztere schon nicht um
der Innerkeit willen, denn „wem Innerkeit wird in Aeusserkeit,
dem wird Innerkeit innerlicher, denn dem Innerkeit wird in
Innerkeit". Er soll sich „in den äusseren Werken mit heiligen Begierden unmüssigen (beschliessen), dass er schnell und
wieder in sich komme, und soll in der Innerkeit also gelassen sein, dass er der Aeusserkeit möge genug thun, so es
Zeit und räthlich ist. Und also geht er aus und ein und
findet seine Ruhe in allen Dingen". —

   Zu dieser Lebens-Entfaltung zählt S. auch ganz besonders das Seligkeitsgefühl, das mit der Gottes-Gemeinschaft gesetzt sei; „denn Gott will uns nicht berauben der
Lust, er will uns nach Allheit Lust geben, das ist, er
will uns alle Lust gehen", alle Lust sei aber eben in Gott,
dem Ausgang und Eingange der Kreatur. „Wenn ich
finde das Eine, das ich sein soll, und das All, das ich
sein soll, was ist grössere Lust"? Höchste Seligkeit sei

Die stete Reproduktion dieser Union.

Um nun aber die Einung zu einer wenigstens approximativ-habituellen zu machen, habe man sich, sagt S., immer und immer wieder zu lassen. „Wenn dir der Anblick unterzogen wird, so soll dir sein, als ob dir die ewige Seligkeit benommen sei; und sollst geschwind wiederkehren in dasselbe, dass es dir wieder werde, und sollst dein selbst Acht haben; denn wenn es dir entgeht, so ist dir als einem Schiffmann, dem im starken Gewelle die Ruder entgangen sind, und der nicht weiss, wo er hinsoll. Kannst du aber noch nicht Bleibens darin haben, so soll dich die M e n g e   d e r   E i n k e h r und emsige Flucht in dasselbe zur S e l i g k e i t bringen, sofern es möglich ist".

Vor allem sei es das Bild Jesu Christi, mit dem die Seele „umgehen und sieh bekümmern" sollte. Denn „da sie von des schweren Leibes Krankheit dem lautern Gut nicht allezeit b l ö s s l i c h anheften möge, so müsse sie etwas Bildliches haben"; und das Beste dazu sei „das minnigliche Bild Jesu Christi"; da habe man den (reinen) Menschen und habe man Gott, so dass man eben an Christo zugleich wieder vom Menschen zu Gott, vom Bildlichen zum Bildlosen, zur unmittelbaren Union aufsteigen könne.

Wie aber? wenn der Mensch (Mystiker) sich noch in Gebrechen und S ü n d e n finde? Und das sei in d e m Masse, als er „ihm selber bleibe", denn Johannes selbst spreche: „nehmen wir uns dess an, dass wir nicht Sünde haben, so trügen wir uns selbst und ist keine Wahrheit in uns"; sofern wir aber uns selber nicht bleiben, wirken „wir nicht Gebrechen, wie auch Joh. gesprochen, dass der Mensch, der aus Gott geboren ist, nicht Sünde thut und nicht Gebrechen übet, denn der göttliche Same bleibet in ihm". Doch auch die Sünde selbst, erwiedert Suso, könne die Union nicht gänzlich aufheben in den Mystikern, denn „das hätten die allerfrömmsten Gottesfreunde in ihnen, vor andern Menschen (sagt S. mit T.), dass sie sich gerichtiglicher (schleuniger) von dem Mittel entschlagen"; in dem Schmerz über ihr Gebrechen und in der Klage über den Mangel „v o r gehender Gelassenheit, der zu Gebrechen

führte", entspringe zuhand" eine n a c h gehende Gelassenheit,
die den Menschen geschwind wieder einsetzet"; und „das ist:
da sich der Mensch noch einen Menschen findet und sich also
Gott zu Lob leidet". Und „diese nachgehende Gelassenheit wird
dann auch wohl etwa n ü t z e wegen der Selbsterkenntniss,
und hier verschwindet die Klage a l s K l a g e und der Mensch
gebiert sich einfältiglich wieder in dasselbe und wird dasselbe
wie je zuerst". „Wie einen kleinen Kehr ich aus dir thue,
minnigliches Gut, spricht desshalb der Diener der Weisheit, so
geschieht mir als einem Rehlein, das von seiner Mutter misstre-
ten hat und in einem starken Gejäge ist und sieh mit flüchtigen
Werken aufhält, bis dass es wieder hin an seine Statt ent-
rinnet".

Die Lebens-Entfaltung der mystischen Union.

Der mystische Unionsakt bezieht sich zwar allein auf die
oberste Kraft; denn „die andern Kräfte der Seele sind zu
krank, als dass sie mögen in diess Nicht kommen"; aber die
Kraft der Union „geht auch auf sie über", so „dass sie wirken
das, das ihr Ursprung ist".

Nach der Seite des E r k e n n e n s schreibt nun S. dem
Mystiker, aber eben nur „nach der vereinten Weise", d. h. im
Akte der Einung mit Gott, jene intuitive Erkenntniss zu, da
er Gott b l o s und sich und alle Dinge in Gott erkennt. Er
nennt diess (nach den Scholastikern, Eckard und Augustin) die
„Morgen-Erkenntniss", da „man die Kreatur ohne alle Unterschiede aller Bilder entbildet und entgleichet in dem Einen,
das Gott selbst in sich selber ist, schauet"; da „der Geist entkleidet ist von dem timbern (finstern) Lichte, das ihm nach
menschlicher Weise gefolgt ist, nach Offenbarung der Sachen". Diese „Morgenerkenntniss" setzt er der „Abender-
kenntniss", dem empirischen Wissen gegenüber: so man nämlich „die Kreatur in ihr selber erkennet". Denn „so sieht
man der Kreatur einbilden etliche Unterschiede". — Auf die
Frage: ob der Mystiker zu einem ganzen Wissen der Wahrheit kommen sei, oder ob ihm noch „Dünken und Wähnen

auch darum in Gott, weil hier die innigste Intensivität der
Gemeinschaft möglich sei. Auch die grösste Liebe zeitlichen
Liebes leide mit ihrem Lieb dennoch „Liebes und Liebes
zertheilte Unterschiedenheit"; Gott aber „aller Liebe grundlose Vollkommenheit" zerfliesse in Liebes Herzen, zergiesse
sich in der Seele Wesen — „er bloss All in All, dess Liebes
ein einiges Theil nicht ausmacht, denn dass es lieblich mit
Lieb vereinet wird". Dieses Seligkeitsgefühl habe aber allerdings seine verschiedenen Stufen; eine „jubilirende" in „aus-
brüchiger Weise", wenn auch das Herz übernommen sei von
der „einschwebenden Gnade". Von dieser weiss S. aus Erfahrung viel zu sagen. „Unterweilen hatte er ein minnigliches
Einreden mit Gott, dann ein jämmeriges Seufzen, dann ein
sehnliches Weinen, etwann ein stillschweigendes Lachen. Ihm
war oft, als ob er in den Lüften schwebte und zwischen Zeit
und Ewigkeit in dem tiefen Wag (Meer) Gottes grundloser
Wunder schwämme. Davon ward sein Herz so voll, dass er
unterweilen seine Hand auf das wüthende Herz legte und
sprach: o weh, Herz meines, wie will es dir heute ergehen"!
Das sei ihm „an seinem Anfang" wohl auf zehn Jahre „täglich
zweimal", Morgens und Abends, von Gott gegeben worden,
und „währte so lange als zwo Vigilien (eine halbe Stunde).
— Aber das sei doch nicht die höchste, nächste Seligkeit,
sagt er, sie „verleckere" eines „unwesentlichen Menschen
Geist, dass er das allezeit gern hat", und wie ihm der „Gegenwurf" Freude gebäre, also gebäre ihm der „Unterzug" ungeordnete Traurigkeit; und er werde „unwillig, sich andern
Sachen zu geben". Sie sei daher „nur ein raislicher (berei-
tender) Vorlauf, zu kommen in eine wesentliche Eingenommenheit", zur „bleiblichen, innerlichen" und „einbrüchigen
Weise", die keiner Pflicht sich entziehe und eben unter allen äussern Verhältnissen und in allen Dingen bestehe; denn „Menschen, die sich und alle Dinge nehmen in
ihrem ersten Ursprung, haben so grosse Lust und Wohlgefallen an einem jeglichen Dinge, das Gott thut, als ob Gott
dessen ledig und müssig stünde" und es ihnen „nach ihrem
Wunsche auszuwirken gegeben hätte"; und in dieser Weise
„gewinnen sie Wunsch und Gewalt in ihnen selbst", denn ihnen

„dienen Himmel und Erde und ihnen sind gehorsam alle Kreaturen in dem, dass ein jegliches thut, was es thut oder lässt,
was es lässt". Sie „empfinden auch nicht Leid von Herzen
in keinen Dingen"; denn „Leid und Leiden von Herzen"
könne man nur das nennen, „dessen der Wille mit wohlbe-
dachter Bescheidenheit wollte erlassen sein"; nun aber „in der
Verlorenheit des eigenen Willens" in dem göttlichen Willen
„schmeckt ihnen der Wille Gottes so wohl, und alles, was
Gott über sie verhängt, ist ihnen so lustiglich", dass sie „nichts
anderes wollen noch begehren". Einem „entblössten" Gemüthe antworte Gott und Friede „allezeit gegenwärtiglich,
in den widerwärtigen Dingen wie auch in den wohlgefallenden"; denn „wenn der wahrlich da ist, der Alles thut, der
Alles ist, wie mag ihnen denn der leidende Anblick schwer
sein, da sie darin Gott sehen, Gottes Willen gebrauchen und
um ihren Willen nicht wissen"! Zu „geschweigen all des lichtreichen Trostes und himmlischer Lust, womit Gott verborgent-
lich seine leidenden Freunde oft aufrecht hält". Zwar „nach
dem Aeussern zu reden, hätten diese Menschen „Empfindens
Wohles und Wehes wie andere Leute" und „dringe es ihnen
wohl noch näher denn andern, ob ihrer grossen Zartheit"; es
habe aber „in ihrem Innersten nicht statt zu bleiben", und
„nach dem Aeusseren bleiben sie fest gegen Ungehabigkeit"
(Ungeduld). Nur allein „wie viel dich eigne Gebrechlichkeit
hinzeucht, dass du Sünde thust, davon billig Leid und Betrübniss kommt Jedem, der sie übet, und wie viel du die Sünde
übest, so viel gebricht dir noch dieser Seligkeit".

Ebendesswegen, weil der Mensch hienieden noch nicht
vollkommen werde, meint S., sei auch die Seligkeit hienieden
noch keine dauernd vollkommene; „des Leibes mannigfaltiges
Gedränge widerspricht diesem"; oder werde die Seligkeit in
ihrem allervollkommensten Grade „nur etlichen wenigen Menschen von den allerfrömmsten, die noch mit dem Leibe in
der Zeit gehen", zu Theil. Dagegen die Seligkeit „nach theil-
haftiger Weise zu nehmen", sei möglich; und eben die Selig-
keitsstufen bedingen sich durch die Gottes-Gemeinschafts-
stufen. —

Die Lebens-Entfaltung der Union, wie wir sie in Bezug

auf die innern Kräfte und Vermögen des Menschen
betrachtet haben, weist S. auch in ihrem Verhältniss zu den
Aussendingen und zur Welt nach. Er stellt da den Satz
voraus: „Alle Dinge nimmt in Ordnung, wer sich
selbst in Christo nehmend ist". Zunächst nimmt der
Mystiker Alles als von Gott: „Lieb und Leid, so er in Widerwärtigkeit, als so es allerbest gebet", und er nimmt es von
„Niemand anderem, denn von Gott und nicht von den Leuten,
die nur ein Werkzeug Gottes sind, wodurch er wirkt." Ihn
weist auch alles auf Gott, „in dem Mindesten als in dem
Meisten nimmt er sein Nächstes"; in Allem antwortet ihm nur
Eines: in der „zeitlichen Gewordenheit das ewige Nicht";
„zwei Kontraste, die er doch versteht in Einem mit einander", und nicht bloss versteht, sondern in sich erfährt, wie
denn S. von sich erzählt, wenn anders diese Rede des Jüngers
auf ihn sich bezieht, er sei „unterweilen dazu gekommen,
dass er oft zehn Wochen oder mehr oder minder so kräftiglich entwirket worden, dass ihm, mit offenen Sinnen, in der
Leute Beiwohnung und ohne die Leute, seine Sinne also entgangen seien, dass ihm überall in allen Dingen nur Eins antwortete und alle Dinge in Einem ohne alle Mannigfaltigkeit
dieses oder jenes". Endlich trägt der Mystiker auch Gott Alles
wieder auf. Gleich die äusseren Dinge und Güter. Da ist
es nun bezeichnend, dass S. nicht so weit wie Tauler (dieser
zwar nicht in seinen Predigten, aber wenigstens in seiner
„Nachfolgung") gegangen ist. Er verlangt nämlich nur ein innerliches sich Lösen und Auftragen in Gott; nicht auch äussere
vollkommene Armuth. Gelassenheit, sagt er, bringe uns
Armuth des Geistes; diese aber „magst du Gott opfern bei
dem Besitz des vergänglichen Gutes, und zumal ungehindert
bleiben in der wahren Nachfolgung Gottes". Aber die „drei
Stücke" verlangt er dabei: „das Eine, dass du von den
Dingen und dem Gut nichts nehmest denn deine Nothdurft,
als ob du um sie alle Tage von Haus zu Haus gebeten hättest
und noch allezeit bitten solltest. Das andere, ob du wüsstest,
dass deines Guts ein anderer guter Mensch Noth thäte und
dessen bedürfte, dass er es also frei antasten möge zu seiner Noth wie sein eigenes Gut, und dass du ihm das so

wohl gönntest als dir selbst. Das dritte, ob du es verlö-
rest, dass du in deinem Grund und in deinem Willen also
wohl zufrieden bleibest, als ob du es nie genommen hättest.
Hast du diese drei Stücke an dir, in der Wahrheit, so bist
du von Geist ein rechter, armer Mensch, wärest du auch aus-
wendig ein Besitzer des Kaiserreichs.... Unser Herr sprach:
Selig sind die Armen des Geistes; er sprach nicht: des Gutes. ...
Das ist ein armer Geist, der nicht von einigen geschaffenen
Dingen besessen ist, und der in allen Dingen, die ihm zufallen mögen, nicht also gerichtet wird, dass er allezeit die
Hand seiner Begehrung ausstrecke, sondern vor Gott liege
und begehre seine Gnade und milde Almosen und ihn selbst".
S. meint mit Thomas, Nothdurft sei nicht wider die wahre
Armuth, vielmehr könne sich, wenn man Geräthschaft habe,
die von Noth sei, der inwendige Grund „desto freier" zu
Gott kehren, weil er „alle Sorge und Anhaftung übergangen
habe". — Nicht bloss die äusseren Güter trägt aber der Mystiker Gott auf, sondern alles, was ihm von Aussen begegnet,
Liebe und Leid, und alles, was ihm innerlich zufällt an Gaben,
oder was in ihm sich regt: „so icht Holdseliges oder Fröhliches in deinem Muthe aufsteht, es sei von Natur oder es sei
von Gnade, so habe einen schnellen und behenden Einkehr
mit einem Auftragen in Gott, dass es in Gottes Lobe verzehrt
werde, der em Herr der Natur und der Gnade ist, und also
wird Natur Uebernatur". Selbst „der bösen Geister
Geraun" und „Einbildung" solle man Gott auftragen, und
„in das Lob Gottes ziehen". So oft ein böser Geist „unge-
nehme Gedanken wider meinen Willen in mich sendet, so
oft sei dir, o Gott, mit verdachtem Willen das allerschönste
Lob an seiner Statt ausgesendet, mit dem derselbe böse
Geist in immerwährender Ewigkeit dich sollte gelobt haben,
so er bestanden wäre, dass ich an seiner Vertriebenheit
ein Verweser sei in deinem Lob und so oft er diess böse Geraun einflüstert, so oft sei dir, Gott, das gute aufgesendet".

Mit dem „Wiedereinfluss" seiner selbst bringt, wie man
sieht, der Mystiker auch alle Dinge wieder in Gott; „durch
ihn selbst" aber „fliessen sie gleichsam sonder und ohne ihn",
und „er ist ruhig in den Sinnen". Er hat daher auch „nach

dem äusseren Bilde" nicht viele Weise noch Worte und
die sind schlicht und einfältig".

Der Mystiker und das Leiden.

Wir haben es schon bei Tauler gefunden, wie der Mystik
das Leiden so zu sagen als ein wesentliches Attribut des Mystikers gilt. Ganz dieselben Gedanken hat auch Suso. Leiden
sei schon der Karakter dieses Erdenlebens überhaupt. „Wie
hoch die Burgen seien, wie weit die Städte, noch rothe
Mäntel, noch seidene Kleider mögen dessen nicht los sein;
sie haben das lustige glänzende Gewand auswärts gekehrt,
aber das schmerzende ist in sie einwärts zum Herzen geschlagen". Ganz insbesondere aber sei es eine Ordnung des
Dienstes Gottes; „so ein Mensch erst in Gottes Freundschaft
tritt, so ist der erste Schritt danach, dass er sich bereite und
verwegenlich setze auf Leiden"; denn das sei „Gottes ewig-
liche Ordnung in aller Natur, der er nicht abgeht: was edel
und gut ist, das muss sauer ernarnet werden". Das sei auch
die Ordnung der Heiligen selbst gewesen. „Gott thut seinen
Freunden noch jetzo, als er gethan hat von Anfang der Welt
bis an diesen Tag". Denn im Reinigungsprozess selbst sei
Leiden ein nothwendiges Moment, und zwar für Jeden, er sei
„im Anfang oder im Zunehmen oder in Vollkommenheit".
Darum müsse es weh thun. „Thäte Leiden nicht weh, so
hiess es nicht leiden". So wie aber „nichts Peinlicheres sei,
denn Leiden", so „nichts Fröhlicheres, denn gelitten haben".
Er nennt es darum „ein kurzes Leid und ein langes Lieb".
„Hättest du so viel geistlicher Süssigkeit und göttlichen Trostes und himmlischer Wollust, dass du zu allen Zeiten hin-
flössest von dem göttlichen Thau, das wäre dir nicht so
lohnbar an sich selber.... Es sind eher zehen umgeschwenkt
und verdorben in grosser Lust und in fröhlicher Süssigkeit,
ehe Einer umschwenket in emsigem Leiden und Widerwärtigkeit". Leiden mache empfänglich der Gaben und Gegenwärtigkeit Gottes und konform mit Christo unserm Herrn und
Haupt. Und „wäre nichts anderen Nutzens und Gutes am
Leiden, denn allein dass wir dem schönen klaren Spiegel

Christo so viel gleicher werden, so viel wir ihm nachfolgen,
es wäre wohl angelegt". Darum sollte man, „selbst wenn
Gott gleichen Lohn geben wollte den Leidenden und den
Nichtleidenden nach diesem Leben", dennoch „den leidenden
Theil aufnehmen, allein u m d e r G l e i c h h e i t (mit Christo)
willen; denn Liebe gleichet sich und huldet sich, wo sie kann
und mag". — Um des grossen Segens willen sollte man daher,
wenn man es recht verstünde, das Leiden „übergolden",
das so Edles bewirke.

Den göttlichen Absichten gemäss trage es aber auch der
Mystiker: als a u s den Händen Gottes und m i t Gott es über-
windend und i n Gott es wieder auftragend und ordnend in
das ewige Lob Gottes „ohne Ausgenommenheit des und des
Leidens", sondern in jedwedes „gibt er sich, das Gott von
ihm gelitten haben will, als sein Allerbestes, und wollte auch
nicht ohne Gottes Willen dessen ledig stehen". S o l c h e s
Kreuztragen — „ein c h r i s t f ö r m i g e s" nennt es S. — sei
„grösser denn Todtenerwecken oder andere Zeichen thun",
und „also wie die Sachen fallen, der Schuld oder der Unschuld, so enden sie allezeit gleich in dem gütigen Gott." —
Unter d i e s e n Leiden meint er aber solche, die Gott sende,
nicht „angenommene" (selbstgewählte); denn jene, sagt er
(mit Tauler) aus seiner eigenen Erfahrung (S. 329; 351),
„suchen viel näher und gehen tiefer und treiben bälder denn
alle angenommenen".

Sehr reich ist S. (gleich Tauler) im Kapitel der i n n e r n
Leiden, — „der allerschwersten, die ein Menschenherz tragen mag, und die dem elenden Herzen Niemand wohl glauben kann, denn der es selber befunden hat oder dem es von
Gott gegeben wäre". Denen, die über innere Trockenheit
klagen, über die „Unterzuckung" der Gegenwart Gottes in
der Empfindung, ruft er zu, „vollkommen Leben liege nicht
an Trosthaben"; es liege „an Aufgeben des eignen Willens
in Gottes Willen, es sei sauer oder süss", und „eine Trockenheit in d e m Sinne", wäre besser, denn „ohne das eine hin-
fliessende Süssigkeit". Eine „Gelassenheit ob aller Gelassenheit" sei „Gelassensein in Ge(Ver)lassenheit". Uebrigens, dass
Gott diess Gefühl der Gegenwart zuweilen entziehe, sei „der

Minne Spiel"; denn „alldieweil Lieb bei Lieb ist, so weiss
Lieb nicht, wie lieb Lieb ist; wenn aber Lieb von Lieb scheidet, so empfindet erst Lieb, wie lieb Lieb war". Auch werde
„die Wandelbarkeit an keinem Menschen in der Zeit ganz
abgelegt". Vor allem solle man festhalten, dass das rechte
Kennzeichen göttlicher Gegenwart diess sei: „so sich Alles
gütet, dahin Er kommt". Denen, „die an Gottes Erbarmen
zweifeln", ruft er zu: „sie wägen nicht, was Gott, was Sünde,
was Reue sei". Gott sei ein „also unerschöpflicher Brunnen
grundloser Barmherzigkeit und natürlicher Gutheit, dass nie
eine getreue Mutter ihrem eigenen Kinde ihre Hand so gerne
reicht, wenn sie es im Feuer sähe, als Gott thut einem reuigen Menschen, und wäre es auch möglich, dass er aller Menschen Sünde alle Tage tausendmal gethan hätte". „Rechte
Sünde", eigentliche Todsünde sei aber allein, „so ein Mensch
mit vorbedachtem Willen sonder Widersprechen der Bescheidenheit sich von Gott auf sündliche Gebrechen kehrt." Einfälle der Sünde, so oft sie auch seien und wie lang ein Mensch
darin stünde, so die Bescheidenheit einen Abscheu dagegen
habe, sei keine Todsünde und auch nicht, wenn der Mensch
mit Lust darauf falle und sich vergesse, und übernommen
werde; das „treffe" noch nicht auf Todsünde, sondern erst
„rechte Gunst der Bescheidenheit". Reue aber sei „eine Tugend, die einem Menschen seine Sünden abnimmt, so sie mit
Bescheidenheit ist". Doch „unbescheidene Reue" missbehage
Gott. „Wer rechte Reue will haben, der soll haben Demuth
mit sich selber, und ein Missbehagen an der Sünde und ein
ganzes Vertrauen zu Gott".

——— —

Bis hieher geht die eigentliche Mystik Suso's, in der er,
wie die andern Mystiker alle, anfahende, zunehmende und
vollkommene kennt. Er ist übrigens weit entfernt, alle Menschen zu Mystikern machen zu wollen. „Wer noch nicht so
weit in seinen Einsichten gekommen ist, der lasse alle Dinge
sein, als sie sind, was ihm vorkommt, und halte sich an die
gemeinen Lehren der h. Christenheit, als man viele einfältige
gute Menschen sieht, die in löblicher Heiligkeit leben, denen

auch dazu nicht gerufen ist". Aber „je näher, je besser". Besonders macht er es gewissermaassen denen zur Pflicht, „die
Gott von der bösen, falschen Welt erlöset hat und die
nicht zu sorgen noch zu denken haben für Haus noch für
Kinder, denn allein wie sie Gott leben mögen". Denn denen,
die der Welt Sorge zu tragen haben, zu rathen, sei schwer;
„man kann in der Mühle kaum unbestaubt sein und in dem
Feuer unverbrannt". Doch „sollt ihr, setzt er hinzu (ganz
wie Tauler), wissen, dass ich Leute (Laien) in allen ihren
Bekümmernissen (Sorgen) in also hoher Lauterkeit und Vollkommenheit gefunden habe, dass sich geistliche Leute wohl
schämen mögen".

Suso und die Kirche.

Zur Kirche, zu kirchlichen Satzungen und zur kirchlichen Lehre stellt sich S. ungefähr wie Tauler. Er nimmt
dieselben an, fügt sich in sie ein, ordnet sich ihnen unter,
aber in innerer Freiheit und Verklärung. „Ein gerechter
Mensch hält sich nach seiner Gewordenheit unterthäniglicher
(dem Gesetze), denn andere Menschen; denn er versteht in
dem Grunde von Innen, was von Aussen Jeglichem geziemend
ist, und nimmt alle Dinge also auf. Aber dass er nicht Bandes hat, das ist darum, weil er dasselbe wirket aus Gelassenheit, das die Gemeinde (der gemeine Haufe) wirket aus Be-
zwungenheit". Eben so halte er es mit den äusseren Uebungen.
Zwar bis der Mensch „in die innere Gelassenheit übersetzet
sei", dazu komme er selten mit „unverzehrten Kräften"; bei
den Meisten will S. sagen, sei eine aufreibende Aszese vorangegangen, bis sie zu dieser „Gelassenheit" gekommen. Auf
diesem Standpunkte aber, „wenn sie erkennen, was zu thun
und zu lassen ist", „bleiben sie auf g e m e i n e n Uebungen
minder und mehr nach ihrer Vermögenheit oder nach anderer Gelegenheit". —
Unter den kirchlichen L e h r e n seiner Zeit hat sich S.
über keine so einlässlich ausgesprochen, als über das Altars-

sakrament, in der sich seine minnigliche Seele so recht versenkt hat. Er nennt es sehr schön „das Sakrament der Minne", nach der Gabe: sofern der „Herr selbselber" sich darin gebe, wir darin „die Minne selbselber empfahen"; und nach der Wirkung: „sofern wir die Minne selbselber in Gnaden werden". Das Erstere kann er nicht genug hervorheben. Unter allen minniglichen Dingen sei einem minnenden Herzen „nichts süsser, denn sein Geminnter selbselber und dessen freundliche Gegenwärtigkeit". Damit nun „dem Geminnten nichts abgehe, das zu rechter Minne gehöre", so habe den Herrn seine grundlose Minne dazu gezwungen, dass er vor seinem Scheiden sich selbst seinen Jüngern gegeben, was er noch alle Tage thue, „weil er vorher den Jammer (Verlangen) wusste, den manch minnendes Herz nach ihm haben würde". Darum sei diess „das grösste Minnezeichen Christi, ohne seine Passion". Diess „Selbselber" bestimmt nun S. näher dahin, dass man im Sakramente den Herrn „vor sich und bei sich habe, so wahrlich und eigentlich Gott und Mensch, naeh Seel' und Leib, naeh Fleisch und Blut, als wahrlich ihn seine reine Mutter trug in ihren Armen und als wahrlich er im Himmel ist in seiner vollkommenen Klarheit". — So wenig aber als Tauler spricht sich S. näher über das W i e aus. „Wie der wonnigliche glorifizirte Leib sich also togenlich verbergen möge unter der kleinen Form des Brotes"; das, sagt er, möge kein Sinn begreifen, es sei ein Werk der göttlichen Allmächtigkeit; da habe man „einfältig zu glauben, nicht zu grübeln". Dem Herrn, der alle Welt erschaffen, sei es doch „eben so möglich, Ichts in Ichts (Brod in den Leib) zu verwandeln, als Ichts aus Ichts zu schaffen". Er gibt auch noch andere Analogien und Exempel, die aber wenig bedeuten. — Auf die Frage, was man denn nun im Sakramente „mit der wahren Gegenwärtigkeit" empfange, antwortet er sehr schön: „was der Herr denn Besseres habe, denn er selbselber? der sein Lieb selbselber hat, wem hat der nachzufragen? Der sich selber gibt, was hat der versagt? Ich gehe mich dir und nehme mich dir, und vereine dich mit mir; du verlierst dich und wirst verwandelt in mich. Was bringet die Sonne in ihrem allerschönsten glänzend-

sten Wiederglast der ungewölkten Luft? Oder was bringet
die schöne Sommerwonne wonniglicher Zierde nach der kalten, winterlichen, traurigen Zeit"? S. (oder „der Diener
der Weisheit") klagt nun freilich, dass er nicht immer so,
wie er wünschte, die Wirkung, den Segen, die Gegenwärtigkeit spüre; er möchte, sie wäre ihm „empfindlicher"; „ich
gönnte, spricht er zur Weisheit, deiner wahren Gegenwärtigkeit wohl, dass du dein selbst mehr Urkund gegeben hättest";
aber, ist die Antwort, „so der Urkund je minder ist, so ist
der Glaube je lauterer und dein Lohn je grösser. Gott ist
auch ein einwirkendes Gut und das ist so viel edler als viel
es geistlicher ist". Uebrigens richte sieh die Gabe naeh der
Empfänglichkeit und Bereitung: „den Wohlbereiten sei er das
lebendige Brod, den Kleinbereiten das trockene Brod, aber
den Unbereiten ein zeitlicher Schlag, ein tödtlicher Fall und
ein ewiger Fluch". Doch nicht, dass man desswegen aus
Angst seiner Sünden blöde sein solle (im Zugange zum Sakramente). „Wenn der Mensch sein Vermögen thut (in Busse und
Glauben), so wird nicht mehr gefordert, denn Gott vollbringt
das Unvollbrachte. Ein Siecher soll alle Blödigkeit hinwerfen
und soll dem Arzte nahen, dess Beisein sein Genesen ist."
Auch darüber, falls man bei allem Verlangen doch das Sakrament entbehren müsse, beruhigt er. „Mancher Mensch
wird Gottes nüchtern voll und mancher Mensch gewinnt sein
ob dem Tisch Mangel; jene kauen ihn allein leiblich, aber
diese niessen ihn geistlich". Die Frage aber: „ob der Mensch
Etwas voraus habe, der den Herrn leiblich und geistlich empfahe, denn der ihn allein geistlich niesse"? beantwortet er
mit der Gegenfrage: „ob der Mensch mehr habe, der den
Herrn und seine Gnade habe, oder die Gnade allein"?

Ganz mit seiner Zeit gehend, finden wir ihn auch über
die Messe, besonders auch über die Seelmessen, sieh aussprechen, die „das strenge Fegfeuer erlöschen", und endlich
in Bezug auf diess „grimme" Fegfeuer selbst, dabei er (gleich
Tauler) von „Sieden und Braten" spricht — im paränetischen
Interesse — von „grundloser Marter", die er quantitativ ta-
xirt: eine Stunde im Fegfeuer hundert Jahre lang; diess
„abbüssende" Feuer begründet er durch den Satz, dass jedes

Unrecht hienieden gebüsst werden müsse hier, oder, wenn
nicht hier, dort; doch nur für diejenigen, die Christi ab-
büssendes Leiden und unendliches Verdienst, das er in seiner
objektiven Kraft hervorhebt, sich nicht aneignen; denn, sagt
er einmal, „die Seele solle nur in den edlen Schatz des verdienten Lohnes Christi greifen und ihn an sich ziehen; und
sollte sie tausend Jahre in dem Fegfeuer brennen, sie hätte
es in kurzer Zeit nach Schuld und Busse abgelegt, dass sie
ohne alles Fegfeuer in die ewige Freude führe".

Das ewige Leben sieht S. ganz besonders in der vollendeten Gottesgemeinschaft; „einer minuenden Seele ist Gott
ihr Himmelreich", sagt er, und der Tod hebe diese Union,
die hienieden begründet worden, nicht auf: „es bleibet ja
in Ewigkeit ungeschieden, das in der Zeit vereint war"; wohl
aber, wenn die Wand des Leibes weggenommen sei, werde
diese Gemeinschaft, diese „schauliche Vereinigung der Seele
mit der blossen Gottheit", die hier nur vorversucht, vorge-
nossen sei, noch wesentlicher, und „in dem Gegenwurfe"
finde die Seele „Genüge und ewige Seligkeit"; „je abgeschie-
dener, lediger aber der Ausgang, je freier der Aufgang, je
näher sei der Eingang in die wilde Wüste und in den tiefen
Abgrund der weislosen Gottheit, in den sie versenket, ver-
schwemmt und vereinet werde, dass sie nichts anders wollen
möge, denn was Gott will, und dass sie dasselbe werde, was
Gott ist, das ist, dass sie selig sei von Gnaden, als er selig ist
von Natur". Diese Lebensgemeinschaft nennt S. (mit den
Mystikern seiner Zeit) w e s e n t l i c h e n Lohn gegenüber dem
z u f a l l e n d e n Lohn, der „sonderlichen Freude, die die Seelen
gewinnen von sonderlichen und würdigen Werken"; als: Mar-
tyrer, Jungfrauen, die h o h e n L e h r e r.

Ueber den Himmel selbst weiss dagegen S. im Geiste seiner
Zeit allerhand, z. B. von dem feurigen Himmel (coelum empyreum), der (vgl. Rusbroek) ob dem neunten Himmel sei, und er
beschreibt ihn und seinen „Hof" mit seiner reichen Phantasie fast
wie der Apokalyptiker das neue Jerusalem; und aber im lebendig-
sten Kontraste die Hölle und ihr Jammerleben, besonders nach
d e r Seite, dass es ohne Aufhören sei. „Wäre ein Mühlstein
so breit als alles Erdreich und um sich so gross, dass er

den Himmel allenthalben berührte, und käme ein kleines
Vöglein je über hundert tausend Jahre und bisse ab dem
Stein so gross, als der zehnte Theil ist eines Hirskörnleins,
und aber über hundert tausend Jahren so viel, also dass es in
zehn hundert tausend Jahren so viel ab dem Stein klaubte,
als gross ein Hirskörnlein ist"; wir Armen, lässt S. die Verdammten über die Ewigkeit ihrer Strafe jammern, „begehrten
nicht anders, denn so des Steines ein Ende wäre, dass auch
dann unsere Marter ein Ende hätte"; und „das mag nicht sein."

Man kann über S. und sein Verhältniss zur Kirchenlehre
seiner Zeit nicht sprechen, ohne noch Eines hervorzuheben,
darin er mittelalterlich - katholischer ist, als die meisten
seiner Mitmystiker: es ist sein Ma r i e n - K u l t u s. Er nennt
Maria seine liebe Frau, seine allerliebste himmlische Frau,
die „zarte, geblümte, rosige Magd", die „Himmelskönigin",
den „Morgenstern"; als solche identifizirt er sie in seiner
Phantasie auch mit der „Weisheit", die er anderseits wieder
in Christo, „ihrem (der Maria) Kind" inkarnirt werden lässt.
Ganz besonders ist sie ihm die Vermittlerin und Versöhnerin
bei Christus. „Wie dürfte ein sündiger Mensch zu dir, Gott,
kommen, es wäre denn, dass du mir dein einiges auserwähltes
Kind, die ewige Weisheit, zu einem Leiter gegeben hättest!
Eia, wie getörste aber ein sündiger Mensch immer die Ge-
waltheit gewinnen, dass er von sogethaner Unreinigkeit seine
Lauterkeit getörste zeigen, es wäre denn, dass er die Mutter
aller Erbärmde zu einem Schirm nähme.... denn ewige Weisheit,
bist du mein Bruder, so bist du auch mein Herr; bist du ein
wahrer Mensch, o weh, so bist du auch wahrer Gott und ein
viel strenger Richter der Missethat. Eia, darum so unsere armen Seelen in dem engen Nothstalle grundlosen Herzenleides
sind, und wir weder hin und her kommen mögen, so bleibt
uns nichts, denn dass wir unsere elenden Augen aufbieten
zu dir, auserwählte Königin vom Himmelreich!... denn mir
ist, als ob weder meine Seele noch eine andere sündige Seele
eines Urlaubs noch Mittlers gen dir bedürfe.... Eia, hohe
Frau Himmelreichs und Erdreichs, nun stehe auf, und bis uns
eine Mittlerin und Gnadenerwerberin gen deinem zarten
Kinde, der ewigen Weisheit.... Ewige Weisheit, willst du

mir ichts versagen?... Wie ich dich deinem ewigen Vater
darbiete, also biete ich dir deine reine, zarte Mutter dar....
Herr, ich bitte dich, dass du mir von ihrer Gnade (um ihret-
willen) alles Mittel gebest, die Sünde abzulegen, deine Gnade
zu erwerben und die nimmermehr zu verlieren."

Von kritischem Urtheil ist überhaupt bei S. keine Rede.
Als man dem Paulus das Haupt abgeschlagen, so habe dennoch dasselbe noch zu dreien Malen gesprochen: Jesus, Jesus,
so tief habe er den Jesusnamen in sich getragen. Diese Le-
gende schreibt er getrost naeh. Johannes Chrysostomus habe
einmal als Schüler vor einem Altar gekniet, wo auf einem
Bilde Maria dargestellt gewesen, wie sie ihr Kind getränkt
habe; da hiess das mütterliche Bild ihr Kind eine Weile aufhalten und liess den Schüler von ihrem Herzen trinken". Das
führt er als Analogie zu dem, was ihm begegnet sei (S. 323),
an, oder vielmehr Maria selbst habe einer heiligen Person
in einem Gesicht geoffenbaret, dass ihm geschehen solle, wie
man es von Chrysostomus geschrieben finde. So ganz lebt
er und leben seine Freunde in diesen naiven Anschauungen;
was Wunder, wenn die Visionen diess reflektiren?

Fragt man endlich, wie sich S. zu den h. Schriften verhält, so beruft er sich oft auf sie, aber ohne den spezifischen
Unterschied zwischen der Bibel und den Schriften der Lehrer der Kirche (z. B. des Areopagiten) zu machen. Es ist nur
ein gradueller Unterschied. Unter den Autoritäten zitirt er
„die heidnischen Meister" für Anführungen aus der Logik,
besonders den Aristoteles, der uns den „Naturlauf", den
„Herrn der Natur", „bewährt" habe; den Augustinus in der
Frage der Dreieinigkeit; eben dafür auch den „Lehrer" Thomas, „das klare Licht"; für den mystischen Prozess und für
die Frage der Metaphysik den „lichten Dionysius; den Da-
maszenus für die Christologie, den Bernhard für den Segen
des Leidens Christi. Seine nächste Autorität aber ist Eckard,
sein Lehrer.

Die Gegensätze.

Die falsche Mystik; der »Unterscheid«; das Stadium der »Gährung«.

Noch mehr fast als Tauler hat Suso gegen den Aftermystizismus, gegen die Tendenz der freien Geister sich ausgelassen. Er hatte seine Gründe dazu. Ein Schüler Eckards in Köln war er einer von denjenigen gewesen, welche des Meisters Lehre in guten Treuen annahmen und sie mit den christlich-sittlichen Prinzipien und auch mit dem kirchlichen System im völligen Einklange wussten, ohne dass er, wie Andere, die Schlange unter dem Grase hätte sehen können. Er hatte auch seines Lehrers segensreichen Einfluss in einer Krise seines Lebens (S. 317) an ihm selbst erfahren, und hat, eine treue Seele wie er war, stets ein treues Andenken ihm bewahrt, obwohl Eckarts Lehren nach seinem Tode von Papst Johann XXII. verdammt worden waren. Er selbst (Suso) war in seinem Leben mehrmals der Anklage ketzerischer Ansichten unterstellt worden; — Aufforderungen genug für ihn, rund und bestimmt den Unterschied von Mystik und Aftermystismus, von kirchlicher und pantheistischer Spekulation auszusprecben, und jene gegen falsche Zulagen zu wahren; zugleich auch die Rechtgläubigkeit seines Lehrers zu vertheidigen. Doch auch die antinomistischen Tendenzen der Brüder des freien Geistes, die seinem reinen strengen Sittlichkeitsgefühl ein Abscheu waren, mussten ihn zu einer Polemik bestimmen, die „von Noth" war, damit die Geister nicht verwirrt würden. Nicht von Anfang an, wie wir wissen und wie er selbst Eingangs seines Büchleins „über die Wahrheit" sagt, wandte er sich der eigentlichen Mystik zu; erst nachdem er sich lange „geübt" hatte; dann aber wurde ihm „eines Mals ein Einkehr, in dem er zu sich selbst getrieben" und darin zu ihm „gesprochen" ward: „du sollst wissen, dass innerliche Gelassenheit den Menschen bringt zu der nächsten Wahrheit". Diess „edle" Wort, so stellt er es wenigstens dar, sei ihm damals noch „wild und unbekannt" gewesen; es habe ihm aber keine Ruhe gelassen, und er sei „festiglich dazu getrieben" worden, ob er „vor seinem Tode immer möchte dazu kommen, dass er

es bloss erkannte und zu Grunde vollbrächte". Es scheint,
die eigentlich mystischen spekulativen Eindrücke seiner Stu-
dienjahre, für längere Zeit durch die Aszese überdeckt, seien
jetzt mit voller Macht erwacht und hätten sich um so mehr Geltung bei ihm verschafft, je mehr er die Unzulänglichkeit der
Aszese erfahren hatte. Doch nicht ohne innere Kämpfe, so
stellt er es wieder dar, wenn es nicht eben auch nur Einkleidung ist für seine apologetischen Interessen. Er ward nämlich,
als die Mystik mit Ernst an ihn herantrat, „gewarnt und ihm
vorgeworfen, dass in dem Scheine desselben Bildes verborgen
läge falscher Grund ungeordneter Freiheit und bedeckt läge
grosser Schade der h. Christenheit". Darob sei er erschrocken
und habe „etliche Zeit einen Widerstoss des inneren Rufes in
ihm selber genommen". Da „ward ihm aber ein kräftiger
Einschlag in sich selber" und „leuchtete ihm ein von göttlicher Wahrheit, dass er darob kein Erschrecken noch Furcht
sollte nehmen". Denn das sei je gewesen und müsse immer
sein, „dass sich das Böse birgt hinter das Gute und dass man
das Gute nicht verwerfen soll des Bösen wegen". So sei es im
alten und neuen Bunde gewesen; „da Gott durch Mose seine
wahren Zeichen that, da warfen die Zauberer ihre falschen
darunter; und da Christus der ewige Herr und Messias kam,
da kamen etliche und erzeigten sieh fälschlich, dass sie derselbe wären"; und „also ist es überall in allen Dingen"; daher
solle man das Gute mit dem Bösen nicht verwerfen, mehr
„mit gutem Unterschiede" auserkiesen, wiewohl er sich nicht
verhehlt, dass „grober Blindheit und unwissender Viehlichkeit
Niemand eben (verständlich) genug reden könne".

Für die falschen Mystiker hat S. verschiedene Namen, je
nachdem er mehr das praktische oder theoretische Moment
hervorheben will; auch nimmt er, wie billig, verschiedene
Nüancen, Abstufungen und Entwickelungen an. Er spricht
von ihrem „Licht der Natur" (statt „des Lichtes göttlicher
Wahrheit", dem es gleich scheine), oder von ihrer „ungeübten", „behenden Vernünftigkeit wider die Wahrheit"; „subtil
an Worten", aber „ungeübt in Werken", „ausbrüchig in flo-
rirender Reichheit" nennt er sie. Sie selbst nannten sich gerne
und vorzugsweise, man ersieht das aus S., die Vernünftigen,

die Spekulativen. Aufs Praktische bezogen spricht er von ihrer
„falschen Gelassenheit", ihrer „ungeordneten Freiheit".

Die konsequenteste Richtung dieses Aftermystizismus und
dieser Afterspekulation führt er einmal unter dem bezeichnen-
den Namen: „das namlos Wilde" ein, einer Art allegorischer
Person, mit der er in einem Dialog sich auseinandersetzt.
Hier finden wir die praktischen und spekulativen Punkte zusammengedrängt. Als p r a k t i s c h e s Ziel nennt diess
„Wilde" — „du magst wohl heissen das Wilde, denn deine
Worte und Antworten sind gar wild" — „ledige Freiheit":
„da der Mensch nach allem seinem Muthwillen lebt, s o n d e r
A n d e r h e i t, ohne allen Anblick in Vor und in Nach"; allem dem, was die wahre Mystik als göttlich-menschliche Ordnung anerkennt, durch die der Mensch als durch eben so viele
Schranken, Stufen und Erziehungsmittel sein sündhaftes und
natürliches Selbst zu reinigen habe, dem allem, sagt das
Wilde, müsse die ledige Freiheit „untergehen und es alles
verruchten" (nicht achten). Eben diess aber erklärt Suso für
sittliche Begriffsverwirrung, Mangel an „Unterscheid". Solche
Freiheit sei das Gegentheil der wahren Freiheit, „verweise"
den Menschen von aller Seligkeit und entfreie ihn seiner wahren Freiheit (Joh. 8), sei „wider die Ordnung, die das ewige
Nicht (Gott) in seiner Bärhaftigkeit (Schöpfung) gegeben allen
Dingen", denn das sittliche Wirken der wahren Freiheit
müsse ein „ordenhaftes" sein, so nämlich, dass „Alles, das
der Sache zugehörig ist von innen und von aussen, nicht unterwegen bleibt unangesehen in dem Auswirken". Nur „wer
mit einem lautern Gewissen und b e h ü t e t e m Wandel
eingeht in Christum mit rechter Gelassenheit seiner selbst,
der kömmt zu der rechten Freiheit, als er selber sprach: löset
euch der Sohn, so werdet ihr wahrlich frei". Auf diese über
alle sittliche Arbeit, alle gesetzten Schranken, alle Autoritäten
sich überhebende Subjektivität der Aftermystiker kömmt S.
öfters und in verschiedenen Wendungen zu sprechen gegenüber den wahren Mystikern, „die ihre Vernunft darnach richten, dass all' ihr Verstehen, ihr Thun und Lassen ausgewirket
werde mit rechter Bescheidenheit, nach Meinung der h. Christenheit, nach Gottes Lob und aller anderen Menschen ruhi-

gem Frieden, mit Besorgung und Bewahrung ihrer Worte und
Weise, dass allermänniglich daran ihrenthalb unstössig (ohne
Anstoss) bliebe, es nähme es denn Einer von seinem eigenen
gebrechlichen Grunde, wie oft geschieht". Solchen „behüte-
ten" Wandel und solche „Weise zu führen", beweise die Natur und der Name der Vernünftigkeit. Und diess sei eine
„gottförmige, löbliche" Vernunft, denn sie wiederleuchte „in
sich selbst in verborgener Wahrheit, wie der Himmel thut in
seinem lichtreichen Gestirne". Jene aber seien „ungeübt in
guten Werken", „zielen auf ihrer selbst Bild mit einer uner-
brochenen Natur"; seien „nicht durch die rechten Mittel gezogen", schauen einseitig „allein mit ihrer Vernunft nach
schaulicher Weise die Dinge an", und reden davon „über-
müthiglich vor unwissenden Menschen, in einer Verachtung
alles dessen, was darauf Missfallendes fallen möchte mit Rede
oder mit Werken"; ihr vernünftiges Licht sei „ausbrechend
und nicht einbrechend", wie das faule Holz, „das des Nachts
Etwas scheinet und ist doch nichts".

Ihre p r a k t i s c h e n Sätze stützten nun aber die Aftermystiker durch s p e k u l a t i v e, welche die Unterlage für
jene bildeten; sie mögen auch aus ihren spekulativen Sätzen
die praktischen erst als Folgerungen gezogen haben. Sie hoben nämlich allen gründlichen Unterschied des Schöpfers und
Geschöpfes, Christus und des Christen auf, — mit demselben
Mangel an Unterschied, mit dem sie das einzelne Ich und das
allgemeine sittliche Gesetz konfundirten. „Der Mensch,
spricht „das Wilde", der in seinem ewigen Nicht zu Nicht sei
worden, der wisse von Unterschied nichts"; man müsse sich
nur „nehmen im ersten Grunde und aus demselben", sich diess
nur zum Bewusstsein bringen; dann erkenne sich der Mensch
unmittelbar als Eins in Gott. Mit Energie bekämpft S. wieder
diesen spekulativen Pantheismus. Der Mensch, selbst in dem
höchsten Momente seiner „Vergangenheit und Entwordenheit", werde „nimmer so gar vernichtet in diesem Nicht", dass
ihm nicht „dennoch Unterschied des Ursprungs" bliebe und
„der Vernunft ihre freie Wahl". Der Unterschied entgehe
ihm da „nur nach der Nehmung", nicht „nach der Wesung",
ganz wie T. auch sagt und auch Rusbroek. In seinem ersten

Grunde aber (s. Schöpfung S. 372), darin allerdings das alles
„unangesehen" bleibe, sich nehmen wollen, wäre ebenfalls
ganz ohne allen Unterschied. Denn der Mensch sei „nicht
allein in dem Grunde", sondern als Mensch „in sich selbst ein
kreatürliches Icbt hier aussen" und „bleibe" es. Wenn daher
die freien Geister „unter andern freien und unbesorgten Sprüchen, die sie führen", auch d e n vorbrächten, „dem Gerechten sei kein Mittel (Hinderniss) zu scheuen", so sei diess
eben wieder dieser Mangel an Unterscheid von ideal und wirk-
lich-empirisch.   „Gerecht" sei eine Beschaffenheit an einem
Subjekte, und Mittel Sünde, die den Menschen von Gott
scheide. Solle nun ein gerechter Mensch kein Mittel meiden,
d. h. keine Sünde? Wohl sei jener Satz wahr: „insofern der
gerechte (Mensch) und alle Dinge nach ihrer ewigen Ungewordenheit und Ungeschaffenheit in der überwesentlichen
Gottesvernunft dasselbe sind, ohne förmliche Anderheit".
Aber „in dem einfältigen, überwesentlichen Grunde ist der
gerechte Mensch nicht der leibliche Mensch"; denn es „ist
keine Leiblichkeit in Gott", auch „kein Mittel". Auch „findet
ein jeglicher Mensch, dass er dieser oder jener Mensch ist,
ausser demselben Grunde, denn er ist hier tödtlich (sterblich) und dort nicht; und hier, jetzt ist er in seiner gebrechlichen Geschaffenheit, da er wohl bedarf, alle schädlichen Mittel zu meiden. Wollte ich nun in meiner Vernünftigkeit zu
nichte werden und um mich selbst in dieser Weise nicht wissen, und wollte, ohne allen Unterschied meiner und Gottes,
alle leiblichen Werke wirken, als ob sie das ungeschaffene
Wesen wirkte, das wäre Gebrechen ob allem Gebrechen".
     Dieser Konfusion gegenüber hielt S. die Transzendenz
und Immanenz Gottes zugleich fest. „Merke hier wohl: ein
ganz anderes ist Geschiedenheit und Unterschiedenheit; als
kundlich ist, dass Leib und Seele nicht haben Geschiedenheit,
denn Eines ist in dem Andern, und kein Leib mag leben, der
ausgeschieden ist. Also versteh' ich, dass in der Wahrheit
nichts ist, das Geschiedenheit haben möge von dem einfältigen
Wesen, weil es allen Wesen Wesen gibt; wohl aber Unterschiedenheit, also dass das göttliche Wesen nicht ist des Steines Wesen, noch des Steines Wesen das göttliche Wesen,

noch keine Kreatur der anderen". In d i e s e r Weise rechtfertigt er auch Eckard gegen die Berufung des „Wilden"
auf diesen hohen Meister, als der auch „allen Unterscheid ab-
spreche". Unterschiedenheit eigentlich zu sprechen sei „nicht
i n Gott, sondern v o n Gott". Eckard selbst sage deutlich,
wie „nichts Innigeres sei denn Gott, also sei nichts Unterschie-
deneres".

Wie schon gesagt, hoben diese falschen Mystiker kouse-
quent auch den Unterschied zwischen Christus und jedem Menschen, zwischen seiner Vollkommenheit und Seligkeit und
derjenigen jedes andern Menschen auf; auch dafür beriefen sie
sich auf Eckard. Suso dagegen macht — zur Rechtfertigung seines Lehrers — auf den Unterschied aufmerksam, den Eckard
zwischen der natürlichen Sohnschaft und der wiedergebornen
seiner Jünger mache, und wie nach ihm das Mehr oder Minder u n s e r e r Seligkeit und Vollkommenheit von dem Mehr
oder Minder abhänge, in dem wir mit ihm vereinigt seien.

Die äusserste Konsequenz dieser Richtung war völlige Negation Gottes und die Apotheose des Menschen. „Wer zu
dem Nächsten kommen wolle, lässt die Staglin etliche „vernünftige" Menschen sprechen, dem sei Gott (die Beschauung
der Gottheit) ein schädlich Mittel; er müsse entgottet, er
müsse auch entgeistet werden und alle Vision zu Rücken
stossen, und sich zu der erleuchtenden Wahrheit allein kehren, die er (der Mensch) selbst selber ist". Wie aber diess entgottet, entgeistet werden S. versteht, und wie es im rechten
Sinne zu verstehen sei, haben wir bereits oben schon gesehen.

Nicht alle Aftermystiker gingen in diesem konsequenten
Pantheismus und Antinomismus. Der aftermystische Selbstbetrug blieb auch auf h a l b e m Wege stehen. Man liess sich
von der Natur übernehmen und beschönigte dann die Gebrechen mit dem Vorgehen, dass, wer zu vollkommener „Gelassenheit kommen wolle, durch alle Gebrechen waten müsse", —
gerade so thöricht, meint S., als „wenn man sich muthwillig
in eine unsaubere Lache würfe, darum, dass man darnach
desto schöner würde". Oder auch helfe sich ein solcher
„u n g a n z e r" Mensch damit, dass er zwischen Innerem und
Aeusserem, Seele und Leib scheiden wolle: so sich der Mensch

wiedernehme „nach dem Zufall" (in zufälligen Dingen) und
damit etwas Gebrechen übe „nach dem Aeusseren", was ihm
das schaden könne, so nur „die Wesenheit" des Menschen
gleich stehe ohne alles Wiedernehmen? Eine Rede, meint S.,
die, wer sie führe, selber nicht verstehe! „Denn das heisst
Zufall, das der unterstandenen (substanziellen) Wesenheit zu-
und abfällt, ohne des Unterstandes (der Substanz) Zerstörung,
wie die Farbe an dem Bret". Hier aber sei es nicht also.
Denn Seele und Leib, die sie in ihrer Unwissenheit Zufall
heissen, seien „zwei ungleiche Stücke, die dem Menschen Wesen geben" und ihm nicht in zufälliger Weise beiseien. „Darum ein jeglicher Mensch, wie nahe er auch immer verstehe,
sich selbst zu lassen und wiederzunehmen, hat (dasjenige) in
sich, in dem er Tugend und Gebrechen üben mag".

S. weiss aber auch, und es ist diess ein Meisterstück psychologischer Feinheit, das pantheistisch-mystisch-spekulative
Stadium gewissermassen als einen naturgemässen Gäh-
rungszustand nach dem Erwachen aus dem Alltagsleben und
zugleich als einen Uebergang in der innern Lebensentwick-
lung, der am Ende entweder zum Einen oder zum Andern,
zur positiven Mystik oder zum Aftermystizismus führe, darzustellen. „Nach den ersten Streiten, die da geschehen mit Un-
terdruck des Fleisches und Blutes, so kommt der Mensch zu
einem tiefen Wag (Meer), da mancher Mensch innen versinket, und das ist eine florirende Vernünftigkeit". Darunter
verstehet er: „So der Mensch von innen geräumt wird von
sündlicher Grobheit und gelöset wird von haftenden Bilden
und sich fröhlich aufschwinget über Zeit und über Statt, da
der Mensch zuvor entfreiet (gebunden) war, dass er seines natürlichen Adels nicht gebrauchen konnte. So sich dann das
vernünftige Auge aufzuthun beginnt, und der Mensch gelicket
(verkostet) einer andern bessern Lust, die da liegt am Erkennen der Wahrheit, am Brauchen (Geniessen) göttlicher
Seligkeit, an dem Einblick in das gegenwärtige Nun der Ewigkeit, und dessgleichen, und die geschaffene Vernünftigkeit beginnt der ewigen ungewordenen Vernünftigkeit einen Theil zu
verstehen in sich selbst und in allen Dingen, so geschieht dem
Menschen etwa wunderlich, so er sich selbst des ersten an-

sieht, was er zuvor war und was er nun ist und er findet, dass
er zuvor war wie ein Armer, Gottloser, Dürftiger, der zumal
blind und ihm Gott fern war; aber nun so dünkt ihn, dass er
voll Gottes sei und dass nichts sei, das Gott nicht sei; ferner
dass Gott und alle Dinge ein einiges Ein seien; und er greift
die Sachen zu geschwindiglich an mit einer unzeitigen Weise;
er wird in seinem Gemüth florirend, wie ein aufgährender
Most, der noch nicht zu sich selber kommen ist, und er fällt
auf das, das er dann versteht und das ihm ohne Unterschied
vorgeworfen ist von Jemand, der das selbst ist, dem er dann
allein zu losen hat und keinem Andern; und will dann nach
seinen wohlgefallenden Sinnen alle Dinge gewerden (liegen)
lassen, und es entfallen ihm die Dinge, es sei Hölle oder Himmel, Teufel oder Engel, in ihrer eigenen Natur genommen,
auch Christi gelittene Menschheit verachtet er, wenn er nun
Gott darin begriffen hat; und die Sachen sind ihm noch nicht
zu Grunde zu erkennen worden nach ihrem Unterschied, nach
ihrer Bleibniss und nach ihrer Vergänglichkeit. Solchen Menschen geschieht wie den Bienlein, die den Honig machen;
so sie zeitig werden und des ersten ausstürmen aus den Kör-
ben, so fliegen sie in verirrter Weise hin und her und wissen
nicht wohin; etliche missfliegen und werden verloren, aber
etliche werden ordentlich wieder eingesetzt. Also geschieht
diesen Menschen, wenn sie mit ungesetzter Vernunft Gott
Alles in Allem schauen; nach ihrer unvollkommenen Vernunft
wollen sie dann Diess und Das fallen lassen, sie wissen nicht
wie. Das ist wohl wahr: es muss Alles abfallen, dem recht
geschehen soll; sie verstehen aber nicht, wie der Abfall soll
gestellet sein und wollen unglimpflich Diess und Das lassen,
und wollen sich und alle Dinge (als) Gott nehmen, und wollen
das auswirken ohne Unterschied. Und dieses Gebrechen
kommt entweder von ungelehrter Einfältigkeit oder von uner-
storbener Aberlistigkeit. Da wähnet mancher Mensch, er habe
es Alles ergriffen, so er sich selbst hier mag ausgehen und
sich mag gelassen; und das ist nicht also; denn er ist erst
über die Vorgraben der unerstürmten Veste geschlichen, hinter
den Schirm, hinter den sich der Mensch togenlich (heimlich)
und geschicklich verbirget und noch nicht untergehen kann,

nach seines geistreichen Wesens ordentlicher Entwordenheit,
in eine wahre Armuth, der da in etlicher Weise aller fremde
Gegenwurf enthält". „Lug, schliesst S. diese für alle Zeiten
klassische Stelle, lug (er schrieb an E. Staglin) das ist der
Punkt, in dem etliche Menschen verborgenlich manches Jahr
hangen, dass sie weder aus- noch einkommen können".

Die »Pharisäer«; die »Visionäre«.

Nicht bloss die freigeisterische Richtung hat S. bekämpft;
sondern auch ihren Gegensatz, wenn er auch allerdings, seiner
Natur gemäss, diesen nicht so scharf als Tauler angegriffen hat.
In einer „Vergangenheit seiner Sinne" sah er einmal die Gestalt
des gekreuzigten Christus zwischen Himmel und Erde, und
„zweierlei Menschen gingen darum und kamen nicht hinzu";
die Einen „sahen das Gleichniss nur von innen und nicht von
aussen"; die Andern „nur von aussen und nicht von innen",
und „waren beide gekehrt mit Schlag und Härtigkeit gegen
die Gleichniss". Jene sind ihm nun eben die falschen Idea-
listen, die freien Geister, „die Christi Leben nur ansehen
in der Vernunft nach schaulicher, und n i c h t i n a b w i r -
k e n d e r Weise, da sie ihre eigene Natur durchbrechen sollten in nachfolglicher Uebung desselben Bildes; die es alles
nach dieser Ansicht zu der Natur Wollust und lediger Freiheit
ziehen, ihnen selbst zur Hülfe, und dünket sie männiglich
grob und unverständig, die ihnen in demselben nicht mithellen"
(zustimmen). Die Andern aber sind ihm die pharisäisch Gesinnten
— Werkheiligen. S. karakterisirt sie ganz in der Weise Taulers. Sie „sehen Christi Bild an allein nach der äusseren Weise
und nicht nach der innern"; sie „scheinen hart und streng,
und aus dem üben sie sich strenglich und leben behütlich und
tragen den Leuten einen ehrbaren und heiligen Wandel vor".
Sie „übersehen aber Christum von innen, denn sein Leben
war sanft und mild; aber diese Menschen haben viel Schla-
gens und urtheilen andere Leute,.. und stehen nicht in einem
Lassen ihrer selbst, noch in einem Entsinken ihrer Natur nach
Verlust der Dinge, die da schirmen den Willen, als Gern und
Ungern und dessgleichen".

Als im V e r f a l l stellt S. geradezu einmal die Kirche seiner Zeit und im Besondern das Klosterwesen dar. Den Herrn,
ehedem „in so reichlicher Schönheit und in so lieblicher Zartheit", sieht er als „einen armen vertriebenen Pilgrim", wie
er „steht erbärmlich geneigt auf seinen Stab", vor einer „alten zergangenen (zerfallenen) Stadt".   „Die Graben dieser
Stadt sind verfallen, das Gemäuer reisset gar sehr, nur dass
noch hin und her die hohen Spitzen des alten Gezimmers hoch
aufragen". Diese Stadt bedeute „eine Gestalt des geistlichen
Lebens, in dem man hievor Gott ehrbarlich diente"; die sinken-
den Mauern und die verfallenden Gräben das seien „der andächtige Gehorsam, die willige Armuth und abgeschiedene
Lauterkeit in heiliger Einfältigkeit", die da „zu vergehen beginnen, denn so viel, dass man etwa das hohe Gezimmer auswendiger Haltung dem Scheine nach noch spürt". In der
Stadt selbst sei „eine grosse Volksmenge, darunter Viele, die
scheinen als wilde Thiere in menschlichen Bilden"; und „da
gehet der elende Pilgrim um und um und luget, ob ihm Jemand die Hand wolle bieten". Aber „die Menge vertreibt
ihn gar unwürdiglich, sieht ihn kaum an von Unmusse, die
sie haben. Etliche wohl, doch nur Wenige bieten ihm die
Hand; so kommen die andern wilden Thiere und widerzucken
es". Man versteht leicht, wer diess grosse Volk ist; es sind
„die weltlichen Herren in geistlichem Scheine", und die Wenigen sind die Gottesfreunde, die Mystiker; dass aber jene,
welche die Hand bieten, widerzucket werden, „das ist, dass
etlicher Menschen guter Wille und Anfang von der Anderen
Rede und bösem Bilde verkehrt wird".

Es ist diess die Hauptstelle in den Schriften Suso's, in
denen er sich so a l l g e m e i n auslässt; sonst hat er es nur
mit dem individuellen Aufbau der Seelen zu thun.

Aber seltsam! Auch gegen gewisse Visionäre und Eksta-
tiker eifert er gleich Tauler, obwohl dieser Zustand fast stehend in seinem Leben ist. „Man findet Leute, die haben viele
Phantasieen und Träume; sie sehen so schöne und zukünftige
Dinge in dem Schlafe, so sehen sie die Heiligen oder die Seligen". Er spreche das nicht ab, sagt er, denn „der Engel erschien Joseph in dem Schlafe"; er spreche es auch nicht zu,

denn „solche Dinge geschehen auch von Natur, wie Boethius
spricht". Sie seien meist nur der Reflex des Tagesbewusst-
seins. „Wer mit reinen Dingen umgehet, der träumet von reinen
Dingen aus der Natur; wer mit Thorheit umgehet, der träumet von Thorheit". Aber auch die eigentlichen „Visionen
und Offenbarungen" (nicht bloss die Träume), deren sich Viele
in reichem Maasse rühmen, hätten in ihnen selbst als Visionen noch keine Gewähr; und „wenn es auch zehn Jahre gut
wäre", so könne sich „der Engel des falschen Lichts einmal
darunter mengen und damit betrügen und verleiten". Ihr Inhalt müsse sich vielmehr an der Schrift und Kirchenlehre er-
proben. „Laufe an das h. Evangelium und an die Lehrer der
h. Kirche; findest du, dass es sich damit verträgt, so lass es
gut sein; thut es das nicht, so trete es darnieder, so lieb dir
Gott und deine ewige Seligkeit ist; folge und achte es nicht,
schlage es von dir". Noch einen zweiten Maasstab zur Prüfung der Wahrheit ihres Inhalts findet S. in ihrer Reinheit.
Wie nämlich „mittelloses" Schauen der blossen Gottheit lautere Wahrheit sei, so sei jede Vision „desto edler, so sie je
verhünftiger und bildloser und derselben blosser Schauung
je gleicher" sei. Auch meint er, um den Unterschied zu erkennen, ob ein Traum „allein ein gemeiner Traum wäre, der
nicht zu achten", oder „eine bildliche Vision, daran sich zu
kehren", dazu gehöre eine Art Gabe von Gott; es müsse Einem von innen gegeben sein, eine Art Gefühl, Instinkt. „Es
kann es Niemand dem Andern wohl mit Worten geben; nur
der versteht es, der es empfunden hat".

Suso's (seelsorgerische) Briefe und Predigten.

Im Leben Suso's ist uns dessen seelsorgerische und beicht-
väterliche Thätigkeit in geschichtlichen Zügen entgegengetreten. Vervollständigt wird diese Seite an ihm
durch seine Briefe, welche er, die meisten, an Klosterfrauen
gerichtet hat, die aber doch zugleich ein allgemein religiöses
Interesse darbieten. Man möchte fast bedauern, dass er diese

Sammlung (s. S. 363) so sehr beschnitten hat, die mit ihrem
klaren, ernsten, religiösen Inhalt zugleich ein Muster von
populärer Darstellung bietet. Oefters hat er in dieselben Züge
aus seinem Leben eingeflochten, die er meist mit den Worten einleitet: „Es war ein Mensch", oder: „ich kenne einen
Prediger".

In dem einen Briefe (1. Br.) mahnt er eine Klosterfrau,
die sich hatte einweihen lassen, nachdem er sie beglückwünscht hatte, dass sie „der falschen Welt ein freies Urlaub'
gegeben, zur Entschiedenheit, warnt vor Halbheit.
„Thut nicht als etliche thörichte Mägde, die sich gleichen
den wilden eingeschlossenen Thieren; so man die Thore beschliesst, so gehen sie durch die Zäune. Solche sind halb aussen und halb innen.... Gott dienen ist ihnen ein Kerker;
geistliche Zucht ist ihnen ein Nothstall. Weil ihnen der Apfel
nicht mag werden, so gähnen sie nach dem Geschmack....
Sie versehnen (verzehren sich in Sehnsucht) mit Wünschen
und dem Einreden mit inneren Bilden, als ein durstiger Mensch,
der von kaltem Wasser träumet, und so sie es hin und her
kehren, so verschwindet es, und sie finden eine leere Hand,
ein traurig Herz und eine grundlose Seele.... Das ist doch
ein armes, elendes Leben und ein Vorhof der Hölle, die Welt
nicht mögen haben und des allmächtigen Gottes ohne (entblösst) sein, weltlichen und geistlichen Trostes beraubt sein,
beidenthalb verloren haben.... Eia, gedenke an die alten
Tage, und lug, wie recht lange du geschlafen hast. Oder
ist es nicht allesammt als ein Traum gewesen, womit dir nach
deinem Dunk (Wahn) so wohl war? Steh' auf, es beginnt zu
zeiten. Der Herr, den du so oft vertrieben, der will nicht
ablassen.... Ergötze dich der langen Zeit, die du versäumt
hast. Der seinem Lieb spät aufthut, der bedarf wohl eines
geschwinden Eilens.... Gott, der allmächtige Herr, der will
dein minnereiches Herz haben in allen Zügen geistlich, als es
vor war weltlich". —

Eine andere „Tochter", die in ihr neues Leben (Kloster)
viel altes Wesen (Hochmuth) mitgenommen, mahnt er (es ist
der 2. Br.) zu einem „demüthigen Untergang" und zur Beharrlichkeit im Kampfe mit ihr selbst. „Minne, schreibt er

ihr, gleichet ungleiche Dinge.... Und als das mehr ist
nach zeitlicher Minne, viel mehr ist es auch nach geistlicher
Minne, dass sie manchem hochwürdigen (vornehmen) Menschen
alte Herrheit abgelegt hat. Darum, Kind meines, gib auf den
verborgenen Uebermuth deines leiblichen Adels und den
falschen Trost deiner Freunde, der bisher betrüglich an dir
war mit einem geistlichen Scheine, und neige dich heute zu
dem Kindlein in die Krippe in seine·Verworfenheit, dass es
dich erhebe in seine ewige Würdigkeit". Sie solle sich unter
die Füsse aller Menschen neigen, als ob sie deren „Fusstuch"
seie. „Ein wahrhafter Untergang des Menschen ist eine Wurzel aller Tugend und Seligkeit; daraus dringet dann eine sanftmüthige Stillheit in sein selbst rechter Gelassenheit, gegen
den Mindesten als gegen den Meisten. Das thut weh, wohl
reden können und doch schweigen, böse Unrede empfahen
und sich nicht rächen, ein wohlkönnender würdiger Mensch
einem unächtigen, gebrechhaftigen Menschen schweigen; das
ist — nach dem edlen Christo gebildet werden". Darin müsse
sie sich üben, wenn sie wolle selig werden, indessen auch
nicht verzagen, wenn es nicht „bald" geschehe. „Wie wäre
das möglich, dass all das Gewimmel, das sich 20 Jahre an
einer Statt sammelt, sich alsbald lasse ausstossen? Es wird
von Tag zu Tag ausgehen, so es sieht, dass es seine Statt
nicht mehr findet. Heilige Betrachtung, andächtiges Gebet
und geistliche Unmusse (Uebung), das wird helfen. Hast
du nicht viel Süssigkeit, dess sollst du dich nicht beschweren lassen, du sollst dich sein unwürdig denken. Liege vor
seinen milden Füssen, bis er dich begnade und lass Gott wirken, wie er wolle. Es muss noch manch wandelbar Wetter
über dich gehen, eh' dass die himmlische Heitere in dir bestätet werde. Ging es dir hievor gleich eben wohl? Nein, es
war Lieb und Leid, Leid und Lieb darnach, als es gab des
Glückes Rad. Dasselbe nimm auch gen dem werthen Gott,
dem du billig warten sollst, dess Zürnen besser ist, denn falsches Liebekosen. Uebersieh ihn (erdulde, was er mit dir
thut), er hat dich ja auch oft übersehen. Hab' ein ganzes Vertrauen zu ihm, denn er lässt dein nicht". Aber freilich müsse
sie nur recht beharrlich sein. „Der Berg ist hoch und der

Weg ist schlüpfrig; es mag mit einem Just (Anlauf) nicht er-
gachet werden; es heisst aber und aber, bis es erfochten
wird.... S. Bernhard spricht: das ist der einzige Punkt, der
da scheidet die Auserwählten von den Nichtauserwählten, dass
die Abgezählten liegen bleiben, da die Auserwählten sich immer wieder aufkehren; denn ein stätiges Stillstehen mag Niemand in dieser Welt haben". Damit aber ein „anfahender
Mensch" nicht „verirret", sondern in „Gott gefestet" werde,
dazu „kann ich nichts Besseres finden, denn dass sich ein
Mensch, sofern er ordentlich (in Ordnung) mag, allen aus-
tragenden Sachen entschlage; denn der trägt Herzensfrieden
feil, der sich ohne grosse Nothdurft viel Ausserkeit gibt. Man
sagt von dem grossen Meister Albrecht, dass er sprach: ich
ging nimmer an die Porte; ich ging minder herwieder".

Aehnlich schrieb er (4. Br.) einem andern „seiner geistlichen Kinder, die er zu Gott gezogen"; sie war „eines weichen, unstäten Gemüthes, sie wollte und wollte nicht,
wollte gern selig sein, und damit auch ihr selbst nach
Lust und Gemach des Leibes gern genug sein und wollte
das mit schönen Glossen zubringen". Sie hatte, scheint es,
eine „weltliche Minne", und behielt das Verhältniss zur Welt
bei, und schweigte sich mit dem Vorwand, jenes Herz Gott zu
gewinnen. S. hält ihr vor, wie das Alles nur „Glossen" ihres mit
der Welt marktenden Gewissens seien, und wie gefährlich das
sei für sie, die „erst recht kaum herzugekommen"; sie solle
„ihrer selbst wahrnehmen" und andere Menschen unterwegen
lassen. „Siehst du nicht den Teufel, der dir einen seidenen
Faden um die Kehle gebunden hat und dich gern nach ihm
führte? Du konntest doch dich selber nie lehren und willst
andere Leute zu Gott ziehen? Du willst Stroh zu dem feurigen Brande legen, der doch kaum bedeckt ist und noch nie
recht erlosch? Du sprichst, du wollest es nur in einer geistlichen Weise ziehen. Weiss Gott, es mag wohl angefangen
werden in dem Geiste, es wird aber in dem Fleische sich
enden.... Ich habe dir es oft gesagt: ihr wähnet, Gott und
die Welt höflich zu betrügen, und so man es dann um-
kehrt, so seid ihr selbst betrogen.... Du bist jetzund in dem
Bittersten, da du kommen magst. Kommst du über diesen

schmalen Steg, so kommst du schier fürbass auf die weite
schöne Haide eines ruhigen geistlichen Lebens.... Mag Jemand zwei Herren dienen? Nein wahrlich, thu' einen freien
Sprung, so magst du bleiben. Lass von Grund den Menschen
(du merkst mich wohl) und lass all das Gewerb, das in solcher zergänglichen Minne möge sein an Gegenwärtigkeit und
an Botschaft; und lass dich darob nicht weisen weder mit
Drohen noch mit Liebkosen.... Gieb ein kundliches Urlaub
aller Gespielschaft, die dir zu dieser Arbeit rathend oder helfend war, oder die noch die Weise führen, die du lassen
willst und musst, denn, ohne alle Glossen, sie sind dir ein
Gift, und das weisst du viel wohl".

Voll jubilirender Freude ist ein anderer (der 5.) Brief. Er
hatte von einem „Menschen" (Weibe) gehört, „durch den die
Welt nach grosser Gefälligkeit leuchtete, dass von dem reizlichen Bilde manch Herz entrichtet ward". Wie gerne hätte
er diese Person (war es vielleicht die uns in seinem Leben
schon bekannt gewordene, S. 335) zu Gott gezogen! Gott
„gab ihm Gnade". Er ward erhört; der „Mensch" that einen
„geschwinden Kehr". „Herr, jubelt jetzt S., das bievor war,
das hab' ich nun empfunden; so das Leibliche (leibliche Vorzüge) zu dem Geistlichen und das Wohlgenaturte zu dem
Ewigen gerathet, dass dann ein grosser Funke der göttlichen
gnadenreichen Minne daraus wird".

Eine leidende Seele tröstet er im 3. Briefe mit dem Hinblick auf „die grosse Zahl der Heiligen, auf die durchleuchteten Steine des himmlischen Jerusalems, die vorher beschnitten worden sind und gewirket mit Leiden". „Wie geschah der lieben S. Elsbeth? Paulus war dieser Welt eine
Hinwerfung; Job, Tobias gingen denselben Pfad. Der h. Atha-
nasius litt, als ob alle diese Welt seinen Tod geschworen
hätte. Lug, wie alle Heiligen entweder Herzensblut oder aber
Leibes- und Herzensblut vergossen haben. Das soll ein leidender Mensch ansehen und sich freuen, dass Gott ihn mit Leiden seinen allerliebsten Freunden gleich machen will". Auch
von seinen eigenen Leiden spricht er; vielleicht hätte er ihr
nicht davon schreiben sollen, aber „die göttliche Minne zwinget mich, dass ich meine Achseln biete unter deine Bürde,

dass sie dir desto leichter werde. So arme Dürftige zusammen kommen, so machen sie etwan sich selber eine Kurzweil, dass sie ihres Hungers vergessen. Ich wollte dir das Fusstuch gesendet haben, das ich dem Hunde nahm (S. 329) und mir zu einem Bilde habe behalten; so ist es mir aber so lieb, dass ich es nicht von mir lassen mag". — Dagegen eine andere Tochter hatte ihm mitgetheilt, wie „in ihrem Herzen eine inhitzige Minne zu der ewigen Weisheit entbrannt sei, und wie darin ihr Herz „ein süsses Weh und liebliches Zerfliessen empfinde, davon sie nicht sagen könne; sie bat „um Weisung, wie sie sich darin halten solle". S. bezeugt ihr nun in seiner Antwort (im 8. Br.) seine Freude darüber, dass sich ihr Gott so gar freundlich erzeigt. „Nun gibt er dir und etlichen mehr zu empfinden, was ich dir mit den Worten oft und viel gesagt habe, dass er so recht minniglich ist;... es ist ein gross Wunder in mir, dass du in so kurzen Jahren dazu kommen bist; das hat aber gemacht der ganze Zukehr und vollkommene Vorkehr von allen Dingen und der grundlose Ernst, womit du dein altes Leben getilgt und alle Dinge so gar unter die Füsse gedrückt hast". Auf diese Beglückwünschung lässt er nun aber auch einige bedeutsame Winke und Weisungen folgen. „Ein Mensch, so der des ersten den Wein trinkt, dem wird er viel empfindlich. Also verseh ich mich, dass dir geschehen sei von der süssen Minne der Weisheit. Oder es meinet aber, dass dich Gott reizen will und dich bald hinnach will nehmen zu dem grundlosen Brunnen, aus dem du ein Tröpflein versucht hast. Oder er meinet aber, dass er seine Wunder h i e r an dir will erzeigen nach dem Ueberfluss seiner Güte. Darin halte dich, dass du seines Willens wahrnehmest ohne Lustsuchen deiner Selbstheit. Du darfst darin nicht Furcht haben, es ist allesammt von Gott und ist ein Minnelocken Gottes in der Seele.... Es mag sich fügen, so der Lauf fürder kommt, dass es dir zu gutem Maass benommen wird und dass du noch auf ein Näheres gesetzt würdest".

Einen köstlichen Trostbrief (den 6.) schrieb er einem „seiner liebsten geistlichen Kinder", da er hörte, dass es sterben müsste, und es „sich an dem Tode übel gehübe"

(fürchtete). Er versicherte es im Eingange seiner innigsten
Theilname; er würde gern für sein liebes Kind sterben, und
sterb' er nicht leiblich, so doch mit ihm herzlich. „Ich
bin leiblich fern von dir, aber mein Herz steht vor deinem
Todtenbette mit getreuer Klage. Beut mir die siechen Hände,
und sei es, dass Gott über dich gebiete, so biss fest an christ-
liebem Glauben und stirb fröhlich". Freuen möge sie sich,
dass ihre „schöne" Seele ihrer Seligkeit nun frei gebrauchen möge. Was freilich Manchem einen „strengen" Tod
mache, das sei ein Blick auf sein „üppig verzehrtes" Leben,
der beängstigende Gedanke, welch' „ein grosser Schuldner"
Gottes er sei. „Dess will ich dir einen sichern Weg gehen
aus der h. Schrift und der Wahrheit, wie du dem magst ausgehen in ganzer Sicherheit.... Hast du bei deinen Tagen je
gebrechentlich gelebt (als wenige Menschen dess ohne sind),
darob sollst du nicht zu fast erschrecken in der Stunde deines
Todes. So du dein geistliches Recht (die Sakramente), wenn
es möglich ist, ordentlich empfangen hast, so thu' eins und
nimm das Kruzifix vor deine Augen und sieh' es an und
drücke es in dein Herz und neige dich in die blutgiessenden
Wunden seiner grundlosen Barmherzigkeit,... und biss dann
sicher auf mich, nach christlichem Glauben, der mit nichten
trügen mag noch kann, dass du dann von allem Mittel gänzlich geläutert bist und fröhlich sterben magst". Noch ein Anderes hält er ihr vor, damit sie den Tod „desto bass vernichten" möge. Er meint das Elend dieser Welt. „Wer es
recht hinterdenkt, so mag des Menschen Geburt in diese
elende Welt wohl heissen ein Tod von der Noth und Arbeit,
die ihm bereitet ist. So mag aber auch der leibliche Tod
wohl heissen eine neue Geburt von des schweren Leibes Abfall und von dem freien Eingang in die ewige Seligkeit. Wem
seine Augen aufgethan sind, diese Wahrheit kundlich zu erkennen, dem wird sein Tod desto leichter". Wer aber darum
begehre, länger zu leben, dass sein Lohn gemehret werde,
das sei gar „zweifelig", ob seinem Lohn oder seiner grossen
Schuld mehr werde zugelegt. „Er hat Lohns genug, der das
minnigliche Antlitz des Herrn immer mehr schauen soll, ach!
und bei der lieben himmlischen Gesellschaft wohnen." End-

lich: „Thut die Stunde des Todes weh, so muss es doch einmal sein. Der Todesstunde ward nie ein Mensch überhoben;
der dann heute unbereitet ist, der mag morgen noch unbe-
reiteter werden; je älter, je höser. Man fiudet viel mehr, die
sich böseren, denn die sich bessern. Ist des Todes Gegenwart bitter, so macht er doch aller Bitterkeit ein Ende....
Darum, mein Kind, so richte dein Herz, Hände und Augen
auf in das himmlische Vaterland und grüsse es mit Begierde
deines Herzens und gib deinen Willen in Gottes Willen“. —
Der Brief wirkte auf die sterbende Tochter; „sie ward erquickt darob und vergingen ihr die vorderen Todesschrecken
und gab sich da fröhlich in Gottes Willen und nahm ein heiliges Ende“. —

Suso's Predigten sind, wie seine Briefe, praktisch, lebendig, von der edelsten Prosa; im Uebrigen meist Homilien.

Joh. 1, 19—20, die Sendung des Synedriums an Johannes
Baptista: wo bist du? und dessen Antwort: „ich bin's nicht“
u. s. w., gibt ihm Veranlassung, sich zuerst über die Frage
an sich auszulassen, die ihm ein Symbol des Fragens ist. Es
gäbe solcher Pharisäer, sagt er, noch viele, die mit unnützen
Fragen umgehen. „Die Einen fragen nach weltlichen Dingen,
was die und die thun, was neuer Mähre in den Städten, in
den Landen, geistlich und weltlich, geschehe, und diesen ist
es wohl mit neuen Mähren. Pfui der grossen Schande unter
geistlichen Leuten (vergl. Tauler, S. 102).... Die Andern fragen aus Vorwitz, dass sie gern viel wissen möchten und von
hohen Dingen könnten verstehen und sagen; aus denen wird
auch nimmer nichts. Die Dritten fragen, um zu versuchen,
dass sie wissen, was in den Leuten sei... und finden sie ihre
Weise in den Leuten, so ist es alles gut, aber finden sie
die nicht, so gehen sie Andere fragen, und gehen also immer
fragen, dass sie ihre verkehrte Weise beschirmen und wollen
sich nicht daran lassen, was man ihnen singt oder sagt. Die
Vierten sind gute Frager, deren Herz und Wille quellt nach
dem allerliebsten und guten Willen Gottes; essen sie, schlafen sie, schreiben sie, lesen sie, spinnen sie, gehen sie,
stehen sie, so begehren sie: ach, wie erreichen wir den
allerliebsten, unseres lieben Gottes Willen? Die Fünften fra-

gen gar nicht; das sind vollkommene Leute, die sind über
die Fragen gekommen". — Die Antwort Johannes: „ich bin's
nicht", führt ihn (nach dem Vorgange Eckard's) zu Betrachtungen über diess „non sum". „... Aller Menschen Thun geht
darauf, wie sie das Wort: non sum (ich bin es nicht) verläugnen und verbergen. Sie wollen Alle etwas sein oder scheinen,
es sei im Geist oder in Natur.... Hierin sind alle Menschen
also gefangen und gebunden, dass sich Niemand lassen will.
Ihm wären leichter zehn Werke, denn ein gründlich Verlassen; hierum ist aller Streit, alle Arbeit. Die Weltlichen
wollen hierum Gut, Freunde und Verwandte haben und wagen Leib und Seele, nur dass sie sein wollen, dass sie gross,
reich, hoch und gewaltig seien. Wie viel die Geistlichen
darum thun und lassen, leiden und wirken, darin untersuche
ein Jeder sich selbst. Dessen sind Klöster und Klausen voll,
dass ein Jeglicher will je Etwas sein und scheinen. Der Luzifer im Himmel erhob sich auf und wollte sein; das zog ihn
hernieder in das Allertiefste, in den Grund des Nichts, ärger
denn alle Nichts; diess zog unsern Vater und Mutter und
trieb sie aus dem Paradies....' Ach, das Nichtsein hätte in
allen Weisen, in allen Stätten, mit allen Leuten ganzen,
wahren, wesentlichen Frieden;... aber Niemand will daran,
reich noch arm, jung noch alt". S. erinnert hier an den Pharisäer, der Jesum in sein Haus geladen, und an die Sünderin.
„Jener meinte es gar wohl; aber ihm gebrach des edlen non
sum. Da kam eine Sünderin, die fiel nieder und sprach in
ihrem Grunde: non sum.... Aus dem Grund wuchs ein im-
merwährendes: ego sum. Christus that ihr alles, was sie
wollte.... Der Wirth aber war in sich das leidige ego sum
und meinte, er wäre der, zu dem man sich kehren sollte....
Ach, lieben Kinder, was findet man dieser Pharisäer noch,
geistliche und weltliche? Die Welt ist ihrer voll, schwarz und
grau, roth und blau, die um ihr Gut oder um ihre Macht
oder um ihre Weisheit oder Kunst oder um ihre Vernunft
oder um Almosen oder um ihren Schein, dass sie sich heiliger dünken, und dieser gleichen, meinen, dass man sich zu
ihnen mit Achtung sollte kehren". S. erinnert weiter an den
Pharisäer im Tempel und den Zöllner, „den non sum". Aber

er will eine gründliche, thätige Gelassenheit, nicht bloss ein
Reden darum, ein Scheinen darin. „Kinder, für alle Gelassenheit, die nicht ausgeübt ist, gebe ich nicht eine Bohne, sie
werde denn erfolgt mit den Werken und in der Wahrheit
ausser der schalkhaftigen Natur, die mehr denn tausend Winkel und Listen hat, da sie sieh innen enthält (verbirgt); wird
es nicht ausgewurzelt, so wäre es mir recht darum, als wenn
mir ein Teufel erschiene in englischem Gewand. Auf der
Leute Wort ist recht zu bauen, als ob ein Halm eine Brücke
wäre über den grossen Rhein und Einer darüber zu gehen
meint. Also sicher ist man dieses Wesens und dieser Gelassenheit; diess ist wankende Gelassenheit.... Kinder, das Weizenkorn muss von Noth sterben, soll es Frucht bringen.... Hier
muss ein Sterben, ein Verwerden, ein Vernichten geschehen;
es muss sein: non sum.... Fürwahr, es geht nicht mit
Wünschen, mit Begehren oder mit Bitten allein zu; nein,
liebes Kind, es muss erfolgt werden, es muss Etwas kosten;
was nichts kostet, das gilt auch nichts.... S. Augustin spricht: Gott, der dich gemacht hat ohne dich, wird
dich nicht gerecht machen ohne dich. Du sollst nicht gedenken, dass dich Gott durch Zeichen gerecht machen will; ob
Gott jetzt liesse eine schöne Rose aufgeben, das vermöchte
Gott gar wohl, aber er thut es nicht, denn er will, dass es
ordentlich geschehe im Mai, durch Reif, durch Thau und
durch mancherlei Gewitter, die dazu geordnet und gefügt
sind.... Es ist Jammer, dass weltliche Herzen fleissiger sind
um schnöde vergängliche Dinge; denn Gottes Auserwählte
um das höchste Gut, das Gott heisst und ist. Ein geistlicher
geordneter Mensch sollte so willenlos sein, dass man nimmer
an ihm gewahr würde, denn: non sum. So kommen viele
Leute und erdenken mancherlei Weise; so wollen sie Wasser
und Brod essen, oder eine andere Stätte suchen; so ist es
diess oder das. Ich sage auch den kürzesten, schlichtesten
Weg: gehe in deinen Grund, untersuche, was das sei, das
dich allermeist hindert, was dich enthält; dem Inge und den
Stein werfe in des Rheines Grund.... Laufe du anders die
Welt aus und durch, es hilft dir nicht viel.... Diess Scheer-
messer (Tauler, S. 108) schneidet das Fleisch von den Beinen,

das ist Sterben seines eigenen Willens und Begierden. Viele
Leute tödten die Natur und lassen ihre Gebrechen leben; daraus wird nimmer etwas Gutes (S. 260)....
Nun diese Frau liess sich um Christo allein; das soll man
also verstehen: wenn man sich um Gott lässt, das ist alles
Gott-gelassen.... Viele Leute lassen sich Gott wohl und wollen
sieh nicht den Leuten lassen, dass sie Gott drücke und nicht
die Leute.... Nein, man soll sich Gott lassen, wie
es Gott gelassen haben will". —

Dass die Erzählung von Lazarus und dem reichen Manne
ihm Gelegenheit gibt, von der betrüglichen Welt zu predigen
und wie man sie lassen solle, lässt sich von vornherein vorstellen. „Hätte Einer die Welt tausend Jahre besessen, so
wäre es doch jetzt (im Scheiden) nichts denn ein Augenblick;
ihrer Natur Eigenschaft ist ein Hinscheiden und Verlassen....
Kurze Freude und langes Leid ist der Welt Kleid.... Darin
sind die weltlichen Herzen sogar bezaubert. Sie haben manch'
grosses Fechten nach Freuden, die ihnen weder zu Liebe oder
zu wahrer Freude werden. Ehe ihnen ein Ding zu Liebe
wird, begegnen ihnen zehn Leiden, und je mehr sie ihre
Begierden jagen, je unruhiger werden sie. Die gottlosen Herzen müssen zu allen Zeiten in Sorgen und Schrecken sein....
Dasselbe kurze Freudelein, das ihnen wird, gewinnen sie mit
Arbeit, und behalten es mit Aengsten und verlieren es mit
Schmerzen.... Die Welt ist voll Untreue; denn wie der Eigennutz ein Ende nimmt, so nimmt auch die Freundschaft ein
Ende. Rechte Liebe, ganze Freude, noch wahren Frieden
gewann nie ein Herz in geschaffenen Dingen. Es ist wohl
ein klägliches Ding, dass so manche nach Gott gebildete Seele
sich so thöricht erniedrigen, so williglich verlieren, dass ihnen besser wäre, tausend leibliche Tode zu leiden, denn dass
sich Gott von ihrer Seele scheiden muss. Wie lassen sie die
edle Zeit dahin gehen, die sie kaum oder nimmer wieder-
bringen mögen! Das wissen sie wohl und empfinden es in
sich selbst und lassen doch nicht davon, bis sie es zum jüngsten empfinden werden, wenn es zu spät sein wird".

Das Wort des Herrn, Joh. 16, 28: „Aber (wiederum)
lasse ich die Welt und gehe zum Vater", benutzt er überaus

kräftig zur Ermahnung s t e t e r Gelassenheit (4. Pr.). „Wenn
der Mensch anhebt, so soll er tapfer durchfahren und alle
Winkel seiner Seele durchsehen, ob er irgend etwas darin
finde, was er mit Lust besessen hat; oder oh einige vergängliche Kreaturen in einem Winkel wohnen, das jage er allzumal aus, das muss von Noth das Erste von allen Dingen sein,
wie man die Kinder zuerst das A-B-C lehrt. Wenn diess
alles zuhand nicht also zugeht, dessen erschrecke nicht, lasse
nur nicht ab. Man liest den Kindern so oft ein Wort vor, bis
sie es wohl können; aber und aber. A b e r l a s s' i c h d i e
W e l t : das sind alle Dinge. Des Morgens am ersten schlage
deine Augen auf: ach! allerliebstes höchstes Gut, sieh', nun
will ich aber anheben, dich zu lassen und alle Dinge um
deinetwillen. Und also tausendmal an dem Tage, wenn du
dich also oft findest, so oft sollst du dich auch lassen.... Diess
Lassen ist mit dem Ersten das Allernöthigste, u n d w ä h r e t
b i s i n d a s L e t z t e ; denn man lässt sich nimmer so viel,
m a n f i n d e t s i c h w i e d e r n e u z u l a s s e n u n d z u
s t e r b e n. Hieran fehlet Mancher, den dünkt, er bedarf es
nicht mehr. W i e e d l e r m a n w i r d , d e s t o k l e i n l i-
c h e r u n d s c h ä r f e r h a t m a n s i c h z u l a s s e n.... Das
Lassen und Verlassen seiner selbst muss aber ein g r u n d-
l o s e s sein.... Wie grundlos? Merket: wenn ein Stein in ein
grundloses Wasser fiele, der müsste allezeit fallen, denn
er hätte keinen Grund; also soll der Mensch ein grundloses
Versinken und Verfallen in Gott haben, der grundlos ist.
Wie schwer ein Ding auf ihn fiele, inwendig oder auswendig, Leiden oder auch seine eigenen Gebrechen, die Gott oft
um unseres eigenen Nutzens willen verhängt, diess sollte alles
den Menschen tiefer in Gott versenken.... Erschreckt euch
hierum nicht, liebe Kinder, ihr kommt doch wohl zu. Man
findet grosse und kleine Leute im Himmelreich, wie man
grosse Menschen und Riesen findet und auch kranke Menschen, die man mit einem Finger möchte niederstossen und
es sind doch alles Menschen. Also ist es auch hier. Unter
Tausenden findet man kaum einen vollkommenen Menschen.
Etliche haben sich gelassen gelassen und finden sich des Jahrs
einmal in Ungelassenheit.... Die Andern im Monat einmal;

Etliche zur Woche; Andere des Tages einmal; Andere manchmal des Tages". Alle diese sollen nur das Wort zu Herzen
fassen: „aber verlasse ich die Welt". „Du sollst sterben
und verwerden, so oft, aber und aber, bis es wird. Einer
Schwalbe Flug verkündigt uns den Sommer nicht; denn
nur, wenn ihrer viele und oft kommen, so weiss man,
dass der Sommer hier ist. . . . Nun gebricht uns nichts denn
Fleiss und Verachtung aller Dinge. So kommen etliche
Leute und fragen nach der höchsten Vollkommenheit und
haben das Mindeste noch nicht angefangen".

Karakteristik Suso's.

„Er hatte von Jugend auf ein minnereiches Herz";
das ist der kürzeste Ausdruck, auf den S. sich selbst gebracht und sein Wesen nach Einer Seite ausgesprochen hat.
Damals, als sein Jammer wehklagend mit Gott „Rechnung
abgehalten" in naiver Kindereinfalt, hat sein weinender Mund
Worte ausgesprochen, die jene kurze Formel ergänzen: „Herr,
ich ziehe das an dich (berufe mich auf dich), der du alle
Dinge weissest, dass mir das gefolgt hat von meiner Mutter
Leib, dass ich ein mildes Herz gehabt habe alle meine Tage.
Ich sah nie einen Menschen in Leid noch in Betrübniss, ich
hatte ein herzliches Mitleiden mit ihm, und ich mochte nie,
weder hinter den Menschen noch vor ihnen, gern reden hören, das Jemand beschweren mochte. Das müssen mir alle
meine Gesellen jähen (gestehen) und bekennen, dass es von
mir selten gehört ward, dass ioh je eines Bruders oder eines
Menschen Sache böserte mit meinen Worten, weder gen den
Prälaten noch sonst, sondern aller Menschen Ding besserte
ich als viel ich mochte; und da ich das nicht thun mochte, so
schwieg ich oder ich floh davon, dass ich es nicht hörte. Den
Menschen, die geletzet waren an ihren Ehren, denen war
ich von Erbärmde desto heimlicher (vertraulicher), auf dass
sie desto bass wieder zu Ehren kämen. Der Armen getreuer
Vater hiess ich; aller Gottesfreunde besonderer Freund war

ich; alle die Menschen, die je traurig oder beschwert zu mir
kamen, die fanden immer etwas Rathes, dass sie fröhlich
und wohlgetröstet von mir schieden; denn mit den Weinenden weinte ich, mit den Trauernden trauerte ich, bis dass
ich sie mütterlich wiederbrachte. Mir that nie ein Mensch
so grosses Herzeleid, so er mich nur darnach gütlich anlachte,
so war es alles dahin in Gottes Namen, als ob es nie wäre
geschehen. Herr, ich will geschweigen der Menschheit, denn
selbst aller Thierlein und Vögelein und Gottes Kreatürlein
Mangel und Trauern, so ich das sah oder hörte, so ging
es mir an mein Herz; und so ich ihnen nicht mochte helfen,
so bat und seufzet' ich, und bat den obersten milden Herrn,
dass er ihr hälfe; Alles, was auf Erdreich lebet, das fand
Gnade und Mildigkeit an mir".

Indem S. dieses minnereiche Gemüth, diese schöne Natur
seinem Gott entgegentrug, gestaltete sich ihm sein religiöses
Leben vorzugsweise als L i e b e, und wurde zur p e r s ö n l i -
c h e n Liebe seines Gottes, seines Heilandes, der himmlischen
Weisheit, die er am liebsten „sein Lieb" nennt, denn lieben
m u s s dieses Herz; aber statt irdischer Liebe sucht es in
seiner religiösen Richtung einen himmlischen Gegenstand,
auf den es alles überträgt, was es von Liebe in sich hat.
Mit Recht ist ihm der Name „Liebetraut", Amandus,
(s. o.), unter dem er häufig in alten Handschriften und
Drucken vorkömmt, beigelegt. In diese Liebe zu seinem
Gott und in sein aus diesem liebenden Herzen hervorquel-
lendes Gottes-Lob hätte er nun, ächt priesterlich, alle Kreatur so gerne mit ihm hineingezogen, damit die ganze Welt
e i n Lieb und Lob Gottes würde. Wie unvergleichlich schön
lesen wir das da, wo er sagt, welche Gedanken und Empfindungen die Worte der Messe: sursum corda (s. o.) in
ihm angeregt hätten. Gewöhnlich „dreierlei hochauftragende
Meinungen" seien es gewesen. Die e r s t e: „Ich nahm vor
meine inneren Augen mich selber nach allem, das ich bin,
mit Leib, Seele und allen meinen Kräften, und stellte um
mich a l l e K r e a t u r, die Gott je schuf im Himmelreich,
im Erdreich und in allen Elementen, ein Jegliches sonderlich mit Namen, es wären Vögel der Luft, Thiere des

Waldes, Fische des Wassers, Laub und Gras des Erdreichs und das unzählige Gries in dem Meere, und dazu all'
das kleine Gestäube, das in der Sonne Glanz scheinet, und
alle die Wassertröpflein, die von Thau, von Schnee oder
Regen je fielen, oder immer fallen, und wünschte, dass deren
ein jegliches hätte ein süssaufdringendes Saitenspiel, wohl-
geraiset (bereitet) aus meines Herzens innerstem Saft, und
also aufklingend ein neues hochgemuthes Lob brächte dem
geminnten zarten Gott von Ende zu Ende. Und dann in einer
begierlichen Weise zerdehnten und zerbreiteten sich die minnereichen Arme der Seele gen der unsäglichen Zahl aller Kreaturen, und war meine Meinung, sie alle fruchtbar darin zu
machen, recht so wie ein feiner wohlgemuther Vorsänger die
singenden Gesellen reizet, fröhlich zu singen und ihre Herzen
zu Gott aufzubieten: sursum corda". In diese Gottesliebe
hätte er aber zweitens, sagt er, hineinziehen mögen die
Herzen aller Menschen, die noch von vergänglicher
Liebe gefesselt seien. „Ich nahm hervor in meinen Gedanken
mein Herz und aller Menschen Herz, und hinterdachte, was
Freude und Lust, was Liebe und Frieden die geniessen, die
ihr Herz Gott allein geben, und aber was Schaden und Leiden, was Leid und Unruhe zergängliche Minne einträgt ihren
Unterthanen; und rief dann mit grosser Begierde zu meinem
und den andern Herzen, wo sie immer seien über alle Ende
dieser Welt: Wohlauf, ihr gefangenen Herzen, aus den engen Banden zergänglicher Minne! wohlauf, ihr schlafenden
Herzen, aus dem Tode der Sünden! wohlauf, ihr üppigen
Herzen, aus der Lauigkeit eines trägen hinlässigen Lebens!...
sursum corda." Die dritte „Meinung" sei ein „freundlicher Ruf" gewesen allen „gutwilligen, ungelassenen"
Menschen, die noch „verirrt gehen in selber, uud zwischen Gott und Kreatur schwanken", denen „rief ich und mir
selbst auf ein getürstiges Wagen (kühnes Daranwagen) unser selbst, mit einem ganzen Abkehr von uns und von
allen Kreaturen".

Diese Gottesliebe war aber nicht etwa nur Gefühlsspiel,
sie hat sich Allen spürbar gemacht, besonders aller leidenden Menschheit und es war ihm nicht zu viel, sich selbst in

die Lache mit den Versinkenden zu werfen, um sie empor-
zuheben. Selbst auf die im Fegfeuer Leidenden erstreckte
sich diese seine „verwesende" Liebe, als ihr „Almosner im
Fürbitten".

Wir müssen in seiner „geistigen Ausstattung" noch einen
zweiten Grundzug bezeichnen, der ihn karakterisirt, und
in dem er, der sich selbst, mit Vorliebe scheint es, „von
Geburt einen Schwaben" nennt, aus dem Lande der Hohenstaufen stammend, den eigenthümlichen schwäbischen Stam-
meskarakter, von seiner besten Seite aufgefasst, offenbart,
der auch in seiner Gemüths-Innigkeit durchbricht. Wir meinen Suso's dichterische Phantasie, seinen poetischen Geist,
wie ihn nur wenige der Minnesänger gehabt haben; obwohl
er, was auffallend, keine eigentlichen Lieder gedichtet hat,
wir wenigstens keine von ihm besitzen. Auch dieser dichterische Sinn hat zugleich seine Religiosität bestimmt. Diese
individualisirende, bildende und verklärende Phantasie spricht
sich in der Art aus, wie er den Gegenstand, dem sein Herz
seine Liebe, statt aller irdischen, geweiht hat, die himmlische
Weisheit, mit allen Farben seiner Phantasie, die er aus der
Natur nimmt, schmückt. Auch verräth sich der verborgene
Dichter in ihm in den Visionen, die ihm werden, in denen
so viel ist von überschwenglichen Bildern, süssem Getön und
von Rhythmus; selbst in der sinnlich gegenständlichen Form,
wie er in der Ausschmückung seiner Kapelle seine Mystik sym-
bolisirt. Seine Religiosität bewegt sich durchaus „in einer
Welt der lebensvollsten Anschauung".

Noch kommt ein dritter zu diesen beiden karakteri-
stischen Zügen: ein romantisch-ritterlicher Geist,
der mit seiner Abkunft von ritterlichem Geschlecht zusammenhängt. Gewiss, der ganze romantische Geist des Ritter-
thums lebt in ihm. Und auch diesen Sinn setzte er ins Geistliche über, dessen Form dadurch bestimmt wird, daher theilweise diese Vermischung der „Weisheit" mit der „Maria",
der rosigen Magd, daher dieser Dienst, den er ihr widmet
als ein „frommer Ritter", nach Analogie weltlicher Ritterschaft; daher theilweise auch dieser Frauendienst, der sich bis
auf die Niedrigsten erstreckte. Einmal, als er über Feld ging,

begegnete ihm auf einem schmalen Stege eine arme, ehrbare
Frau. Er machte ihr sofort Platz und trat abseits in die Nässe,
und liess die Frau auf dem trockenen Wege vorbeigehen. Auf
die verwundernde Rede derselben, dass er, ein ehrbarer Herr
und Priester, also demüthiglich ihr ausweiche, da doch sie
viel billiger sollte gewichen sein, gab er die karakteristische
Antwort: „meine Gewohnheit ist, dass ich allen Frauen gern
Zucht und Ehre erbiete, um der zarten Gottesmutter vom
Himmelreich willen".

In diesen Zügen, in denen er theilweise unverkennbare
Aehnlichkeit mit Franziskus hat, mit dem er auch den Sinn
und die Liebe für die Natur theilt, auch die eigenthümliche
Natur-Andacht (s. Franz. Leben, S. 558), und in denen er
allerdings der Repräsentant der lieblichsten Mystik ist, jener
poetischen, schwärmerischen; zugleich aber auch in der grau-
samen Askese, die diese zarte Seele gegen sich übte, und
gerade in der Verbindung dieser seltsamen „Kontraria", endlich auch in seinem naiven Aberglauben, ist er ein ächtester
Sohn des Mittelalters! Aber diese Züge vollenden doch sein
Bild noch nicht. Wir müssen ihn noch ins Auge fassen in seiner R e i f e in den späteren Jahren, als praktischen Mann, als
reinen Mystiker. In seiner Seelsorge, in seinen Briefen, Predigten, Sprüchen erscheint er zum Verwundern praktisch:
voll reinen, sittlichen Ernstes, voll Klarheit: nichts Romanti-
sches findet sich da, nichts Schwärmerisches; er selbst hat in
seiner späteren Zeit z. B. über Aszese, Visionen auf eine
Weise sich ausgesprochen, dass sich ein Tauler nicht besonnener hat aussprechen können. Auch finden sieh bei ihm, wie
bei Tauler, dieselben Gegensätze, die er bekämpft, allerdings
vorzugsweise der freigeistische; aber auch die pharisäisch-äus-
serliche Richtung, selbst die visionäre. Auch hat er überall
hin religiös zu w i r k e n gesucht, freilich mehr positiv - individuell, was seiner Natur mehr zusagte, als ein Elias - Eifer
gegen Missbräuche seiner Zeit. „Mich dünkt, sagt er so schön
als wahr, ich sei Gottes Karrer (Kärrner) und fahre aufge-
schürzt durch die Lande, dass ich die Menschen aus der tiefen
Lache ihres sündlichen Lebens an die Schöne (ins Trockene,
Reine) bringe". Als eigentlicher Mystiker ist er durchaus nicht

verschieden im Wesen von Tauler. Schüler Eckards (wie wohl
auch Tauler), gehört er ganz zur rechten Seite dieser Schule.
In der Theologie und Christologie ist er noch ausführlicher als Tauler, dagegen in der Anthropologie kaum andeu-
tend. Im Allgemeinen ist indessen Tauler doch mehr ent-
wickelnd-diskursiv als er, dessen mehr „schauender" Geist
die mystischen Spekulationen kurz und thetisch hinstellt.

Suso's Sprache trägt dieselben Eigenthümlichkeiten.
In einzelnen Erzeugnissen spürt man überall den „Minnesänger", der aber seine Töne und Laiche seinem himmlischen
„Lieb" zugesungen hat, in einer Sprache, die „nichts ist als
sein reines lauteres, sich in ihr verströmtes Gemüth", und
„durch die überall das alte Minnelied hindurch pulsirt". Auf
diesen rhythmischen, klangvollen Lauten wiegt er sich wie ein
Schwan auf seinen reinen Wellen. Aber diese tief poetischen,
schwungvollen Ergüsse machen dann wieder, wenn er es so
will und für am Orte hält, einer gedrungenen, prägnanten
Sprache, voll Salz und Sinnigkeit, Platz, die sich besonders
in seinen Sprüchen kund gibt, wie denn die Mystiker (und
auch die Ketzer) solche Spruchform (Spruchweisheit) liebten,
oder auch in einer verständigen, würdigen, wie in seinen
Briefen und Predigten, die viel weniger Spekulatives enthalten, als z. B. die meisten Tauler'schen.

Johannes Rusbroek.

»Wir sollen uns verzieren von innen und von
aussen mit Tugenden und mit guten Sitten, als die
Heiligen thaten. Und wir sollen uns minnlich und
demüthiglich opfern vor den Augen Gottes mit allen unsern Werken, so kommen wir Gott entgegen
mit Mittel aller seiner Gaben Und dann werden
wir beweget mit gefühliger Liebe und erfüllt mit
gemeiner Treue. Und so werden wir ausfliessend
in rechten Karitaten und bestätigt und fest inbleibend in einfältigem Frieden und in göttlicher Gleichheit. Und vermittelst dieser Gleichheit und gebräuchlicher Minne und göttlichen Klarheit entfliessen wir uns selber in Einigkeit und kommen
Gott entgegen mit Gott sonder Mittel in gebräuchlicher Rast. Und also werden wir ewiglich inbleibend und allezeit ausfliessend, und sonder Unterlass
wieder einkehrend, und hiemit besitzen wir ein
wahrhaft innig Leben in aller Vollkommenheit«.

Rusbroek in seiner »Zierde der geistlichen
Hochzeit«, 2. Buch, 79. Kap.

„Nichts thut der Gerechtigkeit Gottes so grossen Einhalt,
dass sie die gottlose Welt nicht nach Verdienen straft, als
zuvörderst die Güte und Barmherzigkeit Gottes selbst, dann die
Fürbitte der Heiligen, die schon bei Gott im Himmel leben,
und zuletzt die Thränen und das Gebet der Freunde Gottes,
welche noch in dieser Sterblichkeit wallen (vrgl. S. 234).
Also hat auch in diesen letzten Zeiten, in welchen täglich die
Liebe je mehr und mehr erkaltet, die Laster mehr als zu viel
zunehmen, sich Gott einen Mann nach seinem Herzen auser-

sehen". Mit diesen Worten leitet der ungenannte Biograph
Rusbroek's, ein Regular-Kanoniker, der nicht gar lange nach
Rusbroek's Tode lebte und „von glaubwürdigen Augen- und
Ohrenzeugen" seine Notizen sammelte, seine nur allzukurz
gefasste Beschreibung von dessen Leben ein.

Johannes, der Priester und spätere Prior der Augustiner-
Regular-Kanoniker zu Grönendal bei Brüssel, dessen Ge-
schlechtsnamen wir nicht kennen, ist geboren in Rusbroek
(daher sein Beiname, der auch Ruysbroek, Ruysebroek,
Rusbroch, Rüsebruch, Reisbruch geschrieben sich findet),
einem an der Senne zwischen Brüssel und Hall gelegenen
Dorfe, wovon er gemeinhin den Namen trägt, ums Jahr 1293
wie man annimmt — also fast gleichzeitig mit Tauler (geb.
um 1290) und Suso (geb. um 1300).

Von seinen Eltern wissen wir nichts; nur von seiner Mutter, nach den wenigen Zügen, welche uns von ihr erhalten
sind, dass sie, gleich derjenigen Suso's, ein weiches und frommes Gemüth gewesen sein muss — sie war, sagt der Biograph, „eine gottselige, wenn auch nicht gar (im Sinne der
Mystik) vollkommene Frau" — und ihren Johannes zärtlich
liebte. In seinem 11. Jahre verliess dieser die Mutter — war
der Vater, von dem wir nirgends lesen, vielleicht frühe gestorben? — und begab sich nach Brüssel in das Haus eines
Kanonikus, eines Verwandten von ihm, der ihn freundlich
aufnahm und in die Schule schickte, die freien Künste zu lernen. Nach vier Jahren verliess er die Schule und die Stadt
Brüssel. Der Zug seines sinnigen und innigen Geistes liess
ihn in den weltlichen Studien nicht ruhen: „der fromme
Jüngling, drückt sich der Biograph aus, verlangte mehr nach
der himmlischen Weisheit, welche lehret, gottselig und sittsam leben, und wollte sich nicht länger mit den weltlichen
Wissenschaften, die den Geist aufblähen, aufhalten". Wo
aber R. seine Studien fortsetzte, in denen er sich zum geistlichen Stand und Leben vorbereitete, wissen wir nicht; eben
so wenig über diese Studien selbst. Der Biograph sagt zwar,
nach der Weise dieser Heiligen-Biographen, die Alles nur
recht übernatürlich darstellen möchten, R. habe sich wenig
mit den Wissenschaften beschäftigt, wenig mit der Gramma-

tik und Logik, und doch habe er Logiker, Weltweise und
Theologen weit übertroffen, so „dass die Wenigsten derselben
den Sinn seiner Schriften verstehen"; das sagt er, wie schon
angedeutet, um zu beweisen, dass dem hochverehrten Meister
der Mystik eben diese Mystik „von oben", durch „Einleuchtung" mitgetheilt worden sei, „welche ihn überflüssig gelehrt
habe, was er je von Menschen hätte lernen können". Das
war überhaupt schon zu Lebzeiten Rusbroek's und noch mehr,
scheint es, nach seinem Tode die allgemeine Annahme in den
mystischen Kreisen, dass ihm, was er geschrieben habe, von
oben sei eingeleuchtet worden, wie wir diess aus Gersons
(s. u.) Aeusserungen deutlich ersehen. Es war dabei das Interesse mit im Spiele, einerseits R. um der Dunkelheit seiner
Kontemplation willen, über die sich Viele beklagten, durch
diesen Hinweis auf ihren überirdischen Karakter zu rechtfertigen, und anderseits eben dadurch alle Kritik zu entwaffnen, falls sie sich an ihn machen sollte, und seine Kontemplation als über alle Angriffe Uneingeweihter und Unerleuchteter
erhaben hinzustellen. Und allerdings darf man es nicht ver-
kennen, dass Männer, wie Rusbroek (Tauler, Suso und Andere), aus der Tiefe ihres fruchtbaren, lebendigen, Gott-inni-
gen und seligen Geistes gewiss das Meiste schöpften, und dass
auf den Schulen und aus den Büchern, wie sie Alle wie mit
Einem Munde es sagen, das Leben, das in ihnen quoll, und
die Wissenschaft, welche sie meinten, nicht gelernt noch geschöpft werden konnte; aber eben so gewiss ist, dass diese
Mystik doch auch wieder eine Art „Schule", „Gemeine" war,
die ihre im Grossen und Ganzen übereinstimmenden Ideen,
selbst ihre bestimmte Terminologie hatte, und ein Lernen,
einen Austausch voraussetzt. Was nun R. im Besondern an-
langt, so finden wir in ihm Eckartisches, Taulerisches, Suso'-
sches; nur wissen wir allerdings nicht, da Tauler und Suso
ganz gleichzeitig sind, wie viel er von ihnen, oder wie viel sie
von ihm haben, und jedenfalls kann in die Studienzeit noch
keine gegenseitige Einwirkung fallen; dass R. aber, und zwar
in früher Zeit, Eckard studirt haben muss (wenn er ihn nicht
vielleicht gleich Suso und Tauler, etwa in Köln, gehört hat),
ist sicher. Seine Schriften bezeugen das. Aber auch in den

w e l t l i c h e n Wissenschaften muss er seine gründlichen Studien gemacht haben — trotz Allem, was der Biograph sagt. Denn wer sich mit Rusbroek's Schriften vertraut gemacht hat, findet darin nicht bloss sinnigen und innigen Geist, sondern auch — wenigstens in einigen derselben — durchgebildete F o r m, eine Gliederung und Konstruktion des Systems, die sich bis ins E i n z e l n s t e der Darstellung erstreckt, und eine scharfe, logische Schule und Bildung voraussetzt, wie sie nur durch das Studium der Scholastiker und durch die Aneignung ihrer formalen Bildung möglich war. Noch mehr: es findet sich in seinen Schriften auch ein Reichthum physikalischer Kenntnisse, so dass man sagen kann, er habe auch die Masse des empirischen Wissens seiner Zeit nicht bloss in Theologie, sondern auch in den Naturwissenschaften — Albertus Magnus — in sich aufgenommen. Dass aber das religiöse Leben und die Herzensfrömmigkeit ihm die H a u p t s a c h e von früh an gewesen und stets geblieben ist, so weit hat es allerdings mit dem Ausspruch des Biographen seine Richtigkeit.

In seinem 24. Jahre wurde R. zum Priester geweiht, denn es heisst in seiner Lebensbeschreibung, er sei 64 Jahre Priester gewesen (und er ist 88 Jahre alt geworden). Um dieselbe Zeit oder bald darnach soll er Vikarius an der S. Gudila-Kirche in Brüssel geworden sein.

Schon um diese Zeit, ja schon vorher, stand er ganz in der beschaulich-mystischen Richtung, welche ihn später so einflussreich und berühmt gemacht hat. „Der Beschauung ergeben" hatte er die Welt zu seinen Füssen und „mied darum mit Fleiss die Versammlungen und Gespräche der Menschen", und war hinwiederum auch allzumal der Welt unbekannt, oder von ihr „als elend und verächtlich angesehen", doch nicht — ohne mitunter auch ein hochachtendes und bewunderndes Angestauntwerden unwillkürlich hervorzurufen. Ein Beispiel hievon erzählt uns der Biograph. Als er, in sich gekehrt und nur mit dem Himmlischen beschäftigt und die Welt um sich nicht beachtend, wie gewöhnlich, auch einmal durch die Strassen Brüssels gegangen, seien ihm zwei Weltleute (Laien) begegnet; auf den Einen derselben hätte nun „die einfache Haltung" und die „Taubeneinfalt", die sich in dem Wesen des Mannes aus-

gesprochen, einen unwillkürlichen Eindruck gemacht, dass er
ausgerufen: „O dass ich eine Heiligkeit des Lebens hätte wie
dieser Priester!" Der Andere dagegen habe entgegnet: „Um
alles Gold der Welt nicht; da würde ich keinen frohen Tag
mehr haben". Der Dritte aber, der diese Aeusserungen Beider
von ungefähr hörte, eben unser R., sprach dabei bei sich
selbst: „Armer Mensch du, wie wenig kennst du die Süssigkeit, die diejenigen in sich empfinden, welche den Geist Gottes schmecken".

Der Ruf seines „heiligen" Lebens, schon in dieser Jugendzeit, als er noch nicht einmal Priester war, trieb seine Mutter
nach Brüssel, um nach Herzenswunsch mit ihrem Sohne umgehen und seiner leiblichen Gegenwart geniessen zu können.
Aber auch hier verräth sich gleich wieder der beschauliche Mystiker, der diesem sinnlichen Verlangen kein volles Genüge
thut; es mochte ihn Zerstreuung und nur eitle Zeitverschwen-
dung dünken. Um nun doch ihren Sohn nach Lust sehen und
hören zu können, sagt der alte Biograph, habe die Mutter einem Verein gottseliger Frauen (vielleicht Beguinen), dem Johannes, scheint es, öfters anwohnte, wenn nicht schon Vorträge hielt, sich angeschlossen, um bei dieser Gelegenheit wenigstens die Gegenwart ihres Sohnes zu geniessen. Und nach
und nach sei sie selbst dann durch die Macht der Einwirkung
des Lebens ihres Sohnes, das sie vor sich sah und von dem sie
so viel hörte, so erweckt worden, „dass sie nicht mehr sonderlich seine leibliche Gegenwart verlangte, sondern im Geiste
sich an seinem h. Leben mehr vergnügte, als sie der früher aus
natürlicher Gemüthsbewegung ersehnte Umgang hätte vergnügen mögen". Später als sie das Zeitliche segnete, „unterliess
ihr frommer Sohn nicht, ihr mit seinem Gebete bei Gott zu
Hülfe zu kommen". Den Tag aber, an dem er Priester ward
und zum erstenmale das h. Amt verrichtete, habe er, sagt
derselbe Biograph, „aus einer gewissen Erscheinung seiner
Mutter" die Gewissheit erhalten, dass sie nun gänzlich (in
Kraft der Seelenmesse) von aller Strafe frei sei.

Bis zu seinem 60. Jahre lebte R. in Brüssel als Weltpriester. Leider ist uns über diese lange Zeit Näheres nichts be-
kanut; nur dass seine besten Schriften in diese Zeit seiner Man-

nesreife fallen, finden wir aus zerstreuten Notizen; dass er
aber einen Kreis befreundeter mystischer Seelen um sich gesammelt, deren Mittelpunkt er war, entnehmen wir daraus,
dass es (in der Lebensbeschreibung) heisst: Mehrere, unter
Andern Johannes (der nachmalige Koch Grünthals) seien ihm
g e f o l g t, als er sich ins Kloster zurückzog. Der Biograph erzählt uns aus dieser Periode noch einen Zug, der in Rusbroek's Schriften selbst seine Bestätigung findet, und er
scheint darauf, wir ahnen warum, ein besonderes Gewicht gelegt zu haben. In Brüssel habe damals ein Weib gelebt, vielleicht eine Beguine, jedenfalls eine „freigeistige Schwester",
die durch ihr Leben und durch ihre Schriften „von der Freiheit des Geistes und der seraphischen Liebe" in grosses Ansehen sich gesetzt; „das Volk glaubte insgemein, wenn sie
zum Abendmahl ginge, ginge sie zwischen zwei Seraphim".
R. durchschaute diese Freiheit, und in dieser seraphischen
Liebe sah er „unkeusche Liebe". Er widersetzte sich dem
Weihe und deckte den Betrug in ihren Schriften, „ohne
Furcht vor den Nachstellungen der Gegenpartei", auf. Diese
Polemik finden wir auch sonst vielfach in seinen Schriften.
„Gleichwohl, sagt der Biograph, hat es nicht an Solchen ge-
fehlt, welche dafür hielten, R. selbst sei von diesem Irrthum
angesteckt gewesen".

Bis zu seinem 60. Jahre hatte R. in gesegneter Thätigkeit
als Weltpriester in Brüssel zugebracht; da zog er sich mit
mehreren Freunden in das Kloster zu Grönendal (Grünthal)
zurück. Er selbst zwar hat es in seinen Schriften ausgesprochen (s. u.), dass man an allen Stätten — Gottes sein könne;
aber auch, dass in gewissen Fällen und Zeiten eine retraite
spirituelle heilsam sei. Auf der Lebensstufe, auf der er nun
stund, mochte er diess als ein Bedürfniss für sich erkennen.
Grönendal, einem neugestifteten Verein regulirter Chorherrn
des h. Augustin angehörig, befand sich zwei Meilen von Brüssel, in einem grossen Buchenwalde, Sonjenbosch (Soignies),
„an dessen südlichem Ausgange das in der neuern Geschichte
so berühmte Waterloo liegt". R. ward unter dem Propst
Franko der erste Prior dieses Klosters, und „der erste Urheber
einer Reformation der Kanoniker, die sich weit in den Nieder-

landen verbreitete". Ueber sein Leben in diesem grünen
Thale, in dem er sich, wie es in seiner Biographie heisst, „wie
ein Adler verjüngte", sind mehrere Züge uns mitgetheilt. Gegen sich selbst hielt er sich strenge: in der Kleidung, im Wachen und Fasten, selbst in der Handarbeit leuchtete er seinen
Brüdern als ein Exempel voran; gegen die Andern war er
voll Milde: diess Herz, so reich an Erbarmen, ergoss sich
selbst über die unvernünftigen Kreaturen, und R. erinnert
hieran an Franziskus. In Winterszeit, wenn die Vögel in der
Kälte Mangel litten, liess er ihnen Nahrung reichen; die Brüder, die sein mitleidsvolles Herz kannten, machten ihn nur mit
den Worten aufmerksam: „Vater, es schneit, was sollen die
armen Thierlein thun?" Seine ganze Erscheinung hatte etwas
ungemein Mildes und zugleich Ehrfurcht Gebietendes: „die
Gnade Gottes leuchtete aus seinem Antlitz". So schildert ihn
auch Thomas (von Kempen) in seiner Lebensbeschreibung.
Groots. Was wir fast durchweg von den ächten Mystikern des
Mittelalters lesen, auch von Bernhard (Bs. Leben S. 413):
die Verbindung von tief-innerlichstem Leben mit dem abge-
legensten äusserlichen Thun, von mystischer Beschauung mit
mühlicher Händearbeit, von Hoheit der Ideen und Empfindungen mit demüthigstem Werke, von Höhe mit Tiefe, von
Freiheit mit Gehorsam, und was sie auch selbst auf allen Blättern ihrer Schriften als das ächte Kennzeichen eines wahren
Mystikers hinstellen — ganz diesen selben Karakterzug finden
wir in Rs. Leben, in seinem hohen Alter noch. „Wenn er in
den. Uebungen des innern Lebens sich gleichsam erschöpft
hatte, so hinderte ihn das doch nicht, sich zur schwersten und
unansehnlichsten Handarbeit darzubieten. Er trug selbst zuweilen Mist. Freilich war er bei seiner Einfalt den Brüdern
oft mehr eine Last in diesen Arbeiten, als eine Förderung;
im Garten z. B., wenn er das Unkraut ausjäten wollte, riss er
oft die heilsamsten Kräuter aus". Aber nicht d a s war es, was
mit dieser Arbeit dem Kloster ein Segen war, sondern „das
Beispiel der Demuth, das er dadurch den Brüdern gab". Dabei hemmten ihn, sagt sein Biograph, diese äusseren Arbeiten
nicht im Geringsten in seinem innerlichen Leben. Es wäre ihm
„so leicht oder noch leichter, pflegte er zu sagen, und es er-

innert diess an ähnliche Stellen in seinen Schriften (s. u. Wirken und Ruben), sich durch die Beschauung zu Gott zu erheben, als seine Hand nach seinem Haupte zu bringen".

Das Aeussere des Klosters, wie es geschildert wird, erinnert an die Beschreibung Clairvaux's unter Bernhard. „Als sie nach Grünthal kamen, sagt Thomas von Groot und seinen Begleitern, sahen sie daselbst keine hohen und prachtvollen Gebäude, sondern Anzeichen der Einfalt und der Demuth, welches die ersten Anzeichen unsers himmlischen Königs waren, als er auf diese Welt kam". — Im Kloster selbst muss es ein reiches (mystisches) Leben unter den Bewohnern gewesen sein, über welche (wenigstens Einige) der Geist Rs. sieh ausgegossen hatte, der oft bis in die tiefe Nacht hinein „von Gott und heiligen Dingen" ihnen sprach. Wir wissen von Wilhelm Jordaens, Kanoniker daselbst und Schüler Rs., Uebersetzer einiger Werke seines Meisters ins Lateinische (wobei dieser selbst ihm behülflich war), und selbst auch Verfasser mystischer Schriften, † 1372; von Joh. von Scoonhoven (s. u.), † 1431; auch noch von einem andern Grönendaaler Mönch, vermuthlich Joh. Stevens; besonders erinnern wir an jenen Laienbruder, den Koch des Klosters, Johann von Leeuwen aus Afflighem, der seinem Meister nach Grünthal gefolgt war. Dass dieser ein überaus strenger Aszetiker gewesen, ist freilich nicht das Eigenthümliche; mehr diess, dass es von ihm heisst: obwohl mit äusserlichen Geschäften überladen, sei er dennoch allezeit in gleicher Geistesruhe und Geistesinnigkeit gestanden, und keines hätte das andere gehindert. Seine Andacht fühlte er ganz besonders durch die Betrachtung des Leidens Christi, das ihn zum tiefsten Mitleiden bewegte, entzündet, „so dass er sich nach Leib und Seele Gott ganz aufopferte"; und „dieses stete Andenken des Leidens Christi brachte ihn zu solchem Ueberfluss der göttlichen Gnade, dass er oftmals über sich in Gott sich verzückt fühlte". Er verfasste auch eine Menge mystischer und aszetischer Traktate in niederländischer Sprache, „darin er Rs. ehrerbietig gedachte". Doch weiss man nichts mehr von ihnen, wenigstens ist nichts gedruckt.

Eine Notiz von dem reichen Leben in Grünthal finden wir

auch in der Chronik des Klosters S. Agnes von Thomas von
Kempen, in den Zusätzen, wo es heisst: „Es waren damals
in Grönendaal gar fromme Väter und religiöse Brüder, erba-
ben durch ihr Leben und ihre Wissenschaft, wie ihre heiligen
auf uns gekommenen S c h r i f t e n deutlich bezeugen". Auch
steht dort: „Von dem Leben und den Schriften Rusbroek's
und des Bruders Johannes, des Kochs, ist ausführlich die Rede
in einem Büchlein, das neulich erschien und den Titel führt:
Von dem Ursprung des Klosters Grünthal". Das Büchlein ver-
missen wir leider.

Ein Mann wie R., ein s o l c h e s Leben, eine solche mystische Grösse konnte nicht wohl ein Leuchter unter einen
Scheffel gestellt bleiben. Der Ruf seines h. Lebens wie seine
Schriften zogen von nah und fern Doktoren und andere Geistliche, Vornehme und Edle beiderlei Geschlechts nach Grönendaal: sie kamen aus Flandern, Holland, den Rheingegenden
(bis von Strassburg und Basel), aus Frankreich; sie suchten
seinen Rath, Trost, seine Ermahnung, oder seine Bekanntschaft überhaupt. Eine vornehme Frau kam öfters zwei Meilen
weit zu Fuss hergegangen, seines Raths zu pflegen, und „ist
also von ihm in der Verachtung der Welt und der Liebe zu
Gott befestiget worden, dass sie all' ihren Reichthum von
sich warf und sich in Köln in den Orden der h. Klara aufnehmen liess". Eine andere fromme Frau, auch eine Jüngerin
Rs., die viel zu ihm kam, wurde einstmals mit schwerer
Krankheit heimgesucht und kam zugleich in grosse innerliche
Anfechtung, als ob sie von Gott verlassen wäre. Sie schickte
nach ihrem Meister und klagte ihm sein Leid. „Was sie denn
nun thun solle? Sie könne nicht mehr den Kranken dienen,
empfinde auch gar keine innerliche Andacht mehr". Da tröstet sie R. mit dem ächt mystischen Worte: „Liebe Tochter,
sei überzeugt, du wirst Gott kein angenehmeres Opfer bringen können, als wenn du dich gänzlich seinem Willen über-
lässest, und in der Verläugnung deines eigenen Willens dich
beeiferst, ihm für alles zu danken", — Worte, welche die
Matrone stärkten, „alle Widerwärtigkeiten, die auf sie fielen,
nicht nur geduldig, sondern auch g e r n e um Christi willen
zu leiden". Ein andermal kamen zwei Religiosen von Paris,

und wünschten zu wissen, wie sie zur Liebe gegen Gott entzündet werden könnten, worauf ihnen R. die kurze Antwort
gab: „Ihr seid so weit heilig, als ihr selbst wollt." Anfangs
verstanden sie das Wort nicht, und sie wandten sich noch einmal an ihn. „Nun denn, erklärte er sich ihnen, ist's denn
nicht so? So gross die Güte eures Willens ist, so gross ist
auch eure Heiligkeit; prüfet nur, wie gut euer Wille ist, und
ihr werdet das Maass eurer Heiligkeit bald finden."

Unstreitig die zwei berühmtesten und einflussreichsten
Persönlichkeiten unter Allen, die zu ihm kamen, waren Gerhard Groot und Tauler. In der Lebensbeschreibung Rs.
heisst es nun von letzterem, wie viel er bei R. in der Erkenntniss des innern Lebens und in der Beschauung zugenommen,
werde man leicht aus dessen Schriften entnehmen, die erkennen lassen, „dass er von dem ehrwürdigen Vater Manches
geborget". Diess hat man denn diesem Lebensbeschreiber,
freilich ohne allen bestimmteren Nachweis, nachgesprochen;
gerade aber eine Vergleichung der beiderseitigen Systeme,
wenn dieser Ausdruck erlaubt ist, wird auf den ersten Blick
schon darthun, dass diess n i c h t der Fall ist, dass die E i g e n -
t h ü m l i c h k e i t e n Rusbroek's und Tauler's verschieden
sind; dass zwar die mystischen Grundgedanken allerdings die
gemeinsamen sind, aber nicht bloss die gemeinsamen dieser
beiden Männer, sondern a l l e r Mystiker überhaupt in d i e -
s e r Zeit. Uebrigens würde schon eine chronologische Kennt-
nissnahme der schriftstellerischen Thätigkeit Rusbroek's, Tauler's und Suso's diess ins Licht stellen. Im Jahr 1350 sandte
R. sein Buch: „die Zierde der geistlichen Hochzeit", den Gottesfreunden im Oberland. Um diese Zeit waren aber Suso und
Tauler (S. 38 ff.; S. 362) längst schon r e i f e Mystiker und hatten auch schon mehrere ihrer mystischen Schriften geschrieben. Selbstverständlich ist damit allerdings eine gegenseitige
Einwirkung durch diese Mittheilungen, wie sie sich in einzelnen Stellen (Reminiszenzen) fast bis aufs Wort (s. u.) ausspricht, nicht ausgeschlossen: eine derartige findet sich ja
überall in sich befreundeten und verwandten Kreisen; sie ist
aber eine gegenseitige.

Wenn Tauler den Rusbroek als Geistesverwandter und

Ebenbürtiger besuchte, so war offenbar das Verhältniss
Groot's ein anderes. Nicht bloss einmal, sondern öfters,
und nicht bloss Tage lang, sondern mitunter 2 bis 3 Monate,
zuweilen ein halbes Jahr soll er bei ihm verweilt haben. Und
dass Groot durch R. im höchsten Grade angeregt wurde, werden wir allerdings (s. Groot's Lebensbeschreibung) finden.
Aus den Unterhaltungen Groot's mit R. theilt uns der Biograph
wieder einen ächt Rusbroek'schen Zug mit. Groot sprach einmal viel von der Furcht vor dem jüngsten Gericht und vor den
Strafen der Hölle, in der Absicht, scheint es, zu sehen, welchen Eindruck diess auf R. machen und ob er nicht den immer seligen Frieden des Mannes stören möchte. Nachdem
dieser nun eine Weile zugehört, sagte er: „Meister Gerhard,
wisse, dass ich von ganzem Herzen bereit bin, alles das zu
ertragen, was der Herr will, dass mir geschehe, es sei nun
Leben oder Tod oder auch die unerträglichsten Schmerzen der
Hölle. Denn ich halte dafür, dass mir nichts heilsamer und
süsser sei; bitte auch und verlange nichts anderes, als dass
mein Herr und Gott mich allezeit bereit und willig finde zu
dem Wohlgefallen s e i n e s Willens". Noch einige andere Züge
von Demuth, Gehorsam, Andacht finden sich zerstreut in den
alten Biographien, die auch das Bild von ihm vervollständigen.
Einsmals lag er gar krank und begehrte, man möchte ihm
etwas Wasser reichen. Aus Furcht aber, diess Wassertrinken
möchte die Krankheit verschlimmern, schlug's man ihm ab,
„was er, obwohl ihm vor Trockenheit die Lippen aufgesprun-
gen waren, doch geduldig hinnahm, denn er sah mehr darauf,
dass er durch Bewahrung der Geduld und des Gehorsams sich
Gott aufopfere, als, wenn auch in noch so grosser Noth der
Natur, seiner eigenen Begierde folge". Endlich aber, „weil
er besorgte, er möchte den Tod davon nehmen, sagte er a u s
l a u t e r e r G o t t e s f u r c h t demüthig zum Vorgesetzten:
Mein Vater, so ich nicht Wasser trinken werde, so werde
ich von dieser Krankheit nicht genesen", worauf erschreckt
derselbe ihm etwas Wasser zu reichen befahl; und als er solches genommen, sei es von Stund an besser mit ihm geworden und er genesen.

Unter Anderem hebt der Biograph besonders noch die

Andacht Rs. beim A b e n d m a h l hervor, wie denn auch R.
fast mehr als irgend ein anderer Mystiker sich in seinen Schriften mit diesem Sakramente beschäftigt hat. Er habe einst
bei der Feier desselben einen solchen Ueberfluss der Gnade
empfunden, „dass er fast ganz zerfloss und beinahe von Sinnen
kam". Aber nicht aus leiblicher Schwäche, wie der Ministrant
diess vermuthete bei dem hohen Alter des Kommunikanten,
sondern von der Kraft „der göttlichen Besuchung" sei es gekommen; das hätte er selbst dem Ministranten bekannt, der
sieh gescheut, ihm ferner das Sakrament zu reichen. „So oft
dieser Mann Gottes das lebendig machende Geheimniss empfing, vereinigte sich der h. Geist mit seinem Geiste auf wun-
dersame unbegreifliche Weise: denn sobald er den allerheiligsten Leib empfangen hatte, behielt er seinen Mund zugeschlossen, bewegte die Lippen nicht und war von aussen so
ruhig, dass es schien, als hätte er nichts empfangen. Denn
er genoss es nicht so, wie man pflegt, sondern sein Geist,
dem der heilige Geist sofort entgegen kam, vereinigte sieh
mit diesem und fuhr auf, ohne Sorge vor dem äusseren Menschen, zu dem Vater der Geister, als eine Braut, die ihrem
Bräutigam entgegeneilt". Einem Bruder, der ihn frug, wie er
so urplötzlich das Geheimniss des Leidens des Herrn geniessen
könne, antwortete er: „Gott wirket in seinen Kindern, wie
es ihm gut deucht".

Dass nun auch von ihm erzählt wird, er hätte mit den
hösen Geistern viel zu kämpfen gehabt, gegentheils habe ihn
aber auch Maria, Jesus oftmals besucht und ihm süsse Trost-
worte zugesprochen: das gehört mit zu d i e s e n legendenhaften Darstellungen; vielleicht mag auch R., gleich Suso, diess
selbst zu empfinden geglaubt haben. Wenn nun aber die Brüder oder doch Einer von ihnen den Baum, unter dem R.
sitzt versunken in der Beschauung, wie vom Feuer allenthal-
hen umfangen sieht, so ist diess der n a t ü r l i c h e Reflex
des „innern Brandes der Minne", den die äusserlichen Menschen veräusserlichten.

Siebenundachtzig Jahre hatte R. zurückgelegt; seine Augen dunkelten, dass er die Hostie nicht mehr erkannte, obwohl er nie unterliess, wenn anders möglich, das Amt zu

feiern; nun fühlte er, dass seine Stunde gekommen. Er hätte
sogar, sagt sein Biograph, Tag und Stunde seines Todes in
einer Vision lange vorher vernommen, und oft habe man ihn
aus tiefer Brust die Worte ausstossen hören: „Meine Seele
dürstet nach Gott, dem lebendigen Brunnen" (Ps. 42). Als
nun der Tag seines Todes heranrückte, liess er sich aus der
Kammer der Vorsteher, woselbst er eine Zeit lang gelegen,
in die gemeine Krankenstube der Brüder tragen. Am 15. Tage,
nachdem er sich gelegt — an Fieber und Durchfall — entschlief er in Gegenwart seiner Brüder und unter ihrem Gebet
„bei gesundem Verstand, mit glänzendem Antlitz, ohne die
gemeinen Zufälle der Sterbenden", im Jahre 1381, den
2. Dezember, im 88. Jahre seines Lebens, im 64. seines
Priesteramtes.

Rusbroek's schriftstellerische Thätigkeit ist eine reiche gewesen, wenigstens im Verhältniss zu derjenigen der andern
Mystiker. Nur muss man sie sich nicht denken im modernen
Sinne dieses Wortes. Wie er seine Bücher schrieb, das erinnert ganz an die Weise Suso's (S. 361). Er erging sich,
sagt sein Biograph, häufig in den entlegensten Revieren des
Waldes, der das Kloster säumte, und wenn er sich inspirirt
fühlte, so schrieb er nieder, „was er aus Gottes Geist
schöpfte". Es konnten dann Wochen vergehen, ehe er wieder zum Schreiben kam: so lange er nämlich den Impuls innerer Gnade nicht spürte. Kam aber wieder der Geist über
ihn, so fuhr er am Abgebrochenen fort, und das Spätere fügte
sich so an das Frühere, als ob es alles Ein Guss, das Werk
ununterbrochener Arbeit gewesen wäre. So sagt der Biograph,
und von einigen Schriften ist das wahr; andern aber spürt
man denn doch eine Inkontinuität, Zusammenhangslosigkeit,
an, besonders dem Buch von der wahren Beschauung. Er
selbst war, wie er sich gegen Groot geäussert, überzeugt,
dass er niemals ein Wort geschrieben ohne aus Eingebung des
h. Geistes und in der Empfindung der Gegenwart Gottes.
    An die Spitze seiner Schriften stellen wir „die Zierde

der geistlichen Hochzeit", die Perle seiner Schriften, die kunstreichste mystische Schrift der germanischen Mystik des Mittelalters, ein wahrhaft architektonisches
Gebäude. „Siehe, der Bräutigam kommt, gebet aus ihm entgegen"; dieser so beliebte Text der Mystiker, über den auch
Tauler jene berühmte Predigt gehalten (s. S. 34), ist der Text
der Schrift, in der jedes dieser vier Worte naeh den drei
Stäuden des mystischen Lebens ausgelegt wird. Das erste ist
das Wort: „Siehe", worin R. die Bedingungen der Mystik von
Seiten des Subjekts ins Auge fasst, während er im zweiten
Worte: „der Bräutigam kommt", das Objekt hinstellt, den
Gegenstand, „Vorwurf", wie er dem sehenden, sieh hinge-
benden Subjekt entgegenkömmt. „Gebet aus" ist das dritte
Wort, das die Thätigkeit des Subjekts in Bezug auf das Objekt
besonders betrachtet, wie das vierte Wort: „ihm entgegen",
das Objekt in seinem Zusammentreffen mit dem Subjekt. Diese
vier Momente betrachtet er nun im wirkenden, im innigen,
im schauenden Leben, so dass das Buch in diese drei Haupt-
theile, und jeder Haupttheil in die vier Unterabtheilungen zerfällt. — Der „Spiegel der Seligkeit" wurde der
Schlussbemerkung zufolge von Rusbroek im Jahre 1359 für
eine Nonne (Novize) vom Orden der h. Klara verfasst. Diess
zeigt sich denn auch in der ganzen Anlage und dem subjektiven Karakter der Schrift, die für diese Nonne und Ihresglei-
chen eine Anweisung ist zu einem gottseligen Leben im Stande
ihres Ordens. Die Schrift handelt von den drei Ständen, doch
lange nicht mit der unterscheidenden Schärfe, wie „die Hochzeit"; einen bedeutenden Zwischenabschnitt bildet ein Exkurs
über das h. Abendmahl. — Die Schrift „von dem blin-
kenden Stein" (mit Beziehung auf Apokal. 2, 17 nach
der Vulgata), oder „vom vollkommenen Leben" (darin der
Mensch „den glänzenden (weissen) Stein empfaht, darin unser
neue Name ingeschrieben ist von Anbeginn der Welt, ... den
Niemand kennt, denn der ihn empfaht... nach Weise seiner
Tugenden, seines Zugehens und seiner Einigkeit"), bespricht
ebenfalls die drei Stände, besonders den dritten, zwar auch
lange nicht so ausführlich, wie „die Hochzeit"; dagegen über
die Beschauung etwas vorsichtiger als dort, obwohl es auch

nicht an „anstössigen" Stellen fehlt. Fast möchte man glauben, R. habe diess Buch n a c h der Hochzeit, als eine Art
Korrektiv, geschrieben. — Das Büchlein „v o n d e n v i e r
B e k o r u n g e n" oder Versuchungen (Tentationes) ist eine
kleine Schrift, worin er die weltlich Gesinnten, die Pharisäischen, die Scholastischen, die Freigeisterischen zusammen-
stellt. Bekanntlich befindet sich diess Büchlein unter Tauler's Predigten, im ersten Anhange der Baseler Ausgabe,
Blatt 177 ff. — Der Traktat „v o m G l a u b e n u n d G e r i c h t"
ist eine Auslegung des apostolischen Glaubensbekenntnisses,
und behandelt in seinem zweiten Theile (woher auch der
Titel) besonders die jenseitige Belohnung und Bestrafung, die
Auferstehung und das Gericht. — Die Schrift „v o n z w ö l f
T u g e n d e n" oder „von einigen Haupttugenden" (nach Surius) ist eigentlich mehr allgemein-sittlichen als spezifisch-my-
stischen Inhalts. Sie ist, wie Arnswald bemerkt, „ausser den
Briefen und den ganz kurzen Stücken das Einzige unter dem
von Surius Uebersetzten, was sich in dem Verzeichniss der
Grönendaler Handschriften von Rusbroek'schen Werken bei
Val. Andreas nicht findet". Schon Surius hat auch die Be-
merkung für nöthig gefunden, ohne Zweifel sei R. der Urhe-
ber der Schrift, — was darauf schliessen lässt, dass bei ihr seine
Autorschaft nicht ganz unangefochten war. In ihrem ersten
Theile ist sie eigentlich nur eine weitere Ausführung, ein
Kommentar zu dem, was R. in „der Hochzeit" über diese
Tugenden kürzer gesagt hat; ihr grösster Theil ist übrigens
in die unter Tauler's Namen so oft gedruckte sogenannte Me-
dulla Animae, K. 9 — 21, aufgenommen. In keiner Schrift
Rs. finden sich ausserdem so viele w ö r t l i c h e Stellen, die
sich auch bei Suso, Tauler, Eckard finden. Sollte R. nicht
der Verfasser sein, so wäre es einer seiner Schüler (vielleicht
der Koch?), der aus seinen und anderer Mystiker Schriften
eine schöne, allgemein verständliche Blumenlese gemacht
hätte — mit weiteren Ausführungen. — Das Büchlein von
den „s i e b e n S t u f e n d e r L i e b e" hat das mystische Leben (der Liebe) in sieben Stufen nachzuweisen versucht, die
wesentlich mit den drei uns bekannten zusammenfallen. Aber
R. hat es nun einmal geliebt, oftmals ohne innere Nöthigung

zu schematisiren. — Das Buch von den sieben Bewahrungen, wie „der Spiegel", an eine Nonne vom Orden der
h. Klara gerichtet und für sie verfasst, ist eine Anleitung für
diese „Tochter Gottes", ein wahrhaft klösterliches und höher
hinauf ein mystisches Leben zu führen, und führt den Namen
Bewahrungen, weil, wie R. sagt, er im Leben der h. Klara gelesen, wie diese Heilige in sieben Bewahrungen eingeschlossen
gewesen und auf diese Weise mit allen Tugenden geziert und bis
zur Schauung der göttlichen Herrlichkeit erhoben worden sei.
Sie bilden (wie die sieben Stufen der Liebe) einen Rahmen
für die Stufen des mystischen Lebens, von den einfachsten
Verhältnissen des Klosterlebens an. So weit nun diese klösterlichen Anleitungen gehen, ist alles einfach, praktisch, mön-
cbisch; in seinem mystischen Theile aber hat das Büchlein
einige eigenthümliche Ausführungen. — Das „Königreich
der Gottliebenden" hat, wie „die Zierde der geistlichen
Hochzeit", eine Art Text, den es zu Grunde legt, nämlich
das Schriftwort: „der Herr hat den Gerechten auf rechten
Wegen geführet und hat ihm gezeigt das Reich Gottes". Dieses Textwort gibt denn auch die fünffache Eintheilung der
Schrift. Der erste Theil beschäftigt sich mit „Gott dem Herrn";
der zweite mit dem „Zurückführen durch Christus"; der dritte
mit „dem Gerechten", der Gerechtigkeit; der vierte mit „den
rechten Wegen" (K. 4 — 37). Dieser Theil bildet eigentlich
den Inhalt der Schrift und behandelt aufs allerweitläufigste
die sieben Gaben des h. Geistes. Der letzte, fünfte Theil hat
es mit dem (fünffachen) „Reiche Gottes" zu thun (sinnliches
Reich, natürliches Reich, Reich der Schrift, der Gnade, der
Herrlichkeit). — Die Schrift: „Samuel" oder „Apologie
von der hohen Beschauung", die R. schrieb auf Aufforderung einiger Freunde, so kurz er vermöchte, die nächste
Wahrheit aufs Deutlichste zu geben, „damit Niemand aus
seinen Worten geärgert, vielmehr Jedermann gebessert werde",
gibt in vielen Punkten sehr viel Licht über seine Mystik. —
Eines seiner grössten Werke ist das Buch „von der wahren Beschauung (im weitesten Sinne mystisches Leben
überhaupt), in dem es, wie schon oben bemerkt, schwer, um
nicht zu sagen unmöglich ist, einen Zusammenhang zu finden,

wiewohl es in Bezug auf die Masse des S t o f f s, der darin
vorkommt, die reichste ist; denn alle möglichen dogmatischen,
exegetischen, kosmologischen, moralischen Exkurse finden
sich da. — Weitaus das g r ö s s t e, aber auch das (für u n -
s e r e Zeit) unfruchtbarste Werk Rs. ist die „E r k l ä r u n g
ü b e r d i e S t i f t s h ü t t e“; „Exposicie über Mosis Tabernakel“, oder „von dem geistlichen Tabernakel“, wie es in einigen Manuskripten heisst. Die Erklärung hält sich aber nicht
an den biblischen Text, sondern an die Historia scholastica des
Peter Comestor. In dieser „Exposicie“ deutet R. alles, was
über die Stiftshütte gesagt ist, mystisch als Abbild des innern
Lebens in seinem Verlauf, und zwar in sieben Theilen, die
sich sehr ungleich sind. Das erste Hauptstück behandelt die
Vorbereitung, Einleitung zum Bau, darin R. im Gegenbild unsere objektive Reinigung und Erlösung durch Christus findet.
Der zweite Theil hat es mit dem Vorhof der Hütte, der dritte
mit dem Brandopferaltar zu thun, was er Alles auf die erste
Stufe des mystischen Lebens, dort in seiner thätigen, hier
nach seiner einwärts gekehrten Richtung bezieht. Der vierte
und fünfte Theil, weitaus die grössten, besonders der letzte,
haben zum Gegenstand die Hütte selbst mit ihrem Schmuck
und Geräthe, die Priester, ihre Kleider, persönlichen Eigenschaften, ihre Einweihung zum h. Dienste und deren Feierlich-
keiten, die Opfer und Speisen — worin R. Bilder vom innern
Leben und von dessen Uebungen nachweist, während im
sechsten Theil das Allerheiligste mit der Bundeslade das beschauliche Leben abbildet, und dieses gesammte mystische Leben im siebenten unverhältnissmässig kurzen Hauptstück als ein steter Erneuerungsprozess und eine Oszillation vom
Einen zum Andern aufgezeigt ist. Wenn man bedenkt, dass
in dieser Schrift jedes Einzelnste der ganzen Stiftshütte vom
Vorhof bis zum Allerheiligsten, jedes Maass, jede Farbe, jeder
Stoff gedeutet, dass auch gar nichts übersehen ist, so muss
man sagen: es ist diess ein unendlich mühesames Werk, wovon man sich, wenn man es nicht selbst gelesen hat, nur gar
keinen Begriff machen kann; aber auch ein völlig leeres; und
wenn man sich durch diese bis zur höchsten Ermüdung füh-
renden allegorischen Deutungen und Spielereien durchgearbei-

tet, so kann man nur den edlen Geist bedauern, der sich —
freilich im Geiste seiner und der alten Zeiten — so weit hat
verlieren können. — Wir haben auch noch (7) B r i e f e von
R.; sie haben aber kein spezielles Interesse, sondern sind meist
nur kurze aszetische und mystische Anweisungen. Der erste
ist gerichtet „an die Schwester Margaretha von Meerbecke,
Nonne im Kloster der h. Klara in Brüssel". Er habe sie, sagt
er, als er im vergangenen Sommer in ihrem Kloster gewesen,
so betrübt gefunden, und daraus geschlossen, sie müsse angefochten sein; daher er ihr diesen Brief schicke. Der zweite ist
geschrieben an eine Mechthilde, Wittwe eines Ritters, des
Herrn Johannes von Kulenborg; der dritte an die drei edlen
Herren Daniel de Pess, de Bongarden und Gobelinus de Mede,
„zu Köln bei S. Pantaleon eingeschlossen"; der vierte an eine
Katharina von Löwen, Nonne in Mecheln; die folgenden (kleineren) an eine fromme Frau ohne nähere Adresse, vielleicht
an die gleiche Katharina. — Zwei G e s ä n g e, das mystische
Leben schildernd, und ein Gebet schliessen die Schriften.

Von allen diesen Schriften sind uns nur die v i e r erstge-
nannten kürzlich, wenn auch nicht in der ursprünglichen bra-
bantischen Mundart, sondern in kölnischer und geldern'scher
nach kölnischen und geldern'schen Manuskripten des 15. Jahrhunderts, indessen, einzelne Wortveränderungen und Form-
umsetzungen ausgenommen, die mit der Uebertragung solcher
Schriften in eine andere (doch verwandte) Mundart gegeben
sind, dem Original gewiss gleich oder nahe kommend, mitgetheilt worden, wesshalb man wohl sagen darf, dass man Rs.
schriftstellerischen Karakter in seiner vollen lebendigen Aus-
prägung, und sein tiefes, gegliedertes Gedanken-System erst
hier kennen lernen und würdigen kann. Sonst war man, und
ist auch jetzt noch in Bezug auf die übrigen Schriften Rs.,
auf die lateinische, übrigens getreue, paraphrastische Uebertragung
des Laurentius Surius verwiesen, der Rs. Schriften sämmtlich
oder doch fast sämmtlich übersetzt hatte.

In welchen Jahren R. seine Schriften verfasst, wissen wir
nicht; was für die Würdigung des Verhältnisses der Schriften
zu einander und ihres Inhalts wie für die Entwickelung der
Mystik und der Persönlichkeit Rs. selbst sehr zu bedauern ist.

Dass er den Spiegel der Seligkeit im Jahr 1359 für eine Klarissin geschrieben, sowie dass er im Jahr 1350 seine „Zierde der geistlichen Hochzeit" den Gottesfreunden im Oberlande (Strassburg) gesandt, wissen wir bereits. Das ist aber auch Alles.

Die Mystik Rusbroek's.

Die Grundlagen.

Gott (Wesen, Dreieinigkeit, Eigenschaften).

Ganz wie Tauler und Suso spricht auch Rusbroek von einer „weiselosen Wesenheit" Gottes, einer „weiten, wilden Wüste", „Einöde", „düsteren Stille", „abgründigen Unweise", „überwesentlichen Einigkeit", „grundlosen See" der Gottheit. Ebenso spricht er aber auch von der „Fruchtbarkeit und Lebendigkeit" der göttlichen Natur, die eben desswegen in ihrer potenziellen Einheit sich nicht innen enthalten konnte. Darum „gebiert aus der Einigkeit der V a t e r den Sohn sonder Unterlass", und „ist der Vater ein Anbeginn der Gottheit nach Wesen und nach Person", wie er überhaupt „Beginn und Ende, aller Kreaturen Sache und Istigkeit ist". Indem der Vater „in den Grund seiner Fruchtbarkeit sich selber vollkommlich begriffen hat, so ist der Sohn das ewige Wort des Vaters ausgegangen, eine andere Person in der Gottheit". Der S o h n ist somit von R. als die gegenständliche Sich-Selbst-Offenbarung des Vaters gefasst: „Alles, das lebet in dem Vater, ungeoffenbaret in der Ewigkeit, das lebet in dem Sohne ausgeflossen in der Offenbarheit.... Ihr sollt wissen, dass der himmlische Vater als ein lebendiger G r u n d mit allem dem, das in ihm lebet, wirklich gekehrt ist in seinen Sohn als in seine selbst ewige Weisheit;... durch diese Geburt erkennt (daher) der Vater den Sohn.... Im Sohne ist der Vater ihm selber offenbar und alles das in ihm lebet". Ebenso ist aber auch „die Weisheit und alles, das in ihr lebet, wirklich wiedergebeugt in den Vater, das ist in denselben Grund, da sie auskommt;... und der Sohn erkennt den Vater und alle Dinge im Vater". Indem nun „der Vater im Sohne und der Sohn im Vater erkennen, Gott sich selbst in sich selbst erkennt — das ist d e r h. G e i s t". Der Vater und Sohn „geisten einen Geist, das ist eine Minne, die ein Band ihrer beider ist und aller Heiligen und aller guten Menschen im Himmelreich und im Erdreich.... Er ist ihrer beider Minne oder Wille.... Der Vater gibt sich in dem Sohne und der Sohn in dem Vater in ein ewig Wohlbehagen und in ein minnlich Umhalsen (Umarmen), und diess erneuert alle Stunde in Bande von Minnen.... Aus dem gegenseitigen Anschauen des Vaters und des Sohnes in einer ewigen Klarheit fliesset ein ewig Wohlbehagen, eine grundlose Minne, und das ist der h. Geist,... der ein Umfang und Durchgang des Vaters und Sohnes ist, und eins ist mit ihnen beiden in derselben Naturen"; und er „befähet und durchgeht wirklich und gebräuchlich den Vater und den Sohn und alles, das in ihnen beiden lebet, mit also grosser Reichheit und Freuden, dass sie von allen Kreaturen ewiglich schweigen müssen".

Den Gedankeninhalt dieses Dreieinigkeitsdogmas hat R. am einfachsten in den Worten ausgedrückt: „Gottes Natur ist erkennen und minnen sich selber und in ihm selbst sein selbs zu gebrauchen".

Beides hält R. der Kirchen-Lehre gemäss fest: die eine göttliche Natur, „die hohe überwesentliche Einigkeit göttlicher Naturen, da der Vater und der Sohn ihre Natur besitzen in Einigkeit des h. Geistes"; d a s e i n e g ö t t l i c h e W e s e n (in den dreien Personen); denn „die abgründige Unweise Gottes ist so düster und weiselos, dass sie in ihr befähet alle göttliche Weise und Werke und Eigenschaft der Personen in dem reichen Umfang der weselichen Einigkeit". Aber eben so wird auch die Personen-Dreiheit in der Einheit festgehalten; denn die Einheit, „in welcher die Personen leben und regieren", wirke in der Ausfliessung fruchtbar, nach der freien Weisheit, Macht und Vortrefflichkeit der Personen. Die göttliche Natur ergiesse sich, fliesse aus wirklich und lebendig in den Personen. — Nicht minder spricht R. auch den Unterschied der Personen unter ihnen selbst aus, die Relationen oder

„Wiedertragungen", wie er es übersetzt, welche die persönlichen Eigenschaften machen, die in einem ewigen Unterschied bestehen, nämlich die „Väterlichkeit": dass der Vater
„gebiert und nicht selber geboren wird"; „alles·das er ist, und
alles das er hat, das gibt der Vater dem Sohne, sonder
allein die Eigenschaft der Väterlichkeit, die bleibt ihm selber";
die Sohnlichkeit, dass der Sohn geboren wird und „nicht gebären mag"; die Geistigkeit, dass der Geist allein gegeistet
wird von beiden.

   R. drückt sich auch so aus, dass in dem Verhältniss von
Natur und Person in der h. Dreieinigkeit Gott wirkend und
geniessend (gebrauchlich, ruhend) sei, denn darin bestehe alles
wahre Leben. In den Personen sei die Gottheit allezeit wirkend; sofern sie aber in sich zurückfliesse und die Personen
in allem Unterschied in der unendlichen Liebe, die sie in ihrer Natur und in ihrem Wesen sei, behalte, sei sie allezeit
ruhend und geniessend; „hievon müssen die Personen weichen, denn hier ist anders nicht denn ein ewig Rasten in
einem gebrauchlichen Umfang minnlicher Entflossenheit". So
sei Gott, indem er, fruchtbar in der Dreiheit der Personen, in
ihnen ewig ausfliesse und lebe, erkenne, wirke, sich und
alle Dinge, aber auch ewig ohne Aufhören einfliesse, ein in
sich selbst beschlossenes unendliches Leben.

   Diess erkenne und verstehe man, sagt R., und hierin erinnert er an Tauler (S. 61) in den Erfahrungen des eigenen
inneren Lebens, das ein Ausgehen sei, wenn der Mensch aus
sich durch die Gnade wirke, das aber zugleich ein Eingehen
sei, wenn er über sich selbst gehe, und über sich in Gott
ruhe und raste und geniesse; ein sittlich-religiöser, ein mystischer Lebensstand, der, oszillirend zwischen dem einen und
dem andern Moment, sich gegenseitig setze und bedinge, wie
diess „alle innigen" Menschen wissen, und der absolut darum
in Gott (zu denken) sei und eben durch die h. Dreieinigkeit.

   Als der Dreieinige, als der „von sich aus- und in sich
Eingehende", „in sich selbst mit sich selbst Lebende",
„sich selbst Erkennende, Besitzende, Liebende und seiner
selbst aufs seligste Geniessende" sei Gott ebendarum über
alle Kreaturen, sein Leben unnothdürftig alles kreatürlichen

Lebens. Mit andern Worten: In der Dreieinigkeit eben feiere Gott sein absolutes, absolut über alles kreatürliche Sein erhabenes und unabhängiges Leben und Bewusstsein. Darum auch R., wie Tauler es oft sagt, dass, wie Gott ewig sei, so auch diess trinitarische Sein, diess Gebären, Geborenwerden, Geisten nicht ein einmaliges, sondern ein stetes, unablässiges, ewiges sei.

Uebrigens erkennt Rusbroek in diesem Dogma, überhaupt aber in der Lehre von Gott, ein Mysterium, das unerfassbar sei allem kreatürlichen Verständniss, eine Schranke. „Die hohe unbegreifliche Natur Gottes übersteigt alle Kreaturen in dem Himmel und in der Erde, denn alles, was Kreatur begreifet, das ist Kreatur, aber Gott ist über alle Kreaturen und ausser allen Kreaturen und inner allen Kreaturen, und aller geschaffene Begriff ist zu enge und zu begriffen.... Also falgiert (kommt zu kurz) alles geschaffene Licht zu wissen, was Gott ist; die Washeit Gottes (was Gott ist) übersteigt alle Kreaturen; aber die Dassheit Gottes weiss man wohl“. Was der Mensch von der Washeit Gottes fassen könne, sei wie eine „Nadelspitze gegen den Himmel und Erde“ (s. T. 59). Besonders auf der unteren (wirkenden) Stufe verlangt er einfachen Glauben, denn Gott könne nur in und mit Gott begriffen werden, was auf der Stufe der Schauung bis auf einen Grad als möglich von ihm angenommen wird. —

Von den göttlichen Eigenschaften findet sich, wie bei den andern Mystikern, so auch bei ihm wenig. Er sagt nur mit Tauler, dass, was wir von Gott aussagen, „Behalter, Erlöser, Schöpfer,... Wahrheit, Weisheit, Macht, Gutheit“, wir diess nur so fassen und denken sollen, wie es dem göttlichen Wesen gemäss sei“. Denn „diese Namen, die wir Gott zueignen, geben wir ihm, um seiner unbegreiflichen Edelheit und Hochheit, um dass wir ihn nicht nennen noch vollkommen aussprechen können.... Die hohe Natur Gottes selbst ist einfältig und ungenannt (unnennbar) von den Naturen“.

Die Eigenschaften, wenigstens sofern sie nicht mit den Personen in der Trinität zusammenfallen, hätten also keine reale Bedeutung in Gott selbst, sondern seien nur subjektive

Auffassungen von und für den Menschen. Unter den Eigenschaften selbst hebt er dann aber drei oder vier hervor, auf
welche er die andern basirt als auf die Fundamental-Eigen-
schaften: die Macht, die dem Vater korrespondirt und sich
besonders in der Schöpfung aus Nichts kund gegeben; die
Weisheit, die Eigenschaft des Sohnes: vermöge deren Gott
Alles so wohl geordnet; die Güte oder Liebe — dem h. Geiste
entsprechend, vermöge deren Gott in unzähligen Wohlthaten
und Gaben ausfliesset. Zuweilen fügt er auch noch die Gerechtigkeit bei, vermöge deren Gott sich selbst den Frommen
in ewiger Seligkeit zu geniessen gibt, die Bösen aber zu ewiger Strafe verdammt.

Schöpfung. Welt. Mensch.

Wie die andern Mystiker nimmt auch R. eine ideale Präexistenz der Dinge in Gott an, womit der Gedanke ausgesprochen wird, dass das Geschaffene nichts Zufälliges, Will-
kürliches, nichts von Aussen her von Gott Gewordenes oder
an Gott Herangetretenes sei, sondern einen wesentlichen,
ewigen, göttlichen Karakter trage. R. drückt sich noch bestimmter in dem Sinne aus, dass Gott in seinem ewigen
Selbstleben und Selbstbewusstsein sich und in sich alle Dinge
zugleich umfasse. Wie er aber das göttliche Selbstleben und
Selbstbewusstsein vermittelt durch den S o h n (und den h.
Geist) so auch dieses göttliche Sein und Umfasstwerden aller
Dinge eben wieder mit und durch den Sohn, denn, anders
gefasst, würde ein Gott Fremdes in Gott treten. Es ist eine
ewige Schöpfung in Gott dieser zeitlichen vorausgegangen mit
und in der G e b u r t des Sohnes, des Wortes, der Weisheit,
in welcher ideell und potenziell eine ganze Welt voll Vernunft gesetzt ist. R. nennt d i e s e n Anfang einen „Beginn
sonder Beginn“, ein „ewig Ausgehen und ein ewig Werk sonder Anfang“. Von diesem ewigen „Ausgang“ der Dinge sagt
er: „Mit und in der ewigen Geburt (des Sohnes) sind auch
alle Kreaturen ausgegangen ewiglich, ehe sie geschaffen waren in der Zeit, so hat sie Gott angesehen und erkannt in
ihm selber mit Unterscheid und lebender Vernunft, und in

einer Anderheit sein selbst, doch nicht ein ander in aller Weise, denn alles, das in Gott ist,
das ist Gott.... In dieser Weisheit (ewiger Sohn) beschauet
Gott sich selber inne und alle Dinge in einem ewigen Nu
sonder vor und nach mit einem einfältigen Sehen.... Er
sieht sich selber an als alle Dinge und diess ist Gottes Bild
und Gleichniss.... Er erkennt sich selber und alle Dinge in
einem Sehen, und alles, das er mit Unterscheid erkennt in
dem Spiegel seiner Weisheit in Bilden, in Ordnungen, in Formen, in Vernunft, das ist alles Wahrheit und Leben
und das Leben ist er selbst, denn in ihm ist nichts, denn seine
Selbstheit; nichtsdestoweniger sind alle Dinge in ihm sonder
ihnen selber als in ihrer eigenen (Ur) Sache (Urstand). Und
hierum spricht S. Johannes: alles das gemacht ist, das war
Leben in ihm und das Leben ist er selber".

Die zeitliche Schöpfung selbst ist nun aber nicht
ein Ausfluss von göttlicher Natur oder Substanz, sondern ein
freies Werk Gottes. Gott hat, was er gemacht hat, „gemacht
nicht von Naturen noch von Noth, sondern von Freiheit seines
Willens, ... aus Nichts.... Im Beginne der Welt, da Gott
den ersten Menschen machen wollte in unserer Natur, da
sprach er in der Dreifaltigkeit der Personen: machen wir den
Menschen zu unserem Bild und Gleichniss. Gott ist ein Geist;
sein Sprechen ist sein Erkennen, sein Wirken ist sein Wollen,
und er vermag' alles das er will, und sein Werk ist Vollkommenheit und wohl geordnet". Aber R. geht noch eindringen-
der in die Sache. Diess ewige „Ausgehen und Leben" der
Dinge in Gott „sonder ihnen selber" sei „Ursache" ihres
zeitlichen Geschaffenseins; die „Reichheit, die Gott selber ist"
und ewiglich in sich beschloss, habe er „offenbaren" wollen.

Und wie diese ideale Welt in Gott ewiglich beschlossen
gewesen, also dass er „in ihm selber Ordnung und Weise
und ein Spiegel aller Kreaturen" war, so „hat er auch, fährt
R. fort, nach seinem Exemplar alle Dinge (zeitlich) gemacht in Ordnung, in Weisen, in Maass, Gewicht"
und also „ist er in allen Dingen und alle Dinge in ihm".

Ueber den Umfang dieser äusserlichen Geschaffenheit, welche er „ein äusserliches, sinnliches" Reich und ein

„grobes Gleichniss Gottes" nennt im Gegensatz zu dem inneren, geistigeren Reich der Seele und dem erhabeneren göttlichen Bild und Gleichniss, das da abgeprägt ist, hat sich R.
weitläufig ausgelassen. Nach seiner Art stuft er diese äussere
geschaffene Welt, von der je die niedere Stufe in die höhere,
oder je die höhere in die nächst niedere übergeht. Von den
vier Elementen nennt er die Erde als das „unterste"; dann
das Wasser, dann die Luft, „welche der Erde und dem Wasser eine Zier ist; denn ohne das sinnliche Licht (welches durch
das Medium der Luft scheint), würde keine einzige Farbe oder
Gestalt von der andern verschieden erkannt werden können".
Das vierte Element, das Feuer, „gibt den andern Elementen Fruchtbarkeit, denn ohne das Feuer würde nichts weder auf der Erde noch in den Wassern noch in der Luft
wachsen, sein Leben erlangen oder erhalten". — Die höhere
überirdische Welt theilt R. in drei Himmel. Er spricht (mit
seiner Zeit) von einem „untersten" Himmel, den er die Feste
oder das Firmament nennt, und der geschmücket ist mit der
mannigfaltigen Klarheit der Fixsterne und der Planeten, „die
die Natur regieren". Von diesen Planeten weiss R. viel; sie
seien einander ungleich in der Natur, Wirkung, Form und
Gestalt, durch sie werden auch alle unteren Geschöpfe beweget, leben und wachsen, jegliches in seinem Geschlechte.
Auf diesen untersten Himmel lässt er den mittleren folgen,
der wegen seiner Helle der krystallene genannt werde. Nach
unten sei er dem Firmament eine Zierde, dessen obersten
Theil er erleuchte; sein oberster Theil, das, was den Feuer-
himmel zunächst berühre, heisse „das erste Bewegliche (Be-
wegtwerdende und Bewegende, primum mobile)"; „hieraus
entspringet alles Bewegen durch die Kraft Gottes; aus diesem
Bewegen laufet das Firmament und alle die Planeten". Man
sieht, wie dieser krystallene Himmel auf das Firmament und
die Planeten dieselbe Wirkung ausübt, wie diese auf die Erde.
Aber „diess erste Bewegliche" sei zugleich die primäre (und
mittelbare) Ursache aller Bewegung überhaupt. — Den
„obersten Himmel" nennt R. auch den Feuer-Himmel (coelum
empyreum), „eine pur einfältige, ewige, unvermengte Klarheit". Er ist „unbeweglich, ruhig", „unwandelbar über alle

Dinge"; und „ist da nicht Zeit noch Stätte noch Berührung (Bewegung) noch nimmermehr Verwandlung"; er ist über alles, „das Gott je leiblich oder materlich schuf" und zugleich Urstand und Anfang alles körperlichen S e i n s , „umringend und umgehend alles Materliche". Er ist recht „nach dem Bilde Gottes gemacht", seine Klarheit „hanget in das geistlich unerschaffene Licht, welches Gott selbst ist", und kann nur von den verherrlichten Augen der Seligen gesehen werden. Als solcher ist er „die auswendige Wohnung und das Reich Gottes und seiner Heiligen", gleichsam der Leib Gottes. Denn „wiewohl Gott über alle, geistige und leibliche, Dinge ist, die er gemacht hat, so ist er doch auch in allen Himmeln und in der ganzen Welt und in allen Kreaturen, die er nach seinem Willen regiert, leitet, ordnet; zumal aber ist er über allen Dingen in dem obersten Himmel, welchen er nach seinem Bilde geschaffen und mit seiner Herrlichkeit gezieret hat. "

Diese ä u s s e r e Schöpfung in ihrer Stufengliederung setzt nun aber R. in bald naeh-, bald vorbildende Beziehung zu Gott, zur Seele, und zu dem mystischen Leben, so dass wir in der Theologie, in der Psychologie und in der Ethik Anklänge finden. Denn sein das Ganze umspannender Geist sieht in diesem Ganzen Alles auf einander bezogen und für einauder geordnet; überall Vorbilder und Nachbildungen. Dieselbe Ordnung des Weltgebäudes ist auch die Ordnung der geistigen Welt; was dort der „reine", pur einfältige Himmel ist, ist in der Natur des Menschen „die wesentliche Einigkeit" in seinem geistigen Leben die Beschaulichkeit, in Gott das reine Gottsein; was dort das primum mobile ist, ist in der Welt der Geister der h. Geist, der erste Beweger alles geistig-übernatürlichen Lebens; in der Natur des Menschen „die Einigkeit des Geistes", denn „in d i e s e r Einigkeit wird der Geist beweget von innen in der Kraft Gottes natürlich und übernatürlich" ; und im mystischen Leben das i n n i g e Lebensstadium, wie in dem Firmament das wirkende sich vorbildet und die niedere Kraft. So sind, was dort die drei Himmel sind, im mystischen Leben die drei Lebens-Stände, und es ist ganz dasselbe Verhältniss zu einander in diesen wie m jenen. Wie ferner die Fixsterne und die Planeten zugleich

mit dem Firmament, an dem sie hängen, umgewälzt und bewegt werden, also gehorchen die Kräfte der frommen Seelen
den Einwirkungen Gottes und seines Geistes mit guten Werken und Tugenden. R. spinnt diess dann aber in einer Weise
aus, die, eben weil zu fein ausgesponnen, zuletzt als „gemacht" erscheint. Z. B. wie die 7 Planeten die Erde bewegen,
so machen auch die 7 Gaben des h. Geistes das sittlich-religiöse
Leben fruchtbar. Eben diese 7 Gaben korrespondiren den
vier Elementen und den drei Himmeln (s. u.), diesen vier Elementen selbst für sich die vier Haupttugenden. —

Diese äussere Schöpfung nun, wenigstens die irdische,
ist für den Menschen, zu dessen „Dienst", „nöthigem
Gebrauch", als „Weg" zu Gott. Denn der Mensch ist der
Höhepunkt dieser irdischen Schöpfung. Selbst die Engel, die
R. in die bekannten drei Hierarchien stufet: Engel, Erzengel,
Kräfte; Gewalten, Herrschaften, Fürsten; Throne, Sera-
phim, Cherubim (er wechselt übrigens auch mit diesen Na-
men), haben (nach ihm) eine wesentliche Beziehung auf den
Menschen, dem sie theils Mithelfer sind im Kampfe, theils
Mitgeniesser im Siege der Beschauung.

Wenn R. allem geschaffenen Sein eine ideelle Präexistenz
in Gott gibt, so doch ganz besonders dem Menschen,
dessen (Ur)Bild eben der Sohn, das Wort, ist. „Wir haben
alle ein ewig Leben mit dem Sohne in dem Vater, und dasselbe
Leben fliesset und wird geboren mit dem Sohne aus dem
Vater, und das Leben hat der Vater mit dem Sohne ewiglich erkannt und geminnet in dem h. Geiste, und also haben
wir ein lebend Leben, das ewig ist in Gott vor aller Geschaffenheit". Er sagt daher mit Recht: Gott habe uns (im Sohne)
„ewiglich erkannt und geminnt, gerufen und erkoren". Dieses unser ewiges Sein im Sohne sei nun, wie das der Schöpfung überhaupt, die Ursache unserer zeitlichen Schöpfung.
„Diess ewige Ausgehen und diess ewige Leben, das wir in
Gott ewiglich haben und sind, sonder uns selbst, das ist eine
Ursache unseres geschaffenen Wesens in der Zeit". Aber
auch hier hält R. den Schöpfungsbegriff fest. „Aus
dem lebenden Leben hat uns Gott geschaffen, aber nicht
von dem lebenden Leben, noch von seiner Substanz, sondern

von nichts.... Wir haben alle über unserer Geschaffenheit ein
ewig Leben in Gott, als in unserer lebendigen Ursache, die
uns gemacht und geschaffen hat von Nicht, aber wir sind nicht
Gott, noch haben wir uns selbst geschaffen. Wir sind auch
nicht aus Gott gellossen von Naturen, sondern, da uns Gott
ewiglich geliebt hat und erkannt in ihm selber, so hat er uns
gemacht.... Und er erkennet alle Dinge, und alles, was er
will, vermag er zu thun im Himmel und auf Erden". — Wenn
nun R. von der zeitlichen Schöpfung der Dinge überhaupt
meint, dass sie Gott ins Leben gerufen habe, um die Reichheit, die er in sich beschloss, zu offenbaren, so hat er
damit auch die Erschaffung des Menschen motivirt. Wie der Sohn
aus dem Vater persönlich und unterschiedlich ausgegangen
sei, und diess nicht ein leeres Gedankenspiel oder -Ding sei,
so müsse auch die (Menschen-) Welt, die mit dem Sohne aus
dem Vater geboren werde, selbständig, für sich werden, eine
Existenz gewinnen, die aber, weil es eine Welt der unendlichen
Mannigfaltigkeiten und Besonderheiten sei, nur eine zeitlich-
ewige sein könne; würde sie es nicht, so würde Gott die Welt,
die in ihm (dem Sohne) ewiglich beschlossen liegt, aber (weil
sie nichts Leeres ist noch sein kann), die Tendenz hat, (zeitlich) zu werden, nicht offenbaren, was ein Widerspruch
wäre. Das sind die letzten Gedanken R.'s, die er aber nicht
bis zu ihrer vollen Klarheit ausgebildet hat, besonders auch
nach der Seite nicht, wie er die Schöpfung einerseits im
Wesen Gottes (durch den Sohn) angelegt sein lässt, so dass
die zeitliche Schöpfung eine Folge der ewigen ist, anderseits
doch Gottes Natur unnothdürftig aller zeitlichen Schöpfung
erklärt, diese durch den reinen Willen Gottes setzt und
motivirt. Diese Gedanken, die weit über diejenigen Suso's und
Tauler's in diesem Stücke gehen und an Eckard erinnern,
der die Schöpfung auch als Willens- und Wesens-Akt
Gottes fasst, finden ihre Vervollständigung darin, dass der
geschöpfliche Mensch (Geist) in seiner Art (analog dem
ewigen Sohne Gottes) der Herrlichkeit Gottes theilhaft werden solle. „Das Warum, dass Gott die Engel schuf und
den Menschen, das war seine grundlose Güte und Edelheit,...
auf dass die Seligkeit und die Reichheit, die er selber ist,

geoffenbaret werde den verständigen Kreaturen, auf dass sie
seiner geschmacken in der Zeit und gebrauchen über Zeit
in der Ewigkeit".

Im Allgemeinen sagt R. von dem Menschen, Gott
habe ihn zu so hoher Würde gemacht, dass keine Kreatur
sich hätte unterfangen dürfen zu denken, Gott würde sie so
hoch erheben; ja wir selbst könnten nicht erdenken, wie er
uns grösser oder herrlicher hätte machen können oder sollen.
„Denn weil er nicht machen konnte, dass wir von Natur Gott
wären, da solches zu sein ihm allein zukömmt, so machte er,
dass wir göttlich würden aus Gnaden, um mit ihm zugleich in
steter Liebe eine Seligkeit und ein Reich zu besitzen. Darum
schuf er uns zu seinem Bild und Gleichniss, damit wir in diesem seiner fähig wären; darum hat er den Himmel, die Erde
und alles, was der Himmelskreis in sich fasst, zu unserem
Gebrauch und Dienst erschaffen, dass wir ihm allein dienen,
seine Gebote halten und mit ihm selig sein sollen". Nebenher
führt R. auch den Augustinischen Satz an, die Menschen seien
geschaffen und berufen, den Ort einzunehmen und durch alle
Tugenden und Treue gegen Gott zu verdienen, den die bösen
Geister durch ihre Hoffarth und ihren Ungehorsam verloren.

Die anthropologischen Bestimmungen R.'s sind im
Allgemeinen übereinstimmend mit denen Taulers (S. 65).
Auch er spricht von einem „dreifachen Leben", das gewissermaassen den drei Lebensständen zu Grunde liegt (s. u.) und
in dem sich selbst der Makrokosmus der äusseren Welt nach
seinen Ordnungen und Stufen abbildet und wieder findet. Er
ist indessen beflissen, zu erklären, dass diess „nur ein Unterschied im Denken" sei; in der „Natur" seien diese dreierlei
Leben oder Menschen „Eins", Ein Mensch. Der Geist, sagt
er, sei „in jegliche Einigkeit gebildet nach Allheit seiner Substanz"; das heisst: der Geist sei nicht gleichsam zertheilt, sondern jede „Einigkeit" sei nur eine andere Stufe, Erscheinungsweise desselben Geistes in seiner Allheit.

Das sinnliche Leben, die „Viehlichkeit", nennt er „als zu
unterst", als das „unterste Leben". Dann setzt er „das mittlere Leben", auch „das vernünftige" von ihm genannt, das
in ein niederes und in ein oberes Gebiet zerfällt. Jenes be-

fasst in sich die „zornige" Kraft (vgl. S. 85), vermöge deren
der Mensch alles, was den guten Sitten zuwider, alle „Viehlichkeit der Natur" in Schranken halten, überwinden, beherrschen sollte, die „begierliche" Kraft und die „vernünftige", „redliche" Kraft. Die beiden ersteren, so sie nicht
mit Tugenden geziert seien, seien dem Menschen auch mit
den Thieren gemein; erst die vernünftige Kraft mache zwischen beiden einen Unterschied. Zuweilen spricht er von einer
„freiwilligen" Kraft. Sie sei dem „Feuer" gleich, das Element des Feuers im Menschen, wie die zornige Kraft der
Erde, die begierliche Kraft dem verfliessenden Wasser, die
vernünftige der hellen Luft antworte. Oefters aber lässt er
die freiwillige und die begierliche Kraft zusammenfallen; und
wo er jene weglässt, ist es die begierliche Kraft, da der freie
Wille wohnen soll, und dann nennt er sie „die oberste Statt
des Reiches". — Die oberen Kräfte — der Schwer- und Ausgangspunkt des „innigen" Lebens — sind Memorie, Verstand,
Wille. Das ist alles ohne Eigenthümlichkeit. Diese Stufe steht
über jener niedern, wie des Himmels Firmament über den irdischen Elementen. — Endlich spricht R. von einem „göttlichen
Leben" (vergl. T. S. 67), von einer „Wesenheit" der Seele, dem
„unbeweglichen Grunde", dem „Funken", „Gipfel", „oberster Rede" (ratio); diess „Oberste unserer Seele" sei allezeit
„sehend und neigend in seinen Beginn"; hier sei die Wohnung
Gottes im Menschen; hier „ruhe" die Seele und raste in Gott
und wirke nicht, sondern nur durch die Kräfte; desswegen
sagt R. von d i e s e r Vernunft („Rede"), sie mache, so sie
erleuchtet sei, in dem Reich der Seele „den Tag des Herrn,
den Sonn- und Feiertag". Auf diese Kraft, die, wie man
leicht sieht, dem obersten Himmel entsprechen soll, könne
nur Gott wirken, nicht die Natur; denn sie ist „breiter und
weiter als die ganze Welt", höher als der höchste Himmel,
tiefer als das tiefste Meer; sie ist das Ende aller Wirkungen
(der Kreaturen).

Etwas Eigenthümliches ist nun aber in den anthropologischen Bestimmungen R.'s der Begriff „der E i n i g k e i -
t e n". Er spricht nämlich, wie schon gesagt, auch „von
dreierlei Einigkeit, die in allen Menschen natürlich und dazu

übernatürlich in guten Menschen sei". Wie nämlich dreierlei
Stufen von Kräften, so seien auch dreierlei Einigkeiten, die
sich zu diesen Kräften ungefähr verhalten wie die Quellen
oder Seen — Wassersammler — zu den Bächen, Flüssen;
daraus die thätigen Kräfte quellen, und darein sie wieder
strömen; oder wie die Sonne zu den einzelnen Strahlen, oder
wie die Einfältigkeit und die Mannigfaltigkeit. Sie selbst nämlich wirken nicht, wohl aber werden hier die Einwirkungen
Gottes empfangen; die Kräfte der Seele aber, die wirken,
fliessen aus ihnen, „haben alle ihre Macht und ihre ·Mög-
lichkeit" in ihnen und rasten wieder in ihnen. R. nennt diese
Einigkeiten auch das „Eigendom" der Kräfte, — das, was
deren eigenthümliches Sein begründet (daher bald Eigenthümlichkeit, bald Grund und Ursprung).

Seiner Eintheilung entsprechend spricht er nun zuerst von
der „niedersten Einung, die leiblich ist", „dem Eigendom der
leiblichen Kräfte in Einigkeit des H e r z e n s, Beginn und
Ursprung des leiblichen Lebens". D i e s e Einigkeit besitze
die Seele in dem Leib und in der Lebendigkeit des Herzens;
und „hieraus fliessen alle leiblichen Werke und die fünf
Sinne". Hievon heisse die Seele (im weiteren Sinne) — „ S e e l e"
(im engeren Sinne im Gegensatz von Geist), sofern „sie des
Leibes Form ist und sie den Leib beseelt, das ist, dass sie
ihn lebendig macht und das Leben (er)enthält". Hier sei der
Mensch „gefühllich und sinnlich".

Weiter nennt er nun die Einigkeit der mittleren, oberen
Kräfte, die wir „in uns selber besitzen über Sinnlichkeit";
hieraus „kommt Memorie, Wille, Verständniss und alle Macht
geistlicher Werke". In dieser Einigkeit heisse die Seele nicht
mehr Seele, sondern „G e i s t" und hier sei der Mensch „vernünftig und geistig".

Die „höchste" Einigkeit, die oberste, nennt R. bald „die
wesentliche Einigkeit in Gott", bald die „wirkliche des Geistes" oder „der oberen Vernunft", welche „wirkliche" Einigkeit „dieselbe Einigkeit" sei, die „in Gott" hange; nur
nehme man sie hier „wirklich" (aktiv), dort „wesentlich".
Als diese „wirkliche" lässt sie R. offenbar zusammenfallen mit
der „Einigkeit der oberen Kräfte", die „ihren natürlichen Ur-

sprung" in der „wesentlichen" nehmen. In dieser Einigkeit
liege, sagt er, „Macht und Beginn und Ende alles kreatürlichen Werkes, natürlich und übernatürlich", soweit es gewirkt werde „kreatürlicherweise durch Grazie und göttliche
Gaben und Eigenmacht der Kreaturen"; in ihr „alle Mannigfaltigkeit der Tugenden, die leben und sich schliessen in Einfältigkeit des Geistes"; in ihr liege zugleich, wie die W u r z e l
s i t t l i c h e r Vollkommenheit durch Auskehr in die Kräfte,
die aus ihr fliessen, so die Möglichkeit vollkommener R e l i -
g i o s i t ä t, sofern man in sie einkehre; denn hier sei Gott
noch herrlicher als in seinem Himmel, hier „regniere" er, hier
werde man Gottes gewaltig, sei man „habelich, Gott sonder
Mittel und ohne Unterlass zu empfangen", hier sei der Geist
nach seinem innigen höchsten Theil „eine Wohnung Gottes,
die Gott besitzet mit ewigem Insein, und die er allezeit besucht mit neuem Inschein neuer Klarheit seiner ewigen Geburt", hier begehre der Mensch seiner Natur nach allezeit das
Gute (s. o.).

Diese (w i r k l i c h e) Einigkeit des Geistes, die in ihrem
Verhältniss zu dem W e s e n der Seele R. mit der „ersten Berührung", d. h. mit dem krystallenen Himmel, dem primum
mobile, vergleicht und mit dessen Verhältniss zum Feuer-
himmel, fällt, wie man sieht, auch wohl zusammen mit der
„wesentlichen" Einigkeit, in der sie ruht, welche wesentliche
Einigkeit unser Sein a u s Gott (wenn auch nicht v o n der
Substanz Gottes), unser „Hangen in Gott" bezeichnet. „Wir
besitzen sie in uns selber und doch über uns als ein Beginn und
Enthalt unseres Wesens und Lebens.... Alle Kreaturen (nicht
allein die Menschen) hangen in einer Einigkeit in Gott mit
Wesen, mit Leben und mit Enthalt, und schieden sie in dieser Weise von Gott, sie würden ein Nicht und würden zu
Nichte.... Sie (die Einigkeit) besteht in ihr selber nicht, sondern
sie bleibt in Gott und fliesset aus Gott, und sie banget in Gott,
als in ihrer ewigen Sache.... Und in dieser Weise scheidet sie
nie von Gott, denn diese Einigkeit ist in uns von blosser Naturen.... In ihr bestehet unsere Gleichheit mit Gott v o n N a -
t u r e n· · · · Sie ist allen Menschen eigen, guten, wie bösen,
nur den Sündern verborgen wegen Grobheit der Sünden".

Diese „Habelichkeit" Gottes, die in dieser höchsten Einigkeit der Seele, in dem „Eigendom der obersten Kräfte"
liegt, explizirt nun R. aber auch nach ihren Momenten, in
welchen sie, wie er sagt, in ihrer höchsten Edelheit der Dreieinigkeit, deren Bild e b e n h i e r abgeprägt sei, antworte.
Als das eine Moment, die eine „Eigenschaft", nennt er, dass
hier in dieser wesentlichen Einigkeit, in „dieser Substanz unserer Seele" eben diese Seele (Geist) „ungebildete, wesentliche B l o s h e i t" sei, und darin seien wir „gleich und geeinigt dem Vater und seiner göttlichen Natur". Als die andere
Eigenschaft bezeichnet er „die oberste Rede (Vernunft) der
Seele, das ist, eine spiegeliche K l a r h e i t, darin wir den
S o h n Gottes empfangen, die ewige Wahrheit". Die dritte
Eigenschaft sei (im engeren Sinne) „der Funke der Seele, das
ist, die natürliche A u s g e n e i g t h e i t der Seelen in ihren
Ursprung, darin empfahen wir d e n h. G e i s t, die Minne
Gottes". —
     Diese drei Grundkräfte oder „Einungen" der Seele, die
wir bis jetzt haben kennen lernen, „stehen" übrigens, sagt
R., in dem Menschen „als e i n (natürlich) Leben und e i n
Reich", — eine Bezeichnung, deren er sich öfters bedient;
und dieses Reich „soll besessen und verziert werden übernatürlich" (sittlich und religiös) in allen drei Lebensständen
(s. u.); in jeder der höheren aber soll es höher geziert und
adelicher besessen werden.
     Auch als einen Mikrokosmus liebt R. diese innere Welt,
dieses „Reich der Seele" zu fassen und darzustellen; als ein
Wiederbild des grossen Weltganzen, wie wir diess bereits
gesehen haben. —
     In diese Seele und zwar in den obersten Theil derselben,
in die „Einigkeit des Geistes" sei nun, sagt R., das Bild
G o t t e s eingedrückt. Dieses Bild, das nichts anderes ist, als
die eben mit der wesentlichen Einigkeit gesetzte Potenz, Gottes, und zwar nach göttlicher Weise, inne zu werden, fällt
gewissermassen mit dieser selbst als ihre B e g r ü n d u n g zusammen. „Unser geschaffen Wesen, sagt R. diessfalls im Allgemeinen, banget in (nicht: dependet, wie Surius übersetzt)
das ewige Wesen ... in Gottes ewiges Leben, das wir in Gott

haben als in seiner ewigen (Ur) Sache, die ihm eigen ist von
Naturen;... und ist eins mit ihm nach weselichem Sein".
Wie er diess näher durch den Sohn, den Logos, die Weisheit vermittelt, das führt ihn auf das Bild, „denn der Sohn
ist (Ab)Bild und Gleichniss Gottes" und zugleich „unser (Ur-)
Bild und Gleichniss"; Bild aller Kreaturen überhaupt, in dem
Gott uns (und alle Dinge), „ehe wir geschaffen waren, in ihm
selbst" erkannte und erkennt; darum hätten wir, sagt er, „in
der ewigen Weisheit Gottes das ewige Wesen und Leben",
und „das ist Gott gleich"; in diesem göttlieben Bilde hätten
und seien Alle „ein ewig Leben und Wesen sonder ihnen selber als in ihrem ewigen Exemplar". Verstehen wir aber wohl:
dieses Bild haben wir in uns nicht blos nach unserem idealen
präexistenziellen Sein, sofern wir vor unserer Geschaffenheit
im Sohne Gottes waren, sondern eben auch in Bezug
auf unser geschaffenes Leben, wie R. ausdrücklich
sagt, aber nach seinem „wesentlichen" (nicht an und für
sich schon wirklichen) Seyu; oder wie er sich auch ausdrückt,
in unserer Geschaffenheit sei diess Bild „das Ueberwesentliche
unseres Wesens" — verborgen in „die Substanz unserer Seelen". Ebendarum sagt er einerseits: „Unser geschaffenes
Leben (nach seinem wesentlichen Sein, das gleich ist unserem
idealen Sein in der Weisheit Gottes) ist Ein Leben sonder
Mittel („banget in") mit dem (Bild und) Leben, das wir in
Gott haben, das sonder Mittel Eins in Gott ist. . . . Unsere Geschaffenheit lebt in unserem ewigen Bilde, das wir haben in
dem Sohne Gottes, und unser ewiges Bild ist Eins mit der
Weisheit Gottes und lebet in unserer Geschaffenheit. . . . Diess
Bild ist wesentlich und persönlich in allen Menschen, und
jeder Mensch hat es allzumal ganz und ungetheilt und alle
Menschen haben es unter ihnen nicht mehr denn ein Mensch".
Ebendarum aber sagt er auch anderseits: „Nichtsdestoweniger wird unsere Geschaffenheit nicht Gott, noch das Bild
Gottes nicht Kreatur; denn wir sind (in Bezug auf unser wirk-
liches Sein) geschaffen zu dem Bilde Gottes (d. h. nicht selbst
das Bild, nicht der Sohn Gottes, an und für sich),... um das
Bild Gottes zu empfahen, und das Bild ist ungeschaffen, ewig,
der Sohn Gottes". Wir seien „nur ein lebendiger Spiegel,

darin Gott das Bild seiner Naturen eingedrückt hat", und also
„lebet er in uns gebildet und wir in ihm"; die Seele und unser einfältiges Auge sei „ein lebendiger Spiegel, den Gott gemacht hat zu seinem Bilde". Wiewohl also das Bild Gottes
„sonder Mittel in unserer Seelen und ihr geeiniget" sei,
nichtsdestoweniger sei „das Bild der Spiegel n i c h t, denn
dann würde es (das Bild) zur Kreatur"; aber „die E i n i g k e i t
des Bildes in diesem Spiegel ist so gross und
so edel, dass die Seele genannt ist das Bild Gottes". Hier
empfange der Geist nach seinem innigsten höchsten Theile in
blosser Naturen „Eindruck seines e w i g e n Bildés und göttlicher Klarheit sonder Unterlass,... recht als der unbefleckte
Spiegel, da allewege das Bild in bleibt". Vermittelst dieser
Klarheit seines ewigen Bildes, das wesentlich und persönlich
in ihm leuchte, möge der Geist „sich selber entsinken nach
dem höchsten Theile seiner Lebendigkeit in das göttliche Wesen" und besitze da „seine ewige Seligkeit" und fliesse dann
wieder aus.

Dieses „Gebildetsein" der Weisheit Gottes in unserer
Seele und „unser Wiedergebildetsein in sie" nennt R. auch
„ein l e b e n d e s L e b e n", das in uns Allen sei „weselich und
von blosser Naturen"; es sei, sagt er sehr treffend, „zusammengefügt", „geschaffen und ungeschaffen, Gott und Natur", „ein Begegnen und eine Vereinigung Gottes und unseres Geistes in b l o s s e r N a t u r e n", im Gegensatz, meint
er diess, zu der sittlich-religiösen, mystischen, wirklichen,
nicht erst potenziell-natürlichen Union.

Kraft (in) dieses Bildes eben, oder vielmehr sofern wir
nach dem e d e l s t e n Theil unserer Seelen, welcher „Eigendom (Fundus) unserer obersten Kräfte" sei, gemacht seien
als ein lebendiger Spiegel, darin Gott sein ewiges Bild eingedrückt habe, und darin nimmermehr keine andere Bilde
kommen können, wohne G o t t im Menschen und komme
„allezeit in ihn mit neuer Zukunft", denn „wo er kommt in
dieser Weise, da ist er, und d a e r i s t, d a k o m m t er,
und da er nie war, darein kommt er nimmermehr,
denn in ihm ist kein Zufall noch Wandelbarkeit, und a l l e s
das, da er in ist, das ist in ihm, denn er kommt

ausser sich selber nicht". Kraft dieses (Spiegel) Bildes‘, das der Natur als solcher zukomme, sei der Mensch allezeit „sehend und neigend in seinen Ursprung", wenn er anders
durch die Grobheit der Sünden es sich nicht verdecke (siehe
oben), und „sonder Unterlass empfangend die ewige Geburt des Sohnes". Denn diese oberste Kraft unserer Seelen sei „bloss und unverbildet", und mit der Fähigkeit
sei eben auch die Möglichkeit gegeben, dass wir Gottes
inne werden. Die Verwirklichung selbst aber (dieser
Potenz) hange nur von unserem freien Willen (und der
Gnade) ab, „durch den wir Gott wieder wollen erkennen,
lieben und erwählen, wie er uns von Ewigkeit her (im Sohne)
erkannt, geliebt und erwählt hat"; und durch den wir (auf
dem Grunde dieses Bildes) uns Gott an Tugenden gleich machen, soweit es menschliche Natur zulasse, das Bild, die
Potenz, in dieser Art zunächst zum wirklichen Gleichniss ausprägend, bis wir, weiter und höher steigend, im unmittelichen Schauen die mystische Einung mit Gott erreichen,
in der das Bild mit dem Urbild, dem Sohne, und durch diesen
mit Gott sich geeinigt weiss und der Spiegel, der wir sind, das
Bild, das darein gedruckt ist, hell und klar und stets wieder-
spiegelt. „Das Leben (in der Einung mit Gott, die in uns prä-
formirt ist in dem Bilde) mag Niemand sehen, noch finden,
noch besitzen, er sei denn durch Minne und die Gnade
Gottes seiner Selbst gestorben in das lebende Leben und in
die Fontäne getauft und zum andern Male geboren in göttlicher Freiheit in dem Geiste Gottes und allezeit inbleibend
und Gott geeiniget in dem lebenden Leben, und in Reichheit
und Vollheit seiner Minnen allezeit verneuend und ausfliessend
mit Grazien in allen Tugenden". Nicht genug kann es R.
wiederholen, dass, so hoch „die Edelheit ist, die wir von
Naturen haben in der wesentlichen Einigkeit unseres Geistes,
da er natürlich vereiniget ist mit Gott", diess uns doch „nicht
heilig noch selig" mache, denn es hättens alle Menschen
„von Naturen, beide gute und böse". Aber allerdings wiederholt er eben so oft, dass ohne diess Bild die Erreichung unseres Zieles gar nicht möglich, nicht einmal gedenkbar sei,
dass die Potenz zum Göttlichen in uns müsse angelegt sein:

„diess Bild ist wohl die erste Ursache aller Heiligkeit und
Seligkeit". —

Diess ist die Allen gemeine Menschennatur nach
ihren psychologischen Grundbestimmungen. R. geht nun aber
auch auf die verschiedenen Naturelle ein, auf die
natürlichen Individualitäten, die er durch die Einwirkung der
Planeten bestimmt werden lässt (nach Albertus Magnus). Wie
er nämlich die Planeten in ihrer Bewegung abhängig macht
von dem zweit-obersten Himmel, dem primum mobile, so
schreibt er hinwiederum diesen Planeten eine Einwirkung zu
auf des Menschen natürliches Sein und seine Natur-
eigenschaften. „Als Kinder der Natur sind wir auch Kinder
der Planeten". Die Planeten haben „einige Herrschaft über
das sinnliche Leben, beides der Menschen und der unvernünftigen Thiere". Zwar an sich sei in ihnen „weder Wille noch
Wissenschaft noch Leben noch einige Macht noch Gewalt",
sondern „sie theilen aus der Kraft Gottes, die in ihnen ist,
allen Kreaturen unter dem Mond, bis in den Grund des
Meeres, Leben, Wachsthum und mancherlei Unterschied der
Natur und des Geschlechts mit".

Wie nun sieben Planeten seien, meint R., so gebe es
auch sieben Beschaffenheiten oder Komplexionen, die man
in der Geburtsstunde aus der Einwirkung des jedesmaligen
Planeten, unter dessen Zeichen man geboren sei, erhalte, und
unter dessen Herrschaft der natürliche Mensch stets stehe.
Diese Temperamente entsprechen daher dem Karakter der
Natur des betreffenden Planeten. Da seien die Saturnischen:
kalt, im Gefühl der Liebe trocken und unfruchtbar, finster,
eigenwillig; diess trage sich über auf ihre sittlich-religiöse
Laufbahn, wenn sie diese betreten, und mit diesen fehler-
haften Neigungen hätten sie ganz besonders zu kämpfen; die
Söhne des Jupiters stellt er als das Gegentheil der vorigen hin,
denn Jupiter „ist dem Saturn konträr, und regieret den Fe-
bruar, da die Sonne sich bereits höher erhebet". Wie der
Planet, so seien nun auch seine Söhne: warm, ausfliessend
in guten Werken, gütig, sanft, freundlich, gesellig, einneh-
mend; aber diese Vorzüge seien doch nur „Fleisch und Blut";
die Menschen dieses Temperamentes seien in Gefahr, sich an

vergängliche Dinge zu halten. Die Martischen schildert R. den Saturnischen ähnlich, wie Mars in Vielem mit Saturn übereinkomme. Sie seien hitzig, wild, werden leicht im Gemüthe bewegt, aufgebracht, vergehen nicht leicht, rächen sich gerne, seien zur Hoffart geneigt. Wenn sie geistlich werden wollen, so nehmen sie leicht den äusseren Schein strenger Heiligkeit an und sehen auf Andere herab und richten sie. Die Kinder der Sonne, die sonnenhaften (solarischen) Menschen, seien gemäss der Sonne, „dem vierten Planeten" (sic!). Sie hätten ein helles, weisses Antlitz, seien grosssinnig und hohen, muthigen Geistes, willfährig den Hülfsbedürftigen, reich begabet, liebreich, lieben den Tag der Weisheit und der Tugend, und „also geschieht, dass sie bei den Grossen der Erde in Gnaden stehen und zu grossen Ehren und Würden erhoben werden". Sie seien von Natur ganz besonders geschickt, die Gnade Gottes zu empfahen. Die Venuskinder seien den Jupiters-Söhnen gleich, und tragen den Karakter ihres Planeten, des Morgen- und Abendsterns: „freundlich, höflich, von Natur warm, geneigt zu allem dem, was die Liebe verlangt". Aber eben darin liege theilweise ihre Gefahr. Sie ziehen es gerne auf den Leichtsinn, dienen der Welt ohne Furcht und Bewegung des Gewissens und fragen nicht viel darnach, wie sie den Tag von Morgen bis auf den Abend hinbringen. Die Söhne endlich des Merkur seien wie ihr Planet und die Zeit, die er regiere: „warm und feuchter Natur, vollblütig, gütig, heiter, fast den Sonnenkindern gleich, sintemal diese beiden Planeten Gesellen sind"; sie seien auch weise, von Natur listig, verschlagen, wissen bequem und gut mit Guten und Bösen, Reichen und Armen umzugehen, kommen oft zu grossen Ehren, Würden und Reichthümern in der Welt. Aber auch sie, trotz aller Naturgaben, können doch nicht ohne die Gnade in das Reich Gottes kommen.

Diese Einwirkung des Himmels und der Planeten gehe aber doch r e i n n u r auf die Natur, n i c h t a u f d e n f r e i e n W i l l e n u n d d e n G e i s t, der nur einer übernatürlichen Einwirkung, der g ö t t l i c h e n G n a d e, zugänglich sei, die, dem siebenfachen Einwirken der Planeten korrespondirend, die sieben Gaben des h. Geistes in den empfänglichen Men-

schen giesst. Der freie Wille, „der König in der Seele, frei
von Natur und noch freier von Gnaden", wiederholt R. stets,
sei eine Macht, die im Stande sei, alles, was in der Natur sinnlich oder unordentlich sei, im Zaum zu halten und zu
bezwingen; der Geist könne von keinem unvernünftigen Geschöpfe, auch nicht von dem ersten „Beweglichen", dem Ur-
anfang aller äusseren Bewegung", bewegt werden; das Sittliche sei über alle Bewegung der Natur, soweit solche der Tugend entgegen sei. „Die Kinder Gottes herrschen vielmehr
über die Natur und über den Lauf der Planeten und des Himmels, denn es ist ihnen alles unterthan". Selbst Gott könne
uns ohne, gegen unsern Willen nicht selig machen, nur
treiben, ziehen könne er uns. Ohne den Willen helfe uns das
Bild Gottes nichts; denn das Bild sei eine natürliche, unzer-
störbare Potenz des Göttlichen, vermöge dessen wir in uns
allerdings „ein Grundneigen" zu Gott, in den „Ursprung unserer Geschaffenheit", haben — entsprechend dem Grundneigen Gottes, uns mit sich zu vereinigen, aber es sei eben n u r
Potenz, oder wie R. sich ausdrückt, unsere Einigkeit sei eben
nur eine „m ö g e l i c h e (potenzielle) E i n i g k e i t"; es sei
also alle Verwirklichung auf unsern Willen gestellt. „Hast du
aber einen guten Willen, schreibt R. der Katharina von Löwen, so hast du den h. Geist in dir". —

Die geistige Ausstattung, wie sie durch Gott dem Menschen gegeben ist, haben wir nach R. kennen lernen. Er
ist aus Gott ausgeflossen und Bild Gottes und zum Bilde
Gottes geschaffen, das ist das Höchste, was er sagt. Ebenda-
mit ist auch schon der Zug des Menschen ausgesprochen:
„Alles, das Kreatur empfängt in ihren Begriff, das will sie
übersteigen und ruhen in Gott"; damit auch seine Bestimmung, sein Ziel, seine Aufgabe, die Möglichkeit, dieses Ziel
zu erreichen. Er soll wiederfliessen in Gott, „in denselben
Grund, da diess Fliessen auskommt", wiederfliessen durch
Aehnlichkeit in Tugenden, damit dann Gott ganz in uns, wir
ganz in ihm seien. —

Eine andere Macht tritt aber der Erreichung unserer Bestimmung e n t g e g e n: R. nennt diese Mächte: „die Welt,
der Feind, das eigene Fleisch". Diese Mächte werden in uns

zur S ü n d e durch unsere Freiheit, unsere E i n w i l l i g u n g.
Diese sei die Wurzel aller Sünde, die darum ganz u n s e r
Werk sei. „Gott hat Alles gemacht; nur die Sünde hat er
nicht machen können", denn unsere freie Zustimmung mache
erst die Reizungen zur Sünde zur wirklichen Sünde. „Konsent
geben zu den Sünden und zu der Lust, die die leibliche (viehliche) Natur begehrt, das ist ein Scheiden von Gott.... Ich
meine nicht schnelle Bewegungen des Beliebens oder der Gelust, davor sich Niemand bewahren mag.... Lust und Genügde,
die darauf fällt (auf solche Einfälle, Reizungen der Natur) ist
(tägliche) Sünde, und so man die Genügde fühlt und erkennt
und darin mit Willen bleibt, s o n d e r S t r e i t, so wird die
Sünde noch grösser, und ist, dass man die Sünde begehrt und
suchet,... so ist die Sünde n o c h schwerer.... Neigung zum
Bösen ist keine Sünde, aber Sünde thun w o l l e n, ist
Sünde".

Um es nun „durch Gehorsam zu verdienen, dass sie befestiget würden in ewiger Treue", in der rechten „Freiheit",
und „nimmermehr fielen", gab Gott den ersten Eltern im
Paradies ein Gebot, dass, wenn sie Gott treu geblieben wären,
diess die Möglichkeit, die ihnen anerschaffen war, nicht zu
sündigen, in die Unmöglichkeit, zu sündigen, verwandelt hätte.
Sie übertraten aber, von dem „Feinde aus der Hölle, dem
Schalke" verführt, das Gebot, und folgten sich selbst.

Wie des Sündenfalls, so erwähnt R. auch der Erbsünde
und Erbstrafe: verdammt, der ewigen Seligkeit beraubt seien
dadurch die Menschen geworden. „Die menschliche Natur — diese Braut Gottes — ward vertrieben in ein fremdes
Land und gefangen und bedruckt und besessen von ihren
Feinden, als nimmermehr weder zu Land (Heimath) noch zur
Sühne zu kommen". — Es findet sich aber nicht, dass dieses Dogma von Einfluss auf R.'s Mystik war; nur wo er von
Christi Werk spricht, zeigen sich die Spuren. Indessen wie
die Natur doch nicht wesentlich dadurch alterirt wurde, und
die Menschen auch die Freiheit des Willens (zum Guten) nach
dem Fall behielten, wofür er sich auf die Gerechten vor Christus beruft, wie daher dieser Sündenfall doch eigentlich nur
erstes Glied in der Reihe der thatsächlich vorhandenen ver-

kehrten Erscheinungsweise des Willens ist, so scheint auch
Christus selbst und die Gnade doch nicht z u a l l e r e r s t durch
ihn bedingt und hervorgerufen, sondern in der Trinität (und
Schöpfung) schon angelegt.

———

Die dem Menschen anerschaffene Gott-Aehnlichkeit und
Gott - Ebenbildlichkeit, die R. immer nur als potenzielle fasst,
ist allerdings die erste Bedingung alles sittlich-religiösen und
mystischen Lebens, bedarf aber zu ihrer Verwirklichung jener
beiden andern Agentien, die mit einander wirken und einander bedingen: einerseits nämlich des Gotteswirkens und anderseits des Wirkens des freien Willens. R. kann sich kein geistliches Leben denken ohne diese „drei Bedingungen, die sich
zu einander verhalten wie im Akte des leiblichen Sehens das
auswendig Licht des Himmels oder ander materlich (leibliches)
Licht, dass das Mittel, das ist die Luft, verklärt werde, da
man durch sehen soll“ (Gnade); dann: „Freiwilligkeit des
Menschen, dass er lässt ver(ab)bilden in seinen Augen die
Dinge, die er sehen will“, und zuletzt: „dass die Instrumente, die Augen (geistigen Organe) gesund sind und sonder Flecken, also dass die groben leiblichen Dinge sich darin
subtil verbilden mögen. Gebricht dem Menschen eines von
diesen dreien, so fallirt (kommt zu kurz) sein leiblich Sehen“.
So nun sei es auch im Geistigen.

Wir müssen nun aber, um auf die l e t z t e n G r ü n d e
zu kommen, auf G o t t zunächst und zuallererst zurückgehen
und auf „unser Ausgehen“ von ihm, wie das R. darstellt. Da
fiuden wir, dass der ganze Weltlauf nicht bloss ein Abbild des
trinitarischen Lebens in Gott (wie bei T.), sondern w e s e n t -
l i c h mit diesem und in diesem gesetzt ist als ein Wiedereingang in Gott. „In der Umfassung der göttlichen Personen in
gegenseitigem Wohlgefallen sind alle Engel und Menschen
von dem ersten bis zum letzten eingeschlossen und an diesem
Wohlgefallen banget Himmel und Erde, das Wesen, Leben,

Wirken und die Erhaltung aller Geschöpfe". Wesswegen R.
auch sagt: „Die Einigkeit des göttlichen Wesens hat ein ewig
Ziehen alle Gleichheit in ihre Einigkeit". Oder noch n ä h e r
fasst es R. so: in dem S o h n e und seinem Ausgang (s. o.)
seien w i r (und alle Kreaturen) zugleich und unser Ausgehen
ideell gesetzt, und ebenso unser Wiedereingehen durch den
Sohn im h. Geist, der „das Minneband" beider ist. Die Trinität hat, wie man sieht, ihm nicht bloss eine wesentliche
Beziehung (immanente) auf Gott selbst und göttliches Leben
und Bewusstsein, sondern eine ebenso wesentliche, weil zugleich mit jener ersteren gesetzte, a u f d i e W e l t, die ideell
mit ihr gegeben ist. Es ist diess die Beziehung der Trinität
nach Aussen (ad extra). „Der Vater erkannte, schuf, ordiniret und regieret in dem Sohn und durch ihn alle Dinge stet-
lich in dem Himmel und in der Erde.... Durch die ewige Geburt (des Sohnes) sind alle Kreaturen ausgegangen ewiglich,
ehe sie geschaffen waren in der Zeit (s. o.)... In dieser Klarheit, das ist in dem Sohne, ist der Vater nicht bloss ihm
selber offenbar", sondern auch „Alles, das in ihm lebet". R.
nennt daher den Sohn, das ewige Wort, „Exemplar aller Kreaturen und Lebendigkeit, eine ewige Regel sonder Wandelbarkeit, ein Durchstarren und Durchsehen a l l e r D i n g e sonder Bedecktheit, und ein Durchscheinen und Verklären aller
Heiligen im Himmel und in Erden nach Würdigkeit".

Ebenso fasst R. d e n h. G e i s t als das Vereinigungsprinzip
aller Welt mit Gott. Er nennt ihn ein Band nicht bloss des
Vaters und des Sohnes, sondern auch „aller Heiligen und aller
guten Menschen im Himmelreich und Erdreich,... eine unbegreiflich gross ausfliessende Reichheit und abgründige Gutheit, durchfliessend alle himmlische Geister in Weldichkeit,
eine feurige Flamme, die es alles verbrennet in Einigkeit, eine
fliessende Fontäne, reich von allem Schmack nach Jegliches
Begehrlichkeit, e i n B e r e i t e n u n d e i n G e l e i t e n a l l e r
H e i l i g e n in ihre ewige Seligkeit, ein Umfang und Durchgang des Vaters und des Sohnes u n d a l l e r H e i l i g e n in
g e b r a u c h l i c h e r E i n i g k e i t.... Gleicherweise als der
Vater sonder Unterlass alle Dinge neu ansieht in der Geburt
seines Sohnes, also werden alle Dinge neu lieb gehabt von

dem Vater und dem Sohn (und) in dem Ausfliessen des h.
Geistes".

Diess Weltumfassen Gottes in seinem sich selbst Umfassen und Lieben ist nun allerdings zunächst ein Ausfliessen
Gottes. „Durch die Weisheit (Sohn) und den h. Geist neiget
sich Gott (der Vater) zu jeglicher Kreatur mit Unterschied und
begabet jegliche nach ihrer Würdigkeit", und diese „ausfliess-
sende, milde Gemeinheit göttlicher Naturen" ziehe, sagt R.,
den Menschen ebenso „in ein Verwundern" als die unbegreifliche Hoheit Gottes. „Denn er sieht das unbegreifliche
Wesen ein gemein Gebrauchen Gottes und aller Heiligen,
und sieht die göttlichen Personen insgemein ausfliessen und wirken in Grazien (Gnade) und in Glorien, in
Naturen und über Naturen, in allen Stätten, in allen Zeiten,
in allen Heiligen, in allen Menschen, im Himmel, im Erdreich, in alle Kreaturen, die vernünftig oder unvernünftig
sind oder natürlich sind nach Jegliches Würde und Noth und
Empfänglichkeit. Und er sieht geschaffen Himmel und Erde,
Sonne und Mond und vier Elemente mit allen Kreaturen und
den Lauf des Himmels gemein, Gott ist gemein mit allen seinen Gaben, die Engel sind gemein, die Seele ist gemein in
allen ihren Kräften und in alle dem Leichnam (Leib) und
in allen den Gliedern und in jeglichem Gliede ganz.... Also ist
Gott Jeglichem ganz und besonders, und doch gemein allen
Kreaturen".

Diess „Fliessen Gottes" in die Welt und insonders den
Menschen, ist aber zugleich auch ein Wiedereinfliessen,
und „heischt" ein Wiedereinfliessen. Wunderbar schön vergleicht R. diess Walten Gottes mit einer fliessenden
und ebbenden See; „es fliesst sonder Unterlass Gott in
alle seine Geminnten nach Jegliches Bedürfniss und Würdigkeit, und ist wieder einebbend alle diejenigen, die begabt sind im Himmel und in Erden mit allem dem, das sie
vermögen". Aehnlich spricht er von einem „Einziehen" Gottes; oder: Gott sei „ein lebendiger und steter Wirker".

So ist im höchsten Sinne die göttliche Weltgeschichte
ein „Ausfliessen und Einebben" Gottes, und zwar ist es, nur
nach Aussen hin, in Bezug auf die Anderheit Gottes, derselbe

Prozess, mit dem e r in sic h ausfliesset und einfliesset;
durch diesen selben Prozess — im höchsten göttlichen Sinne —
schaffet er auch, erkennet er, wirket er, liebt und vereinigt er: seine Liebe „will uns gar verbrennen in ihre Selbstheit".

Eine göttlieb - erhabene, eine abgrundtiefe Geschichte!
aber, wie R. grossartig sagt, „einer grundlosen Natur gehören
grundlose Tugenden und Werke". Und eine e w i g e Geschichte sei es; denn diese Wirkung Gottes auf die Welt, diese
Liebe, mit der der Vater uns im Sohne liebt, und der Sohn
uns mit derselben Liebe im Vater, diese unsere Umfassung
durch den Vater und Sohn im h. Geiste, und in seliger Geniessung im göttlichen Wesen, werde ewig erneuert durch
die ewige Zeugung des Sohnes vom Vater und durch die Ausfliessung des h. Geistes von beiden. Und verginge sie, so müsste
auch nothwendig die Zeugung, die Ausfliessung, die Trinität
vergehen, so könnten weder Gott noch Kreatur übrig bleiben,
was ein undenkbarer Gedanke sei.

Nur dass R. allerdings Gott nicht mechanisch-unwidersteh-
lich wirken lässt auf den Menschen ohne dessen Freiheit; denn
das göttliche Wirken ist ein Wirken z u n ä c h st auf die Freiheit
des Menschen, damit diese sich Gott entgegenbewege; denn
„allerdings können wir nichts Gutes thun ohne Gott", aber
ebenso wenig „können wir wider unsern Willen und ohne unsere Mitwirkung Gott gleich werden"; ja, „Gott kann uns,
so wir nicht wollen, weder heilig noch selig machen". Daher begabet Gott, wie R. so oft sagt, Jeden zwar „nach seinem
Bedürfniss, aber auch nur nach seiner Würdigkeit".

Die grossen Momente dieses „Ausfliessens" und „Eineb-
bens" Gottes (in Bezug auf uns) zählt R. öfters auf; zuerst
eben dass wir von Ewigkeit her, ehe wir noch geschaffen
waren, als wir noch ideell in Gott waren, von ihm auch schon
angesehen wurden als Eins mit ihm; dann „dass Gott uns von
Minnen geschaffen hat zu seinem Bilde und Gleichniss"; dann,
als wir gefallen, dass der Sohn Gottes, in dem wir ewiglich
waren, und der gewissermaassen auch w i r war, nun auch
unsere zeitliche Existenzform angenommen hat, ja für uns
gestorben ist, und uns „sein Fleisch und Blut" (im Sakra-

ment) stets gibt. „Schaue mich an, lässt R. Christus (Gott)
zu unserem Geiste sprechen, wie ich dich ansehe, erkenne
mich, wie ich dich erkenne, liebe mich, wie du von mir geliebet wirst; geniesse meiner, wie ich dich geniesse, und wie
ich ganz und unzertheilt und vollkommen dein bin, also will
ich auch, dass du durchaus, ganz und unzertheilt mein seiest,
denn von aller Ewigkeit her, ehe Etwas geschaffen war,
schaute ich dich in mir selbst als Etwas, das Eins
mit mir war, ja als mich selbst, — da erkannte, lie-
bete, berief und erwählete ich dich. Ich habe dich zu meinem
Bild und Gleichniss erschaffen. Ich habe auch deine Natur
angenommen … und habe meine Seele mit allen Gaben erfüllet, damit ich in der uns gemeinen menschlichen Natur
meinem und deinem Gott nach allem meinem Vermögen bis
in den Tod dienete. Und aus der Fülle meiner Gnade habe
ich deine Seele und deine Kräfte erfüllet, dass du mir gleich
würdest und durch mein Geben Gott ohne alles Ende ewiglich dienen könnest“. — Diess sind, wenn man so sagen darf,
die grossen historischen Mittelsmomente. R. spricht auch von
drei Wegen, die den Menschen zu Gott führen: dem sinnlichen
Weg, der Betrachtung der äusseren Welt; dem Weg des natürlichen Lichtes, der „ohne des h. Geistes Antrieb“ betreten
wird, aus den eigenen Mitteln der geistigen Natur; dem übernatürlichen, göttlichen Weg. Jene beiden führen nur zu einem
natürlich-guten Leben, über das sich R. nicht so wie Tauler
auslässt; ohne den letzteren aber sei gar kein wahrhaft sitt-
lich-religiöses Leben erreichbar.

Die göttliche Mittheilung, dadurch Gott uns sich gleich
machen und mit sich vereinigen will, ist nach R. zunächst
Gnaden-, dann Selbst-Mittheilung; denn wie alle damaligen Mystiker unterscheidet auch er Gottes Gnade von
Gott selbst. Mit andern Worten: Gott kommt zu uns mit Mittel — Gnadengaben, und über Mittel — er selbst. Diesen
Mittheilungen Gottes „antwortet“ der bereitwillige Mensch in
entsprechender Weise: den Gnadenmittheilungen durch gute
Werke und Tugenden: je inniger die Mittel, je höher die Tugenden, und umgekehrt, je bereiter und geneigter und höher
gerichtet der Tugendwille und die Tugendübung, je höher

die Gnadenmittheilungen: „jegliches gute Werk fördert weiter". Dadurch gewinnen wir die Selbstmittheilung Gottes, da
seinerseits der Mensch ohne Mittel, über Tugenden in Gott
rastet und von Gott „in eine ewige Geniessung" eingeführt
wird. Zwar werde alle menschliche Liebe, sagt R., nie eben-
bürtig der göttlichen, aber einerseits reize diess eben die
menschliche Liebe zu immer neuem Erbieten, andererseits sei
dieser Ueberschuss göttlicher Liebe ihr eine Quelle seliger
Lust. „Gott heischt ein Wiederfliessen, . . . und Jeglichem
heischt er auch mehr, denn er geleisten kann. Denn er zeigt
sich so reich und so mild und so grundlos gut, und in diesem
Zeigen heischet er Minne und Ehre nach seinem Werth und
will von uns geminnet sein und hierin falgieren alle Geister,
und also wird die Minne sonder Weise und sonder Manier,
denn sie wissen nicht, wie dass sie es geleisten oder zubringen
sollten. Denn aller Geister Minne ist gemessen, aber Gottes
Edelheit und Minne ist ungemessen. Und hierum wird die
Minne allezeit erneuert, auf dass Gott geminnet werde nach
seinem Heischen und seinem Begehren. Und darum vereinen
sich alle Geister sonder Unterlass und machen eine brennende
Flamme von Minnen, auf dass sie das Werk volviren möchten, dass Gott geminnet werde nach seiner Edelheit. Der
Verstand zeigt klar, dass es der Kreatur unmöglich ist, aber
Minne will immer Minne vollbringen oder verschmelzen und
verbrennen und zu Nichte werden in ihrem Falgieren; nichtsdestoweniger bleibt Gott ungeminnt nach seiner Würde von
allen Kreaturen. Aber diess ist der erleuchteten Vernunft
eine grosse Wollust oder Genüglichkeit, dass
ihr Gott und ihr Lieb so hoch und so reich ist,
dass er alle geschaffenen Kräfte überhöhet
und von Niemand geminnet ist nach seinem
Werth, denn von sich selber".

Diese Liebe Gottes offenbart sich zunächst also, wie
wir sahen, in der Gnade, deren auch die Natur zuerst
bedarf und fähig ist.

Gnade; Gott (Freiheit).

„Die Natur kann nicht über sich selbst wirken.... Was
über die Natur geht, ist nur durch Gnade möglich.... Es
kann nicht sein, dass man Gott ohne Gott lauterlich suche und
liebe, oder blos von Natur sich selbst übersteige; denn das
sind Dinge, die über die Natur reichen, welche sich selbst
durch sich selbst nicht verleugnen kann.... Das Leben mag
nicht selig sein von Natur, aber das mag geschehen, dass es
selig werde durch die Gnade Gottes." In dieser Art begründet
R. die Nothwendigkeit der Gnade für den Menschen.

Sie ist aber von Seite Gottes begründet in der
Natur Gottes, der „ein gemein Gut ist", dessen „grundlose
Minne gemein" ist, der „sich nicht enthalten kann", dessen
„Mildigkeit fliessen muss" (s. S. 89), der „sich gegen jegliche
Natur (die seiner empfänglich ist) neiget und sie mit Tugenden
erfüllet". So „entspringet die Gnade aus einem lebendigen
Grunde Gottes, da nimmer Gnade noch Treue entbrechen
mag"; und diese Gnade, dieses „übernatürliche Bewegen Got-
tes" ist „die erste, die prinzipale Ursache aller Tugenden".
Hievon werden „beweget alle gute Geister im Himmel und
in Erden in Tugenden und in Gerechtigkeit".

In ihrem Wesen ist sie, sagt R., „ein übernatürliches
Berühren, Bewegen", ein „inwendiges Treiben und Jagen des
h. Geistes, der unsern Geist treibet und jaget in alle Tugenden", ein (geistiger) „Sonnen-Blick, der in die Seele gegossen wird", „gleich der Kerze in der Luzerne, oder einem
gläsernen Gefässe". Dieser „Inblick" der Gnade „verhitzet
und verkläret" den Menschen, und macht ihn „ausfliessen in
Tugenden", macht „fruchtbar" gleich „der Sonne", macht
„lebendig", „Gott gleich".

Von der göttlichen Gnaden-Mittheilung, die R. auch
„das ausfliessende", d. h. das in guten Werken und Uebungen
auswärts fliessen machende „Berühren Gottes" nennt, unterscheidet er nun, wie gesagt, die Selbst-Mittheilung, das
„einziehende Berühren Gottes" (vrgl. S. 94). Zwar ist „in
ihrem Ursprung die Gnade Gott selbst"; wenn sie aber
„in unsere Kräfte herabgeleitet wird und einfliesset und

wir durch sie wirken, so ist sie allerdings ein geschaffenes
Wesen". In der Gnadenmittheilung gibt Gott seine Gaben,
in der Selbstmittheilung·sich selber über alle Gnade; jene gibt
er in die Kräfte, sich selbst in die Einfältigkeit des Geistes;
jene gibt er „um Werke", „Gleichheit mit ihm in uns darzustellen", sich selbst „um Gebrauchen und Rasten"; jene ist
mittelich, der Weg, das Mittel zu Gott, in das blosse Wesen,
da sich Gott gibt in aller seiner Reichheit sonder Mittel"; er
selbst ist unmittelich. Z u e r s t gibt er seine Gaben: „möchten wir Gott empfahen in unsern Begriff, er gäbe uns sich
selber sonder Mittel, aber das ist unmöglich; denn wir sind
(anfangs) zu enge und zu klein, so grossen Gott zu begreifen".
Durch die Gnade aber führt er uns in ihn selbst; von der
Tugend, die sie wirkt, zur Gebrauchlichkeit, von der Uebung
zum Rasten in ihm. Denn Gott selbst in uns können
wir nur leiden, zu ihm selbst uns nur leidend, geniessend, ge-
wirktwerdend verhalten, nicht aber selbst wirken, wie mittelst
seiner Gaben in den Tugenden. R. zeichnet das Verhältniss
der Gabe zu·Gott selbst, wie des Scheines, der Strahlen, die
hin und her schiessen, zur Sonne selbst.

Diese Gnade wirket aber durch und in und mit dem
f r e i e n W i l l e n des Menschen, und zwar „kommt Christus
von oben als ein Herr und ein milder Geber, der es alles
vermag, und wir kommen von unten als arme Knechte, die
von uns selbt nicht vermögen, aber alles bedürfen"; er kommt
zu uns von innen nach aussen, und wir kommen zu ihm von
aussen nach innen. Beides gehört zusammen: „Gnade und
Eigenmacht"; das ist eine „Ordnung Gottes"; auch das: w i e
sie zusammenwirken. In d i e s e m Stücke (der Ordnung des
Zusammenwirkens) ist nun aber R. nicht ohne ein gewisses
Schwanken. Bald lässt er die Gnade vorangehen: „Gott gibt
erst sein Licht und vermittelst des Lichtes gibt der Mensch den
willigen vollkommenen Zukehr"; bald den guten Willen, durch
den wir die Gnade Gottes suchen, die er uns gibt, wenn er
Empfänglichkeit in uns findet; bald jenes geheimnissvolle, aber
wahrste Zugleich und Ineinander, so dass die Gnade ebenso
sehr die Freiheit als die Freiheit die Gnade bestimmt; „die
Gnade im selben Augenblick wirkt, als der freie Wille sich zu-

kehrt". Und diess ist das Gewöhnlichste bei ihm, wenigstens
für das bereits von Gott ergriffene und Gott ergreifende Leben:
Kein geistlich Leben ohne Gnade, keine Gnade ohne geistliches
Leben; denn „Gott bleibt nur wohnend in uns mit seiner
Gnade", wenn wir in Tugenden uns allezeit üben, „ihm ge-
einigt bleiben mit Einigkeiten, aus uns selber gehen zu allen
Menschen mit Minne, unter uns in Pönitenzien und mit guten
Werken und mit Widerstehen unserer ungeordneten Lust,
und über uns mit Devotion, mit Dank und Lob und Gebet".
Für die Grundlegung und die Anfänge spricht er aber mit
Recht von einer „vorhergehenden" Gnade, die Allen — Guten und Bösen — angeboten werde und bald von aussen
an die Menschen herantrete in „Predigt, guten Beispielen
von Heiligen oder ihren Worten oder ihren Werken, so
dass sich der Mensch erkennend wird", oder in „Siechheit
oder in Verlust von auswendigem Gute, von Verwandten oder
von Freunden, oder mit offenbaren Schanden"; oder von
Innen, so dass der Mensch getroffen wird „im Ueberdenken
der Peinen und des Duldens unseres Herrn, und des Gutes,
das ihm Gott gethan hat und allen Menschen, auch im Ansehen seiner Sünden, der Kürze des Lebens, der ewigen Freude
des Himmelreichs,... in Angst des Todes oder in Furchten der
Höllen und dass ihn Gott geschont hat in seinen Sünden und
dass er beitet nach seinem Bekehren. Oder er wird merkend
das Wunder, das Gott geschaffen hat in Himmelreich und in
Erdreich in allen Kreaturen". Diess seien „Werke vorlaufen-
der Gnade, die den Menschen berühren von aussen oder von
innen in mancher Weise", und die eben jenes „natürliche
Grundneigen zu Gott in dem Funken der Seele und der obern
Vernunft, die allezeit das Gute begehre und das Böse hasse",
erwecken. Diese vorgehende Gnade mache „Bereitschaft" im
Menschen, zu empfahen die andere Gnade: „darin man das
ewige Leben verdienet, die den Menschen Gott angenehm machet". In dieser hat der freie „zugekehrte" Wille die Gnade,
das göttliche Einwirken in sich aufgenommen, „Herz und Willen Gott geöffnet"; und diese „Vereinung Gottes und der
Seele" feiert R. sehr wahr in der L i e b e (Caritas), in der er
die Lösung dieses Mysteriums des Ineinanderseins der beiden

Faktoren erkennt, denn „sie ist ein Minnenband zwischen Gott und der Seele, und wird geboren in der Seele von Gott und von der Seele".

Von da an gehen dann beide, Gnade und Wille, immer höhere Stufen: die Stufen des mystischen Lebens selbst; denn das wirkende, das innige, das schauliche Leben werden eben gewirket durch diese immer steigenden, sie schaffendeu Elemente, Gnade und Freiheit, die, diess ist ein weiterer Gedanke Rs., sich bedingen Mass für Mass („ist die Seele mehr habelich und empfänglich, empfangt sie auch mehr Gaben"); und die sich sollizitiren gegenseitig, je eines das andere: ein stets „neues Reizen" von Seiten Gottes, „auf dass wir alle Stund neuer und gleicher werden in Tugenden", und unserseits „ein ewig hungerich Krigen (= Anstreben) und Entbleiben"; — ein Liebe um Liebe heischen, ein Liebe mit Liebe bezahlen. R. kennt daher eine Gnade auf dem Standpunkt des wirkenden Lebens, und eine höhere auf demjenigen des innigen Lebens, da die Grazie „von innen, nicht (mehr) von aussen wirkt" (wie die vorangehende Gnade im wirkenden Leben), denn „Gott ist uns näher, denn wir uns selber sind, und sein inwendig Treiben oder Wirken in uns, natürlich oder übernatürlich, ist uns näher und inniger denn unsere eigenen Werke, und darum wirket Gott von innen auswärts und alle Kreaturen von aussen nach innewärts". Diese höhere Gnade sei aber bestimmt durch die immer höheren Kräfte, „Einigkeiten" der Seele, „da die Gnade eingegossen wird", und „wirke daher auch nicht mehr in die Phantasie mit Bildern"; bestimmt durch „ein immer innigeres (subjektives) Empfahen der Seele, denn man fühlen mag in auswendig wirkendem Leben"; bestimmt endlich durch das „immer minniglichere Reizen", durch die „Vollheit" und Blitzartigkeit der Gnade: da „wirke Gott schnell", da sei „Gottes Werk schnell", erleuchte „Alles in einem Nu". Im schauenden Leben gehe die Gnade dann in Gott selber über.

Denselben entsprechenden Stufengang finden wir auf Seiten des Subjektes, des freien Willens, der „berührt" ist von Gott. „Wir geben ihm in uns nur wieder, was wir ihm schuldig sind", und immer unbedingter, immer mehr ganz, immer

mehr in ihn uns versinkend. Die „Gutheit" unseres Willens,
die „Gottes eingegossene Minne ist", werde immer innigere
Minne zu Gott, werde zuletzt „brennende Minne, ein Minne-
brand", und „ganz Eindruck all' unserer Kraft in die Einigkeit, da Gott wohnt". Wir werden diess weiter ausgeführt
finden im „schauenden Leben", da Mensch und Gott wenigstens im Gefühl, im Brande der Liebe, ganz zusammenge-
gangen sind, und Gott nicht bloss selbst in uns wirkt und mit
uns, was er von uns heischt, wie diess im innigen Leben
schon der Fall ist, sondern Gott sich selbst in uns geniesst,
ruht, wir, in ihm aufgelöst, ihn wirken lassen in uns und Seiner geniessen in gebräuchlicher Minne.   '

R. vergleicht dieses sich stufenmässig gleiche Verhalten
von Gnade (Gott) und Freiheit einer Wage, deren beide
Wagschalen sich das Gleichgewicht halten. „Die Liebe Gottes
giebet uns sich selbst und ihre Gnade und fordert wieder von
uns uns selbst und Wahrheit und Tugenden aus reiner Intention und Liebe; wenn wir nun dergestalt ihr antworten, so
wird die Wage einigermassen gleich.... Wie aber die Tugenden, die wir Gott darbringen, in unserer Wagschale wachsen,
also wächst auch die Gnade und Liebe Gottes, die er uns wieder gibt, in seiner Schale; und auf diese Weise bleiben unsere Schalen gleich, und wir bleiben allezeit mit Gott Eins
und ihm in der Liebe, in den Tugenden und in der Gnade
gleich".

Christus; Person, Leben, Werk Christi.

„Die unerschöpfliche Liebe Gottes und die Noth der
Menschen von wegen der Erbsünde" — damit motivirt R. an
einigen Orten die Menschwerdung des Sohnes Gottes. Denn
Gott selbst sei dadurch „nicht besser oder heiliger" geworden,
meint er; dass er aber die Sache noch weiter und tiefer
auffasst, haben wir oben gesehen. „Der Mensch, fährt er in
obigem Zusammenhang fort, der durch Ungehorsam Gottes
Willen übertreten, verdiente der ewigen Seligkeit beraubt zu
werden; als diess der grosse Gott erwog, und dass wir durch
keine Kreatur erlöset werden konnten, wurde er in Barmher-

zigkeit gerühret und schonte seines eigenen Sohnes nicht";
und der sein Abglanz und zugleich Exemplar aller Menschheit
war, sollte sie wieder bringen zu dem Stande, zu dem sie geschaffen und bestimmt waren.

„In Christo, sagt R., vereinigte sich nun Gott und Mensch
in einer Person"; oder: „der Sohn Gottes hat die menschliche Natur — Seele und Leib — angenommen, mit seiner
göttlichen Person vereinigt"; Christus ist Gott und Mensch in
Einer Person; „mit Gott Eins in der Substanz, mit uns Eins in
unserer Natur", so dass „ein jeglicher Mensch nun sagen kann:
Christus, der Gottessohn, ist mein Bruder" (worden). Gleicherweise als die redliche (rationalis) Seele und das Fleisch
ein Mensch ist, also ist der Gottes Sohn und Jesus Marien Sohn
ein lebendiger Christus, Herr und Gott Himmelreichs und
Erdreichs; denn seine Seele ist einförmig mit der Weisheit
Gottes".

In der Darstellung dieses Einsseins beider Naturen in
der Person Christi hat es R. darauf besonders abgesehen, eine
„Vermengung", ein Uebergehen beider Naturen in einander,
ein Werden der Gottheit zur Menschheit, ein Werden des
Menschen zur Gottheit abzuwehren, was bei einem Mystiker
vielleicht auffallen möchte. „Christus hat sich erniedert und
uns erhöbet, sich gearmet und uns bereichert, er hat sich verschmäht und uns geehrt. Aber obwohl er sich erniedert hat,
hat er sich doch nicht entadelt. Denn er blieb alles, das er war,
und nahm an, das er nicht war, er blieb Gott und ward
Mensch, auf dass der Mensch Gott werde.... Obwohl seine
Seele einförmig ist mit der Weisheit Gottes, doch ist sie nicht
Gott nach Gottes Natur, noch kann die Kreatur Gottes Mensch
werden". Erinnert diess nicht an Abälard (II. Bd. 2. Abth.
S. 193)? R. bedient sich auch des Bildes von einem Kleide,
in dem er die Vereinigung göttlichen und menschlichen Wesens darstellt. „Der Sohn Gottes hat sich gekleidet mit unser
aller Menschheit als ein König, der sich kleidet mit dem
Kleide seines Gesindes und seiner Knechte, also dass wir alle
sind mit ihm von einem Kleide menschlicher Naturen. Aber
er hat die Seele und den Leib, den er empfing, von der reinen
Magd Maria, über alles sonderlich gekleidet mit einem könig-

lichen Kleide, das ist seine göttliche Persönlichkeit". Es
scheint, als ob R. dieses fast nestorianische N e b e n einander-
sein besonders hervorgehoben hätte g e g e n ü b e r d e n p a n -
theistischen Vermischungen der freien Geister.
„Obgleich, sagt er, Gott in allen Kreaturen lebet und alle
Kreaturen in Gott, so sind doch nicht die Kreaturen Gott noch
Gott die Kreaturen, denn das, was geschaffen ist, bleibet
allezeit geschieden und ist zweierlei, und ist ohne Maass weit
von einander. Und wiewohl Gott ein Mensch und der Mensch
Gott worden (mit Gott' vereiniget) ist, so ist doch nicht die
Gottheit Menschheit, sondern sie bleiben in a l l e E w i g k e i t
zwei besondere Dinge, das ungeschaffene und geschaffene,
Gott und Mensch".

Zugleich hat R. auch noch die andere Tendenz, eben auch
im I n t e r e s s e d e s s i t t l i c h - r e l i g i ö s e n V o r b i l d e s,
den Schwerpunkt auf Christum den Menschen und seine
menschliche Entwickelung zu legen. Den Menschen Christus
lässt er bald nur aus Seele und Leib, bald aus Geist, Seele und
Leib bestehen; und diese Seele (Geist) sei wie die anderen
„geschaffen aus Nichts". Mit diesem Geiste Christi habe sich
nun der Geist Gottes vereiniget, und habe „alle Kräfte des
Leibes umfasset und sie dem Geiste in allem von Gott verord-
neten Dienst bis in den Tod unterthänig gemacht; ebenso auch
die geistige Natur Christi und ihre höheren Kräfte, und sie
dem Gesetz Gottes unterworfen; endlich die Menschheit Christi
so einwärts gezogen und besessen, dass alle Kräfte diesen Zug
über alle Wirkungen in der Einheit des Geistes fühlten und in
Gott ruheten". Allen diesen Einwirkungen, Gaben Gottes, sei
die Menschheit Christi mit allen ihren Kräften stets offen gewesen. So stellt daher R. Christum auch nach seiner Menschheit
hin als denjenigen, der Sohn Gottes gewesen sei, aber „Sohn
Gottes von Gnaden", der stets Gnaden und Gaben von oben
(gleich den andern Menschen) empfangen habe und stets berührt worden sei von Gott zu allen Tugenden; aber er habe
es a l l e s, g a n z empfangen nach seiner Menschheit, weil er
sich habe stets und ganz berühren lassen, z. B. „Kraft und
Macht aller Dinge im Himmel und in Erde, also dass er
mochte geben und nehmen, tödten und lebendig machen,...

Sünde erlassen und Gnade geben, und ewig leben". Denn „Alles was Gott gemacht hatte, das war seiner Menschheit unterworfen nach allem seinem Willen, und der h. Geist ruhte in seiner Seele und in seiner menschlichen Natur mit allen seinen Gaben und machte ihn reich und überfliessend in alle diejenigen, die seiner begehrten und bedurften". Mit einem Worte: R. stellt Christum nach seiner Menschheit und bloss nach seiner Menschheit in ihrer Begnadigung von oben oder Vereinigung mit Gott als denjenigen dar, in dem diess, was sein mystisches Ideal ihm ist, und ganz mit denselben Mitteln, wie er sie jedem Menschen in Aussicht stellt, und in denselben Stufen, erfüllt ist — in v o l l k o m m e n e r Weise, und den daher Gott nach seiner menschlichen Natur zur „Fülle aller Gnaden und Gaben" für die Anderen gemacht hat. „In ihm war und sind geeiniget alle die Tugenden, die je gethan wurden und immer mehr gethan sollen werden.... Seine Menschheit war erfüllt mit allen den Gaben Gottes und mit Vollheit aller Heiligkeit. Und Alles, das andere Heiligen haben gehabt vom Beginne der Welt oder haben mögen ewiglich, das ist getheilt mit Partien naeh dem Willen Gottes. Aber die Menschheit unsers lieben Herrn hat ungetheilte Vollheit aller Gaben allein empfangen, damit er erfüllt hat und erfüllen mag alle Kreaturen. Und er ist allein Ursache alles des Guts, das wir von Gott haben oder erkriegen mögen". Insofern sei er „Haupt und Regel" aller guten Menschen.

Aus dieser rein menschlichen Natur und ihren natürlichen Gegensätzen erklärt er nun auch den Kampf Christi in Gethsemane. „Nach dem Geist wollte Christus durchaus sterben, aber das Fleisch hätte lieber leben wollen, und fürchtete sich vor dem Tode.... Sein Geist war über alles erhaben, frei, los und klug, auch mit Gott durch die Liebe vereiniget; seine vernünftige Seele war voller Gnaden, weise, erleuchtet, innig, andächtig, eifrig im Gebete und Verlangen für diejenigen, um deren willen er den Tod leiden sollte, aber sein ganzer sinnlicher Theil war voll Schrecken und Angst und Zagen". An andern Orten setzt er, wenn er den Ruf Christi: mein Gott, warum hast du mich verlassen? erklären will, noch hinzu: „seine Natur und seine niedere Vernunft litten, um

dass ihm Gott entzog den Einfluss seiner Gaben und seines
Trostes, und er sie auf ihr selber stehen liess in solcher Noth".

Nach dieser seiner Mensehheit sei nun auch, sagt R.,
Christus erhöhet, und „sitzt zur Rechten des Vaters in der
höchsten und herrlichsten Kraft und in den überschwenglich
herrlichen Gütern, die Gott geben kann".

Das sind zerstreute Aeusserungen, die in ihrem Zusammenhang freilich kein Bild von der Einheit der Persönlichkeit
Christi als Góttmensch geben. Denn bald besteht die Menschheit in ihr selbst, bedarf aber der Gaben Gottes von oben zum
vollkommenen Leben, oder ist es diess mit ihr vereinigte
ewige Wort, welches ihr die Kraft gibt, bald ist die Gottheit
das Personbildende in Christo, und „die Menschheit hat
kein Bestehen auf ihr selber, denn sie ist nicht ihrer Selbst
Person, wie es bei allen andern Menschen ist, sondern der
Sohn Gottes ist ihr Unterstand (Hypostasis) und ihre Form;
und hierin ist sie einförmig mit Gott, und durch die Einung
ist sie weise und mächtig alles dess, das unter Gott ist. Und
also ist die Menschheit unsers Herrn umfahen (umfasst) in
Gott, edel und weise, heilig und selig über allen Kreaturen.
Und er ist allein der wahre Erbe in das Reich Gottes von Natur
und von Gnaden. ...."

Man sieht, in diesen christologischen Fragen ist sich R.
nicht völlig klar; das kirchlich Dogmatische will sieh nicht recht
fügen in seine. Mystik. Um so sicherer ergeht er sich in der
Betrachtung des Lebens Christi, das er als den Urtypus
des vollendeten mystischen Lebens darstellt, und in dem er
nun auch die drei Lebensstände nachweist, freilich als mit
einander gesetzt.

Den gehórsamen „Knechtesstand" zeigt er auf in
Christi Gehorsam bis zum Tod; überhaupt aber in den drei
Haupttugenden, die er als die Momente dieser Stufe betrachtet: in der Demuth, „in der Christus (seine Seele) mit allen
seinen Kräften niedergebeugt war vor die hohe Macht des Vaters, zu dessen Ehre er alle seine Werke that, und seine
Glorie nach seiner Menschheit in keinen Dingen suchte,
unterthänig war dem alten Gesetz und den Geboten und bisweilen den Gewohnheiten, so weit es möglich war, dem Kai-

ser Zins gab gleich den andern Juden, unterthänig war seiner
Mutter und Joseph, arme, verworfene Leute zu seiner Gesellschaft erkor, mit zu wandeln und die Welt zu bekehren,...
allen Menschen bereit war, in was Nöthen sie waren von aussen oder von innen, recht als ein Dienstknecht aller Welt";
in der G e d u l d, in der Christus „Kälte, Hunger, Armuth,
Schande, Verschmähung, unwürdige Werke der Juden,...
überhaupt leiblich und geistlich alle Leiden litt um die Menschen"; in der L i e b e endlich, die „die oberste Kraft seiner Seele
in einer Stillheit und in einem Gebrauchen derselben Seligkeit
hielt, der er nun gebraucht, und ihn sonder Unterlass aufgerichtet hielt zu seinem Vater mit Reverenzien und mit Minnen, mit
Lob, mit Ehrerbietung, mit innigem Gebete um aller Menschen
Noth, und mit Auftragen aller seiner Werke zu der Ehre
seines Vaters"; und „dieselbe Liebe liess ihn niederfliessen
mit minnlicher Treue und mit Gunst zu aller Menschen Noth,
leiblicher und geistlicher,... und liess ihn seinen Leib für uns
hingehen bis in den Tod,... und also hat Christus, u n s e r
M i n n e r, um uns gearbeitet von aussen und von innen in
gerechter Treue".

Ebenso weist R. das i n n i g e Leben, den E r e u n d e s -
Stand in Christo nach a l l e n Seiten nach; z. B. nach den vier
Weisen des niedersten Theiles (S. 542 ff.); am treffendsten die
dritte und vierte dieser Weisen. „Alle seine Lebtage waren
seine leiblichen Kräfte und sein gefühlich Herz und Sinn geheischt und eingeladen von dem Vater zu der hohen Glorie
und Welde (Seligkeit), die er nun gefühlich nach den leiblichen Kräften schmeckt. Und er war da selber zugeneigt naeh
der Begehrlichkeit natürlich und übernatürlich; nichts desto
weniger wollte er erbeiten der Zeit, die der Vater in der Ewigkeit vorgesehen hatte und geordiniret. Aber da die rechte
Zeit kam, da Christus alle Frucht der Tugenden, die je gewirkt
wurden oder immer gewirkt sollten werden, führen und ver-
sammeln wollte in das ewige Reich, da begann die ewige
Sonne zu niedern, denn Christus niederte sich und gab sein
leiblich Leben in die Hände seiner Feinde. Und er ward unbekannt und gelassen von seinen Brüdern in seiner Noth, und
der Naturen ward entzogen aller Trost von aussen und von

innen, und auf sie ward geladen Elend und Pein, Verschmäht-
heit, Last, Leiden, und Kauf (Lösegeld) aller Sünden zu bezahlen nach Gerechtigkeit. Und er trug es alles in demüthiger
Geduldigkeit und wirkte die stärksten Werke der Minne, und
hat damit verkriegt und wieder gegolten unser verlorenes ewiges Erbe". — Auch im h ö h e r e n Stand des i n n i g e n Lebens (naeh den h ö h e r e n Kräften) sei, sagt R., Christus
unser Vorbild. Er hebt da besonders zweierlei hervor. Einmal
„wie Christus ein gemeiner Minner war und ist und bleibt".
„Sein inniges hohes Gebet war ausfliesseud zu seinem Vater
und gemein für alle diejenigen, die behalten wollen sein. Er
war gemein in Minnen, in Lehren, in Tadeln, in Trost und
Sanftmüthigkeit, in Geben mit Mildigkeit, in Vergeben mit
Barmherzigkeit. Seine Seele und sein Leib, sein Leben und
sein Tod und aller sein Dienst war und ist gemein.... Er hatte
nichts Properes, nichts Eigenes, sondern alles gemein, Leib
und Seele, Mutter und Schüler, Mantel und Rock. Er ass und
trank um unsertwillen; er lebte und starb um unsertwillen.
Seine Pein und sein Leiden und Elend war ihm proper und eigen, aber der Segen und der Nutzen, der daraus kommen ist,
der ist gemein, und die Glorie seiner Verdienste soll ewiglich
gemein sein". Das Andere aber, was R. an Christus in d i e s e r
Weise hervorhebt, ist der ganz mit Gottes Willen geeinte
eigene freie Wille (höher als der Gehorsam der ersten Stufe,
in dem er unterthänig war), aus dem er heraussprach: nicht
mein, sondern dein Wille; „ein Wort, das ihm das genüg-
licbste war und das herrlichste und uns das nützeste und dem
Vater das minnlichste und dem Teufel das schändlichste, das
Christus je sprach; denn in dem Verzeihen und Ausgehen seines Willens nach der Menschheit so sind wir alle erlöst und
behalten".

Aber Christus zeigte sich nicht bloss als Knecht und als
Freund Gottes, sondern er erwies sich auch in seinem Leben als
Sohn Gottes, oder, wie R. sich ausdrückt; er war der höchste
B e s c h a u e r. Besonders „da er sprach: es ist Alles voll-
bracht, erhob er seinen Geist in ein ewig selig Gebrauchen".

In diesem Leben des Gottmenschen, das R. so oft in seiner
einzigen Herrlichkeit darstellt, findet er nun eben auch das

Werk Christi, das zunächst in der Darstellung und Mittheilung dieses Lebens besteht. „Er weist uns den Weg der Minnen zu seinem Vater, den er selber ging und der er selber ist.... Er ist unsere Regel, unser Spiegel, darin wir leben sollen.... Seine Menschheit hat er uns gegeben mit allem dem, das er gelitten hat, auf dass wir kühnlich damit vor seinen himmlischen Vater treten dürfen.... Er brachte das Feuer auf Erdreich, das alle Guten entzündet.... Er eröffnet den Eingang in das ewige Leben und in des Lebens Paradies, das er selber ist (vrgl. S. 97).... Er hat uns gegeben Alles, was er ist, hat und vermag. Er will in uns leben und wohnen, und er will selber unser Leben sein, Gott und Mensch, und allzumal unser sein.... Er hat uns in ein neues Leben versetzt, aus Feinden Freunde gemacht“; — welches R. ein weit grösseres Werk nennt, als dass er die Welt aus Nichts erschaffen.

R. stellt aber auch das Werk Christi vielmals als eine Erkaufung Unser, als eine Besiegung des Todes und des Teufels dar. „Mit Gerechtigkeiten,... mit seinem Tode hat er unsere Schuld bezahlet,... denn der Vater wollte die Sünden strafen naeh Gerechtigkeit.... Er hat den Tod und den Teufel besiegt,... uns von Sünde erlöst,... mit seinem Blute.... Er hat unsern Tod getödtet mit seinem Tode.... Er hat unsern Feind besiegt und das Gefängniss zerbrochen.... Er bat Frieden gemacht und wir sind frei“.

Besonders aber liebt er es, unter dem Gesichtspunkt „eines Opfers an Gott“ Christi Werk aufzufassen. „Seine Menschheit war ein würdig Opfer seinem himmlischen Vater.... Er hat uns mit ihm selber geopfert seinem himmlischen Vater als seine geminnte Frucht, darum er gestorben ist; und der Vater umfahet uns mit seinem Sohn in einem minnlichen Umhalsen (Umarmen). Seht, dadurch werden alle Sünden vergehen und alle Schuld bezahlt und alle Tugenden vollbracht und Lieb mit Lieb in Minnen besessen. In diesem Besitzen wirst du dich befinden und fühlen lebend in Minne und Minne in dir···· Denn hat der Sohn euch geopfert mit ihm seinem Vater mit seinem Tod, so seid ihr umhalset in Minnen, und Minne ist auch gegeben als ein Pfand, damit ihr gekauft

seid, Gott zu dienen, und als ein Angeld, damit ihr als Erben
eingesetzt seid in das Reich Gottes. Und Gott kann sein Pfand
nicht im Stich lassen, denn das Pfand ist alles, das Gott selber ist und vermag.... Es ist der h. Geist.... In seinem willigen Uebergeben hat er uns gekauft mit seiner Minne, ihm
zu dienen und seinem Vater".

Man wird nicht sagen können, dass eine systematisch-
ausgebildete Ansicht sich hier finden lasse, wohl aber, dass
alle möglichen Beziehungen auf den Teufel, auf Gott, auf unsern Sündenzustand sich vorfinden, dass alle verschiedene Darstellungen früherer Zeiten naeh- und anklingen. In diesem
Punkte haben sich eben alle Mystiker damals rein rezeptiv zu
den bereits vorhandenen Ansichten und Darstellungen in der
Kirche verhalten; ihnen genügte in der Erscheinung Christi
die konkrete Verwirklichung dessen zu finden, was ihnen ihr
mystisches Leben war; und in dieser Verwirklichung die mit-
theilende göttliche Gnade.

Das gewöhnlich sogenannte Versöhnungs - und Erlösungs-
werk scheint R. übrigens mehr auf das wirkende Leben
Christi und in seiner Geltung mehr für die erste Stufe
des religiösen Lebens bezogen zu haben; das Werk Christi
aber als rein geistiges und mystisches mehr auf die höheren Stufen seines Lebens und mehr für die Vorgeschrittenen.

Das mystische Leben.

Die drei Stufen oder »Stände« oder »Ordnungen«.

Alles Bisherige bildet die Unterlage der Mystik. Sie
selbst nun nach ihren Stufen entwickelt R. im Allgemeinen wie alle Mystiker; wie diese lässt auch er den
Menschen durch drei Entwickelungsstufen, von denen je die
niederere zu der nächst höheren führt und treibt, dem Ziele
seiner mystischen Vollendung entgegengehen; aber keiner
der Meister der germanischen Mystik hat wie er diese Stufen
so genau bestimmt und gegen die andern abgegränzt.

Er spricht überall von dreierlei Menschen, „drei Partien von Menschen, darin alle die Familie, die Gott dient, inbegriffen ist"; oder von „drei verschiedenen Arten der Zukehr zu Gott und der Uebung"; von „drei Ordnungen — oder Stäuden, darin alle Weise von Heiligkeit geübet wird". Wenn diese drei Stände „zusammenkommen" in einem Menschen, der Mensch, sagt er, lebe „nach dem Willen Gottes", lebe „in dem vollkommensten Stand der h. Kirche". Doch meint er darum nicht, dass sie in jedem guten Menschen sich vereinigen; es könne wirkende Menschen geben, die auf dieser Stufe stehen bleiben; hingegen wer die zweite erreicht, müsse auch die erstere inne haben, und wer die dritte, die zweite. Zu einer höheren Stufe gebe es kaum einen Weg als durch die vorhergehende: diese drei Wege seien in ihrer Aufeinanderfolge die Ordnung des Heils. Doch nicht, dass der Mensch so daran gebunden wäre, dass er nicht auch den einen oder andern überspringen könnte; „er möchte auch sehr bald verklärt werden in dem Beginne seines Kehrs, so er sich ganz in den Willen Gottes setzet und aller Eigenheit seiner selbst sich entschlüge; denn daran liegt es alles.... Hat er auch nicht alle die Manieren gehabt (die R. aufstellt), das ist keine Noth, wenn er nur den Grund der Tugenden in ihm fühlt, das ist: in Werken demüthiger Gehorsam und in Leiden geduldige Gelassenheit". Aber denn doch nachher, sagt R., müsste er „die früheren Weisen und Wege ganz oder zumeist gehen" (gleichsam: nachholen); nur „dass diess ihm leichter sein sollte denn einem andern, der von unten aufwärts geht"; denn „er hat bereits mehr Licht, denn andere Menschen".

Uebrigens hat R. den mystischen Verlauf auch wohl in andern Formen (doch allerdings den drei Stufen im Wesentlichen völlig entsprechend) dargestellt; z. B. als ein Leben der Liebe durch 7 Stufen hindurch, auf denen man das himmlische Reich ersteige: auf der untersten als Uebergabe des Willens in den göttlichen Willen; auf der zweiten als Armuth, da der Mensch der äusserlichen Dinge, seiner Güter, nur zu seiner Nothdurft, zur Hülfe der Nebenmenschen, zu Gottes Ehre gebrauche; auf der dritten als Keuschheit, da

der Mensch Leib und Seele rein halte im Dienste Gottes (bis
hieher offenbar wirkendes Leben); die vierte Stufe, mit der
das innige Leben beginnt, umfasst die Demuth, da die Liebe
gänzlich auf sich verzichtet, aus sich ausgeht, und in Allem
nur — fünfte Stufe — Gottes Ehre sucht und von Gott geehrt sein will, denn „ehren und geehret werden ist Uebung
der Liebe"; die sechste und siebente Stufe ist endlich das
Stadium des schauenden Lebens.

Das wirkende Leben (die erste Stufe).

Die e r s t e Stufe nennt R. das „wirkende" Leben, oder
auch das „beginnende", das „erste und niederste Leben, das
aus Gott geboren ist"; ein moralisches, sittliches, ein „auswendiges", ein „gutes", ein „tugendsam Leben, sterbend den
Sünden und zunehmend in Tugenden".

Die Menschen dieses Lebens nennt er „ernstlich gute",
„gutwillige", „tugendsame", „auswendige", „g e t r e u e
K n e c h t e". Letztere Bezeichnung hat ihre Beziehung zu
den höheren Stufen: den „Freunden" (der zweiten) und den
„Söhnen Gottes" (der dritten Stufe); aber auch zu der zunächst niedriger liegenden, ihr gleichsam vorangehenden: zu
der Stufe der „g e m i e t h e t e n Knechte Gottes". Nicht
deutlicher können wir diesen Stand der „getreuen Knechte"
in seinem Verhältniss zu der tiefer liegenden sittlich-religiösen
Entwickelung und zugleich in seinem eigenen W e r d e n bezeichnen als durch Anführung dessen, was R. eben über diese
gemietheten Knechte sagt. Das Bewegende nämlich dieser
letzteren in ihrem sittlich-religiösen Sein sei Selbstliebe:
Furcht der Hölle oder Angst, die ewige Seligkeit, nach der
jeder Mensch von Natur verlange, zu verlieren. „Merket, alle
Menschen, die sich selbst also unordentlich minnen, dass sie
Gott anders nicht dienen wollen, denn um ihren eigenen Gewinn und Lohn, die scheiden sich selbst von Gott und behalten sich unfrei und in Eigenheit. Denn sie suchen und meinen
sich selbst in allen ihren Werken. ·Und darum mit all' ihrem
Gebet und mit all' ihren guten Werken suchen sie zeitliche
Dinge oder ewige Dinge, die sie um ihres Nutzens wegen er-

kiesen.... Denn ihnen gebricht gerechte M i n n e, die sie mit
Gott vereinigen sollte und mit allen seinen geminnten Freunden. Und scheint es auch, dass diese Menschen halten das
Gesetz und die Gebote der Kirche — sie halten doch nicht
das Gesetz der Liebe. Denn alles was sie thun, das thun sie
aus blosser Noth, auf dass sie nicht verdammt werden. Und
darum, dass sie ungetreu in ihrer Inwendigkeit, dürfen sie
Gott nicht getrauen, sondern all' ihr inwendiges Leben ist
Zweifel und schwere Arbeit und Elend. Denn sie sehen an
zur rechten Seite das ewige Leben, und das fürchten sie zu
verlieren; und sie sehen an zur linken Seite die ewige höllische
Pein, und die fürchten sie zu erkriegen. All' das Gebet und
all' die Arbeit und all' die guten Werke, die sie wirken mögen, um diese Furcht zu vertreiben, alles das hilft ihnen nicht.
Denn so sie sich selber mehr lieben unordentlich, so sie die
Hölle mehr fürchten. Und hieran magst du merken, dass die
Höllenfurcht kommt von eigener Liebe, die sie zu sich selber
haben". Nun heisse es allerdings in der Schrift: die Furcht
des Herrn sei ein Anfang aller Weisheit. „Aber das ist die
Furcht, die geübet wird zur rechten Seite, darin man fürchtet, zu verlieren die ewige Seligkeit. Denn diese Furcht
kommt aus natürlicher Neigung, die jeglicher Mensch in sich
hat, selig zu sein, das ist, Gott zu schauen. Und darum, mag
auch der Mensch Gott ungetreu sein, ist, dass er seiner selbst
von innen wahrnimmt, s o f ü h l t e r s i c h g e n e i g t a u s
s i c h s e l b e r z u d e r S e l i g k e i t, d i e G o t t ist. Und
diese Seligkeit fürchtet er zu verlieren, denn er liebt sich
selber mehr denn Gott und möchte sich die Seligkeit zueignen
um seiner selbst willen, und darum darf er Gott nicht getrauen. Nichts desto weniger heisst das die Furcht unsers
Herrn, die B e g i n n ist der Weisheit und Gesetz der unge-
treuen Knechte Gottes; denn sie zwingt den Menschen, die
Sünden zu lassen und gute Werke zu wirken; und diese Dinge
bereiten den Menschen von aussen, die Gnade Gottes zu empfahen und ein getreuer Knecht zu werden,... minuend und
meinend Gott in allen seinen Werken".

Fragen wir nun, wie R. diess wirkende Leben i n s i c h
s e l b s t bestimmt, so scheint die Antwort hierauf einfach;

aber sie ist doch wieder verwickelt, sofern er sie in mannig-
facher Weise gibt. Bald nämlich legt er in der Definition dieser Stufe den Schwerpunkt auf die p s y c h o l o g i s c h e Gliederung des Menschen, im gegebenen Falle auf die niedern
Seelenkräfte; bald wieder mehr auf den s i t t l i c h - r e l i g i ö -
s e n   I n h a l t dieser Stufe und ihrer Entwickelung: im Gegensatz zu den Räthen (vrgl. Tauler S. 204 ff.), die er der zweiten Stufe zuerkennt, seien es nur die G e b o t e , auf welchen
d i e s e Stufe ruhe; es sei der g e s e t z l i c h e Standpunkt,
„der gemeine“ Weg: es seien hier die Menschen zwar „getreue Knechte Gottes“, „gehorsam Gott und der h. Kirche und
ihrer eigenen Bescheidenheit“ (Einsicht), die damit begännen,
ihr Gewissen von (Tod)sünden durch Reue und Leid, Beichte
und Genugthuung vor dem Priester und vor Gott zu reinigen,
und in guter Zuversicht zu der Barmherzigkeit Gottes stehen;
aber es seien doch immerhin noch Knechte. Mit einem Worte:
das, was man justitia civilis nennt, „die Nothdurft“ für das
Himmelreich, wie Tauler sagt, das gemein-kirchlich-religiöse
Leben, die Laien-Frömmigkeit (im Sinne des Mittelalters),
scheint er dieser Stufe zu eignen. — Andere Male aber betont
er diess wirkende Leben vorzugsweise als ein „auswendiges“,
„äusserliches“, thätiges, was man heutzutage praktisch nennt,
in dessen Dienst übrigens alle Kräfte der Seele eingezogen
werden, wie denn auf j e d e r Stufe alle Kräfte, je der Stufe
gemäss, verziert werden sollen. Es ist der Martha Standpunkt, das schlichte, gewöhnliche Leben, ohne Spekulation
des Geistes, ohne Innerlichkeit der Seele. Wiederum sind es
d i e s e   v e r s c h i e d e n e n   G e s i c h t s p u n k t e   m i t   e i n -
a n d e r , die er zusammenfasst. „Gott sendet uns (auf dieser
Stufe) a u s als seine getreuen K n e c h t e , zu halten seine
G e b o t e “. Oder auch bezeichnet er diese Stufe überhaupt
nur als die erste, unterste, der sittlich-religiösen Beschaffenheit
nach. So variirt R. Am u m f a s s e n d s t e n offenbar entwickelt er diess wirkende Leben in seiner „Zierde der geistlichen Hochzeit“, wo er nach den S e e l e n - K r ä f t e n den
Inhalt dieses Lebens sich entfalten lässt, womit auch ein Fortschritt im L e b e n   s e l b s t verbunden ist. —

Auf der n i e d e r s t e n Stufe des wirkenden Lebens und

in der „niedersten Einung" hat nun nach R. der Mensch zunächst seine Natur (Viehlichkeit) zu bemeistern, seinen „sinnlichen" Menschen in den „inwendigen, vernünftigen" Menschen zu „verschliessen", so dass der sinnliche dem vernünftigen unterthan sei, wie eine Magd ihrer Herrin. Und so oft
der äussere Mensch aus den „Pforten seines Gewahrsams",
den fünf Sinnen, die Gott der Pflege der Vernunft anvertrauet
hat, ohne deren Zulassung herausbreche, habe die Vernunft
sie wieder einzuholen, einzuziehen, und nach Beschaffenheit
der begangenen Schuld zu züchtigen, denn sonst, wenn er
(der äussere Mensch) allzulange ausbliebe gefangen in Weltlust, stürzte er auch den inwendigen Menschen selbst in diese
Gefangenschaft. Daher, sagt R., gehöre d i e s e r Stufe an:
Pönitenz, auswendige Uebungen, das äussere Kreuz tragen
mit Christo: „wir müssen in uns selbst Partei machen und getheilt sein, und das niederste Theil unseres Selbst, das viehr-
lich ist und uns kontraire ist zu den Tugenden und das uns
von Gott scheiden will, das müssen wir hassen und verfolgen
mit Pönitenzien und Hartheit von Leben, also dass es allezeit
unterdrückt bleibe und unterworfen der Vernunft und dass
Gerechtigkeit mit Reinigkeiten von Herzen allzeit die Oberhand behalten in allen tugendlichen Werken". Diese Uebung
sei freilich „mehr sinnlich denn geistig", es seien mehr „auswendige geistliche Werke"; auch seien damit noch lange nicht
„alle ungeordneten Neigungen nach L u s t d e r N a t u r e n"
überwunden, „denn heilig Leben ist eine Ritterschaft, das
man mit Streit behaupten muss".

Höher steigt schon das anfahende, wirkende Leben a u f
d e r S t u f e d e r a n d e r n E i n u n g, das R. sich entfalten
lässt nach den einzelnen Seelenkräften d i e s e r Stufe: der
zornigen, begierlichen, vernünftigen; fast mehr aber noch
nach dem Rahmen der drei ersten von den (nach Jes. 11, seit
Gregor dem Grossen rezipirten) sieben Gaben des h. Geistes,
oder auch nach den drei Haupttugenden, die ihm ganz besonders „Gleichniss der h. Trinität" an sich tragen. Doch bleibt
sich der w e s e n t l i c h e Inhalt in allen diesen Fassungen
gleich: ein umfassend „tugendsam" Leben, in dem der Mensch
„ausgeht zu Gott, zu dem Nebenmenschen und zu sich selbst",

„aufwärts und niederwärts sich übt und die Gnade in ihm
nicht ledig sein lässt".

Die e r s t e Reihe dieser Tugenden und sittlichen Bethä-
tigungen ist nun diejenige, da der Mensch sich gleichsam „vor
die hohe M a c h t Gottes", sich ihr gegenüber, sich unter sie
stellt, unter den V a t e r; die Tugenden des Vaters, darin
sich die Tugenden der Gottesfurcht, Demuth, des Gehorsams,
der Willensgelassenheit, der Geduld und Sanftmuth befassen,
gleichsam als „Bäche" — ein Bild, das R. vielfach anwendet.
Oder, wie er sich auch ausdrückt, hier sei das Gebiet der
e r s t e n der sieben Gaben des h. Geistes: der Gottesfurcht,
die er, im Unterschiede von der knechtischen Gottesfurcht
(s. o.), eine „minnende" Furcht des Herrn nennt, „da sie
mehr fürchtet, Gott zu beleidigen, als die Belohnung zu verlieren". Die erste Kraft unter den mittleren Seelenkräften sei
der Boden dieser Tugend-Sphäre: die zornige; und das erste
Element, die Erde, das e r d i g e im Menschen, werde damit
verzieret, und der Mensch werde in denselben nicht unbillig
den englischen Geistern der u n t e r s t e n Ordnung, die
„Boten" genannt werden, verglichen, als deren Geselle er
sich erzeige.

Die z w e i t e Reihe dieser Tugenden ist diejenige, da der
Mensch sich gleichsam vor die „grundlose G ü t e Gottes und
unter ihren Einfluss — unter den h. G e i s t — stellt", die
Tugenden des h. Geistes: die „Karitas" mit der „Goiderthierenheit" (Gutartigkeit, pietas), Kompassion (= Mitleiden),
Mildigkeit. Dieses Gebiet, sagt R., werde umfasst von der
z w e i t e n Gabe des h. Geistes, die er wieder „Goiderthierenheit" nennt; und die a n d e r e Kraft unter den mittleren Seelenkräften sei ihr Boden: die begierende; und das zweite Element, das Wasser, das f l ü s s i g e im Menschen, werde damit verzieret, und der Mensch gleiche sich darin „dem andern
Chor der h. Engel, welche die Erzengel genannt werden",
und die höchsten Boten seien, die von Gott den Menschen in
menschlicher Gestalt als Engel der Barmherzigkeit u. s. w. zu-
geschickt würden.

Die d r i t t e Stufe ist diejenige, da der Mensch sich
gleichsam vor die „ewige W a h r h e i t Gottes" und unter ihre

Einflüsse stellt, unter den **Sohn**, woraus die Gerechtigkeit
entspringe mit dem Ernst, der Mässigkeit, Reinigkeit. Diess
Gebiet wird nach R. umfasst von der dritten Gabe des h. Geistes, der Gabe der „Kunst und Unterscheidung" („Wissenschaft und Bescheidenheit"), welche als Selbsterkenntniss,
die Missfallen an sich selbst zur Folge hat, allerdings mit der
Gerechtigkeit parallel gesetzt werden kann. Die **dritte** Kraft
(der mittleren Seelenkräfte) sei der Boden dieser Sphäre; die
vernünftige; und das dritte Element, die Luft, das luftige,
werde damit verzieret, und der Mensch gleiche sich da den
Geistern der dritten Ordnung, den Kräften, welche die erste
Stufe der Hierarchie abschliessen; so wie in **diesen** dreien
Kräften und Kraft- und Tugend-Entwickelungen sich das wirkende Leben abschliesse. Durch diese sieben (beziehungsweise
drei) Tugenden werden, sagt R., die (ebenfalls nach Gregor
rezipirten) sieben Todsünden, die ihre Gegensätze seien, vertrieben: durch die Demuth und den Gehorsam die Hoffarth,
die „Sache und Beginn aller Sünden ist"; durch die Geduld
und Sanftmuth „die Gramschaft" und der „Zorn"; durch die
Goiderthierenheit der „Neid"; durch die Mildigkeit die „Gie-
rigkeit"; durch den Ernst die „Trägheit", durch die Mässigkeit die „Unmässigkeit"; durch die Reinigkeit die „Unkeuschheit". Ebenso treffen die sieben Seligpreisungen diese verschiedenen Tugendübungen: Selig sind die Armen im Geiste
— die Demuth; Selig sind die Sanftmüthigen — die Geduld
und Sanftmuth; Selig sind, die betrübt sind — die Goiderthierenheit; Selig sind die Barmherzigen — die Barmherzigkeit; Selig sind, die da hungert und dürstet — den Ernst;
Selig sind, die Friedsamen — die Mässigkeit; Selig sind, die
reines Herzens sind — die Reinigkeit.

Man ersieht daraus, wie R. es nicht lassen kann, überall
zu schematisiren, zu konstruiren, Analogien zu ziehen.

Das ist die Entfaltung des wirkenden Lebens auf der Stufe
der mittleren Kräfte und vorzugsweise als **thätig-sittli-**
ches. Seinen Gipfel ersteigt diess wirkende Leben auf der
Stufe „**seiner höchsten Einung**", und hier vorzugsweise als eigentlich **religiöses.** Da soll der Mensch Gott
„meinen in allen Dingen", das heisst, „in allen Namen, die

man von Gott aussagt", solle man ihn so denken, so gegenwärtig haben, wie es dem göttlichen Wesen angemessen sei.
Aber nicht bloss meinen solle man Gott auf göttliche Weise,
sondern auch „minnen", denn „Gott kennen oder sehen ohne
Liebe, das schmeckt nicht, noch hilft noch förderet nicht",
und so minnen solle man Gott, dass man „nicht zwei Ende
setze in der Meinung, das ist dass man Gott meint und Etwas
dazu, sondern alles, das der Mensch minuet, dass das sei
unter Gott, und nicht Gott entgegen, sondern in einer Ordnung, Hülfe und Förderung, um desto besser zu Gott zu
kommen". Denn „hast du wahre göttliche Minne, so hast
du alles, das du begehren magst und viel mehr dazu wird
euch die Minne geben ohne euer Zuthun'."

Endlich, und diess ist das Höchste, was R. schon dieser
und noch mehr der folgenden Stufe zuerkennt, „soll der
Mensch auch rasten in demjenigen, den man minnt und
meint, über alle seine Boten, die er sendet, das sind seine
Gaben; die Seele soll auch rasten in Gott über alle die Zierheit und die Gaben, die sie mit ihren Boten senden mag. Der
Seele Boten das sind Meinungen, Minne und Begehrlichkeit;
diese bringen zu Gott alle guten Werke und Tugendlichkeit.
Ueber all diess soll die Seele rasten in ihrem Geminnten über
alle Mannigfaltigkeit".

Analog diesem Rasten in Gott, nach der Seite des Gefühls, der Liebe, spricht R. auch von einem Triebe, Gott
selbst zu erkennen über seinen ihn offenbarenden Gaben
hinaus. Denn habe der religiöse Mensch Gott in seinen Gaben
erfahren und geschmeckt, so werde er „sehr beweget, ihn zu
sehen und zu erkennen, wie er ist in ihm selber. Denn ob
er ihn wohl kennet in seinen Werken, das dünket ihn nicht
genug". Da, sagt R., solle man sich nur erheben, thun, wie
Zachäus, „vorlaufen alle Schaaren, d. h. alle Mannigfaltigkeit
der Kreaturen, die uns nur klein machen, dass wir den Herrn
nicht sehen können, aufklimmen solle man auf den Baum der
obersten Einheit, darin der Geist unverbildet und ungehindert
in seiner Feinheit steht; auf den Baum des Glaubens, der von
oben niederwärts wächst, denn seine Wurzel ist in der Gottheit", da werde man dann Christus, Gott finden „ungemessen,

unbegreiflich, unzugänglich, abgründig und übersteigend
alles geschaffene Licht und allen gemessenen Begriff". Das
sei „das höchste Kennen Gottes", das der Mensch im wirkenden Leben haben möge.

Dieses wirkende Lehen, sagt R., gehöre allen Menschen
zu. Es sei aber nur ein „anfahendes" Leben, das in das
„fortschreitende" übergehen solle. Denn die Menschen auf
dieser Stufe seien „von innen unerleuchtet, ungelehrt, was
innige Uebung" sei; „was die heimlichen Freunde Gottes fühlen, bleibt ihnen unbekannt". Solche „grobe, unerleuchtete
Menschen urtheilen auch wohl die geistlich Eingekehrten als
ledig, gleichwie Martha die Maria, die doch das bessere Theil,
nämlich ein inwendig Leben, erkoren". Indessen anerkennt
R. allerdings, dass mancher Mensch auch redlich auf dieser Stufe stehen bleibe. „In dem, dass er weiss und fühlt,
dass er Gott meint und seinen liebsten Willen begehrt zu vollbringen in allen seinen Werken, hiermit lässt er ihm genügen.
Denn er findet sich selbst ungeheuchelt in seiner Meinung
und getreu in seinem Dienst. Und um dieser beiden Punkte
willen behagt er ihm selber, und dünkt ihm, dass auswendige
gute Werke mit rechter Meinung heiliger und urbarlicher
seien denn einige inwendige Uebungen, ... denn der Herr
tadelte Martha nicht um ihren Dienst, denn ihr Dienst war
gut und nützlich, sondern er tadelte sie um ihre Sorgfaltig-
keit (Aengstlichkeit) und um dass sie durch Mannigfaltigkeit
auswendiger Dinge bedrückt war (s. o.).... Ein simpel, unver-
ständiger Mensch, der gerne leben wollte nach dem liebsten
Willen Gottes, soll daher mit demüthigem Herzen begehren
und bitten Gott, dass er ihm gebe den Geist der Weisheit,
zu leben nach seinem Behagen und nach seinem liebsten Willen. Mag er denn Kunst und Weisheit tragen sonder Dünkel
und Erhebung, Gott wird sie ihm sicher gehen. Und 'ist das
nicht, er bleibe in seiner Simpelheit und diene Gott nach
seinem Verstehen. Das ist sein Bestes. ... Aber wiewohl er
ist ein getreuer Knecht unseres Herrn in auswendigem Dienste,
das die heimlichen Freunde Gottes fühlen, das bleibt ihm
verborgen und unbekannt".

Es sei daher doch wesentlich zur Vollkommenheit,

meint R., dass der Mensch von dem wirkenden Leben zum
inwendigen vorschreite; und eben durch jenes habe er „Ge-
reitschaft und ein Bevellichkeit (Geschicklichkeit) gemacht",
ein inwendig Leben zu empfangen. „Wenn das Gefäss bereit
ist, giesset man darein einen edleren Trank". Umgekehrt
möge aber Niemand „den Räthen Gottes genug sein, der seine
Gebote nicht will halten"; darum die Freunde des Herrn
allezeit „getreue Knechte unseres Herrn, darin es Noth ist",
die Knechte aber nicht Freunde seien.

Das Verhältniss selbst zwischen diesen beiden Stufen bestimmt er auf verschiedene Weise. Jene sei der „gemeine",
diese der verborgene Weg zu Gott. Dort im wirkenden Leben
sei der Mensch mehr ausgekehrt, übe er mehr a u s w e n d i g e
Werke mit Unterscheid und sei „mehr damit verbildet";
hier sei er „ganz und zumal eingekehrt", pflege er „inwendige Uebungen"; dort gehe man überhaupt mehr „mit
den Werken um, hier mehr „mit demjenigen, um den man
wirkt mit inniger Liebe"; dort habe man es mit den Zeichen
(äusserlichen kirchlichen Uebungen), hier mit der Wahrheit,
dem Wesen, dem Warum zu thun. Besonders ist es auch ein
Grad-Unterschied, den R. zwischen beiden religiösen Zuständen ausspricht. Dort wohne der Mensch im „Niederland",
hier im „Oberland, mit Sammlung aller seiner Kräfte, auf-
gehaben im Herzen zu Gott, frei und unbekümmert von Lieb
und von Leid von allen Kreaturen"; dort sei darum auch kein
solcher Brand von Minne: „im Oberland macht die Sonne
frohen Sommer, und viel guter Frucht und starken Wein und
das Land voll Freude; dieselbe Sonne gibt ihren Schein in
Niederland, in das Ende von Erdreich, aber die Landschaft
ist kälter und die Kraft der Sonne ist da nieder; doch bringet
sie da viel guter Früchte, aber man findet da wenig Weins".
Auch sei dort kein solcher R e i c h t h u m und i n w e n d i g e
H e r r l i c h k e i t der Tugenden und sittlichen Uebungen;
auch kein solches Gebrauchen. Dort sei der Martha-, hier der
Maria-Standpunkt; dort habe man es nur mit den Geboten
Gottes zu thun, hier mit den Geboten und d e n R ä t h e n;
und unter letzteren versteht R. „ein minnlich inwendig Ankleben an Gott zu seiner ewigen Ehre mit einem willigen Ver-

zichtleisten auf alles, das man ausser Gott mit Lust und mit
Liebe besitzen mag". Sende uns Gott auf der wirkenden Stufe
aus „als seine getreuen Knechte, um zu halten seine Gebote",
so rufe er uns auf der innigen wieder „ein als seine treulich-
sten Freunde, so wir anders nachfolgen seinen Räthen".

Das innige Leben (die zweite Stufe).

Diese Stufe, diesen Stand nennt R. auch „ein ehrbares",
„begehrliches", „tugendhaftes", „inwendiges", „fortschrei-
tendes", „fortgehendes", „vernünftiges" Leben, ein „sich von
der Welt kehren"; und die Menschen d i e s e r Stufe nennt er
„innige", „geistliche", „eingekehrte", „reichlebende" Menschen, „heimliche Freunde Gottes", „vollbringend H o c h heit
von allen Tugenden". — Zu diesem Leben, sagt er, „kommen nicht alle Menschen", alle diejenigen nämlich nicht, die
„ihre Werke mehr aus guter Uebung, als aus innerlichem
Triebe verrichten, auch einige s o n d e r l i c h e und eigene
Weisen, und eine M a s s e guter Werke höher halten, als die
reine Absicht und brünstige Liebe zu Gott; dieser Ursachen
halber bleiben sie äusserlich und vermannigfaltigt und fühlen
Gott nicht innerlich in ihnen". Doch kämen immerhin noch
v i e l e Menschen zu d i e s e m Leben „durch sittliche Tugenden und inwendige Ernstigkeit"; an einem andern Orte sagt
er sogar, es gehöre allen denen zu, so da selig werden wollen,
wie er es sonst von dem wirkenden Leben aussagt.

Erforderlich dazu sei, dass das Gemüth frei sei von
den sinnlichen Dingen, gesammelt und eingekehrt in sich
und übergekehrt in Gott. Diese d r e i Punkte, die gewissermaassen selbst schon das innige Leben konstituiren, wiederholt R. auf allen Blättern als die (subjektiven) Bedingungen
zur Erreichung desselben. Ein geistlicher Mensch müsse „unverbildet sein von Herzen" (nicht gerade: un g e bildet, was
sich auf geistliche Bilde bezieht), „entblösst von fremden Bildern, Kreaturen", „unbesessen", „kein Ding mit Liebe besitzen und daran kleben mit Geneigtheit", „auf alle fleischliche Liebe Verzicht thun, auf alle ungeordnete Liebe zu den
Kreaturen", denn „alle Liebe, die nicht pur um die Ehre

Gottes ist, verbildet das Herz"; er müsse „gestorben sein aller
Eigenheit". Er müsse ferner „aufsteigen, einkehren, einfliessend sein in sein Inneres, in seine höhere Vernunft", „von
inniger Ernstigkeit" sein, dass er sich „unverbildet und ungehindert in aller inwendigen Uebung zu Gott erheben möge".
Und diess eben ist die dritte Bedingung. Der innige Mensch
müsse auch sich selber übersteigen" in „Gott selbst sich erheben, nichts meinen, als die Ehre Gottes", „in seinem Einkehren mit erhabenem freien Geiste vor dem Angesichte Gottes wandeln", „inwendig, innerlich ankleben an Gott, den eigenen Willen in den freien Willen Gottes, die Verbildetheit der
Verständnisse in die Unverbildetheit der Wahrheit, die Gott
selber ist, sterbend geben"; „in Gott ganz und zumal eingekehrt sein, mit freiem Aufgang, Zukehr des Willens, mit
Sammlung aller Kräfte, leiblicher und geistlicher, in Gott, in
die hohe Einigkeit Gottes"; „gewaltig sein seines Geistes und
seiner Naturen, unbewegt von Lieb und Leid zeitlicher Dinge,
von Gewinn und Verlust, von Erheben und Verdrücken, von
fremder Sorge, Freude, Furcht, unbefangen von allen Kreaturen".

   Die Exposition dieses innigen Lebens hat R. auf verschiedene Weise gegeben: öfters nach der Richtung oder „Uebung"
in uns — in geduldiger Langmüthigkeit, ausser uns — uns aus-
kehrend in der Breite der Liebe (s. u.), unter uns — in Demuth,
über uns — in Erhebung zu Gott (wie oben im wirkenden Leben);
doch so nur wie flüchtig; oder nach den Gaben des h. Geistes (den vier letzten), oder nach den Seelenkräften
des Menschen. Wir wollen diese Darstellung nehmen (aus
der „Hochzeit"), die weitaus die umfassendste und reinste ist,
die R. irgendwo gegeben hat.

   Das innige Leben beschreibt er nun zuerst, wie es sich
„im niedersten Theil" des Menschen, in dem „Herzen",
das der Sitz des sinnlichen Gefühls ist, in der „ersten" Einigkeit, in der Einigkeit der leiblichen Kräfte kundgebe „durch
Wirkung im Gefühl, fühlbar"; wie dieser Theil des Menschen zunächst „damit verziert" werde, denn „dieser Theil
muss zumal gesäubert sein und geziert und entzündet und eingezogen". Es sei aber ein Entwickelungsverlauf, den

diess innige Leben (wie in allen Kräften, so auch) in diesem
„Niedersten" des Menschen durchgehe, und diesen Verlauf vergleicht er (wie er diess überhaupt liebt) mit dem Jahreslauf,
mit dem Lauf der Sonne und ihrer Wirkung auf die Erde,
und stufet ihn darnach in v i e r Stadien, „Weisen", Momente,
— eine Darstellung, die man fast eine Analyse des religiösen
Gefühlslebens nennen könnte.

Was sich z u e r s t auf dem Standpunkt des i n n i -
g e n Lebens spürbar mache, sei H i t z e im H e r z e n; denn
gleichwie „der Schein und die Kraft der Sonne in einem
Augenblick vom Orient, da sie aufgeht, all die Welt bis in
Okzident erleuchtet und durchscheinet und erhitzet", also
gleicherweise „durchscheint und erleuchtet und entzündet
Christus (Gott), die ewige Sonne, wenn sie wohnt in dem
Obersten des Geistes, das niederste Theil des Menschen, das
ist, das leibliche Herz und die gefühlichen Kräfte, und diess
geschieht in kleinerer Zeit denn in einem Augenblick, denn
Gottes Werk ist schnell.... Gleicherweise wie die Natur und
Kraft des Feuers die Materie entzündet, die bereit ist dem
Feuer, so entzündet Christus die erhabenen freien Herzen
mit inniger Hitze seines inwendigen Advents". Aus dieser
Hitze, sagt R., komme „Einigkeit des Herzens", „denn das
Feuer macht Ein und sich selbst gleich in allen Dingen, die
es verweltigen und umformen mag"; da fühle sich der Mensch
„vergaderet (gesammelt) von Innen in das Ein seines Herzens";
denn „Einigkeit des Herzens ist ein Band, das zusammenzieht
und umfasset Leib und Seele, Herz und Sinne und alle die
Kräfte von Aussen und von Innen in Einigkeiten von Minne".
Diese Einigkeit erzeuge die „Innigkeit", da „der Mensch gekehrt ist von Innen zu seinem eigenen Herzen", und „Herz
und Sinn, Seele und Leib mit all' den leiblichen Kräften nach-
gezogen werden"; — die Innigkeit erzeuge „die gefühliche
Liebe", eine Lust, „die man hat zu Gott, als zu dem ewigen
Gut, da alles Gut ingeschlossen ist", und die „Urlaub allen
Kreaturen gibt", auf dass sie „erkriegen möge denjenigen,
den sie minuet", — eine Liebe, der der Mensch immer pflegen müsse, er könne nicht anders. — Diese gefühliche Liebe
wirke „Devotion zu Gott und zu seiner Ehre", da „das Feuer

der Liebe die Flamme der Begierden zum Himmel empor-
bläst" und „blühen macht Leib und Seele in Ehrerbietung
vor Gott und vor allen Menschen". Aus dieser Devotion komme
dann Dankbarkeit für alles was Gott gethan, und diess Gott-
loben sei „das eigenste und properste Werk der Engel und
der minnenden Menschen.... Die Gott nicht loben, sollen
ewiglich stumm bleiben". Ja, das Herz, das voll sei des Lobes, das begehre, dass „alle Kreaturen Gott loben". — Das
Alles aber sei dem Herzen doch immer noch nicht genug;
darum fühle es bei alle dem ein doppeltes Wehe: dass es
zurückbleibe in Dank, in Lob und in Ehren und in Gottes
Dienst, und dass es nicht zunehme, nach dem wie es begehre „in Karitaten, in Tugenden, in Treuen, in vollkommenen Sitten"; und dieses doppelte Wehe seie „das höchste
Werk in dieser ersten Weise inwendiger Uebungen". Nämlich sehr treffend schliesst R. fast jedes Stadium des mystischen Lebens, nachdem es sich innerhalb seines Umfanges entfaltet hat, mit der Erkenntniss der Beschränktheit, die ihm
bei allem dem noch anhaftet, mit dem Gefühl der Unzulänglichkeit des eigenen Erreichthabens, mit einem Schmerz,
Wehe, Stachel, der zugleich als solcher über sich hinaus-
treibt in ein höheres Stadium.

Diese „Weise des innigen Lebens nach dem niedersten
Theile", diese Uebung desselben im Herzen mit seinen aufsteigenden und wieder in sich zusammensinkenden und wieder
aufsteigenden Gefühlen, dieses religiöse Herzens- und Gefühlsspiel vergleicht R. dem Kochen, Wallen, Aufbrodeln und
Niedersinken des durch die Hitze zum Kochen gebrachten
Wassers. „Wenn das natürliche Feuer durch seine Hitze und
Kraft aufgetrieben hat das Wasser oder andere Feuchtigkeit
zu dem Aufwallen, das ist sein höchstes Werk, so kehrt das
Wasser um und fällt nieder auf denselben Grund, und dann
wird es wieder aufgetrieben zu demselben Aufwallen von Kraft
des Feuers, also dass das Feuer allezeit auftreibend ist, und
das Wasser allezeit niederfallend. Also gleicherweise wirket
das inwendige Feuer des h. Geistes und treibt und jagt das
Herz und alle die Kräfte der Seele zu dem Aufwallen, das
ist, Gott zu danken und zu loben,... und so fällt man wieder

auf denselben Grund, da der Geist Gottes brennet, also dass
das Feuer der Minne allezeit brenne und das Herz der Menschen allezeit aufwalle in Dank und Lob mit Worten und mit
Werken, und allezeit in Niederheit bleibe, so dass man gross
achte, das man thun solle und man gerne thäte, und klein
achte, das man thut".

Das ist die erste Weise des innigen Lebens nach
dem niedersten Theile, im Herzen. Wie aber die Sonne
immer höher steige im Mai, mit doppelter Kraft wirke und
die Frucht schnell reifen mache, so gehe auch die Sonne
des innigen Lebens, so die Sonne Christus immer höher auf
in unserem Herzen. Dieses höhere Aufgehen im Herzen —
auf diess Wehe, das der Schluss der ersten Weise war, — ist
nach R. „neue Süssigkeit", „süsser Regen neues inwendigen
Trostes", „Himmelsthau göttlicher Süssigkeit"; daraus „Welde
des Herzens kommt und alle der leiblichen Kräfte, also dass
dem Menschen dünkt, er sei umhalset mit dem göttlichen
Umfang von Innen in Liebe". Diese Welde und dieser Trost
„ist mehr und genüglicher der Seele und dem Leibe denn
alle Welde, die Erdreich geleisten möchte, und möchte sie
auch ein Mensch umfangen". In dieser Welde senke sich
Gott ins Herz durch seine Gaben „mit also viel schmeck-
lichem Trost und Freude, dass das Herz von Innen überfliesst, ... und mag sich nicht enthalten von Vollheit der inwendigen Frenden". Da entsteht dann „die geistliche Trunkenheit", sofern der Mensch „mehr gefühligen Schmack und
Welde empfängt, denn sein Herz oder sein Gelust fassen
mag". — Wenn die Sonne dann am höchsten steht, wenn
das innige Leben im Herzen noch höher sich potenzirt, das
minnende Herz alle Gaben, Trost und Süssigkeit, die wir von
Gott empfangen mögen, übersteigen möchte, auf keinem
Schmack rastet, „um denjenigen selbst allezeit zu finden, den
es minnt": da entstehe im so getroffenen Herzen die Liebes-
wunde, die Ungeduld der Liebe, die „Woit" (heftiger
Eifer), denn einerseits das „Ziehen und Einladen Gottes zu
seiner hohen Einigkeit, das das Herz so weit aufgehen
macht, dass es nicht leicht wieder kann zu sich schliessen",
und anderseits, dass man die Einigkeit „nicht erreichen kann"

trotz dem, dass sich „die Natur aufrichtet und erbietet und
sich alle Kräfte öffnen, das zu vollbringen, das geheischt wird
von Gott und von seiner Einigkeit", diess eben, dass man
„das nicht erkriegen mag, was man über alles begehrt, und man
das nicht entbehren will noch kann, und man doch da bleiben
muss, da man nicht sein will", diess mache „Wohl und Weh
in einer Zeit", „liebeswund, ungeduldig". In diesem Stadium,
sagt R. sehr wahr (s. u.), entstehen dann auch die sogenannten „Revelationen". — Im Herbste gehe die Sonne nun unter;
„die Hitze beginnt zu mindern"; aber „zeitige, währende
Früchte, die man in langer Zeit nützen soll, als Korn und
Wein und andere Früchte, die während sind, die der Zeit
verbeitet haben, pflegt man dann zu sammeln für das lange
Jahr, und von demselben Korn pfleget man dann zu säen, auf
dass es mannigfaltig werde in Nutz der Menschen". In dieser
Zeit werde „vollbracht alle das Werk der Sonne von alle dem
Jahre". Aehnlich verhalte sich auch die vierte Weise dieses
innigen Lebens im Herzen; innere Trockenheit im Gegensatz
zu dem vorangehenden Gefühls-Ueberschwang herrsche vor;
da heisse es: „alles bezahlen, was man gekostet"; auch komme
öfters dazu, dass man noch von A u s s e n verlassen sei, aber
— man ergebe sich in den Willen Gottes, thue, was, wie
Gott wolle, auch ohne Gefühl der Süssigkeit, um G o t t e s
w i l l e n. Das sei die Zeit der „reifen Frucht, die jetzt vollbracht werde", und „darin werden alle gebessert".

Damit ist nun der Jahreslauf d i e s e s Lebens im niedersten Theil des Menschen geschlossen; das innige Leben
tritt in die „zweite Einheit", in die „E i n i g k e i t d e s Gei-
s t e s", in der die d r e i höheren Kräfte der Seele liegen;
denn auch diese sollen durch dasselbige, in der Vollheit der
Gnade, geziert, erleuchtet, bereichert, erfüllet werden. Wie
eine lebendige Fontäne, die in drei Bächen ausfliesse, so
fliesse dieses innige Leben, die Gnade d i e s e s Lebens, in
die drei höheren Kräfte.

Zuerst in die „M e m o r i e", dadurch der Mensch „über
alle Mannigfaltigkeit und Unledigkeit" erhaben, „von fremden
Infällen und von Ungestädigkeit entschlagen", in „Blosheit",
„über alle Bilder gesetzet und befestiget und enthalten werde

in der Einigkeit seines Geistes" und sie besitze „weselich und übernatürlich als seine eigene Wohnung und seiner Selbst ewige persönliche Erbschaft".

Der zweite Bach fliesse in das Verständniss und wirke geistliche Klarheit, die in den Verstand „mit Unterschied in mancher Weise fliesst und leuchtet". Gerade wie die Sonne mit „ihrem Schein erfüllt die Luft mit einfältiger Klarheit und sie verklärt, und Schönheit und Reichheit von all der Welt offenbart und Unterscheid von allen Farben, und hiebei gibt sie zu erkennen ihre Eigenmacht, und ihre Hitze ist gemein in Nutz und in Fruchtbarkeit: also gleicherweise der erste Blick dieser Gabe macht in dem Geist Einfältigkeit, die wird durchschienen mit sonderlicher Klarheit recht als die Luft des Himmels mit dem Licht der Sonne". Auf diesem erleuchteten Standpunkt, der, wie man sieht, die Gabe der Unterscheidung, der Weisheit und Wahrheitserkenntniss in sich fasst, und die Ergänzung zu dem vorigen des Insichbeschlossenseins und Insichruhens bildet, dessen Reichthum und Fülle er, so zu sagen, entfaltet, erkenne der Mensch sich selbst: „seinen Stand, sein Leben von Innen und von Aussen, ob er trage ein vollkommen Gleichniss Christi nach seiner Menschheit und auch nach seiner Gottheit, soweit er geschaffen ist zu dem Bild und Gleichniss Gottes"; hier erkenne er auch „kreatürlicherweise die hohe Natur Gottes, ... die Trinität ... und die hohen Eigenschaften, die in Gott sind ... und aller seiner ausfliessenden Werke"; denn „mögen auch alle Menschen die Werke Gottes verstehen und Gott vermittelst seiner Werke, dennoch mag Niemand die Eigenschaft der Werke Gottes gefühlich noch eigentlich verstehen nach Weise ihres Grundes", er sei denn „erleuchtet". Hier gewinne man auch die rechte Erkenntniss der Schrift und der Tugenden, von Gebrauchen und Minnen, so dass auf dieser Stufe, wie R. sehr wahr bemerkt (s. u.), der Mensch keiner Revelationen mehr bedürfe.

In den Willen, in die „minnende Kraft" fliesse der dritte Bach und werde zur „eingegeisteten Hitze". Da werde der Wille „mit grosser Reichheit begabt", mit „geistlicher Liebe", mit „weiter, gemeiner Minne"; da durchfliesse der

Mensch „mit gemeiner Liebe Alles", bleibe „in Einigkeit des
Geistes" und gehe doch aus „zu Gott und allen Heiligen, zu
den sündigen Menschen, zu denen im Fegfeuer und zu sich
selbst und zu allen guten Menschen" (s. u.).

Diese drei: „Einfalt im Wesen, Klarheit im Verstehen
und eine ausfliessend gemeine Minne im Gebrauchen", hängen
zusammen, „wie die Sonne des Himmels bleibt in ihr selber,
dass sie ist einfältig und unverwandelt, und gleichwohl ist ihre
Klarheit und ihre Hitze gemein über alle die Welt", und machen „einen geistlich erleuchteten Menschen", und ihn „Gott
gleich".

Auf seiner dritten Stufe stehet das innige Leben in der
„Einheit in Gott", in der höchsten, in der eigentlichen
Gotteskraft; hier ist das „inwendige Berühren Gottes" (Christi)
ein noch höheres (als auf den früheren Stufen) „in göttlicher
Klarheit", recht als „eine lebendig ausfliessende oder wallende
Brunnader aus dem lebendigen Grunde der Reichheit Gottes";
wie nämlich die Gnade auf der zweiten Stufe des innigen Lebens einer Fontäne mit dreien Bächen verglichen ward, so
ist sie hier „gleich einer lebendigen Ader in der Fontäne". Hier
steht der Mensch daher über Mannigfaltigkeit der Tugenden
und Werke, und ist diese Stufe nicht mehr eigentlich
das Gebiet der Tugenden; denn wie das Berühren
Gottes nicht mehr auf die einzelnen, höheren Kräfte geht,
die es treibt, dass sie thun, sondern in die Einigkeit des Geistes über Mannigfaltigkeit aller Tugenden; und nicht mehr
gleich ausfliessenden Bächen ist, die treiben, sondern in ihrem
„lebendigen" Fürsichsein wallet, so „wirket hier auch Niemand, denn Gott allein von freier Gutheit, die Sache ist aller
Tugenden und aller unserer Seligkeit"; der Mensch aber,
„ganz eingedrückt in dieselbe Einigkeit, da Gott inne wohnt",
leidet das Einwirken Gottes „über Werk", in der Einigkeit
des Geistes, „da diese lebendige Ader der Berührung wallet".
Mit andern Worten: auf diesem Standpunkte begehret der
Mensch „Gott zu erkennen in seiner Klarheit"; das
„heisst diess Bewegen dem Verstande"; ebenso „zieht
und ladet es auch die minnende Kraft ein, Gottes zu
gebrauchen sonder Mittel".

Aber hier offenbart sich nach R. die S c h r a n k e auch
d i e s e s Standes. Dem Zuge vermöge der Mensch nicht
adäquat zu folgen, dem Verlangen kein völliges Genüge zu
geben. Er möchte w i s s e n, begreifen, was dieses göttliche
Berühren sei, was Gott sei, von dem es komme; es sei ihm
aber nicht möglich, von wegen der Ueberschwänglichkeit
desselben; nur fühlen könne er es in seiner minnenden Kraft.
Es sei wie „über alles Werk, so auch über Verstand, wenn
auch nicht ohne Verstand“. Verstand könne es „nicht begreifen, noch verstehen Weise noch Manier, was und wie diess
Berühren sei“. „Hier falgiert Verstand und alles geschaffene
Licht im Fortgange; denn die überschwebende göttliche Klarheit, die diess Berühren macht, verblindet in ihrem Begegnen alles geschaffene Licht, um dass sie ungründig ist; und
alles Verstehen in g e s c h a f f e n e m Lichte verhält sich hie
als das Auge der Fledermaus in Klarheit der Sonne. Nichtsdestoweniger wird der Geist von Neuem geheischet und ge-
wecket von Gott und von sich selber, um diess Grundrühren
zu gründen, und zu wissen, was Gott ist, und was diess Berühren sei. Und ein erleuchteter Verstand ist allezeit in neuem
Fragen, von wannen es komme, und in neuem Ergründen, um
zu verfolgen die Honigader in ihrem Grunde. Aber also weise
er dessen ist den ersten Tag, als er es immer wird. Und
hierum spricht der Verstand und alles Gemerk: ich weiss
nicht, was es ist, denn die überschwebende göttliche Klarheit die schlägt zurück und verblindet all Verstehen in ihrem
Entgegen....‘ Aber der Geist, der diess fühlt in seinem
Grunde, dass das Verständniss falgiert der göttlichen Klarheit und d r a u s s e n v o r d e r P f o r t e b l e i b t, —- die m i n-
n e n d e Kraft will gleichwohl vorwärts, denn sie auch Geist
hat und ist genöthet, gleich dem Verstande,... und w i l l
g e b r a u c h e n L i c h t m e h r i m S c h m e c k e n u n d i m
F ü h l e n, denn im Verstehen“. So werde wenigstens die
minuende Kraft der „Berührung“ in Geniessen und Schmecken
inne, wenn auch die Vernunft und all kreatürlich Gemerk zu
kurz komme. R. bedient sich wieder des viel gebrauchten
Bildes der Sonne. Wohl verkläre sie mit ihren Strahlen die
Luft; wolle man aber den Strahlen folgen, die die Klarheit

bringen, und „merken in das Rad der Sonne", so müssen die Augen ihres Werkes falgieren und „leidend empfahen das Einscheinen der Strahlen". Uebrigens mögen nur „diejenigen, die ihren Grund durchgraben mit Tugenden und mit inniger Uebung bis in ihren Ursprung, das ist die Thüre des ewigen Lebens, dieses Berühren gefühlen".

Diese innigste Berührung (höchste Gnade) im Innigsten des Menschen, sei, sagt R., Ursprung aller Gaben und Tugenden, werde auch „zum ersten von allen Gaben gegeben, aber von uns erkannt und geschmeckt eigentlich zu dem allerletzten". Sie sei „das letzte, das innigste Mittel zwischen Gott und der Kreatur (Seele), zwischen Weise und Unweise, Rasten und Wirken, Zeit und Ewigkeit"; wie die Uebung dieser (dritten) Stufe „die innigste Uebung" sei, die Kreatur geleisten „mag kreatürlicher Weise in geschaffenem Lichte".

Da diese Sphäre des innigen Lebens, die höchste und letzte, eben nun aber diejenige ist, wo das Menschliche und das Göttliche sich am nächsten berühren, ohne doch (wie im beschaulichen Leben) ganz sich in einander — im Gefühl wenigstens — aufzulösen, so ist es ganz karakteristisch, wenn R. auf diesem Stadium von einem ewigen Hunger der Seele spricht, die die letzte Schranke überspringen möchte, und von einem Streite beider, des Göttlichen und Menschlichen, die sich ganz möchten durchdringen und erfüllen, das Endliche das Unendliche, das Unendliche das Endliche. Es ist diess, worauf wir schon einmal aufmerksam machten, eben jene Schranke, die als solche schmerzlich gefühlt, nur ein Reiz und neue stete Aufforderung ist, sie zu durchbrechen. „Ach! hier beginnt, sagt R., ein ewiger Hunger, der nimmer (auf diesem Standpunkt nämlich) gesättiget wird, das ist ein inwendig Gieren und Kriegen der minuenden Kraft und des geschaffenen Geistes in ein ungeschaffen Gut. Und da der Geist Gebrauchen begehrt und er dazu geheischt und eingeladen ist, so will er es immer vollbringen. Seht, hier beginnt ein ewig Gieren und Kriegen und ein ewig Entbleiben. Das sind die ärmsten Leute, die leben, denn sie haben den Heisshunger und was

sie essen, sie werden nimmer satt in dieser Weise, um dass
dieser Hunger ewig ist. Denn ein geschaffen Wesen
kann kein ungeschaffen Gut gefassen, und darum
ist hie ein ewig hungerig Kriegen, und Gott fluthet Alles über
in einem Entbleiben. Hier sind grosse Gerichte von Speisen und von Trank, das Niemand weiss, denn die es gefühlt.
Aber volle Sattheit in dem Gebrauchen das ist das Gericht, das da entbleibt, und hierum ernenet allzeit der
Hunger. Dennoch fliessen in das Reizen Honig Revieren voll
aller Welden; aber nach aller Weise, die man gedenken
und ersinnen kann, schmeckt diese Welde nicht. Denn diess
ist alles kreatürlicher Weise und unter Gott, und
hierum ist ein ewiger Hunger und Ungeduld. Und gäbe Gott
diesen Menschen alle die Gabe, die alle Heiligen haben, und
alles, das er geleisten mag ohne sich selber, doch bliebe
die gapende (den Mund vor heftigem Verlangen aufsperrende)
Gier des Geistes hungrig und ungesättigt.... So mehr Be-
wegens, so mehr Hungerns und Kriegens". — Auch mit einem
(Liebes) Gewitter vergleicht R. diesen Zustand, in dem der
in die Einheit mit Gott strebende Menschengeist und Gottes
Geist auf einander stossen, und einer den andern gleichsam
herausfordere und des Menschen Geist ganz in Gott eindringen
möchte. Da erheben sich in dem „berührten", „getroffenen"
und doch nicht zu völliger Einung gekommenen Geiste Anfälle, Gewitter, Donnerschläge, aus welchen das Feuer der
Liebe wie Funken eines glühenden Metalls, oder wie die Blitze
des Himmels hervorbrechen und „diese Blitze fallen bis die
unteren sinnlichen Kräfte" (woher die Ungeduld, Woit, s. o.).
Oder auch von einem „Streite", spricht R., „indem in diesem Sturme von Minnen zwei Geister streiten, Gottes Geist
und unser Geist". „Gott durch den h. Geist neiget sich in uns
und hievon werden wir gereizet in Minnen. Und unser
Geist, kraft Gottes Werk, und die minnende Kraft drückt und
neigt sich in Gott und hievon wird Gott gereizt. Von diesen zween entspringet der Minnen Streit in den tiefsten Begeg-
nungen, und in dem innigsten und scharfsten Besuchen wird
jeglicher Geist von Minnen meist verwundet. Das macht stet-
lich die Geister mit Minnen den einen in den anderen kriegen

(contendere). Jeglicher heischt dem anderen, d a s e r i s t, und
Jeglicher heut dem anderen, das er ist. Das thut das minnende
Verfliessen. Gottes Neigen und sein Geben, unser minnlich
Kriegen und unser Wiedergeben, das hält beständig die Minne.
Diess Fliessen und diess Wiederfliessen macht die Fontäne
der Minne überfliessen. Also wird Gottes Reizen und unser
Minnen und Kriegen einfältige Minne. Hier wird der Mensch
von Minne besessen, so dass er sein Selbst und Gottes muss
vergessen, und nichts weiss, denn Minne. Also wird der Geist
verbrannt in der Minnen Feuer, und kommt so tief in Gottes
Zug, dass er überwunden wird in allem seinem Kriegen und
geht zu nichte in allen seinen Werken und w i r k e t s i c h
a u s und wird selber Minne über alle Anwendung, und besitzet das Innigste seiner Geschaffenheit über allen Tugenden,
da alle kreatürliche Werke beginnen und enden. Diess ist
Minne i n i h r s e l b e r, Fundament und Grund von allen
Tugenden". Freilich, sagt R., „mögen die Kräfte in dieser
Einigkeit nicht bleiben", denn der Geist sei „lebendig und
fruchtbar": daher falle „der Geist wieder nieder in sein Werk"
und in „ein neu Wirken", aber in noch höherem Style denn
zuvor, und „so er edler und inniger ist", so er sich „schneller
auswirkt zu Nicht in Minnen"; und so erneure sich stets
wieder und stets in höherem Style dieses Spiel. „Allezeit wähnt der gierige Geist, Gottes zu essen, aber er bleibt
selber in Gottes Geist verschlungen und falgiert in allen seinen
Werken und wird selber Minne über allen Werken".

Offenbar ist d i e s e r Höhepunkt des innigen Lebens nach
k r e a t ü r l i c h e r Weise zugleich der Uebergang in das Gott
schauende Leben in göttlichem Lichte und nach g ö t t l i c h e r
Weise.

Wenn so R. den U m f a n g des i n n e r e n Lebens auf
der Grundlage der p s y c h o l o g i s c h e n Gliederung dargestellt hat, so befolgt er doch auch noch andere Weisen in
der Gehalts-Entwickelung desselben. Wir wissen, wie er die
sieben G a b e n des h. Geistes hiezu benutzt als Rahmen,
in deren letzten vieren er eben das innere Leben darstellt, wie
er es mit den drei ersten gethan hat in Bezug auf das wirkende. Die vierte Gabe, nämlich die Gabe der S t a r k h e i t,

fasst er so, dass sie offenbar der ersten Stufe des innigen
Lebens entspricht und sie noch mehr verdeutlicht. Da sei
der Mensch erhaben über allem Irdischen, frei und ungefan-
gen von allen Kreaturen, seiner selbst gewaltig und „wird ihm
leicht, sonder Arbeit zu untertreten alle Hindernisse, und er
wird einig und innig seinem Geminnten, und kehrt sich freilich sonder Hinder zu Gott mit inniger Devotion, mit Dank,
mit Lob und mit einfältiger Meinung. So schmecken ihm alle
seine Werke und all sein Leben inwendig und auswendig,
denn er steht vor dem Throne der h. Dreifaltigkeit. Und oft
so empfänget er von Gott inwendigen Trost und minnliche
Süssigkeit.... Ist es, dass er vor Gott stehend will bleiben in
Dank und in Lob und in aufgerichteter Meinung, so wird der
Geist der Starkheit zweifältig in ihm. So entsinkt er sich selber nicht (bloss) nach der leiblichen Begierden, nach der Gelust
weder in Trost, noch in Süssigkeit, noch in keinen Gaben
Gottes, noch in Rast, noch in Friede seines Herzens, sondern
alle Gaben und allen Trost will er übergeben, auf dass er-
denjenigen finde, den er lieb hat. Also ist er stark, der Unmusse von Herzen und irdische Dinge lässt und verwindet,
und zweifältig stark, der allen Trost und himmlische Gaben
übersteigt und überwindet. Und also übersteiget der Mensch
alle Kreaturen und besitzet sich selber mächtig und
frei durch die Grazie geistlicher Starkheit“.
Diese „Starkheit“, diese vierte Gabe, mit der der h. Geist
den Willen verziert, stellt R. unter den Elementen dem
Feuer zur Seite, das allezeit in die Höhe gehe, und in der
Engels-Hierarchie dem „Fürsten“ der vierten Ordnung.
   In der fünften Gabe, der Gabe des Rathes, ziehe der
Vater den Menschen von Innen und „heisst ihn zu seiner
Rechten sitzen mit seinem erkornen Sohne in seiner Einigkeit. Und der Sohn spricht geistlich in ihm: folget mir zu
meinem Vater; Eins ist Noth. Und der h. Geist macht das
Herz aufgehen und das Herz entbrennen in Liebe. Und hievon kommt ein woidlich Leben und Ungeduld von Innen,
denn der diesen Rath gehört hat, wird verstört in Minne
und ihm mag nichts genügen denn Gott allein.... So
wirket der Rath Gottes zweifältig in ihm, denn er ist gross

und folget dem Rathe Gottes, er lässet alle Ding' und
spricht mit ungestillter, ungeduldiger, brennender Minne:
zukomme dein Reich. Und er ist noch grösser und folget noch
besser dem Rathe Gottes, und verwindet seinen eigenen
Willen und verzichtet auf ihn in Minnen, und spricht mit
unterworfener Ehrerbietung: dein Wille geschehe in allen
Dingen und nicht-der meine. ... Also wird der Wille Gottes
dem minnenden demüthigen Menschen seine höchste Freude
und seine allermeiste Lust nach geistlichen Gefühlen, und
führ' er auch in die Hölle, was unmöglich wäre. Hier ist
die Natur gedruckt zu dem Niedersten und Gott
erhaben zu dem Höchsten. Und der Mensch ist empfänglich alle der Gaben Gottes, denn er hat sich selber verläugnet und auf seinen Willen verzichtet und Alles um Alles
gegeben. Und darum heischt noch will er Nichts, denn das
Gott geben will, denn Gottes Will' das ist seine Freude.
Und der sich übergiebt in Minne, das ist der Freieste, der
lebet, und er lebet sonder Sorgen, denn Gott mag (kann)
den Seinen nicht verlassen. Obwohl aber Gott alle Herzen
kennet, nichtsdestoweniger wird solch' ein Mensch versucht
von Gott und bekort, ob er seiner Selbst freilich verläugnen
könne ... und hierum setzet ihn Gott bisweilen von der rechten Seite zu der linken" (s. Bekorungen). Aber gerade darin
zeige sich dann, ob er wahrhaft gelassen sei und seines eigenen Willens ausgegangen. „Bleibt der Mensch in dieser Gelassenheit sonder einig ander' Erkiesen, recht als Einer,
der nichts Anderes kennt noch weiss, so hat er den Geist
des Rathes zwiefältig. Denn er ist dem Willen und dem
Rathe Gottes genug in Wirken und in Leiden". Offenbar entspricht, wie man sieht, diese Gabe des Rathes, durch die
die Memorie verziert ist, der ersten Stufe des innigen Lebens in ihrer zweiten Hälfte; und R. vergleicht sie dem Firmament, dem nächsten Himmel über der Erde, und in der
Engels-Hierarchie der fünften Ordnung, den Herrschaften
und Thronen.

In der Gabe der Verständigkeit, der sechsten Gabe,
fasst R. das zusammen, was er über die zweite Hauptstufe
des innigen Lebens gesagt hat. Diese Gabe „befestige un-

sern Geist in der Einigkeit und sie offenbare die Wahrheit und sie mache eine weite Minne in Gemeinheit". —
Er vergleicht diese Stufe mit dem mittleren Himmel, dem krystallenen, und unter den Engeln der Stufe der Cherubim. In
der Weisheit endlich, der siebenten Gabe, hat er das innige
Leben auf seiner dritten Stufe und seinem Uebergang zur Beschauung fast in denselben Worten von Hunger und Durst
(wie oben) beschrieben. Diess Leben vergleicht er den Seraphim oder auch dem obersten Himmel, der eine Wohnung
Gottes ist. Das beschauliche Leben aber ist nach ihm über
allen Himmeln, gewissermassen Gottes Leben selbst in den
Menschen, die, so weit sie im Zustande der Beschauung sind,
kein Sein für sich selbst haben.

Uebrigens hat R. hie und da in die drei letzten Gaben in
ihrer Potenzirung auch das beschauliche Leben selbst einge-
rahmt, was, da der Begriff dieser Gaben ein reines Wort,
Form, Gefäss genannt werden kann, sehr leicht war, aber
auch letztlich nur auf eine Art Spielerei hinauslief. Indessen
finden wir diesen Rahmen der sieben Gaben (von den Scholastikern abgesehen) auch bei andern Mystikern, gerade auch
bei Tauler, der ähnlich, wie R., diese sieben Gaben in zwei
Hälften theilt, von denen die drei ersten „den Menschen bereiten zu hoher Vollkommenheit, die vier andern ihn vollbringen auswendig und inwendig zu dem allerhöchsten, lautersten, verklärtesten Ende der wahren Vollkommenheit". Selbst
in der Begriffsbestimmung der einzelnen Gaben kommt Tauler
dem R. nahe, nur dass er, wie diess eben nicht seine Weise
war, nicht so genau dabei schematisirt hat. — Noch eine andere
Weise, das innige und wirkende Leben in einen Rahmen zu-
sammenzufassen, findet R. in den sogenannten drei theologischen Tugenden: Glaube, Liebe, Hoffnung; aber er hat diess
lange nicht so eingehend entwickelt.

Das beschauliche Leben (die dritte Stufe).

Ein „überwesentliches Schauen", ein „gottschauend",
ein „himmlisch" Leben nennt R. diese Stufe, und die Menschen dieser Stufe nennt er „innige", „schauende", „erha-

bene", „verklärte" Menschen, „allezeit in Minnen sterbend
und vernietend in Einigkeit mit Gott", „Söhne Gottes" im s p e -
z i f i s c h e n Sinne, nicht im allgemeinen, wornach „alle
gläubige, gute Menschen Söhne Gottes (der Gnade) sind, sofern sie alle gewirkt werden aus dem Geiste Gottes und der
Geist Gottes in ihnen lebt und sie bewegt". Zu dieser Stufe
kämen übrigens, sagt er, nur „wenige Menschen".

Wie die innige Stufe zu dieser beschaulichen hindrängt,
haben wir gesehen. Ist jene die höchste Stufe nach k r e a t ü r -
l i c h e r Weise, so ist dieses gottschauende Leben in seinem
Unterschiede von dem innigen ein überwesentlich Schauen „in
g ö t t l i c h e m Lichte und nach der Weise Gottes", so dass der
Mensch gar k e i n e i g e n e s Fürsichsein mehr hat, sondern ganz
in Gott vergangen ist. D a s sei, sagt R., nach d i e s e r Seite
hin der Unterscheid der „Freunde" und der „Söhne". „Diese
zwei Partieen stehen gleich aufgerichtet mit inniger Uebung
vor die Gegenwärtigkeit Gottes. Aber die Freunde besitzen
ihre Inwendigkeit (noch) mit E i g e n s c h a f t (vrgl. S. 115),
denn sie erkiesen das minnlich Ankleben an Gott vor das Beste
und das Allerbeste, dazu sie kommen mögen oder wollen; und
hierum mögen sie sich selber nicht, noch ihr Wirken durchdringen in eine ungebildete Blosheit, denn sie sind (noch) verbildet und vermittelt mit ihren Werken. Und ist, dass sie
fühlen in ihrem minnlichen Ankleben Einung mit Gott, gleichwohl finden sie allezeit U n t e r s c h i e d und A n d e r h e i t in
der Einung zwischen ihnen und Gott, denn der einfältige
Uebergang in Blosheit und in Unweisen ist ihnen unbekannt
und ungeminnt, und hierum bleibt ihr höchstes Wesen allezeit in Vernunft und in Weise. Und haben sie auch klar Verstehen und Unterschied von allen vernünftigen Tugenden,
das e i n f ä l t i g e S t a r r e n mit offener Vernunft in göttlicher Klarheit bleibt ihnen verborgen; und fühlen sie sich
selbst aufgerichtet zu Gott mit starkem Brande von Minnen,
sie behalten doch Eigenheit ihres Selbst und werden nicht zu
Nichte noch verbrannt zu Nicht in E i n i g k e i t d e r M i n n e.
Und ist, dass sie allezeit in Gottes Dienst wollen leben, und
ihm ewiglich wollen behagen, sie wollen in Gott aller Eigenheit von Geist nicht sterben, und einförmich Leben mit Gott

tragen. Und ist es auch, dass sie klein achten allen Trost
und alle Rast, die kommen mag von aussen, sie achten doch
gross die Gaben Gottes und ihre inwendigen Werke, Trost
und Süssigkeit, die sie fühlen von innen. Und also rasten sie
in den Wegen und wollen nicht sterben, um zu erkriegen den
höchsten Segen in blosser, weiseloser Minne. 'Und möchten
sie auch üben und erkennen alle die minnigen Wege, die man
üben mag vor die Gegenwärtigkeit Gottes, doch bleibt ihnen
verborgen und unbekannt der weiselose Uebergang und das
reiche Verdollen (sich verirren) in die überweseliche Minne, da
man nimmermehr Ende noch Beginn, Weise noch Manier
finden mag.... Die Freunde fühlen anders nicht in ihnen,
denn einen minnlichen lebenden Aufgang in Weisen, und darüber fühlen die Söhne einen einfältigen sterbenden Aufgang
in Unweisen. Die Freunde sind anklebend·und geankert in
Gott vermittelst vollkommener Karitate, aber sie sind nicht
versichert ewigen Lebens, denn sie sind noch nicht zumal in
Gott gestorben ihrer selbst und aller Eigenschaft".

Um den Unterschied zu bezeichnen, drückt sich R. auch
so aus: auf den vorhergehenden Stufen „sterben wir den
Sünden und müssen wir aus Gott geboren werden in ein tugendsam Leben"; in dem schauenden Leben aber müssen wir
„über allen Tugenden sterben", und „entschlafen in Gott";
„in Gott sterben in ein ewig Leben"; oder auch so: in unserem „Zugange zu Gott mit Tugenden" wohne Gott in uns (mit
seiner Gnade); dagegen, in unserm Uebersteigen aller Dinge
und unserer selbst, in unserm Eingang zu Gott, da „leben,
wohnen wir in Gott". Es ist, wie man sieht, in diesem Zustand nicht mehr der Mensch, der Göttliches wirkt, sondern
es ist Gott selbst, der sich im innigen, verklärten Menschen wirkt: „Gott wirket sich hier selber allein in der höchsten Edelheit des Geistes"; und der Mensch ist rein wirken
lassend, leidend; desswegen „kann hierzu Niemand kommen
durch Kunst oder Subtilheit oder mit keiner Uebung. Aber
den Gott in seinem Geiste vereinigen will und mit sich selber
verklären, der mag Gott beschauen und Niemand sonst". Daher vom Standpunkt des Menschen aus angesehen, sei, sagt
R., auf dieser Stufe der Mensch nur Werkzeug, denn „wo des

Menschen Weise aufhört und nicht höher reichen kann, da
fängt die Art oder Weise Gottes an"; wenn der Mensch sich
ausgewirket habe und in unzustillendem Verlangen an Gott
hange und doch nicht zur Einheit komme, so trete der Geist
des Herrn als ein heftiges Feuer hinzu, und verbrenne und
verzehre und verschlinge Alles in sich. Da feiern und schweigen die Kräfte und „werden in einen Frieden eingeschläfert",
denn „sie sind von dem Brunnen der Reichheit Gottes über-
mässig durchgossen".

Aber ebenso sehr wiederholt R., dass nur auf G r u n d
d e r f r ü h e r e n S t u f e n diese höchste erreicht werden
könne: nur „wenn ein Mensch dazu gekommen ist, dass er
Gott kennt und ihn minnlich minnt,... recht als ein glühend
Feuer, das nimmermehr gelöscht mag werden,.... Gott besitzet in gebräuchlicher Rast und sich selber in zufügender
(anwendender) Minne und all' sein Leben in Tugenden mit
Gerechtigkeit"; oder nur, „wenn der Mensch wohl geordnet
ist von aussen in allen Tugenden und von innen ungehindert,
und also ledig aller auswendigen Werke, recht als ob er nicht
wirkete".

Hat aber dieses beschauliche Leben die früheren Stufen
zur Voraussetzung, so ist es anderreits ihre V o l l e n d u n g,
„eine sonderliche Zierde und eine himmlische Krone und dazu
ein ewiger Lohn aller Tugenden und alles Lebens".

Wie aber die Seele vollbereitet, geläutert sein müsse, um
diesen Zustand zu erfahren, so sei er auch nur, diess sind die
p s y c h o l o g i s c h e n Voraussetzungen, in „der wesentlichen
Einheit des Geistes" möglich, die wir bei R. als den Grund
haben kennen lernen, „da sich Gott und die verborgene Wahrheit sonder Mittel offenbart", nur „in der ledigen Edelheit
des Geistes", da „das Bild Gottes liegt", das „unser eigen
Leben ist", sei man empfänglich dieses Zustandes. Es
ist diess ein wichtiger Punkt für das Verständniss dieser
Stufe.

Hier sei es auch nicht mehr die Gnade, die wirke, oder
ein Strahl, Schein der Sonne, ein Mittel; es sei G o t t
s e l b s t, das göttliche W e s e n, im prägnanten Sinne Rs.
und der Mystiker, dem im Menschen eben die „wesentliche

Einheit in Gott" korrespondirt. Dabei müssen wir, um dieses
beschauliche Leben, diess höchste aller Mystik Rusbroek's,
zu verstehen, uns noch an alle seine Begriffe von Trinität
erinnern: wie in derselben mit der Geburt des Sohnes schon
die Welt ideell gesetzt und im h. Geist ewig wieder eingeführt; wie das Wesen, die „Finsterniss", die „Wüste"
Gottes die Personen fruchtbar aus sich entlässt, in den
Personen wirket, aber in sich selbst gebräuchlich ist und
einzieht und einheischt. Diess alles sind wesentliche Voraussetzungen, auf denen das beschauliche Leben beruht, das aus
ihnen die Konsequenzen zieht, und eben nichts anderes ist,
als das göttlicb-trinitarische Leben — in Men-
schenform.

Gemäss diesen Voraussetzungen ist die erste Bedingung alles „Schauens", dass der Mensch sich in seine
„Einheit", in das „einfältige Auge seiner Seele", in seinen
„ledigen Stand", in seine „Einfältigkeit", „Purheit von
Geist", in das „Innerste", in das „einfältige Sein", in die
„ledige Edelheit" dieses Geistes, in die „blosse Unverbildetheit" erhebe, „verliere", steige auf den „Tabor", dén „Berg
seiner blossen, obern Vernunft", dass er „in gebräuchlicher
Minne sich selber verloren habe in eine Unweise (= Zustand
des reinen Seins, wo alle Weisen oder modi aufgehört haben)
und in eine Düsterniss, da alle gottschauenden Menschen in
Gebrauchen sich vergangen haben und sich selber kreatürlicher Weise nicht mehr finden können", dass er „sich selber
und aller Eigenschaft entworden, gestorben und ausgegangen"
sei". — In diesen und ähnlichen Ausdrücken,· in denen R.
unerschöpflich ist, will er eben diess bezeichnen, dass sich
der bis zu dieser Stufe geläuterte Mensch nun noch erfasse in seinem einfachen, reinen, gottgesetzten
Menschsein, in seiner wesentlichen Einheit, in der er in
Gott hänget (s. o.), ohne alle Partikularität seines individuellen
Menschen, in reiner Abstraktion von aller Thätigkeit seiner
besondern Kräfte — ein Zustand, den Tauler bekanntlich
mit dem Worte Armuth bezeichnet hat, und den auch R. als
ein unendliches und abgründliches Nichtwissen, als ein Sich-
Verlieren in etwas, das über alle Namen sei und für das es

keine Namen gebe, als ein Sich-Fühlen über alle Uebungen
der Tugenden hinaus in einer reinen Passivität darstellt.
Denn in diesem Zustande allein erst sei der Mensch dergestalt, „dass ihn blosse Minne und blosses Licht befahen
mag in die Hochheit, darin sie ihrer selbst pflegt", dass er
„gewirkt und überformet werden mag mit dem ewigen
Worte, das ein Bild des Vaters ist". In seiner Art exempli-
fizirt diess R. so: So Jemand mit seinem Verstande von der
Erde in den höchsten Himmel steigen wolle, sei nöthig, dass
er die Elemente und alle Zwischenhimmel durchsteige, so
werde er dann Gott durch seinen Glauben in, seinem Reiche
(= Feuerhimmel) finden. Desgleichen, wolle er in das
Höchste seines geschaffenen Wesens, auch in einen verborgenen Himmel, steigen, so müsse er vorerst mit allen guten
Werken äusserlich und mit Tugenden und h. Uebungen innerlich geziert sein; dann müsse er seine Sinne und seine Phantasie, leibliche wie geistliche Bilder, Formen, Betrachtungen
übersteigen, und also würde er in die blosse und von Bildern
freie Anschauung in dem göttlichen Licht erhoben werden,
woselbst er das Reich Gottes in sich und Gott in seinem Reich
werde beschauen können.

Doch nicht blos „entsinken in die Blosheit seiner oberen
Vernunft, seiner wesentlichen Einigkeit und Einfältigkeit"
müsse der Mensch der Beschauung, sagt R., sondern, was gewissermassen schon in jenem Ersteren liegt: er solle auch
„übersteigen alle Geschaffenheit bis zu der überweselichen
Reichheit Gottes", „er solle zerfliessen in die Einigkeit
Gottes", „sich entsinnen, dass er nicht weiss wie, noch
was, noch wo", „sich selber entsinken in die Verborgenheit
und in die Tiefheit", sieh „enthöchen in die Hochheit, entgehen in die Langheit, und dollen und verdollen in die Weitheit (Gottes)", er solle sich fühlen „wohnend in der unbekannten Bekanntheit, entflossen durch das anklebende Gefühlen
der Einigung (der psychologisch subjektiven) in Einigkeit (Gottes), und durch alles Sterben in die Lebendigkeit Gottes", und
„so fühle er sich als ein Leben mit Gott". Selig, ruft in diesem Sinne R. aus, seien die Todten, die im „Herren sterben"!
Dieses Sichversinken in dem reinen Gott-Sein, der „We-

senheit" Gottes, bestimmt er nun aber zugleich n ä h e r als
ein s i c h E r f a s s e n in dem B i l d e G o t t e s, das unser Bild
ist. Diess ist das Dritte. „Wir sollen erfolgen übernatürlich
das Bild, das uns eigen ist, und dazu wir gemacht sind"; wir
sollen „über unsere Geschaffenheit uns erheben vermittelst des
eingebornen Lichtes (des Bildes Gottes in uns),... und niedergebeugt sein mit dem Sohne Gottes in unsern Beginn, in unsern Ursprung, wo wir die Stimme hören werden: diess ist
mein lieber Sohn"; wir sollen uns „besitzen nach Weise unserer Ungeschaffenheit und durch den Sohn den Schoos des
Vaters".

Dieses Ent- und Zerfliessen in das göttliche Wesen, dieses sich Erheben und Schauen ist aber nach R. ein minnliches, denn „durch gebräuchliche Minne übersteigt der Mensch
seine Geschaffenheit" und „findet und schmeckt er die Reichheit und die Welde, die Gott selber ist, und fliessen macht
sonder Unterlass in die Verborgenheit des Geistes". Daher
spricht er, parallel mit dem kontemplativen sieh Erheben,
auch stets von einem „Brande der Minne, Eins zu sein mit
Gott", von einem „vernichtenden Leben in Minne", einem
„Schmelzen und Verschmelzen in den Anschein der ewigen
Minne Gottes"; und diess sei „das edelste und nützeste
Schauen in diesem Leben".

Alles zusammenfassend, was R. in diesen mystischen Ausdrücken meint, ist der Gedanke dieser: es solle der Mensch
das „Grundneigen zu Gott", die unendlich göttliche Potenz,
die an sich liegt in ihm, zu einer gereinigten, lebendigen erheben durch minnliches Schauen und schauendes Lieben
(vergl. S. 121), um des Lebens Gottes selbst fähig zu
werden.

Diesem sich Empfänglich- und Bereitmachen begegnet
nun aber (aktiv) ein „Ziehen" des Geistes Gottes, das uns aus
„uns selber zieht"; ein „Einnehmen", ein „Ueberformen",
eine „einziehende Ueberformung der Einigkeit Gottes in ihre
Selbheit". Und unendlich ist diess überformende Einziehen
Gottes, das dem Neigen und U e b e r gehen des Menschen korrespondirt, denn es ist ja wesentlich „dasselbe Einziehen in der
Dreieinigkeit, das auch alle Dinge in ihr befasst"; „die einzie-

hende Einheit Gottes ist anders nichts, denn grundlose Minne,
die den Vater und den Sohn und alles das lebt in ihm mit
Minnen einziehend ist in ein ewig Gebrauchen". Und eben dieses ewige unaussprechliche Einziehen, Einnehmen Gottes, das
der Mensch, wenn er ungebildet in das Innerste seines Geistes komme, in sich fühle, „macht in dem Geiste ein ewig
Brennen von Minnen"; da „gefühlt er sich selber als einen
ewigen Brand der Minnen: über allen Gelust Eins zu sein mit
Gott". Wie soll er nun aber diesem Einziehen begegnen,
„die Schuld bezahlen, die ihm von Gott gemahnt wird"?
Anders nicht, denn dass er sich ganz ziehen lässt, dass er in
seinem Fürsichsein ganz (im Gefühl) aufhört, dass er „ver-
brennt", wie R. sieh ausdrückt. „Sofern der Geist sonder
Unterlass die Schuld bezahlt, das macht in ihm ein ewig Verbrennen. Denn in der Ueberformung der Einigkeit falgiren
alle Geister in ihren Werken und fühlen anders nichts,
denn ganz Verbrennen in die einfältige Einheit Gottes".

　　Und das ist eben das Wesen dieses schauenden Lebens,
die Union, die R. in ebenso überschwänglichen Ausdrücken
bespricht, als die Bedingungen, deren Resultat sie ist, — aber
auch in einer zweideutigen Weise, die freilich die Natur der
Sache mit sich bringt.

　　In diesem schauenden Zustande sei der Mensch Eins mit
der überwesentlichen Einigkeit. „In diesem ledigen Sein unseres Geistes empfahen wir die unbegreifliche Klarheit, die
uns durchgeht, gleich wie die Luft durchgangen wird mit der
Klarheit der Sonne"; oder „wie des Feuers Hitze das Eisen
durchdringt"; „sind wir getauft in das weite Umhalsen Gottes,... entgeistet über uns selber und alle Ordnung in seiner
Minne, und verschlungen in die tiefe Stillheit der Gottheit, die
nimmermehr bewegt wird;... in einem Umfang der h.
Dreieinigkeit;... überformet in das ewige Wort, das ein Bild
des Vaters ist.... In diesem Umfange in der wesentlichen Einigkeit Gottes sind alle innige Geister Eins mit Gott in
minnlicher Entflossenheit und dasselbe Ein, das das
Wesen selber ist in sich selber (eine der von Gerson
als pantheistisch angefochtenen Stellen).... Hier ist Gottes
und kreatürlich Sein zusammengeflossen in uns, und da finden

wir (was als an und für sich R. schon gesetzt hatte), dass der
Schooss des Vaters unser eigener Grund ist und unser Ursprung, da wir unseres Wesens und unseres Lebens in beginnen,... darin wir über alle Uebungen von Minnen behalset
und befahen sind mit dem Vater und mit dem Sohn in Einigkeit des h. Geistes, darin wir alle Eins sind, gleicherweise wie
Christus, Gott und Mensch, mit seinem Vater Eins ist in ihrer
beider grundloser Minne; und in derselben Minne sind wir alle
vollbracht in ein ewig Gebrauchen, das ist ein selig ledig Wesen, das unbegreiflich ist allen Kreaturen.... Darin ist kein
Heischen noch Begehren, Nehmen noch Geben, sondern ein
selig ledig Wesen, Krone und weselicher Lohn aller Heiligen
und aller Tugenden.... Es ist ein sterbend Leben und ein
lebend Sterben". Und „in dieser Einigkeit ist gelegen alle
unsere Seligkeit". Auf diesem Standpunkt, sagt R., hätten
wir erst die Gewissheit, das sichere Gefühl, dass wir
Söhne Gottes seien.

In dieser Einheit, wie wir sehen, ist das schauende und
minnende Subjekt und das geschaute und geminnte Objekt im
Akte des Schauens und gebräuchlichen Minnens zusammenge-
gangen. So drückt sich R. deutlich aus. „Der Mensch schaut
Gott mit Gott sonder Mittel in diesem göttlichen Lichte....
Das einfältige Auge des Geistes, damit er schauet und anstar-
ret seinen Bräutigam, ist so weit aufgethan, dass es nimmer
zu wird gethan.... Dieser Begriff (Umfassen) des Geistes ist
so weit aufgethan gegen den Advent des Bräutigams, dass
der Geist selber die Weitheit worden ist, die
er begreift (umfasst).... Das einfältige Auge über Verstand in dem Grunde der Verständigkeit ist allezeit offen und
schauet und starrt mit blossem Gesicht das Licht mit dem selben Lichte. Darum ist Auge gegen Auge, Spiegel gegen
Spiegel, Bild gegen Bild.... Das wir sind, das anstarren wir,
und das wir anstarren, das sind wir.... Und in diesem einfältigen Starren sind wir Ein Leben und Ein Geist mit Gott; und
das nenne ich ein schauend Leben.... Die schauenden Menschen werden getransformiret in Ein mit diesem
selben Lichte, da sie mit sehen und das sie sehen.... Sie sind Ein mit dieser göttlichen Klarheit und die

Klarheit selber.... Mit seiner göttlichen Klarheit hat Gott
überflüssig verbildet den Spiegel unserer Seelen, also dass
darin kein ander Bild noch keine andere Klarheit kommen
mag".

Oder vom Standpunkte der Minne aus: „der minnende
Geist fühlt in dem Brande der Minne, der in ihm ist, nicht
Ende noch Beginn, und er fühlt sich selber Eins mit diesem
Brande der Minne".

Wir müssen nun aber die Momente, die hierin liegen,
näher herausheben; denn wie das Wesen Gottes fruchtbar
ist in der Dreiheit der Personen, ein Wesen und drei Personen, wirkend und gebrauchend in sich selber, so ist nach R.
auch diess schauende Leben nicht bloss „eine wilde Wüste",
analog dem überwesentlichen Sein Gottes, reines menschliches
Sein in Gott, reines göttliches Sein im Menschen,
sondern es ist auch „lebend und fruchtbar", analog dem trinitarischen Leben Gottes, das sich in ihm (kreatürlich) aus-
gebärt, in das der Mensch „vergestaltet und verwandelt
wird von Klarheit zu Klarheit". Denn der göttliche (vergött-
lichbste) Grund im Menschen will sich expliziren, der Mensch
seine göttliche Einigkeit sich gegenständlich machen. „Der
Geist, Eins mit dem Geiste Gottes, schmeckt und sieht als
Gott sonder Maass die Reichheit, die er selber ist in Einigkeit des lebendiges Grundes, da er sich besitzet nach
Weise seiner Ungeschaffenheit.... Er sieht und fühlt
und findet sich selber vermittelst des göttlichen Lichts, dass er
ist derselbe einfältige Grund nach Weise seiner Ungeschaffenheit, da die Klarheit sonder Maass anscheint und
nach Simpelheit des Wesens einfältig inne bleibt ewiglich sonder Weise" (auch eine von Gerson angefochtene Stelle). Und
hierum will der schauende Mensch „durchschmecken und
durchwissen die grundlose Reichheit, die in seinem Grunde
lebt". Diess Durchwissen-, Durchschmecken-Wollen nennt
R. das „Ausgehen", die „Weise" oder vielmehr „die Unweise", — „eine Weise über alle Weise" — die „weiselose
Uebung" des schauenden Lebens (vrgl. oben S. 474).

In der ersten Weise, „der Weise des Vaters", sei
es „die ungebildete, wesentliche Blosheit", in die der Mensch

erhoben werde und damit er dem Vater gleich sei und geeiniget seiner göttlichen Naturen". Da werde das Ge dä cht -
niss so gelediget und gereiniget, dass der Mensch in seinem
reinen „Ursprung", in der „Wohnung des Vaters" fest ge-
gründet sei.

In der a n d e r n Weise, der „Weise des S o h n e s",
werde das V e r s t ä n d n i s s mit dem göttlichen Lichte durch-
strahlet; es werde in dem schauenden Menschen der Sohn geboren, das schauende Leben zu einem göttlichen Lichtleben
ausgeboren. „In die entsunkene Verborgenheit unseres Geistes
spricht der Vater e i n e i n i g g r u n d l o s Wort und nicht
mehr, und in diesem Worte spricht er sich selber und alle
Dinge. Und diess Wort lautet nicht anders denn: siehet. Und
diess ist der Ausgang und die Geburt des Sohnes (in uns), das
ewige Licht.... In diese Düsterniss scheint und wird geboren
ein unbegreiflich Licht, das ist der Sohn Gottes, darin man
schauen soll ewig Leben.... Diese Klarheit Gottes, die wir
sehen in uns, hat weder Beginn noch Ende, Zeit noch Statt,
Weg noch Pfad, Form noch Gestalt noch Farbe (ganz wie Tauler). Sie hat uns zumal (um)befahen, begriffen und durchgangen
und unser einfältiges Gesicht so weit aufgethan, unser Auge
muss ewiglich offen stehen, wir können es nicht verschliessen....
Diess göttliche Licht wird gegeben in dem e i n f ä l t i g e n
S e i n (Geist-Sein) des Geistes, da der Geist die Klarheit, die
Gott selber ist, empfängt über alle Gaben und über alles kreatürliche Werk in die ledige Edelheit des Geistes, da er durch
gebräuchliche Minne sich selber inne verloren hat, und empfänget die Klarheit Gottes sonder Mittel, u n d e r w i r d d i e
K l a r h e i t s e l b e r, d i e e r e m p f ä n g e t s o n d e r U n t e r -
l a s s.... Und nach der einfältigen Blosheit, die alle Dinge
befähet, so findet er sich und fühlt dasselbe Licht, da er mit
siehet und nicht anderes". Selig seien die Augen, ruft R. aus,
die also sehen! — D i e s e s Schauen, diess unmitteliche Erkennen im göttlichen Lichte erinnert, wiewohl es allerdings
überschwenglicher ausgedrückt ist, an manche Stellen der
Tauler'schen „Erkenntniss".

Die d r i t t e Weise sei die Weise des h. G e i s t e s. Wie
nämlich der Sohn, die göttliche Klarheit, ausgeboren, ausge-

gossen werde in das einfältige göttlicb-menschliche Wesen des
Schauenden, so „werde er auch durch den h. G e i s t minn-
lich umhalset in ewiger M i n n e"; er werde ganz göttliche
Minne „sonder Weise"; „der h. Geist gibt sich selber und
reizt den brennenden Funken unserer Seele, und diess ist
Beginn und Ursprung ewiger Minnen zwischen uns und Gott....
Wir schmecken und gefühlen in seinem Geiste seine Minne....
Alle die Reichheit, die in Gott natürlich ist, die besitzen wir
minnlich in Gott und Gott in uns durch die ungemessene
Liebe, die der h. Geist ist. Denn in der Liebe schmeckt man
Alles, das man begehren mag.... In weiseloser Liebe umfasset
der Vater mit dem Sohne die Seele in der gebräuchlichen
Einheit Eines Geistes über die Fruchtbarkeit der Natur,...
und spricht zu ihr: ich bin dein und du bist mein".

Wie aber die Dreieinigkeit nicht bloss fruchtbar sei in
den Personen und nicht bloss in ihr ein Personen-Verhältniss
sei, sondern auch ein Verhältniss der Personen zur Natur,
die „sie stets wieder einzieht oder innen behält in derselben
Wesenheit", so sei es, sagt R., auch in dem (göttlich) mensch-
lich-trinitarischen, d. h. in dem beschaulichen Leben. Es gehe
alles Leben stets wieder in ein weiseloses, nicht auszuspre-
chendes Leben, in eine abgründige göttliche Weise, „in ein
göttliches Gebrauchen, in den Abis (abyssus) der Ungenannt-
heit" (ein Zustand, für welchen es keinen Namen gibt), in
„die weseliche Blosheit"; und „alle Namen und alle Weise
und alle lebendige Vernunft, die in dem Spiegel der göttlichen Wahrheit gebildet sind, die fallen alle in die einfältige
Namenlosigkeit, in Unweisen und sonder Reden". Oder es
gehe alles wieder „in die wilde grundelose See". Hier „ist
anders nicht denn ein ewig Rasten in einem gebräuchlichen
Umfange minnlicher Entflossenheit. Und diess ist das weiselose Wesen, das alle minnende innige Geister über alle Dinge
erkoren haben; es ist die dunkelste Stille, darin alle minnende
Herzen sieh verloren haben". Da seien wir mit den göttlichen
Personen eine Liebe und eine Geniessung und eine Seligkeit
in der weiselosen Wesenheit der Gottheit, ein ewiger unver-
gänglicher Brand mit dem Vater und dem Sohn in der Einheit
des h. Geistes, da die göttlichen Personen sich selbst, so zu

sagen, übersteigen in die Einheit ihres Wesens, in dem uner-
schöpften und unendlichen Abgrund der einfältigen Seligkeit,
wo weder Vater noch Sohn noch h. Geist seien, noch sonst
eine andere Kreatur, sondern bloss und allein das
göttliche Wesen, welches die Wesenheit der göttlichen
Personen sei, da Gott in seiner einfältigen Wesenheit ohne
Wirkung eine ewige Rast, eine weislose Dunkelheit und aller
Kreaturen Ueberwesenheit und seiner selbst eigene, als auch
aller Geschöpfe einfältige unendliche Seligkeit sei.

Das ist das Höchste und Allerletzte, das R. weiss. „Möchten wir uns allezeit in Tugenden bereiten, ruft er aus, wir
würden uns schier von dem Leibe entkleiden und würden fliess-
sen in die wilde See, nie und nimmermehr möchte uns eine
Kreatur einholen.... Dass wir gebräuchlich besitzen mögen
die weseliche Einigkeit und Einheit klärlich beschauen in
Dreiheit, das gebe uns die göttliche Minne, die keinen Bettler
abweist"! Mit diesen Worten schliesst er seine Abhandlung
über das beschauliche Leben und sein Buch überhaupt von
der „Zierde der geistlichen Hochzeit". Er fühlte aber wohl,
wie gerade dieses „beschauliche" Leben, wie er es darstellte,
dieses göttlich-menschliche Leben, denn anders ist es schwer
zu bestimmen, ein Mysterium für die Meisten sei, ein Unzu-
gängliches für ihr Leben wie für ihr Begreifen, wie seine
Darstellung daher allen möglichen Angriffen ausgesetzt sein
möchte. „Zu diesem göttlichen Schauen können wenige
Menschen kommen wegen der Unfähigkeit ihrer selbst und der
Verborgenheit des Lichtes, darein man schaut. Und hierum
wird diesen Sinn Niemand zu Grunde verstehen durch einige
Bekehrung oder subtil Gemerk sein selbs, denn alle Worte
und Alles, das man kreatürlicher Weise lehren und
verstehen mag, das ist fremd und fern unter der Wahrheit, die ich meine. Aber der vereinigt ist mit Gott und
verklärt in dieser Wahrheit, er mag die Wahrheit in ihr selber verstehen. Denn Gott begreifen und verstehen
über alle Gleichnisse also, wie er ist in ihm selber, das ist Gott sein mit Gott sonder Mittel
oder einige Anderheit, die Hinder(ung) oder Mittel
machen möchte. Und hierum begehr' ich von einem jeglichen

Menschen, der es nicht versteht noch gefühlt in gebräuchlicher Einigkeit seines Geistes, dass er ungeärgert davon
bleibe und lasse es sein, das es ist. Denn das ich spreche,
das ist wahr, und Christus, die ewige Wahrheit, hat es selber gesprochen in seiner Lehre an manchem Orte, wäre es
(nur), dass wir es wohl offenbaren und vorbringen könnten.
Und hierum, der diess verstehen soll, muss sein selber gestorben sein und in Gott leben...." Und so noch an andern Orten: z. B. „Nun versteht ihr, die ihr in dem Geist leben wollt,
denn zu Niemand anders spreche ich.... Niemand anders mag
es verstehen (als der es erfahren), denn schauend Leben mag
Niemand den Andern lehren; aber sofern die ewige Wahrheit offenbart in dem Geist, darin werden alle Dinge gelehrt,
die Noth sind".

Durch diese Verwahrungsworte konnte indess R. doch
eine künftige Kritik nicht abwehren noch entwaffnen; zu seinen Lebzeiten wohl, aber nicht nach seinem Tode. Ein Vier-
teljahrhundert nämlich, nachdem er gestorben, unterwarf der
berühmte Pariser Kanzler Gerson das Buch von der „Zierde der
geistlichen Hochzeit", das ihm in einer lateinischen Uebersetzung
(wahrscheinlich derjenigen, die in Grönendal selbst noch zu den
Lebzeiten Rs. und unter seinen eigenen Auspizien und mit seiner
Mitwirkung von Jordaens verfertigt worden war) in die Hände fiel,
einer Kritik, besonders das dritte Buch von dem beschaulichen
Leben. Er fühle sich, sagt er, um so mehr hiezu aufgefordert, als diese Schriften, wie er höre, gewissermassen in einigen Kreisen den Werth von inspirirten hätten; er dagegen,
als Doktor der Theologie und Kanzler der Universität Paris die
Verpflichtung habe, über die Reinheit der Lehre zu wachen.
— Die besonders von ihm angegriffenen Stellen entsprechen
in der Uebersetzung nun allerdings ziemlich getreu dem Original; eher noch enthalten sie in dieser Uebersetzung „eine
Milderung des pantheïstischen Scheines", und man kann daher nicht sagen, wie es Mehrere gethan haben, Gerson möge
an eine fehlerhafte Handschrift gerathen sein. Was er nun
aussagt, ist in Kurzem diess. In Aussprüchen, wie: die gottschauende Seele sehe nicht bloss die Klarheit, sondern sei sie
selbst; sie werde verwandelt in das, was sie von Ewigkeit her

in Gott war, und ähnlichen (s. o.)., sah er ein Ueberschreiten
der theistischen Wahrheit und ein Anstreifen an die panthei-
stische Lehre der Begharden, überhaupt in d i e s e r überschwänglichen Beschaulichkeit eine Art geistiger Schwelgerei,
die nicht Gottes Ehre, sondern ihre eigene Ergötzung suche,
während im Gebiete der Lehre klare, bestimmte Ausdrücke
am Platze seien. Rusbroek's Schüler, Johannes von Scoon-
hofen, der nach dem Zeugnisse des Kochs, Johannes von
Leeuwen, lange in vertrautem Umgange mit R. gestanden,
vertheidigte gegen diese Angriffe seinen verehrten Lehrer. Er
unterscheidet eine substanzliche Identität, welche R. nicht
annehme, vielmehr als eine Irrlehre in vielen seiner Schriften
bekämpfe; eine ideale durch die moralische Konformität des
Willens, welche alle diejenigen hätten, die die geistige Gnade
besitzen; und eine dritte, welche er zwischen diese beide
setzt: die unmittelbar religiös-kontemplative, die Identität der
Kontemplation und der Liebe, in der die Seele zerschmelzend
sich selbst entwerde und in Gott umgestaltet werde. Von dieser nun spreche R.

Gewiss ist R. in der Schilderung des beschaulichen Lebens
nirgends so weit gegangen, als eben in dem dritten Buche der
„Zierde der geistlichen Hochzeit", wiewohl es auch hier nicht
an Einschränkungen fehlt. In seinen andern Schriften sind
diese noch viel häufiger, und bilden als solche zugleich auch
eine wesentliche Ergänzung zur Fassung dieses dritten Stadiums
in seinem Zusammenhang mit dem ganzen mystischen Leben. -

E i u m a l nämlich sagt er bestimmt, dass diese Einigung
der Seele mit Gott nicht eine substanzielle, sondern eine z u-
s t ä n d l i c h e sei; nur in dem Akt oder Zustand, da sich der
Geist über sich selbst in Gottes Wesen erhoben und von Gott
in Gott eingenommen worden sei, fühle er sich Eins; er sei
da nur Gefühl dieser Einheit im minnlichen Schauen, so dass
er zwischen sich und dem Gegenstand seines minnlichen
Schauens keinen Unterschied fühle; er sei ganz Brand · der
Minne, ganz Anstarren, so ganz, dass er anders nichts· fühle
denn Einheit. An und für sich selbst aber sei keine Identität
gesetzt in dem Sinne, dass der Mensch seine menschliche Natur verlöre, sondern es sei so, „wie der Glanz der Sonne die

Luft und das Feuer das Eisen durchdringt, so dass es eben
das wirken mag als das Feuer, als: brennen und leuchten,
was auch von der Luft zu sagen ist (in ihrem Verhältniss zur
Sonne), die, wenn sie eine Vernunft hätte, etwa so sagen
würde: ich erwärme und erleuchte die ganze Welt; da doch
einem jeden seine Natur und Wesen bleibt, denn das Feuer
wird nicht zu Eisen, noch das Eisen zu Feuer; aber ihre
Vereinigung hat kein Mittel, denn das Feuer ist innerhalb des
Eisens und das Eisen in dem Feuer, und ebenso ist die Luft
in dem Licht der Sonne und-der Sonne Licht in der Luft".
Ebenso sei es mit der Vereinigung Gottes und der Seele im
unmittelichen Stande der Beschauung; daher auch im Stande
der Reflexion, so bald der Mensch sich g e g e n s t ä n d l i c h
betrachte, — „ist es, dass er auf sich selber merkt", —
finde er „Unterschied und Anderheit zwischen
ihm und Gott". „Im selben Augenblick, da wir prüfen
und merken wollen, was das ist, das wir fühlen, so fallen wir
in Vernunft (Unterscheidung) und dann finden wir Unterscheid
und Anderheit zwischen uns und Gott, und dann finden wir
Gott über uns in Unbegreiflichkeiten". Dagegen „wenn die
Weisheit Gottes unser blosses Gesichte befahet in einem weislosen Geschmack sonder Unterscheid", da sei „Schauen und
Schmecken, Wissen und Fühlen, Wesen und Leben, Haben
und Sein zumal Eins in unserer Erhabenheit mit Gott.... Ein
Wesen, Ein Leben, Eine Seligkeit,... diess Besitzen ein einfältiger, abgründiger Geschmack alles guten und ewigen Lebens"; und dass diess wahr sei, das möge man „mit Glauben
(Erleben) wissen und anders nicht"; denn nur „das Dass,
nicht das Was und das Wie" könne man mit „Vernunft erfolgen".

Fest steht also bei aller mystischen Einigung unserm R.,
dass Kreatur und Gott wie an sich, so auch im höchsten Moment der Schauung g e g e n s t ä n d l i c h ewig getrennt seien;
sonst würden wir ja Gott, „würden wir für uns zu Nichte, was
unmöglich ist". Unsere Kräfte „stehen wohl ledig (in diesem
Zustande), aber zu Nichte werden sie nicht, denn so verlören
wir unsere Geschaffenheit".

Und hier tritt nun noch ein z w e i t e r Punkt ein, in dem

R. diesen schaulichen Zustand gleichsam wieder auf die Erde
herab- und mit dem übrigen kreatürlichen Leben wieder in
Verbindung bringt, was freilich in der Sache selbst schon lag
als innere Nöthigung. Einerseits nämlich, sagt er, können wir
nicht in uns selber bleiben gesondert von Gott, sonst wären
wir unselig, und eben dieser Zug, dieses Bedürfniss habe uns
durch alle Stadien hindurch bis zur Höhe der mystischen
Union im schaulichen Leben getrieben, anderseits bleibe aber
unsere Geschaffenheit: wir „bleiben ewig ein Anderes von
Gott, sonder Mass ungleich, mögen zumal nicht Gott werden“, können unsere Geschaffenheit nicht verlieren. Hieran nun
habe jene Union wieder ihre S c h r a n k e, in der wir uns
auf uns selbst zurückgeworfen fühlen, während immer aufs
Neue der Geist in seinem unendlichen Hunger nach Gott diese
Schranke der Geschaffenheit überspringen und mit Gott vereinigt werden möchte, aber immer aufs Neue fühlen müsse,
dass Gott selbst zu unendlich sei für die menschliche Umfassung. Aehnlich wie am Schlusse der zweiten Stufe (S. 520)
spricht daher R. auch am Schlusse dieser dritten und höchsten von einem „Anstreben“ und „Entbleiben“. „Wir fühlen, dass Gott s i c h s e l b e r uns gegeben hat und geben
will, und dass Alles, das wir schmecken, gegen das, das uns
entbleibt, nichts als ein Tropfen ist gegen die See; und diess
verstürmt (reisst im Sturm dahin) unsern Geist in Hitze und
in Ungeduld von Minnen. So wir mehr schmecken, so unser
Lust und Hunger mehr wird, denn jegliches ist des andern
(Ur)sache. Und diess macht uns anstreben in Entbleiben.
Denn wir zehren an seiner Ungemessenheit, die wir nicht
verzehren mögen, und streben in seine Unendlichkeit, die wir
nicht erreichen können.... Und hierum ist die Hitze s o un-
getemperirt, dass die Uebung von Minnen zwischen uns und
Gott gehend und kehrend ist, als die Blitze des Himmels;
und doch können wir n i c h t v e r brennen.... So uns mehr
lustet zu schmecken, so wir tiefer eindringen wollen in seine
Berührung; und so wir tiefer eindringen in seine Berührung,
so uns die Fluthen se᾽ner Süssigkeit mehr durchfliessen und
überfliessen. Und so wir mehr durchfliesset und überfliesset
werden, so wir besser fühlen und erkennen, dass die Süssig-

keit Gottes unbegreiflich ist und sonder Grund". Daher spricht
R. auch auf dieser Stufe noch von einer andern Uebung
und Weise als der uns schon bekannten immanenten, wenn
wir so sagen dürfen, von einer Weise und Uebung nämlich,
die dem trinitarischen Leben Gottes nach aussen „antwortet": es ist diejenige, in der die Menschen dieser dritten
Stufe zur zweiten und ersten wieder herabsteigen, die Weise
in inneren Uebungen von Tugenden und in Wirken. Denn
diese höchste Einung lasse in der menschlichen Natur wie sich
nicht erreichen, so auch sich nicht erneuen und erhalten „sonder Uebung von Minnen und sonder unser Wissen"; anders
„können wir Gott nimmermehr besitzen, und wer anders
fühlt oder glaubt, ist betrogen". Die Minne, die „lebendig
und fruchtbar" sei, könne nicht stets müssig sein; ebenso
wenig könne die Erkenntniss immer leer und ledig stehen,
denn „sonst möchte auch ein Stein selig sein, der kein Wissen hat"; auch von der Einung selbst bleibe in uns „ein leben-
des Wissen und eine wirkende Minne", die „Herz, Sinne
und alle Kräfte beweget und aus uns einen geistlichen Tabernakel macht und uns lehret, wie wir darin haushalten sollen";
daher setze der eine Pol: das höchste Schauen in Gott, auch
auf dieser Stufe doch stets wieder den anderen: das Thä-
tigsein mit Selbstbewusstsein und bestimmtem Willen. „Aus
unserm obersten Fühlen scheint die Klarheit Gottes in uns,
die uns die Wahrheit lehrt und bewegt zu allen Tugenden und in ewiger Minne zu Gott". Oder, wie denselben Gedanken R. vom Standpunkt Gottes aus darstellt: Gottes Berühren sei „einziehend" und „ausfliessend" (ausfliessen machend);
„in seinem Einziehen müssen wir zumal sein sein, darin wir
lehren sterben und schauen; aber in seinem Ausfliessen will
er zumal unser sein, darin lehrt er uns leben in Reichheiten
von Tugenden". Und eben der vollkommene schauende
Mensch sei darum auch der rechte Wirker, und aus der Reichheit der Beschauung komme das wahre gemein Leben; „der
Mensch, der aus der Hochheit von Gott niedergesendet wird
in die Welt, er ist voll der Wahrheit und reich an allen Tugenden, und er sucht des Seinen nicht, sondern desjenigen
Ehre, der ihn gesandt hat, und darum ist er gerecht und

wahrhaftig in allen seinen Dingen.... Und er ist ein lebend
willig Instrument, damit Gott wirket, was er will.... Und
darum hat er ein gemein Leben, denn ihm ist Schauen und
Wirken eben gerecht, und in beiden ist er vollkommen". In
d i e s e r Oszillation der beiden Momente, da wir „ganz in Gott
sind, darin wir unsere Seligkeit besitzen", und „ganz in uns
selbst, darin wir uns minuend zu Gott üben", in diesem Eingehen und Ausgehen, in diesem „Aufsteigen und Niedersteigen
an unserer Himmelsleiter" — und „ist doch nur Ein Leben"
— mit andern Worten: in diesem Zusammensein aller Stände
und Stufen, so dass der Schauende zugleich der innige und
wirkende Mensch ist, sieht R. die wahre Vollkommenheit, da
der Mensch Bild u n d Gleichniss Gottes an sich trage, da Gott
und Mensch, Unendliches und Endliches, Himmel und Erde
ihre Ausgleichung gefunden haben. Auf diese Weise glaubt R.
Göttliches und Menschliches, „höchste Freiheit und tiefste
Niedrigkeit" „in einer Person" vereiniget und ausgeglichen
zu haben, ähnlich, wie er diess, nur hier von Natur ebenso
wie als von Gnaden, in Christo nachgewiesen hat. Und desswegen beschreibt er den Karakter auch dieses höchsten Men-
schenlebens sehr treffend wieder so: „Arm (in uns) und reich
(in Gott), hungrig und satt, wirkend und ledig! Dinge, die
zumal sind Kontrarie; n i c h t s d e s t o w e n i g e r l i e g t
h i e r i n u n s e r e h ö c h s t e E d e l h e i t nun und ewiglich.
Denn (s. oben) wir mögen zumal nicht Gott werden.... Blieben wir aber zumal in uns selber gesondert von Gott, so müssten wir sein elend und unselig. Und hierum sollen wir uns ganz
in Gott fühlen und ganz in uns selbst. Und zwischen den zwei
Gefühlen finden wir anders nicht denn die G n a d e Gottes
und die Uebungen unserer Minnen". Auch die Gnade bleibt
also, wie die erste und zweite Stufe des mystischen Lebens,
ein nothwendig Requisit a l l e r sittlich-religiösen Entwickelung
hienieden. Ebendarum ist auch „zwischen der höchsten Klarheit, dazu wir hienieden kommen mögen, und zwischen der
Klarheit der Heiligen grosser Unterschied". Hier sind wir
noch „im Schatten Gottes"; „unser Stand ist noch sterblich
und grob" (materiell), und „das ist das Mittel, davon der
Schatten kommt"; dort „auf den Bergen ist kein Schatten

mehr"; dort „empfangen sie die Klarheit ungemittelt". Und
„wenn wir uns auch selbst ausgehen in Unweise und die Sonne
uns zieht in ihre Klarheit" (= schauendes Leben), doch ist es
nur erst „in der Morgenstunde", während die Heiligen dort
„im Mittag stehen"; und „alle die Speise, die uns gegeben
wird hier in der Morgenstunde und in dem Schatten, ist mehr
ein Vorschmack der zukommenden Speisen in dem Mittag der
Glorie Gottes".

Dass übrigens zu der mystischen Höhe der Mensch nicht
vor dem vierzigsten Jahre (das Sprüchwort vom Schwabenalter
rührt vielleicht daher!) komme, hat R. auch behauptet in einer sehr anziehenden Stelle, welche zugleich den mystischen
Lebensverlauf deutlich schildert. „Diese Hochheit von Leben
ist sehr schwer, und Manchem unbekannt, wie man Fleisch und
Blut und auch Eigenwille tödten solle. Hierum soll Niemand
von sich leichtlich grosse Heiligkeit glauben oder vermuthen....
Denn also lange als der Mensch ist unter seinen 40 Jahren, so
ist er sehr unfügsam, voll Neigungen und unbeständig und
sucht unterweilen Genügde, Schmack und Wollust in seinen
Uebungen, dass er diess selbst nicht weiss, und also sind seine
Uebungen mit Natur gemenget. Und darin er wähnt den Geist
zu nähren und heilig Leben, darin nährt er Ungestorbenheit,
Eigenheit sein selbs und der Naturen. Und hierum spricht
St. Gregorius, dass die Priester in der alten Ehe arbeiteten und
dieneten in dem Tempel bis zu ihrem vierzigsten Jahre, und
darnach waren Hüter des Tabernakels. Denn dann war die
Natur verkaltet und in ihnen abnehmend, und also wurden
sie besser gestätiget und gesetzt in ihnen selber vermittelst
Länge ihres Dienstes und Mannigfaltigkeit guter Werke. In
dem fünfzigsten Jahre liess man die Erde rasten im jüdischen
Gesetz, und alle Schuld ward erlassen und alle Gefangenen
erlöst und Knechte wurden frei, die von freier Geburt waren,
und ein Jeglicher kam wieder zu seinem Erbe, das sein oder
seiner Voreltern gewesen war. Und also will ich nun sagen:
wann wir die Geburt unsers Herrn in uns empfangen haben,
dann beginnen wir zu leben. Und dann müssen wir arbeiten,
dienen und (uns) peinen in dem Tempel Gottes, das ist in uns
selber, mit Pönitenzien und mit heiliger Uebung also lang, bis

wir mit der Hülfe Gottes Alles vertreiben, was Gott und der Tugend konträr ist,... also dass Minne also mächtig werde in uns, dass sie uns erheben möge in die oberste Hochheit, die sie selber ist. Und dann soll ihre Gutheit alle unsere Inwendigkeit durchfliessen und erfüllen mit also grosser Wollust und Freuden, dass alle unsere Erde ledig liegen soll und rasten, denn unser ganzer auswendig irdischer Mensch soll zu der Zeit ledig stehen aller Arbeit und Uebung. Und diess ist unser fünfzigstes Jahr von der Zeit, dass Christus, der Sohn Gottes, in uns geboren ist. Und diess ist unsere h. römische Fahrt (wohl mit Anspielung auf das durch Klemens VI. im Jahr 1343 eingeführte fünfzigste Jubel- und Ablass-Jahr), denn hier wird alle Schuld von Sünden vergeben und ganz nachgelassen, und die Gefangenen losgemacht, denn alle Bande von ungeordneter Liebe zergehen und alle Knechte werden frei, die von freier Geburt sind, das sind die obersten Kräfte der Seele, die werden also frei, dass sie in ihrer Erhabenheit Gott minnen, danken, loben und dienen mögen in aller Weise sonder einig Hinder des Feinds, der Welt und des Fleisches. Aber die Sinne, die viehlichen Kräfte, müssen allezeit Dienstknechte bleiben und wirken, denn sie sind Fleisch und von dem Fleisch geboren, und hierum, liesse man sie gebähren, sie würden dem Fleische folgen und dienen und ihre Werke würden gebrechlich sein und gegen Vernunft und ungeordnet. Seht, hiermit kommen wir wieder zu unserm eigenen Erbe, das wir mit unsern Sünden verkauft und verloren haben. Und also werden wir wahrhaftige Hüter des Tabernakels Gottes, das wir in uns selber haben".

Wie übrigens R. überall und schon auf dem unmittelbar natürlichen Boden die Individualität zur Anerkennung gebracht hat, so thut ers auch im Gebiet des mystischen Lebens selbst. Jeder, sagt er nämlich, werde nach dem Maasse seiner Empfänglichkeit wirken, innig sein, schauen. Wie die Strahlen der Sonne das Glas heller als die Steine, das Krystall heller als das Glas durchdringen, wie die Edelsteine, wenn man sie an der Sonne Glanz lege, ihre Farbe, ihren Adel, ihren Glanz, einer vor dem andern, offenbaren, so sei es auch

mit den Menschen im Stande der Gnade und der Herrlichkeit
(Beschauung).

Das mystische Leben als Nachfolge Christi.

Weniger als andere Mystiker hat R. das mystische Leben
als Nachfolge Christi dargestellt. Wenn er es aber in seiner B e -
z i e h u n g a u f C h r i s t u s fasst, so pflegt er es meistens als
das G e g e n b i l d des Thuns Christi an uns, seines Verdienens
um uns (s. Werk Christi) hinzustellen. „Er will allzumal euer
sein, ruft er aus, ist's, dass ihr zumal sein wollt sein, und in
ihm leben und wohnen als ein himmlischer, göttlicher Mensch....
und nicht euer selbst; und nicht euch selber leben.... Und
hierum lebet, dienet und minuet zu seiner ewigen Ehre, nicht
um Lohn, noch um Schmack, noch um Trost, noch um einig
Ding, das euch davon werden möchte, denn gerechte Minne
suchet des Ihren nicht.... Und hierum gebet Christo, euerm
Bräutigam, alles, das ihr seid und habt und vermöget, und
diess thut mit mildem, freiem Herzen.... Nehmet wahr, dass
ihr euren Brautschatz bewahrt in Einigkeit der Minnen mit
Jesu, eurem geminnten Bräutigam.... Wir sollen ihm geben,
was wir ihm schuldig sind, auf dass der Kauf (sein Werk an
uns) b e s t ä t i g e t und v e r s i e g e l t werde.... Wir sollen
die Schuld vergelten, die er für uns bezahlt hat.... Wir sollen
Christum darbringen (Gotte) als unser Opfer und opfern als
unsern Schatz, damit wir gekauft und erlöst sind.... Wir sollen uns mit dem Leiden unsers Herrn bekleiden.... Denn
Niemand kommt zum Vater denn durch den Sohn und seine
Passion und seinen Tod und die Uebung seiner Minne... Wir
sollen sein Bild unserer ganzen Natur eindrücken, wie man
das Siegel in Wachs drückt".

N ä h e r verlangt R., dass wir Christo sollen in allen seinen d r e i Ständen folgen: „unsere W e r k e mit seinen Werken vereinigen und veredlen" und „unsern G e i s t in seinem
Geiste (der Liebe) taufen", „verbrennen lassen", „einigen".
Dann werden wir, wie er, „Gottes Erbkinder, geeiniget seiner Person, der ewigen Wahrheit"; und er wird uns „mit
sich in das hohe Lehen führen, wo wir mit Gott vereiniget

sein werden". Wenn wir „der Menschheit Christi entgegen
kommen", seine Werke, sein Leben „vor uns hertragen",
so „geben wir den Strahlen der göttlichen Sonne geradezu
entgegen", die „uns durch die Werke Jesu Christi ausser uns
selbst zieht und verzehrt und bis in die höchste Höhe unseres geschaffenen Wesens erhebt, wo wir Christum in seiner
göttlichen Klarheit finden".

Und so ist denn unserem R. das Vollendetste dieser Naeh-
folge (ganz wie des mystischen Lebens überhaupt, s. o.), dass
Christus in uns lebe „als Gott und Mensch"; so haben wir
„die rechten Bilder" und auch „keine": die rechten Bilder,
denn wir seien dann „abgebildet nach den Bilden des Lebens
und Leidens Christi und seiner Tugenden"; in unserm Geiste
aber seien wir „von den Bilden aller Dinge frei und in die
göttliche Klarheit verwandelt"; so gehen wir aus „nach dem
Bilde der Menschheit Christi gestaltet zu guten Sitten, heiligen Uebungen, zu Erfüllung aller Tugenden", und gehen ein
„mit demselben Geist des Herrn Jesu Christi ohne
Bild in die Gottheit" (vergl. S. 130).

Die Pole des mystischen Lebens.

Wie die Stufen des mystischen Lebens, so hat R. eben
dieses auch in seinen Polen beschrieben, die er jeder
dieser Stufen zuerkennt aber auf jeder potenzirt: diese Pole
sind: Wirken, sich Ueben in Tugenden, äusserlich und innerlich; und Rasten, Ruben.

Das mystische Leben in seinen Tugend-Uebungen.

Es finden sich bei R. mannigfache Darstellungen der
Tugenden, von denen er die einen vorzugsweise mehr der
einen Stufe zuschreibt, die anderen wiederum mehr in sich
selbst stuft, z. B. die Liebe, so dass diese auf allen Stufen
des mystischen Lebens, doch allerdings in unterschiedlichen
Aeusserungen und Graden, erscheint.

In der Regel nennt R. als das Fundament aller Tugen-

den diejenige, in der der Mensch sich der Macht Gottes unterstelle: die Gottesfurcht oder die Demuth (s. o.). Ohne die
Demuth Tugenden sammeln, sei, sagt er mit Gregorius,
nichts anderes als „Staub auf den Wind tragen“. Sie sei auch
diejenige Tugend, mit der Christus als Gott in seiner Selbst-
entäusserung und als Mensch den Anfang gemacht habe, in
der man daher zum Ersten zur Gleichheit Christi gelange. Als
das Wesentliche derselben bezeichnet er „inwendige Niede-
rung oder Niederbeugung des Herzens vor die hohe Würdigkeit des unaussprechlich grossen und treuen Gottes“; eine inwendige, nicht bloss eine „vernünftige“ sondern eine „minnende“ Betrachtung der Grösse Gottes und seiner Wohlthaten, und anderseits der eigenen Kleinheit, Unwürdigkeit und
Undankbarkeit. „Wenn der Mensch bedenkt, dass ihm Gott
gedient hat so demüthig, so minnlich, so getreulich, und Gott
dann so mächtig ist, und so edel, und der Mensch so arm und
so klein und so nieder“, das, sagt R., wirke die Demuth, und
„könne der Mensch Gott nicht genug Ehre bieten“, und „sich
selbst nicht niedrig genug setzen“; und so lasse der Demüthige
„Gott und die Kreaturen mit ihm machen, was sie wollen“.
R. sagt, wenn man von Andern Verachtung erleide, so erzeige
sich eben darin die Demuth, dass man diess, wenn es auch
anfangs das Herz bewege, doch ertrage, sofern man es nicht
als von einem zerbrechlichen Menschen, sondern als von Gott
nehme, der den Menschen hierin zu seinem Werkzeug brauche,
denn nichts sei so „fruchtbar“ und nichts führe den Menschen
mehr „in ihn selbst“ hinein; und „sei diess viel nützer“ als „die
Bewegung des Himmels und alles, was unter dem Himmel
ist, zu verstehen und zu begreifen“. Der Demüthige danke
vielmehr für solche „fruchtbare“ Erfahrungen, für solche
Uebungen in der Demuth seinem Gott, dass er „seiner angesehen in seiner Gerechtigkeit, auf dass er sich
nicht in der Eitelkeit erhebe“, und dass er „ihn des Lobes
ermangeln lasse, damit er desto vollkommener in Ihm
ruhe“. Der Demüthige, fährt R. fort, könne solcherlei nicht
bloss über sich ergehen lassen, sondern er wünsche es sogar; er wünsche „vor den Füssen der Macht Gottes als
ein geringes Fusstuch (S. 329) zertreten zu werden; und

er wolle in **Wahrheit**, nicht zum Schein, dass er auch
von Andern also angesehen werde, wie er selbst von sich
halte, so dass die Welt selbst mit seinem eigenen Urtheil über
ihn übereinstimme. Aber R. kennt auch die Eitelkeit, Selbstsucht im Kleide der Demuth, darum sagt er, der rechte Mystiker wolle für gering angesehen werden, — **nicht** um für
demüthig gehalten zu werden, was eben auch nur verdeckter
Hochmuth sei. Am liebsten möchte er in diese Demuth „ganz
sich lassen und sich übersteigen und in Gott sich einsenken
und sterben" — nach den „Sünden, nicht nach der Natur".
So erst komme der Demüthige in den tiefsten Grund, verwerde
nach aller Ungleichheit, thue Gott mit Gott genug. — Wie
Fundament aller Tugenden, so sei diese Demuth aber auch
„das Gefäss aller Gnaden", die „Bewahrerin aller Tugenden", da sie sich selbst nichts zuschreibe. Und nie könne
man demüthig genug sein, weil man allezeit genug abzulegen
habe, was gegen Gott sei. Daher sei stete Arbeit und Uebung
darin von Nöthen.

Eine Entwickelung, eine Frucht dieser Demuth nennt R.
den **Gehorsam**, der „eine Unterwerfung, Beweglichkeit,
Bereitwilligkeit des Gemüths zu allem Guten" ist. Er „macht
den Menschen unterthänig **Gott**, den Geboten und Verboten
und dem Willen Gottes; der h. **Kirche**, ihren Lehren, Geboten, Räthen, Sakramenten, Prälaten; **allen** anderen
Menschen in Rath und That, in Dienst, leiblich und geistlich,
nachdem es Jeder bedarf, auch den geringsten"; und „die Sinne
und die **viehlichen Kräfte** der obersten Vernunft", der
eigenen Bescheidenheit (ratio), welche überhaupt „zu prüfen
hat, was wider Gott ist". Der rechte Gehorsam sei aber einfältig, ohne selbstsüchtige Absichten, nicht der Gehorsam des
Knechtes oder Tagelöhners, sei fröhlich, geschwind, halte
nichts für unmöglich, sei andächtig, „denn alles, was in
Gottes Willen geschiehet oder unterlassen wird, bezahlet er
mit sich selbst". R. (es steht in dem Buche von den Tugenden) erzählt in ächt mittelalterlich naivem, tiefsinnigen Geiste
ein Beispiel hievon. Es sollten an einem Tage die Nonnen
eines gewissen Klosters zum h. Abendmahl gehen. Unter diesen war eine Jungfrau, die sich dazu bereitet hatte. Dieser

befahl die Aebtissin, dass sie in die Küche gehe, um daselbst,
was etwa zu thun wäre, zu verrichten. Sie ging sofort, ohne
zu murren, ja mit grosser Devotion, zu thun, was ihr befohlen war, und also den ihr auferlegten Dienst des Gehorsams
zu verrichten. Bald als die Andern kommunizirt hatten, hörte
man eine Stimme: die Jungfrau, die in der Küche inzwischen
ihr Werk verrichtet, habe die Frucht des Sakraments ihres
Gehorsams wegen reicher und überflüssiger empfangen (als
die anderen). — In den gleichen Zusammenhang dieser
Tugendreihe setzt R. die Verläugnung des eigenen
Willens, die Gelassenheit, die er eine Tochter des Gehorsams nennt, denn diese Verzichtleistung mache den
Menschen leben „sonder Erkiesen diess oder das, in Thun
oder in Lassen", allezeit „nach der Ehre und den Geboten
Gottes, und zum Frieden seiner Nebenmenschen"; sie mache, dass der Mensch nicht mehr von sich selbst bewegt,
sondern mit Gottes Willen Eins werde, so dass er nichts anderes wolle noch begehre: denn „der Eigenwille ists, der den
Menschen in allen Dingen und Werken hindert; wer sich
aber selbst verlässt, hat alles verlassen"; und „so viel du dir
ausgehest, so viel gehet Gott ein". In dieser Gelassenheit
werde Gott des Menschen „gewaltig nach allem seinem Willen". Aus dieser Gelassenheit komme dann von selbst die Geduld und Sanftmuth, denn „Niemand mag vollkommen geduldig sein in allen Dingen, denn der seines eigenen Willens
verziehen (verläugnet) hat unter den Willen Gottes und aller
Menschen in urbarlichen (nützlichen) und zugehörenden Dingen". Geduldigkeit sei nämlich „eine gesetzte (ruhige) Verträg-
lichkeit (Ertragen) aller der Dinge, die auf den Menschen fallen
mögen von Gott und von allen Kreaturen". Den geduldigen
Menschen „mag kein Ding entsetzen, nicht Verlust von irdischem Gut, von Freunden, von Verwandten, noch Siechheit,
noch Schande, noch Tod, noch Leben, noch Fegfeuer, noch
Teufel, noch Hölle; denn er hat sich gelassen unter den
Willen Gottes in rechter Karitaten. . . . Darum ist ihm leicht
alles, das Gott mit ihm gebeut in Zeit und in Ewigkeit". Aus
dieser Geduld komme Sanftmüthigkeit, „die in dem
Menschen Friede macht von allen Dingen". Der sanftmüthige

Mensch „mag wohl leiden fraisliche (grimmige) Worte und
fraisliche Manieren und fraisliche Werke und alle Ungerechtigkeit gegen ihn oder gegen seine Freunde und alle dess
zufrieden bleiben, denn Sanftmüthigkeit das ist Leiden mit
Frieden".

Die andere Reihe der Tugenden gruppiren sieh um die
Liebe, die in ihnen „lebendig und fruchtbar bleibt", und
die R. überhaupt „die Form (Seele) aller Tugenden" nennt,
ohne welche keine Tugend schmecke. In ihrer thätigen Richtung nach Aussen wirke sie „Goiderthierenheit (Gutartigkeit, Güte) „Genedichheit": sie „thut geben minnlich Gelass und lieblich Antwort,... und alle goiderthieren Werke
denen, die grimmig sind; denn sie hofft, dass auch die Grim-
men sich erkennen und bessern sollen,... sie leuchtet den
verirrten Sündern mit guten Beispielen, wie denjenigen, die
in Tugenden sind in Brande der Karitaten;... sie salbet diejenigen, die gequetscht sind von Herzen oder betrübt oder
vergrimmet mit tröstlichen Worten und Werken". Eine andere Modifikation dieser Liebe sei die „Kompassion", ein
„gemein Mitleid", ein „inwendig Bewegen des Herzens mit
Barmherzigkeiten zu aller Menschen Noth", leiblicher oder
geistlicher, zu der leiblichen Noth allerdings auch, aber auch
zu ihrer geistlichen Noth: dass sie „in ihren leiblichen Leiden so ungeduldig sind", überhaupt „so unachtsam ihres Gottes und ihrer Seligkeit". Sie sei aber auch Mitleid, Erbärmde
über uns selbst, dass wir zurückbleiben in allen Tugenden;
selbst mit Christus, dass er habe so sehr leiden müssen —
diess letztere gewiss ein ächt mittelalterliches Gefühl, das
wir bei Franziskus fanden (2. Bd. 2. Abthl. S. 483), und bei
Suso. — R. spricht auch wohl von der Mildichkeit als einem
„Ausfluss des Herzens, das beweget ist mit Karitaten und
mit Barmherzigkeit", — doch ohne ihr im Wesentlichen eine
bestimmte Eigenthümlichkeit zuzuweisen.

Am reichsten hat er aber diese Liebe beschrieben auf
dem Standpunkt des innigen Lebens nach der Willens-
Seite (s. 517). In ihr, sagt er, gehe der Mensch zunächst aus
zu Gott, und zu allen Heiligen: er sehe nämlich an „das
milde reiche Fliessen Gottes mit Glorien und mit sich selber

und mit unbegreiflicher Welden in alle seligen Geister nach
aller Geister Gelust" und wie sie wiederfliessend seien „mit
ihnen selber und mit allem dem, das sie empfangen haben
und geleisten mögen in diese selbe Reichheit und reiche Einigkeit, da alle Welde auskommt"; wie aber doch Gott so hoch
und so reich sei, „dass er alle geschaffenen Kräfte übersteiget,
und von Niemand geminnt ist nach seinem Werth denn von
sich selber". Da begabe denn der reiche verklärte Mensch
„alle Chöre der Himmel und alle Geister und jeglichen sonderlich nach seiner Würde aus der Reichheit seines
Gottes und aus der Mildigkeit seines selbs
Grundes, der verkläret ist und überfliesst mit grossem
Wunder". Er fahre „um alle Chöre und alle Wesen" und
merke „das Inwohnen Gottes nach Jegliches Edelheit", und
fahre „schnellich geistlich um durch alle himmlische Schaaren,
reich und überfliessend in Karitaten, ja reich und
überflüssig machend alle himmlische Heere in mehr
Glorien, und alle aus der reichen überfliessenden Dreiheit
göttlicher Naturen". — In dieser Liebe gehe ferner der
Mensch aus zu den Sündern mit grossem Mitleiden und
mit milder Barmherzigkeit. „Er trägt sie zu Gott mit inniger
Devotion und mit grossem Gebete und ermahnet Gott alles
des Gutes, das er ist und das er vermag und das er uns gethan hat — recht als ob er es vergessen hätte,
denn Gott will gebeten sein, und Karitaten will es
alles haben, das sie begehrt. Nichtsdestoweniger will
sie nicht krieglich (hartnäckig) noch eigenwillig sein, aber sie
befiehlt es alles der reichen Güte uud Mildigkeit Gottes. ...
Sintemal nun dieser Mensch gemeine Liebe trägt, so bittet er
und begehrt, dass Gott lasse fliessen seine Minne und seine
Barmherzigkeit in Heiden, in Juden, in alle ungläubige Menschen, auf dass er geminnet und bekannt und
gelobt werde in Himmelreich, und dass unsere Freude und
Glorie werde gemehrt in alle Ende von Erdreich". — In dieser Liebe gehe der Mensch weiter aus zu seinen Freunden
in das Fegefeuer. „Er sieht an seine Freunde in dem
Fegfeuer und merkt ihr Elend und ihr Verlangen und ihre
schwere Pein. Dann ruft er an die Genedigkeit und die Barm-

herzigkeit und die Mildigkeit Gottes und zeigt da ihren guten
Willen und ihr gross Elend und ihr jämmerlich Verlangen
der reichen Gutheit Gottes, und er erinnert ihn, dass sie gestorben sind in Minne und all ihr Zuverlass steht in seiner
Passion und in seiner Gnädigkeit". — Endlich gehe in dieser
Liebe der Mensch aus zu ihm selber und zu seinen Ne-
heumenschen, „die von gutem Willen sind", und
schmeckt und merkt die Vergadertheit (das Gesammeltsein)
und die Einträchtigkeit, die sie haben in Minnen, und er bittet
und begehrt von Gott, dass er lasse fliessen seine gewöhnliche
Gaben, auf dass sie beständig bleiben in seiner Minne und
in seiner ewigen Ehren. Dieser verklärte Mensch weist und
lehrt, tadelt und dient in Treuen und naeh Bescheidenheit
allen Menschen, denn er trägt eine gemeine Minne, und darum ist er ein Mittler zwischen Gott und den Menschen". — Diese Liebe auf dem Standpunkt des innigen
Lebens ist, wie man sieht, mehr eine innere, eine Seelen
gewinnende und fürbittende, als eine im gemeinen Leben
dienende, die R. der wirkenden Stufe mehr zueignet und
worin er übrigens mit Tauler übereinstimmt (s. S. 181). Ueber
dieses fürbittende Thun selbst, die innere Nöthigung und
Erhörung desselben, äussert er sich überraschend fein also:
„Bisweilen mag geschehen, dass der erleuchtete Mensch wird
getrieben sonderlich von dem Geiste Gottes, für ein Ding zu
bitten, als für einen Sünder, oder für eine Seele oder für
einigen Nutzen, also dass der Mensch wohl merket oder erkennet, dass es ist ein Werk des h. Geistes, nicht Hartnäckigkeit, noch Eigenwille, noch Natur. So wird der Mensch
bisweilen so innig und so entzündet in seinem
Gebete, dass er eine geistliche Antwort empfänget, dass sein Gebet erhört ist, und in demselben Zeichen (Antwort) cessiret oder rastet der
Trieb des Geistes und das Gebet". — Diess sei „das
reichste Leben", das er wisse, sagt R. von dem Leben in
dieser Liebe. Uebrigens erinnert diess liebende Ausgehen in
alle Welt, diess Begaben aller Welt in seiner Fürbitte mit
und aus der Reichheit Gottes an die ähnlichen Gemüths- und
Lichesergiessungen Suso's (S. 437), der nur darin noch weiter

gegangen ist, dass er auch die vernunftlose Kreatur (gleich
Franziskus) mit eingeschlossen hat. Diese „g e m e i n e" Liebe
war übrigens allen Mystikern gemein, und alle dringen auf
sie wie aus Einem Munde. Man erinnere sich nur, wie Tauler
(S. 179) diese gemeine Liebe preist. Es ist, als spürte man
es diesen edlen Mystikern an, wie sie die Schranken der damaligen Zeit und Kirche mit ihrem in Liebe über- und in
Himmel- und Erde ausfliessenden Herzen durchbrechen wollten, wovon ihnen ein so himmlisches Bild in Christo vorleuch-
tete, den R. so oft „den gemeinen Minner" nennt.

   Als die d r i t t e Reihe der Tugenden bestimmt R. die Tugenden aus der G e r e c h t i g k e i t, als da sind: ein „kreatürlicher Ernst und eine Fleissigkeit zu allen Tugenden, ... zu aller
Gleichheit Christi und seiner Heiligen, . . . zu bewahren Herz
und Sinne, Seel und Leib, und was man ist und hat, in
der Gerechtigkeit, . . . und in der Ehre und im Lobe Gottes"; eine „Nüchternheit (S o b e r h e i t) von innen und von
aussen": zunächst eine sinnliche Soberheit, die „die oberste
Kraft und die viehliche scheidet und den Menschen von Un-
maassen bewahret", damit nicht, wie bei den ersten Eltern, das
Weib, die Sinne, den Mann, die obere Vernunft übernehmen; dann eine sittliche Soberheit, die dem Menschen die
Selbsterkenntniss, die Erkenntniss seines Zieles, seines Strebens nach demselben, seiner Verirrungen, ihm überhaupt das
rechte Maass gibt in Worten, Werken, Reden, Schweigen;
Thun, Lassen, so dass er weiss, „zu welcher Zeit, warum, wie
viel, wie wenig, auf was Weise er Alles und Jedes thun und
lassen solle"; endlich eine geistige Soberheit, die vor aller
unerlaubten, falschen Spekulation warnet, „die Natur und
die Schriften und alle Kreaturen merkt und nimmt, da aus
Nutzen (kommt) und nicht mehr", denn „Soberheit will nicht
schmecken noch wissen die Dinge, die nicht geurlaubt sind".
— Diese Reihe schliesst R. mit der „R e i n i g k e i t", die er nach
seiner trichotomischen Weise wieder als Reinigkeit des Geistes,
des Herzens und des Leibes darstellt; Reinigkeit des G e i s t e s:
„da der Mensch an keiner Kreatur klebt mit geneigter Lust,
sondern an Gott allein, über Verstehen und über Fühlen und
über alle Gaben, die Gott giessen mag in die Seele, . . . in

Gott allein rastet, Gottes allein gebraucht", eine Reinigkeit,
„die den Menschen in einer Gleichheit Gottes hält"; Reinigkeit des H e r z e n s, da der Mensch „in jeder leiblichen Bekorung oder Bewegung der Natur mit freiem Willen sich zu
Gott kehrt, mit neuer Treue und mit starkem Willen, immer
mehr mit Gott zu bleiben", — eine Reinigkeit, „die alle Tugenden und alle Grazie Gottes erneuern oder zunehmen macht
und die Sinne von aussen hält und bewahrt und die viehliche
Lust von innen zwinget und bindet", — „eine Zierheit aller
Inwendigkeit und ein Schluss der Herzen von irdischen Dingen
und von aller Betrüglichkeit und ein Aufthun zu himmlischen
Dingen und zu aller Wahrheit"; Reinigkeit des L e i b e s, „da
der Mensch sich entziehet und bütet vor unkeuschen Werken,
in welcher Weise sie sind, die sein Gewissen ihm vorhält und
zeigt, dass das Unkeuschheit wäre und gegen die Ehre und
dem Willen Gottes", — „höchste Zierheit der Natur, die
man gleichet der Weissheit der Lilien."

Diese in den genannten Tugenden sich entfaltende Gerechtigkeit, mit der wir unsere drei Feinde: das Fleisch, die Welt,
den Feind überwinden, sei, sagt R., „der Pfennig, der gleich
wieget dem Reiche Gottes": damit erkriege man das ewige
Leben.

Eine andere Eintheilung der Tugenden, die sich in R.'s
Schriften vorfindet, aber nie in durchgeführter Betrachtung,
ist jene gewöhnliche der vier Kardinal-Tugenden, die allerdings mehr der ersten Stufe zu eignen scheinen. Von diesen
bezieht er die Klugheit und die „Mässigkeit", mit der man
„nehmen und geben, thun und lassen, schweigen und sprechen, fasten und essen, hören und antworten und alle Dinge
thun soll", auf die „redliche" (vernünftige) Kraft; die Starkheit,
die „alle Hindernisse überwinden und alle Tugenden vollbringen soll, auf die begehrliche Kraft; und auf die zornige Kraft
die Gerechtigkeit, die „als ein Richter das Reich der Seele
durchfahren soll mit Kraft und Gewalt des Königs (des Willens) und mit Weisheit der Rathgeber (Klugheit, Mässigung)
und mit Klugheit seins selbst, und setzen und entsetzen soll,
richten und verdammen, tödten und lebendig machen, blind
und sehend machen, aufheben und niederdrucken und alle

Dinge nach Recht beschicken und geisseln und kasteien und alle Untugend verläugnen machen". — Doch bestimmt er diese vier Kardinaltugenden auch wieder anders sowohl in ihrem Wesen als in ihrem Verhältniss zu den Kräften der Seele.

Uebrigens darin stimmen alle Mystiker überein, und auch R. kann es nicht genug hervorheben, dass der Wille die Potenz aller Tugenden sei. „Wolle nur mit ganzem Willen und du wirst die Tugend ohne Zweifel haben.... Wäre ein geistlich Gut (es erinnert diess ganz an Eckard) tausend Meilen von mir und ich wollte es mit diesem vollkommenen Willen haben, so wäre solches mehr mein eigen, als was ich in meinem Schoosse hätte und doch nicht haben wollte". Wer alle seine Willenskraft daran gäbe, die Tugenden, die er liebt sowohl in sich als in Andern, auszuüben, dessen seien dieselben Tugenden, nicht anders, als wenn er sie im Werk und in der That selbst ausgeübt hätte; „und auf diese Weise wirken wir geistlich mit in allen guten Dingen, die in der ganzen Welt geschehen". Darum sei auch dem Willen keine Zeit zu kurz (oder zu lange); wenn er nur so beschaffen sei, dass er, was ihm nur immer möglich, thun wolle, nicht nur jetzt, sondern auch wenn er noch tausend Jahre leben sollte; einem Solchen lohne daher Gott auch entsprechend, und rechne ihm alles das zu, was er innerhalb der tausend Jahre in der That hätte verrichten können" (vergl. S. 190).

Besonders den äusserlichen Werken seiner Zeit gegenüber hat er den guten Willen als das Wesentliche hervorgehoben. Er ist „ein Brunnen und Ursprung aller Tugenden, woraus die Materie besteht, aus welcher der Altar gemacht wird, auf dem aller leiblicher Dienst und alle äusserlichen Werke Gott mit Liebe allezeit müssen aufgeopfert werden."

Das mystische Leben als Gebrauchen und Rasten.

In den Tugenden hat R. das mystische Leben nach seiner thuenden und übenden Seite und zwar in ihrem ganzen Umfange sich auseinanderlegen lassen. Er setzt nun aber noch

eine andere Seite des mystischen Lebens: die ruhende,
das Feiern der Kräfte, das Gott-Leiden, wie T. sagt, das Gebrauchen Gottes.

Das ruht nach R. (psychologisch) auf der „gebräuchlichen
Neigung" unseres Geistes und dessen „Einigkeiten", und ist
begründet in dem Bedürfniss des Menschen, über das Thun
hinaus, das als solches doch mehr oder minder endlich,
menschlich ist, in einem Zustande sieh zu fühlen, der diesen Karakter nicht trägt: da der Mensch ganz in Gott aufgelöst und insofern über allen Tugenden, Dingen, ja über sich
selbst ist. Daher R. von diesem zuständlichen Sein sagt,
es sei „sonder Weise und Grund", in Unweisen; und „möchten
wir die Rast erkennen und begreifen, so fiele sie in Weisen
und in Maassen; so möchte sie uns nicht genügen, sondern
Rast würde eine ewige Unrast.... Hier ruft der Abgrund in
den Abgrund" (s. 122). Bedingt ist dieses Ruhen aber von
Seite der Menschen wesentlich durch das thätige Leben,
und von Seite Gottes darin, dass sich Gott uns gibt über seinen Gaben, dass er uns in seine Einigkeit, in sich zieht und
mit sich vereiniget. Insofern ist es ein Leiden des Einwirkens
Gottes, ein Zustand, in dem der Mensch von sich aus nichts
mehr dazu thut, das noch „vermitteln" könnte, rein nur „Instrument Gottes ist", wesswegen R. sagt, hier sei der Geist
vereinigt mit Gott sonder Mittel; hier besitze der Geist Gott
mit Gott, seine ewige Seligkeit, die Einheit mit Gott, hier
sei nichts denn Gott, — gegenüber dem Stand der Tugendübung, da der Mensch die Gleichheit mit Gott in ihm
selbst besitze.

Diess ist der Begriff dieses Rubens, Gebrauchens, wie
ihn im Allgemeinen R. gibt, ein Moment, das er, wie schon
bemerkt, allen Stufen, auf jeder höheren aber potenzirt, zuerkennt.

Das mystische Leben als Rasten und (Wirken) sich Ueben.

Rasten und Wirken gehören aber nach R. zusammen als
die Pole alles mystischen Lebens; bestehe ja
auch unser äusserliches leibliches Leben darin,

„dass wir den Odem, der in uns ist, aushau-
cben und einen frischen wieder einziehen". In
diesen zweien Weisen besitze der Mensch das Eine Leben
mit Gott: „sterben in Gott, leben aus Gott, — in jeglicher
er selbst ganz und ungetheilt".

Im Wesentlichen sich gleich variirt R. indessen . in der
Darstellung. Bald spricht er von „sich Ueben", von „Uebungen", in denen z. B. auf der innigen „Stufe der Mensch gute
Bilde vor sich nehmen soll, als: das Leiden unseres Herrn
Jesu Christi und alle Dinge, die ihn erwecken mögen zu mehr
Devotion", und wieder von einem „Besitzen´ Gottes, ´darin
der Mensch fallen soll in eine grosse Un g e bildetheit, die Gott
ist"; bald „von Tugend und Werken in einfältiger Meinung
und Einträchtigkeit des Willens mit Gott", und wieder von
„Rasten über alle Werke und alle Tugenden und alle Dinge,
und über sich selber in Gott", oder „von gebrauchlicher Einung in Gott"; bald von „Aehnlichkeiten mit Gott durch
Tugenden", „inwendigen Werken", und wieder „von Einigkeit mit Gott in gebrauchlichem Rasten"; bald von Wirken
und wieder von Schauen; bald von „Auskehren mit herzlicher
Liebe" z. B. zu Christus, zur „Menschheit Christi", oder zu
sich selbst „im Missbehagen und Vernieten seiner Selbst",
oder zu den Nebenmenschen, dann wieder von einem „ungebildeten Einkehren mit blosser Minne in Gott"; bald von
einem „Einsehen", lebend in Gott, und wieder von einem
„Aussehen" in Uebung guter Sitten, Werke, Tugenden; bald
von einer „Unweise", „weislosen Minne", von einem „Leben
in Gott über Ordnung in grundloser Minne, die er selber ist";
dann wieder von einer „Weise"; bald von einem „Ueber sich
selber sein", einem „Gottes Gebrauchen" (frui), dann wieder
von einem „In sich selber sein, wohl geordnet in glorioser
Weise".

Ueberall und stets aber wiederholt er, dass beide Weisen nothwendig seien, dass beide auch in einem wesentlichen, nothwendigen Verhältnisse zu einander stehen: wie
„Leib und Seele, Materie und Form". „Mit der
Einung wird die Begierde allezeit von Neuem gereizt und erweckt zu neuen, inwendigen Werken, und fort und fort wir-

kend ist der Geist aufgehend in ein neu Vermögen, und also
erneuet Werk und Einung allezeit, und diess Verneuen in
Werk und in Einung das ist ein göttlich Leben.... Niemand
mag kommen in Rasten über Wirken, er habe vor begehrlich
und wirklich geminnt. Und hierum muss die Grazie Gottes und
unsere wirkliche Minne vorgehen und nachkommen".
Diese Oszillation findet er in der Liebe schon gegeben,
deren Wesen sei, ebenso sehr gebrauchend als wirkend zu
sein, und in der der Mensch mit Ordnung und Bescheidenheit
die Tugenden wirke, selbst aber mit seinem Geminnten (Gott)
über alle Weise und über alle Uebungen der Tugenden in der
ewigen Zelle bleibe und sich daselbst keines Dinges annehme,
ihrer beider genug. Vermöge dieser Dialektik sollizitire
ein Moment das andere, gehe in das andere über, so dass
„das Eine von dem Andern nicht bloss ungehindert bleibe,
sondern allezeit gestärkt werde". Daher beide nicht bloss
durch einander beständen, sondern auch mit einander. Und
diese Weise nennt er das Beste: „die Gerechtigkeit des
Geistes" (vrgl. Tauler S. 200); das Rasten nämlich werde
nicht bloss durch die Tugendübung, die Einigkeit nicht bloss
durch die Gleichheit gewirkt, sondern sie bestehe auch, so
lange die Gleichheit in Karitaten und in Tugenden bestehe;
und um so höher steige sie, um so süsser werde sie geschmeckt,
je gleicher man in Tugenden sei. Umgekehrt werde „in der
Einung die Begierde nicht bloss von neuem geweckt (sollizitirt)
zu neuem Werke" — inwendigem oder auswendigem, sondern
sie bestehe auch in und mit ihr und sei um so lebendiger; „so
höhere Minne, so mehr Rast, und so mehr Rast, so innigere
Minne"; das Eine lebet in dem Andern; „der nicht minnt, der
rastet nicht, der nicht rastet, der minnt nicht". Daher „obwohl wirkend", sei doch der Geist zugleich „aufgehend in ein
neu Vereinigen", und „also verneuet Werk und Einung allezeit ein rechtes geistliches Leben". Denn „Christus will, dass
wir in der weselichen Einigkeit unseres Geistes wohnen
und bleiben reich mit ihm über all' kreatürlich Werk und
über allen Tugenden, und dass wir wirklich (wirkend) in
derselben Einigkeit bleiben reich und erfüllt mit Tugenden
und mit himmlischen Gaben. Und er will, dass wir die Einig-

keit und die Gleichheit visentiren sonder Unterlass mit einem jeglichen Werke, das wir wirken". Karitate in der
Gleichheit müsse desshalb „ewiglich wirken", und Einigkeit
mit Gott in gebräuchlicher Minne solle „nimmermehr rasten".
Auch gebe Gott „in Einem Geschenk sich selber und
seine Gaben", und der Geist gebe „in jeglichem Einkehr
sich selber und alle seine Werke". „Lasset daher,
mahnt er, die Gnade Gottes in euch nicht ledig (müssig) sein,
sondern übet euch mit rechter Liebe aufwärts in dem Lobe
Gottes, und niederwärts in allen Weisen von Tugenden und
von guten Werken"; und aber „in allen Werken von aussen
seid unbekümmert und ledig von Herzen, also dass ihr, so oft
ihr wollet, durch Alles und über Alles ansehen möget denjenigen, den ihr minnet.... Wenn ihr auskehret mit euren fünf
Sinnen, so hütet euch, dass ihr eurer nicht ungewaltig werdet
und die freie Einkehr verlieret". Diess, meint er, sei ja den
Minnenden „leicht zu thun, denn woran die Liebe ist, darauf
gehen die Augen, und worin des Menschen Herz ist, darin ist
sein Schatz".

Den geistlich-erleuchteten inwendigen Menschen bezeichne
eben diese Fertigkeit, Virtuosität, von der Einkehr auszukeh-
ren in die Welt, in die äusserlichen Dinge oder in die innern
Uebungen, ohne fürchten zu müssen, in ihnen sich zu verlieren; und umgekehrt aus seinem Aufgang in Gott niedergehen
zu können zu sich selbst in Demuth und zu anderen Menschen
in thätiger Liebe; und anderseits in seinen Uebungen einen
unverbildeten freien Aufgang zu seinem Gott zu haben. Diese
Auskehr und Einkehr in uns selbst und unsern Gott müsse,
in diesen Worten karakterisirt R. die Virtuosität, uns „dergestalt zur Hand sein, als das Athemholen" (s. S. 551).
Die Menschen mit dieser Fertigkeit im Ein- und Auskehren,
sagt R., „stehen in ihnen selbst zwischen Einsehen und Aussehen"; sie seien „ihrer selbst gewaltig, jegliches allezeit zu
pflegen, als sie wollen", und „in dem Einen das Andere zu
haben". „Also ist der Mensch gerecht, und er geht zu Gott
mit inniger Minne in ewigen Werken, und er geht in Gott
mit gebräuchlicher Neigung in ewigem Rasten.... Und er bleibt
in Gott und geht nichtsdestoweniger aus zu allen Kreaturen

in Tugenden und in Gerechtigkeit, und diess ist das Höchste
von innigem Lehen". Diese Virtuosität sei freilich, wie sie
nur das Erbtheil der vorgeschrittenen Menschen sei, so auch
nur das Ergebniss steter geistlicher Uebung; ebendarum
müsse man sich lange üben, bis Einem „das Einkehren
und Einsehen mit verständigen Augen also leicht sei und gerecht, als auskehren und aussehen mit leiblichen Augen",
so dass man „sich selbst besitze einfältig in Tugenden und
in Gleichheit und Gott über sich mittels Minne und Basten".
Alle die Menschen aber, „die Rasten- und Wirken-können
nicht in einer Uebung besitzen", hätten „nicht erkrieget die
Gerechtigkeit".

Diese Virtuosität bezeichne auch ganz, sagt R., den Jünger
Christi; denn „Christus, der Sohn Gottes, der nach seiner Menschheit eine Regel und ein Haupt ist aller guten Menschen, wie sie
leben sollen, er ist und war und soll immer mehr bleiben mit
allen seinen Gliedern, das ist mit allen seinen Heiligen, minnend und begehrend, dankend und lobend seinen himmlischen
Vater. Nichtsdestoweniger war und ist seine Seele vereiniget
in das göttliche Wesen. Denn seine gloriose Seele und alle,
die selig sind, haben ein ewig Zufügen (Ueben) in Minnen,
recht als die hungert und dürstet und Gottes geschmeckt haben und nimmermehr satt mögen werden. Gleichwohl gebraucht dieselbe Seele Christi und alle Heiligen — Gottes über
alle Begierde, da nichts denn Eins ist.... Und hierum Gebrauchen und Wirken, das ist die Seligkeit Christi und aller
seiner Heiligen und er ist das Leben aller guten Menschen".
Diese Virtuosität sei auch das rechte Nachbild der h. Dreieinigkeit. Denn „Gott in seiner hohen Naturen, von dem wir
ein Gleichniss tragen, hält sich gebrauchlich nach ewigem
Rasten nach der weselichen Einheit und wirklich in ewigen
Werken nach Dreiheit, und also bleibet er beides in der
Ewigkeit (vgl. S. 200).... Die verborgene göttliche Natur ist
ewig wirklich schauend und minuend nach Weise der Personen, und allezeit gebrauchend in einem Umfang der Personen in Einigkeit des Wesens".

Johannes Rusbroek.

Das mystische Leben und die Sünde.

Mit dem neuen Leben, sagt R. mit Tauler, sei die Schuld
und Sünde abgethan (S. 117), rechne Gott die Sünden dem
Menschen nimmer zu, „ob ihrer gleich so viel wären, als alle
Menschen jemals begangen".

Diese Sündenvergebung vermittelt er auf Seite des Menschen: eben durch die Reue. den Kehr, das Missbehagen
des Individuums an sich selbst, die Gottesliebe. Aber er meint
eine wahre Reue, die auf die Beleidigung Gottes sehe, nicht
jene natürliche, die „um des eigenen Schadens", um der Folgen willen, welche die Sünde für den Sünder mit sich geführt
hat, diese Sünde bereue, die daher nicht aus Liebe Gottes,
welche „eine Ursache aller wahren Reue" sei, entspringe,
darum auch den Menschen „in einer Zaghaftigkeit behält"
und „zu keiner freien Zuversicht zu Gott kommen lässt". Dagegen der Mensch der göttlichen Reue, der das am höchsten
bereue, dass Gott beleidigt worden sei, nehme nicht allein die
Folgen demüthig an, sondern bitte noch Gott, er möge nach
seiner Gerechtigkeit mit ihm verfahren, denn er liebe
„ebenso hoch Gottes Gerechtigkeit als Barmherzigkeit", und
es sei ihm fast „lieblicher und angenehmer, sich der göttlichen
Gerechtigkeit als seiner Barmherzigkeit zu lassen, weil in jener
eine grössere Abtödtung liege". Dieser wahren Reue, die aus
der Liebe Gottes stamme, fehle darum auch nicht die wahre
Zuversicht und Freudigkeit zu Gott und der geistliche Friede,
denn die Liebe sei niemals ohne Geschmack.

Wenn dann nun Gott den Menschen im rechten Zustande
finde, so vergebe er ihm alle Sünden; „er siehet nicht, wie
der Mensch vormals gewesen ist, sondern wie er jetzt ist;
denn er ist ein Gott der Gegenwärtigkeit"; und „da ihm nichts
so verhasst ist als die Sünde, so ist kein Zweifel, er werde dieselbe gerne von uns nehmen, sofern wir sie nur herzlich be-
reuen". Gottes Barmherzigkeit sei so gross, dass der wahrhaft
reuige Sünder in dem Abgrund derselben „schneller verschlungen und verzehrt werde, als man etwa ein Auge auf-
und wieder zuthun könnte", und wenn die ganze Welt eine
feurige Kugel wäre und mitten in derselben ein wenig Flachs

läge, so würde diess wenige Flachs nicht so schnell verbrennen, als Gott bereit und willig sei, den wahrhaft Bussfertigen
die Sünden zu vergeben. Denn „zwischen der Güte Gottes
und einem wahrhaft Bussfertigen ist weder Zeit noch einig
Mittel; dessen Sünden werden so gern bei Gott vergessen, als
oh sie niemals vor Gott geschehen wären“.

Die Sünden selbst, meint ferner R. mit Tauler, müssen
zu unserm Frommen dienen; nicht an und für sich, nicht als
ob wir nicht derselben wegen von Herzen Leid tragen sollten,
sondern „weil sie uns zur Busse führen und eine Ursache sind
zu unserer Demüthigung und Niedrigkeit“; auch sofern sie die
Liebe fördern; denn „so oft der Schmerz durch das Andenken
der Sünde erneuert wird, so oft muss auch die Liebe und die
brünstige Uebung in Gott vermehret werden“. Daher spricht
er auch den Erfahrungssatz aus: „Selten geschieht, dass Jemand zu etwas Grossem erhoben wird, der nicht vorher in Etwas gefallen wäre“. Offenbar die letzte Konsequenz dieser Gedanken ist es, wenn R. sagt, Gott würde den Menschen nicht
haben fallen lassen, wenn er nicht durch den Fall selbst unsere Seligkeit mehr und mehr befördern wollte.

Wenn die göttliche Reue, die wahre Busse, wie wir sehen, es ist, die R. als Bedingung der Sündenvergebung hinstellt, so mag man sich leicht denken, wie er sich über das
Verhältniss der äusseren Pönitenz und Aszese zu dieser inneren
Busse ausgesprochen. Man solle beide nur nicht mit einander
verwechseln, sagt er; er erinnert an den Spruch: die leibliche
Uebung nützet wenig, die Gottseligkeit aber ist zu allen Dingen nütze; wer Gott nicht liebe, sagt er, der habe gar keine
Weise der Uebung (Aszese). Uebrigens verwirft er darum die
äussere Uebung ganz und gar nicht; nur dass sie aus der Wurzel der inneren Liebe herauswachse, will er. Doch spricht er,
gleich Suso, die Einsicht aus, dass die Aszese in di vi duell
sein müsse, wie er denn stets die Rechte und Maasse der Individualität betont. „Jeder, der ein strenges Leben führen
will, nehme in Acht, wozu er von Gott am meisten angetrieben und gezogen wird; denn nicht alle werden von Gott zu
einem und demselben Wege berufen und gezogen, können auch
nicht insgemein Einer Lebensart folgen, noch kann auch Einer

allen Lebensarten folgen; desswegen soll Jeder seine Uebungen
und Ordnungen, die ihm gut sind, beibehalten, das Andere
darnach einrichten, auch in seinen Ordnungen alle andern guten Ordnungen zusammenfassen; nur aber nicht stets wech-
seln darin, denn das macht das Gemüth unbeständig und
wankelmüthig". Das, was gerade am meisten mortifiziere, und
diess gelte für Jeden nach seiner Individualität, das sei die
fruchtbarste Aszese; wer sich indessen (physisch) zu schwach
fühle zu aszetischem Werke, der müsse sie nach dem Rathe
seines geistlichen Führers unterlassen. Gott sehe ja nicht sowohl auf die Werke, als vielmehr, aus welcher Gesinnung sie kommen; und die Liebe, die wir hätten zu den
Andern und deren guten Werken (vrgl. S. 190), könne uns
alle des Guten, das wir an ihnen lieben, theilhaft machen.

Das mystische Leben, die äusseren Dinge und die Aussenwelt.

Viel milder als Tauler sieht R. das Verhältniss des Mystikers zu den äusseren Dingen an. Von einer völligen
Armuth und Entäusserung weiss er nichts. Es ist im idealen
Sinne zu verstehen, wenn er sagt, der gottliebende Mensch
habe auf Erden nichts eigenes, sondern was er habe, sei Gott
und allen denen, die zur Haushaltung Gottes gehören, gemein. Er unterscheidet zwischen der Lust und dem Bedürfniss
der Nothdurft (wie Tauler); diese erkennt er an im Gebrauche
der äussern Dinge, jene nicht. „Gefühlige Liebe gibt Urlaub
allen Kreaturen nach der Gelust, nicht nach Noth.... Man
soll an keiner Kreatur ankleben mit geneigter Lust, nur an
Gott allein.... Man soll (nach Augustin) die Kreaturen nützen
und Gottes allein gebrauchen.... Die viehliche Lust soll nicht
sehr fliessen auf den Schmack der Speisen und des Trankes,
sondern dass der Mensch nehme die Speise und den Trank,
als der Sieche nimmt die Medizin um seine Noth, seine Kraft
mit zu behalten und Gott zu dienen.... So oft ihr eurer fünf
Sinne pflegen müsset in Nothdurft eurer selbst oder eures Nebenchristen, so hütet eure Augen und Ohren, dass ihr kein
Ding einziehet mit Genügde, mit Lust oder mit Liebe, das
euer Herz verbilde oder vermittle zwischen euch und Gott....

Sonst würdet ihr ungewaltig eurer selbst und verlöret euren freien Einkehr zu Gott.... Hütet euch in Speise und Trank und in aller Nothdurft eures Leibes, dass ihr nicht lebet nach Heischen eures Fleisches und Lust der Naturen, denn sucht ihr Genügde und Lust in euch selber oder in einigen Kreaturen, so seid ihr abgekehrt und so möchtet ihr Gott nicht leben noch den Sünden entsterben".

Es ist im Ganzen genommen eine Mittelstrasse, die R. anempfiehlt. „Sei bescheiden und klug, schreibt er einer Klarissin, und habe Acht auf die Komplexion oder Beschaffenheit deines Leibes, wessen du bedarfst oder entbehren kannst. Thust du deinem Leibe zu viel zu Gute und über die Nothdurft, so mehrst du die Kräfte deines Feindes; gibst du ihm aber zu wenig, so verdirbst du das Gefäss, in welchem du Gott dienen solltest".

Zur Aussenwelt verhalte sich, sagt R., der vollkommene Mensch nicht so, dass er sie fliehe; er habe es nicht nöthig, weil er nichts mit unordentlicher Liebe besitze, und ihm die Einkehr zu Gott so zur Hand sei, dass er sich darum keine Gewalt müsse anthun; doch sei es heilsam, auch äusserlich bisweilen allein und einsam zu sein. Vor allem aber sei die Einsamkeit des Herzens von Noth: denn wer innerlich einsam, sei es auch überall in der Welt; und alle Orte und Werke seien ihm gleich, um in ihnen seinen Gott zu finden. Nicht dass er das so gesagt haben wolle, als ob alle Werke, Orte und Menschen gleich zu achten wären, denn allerdings sei Beten ein besser Werk denn Nähen, die Kirche ein besserer Ort als die Gasse; nur das meine er, dass man an allen Orten und in allen Werken dieselbe Gesinnung gegen Gott haben und behalten könne; dass dagegen, wer innerlich Gott nicht gegenwärtig habe, leicht in der Frömmigkeit verhindert werden könne nicht nur durch die Gesellschaft der Gottlosen, sondern auch der Frommen, nicht nur auf der Gasse, sondern auch in der Kirche; denn er trage sein Hinderniss in sich selbst, in seinem ungeordneten Anhaften. R. meint, den vollkommenen Mystiker hindern die äusseren Dinge, mit denen er aus gerechten Ursachen zu thun habe, nicht bloss nicht, sondern sie fördern ihn; denn er durchbreche sie alle, dringe

durch sie alle zu seinem Gott, finde ihn in allen Kreaturen;
er trachte daher, aus allem einen Wachsthum der Tugenden
zu ziehen, dass Alles zu seinem Fortschreiten diene, es sei
was es sei, wir seien auch wo wir wollen, ob auch die Dinge,
so uns begegnen, „ganz abgekehrt, ungleich und fremd wären". Denn er sei seines Gottes also fähig und gewaltig, dass
es ihm eine Art Natur geworden sei, Gott stets, allenthalben gegenwärtig zu haben und zu lieben.

Fragen wir, wie R. den Mystiker äusserlich schildert, so
geschieht diess ähnlich, wenn auch nicht ganz, wie bei Tauler, der fast noch freier sich ausspricht. Sie hätten, sagt er,
keine sonderliche Lebensweise an sich, sondern leben (äusserlich) wie die andern frommen Menschen, folgen den Ein-
setzungen und den Uebungen der Kirche in guten und heiligen
Werken und verehren alle Sakramente mit hoher Ehrerbietung, überzeugt, dass in ihnen die göttliche Gnade niedergelegt (deponirt) sei und lebe.

Das Seligkeitsgefühl; die Offenbarungen; die Bekorungen.

Wie die andern Mystiker spricht auch R. von einem Gefühle des Wohlseins, das die Einigung mit Gott oder schon
das Streben darnach begleite; aber wie die andern Mystiker
unterscheidet auch er Stufen dieses Gefühls, und man muss
es sagen, Keiner hat diese Stufen so scharf und wahr be-
gränzt, auseinandergehalten und analysirt. Wir müssen dabei
wiederholen, was wir schon bei Tauler und Suso vielfach zu
bemerken Gelegenheit hatten, dass in den mystischen Kreisen, besonders der Klöster, solche Zustände sehr häufig gewesen sein müssen und aber auch sehr gleichartig, denn sonst
könnten die Darstellungen der verschiedenen Schriftsteller in
den wesentlichsten Punkten nicht so übereinstimmen.

R. spricht zunächst von einem Seligkeitsgefühl, das er
Süssigkeit, Welde, Trunkenheit nennt. Indem er
es allerdings dem innigen Leben zuerkennt; aber als noch
in den untersten Kräften sich bewegend, als noch dessen
erstem Stadium angehörig, hat er es zugleich in seinem be-
schränkten Werthe ebenso tief psychologisch als religiös ge-

würdiget. Denn das Gefühl der Welde u. s. w. überkommt,
so stellt es R. dar, den Menschen, wenn er sich gekehrt habe
von der Welt, wenn er ein inniges Leben gewonnen habe;
diess ist das Erste; das Andere ist, dass er davon ergriffen
werde, wenn er nun Gott fühle im Herzen, was bei R.
heisst: im niedersten Theil, im gefühlichen Theile, in der
sinnlichen Einheit. Also nur zu Anfang oder in der Mitte
des Stadiums des innigen Lebens gebe es Gott, fühle man es,
denn „sie sind noch zart und bedürfen Milch, süsse Dinge,
nicht starke Speisen, grosse Bekorungen und von Gott gelassen zu sein".

Hören wir nun, wie R. diese Welde, Trunkenheit beschreibt (vrgl. S. 207, 401). „Sie macht in dem Menschen
manche fremde Manieren. Etliche Menschen macht sie singen
und Gott loben von Vollheit der Freuden, und Etliche macht
sie grosse Thränen schreien von Welde des Herzens. Etliche
macht sie ungeduldig in allen ihren Gliedern, so dass sie müssen laufen, springen, jubiliren. Etliche bewegt diese Trunkenheit so sehr, dass sie müssen in die Hände schlagen und plau-
diren. Etliche rufen mit lauter Stimme und offenbaren die
Vollheit, die sie fühlen, von innen. Etliche müssen schweigen
und schmelzen von Welden. Bisweilen dünkt ihn, dass alle
die Welt das fühlt, was er fühlt; bisweilen dünkt ihn, dass
Niemand das schmecke, dazu er gekommen ist. Oftmals
dünkt ihn auch, dass er diese Welde nimmermehr verlieren
könne noch solle. Bisweilen dünkt ihn, dass ihm Gott Alles
ist und Niemanden also viel als ihm. Bisweilen wundert ihn,
dass alle Menschen nicht göttlich werden. Bisweilen wundert
ihn, was diese Welde sei oder von wannen sie kommt oder was
ihm geschehen sei. Das ist das weldichste Leben nach der
leiblichen Genüglichkeit, das ein Mensch auf Erdreich erkriegen mag. Bisweilen wird die Welde so gross, dass den Menschen dünkt, dass sein Herz reissen soll".

R. weist nun aber auch auf die Schranken und die Gefahren dieses Zustandes hin. „Reif und Nebel, sagt er, hindern
oft diese Menschen in diesem Wesen, denn es ist recht in
Mitte des Maies nach Lauf inwendigs Lebens. Der Reif das
ist Etwas-sein-wollen oder Etwas-wähnen-zu-sein oder Etwas-

von-sich-selber-halten, oder dass man meint des Trostes verdient zu haben oder würdig zu sein; das ist Reif. Die Sünden
benehmen Blumen und Frucht aller Tugenden. Uebel ist, dass
man rasten will auf inwendigem Trost und Süssigkeit, das
machet die Luft der Vernunft dunkel, und die Kräfte, die
offen sollten sein und blühen und Frucht bringen, die schliessen sich dann zu, und hierum verliert man Kenntniss der
Wahrheit, und doch behält man bisweilen falsche Süssigkeit,
die geistet (= blast ein) der Feind, der in dem Ende den
Menschen verleitet" (vrgl. S. 229). Man solle es, sagt R. sehr
schön und ganz in Uebereinstimmung mit Tauler und Suso,
machen wie die Biene.   „Sie wohnt in der Einung mit Ver-
gaderung (zusammen mit) ihrer Gesellschaft; und sie fährt aus
nicht im Sturm, sondern in stillem, gesetztem Wetter, im
Schein der Sonne auf alle die Blumen, da man Süssigkeit in
finden mag; doch rastet sie auf keiner Blume um Schönheit
oder um Süssigkeit, aber sie sucht ernstlich ihren Nutzen und
zieht da aus Honig und Wachs, und führt das in ihre Einung".
Aehnlich nun wie der Schein der Sonne die Bienen locke, so
mache auch Christus, die ewige Sonne, das aufgethane Herz,
darein er scheine; grünen und blühen und alle die inwendigen
Kräfte mit Freuden und mit Süssigkeit. „So soll dann der
Mensch thun als die weise Biene, und soll fliegen mit Gemerk
und mit Vernunft und mit Unterschied auf alle die Gaben,
auf alle die Seligkeit, die er je fühlte, und auf alles das Gute,
das Gott ihm je that, und mit der Angel der Karitaten und
innig Gemerks soll er prüfen alle die Mannigfältigkeit des
Trostes und des Gutes und nicht rasten auf einigen Blumen
der Gaben, sondern mit Dank und mit Lob wieder fliegen
und suchen die Einung, da er mit Gott rasten und wohnen
will in der Ewigkeit".

Von dieser Welde, der Trunkenheit unterscheidet, wie
wir wissen, R. die Liebes-Wunde, die „Woit" (= Wuth,
heftiger Eifer), die Ungeduld der Liebe als eine andere Weise,
auch als eine höhere Stufe des religiösen Gefühls, als die
nicht mehr von der Empfindung der Gaben Gottes komme,
sondern von Gott selbst, von der persönlichen Richtung auf
Gott und Christus, von dem immer tieferen persönlichen Ge-

zogen- und Eingeladenwerden Gottes, aber auch zugleich von
dem Gefühl der eigenen Unzulänglichkeit. Da sei dem Menschen „wohl und wehe in einer Stunde", da sei „das süsseste
Fühlen und die schwerste Pein, die man tragen mag", da
falle der Mensch in einen Zustand „recht als eine Frau, die
in Arbeit ist von Kinde (Kindsnöthen) und nicht genesen kann".
„Dieweil der Mensch also woidich ist, so mag ihm keine Kreatur zu gut werden in Rasten noch in keiner Sache in Himmel
noch in Erden.... Innig Woit isset des Menschen Herz und
trinket sein Blut.... Sein Herzblut verwallt (kocht auf),...
seine leibliche Natur verdorret und vertrocknet recht als die
Bäume im heissen Lande.... Hie ist die gefühliche Hitze von
Minnen das meist von alle des Menschen Leben, und des
Menschen leibliche Natur wird heimlich gequetschet· von innen
und verzehrt sonder Arbeit von aussen und die Frucht der
Tugenden reifet.... Diese woidige Weise, als sie regiert, so
vermeistert sie und verkräftet alle Weisen, denn sie will sein
weiselos, das ist sonder Manier.... Bisweilen fällt der woi-
dende Mensch in ein Verlangen und in eine ungeduldige Begierde, entbunden zu sein von dem Kerker seines Leibes, auf
dass er vereiniget werde mit demjenigen, den er minnt. So
schlägt er seine inwendigen Augen auf und schauet den himmlischen Saal voll Glorien und Freuden und sein Lieb gekrönet
darinnen, ausfliessend in seinen Heiligen in reicher Welde,
und dass er dess darben muss; hievon kommen bisweilen in
solchen Menschen auswendige Thränen und gross Verlangen.
So sieht er nieder und merkt das Elend, da er ingekehrt ist,
und da er nicht ausgehen mag, so fliessen Thränen von Betrübniss und von Jammer. Diese natürlichen Thränen beruhigen und kühlen des Menschen Muth und sind nützlich der leiblichen Natur, um Kraft und Macht zu behalten und die woidige Weise zu überleiden". Wenns jedoch lange gehe, sagt
R., so sterbe ein solcher Mensch wohl an dieser „Woide";
aber „obwohl er sicher gut stirbt, der von Liebe Gottes stirbt,
doch so lange als der Baum gute Früchte tragen mag, so soll
man ihn nicht verderben". Darum mahnt er, nicht zu lange
in diesem Zustande zu verbleiben, es „verderbe" die leibliche
Natur; will der Mensch schauen sonder Unterlass in sein ei-

gen verwundet Herz und in denjenigen, den er minnt, so meh-
ret er das Weh allezeit"; der Mensch solle sich daher „wohl
regieren". „Sie sollen sein stark, um zu erbeiten der Zukunft
Christi;... nicht kiesen zu sterben, sondern allezeit Gott Lob
und sich selber neue Tugenden zu erwerben.... Und sie sollen
arbeiten in dem Sommer der gegenwärtigen Zeit und sammeln
Früchte der Tugenden entgegen die Ewigkeit, und sie in zwei
Theile spalten. Das eine Theil ist, dass sie allezeit sollen begehren die hohe gebräuchliche Einheit; das andere ist, dass sie
mit Vernunft sich selber zwingen sollen, also viel als sie mögen.... Und sie sollen nicht fremde Wege machen oder sonderliche Weisen, sondern der Minne Weg durch alle Stürme,
da sie Minne geleitet".

⸱ Parallel dieser Woit, Ungeduld setzt R. die Visionen,
Offenharungen, die dem Menschen in diesem Stadium
werden, nur dass es dort mehr ein Zustand des Menschen ist
nach seiner gefühligen, hier mehr nach seiner erkennenden
Seite. Was er darüber sagt, zeugt nicht minder von Umsich-
tigkeit, Seelenkenntniss und ebenso klarer als tiefer Religiosität. Nämlich wie jener Herzenszustand, so entsprängen auch,
sagt er, diese sogenannten Offenbarungen aus der „Ungeduld"; darin der Mensch die Schranken übersteigen möchte,
die ihn noch von dem Gegenstand seiner Liebe und Ahnungen
trennen. „Aus dieser Woit und Ungeduldigkeit werden etliche Menschen gezogen bisweilen über Sinnlichkeit und in
dem Geiste". Man sieht, als eine geistige Vorwegnahme
des Zukünftigen sieht R. diese Visionen in ihrer Wurzel an.
Der Mensch sei da in einem Zustande, da er sich über sich
gezogen fühle, und befinde sich wesentlich doch, wenn auch
im innigen Leben, noch auf der niedersten Stufe desselben.
Eben aus dieser Spannung entstünden dann diese Apper-
zeptionen.

Eben so einsichtig als er die Wurzeln dieses Zustandes
blos gelegt hat, stuft er die Revelationen, in denen „dem Menschen gezeigt werde, was ihm oder andern Menschen noth
sei", bald nach den Organen, darin sie sich, bald nach dem
Inhalt, der sich in ihnen offenbart. Revelationen seien bald
„leibliche Bilde oder Gleichnisse", die der Mensch empfange

in der „Imagination" und die „der Engel in ihm wirke durch
die Kraft Gottes"; bald sei es „verständige Wahrheit" oder
„geistlich Gleichniss", die der Mensch empfange „in dem Verständniss", und die er mit Worten, so weit er beworten möge,
vorbringen könne; und darin offenbare sich „Gott grundelos".
Bisweilen werde auch der Mensch „gezogen über sich selber
und über den Geist", doch nicht „ausser sich selber nach aller Weise" in ein „unbegreiflich Gut", das er nimmer aussprechen könne „nach der Weise, da er es sah o d e r hörte"
(denn „hören und sehen" sei „Eins in der einfältigen Wirkung
und in dem einfältigen Gefühle"). Diesen Zustand möge Niemand wirken denn Gott allein sonder Mittel oder sonder Mitwirken einiger Kreaturen"; und „diess heisst Raptus, das ist
so viel gesprochen als: geraubt oder übergenommen oder weg-
geführt". Oder es werden auch schnelle Lichtblicke dem
Geiste zu Theil, „recht als die Blitze des Himmels,... und
so wird der Geist erhaben über sich selber in einem Augenblick, und zu Hand ist das Licht gelegt und der Mensch
kommt zu sish selber". Diess wirke Gott selber und es sei
„sehr edel"; und „diese werden zuweilen erleuchtete Menschen". — R. sagt, dass zuweilen, wenn diess Licht in dem
Menschen scheine, davon das Herz so weit werde, dass es
„von Freuden mit einer Stimme ausbricht, und diess heisst
Jubilacio,... und davor kann man sich nicht büten; will man
mit aufgerichtetem Herzen dem Lichte entgegengehen, da
muss die Stimme nachfolgen, also lange als die Uebung und
die Weise dauert".

Eine andere Weise, „dadurch manch' innige Menschen
gelehrt werden über mannigerhand Dinge, die ihnen Noth
seien", sei diejenige in T r ä u m e n „durch ihren Engel oder
andere Engel".

Aber auch in Beziehung auf diese Revelationen hat R. wie
bei der Welde vor Täuschungen zu warnen. „Man findet etliche Menschen, die viel Einfälle oder Einsprechens haben
oder Dünkens, und gleichwohl in den Sinnen bleiben von aussen,
und ihnen träumt Wunder, aber diese wissen nicht von Woiden
von Minnen, denn sie sind mehr mannigfaltig und unverwun-
det von Minnen". Viele sog. Revelationen können daher „na-

türlich" sein oder „von dem Feind". „Manche Menschen werden beraubt ihrer leiblichen Sinne von aussen mittelst einiges
Lichts, das der Feind wirkt, und in dem Licht wird man gefangen, und alle Stund werden hier gezeiget mancherlei Bilde,
Lügen und Wahrheit,... und die werden gesehen und gehört
und empfangen, mit grosser Süssigkeit. Und hier fallen Ho-
nigtropfen falscher Süssigkeit, darin sich der Mensch wohl be-
haget, der viel darauf halten will; ihm wird viel gegeben (solcher Süssigkeit), und er wird leicht beflecket. Denn will er
halten ungleich Ding der Wahrheit für wahr, um dass sie also
geoffenbaret sind? so fällt er in Irrthum und die Frucht der
Tugenden wird verloren". Daher sagt R., zunächst zwar von
den Traumgesichten, wohl aber auch überhaupt von diesen
Revelationen: „So weit als sie der h. Schrift gleich
sind und der Wahrheit, so mag man davon halten, aber nicht
mehr. Will man mehr darauf halten, man wird leicht betrogen". Uebrigens erkennt er, und diess ist das Andere, auf
dem höheren Standpunkt keine solchen Offenbarungen
mehr an. „Diese (höher stehenden) Menschen bedürfen keiner Revelation von Gott, noch dass sie gezogen werden über
die Sinne, denn ihr Leben und ihre Wohnung und ihr Wandel und ihr Wesen ist in dem Geist über Sinne und Sinnlichkeit. Und da zeigt Gott diesen Menschen, was er will, und
das ihnen Noth ist oder andern Menschen" Wollte aber Gott,
„er möchte gleichwohl diese Menschen berauben ihrer Sinne
auswendig und ihnen zeigen von innen fremde Gleichniss und
zukommende Dinge in mancher Weise". —

R., wie die andern Mystiker, weiss aber auch viel von
innerer Trockenheit, von „Bekorungen" und Anfechtungen;
aber ein Gedanke ist ihm dabei eigen, der wieder seinen
psychologischen Tiefblick verräth. Er sagt nämlich, solche
Zeiten der Anfechtung und des Verlassenseins folgen gewöhnlich auf die Zeiten der Trunkenheit und Ungeduld; oder wie
er sich ausdrückt, Gott setze solche Menschen bisweilen „von
der rechten Seite zu der linken, von dem Himmel in die Hölle,
von aller Welde in gross Elend". Oder auch: Christus, die
Sonne, beginne zu niederen, das Einscheinen seiner göttlichen Strahlen zu bergen und den Menschen zu lassen. „Aller

Sturm und Ungeduld uud Woit von Minnen wird verkühlet
und von dem heissen Sommer wird ein Herbst und von allem
Reichthum gross Armuth. So beginnt der Mensch zu klagen
vor Jammer seiner selbst, wo die Hitze von Minnen, Innigkeit,
Danken, Loben mit Genügden hingefahren sei, wie ihm inwendiger Trost, inwendige Freude und der gefühlige Schmack
entliehen sei, wie ihm Minne und alle die Gaben, die er je
fühlte, entstorben seien. So ist er recht als ein ausgeleerter
Mensch, der Kost und Arbeit verloren hat.... Da man's am
wenigsten vermuthete und wähnte, birgt sich Gott und hält
seine Hand auf und zwischen sich und den Menschen eine
Dunkelheit, die man nicht mag durchsehen". Zu dieser innern
Bekorung komme wohl auch aussere Verlassenheit. „Bisweilen werden diese armen Menschen auch durch Verhängniss
Gottes von irdischen Dingen beraubt oder von Freunden oder
von Verwandten und gelassen von allen Kreaturen und unbekannt und ungeacht von aller Heiligkeit, und all' ihr Leben
und alle ihre Werke verwandelt man in Unheiligkeit, und sie
werden verschmäht und verworfen von allen denjenigen, die
bei ihnen sind; oder sie fallen bisweilen in mannigerhand
Plagen und Siechheiten".

R. lässt es an Lehr- und Trostworten nicht fehlen. Einiges davon erinnert an Tauler und Suso. Nur keine Ungeduld,
kein Ausbrechen wollen, kein „ungeordnetes Geneigtsein auf
leiblich Gemach und fremden Trost von Kreaturen,... unbe-
scheidentlich, mehr denn Noth ist,... keine Vermannigfalti-
gung, kein Hin- und Herlaufen", mahnt er. „Manche Mensehen, wenn sie gereizet werden von Gott oder gereizet worden sind und darnach gelassen werden von Gott, so
fallen solche in Unstätigkeit. Als nun kiesen sie eine Weise
und morgen eine andere. Als nun wollen sie all' ihr Gut um
Gott gehen; nun wieder wollen sie es behalten. Nun wollen
sie in diesen Orden oder Sammlung, nun wollen sie in einen
andern. Nun wollen sie durch das Land laufen, nun wollen
sie sich in eine Klause schliessen. Nun wollen sie oft zu dem
Sakramente gehen, und darnach in kurzer Zeit, achten sie es
wenig, Bisweilen wollen sie allzuviel lesen, und kurz darnach
viel schweigen. Diess ist alles lauter Unstätigkeit von Herzen,

die den Menschen hindert und letzet, zu verstehen inwendige
Wahrheit, und sie benimmt den Grund und die Uebung aller
Innigkeit". Diese Unstätigkeit könne von unreifer Hitze, aber
auch von Kälte kommen. Das seien denn Leute, die „unganz" von Herzen seien, „denn in allen Dingen, die sie thun,
suchet die Natur heimlich das Ihre sonder ihr selbs Wissen,
denn sie kennen sich selber nicht wohl". R. beschreibt sie
ähnlich wie die vorigen. „Nun wollen sie dem Einen beichten
und zu Rathe gehen von allem ihrem Leben, morgen kiesen
sie einen andern. Von allen Dingen wollen sie Rath fragen
und selten Jemandes Rath thun oder folgen.... Schöne
Worte haben sie viel; aber da ist wenig innen.... Sie begehren, dass ihre Tugenden offenbar werden, und hierum
sind sie eitel und schmecken ihnen selber noch Gott nicht....
Eine natürliche Neiglichkeit auf ihnen selber und eine verborgene Hoffarth macht diese Menschen unstät. Sie gehen auf
dem Bord der Hölle; missträten sie sehr, sie fielen darein".
Offenbar geht die Schilderung, wie es R. selbst sagt, auf die
Menschen, die einen Zug zu Gott fühlen oder gefühlt haben,
aber „unganz" geblieben sind. Sie geht aber auch auf Zustände der inneren Noth, des „Sichverlassenfühlens", des „Ir-
rens und Suchens".

Hat R. gewarnt, so räth er nun aber auch; und was er
räth, ist zunächst, dass man „gute Menschen (T.'s Gottesfreunde, S. 237) suchen soll, ihnen sein Elend klagen", dass
man „begehren solle Hülf' und Gebet der h. Kirchen und der
Heiligen und aller guten Menschen". Er geht aber noch viel
höher. An Christi Bild soll man sich halten, „den uns Gott
gegeben und gelassen als seinen Spiegel und sein Bild"; den
sollen wir „tragen in unsern Händen, vor unsern Augen und
in unsern Herzen". Und dieser Christus sei auch verlassen
und leidend gewesen und sein geduldiges Leiden sei sein Hochzeitkleid gewesen, darin er „auf dem Altar" des Kreuzes sich
mit seiner h. Gemeine verlobet habe; habe auch mit diesem
Kleide sein ganzes Haus und seine Familie, die ihm schon
von Anfang der Welt nachgefolget, angethan, beschenkt und
bekleidet. Mit diesem Christus, in Liebe vereiniget, diess
sei das Wahre, solle sich der Mensch denn leiden, wie Gott

wolle; und er könne es: denn „je mehr wir ihn (Gott) lieben, je leichter tragen wir seine Last; tragen wir ja die
Liebe, und die Liebe erhalte und trage uns bis zu dem Geliebten". Dann möge er auch „sich selber lassend in allen
Dingen sprechen und meinen mit Herzen: Herr, also gern
will ich arm sein von allem dem, dess ich beraubt bin, als
reich, wie du es, Herr, willst und mir nützlich ist. Herr,
nicht mein Will noch der Naturen, sondern dein Will und
mein Will nach dem Geist muss geschehen! Herr, wenn ich
dein eigen bin, also gern will ich sein in der Hölle als in dem
Himmel, wie es dir lobelich (zu deiner Ehre) ist; thue deinen
edelen Willen, Herr, mit mir"! So den Willen Gottes zu erfüllen, diess sei die wahre Freude des Freundes Gottes: „Ist
ihm recht in dieser Weise, so schmeckte er nie so innige
Freude, denn kein Ding ist genüglicher dem Minner Gottes,
denn dass er fühlt, dass er sein (Gottes) eigen ist". Ja gerade
diese Weise, so sich in Gottes Willen zu geben, sei ihm
die „genüglichste". „Hat er sein selbst und seinen Willen
zuvor verläugnet in Minnen und in Freuden, dass er des
Seinen nicht suchet, sondern allezeit den liebsten Willen Gottes, so verläugnet er leicht in Peinen sich selbst und in Elend,
dass er auch des Seinen nicht suchet, sondern allezeit die
Ehre Gottes. Der willig ist, grosse Dinge zu wirken, der ist auch willig, grosse Dinge zu leiden.
Aber tragen und dulden in Gelassenheit ist edeler und
Gott werther und unserem Geiste genüglicher,
denn gross Werk in derselben Gelassenheit; denn es ist
unserer Natur mehr konträr; und hierin wird der
Geist mehr erhaben und die Natur mehr gedruckt in schweren
Leiden, denn in grossen Werken in gleicher Minne". So zu
Gott stehend in dieser Geduld und Gelassenheit, — stehe
man mit Gott „in der Wagschale". „Gibt Gott Süss oder
Sauer, Dunkelheit oder Klarheit, was er aufleget, der Mensch
wieget gleich. Alle Dinge stehen ihm gleich sonder Sünde
allein, die soll zumal vertrieben sein". In dieser Gelassenheit
endlich, sagt R., werde zugleich alle Frucht der Tugenden
gezeitiget (s. o. S. 516). „Wenn diese Menschen alles Trostes
beraubt sind und recht nach ihrem Dünken aller Tugenden

quitt, von Gott gelassen und von allen Kreaturen, — ist es,
dass sie wohl sammeln können,... allerlei Frucht, Korn und
Wein ist nun vollbracht, zeitig und reif.... Alle die auswendigen und inwendigen Tugenden, die man je in Brand von
Minnen von Gelust geübet, die soll man nun, nachdem man
sie erkennet und vermag, üben mit Arbeit und mit·gutem
Herzen und sie Gott opfern; so waren sie Gott nie so werth,
sie waren auch nie so edel noch so fein. Alles des Trostes,
den Gott je gab, solle man gern ledig sein, soweit es Gott
zur Ehre ist. Das ist die Sammlung des Korns und allerhand
zeitiger Früchte, davon man ewiglich leben soll, und reich sein
vor Gott. Also werden die Tugenden vollbracht,
und Misstrost wird ewiger Wein“.

Das sind die erhabenen Trostgründe, die R. denen gibt,
die sich verlassen fühlen, und das die grossen Lehren über
die Segnungen des Unglücks. Wer aber diese Segnungen aus
dem Unglücke und den Bekorungen nicht ziehe, der solle nur
nicht sagen, diess Unglück sei Schuld, er sei durch dasselbe
böse geworden; denn nur was in ihm verborgen gelegen, habe
es geoffenbaret. Ihm sei geschehen, wie einer kupfernen und
übersilberten Münze, der man das Silber abgeschabet. Ehe sie
im Feuer geprüft worden, habe sie ganz und gar silbern ge-
schienen; das Feuer erst habe Allen kund gemacht, dass sie
inwendig kupfern gewesen; es habe sie aber nicht zu Kupfer
gemacht. So sei es mit diesen Menschen.

Die Gegensätze.

Die Welt; die falsch-geistlichen Menschen.

Wie R. das sittlich-religiöse Leben in seinen Stufen geschildert, wie er auch die Temperamente klassifizirt hat, so
liebt er es auch, den Gegensatz des mystischen Lebens in
seinen verschiedenen Abzweigungen zu klassifiziren. Man
könnte diess eine Art Liebhaberei von ihm nennen, denn er
thut es mehr als einmal bald so, bald anders; jetzt spricht
er von viererlei, jetzt von fünferlei, dann wieder von sechserlei
„Partieen“, „Manieren“ von Menschen; im Einzelnen oft will-

kürlich; im Ganzen aber sind es doch immer dieselben Haupt-
gruppen.

Ungläubige und Irrgläubige (Heiden, Juden und
Ketzer, „die wider einen oder alle Artikel der allgemeinen
Kirche lehren") und Todsünder, die wissentlichen Sünder, stellt er zusammen in erste Linie; doch seien die Christen, die in Todsünden leben, noch ärger dran, als die Juden
und die Heiden, und die Juden, die doch das geschriebene Gesetz und die Propheten gehabt, noch böser als die Heiden,
wenn diese dem Naturgesetze leben. Karakteristisch für jene
Zeit ist, was er von einigen wissentlichen Sündern
sagt (es ist die nackte Verweltlichung des Geistes, die er
an ihnen schildert): sie „bleiben sonder Furcht und sonder
Scham in Todsünden liegen, kümmern sich weder um Gott
noch um seine Gaben, achten auch keine Tugend, sondern
all geistlich Leben achten sie für Heuchelei oder für Trügniss,
und alles, was man ihnen von Gott sagen mag oder Tugend,
das hören sie nicht". In der That, man glaubt eine andere
Zeit zu hören.

Die zweite Gruppe umfasst verschiedene Nüancen. Er
spricht von Heuchlern, Scheinheiligen, die „auswendig gute
Werke thun, nicht um die Ehre Gottes, noch um ihre Selig-
keit, sondern um Namen oder einige vergängliche Dinge":
Aemter, Geldgewinn; er spricht von Doppelherzigen, die
Himmel und Erde, Zeit und Ewigkeit mit einander besitzen
wollen; dann von Taglöhnern, gemietheten Knechten Gottes,
die das Gesetz halten und die Gebote der Kirche, aber nicht
das Gesetz der Minne, die, was sie thun, nicht aus innerer
Freiheit thun, sondern um nicht verdammt zu werden, aus
Furcht vor der höllischen Pein (s. S. 502); von gewöhnlich
Guten, von gemeinen Christen — wohl in der Mitte zwischen
diesen knechtischen und den getreuen Knechten — die sich
vor Todsünden hüten und in den Himmel kommen, wenn auch
nicht ohne Fegfeuer und schwere Pönitenz.

Am interessantesten ist offenbar die Klassifizirung, die
sich nicht sowohl auf solche Menschen bezieht, die ganz ausserhalb allem kirchlichen und religiösen Leben stehen, sondern
auf die falsch-geistlichen Menschen, „die im Zweifel

oder in einem geistlichen Schein irren", die wir aus T. unter
dem Namen „die falschen Gründe" kennen (s. S. 225), die
auch theilweise schon in der genannten zweiten Gruppe befasst sind.

Die e r s t e n, die er da zeichnet, könnte man die f l e i s c h-
l i c h - g e i s t l i c h e n, die feineren Epikuräer unter den geistlichen Menschen nennen; ihrer Irrung Ursprung sei, sagt er,
eine „unbezwungene Natur, die sie in das neue Leben (Klosterleben besonders) mit hinübernehmen." Sie suchen „Eines
dem Andern zu gefallen, einander anzuziehen, durch gegenseitige Geschenke, durch Worte, Werke oder mit Geberden,
mit Briefen, mit Boten (Sponsiren); und dabei sagen sie, dass
solch einander Gefallen Keuschheit sei, die Gott nicht missfalle"
(vergl. Suso S. 335 u. 427); auch seien sie „kurios in Speisen,
in Trank, in Kleidungen von sonderlichem Schnitt und köstlichem Habit", kurz in allem, „darin man den faulen Sack
zu zieren sich bemüht, der eine Speise der Würmer ist", und
„dabei sagen sie, sie seien krank (schwächlich), zart und von
edeler Komplexion". Dieser „Betrug" regiere „in Klöstern,
in Klausen, in Orden, in Prälaten und in allem Stand der h.
Kirche, von den obersten zu den niedersten". Unwillkürlich
denkt man an die ähnlichen Schilderungen Taulers und Suso's.

Die A n d e r e n, die R. zeichnet, sind gerade „das Gegentheil" der Vorigen: s e l b s t g e m a c h t e S t o i k e r, P h a-
r i s ä e r (s. oben), Visionäre (T. S. 243). „Diese Irrung kommt
aus einem erheuchelten Geiste, der grosse Heiligkeit zeigt,
und ist keine darin". So nämlich der Mensch „ein verachtet
Habit und ein hart Leben von Pönitenzien annimmt, und sich
der Freunde und Verwandte und irdischen Gutes und allen
Trostes der Welt begibt", und dabei doch „sich selber mehr
meinet und seinen Nutzen, denn die Ehre Gottes", das sei
diese zweite Irrung. Da „wirkt der Mensch seine Werke aus
Eigenheit seines Selbst, und ist auf sich selbst wiedergebeugt.
... Hier ist Natur, nicht Gnade; ... er ist sein Selbs nicht
gestorben; er will sich selber nicht lassen unter den Willen
Gottes. ... Und hierum darf er Gott nicht wohl trauen, denn
seine Natur will nicht weichen, sondern sie will sicher sein....
Und hierum begehrt er Gott zu seinem Willen und nach sei-

nem Begehren. Das ist, dass ihm Gott vor andern Menschen
sonderlich heimlich sei und dass er ihm sende einen Engel
oder Heiligen, der sage und lehre, wie er leben soll und sein
Leben Gott behage. Und Mancher begehrt, dass ihm Gott
sende einen sonderlichen Brief mit goldenen Lettern (S. 42),
oder in Visionen oder in Träumen zeige seinen Willen. Seht,
diess kommt zuweilen von geistlicher Hoffarth, dass ihnen
dünkt, dass sie würdig seien solcher Sonderlichkeit. Und ist
das auch manchen Heiligen geschehen, so soll das Exempel
doch kein Mensch in sich ziehen. Und hierum werden sie zuweilen betrogen.... Denn was die Heiligen lehrten und in
ihrem Leben darstellten, das achten sie klein, sondern sie
wollten gerne einen sonderlichen Weg gehen, der nie gesehen
noch gehört war;... und greifen darum sonderlich scheinende
Weisen von Aussen an, auf dass sie heilig heissen;... und
können es darum nicht wohl leiden, dass Jemand heilig heisse,
denn sie, oder dass man von Jemand mehr halte, denn von
ihnen".

Als dritte Klasse bezeichnet R. diejenigen geistlichen
Menschen, die (T.'s „Schreiber"), subtil sind von Sinnen
und schalk und behende in natürlichem Verstehen,... aber
gloriren von Licht der Naturen, und besitzen das natürliche
Licht mit also grosser Wollust und Eigenheit, dass ihnen
dünkt, dass sie alle Wahrheit und alles, das man leben und
verstehen mag, begreifen mögen sonder die übernatürliche
Hülfe Gottes. Und sie wähnen, mit natürlichem Lichte zu erreichen und zu begreifen die erste Wahrheit, und sie wollen
mit ihrer Kunst graben und herausfinden die verborgene
Heimlichkeit der Schriften, die der h. Geist gemacht hat. Und
in ihrer Hoffarth dünkt es sie, dass sie all die h. Schriften
besser verstehen, denn die Heiligen thaten, die sie geschrieben, gelehrt und gelebet haben. Denn sie wollen die Weisesten der Welt sein, und all ihre Uebung die ist inwendig
Imaginiren und Studiren und Arguiren (Kritisiren) der
Schriften, also viel als sie das dürfen thun. Und
andere Menschen, die ein heimlich, einfältig Leben führen
oder ein hart Leben von Pönitenzien, die achten sie als grobe
Esel. ⋯ Und sie haben mehr inwendigen Schmacks in den

Dingen, die sie von Innen mit Vernunft verstehen und befinden, als in denen, die über Vernunft sind und die man glauben muss und die uns ewige Seligkeit geben". Offenbar denkt
R. bei dieser Klasse vorzüglich an die Scholastiker, „die ihr
Angesicht von dem einfältigen Licht der Wahrheit, das in
ihnen ist, kehren in die Mannigfaltigkeit der Schriften", und
damit „allezeit aufwärts gehen in ein Behagen ihrer selbst und
ihrer Kunst, und wollen allezeit lehren ... und kommt hievon viel Streitens und Kriegens, und macht getheilte Herzen
und ist ein grosses Hinderniss rechter Karitaten" — im Gegensatz zu den Mystikern, die „mehr inwärts geneiget sind zu
dem Einsprechen Gottes denn auswärts zu den Worten der
Menschen, und die mehr lustet zu hören das Wort Gottes
um Leben denn um Wissen, und denen das Wort Gottes eine
lebendige Speise ist, darin ihnen Gott schmeckt über alle
Dinge". — Aehnlich karakterisirt R. diese dritte Klasse oftmals als solche, die zwar „sehr subtil seien von Worten und
behend zu beweisen hohe Dinge", aber sie seien „nicht innerlich und einfältig, sondern mannigfaltig, nicht erleuchtet,
sondern nur subtil in Imaginationen, nicht reich an Liebe,
sondern sonderlich in allen Dingen, eigenwillig, und dünket
sie, dass sie die Weisesten und Besten seien", — ganz, wie
man sieht, das Gegentheil davon, wie er die erleuchteten
Menschen (auf der Stufe des innigen Lebens) nach Verständniss, Wille und Memorie dargestellt hat (S. 516 ff.).

Am eindringlichsten hat sich R. über die vierte Art
falsch-geistlicher Menschen ausgesprochen: wir wollen sie die
Aftermystiker nennen; es sind dieselben freien Geister,
denen wir bei Tauler und Suso begegnet sind. Es ist auch
bei R. dieselbe Polemik. Wessen er sie beschuldigt, das ist,
dass sie ohne Gnade und ohne die wirkende und ohne die innige
Stufe, kurz, ohne alle die Vorbedingungen, Schauende und Ra-
stende, Mystiker im höchsten Sinne sein, und „ohne Uebungen
von Tugenden mit einem ungebildeten Verstehen ihr weselich
Sein in sich befinden und besitzen wollen in blosser Ledigkeit
ihres Geistes und ihrer Natur", und wollen „natürliche"
Kinder Gottes sein. Falscher Quietismus, Aufhebung aller
sittlichen Unterschiede, Verkennung aller kreatürlichen

Schranken , Selbstvergötterung, Antinomismus und Emanzi-
patiou des Fleisches — diess sind, zusammengedrängt, die
Zulagen, die ihnen R. macht. Ueberhaupt aber stellt er sie
fast durchweg dar als das Zerrbild dessen, was ihm die
wahre Mystik ist, nach allen ihren verschiedenen Momenten. „Sonder Uebung von Tugenden" seien sie, wirft
er ihnen vor, ungestorben ihrer selbst, wenn sie sich auch
lange geübet hätten in grosser Pönitenz, ohne Meinung und
Liebe zu Gott". Sie seien auch nicht über sich gegangen in
Gott, sondern nur „über ihre sinnliche Bilde eingekehrt in
die blosse Einfältigkeit ihres Wesens". In dieser ihrer natürlichen Abstraktion, in diesem „Sich besitzen in ihrer
wesentlichen Einigkeit, die in uns allen von Naturen ist" (s. o.
Bild Gottes, S. 474), „darin sie eingekehrt sind über alle
sinnliche Bilde, darin dünket sie nun, dass sie heilig und selig
sind"; und „Manche wähnen, dass sie also ledig seien als da
sie nicht waren (vgl. S. 417)... und sie achten kein Ding gut
noch bös, in dem, dass sie sich entbilden können und in
blosser Ledigkeit ihr eigen Wesen finden und besitzen mögen.
... Ihr Wesen ist ihr Abgott, denn ihnen dünkt, dass sie
haben ein Sein und Wesen mit Gott.... Sie sagen, dass sie
selber Christus sind (s. S. 417) oder dass sie Gott sind und
dass ihre Hand Himmel und Erde gemacht hat, und dass an
ihrer Hand banget Himmel und Erde und alle Dinge".
Diese falsche Selbstvergötterung (an der Stelle der wahren mystischen Union mit Gott), wie sie das Resultat eines
falschen, dem wahrhaft mystischen entgegengesetzten Prozesses sei, so habe sie auch eine eben so falsche und leere Entwickelung. „Ledig aller Werke, pflegen diese freien Geister
ihres falschen Gottseins, ihres natürlichen Rastens", „entschlafen und entsinken sich selber in weselich-natürlichem
Rasten ... und sprechen, dass sie über alle Weisen leben
weiselos ... und sind also ledig, dass sie nicht wollen danken
noch loben Gott, noch ihn bekennen noch minnen, noch
beten, noch begehren, noch überhaupt wollen,... denn ihnen
dünkt, dass diese Ledigkeit sei so gross, dass man sie mit
keinen Werken, wie gut dass sie sind, hindern soll, sintemal
die Ledigkeit edeler sei, denn alle Tugenden,... und sagen,

dass sie nichts anderes seien, denn ein Instrument, da Gott
mit wirkt, was er will und wie er will". Ihre Weise sei „ein
still Niedersitzen des Leibes sonder Uebung von innen und von
aussen ... sonder einig Werk aufwärts oder niederwärts, eingekehrt in sie selber.... Und sie sprechen, dass sie nimmermehr zunehmen mögen in Tugenden, noch je mehr Lohns verdienen, noch j e S ü n d e t h u n, denn sie sagen, dass sie
leben sonder Willen, und dass sie ihren Geist haben aufgegeben in Rasten und in Ledigkeit, und dass sie seien Eins mit
Gott und zu Nichte worden an ihnen selber,... und d a s s
G o t t w i r k t die Werke (die sie thun) und sie seien allezeit
ledig, und alles, das Gott wolle, das werde mit ihnen gewirkt und anders nicht....; Und in allen Dingen, da sie
von innen zugetrieben werden, es sei g l e i c h oder u n -
g l e i c h, das halten sie, dass alles k o m m e v o n d e m h.
G e i s t.... Und was leibliche Natur begehrt, das mögen sie
frei thun, denn sie sind zu der U n s c h u l d kommen und ihnen ist kein Gesetz gesetzt. Und hierum ist, dass ihre Natur
beweget wird zu einigen Dingen, was ihnen gelust, und sollte
die Ledigkeit des Geistes auch gemittelt werden oder gehindert, sie thun der Naturen genug, nach ihrer Begierde, auf
dass sie die Ledigkeit des Geistes ungehindert halten". Das ist
das L e t z t e: L i b e r t i n i s m u s, Emanzipation des Fleisches
unter dem Deckmantel geistlicher Freiheit, was er ihnen vorwirft. Dass sie Niemand gehorsam seien, als ihrem eigenen
Willen, das geben sie für geistlichen Gehorsam aus, in der
That aber, sagt R., jagen sie nach der Freiheit des Fleisches.
So viel ihnen beliebe, dem lassen sie sich, und achten solches
als einen Vorzug und eine Würde, ja als einen Weg zur
Heiligkeit; denn „indem sie den fleischlichen Reizungen genug
thun, so werden sie, sagen sie, am ehesten der Bilder los und
mögen sich ohne Hinderniss wieder in die Ledigkeit des Geistes einkehren".

Es war eine natürliche Konsequenz von ihnen, wenn sie
„die h. Kirche und alle ihre Sakramente, die h. Schriften und
alle Uebungen von Tugenden verschmähten ... und sich darüber erhaben dünkten.... Ihre Unweise und schlechte Sitten
und bübische Gewohnheiten, die sie selber gefunden haben,

die achten sie heilig und gross. . . . Sie wollen frei sein und
Niemand gehorsam, weder Papst, noch Bischof, noch Pastor,
noch Jemand, der lebet. . . . Und darum sagen sie, also lange
als der Mensch nach Tugenden steht, und er begehrt den
liebsten Willen Gottes zu thun, so ist er noch ein unvollkom-
mener Mensch, denn er weiss noch nichts von dieser geistlichen Armuth, noch von der Ledigkeit". Zwar „bisweilen
nehmen sie den Schein an, als ob sie der Kirche gehorsam
wären"; aber es sei nur Schein von aussen, auch „bedienen
sie sich bisweilen der Schriftworte", seltener, ungewöhnlicher,
die sie aber nach ihrem Sinn falsch auslegen und verkehren,
um „Einfältige" zu gewinnen.

Konsequent dieser pantheistisch - antinomistischen Anschauung ist die Eschatologie, die ihnen R. zuschreibt. „Um
dass sie sündige Werke und unreine Bosheit betreiben sonder
Konszienzie und Furcht (vielleicht Konsequenzmacherei), so
sprechen sie, dass an dem letzten Tage des Urtheils Engel
und Teufel, Gute und Böse, diese sollen alle werden ein
weisloses Leben, eine einfältige Substanz der Gottheit, und
darin sollen sie Alle Eine wesentliche Seligkeit sein ohne Erkenntniss und Minne zu Gott, nnd darum soll Gott weder sich
selber noch keine Kreatur erkennen noch minnen".

Das ewige Lehen, lässt R. an einem andern Orte diese
Menschen über die letzten Dinge sich äussern, werde nichts
anderes sein, als „eine selige Wesenheit ohne allen Unterschied der Ordnungen, oder des Lebens, oder der Belohnungen". Nach Einigen würden sogar die Personen der Gottheit
aufhören, und „in jener weiten Seligkeit" würde nichts bleiben als „die wesentliche Wesenheit und Substanz Gottes";
die seligen Geister selbst würden „so einfältiglich mit Gott in
die wesentliche Seligkeit sich verlieren, dass weder Wille
noch Wirken, noch bestimmte Erkenntniss bei ihnen zurückbleiben würden".

R. hat übrigens verschiedene Klassifikationen
und Darstellungen dieser Aftermystiker, ohne dass man sagen
könnte, sie besässen historischen Werth. Die interessanteste
ohne Zweifel ist diejenige in vier Klassen, in seinem Buch
„von der wahren Beschauung". Die erste Klasse streite

wider den h. Geist, behauptet er. Diese nämlich sagen, sie
seien „Gottes Wesenheit über den Personen der Gottheit";
sie seien darum so „müssig, als ob sie nicht wären", weil die
Wesenheit Gottes nicht wirke, sondern nur der h. Geist. Sie
halten sich für über den h. Geist, für unnothdürftig seiner Gaben. Es könne ihnen, sagen sie, nicht nur keine Kreatur,
sondern auch Gott selbst nicht einmal etwas geben oder nehmen. Ihre Seelen seien aus dem Wesen Gottes, und werden
nach ihrem Tode wiederum das sein, was sie vorher gewesen,
nicht anders, als wie ein Wassertropfen aus dem Brunnen ge-
schöpfet wieder in denselben gegossen werde. Am Ende werde
Gott selbst auch nur diese eine, schlechthin ruhende Wesenheit
sein (s. o.). Daher denn ihr Quietismus; vermöge dessen sie
„nichts erkennen, lieben, begehren wollen, über und ohne
Gott sein, ganz und gar von Allem frei"; und das nennen sie
„vollkommene Armuth des Geistes".

Die zweite Klasse, fährt R. fort, sei wider Gott den
Vater. Diese meinen, sie seien von Natur Gott: „Als ich
stund in meinem Grund, in meiner ewigen Wesenheit, hatte
ich keinen Gott, sondern was ich war, das wollte ich, und
was ich wollte, das war ich. Aus meinem freien Willen bin
ich gemacht und ausgegangen. Hätte ich gewollt, so wäre ich
nicht gemacht worden, noch sonst einige Kreatur, denn Gott
weiss, will und kann nicht ohne mich, sofern ich zugleich mit
Gott mich selbst und alles geschaffen habe, und in mir hänget
Himmel, Erde und alles Geschöpf. Alle Ehre, die Gott erwiesen wird, die wird auch mir erwiesen, als der ich in meiner Wesenheit von Natur Gott bin. Ich hoffe nicht auf Gott,
liebe ihn nicht, vertraue ihm nicht, glaube nicht an ihn; ich
kann nicht beten, noch Gott anrufen, denn ich gebe Gott
keine Ehre oder Vorzug vor mir oder über mir. Es ist in Gott
kein Unterschied der Personen; es ist nur ein Gott und mit
demselben bin ich Eins, dasselbe Eins, was er selbst ist und
habe Alles mit ihm erschaffen und ohne mich ist nichts".

Die dritte Klasse stellt R. als wider den Sohn Got-
tes streitend dar; denn die Ketzer dieser Klasse sagen: „was
Christus ist, das bin ich auch, in allen Stücken, die ewige
Weisheit mit ihm, geboren mit ihm von Gott dem Vater nach

der Gottheit, und mit ihm in der Zeit nach der Menschheit;
ich bin mit ihm Gott und Mensch nach aller Weise; was ihm
von Gott gegeben ist, ist es auch mir; mir nicht weniger. Dass
er von einer Jungfrau geboren, achte ich gering; das ist nur
unwesenlich an ihm und besteht darin weder Heiligkeit noch
Seligkeit; für mich wäre es dasselbe, wenn er von einer Hure
geboren wäre. Er wurde ins wirkende Leben gesandt, dass
er mir dienete und mir zu gut lebete und stürbe; ich aber bin
in das beschauliche Leben gesandt, welches viel höher ist als
jenes, und wozu er auch gekommen wäre, wenn er länger gelebet hätte. Daher wird alle Ehre, die man ihm erweist, mir
erwiesen und allen, die zu diesem hohen Leben gekommen
sind, denn wir sind Eins mit ihm".

Die vierte Klasse endlich, sagt R., sei Gotte, der
h. Schrift und der Kirche entgegen. „Sie verachten
Weise wie Unweise, Wirken und Beschauung, Erkenntniss,
Haben, Wollen, Uebungen, Leben Christi, Evangelium,
Kirche, Sakrament. Sie übersteigen sich selbst und alle Geschöpfe, ja Gott selbst und die Gottheit und behaupten, dass
weder Gott noch sie selbst, weder Selige noch Verdammte,
weder Stufe noch Wirkung, weder Gutes noch Böses sei.
Und solchergestalt meinen sie ihr geschaffenes Wesen verloren
zu haben und nichts geworden zu sein, wie auch Gott nach
ihrem Bedünken nichts ist".

Dieser Klasse Bekenntniss hat man — nicht unpassend
— mit dem modernen Ausdruck Nihilismus bezeichnet,
wie das der ersten — pantheistischen Quietismus, der zweiten — pantheistischen Idealismus, der dritten — Panchristis-
mus. Dass aber diese Klassen im Leben in einander über-
gingen, dass in der einen auch von der andern war, dass sie
überhaupt im Leben sich nicht so stellten, wie sie hier ran-
girt sind, das zeigt uns R. selbst, nämlich eben durch die Verschiedenheit in der Darstellung dieser Ketzereien.

Wenn nun allerdings gesagt werden muss, dass R. in seiner Schilderung dieser Aftermystiker nicht sowohl historisch
als systematisch zu Werke gegangen ist, so ist anderseits doch
auch das festzuhalten, dass dieser Aftermystizismus selbst ein
System gewesen, so umfassend in seiner Art als die Mystik.

Freilich ist damit lange nicht gesagt, dass es nicht verschiedene
Partieen oder Nuancen unter ihnen gegeben habe, und dass
unter diesen nicht die Einen das eine, die Andern das andere
Moment des Aftermystizismus hervorgehoben hätten, oft in
einer Weise, in der sie die Einen den Andern theilweise entgegengesetzt waren. R. selbst anerkennt das; aber ein so klares Bild wir durch ihn von dem ganzen System des Aftermystizismus gewinnen, ein so wenig bestimmtes, unklares gibt er
uns über diese einzelnen historischen Schattirungen; überall
bricht das Systematische durch, so dass wir in jeder geschil-
derten Schattirung zunächst nur den jeweiligen Gegensatz zu
dem gerade behandelten Momente der wahren Mystik finden,
ohne damit ins Klare gesetzt zu sein, ob d i e s e r Auffassung
auch geschichtliche Bilder entsprechen.

Von ungleich grösserem Interesse, wenn auch nicht für die
Geschichte dieser Aftermystiker, doch in Bezug auf R. selbst ist
die W i d e r l e g u n g, die er ihnen widmet. Um so bedeutsamer,
da er in dieser Polemik sich über einige Punkte, in denen er
selbst an metaphysische Ansichten dieser Aftermystiker anzu-
streifen scheint und auch dessen offen bezüchtigt wurde, z. B.
von Gerson, bestimmt und klar auseinandergesetzt hat.

Nur das Wichtigste von dieser Polemik wollen wir herausheben. — Gegen ihre sittliche Indifferenz, die, eine Konsequenz ihrer falschen Ledigkeit, darauf fusst, dass sie sagten, in ihnen, die sie ein Instrument Gottes seien, komme
Alles, wozu sie getrieben werden, von dem h. Geiste, äussert
er sich treffend: „Der Geist Gottes will noch rathet noch wirkt
in keinem Menschen Dinge, die ungleich sind der Lehre
Christi und der h. Kirche". — Gegen ihren falschen Quietismus, ihr falsches Rasten in Gott, sagt er: „Hätten sie all'
ihre Lebtage eine Stunde Gottes geschmeckt und Gott geminnt, sie möchten zu diesem Unglauben nicht kommen;
denn Engel, Heilige und Christus selber sie sollen ewiglich
wirken, minnen und begehren, danken und loben, wollen und
wissen, und sonder diese Werke möchten sie nicht selig sein....
Zu d i e s e r Ledigkeit konnte Christus nie kommen, noch
kommt er nimmermehr (s. o.).... U n d G o t t s e l b s t
w i r k t e e r n i c h t, e r w ä r e n i c h t G o t t, nicht selig".

— Ihre falsche, abstrakte Ledigkeit, ihr leeres Schauen ohne
Liebe und Leben in Gott deckt er in ihrem Widerspruche auf.
„Sie wollen frei sein sonder die Gebote Gottes und sonder
Tugenden, und ledig und vereiniget mit Gott sonder Karitaten,
und sie wollen gottschauende Menschen sein sonder minnlich
Anstarren, und die Heiligsten, die leben, sonder Werk von
Heiligkeiten. Und sie sagen, dass sie rasten auf demjenigen,
den sie doch nicht lieb haben; und sie sagen, dass sie erhaben
sind in demjenigen, den sie nicht wollen noch begehren....
Und sie bekennen wohl, dass Gott Schöpfer und Herr ist aller
Kreaturen, gleichwohl wollen sie ihm nicht danken noch loben; und dass er sonder Ende mächtig und reich ist, gleichwohl sagen sie, er mag nicht gehen noch nehmen, und sie
mögen nicht zunehmen noch verdienen". Freilich sei, meint
R., „Gottes Werk in ihm selber ewig und unwandelbar;
denn es wirkt sich selber und anders nicht, und in diesen Werken ist kein Zunehmen noch Verdienen keiner Kreatur, denn hier ist nichts denn Gott, der nicht erhöhen noch
niederen mag"; aber „die Kreaturen haben ihre Eigenwerke
mittels der Kraft Gottes in der Natur und in der Grazie und
auch in der Glorie, und wie die Werk allhie enden in der
Grazie, so dauern sie ewiglich in der Glorie. Wäre es nun
möglich, was nicht sein mag, dass die Kreatur zu Nichte
würde oder zu Nichte ginge an ihren Werken und ledig
würde, also sie war, da sie nicht war (vrgl. Suso S. 418),
das ist, dass sie Eins mit Gott würde nach allerweis, als sie
da war, so möchte sie nicht verdienen, nicht mehr denn sie da
that. Sie wäre dann auch n i c h t m e h r h e i l i g n o c h s e-
l i g d e n n ein S t e i n o d e r ein H o l z (vrgl. T. S. 168),
denn sonder Eigenwerk und Erkennen Gottes mögen wir nicht
selig sein. Zwar Gott wäre selig, wie er es ewig war; aber
das würde uns darum doch nichts helfen".

In dieser Art bekämpft R. diese Aftermystiker, deren Ansichten so nahe in manchen Punkten an seine eigenen anstreif-
ten, dass man oft hier wie dort dieselben Worte hört, nur —
in anderem Zusammenhange. Vielleicht war das auch ein
Grund, dass er so leidenschaftlich gegen sie auftritt. Man solle
ihnen das Sakrament nicht geben, weder im Leben noch im

Tode; man solle sie auch nicht begraben mit Christenmenschen, sondern „man solle sie mit Recht verbrennen an einem
Stock", denn sie seien „vor Gott verdammt und gehören in
den höllischen Pfuhl".

R. und die Kirche seiner Zeit

Man findet in Rs. Schriften oftmals eine ganz i d e a l e Anschauung von der Kirche; da ist „Christus ihr Grund" und
„Haupt, das allen seinen Gliedern das Leben gibt und sie
speiset"; und der h. Geist ist ihre Seele, das durch Liebe ei-
nigende Band; und die Kirche (subjektiv) ist die mit Gott
durch Christum im h. Geist vereinigte Gemeine der Berufenen
und Frommen, die „Stiftshütte, in der Gott wohnt"; daher
ist keine gliedliche Gemeinschaft dieser Kirche möglich, ohne
Liebe und Glauben. Aber gleich diesen lebendig machenden
Glauben verwechselt R. mit dem formulirten Kirchenglauben.
Wir finden daher noch viel häufiger eine andere Anschauung
der Kirche bei ihm, die wir die r e a l e nennen möchten. Da
haben die Apostel und ihre Nachfolger von dem Herrn ihre
Macht empfangen, die „seine göttliche Macht" war und besonders sich in der Konsekration ausspricht. Und „hierum allzuhand nach seiner Auffahrt, da sie den h. Geist empfangen
hatten, da begannen sie diess Amt der Messen i n d e r P e r -
s o n u n s e r e s H e r r n.... Und sie ordinirten Bischöfe und
Priester von seinetwegen und in seinem Namen und gaben
ihnen die Macht, die sie von Gott empfangen hatten, Priesteramt zu pflegen in all' der Welt". So führt er Priesterstand
und Priesterthum u n m i t t e l b a r auf Christus zurück, wie
er hinwiederum Christus zum ersten Priester machte. „Er
war der erste Bischof, sofern er das erste Opfer that (Einsetzung des h. Abendmahles) nach Christengesetz, und darin
(dabei) konsekrirte er seine Priester und Bischöfe, und er gab
ihnen und ihren Nachfolgern seine Macht, dass sie sein Volk
regieren und ordiniren sollten in geistlichem Staat bis zu dem
letzten Tag, da er wieder kommen soll zu dem Gerichte".
R. ist daher ein t r e u e r S o h n s e i n e r K i r c h e, im

Gehorsam gegen ihre Glaubensartikel wie gegen ihre Institutionen und hierarchischen Ordnungen. Er weiss sich so ganz im allgemeinen Glauben seiner Kirehe, dass er als Ursachen der „Ketzerei" sich nur denken kann: „Eigenwille oder Halsstarrigkeit, da man Niemandes Rath oder Lehre folgt"; oder „Selbstgefälligkeit im Erkennen, oder auch eine von andern frommen Menschen sich absondernde äussere Lebensweise"; oder „Leichtgläubigkeit, in der man jedem Einfall oder Eingebung folgt, ohne vorher zu prüfen, ob sie mit der allgemeinen Kirche übereinstimme"; oder „geistlichen Hochmuth, da man seiner Meinung mehr glaubt als der allgemeinen Kirche". Ebenso hängt er an den kirchlichen Institutionen, welche die h. Kirche im Namen Christi und zur Ehre des Vaters durch den h. Geist eingesetzt habe: „als Messe, Bussübungen, die Uebung der sieben Sakramente und der sieben Stunden, was alles alle Menschen zugleich neben dem allgemeinen Glauben nach ihrem Stand und der Lebensordnung, die sie erwählet, auch zu halten hätten". Nicht minder mahnt er zum Gehorsam gegen die Vorgesetzten, Weltliche wie Geistliche, auch gegen die harten Prälaten, wie denn auch Christus dem Gesetz und ihren Dienern unterthan gewesen sei.

Wir fiuden aber eben so hänfig oder noch viel häufiger die bittersten Klagen bei ihm über das Verderbniss der Geistlichkeit seiner Zeit, besonders über ihre Habsucht, Herrschsucht und Schwelgerei. Er kann sich nicht enthalten, in dieser Beziehung zuweilen seine Blicke zu werfen auf die Urkirche und Parallelen zu ziehen. „Das Gut der h. Kirche, das Christus mit seinem Tode erarbeitet hat, sollte gemein sein, und seine Knechte, die davon leben, sollten gemein sein. Alle diejenigen, die von Almosen leben, sollten gemein sem zu dem mindesten im Gebet, und alle geistlichen Leute und Alle, die in Klöstern und Klausen sind. In dem Beginne der h. Kirche und unseres Glaubens waren Päpste, Bischöfe und Priester gemein, denn sie bekehrten das Volk und stifteten die h. Kirche und unseren Glauben, und diess besiegelten sie mit ihrem Tode und mit ihrem Blute. Diese waren simpel und einfältig und hatten stätigen wahren Frieden in Ei-

nigkeit des Geistes, und waren erleuchtet mit göttlicher Weisheit, reich und überfliessend in Treue zu Gott und allen Menschen. Aber nun ist all' Kontrarie, denn die nun das Erbe
und die Renten besitzen, die vor Zeiten gegeben wurden der
h. Kirche von Minnen und um ihre Heiligkeit, die
sind nun ungesetzt und mannigfaltig. Denn sie sind zumal
ausgekehrt zu der Welt.... Und hierum beten sie mit dem
Mund, aber das Herz schmeckt nicht die Frucht, das ist, die
heimlichen Wunder, die in den Schriften und in den Sakramenten und in ihrem Amt verborgen sind, das fühlen sie nicht".
Jene ersten Priester seien mild und ausfliessend in Karitaten
gewesen; jetzt aber seien Viele „geitzig und karg gegen Andere", aber üppig in Bezug auf sich selbst, während man umgekehrt mässig gegen sich selbst sein und „das Uebrige der
Kirchengüter" den Armen austheilen sollte. Wohl gebe es
auch noch heutzutage fromme Prälaten und Priester, aber
doch sei seltsam, dass unter den 12 Aposteln nur ein Heuch-
ler und Gottloser gewesen, jetzt aber finde man unter 100
Prälaten kaum Einen, der Christo innerlich und äusserlich wie
die Apostel nachfolgen. Die meisten hätten Silber und Gold
lieber und die Herrschaften dieser Welt als Gott, und „tragen kein Bedenken, das Erbtheil Christi zu kaufen und zu
verkaufen". Diese Pest der Simonie wüthe dermalen
„mehr als zu viel". Die reichen Bisthümer, Abteien und
Würden werden mit Geld erkaufet; mehr als Gott vermögen
Gold und Silber, denn ihm müssen Gerechtigkeit und Billigkeit,
die Gnade und die Gebote Gottes weichen. Ums Geld er-
reiche man Alles: Ablass der Sünden, Wiederaufnahme in
die Kirche, und „darin sind sie ihrem Meister (Judas) nicht unähnlich, der den gottlosen Juden das Leben Christi ums Geld
verkaufte, aber bald darauf sein Leben an einem Stricke en-
digte". R. zeichnet das ganze Bild dieser Miethlinge also: „Sie
beherrschen und regieren das Volk Gottes nicht als Hirten,
sondern als Tyrannen.... Sie erquicken die armen Seelen,
so ihnen anvertraut sind, weder durch ihr Leben noch durch
ihre Worte, noch durch ihre Werke, sie speisen und erfri-
schen auch nicht die Leiber der Armen mit den irdischen Gütern, die sie selbst über die Nothdurft in Lastern durchbringen.

Auch bereichern sie ihre Blutsverwandte mit den Gütern der
Armen; fragen auch nicht viel nach allerhand Lastern, wenn
sie nur einen Gewinn davon haben mögen. Der Wucherer
wird nicht abgehalten, dem Altar Etwas zu opfern, ist er nur
reich und will viel schenken. Geschieht's, dass er stirbt, so
wird, wenn er es selbst begehrt hat, sein Körper wohl gar
vor dem Altar begraben. Das Geld liegt Solchen mehr am
Herzen, als dass sie den Gottlosen für ihre begangenen Sünden eine rechtschaffene Busse zu thun auferlegten. Es ist jetzt
einem Jeden vergönnt, eine Konkubine zu halten,... nach
einer Abgabe, die ihm im Verhältniss zu seinem Vermögen
auferlegt wird". Diese Entartung, klagt R., erstrecke sieh
auf a l l e kirchlichen Stände: auf die Kanoniker und weltlichen Priester, die zwei bis drei Kirchen-Einkünfte haben wollen, und sich so viel Einkünfte verschaffen als immer möglich;
selbst auf die Ordensleute, wenigstens ihre Prälaten, die zu-
sammenscharren, was sie können und einen grossen Staat
führen und herrschen, nicht anders, als ob sie weltliche Herren und Fürsten wären. R. sah hierin eine völlige Entartung
des ursprünglichsten Karakters dieser Stiftungen. Die Fran-
ziskaner-Regel z. B. werde „nach den Glossen" gehalten,
und „nicht nach der Wahrheit der Worte, wie zu Anfang
geschah". Die Armuth habe einem Reichthum Platz gemacht,
mit Worten lobe man sie, aber in dem Leben begehre man
sie nicht.

Mit dieser Sucht nach irdischen Gütern gehe die S c h w e l-
g e r e i, das S c h l e m m e n Hand in Hand, und diese herrschen von dem obersten bis zu dem untersten. Und eben auch
über diesen Luxus und die Schwelgerei in den Klöstern klagt
R., nicht allein „in denen, da man von gemeinen Gütern lebet,
sondern auch in den Bettel-Klöstern, wenigstens von Seite der
Oberen, während allerdings „die, so den Chor besuchen und
in dem Speisesaal zusammenkommen, mit Kraut und ein paar
Eiern zufrieden sein müssen", und kein Ei oder nur einen halben Häring über der gewöhnlichen Tracht erhalten; und doch
„müssten sie oft genug fasten und die Lasten im Singen und
Lasten Tag und Nacht tragen". So finde man denn auch in den
Klöstern Arme und Reiche unter einander, nicht anders als in

der Welt". Und welch' ein Luxus! Man trage sich so hoffärtig
als in der Welt, ja thue es den Weltmenschen darin noch zuvor. Die schwarze Farbe habe einer dunkelbraunen weichen
müssen, die aschgraue sei mit rother, grüner und blauer un-
termischt. Und welches auch die Farbe des Tuches sei, dieses
selbst müsse von der feinsten Wolle sein. Und welche Mühe
man sich nun erst gehe mit der Anfertigung! Einige wollen
ihre Kleider so weit, gross und breit gemacht haben, dass
man wohl zwei oder drei daraus machen könnte; andere so
enge, dass es scheine, als wären ihnen ihre Kleider am Leibe
angenähet. Einige hätten so kurze Unterkleider, dass sie kaum
die Kniee decken, und gürten sich um den Leib mit Bänder-
chen; Andere hätten so lange, dass sie dieselben nach sich im
Kothe schleppen, oder so weite, dass sie sie umgürten müssen.
Dazu kämen noch andere Thorheiten. In einigen Klöstern
hätten die Nonnen Gürtel mit silbernem Blech überzogen, an
denen da und dort Zieraths halber einige Glöckchen hängen,
so dass sie, wann sie ausgehen, läuten. Die Mönche aber reiten bewehret einher, mit langen Degen an den Seiten, nicht
anders als wären sie weltliche Ritter. — Im Innern der Klöster selbst finden sich Polster, köstliche Stühle, ausgestickte
bunte Decken und Hauptkissen — nicht anders, als ob diese
Nonnen mitten in der Welt lebeten.

Ueberhaupt aber jammert R., dass die Klosterdisziplin
völlig erschlafft sei. Die Bussübungen seien gar dünne geworden, indem die Brüder vorgehen, sie seien schwächlich; die
Lehre sei ausgeartet in Spitzfündigkeiten und in eitle Fragen
und Erfindungen, die zur Ehre Gottes und zu der Seele Heil
wenig oder nichts beitragen; die Bestrafung werde sehr weich-
lich gehandhabt, und so man einige Bestrafungen oder Kor-
rektionen vornehme, so geschehe solches mehr um ein gut Gericht zu erwerben, als um Gottes und der Seelen Seligkeit
willen.

Doch genug dieser Klagen, die sich fast in allen
Schriften Rs. zerstreut, in keiner aber zu einem festen
Zwecke konzentrirt finden. Daher kann man auch nicht sagen, dass Reformatorisches in ihnen läge, wenigstens finden
wir nirgends Spuren davon; wohl aber ist Rs. Freund und

Schüler, G r o o t, reformatorisch aufgetreten, als er gegen
Schwelgerei, Simonie, Konkubinat o f f e n vor allem Volke
g e p r e d i g t hat und n e u e, bessere E i n r i c h t u n g e n
angebahnt.

Die Sakramente.

R. zählt in der damals herkömmlichen Weise die Sakramente auf. In ihnen, sagt er, habe Christus „ein sonderlich
Kleinod,... seinen Schatz und seine Renten gelassen auf Erdreich"; in ihnen sieht er „eine neue, zweite, tägliche Ankunft
unsers Bräutigams"; in ihnen empfange man neue Gaben. Aber
diese Gaben seien in ihnen unter sichtbare Zeichen verdeckt,
und das mache die Sakramente aus; daher er sie „Zeichen un-
sichtbarer Güter" nennt. „Du sollst wissen, dass unser Herr
Jesus Christus und alle seine Gaben, darin unser geistliches
Leben liegt, die sind alle bedeckt und verhüllt in die Sakramente und in auswendige, sinnliche Zeichen, als die h. Taufe,
die ein Eingang in unser ewiges Leben ist, die wird vollbracht
mit Wasser und mit Worten, die dazu gehören,... und
ebenso die andern Gaben, die uns Christus gibt in der h.
Kirche, die sind alle bedeckt in sonderlicher Weise in Chry-
sam, in Oel und in Worten, Werken, Zeichen und in rechter Ordnung, wie es jedes bedarf". — Vom Menschen verlangt
R., dass er sie empfange „sonder ihr Kontrarie,... das ist
Unglaube in der Taufe, ohne Reue in der Beichte, und mit
Todsünden oder mit bösem Willen zu gehen zu dem Sakrament des Altars, und so von den andern Sakramenten". So
lange z. B. der Mensch ohne Reue bleibe in seinen Sünden,
so möge ihn der Papst nicht absolviren, noch alle die Priester
(ganz wie Tauler). Aber wie R. nach seiner mystischen Anschauung ein verschiedenes Sein und Wirken Christi in den
Sakramenten annimmt, so weiss er auch von einem verschiedenen Verhalten. Dass man die Sakramente sonder ihr
Kontrarie empfange, das gilt mehr nur von der niedersten
Stufe, für die Masse; man soll sie aber immer „edelicher"
empfangen, z. B. „zu dem Sakrament des Altars nicht gehen
um Schmack, noch um Begierd, noch um Lust, noch um

Fried, noch um Süssigkeit, noch um kein Ding, dann um die
Ehre Gottes und Zunehmen in allen Tugenden"; so nehme
man es „in Reinigkeit des Geistes" (s. Tauler S. 218 ff.).

Eigentlich aber nur über das h. Abendmahl hat er sich
in dieser eingehenden Weise ausgesprochen, hierüber aber
eingehender, als irgend ein anderer Mystiker, selbst als Suso.
Im Abendmahl, sagt er im Allgemeinen, habe Christus sich
selbst gegeben. „Als er es eingesetzt, war er gedrückt in
der Naturen; aber im Geiste war er ein liberaler Wirth"; und
„da er des andern Tages sterben sollte, so wollte er machen
sein Testament und wollte es lassen seinen Aposteln und durch
sie allen gläubigen Menschen bis in den letzten Tag,... und
diess ist er selber in dem Testament, und alles das er leisten mag, Gott und Mensch;... und solches Wunder von
Minnen ward zuvor nie gehört".

Nach seiner bekannten Trichotomie bestimmt er nun aber
diess „Sich selbst" näher. Einmal gebe uns Christus im
Abendmahl „sein Fleisch und Blut und sein leibliches
Leben glorifizirt voll Freuden und Süssigkeit"; er wolle sich
leiblich mit uns vereinigen, „herzlich verfliessen in unsere leibliche Natur"; er gebe uns, „was er aus unserer Menschheit
empfing: Fleisch und Blut und seine leibliche Natur". In diesem Fleisch und Blut werden wir „gespeiset und geziert
nach dem niedersten Theil unserer Menschheit mit
Christi glorioser Menschheit". R. drückt sich auch so aus —
und diess macht uns seine Gedanken verständlicher —: „Er gibt
unserem geistlichen Hunger und unserer herzlichen Liebe seinen Leichnam in Speisen, und als wir den in uns essen mit
inniger Devotion und Zähren, so fliesst aus seinem Leichnam
sein glorioses heisses Blut in unsere Natur und in alle unsere
Adern. Und also werden wir umfangen in Minnen und herzlicher Liebe zu ihm, und also wird durchflossen Leib und Seele
mit lustlichem und geistlichem Schmack.... Und er ver-
brennt in Minne alle unsere Sünden und unsere Gebrechen,... und reiniget unser Konszienz" (siehe wirkendes
Leben).

Er gebe uns aber auch „in der hohen Gabe des Sakraments seinen Geist mit den höchsten Kräften voll Glorien

und reicher Gaben und voll Wahrheiten und Gerechtigkeit,...
und Tugenden und unaussprechlichen Wunders von Karitaten
und Edelheit". Diess ist, man sieht es schon, eine höhere
Weise, in der R. nicht mehr von Fleisch spricht, das Christus
gebe, sondern von Christi Seele, Geist, Leben, auch nicht
mehr vom Sündenvergeben, sondern von einer höhern Lebens-
Gemeinschaft. „Er gibt uns sein L e b e n voll W e i s h e i t e n
und Wahrheiten und Lehren, ihm nachzufolgen in allen Tugenden und dann lebt er in uns und wir in ihm. Er gibt uns
auch seine S e e l e mit voller Gnade, auf dass wir allezeit stehend bleiben mit ihm in Minnen, in Tugenden und in seines
Vaters Lobe". Den Fortgang der ersten Stufe des Genusses
zu dieser zweiten fasst R. so: „Als wir dann gereiniget sind und
in Minne bereitet, so gapet er als die Gier, die alles verschlin-
gen will. Denn er will unser sinnliches Leben v e r w a n d e l n
und v e r z e h r e n in s e i n Leben, das voll Grazien ist und
Glorien, die uns allen bereit ist, wollen wir uns verläugnen
und Sünden lassen". Hiemit „werden wir gepreist, geziert
und verklärt in der E i n i g k e i t u n s e r e s G e i s t e s und in
den obersten Kräften mittels des Einwohnens Christi mit aller
seiner Reichheit".

Das H ö c h s t e aber, was Christus uns im Abendmahle
gebe, sei er selbst als Gott. „Er begabet uns mit seiner P e r -
s ö n l i c h k e i t, mit g ö t t l i c h e r K l a r h e i t; die erhebt
unsern Geist und alle verklärte Geister in die hohe gebräuchliche Einigkeit.... Er zeigt und verheisst uns seine Gottheit zu
einem ewigen Gebrauchen,... seine hohe Persönlichkeit in
unbegreiflicher Klarheit. Und hiemit werden wir vereiniget
und übergeführt zu dem Vater, und der Vater empfängt s e i -
n e n e r k o r n e n S o h n m i t seinem n a t ü r l i c h e n Sohn,
und also kommen wir zu unserm Erbe der Gottheit in ewiger
Seligkeit" (vrgl. S. 500).

Nach diesen „drei Manieren" gebe sich uns Christus im
Abendmahl. Diesen d r e i W e i s e n gemäss, „da Christus
zu uns kommt", sollen wir ihm nun auch „e n t g e g e n g e h e n",
so oft wir „seinen Leib konsekriren, opfern oder empfangen".
Wir sollen „merken und ansehen, wie sich Christus neiget zu
uns mit minnlicher Affektion und mit grossen Begierden und

mit leiblicher Lust;... wir sollen ansehen diesen pretiosen
Leichnam, gemartelt, durchwund't, durchgraben von Minnen
und von Trauer um unsertwillen.... Wir sollen uns erheben,
Christum zu empfangen mit Herzen, mit Begierden und mit
gefühlicher Liebe,.,. und also empfängt Christus sich selber.
Und dieser Gelust mag nicht zu gross sein, denn unsere Natur
empfänget ihre Natur, das ist Christi Menschheit glorifizirt.
Hierum will ich, dass der Mensch in diesem Umfangen verschmelze und verfliesse von Begierden, von Freuden und von
Welden. Denn er empfänget und wird vereiniget mit demjenigen, der der schönste und der grazioseste und der mildeste ist
über alle Söhne der Menschheit". Und „hiemit thun wir genug dem niedrigsten Theil seiner Menschheit".

Auf dieser Stufe, sagt R., in dieser „Gelust" werde dem
Menschen zuweilen „grosses Gut zu Theil" und „manch
heimlich verborgen Wunder geoffenbart und entdeckt von der
reichen Gabe Gottes". „Wenn der Mensch gerade denkt in
diesem Empfangen der Martel und des Leidens des pretiosen
Leibes Christi, den er empfängt, so kommt er bisweilen in
solche minnliche Devotion und gefühliches Mitleiden, dass er begehrt mit Christo genagelt zu sein an das
Kreuz, und dass er begehrt, seines Herzens Blut zu vergiessen
in die Ehre Christi, und er drückt sich in die Wunden und in
das offene Herz Christi. In diesen Uebungen ist dem Menschen
oft viel Offenbarung und viel Guts geschehen. Diese gefühliche Liebe mit Kompassion und die starke
Imagination mit innigem Gemerk in die Wunden Christi die möchte so gross sein, dass dem Menschen
sollte dünken, er gefühle der Wunden und der Peinen Christi
in seinem Herzen und in allen seinen Gliedern. Und sollte irgend ein Mensch wahrlich die Wunden und die Zeichen empfangen unseres Herrn in einiger Weise,
das sollte dieser Mensch sein". Gewiss, eine höchst
merkwürdige Stelle und tiefsinnig in aller Weise! Offenbar
hat dabei R. an die Stigmatisation des Franziskus gedacht, und
sie auf eine Weise erklärt, die die einzig denkbare ist (vrgl.
Franziskus Leben S. 526). Er hat aber zugleich den Werth
dieser Stigmatisation und aller ähnlichen Offenbarungen, die

sich im Mittelalter besonders um den Abendmahlsgenuss als
um ihr Zentrum gruppirten, auf eine höchst f e i n e Weise
bestimmt. Nämlich, wie er es von den Offenbarungen, Revelationen überhaupt sagt, dass sie d e r Stufe angehören, da
der Mensch zwar innig sei, aber noch nach dem niedersten
Theile seines Seins, nach seinem „gefühligen“, da er noch
nicht in Christo selbst lebe, so sagt er es auch von diesen Offenbarungen, in der Feier des Abendmahls, dass sie einem Genusse angehören, da der Mensch noch nicht rein im Geiste
stehe, da sich auch Christus noch nicht nach seinem Höchsten
mittheile.

Wir sollen aber auch, fährt R. fort, entsprechend der
„zweiten Manier“, wie sich uns Christus gebe im Fronleichnam, „wohnen in E i n i g k e i t u n s e r e s G e i s t e s und ausfliessen mit weiten Karitaten in Himmel und in Erde mit klarer
Bescheidenheit“; und „hiemit tragen wir ein Gleichniss Christi
nach dem Geiste und sind ihm genug“. — Endlich „sollen wir
durch die Persönlichkeit Christi mit einfältiger Meinung und
mit gebräuchlicher Minne über u n s s e l b e r steigen und über
C h r i s t i G e s c h a f f e n h e i t, und rasten in unserm Erbe, das
ist das göttliche Wesen in Ewigkeit“.

So ist denn nach R., wie im mystischen Leben überhaupt,
so auch im Abendmahlsgenuss eine Steigerung, Potenzirung,
Vergeistigung, und es ist dieselbe wie dort. Und wie dort im
mystischen Leben überhaupt Gnade und zugekehrter Wille
sich gegenseitig bedingen und sollizitiren in dieser Steigerung,
so auch in Betreff des Abendmahlsgenusses im Gehen und
Nehmen, im Sieh-Bereiten, Empfangen und im Gezogenwer-
den in das Wesen Christi. R. vergleicht das wieder dem
Minne-Spiel zwischen Christus, der uns in und durch das
Sakrament stufenweise ganz in sich verwandeln wolle, und
zwischen der liebend-geniessenden Seele. „Es ist der Minnen
Natur, allezeit geben und nehmen, minnen und geminnt werden, und diess ist beides in Jeglichem, der minnt. Und Christus Minne die ist gierig und milde. Und gibt er uns Alles,
das er hat, und Alles, das er ist, er nimmt uns auch wieder
Alles, das wir haben, und Alles, das wir sind, und er heischt
uns mehr, denn wir leisten mögen. Sein Hunger ist ohne

Maass gross; er verzehrt uns ganz aus dem Grunde, denn er
verzehrt das Mark aus unsern Beinen. Nichts desto weniger
gönnen wir's ihm wohl; und so wir's ihm mehr gönnen, so wir
ihm besser schmecken. Und was er auch an uns zehrt, er mag
nicht erfüllt werden, denn er hat den Heisshunger (nach uns),
und sein Hunger ist ohne Maass. Und ob wir wohl arm sind,
er achtets nicht, denn er will uns nicht lassen (daher dieses stufenweise Geben und Ziehen, das wir haben kennen lernen!).... Und möchten meine Worte auch wunderlich lauten, die Minner verstehen mich wohl.... Jesus Minne ist so
edler Art: darin sie zehrt, darin will sie nähren.
Verzehrt uns auch Jesus zumal, dafür gibt er uns sich selber.... Was Wunder, dass sie jubiliren, die diess schmecken und befinden! Da die Königin von Ostlande ansah die
Reichheit, die Ehre und die Glorie des Königs Salomo, da
gebrach ihr Geist von Verwundern und sie kam von ihr selber und fiel in Ohnmacht (s. S. 123). Nun merkt dann Salo-
mos sein Reichthum und seine Glorie, wie klein dass er war
gegen die Reichheit und die Glorie, die Christus selber ist
und bereitet hat in dem h. Sakrament! Denn mögen wir auch
empfahen Alles, das seiner Menschheit zukömmmt, und in
ruhiger Fassung bleiben, — wenn wir ansehen seine Gottheit,
die wir vor uns haben in dem Sakrament, so verwundert uns
so sehr, dass wir über uns selber müssen steigen in dem
Geiste in überweselicher Liebe, oder wir fielen in Ohnmacht
vor Verwundern und vor Ungeduld vor der Tafel unseres
Herrn. Aber mit Devotion und mit herzlicher Liebe essen wir
und zehren wir die Menschheit unseres Herrn in unsere
Natur; denn Liebe zieht in sich Alles, das sie minnt, und
mit solcher Liebe zehrt und zieht unser Herr unsere Natur in
ihn und erfüllt uns mit seiner Gnade. Und dann wachsen
wir gross und übersteigen uns selbst in einer göttlichen Liebe
über Vernunft, darin wir mit unserm Geist essen und verzehren und erkriegen mit blosser Minne seine Gottheit.
Seht, darin gehen wir seinem Geiste entgegen, das ist, seiner
Minne, die sonder Maass gross ist, die unsern Geist und alle
seine Werke verbrennet und verzehrt und mit ihr zieht in die
Einigkeit, darin wir fühlen Rast und Seligkeit. Seht, also

sollen wir allezeit essen und gegessen werden und mit Minnen
aufgehen und niedergehen".

Ist diess aber in seinem Höhenpunkt nicht „ein rein geistiger Genuss geworden, wie denn R. öfters noch von diesem
rein geistigen Genusse als dem höchsten spricht (s. u.)?

Mit dieser mystischen Entwickelung liess es aber R. nicht
bewenden. Er suchte auch nach Art der Scholastiker auf das
Wie? dieses Sakraments einzugehen, in dem er zunächst
Form und Materie unterscheidet. Die Materie, „das ist Brod
und Wein"; die Form, „das sind die Worte unseres Herrn,
da er spricht: diess ist mein Leib und diess ist mein Blut".
Mit diesen Worten „verwandelte er die Materie des Brodes in die Substanz seines Leibes, nicht also, dass das Brod
zu nichte ging, aber sein Entwerden war der Leib unseres
Herrn, nicht ein neuer Leib, sondern derselbe, der zu der
Tafel sass und ass und trank und mit seinen Jüngern sprach,
den hatten sie auch vor sich in dem Sakramente, also dass sie
ihn sahen mit ihren auswendigen Augen zu der Tafel sitzen,
und diess war ihnen eine grosse Freude. Aber dass sie sahen
denselben Leib in dem Sakramente mit ihren inwendigsn Augen des Glaubens, das war ihnen noch mehr Freude." R., wie
man sieht, ging ganz mit der durch Innozenz III. auf der vierten Lateransynode kirchlich sanktionirten Lehre. Ihn stören
selbst die zwei Christus nicht, die die nothwendige Folge seiner Darstellung sind, dass „der Herr seinen h. Leib konsekrirte": nämlich die Doppelheit des Leibes, in der er noch
selbst war lebend, und des kraft der Konsekration „in seinen
Leib verwandelten Brodes und Weines"; denn dass die Jünger
diesen letzteren „in der Selbständigkeit (Hypostase) des Leibes"
bloss „mit den Augen des Glaubens und mit der gefühligen
Liebe" gesehen und genossen, hebt diese Doppelheit nicht auf;
oder aber, wenn er sagt: „mit Glauben und Minne, das heisst,
mit dem Munde der Seelen" hätten sie empfangen und gegessen den Leib unsers Herrn mit allen seinen Gliedern, „nicht
nach der Grobheit (Materialität) als er zur Tafel
sass", so wird, wenn diess die Doppelheit heben soll, der
sakramentalische Genuss dann nur ein rein geistlicher:
„er gab ihnen über Natur das minnliche Leben seines Flei-

sches und seines Blutes, seiner Seele und seiner Gottheit, und
das war ihre geistliche Speise und auch die seine und unser
Aller".

Das Wunder selbst rechtfertigt R. (wie Suso) durch Berufung auf andere Wunder Gottes, zunächst das Schöpfungs-
Wunder. „Der Himmel und Erde und alle Dinge von nichts
machte, mag auch wohl verwandeln die eine Substanz in die
andere, darin er will, und der in einem Augenblick machte
alle Wasser von Egypten in Blut sich verwandeln und Lot's
Weib in einen Stein und aus dem Felsen machte fliessen einen Wasserbach, und manch ander gross Wunder, das beschrieben ist in dem alten und auch in dem neuen Testamente,
dem sind alle Dinge möglich und unterthan".

Was aber Christus gethan, fährt R. fort, das thun noch
alle Tage die „Pfaffen" in Kraft seiner Worte, laut der Macht,
die sie von ihm empfangen (s. Kirche). „In der Konsekration
des h. Sakramentes sind alle Priester willige Instrumente unsers Herrn Jesu Christi, und er spricht durch Jegliches Mund
und durch ihrer Aller Mund: diess ist mein Leib, mein Blut".
Und das „ist dieselbe Substanz und derselbe Leib, der in dem
Himmel ist, und den empfahen wir gemeiniglich in dem Sakrament nach Weise der S u b s t a n z. Und in der Substanz empfahen wir alles, das mit ihr wesentlich ist, das ist Länge,
Breite und Grösse und Alles, das dem Leibe zugehört. Und
also in dem Sakrament ist der Leib unseres Herrn in allen
Städten, Landen, Kirchen.... Aber wie er in dem Himmel
sitzt mit Händen und mit Füssen und mit allen seinen Gliedern
in einem Anschauen seiner Engel und seiner Heiligen, also
verwandelt er die Statt nicht, sondern er bleibt sich allezeit
gegenwärtig; und also in dieser Weise mögen wir ihn nicht
empfahen nun und nimmermehr".

Natürlich bemüht sich nun R. weiter, zu beweisen, dass,
wiewohl jeder Priester den Leib unsers Herrn „wahrlich kon-
sekrire", alle zusammen „in allen Orten und auf allen Altären"
doch nicht mehr konsekriren, denn denselben Leib in der
Wahrheit. Denn, sagt er mit Verwechselung von Abstrak-
tum (Gattung) und Individuum, „alles Brod, das sie konsekriren, ist nur Eine Natur von Brod, und das vergaderet (wird

Eins) all' in der Konsekration als e i n e Materie und eine einfache Substanz des Leibes unseres Herrn". Mögen daher auch
die Hostien „getheilt" sein „auf allen Seiten von Erdreich",
das Sakrament „ist Eines und der lebende Leib unsers Herrn
ist Einer und ungetheilt in all' dem Sakrament". Und „s o
sollst du auch glauben die Konsekration des Weines, das ist
das Blut unseres Herrn, das ist in jeglichem Kelch allzumal
und in allen Kelchen all' der Welt doch nicht mehr denn in
Einem, denn man kann nicht theilen noch minderen noch
mehren.... Gleicherweise dass des Menschen Seele ist in allen
seinen Gliedern ganz, ungetheilt und sonder Statt, also lebt
der gloriose Leib unsers Herrn in allem Sakrament all Erdreich
durch ganz, ungetheilt und sonder Statt, auf dass er gemein
sein möge allen seinen Gliedern, das sind alle diejenigen, die
seiner begehren in Christenglauben; und er ist Jeglichem in
einer sonderlichen Weise, nach dem dass er bedarf und begehrt".

Dasselbe sagt er auch in Bezug auf die d o p p e l t e Konsekration von Brod u n d von Wein. „Ist auch die Konsekration unsers Herren Leibes und seines Blutes getheilt und unterschieden in Materie und in Form der Worte, in der Gestalt
und auch in der Bedeutung, und sind es auch zwei Sakramente, sie vergaderen in Eine Wahrheit, und sie sind Ein
Christus. Denn der lebende Leib unsers Herrn in der Hostie
ist nicht sonder sein eigen Blut, noch mag sein Blut in dem
Kelch sein ohne seinen Leib. Und also ist Christus ungetheilt
und allzumal in jeglichem Theile des Sakraments.... Er gab
sich selber allzumal und ungetheilt in den zwei Manieren, seinen Leib unter dem Zeichen von Brod und sein Blut unter dem
Zeichen von Wein, und in jeglichem ganz und ungetheilt;
denn sein Leib ist ein lebender Enthalt (= das was hält, enthält) seines Blutes und sein Blut ein lebender Enthalt seines
Leibes, und seine Seele ist ihrer beider Leben, und diese drei
zusammen sind Ein Leben ungetheilt, das Christus ist, das er
seinen Schülern gab und uns allen gelassen hat in dem Sakramente.... Hierum jeder Tropfen von dem Kelch und jeder
Brocken von der konsekrirten Hostie, wie klein dass das ist,
das ist Christus zumal ganz, als er ist in dem Himmel". R.

bringt wieder die Analogie von der Seele und dem menschlichen Leibe, die er schon einmal gebraucht hat. Wie die Seele
in allen Gliedern sei ganz und ungetheilt, so sei der gloriose
Leib Christi ganz und ungetheilt in jedem konsekrirten Brod
oder Wein. Damit beruhigt er auch die Laien, die nur die
Hostie empfangen. „Ist, dass die P r i e s t e r in der Messe
das h. Sakrament empfahen in zwei Manieren, sie empfahen
doch nicht mehr denn die Laien".

Dass sich nun aber Christus „gelassen im Sakrament
v e r b o r g e n und bedeckt", nicht „bloss als er hier war`und
nun ist in dem Himmel", das findet R. eben dem Karakter unseres dermaligen Zustandes ganz angemessen. „Wir mögen
ihn erkennen in dem Lichte unsers Glaubens, gleicherweise wie
die Apostel thaten, beides vor seinem Tode und nach seiner
Auferstehung. Sie sahen einen Menschen und glaubten, dass
er Gott war, und dass die Gottheit in der Menschheit verborgen war. Also sehen wir das h. Sakrament auswendig und
glauben, dass uns darin verborgen ist der Leib unsers Herrn.
Denn sähen wir unsers Herrn gloriosen L e i b, als er in dem
Himmel ist, wir möchtens nicht ertragen..... Nun merkt dann
(erst) die geistliche Klarheit seiner Seele und seiner Gottheit,
wie unbegreiflich gross dass sie ist.... Und hierum sind alle
Gaben, darin unser geistliches Leben liegt, bedeckt.... Und
hierum sind das verkehrte Menschen, die ewig Leben und die
Glorie Gottes wollen bringen in die Zeit oder die Zeit bringen
in Ewigkeit, denn das ist beides unmöglich".

    Karakteristisch für die Zeit, aber auch nicht ohne psycho-
logische Feinheit ist, was R. noch von dem Unterschied der
Personen sagt, „die zum h. Sakrament gehen", vom Verhalten
seiner Zeitgenossen zum h. Abendmahl. Es gebe, sagt er,
„Menschen, die Christus (geradezu) blasphemiren und verschmähen und von seinem Sakramente nichts halten, oder d i e
n i c h t g l a u b e n, d a s s C h r i s t u s in F l e i s c h u n d in
B l u t ist in dem Sakrament des Altars". Den Gegensatz zu
d i e s e n bilden offenbar die, so „weichherzig von Naturen"
nicht ohne das Sakrament leben können. „Sie sind so sehr
beweget in Liebe z u d e r M e n s c h h e i t Gottes unsers
Herrn, dass sie leichtlich Alles verschmähen, was in der Welt

ist, auf dass sie ihres Leibes pflegen nach Lust ihrer Begierden. Und weil sie unserm Herrn nicht näher kom-
men mögen, denn in dem Sakrament, so fallen sie in
Ungeduld aus inniger Liebe und ungestillter Begierde, die sie
haben zu dem h. Sakramente, also dass ihnen bisweilen dünket, sie möchten von Sinnen und ums Leben kommen, so sie
das h. Sakrament nicht erkriegen möchten". Solche Menschen
finde man aber „nicht viele", und „sind allermeist Frauen
oder Jungfrauen (Nonnenwelt) und wenige Mannen". Sie seien
meist „von weicher Komplexion und unerhaben und unerleuchtet in dem Geiste und hierum ist ihre Uebung sinnlich und
lustlich, und zumal verbildet mit der Menschheit
unseres Herrn (vrgl. T. S. 231), und sie können nicht
fühlen noch verstehen, wie man unsern Herrn empfangen mag in dem Geiste sonder das Sakrament". R. vergleicht sie dem „Königischen" zu Kapernaum
(Joh. 4, 47), der „nicht glaubte, dass unser Herr machte genesen seinen Sohn, er käme denn zu ihm in sein Haus und
legte seine Hand auf sein Haupt, oder dass er thäte ein ander
Zeichen, darmit er ihn machte genesen". In dieser Klasse erkennt man unschwer die innigen Menschen auf der ersten
Stufe. R. spricht dann aber auch von einer höheren als
diese, die er dem Hauptmann von Kapernaum (Matth. 8, 5)
vergleicht mit seinen Worten: „Herr, ich bins nicht werth,
dass du kommest unter mein Dach; sprich nur ein Wort,
und mein Knecht soll gesund sein". So fühlen sich auch diese
Menschen unwürdig, so lang als ihr Knecht, das ist ihre leibliche Natur „Gott und ihrem Geiste konträr" sei und „bekort
in der Natur und ohne innere Süssigkeit"; aber obwohl sie sich
„arm" fühlen, so „lassen sie doch Gott nicht, und sind in
ihrem Geiste voll Glaubens, Devotion und göttlicher Minne",
und bedürfen das h. Abendmahl als starke „Geistes-Speise",
damit sie „überwinden" mögen. Noch höher stehen dann
die „eingekehrten" Menschen, die R. dem Zachäus vergleicht,
die Schauenden, die im Abendmahl Christus geniessen, die
„die Frucht des Sakraments suchen mit Weisen und mit h.
Leben", und wieder „weiselos in grundloser Minne".

Rusbroek und die letzten Dinge.

Kaum ein anderer Mystiker hat über die Dinge nach dem
Tode so weitläufig sieh ausgesprochen, als R., besonders über
die Auferstehung, das letzte Gericht, den Richter und den
Lohn und die Strafe, die zuerkannt werden.

Das Urtheil und der Richterspruch der Menschen, sagt
er, gehöre Christo zu, denn er sei „der Sohn des
Menschen und die Weisheit des Vaters, welcher
Weisheit alles Urtheil zubehört, denn ihm sind klar und
offenbar alle Herzen und alle Dinge in dem Himmel und in
der Erde und in der Hölle".

Jedem Menschen werde aber gegeben nach seinem Verdienen; „den Guten um jeglich gut Werk, das in Gott getragen ist, ein ungemessen Lohn, das er selber ist",
was keine Kreatur voll verdienen mag; aber sofern er das
Werk mitwirkt in den Kreaturen, so verdient die Kreatur „in
seiner Kraft ihn selber zum Lohne"; denn, wie die andern Mystiker, unterscheidet auch R. zwischen dem zufallen-
den und dem wesentlichen Lohn, welcher wesentliche Lohn
Gott selber ist (vergl. S. 411).

Diess selige Leben jenseits ist ührigens von R. gedacht
und beschrieben als die Vollendung des mystischen
Lebens hienieden, von dem er einmal gesagt hat, dass
zwischen Gott und den Schauenden „kein Mittel" wäre denn
„Zeit und Statt der Sterblichkeit". Die Vollendung ist daher von ihm nur zu denken als ein Wirken und ein Ruhen in
Gott, ohne das Gefühl der Schranken der Endlichkeit — in
voller Sättigung. „Wir werden die Liebe fassen und von ihr
wieder gefasst werden, Gott besitzen und von ihm wiederum
in Einheit besessen werden; wir werden Gott geniessen und
mit ihm vereiniget ewiglich in und mit ihm ruhen, und diese
weiselose Rast in der überwesentlichen Wesenheit Gottes ist
der höchste Grund der Seligkeit; denn hier (dort) werden wir
über den Hunger in die Sattheit verschlungen werden, dahin
kein Hunger gelangen kann, weil daselbst nichts ist als Einheit. Hier werden alle lebenden Geister in einer überwesentlichen Düsterniss entschlafen und doch in dem Lichte der

Herrlichkeit allezeit leben und wachen. **Daher lasse sich
Niemand betrügen mit einer falschen Ledig-
keit.**... Denn.wir werden in dem zukünftigen Leben allezeit lieben und geniessen, wirken und ruhen, üben und besitzen, und diess Alles in einem **gegenwärtigen Nun**,
ohne Ab- oder Zunehmen der Zeit, ohne Vor und Nach".

Diese Herrlichkeit zeichnet nun R. (in augustinischer
Weise) auch in ihrem Verhältniss zu einer **verklärten
Aussenwelt**, welcher unsere verklärten Leiber entsprechen werden. „Wir werden die Schönheit und die Zierde
des Himmels und der Erde und aller Elemente, die nach dem
Gerichte werden verklärt werden, schauen, und um uns die
seligen Geister und h. Menschen". Seine Phantasie hat hier
reichen Spielraum, diese verklärte Welt zu malen und in ihr
die verklärten Leiber, denen er vier Attribute zuschreibt: sie
werden durchscheinend klar sein; das Element des Wassers
wird in ihnen verklärt werden; ebenso das Element der Erde:
sie werden nicht mehr leidensfähig sein; sie werden auch so
gar subtil werden, dass sie nichts wird aufhalten können —
das glorifizirte Element des Feuers; endlich werden sie aus
dem in ihnen glorifizirten Elemente der Luft die Schnellig-
keit erlangen: wo die Seele zu sein begehrt, dahin wird sie
mit ihrem Leibe in einem Moment, in einem Nu sein können.
Und damit, sagt R., sei der adamitische Zustand, der ein
potentieller war, vollendet. — Wie er aber überall die Individualität und ihr „Maass und ihre Verschiedenheit hienieden
anerkennt", so macht er sie auch in diesem Stande der Seligkeit geltend.

Im Gegensatz zu der Seligkeit in Gott schildert er die
Pein der Verdammten — „den andern Tod" — als ein ewiges Ermangelnmüssen Gottes und seiner Gnade — „die erste
und schwerste Strafe". Er spricht auch noch von andern
Strafen: Frost, Feuer u. s. w. „Ob aber dieses Feuer geistlich oder leiblich oder beides zugleich sei, überlassen wir
Gott, gewiss, dass er durch seine Kraft gar wohl ein Feuer,
beides in Leib und Seele, anzünden mag". Die Strafen
selbst werden wie die Belohnungen im Einzelnen verschieden
sein je nach der Verschiedenheit der Sünde. Womit Einer

gesündigt, an den Gliedern werde er gestraft werden. R. führt dafür krasse Mönchslegenden aus einem Kloster am Rhein an. Ewig aber werden die Strafen dauern, weil die Verdammten niemals etwas Gutes begehren, geschweige thun werden.

Das Gericht, das diese endliche Entscheidung herbeiführe, werde, meint R., „in der Gegend von Jerusalem (Thal Josaphat) abgehalten werden, weil dieser Ort mitten in der Welt liege; auch Gott, wie Einige wollen, den ersten Menschen daselbst gebildet, und auch den verlorenen durch seinen h. Tod daselbst wieder erkauft habe. Zu diesem Gerichte werden auf seinen Ruf alle Leiber in einem Augenblick auferstehen — nach dem Alter, in welchem unser Herr war, da er für uns starb, so dass ein Greis von 100 Jahren und ein Kind Eines Tages eine gleiche Grösse haben werden.

In diesem, wie in vielem Anderen, ist R. dem Augustin gefolgt.

Karakteristik Rusbroek's.

Mit Recht hat man R. den k o n t e m p l a t i v e n Mystiker genannt; denn er ist nicht poetisch wie Suso, nicht praktisch aufs V o l k wirkend gleich Tauler, wie wir denn auch k e i n e Predigten von ihm besitzen; nicht vorzugsweise spekulativ gleich Eckard, wie wir denn auch nicht einmal die Namen von heidnischen Philosophen (wie bei den Andern), etwa von Plato, Aristoteles, Seneka, Boethius u. s. w. bei ihm zitirt finden. Er ist, obwohl er a u c h praktisch und a u c h spekulativ ist, doch vorzugsweise kontemplativ.

Seine Kontemplation erhebt ihre Schwingen in die höchsten Sphären, wohin man ihr nicht immer im Stande ist zu folgen: in das Gebiet, das er im spezifischen Sinne das b e - s c h a u l i c h e genannt hat. Und d i e s s eben ist eine seiner Eigenthümlichkeiten, dass er die Mystik bis zu i h r e m letz - t e n S t a d i u m führte, wo das Menschenleben zu einem göttlich-menschlichen Leben wird (wie diess i h r e r s e i t s auch die spekulative Philosophie schon versucht hat). Nur ist aber d i e s e „beschauliche" Kontemplation R's. nicht ohne ihre

bedeutenden Mängel. Ein mysteriöses an sich, sollte diess
Gebiet nur mit einer gewissen zarten und ehrfurchtsvollen
Scheu, mit der jedes Höchste überhaupt anzurühren ist, betreten werden; nun aber hat R. jene geheimnissvollen Fäden
nicht bloss weit ausgesponnen, sondern er ergeht sich auch
in diesen Ueberschwänglichkeiten recht eigentlich, als ob sie
das tägliche Leben wären, während doch gewiss die inneren
Erfahrungen so weit nicht heranreichten und noch viel weniger
die Begriffe; d a h e r so oft nur schematisirende Phantasie als
Surrogat, d a h e r denn auch die vielen Tautologien, um zu
beschreiben, was sich nicht beschreiben lässt. Noch ein anderer Fehler hängt an diesem Flnge der Kontemplation, den
übrigens R. mit andern Mystikern, am meisten mit Eckard,
theilt. Es ist wahr: gegen die Brüder und Schwestern des
freien Geistes hat er sich, wie Tauler und Suso, eindringlich
ausgesprochen und ihre pantheistisch-spekulativen und -prakti-
schen Verirrungen bekämpft. Gleichwohl ist er, wenigstens
in einzelnen Schriften, von einer gewissen Zweideutigkeit nicht
freizusprechen, die sich besonders in dem konzentrirt, was er
von dem Bilde sagt, das er jetzt als den Sohn, das Abbild
Gottes, fasst, n a c h und z u dem die Menschen geschaffen
seien als ihrem Urbild, jetzt als das Abbild, das Spiegel-
bild des Sohnes in dem Menschen; wobei er aber das eine mit
dem andern hie und da einfach identifizirt, so dass in dem
Begriff dieses Bildes der ewige Sohn (das Bild Gottes und Gott
selbst) und der Mensch schlechthin zusammen fallen. Allerdings
hat er sich an andern Orten in der That beflissen, diese Zweideutigkeit zu heben durch den Unterschied, den er anbringt,
von Wesentlich und Wirklich, aber durchgeführt finden wir
ihn nicht in seinen Schriften.

Seltsam! dieser hohe kontemplative Mystiker ist — und
diess bildet eine w e¸i t e r e Eigenthümlichkeit seiner Person
und Mystik, die fast der ersteren zu widersprechen scheint,
— wie kaum ein Anderer reich in der Entwicklung der
T u g e n d b e g r i f f e, die er bis ins Einzelnste darstellt und
denen er zugleich in dem sittlichen Gesammtorganismus seinen O r t anweist.

Eine dritte Eigenthümlichkeit R.'s bildet endlich ein S y -

stematisiren, wie es weder Suso noch T. versucht haben,
was sich auch schon in den zusammenhängenden Schriften
ausspricht, die er geschrieben hat. Wenn irgend ein Mystiker, so hatte e r ein G a n z e s in seinem Kopfe, das sich auf
die äussere und innere Welt, auf Erde und Himmel, auf Zeit
und Ewigkeit bezog, die er, als sich überall korrespondirend,
gesetzt hat. Und auch in der Form verfährt er systematisch,
wenigstens in seinen bessern Schriften, so dass man wohl
sagen könnte, er sei ein ganz architektonischer Geist, der
Thomas (von Aquin) unter den germanischen Mystikern; ein
Lieblingswort von ihm ist: „diess ist die Ordnung“, die er überall aufzeigen möchte. Dass die Stufen des mystischen Lebens
selbst weder von Suso noch von Tauler so bestimmt geschieden wurden, wie von ihm, haben wir schon gesagt. In psychologischer Feinheit hat ihn Keiner übertroffen. — Aber auch an
diesem Systematisiren kleben grosse Mängel, denn es wird
nur zu oft zu einem leeren Spiel, zu einem Formalismus ohne
Gleichen, zu willkürlicher Gliederung und Einschachtelung,
die in vielen Fällen i n d e r S a c h e s e l b s t gar nicht begründet ist. Daher er denn denselben Gegenstand in dieser
Schrift dreifach, in einer andern vierfach, in einer dritten
fünffach gliedert. So spricht er, um von dieser Divisionssucht
einige Muster zu geben, von vier Eigenschaften Gottes, von
vier Gaben der Taufe, vier Gaben der Konfirmation, vier
Stücken, die erforderlich seien zum wirkenden Leben, von
vieren zum beschaulichen Leben, von fünf Wegen zu Gott,
fünf Hindernissen, sechs Arten böser Menschen, fünffachem
Reiche Gottes, vierfachem Feuer am jüngsten Tag, dann von
drei Arten der Liebe, zehn Arten Laster, vier Bächen, die
aus der Quelle des h. Geistes fliessen, vier Bächen der Gnade,
einer vierfachen Wage der Liebe Gottes, vierfacher Ketzerei,
vier Arten der Kontemplation, vier Arten der Liebe, vier Bekorungen, sechs Stücken der höchsten Erkenntniss u. s. w.
Und das ist nur erst eine kleine Probe. Aerger trieben es die
Scholastiker nicht.

R.'s D a r s t e l l u n g s f o r m ist einfach, ruhig-verströ-
mend, wie es von einer kontemplativen Natur zu erwarten
ist, doch ist sie, wie das mystische Leben selbst, das er be-

schreibt, von Gewittern, Blitzen und Donnerschlägen durch-
zogen. Besonders liebt er Analogien, Aehnlichkeiten, Bilder,
um das Eine, das Geistige, durch das Andere — das Aeusserliche — zu erklären. Diese Analogien nimmt er aus der Natur oder dem Universum; wie er z. B. (s. o.) die wesentliche
Einheit des Geistes mit dem Feuerhimmel, die wirkliche mit
dem beweglichen Himmel vergleicht. Ein besonders beliebtes
Bild ist ihm dasjenige eines Brunnquells, einer Fontäne und
der Bäche.

Die Dunkelheiten seiner Darstellung, über die man sich
vielfach beklagt hat, liegen allerdings schon in der S a c h e
selbst, die er darstellen will; aber allerdings auch in der F o r m
seiner Darstellung, besonders in seinen spielerischen Divisionen, in denen man öfters zu keinem kernhaften Begriffe-
durchdringt. Sie liegen aber auch, und es ist dies ein wichtiger Punkt zu einer g e r e c h t e n Würdigung, in der gross-
artigen Architektonik seines Systems, die ohne genauestes
Ins-Auge-fassen seiner spezifischen Begriffe und Eintheilungen
nicht verständlich ist, und die dadurch erschwert wird, dass
auf den verschiedenen Stufen dieselben Begriffe (z. B. der
„Hunger“, das „Entbleiben“) sich nur in potenzirterer Gestalt
wiederholen, und dass die Stufen ebenso sehr aufwärts als
niederwärts gehen und so in einander von beiden Seiten über-
schlagen. Das ist aber gewiss nur ein Zeichen der Reichhaltig-
keit des Systems. Freilich sind solche Pointen unmöglich zu
verstehen ohne die Kenntniss der Originaldarstellung R.'s, die
bis vorlängst gefehlt hat.

Dass zwischen R. und den o b e r d e u t s c h e n Mystikern
V e r w a n d t s c h a f t vorhanden ist, liegt auf der Hand; auf
gegenseitige Lektüre ihrer resp. Schriften lassen Ausdrücke
schliessen, welche sich in R. und in Tauler und Suso fast
wörtlich finden, ohne dass wir sagen könnten, bei wem sie
nur Reminiszenzen wären, und bei wem ursprünglich. Das
schöne Wort, das wir bei R. (in der Schrift: über die Tugenden) lesen: „Wer des Werks eine Ursache ist, dessen ist eigentlich das Werk selbst und nicht eines Anderen“, lesen
wir auch bei Tauler (S. 107). In derselben Schrift wird die
Liebe Gottes in ihrer Bereitheit, dem bussfertigen Sünder zu

vergeben, mit einer feurigen Kugel verglichen, in die man
Flachs legen würde, — ganz in denselben Ausdrücken, wie
es Suso gethan hat (S. 381); auch das Fusstuch Suso's findet
sich daselbst. Wie die Liebe und der gute Wille theilhaftig
machen des Segens aller guten Werke in aller Welt; wie man
auf einer gewissen Stufe allerdings gute Bilde vor sich nehmen
solle; wie die meisten Menschen so arme Kaufleute wären, die
das Ewige an Zeitliches verkauften: das und Anderes haben
wir früher auch schon und fast gleich wörtlich gelesen (S. 59,
111, 190); dass aber Einer von dem Andern abhängig wäre,
dass nicht jeder dieser Männer seine ganz besondere Eigenthümlichkeit hätte, oder dass nur einer auf den andern wesentlichen Einfluss geübt hätte: das lässt sich nicht nachweisen
und muss geradezu bestritten werden, wenn man die betreffenden Systeme miteinander vergleicht.

    Seiner Kirche war R. ein treuer Sohn; er stand in ihr
so entschieden als Suso, entschiedener als Tauler. „Ich unterwerfe mich in Allem, was ich erkenne, meine oder auch geschrieben habe, dem Urtheile und Gutdünken der h. allgemeinen Kirche und der Heiligen. Denn ich bin des festen Willens,
durchaus als ein Diener Jesu Christi in dem allgemeinen Glauben zu leben und zu sterben, und wünsche durch die Gnade
Gottes ein lebendiges Glied der h. Kirche zu sein". So schreibt
er am Schlusse seiner „Apologie von der hohen Beschauung".
Welch' einen Eifer gegen die Ketzer er entwickelt, wissen
wir. Das hindert ihn aber nicht, in seinem klaren Urtheil
über die Gebrechen der Kirche, und an seiner Opposition
gegen die Entartung der Diener derselben, in der er ganz
mit Tauler zusammengeht, ja noch viel spezieller ist, als dieser. Das hindert ihn auch nicht, dass seiner mystischen Anschauung zufolge das spezifisch Kirchlichste, wie z. B. der
Genuss des Fronleichnams auf der höchsten mystischen Stufe
in ein rein Innerliches umschlägt, nur dass eben auch wieder
nach seiner Anschauung diese oberste Stufe, wie sie die vorangehenden zu ihrer Voraussetzung hat, so wieder zu ihnen
herabsteigt.

    In R. ist die niederländische Mystik zum ersten
Male zum Worte gekommen, wie die ober- und niederdeutsche

in Eckard, Tauler, Suso. Sollte R. isolirt gestanden sein?
keine Wirkungen ausgeübt haben? Manche Notizen führen
uns darauf, dass er, wie allerdings der Höhepunkt, so auch
der Ausgangspunkt einer niederländischen Mystik war, und
sein Gronendaal ein Mittelpunkt wie etwa in Strassburg das
Johanniterhaus. Wir erinnern an den Koch in Grünthal
und Andere (s. S. 449); die niederländische mystische Literatur überhaupt, die uns freilich nur wenig noch bekannt
ist, scheint vielfach auf R. selbst und seine Schule, und theilweise speziell auf Gronendaal zurückzuweisen. Bis ins fünf-
zehnte Jahrhundert reichen diese mystischen Schriften, die
aus R.'s Schule hervorgegangen zu sein scheinen.

Uebersetzt ins Lateinische wurden R.'s Schriften, z. B.
die Zierde der geistlichen Hochzeit, mehrfach. Zuerst (sehr
frei) von Wilhelm Jordaens, Regularkanonikus zu Grünthal
(s. o.), später von Groot (treu und genau), noch später von
Surius.

Gerhard Groot.

»Alles, was uns nicht besser macht oder vom
Bösen zurückbringt, ist schädlich«.

Groot in seinen Lebensregeln
(bei Thomas).

In Tauler, Suso, Rusbroek lernten wir eine Mystik kennen, die, wie verschiedenartig auch in den Einzelnen, in denen bald dieses, bald jenes Element vorschlug, doch einen
gemeinsamen Karakter trug: eine religiöse Mystik im
Bunde mit Spekulation und Kontemplation, mit einem Ideen-
flug, dem nichts zu tief und nichts zu hoch war.

Eine andere Mystik thut sich nun herfür, eine rein
praktische, oder noch deutlicher gesagt, eine rein populär-
aszetische, die sich alles dessen, was ihr nicht unmittelbar
mit dem sittlichen Leben, der Religiosität, der Aszese in Verbindung zu stehen scheint, entschlägt. Und wie überall,
wo neues religiöses Leben sich regt, auch der Assoziationstrieb erwacht, wie wir unter den deutschen Mystikern auf
die Verbindungen der Gottesfreunde, der Brüderschaft der
ewigen Weisheit gestossen sind, so stiftet auch diese populäre
Mystik ihre Vereine, von denen die einen bald in die her-
kömmlich-kirchlich-klösterlichen Formen einmünden, die anderen
deren aber einen freieren Karakter bewahren, und zugleich
wesentlich die Jugend und ihre Erziehung in den Kreis ihrer
Aufgabe einschliessen.

Der heimatliche Boden dieser Mystik ist das praktische
Nordniederland, sind zunächst die oberyssel'schen Städte,
die schon in der Mitte des 13ten Jahrhunderts zu dem hansea-

tischen Bunde gehörten, zunächst Deventer, die hervorra-
gendste unter ihnen.

Drei Namen bezeichnen dieses in den Nordniederlanden
erwachte (und von hier aus weiter sich verströmende) mystisch-
aszetische (pädagogische) Leben in seiner Begründung,
seiner Entwickelung und seiner Blüthe: Gerhard
Groot, Floris Radevynzoon, Thomas Hammerken
von Kempen (Kempis).

Gerhard Groot (Geert Groete, Gerard Groote, lateinisch
Gerardus Magnus, deutsch Gerhard Gross) stammt aus einem
„angesehenen oberyssel'schen Geschlechte, welches seit dem
Anfange des 14. Jahrhunderts vornehme Ehrenämter beklei-
dete". Sein Vater, Werner, war Bürgermeister und Schöppe
der Stadt Deventer, auch die Mutter, Helwig, war aus vor-
nehmem Geschlechte. Die Eltern waren, wie hochangesehen,
so auch mit zeitlichen Glücksgütern reichlich ausgestattet. Im
Oktober des Jahres 1340 wurde ihnen zu Deventer in einem
Hause „am Brink" unser Gerhard geboren, wahrscheinlich
ihr einziger Sohn. Er war zart und schwächlichen Leibes;
das scheint ihn aber in seiner geistigen Entwickelung
nicht gehindert zu haben, wenigstens finden wir ihn schon
zeitig — 15 Jahre alt — auf der Hochschule zu Paris, nachdem er wahrscheinlich in seiner Vaterstadt seine erste Bildung
empfangen hatte. In Paris verweilte er drei Jahre, zwischen
1355—1358; doch ist uns nichts Näheres über seine Studien
bekannt; nur das sagt Thomas von Kempen, sein Biograph,
dass er in seinem 18ten Jahre Magister geworden sei. Neben
der Theologie scheint er sich im kanonischen Rechte und der
Medizin umgesehen, auch mit Astrologie und magischen
Künsten sich beschäftigt zu haben. Dass er solche Beschäftigungen nicht ohne Vorliebe trieb, entnehmen wir aus
seinem Eifer, mit dem er nach seiner Bekehrung sich gegen
sie, und überhaupt gegen alle dem Heil der Seele nicht die-
nenden wissenschaftlichen Beschäftigungen ausspricht. Diess
scheint denn auch ganz zu bestätigen, was Thomas über ihn
sagt, dass er damals in seinen eifrigen Studien nicht die Ehre
Christi gesucht, sondern nach dem Schatten eines grossen
Namens gehascht habe.

Nach seiner Rückkehr von Paris finden wir ihn, nach einem kurzen Aufenthalt in seiner Vaterstadt, in Köln, „woselbst die erzbischöfliche Schule, die im Jahr 1388 zu einer Hochschule erhoben wurde, schon einen ausgezeichneten Ruf hatte". Hier setzte G. seine Studien fort, trat aber auch unter Beifall selbst lehrend auf. Als Sprössling einer angesehenen Familie und selbst auch als geachtete Persönlichkeit erhielt er zeitig zwei Präbenden: er ward Kanonikus zu Aachen und Utrecht.

So war G., wie Thomas von ihm sagt, mit Anspielung auf seinen Namen (Groot, Gross) „in der That gross in der Welt und reich durch Güter, Ehren, Wissenschaften und den Besitz geistlicher Pfründen". Er selbst lebte auch wie ein reiches, glückliches Kind dieser Welt. „Er nahm an öffentlichen Vergnügungen Theil, trat in prächtigen Kleidern und mit einem silberverzierten Gürtel auf, erschien unter den Domherrn mit dem feinsten Oberpelz und einem schönen Almutium (Chorkragen, der bis auf den Gürtel reichte), erfreute sich an ausgesuchten Leckerbissen, an köstlichem Wein, salbte fleissig sein Haupt, kräuselte zierlich seine Haare"; so beschreibt ihn Thomas.

Aber „der barmherzige und allmächtige Gott, der allein grosse Wunderdinge thut, hatte beschlossen, diesen gelehrten und hochberühmten Meister von den Banden dieser Welt zu lösen". Schon früher, als er einst in Köln einem weltlichen Spiele zusah, soll von ihm ein Einsiedler geweissagt haben, er werde sich in Bälde und zum Heile Vieler bekehren. Man habe ihm diess hinterbracht; Einer, der jene Worte des Einsiedlers gehört, habe geradezu ihm zugerufen: „Was stehest du hier, auf eitle Dinge gerichtet? Du musst ein anderer Mensch werden". Aber G. achtete damals nicht sonderlich darauf. Eine Krankheit, scheint es, hat nachhaltigere Einwirkungen auf ihn gemacht; wenigstens sagt er selbst in seinen „Beschlüssen und Vorsätzen" zu sich: „wie gross war doch die Barmherzigkeit Gottes, der durch Plagen (Leiden) gegen meinen Willen mich zurückgerufen hat"! Noch direkter spricht Thomas von einer Krankheit, die ihn bewogen habe, „vor einem Priester allen unerlaubten Künsten abzusagen". Ein ganz be-

sonderes Werkzeug in der Hand Gottes zu seiner Bekehrung
war aber Heinrich Aeger von Kalkar (geb. 1328, gest. 1408),
der, zwölf Jahre älter als er, in Paris mit ihm und dort schon
sein Beichtvater gewesen und inzwischen Karthäuser-Prior zu
Monnikhusen bei Arnheim geworden war, — ein Mann, „dessen Schriften über die Beredsamkeit, die Musik und über die
Geschichte des Karthäuserordens von seinen Zeitgenossen sehr
gerühmt werden". Unter allen Religiosen waren, wie schon
Rusbroek es bemerkte, die Karthäuser noch am wenigsten von
dem allgemeinen Verfall ergriffen. Auch Thomas wiederholt
es: „bei ihnen verblieb das verborgene Licht des himmlischen
Lebens". Schon öfters hatte dieser Karthäuser, dieser edle
und treue Freund, „voll Eifer für das Seelenheil Groots", gewünscht, mit seinem alten Freunde sich über dessen Seelen-
zustand zu besprechen; er hatte auf Mittel hin- und hergeson-
nen, wie er diess möglich machen könnte. Da hörte er, als er
sich gerade in Geschäften in Utrecht befand, dass Gerhard
auch dort verweile. Er ergreift sofort die Gelegenheit; er erinnert seinen Freund an die Vergänglichkeit aller irdischen Ge-
nüsse, an Tod, Grab und Gericht, an das höchste Gut, an
die ewigen Belohnungen. „Die Stunde war gut", mit Suso zu
sprechen; das Wort des Jugendfreundes drang dem Gerhard
ins Herz und „er beschloss, sein Leben zu bessern und mit
Gottes Beistand aller weltlichen Eitelkeit zu entsagen".

Dem Entschluss folgte bald die T h a t. Auf seine (zwei)
Präbenden verzichtete er; seine üppigen weltlichen Gewande
vertauschte er mit einfacher Kleidung, „wie sie einem demüthigen Kleriker, der die Verachtung der Welt allen Reichthümern vorzieht, ziemte"; „allen unerlaubten Künsten" entsagte
er vor einem Priester (s. S. 614), und verbrannte die betreffenden Bücher auf dem Brink zu Deventer; von seinem natürlichen Erbe „behielt er nur so viel, als er zu seinen dringend-
sten Bedürfnissen von Nöthen hatte". Das Uebrige, wie wir
sehen werden, widmete er Zwecken der Frömmigkeit und des
Jugendunterrichtes. Und also, sagt Thomas von ihm, ward
er „durch Gottes Gnade aus einem Reichen ein Armer, aus
einem Stolzen ein Demüthiger, aus einem Weltfreien ein Ent-
haltsamer, aus einem Unbeständigen ein Standhafter, aus ei-

nem Weltlichen ein Geistlicher, aus einem Fürwitzigen ein
Schlichter und Andächtiger".

Am Schlusse der Lebensbeschreibung des Groot, die Tho-
mas verfasst hat, findet sich ein Anhang unter dem Titel:
„Beschlüsse und Vorsätze, n i c h t Gelübde, im Namen des
Herrn, von Magister Gerhard aufgesetzt". Sie enthalten eine
Art Lebensordnung, und es ist wahrscheinlich, dass Groot sieh
dieselben eben zu Anfang seines neu erwachten geistlichen
Lebens gegeben und niedergeschrieben hat. Es sollte das hier
Enthaltene ihm ein steter Spiegel sein, darin er sich und sein
Leben beschaute; vielleicht sollte auch eine Art Tagebuch sich
daran anschliessen. Denn, heisst es irgendwo in diesen Vorsätzen, „du sollst dir auch eine Stunde bestimmen, zu lesen,
was du in diess Buch aufschreibest, denn diess ordnet deinen
Stand" — eine Sitte, seine Lebensordnung, seine Lebens-
grundsätze und Lebensansichten sich schriftlich zu fixiren und
zu objektiviren, welche, wie sie als von heilsamstem Einflusse
noch in Jedes Leben sich bewährt hat, so auch von dem Meister auf dessen Schüler übergegangen ist, von deren Mehrzahl
uns Thomas eben solche Lebensregeln, die sie sich aufsetzten,
in authentischen Dokumenten mitgetheilt hat.

Diese Lebensordnung Groot's nun führt uns in das Innerste
des Mannes, gerade in d i e s e r Zeit, und bestätigt uns die
oben angeführten Thatsachen. Sie zeugt von der höchsten Gewissenhaftigkeit, die freilich auch bis ins Minutiöseste geht.
„Zur Verherrlichung und zur Ehre und zum Dienste Gottes
und zum Heil meiner Seele, so beginnt Groot, beschliesse ich,
mein Leben zu o r d n e n", von nun an „kein zeitliches Gut,
betreffe es den Leib oder die Ehre oder das Vermögen oder
die Wissenschaft, dem Heil meiner Seele vorzuziehen, sondern
allem Göttlichen nachzueifern...." Das sind die l e i t e n d e n
G r u n d s ä t z e, die er im Einzelnen ausführt, in einer Weise,
dass man wohl spürt, er wolle, wie Thomas sagt, „Entgegengesetztes durch Entgegengesetztes heilen".

„Das Erste ist, kein Benefizium (Pfründe) mehr zu begehren, und in Zukunft auf zeitlichen Gewinn keine Hoffnung
noch Begierde zu richten". Die z w e i B e n e f i z i e n, wie
man sieht, haben sofort nach seiner Bekehrung Groot's Ge-

wissen in Anspruch genommen. „Nach den Vorschriften der
ersten Kirche kannst du nicht mehrere Benefizien haben.
Es würde dir auf dem Todbette Reue verursachen, denn es
ist, wie man allgemein sagt, noch kein mehrfach Bepfründeter
ohne Reue darüber gestorben". Ueberhaupt je mehr man Benefizien und Güter habe, um so Mehreren sei man „zum
Dienste verpflichtet", und auch „um so mehr beladen", und
„das ist gegen die Freiheit des Geistes, welche
das vorzüglichste Gut im Leben ist" (äeht mystisch).
Das Gemüth finde sich darin gefangen und gebunden, komme
um seine Stille, Heiterkeit, seinen Frieden. „Finde ich doch,
dass, was ich besitze, mich bereits ausserordentlich bindet,
wie vielmehr das erst noch erwartete, falls es zu jenem hinzu-
käme"! Daher sei „zu allernächst alle Begierde (naeh Mehrerem) abzuthun", dann auch das selbst, was er schon besitze,
„auf besonnene Weise" zu mindern. „Besitze ich doch genug
für mein Leben und meinen Stand nach dem gewöhnlichen
Maasstab". — Auch „will ich keinem Kardinal noch sonst einem Geistlichen zu dem Zwecke zu Diensten sein., um Benefizien oder irgend zeitliche Güter zu erlangen, denn ein solcher
cher Dienst ist vielen Rückfällen (in die Sünde) ausgesetzt,
und du bist schwach und darfst dich nur im Dienste
Gottes vielen Gefahren aussetzen.... Ebenso wenig sollst
du einem weltlichen Herrn dienen, um Gewinn zu erlangen....
In Bezug auf dein zeitliches Vermögen, deine Einkünfte, Bücher betrachte dich überhaupt nur als Verwalter, und siehe
zu, dass du darin klug und treu erfunden werdest. Verwende
darum für dich nur wenig auf Nahrung und Kleidung, mehr
für die Armen und Besseren, und mehr zum Heil der Seelen.
Keinem, der es nicht bedarf, gieb je etwas Merkliches, denn
immer wirst du sehr Viele finden, die es bedürfen. Und gäbest
du Einem, der Ueberfluss hat, so würdest du kein getreuer
Haushalter sein, auch kein kluger zu deinem Heil. Lass dich
auch beim Gehen nicht von fleischlichen Neigungen bestimmen.
Auch will ich von Keinem etwas Zeitliches annehmen, da es
Dürftigere gibt als ich, und weil ich das von Anderen nicht
verlangen will, was ich selbst Keinem thun will".

Ein Anderes, was Groot's Gewissen beschwerte, war das

Studium „geheimer Künste", das er früher getrieben.
Es fing damals bereits an, in Schwang zu kommen, und Rusbroek schon wusste von dem Einfluss der Planeten auf die Natur des Menschen viel zu sagen, nur dass von ihm das natürliche und das freie sittlich-religiöse Gebiet streng geschieden
wurden. Groot aber, möchte man fast glauben, habe diese
Beschäftigung zu einer Art Liebhaberei gemacht, zu einem
Spiel seiner Eitelkeit, Neugierde, wenn auch nicht gerade zu
einem Mittel des Gewinnes; immerhin ward ihm das religiöse
Bewusstsein, das reine Abhängigkeitsgefühl von Gott dadurch
getrübt. Dass er nicht, was man damals Z a u b e r e i nannte,
getrieben, glauben wir dem Thomas gerne, der ein sonst
ganz verständiges Urtheil darüber von einigen Schülern Groot's
anführte. „Der Magister Gerhard, erzählt nämlich Thomas,
war, sagt man, in der Sternkunde und Schwarzkunst (Ne-
kromantie) bewandert und hatte vor seiner Bekehrung Zauber-
werke getrieben". Das sei aber nicht so gewesen. „Von
zweien seiner Schüler erfuhr ich, dass man ihn des Meisten mit
Unrecht zeihe. Denn als Einer (derselbe) ihn diessfalls um die
Wahrheit befragte, habe er geantwortet: „ich habe zwar die
Wissenschaft dieser Kunst erlernt, auch Bücher darüber gelesen und besessen, aber nie zauberischen Leichtsinn getrie-
hen". Um ihn, fährt Thomas fort, darüber ins Reine zu bringen, habe ein anderer treuer Schüler Groot's, ein frommer
Priester, hinzugefügt, es gebe eine doppelte Art von Nekro-
mantie, eine „natürliche", die sehr subtil (schwer) sei, und
von Wenigen nur von der zweiten, die teuflisch heisse und
von Rechtswegen verboten sei, unterschieden werde. Diese
natürliche habe Gerhard gekannt; ob die andere aber, be-
zweifle er; ebenso, dass er mit dem Teufel einen Vertrag eingegangen. Doch, fährt Thomas fort, „wie dem sein möge,
wie viel er mit genannter Wissenschaft ehedem sich befleckt
haben mag, sei's dass er im Ernst oder im Scherz der Art Etwas gethan oder gesprochen habe; das alles hat Groot nach
seiner Bekehrung durch rechtschaffene Busse gebüsst und ge-
sühnt". — Eben diess bestätigen denn auch dessen eigene
Aeusserungen, die uns zugleich den besten Aufschluss geben,
wie weit er sich im Gewissen getroffen fühlte. „Nie, ruft er

sich (und Andern) zu (in seinen „Vorsätzen u. s. w."), sollst
du je eines grossen Herrn Astrolog sein, noch irgend einem Menschen in der Welt zulieb eine der verbotenen
Wissenschaften ausüben, weil derlei Dinge in vielen Stücken
an sich böse und verdächtig, auch verboten sind". Vielmehr
„sollst du nach Kräften allen diesen Aberglauben und anderen
Vorwitz aus den Gemüthern der Menschen entfer-
nen, damit ich, worin ich Gott einst missfallen habe, nun ihm
gefalle". Aber auch für sich selbst will er von Allem sich
lossagen, was auf magischen Aberglauben deuten und das
reine Abhängigkeitsgefühl trüben möchte. „Nie sollst du dir
eine gewisse Zeit auserwählen zum Reisen oder zum Aderlassen
oder zu irgend etwas Anderem, ausser in jener allgemeinen
Weise, mit Rücksicht auf die Witterung, denn solche Auswahl
ist in den Dekreten und von den h. Vätern untersagt. Ueberhaupt alles, was ich beginne, will ich im Namen des
Herrn beginnen, und in Allem meine Hoffnung auf den
Herrn setzen, auf dass er selbst mich darin auf den Weg
meines Heiles führe. Und nie hänge irgend eine meiner Hoff-
nungen von Vorherbestimmung oder dem Lauf der Gestirne
ab, sondern sie soll keine andere sein als die Hoffnung auf
Gott und das Gebet und die guten Geister und ihre Hut.
Denn wie weiss ich, ob mir etwas wahrhaft nützlich ist, wenn
es mir auf diesem Weg oder in jener Sache wohl geht? Im
Gegentheil ist es mir oft sehr schädlich, Noth aber und Trübsal oft gar nütze; daher will ich mich der Anordnung Gottes
unterziehen, denn selig der Mensch, der auf Gott hofft! Alle
Sorge wirf auf ihn, denn sein ist die Sorge um dich.... Sollen wir nicht einmal uns Sorge machen um das, was wir essen
werden, wie viel weniger dürfen wir es um Gestirne und derlei Aberglauben! Jeder Christ muss nothwendig mit reinem
Herzen sich selbst aufgeben und ganz Gott sich anheimstellen.
Daher will ich auch nie über zukünftige Dinge voraus urtheilen, überhaupt nur wenig darauf achten, was in der
Zukunft geschehen mag, da ich mich und Alles, was mich
betrifft, Gott unterstelle".

Wie G. in Bezug auf seine soziale und kirchliche
Stellung, im Besondern dann auf diese spezielle (magische)

Kunst und Wissenschaft, so wollte er auch reinen Boden
machen und haben in Bezug auf die Wissenschaften
überhaupt und die Beschäftigung mit ihnen. Vielleicht mochte er sich dessen doch schmerzlich bewusst sein,
(wie auch Thomas von ihm sagt), dass Ehrgeiz oder Neugierde
ihn in seinen wissenschaftlichen Beschäftigungen ehedem geleitet habe. Aber auch an Andern gewahrte er, wie die Wissenschaften ausgebeutet wurden im Dienste des Ehrgeizes
oder gar des Gewinnes; wir müssen überhaupt darauf hinweisen, wie wenig reiner wissenschaftlicher Sinn damals
herrschte, wie überhaupt der Stand der betreffenden Wissenschaften ein so wenig rein wissenschaftlicher war; daher G.,
auf das andere Extrem übergehend, in ihnen nur
Zeitvergeudung oder Vermackelung der Seele oder ein Abziehen von dem, was dem Menschen unmittelbar Noth thue,
sieht; daher er alle derartige Beschäftigungen an sich und Anderen will abgethan wissen, wofern nicht Pflicht oder ein unmittelbarer geistlicher Segen sie fordere. „Durch derlei ge-
winnsüchtige Wissenschaften wird der Mensch verfinstert,
Leidenschaften werden ihm ins Herz gepflanzt, seine natürliche Geradheit wird verkehrt und sein Willens-
vermögen angesteckt, so dass er nicht mehr, was Gottes ist,
noch was der Tugend, noch was seinem Leibe zuträglich ist,
ins Auge fasst. Wesshalb es auch sehr selten ist, dass, wer
einträglichen Wissenschaften, sei es der Arzneikunde oder
der Rechtspflege, obliegt, aufrichtig ist, oder billig denkend,
oder geruhig in sich, oder recht lebend".

Zu diesen „Zeitvergeudungen" rechnet G. zunächst die
Beschäftigung mit der Geometrie, Arithmetik, Rhetorik,
Dialektik, Grammatik, lyrischen Dichtkunst, welche Wissenschaften freilich damals theils noch so niedrig standen, theils
so ausgeartet waren, dass sich sein Urtheil bis auf einen gewissen Grad begreifen und entschuldigen lässt. Schon Seneka, sagt er, habe diess Alles verworfen; auch sehe sie
jeder rechtliche Mensch schief an, wie viel mehr müsse es ein
geistlicher Mensch, ein Christ thun. „Unnützer Zeitvertreib,
ohne Nutzen für's Leben"!

Es ist der streng-ethische Zug, der G. karakterisirt, dass

er an der Philosophie, an den „Wissenschaften der Heiden“, die **M o r a l** respektirt, „auf welche die Weiseren alle Philosophie bezogen hätten, wie Sokrates und Plato“; und selbst was sie „von höheren Dingen gesprochen, das hätten sie nicht ohne stete Beziehung auf die Sittlichkeit gethan, so dass man stets neben der Erkenntniss auch die Moral finden könne“. Auch auf Seneka (seinen Liebling, scheint es, unter den alten Philosophen) beruft er sich diessfalls, „der in seinen Unter-suchungen über die Natur so oft Moralisches einmischt“! Dabei kommt er immer wieder auf seinen obersten Grundsatz zurück: „W a s u n s n i c h t b e s s e r m a c h t o d e r v o m B ö s e n n i c h t a b z i e h t, i s t s c h ä d l i c h“. Von diesem Gesichtspunkte aus solle man auch die Bücher der Heiden, vor Allem aber das alte und neue Testament lesen; n i c h t a b e r s o l l e m a n „d i e G e h e i m n i s s e d e r N a t u r d a r i n n e u g i e r i g e r f o r s c h e n w o l l e n“, vielmehr wenn solche darin vorkommen, solle man „darüber und darin Gott loben und verherrlichen, auf dass uns die natürliche Wissenschaft eine wahrhaft verdienstliche (sittlich-religiöse) werde, und man sie wie ein Opfer dem allerhöchsten Gotte durch Danksagung mit Abel dem Gerechten darbringe und dabei immer etwas Gutes zur Ehre Gottes denke“. Gewiss eine höchst einsichtige und auch für unsere Zeiten beherzigenswerthe Stelle, in der G. sich verwahrt, dass man die Bibel nicht zu einem natur-wissenschaftlichen Lehrbuche verkehren solle; vielmehr ihr ihr eigenthümliches Gebiet vindizirt: das sittlich-religiöse, das auch allein befriedige. „Alles andere befleckt, sättiget nicht; und du wirst, wie ich durch die Gnade des Allerhöchsten hoffe, daran bald einen Eckel überkommen“.

Offenbar ist es der nämliche, auf das W e s e n t l i c h e gerichtete, j e d e N e b e n a b s i c h t ausschliessende Sinn, wenn G. sich (und anderen Seinesgleichen) zuruft: „Du sollst nie einen (Doktor-) Grad in der Arzneikunde oder im welt-lichen oder kanonischen Recht suchen noch annehmen“; das „Ziel“ dieser Würden sei „entweder Gewinn und Benefizien, oder Eitelkeit und Ruhm vor der Welt“. Wenn sie nun nicht auf Gewinn oder Benefizien bezogen werden, so seien sie ohnehin „ganz und überflüssig, ja recht thöricht, und gegen

Gott und alle Freiheit und Reinheit"; und falle der Mensch,
der darnach hasche, in Uebel, „die noch böser seien, als
Pfründen und Gewinn". Selbst einen Ehrengrad in der Theologie findet er überflüssig, aus denselben Gründen; Pfründen
verlange er ja keine, Ruhm suche er keinen, „Wissenschaft aber kann ich gleich gut haben ohne
Doktorgrad, derlei Dinge sind gemeiniglich fleischlich
und Sache derer, die fleischlich sind"; überdem müsste er
desshalb vielen leeren Lektionen anwohnen und im Welt-
verkehre sich bewegen, wodurch der Mensch vermackelt und
vermannigfaltiget werde.

    G. geht indessen noch weiter. Er will nur gar keine
Wissenschaft studiren, kein Buch schreiben, keinen Weg,
keine Arbeit unternehmen, keine Kunst praktisch ausüben,
um seinen Ruf zu verbreiten und den Namen seiner Wissen-
schaftlichkeit, oder um Ehrenstellen zu erlangen oder Dank
von Menschen, oder ein Andenken „bei der Nachwelt zu hin-
terlassen". Denn „wenn ich um desswillen derlei oder sonst
eine Handlung thue, und darin meinen Lohn suche, so wird
mir bei dem Vater, der in dem Himmel ist, keiner gegeben
werden; thue ich dagegen Etwas stets nur darum, weil es
gut ist und um des ewigen Lohnes willen, so wird dadurch
in allewege das Streben nach Ruhm vor der Welt abgeschnit-
ten.... Sollte aber aus einem um Gottes und nicht nm der
Welt willen gethanen Werke Lob dir zufallen, so gib, und
mag es auch vor Aller Augen glänzen, dem Allerhöchsten
alles Lob und alle Ehre". G. macht sich auch das Wort Bernhards eigen: „sprich kein Wort, dadurch du gar fromm oder
gelehrt erscheinen könntest". Insonders aber verwirft er jedes
öffentliche Disputiren; es führe „zu Zänkereien, und seie
nur, um zu triumphiren oder zu glänzen"; er beruft sich dafür
auf „alle Disputationen der Gottesgelehrten und Lehrer der
freien Künste zu Paris"; auch nicht beiwohnen solle man ihnen, „um zu lernen"; es sei nur „unnützer Zeitvertreib" und
störe die Ruhe, derweilen man hätte „geistlichen Gewinn erwerben können im Gebet oder im wahrhaft frommen Studium". — Aber auch nicht einmal privatim will er, mit
wem es auch sei, disputiren, „es sei denn, dass zuvor ein

offenbar Gutes als sicherer Zweck festgestellt werde, und der
Gegner ein solcher wäre, der mich anhören wollte und mit
dem ich ohne Streit und in aller Mässigung mich unterreden
könnte, wofern nicht etwa seine Schalkheit Strenge verlangte
um des nachfolgenden Nutzens willen"; doch, setzt G. hinzu,
auch diess nur „nach reifer Ueberlegung", — Vorsätze allerdings, die sich sehr schön in der Theorie ausnehmen, die er
selbst aber in der Praxis nicht immer befolgt zu haben scheint
(s. unten).

G. hat es sich aber nicht bloss vorgenommen, k e i n e
W i s s e n s c h a f t a u s e i t l e n, e i g e n s ü c h t i g e n Z w e-
c k e n z u t r e i b e n, er will überhaupt k e i n e w e l t l i c h e
Wissenschaft treiben, ausser wo Pflicht oder Noth es verlangen, oder wo man im gegebenen Falle etwas offenbar
Gutes erreichen könnte. In den Büchern der Medizin z. B.
will er nur dann sich umsehen und nachschlagen, wenn es sieh
um die eigene oder eines Freundes Gesundheit handelt; oder
„in den Gesetzen, wenn ein ausserordentlicher Fall" sich
darbietet. Sonst nicht; denn solche Studien „nähren nicht in
sich selber", „zerstreuen" nur, seien auch (in der Ausübung)
den „Theologen und Mönchen verboten". Und hier zeigt sich
eben wieder die grosse Gewissenhaftigkeit G.'s, der, man
wäre fast versucht zu glauben, früher auch Medizin und Jus
praktisch getrieben hätte. „Du sollst, sagt er sich, keine Arzneien geben, von denen du nicht sicher bist, und in keiner
Krankheit, die du nicht wohl erkennest", und selbst dann nur
„in höchster Noth, wenn kein Anderer zur Stelle"; anders
„sollst du dich nicht drein mischen, siehst du ja doch, wie
viele wackere Männer froh sind, wenn sie der Ausübung dieser Kunst überhoben sind". Ebenso wenig gestattet er sich
eine Einmischung in Prozesssachen oder Streithändel, oder
doch nur unter ähnlichen Einschränkungen, nur dann, „wenn
dir ganz deutlich wäre, dass dem Betreffenden schreiendes
Unrecht geschähe, oder wenn er ein gar Unglücklicher wäre,
oder die Sache eine gar fromme, oder wenn es sich um Unterdrückung offenbarer Uebelstände handelte, oder Unterdrückung von Armen verhütet würde"; dann dürfe man sich
einmischen, doch so, dass man „den innern Frieden dabei

nicht verliere; wesswegen man sich auch alsobald wieder zurückziehen solle. Dabei aber „habe wohl Acht, dass du nicht
aus Freundschaft oder Verwandtschaft oder aus Hass dich bewegen lassest", und, „wenn es sich um Solche handelt, so
erforsche dich in deinem Innern, ob du wohl dasselbe thun
würdest, wenn sie dir fremd oder nicht verhasst wären".

G. möchte sich am liebsten alles weltlichen Thuns entschlagen, das die Ruhe der Seele trübt, und „die Todten ihre
Todten begraben lassen". Daher er sich auch vorsetzt, im
Interesse keines seiner Freunde oder Verwandten vor den
Offizial oder den weltlichen Schöffen Deventers zu erscheinen,
ausser im äussersten Falle; sich überhaupt in keine Streitigkeiten einzulassen, ausser um zu vermitteln, „sofern es kurz
und ohne Geräusch geschehen kann oder nicht eben so gut
durch einen Andern"; indessen „um deiner Ruhe willen sollst
du den Frieden, den du vielleicht stiften könntest, nicht
unterlassen".

Auch über seine Studienrichtung hat sich G. ausgesprochen. „Die Wurzel derselben und der Spiegel deines
Lebens sei vorerst das Evangelium Christi, dann das Leben
und die Schriften der Väter". Dann die Briefe Pauli und die
übrigen kanonischen Briefe, und die Apostelgeschichte; dann
fromme Schriften, als: „die Meditationen des h. Bernhard, das
Monologium des Anselmus, die (sog.) Soliloquien des h. Augustinus, das Pastoral und andere Schriften des Gregorius,
die Evangelien-Homilien der h. Väter und ihre Postillen über
die Briefe Pauli". Erst jetzt kommt er auf das A. Testament,
und zwar zuerst auf die Schriften Salomo's und auf die Psalmen, „weil sie in den kirchlichen Lektionen enthalten sind";
dann erst auf die Geschichtsbücher und die Erklärungen der
Väter darüber. Zuletzt verlangt er auch übersichtliche Kenntniss der alt-kirchlichen Dekrete, „um nicht aus Unkenntniss
des Rechts in Ungehorsam zu verfallen". — Gewiss eine seltsame Zusammenstellung, wobei aber G. auf den damaligen
Studiengang scheint Rücksicht genommen zu haben.

Seine gottesdienstliche Ordnung hatte er sich
ebenso genau vorgeschrieben bis ins Einzelnste der Stellung,
die er dabei beobachten wolle; ebenso seine tägliche Le-

bensordnung in Bezug auf die sinnlichen Bedürfnisse, wobei er zu strenger Enthaltsamkeit sich verpflichtete,
doch nicht so, als sollte es ein „unverbrüchliches Gelübde"
sein. Er nimmt sich vor, die vorgeschriebenen Fastentage zu
halten: Freitags, Sonnabends, Mittwoch, auch die grossen
Fasten des Advents und der Quadragesima; und sie nie ohne
dringende Ursachen zu unterlassen; zu gewissen Zeiten will
er nur einmal essen; wann zweimal, dann nur leichtere Speisen, etwa ein Ei, nicht mehr, oder eine Zukost zum Brode;
sein tägliches Fasten sei, sich nie gänzlich zu sättigen, wofern
nicht die Kälte anders rathe; besonders aber, nicht mit Gier,
nicht hastig zu essen; er findet, das sei auch diätetisch zweck-
mässig; Wein möchte er lieber gar nicht, wenn es ohne Nachtheil geschehen könnte.

Das waren die Grundsätze, die G. von nun an in seinem Leben durchweg (nach dem Zeugniss des Thomas) geübt hat.

Die nächste Zeit nach seiner Bekehrung verbrachte er in
der Stille und Einsamkeit; er wollte dem Geschwätz der Welt
aus dem Wege gehen, vor allem aber die Eindrücke innerlich
verarbeiten; vielleicht dass eben in diese Zeit die Abfassung
jener Vorsätze fällt. Die Karthause Monnikhusen im Geldri-
schen bot ihm diese retraite spirituelle. „Hier sammelte er
sich von den Zerstreuungen seines Herzens, reinigte er sich
von dem Roste des alten Lebens und erneuerte er das Bild
des inneren Menschen zur Reinheit". „Ich selbst, setzt Thomas hinzu (der ihn persönlich nicht gekannt hatte, da er erst
4 Jahre alt war, als G. starb), sah (dort) seine Wohnstätte,
wo die Leuchte Gottes und der Freund des Allmächtigen zur
Zeit verborgen war, bis er auf den Leuchter gestellt wurde,
damit er Allen das lichte Vorbild darstellete".

Drei Jahre blieb er in dieser retraite. Nun war die Zeit
gekommen, dass er „Frucht bringen sollte". Denn nicht ins
Kloster sollte er sich zurückziehen, sondern öffentlich auftreten; das war auch „der Rath" seiner Freunde im Kloster.
„Gut wäre es gewesen, sagt Thomas, wenn ein Mann von so
grossen Gaben Gott und sich beständig in klösterlicher Einsamkeit abgewartet hätte, doch noch grösseres Gut und höhe-

r es Lob durfte man daraus hoffen, dass der Magister g e -
s c h i c k t, wie er war, z u m P r e d i g e n, und aber w e n i -
g e r stark, um die L a s t d e s O r d e n s zu ertragen (wahrscheinlich wegen seiner körperlichen Zartheit), zum Heile
vie*l*er Seelen das Wort des Lebens öffentlich verkündigte,...
um Christo so den g r ö s s t e n G e w i n n zu bringen und Viele
mit sich in das ewige Reich einzuführen".

    So betrat denn G. zunächst die Laufbahn eines B u s s -
p r e d i g e r s, mit Erlaubniss des (Utrecht'schen) Bischofs und
der betreffenden Pfarrer, in deren Sprengeln er auftrat. Er
hatte sich auch, um das Wort Gottes verkündigen zu können,
zum Diakonus weihen lassen. P r i e s t e r aber wollte er nicht
werden; denn er hatte eine zu grosse Scheu vor diesem Amte,
ganz wie in der alten Kirche. „Nicht um einen ganzen Hut
voll Goldgulden, sagte er einst zum Pfarrer zu Zwoll,
möchte ich auch nur Eine Nacht Pfarrer von Zwöll sein".

Er trat auf mit dem Eifer eines Johannes. „Er setzte die
Axt an die Wurzel des Baumes, auf dass Alle den strengen
Richter fürchteten, aufhörten zu sündigen und würdige
Früchte der Busse brächten". Vieles kam in der That bei
ihm zusammen, um ihn zu einem gewaltigen Bussprediger zu
machen: vorerst tiefstes eigenes Gefühl, Erlebniss; dann eine
Macht des Wortes, eine grosse Leichtigkeit zu ermahnen;
ferner Kenntniss der h. Schrift und der weltlichen Wissenschaften; dabei war er unermüdlich: „öfters hielt er zwei
Predigten an einem Tage, und predigte drei Stunden hinter
einander; zuweilen auch länger"; und diese Vorträge richtete
er stets nach der Individualität der Zuhörer: „er pflegte zuweilen seine Augen über die Umstehenden hingehen zu lassen und nach Beschaffenheit und dem Eifer seiner Zuhörer
seine Reden hoch (oder niedrig) oder lang (oder kurz) einzu-
richten". Die Reden selbst hielt er in der Sprache des Volkes.
Was endlich seinen Worten noch den rechten Nachdruck gab,
war: „dass er keinen irdischen Vortheil aus seinen Predigten
suchte, sondern auf Seelen-Gewinn bedacht war und umsonst,
ohne kirchliche Kosten predigte"; dass er die „Verachtung
der Welt nicht bloss in Worten menschlicher Weisheit, sondern durch das Beispiel heiligen Wandels seinen Zuhörern

eindringlich machte", dass er selbst „in den Uebungen auf dem Wege der Tugenden voranging, so dass sein Wandel seinen Predigten Glauben erweckte".

Er predigte „in Städten und Dörfern vor vielen Geistlichen, Weltlichen, Ordensleuten, vor Weibern und Männern, Kleinen und Grossen, Gelehrten und Ungelehrten, vor Hohen, Schöffen, Räthen, vor Knechten und Freien, Reichen und Armen, Einheimischen und Fremdlingen". Wir finden ihn im Bisthum Utrecht, in Holland, Seeland; in den Städten Zwoll, Kamp, Zülphen; in (d. Stadt) Utrecht und Amersford; in Amsterdam, Leiden, Delft, Gouda, Harlem; am häufigsten wohl predigte er in Deventer selbst, in der dortigen Marienkirche. Bald predigte er allgemein: unter Laien und Geistlichen auf ein Christenthum im Leben, auf „Haltung der Gebote Gottes", auf „Werke der Barmherzigkeit, auf Eifer im Dienste Gottes" dringend; bald speziell-aszetisch: „fromme Brüder und Schwestern in ihren h. Vorsätzen bestärkend"; bald speziell-polemisirend: „gegen die Laster der Laien, besonders der Wucherer"; auch gegen „Irrlehrer, Ketzer", besonders aber gegen die falschen Priester; denn wir wissen, welche hohe Idee er von dem Priesterthum hatte, um so reiner wollte er es bewahrt wissen; daher sein Eifer gegen die Simonisten, die „Käufer und Verkäufer geistlicher Pfründen", und gegen die Fokaristen, d. h. solche, welche Beischläferinnen hielten, eine junge Haushälterin, Fokaria genannt, bei sich wohnen liessen.

Die Wirkung seines Auftretens muss bedeutend gewesen sein. „So gross war das Verlangen im Volk, das Wort Gottes zu hören, dass die Kirche die zusammenströmende Menge kaum fasste. Viele liessen ihre Mahlzeit, verschoben dringende Geschäfte und eilten zu seiner Predigt". Besonders anschaulich ist die Schilderung, die Thomas in seiner Kronik des Agnesklosters von Groot's Besuchen in Zwoll macht. „Hatte, sagt er, der ehrwürdige Magister Groot beschlossen, Nachmittags zu predigen, so blieb er nüchtern in der Kirche, oder ging auf dem Kirchhofe meditirend umher und erwartete die Rückkunft des Volkes. Deshalb auch wollten Einige, die besonders nach seiner h. Rede verlangten, sich nicht ent-

fernen, sondern hielten sich entweder bei der Kirche oder
auf dem Gottesacker auf und besetzten sich die besten Plätze
um die Kanzel, damit sie zur bestimmten Stunde die Predigt
um so deutlicher vernähmen. War dann die Predigt zu Ende,
so kehrten sie fröhlich und Gott dankend für Alles, was sie
gehört hatten, nach Hause." Als er „die Posaune des Heils
angestimmt", sagt Thomas, und „nichts, was zum Heile
diente, den Ohren seiner Zuhörer entzog, sondern den ganzen Heilsrath Gottes je nach Stand und Beschaffenheit, Alter
und Geschlecht seiner Zuhörer, öffentlich verkündigte", da
„wurden die Herzen sehr Vieler erschüttert,... und
bekehrten sich zum Herrn und ... vereinigten sich zum
Dienste Gottes". Groot selbst in seinem Briefe an den Bischof
spricht von diesen sittlich - religiösen Wirkungen, z. B. dass
Manche entwendetes Eigenthum zurückerstattet hätten; im
Besonderen von Jungfrauen und Wittwen, die sich von der
Welt zurückgezogen, von Solchen, die in freiwillige Armuth
sieh begeben hätten; auch dass heimlich umherschleichende
Ketzereien seien erstickt worden, die böse Seuche der Wu-
cherer und des Konkubinats nachgelassen habe.

Es war eine allgemeine Bewegung entstanden unter Geistlichen und Weltlichen; besonders das Volk hing ihm an. Es
fehlte ihm nicht an ermunternden Zuschriften auch angesehener Geistlichen, wodurch er sich zur Arbeit des Predigtamtes
neu gekräftigt fühlte. Aber der Widerspruch erhob sich eben
so heftig, geheim zuerst, dann öffentlich. Einer der Angesehensten aus Zwoll, „der grösseres Wohlgefallen an weltlicher Lust, als an göttlichen Dingen hatte", trat nach einer
gewaltigen Predigt einst vor Groot: „Warum, sprach er, be-
unruhiget ihr uns und führet neue Gewohnheiten ein? Lasset
ab und verwirret und erschrecket die Leute nicht weiter".
G. aber erwiederte: „Nicht gerne lasse ich euch in die Hölle
gehen". Worauf Jener zornig versetzte: „Was kümmert euch
das? Lasset uns im Frieden gehen, wohin wir wollen". G.
aber meinte: „Das werde ich mit Nichten thun. Wenn Ihr
nicht hören wollt, so gibt es Andere, die gerne hören werden". Besonders aber „gewisse Prälaten, Priester und herum-
schweifende Ordensgeistliche ertrugen die Lehre des Mannes

und seinen Eifer gegen die Uebertreter des h. Gesetzes mit
Unwillen, und wagten es, seinen Namen anzuschwärzen und
seine Standhaftigkeit zu bekämpfen". Thomas spricht von einem Bettelmönche, der geradezu nach Rom habe reisen
wollen, um „dem Manne Gottes, ein böses Gewitter zuzuziehen"; aber „Gott dachte es anders: der Mensch ward
schnell krank und starb auf der Reise, und so zerfielen seine
bösen Anschläge zu Nichts". Groot selbst war sehr auf seiner
Hut, was er sagte; stets behielt er Abschriften von seinen
Reden, um „vorkommenden Falles in Bereitschaft zu haben,
womit er die Verläumder widerlegen könnte". Als einmal ein
Prälat sich über einige seiner Schriften (Briefe) ausliess, als
ob sie nicht in der Ordnung wären, brachte G. sofort eine
Abschrift hervor und bewies damit, dass das, was man ihm
vorwerfe, nicht da drin stünde. „Es wäre, sagt Thomas,
ein Langes, die Mühsale aufzuzählen, die er im Predigen ertrug, die Kämpfe, die er gegen die Verkehrer des Glaubens
in Disputationen hatte, die Ermahnungen, die er hielt,
fromme Brüder und Schwestern in ihrem h. Vorsatze zu befestigen"; man ersehe diess aus seinen Briefen. — Die Magistrate einiger Städte gingen mit den Bettelmönchen Hand in
Hand. Bruder Bartholomäus vom Augustiner-Eremiten-Orden
wusste besonders die Schöffen von Kampen gegen die Freunde
und Anhänger G.'s aufzureizen. Doch G. liess sich nicht schrecken. „Viele, schreibt er, umstehen mich und bellen mich
an"; aber — es sei nur „Feuer, das im Dornbusch knistere;
sie kämen nicht ans Tageslicht". „Lasset Euch nicht erschrecken, schrieb er an einige ihm vertraute Priester in Amsterdam, wenn ihr von dem Angriff der Kampener gegen mich
hört; Alles geht noch gut, wie ich hoffe, so Gott will. Und
wunderbar mehrt sich die Kirche in Kampen. Dem Allerhöchsten sei Lob und Ehre! Möge nur die Liebe in uns selbst nicht
lau werden, sondern gewaltig bleiben. Lasst uns jenen Koth
verachten und halten wir uns zum Lobe des Schöpfers als
Ebenbilder des Allerhöchsten"! Als dann der Rath zu Kampen,
von jenem Augustinermönch verhetzt, die Freunde G.'s, welche
bereits ein gemeinsames Leben angefangen hatten, und unter
Andern auch den Rektor der Schule, Werner Keynkamp,

aus der Stadt verwies, tröstete sie G. mit dem himmlischen
Lohn. „Freuen wir uns, dass wir einigermaassen der Welt
gekreuzigt sind:... unsere Sache ist rechtmässig, möchten
doch Einige hiedurch zur Krone gelangen“!

Zuletzt brachten es aber doch die Machinationen seiner
Gegner, er- selbst sagt, der Fokaristen, dahin, dass der Bischof von Utrecht, Floris von Wevelinkhofen, der ihm anfänglich die Erlaubniss gegeben, ihm das Predigen untersagte.
Das Verbot war zwar anfangs allgemein gehalten; erstreckte
sich aber letztlich auf Groot allein.

Dieser wandte sich zuerst an die öffentliche Meinung und
betheuerte in einer feierlichen Protestation vor Gott und allen
Heiligen, vor dem Bischof und vor allen Menschen, dass er
in Glaubenssachen in Jesu Christo, dem Grundstein und Fundament, den festen, unverfälschten, katholischen Glauben
gepredigt und vertheidigt habe, sowie er im Punkte der Moral die gesunden, zuverlässigen und unzweifelhaften evangelischen und apostolischen Lehren und Wege nach den vom h.
Geiste eingegebenen Schriften gelehrt und verbreitet hätte im
Sinne und nach dem Verständniss der h. Lehrer und Väter
Ambrosius, Gregorius, Augustinus, Hieronymus, Chrysostomus, Dionysius, Bernhard, Beda, Isidor, Hugo und Richard,
„deren Bücher ich mit den Schriften anderer Heiligen statt
irdischer Habe besitze und suche“. Ebenso hoffe er auch,
dass das, was er geschrieben oder gepredigt habe, hinsichtlich menschlicher Rechte oder kirchlicher Satzungen, zumal
gegen Solche, die öffentlich in Unzucht leben, von allen
gründlichen Kennern des kanonischen Rechts als sicher angenommen werde, oder doch als das Wahrscheinlichere —
immer vorbehalten das Urtheil der h. römischen Kirche, der
er sich aufs Demüthigste immer und überall unterwerfe. Wer
ihn daher beschuldige, dass er gegen den wahren Glauben
predige, offen oder versteckt, wie auch beim Klerus und
Volk ihn verdächtige, der verläumde nur leichtfertig, und dessen Falschheit und Lüge werde sich sofort offenbaren. Hievon nehme er nur den Bischof aus, dem er Ehrerbietung
schuldig sei. Und sollte sich in dem Schreiben desselben doch
derartiges finden, schliesst G. sehr fein, so antworte er, was

der h. Bernhard auf den Brief eines Papstes, der einer hösen Sache seine Zustimmung gegeben, gesagt habe, nämlich: der Bischof sei entweder durch Lüge hintergangen oder durch Zudringlichkeit übernommen worden.

Er wandte sich nun aber auch an den B i s c h o f s e l b s t in einem ehrerbietigen Schreiben. In demselben zählt er zuerst die Früchte seiner Prediger-Wirksamkeit her, kömmt dann auf das Verbot, das er von dem Anstiften einiger Bösartigen, die sich durch seine Predigten getroffen gefühlt hätten, ableitet, — und nicht von der „Fürsorge" des Bischofs, das aber den Feinden der Kirche ein rechter Freudenanlass sei, und zu nicht geringem Schaden der wahren Erbauung gereiche. Er versichert, wie nach seiner Privatneigung, Gott wisse es, er viel lieber der Betrachtung der Wahrheit (der Kontemplation) sich hingehen würde; a b e r beim A n b l i c k, wie der Feind des Menschengeschlechts so Viele in alle Laster stürze, von denen Mehrere, wie er hoffe und wie der bisherige Erfolg es auch bewiesen, durch seine Predigten könnten gerettet werden, habe der Eifer für das Haus Gottes ihn ergriffen uud die Liebe zum Nebenmenschen ihn nicht ruhen lassen, und lasse ihn noch immer nicht ruhen, das Wort Gottes ohne zeitlichen Gewinn in aller Demuth, aber auch in aller Wahrheit, auszusäen und zu verkündigen. Sollte der Bischof ihm aber eine b e s o n d e r e Erlaubniss verweigern, so bittet er ihn um das, dass es doch den Pfarrherren nicht verwehrt sei, ihn, wenn sie es begehrten, predigen zu lassen, „da sie nach der Gewohnheit der Stadt und des Bisthums Utrecht jeden Prediger, den sie wollten, zumal gute und wahrhafte, ohne eine besondere Erlaubniss stets predigen zu lassen gewohnt waren. Solltet Ihr aber gleichwohl, trotz jenes Segens und gegen diese Gewohnheit, demselben Gerhard die Ausübung des Predigtamtes verwehren, so bittet derselbe wenigstens ehrerbietig und inständig, Ihr wollet ihm die G r ü n d e Eures Verbotes mittheilen, und ihn nicht ohne W a r n u n g, die s t e t s vorangehen soll, richten oder seines Rechtes berauben. Denn er ist b e r e i t, nicht nur Euch, Vater, sondern jedem Men-

schen über alle einzelne Punkte, die er öffentlich oder privatim lehrt, Rechenschaft zu geben und aus der Quelle
der h. Schriften und der Väter zu erweisen, ja, wenn
es Noth thäte, bis vor den Papst zu bringen". Diess Schreiben, so verständig und würdig es abgefasst war, hatte aber
nicht den geringsten Erfolg. Einen andern Schritt that ein
Freund von ihm; Wilhelm von Salvarville, Kantor zu Paris
und Erzdiakon der Kirche zu Lüttich, wandte sich direkt zu
Gunsten G.'s, dessen uns bekannte Verdienste er aufzählt, in
einem Schreiben an den Papst Urban VI. in Rom um apostolische Vollmacht, dass G. frei und ohne Hinderniss in der
Provinz Köln oder doch im Bisthum Utrecht predigen könne.
Aber auch dieser Schritt blieb ohne Erfolg.

Schmerzlich fügte sich G. dem Verbot seines Vorgesetzten; aber er fügte sich, denn er wollte keinen Aufstand im
Volke gegen die Geistlichkeit erregen. Zum Volke,
„das ein solches Verbot mit Widerwillen ertrug", sprach der
schlichte, demüthige, glaubensvolle Mann: „Sie sind unsere
Vorgesetzten, und wir wollen, wie es sich ziemt und wir verbunden sind, ihren Befehlen gehorchen. Denn wir suchen
nicht Jemand zu beleidigen, noch Aergerniss zu erregen, der
Herr kennet gar wohl die Seinen, die er von Anfang erwählt
hat, und die er auch durch seine Gnade ohne uns berufen
wird, wenn es ihm wohlgefällig ist". Von da an, sagt Thomas, habe G. sieh auf Privat-Ermahnungen und -Seelsorge
beschränkt.

Ein Abschnitt im Leben unseres G. hat sich geschlossen,
ein anderer thut sieh auf, ein noch viel folgenreiche-
rer; und eben, dass sich jener hat schliessen müssen, hat
diesen, wenn auch vielleicht nicht begründet, doch befördert.

Wahrscheinlich schon in diese frühere, aber auch wohl
noch in die folgende Zeit fallen die Besuche Groot's bei Rusbroek. Thomas selbst weiss zwar nur von einem, wahrscheinlich dem ersten, den G. machte in Begleit des Magisters Johannes Cele, des berühmten Rektors der Schule zu Zwoll
(† 1417), und eines Laien, Gerhardus, eines Korbmachers.
Nach neuesten Forschungen wiederholte aber G. diese

Besuche und oft auf längere Zeit (s. S. 452). Einen unauslöschlichen Eindruck machte die Mystik und die Persönlichkeit Rusbroek's, sowie das Klosterleben Grünthals überhaupt auf ihn. „Aufs innigste, schrieb er einmal an die Brüder in Grünthal, wünsche ich eurem Prior empfohlen zu werden, dessen Fussschemel ich in diesem und jenem Leben zu
werden wünschte. Denn meine Seele ist ihm vor allen Sterblichen in Liebe und Ehrerbietung verbunden". Diese Sym-
pathie mit R. hat er durch die Uebersetzung einiger von
dessen Schriften bethätigt, die wahrscheinlich in die folgende
Periode der Stille fällt. Den Eindruck aber, den er von dem
Leben in Grünthal mitgenommen, hat er nachhaltig zu machen gewünscht in ähnlichen Stiftungen in N o r d niederland.

Hiemit kommen wir auf die S t i f t u n g e n G.'s, die mit
seiner Predigerwirksamkeit begannen, dieselbe aber weit
überdauerten.

Was schon Hunderten als eine Art Ideal vorschwebete:
ein gemeinsames Leben, Gott geweiht und aller guten Arbeit,
in der Welt und doch wieder ausser ihr, war in G. und denen,
die sich religiös durch ihn angeregt fühlten, zu einem l e b e n s -
k r ä f t i g e n T r i e b e geworden. Sie schlossen sich an einander und hatten Alles gemeinsam; lebten gemeinsam, arbeiteten für das Ganze, ohne bestimmtes Gelübde, ohne hierar-
chische Gliederung: es sollte ein Leben sein n a c h d e m
B i l d e d e s a p o s t o l i s c h e n. Die Devise dieses gemeinsamen Lebens war: Bete und arbeite. Besonders auf die A r -
b e i t drang G. im Unterschied von dem Betteln der Mendi-
kanten-Orden. „Keiner solle öffentlich Almosen sammeln,
wofern nicht die äusserste Nothdurft dazu zwänge, auch n i c h t
unter dem Vorwande des Lebensmittelheischens v o r w i t z i g
i n d e n H ä u s e r n h e r u m z i e h e n, sondern vielmehr zu
Hause bleiben, und da arbeiten". Ebenso wenig aber wollte
er, dass „man i n H o f f n u n g g r ö s s e r e n G e w i n n e s Geschäfte betreibe, d i e d i e A n d a c h t h i n d e r t e n, damit
nicht, auf Anstiften des bösen Geistes, den Schwachen Gelegenheit zum Rückfall gegeben würde". Die Arbeit sollte einerseits zur N o t h d u r f t dienen, aber n u r zur Nothdurft, denn
G. war ein Freund „der h. Armuth" und wollte, dass die Seinigen

es auch seien; anderseits sollte sie ein sittliches Beschäf-
tigungs-, Bewahrungs- und Bildungsmittel sein.
Diess waren die beiden Gedanken, die er dabei hatte.

Wir wollen nun Thomas hören über Wesen und Ursprung
dieser Vereine. „Nun waren zu Zwoll einige fromme Männer,
die durch den Magister Groot gänzlich zu Gott waren bekehrt
worden. Diese errichteten in der Stadt neben dem alten Konvent der Klosterjungfrauen (Beguinen) sich ein Haus, worin
sie zusammenlebten und Gott demüthig und andächtig dienten.... Während also die Diener Gottes in Armuth und auf
gemeinsame Kosten lebten, strömten viele Weltliche, die ihr
andächtiges Leben erwogen, zu ihnen und verlangten Gott zu
dienen und die Welt zu verlassen". So in Zwoll (und diess war
der Anfang des S. Annen-Klosters). Aehnlich und noch viel
mehr muss diess in Deventer selbst gewesen sein, wo Groot
wohnte. — Hier räumte Groot auch Jungfrauen und
Wittwen, die sich von der Welt zurückziehen, mit weiblichen Handarbeiten sich beschäftigen, und im Uebrigen unter
seiner Leitung ein gemeinsames, frommes, stilles Leben führen
wollten, seines Vaters Haus als Schwesterhaus ein.

Diess waren die Anfänge, die wohl schon in die Prediger-
Periode Groot's reichen, denn einige Andeutungen in seinem
Briefe an den Bischof scheinen sich darauf zu beziehen.

Aus diesem allgemeinen Anfange, der wie eine
Knospe die Blume in sich schloss, erschlossen sich nach und
nach und in bestimmteren Umrissen die einzelnen Stiftungen.

Einmal die Klöster der regulirten Chorherren,
ein Lieblingswunsch von Groot, den er aber, vom Tode allzu
frühe überrascht, nicht ausführen konnte. Den Vorsatz hatte
er aber, „aus geschickten Klerikern, die ihm anhingen, Einige zum Ordensstand zu befördern, auf dass sie andern
Frommen zu einem Beispiele wären". Er wollte
Muster-Klöster, wie man sieht, um das Klosterleben
wieder herzustellen, ähnlich wie er es in Grünthal gesehen
hatte.

Das andere Institut waren die Fraterhäuser. Hierüber
wollen wir wieder Thomas sprechen lassen. „Groot liess auch

mehrere Bücher der Theologie (Bibel und Väter) von S c h o -
l a r e n abschreiben, die er durch gute Gespräche anzog und
für ihre Arbeit bezahlte. Diese lud er dann ein, in sein Haus
zu kommen und das Wort Gottes öfters zu hören.... Zuweilen auch bezahlte er ihnen in kluger Vorsicht die ganze Summe
nicht auf einmal, sondern nur theilweise aus, damit sie öfters
zu ihm kämen, um ihr Guthaben zu erheben, und bei solcher
Gelegenheit seiner freundlichen Zusprache sich erfreuten. Sie
aber hörten die Lehre unseres Magisters um so lieber, je
grössere Wohlthaten sie von ihm empfingen. Ihn aber verlangte gar sehr, a u s d i e s e n S c h r e i b e r n Einige zu
S c h ü l e r n C h r i s t i zu machen, was auch durch die Gnade
Gottes in kurzer Zeit geschah". Diess war der Anfang dieser
Fraterhäuser. Man kann nicht sagen, was Anfangs am meisten vorherrschte: ob das Interesse an seinen lieben Büchern,
deren Sammlung und Vervielfältigung sich G. so sehr angelegen sein liess, oder das Interesse an der lieben Jugend, besonders auch der ärmeren (Scholaren der lat. Schule in Deventer),
die er ökonomisch in ihren Studien unterstützen und auf die
er geistlich zugleich einwirken wollte. Diess letztere aber
wurde bald das Vorherrschendere: nicht bloss, dass das Abschreiben „h. Bücher" selbst bildend war, eine der bildend-
sten Weisen damaliger Zeit, in welcher die Buchdrucker-
kunst noch nicht erfunden war und die Bücher, weil sie so
hoch im Preise standen, zu kostbar waren, um von Jedem gekauft und gelesen werden zu können; er lud auch, wie wir
hörten, die Jünglinge zu sich ein; sie besuchten ihn fleissig; es
knüpfte sich ein Band, und bald war noch ein letzter Schritt
zu thun, den die Windesheimische Kronik uns erzählt, und
zu dem Florentins (s. dessen Leben) den Anstoss gab. „Als
dieser sah, wie Magister Groot den Abschreibern geistlicher
Bücher für die nothwendige Kost und Kleidung bezahlte, was
sie für ihren Fleiss verdient hatten, machte er ihm folgenden
Vorschlag: Was meinet ihr, wenn ich und diese Kleriker,
die so treffliche Schreiber und v o m b e s t e n W i l l e n sind,
das was wir jede Woche verdienen, in e i n e Kasse zusammen-
legten und daraus ein gemeinsames Leben führten? Ein gemeinsames Leben! rief Magister Gerardus aus. Diess würden

die Mönche aus den Bettelorden nimmermehr zulassen. Was könnte es uns aber schaden, erwiederte Florentius, wenn wir trotz alledem einen Anfang machten? Nun begann Magister Gerardus nach kurzem Besinnen: so fanget denn im Namen des Herrn an; ich will euer Vertheidiger und euer Beschützer sein gegen Alle, die sich wider euch erheben. Florentins aber führte alsbald den Vorschlag zur grossen Freude der jungen Kleriker aus, die Ein Herz und Eine Seele waren und sich unter den Gehorsam dieses liebreichen und heiligen Mannes begaben". Nach anderen Nachrichten hätte G. das Vorhaben zuvor noch der Begutachtung eines utrecht'schen Rechtsgelehrten unterstellt. — Diess „Fraterhaus" wurde in des Florentius Hause eingerichtet und hiess „das alte Haus". Im selben Jahre wurde auch noch das Fraterhaus (das „arme") in Zwoll — das einzige noch ausserhalb Deventer von Groot selbst — gestiftet, wo der befreundete J. C e l e Schulrektor war. Im Stiftungsbrief, in dem Cele und Florentius als Zeugen kompariren, heisst es: „zum Gebrauch einiger gottesfürchtiger Leute, darin zu wohnen, um Gott besser zu dienen; — aber auch andere Leute darin aufzunehmen und als Gäste zu beherbergen, kürzer oder länger, je nachdem es uns oder ihnen gut deucht".

So waren d r e i Stiftungen a n g e b a h n t: Fraterhäuser, in denen das Element jugendlicher Erziehung und Unterrichts vorherrschte, r e i n geistlich-religiöse Häuser, die sich immer bestimmter zu Häusern regulirter Chorherren gestalteten, und Schwesterhäuser. G. selbst wohnte die letzte Zeit seines Lebens in einer Kammer des Schwesterhauses zu Deventer, dessen Leitung unter ihm stand. Ihm zur Seite in dem Fraterhause standen geistesebenbürtige Männer. Den Einen derselben, J o h a n n e s v o n G r o n d e, aus Ootmarsum in Twenthe, einen würdigen Priester, hatte er aus Amsterdam, wo er ihn hatte kennen lernen, herberufen. „Wisset, schrieb er an die frommen, mit ihm in Liebe verbundenen Priester Amsterdams, dass Deventer eines guten Priesters für die geistliche Verwaltung im Beichtstuhl bedarf, denn wir haben keinen solchen nach unserm Wunsche. Desswegen bitte ich euch, wenn anders diess ohne merklichen Nachtheil der h. Kirche zu Amsterdam geschehen kann, unsern vielgeliebten J. Gronde zu entlassen, der uns ohne Zweifel sehr förderlich sein wird. Auch wird die Stelle ihm sehr entsprechen, denn er wird bloss dazu verwendet, dass er den wahrhaft zum Herrn Bekehrten geistliche Hülfe spende". Er ward, wie man sieht, der (erste) Priester der Brüder- und Schwestergemeinde. Er lebte im alten Florentiushause, woselbst er die Leitung hatte; nach dem Tode Groot's in dessen Hause, dem Schwesterhaus, dessen Leitung er übernahm bis zu seinem eigenen Tode 1392. — Ein anderer Genosse, recht ein Schüler Groot's, war Johannes, mit dem Beinamen Brinkerink, von Zütphen, der ihn auf seinen apostolischen Wanderungen begleitete. G. liebte ihn wie einen Vater und „betete mit ihm die geistlichen Tageszeiten". Später wurde er Priester und dann Leiter des Schwesterhauses nach Gronde's Absterben. Der dritte und bedeutendste war Florentius (s. u.), der Elisa dieser neuen Prophetenschule. In dem Zusammenleben dieser Männer stossen wir auf einen Zug, der für den Geist der ganzen Stiftung von höchster Bedeutung war. „Wenn G. auf der Reise war und Abends in die Herberge kam, sprach er nach beendigter Komplet zu seinen beiden Schülern, Florentius und Johannes: Bekennen wir jetzt jeder einzeln einander unsere täglichen Vergehen. Und sie hatten diese gute Gewohnheit unter sich, dass Einer dem Andern seine Fehler sagte, wenn er etwas Tadelhaftes an ihm bemerkt hatte. Und gar gerne einander gehorchend ermahnten sie sich gegenseitig ganz frei, und erkannten ihre Schuld demüthig an und baten um Verzeihung, und so in Liebe zurechtgewiesen gingen sie zur Ruhe". — Auch Florentius hielt es stets so und so blieb es unter den Brüdern.

Wir haben es schon gesagt, dass G. nur die Anfänge dieser Stiftungen erlebte, die sich erst unter Florentius (und noch später) zu ihrer Höhe entwickelten. Er aber hatte die Gewissheit, die er oft aussprach, dass sein Werk nicht untergehen werde. Als er einst von Sehnsucht nach dem ewigen Leben übernommen ausrief: „o, was weile ich noch länger hienieden! wäre ich doch schon bei meinem Gott im Himmel"! und

über diesen Ausruf betrübt einer seiner Schüler mit dem Worten einfiel: und wir aber? lieber Meister, was wir dann, die
wir eurer Gegenwart nicht entbehren können? tröstete er ihn:
„Ich hoffe, dass dieser mässige Anfang einen grossen Fortgang
gewinnen wird; auch wird Gott statt meiner einen andern
tüchtigen Mann erwecken, der für das Haus Gottes sich sonder
Zweifel als Mauer hinstellen wird".

Im Jahr 1384 wüthete zu Deventer die Pest. Sie befiel
auch einen Freund von Groot, der an sein Krankenbett, ihm
beizustehen, eilte. Er selbst wurde nun aber von der Seuche
befallen. Er fühlte, dass sein Ende komme. „Augustinus und
Bernardus, sagte er zu seinen Freunden mit Anspielung auf
den nahenden Tag des h. Bernhard, seines Lieblings (an dem
er dann auch starb), pochen an die Thüre", Er war aber gefasst und „ergab sich dem göttlichen Willen auf alle Weise".
„Mein Geist, sprach er mit den Worten, mit denen auch einst
die sterbende h. Klara sich Gott empfohlen hatte (Franziskus
Leben S. 496), ziehe zum Herrn, der ihn erschaffen hat"!
Er liess sich die „Wegzehrung" reichen und empfing sie mit
grosser Inbrunst. Seine Jünger, die weinend um sein Lager
standen, über den unersetzlichen Verlust des Meisters klag-
ten, und wie sie nun ohne Haupt und Führer eine Beute ihrer
zahlreichen Gegner werden würden, verwies er auf Gott.
„Stehet nur fest in eurem heiligen Vornehmen; der Herr wird
mit euch sein an diesem Orte, denn nimmermehr wird ein
Mensch vermögen zu hindern, was Gott auszuführen beschlossen hat.... Ich empfehle euch alle dem Herrn und seinen
Heiligen". Als seinen Nachfolger in der Leitung des Vereines
bezeichnete er seinen Florentius. „Sebet, der Herr Florentius, mein geliebter Schüler, auf welchem fürwahr der h.
Geist ruht, wird euch Vater und euer Rektor sein. Ihn haltet
wie mich, ihn höret, seinem Rathe gehorchet"! Noch kamen zu
ihm einige fromme Schüler, die selbst auch von der Pest befallen waren; sie wollten zum Heil ihrer Seelen noch ein heilsames Wort von ihm vernehmen. Mild sprach er zu ihnen:
„Habet ihr guten Willen, Gott stets zu dienen, so könnt
ihr ruhig sterben. Jede Lektion, die ihr erlernt habt, wird

auch für ein Vaterunser angerechnet werden, um der frommen Intention, die ihr zu Gott in euerm Studium gehabt habet". Das tröstete die jungen Leute, und „sie starben im guten Bekenntnisse, Gott und den heiligen Engeln ihre durch Christi Blut erkauften Seelen befehlend".

Am 20. August 1384, eben am S. Bernardustage, Abends zwischen fünf und sechs Uhr, als die Sonne sich neigte, starb Groot in seiner Vaterstadt Deventer, erst 44 Jahre alt, — 3 Jahre nach Rusbroek. Unter allgemeiner Trauer, besonders „der Brüder und Schwestern", wurde er in der S. Marienkirche, in der er so oft das Wort des Lebens verkündet hatte, beigesetzt.

Den Seinigen, sagt Thomas, hinterliess er „nicht Gold noch Silber als Vermächtniss, sondern heilige Bücher und arme Gewande", und setzen wir hinzu die Aussaat einer reichen gesegneten Ernte.

Zur Vervollständigung seines Karakterbildes wollen wir nun noch einige Züge aus Thomas beibringen. Zunächst aus seinem täglichen Leben. Er begnügte sich mit Einem Mahl im Tage, mit sieben Stunden Schlaf. Nie ass er ausser Hause, wer auch immer ihn einladen mochte; denn „er mied den vertrauten Umgang mit Weltlichen und die langen Mahlzeiten der Reichen zum Nachtheil der Armen. Er war so strenge darüber, dass Niemand auch nur nicht einmal wagte, ihn einzuladen, oder ihm diessfalls lästig zu sein. Doch lud er zuweilen einige Arme, die Gott dieneten, zu sich ein, oder auch einen oder zwei ehrsame Bürger, sie zu einem bessern Leben anzuleiten". Dem Essen ging stets die Lektion voran; über Tische wurde nur Erbauliches gesprochen; ausserdem beobachtete er strenges Stillschweigen. Sein Speisezimmer war sehr klein: neben dem Esstisch stand ein Schrank der trefflichsten Bücher. In den Speisen war er nicht wählerisch; mochten sie angebrannt oder ungesalzen sein, er ass sie. Er pflegte sie sich wohl auch selbst zu kochen, obwohl er nichts davon verstand. — Seine Kleider waren sehr einfach, alt und von grauer Farbe. Als man ihn einst fragte, warum er einen so alten und geflickten Pelz trage, antwortete er sehr naiv: er thue

das, damit er nicht friere, denn wenn die Löcher zugeflickt
seien, könne die Kälte nicht eindringen.

Täglich feierte er die **M e s s e**. Während derselben war er
ganz Andacht; um ungestört zu sein, hatte er sich von den Mino-
riten-Brüdern eine besondere Stätte ausgebeten, „wo er, eingeschlossen, im Gebet auf dem Angesicht lag und durch ein
Fensterlein das hochwürdige Sakrament sah und anbetete“.
Oefters hörte er auch die Predigten seines Freundes Gronde.
Ebenso andächtig war er in seinen h ä u s l i c h e n Gebeten
nach dem Brevier. Und nie fühlte er sich gebunden durch das
Wort, nie durch die Wiederholungen ermüdet. Einmal die
religiöse Saite angeschlagen klang sie in ihm fort in tausend-
fachem Echo. „Mir begegnet immer, sagte er einst zu Brinkerink, ein vielfacher und mystischer Sinn und führt mich unbe-
merkt von Einem zum Andern, so dass ich beim Beten (nach
dem Brevier) keinen Ueberdruss empfinde, sondern nur um
so länger dabei zu verweilen mich freue“. Zuweilen, „wenn
er die kanonischen Stunden betete“, brach er in der Fülle der
Andacht „in J u b i l i r e n aus und verströmte die innerliche
Freude in wohlthuenden Gesängen“. — Nach dem Geiste seiner Zeit war er zugleich, wie alle Frommen und „Heiligen“
des Mittelalters, ein strenger A s z e t i k e r. „Eine fromme
Schwester, sagt Thomas, die er bekehrt habe, hätte ihm erzählt, sie habe nach dem Tode des Magisters sein härenes
Busskleid gesehen; dasselbe sei sehr lang und rauh gewesen
und habe viele Knoten gehabt, die dem Fleisch gar wehe
thaten“.

Von grosser Bedeutung war, wie wir gesehen haben, die
L i e b h a b e r e i Groot's für „heilige“ Bücher; die Urkunden
des christlichen Alterthums zu lesen, zu sammeln und abschreiben zu lassen, das war ihm, was Andern „Schätze Goldes und Silbers sammeln“. „Immer, schrieb er einmal, bin
ich geizig, ja übergeizig auf Bücher“. Aber es war kein
todter Bücherkram; wie er das Abschreiben segensreich zu
machen wusste, wie aus diesem Senfkörnlein ein so herrlicher
Baum erwuchs, erwies sein Leben, noch mehr das seiner
Nachfolger. Er selbst suchte immer inniger in den Inhalt der

Schrift und der Väter zu dringen, und „schämte sich auch nicht, etwas von Geringeren zu lernen und zu erfragen". „Könnte, sprach er, ein Knabe mich unterrichten, den Willen des Herrn vollkommener zu lernen, so wollte ich mich lieber von ihm belehren lassen, als etwas Neues aus mir selbst ohne den Rath Anderer anfassen". Als ihn einst ein Freund, der seine vielen Bücher sah, fragte: wozu alle diese Bücher? so antwortete er: „Zu einem guten Leben würde zwar wenig genügen, doch zur Belehrung Anderer und zur Vertheidigung der Wahrheit müssen wir alle diese Bücher haben, damit diejenigen, die etwa nicht glauben, den Aussprüchen der Heiligen sich fügen". Um das Aeussere der Bücher war es ihm nicht. „Ich will lieber, dass ein Buch mich, als dass ich das Buch bewahre"! Ein Buch sei zu nutzbarem Lesen, nicht zu fürwitzigem Anschauen. Nur die h. Bücher (die Bibel und die zum Kirchendienst gehörigen) wollte er auch in würdiger Form.

G. war auch Schriftsteller. In seiner Lebensbeschreibung (von Thomas) findet man seine „Vorsätze u. s. w.", seinen Aufsatz über die „zu studirenden heiligen Bücher", den Brief an den Bischof, seine Protestation. Eine Rede gegen die Fokaristen, die er 1383 auf einer Utrecht'schen Kirchenversammlung hielt, ist anderswo abgedruckt. — Er hat aber noch andere Schriften verfasst, die ungedruckt sind: eine Uebersetzung einiger Werke Rusbroek's ins Lateinische (die Zierde der geistlichen Hochzeit, und von den Stufen der Liebe); die Tageszeiten von der h. Jungfrau und noch andere Tageszeiten übersetzte er aus dem Lateinischen ins Deutsche, „auf dass die einfachen und ungelehrten Leute in ihrer Muttersprache beten könnten, und mit desto mehr Andacht". — Auch seine Briefe sind von Bedeutung. — Dieser schriftstellerischen Thätigkeit lag die edle Absicht zu Grunde, „auch diejenigen zu unterrichten, zu welchen er persönlich nicht gelangen könnte".

Thomas fasst seine Karakteristik Gs. in folgenden Worten zusammen: „Er war freundlich von Antlitz, im Umgange liebreich, in der Kleidung und ganzen Erscheinung demüthig, mässig im Leben, scharfsinnig im Rath, besonnen in seinem

Urtheil, streng gegen die Laster, eifrig zu allen Tugenden, niemals müssig, stets mit irgend etwas Nützlichem zur Erbauung beschäftigt". Thomas weiss auch Groot's G e l e h r - s a m k e i t nicht hoch genug zu stellen, — als Folie seiner nachfolgenden Demuth; wie man die Schlichtheit und Ungelehrtheit Rusbroek's nicht genug hervorheben konnte, auch nur zur Folie seiner inneren Erleuchtung. Allerdings lässt sich nun über den Umfang seines Wissens nicht sicher urtheilen, da wir nur wenig von ihm besitzen. Ob er griechisch oder hebräisch verstanden, ist zweifelhaft; lateinisch schrieb und übersetzte er, doch nicht ohne Barbarismen. Seine Belesenheit erstreckte sich auf die h. Schrift, die Kanonisten und die Kirchenväter, besonders auf Augustin und Bernhard, welche auch die Lieblinge Rusbroek's waren. Darin liegt aber auch gar nicht der Schwerpunkt seiner Erscheinung. „Gross — mit Anspielung auf seinen Namen — war er durch die Verachtung der Welt und die N a c h a h m u n g d e s d e m ü t h i g e n L e - bens J. C h r i s t i, sowie nicht minder dureh die vielfältige F r u c h t d e r S c h ü l e r C h r i s t i".

Wie wir G. haben kennen lernen, so möchten wir h o h e n s i t t l i c h e n E r n s t und u n e r m ü d l i c h e n L i e b e s e i f e r für das H e i l seiner Mitmenschen als die eigentlichen Grundzüge seines Wesens bezeichnen. Das eigentlich m y s t i s c h e Element an ihm finden wir dagegen nur sparsam heraus, doch muss er Sinn für die Mystik, selbst für ihre feinsten Produkte, besessen haben, sonst hätte er nicht die „Zierde der geistlichen Hochzeit" übersetzen, sonst hätte er überhaupt Rusbroek nicht so befreundet sein können. Jedenfalls hatte sich aber i h m s e l b s t diese Mystik doch a b g e k l ä r t: sein praktischer nordniederländischer Geist zog aus ihr mehr das unmittelbar Eine, das ihm Noth schien. Und s o weit, weiter aber nicht, ist er mystisch und begegnet er Rusbroek, den man auch s o weit in manchen Aussprüchen Groot's zu hören meint, z. B. wenn dieser die Demuth, den Gehorsam, die stete sittliche Arbeit preist. In solchen Aussprüchen Groot's, die sich in seinen „Vorsätzen" finden, lernen wir ganz besonders Wesen und Umfang dessen, was man seine Mystik nennen könnte, kennen. Wir wollen zum Schlusse einige ausziehen. „Es ist

etwas Grosses, in d e m Gott zu gehorchen, was dem Menschen
konträr und schwer ist;·und das ist der wahre Gehorsam....
Vor Allem und in Allem übe dich in der Demuth, zumal innerlich, aber auch äusserlich vor den Brüdern (s. o. S. 547)....
Je mehr der Mensch weiss, dass er der Vollkommenheit ferne
steht, desto näher steht er derselben.... So lange der Mensch
etwas von sich abzuschneiden findet, so lange steht es gut um
ihn.... Die grösste Versuchung ist, nicht versucht zu werden....
Hoffe mehr auf die ewige Glorie, als dass du dich fürchtest
vor der Hölle" (s. S. 452). Aecht mystisch ist überhaupt,
wenn G. den innern Frieden, die Freiheit des Geistes, über
Alles setzt, die man nicht um äusseres Thun, um Güter,
Ehrenstellen geben oder durch sie sich auch nur trüben
lassen solle. „Um kein Ding der Welt soll sich der Mensch
beunruhigen lassen.... In allen Dingen der Welt ist Versuchung, ob es auch der Mensch nicht (immer) merkt.... So oft
wir Etwas ungeordnet ausser Gott verlangen, so oft begehen
wir Untreue an Gott.... Ihm allein suche zu gefallen, ihn
allein zu fürchten, der dich und all' das Deinige.kennt. Gesetzt, du gefielest Allen und missfielest Gott, was würde diess
fruchten? Wende also dein Herz von der Kreatur, auch
mit grosser Gewalt. Habe Acht, dass du dich vollkommen
überwindest und erhebe dein Herz stets zu Gott, wie der
Prophet spricht: Meine Augen sind zum Herrn gerichtet"
(Ps. 24).

Spricht sich in diesen Aeusserungen nicht dieselbe Grund-
ansicht von der Welt aus, wie bei den „Meistern der Mystik"?
Aber G. folgt diesen n i c h t in ihr spekulativ-kontemplatives
Gebiet. „Die Wissenschaft der Wissenschaften, sagt er, ist
zu wissen, dass man nichts wisse". — Ganz in der Weise des
spätern Thomas von Kempen.

Wir schliessen mit den Worten des Thomas, in denen er
so christlich als patriotisch die segensreiche W i r k s a m k e i t
Groot's zusammenfasst. „Er hat unser ganzes Vaterland erleuchtet und entzündet durch seinen Lebenswandel, durch
sein Wort, durch seine Sitten, und durch seine Lehre....
Und ob er auch kein hohes Alter erreichte, so brachte er
dennoch in kurzer Zeit durch seine Predigten viele Frucht und

liess nach sich an verschiedenen Orten sehr viele fromme Jünger und Brüder...."   .

Wie aber diese Saat nach seinem Tode so herrlich auf-
ging, das ist gewiss weit über seine anfänglichen oder bewussten Gedanken und Pläne hinausgegangen. Das hat die göttliche Vorsehung — wie sie das so oft thut — „zugelegt".

Floris Radevynzoon.

»Wenn du etwas Gutes thust, so thu' es einfach
und rein, zur Ehre Gottes, und suche dich selbst
auf keine Weise darin«.

Aus den »denkwürdigen Sprüchen des
Herrn Florentius«, bei Thomas.

Ungefähr 10 Jahre nach Groot, ums Jahr 1350, ist Floris Radevynzoon (Florentius, Sohn Radevin's) geboren, der
Sohn eines angesehenen und wohlhabenden Bürgers zu Leer-
dam, einem Orte, der zur Herrschaft der Herren von Erkel
gehörte. Auf der Universität zu Prag, wohin damals auch aus
den Niederlanden viele junge Leute zogen, machte er seine
Studien, und wurde daselbst Meister in den freien Künsten.
Talent, Eifer und Sittsamkeit wurden gleicherweise an ihm
gerühmt. In seine Heimat zurückgekehrt machte er den gün-
stigsten Eindruck; mit einem angenehmen Aeussern, einer
schlanken, mittlern Statur verband er edle Sitte, Leutseligkeit in Rede und Manieren und Freigebigkeit; wo er war unter
den Seinen, suchte er Anmuth und Heiterkeit zu verbreiten.
Bald erhielt der hoffnungsvolle Mann auch ein Kanonikat an
der Kirche des h. Petrus zu Utrecht; was fehlte ihm noch?
Aber der junge Kanonikus sah bald einen Stärkeren über sich
kommen. In der Marienkirche zu Deventer hörte er Groot's
gewaltige Busspredigten und ward dadurch „erschüttert". Die
Welt, „in die er schon angefangen hatte, einen Fuss zu
setzen", zeigte sich vor ihm in all' ihrer Eitelkeit; schnell zog
er den Fuss zurück. Es verlangte ihn, in ein näheres Verhält-

niss zu Groot zu treten, ihm als einem „Freund und Vertrauten Gottes" sein Herz zu eröffnen. Groot „empfing den An-
kommenden mit Freuden, zeigte ihm ein Herz voll Liebe und
gab ihm über Alles, das er verlangte, den gewünschten Aufschluss". Bald war der Bund geschlossen. Floris vertauschte
sein Kanonikat in Utrecht, um stets um seinen Freund zu sein,
mit der Stelle eines Vikarius bei St. Lebnin in Deventer. Auf
Verlangen desselben Groot, der für sich das Priesteramt nicht
anzunehmen gewagt hatte, liess er sich auch, der erste der
Brüderschaft, zum Priester weihen. Er war aber auch ein
Priester nach den Gedanken Groot's. „Einmal, sagte dieser,
liess ich einen Priester weihen, und ich hoffe, dass er dessen
würdig ist. Uebrigens werde ich mich hüten, etwas Aehnliches
zu thun, weil ich Wenige dazu tauglich sehe".

Zwei Jahre nach dem Tode Groot's brachte Fl. einen Lieblingswunsch des Meisters in Erfüllung: eine Klosterstif-
tung von regulirten Kanonikern. Dieses erste Kloster wurde
nach seiner Anweisung zu Windesem (Windesheim, 1386)
errichtet, dem als zweites (kurz vor seinem Tode) dasjenige
auf dem St. Agnesberge bei Zwoll (s. u.) folgte. In d i e s e
Klöster und Stiftungen sind viele Zöglinge der Fraterhäuser
übergetreten, deren vornehmster Thomas von Kempen war,
in dem das fromme L e b e n dieser Mönchskongregation seinen
Höhepunkt fand.

Die a n d e r e Stiftung aber, wir meinen eben die Fraterhäuser, hat Fl. noch viel u n m i t t e l b a r e r gepflegt. Wie
er von Anfang an den ersten Impuls dazu gegeben hatte, so
blieb er, nach dem Tode Groot's, ihre S e e l e.

.Er hatte es z u n ä c h s t auf die J u g e n d abgesehen, die
die S c h u l e. in Deventer besuchte; — ganz in der Weise
Groot's. Viele derselben, die der Unterstützung bedurften und
werth waren, brachte er durch seine Vermittlung bei ehrbaren
Männern oder Frauen Deventer's unter. „Es waren damals,
sagt Thomas, in der Stadt Deventer einige ehrbare Männer,
die Gott fürchteten und nach dem Rathe des Herrn Florentius
ein frommes Leben führten; sowie auch einige Frauen, die
reich und Werken der Barmherzigkeit ergeben, die Kirche
Gottes oftmals besuchten, die Priester in Ehren hielten, und

auf die Bitte und Fürsprache desselben Herrn Florentius armen Klerikern, die Gott dienten, viel Gutes erwiesen. Denn so fromm und so beliebt war der demüthige Vikarius Christi, Florentius, bei Allen, dass man ihm nie eine Bitte versagte, die er für einen Armen einlegte". Er selbst übrigens unterstützte sie überdem: „der Eine, sagt Thomas, erfreute sich eines Kleides, das für ihn gemacht ward; ein Anderer trug einen Rock, Jener eine Kapuze von ihm weg. Ein Anderer bekam Schuhe, ein Anderer ein Beinkleid, ein Anderer einen Gürtel, ein Anderer Strümpfe. Jener ging freudig davon, dass er Papier, Federn und Tinte erbeten hatte. Jeder erfreute sich seiner einzelnen Gaben". Auch seine freundschaftliche Stellung zu Magister Johannes Boone (Böhme), Rektor der Schule und Vikarius der Stiftskirche, kam manchem Schüler zu Statten. „Dieser Böhme, unter welchem ich (erzählt Thomas) die Schulen lange Zeit besuchte, war ein grosser Freund des Herrn Florentius.... Als daher die Zeit erschien, das Schulgeld zu bezahlen, da bezahlte jeder Einzelne, was er pflichtmässig zu bezahlen hatte. Unter diesen kam auch ich, zählte das Schulgeld in seine Hand und verlangte das Buch zurück, das ich als Unterpfand daselbst gelassen hatte. Weil er mich nun kannte und wusste, dass ich unter der Fürsorge des Herrn Florentius stand, fragte er mich: Wer hat dir das Geld gegeben? worauf ich erwiederte: Mein Herr Florentius. Da sprach er: geh' und bring ihm sein Geld zurück, um seinetwillen will ich nichts von dir annehmen. Ich also brachte das Geld meinem Herrn Florentius zurück und sprach: Der Meister hat euch zu Liebe das Schulgeld mir zurückgegeben. Er sprach: ich danke ihm dafür, und werde es ein andermal durch Besseres vergelten".

Nicht bloss ökonomisch unterstützte aber Fl. die Schüler, sondern wie Groot suchte er auch sittlich-religios auf diese Jünglinge zu wirken. „Alle mussten bekennen, dass sie von Herrn Fl. nicht nur Gaben empfingen, die zum Wohl des Körpers, sondern auch zur Arznei und zum Heil ihrer Seele dienten".

Glücklich erst fühlte sich, wer im Bruderhause selbst seine Unterkunft fand, was jedoch nur nach vorher-

gegangener ernstlicher Prüfung geschah. In diesem Bruderhause lebten die jungen Kleriker „unter der Fürsorge und
Zucht des sehr frommen Vaters, gehorchten den h. Geboten
und Räthen des Herrn und lagen nichts desto minder zu gehöriger Zeit den Schulstudien ob". Im „alten" Hause „lebten
damals ungefähr 20 Kleriker auf gemeinsame Kosten zusammen, hatten einen Tisch mit einander und dieneten Gott in
grosser Frömmigkeit. Unter diesen nun waren drei Laien, ein
Prokurator (Schaffner), der das Nothwendige einkaufte, Einer, der die Küche bestellte, und ein Dritter, der die Kleider
ausbesserte. Aus diesem Hause traten hernach Manche in den
Orden der regulirten Chorherrn; Manche auch wurden zu
Priestern geweiht, und wirkten an andern Orten Früchte nach
den guten Beispielen, die sie zu Deventer erlernt und gesehen
hatten". So beschreibt Thomas dieses Bruderhaus, das zugleich ein Stift oder Konvikt junger Leute war. An einem andern Orte nennt er diess Florentius-Haus „einen Spiegel der
Heiligkeit, einen Schmuck der Sitten, ein Vorbild der Tugenden, eine Zuflucht der Armen, einen Konvent der Geistlichen, eine Lehrschule der Weltlichen, eine Stätte der Andächtigen". Hier hätten nicht wenige ehrwürdige Männer den
Geist der Frömmigkeit empfangen, von wo aus „sie gleich
Bienen mit der Süssigkeit des Honigs erfüllt von dem Bienen-
stock ausgegangen seien, um an andern entfernten Orten
Frucht zu schaffen".

Uebrigens wurde bald das alte Florentiushaus zu enge;
es blieb zum Schulhause bestimmt, und ein zweites wurde
zur Wohnung der Brüder eingerichtet, das im Jahr 1391 gegen ein viel ansehnlicheres eingetauscht wurde, welches Frau
Zwedera, Wittwe des Ritters Johann, Herrn van Runen, eine
hohe Verehrerin der Brüder, ihnen übergab. Der Stiftungsbrief, erst vom 19. Nov. 1396 ausgestellt, setzt fest, „dass
das Haus von vier oder mehreren Priestern mit zum mindesten
acht Klerikern bewohnt werden solle". Diese sind gehalten,
„alle gottesfürchtigen Menschen, die zu ihnen kommen, zu
beherbergen und zu prüfen, ob sie zum geistlichen Leben,
namentlich zu dem in Windesheim, Geschicklichkeit besitzen,
oder denjenigen, die im weltlichen Stande bleiben, einen

passenden Zufluchtsort zur Uebung guter Werke zu verschaffen ".

Aber auch ausserhalb Deventer's mehrten sich diese Häuser (s. u.). Für die Leitung des Instituts hatte Fl. „lobwürdige
Gewohnheiten" aufgesetzt, die später feste Statuten wurden.

Wie hatte sich aber auch der Kreis der ehrwürdigen
Männer erweitert, die sich um ihn schaarten! Van Gronde's,
des (ersten) Priesters der Gemeinschaft (den Groot von Aussen
her hatte berufen müssen, bis die Gemeinschaft aus ihrer eigenen Mitte sich Priester ziehen konnte) haben wir bereits erwähnt. Er war zugleich ein trefflicher Prediger, dessen wohl-
lautendes Organ, das so tief ins Herz drang, Thomas nicht
genug rühmen kann. Er predigte auch oftmals in der Kirche
zu Deventer, auch während der Fastenzeit in Zwoll, einmal
sechs ganze Stunden lang; und der Zulauf zu ihm war so
gross, dass er selbst in der Herberge, über Tisch, den heilsbegierigen Seelen das Wort des Lebens mitzutheilen hatte. —
Auch noch aus der Generation Groot's, dessen Begleiter
er war, war (der schon genannte) Johannes Binkerink. Ein
anderer Mitarbeiter war Lubbert Berniers van dem
Busche, aus einer vornehmen Familie zu Zwoll, der ebenfalls
in Prag seine Studien gemacht, von wo er als Bakkalaureus
zurückkehrte. Das Leben der Brüder unter Fl. zog ihn so
mächtig an, dass er gegen den Willen seiner Eltern und
Freunde sich in ihre Gemeinschaft aufnehmen liess. Eine
schwere Krankheit, die den Vater befiel und an der er starb,
söhnte ihn aber mit dem Sohne aus, der an sein Bett geeilet
war. In das väterliche Erbe wieder eingesetzt, überliess Lubbert dasselbe dem Fl. „zum frommen Gebrauch der Brüder".
Im J. 1391 wurde er mit Heinrich Brune zum Priester geweiht. Er scheint eine excentrische Natur gewesen zu sein, in
der Mancherlei gährte, und der ebendesshalb gleichsam zum
Korrektiv dieser seiner Natur sich gerne unter allen Gehorsam gab, ja nicht demüthig genug sich bezeugen zu können
meinte. — Ein Genosse Lubberts und mit ihm zum Priester
geweiht, war Heinrich Brune aus Leyden, von achtbarer
Familie. Von frühester Jugend an suchte er Gott, sagt Thomas, der ihn als eine schlichte Nathanaelsseele schildert. „Nie

vernahm ich ein ungeziemendes Wort aus seinem Munde, hörte auch nie eine Klage über ihn, ausser dass er die h. Messe ein wenig länger zu lesen pflegte,... weil er sich nur ungern von seinem geliebten Jesus trennen liess". Brune starb im J. 1439, als die Pest zu Zütphen wüthete, wohin damals die Brüder aus dem Hause des Florentius von Deventer sich weg-geflüchtet hatten. „Er hat beinahe von den Zeiten des Meisters Gerhard an im Hause des Herrn Florentius ungefähr 44 Jahre als Priester gewohnt und bei Weitem Alle überlebt, die mit ihm im ersten Eifer begonnen hatten. Er verwendete oft seine ganze Zeit darauf, Bücher zu schreiben; sehr oft sah ich ihn auch, wie er in der Küche die Gefässe wusch und andere de-müthige Werke verrichtete. Nichts beinahe wusste er und wollte auch von nichts sprechen, ausser von Gott und vom Heil der Seelen. Und was er in seinem Leben übte, das setzte er fort bis an seinen Tod. Denn er betete die kirch-lichen Tagzeiten, bis er seinen Geist aufgab". — Gewichtige Mitglieder des Kreises waren auch die Priester Jakobus von Viana und Aemilius van Asche aus Büren in Geldern, dieser schon auf der Schule stets der Ersten und Ernstesten Einer, und nach dem Tode Lubbert's und Gerhard's, die er in ihrer Krankheit (während der Pestzeit 1398) so treulich verpflegte, Priester, und nach des Fl. Tode dessen Nachfol-ger in der Leiterschaft des Hauses. — Auch des Thomas von Kempen älterer Bruder Johannes gehört in diese Reihe, obwohl er erst im Kloster Windesheim hervortritt. Er galt für besonders geschickt zum Organisiren und Leiten, wess-wegen wir ihn bald da, bald dort als Prior und Rektor von Chor-herren- und Jungfrauen-Klöstern, von denen er einige selbst erst ins Leben gerufen hat, treffen. — Die zwei eigenthüm-lichsten Individualitäten in diesem Kreise waren aber ohne Zweifel Gerhard Zerbold und Johannes Kakabus, ge-nannt Ketel (Kessel), der Koch des Hauses, der an Johann von Leeuwen in Grünthal erinnert, was die Aszese, nicht aber was die Mystik betrifft. Ketel, den Thomas von seinen Jugend-jahren her in Deventer hatte kennen lernen, war aus Duisburg, in der Grafschaft Mark, nicht weit von Wesel. Schon als Kauf-mann in Dordrecht hatte er öfters die Züge eines höheren

Geistes an seinem Innern verspürt, doch ohne noch recht zu
wissen, wie er dem genug thun solle. Da drang die neue
Mähr' von Deventer auch an seine Ohren: er zog dahin mit
noch einigen Freunden, um Priester zu werden, und lernte
noch Grammatik in der Schule. Bald trat er aber in die Versammlung des Florentius, und erbat es sich aus, so weit war
er in seiner nunmehrigen Demuth von seinen ehevorigen Gedanken zurückgekommen, — als Koch dem Hause dienen zu
dürfen, „um in diesem demüthigen Stande Gott einen angen-
nehmen wohlgefälligen Dienst zu erweisen". Seine Mutter
Christine folgte dem Sohne und beschloss ihr Leben im
Schwesterhause. Seine Küche schuf K. zum Betsaal um; „indess
seine Hände mit den Töpfen beschäftigt waren, psaltirte er
andächtig mit seiner Stimme". Er war ganz der Mann des
einfachen Christenthums. „Wir finden wohl, sagte er einst
zu einigen Klerikern, die von der Schule kamen, dass im
Evangelium geschrieben steht: Selig die Armen im Geiste,
ihrer ist das Himmelreich! nirgends aber lesen wir: selig sind
die Magister der freien Künste". Wissenschaft ohne die Armuth des Geistes, meinte er, fördere nichts; Armuth des
Geistes aber, Demuth, erwerbe wahrhaftig das Reich Gottes.
Sein Lateinverstehen ging nicht soweit, dass er z. B. die Lesung über Tisch völlig verstand; „er ersetzte aber das durch
die Tugend des Gehorsams und die oftmalige Betrachtung
der Wohlthaten Gottes". Er besass ein gar mitleidvolles Herz
gegen die Armen, „zumal jene, die Gott zu dienen verlangten". Als er krank ward, und einige arme Kleriker ihn besuchten, sah er sie mitleidsvoll an. „O meine lieben Armen,
nun werde ich euch nichts mehr geben können! Ich empfehle
euch Gott, dass er euch mit allem Guten versorge".

Wenn Ketel „die heilige Armuth und Einfalt" im Hause
repräsentirte, so repräsentirte Gerhard Zerbold von
Zütphen das geistige Element — unstreitig der bedeutendste Kopf der Gemeinschaft. Ums Jahr 1367 geboren,
hatte er sich zuerst auf auswärtigen Schulen, dann zu Deventer gebildet. Er hatte schon frühzeitig einen „verzehrenden
Studieneifer"; er konnte weinen, wenn die Lehrer z. B. an
Feiertagen nicht lasen. Aus einem Jünger der Schule wurde

er aber bald „ein Jünger der ewigen Weisheit"; denn zu Deventer schloss er sich ganz an Florentius an., Geistliche Exer-
zitien, Studieren, Schreiben füllten seine Zeit. Die Aussenwelt war für ihn nicht vorhanden, nicht die Natur. Er machte
keine Spaziergänge, um frische Luft zu schöpfen; vertieft auf
seinem Zimmer in seine Bücher öffnete er selten das Fenster,
wie freundlich auch der Himmel lachte. Ihm war gleich, was
und wann er ass; wann die Glocke läutete, ging er zu Tisch
wie zu einem andern Geschäfte; seinen Körper vernachlässigte
er ganz und gar. Man möchte ihn einen Stubengelehrten
nennen; aber dieser junge Mann besass einen freien, erleuchteten Geist. Das bezeugte er in seiner Stellung als Bibliothekar, in der er nicht bloss sich bestrebte, die von Groot gestiftete Bibliothek zu vermehren, d. h. Bücher zu sammeln
und zu schreiben, sondern sie auch vielen a u s w ä r t s woh-
nenden Klerikern lieh, damit sie nützliche Beschäftigung zu
Haus hätten, statt unnützer Fabeln oder müssigen Umher-
schweifens, z. B. an Feiertagen. „Die heiligen Bücher, pflegte
er zu sagen, sind die Leuchte und der Trost unserer Seelen,
und wahre Heilmittel des Lebens, deren wir in dieser Pilger-
schaft so wenig als der Sakramente der Kirche entbehren
können". Er war auch im R e c h t e bewandert, und Fl. zog
ihn, wenn es Angelegenheiten des Hauses zu ordnen gab, immer zu Rathe, denn G. wusste seine Ansichten stets durch
Autoritäten zu belegen. In zwei Punkten hat er sich aber ein
unvergängliches Denkmal in der Brüdergemeinde gesetzt.
Einmal dadurch, dass e r vorzüglich darauf drang, die eigenthümliche Stellung der Fraterhäuser sollte gewahrt, und sie
sollten nicht in Mönchsinstitute umgewandelt werden, sondern neben diesen sollten sie für sich bestehen. Den An-
feindungen der Mönche, welche die Stellung der Fraterhäuser eine zweideutige, eine kirchlich-illegitime nannten, sie in
die Linie der Konventikel setzten, trat er in einer besonderen
Schrift entgegen, in welcher er darthat, dass die Brüder weder einen neuen Orden, noch ein Kollegium, noch eine Kör-
perschaft bilden, am wenigsten verdienen sie den Namen ver-
botener Konventikel; sie befolgen nur ein Leben wie die apostolischen Christen in der sog. Hausgemeinde, ein Familien-

leben wie in jeder wohlgeordneten Familie überhaupt. — Fast
noch bedeutsamer ist eine Abhandlung (in gutem Latein) von
dem Nutzen des Lesens der h. Schrift in der Landessprache, was er aus 15 Gründen oder eigentlich aus
drei Hauptgründen erweist. Einmal aus der Bibel selbst, den
Satzungen der Kirche, dem kanonischen Recht, den Vätern,
die alle den Gläubigen die Kenntniss der h. Schrift zur
Pflicht machen, was für Viele nicht möglich sei ohne eine
Uebersetzung; dann aus dem Inhalt der h. Schrift, der Jedermann angehe, und in seinem wesentlichen Kerne auch Jedermann verständlich und zugänglich sei und sein müsse,
da sie zur Vervollständigung und Stütze des Naturgesetzes gegeben sei. Endlich aus dem Bedürfniss der Christen; daher
auch die h. Schrift in der Sprache des Volkes geschrieben
worden sei, an das das Wort Gottes gerichtet gewesen, daher
sie auch naturgemäss, wie das Evangelium zu andern Völkern
gekommen, in deren Sprachen übersetzt worden sei und werden
solle, — warum nicht auch in der niederländischen? Ob es besser
sei, dass die Laien unerbauliche, verderbliche Bücher lesen?
oder wenn diese erlaubt seien, warum nicht noch viel mehr das
Lesen der h. Schrift, das sie tugendhafter und heiliger mache?
— In ähnlichem Geiste schrieb er auch eine Abhandlung
über das Gebet in der Muttersprache (s. Groot, S. 641).

Diess war der Kreis von Brüdern und Mitarbeitern, dessen Seele und Haupt Fl. war, und wie umsichtig, ausglei-
cheud, liebevoll, ernst er in demselben waltete, davon haben
wir mehrere Beweise. Dem Jakobus von Viana pflegte er zuweilen sein Uebermaass in der Strenge und der Zerknirschung
zu verweisen, und ihn zur Mässigung anzuhalten, dass er
nicht die Grenze der Besonnenheit überschritt. Von Gerhard
von Zütphen wissen wir, wie wenig er sich die Pflege des
Leibes angelegen sein liess. Da war es Fl., der dafür sorgte,
und „hätte er es nicht gethan, so würde Gerhard sich selbst
bald aufgerieben haben“. G. litt auch an einer Fistel, welche
er lange im Stillen mit grosser Geduld trug; „denn er wollte
nicht, dass Andere sich um ihn bekümmerten oder dass man
um seinetwegen Geld ausgäbe“. Als aber Fl. das Uebel wahr-
nahm, berief er einen Arzt, der den G. so lange pflegen

musste, bis er geheilt war". Fl. wusste auch die verschiedenen Elemente, die sich in der Stiftung geltend machten, mit
überlegener Einsicht gewähren zu lassen: auf der einen Seite
das praktisch-unmittelbare, auf das Heil der Seele Gerichtete,
das wir in Ketel dem Koch am schärfsten ausgedrückt fanden,
auf der andern das freiere, wissenschaftlich Geistige, das
Gerhard von Zütphen repräsentirte. Beide waren im Hause
wesentlich, beförderten die Gesundheit des Ganzen selbst und
dienten sich gegenseitig zum Korrektiv. Eben so grosse Einsicht bewährte er darin, dass er die Verwandlung der Fraterhäuser in rein klösterliche Institute nicht zugab, sondern ihre
Eigenthümlichkeit wahrte, während er anderseits für die vorzugsweise praktisch-aszetischen oder beschaulichen Naturen
die Klöster (Windesheim und S. Annenberg) stiftete oder ihre
Gründung beförderte. — Die Tüchtigeren oder Geeignetsten
der Gemeinschaft bestimmte er, wie wir sahen, zu Priestern,
wie er selbst dazu von Groot war bestimmt worden. Denn
„Keiner, wofern er nicht gerecht oder des allgemeinen Nutzens
wegen dazu gezwungen ward, wagte es, die Priesterwürde
anzunehmen, da alle einen höheren Stand flohen und es vor-
zogen, an niedrigerer Stelle und in einem geringeren Amte
zu bleiben. Denn zu jener Zeit galt unter den Brüdern das
Priesterthum als etwas Seltenes und Kostbares".

Doch nicht auf Deventer allein und die dortigen Häuser
blieb die Fürsorge des Fl. beschränkt. In immer w e i t e r e
Kreise verbreitete sich von hier aus das neue Leben, und er
selbst suchte es überallhin fortzupflanzen. „In dieser Absicht
sandte er Mehrere aus, Fraterhäuser zu stiften, oder Gottes-
häuser regulirter Chorherren, oder Frauen-Häuser". Auch in
der G e i s t l i c h k e i t des Stiftes Utrecht, wenigstens unter
den frömmeren Priestern desselben, und in Holland war er
eine Art M i t t e l p u n k t. Thomas nennt diese Männer; in
Utrecht: Wermbold, berühmten-Prediger und Beichtvater der
Schwestern der h. Cäcilie; in Amersfort: Wilhelm Henrici,
der „eine Kongregation von Klerikern gründete, die später-
hin regulirte Kanoniker wurden"; in Zwoll: Heinrich Gronde,
einen trefflichen Prediger, Beichtvater der Beguinen, und
Gerhard Kalker, Rektor der frommen Kleriker; in Harlem:

Hugo, Aurifaber genannt, mit seinen Priestern; in Amsterdam: Giesebert Dou, Gründer zweier Klöster und hochberühmten geistlichen Führer vieler Jungfrauen; in Medenblick: Paulus". Es waren Männer, die schon Groot befreundet waren und „durch die in Holland das geistliche Leben begonnen hat und allmählig zugenommen".

Aber auch bei den Weltlichen wusste sich Fl. sammt seiner Stiftung durch „die Heiligkeit seines Lebens, die Sittsamkeit seiner Haltung und seine Eingezogenheit" in Achtung zu setzen; und die anfänglichen Verleumdungen und der Spott wandelten sich bei Vielen in unwillkürliche Verehrung. Selbst manche der Rathsherren, und der Angesehensten der Stadt (Dev.) kamen zu ihm, sich Raths zu erholen ... und vertrauten ihm in schwierigen und verwickelten Fällen ihre Gewissen mit Sicherheit an, hörten ihn gerne und thaten auch auf seine Rüge hin viel Gutes und Gott Wohlgefälliges.... Sein aufrichtiger Wandel, seine völlige Liebe zu Gott, seine Barmherzigkeit gegen den Nächsten, seine Freigebigkeit gegen die Dürftigen, seine Ehrbarkeit gegen die Bürger und seine Freundlichkeit gegen die Betrübten hatten ihm die Liebe Aller erworben". Wie sehr diess den bedürftigeren Scholaren und Klerikern zu gute kam, wissen wir bereits. Ueberhaupt „ermahnte er stets die Mächtigeren, dass sie der Armen eingedenk wären und von dem Mammon der Ungerechtigkeit sich Freunde machen in den Hütten des ewigen Reiches. Und wer hätte Dem leicht etwas versagt, für den er Fürbitte einlegen wollte? Es fürchtete Gott zu beleidigen, wer in seiner Bitte ihn nicht erhört hätte".

Auch als geistlicher Redner hat Fl. gewirkt, nicht sowohl als eigentlicher Prediger, aber durch seine Kollatien, — eine Art geistlicher Speisung, die neben der Predigt einherging und den Fraterhäusern eigenthümlich blieb. „Geistliche und weltliche Leute besuchten sein Haus, das Wort Gottes zu hören". Er selbst hielt solche Kollatien „nicht bloss in Deventer, sondern anch an andern Orten, und wo er es nicht selbst vermochte, sorgte er durch Andere dafür." Es war aber Alles praktisch, was er sprach: „Fragen über hohe Dinge, verworrene Händel liess er gänzlich abseits; denn er wusste, dass das frommen Seelen wenig Erbauung schafft, und der Zerknirschung des Herzens eher hinderlich ist, auch die Herzen der Unschuldigen verkehrt". Ein bekehrter Rabbiner, der von dem Ruf des Fl. gehört, wünschte mit ihm „über die alten Patriarchen und Propheten sich zu besprechen". Fl. „nahm ihn freundlich auf, hörte ihn ruhig an, verhandelte mit ihm liebevoll, ermahnte ihn aber, den reinen Glauben in Christo festzuhalten und eines christlich-thätigen Lebens beflissen zu sein. Ueber Streitfragen jedoch, das Gesetz betreffend und die Genealogie der Alten, die keine Beziehung auf das Heil haben, wollte er sich nicht einlassen; nicht, dass sie ihm unbekannt gewesen wären, sondern weil sie nichts zur Erbauung eintrügen".

Im J. 1398 brach die Pest in Oberyssel aus, auch Deventer wurde heimgesucht. Fl. verliess mit den Meisten die Stadt und begab sich nach Amersfort; von wo aus er verschiedene Reisen nach Holland und Geldern unternahm, wohl in der Absicht, die Brüderschaften auch dahin auszubreiten. Inzwischen starben in Deventer mehrere der Brüder, die zurückgeblieben waren, und darunter mit die ausgezeichnetsten: Lubbert Berniers, Zerbold, Ketel; Gronde war ihnen schon 1392 vorangegangen. Aus freier Liebe war Lubbert bei den Kranken zurückgeblieben mit einigen Wenigen, da ergriff ihn die Seuche. Seine Krankheit und sein Sterben mit seinen Todeskämpfen, seinem Heimath-Verlangen und seinen Sieges-Ahnungen hat Bruder Aemilius, der ihm abwartete, in einem Tagebuch treu verzeichnet. Unmittelbar vor seinem Ende richtete er sich aus eigener Bewegung noch auf, hob die Hände auf und faltete sie zusammen, richtete die Augen starr gegen die Wand, neigte sich dahin mit Andacht und rief, seine gebrochene Stimme zusammen nehmend: „In deiner Glorie, in deiner Güte und Barmherzigkeit, nimm mich auf, nimm mich auf!" Diess wiederholte er öfters. Nach dem letzten Male schien er „wie erstaunt und in Entzückung" da zu liegen. Da trat Bruder Aemilius, der seiner abwartete, an sein Bett hin und fragte: Wie geht's, Bruder Lubbert? Er aber, noch immer wie in tiefem Erstaunen, antwortete: „Wunderbares, Wunderbares, Wunder, grosse Wunder habe ich gesehen".

Bald daranf verschied er unter den Gebeten der Brüder nach
achttägigem Krankenlager.

Kurz vorher war auch Ketel der Koch an der Pest gestorben, der ebenfalls aus Verlangen, die Kranken zu ver-
pflegen, zurückgeblieben war. Aber Krankheit und Tod kam
nun ihm selbst zuvor. „Wenige Tage vor seinem Tode ward
er aufgefordert, zu sagen, ob er nichts im Hause wüsste, was
noch zu bessern wäre. Da antwortete er: In drei Stücken
wünschte ich unsere Besserung. Erstens, dass wir sparsamer
ässen, damit den Armen mehr könnte gegeben werden; zweitens, dass man das bessere Geräthe verkaufte und den Erlös
desselben den Armen übermachte, und drittens, d a s s w i r
v o n d e n s o v i e l e n B ü c h e r n, d i e w i r h a b e n, e i n i g e
v e r k a u f t e n, d i e A r m e n u m s o b e s s e r z u u n t e r-
s t ü t z e n“. Ueber diese Worte, sofern aus ihnen die grosse
Frömmigkeit und das erbarmungsreiche Herz Ketel’s geleuchtet
habe, hätte sich, heisst es, Florentius gefreut; wir finden aber
nicht, dass er darnach gehandelt hat. — Offenbar der grösste
Verlust für die Gemeinde war derjenige Gerhard Zerbold’s von
Zütphen, der ebenfalls von der Pest ergriffen, seinem Freunde
Lubbert, den er so sehr beweint hatte, bald nachfolgte. Er
war erst 31 Jahr alt geworden. In ihm war dem Fl. „die
Stütze und Säule des Haùses und die andere Hand in Ge-
schäften“ gestorben.

    Nachdem die Pest vorüber, kehrte Fl. mit den Brüdern
wieder zurück; am 13. November ward auch die Schule wieder eröffnet. Mit erneuerter Kraft arbeitete man. Aber schon
nach wenigen Jahren war auch die irdische Wallfahrt dieses
mild-ernsten, herrlichen Mannes vollendet. Ihm ging kurz zuvor noch Jakobus von Viana voran. Als Fl. seinen Tod nahe
fühlte, verlangte er den Leib des Herrn. „O mein geliebter
Herr und Gott, betete er dabei, verzeihe mir, dass ich dich
so oft unwürdig behandelte und empfing“. Die Brüder ermahnte er noch zu brüderlicher Eintracht, und ernannte zu
seinem Nachfolger den Aemilius von Buren. Er starb den
24. März 1400, 50 Jahre alt; 16 Jahre nach Groot. „Lob
und Preis, schliesst Thomas, sei für sein preiswürdiges Leben
Christo in alle Ewigkeit, der unsere Zeit durch ein Gestirn so

herrlichen Lichtes schmückte". Im Anhang zur Chronik des Klosters auf dem Agnesberg wird sein Aeusseres so beschrieben: „Schwarze Haare, das Kinn wenig bewachsen, die Wangen etwas roth und fett; kahle Stirne". Fl. war der glückliche Fortsetzer des von Groot begonnenen Werkes, wozu alle Eigenschaften ihm gegeben waren; und war er auch kein gewaltiger Volksprediger, wie jener, so war er dagegen eine unerschöpflich thätige, zusammenhaltende, organisirende Persönlichkeit. Thomas hat uns das Bild des Mannes, der seine Jugendzeit verklärte, mit unverkennbarer Liebe gezeichnet. Demuth, im Aeusseren schon sichtbar, Menschenfreundlichkeit und Mitgefühl, Gewissenhaftigkeit, Thätigkeit, Gemeingeist und tiefe Religiosität hebt er als die Grundzüge seines Wesens hervor.

Schon in seinem Aeussern glaubte Fl. sich nicht einfach genug tragen zu können: graues Unterkleid und Ueberrock (Mantel), dieselbe Kleidung an Festtagen wie an gewöhnlichen Tagen; nur hielt er, aus Ehrfurcht gegen das Sakrament, an Festtagen bessere Kirchenornamente. Thomas, als damaliger Schüler, mochte es nicht leiden, dass dieser ehrwürdige Mann so unscheinbar daherkäme. Aber „er und alle seine Brüder strebten in h. Wetteifer, alte Gewande zu haben und hierin einander zu übertreffen". Als er einen neuen Rock sich machen lassen musste, sagte er zum Schneider, der ihn darüber befragte: „je einfacher, je besser". Wie Groot, sein Lehrer, war auch er kein Freund von Titeln; einfach Florentius, das war ihm das Liebste, nicht einmal Magister Florentius. Es kümmerte ihn auch wenig, wenn die Welt ihn (wie seine Brüder zu Anfang) einen aberwitzigen Menschen, einen Betbruder schalt; es war ihm „noch lieber, als ein grosser Herr oder Doktor genannt zu werden". — Er lebte sehr eingezogen, selten sah man ihn auf der Strasse; und dann hielt er sich nirgends lange auf, sondern „fertigte, die ihm Begegneten, mit kurzen Worten oder auch durch ein blosses Nicken des Hauptes ab". Auch „achtete er gar nicht auf die Ehren, die man ihm äusserlich erwies". — Von Haus aus, scheint es, zart organisirt, hatte er leider! im Anfange seiner Bekehrung durch übertriebene Aszese, wie diess fast alle „angehenden"

Menschen nach Suso thun, „dureh Fasten und Nachtwachen seinen häuslichen Feind im Eifer des Geistes verfolgend", aber
im Uebermaass, seine Gesundheit untergraben. „Denn er hatte
sich nicht nur von Unerlaubtem und Ueberflüssigem enthalten, sondern er hatte sich auch manches Nothwendige entzogen, so dass er die Esslust beinahe gänzlich verlor und die
Speisen nicht mehr nach dem Geschmack unterscheiden
konnte". Einmal in Abwesenheit des Kochs ging er in die
Speisekammer und trank aus einem Kruge statt Bieres Oel,
ohne es unterscheiden zu können, bis der Koch ihn darüber
befragte. Ein andermal, als er ein wenig Wein zu seiner Stärkung getrunken, sprach er zu seinem Nachbar: was habt ihr
da für ein scharfes und bitteres Bier! Er ass, sagt Thomas,
„mehr, weil es die Natur erforderte, als aus Antrieb der Ess-
gier, oder wegen der Lieblichkeit einer Speise". Ganz wie
man es von Bernhard (B.'s Leben, S. 447) liest. Er war
daher viel kränklich, bettlägerig, aber immer zufrieden, thätig, Gott für Alles dankend. Er sei oft so übel dran gewesen,
sagt sein Biograph, dass „menschlicher Weise die Aerzte an
seiner Wiederherstellung verzweifelten". Wenn er dann so
tief krank gelegen, hätte man es in alle Vereine sagen lassen,
auf dass Alle für ihn beteten. „Ich selbst, fügt Thomas bei,
war zuweilen ein Bote dieser Angelegenheit und sprach zu
den Schwestern: Betet für den Herrn Florentius, der an
schwerer Krankheit darnieder liegt". Ein Freund des Fl.,
Eberhard Elza, Pfarrherr zu Almel, und berühmter Arzt, der
ihm vielfach durch seine Behandlung geholfen, konnte sich
nur wundern, dass dieser Mann so lange in einem so gebrechlichen Leibe leben konnte; es gehe über die menschliche Natur; „behütete ihn nicht eine ganz besondere Gnade, und
würden nicht die Gebete Vieler für ihn zum Herrn gesandt,
es wäre schon längst aus mit ihm". Und allerdings war in
dieser gebrechlichen Hülle ein in Gott starker Geist, der
sie noch zusammenhielt, und der, wie wir diess so oft finden, trotz ihrer so Grosses wirkte.

　　In der Leitung des Hauses entfaltete Fl. jene w a h r e
M i s c h u n g v o n L i e b e u n d E r n s t, die selten ihres Zieles verfehlt und die sich schon in seiner ganzen Erscheinung

ausprägte. Er war daher auch „nicht als ein strenger Meister gefürchtet, sondern als ein liebreicher Vater geliebt". Ja, die innere Harmonie, die „himmlische Reinigkeit", die in ihm gewesen, habe in seiner äusseren Persönlichkeit wie in einem Spiegel so wiedergeleuchtet, „dass, wer verstört oder gekränkt war, ihm nur ins Angesicht sehen und ein wenig mit ihm reden durfte — und er fand sogleich wieder den Frieden". Diess „habe ich sehr oft an mir selbst erfahren und weiss es auch von meinen Gefährten". War es aber nothwendig, dass Fl. Jemand zurechtwies, fürchtete man ihn so sehr, „dass Niemand es wagte, ihm zu widersprechen, noch sich zu entschuldigen, ob der Ehrfurcht, die seine Heiligkeit einflösste, welche Keiner zu beleidigen wagte, aus Furcht, den Zorn Gottes sich zuzuziehen, wofern er seinen Reden nicht demüthig gehorchte".

Er war unausgesetzt thätig, und auch in der Arbeit den Brüdern ein Vorbild. „Ob er wohl eine Pfründe hatte, so wollte er doch sein Brod nicht umsonst und ohne Arbeit essen". Den kleineren Geschäften konnte er freilich nicht so wie die übrigen Brüder abwarten, weil er die Leitung der Stiftungen hatte; auch „ward er von vielen auswärtigen gottesfürchtigen und gelehrten Männern in Anspruch genommen.... Es kamen zuweilen so Viele vor sein Zimmer, die ihn zu sprechen verlangten oder ihm als einem h. Mann ihr verborgenes Gewissen in der Beicht entdecken wollten, dass er kaum hindurchgehen konnte, und ihm auch keine Zeit genug erübrigte, die geistlichen Tageszeiten zu beten und sich nothdürftig zu erquicken. Indessen entliess er Keinen ungetröstet, entweder entsprach er sofort dem Bittenden, oder bewilligte ihm auf ein andermal Zutritt, je nachdem derselbe ihn darum ersuchte. Es geschah zuweilen, wenn er angefangen, sein Brevier zu beten, dass er nicht einmal ausbeten konnte, so oft wurde geklopft. Um nun nicht verdriesslich zu werden, wenn er den Anklopfenden beständig aufthun musste, sprach er zu sich selbst: Noch einmal Gottes wegen". Thomas rühmt das an ihm, was ihn so gesucht gemacht, dass er die Gabe, die Gemüther zu unterscheiden, besessen habe. Er hätte genau gewusst, wie er einem Jeden antworten müsse;

und mit dieser Gabe des Rathes sei er Weisen wie Ungelehrten und mit Geschäften Ueberladenen auf heilsame Weise zu
Hülfe gekommen. — Was er nun aber von diesen höheren
Geschäften erübrigen konnte, verwandte er auf die (gemeinsame) Handarbeit gleich den andern Brüdern. „Da er in der
Schreibekunst nicht sehr bewandert war,. so balf er, indem
er das Pergament glättete, die Blätter linirte und die Hefte
einband. Wenn es die Noth erforderte und er Zeit hatte,
durchlas er auch mit einem Andern die geschriebenen Bücher
und korrigirte sie, setzte auch wohl selbst aus h. Schriften
einige denkwürdige Aussprüche zum Trost der Brüder und
zur inneren Geistesübung bei". Selbst „wenn er die Woche
hatte in der Küche, hielt er diess nach Möglichkeit". Und als
man ihn einmal fragte, ob er denn Niemand habe, der diess
statt seiner thue, und ob es nicht besser wäre, er ginge in
die Kirche; antwortete er: „Sollte ich nicht grösseres Verlangen tragen, die Gebete aller Uebrigen, denn bloss das
meinige zu haben? Denn indess ich in der Küche arbeite,
sind alle andern gehalten, für mich zu beten". — Freilich
hinderten ihn seine Krankheitsumstände oft an der Erfüllung
dieser gemeinsamen Pflichten; ebendesswegen konnte er auch
nicht immer an den gemeinsamen Mahlzeiten der Brüder Theil
nehmen, was er sehr bedauerte. Er ass dann „gesondert in
der Küche allein mit seinem Koch und hatte einen kleinen,
mässig bereiteten Tisch, da sein Magen keine feste Speise
vertragen konnte". Auch den Chor konnte er nicht täglich
besuchen; aber wenn er anwesend war, so war er ganz Andacht, ganz Gefühl der Gegenwart seines Gottes. Seine An-
wesenheit, sagt Thomas, habe eine unwillkürliche Stille selbst
unter ihnen, den Knaben, hervorgerufen. „Er war so sittsam
und sein Angesicht drückte eine so grosse Ehrfurcht aus, dass
viele Knaben und Chorsänger ihn oft ansahen und seine Gottesfurcht bewunderten. . . . Die übrigen Chorherren und Vikarien
selbst hatten eine so grosse Ehrfurcht vor ihm, dass sie in
seiner Gegenwart auch vor der leichtesten Ungebühr sich hü-
teten". — In seiner Rede vermied er alle Betheuerungen und
verbot sie auch den Seinigen.

Einen Zug hebt Thomas noch besonders hervor: seine

Mildthätigkeit. Er war „der mildeste Vater der Armen,
der liebreichste Tröster der Betrübten und der mitleidigste Be-
sucher der Kranken. Oft sandte er den Dürftigen und
Schwachen die Speisen seines Hauses und theilte, was man
ihm aus Liebe gesandt hatte, in noch grösserer Liebe mit Anderen, die dessen bedurften. Auch hatte er eine Liste der
Armen, und trug einem oder zweien seiner Brüder die Sorge
auf, ihrer zu pflegen und ihnen ehrbare Unterkunft und die
nothwendige Unterstützung zu verschaffen". Seinen ganzen
Einfluss bei den vermöglichen Bürgern und Frauen Deventer's
verwandte er, wie wir wissen, zu Gunsten der Armen. Selbst
Aussätzige oder sonst - durch körperliche Fehler Entstellte
schloss er, und oft um so inniger, weil sie von andern Menschen verlassen waren, in seine Fürsorge ein. Ausser den täglichen Almosen, die er spendete, reichte er zu gewissen Zeiten
noch Ausserordentliches. „Im Maimonat, wo die Kräuter in
ihrer vollen Kraft sind und am dienlichsten zur Arznei, liess
er Solche, die mit Krätze oder Geschwüren behaftet waren,
zu bestimmten Tagen und Stunden in sein Haus kommen,
wo sie Arzneien und ein warmes mit wohlriechenden Kräutern
bereitetes Bad erhielten. Hatten sie sich dann wohl gebadet
und gewaschen, so liess er ihnen ein reines Bett bereiten, dass
sie ihres Schweisses pflegten. Hierauf liess er ihnen einen
Trunk reichen und entliess sie mit trostreichen Worten".
Am Feste des h. Gregorius liess er 12 arme Schüler zum Essen einladen, weil er gelesen, dass dieser Papst täglich 12
Arme an seinem Tische hatte. „Zur Zeit einer Hungersnoth, in
der vierzigtägigen Faste, da Viele zu ihm ihre Zuflucht nahmen, berieth er sich mit den Brüdern und sie beschlossen,
sich selbst etwas zu entziehen und den Armen reichlicher
beizustehen, auch über die gewöhnliche Zeit der Arbeit die
ganze Faste hindurch jeden Tag eine Stunde zuzugeben, und
was sie während dieser Stunde durch Schreiben verdienten,
zusammenzulegen und dem Pfleger der Armen zu übergeben,
dass er dafür nothwendige Nahrungsmittel kaufen und den
Armen solche getreu spenden sollte".

Wie von Groot, so hat Thomas auch von Florentius (und
von noch andern Brüdern) eine Sammlung von Sprüchen

und Weisheitsregeln uns aufbewahrt. Man glaubt in ihnen oft
den Thomas selbst zu hören, so ganz hat dieser in seinen eigenen Schriften aus dem Geiste seiner Führer und Lehrer, man
möchte sagen aus dem Geiste der gesammten Brüderschaft
herausgegriffen.

Wir hören Fl. zunächst von der Nothwendigkeit
der Selbsterkenntniss, Selbstacht, sittlichen
Arbeit sprechen. „Vor allen Dingen erkenne deine Fehler und Leidenschaften. Sei immer wachsam gegen die Versuchungen und die Aufregung der Leidenschaften. Wenn du
sie, sobald du ihrer gewahr wirst, sofort unterdrückst, so
schaden sie dir nicht; verweilest du in ihnen, so ist's schlimm;
ergötzest du dich gar an ihnen, so ist's noch ärger.... Ich
glaube, dass die Bewegungen und Gedanken, die in unser
Herz kommen, nicht in unserer Gewalt stehen; allein unsere Sache ist es, durch Lesen, Gebet und fromme Gedanken immer etwas Gutes in unser Herz zu pflanzen, bis jene unerlaubten Regungen durch diese Uebungen
besiegt sind und durch Gottes Gnade weichen.... Alle seine
Uebungen und Studien soll der Mensch dahin leiten, dass er
seine Leidenschaften und Fehler überwinde; denn sonst nimmt
er wenig zu.... Vor allen guten Werken sollst du nach
Reinheit des Herzens streben und gute Betrachtungen
vor dich nehmen, denn daraus entspringt Liebe, Gebet, Andacht, und alle anderen Tugenden werden gekräftiget....
Wenn du etwas Gutes thust, so thu' es einfach und rein zur
Ehre Gottes, und suche dich selbst auf keine Weise
darin".

Fl. empfiehlt noch einige bewährte Hülfsmittel zu
einem Gott wohlgefälligen Leben: Betrachtung des Leidens
Christi: „alle Dinge würden dem Menschen süss werden,
wenn er sich fleissig in den Leiden des Herrn übte"; Studium
der h. Schrift überhaupt: „dann ist dein Gewissen gut und gesund deine Vernunft, wenn du nichts thust ausser
nach der h. Schrift, und sie also verstehest, wie die Heiligen sie verstanden und deinem eigenen Kopfe nicht glaubest";
das Gebet, das innerliche, geist-lebendige: „lerne verstehen,
was du betest, und so werden die umherschweifenden Gedan-

ken vertrieben werden"; aber auch das äussere, das „laute,
mündliche, wenn man viele Phantasieen hat"; die Sammlung,
„denn Zerstreutheit ist der Andacht wie Wasser dem Feuer
entgegen"; endlich offene, schlichte Beichte, die gegenseitige
und vor dem Priester: „nichts halte geheim, weder in deinen
(äusseren) Angelegenheiten, noch in deinem Gewissen, dass
du es nicht offenbarest.... Es ist zuweilen nützlich, einem ein-
sichtigen und im Wege Gottes erfahrenen Bruder seine Leidenschaften und Kämpfe zu offenbaren und nicht auf dem eigenen Sinne zu bestehen, sondern mehr einem Andern zu
vertrauen und demüthig seinen Rath anzunehmen und gerne
seinem Rektor zu folgen". Vor allem dringt Fl. auf eine bestimmte Lebensordnung. „Gut wäre es dem geistlichen Menschen, wenn er seine zeitlichen Angelegenheiten in
einer dazu bestimmten Zeit ordnete und dann, gleichsam aller
derselben vergessend, zu geistlichen Dingen zurückkehrte....
Sei niemals müssig, sondern stets mit heiliger Arbeit beschäftigt, und richte alle Regungen deines Gemüths auf Gott....
Jeder Arbeit sende ein kurzes Gebet voran.... Vor dem Anfang jedes Werkes bilde dir deinen Vorsatz, wie du dich dabei verhalten willst, und brich ihn nicht leicht".

Wie Groot hebt Florentius besonders auch gegenüber
todtem, scholastischem Wissen das zum Heil
Nothwendige, das unmittelbar Praktische hervor.
„Wenig frommt es, viel zu studiren, wofern man nicht studirt, sein Leben zu bessern; denn auch der Teufel weiss viel
von den Schriften, und doch nützt es ihm nichts.... Besser
ist ein geringes Maass des Geistes als grosse Gelehrsamkeit
ohne Frömmigkeit; denn schöne Worte sind wahrlich sehr
wohlfeil, aber gute Werke findet man schwer.... Die weltliche Wissenschaft ist sehr anlockend, aber hüten soll sich
der Mensch, sich nicht allzugross zu ihr ziehen zu lassen,
sondern er soll sich befleissen, durch sie als durch ein
Mittel zu Gott hindurchzugehen; es sollte ihm nicht
genügen, im Mittel stehen zu bleiben".

Gedanken von reinstem Wasser finden sich besonders in
seinen Sprüchen über unser Verhalten zu den Nebenmenschen. Da warnt er vor Schadenfreude, Neid: „Nie

sollst du das Böse eines andern aussagen,' es sei denn, es
könne ihm oder einem andern zum Nutzen gereichen. Klage
einen Andern mit aufrichtiger Theilnahme an wie einen kranken Bruder.... Der ist ein wahrer Freund und Bruder des
Andern, der die Laster desselben hasst und sie ihm überwinden hilft.... Wenn du Neid oder Argwohn oder eitlen
Ehrgeiz fühlest, so antworte dir selbst im Innern und sprich:
o Schande, dass du noch so elend und so schwach bist, dass
du aus dem Fortgang Anderer abnimmst und schlechter wirst!
Und so erniedrige und beschäme dich selbst im Innern und
fliehen wird die Versuchung des Teufels von dir, der derlei
Dinge einflüstert.... Habe keinen Neid, wenn ein Anderer
heiliger ist denn du, oder grösseren Namen hat, sondern liebe
in ihm die Gaben Gottes und sie werden dein sein (S. 184)....
Liebe alle Bekehrten auf gleiche Weise in Gott, sowohl die
Abwesenden als die Gegenwärtigen.... Wie viel ein Mensch
alle seine Güter des Leibes oder der Seele gemeinsam macht,
also viel werden auch alle Güter der Andern ihm selbst gemeinsam sein.... Was an einem andern Orte oder durch einen Andern wohl gethan werden kann, das liebe und erhöhe
mehr, als wenn es durch dich wäre gethan worden.... Unter
den Brüdern sollst du denken: o könnte ich mich also halten,
dass keiner durch mich geärgert würde"!
Eine andere Reihe dieser Sprüche trägt dann allerdings
einen überwiegend aszetisch-klösterlichen Karakter, z. B.
„Sprich selten mit einem Weltlichen, es sei denn je nach seinem Stande, ihn im Guten zu kräftigen.... Gefährlich ist's,
oft zu sprechen oder umzugehen mit weltlichen Menschen,
die da Macht haben oder in Würden stehen: als Schöffen,
Priester, Domherren, und andere Reiche; denn von Natur
solche Vornehme fürchtend gibt ein Mensch ihnen leicht Beifall und stimmt zu ihren Worten.... Fliehe zur Zelle wie zu
einer Freundin, denn da bist du sicher.... Da wirst du die
verlorene Andacht wieder gewinnen". — Besonders empfiehlt
er in dieser Richtung den Gehorsam. „Wie gut habet ihr
es und wie sicher stehet ihr, dass ihr also unter dem Gehorsam
leben könnet! Und hätte er es zuvor gewusst, so hätte er um

keinen Preis der Welt Andere zu leiten angefangen, bevor
er nicht selbst früher unter dem Gehorsam gestanden wäre.
Ja, hätte nicht körperliche Krankheit ihn verhindert, so hätte
er lieber unter einem strengen Meister sein wollen, der seinen
Willen vollkommen gebrochen hätte.... Ich wundere mich,
wie ein Mensch, der unter dem Gehorsam steht, Zweifel haben und unzufrieden sein kann.... Befleisse dich, demüthig
zu vollbringen, was dir befohlen wird. Wer lange erörtern
will, wird kaum wahrhaft gehorsam sein.... Keine Krankheit ist so gross, dass der Gehorsame nicht davon geheilt würde.
Wenn ein Mensch sich vollkommen verläugnet hätte, sollte
er sich selbst nicht mehr trauen, noch mehr an sich verzagen,
als der Vorgesetzte ihm sagen würde".

Den Brüdern des gemeinsamen Leben gelten insbesonders
einige Ermahnungen zu lebendigem Gemeingeist und Bethäti-
gung desselben. „Was immer für's gemeine Wohl ist, das
sollen wir sorgfältig hüten, wie die heiligen Gefässe des Altars.
... Dann wohnen wir auf die rechte Weise beisammen, wenn
wir Eines wollen, Eines denken, einerlei Sinn im Herrn haben.
Jeglicher sei eifrig, in allen seinen Werken und Sitten nach
der Brüdergemeinde sich zu richten, im Lesen, Singen, Essen
und Fasten, und Keiner sei ein Sonderling".

Aecht mittelalterlich, wie denn im Mittelalter die spezifische Würde und Bedeutung Christi im Allgemeinen ganz
verkannt und ebendesswegen Maria an Christi Stelle gerückt
wurde, ist die Anschauung des Fl. von der Maria. „Spräche,
sagt er, Jemand mit einem grossen Könige, so würde er sich
diejenigen zu gewinnen suchen, die Vertraute des Königs
sind; so hat man es mit der Maria zu halten, die die Vertrau-
teste des höchsten Königs ist" (vergl. Suso).

Am Schlusse dieses liebenswürdigen Lebensbildes mag
es am Platze sein, das Institut der Brüderhäuser in
seiner Eigenthümlichkeit und inneren Einrichtung und
seiner geschichtlichen Ausbreitung zu überschauen.

Gewöhnlich hiessen die Mitglieder der Fraterhäuser „Brüder des gemeinen, gemeinsamen Lebens", oder „des guten

Willens", Fraterherren; später wurden sie auch wohl Fratres
Scholares, Kollatien-Brüder (s. oben), oder nach den Schutz-
heiligen, die Einige annahmen, Gregor-, Hieronymi-Brüder
genannt. Bei Thomas haben sie den Namen: „Fromme Kleriker", Männer, Brüder „von gutem Willen" (vergl. Rusbroek
S. 553), „Devoti" (Pietisten im Sprachgebrauch der Welt).

Die Bestandtheile eines solchen Hauses waren: Priester,
viere oder mehrere; eine doppelt so grosse Anzahl Kleriker:
Novizen; Laien, die auf einige Zeit an der Lebensweise der
Brüder Theil zu nehmen wünschten. Und gleich diese „engste
Verbindung zwischen Geistlichen und selbst-mitthätigen Laien"
ist bezeichnend. — Der Aufnahme ging ein Probejahr (Noviz-
zeit) voran; der Aufgenommene hiess Kleriker. Es band ihn
aber kein unverbrüchliches Gelübde, wie den Mönch, das Gesetz der Liebe sollte allein binden.

Die Gemeinschaft sollte „ein Herz und eine Seele" sein;
daher Gütergemeinschaft als unmittelbarster Ausdruck
dieses Gemeinschaftsgeistes. Jeder lebte von der gemeinschaft-
liehen Kasse und zu dieser trug jeder bei durch den Verdienst
seiner Arbeit, z. B. seines Abschreibens, durch das, was Jeder
besass an Eigenthum und dem Hause beibrachte, oder später
anerbte, und allemal dem Hause übergab, — oft nicht unbe-
trächtliche Summen. So lesen wir von Lubbert Berniers,
dass er nach dem Tode seines Vaters sofort sein Erbtheil dem
Florentius übergeben, der es zur Ausstattung des „neuen
Hauses" verwandt habe. Auch Legate von Befreundeten, oder
Kost- und Schulgelder der bemittelteren Schüler äufneten die
gemeinschaftliche Kasse. Im Leben Arnolds von Schonhofen
lesen wir, dass er immer darauf gesehen habe, nicht von
den Arbeiten der andern Brüder sich zu nähren; was er daher
durch Schreiben u. s. w. weniger habe verdienen können, das
hätte sein Vater ersetzt, „der jährlich eine gewisse Summe
Geldes den Brüdern zu senden pflegte". — An der Spitze des
Hauses stand ein Rektor, Prior, Präpositus, dem ein Vize-
rektor zur Seite stand; ihm folgte der Prokurator (Rentmeister,
Schaffner), andere Aemter waren der Librarius (Bibliothekar),
Scripturarius (Lese- und Schreibmeister), der Novizenmeister
u. s. w. — Die Kleidung war verschieden von derjenigen der

gewöhnlichen Mönche: graues Obergewand, Rock und Bein-
kleider ohne alle Verzierung; auf dem Haupte eine graue
Kappe (daher sie auch später cucallati, in Deutschland Kappen-
herren, Gugelherren, Kogelherren genannt wurden). Das
Haupthaar der Schüler war gewöhnlich auf dem Scheitel ab-
geschoren. — Die Kost war einfach, wie ihre Kleidung, und
gemeinsam. Ueber Tisch wurde vorgelesen. — Die Beschäftigung war eine vortreffliche Mittelstrasse von Arbeit und Meditation. Die Arbeit selbst war eine doppelte.
Einmal leibliche Handarbeit, nicht bloss für die Laien, sondern auch die Kleriker, ja die Priester. Denn schon Groot
hatte den Grundsatz ausgesprochen, dass Keiner in die Gemeinschaft solle aufgenommen werden, wofern er nicht nach
der Mahnung des h. Paulus mit den Händen arbeiten wollte;
was Thomas dahin kommentirt: „Die h. Arbeit sei nützlich
zu jedem geistlichen Fortgang; durch sie werde die Lüstern-
heit des Fleisches gebändiget und der unstäte Sinn von allem
leichtsinnigen Umherschweifen abgezogen; durch sie der sündliche Müssiggang verbannt und alles eitle Geschwätz, das
daraus entspringe, um so leichter vermieden; durch sie werde
auch weise für die Bedürfnisse der Brüder gesorgt und dem
Elend der Armen reichlicher abgeholfen; denn am besten gefalle Gott jenes Almosen, das aus dem Schweisse des Angesichts hervorgehe und durch rechtmässige Arbeit erworben die
Dürftigen erquicke". In der ersten Zeit war z. B. im Agnes-
hause bei Zwoll ein solcher „Liebes- und Arbeits-Eifer, dass
Jeder sich bestrebte, den Andern an demüthigen Werken
zu übertreffen, so dass oft, indess der Eine noch ruhete, ein
Anderer früher aufstand und dessen Werk heimlich vollendete.
... Sehr oft war ein äusserliches Werk gethan, und Niemand
wusste, wer dasselbe vollbracht hatte". Diese Arbeit war
verschiedenartig. „Einige trieben das Schuhmacherhandwerk,
Andere webten Wolle und Leinwand, Andere wieder machten
Körbe und Matten, Andere verschiedene Geräthschaften für
den Nutzen des Hauses, je nach der Anordnung des Vor-
stehers". Wir finden, dass Thomas von Aemilius von Buren,
dem Nachfolger des Florentius, rühmt, dass er sogar schwereren Arbeiten, als Brodbacken, Bierbrauen, sich mit Freu-

digkeit unterzogen habe. Eine Hauptarbeit, die schon ins
geistige Gebiet reichte, und daher besonders den Klerikern
und Priestern oblag, war das Bücher-Abschreiben, welches
zum Unterhalt am meisten beitrug, auch schon wissenschaftlichen Zwecken diente und zugleich die Brüder bildete;
„wie die Genossenschaft zum Theil durch das Kopiren der
Schrift und erbaulicher Bücher veranlasst wurde, so hatte sie
auch von Anfang an und behielt fortwährend eine Richtung
auf das Schreiben, Sammeln, Bewahren und Nutzbarmachen
der h. Schrift und guter theologischer und aszetischer Bücher“.
Diese Arbeiten hatte Jeder abwechselnd zu thun, und gerade
„jene Dinge, sagte Fl., sollte Jeder mit um so grösserer Liebe
umfassen, worin weniger Ehre und mehr Arbeit und Mühe sich
fände“. In der ersten Zeit „eiferten auch Alle, verächtlichem
Werke sich zu unterziehen; für das Reich Gottes zu arbeiten,
bedünkte sie frendige Mühe“. So war es „Brauch, dass Jeder
aus den Brüdern abwechselnd eine Woche in der Küche dienen, daselbst in aller Demuth kochen und was vom Koch ihm
befohlen war, schnell und heiter erfüllen musste“. Wir haben
gesehen, dass sich auch Fl. von diesem Brauche nicht aus-
schloss. — Die geistigen Arbeiten waren Studium, Unter-
richtgeben u. s. w.

Mit der Arbeit wechselte die Meditation, Gebet, Lesung,
kirchliche Andacht, — Alles zu gehöriger Zeit; denn es war
eine strenge vorgeschriebene Tagesordnung.

Das war die innere Einrichtung, — wie man sieht, kein
Klosterleben, keine Klosterzucht; aber auch keine Welt-Ge-
meinschaft. Es war die Mitte zwischen beiden. Es sollte
ein Leben in der Welt sein, auch für sie, und doch wieder
ausser ihr. Von dem Klosterleben schied sie, dass ihre Vereinigung eine freiwillige war, dass kein Klostergelübde sie
band; dass man auch, ohne kirchliche Strafen zu gewärtigen,
die Gemeinschaft verlassen konnte, doch allerdings nicht leichtfertig, und nicht ohne Rückerstattung zu leisten. „Sebet,
offen stehet die Thür, sprach zuweilen zu einigen Unzufrie-
denen der alte blinde Ummen, der erste Vorsteher des Agnes-
hauses bei Zwoll, wenn Einer fortgehen will, der mag gehen;
lieber will ich einen Gehorsamen als viele Ungehorsame

haben". Das galt aber als ein letztes Schreckmittel, und
verfehlte nie seine Wirkung. Die Brüder selbst wachten eifer-
süchtig darüber, dass sie nicht mit den Klosterleuten identifizirt würden: sie wollten nicht Religiose heissen; dass sie sich
Fromme, Devoti am liebsten nannten, wissen wir. Auch von
Groot lasen wir, wie er sich eine strenge Lebensregel auf-
stellte, die er unverbrüchlich hielt, aber ein „Gelübde" sollte
sie nicht sein; wie von innen heraus sie ihm erwachsen war,
so sollte sie auch frei von innen heraus gehalten sein. Es sollte
ein Verein sein ganz nach dem Bilde der ersten Kirche, ein
apostolischer Verein. Auf diesen Zug stossen wir in allen besseren Seelen des Mittelalters: bei den Waldensern, bei Franziskus; vielleicht die meiste Aehnlichkeit hatte mit unsern
Brüdern der Verein des Durandus von Hueska (s. Innozenz,
S. 418). Dagegen ist nun aber zu sagen, dass der Geist,
der diese Vereine zusammenhalten sollte, der aszetische, der
Mönchsgeist war, wenn es auch nicht die Form war. Denn in
jener Zeit des Mittelalters galten als die Tugenden Christi,
des apostolischen Zeitalters eben dieselben Tugenden, die
das Mönchsleben vorzugsweise konstituirten: Weltverachtung,
Brechen des eigenen Willens, Demuth, Gehorsam, — Tugenden, die Thomas von Kempis auf jeder Seite preist. Dieser Geist war das Band jener Gemeinschaften. In den ersten
Zeiten war ein Wetteifer in diesen Tugenden; nicht tief genug konnten die Brüder sich setzen, nicht pünktlich genug
folgen, nicht freudig genug sich zurechtweisen lassen, nicht
einfach, um nicht zu sagen, simpel genug schon in ihrem
Aeusseren erscheinen; — es geht zuweilen ins Aeusserliche,
Kleinliche, Manierirte. Thomas erzählt von den Brüdern im
ersten Hause auf dem Agnesberg (ehe es noch ein Kloster
war): „Keiner getraute sich, auch nur einen Nagel in die
Wand zu schlagen oder sonst das Geringste zu thun, ohne
die Erlaubniss der Oberen oder des Schaffners. Denn auf die
geringste Nachlässigkeit erfolgte eine brüderliche Zurechtweisung zur Behutsamkeit, und Niemand entschuldigte sich, sondern Jeder erkannte demüthig seine Fehler und versprach sofort Besserung". Als die Brüder dieses Hauses von ihren
Oberen einmal hinausgesandt wurden, das Schilfrohr zu hü-

ten, damit nicht die vorübergehenden Thiere dasselbe ver-
dürben, kehrten alle, bis auf Einen, zur bestimmten Zeit des
Mittagessens nach Haus. Dieser Eine blieb, ohne zu essen, im
Eifer und in der Sorge für das Rohr. Dem später Heimkeh-
renden erwiederte aber der Rektor: „Ich wollte lieber, dass
die Thiere Alles zerstört hätten, und du mit den Uebrigen
g e h o r s a m heimgekehrt wärest". — Als Fl. den Lubbertus
einmal rufen liess, legte dieser die Feder augenblicklich nieder, ohne nur noch ein Wort zu schreiben; er war aber „gerade auf der letzten Zeile des Blattes", und es waren „nur
noch drei oder vier Worte" zu schreiben übrig. „Nicht ein
Jota weiter", erwiederte er dem ihm rufenden Bruder, der
meinte, er könnte die Zeile vollends ausschreiben, er komme
noch zeitig genug; „ich muss gehorchen". Fl. aber, als er
das vernahm, sagte: „Lubbert, Lubbert, wie gut verstehest du
deinen Vortheil und den Fortgang deiner Seele". Dieser selbe
Lubbert sprach geradezu aus: „Das halte als unverbrüchliche
Regel: was dem Herrn Florentins und den Brüdern gefällt,
das will Gott, dass du das thuest". Er war so auf die Tugend
des Gehorsams erpicht, dass er — Thomas sagt das mit Wohlgefallen dem Aemilius über ihn nach — „auch einem kleinen
Knaben sich untergeben und dem geringsten Laienbruder so
gern als dem Herrn Florentins gehorsam gewesen sein würde,
falls Herr Fl. einen solchen zur Regierung des Hauses bestellt
hätte". Als einst Fremde, angesehene Rathsmänner aus Zwoll,
kamen, ihren Landsmann (denselben Lubbert) zu besuchen,
der gerade in der Küche stand und Senf machte, „blickte er
sie an, wartete aber, sie anzureden, bis man ihn dazu ermahnte; und nach einem kurzen Gespräche beurlaubte er sich
wieder und kehrte zu der ihm aufgetragenen Arbeit zurück".
Das, wie gesagt, galt für ächt christlich, für apostolisch, das
ganze Mittelalter durch. Immerhin aber machte diese Selbst-
hingabe an das Ganze, diese Unterordnung des Ich unter die
Oberleitung die Gemeinschaft nicht bloss möglich o h n e Gelübde, sondern stark in sich und der Welt gegenüber. Diese
Gemeinschaft sollte aber eine s t r e n g s i t t l i c h e sein, und
diess förderte Eines vor Allem, was schon Groot und dann
Fl. für ihre eigenen Personen in Anwendung gebracht und

dann auf die Gemeinschaft selbst übergetragen hatten: das
freie Sündenbekenntniss, das gegenseitige Sich-Ueber-
wachen, Sieh-die-Fehler-bekennen. Alles diess hat der sterbende Lubbert in seinem Abschiedswort an die Brüder zusammengefasst: sie möchten, ermahnt er sie, treue und
herzliche Einigkeit unter einander bewahren und sich hestre-
ben, in liebevollem Gehorsam gegen einander zu verharren;
ein Jeder solle denken: er sei der Geringste und der Diener
der Andern; auch sollten sie sich gegenseitig bewachen, einander in Liebe ermahnen, ihre Fehler und ungeordneten Sitten einander brüderlich verweisen, und nie über
Fehler oder Nachlässigkeiten einander schmeicheln. „Verblei-
bet ihr so, dann habt ihr Niemand zu fürchten, und ihr werdet
sein gleich einer unüberwindlichen Mauer. Im entgegengesetzten Fall aber wird eure Sache bald zu Grunde gehen ohne
Werth, und nur Eitelkeit und armseliges Wesen sein“. Das
war in der That das Geheimniss ihrer Stärke.

In ihren Glaubensansichten standen sie ganz in der
Kirche ihrer Zeit; besonders viel finden wir sie auf die Für-
bitten der Maria, der Heiligen, der Brüder halten; Sterbende
können sich ihnen nicht genug empfehlen. Doch ist es bei
Einigen dabei nicht ohne Kämpfe abgegangen, die ihnen im
Geiste der Zeit als Versuchungen des bösen Geistes vorkamen.
Der sterbende Lubbert, der in seinen Todesbangen die Fürbitte aller Heiligen und seiner Brüder zu Hülfe nahm, erzählte,
als er aus einer solchen Krisis wieder zu sich kam, ein böser
Geist (in Gestalt des Bruders Ketel), der „sich mit seinem
Geiste ganz vereinigt“ habe, hätte ihm in einem dieser Todes-
kämpfe, wenn er allemal die Heiligen und die Brüder zu Hülfe
gerufen, zugeraunt: „Sprich nicht zu dem Fleisch!... Was
vertrauest du auf diese Psalmen, auf Maria, Gregorius und
Hieronymus und Aehnliche; auf Gott sollst du vertrauen; Gott
zürnet dir, dass du so viel auf diese Dinge und nicht auf ihn
allein vertrauest“.

Als unmittelbarer Zweck galt diesen Brüderschaften
offenbar zunächst: ihr eigenes religiöses Leben und
dessen Förderung in der Gemeinschaft, zurückgezogen und
ungestört von der Welt und Weltsorgen. Auf weltliche ge-

lehrte und kirchliche Ehren ward ganz und gar verzichtet.
Das hatte Groot sich und den Seinen als Grundsatz hingestellt. Aus diesen Kreisen gingen daher keine Kirchen-
fürsten hervor, wie aus den anderen Mönchskreisen, wohl
aber — ein Thomas von Kempen.

Sie hatten aber noch einen andern Zweck, der in
verschiedenartiger Weise mit diesem ersten von Anfang an
verbunden wurde und verbunden blieb: Erziehung und
Unterricht der Jugend. Diess Verhältniss war, wie gesagt,
verschieden: bald unmittelbarer, bald mittelbarer. An einigen
Orten hatte die ganze Anstalt eine pädagógische Richtung:
das Bruderhaus eröffnete die Schule mit eigenen Mitteln und
hatte zugleich die Kostgänger in seiner Mitte. An andern Orten standen die Bruderhäuser nur in Verbindung mit den
schon bestehenden (Stadt-) Schulen und gaben wohl für einzelne Klassen die Lehrer ab. Wieder an anderen unterstütz-
ten sie nur die Schüler, versahen sie mit Büchern, zahlten
das Schulgeld für sie, oder hatten sie als Kostgänger in ihrem
Hause, von denen die einen, die Bemittelteren, zahlten, die
Unbemittelteren frei gehalten waren. Und nur schon das Da-
sein eines solchen Fraterhauses an einem Orte half zu einer
ausgezeichneten Schule, wenn es selbst auch nicht unmittelbar den Unterricht auf sich nahm; denn wo ein Fraterhaus
war, war jeder Lehrer eines vollen Hörsaales versichert;
daher auch in solchen Orten tüchtige Lehrer gerne und bleibend sich ansiedelten. In der Regel aber wurde in jedem
Fraterhause, für die Schüler wenigstens, Lesen, Schreiben,
Singen, auch Latein gelehrt; und schon das Abschreiben, das
die Kostgänger ausser den Lehrstunden trieben, vermehrte
die Kenntnisse. Man darf daher sagen, dass durch die Fraterhäuser der Jugend-Unterricht viel allgemeiner,
auch den Dürftigeren zugänglicher, aber auch besser, gerei-
nigter von unnützem Ballast wurde. Die Maximen Groot's,
die leitend waren, haben wir oben gehört, obschon der Kreis
des Wissens anderseits zu enge von ihm gezogen war.

Aber nicht bloss der Unterricht, sondern die eigentliche
Erziehung gewann durch diese Häuser, in denen die jungen
Leute nicht bloss in der Schule der Wissenschaften, sondern

auch „in der Schule Christi" gebildet und an ernste Lebensordnung gewöhnt wurden und täglich im Umgange ehrwürdiger
Männer waren. Thomas von Kempen hat uns darüber einige
köstliche Reminiszenzen aus seinem eigenen Jugendleben gegeben. Viele Zöglinge aus den Fraterhäusern gingen später in
die Klöster, besonders der Winderheimischen Kongregation
(s. o.), für die sie theilweise Seminarien sein sollten oder doch
waren, und diese Verbindung war für beide Theile heilbrin-
gend, denn eben dadurch bewahrte jede der Stiftungen ihre
Eigenthümlichkeit, ohne dass sie hätten die eine in die andere
übergeben müssen.

Zu dem d o p p e l t e n Zweck, den die Fraterhäuser sich
gesetzt: Uebung und Darstellung eigenen religiösen Lebens
und Jugend-Erziehung und - Unterricht, gesellte sich aber
noch ein d r i t t e r, der ihnen von Groot aus schon aufgeprägt
wurde und auf das eigentliche V o l k ging: Erbauung desselben, Beförderung der sittlich-religiösen Zustände desselben
durch praktisch-religiöse Ansprachen (Kollatien). Hiezu bestimmten die Brüder den Nachmittag eines jeden Sonn- oder
Festtages. Das Lokal waren eben ihre Fraterhänser. Es wurde
dabei ein Abschnitt aus der Schrift, besonders den Evangelien vorgelesen, erklärt und praktisch angewendet. Und hiezu
bedienten sie sich ohne Zweifel der Landessprache. Aber auch
an e i g e n t l i c h e n P r e d i g e r n aus ihrer Mitte fehlte es
nicht; wir erinnern an Thomas von Kempen, vor ihm an Johannes Gronde, der oftmals in der Kirche zu Deventer predigte, an Joh. Brinkerink, von dessen Predigtweise wir noch
ein Bruchstück haben, das in mancher Beziehung karakteristisch ist und an verwandte Erscheinungen (pro und contra)
erinnert. In einer Neujahrspredigt nämlich, in welcher er
über den Namen Jesus predigte, eifert er auch gegen die
Entheiligung desselben: „Es gibt Einige, die, wenn sie den
gebenedeieten Jesusnamen hören, im Scherz und mit Spott
sagen: Ei, Jesus, du G o t t d e r B e g u i n e n (Nonnen, Bet-
schwestern)! O ihr Elenden und Unsinnigen! was saget ihr?
Wer ist denn euer Gott? So ist wohl euer Gott der Teufel,
weil ihr saget, Jesus sei der Gott der Beguinen. D e r Name
ist euch ein grosses Aergerniss, Jenen aber ist dieser h. Name

allerdings eine grosse Ehre und ganz besondere Freude, daher
sie ihn häufig nennen, aufs Höchste verehren und vor und
über allen Namen lieben und anbeten, diesen Jesum, den
Sohn Gottes, den ihr verlachet und verspottet, weil die Brüder und Beguinen ihn gerne nennen, andächtig preisen und
im Namen Jesu sich gegenseitig grüssen. Wehe
euch, die ihr den Teufel häufiger im Munde habt als Jesus,
weil euch Jesus zu niedrig und zu verachtet zu sein scheint".

Die Fraterhäuser verbreiteten sich zahlreich und wir
wissen, dass die vornehmsten Beförderer eines verbesserten
Sprachunterrichts im 15. und zu Anfang des 16. Jahrhunderts
theils aus ihnen herstammten, theils an ihnen wirkten, theils
mit ihnen befreundet waren: Hermann Busch, Lange, Hegius,
Agrikola. Wir finden die Fraterhäuser in den Niederlanden,
Westphalen, Norddeutschland, besonders in den hanseatischen
Städten (s. o.). Es war bald keine ansehnliche Stadt Hollands,
des Stifts Utrecht, das nicht diess Institut hatte, welches auch
von Rom allerhand Begünstigungen empfing. In manchen
Städten wurden sie von Rath und Bürgermeistern verlangt.
Wir wollen einige dieser Städte nennen, in Holland: Delft
(seit 1403), Horn (s. 1305, unbedeutend); Gouda (s. 1425);
im Bisthum Utrecht: Deventer (das Mutterhaus), Zwoll,
wo im Jahr 1394 auch ein zweites Haus (wie in Deventer),
„das reiche" gestiftet wurde und der Schulrektor Cele 1417
(s. o.) oft 800 bis 1000 Schüler zählte; Amersfort (seit 1395),
Hulsberg bei Harlem (s. 1407), Nymwegen (s. 1473), Ootmarsum (s. 1406), Utrecht (s. 1474), Doesburg (s. 1425),
Harderwyk (s. 1448); in Brabant und Flandern: Herzogen-
busch (s. 1425), Gent (s. 1429), Grammont (s. 1469?),
Brüssel (s. 1460), Antwerpen (?), Löwen (s. 1433), Lüttich
(am Anfang des 15. Jahrh.), Mecheln (s. 1490), Kameryk
(s. 1505); in Friesland: Groningen (s. 1457); ausserhalb der
Niederlande in Emmerich (s. 1468), Münster, Köln, Wesel,
Osnabrück, Hervord, Kulm, Rostock, Hildesheim. Kleinere
Stiftungen waren zu Kassel, zu Wolf in dem Bisthum Trier,
zu Königstein in Nassau, zu Britsbach und Marienthal unter
Mainz, zu Marburg, zu Merseburg; sie erstreckten sich selbst
bis nach Schwaben hinein. Die Fraterhäuser in Deutschland

entstanden übrigens später, meist erst nach der Mitte des
15. Jahrhunderts, und hatten auch nicht diesen Wirkungs-
kreis wie in den Niederlanden. Offenbar fällt ihre grösste
Blüthe in diese Niederlande, ihre ursprüngliche Heimath, und
in das 15. Jahrhundert. Aber auch ihre Zeit ging vorüber:
die B u c h d r u c k e r k u n s t brachte ihr Abschreiben ausser
Kurs, wiewohl einige Häuser sofort sich sputeten, ihre Schrift-
tafeln in Druckerpressen zu verwandeln und die ersten Drucke
einführten. „Aber die neue Kunst breitete sich bald in allen
gebildeten Ländern so mächtig aus, dass das, was die Brüder
mit ihren mässigen Mitteln hierin thun konnten, etwas sehr
Geringes war; bisher hatten sie durch ihr Abschreiben in
einer gewissen Einzigkeit des Verdienstes dagestanden, jetzt
verloren sie sich wie ein Tropfen in dem ungeheuren Strom,
der schon im 16. Jahrhundert so gewaltig anschwoll". Dann
kam der humanistische Geist der Zeit, dessen Flügel weit
über die Studien, wie sie in diesen Häusern getrieben wurden (s. Groot's Studien-Zyklus) hinausflogen; dann die R e -
f o r m a t i o n, in Folge deren die Institute in den evangelisch-
protestantischen Städten aufgehoben wurden; dann in den katholischen die J e s u i t e n, die den Unterricht an s i c h zogen.
Andere gingen mit der Zeit in gewöhnliche Klöster über.

Von den S c h w e s t e r h ä u s e r n, den Frauenvereinen des
gemeinsamen Lebens, — der dritten Stiftung — ist weniger
zu sagen. Ihre Einrichtung war parallel derjenigen der Brüderhäuser: eine Pflegerin, Martha, stand an der Spitze, eine
Ober-Martha in Utrecht führte die Aufsicht über alle Vereine
der Nähe. In ihrer Beschäftigung wechselte Händearbeit:
Nähen, Weben mit geistlichen Uebungen und dem Unterricht
der weiblichen Jugend. Alles erinnert an die Beguinen besserer Zeiten. Ein gereifter Geistlicher hatte die geistliche Leitung; im Mutterhause zu Deventer war es Groot zuerst gewesen; nach ihm Gronde, naeh Gronde Brinkerink (seit 1392),
der an andern Orten neue Häuser stiftete, auch in Deventer
selbst ausser demjenigen in Groot's Hause „ein neues Kloster
ausserhalb der Stadt mit grosser Mühe errichtete, in welches
er einige Schwestern aus dem Hause Groot's übersetzte, die er
in den h. Schriften unterrichten liess, mit dem r e g u l i r t e n

Ordensgewande begleitete und zu beständiger
Eingeschlossenheit verhielt". Diess fällt offenbar
in die späteren Jahre, denn Brinkerink starb erst 1419. In
den 26 Jahren, während denen er die Leitung hatte, wuchs
die Zahl der Schwestern von 16 auf 150. Man sieht, wie
diese Schwesterhäuser (schon unter Brinkerink) grossentheils
in Nonnenklöster (wohl aus den bekannten Gründen) über-
gingen.

Wie die anfangs nur aus religiösem Assoziationstrieb ent-
standenen Brüderhäuser sich, die einen, in bestimmte Fraterhäuser ausschieden, mit Beziehung auf die Jugend und ohne
bestimmtes Gelübde, so bildeten sich die andern zu bestimmten kirchlich-klösterlichen Instituten,
zu regulirten Chorherren nach der Regel des h. Augustinus
aus, wie das schon in Groot als ein bestimmtes Ideal gelegen
war und von Fl. ausgeführt wurde. Die überwiegend beschauliche Lebensrichtung der Einen zog ganz auf diese
Seite, und wenn sie die eigentliche Klosterregel nicht von
selbst vorgezogen hätten, so wurden sie zu dieser durch die
übrigen Orden selbst gedrängt, welche ein solches Leben
nur als inner den anerkannt kirchlichen Formen für möglich
und erlaubt hielten. Das erste dieser regulirten Klöster, das
zu Windesheim, blieb das Hauptkloster, wornach die Ge-
sammtheit in Nord- und Süd-Niederland und in Deutschland
die Klöster der Windesheimischen Kongregation hiessen.

Während die Fraterhäuser nur in grösseren, für allgemeine Bildung empfänglichen Städten gediehen (übrigens oft
auch auf Wunsch der Magistrate errichtet), liessen sich die
Klöster überall anlegen, wesswegen wir sie auch zahlreicher
finden als die Fraterhäuser (wurden aber auch von den Ma-
gistraten vielfach ungern gesehen, „weil die städtischen Einkünfte durch den Uebergang weltlicher Güter an die Kirche
zum Eigenthum litten, von der man nur mit Mühe einige Ab-
gaben erheben konnte"). Im J. 1430 „war die Zahl solcher
Klöster schon zu 45 angewachsen". Ihre Einrichtung war die
gewöhnliche: Priester, Laienbrüder, freiwillige Diener.

Thomas von Kempen.

»Je weiter Einer nach Aussen sich zerbreitet,
um so kleiner wird er im Innern.«
Thomas' Reden an die Novizen. I. Buch, 3. Rede.

Der unsterbliche Verfasser der „Nachfolge Christi" Thomas Hamerken (Hemerken, Malleolus) ist ums Jahr 1379 oder
1380 geboren im Städtchen Kempen (woher er den Namen
trägt) in den Rheinlanden; sein Biograph Badius sagt un-
richtig: in Kampen in Oberyssel; denn Thomas selbst nennt
sich a Kempis, während er, wenn von Kampen die Rede ist,
diese Stadt nie anders als Kamp, ihre Einwohner Kampenses
nennt; ausserdem sagt Johann Busch, der Verfasser der Windesheimer Kronik († 1479, acht Jahre nach Thomas), ausdrücklich, dieser sei zu Kempen im Erzstift Köln geboren.

Seine Eltern waren unbemittelt; der Vater, Johannes,
war ein Handwerker, die Mutter hiess Gertrud. Einem älte-
ren Bruder, Johannes, sind wir bereits begegnet (S. 650);
wir lesen auch noch von einem jüngeren, Gobelinus; der sich
später ebenfalls der Brüderschaft anschloss, einige Zeit, gegen
das Ende des 15. Jahrhunderts, zu Zwoll lehrte, und dann
Mönch wurde.

Die Eigenschaften des Vaters und der Mutter — Thätigkeit und Frömmigkeit — scheinen vereinigt auf Th. übergegangen zu sein; doch wissen wir nichts Näheres von seinen
Kinderjahren. Dreizehn Jahre alt machte er den Weg, den
sein Bruder vor ihm eingeschlagen und den überhaupt viele
Kempener damals einschlugen, denn man stösst unter den

Genossen der Bruderhäuser und der Windesheimer Kongregation auf manchen Kempener Namen. Er wanderte nach Deventer, wo die berühmte Schule war, und von da nach Windesheim, seinen Bruder Johannes, damals Windesheimer Chorherrn, aufzusuchen, der ihm, dem fremden, unbemittelten Knaben, Rath und Anweisung geben sollte. „Auf dessen Anrathen begab ich mich, wir wollen Th. selbst reden lassen, zu dem ehrwürdigen Manne, Mag. Florentins, dessen Ruf auch schon zu uns ins Oberland gedrungen und m ein Herz zu ihm gezogen hatte. Schon sein Anblick und seine Ansprache kündeten mir den frommen, rechten und liebenswürdigen Mann an. Sobald er mein Anliegen vernommen, ward er in Milde gerührt, behielt mich einige Zeit bei sich im Hause, sandte mich dann in die Schule und gab mir überdiess die Bücher, deren ich bedurfte. Endlich erwirkte er mir freie Wohnung bei einer ehrbaren und frommen Matrone (wer denkt nicht an Luther in Eisenach?), die mir und andern Klerikern viel Gutes erwies" (war es etwa die Zwedera? S. 648). — Die Schule leitete damals Böhm (Boheme), ein Freund des Florentins, unter dessen Leitung auch der Chor stand, ein trefflicher Schulmann, der zugleich eine gute Zucht unter den Schülern hielt. Wie er dem Th. das Schulgeld schenkte, lasen wir bereits (S. 647). Einen unauslöschlichen Eindruck machte aber auf das kindlich reine Gemüth des jugendlichen Thomas die Persönlichkeit des Florentius und die ganze Anschauung der Brüder-Gemeinschaft, an deren Spitze jener stand. Sein sehnlichster Wunsch war, in das Bruderhaus selbst aufgenommen zu werden, der ihm endlich gewährt wurde. Es war das letzte Jahr seines 7jährigen Aufenthaltes in Deventer. Bleibende Dankbarkeit, die er in rührenden Worten ausspricht für alle Wohlthaten in diesen 7 Jahren, bewahrte Th. seinem Wohlthäter. „Wenn auch Alle schweigen, würde ich doch nicht schweigen, sondern die Erbarmungen des Herrn Florentius in Ewigkeit singen; denn fürwahr, sieben ganzer Jahre habe ich die Grösse seiner Güte durch eigene Erfahrung erprobt". Aber noch mehr als die ökonomische Unterstützung bedeutete die geistige Atmosphäre, in der er lebte. „Den frommen Wandel der Brüder fasste ich aufmerksam ins Auge und ward ob ihren guten Sitten und den Worten, die von dem Munde dieser demüthigen Diener Gottes flossen, gar sehr erquickt und erbaut, denn ich erinnere mich nicht, dass ich jemals so fromme und in der Liebe Gottes und ihrer Nebenmenschen so eifrige Menschen gesehen hätte, die unter Weltmenschen lebten und doch gar nichts Weltliches an sich hatten, ja auch um keine weltlichen Angelegenheiten sich zu kümmern schienen". Den tiefsten Eindruck, wie gesagt, machte aber Florentius selbst auf ihn. Nichts ist naiver, als wie er erzählt, wie einmal Florentius im Chor seine Hände ihm zutraulich auf die Schultern gelegt und aus seinem Buche mitgesungen habe. „Da blieb ich wie eingewurzelt stehen, und wagte nicht mich zu rühren, ganz erstaunt über diese Herablassung". Ueberhaupt, wenn er ihn im Chor gesehen habe, die tiefe Andacht auf dem Antlitz des Mannes und in seiner ganzen Haltung, habe er sich, sagt er, „ernstlich gehütet, auch nur ein unnützes Wort zu reden". Er hat keinen Zug aus der Zeit, besonders da er im Florentius-Hause war, vergessen. Es thut ihm wohl, zu sagen, wie, wenn Florentius krank war und privatim ass, er „ob auch dessen unwürdig", oft von ihm berufen worden sei, ihm den Tisch bereitet, das Wenige, das er verlangte, aus der Speisekammer herbeigeholt und ihm „mit vieler Freude und Herzenslust" aufgewartet habe; wie er öfters als Bote zu den Schwestern habe gehen müssen, um zu sagen, sie möchten für den kranken Florentins beten (S. 659); wie er ihn selbst, so stillen Frieden auf seinem Antlitz, babe krank im Bette liegen sehen. Auch den berühmten Arzt und Pfarrer zu Almel, Eberhard von Elza (S. 659), der ihn von einer schweren Krankheit gänzlich kuriret, hat er in liebendem Gedächtniss behalten.

Als Th. im letzten Jahr ins Bruderhaus aufgenommen wurde, hatte er Arnold von Schoonhoven zu seinem Stubengenossen und „wir beide begnügten uns mit einer kleinen Kammer und mit einem Bette". Der Umgang mit diesem frommen Freunde bestärkte ihn in allem Guten. „Alle Morgen um 4 Uhr, wenn die Glocke das Zeichen gab, stand Arnold alsbald erwachend hurtig auf, kniete vor dem Bett nie-

der und betete kurz. Dann kleidete er sich schnell an und
eilte zu der (gemeinsamen) Frühmesse. Er liebte aber stille
verborgene Plätzchen, um nicht im Gebet gestört zu werden,
und um so eifriger betete er, je geheimer er war. Es begab
sich einige Male, dass ich ihn unvermerkt bemerken konnte!
Welch' eine Andacht! Ich selbst ward dadurch zum Gebet
entzündet und wünschte die Gnade solcher Andacht zu empfinden, wie er sie täglich zu haben schien.... Vor der Süsse
derselben hörte man ihn oftmals in Jubeltöne ausbrechen....
In der Schule mit den Jünglingen hörte er nicht auf ihr kin-
disches Gelärm, sondern brachte, was der Magister las, zu
Papier und wiederholte es nachher entweder für sich oder
mit einem Freunde. Nie zerstreuete er sich, sondern wenn er
die Lektionen inne hatte, las er in der h. Schrift.... An den
Feiertagen führte er viele Schüler, welchen Alters oder welcher Kenntniss sie auch sein mochten,
ten, mit sich in das Haus des Herrn Florentius
(S. 674), die Kollatien anzuhören, sich freuend über
die Bekehrung Einiger, hoffend auf die der Andern". Er war,
wie man sieht, eine innige, nicht gerade hoch begabte
Seele; „mehr vermochte er in schlichten, frommen Worten,
als in gelehrtem Latein.... Er arbeitete nicht so sehr, um
viele Wissenschaft zu erwerben, als um ein gutes Gewissen
und die Reinheit des Herzens zu bewahren, denn er wusste,
dass, die reines Herzens sind, selig seien und Gott gefallen".
Sein Hauptwunsch war, bleibend unter die Brüder des
gemeinsamen Lebens im neuen Florentins-Hause aufgenommen zu werden. „Lerne gut schreiben, dann hast die Hoffnung", gab ihm auf die wiederholten Bitten — „ihn zu prüfen" — Florentius zur Antwort, und nun arbeitete er mit
rastlosem Eifer, die Schreibekunst zu erlernen. Sein Wunsch
wurde ihm nach einem Jahre erfüllt; und würdig reihte er
sich an „die ersten Brüder, die gleich jungen Oelbäumen in
jenes Hans verpflanzt waren". Er verblieb darin bis zur letzten Zeit seines Lebens, „gleich einem unschuldigen Knaben",
gehorsam und unterthan und eifrig zu allen Arbeiten: er war
„unzufrieden, wenn man ihn nicht immer in der Nacht auf-
weckte, um den Brüdern im Bierbrauen zu helfen". Arnold

starb, wie er gelebt, „bereit", wie er sagte, und „ohne die
mindeste Traurigkeit", im 31. Jahre seines Klerikerlebens in
den Armen der Brüder zu Zütphen 1430.

Das war der Stuben- und Studiengenosse des Thomas,
der diesem Jugendfreunde ein liebliches Denkmal in einer
kurzen Biographie gesetzt hat. Eine andere Laufbahn hatte
er selbst. Sieben oder acht Jahre war er in Deventer gewesen. Ueber seine Studien selbst lesen wir nichts Näheres.
Neben denselben trieb er das Abschreiben, worin er sehr
geschickt war (und was diese höhere Schönschreibekunst für
Mühe und Arbeit erforderte, ermisst man leicht, wenn man
solche alte, geschriebene Bücher aus Klöstern in Einsicht
genommen hat). Nun mochte er 20 Jahre alt sein oder etwas
darüber: seine Studien waren vollendet. Sein sehnlichster
Wunsch war — ein Klosterleben: „dem Dienste Gottes
in Gehorsam, Armuth und Keuschheit sich zu weihen"; diesem
Wunsche kam Florentius entgegen, der mit seiner Gabe, die
Geister zu unterscheiden und zu erkennen, die beschaulich-
aszetische Richtung des Th. herausgefühlt hatte. Er empfahl
ihm daher dieses Leben in einem Kloster der regulirten
Chorherren des h. Augustinus. Mit einem Empfehlungsbriefe
an Johannes von Kempis, Bruder des Thomas, der damals
Prior des S. Annen-Klosters bei Zwoll war, und mit seinem
Segen entliess er ihn. „Es war im Jahr 1399, da kam ich
Thomas Kempis, ein Schüler von Deventer, des Ablasses
wegen nach Zwoll, ging dann freudig auf den Berg der h.
Agnes und hielt bittend an, an diesem Orte bleiben zu dürfen,
wo ich auch barmherzig aufgenommen ward". In derselben
Chronik lesen wir dann unter dem Jahre 1406: „In diesem
Jahre, am Fronleichnamsfest, wurden zwei Brüder, die Kleriker wären und ein Laienbruder eingekleidet. Nämlich Bruder Thomas Hamerken von Kempis, ein leiblicher Bruder des
ersten Priors, Bruders Johannes von Kempen...." So lange
hatte die Novizenzeit, wir wissen nicht recht warum, ange-
dauert. Die Zustände des Klosters waren eben anfangs sehr
schwankend gewesen.

Das Kloster auf dem Agnetenberg war also der stille
Hafen, in den Th. im 20. Jahre seines Lebens einlenkte, um

ihn im 92. Jahre mit einem noch viel stilleren zu vertauschen. Welches die Anfänge dieses Klosters in Zwoll waren, haben wir oben gesehen (S. 627). „Indessen ereignete es sich, fährt Thomas in seiner Chronik fort, dass der ehrwürdige Magister Groot gegen den Anfang der Fasten hin nach Zwoll kam und daselbst einige Tage verblieb, seine geistlichen Kinder zu trösten und im Guten zu befestigen.... Da᾽ begaben sich Einige aus den Jüngern, die daselbst zusammen wohnten, in der Stille zu ihm und eröffneten ihm ihr Verlangen, ein stilles und verborgenes Leben zu führen, indem sie ihm bekannten, sie könnten den Umgang mit Weltlichen nicht ohne Nachtheil ertragen, sondern lieber wollten sie, wenn er ihrem Verlangen nicht entgegen wäre, ausserhalb der Stadt wohnen“. Sie gehen nun mit einander vor die Stadt hinaus gegen den Nemeler Berg, besteigen ihn, und sehen von da in ein tiefes, enges Thal. „Das, meinen sie, wäre ein guter, geruhiger Ort, Christo verborgen vor der Welt zu dienen.... Diess aber sprachen sie... in Einfalt ihres Herzens und dachten, sie sollten daselbst unter einem aus grünem Reisich geflochtenen Dache in Verborgenheit beisammen leben“. Besonnener jedoch war Groot; er fand die tiefe, eingeschlossene Lage weder diätetisch, noch im Blicke auf etwaige künftige Erweiterungen zuträglich. Dagegen eine Ebene auf der Mittagsseite eines andern Berges an der fischreichen Vecht entsprach ganz seinen Gedanken. „Hier schlaget eure Hütte auf; hier könnet ihr auch einen Obst- und Küchegarten anlegen. So der Herr mir das Leben schenkt, werde ich hier oft bei euch sein“. Das war im Jahr 1384. Im selben Jahre starb Groot. Nach seinem Tode blieb indessen das Unternehmen nicht liegen. Von den Erben von Berkman und Nemel erbaten sich die Brüder und erhielten sie den Grund und Boden, von einer frommen Matrone ein kleines Haus dabei. Aber wie dürftig war dieser Anfang, mit wie vielen Entbehrungen verknüpft! Eine arme Berghütte aus Holz und Lehm mit einem strohernen Dach! Nur die Eifrigeren unter den Brüdern kamen dahin, zuweilen übernachteten sie auch da auf Stroh; das Essen mussten sie mit sich nehmen. Das war im Jahr 1386. Doch kam es bald besser: Geschenke von verschiedenen Seiten halfen auf. Bis

jetzt war es ein einfaches „Bruderhaus" gewesen; im
Jahr 1398 drangen die Aelteren auf Umwandlung in ein
Kloster; dazu bestimmte sie die Rücksicht auf die inneren
Zustände wie auf die äusseren Verhältnisse. „Sie sahen, sagt
Th., dass ohne klösterliche Zucht der Stand des Hauses nicht
in gehöriger Leitung fortbestehen könne" (?); auch „wollten
sie den Mund der rings sie anbellenden Verleumder schliessen, die in weltlicher Arglist das Leben der Brüder zu beunruhigen strebten; daher beschlossen sie, ihre Zuflucht zu dem
h. Ordensgewande zu nehmen". Der Bischof und Landesherr
gab die Erlaubniss dazu und so entstand das Kloster auf dem
Berge der h. Agnes bei Zwoll, trotz des anfänglichen Wider-
strebens des Zwoller Rathes.

Im folgenden Jahre, wie wir sahen, war Th. in das Kloster als Novize getreten, 1406 eingekleidet worden.

Im Jahr 1413 wurde er zum Priester geweiht. Diese
priesterliche Würde hat er, wie jeden Punkt, jede Wendung
in seinem Leben — es ist diess ein karakteristischer Zug an
ihm — auf's Gewissenhafteste in ihrer ganzen Bedeutung sich
vorgehalten; wir wissen ohnehin aus dem Leben von Groot
und Florentius, welch ein hohes (sittliches) Bewusstsein von
dem Priesterthum in diesen Kreisen herrschte. Um diese
Zeit nämlich, oder doch nicht lange darnach, scheint Thomas
eine Schrift geschrieben zu haben — das vierte Buch von der
„Nachfolge" —, die vom Abendmahl und — Priesterthum
handelt, dessen höchstes Amt eben die Konsekration ist. „O
wie gross und ehrwürdig, lesen wir da, ist das Amt der Priester, denen es gegeben ist, den Herrn der Majestät mit heiligen Worten zu konsekriren, mit den Lippen zu benediziren,
mit den Händen zu halten, mit dem eigenen Munde zu nehmen
und den Uebrigen zu reichen. O wie rein sollen diese Hände
sein, wie rein der Mund, wie heilig der Körper, wie unbe-
fleckt das Herz des Priesters, zu welchem so oft eingeht der
Urheber der Reinigkeit!... Siehe, Priester bist du geworden (lässt Th. die Stimme des Herrn zu ihm reden), und
zur Feier des Sakraments geweiht. Sieh nun zu, dass du getreu und andächtig zu seiner Zeit Gott das Opfer bringest,
und dich selber untadelhaft darstellest. Nicht erleichtert hast

du deine Last, sondern gebunden bist du nun mit noch enge-
rem Bande der Zucht und gehalten zu grösserer Vollkommenheit der Heiligkeit...."

Diess klösterliche Stillleben erlitt selten äusserliche Unter-
brechungen, doch g a n z lief es auch nicht o h n e diese ab.
Vorerst nennen wir die Pest, von der Oberyssel und auch
das Kloster der h. Agnes mehrmals heimgesucht wurde: in den
Jahren 1421, 1450, 1452 und 1454; die letztere „war
darin merkwürdig, dass sie mit Erkältung des Halses und mit
Schmerzen in der Brust und in der Seite anfing". Jedesmal
forderte sie auch im Agnes-Kloster ihre Opfer, die Thomas
in seiner Chronik verzeichnete. Auf seinem religiösen Standpunkte sah er übrigens in ihr „eine milde und barmherzige
Strafruthe Gottes über das christliche Volk, damit sie nicht
diese Welt, die sie nun bewohnen, statt des himmlischen Bei-
ches lieben". — Auch die Angriffe, welche schon Groot,
wie wir wissen, vorzugsweise von der Geistlichkeit, dann
die Bruderhäuser zur Zeit des Florentius von Seiten der
Mönche erfahren hatten, wiederholten sich; besonders von
Seite eines Dominikaners, Grabow, der zuerst beim Utrechter
Bischof, dann auf dem Konzil zu Konstanz die Brüderschaft
denunzirte, dass sie keiner approbirten (Religio) Mönchsinsti-
tution — folglich der Welt noch — angehörig, doch die
Mönchsgelübde halte und dadurch gegen beides sich versündigen — gegen die Welt, in der sie seien und deren Pflichten
sie doch nicht erfüllen, und gegen die Religion (das Mönchsleben), die sie bekennen, ohne doch legitim in ihr zu stehen.
Es sei diess eine Monstrosität, und dergleichen. Diese Angriffe,
die aber zu Konstanz, besonders durch Gerson, glänzend zu-
rückgeschlagen wurden, so dass Grabow widerrufen musste,
betrafen nun allerdings direkte nur die Fraterhäuser; doch
bei der innigen Verbindung beider war auch die Windesheimer Kongregation und gewiss auch unser Thomas, der seine
schönsten Jugenderinnerungen in dem Fraterhause in Deventer hatte, in Mitleidenschaft gezogen. — Aufs Unmittelbarste
aber wurden beide Stiftungen, die Fraterhäuser und die Windesheimer Klöster, zugleich betroffen durch die bischöflichen
Wirren nach dem Tode Friedrichs von Blankenheim, Fürst-

bischofs von Utrecht, der nach 30jähriger Regierung in einem
Alter von ungefähr 80 Jahren im Jahr 1423 in seinem
Schlosse Horst aus diesem Leben geschieden war, ein Mann,
von dem Thomas in seiner Chronik sagt, dass das Stift Utrecht unter ihm sein goldenes Zeitalter gehabt habe. Zu seinem Nachfolger wurde Rudolph von Diephold gewählt, dessen
Wahl aber — als eines „unfähigen" Subjektes — Papst Martin V. nicht anerkannte. Dieser ernannte an Rudolphs Statt
den Bischof von Speyer, der aber mit päpstlicher Zustimmung
die bischöffliche Würde an Zweder von Kuilenburg abtrat.
Die oberysselschen Städte, der Herzog von Geldern, und
auch ein Theil der Geistlichkeit liessen indessen nicht von
Diephold, wesswegen der Papst die widerspenstigen Gemeinwesen mit dem Interdikte belegte. Es wiederholte sich nun,
was so oft im Mittelalter. Ein Theil der Geistlichkeit, besonders die Ordensleute gehorchten dem Papste und stellten
den Gottesdienst ein; umgekehrt forderte die bürgerliche
Obrigkeit die Geistlichkeit zur Haltung des Gottesdienstes auf,
oder aber sollten sie das Land meiden. Die Stellung der
Brüderschaft und der Windesheimer Kongregation war eine
entschieden kirchlich-päpstliche. Sie gehorchten Martin. „Ach,
guter Gott, ruft Th. aus, sobald das Interdikt uns bekannt
gemacht wurde, an der Vorfeier des h. Lambertus, stellten
wir unsern Chorgesang ein. Und da wurden die Grossen des
Landes und viele gemeine Leute gegen uns und andere Religiosen aufgebracht, und wir litten vielfältige Schmach". Man
forderte sie auf, den Gottesdienst wieder zu eröffnen und da
sie sich dazu nicht verstehen konnten, mussten sie das Land
verlassen. Die Brüder zu Deventer gingen nach Zütphen, die
Windesheimer Kanoniker nach Northorn, die Kanoniker zu
S. Agnes aber nach Friesland. Es waren ihrer 24, auch Th.
unter ihnen, der damals Subprior war. Die erste Nacht, so
beschreibt er die Flucht, herbergten sie im Hause der Schwestern zu Hasselt auf Heu und Stroh im Stalle; des andern
Tages nahmen sie ein kleines Schiff und fuhren nach ihrem
Stift Lünekerk in Friesland. Es war diess im J. 1429. Drei
Jahre dauerte das Exil, das im J. 1432 ein Ende hatte. Nach
dem Tode nämlich Papst Martins V. wurde Rudolph von Diep-

hold durch Eugen IV. im Bisthum bestätigt; ein päpstlicher
Legat erklärte in einer zu Vianen gehaltenen Versammlung
den päpstlichen Bann für erloschen. Auch Th. kehrte wieder
in sein liebes S. Agnes zurück.

Seinem Kloster hat Th. in verschiedenen Verwaltungen
und Aemtern gedient: zuerst als Subprior, dann als er dieser
Stelle enthoben ward, als S c h a f f n e r, ein Amt, in dem er die
O e k o n o m i e des Hauses zu besorgen hatte. Wie gewissenhaft er es auch mit d i e s e r Stelle nahm, die kaum seiner Privatneigung entsprach, entnehmen wir aus seinem Werkchen über
den „getreuen Haushalter“ — ein liebliches Büchlein, in dem
er sich und Andere über diese Art von Pflichten — er nennt
sie das Amt der Martha — zu verständigen sucht. Schon die
L i e b e, die überfliesse gegen Alle, also, „dass man gerne auch
B i t t e r e s und in menschlichen Augen Verächtliches über-
nimmt zu einigem Labsal Schwacher und Unvermögender“,
dann die Selbstverleugnung und der G e h o r s a m und die
darauf gegründete Ordnung im „Hause Gottes“, kraft deren
„alle besonderen Aemter in demselben so bestellt werden,
dass Alle, die irgend Etwas zu thun berufen werden, nicht
aus eigener Neigung und Zustimmung, sondern mehr durch
den heilsamen Gehorsam dazu gezogen werden, aller Eigenheit entsagend, ob ihnen auch zuweilen das Herz darüber wehe
thut, und es ihnen bitter ist“, schon diese Motive, meint er,
vermögen den Aszetiker, j e d e s übertragene Amt zu übernehmen, ohnehin müsse man, „ehe man Andern nach Aussen
würdig dienen könne, innerlich sich selbst zuvor ersterben“.
Dabei verweist er auf das Vorbild Christi, der gehorsam gewesen; auch wie sehr es uns „den Engeln gleichstellt, von
denen geschrieben steht, dass sie ausgesandt werden zum
D i e n s t e um dererwillen, die ererben sollen die Seligkeit“
(Hebr. 1, 14); endlich auf den Lohn in der Zukunft, denn
„was immer du zum Nutzen der Brüder thust, wird dir der
gerechte Richter am Tage des Gerichts vergelten“. Im B e -
s o n d e r e n findet Th. für sein spezielles Amt als Schaffner
einen Trost in der Schriftstelle, die er z u n ä c h s t wörtlich
fasst: „Es führte mich der König in seine Zelle“ (Hohel. 1, 4).
„Möge, sagt er, die Braut (von der im Hohenliede die Rede

ist) das Verständniss dieses Wortes im Dienste Christi verborgen
(mystisch) haben; du halte es bei dir (schon) für etwas Grosses,
wenn es (das Wort) bei dir auch nur in einem äusserlichen Werke,
das ihm auch angenehm ist, zutrifft; wenn daher dieses Wort
éinen Bruder zum Dienst eines guten Kellermeisters hinzieht, so
wird er allerdings einen reinen, vollen und vollkommenen, innerlich geschmackreichen und äusserlich nicht müssigen Sinn
darin finden". So findet Th. im Hinblick auf dieses „liebliche"
Wort noch einen unmittelbaren göttlichen Ruf zu seinem
neuen Schaffneramte. „Zuversichtlich kannst du nun sagen,
nicht ich habe mich eingeführt, sondern der König hat mich
in seine Zelle eingeführt, ... er selbst wollte, dass ich armer
und unwürdiger Mensch, wenigstens eine Zeit meines Lebens,
jenes Amt verwalte und das besorge, was unter der Fürsorge
des Kellermeisters steht". Es war ja überhaupt oberster Grundsatz des Th., Gott sich zu lassen; wesswegen er auch jetzt
spricht: „Herr, was immer ich sage, was immer Anderes ich
verlange, siehe, ganz bin ich in deinen Händen, thu' mit mir
nach deinem Wort, nach deinem Wohlgefallen, nach deiner
Anordnung und nach allem deinem Willen". Er weiss aber
diesem „äusserlichen" Amte auch mannigfachen reichen. S e -
g e n für die A n d e r e n, für die er es verwaltet, und f ü r
sich selbst abzugewinnen. Durch seine Fürsorge würden
„die Armen Christi" (Mönche) erleichtert, durch seine Arbeit würde den Anderen Ruhe. „Martha diene, arbeite und
schaffe Gutes vor Gott und den Menschen, dass ihre Schwester Maria göttlichen Dingen um so freier abwarten kann....
Sei nur getreu, Martha, in deinem Dienste, diene also, trage
Sorge, rüste, was Noth thut zu diesem Leben, in der Küche,
in der Brauerei, im Keller, im Aussäen des Getreides, in der
Mühle, was es sein mag.... Es bedürfen deines Dienstes die
Diener Christi, und ohne d e i n e Sorge sind sie nicht frei in
Gott". Findet er doch (s. u.), dass beide Stände, der Maria-
und der Martha-Stand, zusammengehören, und dass „beide
sich befleissen sollen, Christum gemeinsam zu beherbergen".
Den e i g e n e n Gewinn aber aus diesem äusseren Amte schlägt
er auch hoch an; eben schon darin, dass man A n d e r e n in
demselben diene, denn Brüdern dienen sei ein wahrer Dienst

Gottes und Christi, und ruhen darauf grosse Verheissungen;
weiter dann darin, dass die Tugend, „welche durch T h u n
heller und wahrhafter sich erprobt, als wenn sie nur im
blossen Gedanken und in der Einbildung besessen wird", hier
ein Feld der Erprobung habe; „Gott kann mich, sagt er
sich, dazu verordnet haben, auf dass ich, der ich zu den
höheren und grösseren Dingen des beschaulichen Lebens vielleicht minder tauglich war, wenigstens in einem guten, thätigen Leben Frucht gewinne"; oder „damit ich den Gewinn der
Demuth, der Geduld und anderer Tugenden zu meinem Nutzen
so besser erfasste, oder damit ich wenigstens s e i n e n Willen
durch völlige Verleugnung des meinigen auf diese Weise erfüllte". Ganz besonders, und das ist s e h r f e i n, findet er diesen Gewinn in der reichen Gelegenheit zu völliger Selbsterkenntniss; denn „wer in zeitlichen Sorgen (Geschäften) steht,
der kann sich kaum von einer solchen Unvollkommenheit frei
erhalten, dass ihn nicht oftmals die Begierde der Dinge fest-
hält, sei es nun die Lust zu besitzen oder die Furcht zu verlieren; d e s s h a l b g l a u b e i c h, d a s s N i e m a n d v o l l-
k o m m e n w e i s s, w i e e s i n n e r l i c h u m i h n s t e h t,
a l s w e n n e r a n f ä n g t, s i c h m i t z e i t l i c h e n D i n g e n
a b z u g e b e n u n d ä u s s e r l i c h e S o r g e n z u h a b e n.
Wer nun aber damit zu thun hat, und doch die Liebe des
Schöpfers den hinfälligen Kreaturen in seinem Herzen vorzieht, der fällt n i c h t s o l e i c h t in Schuld". Aber freilich
auch der M a r i e n - S t a n d dürfe dabei doch n i c h t Noth
leiden; das Innere dürfe nicht vernachlässigt, der Sehnsucht
nach himmlischen Dingen müsse genug gethan werden. Es
sei das hoch von Noth, denn „oftmals wird das Gemüth in
der Arbeit zerstreuet, desshalb soll es nach der Arbeit zur
Einheit seiner selbst zurückkehren"; es sei grosse Gefahr sonst,
sich zu verlieren, denn „alle zeitlichen Sorgen sind gefährlich,
daher, so oft Zeit erübrigt, man sich in himmlischen Dingen
üben soll". Mancher, der zur Verwaltung zeitlicher Dinge gelangt sei, habe sich zerstreut, nicht mehr bedacht, was er
gewesen, und „ganz anders geschah ihm, als er geglaubt".
Man müsse daher seines Innern pflegen; man k ö n n e es aber
auch, wenn man nur wolle. „Hinreichende Zeit wirst du fin-

den; dem abzuwarten, wenn du keinen Augenblick müssig
hingehen lässest, nicht bloss hinsichtlich der Arbeit, sondern
auch hinsichtlich des Redens und Denkens". Der
„milde" Herr werde dann auch seinerseits nicht fehlen; er,
„der diejenigen immer zu belohnen pflegt, die ihm dienen,
wird dir darum auch die Geheimnisse seiner Süssigkeit nicht
versagen, weil er dich zu äusserlichen und knechtlichen Werken treu erfunden hat.... Wer das Amt der h. Martha getreu
zu erfüllen sich bestrebt, der wird wohl auch zuweilen gewürdigt, die Süssigkeit der sich so selig fühlenden Maria zu
geniessen und in der Stille göttlicher Tröstung und Ansprache
verweilen zu dürfen". Es sei diess aber freilich nur ein
Stündlein, dass man „mit seinem Herrn es sich wohl sein
lassen könne"; man müsse wieder, „so schwer es auch falle",
zurück zu seinen Geschäften, und desto treuer in deren Pflicht-
erfüllung sich wieder beweisen. „Wenn du sagst mit Petrus,
hier ist gut sein, so wundere ich mich nicht;... aber noch ist
deine Stunde nicht gekommen; vielleicht wirst du hören:
nicht desshalb habe ich dich hieher geführt, dass du stets
hier bleibest, sondern dass du wissest, wie du wandeln sollest
in meinem Hause; darum kräftigte ich dich durch den Wein
der Liebe und gab dir Speisen in Fülle und wollte dich in
deinem Verlangen nicht leer ausgeben lassen; siehe, deine
Augen sehen nun, was ich denen verheissen habe, die mir
dienen; kehre jetzt zurück in Frieden, und suche deine Brüder heim, damit sie nicht etwa warten und dich suchend fragen: wo ist unser Kellermeister? Du kannst aber wieder
kehren zu mir, wenn du freie Zeit hast". Nur um so fröhlicher, meint Th., solle man dann zu seinen Geschäften, seinen Brüdern zurückkehren, wie Mosis Angesicht geglänzt
habe, „als er kam vom Angesicht des Herrn zum Volke". Den
Brüdern erscheine auch jeder Dienst, je bereitwilliger er sei,
um so annehmlicher, und verpflichte sie um so mehr, den
göttlichen Geheimnissen abzuwarten.

So hat denn also Th. über die Uebernahme des Schaffneramtes innerlich sich mit sich verständigt: sein Resultat ist:
er wolle mit Freuden das Amt übernehmen und verwalten,
„so lange er noch einen Fuss zu rühren vermöge". Er sucht

sich nun aber auch noch über die Grundsätze, nach
denen er diess Schaffneramt verwalten wolle, klar zu machen. Getreu, diess ist das Erste, was er sich sagt, müsse
ein Verwalter sein, getreu ökonomisch, dass er nicht das
Seine suche; frei von aller irdischen Gewinnsucht; dann klug
im Spenden, „je nach Zeit, Umständen und Personen". Doch
diese Klugheit müsse mit Liebe verbunden sein, mit dem
Willen, so viel zu thun, als man könne. „Habe grösseres
Verlangen, wohlzuthun, als Etwas für den morgenden Tag
zu behalten. . . . Wenn dein Wille bereit ist, im Verhältniss
zu dem, das du hast, so ist er Gott angenehm, nicht aber
nach dem, was du nicht hast. Gebricht es aber an Mitteln,
so ist die Entschuldigung leicht, wenn anders nicht eine gewisse Zähigkeit oder die Furcht vor kommendem Mangel in
Weg tritt". Wie aber, wenn der Befehl der Oberen der freigebigen Liebe Schranken setzt? „Eines weiss ich noch, was
dem schwer fallen könnte, der gern gibt; wenn seine Hand
durch den Gehorsam der Oberen gebunden wird". Wie dann?
dann erinnert sich Th., dass „Gehorsam besser ist, denn Opfer".
Doch „kann dein guter Wille in Wenigem vollbringen, was
du gerne gethan hättest bei grösserem Reichthum. Wer bereit ist, Geringes zu geben, wenn er wenig hat, wird gewiss
auch nicht zögern, Grösseres zu geben, wenn er durch Gottes
Güte reicher geworden ist. Im Kleinen lerne, was du glaubst
im Grossen thun zu sollen".— Wie so nicht ohne Liebe, ebensowenig könne aber ein Schaffner auch ohne Glauben sein:
diess ist eine weitere Bedingung. „In einem Hause, wo Ueberfluss an Armuth ist, und Viele zu Tische sitzen, da ist der
Weg zu spenden schmaler". Man habe aber dann nur um so
mehr auf Gottes Barmherzigkeit zu vertrauen. Christus habe
das Volk sich lagern heissen (Matth. 14., Mark. 8.) und sie
seien Alle satt geworden. „Da schau' an den Glauben, wie
viel er vermag, wie du nicht verzweifeln, sondern ausdauern
sollst, auch wenn du nicht hast, was du vorsetzest. Gib, so
viel du kannst, und Gott wird für die Zukunft sorgen. Viel
vermag der Glaube der Guten in der Noth. Und sie werden
nicht zu Schanden werden, es sei denn, dass sie mehr auf
menschliche als auf göttliche Hülfe hoffen. Beispiele des Glau-

bens (der Glaubenserhörung) hast du von Andern gehört; doch
wie? hast du nicht selbst auch sie erfahren"? Th. erinnert (er
erzählt das noch weitläufiger in seiner Chronik) an einen reichen Fischfang in der Vecht, als viele armen Gäste im Kloster anwesend waren. „Wer heute gegeben hat, fährt er fort,
wird auch morgen geben. Und es wird ja nicht, damit ich so
sage, was Christo gegeben wird, einem Geizigen oder Zähen
oder Undankbaren oder Unwissenden oder Vergesslichen gegeben. . . . Es ist Sache der menschlichen Gebrechlichkeit,
sich allzu sehr um das Zukünftige zu bekümmern; und vom
Verliehenen nicht freigebigen Gebrauch machen können, ist
Zeichen eines elenden Gemüthes; der Karge hat immer
Mangel; dem glaubensvoll Vertrauenden gehört
die ganze Welt voll Reichthümer".

Das sind die leitenden Grundsätze, die Th. sich in seiner
Verwaltung vorhält. Aber auch an andern Verhaltungsgrund-
sätzen lässt er's nicht fehlen. In seinem Thun will er nicht zu
voreilig und nicht zu langsam sein; „die Tugend steht immer
zwischen beiden in der Mitte; du sollst daher das Maass deiner Möglichkeit bewahren und das Sprüchwort bedenken:
viel (multum) thut, wer eine Sache gehörig und wohl thut".
Gegen die Andern nimmt er sich vor, in seinem Amte als
Schaffner nicht gebieterisch, — „besser ist es, du sprichst
hinsichtlich der Dinge, die gethan werden müssen, in bitten-
dem als in befehlendem Tone", — nicht zurückhaltend, un-
freundlich, verschlossen, aber auch nicht geschwätzig zu sein;
„sei bereit, Jedem Genüge zu thun, der Etwas von dir fordert, nur lass Keinen bei dir müssig stehen". In kleineren
Bedürfnissen, die anzuschaffen sind, „handle sofort in Gottes
Namen, ohne viel davon zu reden; in geistlichen und grössern
Angelegenheiten hole den Willen der Vorgesetzten ein". In
Sachen, die „deiner Sorgfalt nicht anvertraut sind, mische
dich nicht". Alles „nach deiner Meinung haben wollen, ist
irrthümlich und unmöglich".

Nun Th. das Martha-Amt so gewissenhaft gefasst und ge-
zeichnet hat, mahnt er letztlich auch die „Maria", die andern
Brüder, die dem geistlichen Leben obliegen können, der
Martha ihr Amt nicht sauer zu machen, auch wenn sie es zu-

weilen mangelhaft verwalte, sondern zu erleichtern. „Je geduldiger, gütiger und ruhiger du bist, um so leichter wird
deiner Schwester alle Arbeit, und um so erträglicher ihr Ge-
schäft“. Sie, die Maria, solle „ersetzen durch h. Uebungen,
was ihre Schwester nicht vermöge in geistlichen Dingen und
ihrer eingedenk sein bei ihrem Geliebten“.

Diess ist der Inhalt des Büchleins vom „getreuen Verwalter“. Wir dürfen annehmen, dass Th. in d i e s e m Geiste
sein Amt auch verwaltete. Wie lange er es aber zu tragen
hatte, wissen wir nicht. Doch scheint er bei Zeiten desselben
wieder enthoben worden zu sein. Wir sehen diess aus seinem
„Büchlein von der Einsamkeit und dem Stillschweigen“. Er
hatte nämlich die köstliche Gewohnheit (es war diess mehr
oder weniger hergebrachte Sitte von Groot und Florentius),
seine Grundsätze, Vorsätze, Gedanken, Gefühle sich schriftlich zu verzeichnen, besonders bei jedem Abschnitte seines
Lebens, um über das vor ihm Liegende sich recht klar zu
machen und aus dem hinter ihm Liegenden die Bilanz zu ziehen. Als er nun seines Schaffneramtes „ledig“ wurde, und
seiner Meditation und seinen Büchern „wieder gegeben“,
schrieb er das oben genannte Büchlein, in seiner Art ebenso
lieblich, als das vom Verwalter. Es ist (wie dieses) in der
Form an einen Bruder gerichtet, den er anredet; der Bruder
ist aber er selbst und wer in derselben Lage ist. Wie er
früher, schreibt er im Vorwort, ihm (dem Bruder) in seinem
Amt zu Hülfe gekommen sei, so wolle er ihm, nun er frei
sei, den brüderlichen Trost auch nicht entziehen und ein wenig von der Liebe zur Zelle und der Hut des Stillschweigens
sprechen. „Du sollst in dieser Zurückgabe deiner selbst die
göttliche Güte, die so vielfältig über dich waltet, erkennen
und, aus was immer für einer Ursache es geschehen ist, ihm
danken. Ich nehme an, dass zu deinem Gewinn sein wird,
was immer du in j e n e m Amte erfahren hast und früher nicht
kanntest. Ebenso hoffe ich, dass nicht minder dir zu deinem
Guten ausschlagen wird, dass du nun befreit und gelöst und
dir völliger wiedergegeben bist.... Wie der Thon in der Hand
des Töpfers, also sollen wir sein in seiner Hand; nur würdige
Er uns, uns zu machen zu einem Gefäss zur Ehre und nicht

zur Schmach". Was nun jenes Amt betreffe, das jetzt hinter
ihm liege, so „bist du j e t z t wohl nicht weniger nütze und
tauglich, um fromme W e r k e zu thun; aber vielleicht mun-
den sie (dir) jetzt nicht so, weil sie jetzt nicht mehr so gut
am Orte sind. Aber was sie noch in der Folge werth sein
mögen, weisst du nicht, da ein ähnlicher Fall wieder eintre-
ten könnte". Jedenfalls werde er, wenn er diese jüngste Vergangenheit überdenke, den Unterschied von damals und jetzt
klarer erkennen. „Du wirst auch sehen, dass es nicht deine
Kraft war, wenn du deine Seele unter der inneren Hut auch
in den äusseren Geschäften bewachen konntest, da selbst im
Stande der Ruhe die menschliche Schwäche sich kaum zu
bezwingen vermag. Gott also hat deiner geschont und desswegen freue dich in der gewonnenen Einfalt (Musse) und richte
nun deinen Sinn u m s o f r e i e r z u m V e r s t ä n d n i s s
g e i s t l i c h e r D i n g e".

Statt des Schaffneramtes wurde Th., vielleicht bald darauf,
zum Novizenmeister erwählt, ein Amt, das eben so sehr für
ihn, als er für dasselbe passte. Wir werden aus Wessels Leben ersehen, wie Th.'s Name schon die jungen Leute herbei-
zog. Diess Amt scheint er bis in sein höheres Alter verwaltet
zu haben. Die Reden an „die Novizen" und (vielleicht) an
die „Brüder" datiren aus dieser Zeit und verdanken diesem
Amte ihre Entstehung.

Im 67. Jahre seines Alters (1447) wurde er noch zum
zweiten Male zum Subprior gewählt, — eine Stelle, die er
bis an sein Ende (scheint es) behielt.

Diess sind die dürftigen Notizen aus der Geschichte eines
klösterlichen Stilllebens, das wie ein sanfter Bach, in dem
sich der wolkenlose Himmel spiegelt, dahin floss. So wenigstens glauben wir es gerne. Aber wo und wem wäre diess hienieden ganz beschieden? Und wo die äusseren Kämpfe fehlen,
treten an deren Stelle innere, von denen die Welt nichts ahnt
und von denen oft die zartesten Gemüther am ehesten getroffen werden, weil sie Alles zart und rein und tief empfinden
und auffassen. Wir haben alle Ursache zu vermuthen, dass
auch Th. diese Kämpfe erfahren habe, der so viel von ihnen
zu sagen weiss; nur dass, seinem Grundsatze gemäss, von seiner

Person überall zu schweigen, er diess direkte selten ausspricht. Doch bricht hie und da auch eine solche Aeusserung durch. So einmal, wenn er sagt in seiner Nachfolge, man solle nicht den Menschen voreilig glauben und vertrauen, sondern Gott allein, setzt er hinzu: „Ich bin es gelehrt worden zu meinem eigenen Schaden, und wollte Gott, zu grösserer Behutsamkeit und nicht um neue Thorheit zu begehen".

Wir nähern uns seinem Ende. Längst (1432) war ihm sein Bruder Johannes vorangegangen — im Frauenkloster Bethanien bei Arnheim, im 67. Jahre seines Alters, als erster Rektor und Beichtvater daselbst. Thomas, der von den Visitatoren ihm als Gefährte beigegeben worden war, hatte ihm die Augen geschlossen. In der Windesheimer Chronik steht von Johannes ein tief wahres Wort, das auch Th. öfters wiederholt. „Wir möchten, pflegte Johannes in seinen geistlichen Anreden zu sagen, gern demüthig sein ohne Verachtung, geduldig ohne Trübsal, gehorsam ohne Befehl, arm ohne Mangel, tugendhaft ohne Arbeit, bussfertig ohne Schmerz, gern gelobt ohne Tugend, geliebt ohne Gott, geehrt ohne Heiligkeit. Doch nicht also hat Christus unser Gott gethan und gelehrt, der das Reich Gottes nur denen verhiess, die sich Gewalt anthun würden...." Johannes hatte ein ziemlich hohes Alter erreicht; ein ungleich höheres erreichte aber Thomas. Im Jahre 1471, so heisst es in einem Zusatz zur S. Agnes-Chronik von unbekannter Hand, am Feste des h. Jakobus des Jüngeren (25. Juli), nach dem Komplatorium, starb unser vielgeliebter Bruder Thomas Hamerken von Kempen, im 92. Jahre seines Alters, im 63. ? (65.) seiner Einkleidung, und im 58. (?) seiner Priesterweihe. Er war in seinen Jugendjahren ein Zuhörer des Herrn Florentins zu Deventer gewesen, und von ihm zu seinem eigenen Bruder, damals Prior auf dem Berg der h. Agnes, gesandt worden. Er war zu jener Zeit 22 (20) Jahre alt. Er ertrug beim Anbeginn des Klosters g r o s s e N o t h, V e r s u c h u n g e n und Arbeiten. Er schrieb unsere ganze Bibel und viele andere Bücher für das Haus und zum Verkauf. Ueberdiess verfasste er selbst einige Schriften zur Erbauung der Jüngeren in fasslichem und einfachem Style, doch höchst gewichtig an Sentenzen und Kraft. Auch hatte er

eine ganz besondere Andacht zum leidenden
Heiland und die Gabe, Versuchte und Leidende
zu trösten. Endlich ward er in seinem hohen Alter mit
einer Wassersucht in den Schienbeinen heimgesucht und entschlief selig im Herrn. Er ward in der östlichen Gruft zur
Seite des Bruders Herbort begraben". —

Der Mann der Erbauung des christlichen Europa's ist of-
fiziell nie kanonisirt worden; es fehlte ihm dazu das wunder-
haft Legendenartige. Aber Tausende und Tausende, die aus
dem Quell seiner Andachtsbücher schöpften und schöpfen,
feiern und segnen in wahrster und lebendigster Weise das
Gedächtniss des Mannes, der in der stillen Klosterzelle zu
S. Agnes das Göttliche so menschlich einfach, schön und wahr
empfunden, gedacht und wiedergegeben hat.

Th. war „unter mittlerer Grösse, aber wohl gebaut; die
Farbe seines Angesichtes lebhaft, nur etwas bräunlich, sein
Auge so scharf, dass er selbst im höchsten Alter nie der Bril-
len bedurfte". — Er war vorzugsweise eine innerliche, kontemplative Natur. Für die Aussenwelt hatte er so wenig Sinn,
dass „er sich nicht einmal die Namen und den Gebrauch solcher Sachen merken konnte". Man hörte ihn nie viel reden,
denn er „vermied den Wortkram als einen giftigen Quell
aller Uebel". Sass er im Kreise von Männern, die äusserliche
oder weltliche Gegenstände verhandelten, so war er „gleich
einem Stummen" und gab gar keine Antwort, nicht einmal,
wenn er befragt wurde. Kam dagegen die Rede auf Gott und
himmlische Dinge, dann liess er nicht lange auf Antwort warten, sondern „wie ein reiner Quell strömte er über". Wenn
er betete, war sein Angesicht wie verklärt; da „stand er
gleichsam nur mit den Spitzen der Füsse auf der Erde und
es schien, als wolle sein ganzer Körper in den Himmel auf-
fliegen, wo sein Geist und sein Verlangen war". Stets „stand
er beim Psalmengesang aufrecht; nie setzte er sich, nie lehnte
er weder Arm noch Rücken an; immer war er bei Tage sowohl als in der Nacht der Erste im Chor; immer der Letzte,
der denselben verliess". Oft fühlte er mitten im freundlichen
Gespräche mit den Brüdern „die Ansprache des Herrn im
Innern"; dann bat er um die Erlaubniss, sich entfernen zu

dürfen; „ich muss gehen, pflegte er zu sagen, denn es ist
Einer, mit dem ich in der Zelle mich besprechen muss". Man
wird dabei unwillkürlich an Franziskus (siehe dessen Leben
S. 552) erinnert.

Bei aller Kontemplation war doch Th. überaus thätig;
wie er in seinen Schriften die Vereinigung von Martha- und
Maria-Sinn, thätigem und beschaulichem Leben so anmu-
thig geschildert hat, so hat er auch selbst im Leben es geübt.
Seine Zeitbenutzung war musterhaft. „Höchst selten legte er
sich nach der Frühmette zu Bette; selbst dann nicht, wenn er
sich nicht besonders wohl fühlte, sondern still kehrte er vom
Chor in die Zelle, blieb bis zum Morgen wach und setzte sich
hin, Bücher zu kopiren oder die Früchte seiner eigenen Betrachtung niederzuschreiben". Er besass eine ausgezeichnet
schöne und geläufige Handschrift. „Noch ist eine ganze Bibel
in vier Bänden von ihm vorhanden; überdem, sagt Franziskus
Tolensis, ein sehr grosses Messbuch, sowie einige Werke des
h. Bernardus, die man der Schönschreibekunst und dem un-
ermüdlichen Fleiss des Th. zu danken hat". Auch die vier
Bücher von der Nachfolgung Christi befänden sich noch in der
Urschrift im Kloster. — Th. predigte auch zuweilen, wenn
er darum ersucht ward, „doch that er diess nur, wenn er einige Zeit zum Nachdenken sich genommen, oder wenn er sich
vorher durch einen kurzen Schlaf erquickt hatte". Oftmals
strömte aus dem nahen Zwoll und selbst aus entfernteren
Orten eine Menge Volkes herbei, die sein Ruf herbeigezogen
hatte und die begierig waren, ihn zu hören. — Wie alle
„Frommen" des Mittelalters war auch er Aszete. „An gewissen Tagen der Woche pflegte er sich zu geisseln und sang
dabei den Hymnus: stetit Jesus". Auch in Speise und Trank
war er strenge gegen sich. Seine Devise, die Franziskus
Tolensis unter seinem schon halb erloschenen Bildniss geschrieben fand, war: „in allen Dingen habe ich Ruhe gesucht, aber
nicht gefunden als in Höxkens ende Böxkens" (flamändisch:
d. h. in verborgenen Winkeln und Büchern). —

Von dem Leben des Thomas haben wir nur zwei Biographieen, von denen leider keine eine gleichzeitige ist. Die eine
ist von einem spätern Nachfolger im Subpriorat zu S. Agnes,

von dem Chorherrn Franziskus, gewöhnlich von Tol (Tolensis) genannt, der seine Notizen aus „alten Urkunden und Traditionen" geschöpft haben will. Mit Recht klagt er, dass keiner der Zeitgenossen des Thomas sich es angelegen sein liess, diess edle Leben in urkundlich-sicherer Weise der Nachwelt zu überliefern, denn rhetorische Darstellung sei hier nicht von Nöthen. Doch ist er selbst nicht ganz frei davon, und gibt nur Weniges, wiewohl man alle Ursache hat, für diess Wenige ihm dankbar zu sein, das sich übrigens — wenigstens als allgemeine Regeln für den Aszeten — überall in den Schriften des Thomas wiederfindet, so dass man nicht einmal weiss, ob Franziskus diese Züge nicht aus des Thomas Schriften selbst gesammelt und dann auf ihn und sein Leben übergetragen hat. Der andere Biograph ist Jodocus Badius Ascensius (aus Assen bei Brüssel, geb. 1462, gest. 1535), ein Zögling der Brüderschaft, später berühmter Buchdrucker in Paris und Herausgeber der alten Klassiker, auch Freund des Erasmus. Er hat, was er an konkreten Zügen gibt, meist aus der vorigen Biographie und aus des Th. eigenen Schriften gezogen, die übrige Zuthat ist ziemlich geschmacklose, rhetorische Ausschmückung, die zu der Schlichtheit des Thomas nur gar nicht passt. Eine dritte Quelle sind des Th. eigene Schriften, besonders die Chronik des Agnesklosters und die Biographieen der Brüder.

Die Schriften des Thomas.

Thomas ist ein verhältnissmässig sehr reicher Schriftsteller; doch hat er nur für Zwecke der Aszese und Frömmigkeit geschrieben; und nichts lag ihm ferner, als was man Schriftstellern nennt oder Schriftsteller-Ruhm.

Wir nennen zuerst seine Reden an die Novizen, im Ganzen 30, abgetheilt in drei Theile. Sie haben vorzugsweise, wie sie denn für Novizen geschrieben (oder theilweise gehalten) sind, die aszetischen Tugenden: Demuth, Stillschweigen, Wachen, Gehorsam, Herzenshut u. s. w., oder auch das Wesen des Mönchslebens, den Segen der frommen

Gemeinschaften, zum Gegenstand. Der dritte Theil beschäftigt
sich mit dem Marien- und Heiligen-Kultus, und schliesst mit
Kirchweih-Reden. Jede Rede hat, wie das des Th. Weise
durchweg in allen seinen Reden ist, ein Bibelwort als Motto
an der Spitze, das oft sehr gut gewählt ist. Wenn er von dem
Gemeinschaftsleben spricht, so setzt er das Wort, Ps. 133,
voran: „Siehe, wie fein und lieblich ist's, wenn Brüder ein-
trächtig beisammen wohnen"; wenn von der Stille, — Matth.
18, 20: „wo Zwei oder Drei versammelt sind, da bin ich
mitten unter ihnen"; wenn von dem Aufstehen zum nächtlichen Chorgebet, — Mark. 14, 37: „Simon schläfst du? vermöchtest du nicht eine Stunde mit mir zu wachen? u. s. w.";
wenn von der Demuth, die alles auf Gott bezieht, — Matth.
5, 14: „Also leuchte euer Licht vor den Leuten, dass sie
euere guten Werke sehen und euern Vater im Himmel preisen"; wenn von der Herzenshut, — Prov. 4, 13: „Behüte
dein Herz, denn daraus gehet das Leben". Am Schlusse einer
Rede hat er hie und da Beispiele angefügt, „weil Beispiele oft
mehr wirken, als blosse Worte". — An diese 30 Reden
an die Novizen reihen sich 9 Reden an die Brüder,
— ungefähr desselben Inhalts. — Mit den 36 „Predigten
und Betrachtungen" schliesst die erste Abtheilung seiner
Schriften, welche seine Reden umfasst. Diese Betrachtungen
sind aber allerdings keine eigentlichen „Predigten", sondern
eben mehr Meditationen, theils in der Form von Reden, theils
von Selbstgesprächen, theils auch in die Ansprache Jesu an
die gläubige Seele gekleidet. Sie sind die eigentlich christolo-
gische Arbeit unseres Thomas und werden eröffnet durch
zwei umfassende Betrachtungen über die Zeugnisse von der
Menschwerdung (des Sohnes) Gottes aus dem alten und neuen
Testamente. Vorzugsweise erstrecken sich diese Betrachtungen (auch allemal von einem Bibelwort ausgehend) über Ankündigung, Advent, Geburt und Kindheit Jesu — die
Weihnachtsbetrachtungen duftend von kindlich-naiver Andacht —, dann über Leiden, Sterben, Auferstehung, Himmelfahrt, Ausgiessung des h. Geistes und das Leben der ersten
Kirche; Geburt und Tod Christi sind die beiden Lieblingsge-
genstände der Betrachtung des Thomas; das Leben Jesu

selbst, das zwischen diesen beiden Endpunkten liegt, kommt dabei zu kurz; nur einzelne Punkte, wie die 40 Tage in der Wüste, das Leben in der Armuth, wurden im Interesse der Aszese noch in besondern Meditationen behandelt.

Die zweite Abtheilung der Schriften des Thomas umfasst seine Traktate. Wir wollen zuerst die kleineren, mönchisch-aszetischen nennen: „Die geistlichen Uebungen“, voll Spruchweisheit, ganz an die von Thomas uns überlieferten Lebensregeln und Sentenzen des Groot, Florentius und der andern Brüder erinnernd (für Mönche); „das Lehrbuch für Jünglinge“ (Novizen); „von der Zerknirschung des Herzens“; „Gespräch der Novizen“; „von der Erkenntniss eigener Gebrechlichkeit“; „Handbüchlein der Mönche“; desgleichen für „Anfänger (Kleine)“; „das kleine Alphabet des Mönchs in der Schule Christi“; „Trostbüchlein für Arme und Kranke“; „von der Demuth“; „von der Ertödtung seiner selbst“; „vom guten und friedfertigen Leben“. — Umfangreichere Traktate sind: „von der Einsamkeit und dem Stillschweigen“ (in 2 Theilen, s. o.), — sinnig; „von den 3 Hütten“: Armuth, Demuth, Geduld — lieblich; „von der klösterlichen Zucht“; „vom getreuen Haushalter“ (3 Theile, s. o.); „die Herberge der Armen“; „das geistliche Rosengärtlein“; das „Lilienthal“; „Selbstgespräche der Seele“. Die drei letzteren Traktate und das kleine Schriftchen: „über die Erhebung des Gemüths, um das höchste Gut zu suchen“ (s. u.), gehören zu den besten und kommen der „Nachfolge“ zu allernächst. Noch erwähnen wir einiger (6) Sendschreiben des Thomas und seiner geistlichen Lieder und Gesänge: die einen mönchische Regeln enthaltend (gereimte Prosa), die andern Hymnen auf die h. Agnes, Cäcilia (darunter einige Akrosticha), Klara, Maria, Jesus, das Kreuz u. s. f. — ebenfalls ohne poetischen Werth; endlich seiner „Gebete“, wie denn Thomas auch in seine anderen Schriften viele Gebete und zwar der allerköstlichsten Art eingewoben hat.

Den Höhepunkt aller seiner Traktate (das Kleinod seiner Schriften überhaupt) bilden nun aber „die 4 Bücher von der Nachfolge Jesu Christi“. Leider finden wir keine bestimmten Aufschlüsse über die verschiedene Zeit der Abfas-

sung der einzelnen Hauptschriften des Th., und insbesondere der
Nachfolge, was, wie bei Tauler, so wünschenswerth wäre,
da, wie des Letztern „Nachfolge des armen Lebens" zu seinen
Predigten, so auch des Thomas „Nachfolge Christi" (die Abfassung durch ihn immer vorausgesetzt), in einem mehr oder weniger eigenthümlichen Verhältniss steht zu seinen übrigen Schriften. Man hat hierüber nur Vermuthungen auf
Grund dürftiger Andeutungen und Notizen. Th. verfasste
jedes einzelne Buch dieser Nachfolge als einen frommen Traktat zu verschiedenen Zeiten; das vierte Buch (s. o.) nach seiner
Priesterweihe (1413), die andern drei Bücher in den folgenden Jahren (wie sie denn auch von da an bekannt werden),
so dass diese Schrift als Produkt seiner eigentlich kräftigsten, geistigsten, idealsten Mannes-Zeit und Kraft
erscheint, während diejenigen Werke, die einen mehr mönchisch-aszetischen Karakter tragen, mehr den spätern Jahren
anzugehören scheinen; wiewohl man in allen seinen Schriften,
freilich in den einen überwiegend dieses, in den andern jenes
Element, das Aszetische und Mystische, das Mönchische
und das allgemein Menschlich-Sittlich-Religiöse mitsammen
antrifft. Die „Nachfolgung" ist nun aber eben diejenige
Schrift, in welcher das Letztere am allermeisten und am aller-
reinsten gegeben ist. Schon ihr Titel, der die Summe ihres
Inhalts aussprechen soll, ist ein folgenreicher Gedanke, drückt
ein Zurückgehen von allen kirchlichen Vermittlungen auf
Christus selbst und das ursprünglich von ihm gestiftete
Leben aus, ohne dass wir freilich sagen könnten, dass diess
bei Thomas, bei dem Christliches, Apostolisches und Kirchliches in der Ausführung zusammenfällt, in ein bestimmtes und
auseinanderhaltendes Bewusstsein getreten wäre. Aber der
mystische Drang des Herzens, dessen Natur zu allen Zeiten
war, auf das unmittelbar christlich Religiöse zurückzugehen,
hatte schon längst in diesen (mystischen) Kreisen solche Namen, Gedanken und Schriften produzirt. Taulers verwandtes
Buch, unstreitig eigenthümlicher und tiefsinniger, darum aber
auch weniger für das grössere Publikum und weniger von
demselben gekannt, hatte in dieser Beziehung die Bahn gebrochen, den Ton angeschlagen; in den Kreisen der Brüder

des gemeinsamen Lebens, besonders in dem Stifter derselben
(vrgl. Groot S. 642), war Gedanke und Bezeichnung bereits
heimisch; Th. hat nun, wie überhaupt so auch in d i e s e r
Beziehung, dem herrschenden Geiste der Stiftung, deren Mit-
glied er war, seinen h ö c b s t e n s c h r i f t l i c h e n Ausdruck
gegeben. — Das Buch der Nachfolge ist in 4 Bücher abgetheilt;
das vierte handelt vom Fronleichnam, von der Messe, und damit verbunden von der Dignität des dasselbe verwaltenden und
spendenden Priesterthums (aber auch die Laien berücksichti-
gend); das erste Buch „enthält nützliche Ermahnungen zu
einem g e i s t l i c h e n Lehen"; das zweite „Ermahnungen,
die zum I n n e r l i c h e n ziehen"; das dritte hat die Ueberschrift: „vom inneren Trost". Zuweilen bewegt sich die
Schrift, besonders diess dritte Buch, in der Form eines Gesprächs zwischen Christus und der Seele. Es möchte scheinen,
als ob die drei bekannten Stände der Mystik in den drei Büchern durchgeführt würden; im zweiten z. B. ist vom innerlichen
Menschen viel die Rede, besonders zu Anfang; aber es ver-
wischt sich Alles wieder; es ist keine fortschreitende Gedanken-
folge, es ist eine Perlenschnur, wie diess des Th. Weise ist
auch in seinen andern Traktaten. Die Spruch-Weisheit, die
er überall beurkundet, ist in dieser Schrift übrigens auf ihren
höchsten Punkt gediehen, entfaltet sich hier am reinsten.
Dabei ist sie so reich an Bibelstellen, aber oft nur wie anspie-
lend, dass sie schon in d i e s e r Beziehung eine echt biblische
heissen kann, man möchte sagen, sie sei ein fortlaufender bib-
lischer Extract. Auch ist unter allen Schriften von Thomas,
wiewohl der Mönch sich auch hier deutlich verräth, doch des
Mönchisch-Aszetischen am wenigsten; der Grundakkord ist
Liebe Gottes zu dem Menschen, Liebe des Menschen zu Gott,
jenes allgemeine und „ewige" Evangelium, das j o h a n n e i-
s c h e Element, das von keinem besondern Dogma, welches
an die Spitze dieser oder jener Konfession gestellt wäre, weiss,
wesswegen es auch ein Erbauungsbuch für a l l e Konfessionen
geworden ist. Die Sehnsucht nach Gott, dem allein wahren
Gute und dem Frieden in ihm, und der heilige Ernst, Alles
zu lassen, was dem im Wege steht, und ·Allem sich hinzugeben, was dazu fördert, ist kaum (die Bibel ausgenommen)

in einem Buche der Welt so einfach wahr und innig niedergelegt worden, wie in diesem. Und dass das Buch dieses euro-
päische wurde, dazu hat gewiss auch beigetragen, dass es
(wie denn Th. überhaupt alle seine Schriften in Latein geschrieben hat) nicht in der Landessprache, die es vielleicht für
einen beschränkteren Kreis zu einem um so populäreren und
wirkungsreicheren hätte machen können, aber seine Wirkung
auf die allgemeine Christenheit gemindert hätte, sondern in
der damaligen Universalsprache des gebildeten oder religiösen
Europas abgefasst wurde, wodurch es eben um so leichter ein
europäisches Gemeingut werden konnte. Denn bekanntlich
zählt man schon seit längerer Zeit der lateinischen Ausgaben
des Originals mehr als 2000, und nur der französischen Uebersetzungen an die 1000. Dass es in alle Sprachen der christlichen
Welt übersetzt, und auch über diese hinaus schon vielfach übersetzt ist, ist bekannt. Seltsam und doch so ganz dem göttlichen
Weltgange gemäss! Dieses grossartigste Erbauungsbuch (nächst
der Bibel) ist aus einer stillen Kammer, aus der Klosterzelle
eines Mönchs oder Chorherrn hervorgegangen, der nicht einmal seinen Namen genannt hat nach den Grundsätzen des
Stifters seiner Gemeinschaft, Groot (S. 622), und nach seinen
eigenen, die er in das Wort zusammenfasst: ama nesciri
(wolle, dass man nichts von dir wisse), ja der seinen eigenen
Geistesprodukten, wenn er sie kopirte, nur unten beisetzte:
„bis zu Ende geschrieben (kopirt) durch die Hand des Bruders
Thomas". Eben diess, verbunden mit dem immer steigenden
Rufe des Buches, hat nun aber seit dem Anfang des 17. Jahrhunderts zu jener bekannten Fehde über die Autorschaft desselben Veranlassung gegeben, die, vornämlich in Ordens-
und landsmannschaftlichem Interesse, in einer Weise geführt
wurde, welche dem Geiste des Buches, um das es sich handelte, schnurstracks zuwiderlief. Die Einen, — um kurz den
Streit zu resumiren — haben die Autorschaft dem berühmten
Pariser Kanzler Gerson zugeschrieben; und allerdings nennen
ihn einige Handschriften; die älteste ist die Salzburger vom
Jahr 1463, wo der Name aber nur abgekürzt: Joh. Gers. geschrieben ist; indessen weder die Cölestiner zu Lyon noch die
Karthäuser zu Villeneuve, bei welchen Gerson seine letzten

Lebenstage zubrachte und denen er seine Werke mittheilte,
erwähnten etwas von der „Nachfolge" als seinem Werke; ja Gerson's eigener Bruder, der dessen Schriften sammelte und die
Herausgabe veranstaltete, erwähnte derselben nicht, und P.
Schott, der sie im Jahr 1488 herausgab, spricht sie ihm ausdrücklich ab. Auch der Styl Gerson's in seinen anerkannt
ächten Schriften — lange Perioden, doktrinell — ist total
verschieden von demjenigen der Nachfolge; woher sollten
überdem dem Franzosen die vielen Germanismen in diesem
Buche kommen? Endlich der Inhalt des Buches mit seinem
der Scholastik, der Wissenschaft selbst und dem öffentlichen
Leben abgewandten Antlitz passt nur für eine Klosterzelle,
nicht aber für den Mann der Mystik u n d Scholastik, der
Wissenschaften, des öffentlichen Lebens. Wenn daher einige
Handschriften Gerson nennen, so ist diess wohl von Abschrei-
bern geschehen, um dem bereits hochberühmten Buche einen
hochberühmten Namen, statt desjenigen eines obskuren
Mönchs, vorzusetzen. Franzosen neuerer Zeit haben dann in
landsmannschaftlichem Interesse die Autorschaft wieder dem
Kanzler zuwenden wollen. — Andere, zuerst der italienische
Benediktiner Cajetani (ums Jahr 1614), nahmen dagegen die
Ehre der Autorschaft für einen italienischen Benediktiner in
Anspruch, für einen gewissen Gersen, Benediktiner-Abt eines
Klosters in Vercelli ums Jahr 1240, eine ganz unbekannte,
um nicht zu sagen, mythische Person. Allerdings haben auch
einige Handschriften: Gersen, Gessen; aber das Alter derselben ist zweifelhaft und fällt wohl ins 15. Jahrhundert und
noch später, also ganz in die Zeit des Thomas. Es scheint
Gersen theils eine Verwechslung mit Gerson zu sein, theils
scheinen die betreffenden Manuskripte nicht den Verfasser,
sondern den Eigenthümer bezeichnen zu sollen. Wie hätte
denn auch ein Buch wie die Nachfolge 2 Jahrhunderte (seit
1240) verborgen bleiben können und dann auf einmal bekannt
werden, und seltsam — gerade zur Zeit des Thomas? F ü r
Thomas, für den die älteste und stete Tradition ist, sprechen
nun aber auch alle Gründe. Einmal die mehrsten und die ältesten Handschriften, z. B. der Antwerpner Kodex von 1441
und der Löwener, der um einige Dezennien noch früher ist

und von Thomas eigener Hand geschrieben; dann die ältesten
Drucke, und endlich die besten und zwar gleichzeitigen, oder
doch bald nach des Th. Tode sich aussprechenden Zeugnisse,
um nur Joh. Busch in der Chronik von Windesheim, die er im
Jahre 1464, also noch zu Lebzeiten des Thomas verfasste,
und in der er Thomas ausdrücklich als Verfasser bezeichnet,
zu nennen, dann P. Schott (1488), Pirk Kamer (1494),
Trithemius (1494), Hardenberg über Wessel. Dazu kommen
die i n n e r e n Zeugnisse: die Sprache der Nachfolgung strotzt
von Germanismen, auch flamändischen Redensarten, welche
den nordniederländischen Verfasser bezeugen, und von Barbarismen, die sich in den andern Schriften des Th. wieder
finden. Auch der Styl ist der gleiche, wie in mehreren anderen Traktaten (weniger in den Reden), kurzgefasst, schlagend,
markig, sententiös, nicht methodisch-logisch-strenge, sondern
in abrupten Satzreihen sich bewegend, Perle an Perle, dabei
voll Ausrufungen, Antithesen, Assonanzen, Halbreimen.
Ueber den I n h a l t haben wir uns schon ausgesprochen; allerdings ist er der reichste, reinste und höchste aller Schriften des Th., wie auch schon der Erfolg beweist, der denjenigen a l l e r seiner andern Schriften unendlich weit hinter
sich lässt; aber überall, zumal aber in den Traktaten, finden
sich Parallelen die Menge, welche man gleichsam die zerstreuten Bausteine nennen könnte, die Th. in seiner Nachfolgung zu einem Dome zusammengefügt hat. Es hat eben jeder
Schriftsteller auch seinen Höhepunkt. Endlich müssen wir
noch auf den Ideenkreis der Brüder des gemeinsamen Lebens,
auf die geistige Sphäre, innerhalb deren Th. stand, auf die
(Form der) Spruchweisheit, die er selbst in den von ihm ver-
fassten Biographieen der Hauptrepräsentanten uns mitgetheilt
hat, aufmerksam machen: es ist überall d e r s e l b e Geist
(worauf wir im Verlauf im Einzelnen noch aufmerksam machen
werden), und Th. hat nur aus der Tiefe dieses in dieser Gemeinschaft waltenden Geistes geschöpft; dieser Geist hat in
ihm nur seinen edelsten Sprecher gefunden: nur ein Mann
d i e s e r Sphäre hat d i e s s Buch schreiben können.

So viel über die Nachfolge im Besondern und über die
Traktate des Th. im Allgemeinen.

Th. ist aber auch historischer Schriftsteller. Er ist
zunächst der Geschichtschreiber seines Ordens oder
doch des Instituts der Brüder vom gemeinsamen Leben und
ihrer Stiftung. Seine Biographieen sind noch immer die vornehmsten Quellen zu deren Kenntniss. Er legte Hand an dieses Werk, um, wie er in der Vorrede zu Groot's Leben sagt,
den Bitten eines Freundes genug zu thun und „des gemeinen
Nützens wegen". Denn „da bereits viele Väter und fromme
Brüder, die ich einst kannte, entschlafen sind, darf ich mich
nicht scheuen, ihre Tugenden bekannt zu machen, auf dass
ich in ihren guten Vorbildern den Nachkommen ein gutes
Gedächtniss hinterlasse, zu um so grösserem Preis des göttlichen Namens". Mit Groot begann er, den er freilich nicht
persönlich kannte, aber nach den Erzählungen seiner Schüler
schildert. An Groot reihte er dessen Nachfolger Florentius;
und man spürt gleich, dass er diesen Mann persönlich gekannt
hat. Liebe, Dankbarkeit, Verehrung führen seine Feder.
„Als Dank für alle Wohlthaten, die er mir erwies, will ich
diess Büchlein nach seinem Hinscheiden verfassen.... Statt
aller Entschuldigung, dass ich diess Werk unternehme, diene
also meine ungemessene Liebe zu dem ehrwürdigen Vater
und der Wunsch, dass sein Andenken immer und überall unter den Frommen (Devoti) blühe". — Nachdem er die Meisterschaft geschildert, folgen die Biographieen der Schüler:
Gronde's, Brinkerink's, Lubbert's, Brune's, Gerhard Zerbold's, des Aemilius von Buren, des Jakobus von Viana, des
Joh. Ketel, und des Arnold von Schoonhofen. Thomas bittet
überall der Schlichtheit seiner Darstellung halber ab; den
Inhalt derselben, nicht ihre Form, bittet er, möge man ins
Auge fassen. Er liefere, sagt er in der Vorrede zu Florentius,
was er vermöge, nur Ziegenhaare, das Dach der Stiftshütte
damit zu überziehen, denn kostbare Edelsteine habe er keine
zum Schmuck des hohenpriesterlichen Gewandes. Die Darstellung ist allerdings nicht ohne Mängel: oft spielend (z. B.
mit dem Namen Groot, Florentius), mit einer gewissen Breite,
zu rhetorisch-pathetisch statt bestimmter karakteristischer
Züge und Spezialitäten. Man merkt überall die Absicht, zu
erbauen, die Novizen, denen Vorbilder vorgehalten werden

sollten, anzufeuern, die ursprüngliche Geistesrichtung wieder
herrschend zu machen; denn „leider gibt es Manche, die von
ihrem ersten Eifer ablassen, gerne umherlaufen, in Geschwätzen sich vergnügen, die eigene Weisheit den ersten
Satzungen unserer Väter vorziehen, und um ihre Liebhabereien
zu befriedigen, schlau ersonnene Auslegungen (Glossen) statt
der h. Gesetze in Anwendung bringen". Wie gesagt, die er-
baulich-aszetische Tendenz spürt man überall, daher denn
auch, wo das Karakteristische geschildert wird, vorzugsweise
die aszetischen Tugenden ins Licht gestellt werden; was aber
darüber hinausgeht, die eigenthümlich geistige Bedeutung und
Wirksamkeit, z. B. eines Gerhard Zerbold, findet man nur
unvollständig gewürdigt. Mit Einem Worte: es sind mehr er-
bauliche Lebensbilder als scharfe historische Darstellungen.
Aber als diese erbaulichen Lebensbilder sind sie in ihrer naiven Darstellung nicht bloss liebenswürdig, sondern führen in
den Geist der Brüder und ihrer Stiftung, die selbst diesen Karakter vorzugsweise trug, m i t t e n h i n e i n. Insofern sind sie
von hohem Werthe, der durch die zugefügten historischen
Dokumente, durch die authentischen Mittheilungen der
Sprüche und Lebensregeln der Meisten von ihnen noch erhöhet wird. — Zu diesen biographischen Denkmalen kommt
dann eine sehr schlichte, mönchsartige C h r o n i k seines Klosters auf dem Berge zur h. Agnes, die er ebenfalls „auf Ersuchen
einiger seiner Brüder" verfasste, „theils nach eigenen Erlebnissen, theils nach den Mittheilungen Aelterer, theils nach
Schriften Anderer". Es fehlt da nicht an interessanten Zügen
besonders aus der Stiftung und ersten Zeit des Klosters. —
Diese historischen Schriften schliesst die Lebensbeschreibung
der h. L i d u w i n a, einer Zeitgenossin des Thomas, deren
Leiden und Heiligkeit damals grosses Aufsehen erregte. Geboren 1380 in Schiedam brach sie in ihrem 15. Jahre auf
dem Eise eine Rippe — der Anfang einer Reihe unsäglicher
Leiden, die — nach der legendenhaften Weise der Heiligen-
Biographieen — zur Folie ihrer Heiligkeit ins Krasse ausgemalt werden. Dreiunddreissig Jahre war sie bettlägerig und
konnte keinen Schritt noch Tritt gehen; sieben ganze Jahre
konnte sie sich nur gar nicht wenden, und musste bis zu ihrem

Tode unausgesetzt auf ihrem Rücken liegen. Würmer entwickelten sich aus der Fäulniss ihrer Wunden; ihr rechtes
Auge war blind, ihr linkes so schwach, dass sie kein Licht
ertragen konnte, und daher beständig im Finstern liegen
musste: oft hatte sie noch das viertägige, oft das dreitägige,
und nicht selten das tägliche Fieber; kurz „kein Theil ihres
Leibes wàr ohne seinen besondern Schmerz“, und „sie litt fast
alle Krankheiten, mit welchen die Menschen geplagt zu werden pflegen“. Ihre Nahrung war anfangs etwa „Etwas von
einem gebratenen Apfel, ein klein wenig Brod, Schaum von
Bier, etwas süsse Milch“; später mochte sie auch das nicht
mehr vertragen; sie erhielt sich mit etwas Wein, dann auch
mit Wasser, zuletzt ass sie weder trank sie, noch schlief sie.
Ihre einzige Labung war — der h. Fronleichnam, den sie anfangs ein Mal im Jahre, dann zwei Mal, dann alle 14 Tage
empfing, und mit dem sie „nicht bloss ihre Seele, sondern
auch ihren Leib nährte und stärkte“. Das ist freilich nicht das
einzige (auch von andern „Heiligen“ so oftmals erzählte)
Wunder ihres Lebens. Auch noch ein anderes (bei allen legendenhaften Heiligen stereotypes) Wunder fehlt ihr nicht;
„ein wundersam lieblicher Geruch strömte aus ihrer Zelle den
Eintretenden entgegen, als wären nichts denn köstlicher Spe-
zereien und Salben da“; besonders auch die Würmer „ro-
chen“ nicht, verbreiteten vielmehr „einen lieblichen Genuss
vor Allen, die sie ansahen“. Noch von andern Wundern berichtet Th.: von Vermehrung des Weines in ihrem Kruge;
wie sich ihr Geld wunderbar vermehrte, u. s. w. — Im zweiten Theile der Biographie schildert er die Selige vornehmlich
nach ihrer geistigen, religiösen Seite, erzählt von ihren Tröstungen, Entzückungen, denn die körperlichen Leiden erhöh-
ten nur ihre geistige Spannkraft bis zur u n b e d i n g t e n
Gottergebung. „Wenn ich auch durch ein einziges Ave Maria
meine vollkommene Gesundheit zurückerlangen könnte, pflegte
sie zu sagen, ich würde es nicht thun, nicht einmal wünschen“;
— ganz wie Elisabeth von Thüringen. Sie ging bis zum Exzentrischen, dass sie „vor Uebermass der Liebe Gott gleichsam
aufzufordern wagte, dass er ihr Elend und ihre Schmerzen
vermehrte“; diess nicht bloss aus Liebe zu Gott, sondern anch

ganz besonders aus Liebe zu den armen im Fegfeuer Leidenden, und zu deren Rettung. „Wenn sie nur einen Sünder
bekehren oder eine einzige Seele aus dem Fegfeuer erlösen
könnte, so wäre sie bereit, erklärte sie, ihre Leiden noch
40 Jahre, ja bis ans Ende der Welt auszustehen". Aber sie
bewährte auch mitten in ihrem eigenen Elend — denn sie war
wie krank so auch arm — ihre Liebe zu ihren armen Mitmenschen noch auf eine andere — praktischere — Weise.
Was sie nämlich von den Gläubigen empfing, sandte sie den
Armen; wenn sie Geld bekam, liess sie davon Lebensmittel
einkaufen und theilte sie aus. — Es kann uns nicht wundern,
wenn von Kämpfen mit den Dämonen, auch von Entzückungen und Illuminationen in ihrem Leben berichtet wird. Es
hängt diess mit ihren leiblichen und seelischen Zuständen zusammen, und Manches erinnert an eine Clairvoyante. Sie
ward im Geiste bald in den Himmel, bald in die höllischen
Peinen entzückt oder in das Reinigungsfeuer, wo sie die Drangsale derer sah, die sich selbst nicht zu helfen vermochten und
ihrer fürbittenden Gebete bedurften; sie sah aber auch in solchen „Entzückungen" viele Kirchen und Klöster, wusste zu
sagen, wo sie lägen, wie sie erbaut wären, wusste von vielen
gottseligen Personen zu erzählen, die sie nie gesehen hatte,
erzählte aus ihrem Leben, u. s. w. In diesem Zustand „verblieb ihr Leib wie todt und entseelt in ihrem Bettlein zurück
und so ganz unbewegt, dass sie, wofern Jemand denselben berührte, diess nicht fühlte". Diese innern „Erleuchtungen"
wurden dann auch, und es ist diess nur der Pendant zu dem
herrlichen Geruch ihres Zimmers aus „der himmlischen Apo-
theke", vermaterialisirt: die Hausgenossen sahen nämlich die
Kranke, „wenn sie von den Engeln besucht wurde", bei Tag
wie bei Nacht „von so grosser göttlicher Klarheit umstrahlt",
dass sie „ihre Zelle voll der Sonnenstrahlen oder des Feuers
glaubten und nicht wagten, ihr zu nahen". — Schon zu
ihren Lebzeiten war Liduwina der Gegenstand getheilten Urtheils. Einige verlachten ihre Geistes-Entzückungen und ver-
spotteten sie als eine Närrin; dagegen genoss sie auch wieder
bei Vielen höchstes Anschen, besonders in den geistlichen
Kreisen: Wermbold (s. S. 654) hatte manche Unterredung

mit ihr; Arnold von Schönhoofen, der Jugendfreund des Thomas, bat sterbend die Brüder, sie möchten seinen Tod ihr,
die er einst in Holland hatte kennen lernen, berichten, denn
„sie hatte ihm versprochen, für ihn zu beten". — In der
Osterwoche des Jahres 1433 starb Liduwina. Antlitz wie der
ganze Körper der Dulderin „glänzte in Weisse und Klarheit,
und ihr ganzer Leib war so vollkommen und rund, als hätte
sie nie eine Wunde oder irgend einen Fehler gehabt" — ganz
wie wir es von Franziskus, von Elisabeth lasen; und „von verschiedenen Orten, von Rotterdam, Delft, Leiden, Briel und
anderen Städten und Flecken eilte man herbei, den Leichnam
zu sehen". Zu Schiedam, auf dem allgemeinen Friedhof, wurde
sie beigesetzt. Dass auch von Wundern nach ihrem Tode berichtet wird, ist wiederum stereotyp bei diesen „Heiligen"
oder „Seligen". —

Diess ist der Inhalt dieser Biographie, die Th. auf Bitten
seiner Ordensbrüder, der regulirten Chorherren in Briel in
Seeland, verfasste, nach einem ihm von letzteren mitgetheilten Mémoire, das er eigentlich nur ins Kürzere zog und redi-
girte. Der ehrliche Mann sagt selbst in der Vorrede, dass er
Manches weggelassen habe, das vielleicht bei einfachen Seelen Zweifel oder Anlass zu Streitfragen hätte erregen können;
das habe er am liebsten gewählt, was sittlich wirke, wiewohl in dieser Lebensgeschichte beinahe Alles staunenswerth
sei, und auch „über meine eigene Erfahrung hinausgeht, wesshalb ich das Urtheil hierüber Reiferen überlasse"; er glaube
aber, „dass die Gebete der Demüthigen Gott und dieser h.
Jungfrau mehr gefallen werden, als das Ergrübeln von Höherem und unverständiges Schwatzen von den Geheimnissen
Gottes".

Die beste Ausgabe der sämmtlichen Werke des Th.
ist die vom Jesuiten Sommalius, Antwerpen 1607 und öfter;
auch Köln 1728.

Das aszetisch-mystische System des Thomas.

Die Voraussetzungen.

Gott und Welt.

Von allen Spekulationen über Gott und Welt und das
Verhältniss zu einander nimmt der praktische Th. ganz und
gar Umgang; dass aber Gott nur das allein Wahre, Bleibende,
Gute sei, und alles ausser ihm, die ganze Welt an
und für sich keine Wahrheit, Realität in sich habe,
oder nur so weit, als sie in Gott sei, und aus ihm und zu ihm
— in diesem Grundgedanken, in diesen Grundvoraus-
setzungen seiner Aszese und Mystik stimmt er ganz mit den
eigentlichen Mystikern, mit Tauler (S. 65), Suso, Rusbroek,
überein. „Was es auch sei, das nicht Gott ist, ist nichts und
muss für nichts geachtet werden". Es waren diess auch die
Voraussetzungen von Groot und Florentius. Aber wie bei diesen letzteren, so gestaltet sich bei ihm diese Grundanschauung
ganz insbesondere praktisch. Wenn er einen Blick auf die
Welt thut, so kennt er nur das Wort: „Vanitas". Es ist Alles
eitel; und eitel ist, wer nach Eitelkeit strebt: Weltlust,
fleischliche Liebe, Ehrenstellen, Reichthümer, langes Leben,
gegenwärtiges Lehen, mächtige Freunde, leibliche oder
geistig-natürliche Vorzüge. „Alles vergeht und ich gleicherweise damit; denn nichts bleibt unter der Sonne, wo alles
Eitelkeit ist und Betrübniss der Geister. O wie weise, wer
also betrachtet"! Man glaubt den König Salomo zu hören,
den Th. so gerne zitirt; aber es ist nicht der weltalte Mensch,
der also spricht, es ist der Aszete, der Mönch, der die Welt
durch seine Klosterfenster betrachtet. Diese Eitelkeit, sagt
Th., sei „der allgemeine Fluch der Sterblichkeit"; drum sei
auch in dieser Welt und in dem, was sie biete, keine Genügde
noch Sättigung. „Das Auge sieht sich nimmer satt und das
Ohr hört sich nimmer satt", ruft er mit dem Prediger aus.
„Wenn du Alles gegenwärtig sähest, was wäre es als ein
leeres Gesicht"? Wie man nur, meint er, eine Welt, ein
Leben lieb haben könne, das so viele Bitterkeiten habe, so
vielem Jammer und Elend unterworfen sei! Aehnlich spricht

er vom Leben in dieser Welt. Es sei „ganz voller Drangsale
und ringsherum mit Kreuzen bezeichnet“. Natürlich und mo-
ralisch betrachtet — sei es „Eitelkeit“. „O des armen, elenden, des gebrechlichen und jammervollen Lebens, d a s d i e
G u t e n m e h r d u l d e n als l i e b e n!... Wann wirst du
aufhören, du gesammte Eitelkeit der Welt“! Wie auch das,
meint er, nur L e b e n genannt werden könne, das so „vielerlei Tod und Seuchen“ gebäre? Offenbar könne also d i e s e
Welt, diese Zeit, dieses Leben seinen Zweck n i c h t i n s i c h
s e l b s t tragen. „O möchte doch in meinem Herzen diese
ganze Welt a b w e l k e n und mir nur der Herr, mein Geist
und unsterblicher Bräutigam, lieblich werden!... Komm und
nahe dich mir, heilige Verworfenheit und vollkommene Verachtung alles Pompes dieser Welt“!

Nicht bloss die Welt und das Leben betrachtet Th. unter
diesem Gesichtspunkte, sondern auch den M e n s c h e n, der
in ihr sich bewegt. Am liebsten und am schärfsten nennt er
ihn — wenn er ausser Gott lebt — ein „Nichts“, ja „einen
Abgrund der Niedrigkeit und Nichtigkeit“ im Gegensatz zu
dem Abgrunde aller Realität, der Gott ist. Und s o nennt er
ihn im natürlichen und metaphysischen wie im moralischen
Sinne. „Nichts bin ich, und ich wusste es nicht; so ich mir
selbst (zurück) gelassen bin, siehe da Nichts und eitel Schwachheit.... Gewiss, diess kann ich in Wahrheit denken und
sagen: Herr, nichts bin ich, nichts kann ich, nichts Gutes
habe ich aus mir, sondern in Allem gebreche ich, strebe immer nach Nichts“. Unter dem sittlichen Gesichtspunkte findet Th. diese Nichtigkeit besonders in der Selbstliebe, welche
er die Wurzel alles Bösen nennt, in der Geneigtheit zu sich
selbst und zu den Kreaturen. D a h e r kommen die ungeordneten Reizungen, „die uns an jedem Orte, zu jeder Zeit, im
Chor, im Schlafzimmer, in der Stille und der Arbeit verfolgen und versuchen, und o! dass sie uns nur nie besiegten“!
D a h e r werde uns auch erst die Aussenwelt zu dieser Welt
der Versuchungen. „Wisse, dass die Liebe deiner selbst dir
mehr schadet, als irgend eine Sache der Welt. Je nach der
Liebe und Neigung, die du hegst, hängt sich jedes Ding mehr
oder weniger an. Wäre deine Liebe rein, einfach und wohl-

geordnet, du wärest von keinem Dinge gefangen". Diese
Sündlichkeit sei übrigens vielartig. „Entweder sündigt man
wissentlich oder unwissentlich, oder aus freiem Willen oder
wider Willen, oder aus Schwachheit oder aus verkehrtem
Willen, oder aus Furcht oder aus Liebe, oder aus Verzweiflung oder aus Vermessenheit, oder aus Leichtsinn oder aus
Gewohnheit, oder aus Lauigkeit oder von der Gesellschaft verführt, oder aus Eitelkeit, etwas Besonderes zu sein, oder aus
Zorn oder aus Begierlichkeit (Konkupiszenz)."

Doch, sagt Th., ursprünglich sei es nicht so gewesen, und
er kömmt, wiewohl nicht häufig, wie er denn um dogmatische
Punkte sich wenig bemüht, auf den Urstand und auf den
Sündenfall zurück. In einer Rede über die verschiedenen
Kriege und Gefahren dieses Lebens kömmt er auch auf den
„inneren Krieg" zu sprechen, der entstanden sei „zwischen
dem Fleisch und dem Geist, da das Fleisch gelüstet gegen den
Geist als Strafe der Sünde". Diese „Rebellion" (des Fleisches),
sagt er, habe der erste Mensch nicht empfunden im Stande
der Unschuld, „weil der Geist, Gott unterworfen, die Kräfte
des Leibes durch die Zügel der Vernunft ruhig regierte". Aber
indem Adam, vom Teufel, „der den noch unschuldigen Menschen beneidete", verführt, Gott ungehorsam geworden sei,
sei die Natur „gefallen und durch Sünde befleckt", so dass
„sie, die von Gott gut und recht geschaffen war, nunmehr
wie ein Fehler und eine Gebrechlichkeit verderbter Natur gilt,
darum, weil ihre Regung, sich selbst überlassen, zum Bösen
und zu niedrigen Dingen zieht". Was übrig geblieben vom
Guten, diese „geringe Kraft", sei nur noch wie ein „Funke
unter der Asche verborgen". Diess sei eben „die natürliche
Vernunft, umflossen von grosser Dunkelheit, aber noch im Besitz des Urtheils von Gut und Bös, des Abstands von Wahr
und Falsch, wiewohl sie ungenügend ist, alles zu erfüllen,
was sie für gut und recht hält, und auch das volle Licht der
Wahrheit, auch der Gesundheit ihrer Neigungen nicht mehr
gewaltig ist".

Wesen allein, d a s Wesen, das allein wahre Gute, über
welches hinaus ein Besseres und Höheres nicht nur nicht vorhanden sei, sondern nicht einmal gedacht werden könne, sei Gott

und e r s t in i h m sei alles Andere wahr und gut. Diesen Satz
kann Th. nicht genug wiederholen, besonders in denjenigen
seiner Schriften, die mehr mystischen als aszetischen Geist
athmen; in den Alleingesprächen und in seiner Nachfolge.
Man glaubt zuweilen den Augustin zu hören. „Mein Gott und
Alles“! (Gott mein und Alles mein!) ruft er oft aus. „Das ist
genug gesagt für den, der's versteht; es oft zu wiederholen
ist lieblich dem Liebenden“. In ihm, in ihm allein, — „und
wenn auch Anderes und viel Anderes gesprochen würde, muss
nicht auf diess Eine Alles zurück geführt werden—“? sei Friede,
Fülle, Sättigung, ausser ihm keine. „Wo war mir wohl ohne
dich, oder wie konnte es übel stehen, wenn du zugegen warest?
Lieber will ich arm sein um deinetwillen, als reich ohne dich.
I c h e r w ä h l e l i e b e r, m i t d i r a u f E r d e n z u p i l g e r n,
a l s o h n e d i c h d e n H i m m e l z u b e s i t z e n. Wo du bist,
da ist der Himmel; und da der Tod und die Hölle, wo du
nicht bist“.

D a s genügt unserem Th. ü b e r alle Spekulation von Gott.
„Wer vermöchte zu sagen, wie er (in sich) i s t? Und wer würde
den fassen, der es sagte?“ Es ist ihm hinreichend, zu wissen,
„was Gott im Menschen ist“, und „wenn man nicht sagen kann,
w a s G o t t s i c h i s t, s o k a n n m a n d o c h d a s w i s s e n
u n d s a g e n, w a s G u t e s e r d e m M e n s c h e n i s t u n d
t h u t“. Ist er „auch unaussprechlich und keinem Gedanken
erreichbar, weil er unermesslich ist, so ist er doch gar sehr
lieblich, zutraulich, bittlich und anfassbar, so dass, wenn er
auch nicht erfasst, doch auf wunderbare Weise geliebt werden kann“. Wer aber „nicht liebt, d e r f ü r c h t e. Wer
aber weder fürchtet noch liebt, ist ein Thor und ein Unsin-
niger“.

Zwischen Gott und der Welt setzt nun Th., gleich den andern Mystikern, einen r e i n e n G e g e n s a t z. Wer Gott will,
muss die Welt lassen. „Gott anhängen ist mein Gut (Ps. 73).
O kurzes und süsses Wort, das Gott umfasst und die ganze
Welt ausschliesst.... So lange noch irgend eine Sache mich
aufhält, kann ich nicht frei mich zu Gott erheben.... Unähnlich, gar unähnlich ist der Geschmack an dem Schöpfer und
dem Geschöpfe, an der Ewigkeit und der Zeit, an dem uner-

schaffenen Licht und dem erleuchteten Licht". Darum: „bemühe dich, bitte, verlange, dass du von aller Eigenheit entsetzt werden, nackt dem nackten Christus folgen, dir sterben und Gott ewiglich leben könnest.... Nicht auf der nämlichen Wagschale kann der Himmel und die Erde gewogen werden, Niemand kann Gottes und der Kreaturen zugleich geniessen (S. 100).... Nichts ist, was Gottes Liebe vorzuziehen ist, und desshalb muss um seiner Liebe willen Alles verschmäht werden".

Die Gnade. Christus.

Wie Gott das allein wahre Leben ist, so ist er auch die Quelle alles Lebens. „Er hat Alles gegeben"; in seiner Liebe ist unsere Erschaffung, und in ihr, die ihre Schöpfung zum Ziele führen will, auch die Gnade, die unser Heil bewirkt, begründet. „Darin hast du mir die Süssigkeit deiner Liebe am meisten kund gethan, dass du, als ich nicht war, mich gemacht, und mich, als ich fern von dir irrte, mich wieder zurückgeführt hast, auf dass ich dir dienete, und befahlst, dass ich dich liebe.... Du, o gnädiger und barmherziger Gott, der du nicht willst deine Werke zu Grunde gehen lassen, um den Reichthum deiner Güte an den Gefässen deiner Barmherzigkeit zu zeigen, du begnadigest deinen Knecht ohne alles eigene Verdienst über alles menschliche Maass.... Mein Gott, du wahres Licht, du kannst alle Finsterniss meines Herzens erleuchten und alle seine Flecken im Geiste des Feuers und des Gerichtes verbrennen. Deine Sache ist es, ein neues Herz zu gehen, ein reines Herz zu schaffen.... Gedenke, ich bitte dich, o Herr, deines Gebildes und stelle wieder her, was fiel, und durch sich selbst nicht (mehr) vermochte zu stehen, ... denn deiner Hülfe bedarf, wer durch sein eigenes Gewicht niedergezogen wird.... Gar sehr drückt die eigene Gebrechlichkeit nieder; aber die göttliche Begeisterung (Inspiration) und die himmlische Heimsuchung erhebt immer aufs Neue die Ohnmächtigen und stärkt sie, gut zu wirken und auszuhalten; ... denn Gott trägt Sorge für uns Alle vom Anbeginn des Lebens bis zum Ende des Todes.... Siehe daher nicht auf dich selbst, sondern setze deine Hoffnung auf Gott. Thue (in-

zwischen) was an dir ist, und Gott wird deinem guten Willen
beistehen".

Die Gnade aller Gnaden, die höchste, freieste, wunder-
harste, weiseste Gnade verehrt aber Th. in dem „Mysterium"
der Menschwerdung des Wortes, „Gottes". „Sieh, H i m m e l
und E r d e , die du zum Dienste des Menschen geschaffen hast,
sind bereit und thun täglich, was immer du befohlen hast.
Aber über alles das geht, dass d u s e l b s t dem Menschen zu
dienen dich herabliessest und dich selber ihm zu geben ver-
hiessest. . . . Freue dich und frohlocke aus ganzem Herzen in
dem Gott deines Heils, der dich besucht hat aus der Höhe;
denn es war g a n z Gnade und Kundthuung seiner einzigen
Liebe, dass er hat so kommen wollen, der da helfen konnte.
Und hatte er auch durch seine Verheissungen sich zum
Schuldner gemacht, so hat er doch damit die freie Gnade
sich nicht genommen, denn seinen Gaben gingen durchaus
keine Verdienste (der Menschen) voran. . . . Wer hat vom Himmel dich herabgezogen und zu mir geneigt, wenn nicht die
Liebe ?. . . O Liebe und Liebe, wie süss und stark ist diese Liebe!
. . . Ich weiss es und glaube es treulich, dass du um meinet-
willen hieber gekommen bist. Um meines ewigen Heiles
willen hast du diess Alles gethan, und um deine unermess-
liche Liebe mir um so klarer kund zu thun. . . . Nicht emporsteigen konnte ich zu dir in den Himmel, dass ich daselbst
dich suche, desshalb bist du zu mir in die Welt gekommen,
dass ich dich vor mir hätte. . . . O wahre und ewige Weisheit
des Vaters, die du auf wunderbare Weise uns erschufest,
komm und erlöse die bereits Gefallenen nach der n o c h w u n -
d e r b a r e r e n Ordnung, in der du das zu thun beschlossen
hast". Th. spricht sogar von einer Art Drang Gottes, Mensch
zu werden und er schlägt damit eine Saite an, die an Eckard,
Tauler, Suso anklingt. „Keiner der Heiligen oder der Menschen, lässt er Gott sprechen, hat ein solches Verlangen nach
meiner Menschwerdung gehabt, a l s i c h s e l b s t e s h a t t e ,
M e n s c h z u w e r d e n. Denn kaum war die zuvor geordnete
Zeit gekommen, . . . so ward ich ohne Verzug als Gottmensch
(in der Maria) empfangen. Siehe also meine unschätzbare
Liebe, da ich g a n z für Heil und Erlösung der Menschen er-

glühte und nichts was dazu gut oder nothwendig war, mir versagen konnte".

Allerdings sei aber Gott Mensch geworden erst als die Zeit erschienen, die er vorausgeordnet; nicht sofort, nicht urplötzlich, nicht ohne Vorbereitungen, Ankündigungen, Bezeugungen. In seinen zwei ersten Meditationen lässt Th. sich eindringend darauf ein; Gottes Menschwerdung sei vorverkündigt und vorgebildet worden, sagt er, im ganzen alten Bund „bald offenbar, bald verhüllt", Gott selbst habe sich durch die Propheten, deren Inspirator und Lehrmeister er gewesen, vorverkündigt. „Nichts ist darin (im A. Bunde und Testament) ohne Mysterium, sondern die getreuesten Zeugnisse, sowohl von deiner Gottheit als von deiner Menschheit, sind daselbst enthalten. Und wiewohl eines M e n s c h e n Zeugniss dir n i c h t Noth thut, d e r d u d i e W a h r h e i t bist, und so oft d u willst, Menschen zu Propheten machst, so hast du doch, uns zu belehren und im Glauben zu befestigen, es dennoch lange vorher gewollt, dass du durch deine Heiligen vorausverkündigt würdest und dass das schriftlich verzeichnet würde, auf dass du, wenn du einst im Fleische gegenwärtig erschienest, als der König Israels und der Heiland der Welt könntest erkannt werden, dessen Ankunft so viele Schriften vorherverkündet hatten".

Diese Weissagungen geht Th. auch i m E i n z e l n e n durch; er findet sie überall, in a l l e n Propheten, er findet ihrer eine mächtige Zahl, von denen manche freilich vor den Augen einer unbefangenen historischen Betrachtung nicht bestehen können. Doch nicht bloss in den einzelnen Prophezien, sondern im ganzen gottesdienstlichen Kultus des A. Bundes sieht er einen Typus auf Christum, eine reiche Symbolik, „unter der das verheissene Heil verborgen war": im Opferlamm, Priesterthum, Altar, Leuchter u. s. w., ja die ganze Geschichte der Erzväter, des Volkes Israel und seiner Helden ist ihm vorbildlich. „Jene ganze alte Institution war eine Dienerin, d i r Zeugniss zu gehen". So ist unserem Thomas die Vorherverkündigung der Geburt Isaak's durch den Engel „ein vorherverkündendes Bild" der Vorherverkündigung der Geburt Christi; dass Isaak „aus dem Schoosse einer unfruchtbaren

Hochbetagten geboren wurde, gibt grosse Glaubwürdigkeit
der Geburt Christi aus einer Jungfrau"; denn „der du jenes
gethan hast an deinem Knecht, hast fürwahr Grösseres ver-
mocht in .dir selbst". Ebenso findet er in der befohlenen
Opferung Isaak's ein Vorbild auf Christi Opfertod. „Jener
trug das Holz zum Brandopfer; du trugst das Holz des Kreuzes, um die Handschrift der ursprünglichen Schuld zu tilgen.
Gebunden wurde jener sofort auf den Altar gelegt, du, gebunden und hart gegeisselt, wurdest endlich ans Kreuz erhöht, auf dass du Alles zu dir selbst zögest. Jener war gehorsam seinem Vater Abraham, und du warst bis zum Tode
des Kreuzes Gott, deinem Vater, gehorsam. Jener wird geopfert, aber nicht getödtet, denn er war das Vorbild, du die
Wahrheit, er das Zeichen, du das wahre Opfer. Jener sollte
nicht sterben, da er nicht der Erlöser der Welt war, du aber
solltest sterben, nicht jedoch um eigener, sondern um unserer Schuld willen". — Aehnlich behandelt Th. die Geschichte
des Moses. „Mystisch verstanden und auf dich, wie sich's
ziemt, bezogen, gehen alle diese Geschichten einen höheren
Sinn und heilsamere Frucht".

Die Bedeutung dieser ganzen alttestamentlichen „Institution" in der Richtung auf Christus und auf die Menschwerdung des Sohnes sei freilich, das anerkennt Th., dem Volke
des alten Bundes selbst nicht zum Bewusstsein gekommen.
„Beinahe allein die Propheten scheinen in's Innerste des Mysteriums eingedrungen zu sein, denen diese Erkenntniss durch
göttliche Offenbarung wurde . . . und denen nichts gross und
erfreulich schien, ausser was von der Süssigkeit der ewigen
Seligkeit duftete". Das Volk aber, dem es „etwas Grosses
war, wenn es das Geschenk einer zeitlichen Verheissung
empfing, vermochte das nicht zu fassen"; diesen „Vielen"
blieb „unbewusst, welch' ein Unterschied zwischen Schatten
und Wahrheit ist, bis du, Herr, selbst in diese Welt kamst,
die Menschen zu erleuchten". Jetzt aber, in der neutestamentlichen Zeit, sei in der Menschwerdung Christi und seinem Leiden alles enthüllt und erfüllt worden. „Was lange
verschlossen war, fing nun an durch dich offenbar zu werden, was schwer zu fassen war, war fasslich, und was Vielen

unglaublich schien, das hast du durch deine heilbringende Gegenwart sichtbar und gleichsam (dass ich so sagen soll) mit den Händen berührbar gemacht". So führe „die Leuchte der Weissagung durch zu dem wahren Licht der Seelen, an das glaubend man durch den Glauben selig wird". Nur dass nicht alles buchstäblich erfüllt sei, sondern Vieles nur geistig — zur Forschung und Geistesnahrung für die Geistigen. Th. meint sogar, Juden und Heiden sollten solchen Zeugnissen der Wahrheit nicht länger „misstrauen" können; nur „lass den fl ei sc h - li c h e n Sinn ferne und wolle nicht den n a c k t e n Buchstaben mit verkehrtem Wagniss vertheidigen; suche den G e i s t, und wende das Herz zu dem Mysterium Christi, wenn du in den h. Schriften einen gesunden Sinn finden willst. . . . Nicht werden dir die Propheten frommen, w e n n d u d e n H e r r n d e r P r o p h e t e n n i c h t a n n i m m s t. Nichts wird dir Moses nützen, wenn du nicht Christum hörest, von dem Moses geschrieben hat"; vielmehr, meint er, würden sie dann „zu Anklägern als zu Vertheidigern, denn zum Zeugniss werden sie gegen dich stehen, weil du nicht glauben wolltest". Freilich der Stand der Christenheit, der Masse wenigstens, die das christliche Bekenntniss habe, Th. gesteht es sich, könnte die Juden oder Heiden eher zurückstossen; man solle aber sich nicht an diese halten. „Es stosse dich nicht die Menge derer, die schlecht leben, aber durch Busse leicht sich bessern können; sondern fasse mehr die Beispiele der guten Christen ins Auge, deren Tausende, ob auch menschlichen Augen verborgen, doch niemals in der Kirche fehlen werden".

Auf die alttestamentlichen Weissagungen und Vorbilder lässt Th. die Zeugnisse des N. Testamentes und der neutestamentlichen Zeit für das „Mysterium" der Menschwerdung des Wortes folgen: die Engel, die Weisen aus dem Morgenland, Simeon, Joh. Baptista, das Zeugniss des Vaters in der Stimme vom Himmel; dasjenige des Herrn selbst von sich, seiner Apostel, dann seiner Blutzeugen, „die nicht nur durch das Bekenntniss ihres Mundes, sondern durch die Vergiessung ihres kostbarsten Blutes ihr Zeugniss besiegelten", des Stephanus, Laurentius, Vinzentius, Ignazius; weiter führt er die Reihe der „Bekenner" und „Doktoren" der Kirche auf den

Plan: Origenes, Hieronymus, Ambrosius, Augustinus, Maxi-
mus, Fulgentius, Leo, Gregor, Isidor, Beda, Bernhard, von
allen diesen Zeugnisse beibringend; dann auch die frommen
Frauen des N. Testaments und die „heiligen Jungfrauen" der
Kirche: Maria, Martha und die anderen; die h. Agatha, Lu-
zia, Agnes, Cäcilie und die Anderen. Mit den Zeugnissen der
Natur schliesst er. „Zeugniss gehen dir die Elemente selbst,
die du erschaffen hast. Denn allerdings war es würdig, dass
auch die unvernünftigen Kreaturen ihren Schöpfer anerkenne-
ten und, den sie mit Worten nicht verkündigen, konnten, für
den mit ganz besonderen Wunderzeichen sich aussprächen.
Denn dir (o Gott) als ihrem Schöpfer zu dienen, ward jede
Kreatur verpflichtet". Der Himmel, sagt Th., hätte Christum
anerkannt in jenem Stern der Weisen, die Erde, als sie den
Lazarus herausgab und in seinem Tode erbebete; das Meer,
als es „deinen Füssen einen festen Weg bot", die Luft, als
Winde und Stürme alsbald verstummeten. „Da so alle Elemente ausrufen, dass ihr Gott und Herr ins Fleisch gekommen
sei, so wolle du, Mensch, vernünftige Kreatur, nicht zwei-
felnd sein oder träg, das Mysterium der Fleischwerdung Christi
zu bekennen".

Im Hinblick auf diese vorausgehenden Weissagungen und
nachfolgenden Bestätigungen ruft Th. aus: O Weisheit Gottes,
die du aus dem Munde des Höchsten hervorgegangen bist, wie
viel hast du zu unserem Heile gethan, um uns dorthin zurückzuführen, von wo wir abgefallen waren! Du hast die Patriarchen und Propheten vorausgesandt, um uns deine Ankunft
zu verkündigen. Dann hast du die Apostel und Evangelisten
bestimmt, um zu lehren, dass Alles erfüllt sei.... Siehe, in seinem Umkreis sind Engel und Erzengel, vor ihm Propheten,
um ihn Apostel, nach ihm unzählige Chöre der Heiligen". —
Diess Alles wendet er aber individuell an auf sich selbst, sein
eigenes Heil. „Mir (soll überhaupt jeder Mensch sagen) dienen die Ausprüche der Propheten, ihre Gesichte und himmlischen Ansprachen. Mir frommte, was die Evangelisten geschrieben, und dass deine Schüler mit dir leiblich umgegangen, dich gesehen, gehört und berührt haben. Für mich
sahen sie, die es würdig waren; für mich hörten sie, die

es erzählen sollten. Für mich berührten sie, die mich im Glauben befestigen sollten". —

Ueber die Person Christi selbst (dogmatisch) hat sich Th. seltener ausgesprochen. Er sagt ganz kirchlich, dass in ihm „göttliche und menschliche Natur sich zu einer Person vereinigten und diese Vereinigung unzertrennlich bleibe"; obwohl „er aber sterblich in der Substanz unseres Fleisches erschienen ist, so ist er doch der unveränderliche Gott über Alles, das Unsrige aufnehmend und das Eigene nicht ablegend".

Den Zweck der Menschwerdung Gottes hat Th. verschieden je nach den verschiedenen Seiten des menschlichen Bedürfnisses dargestellt. Der Sohn sei gekommen, „zu erleuchten, die Liebe des Vaters zu offenbaren, zu erlösen, was verloren war, von der Sünde und von den Strafen der Sünde, von der Erde weg zum Himmel, zur Gemeinschaft, zum Genusse Gottes zu erheben, Alles an sich zu ziehen.... Er kommt zu dem Irrenden als der Weg, zu dem Unwissenden als die Wahrheit, zu dem Todten als das Leben, zu dem Blinden als das Licht, zu dem Kranken als der Arzt, zu dem Trostlosen als der Tröster, zu dem Verurtheilten als der Befreier, zu dem Verführten als der Rathgeber, zu dem Verzweifelnden als der Heiland".

Alle diese Zwecke habe Christus durch sein Werk realisirt. Zwar spricht Th. darüber mehr rhetorisch und paränetisch als eigentlich didaktisch; indessen lassen sich doch alle seine Aeusserungen auf drei Grundgedanken zurückführen. In Vordergrund tritt offenbar der vor- und urbildliche Christus in Lehren, Leben und Sterben. „Ein wahrhaft bestes Muster, gut zu leben, hat uns Jesus Christus gelassen: er selbst, der Meister Aller, das Buch und die Regel der Religiosen (Ordensgeistlichen), der Text und die Glosse der Dekrete; die Urform des Lebens der Kleriker, die Lehre der Laien, die Leuchte der Gläubigen, die Freude der Gerechten, die Glorie der Engel, das Ziel und die vollendete Erfüllung alles heiligen Verlangens.... Er war der hohe Lehrer, der beste Prediger, vorbildlich im Wandel, erbaulich in Worten und wunderbarlich in Zeichen.... Durch alle Worte, Thaten

und Weisen seines irdischen Lebens wollte er sich also erzeigen; dass er von seiner Geburt an bis zur Stunde seines Todes Allen ein Vorbild der Tugend und Heiligkeit wäre". Besonders hebt Th., wie das seine Ansprachen an Mönche und
Novizen, oder doch die Beziehungen auf sie, mit sich bringen,
Christum als Vorbild auch in allen aszetischen Tugenden hervor, wie er denn das mönchisch-aszetische Leben unmittelbar
auf Christus und die Apostel zurückführt. „Gezeigt, lässt er
ihn sprechen, habe ich den Weg der Busse, auf welchem man
geht zur ewigen Glorie. Folge mir durch Arbeit und Trübsale,
wenn du willst Ruhe und Trost haben. Ich habe gefastet, ge-
hungert, hin versucht worden und habe widerstanden, ich
habe die Welt und ihren Ruhm verachtet, den Teufel und
seinen Rath besiegt, dass auch du nach meinem Beispiele ler-
nest: fasten, wachen, beten, die Welt verachten, dem Teufel widerstehen, das Fleisch unterjochen und bis zum Tod im
Gehorsam bleiben". Diess Vorbildliche in Christo hält Th. bis ins
Einzelnste seinen Mönchen vor, selbst bis zum Bücherabschreiben, worin auch Christus (Joh. 20) ein Vorgänger gewesen.
Es umfasse, sagt Th., Alles, was dem Menschen von Noth
sei. „Ein Religioser, der sich andächtig und inbrünstig in dem
heiligsten Leben und Leiden unseres Herrn übt, wird darin
alles im Ueberfluss finden, was ihm nützlich und nöthig
ist, und hat nicht nöthig, dass er etwas Besseres ausser Jesum suche. O wenn der gekreuzigte Jesus in unser Herz
käme, wie bald und hinreichend wären wir gelehrt"!
    Doch nicht bloss das sittliche, sondern auch das reli-
giöse Moment im Werke Christi hebt Th. hervor: das Moment der Versöhnung Gottes, der Sündenbüssung. „Ganz,
lässt er Christum sprechen, habe ich meinem Vater mich aufgeopfert für dich, ... für deine Sünden, so dass nichts in
mir zurückblieb, das nicht ganz in das Opfer der göttlichen
Sühne überging.... Für unsere Sünden, die wir von unsern
ersten Eltern ererbt, und die wir auch durch eigene Verkehrt-
heit begangen haben, in welchem Alter, Stand oder Verhältnisse immer, ist Christus gestorben, ... so dass er, nachdem er den zeitlichen Tod gekostet, den ewigen Tod besiegte
und die Sünde mit der Sünde verdammte, das ist, durch die

Strafe seines Leidens alle Schulden unserer Sünden bezahlte". Th. wendet den Gedanken, dass Christus die Strafen
unserer Sünden auf sich genommen und dadurch „vollkommene Genugthuung" geleistet, auch so, Christus habe alles,
was er durch den Menschen und der Menschen wegen litt,
Gott für uns geopfert. „Denn, wie einem Religiosen in einem
Gesicht geoffenbart ward, hat Christus, so oft er einen Streich
erlitt, alsbald denselben Gott für uns aus Liebe geopfert, und
hat ihn dabei gebeten, dass er unsere Sünden vergebe". Diess
Leiden Christi sei, sagt er, ein „unerschöpflicher Schatz der
Kirche, der nimmermehr erschöpft noch verzehrt werden
könne", sondern „von unendlicher Kraft und Würde"; kraft
desselben „wird alle Schuld bezahlt, alle Sünde vergeben,
und den Reuigen das Himmelreich verheissen und geschenkt,
das viele tausend Jahre hindurch verschlossen war. O lieb-
licbste Versöhnung, um das göttliche Angesicht zu versöhnen!
O würdigstes Opfer, um die verlorene göttliche Gnade zu
gewinnen! O vollste Genugthuung um alle Sünden-Mackel
der Kinder Adams, in dem Alle gesündigt haben und gefallen
sind, abzuwaschen"!

Das habe Niemand leisten können, als Christus (Gott)
allein; denn „weil er keinen von Sünden Freien fand,
darum ist er gekommen zur Befreiung Aller und hat für Alle
aus Liebe genug gethan; nach seiner barmherzigen Liebe
wollte er, kraft seiner Gottheit vermochte er, kraft seiner
Menschheit erfüllte er das Werk der Erlösung. Desshalb
sprach der h. Paulus: Gott war in Christo und versöhnte die
Welt mit ihm selber (2. Kor. 5, 19). . . . Siehe daher, welche
Liebe er für uns hatte, der für uns ein sterblicher Mensch
werden wollte; siehe seine Weisheit, die er dabei beobachtete, dass er unsere Natur ohne Fehler annahm, und die
Strafe ohne Schuld erlitt". Das stellvertretende Moment begründet übrigens T. in dem Verhältniss von Haupt
und Gliedern. „Das Haupt hat für die Glieder gelitten, das
Haupt hat für die Glieder Schmerzen ertragen, das Haupt
hat für die Glieder am Kreuze gebetet und ihnen Verzeihung
erflcht".

Dieses vorbildliche (sittliche) und versöhnende (religiöse)

Werk Christi ist nun aber unserem Th. — und diess ist das
dritte — eben darum auch ein lebenskräftiges für und
auf den Menschen: dem Menschen ist darin sein Ziel nicht
bloss vorgehalten, ihm nicht bloss objektiv die Versöhnung
gegeben: aus der liebend gläubigen Betrachtung und Aneignung wird ihm auch die Kraft mitgetheilt, das Werk Christi
soweit es an ihm ist, in sich und in seinem Leben zu repro-
duziren (s. u. von der Nachfolgung).

Gewöhnlich fasst Th. das ganze Werk Christi in allen
seinen Momenten zusammen. „O du, unsere Heiligung und
Erlösung! ruft er dann, du Trost der Wanderer, du, der Heiligen ewiger Genuss"! Und wie er alle die Zeugnisse auf
und für Christum so ansieht, dass, obwohl für alle Welt, sie
doch insbesondere für ihn gegeben seien, wie er sie individuell - praktisch auf den Einzelnen und sein Heil applizirt, so
thut er's auch mit der Person und dem Werk Christi. „Sieh
dein König, nach dem du verlangst, den du liebest, an den
du glaubst, auf den du hoffest! Zwar ist er aller Kreaturen
allgemeiner König, dir aber ganz besonders in Liebe, als
dein eigener Bräutigam und vertrauter Freund".

Das Leben und die ganze Erscheinung Christi von
der Ankündigung bis zu seiner Himmelfahrt hat Th. bekanntlich weitläufig in seinen Meditationen behandelt. Nichts ist lieblicher als die sechs Weihnachtsbetrachtungen. „Kommt, lasset
uns anbeten und hinsinken vor ihn, denn er ist es selbst,
der uns gemacht hat.... Gott kam in unser Fleisch;, er ist bei
uns in der Menschheit, der nach seiner Gottheit nirgends
fehlt". Diess ist das allgemeine Thema. Aber die spezifische
Weihnachtsfreude ist ihm doch diese, dass Gott als Kind
da sei. „Wohl hast du gethan, dass du kamst, und gar weise
und süss hast du gehandelt, dass du auf solche Weise erschienest. Die Gestalt des holdseligsten Knäbleins hast du
angenommen, als du die menschliche Natur anzogest, der du,
wie du rein bist in deiner Gottheit an dir selbst, alle Fassungskraft übersteigest; denn ich, so beschränkt, hätte nicht ver-
mocht, solches Wesen, das über alles Bild hinausgeht, zu erfassen; desshalb hast du, zu mir dich herablassend, meine
Natur dir geeint, mir die bekannte Gestalt des Menschen

vorhaltend, auf dass du so durch die Verwandtschaft der Natur noch grössere Liebe (mir) kund thätest, und durch den Anblick des Menschen zur unsichtbaren Wesenheit der Gottheit mich wie an der Hand führtest. O süsseste eingefleischte Weisheit Gottes, wie süss und weise lockst du mich an durch deine liebliche Kindheit"!

In ächt niederländischen Tableau's — sie erinnern fast an die Schule van Eyks und sind voll zartesten Duftes naiv-mittelalterlicher Religiosität gleich den Suso'schen Darstellungen — feiert er nun diese Geburt Christi. Andächtig besucht er das neugeborene Knäblein Jesu in der Krippe. Er bittet die h. Engel, die Hirten: „Zeiget mir, den meine Seele liebt". Er kömmt vor die Thüre: „Thut mir auf, Joseph und Maria, öffnet mir die Thüre zu meinem Geliebten.... Er ist's, den ich suche, den ich liebe, den ich zu sehen verlange.... Was zitterst du, meine Seele? Rufe, bitte, klopfe an, bis dir aufgethan wird. Tritt ein ins Haus Gottes. Nahe dich getrost, und vereinige dich herzlich mit dem Neugeborenen.... Fürchte dich nicht vor dem Antlitze des in der Krippe Wimmernden. Denn er kam dich zu suchen, nicht dich zu verderben, dich zu retten, nicht zu richten, dich zu lösen, nicht in Bande zu schlagen, zu leiden, nicht Leiden zuzufügen. Was zitterst du vor dem armen Knäblein? Gott ist es, sagst du, und in seinen Händen ist Macht und Gewalt. Wohl wahr! Aber jetzt kömmt er, um Barmherzigkeit zu erzeigen...." Er tritt nun getrost herzu. „Wie hehr ist diese Stätte, ruft er aus (Genes. 28, 17), hier ist nichts anders denn Gottes Haus, und hier ist die Pforte des Himmels.... Fürwahr der Herr ist an diesem Orte, und ich rathe dir, von hier dich nirgendshin zu entfernen. Wo fändest du, was du hier gefunden hast? Durchliefest du die die ganze Welt, du würdest nicht solche Gesellschaft finden ... wie in dieser armen Hütte, wo Joseph und Maria und das Kind Jesus in der Krippe sind. Vereint sind hier Gott und Mensch, Mutter und Jungfrau, Greis und Kind.... Betrachte hier nicht bloss das Grosse und Erhabene, sondern auch das Kleine und Niedrige; denn in beiden Naturen erscheint der grosse Herr, der nicht genug zu preisen, der erhaben über alle Engel und der Demüthigste unter den Menschen ist. Ver-

bunden ist das Menschlichę dem Göttlichen, das Höchste
dem Niedrigsten, das Kostbare dem Geringen, das Hoch-
herrliche dem Kleinen; beides vereint anbetungswürdig allen
Gläubigen. Nicht ärgern sollen dich daher die Windeln,
welche die Demuth des Sohnes Gottes verkündigen. . . . Nahe
ist nun das Wort Gottes deinem Munde, wenn du es nur mit
rechtem Herzen suchest. Denn im Schoosse der Mutter wird
nun gefunden, der vor allen Zeiten im Schoosse des Vaters
war. So nahe ist dir Gott worden, dass er kann als
ein Knäblein gehalten, als ein Kindlein getragen werden.
Siehe, den aller Erdkreis nicht umschliesst, der liegt nun
wie arm in der Krippe. Und der alles mit dem Wort seiner
Kraft trägt, wird selbst von der Mutter getragen. Den die
Cherubim und Seraphim loben, wird mit dürftiger Milch ge-
nährt. Was ist da nicht wunderbar? was nicht aller Liebe
werth? Was willst du noch mehr haben? Wie konnte er
dir näher und ähnlicher sein"? — Er tritt nun zu dem
Kinde, bittet es, ihm die Füsse zu reichen; er umfasst, küsst
sie, diese Füsse, „höchst gerade, um den Frieden zu evange-
lisiren, bereit, einen rauhen Weg zu gehen, bestimmt der
Welt den Weg des ewigen Heiles zu zeigen". Aber nicht
nur die Füsse, auch die Hände will er umfassen, jene Hände,
„welche dereinst die Kleinen segnen und manchem Brest-
haften die Gesundheit schenken und . . . darnach ans Kreuz
geheftet werden". Und nun „zutraulicher" geworden, bittet
er auch, um den Mund küssen zu dürfen; „diesen heiligen
und unbefleckten Mund meines Herrn, voll der Weisheit und
Gnade, . . . der aber auch Gericht und Gerechtigkeit sprechen
wird". Es ist diess wie ein Gegenstück zu Bernhard's Liedern
auf die Glieder des Gekreuzigten (Bernhard, S. 705). Th.
entschuldigt sich fast, dass er so naiv kindlich sei (Andere
möchten sagen, tändelnd), aher, sagt er, das gehe ganz zu
den Weihnachten, zu der Geburt, zum Knäblein Jesu,
das als Kind „süsser geliebt, inniger gehalten, leichter getragen und weniger gefürchtet" werde. „Ist er einmal Mann
geworden, dann ist es nicht mehr erlaubt, so zu thun,
sondern zu Reiferem muss man dann übergehen. Alles
hat seine Zeit". Jetzt aber kann er sich noch nicht trennen.

Einmal drinnen in der Hütte bei dem Kinde Jesu, sagt .er,
„bleiben will ich hier im Dienste meines Herrn und meiner
Herrin, der h. Maria und des h. Joseph, seines Nährvaters,
wenn etwa Noth wäre, ihnen Etwas zu dienen. Ein Feuer-
chen will ich machen, fleissig es anblasen, den Tisch decken
und Wasser zutragen. Ich will das Vorhaus reinigen, die Hütte
ausfegen, die Ritzen und Oeffnungen gegen Wind und Regen
verstopfen. Ich will diese edle und königliche Krippe besorgen, in ihr das Heu und Stroh, wie's recht ist, zurecht machen, weil nun doch einmal keine kostbare Linnen da ist.
Dann will ich Rosen und Lilien pflücken, Blumen und Gras
herbei bringen, diese h. Wiegen-Stätte damit schmücken, dass
sie mir nicht wie ein Stall aussehe, sondern mehr anspreche
als ein kaiserlicher Palast. Auch will ich ein Fenster öffnen,
dass die Klarheit des Tages herein strahle und die h. Engel
von oben herein fliegen und diess ganze Haus mit süssem
Wonnegesang erfüllen. Die Thüre will ich wachsam hüten,
dass nicht Herodes herein komme, den Knaben zu tödten,
den ich übernommen habe getreu zu hüten. Denn eher liesse
ich mich tödten, als blutschänderische Hände an jenen legen.
Und so es Noth thäte zu fliehen und er (Jesus) es so haben
will, so werde ich bereit sein, auch nach Aegypten zu ziehen.
... Hier will ich mein Testament machen, hier
meinen Bund schliessen, hier will ich leben,
hier sterben und vollenden". Genug, bricht endlich
Th. ab, „nicht allen ist's verliehen, das Wort Gottes im Fleisch
und unschuldig in der Krippe liegend zu sehen. Allen aber
ist's für jetzt verkündiget und aller Welt geoffenbaret, so dass,
wer da glauben will, und selig zu werden verlangt und mit
reinem und ganzem Herzen zu diesem Knaben herzutritt, Verzeihung aller seiner Sünden von ihm empfangen und durch
seine Gnade das ewige Leben nach dieser Sterblichkeit besitzen wird". So unterlässt es Th. denn doch nicht, auch alles wieder geistig zu deuten. „Dann küsse ich dich, lässt
er Christum sprechen, wenn ich das Geschenk meiner Liebe
in dich giesse; dann umfasse ich dich, wenn ich alle Neigungen deines Herzens zu mir ziehe, so dass nichts in den Kreaturen ist, was dich abziehen oder anlocken könnte. Du aber

küssest mich dann, wenn du von reiner Liebe getroffen wirst
und bei keiner Kreatur Trost suchest. Du küssest meine
Füsse, wenn du den Spuren meiner Demuth mehr aus Liebe
denn aus Furcht folgest. Du küssest meine Hände, wenn du
alle guten Werke, die du gethan hast oder thun sollst, nicht
dir, sondern ganz mir zuschreibst. Und dann umfassest du
mich, wenn du im Innigsten des Herzens dich mir geeinigt
fühlst, und mit so grosser Inbrunst an mir hältst, dass du
ganz mein sein willst und nichts dir von eigener Liebe vorbe-
hältst".

Von dem Kindlein Jesu geht Th. in seinen „Betrachtungen" über zum Manne Jesu. Er fragt die andächtige Seele,
„in welcher Gestalt sie, wenn ihr die Wahl gelassen und die
Möglichkeit gegeben wäre, Jesus am liebsten sehen und haben
möchte". Ob in der Krippe liegend, oder in der Mitte der
Doktoren sitzend, oder dem Volke predigend, oder am Kreuze
hängend? Aber, sagt die andächtige Seele, sie wolle hierin
„gar nicht auswählen"; sie wolle nicht „eigenmächtig" sein,
nicht „eigenen Regungen und Antrieben folgen"; sie wolle
sich „ganz und gar mit dem Wohlgefallen ihres Herrn begnügen, der das Innerste des Herzens kennt, so dass er ihr Alles
in Allem ist", wie sie es gerade bedürfe. „Wie er sich zeigen
will, so zeige er sich mir. Wenn ich es recht bedenke, so ist
er ganz uns in jedem Einzelnen (seiner Erscheinung);
... denn ungetheilt ist Christus, in allen Weisen wahrhaft anzubeten.... Es ist schon ein Grosses, wenn er nur es
gewährt, auch nur auf eine dieser Weisen ihn zu schauen". Die
„höchste" Art sei freilich, „ihn in seiner Gottheit zu schauen"
(ein mystischer Blitz!); doch das sei nur Sache der Seligen;
er begnüge sich indessen „nach Weise aller Gläubigen", wenn
er gewürdigt werde, Jesum „im Bilde seiner Menschheit" zu
sehen. „Zeigt er sich mir als Kindlein,... diess belehrt meine
Anfänge deutlicher, vor seinen übrigen Thaten und Zeichen, wodurch in der Welt der wahre Gottmensch glänzte.
Sitzt er aber mitten unter den Lehrern und antwortet auf
das Gefragte als die ewige Weisheit des Vaters, da fühle ich
wohl etwas mehr Verlangen, Christo ins Angesicht zu
schauen, was zur Erbauung dient, aus seinem Munde die

Worte der Weisheit zu verzeichnen". Lieblich sei es auch
der liebenden Seele, „Jesum von Nazareth, den von Gott be-
währten Mann, zu betrachten durch Zeichen und Wundertha-
ten im Volke glänzend und die Worte des Heils seinen Jüngern verkündigend.... Ach! wie verkehrt ist, wer von diesem
allerheiligsten, der Welt leuchtenden Vorbilde auch nur für
einen kurzen Augenblick das Auge des Herzens abwendet!...
Denn die Vollkommenheit aller Tugenden leuchtet in ihm wie in einem klaren Spiegel; auch
kann in keinem Buch und in keiner Wissenschaft etwas Besseres und Vollkommneres gefunden und gewusst und betrachtet werden, als in diesem Buche des Lebens und in
diesem wahren Lichte, das jeglichen Menschen erleuchtet, und
zumal den Armen im Geiste in seine Liebe hinüberzieht".

Gewiss, das sind reine Gedanken über das Ganze der
Erscheinung Christi, fern von aller Exklusivität oder einseitigen Betrachtung und Hervorhebung eines besondern Lieb-
lingspunktes. Es weht in dieser Anschauung ein recht
eigentlich keuscher, ehrfürchtiger Geist, der sich verwehrt,
aus dem reinen göttlichen Ganzen ein Stück für sich (aparte
gleichsam) herausbrechen zu wollen, wie das so oft schon geschehen ist; wiewohl Thomas es allerdings anerkennt, dass
auch nur eine Betrachtung von Christi Leben, auch nur eine
Seite (wie jede) schon von höchstem Segen sei. Fragen wir
nun aber, ob er auch in der Ausführung ein volles, ganzes, reines Lebensbild von Jesu, wenn auch nur annä-
bernd, wie der Einzelne es nur kann, aus den h. Urkunden
geschöpft und komponirt habe, so müssen wir diess verneinen.
Schon in den „Betrachtungen" selbst kommt das eigentliche
Leben zwischen den beiden Endpunkten, Geburt und Tod,
zu kurz; auch überall sonst in seinen Schriften zeigt es sich,
dass, wie die ganze Lebens- und Welt-Anschauung des Thomas eine enge und knappe ist, so es auch die Anschauung des
Lebens Christi ist, welches sein Ideal ist. Denn Jesus ist ihm
eben die Vollendung dessen, was in seiner Weltanschauung
liegt, und darum finden wir vom Leben Christi nur das berührt, hervorgehoben, vorgestellt, was hier hereingehört:
Armuth, Demuth, Gehorsam, und alle die aszetischen Tu-

genden, welche die Vollkommenheit (nach Th.) bilden. Hiezu
kommt noch ein anderer Punkt: Th. kennt keine Entwickelung
im Leben Christi, kein Werden von einem gegebenen potenziellen Punkte aus, der sich, wie ein Same, zum Baume entwickelt. Christus ist ganz fertig schon von Anfang an; sagt er
doch sogar, es habe gar keines‑‑menschlichen Unterrichtes
Christus (die ewige Weisheit) bedurft, „der um alle Kinder
der Menschen zu erleuchten, als Meister in die Welt geboren
wurde". Er habe daher „nicht nur aus sich selbst lesen und
schreiben, sondern auch Menschen ohne Wissenschaft, die
Apostel nämlich, in aller Wissenschaft der Sprachen ohne
Wortgeräusch urplötzlich zu Meistern machen können". Dafür
hat er seinen gewöhnlichen Beweis, mit dem er alles Wunderbare darthut, zur Hand; es liege nämlich, meint er, gar
nichts Wunderbares darin, dass „der Urheber des Lebens
die von Sterblichen erfundenen Schriftzüge aufs Genaueste
kannte".

Kömmt so die Mitte der Erscheinung Christi zu kurz,
so verbreitet sich Thomas um so umfangreicher wieder (wie
über die Geburt) über das Sterben des Herrn. Hier findet
er so recht konzentrirt Alles, was Vorbildliches, Versöhnen-
des, Erbauendes in Christo liegt. „Ueber alle kostbaren Salben duftet die Passion meines Herrn J. Christi, die in kurzer Summa die Schätze aller Gnade in sich
fasst". Daher er, sagt Th. so oft, „nichts denken, noch
sprechen, noch hören wolle ausser Jesum und diesen gekreuzigt". Auch die Passion Christi malt er sich aus wie die Geburt, die ihn auf jene vorbereitet; denn „wenn dein Anbeginn
also war, wie wird erst das Ende sein"! Das „Kreuz" ist
ihm eine unerschöpfliche Quelle der Betrachtung, aber auch
der Lehre, der Kraft, des Trostes, der Beruhigung. „Je öfter
und inbrünstiger man darüber nachdenkt, je süsser es
schmeckt und je heftiger es zerknirscht". Es ist „ein feuriger
Zunder göttlicher Liebe, eine Lehre der Geduld, ein Trost in
Trübsal, eine Vertreibung der Zerstreuung, ein Stoff heiliger
Zerknirschung, eine Uebung innerlicher Frömmigkeit, eine
Ausschliessung der Verzweiflung, eine sichere Hoffnung der
Verzeihung der Sünden, eine heilsame Wiedereinbringung ver-

gangener schlechter Zeiten, die beste Zuversicht in der Todesstunde, eine Versöhnung der göttliehen Strenge im künftigen
Gericht, eine Beruhigung ängstlicher Unruhe, eine Kraft,
harte Zurechtweisung zu ertragen, eine Unterdrückung fleisch-
licher Versuchung, eine Entsagung des eigenen Willens, ein
Tadel zeitlichen Ueberflusses, eine Verschmähung weltlicher
Ehre, eine Anfeuerung zu eifriger Besserung, eine Billigung
brüderlichen Mitleids". In den Wunden Christi, sagt er, finde
man süssere Wonnen, als im Besitz der ganzen Welt, und
die einzige Passion Christi führe in tieferes Erstaunen, als die
Betrachtung aller geschaffenen Dinge. Man sieht, wie unerschöpflich hierin Th. ist, von dem einer seiner alten Biographen mit Recht sagt, er hätte eine besondere Andacht zum
Kreuze gehabt, die er selbst auch in seinen Schriften nicht
dringend genug empfehlen kann. „So lange man Jesum nicht
sucht durch sein Kreuz und Leiden, kommt man keineswegs
zur wahren inneren Süssigkeit und zur Erkenntniss seiner
Gottheit. Denn Jesus allein gewährt (ein Gedanke, in dem
Thomas mit Tauler, Suso und Rusbroek zusammentrifft)
durch seine heiligste Menschheit den Zugang zu seiner Gottheit".

Unter der Kraft, dem Segen des Kreuzes, versteht aher
Th. ein Doppeltes. Einmal die Versöhnung, die vorzüglich
durch das Leiden und Sterben Christi bewerkstelligt wurde,
in deren Folge der gläubige Mensch zum religiösen Frieden
gelangt. „Ewiglich wärst du verdammt worden, wäre nicht
Jesus für dich gekreuzigt worden und gestorben; denn wer
konnte für alle Sünden der Menschen genug thun, als J. Christus, der Sohn Gottes, das unbefleckte Lamm? Mich trug er
auf seinen Schultern; meine Sünden lagen schwerer auf ihm
als das Kreuzesholz". Es ist aber auch das der sittliche
Segen, den Thomas ebenso sehr, ja noch mehr hervorhebt;
zunächst sofern im Bilde des Kreuzes J. Christi das Leben
hienieden als ein Kreuz-Leben uns vorgehalten sei, als eine
Reihe von Kreuzen, die (in göttlich guten Absichten) auf den
Menschen fallen, oder als eine Reihe von inneren Kämpfen,
in denen der Mensch sich selbst, seine sinnlich-selbstische Natur zu kreuzigen habe; sofern also das Kreuz Christi uns die

Signatur dieses Erdelebens enthülle, und uns über uns selbst
und unser Leben verständige und zur Ertragung und zum
Durchkämpfen auffordere. „Folge, gebrechliches Glied, deinem erhabenen Haupte;... für dich trug er das Kreuz;...
mit seinen Füssen ebnete er den Weg der Strenge". Diese
sittlich segnende Weihe des Kreuzes Christi liegt aber noch
darin ganz insbesondere unserm Thomas, dass es Allen, so
es gläubig-liebend umfassen, zugleich W i l l e n und K r a f t
gibt, diese K r e u z e zu tragen und rechte Nachfolger des
obersten Kreuzträgers zu werden. Denn nichts zerknirsche,
rühre, kräftige, reinige so sehr, ziehe so geheimnissvoll an
sich, als das Kreuz und die gläubig-liebende Betrachtung desselben. D i e s e s Kreuztragen und Kämpfen nennt Th. auch
ein Tragen des Kreuzes f ü r Christum — aus derselben Anschauung heraus, aus der er sagt, dass das Haupt für die Glieder gelitten; er nennt es wohl auch ein Vergelten „des Kreuzes Christi". „Selig die Seele, ruft Th. aus, der das bittere
Leiden Christi zu Herzen dringt und die sich täglich in ihm
übt in Meditiren, Lesen, Beten. Selig, die ihr Kreuz auf sich
nimmt, indem sie allem Irdischem entsagt, und alles, was
von Widerwärtigkeit von innen oder von aussen ihr begegnet,
diess Alles geduldig für Christo erträgt und — schweigt.
Denn i m K r e u z e s i e h r ü h m e n, das heisst, um Christi
willen in der Trübsal sich freuen, d e r L ü s t e d e s F l e i -
s c h e s s i c h e n t h a l t e n, weltliche Ehren fliehen, den eigenen Willen lassen, und bis zum Tode demüthig gehorsam
sein. So handeln ist Christum durchs Kreuz nachahmen, und
ihn wahrhaft lieben. Denn darin erkennt Christus, wer ihm
angehört und ihn mehr liebt, sofern man nicht durch den Gedanken allein, sondern durch die tägliche Absterbung sich
seiner Passion gleichförmig zu machen bestrebt". Auch in
mannigfachen Bildern spricht Th. von diesem religiös-sittlichen
Segen des Kreuzes. Diess „Leben in dem Tode Christi"
meint er, wenn er von dem heilbringenden Oele spricht, das
von dem gebenedeieten Baum des h. Kreuzes triefe: oder von
dem Baume des Lebens, der zur Arzenei der Seelen mitten
in der Kirche aufgepflanzt sei; ein Baum, der mit seiner Höhe
den Himmel berühre, mit seiner Tiefe in die Unterwelt

dringe, mit seiner Breite und Grösse den Erdkreis erfülle,
mit seiner Stärke die Gottlosen besiege, durch seine Milde
die Schwachen anziehe, durch seine Süssigkeit die Sünder
heile.

Unvermerkt trägt er aber den Segen der Passion Christi,
die Verehrung für den leidenden und sterbenden Herrn auf
das Kreuz an sich über, das doch nur ein Symbol ist
und in sich selbst nur ein Stück Holz oder ein leeres Zeichen;
und er geht so weit, ihm eine Art magischer Kraft beizulegen,
zu seiner Verehrung, ja Anbetung aufzufordern, wiewohl allerdings ein Gedanke in den andern noch hinüberspielt. „O
heiliges Kreuz! (wie oft ruft er so aus) Vor dir neigen sich Könige und Fürsten, der Herr und die adelige Matrone, der
Knecht und die Magd, der Arme und der Reiche, der Mönch
und der Weltpriester, der Meister und der Jünger, dich betet an, dich lobet und segnet jedes Alter, jedes Geschlecht
der Gläubigen.... Vor dir zittern die Gewalten der
Finsterniss, vor dir sinkt auf die Kniee, was im Himmel
und auf Erden ist; durch deine Kraft geschehen an vielen Orten Zeichen und Wunder; dir weichen Donner und
Blitze. Auch in Kriegen und an finstern Orten, in Gefahren
des Meeres und der Luft bist du eine Hut und der sicherste
Schutz.... O Kreuz, von Allen zu verehren, zu lieben, dem
Herzen einzuprägen und auf Stirn und Brust zu drücken,
stehe mir bei in aller meiner Trübsal, rette, befreie, segne,
heilige alle meine Glieder, regiere meine Sinne, alle meine
Worte und Werke, dass durch dich mich aufnehme, der durch
dich mich erlöste, Jesus Christus, mein Herr, für mich gekreuzigt.... Aus Ehrfurcht vor der in dir verborgenen göttlichen Macht wirst du würdig von Allen angebetet und verehrt.... In Kirchen und Kapellen, in Klöstern und Burgen,
in Städten und Dörfern, auf Pforten und Thüren, auf Wände
und Fenster, auf Thürme und Dächer, auf Böden, Grabmale
und Altäre, auf Messgewande und Ordenskleider, auf Har-
nische und Fahnen, auf Bücher und Schriften, auf Kammern
und Zellen, auf Gebäude und Gemälde drückst du das Siegel
deiner Kraft auf und ein".

Die aszetische Mystik (des Thomas).

Die Grundlagen und Voraussetzungen der Aszese und Mystik des Th., man darf sagen seiner ganzen Weltanschauung, haben wir kennen lernen. Die W e l t, den Menschen
inbegriffen, ist ihm so zu sagen ein Nichtiges ohne und ausser
Gott: daraus folgt nun seine A s z e s e; G o t t ist ihm das a l -
l e i n W a h r e: darauf ruht seine M y s t i k; in C h r i s t o ist
diess allein wahre Leben, Gott, Mensch geworden, den Menschen durch Vorbild in Lehre und Leben, durch Versöhnung
und Lebens-Mittheilung aus dem Einen, dem Leben im Nichtigen, zu dem Andern, dem Leben im Göttlichen zu erheben:
das begründet daher die N a c h f o l g e C h r i s t i, in welcher
Aszese und Mystik verbunden sind und konkret-lebendig
werden.

Die Aszese im Allgemeinen.

Wie nach Th. die Welt (für sich) und Gott, Zeitliches
und Ewiges sich gegenseitig ausschliessen, so, sagt er, sei es
auch im H e r z e n des Menschen. „Das Herz ist niemals
ruhig; es muss mit Etwas beschäftigt sein, es sei gut oder
böse.... Wenn es vom höchsten Gut abgewendet ist, dann
sucht es im Niedrigsten sich zu ergötzen, und wird durch verschiedene Begierden bald hierhin, bald dorthin getrieben....
So weit man das Gute liebt und den Tugenden nachstrebt, so
viel hasst man das Böse und verabscheut man die Laster.
D e n n E n t g e g e n g e s e t z t e s k a n n i n E i n e m H a u s e
n i c h t w o h n e n.... Die Liebe zum Geschöpf mindert die
Liebe zum Schöpfer, die Liebe zum Schöpfer gibt allen Ge-
schöpfen Urlaub. Denn nicht Gleiches wollen beide, vertragen
sich auch nicht mit einander". Man sieht, ganz wie Tauler
und die andern Mystiker.

Daher ist dem Thomas das E r s t e (wie auch den Mystikern), von der A u s s e n w e l t sich abzuwenden, das Herz von
der Liebe der sichtbaren, vergänglichen, nichtigen Dinge ab-
zuziehen, alle Dinge zu „verlassen", die Welt zu „verachten".
Darin ist er unerschöpflich fast bis zur Ermüdung. Er be-

stimmt diess aber an andern Stellen wieder näher dahin, dass
man an den Dingen nur nicht unordentlich hangen, sie nicht
unordentlich brauchen, dass man durch sie alle hindnrchbre-
chen solle zu Gott. „Wenn der Mensch nicht sucht, durch das
Geschöpf zum Schöpfer emporzusteigen, wird er sich abmü-
hen, aber seine Seele wird nicht ersättiget werden. Aber mit
B e i s t i m m u n g d e s S c h ö p f e r s hinauszugehen zur Liebe
der Kreaturen, ist erlaubt, doch mit fleischlichem Sinne Ergötzung zu suchen, ist dem Geiste verboten.... So lange man
irgend etwas Zeitliches u n g e o r d n e t verlangt, hat man
noch nicht die wahre Entsagung.... Wer nichts unordentlich
liebt, der wird bald die innere Ruhe und Liebe Christi empfinden". So hält ers denn auch in Bezug auf den Leib und
die sinnlichen Bedürfnisse. Am liebsten möchte er ihrer ganz
entbehren können, um ganz spirituell zu werden. „O wenn
doch nichts anderes zu thun uns obläge, als Gott unsern Herrn
mit ganzem Herzen und Munde zu preisen! O dass du es
doch nie bedürftest, zu essen, zu trinken und zu schlafen,
sondern immer nur geistigen Beschäftigungen abwarten könntest; dann wärest du doch weit glückseliger als jetzt, da du
dem Fleische aus was immer für einer Nothdurft dienen
musst. O dass doch nicht jene Bedürfnisse wären, sondern
nur geistige Erquickungen der Seele, welche wir, ach! so
selten kosten!... Essen, Trinken, Wachen, Schlafen,
Ruben, Arbeiten, und den übrigen Bedürfnissen der Natur
unterworfen sein, ist wahrlich ein grosses Elend und eine Betrübniss für den andächtigen Menschen, der gerne abgelöst
und frei von jeder Sünde wäre". So weit, wie man sieht,
geht Th., dass er sogar die sinnlichen Bedürfnisse in e i n e
Linie mit den m o r a l i s c h e n Unvollkommenheiten, mit der
Sünde stellt, der sie die Materie liefern. Aber auch hier kehrt
er wieder in die Gränze der Besonnenheit zurück. „Alles abzuwerfen" sei doch „nicht erlaubt", denn die Natur sei zu
erhalten; nur überflüssige Dinge, die „mehr zum Vergnügen"
seien, verwerfe das h. Gesetz, weil sonst das Fleisch wider
den Geist sich übermüthig erheben würde". Man müsse den
Bedürfnissen der Natur dienen, wenn auch „mit Schmerzen".
Strenge Mässigung ist es daher, was er verlangt, in Essen,

Trinken, und den andern Bedürfnissen, Besonnenheit in der
Leitung der körperlichen Natur durch Fasten, Wachen, Arbeit, geistige Uebungen und dergleichen.

Mit der Abkehr von der Welt und den sinnlichen Dingen
ist nun freilich auch die Einziehung der Sinne von
selbst gesetzt, die Sinnenzucht, wie Th. sagt. Denn
„durch die fünf Sinne fallen die fleischlichen Begierden uns
an". Daher mahnt er, die äusseren Sinne „in strenger Zucht
und Hut" zu halten, die „Fenster" derselben vor dem Sehen,
Hören unerlaubter Dinge zu verschliessen. „Draussen hüte
deine Augen, verstopfe dein Ohr dem Gerede, bezähme deine
Zunge.... Die Führer der Sinne, die Augen, beflecken bald
ein umherschweifendes Herz. Oft wird draussen geschöpft,
wodurch der innere Mensch verunreiniget wird. Schwer ist
es, schöne Dinge zu sehen und von dem Gesehenen nicht Eindruck mitzunehmen. .Ein Bild, einmal angesehen und nicht
sogleich herausgerissen, erzeugt im fleischlichen Herzen entweder Schuld oder Streit". Wer aber „dem Hunde das Maul
bindet, hat den Biss nicht zu fürchten". Wer „nichts Böses
hört oder sieht, vermeidet es um so leichter und unterlässt
solches zu denken. Denn die Hut der Sinne ist Grund der
Reinheit". Th. mahnt desswegen, und besonders Jüngere,
auch dazu, alle äusseren Gelegenheiten zu meiden, — zur
„Flucht"; und das verrathe nicht Feigheit oder Kleinmuth,
sondern eher Tapferkeit. „Was das Auge nicht sieht und
das Ohr nicht hört, das thut dem Herzen nicht wehe, davon
wird es auch nicht so bald verwirrt" („entsetzt").

Aber an der Sinnenzucht ist's noch nicht genug; Thomas
verlangt auch „die Herzenshut". Man solle „die Kammer
des Herzens sorgfältig verriegeln, damit nicht die trüglichen
Bilder, die gesehen oder gehört wurden, eindringen"; damit
nicht „diejenigen, die bereits der Vergessenheit anheim gefallen
zu sein schienen, aus Unbehutsamkeit des Mensehen zurückkehren und den Frieden sammt der Ruhe des Gewissens hin-
wegnehmen"; damit überhaupt „die eitlen Gebilde der Ein-
bildungskraft und die unreinen Geister nicht Raum gewinnen".
Niemand sei weiser, lesen wir oft bei ihm, als der seine Seele
immerdar in seinen Händen trage (Ps. 119, 109).

Damit ist Th. bereits auf eine h ö h e r e Stufe der Aszese getreten. Nicht bloss die Dinge — sein e i g e n s t e s S e l b s t, sein Ich, sagt er, müsse man besiegen. „Wenn der Mensch alle seine Habe hingäbe, so wäre es noch nichts; und wenn er grosse Busse thäte, so wäre es noch ein Geringes; und wenn er alle Wissenschaft erfasste, so wäre er noch ferne; und wenn er grosse Tugend und feurige Andacht hätte, so fehlte ihm doch noch viel, nämlich Eines, was ihm das aller-nöthigste ist. Was ist das? Dass er, wenn er Alles verlassen hat, s i c h s e l b s t verlasse und g ä n z l i c h v o n s i c h a u s - g e h e und nichts von eigener Liebe zurückbehalte, und wenn er alles gethan hat, was er weiss, dass er thun sollte, dafür halte, er habe nichts gethan". Einige „betreten zwar den Anfang des Weges, sofern sie die äusseren Dinge, die sie be-sitzen, verlassen, aber zu dem, was vollkommener ist, näm-lich dazu, dass sie sich selbst verlassen, den eigenen Willen brechen, schreiten sie nicht weiter". So lange man sich selbst noch nicht verlassen habe, seie man aber nicht „allen Dingen" ausgegangen; denn „der Mensch werde insoweit ver-hindert und zerstreut, als e r die Dinge an s i c h ziehe"; man müsse „die Axt an die W u r z e l legen", man müsse sich, wie auch Groot und Florentius sich so oft ausdrücken, „Gewalt anthun" (Matth. 11, 12). „Du musst durch Feuer und Was-ser hindurchgehen, ehe du zur Erquickung gelangst. Wenn du dir nicht Gewalt anthust, wirst du das Laster nicht über-winden. Nimmer verdienten die Heiligen das Reich Gottes durch Schlaf und Müssiggang.... Immer sucht die Natur das Ihrige auf mannigfaltige Weise, von Innen und von Aussen, im Kleinen und im Grossen. Sie will sich gar ungern sterben und sich selbst entsagen. Und doch muss sie sterben und überwunden werden b i s a u f d e n G r u n d".

Diese sittliche Arbeit, dieser Kampf, wie Th. so oft sich ausdrückt, gegen „Teufel, Welt und Fleisch", sei aber „nicht die Sache e i n e s Tages, noch Kinderspiel". So lange man in diesem Leibe des Todes sei, habe man zu kämpfen. Th. schil-dert diesen Kampf oftmals. „Ueberaus hart werde ich von zweien Seiten gedrängt und spät und kaum unterscheide ich, was ich dem andern vorziehen soll. Jene Dinge, die ü b e r mir

sind, verlange ich, dass sie kommen, und nicht immer sind
sie bereit; die aber, die u n t e r mich Gott gestellt hat, wünsche ich, dass sie sich entfernen; aber sie selbst, ungerufen,
wollen bei mir bleiben. Haufenweise kommen sie zu mir und
mit ihnen mancherlei Gedanken; einige aus der Welt, andere
vom Fleische, mehrere vom Teufel, und von allen Seiten mich
umgebend, sagen sie: wir sind dein Gebein und dein Fleisch.
Wir wollen Etwas bei dir bleiben. Willige ein, sei unser
Freund und setze dich hier auch zu uns". So, sagt Th., „lieh-
kosen sie ihn oder erschrecken ihn auch bald", und er, ein
sterblicher Mensch und schwach zum Widerstande, widerspreche „nicht genug", und doch wisse er, er werde von
ihnen nur betrogen. D a s sei der Kampf. „der Frommen".
Sein G e i s t, „der immerdar nach süsser, wohlschmeckender,
bester Speise verlange", spreche immer: „ich will zurück in
das Haus, von wo ich ausgegangen", aber das Fleisch wolle
nicht immer dieser Stimme gehorchen. Daher denn die Nothwendigkeit eines erneuerten Fleisses und Kampfes. Es werde
eben hienieden „keine Arznei" gefunden, „durch die alle s i t t -
l i c h e n Krankheiten so gänzlich geheilt würden, dass man
kein Regen der Begierlichkeit mehr fühlte". Es sei d i e s s
„die Gnade der künftigen Seligkeit". Auch die Apostel seien
nicht „durch plötzliche Bekehrung, noch auch an Einem Tage
zu so grosser Vollkommenheit aufgestiegen", sondern „allmä-
lig schritten sie vor durch Wachsthum der Tugenden in der
Schule Christi". Wie schwere Arbeiten, meint er, hätten die
Menschen nur schon für irdischen Gewinn zu thun! „Der
Schiffer geht aufs hohe Meer, der Kaufmann durchreist Länder, der Kriegsmann trägt Wehr und Waffen, der Bauer
durchfurcht das Feld mit dem Pflugeisen, und ohne Arbeit
kann man weder Reichthümer noch Ehren gewinnen. Wie
also glauben wir, dass wir Tugenden ohne grosse Bemühung
erlangen? Heute Etwas beginnen, und morgen etwas Mässi-
ges zufügen, und so Tag für Tag eine Tugend zur andern,
einen Vorsatz zum andern anreihen, das macht einen tugendhaften, frommen, reinen, heiligen, religiösen, Gott angenehmen und seinen Mitbrüdern werthen Menschen; auf diese
Weise verdient der Mensch den neuen Namen, der in dem

Steinlein eingeschlossen ist" (vrgl. Rusbroek S. 455). — Aber freilich, jammert er, „um einer geringen Präbende willen laufe man einen weiten Weg; für's ewige Leben heben aber Viele kaum einmal den Fuss von der Erde". Ja, sagt er zu seinen eigenen Kreisen, „Viele arbeiten mehr für die Hölle, als wir für den Himmel; Viele ertragen mehr für die Welt, als wir für Gott".

Uebrigens seien die Kämpfe wie die Versuchungen bei den Verschiedenen verschieden. Jeder habe eben das Fehlerhafte, wozu seine Natur am meisten geneigt sei, am meisten zu bekämpfen, und nach d e m Guten am meisten zu ringen, dessen er am meisten bedürfe. —

Diess ist der Weg der Aszese, den Th. anräth. Auf diesem Wege werde der Mensch dann ein „innerer" Mensch, unabhängig von irdischen Dingen, immer mächtig, sich nach innen zu wenden, seiner selbst gewaltig, und gewaltig der Dinge ausser ihm und um ihn und „frei". Denn es „ist grosse Freiheit des Gemüths, nichts zu verlangen, was der Welt angehört.... Wer Sieger über s i c h s e l b s t ist, der ist ein H e r r d e r W e l t und ein Erbe des H i m m e l s".

Die Tugenden der Aszese.

Diess aszetische Ueberwinden „der Welt, des Teufels und des eigenen Fleisches", diess „sich Absterben" lässt Th. zugleich in einer Reihe von aszetischen Tugenden sich entfalten, die den einzelnen Fehlern und Lastern entgegengesetzt sind. Es sind die bekannten: einmal die „freiwillige" Armuth, doch nicht die, „die ihr Brod isst im Müssiggang, sondern nach dem Wort des Apostels (1 Kor. 4) arbeitet" (ganz nach Groot's Grundsätzen); dann die K e u s c h h e i t, die er die Eigenschaft der Engel, die „Lilie" unter den Tugendblumen nennt; ferner die G e d u l d, die stets und überall von Nöthen sei, wo auch der Mensch sei, denn „was ist das Leben anders als ein langes Elend vom Tage der Geburt an bis zum Tage des Todes"; nirgends und nie sei der Mensch sicher und entfliehen könne er weder sich selbst noch Gott; daher er innerlich gerüstet sein müsse in Geduld, „die der Sieg derer ist, die alles Wid-

rige in der Welt überwinden." „Unser ganzer Friede in diesem elenden Leben" sei vielmehr in ein „tief-geduldiges Ertragen" zu setzen, als in die „Nicht-Empfindung des Widerwärtigen". „Wer besser zu tragen weiss, der wird
grösseren Frieden haben". Vor allem aber preist Th.
die Demuth und den Gehorsam. Der Gehorsam ist ihm der
Gegensatz gegen den eigenen Willen, die eigene Vernunft,
die unterworfen werden; das „nicht sein eigener Herr sein"
Wollen, das „gar nichts von Eigenem für sich zurückbehalten"
Wollen. Unter diesem Gehorsam versteht er allerdings zunächst
denjenigen unter Gott und die göttlichen Gebote, dann aber
auch unter die Vorgesetzten, „die Stellvertreter Gottes,
Christi", selbst auch unter „Geringere" — es ist der Mönch,
der spricht. Dieser Gehorsam, von dem Th. allerdings voraussetzt (und es auch an einigen Stellen ausdrücklich sagt),
dass er sich nur „auf erlaubte, gute Dinge" beziehe, sei kein
sklavischer; er sei „um Gottes willen", aus „freiem, ganzem
Herzen", einfach, rein, schlicht; darum „befleisst sich der
Gehorsame ohne Verzug und Murren, das ihm befohlene Wort
zu vollbringen, untersucht es auch nicht vorwitzig, sondern
nimmt es, selbst wenn es ungereimt klingt, um der Tugend
des Gehorsams wegen, ehrerbietig auf und verwendet es zum
Gewinne seiner Seele". Den Segen dieses Gehorsams weiss Th.
nicht lebendig genug zu preisen, ganz in Geist und Sinn des
Florentius (S. 665). Man stehe und gehe unter der Hut desselben sicherer, gewinne eher Herzensfrieden; schon desswegen, weil die Vorgesetzten gewöhnlich älter, weiser, erfah-
rungsreicher seien; auch spreche Gott „oft durch einen Andern, was er durch sich nicht offenbart"; aber auch im Allgemeinen, sofern jeder Gehorsam eine That der Selbstverläugnung sei. „Nichts ist ruhiger als freiwillige Unterwerfung";
denn „so lange wird im Mensch ein Streit sein, so lange er im
eigenen Willen bleibt.... Weit sicherer ist (daher) zu gehorchen als zu befehlen;... Rath anzuhören und anzunehmen als
zu geben". Uebrigens, möge der Vorgesetzte auch sein wie
er wolle, — „ein guter Schüler hatte nie einen so schlimmen Meister, dass er ihm nicht zum Guten ausgeschlagen
wäre, sofern er ihm demüthig gehorcht hat". Ebendarum,

weil der Gehorsam Selbstverläugnung sei, seien unsere Werke ohne ihn „gering oder nichts zu achten", in ihm aber gethan sei jedes Werk Gott „höchst angenehm". Ob also der Gehorsame „bete oder arbeite, ob er lese oder schreibe, ob er schweige oder rede, oh er wache oder ruhe, ob er esse oder faste, — des h. Gehorsams wegen wird ihm Alles zum Guten angerechnet". Mit demüthigem und bereitem Gehorsam gefallen Gott selbst „geringe oder an sich wenig bedeutende Dienste". Ja wenn die eigene Meinung gut sei und man lasse sie Gottes wegen fahren und folge einer andern, so werde „Besseres daraus".

Fast noch mehr als der Gehorsam gilt ihm die Demuth, deren „köstliche Frucht" eben der Gehorsam sei. Sie ist ihm die „Wurzel", der „Schlüssel" aller höheren sittlichen Tugenden, wie die Hoffarth, die Sünde Luzifers, die Wurzel aller egoistischen Sünden ist. In ihr entfaltet sich jene höhere Aszese, welche es nicht sowohl mit der Welt und dem Fleisch, als mit dem eigenen Ich zu thun hat. Sie ist der Einbildung auf äussere und geistige Vorzüge, dem Wissenschaftsstolz, Heiligkeitshochmuth, der Selbstgerechtigkeit entgegengesetzt; ohne sie ist gar keine wahre Hoheit möglich, denn „ein Baum, der in die Höhe wachsen soll, muss tiefe Wurzeln fassen, damit er nicht falle". Darin thut sie sich zunächst kund, dass sie alles Gute auf Gott zurück führt, der die Quelle alles Guten ist, und auf seine unverdiente, freie Gnade: Leibliches wie Geistliches, Wissenschaft und Werke. „Die Alles, was sie verstehen, wissen und wirken, oder sich vornehmen besser zu machen, dem höchsten Gott, dem Geber alles Guten, in Wahrheit zuschreiben, das sind wahrhaft Kluge; die anders handeln, sind Diebe und Räuber; Diebe, weil sie die Ehre und den Ruhm Gottes auf unerlaubte Weise sich aneignen; Räuber, weil sie in falschem Selbstruhm ihre Seele beflecken und durch Stolz die Gnade Gottes verderben.... Wenn Gott aus seiner grossen Güte einem Betenden oder Studirenden irgend einige Gaben mittheilt oder offenbart, so soll er sich nicht sofort dessen überheben, sich Andern vorziehen, oder sich für heiliger halten; vielmehr soll er denken und glauben, dass nicht wegen seiner Tugenden und Arbeiten, noch

wegen seiner Verdienste und sinnreichen Werke Gott diess
ihm gethan, sondern aus seiner unermesslichen Güte, in welcher er über Gerechte und Ungerechte regnen lässt und seine
Barmherzigkeit über alle seine Geschöpfe ergiesst.... Niemand
missbrauche daher die göttliche Güte und Barmherzigkeit über
ihn, dass er sich in Hochmuth Etwas beimisst, auf dass er
nicht plötzlich um seines Undanks halber dem Zorne Gottes
verfalle und den harten Richterspruch gegen sich höre: nehmet das Pfund von ihm hinweg, das ist, die Gnade der Andacht, deren er um seines eitlen Ruhmes willen unwürdig ist,
und gebet sie dem, der zehn Pfunde hat — um seiner Demuth und Dankbarkeit willen. Denn würdig ist, grössere Gaben zu empfangen, wer für kleinere sich beeifert, Gott stets
Dank zu sagen und sich aller unwürdig bekennt". Oft gebe
ja Gott seinen Trost, „nicht nur um einen Menschen oder
zweie dadurch aufzurichten, sondern auch Andere dadurch zu
erbauen und Viele zu belehren". Das Gefühl der Demuth
lässt Th. — hierin fast in wörtlicher Uebereinstimmung mit
Rusbroek (S. 548) — überhaupt aus jenem Doppelten entspringen: einmal, dass der Mensch „die allerhöchste Macht
über sich", und dann, dass er „das vielfache Elend seiner eigenen Gebrechlichkeit betrachte". In seinen Selbstgesprächen
besonders hat Th. in der Weise eines Augustin den Schmerz
und die Reuethränen über seine Sünden beschrieben; gerade
auch darüber, dass er, was das Schwerste sei, „Vieles, was
er gesündigt, ohne Seufzer und würdige Reue vorübergehen
lasse". „Glückliche Stunde, ruft er aus, da für die Sünden
Schmerz geboren wird! Selige Thräne, die da fliesst aus der
Heftigkeit der Zerknirschung, aus dem Anblick jeder Mackel
des Herzens!... Nichts hoffe ich von mir selber; möchte doch
meine Hoffnung auf dich, o Gott, fester sein"! Aber eben
das, was dem Gerechten so „gar schmerzlich falle: dass er
alle unsittlichen Regungen nicht auszulöschen vermöge", lasse
Gott zu „darum, dass der Mensch immer sich demüthige und
die göttliche Hülfe immer anrufe". Auch das, sagt Th. gemäss
tiefer Erfahrung, helfe viel „zur Erhaltung grösserer Demuth,
dass Andere unsere Fehler wissen und rügen".

Im Verhältniss zur Welt und den Nebenmenschen hält

sich nach Th. der Demüthige so: er sucht „keine Ehrenstellen, Würden, Grade"; er stellt sich „unter alle und an den letzten Ort", nicht aus Verstellung, sondern „weil er erkennt, dass dieser Ort ihm von Rechtswegen gebührt"; er will nicht von Andern für besser gehalten werden, als er es selbst ist und im Innersten von sich hält; und „wenn er von Andern angeklagt wird und zu leiden hat, so spricht er: ungerecht sind meine Klagen, gerecht aber leide ich, wie oft und von wem immer ich getadelt werde"; — ganz im Gegensatz gegen die stolzen Frommen, die „nicht verlangen, dass sie von ihren Wunden geheilt werden, sondern dass sie vor der Welt als heilig erscheinen"; die „gern Andacht haben möchten, aber Schmach mit Christo nicht leiden wollen"; die „Demuth wünschen, aber mit den Demüthigen von den Menschen verachtet zu werden fliehen" (vrgl. S. 695).

Den Segen dieser wahren Demuth beschreibt Th. in verschiedener Weise. In sittlicher Beziehung findet er ihn darin, dass der Demüthige „Neid, Hoffarth, eitle Ehre mit Füssen trete", wenn er „seine Tugenden und die guten Werke Anderer einfach und ganz, rein und frei auf die Ehre und das Lob Gottes beziehe, das G a n z e Gott zuschreibe und nichts seinen Verdiensten und Kräften"; dass er „von keinem Falle" wisse, weil er „nichts Grosses" von sich halte; dass er dadurch sich auch stets neuer Gaben würdig und empfänglich mache. Einen weitern Segen findet Th. auch darin, dass der Mensch, der sich seiner Fehler wegen demüthige, dadurch Andere (Gott) besänftige, den ihm Zürnenden genug thue, seine Fehler abbüsse; dass er endlich, sofern er Alles auf Gott beziehe, von Gottes Gnade A l l e s hoffe, vor Verzagen, Verzweiflung behütet sei, denn er baue nicht auf Wind, stehe auf einem sichern Ort. In Summa: „In der wahren Zerknirschung und Demüthigung des Herzens wird die Hoffnung der Verzeihung geboren, das zerrüttete Gewissen ausgesöhnt, die verlorene Gnade wieder gewonnen, der Mensch vor dem künftigen Zorn bewahrt, und begegnen sich gegenseitig in dem h. Kusse Gott und die reuige Seele".

Die verschiedenen aszetischen Tugenden seien aber, sagt er, „mit einander v e r w a n d t", „hängen mit einander zu-

sammen", so dass keine ohne die andere bestehen könne. Die
Armuth z. B. könne „nicht vollkommen sein, noch auch lange
bestehen ohne die Demuth"; ebenso wenig gefalle Gott die
Demuth, welche die Armuth verschmähe.

Die aszetischen »Uebungen«. Die Hülfsmittel.

Zweck und Wesen der Aszese zu realisiren sind nach Th.
gewisse „Uebungen", „Mittel" von ganz besonderer Förderung. Er nennt Handarbeit (unter dem aszetischen Gesichtspunkt betrachtet), Nachtwachen, Fasten; — zur Kasteiung
des Leibes, um ihn dem Geist unterthänig zu machen. Er
meint es sehr ernst — aszetisch-klösterlich — damit, aber
von dem Exzentrischen ist er doch ferne; die „Mässigung",
die er als eine „Gesundheit des Leibes und der Seele" empfiehlt, hat ihn wohl auch selbst sein hohes Alter erreichen
lassen. „Ein Diener Gottes soll mit Besonnenheit Alles thun.
Befleisse dich daher, den königlichen Weg inne zu halten,
dass du nicht allzu nachsichtig gegen das Fleisch seiest, noch
allzu streng in deinem Eifer vor dem (Lebens-) Ende hinfällig
werdest. Willst du eine feste Lebensweise bewahren, so gehe
den M i t t e l w e g zwischen den zwei Extremen.... N i c h t
d i e Z e r s t ö r u n g d e s L e i b e s f o r d e r t G o t t von dir,
s o n d e r n d i e B e z w i n g u n g d e i n e r F e h l e r (vrgl.
Tauler S. 260). Nicht etwas Unmögliches fordert er, sondern
was deiner Seele nützlich ist. Er gibt heilsame Räthe und
sorgt für das Nothwendige zum Leben, dass du den Dienst
des Leibes wohl verwendest zum Gewinne deiner Seele und
das Maass der Besonnenheit in Nichts überschreitest. Denn
heute laufen und morgen ermüdet da liegen, heisst nicht auf
dem Wege Gottes zunehmen".

Als Uebungen geistiger Art, zur Bewahrung und Nährung
der Seele, nennt er h. L e s u n g (Studium), G e b e t, M e -
d i t a t i o n und andere mehr. „Das G e b e t erleuchtet, reiniget, tröstet, erfreut, erfleht Gnade, erleichtert die Arbeit,
nährt die Andacht, gibt Vertrauen, vertreibt die Trägheit, besiegt die Versuchung.... Besser ist Beten als Lesen.... Vor
dem Gebet schliesse alles Gegenwärtige aus; in dem Gebete

stelle J. Christum fest vor dich.... Wo immer du sein magst,
sei mit dir das h. Gebet als Gefährte und Trost, kurz oder
lang, je nach der Zeit.... Es stehe mit dir auf in der Nacht
aus dem Bette, es wache und singe mit dir Hymnen und Psalmen; es ruhe mit dir im Schlafgemach, es gehe dir voran und
folge dir im Chor, es sitze mit dir im Speisesaal, es sage mit
dir Dank für die mässig genossene Mahlzeit; es gehe mit dir
aufs Feld, es versetze mit dir Pflanzen im Garten, es kehre
mit dir zurück in das Zimmer,... es begleite dich an jeden geheimen oder öffentlichen Ort, es wohne mit dir in der Stille,
es sei mit dir im Anfang, in der Mitte und am Ende der Arbeit". Th. gibt in seiner „Herberge der Armen" eine Reihe
solcher „kurzen Gebetlein" (Stossseufzer), theils in geistigen
Anfechtungen als „scharfe Pfeile gegen den Feind", theils in
dem täglichen Leben zum Beten vor jedem Schritt und Tritt,
den man thue. Es sind meist biblische Kernsprüche und theilweise vortrefflich gewählt.

Fast noch eindringlicher verbreitet er sich über die Meditation, oder wie er sich ausdrückt: dass man stets gute
Bilde vor sich nehmen solle, um die bösen Eindrücke von
aussen und die unreinen Phantasieen, die von innen aufsteigen,
damit zu vertreiben; „denn es pflegt ein Feuer nur durch ein
anderes ausgetrieben zu werden, ein Keil nur durch einen andern" (ein Wort, dessen sich auch T. öfters bedient). „Heilige
Worte, sagt er ein andermal, solle man als reine Samenkörner
in sein Herz streuen, und sie durch fleissiges Ueberdenken in
Speise verwandeln". Solche Meditationen, als Speise für das
innere Leben, hat Th. für sich geliebt und geübt, wie viele
seiner Schriften, die Früchte dieser Meditationen, zeugen.
Er hat sie dann schriftlich, zu steter Erneuerung des geistigen
Genusses, fixirt. Er sagt es z. B. in der Vorrede zu „dem Alleingespräch seiner Seele", dass er verschiedene Gedanken in
diess Büchlein zusammengestellt habe, „um immer den
wünschbaren Stoff zum Lesen und Betrachten
in der Zeit der Noth zu haben zur Aufmunterung, wenn
von Ueberdruss oder Traurigkeit das Gemüth bedeckt sei".
Diese Meditation hat nach Th. verschiedene Objekte, mannigfachen Stoff: die eigene Natur, das Ich (Selbsterkenntniss); denn

„wo bist du, wenn du dir selbst nicht gegenwärtig bist, und
wenn du alles durchlaufen hast, was hast du gewonnen, wenn
du dich selbst vernachlässigt hast“? vor allem Gott und Jesus,
dessen heiliges Lebensbild, dessen göttliche Worte, wie man
sie in den Evangelien lese. „Habet immer etwas Gutes von
Gott und der h. Schrift in euerm Herzen aufbewahrt und über-
denket bei der äussern Arbeit die süssen Worte Christi, die
euch in der Beschwerniss der Arbeit kräftigen werden.... Alles ist fürwahr voll des Geistes und der Wahrheit, voll der
Liebe und Süssigkeit, was immer von Christo geschrieben und
gesungen wird, und nie gebricht es dir an Stoff, deine Andacht zu üben“. Doch findet Th. den reichsten Stoff für die
Meditation in Jesus als dem Gekreuzigten (s. o.). „Das sei
eure Weisheit, meine Brüder, diess Studium erwählet vor allen wissenschaftlichen Studien, dass ihr Tag und Nacht Jesum
den Gekreuzigten betrachtet,... auf dass alle euere Hoffnung
aufwärts zu ihm ziele, der über Alles zu loben und zu lieben
ist.... Die Vorspiegelungen der Welt überwindet durch das
Bild Christi, die Versuchungen des Teufels treibt zurück mit
dem h. Kreuz, mit den Nägeln und dem Speer, die Regungen
des Fleisches ersticket durch die Dornenkrone und die scharfen Geisselhiebe“. Auch mit dem Tode, dem Ende soll die
Meditation sich oft beschäftigen. „In allen Dingen bedenke
das Ende und wie du vor dem gestrengen Richter bestehen
wirst.... Führe oftmals jene Stunde dir zu Gemüthe, wo du
kein einziges Wort mehr reden noch auch irgend ein Glied
deines Leibes mehr wirst rühren können.... Und nimm dir
vor so zu sein im Leben, wie du wünschest im Tode erfunden
zu werden“. Von „zwiefachem Stachel“, sagt er, werde die
Seele getrieben, „dass sie meist und dringend sucht zu dem
himmlischen Vaterland überzugehen“. Zuweilen von dem drü-
ckenden Gefühl der Mühsale, der Versuchungen, der mannigfaltigen Beschäftigungen dieses Lebens, „worin so Viele Gefahr laufen und so Wenige unverletzt davon kommen“. Das
sei „der Sporn zur Linken, durch den das Pferd des h. Verlangens mächtig angetrieben werde“; oder aber fühle die
fromme Seele nicht sowohl durch Trübsal und Schmerz sich
getrieben zum Verlangen, „aus ihrem Kerker herauszukom-

men", sondern „auf e d l e r e Weise": nämlich von „reinem
Verlangen nach göttlicher Heimsuchung werde sie glühend
nach oben gezogen"; dieses Verlangen sei „der Sporn zur
Rechten", und der „treibe das Pferd h. Verlangens noch schneller, wie denn die Liebe mehr als der Schmerz zu wirken vermöge". O, ruft Th. aus, „kennetet ihr die geringste (himmlische) Freude, ihr würdet zu allem, was Gott wohlgefällig
ist, eilen! ... Wenn ihr also Ueberdruss des Herzens empfindet vor der Last der Arbeit, so bedenket die euch im Himmel
verheissenen ewigen Belohnungen". Wenn aber „nicht die
Liebe dich bindet, so halte dich wenigstens die Furcht vor
Gott in Schranken". Gott, „der Alle leitet und erkennt",
lasse seine Schäflein nicht lange irren und schreien, sondern
er „ruft es entweder zurück, indem er es mit dem Stahe der
Furcht schlägt, oder er führt es zurück zu seinem Gewissen,
indem er es mit dem Auge der Liebe anblickt". Wenn also
nicht die Sehnsucht nach dem Göttlieben, nicht das beengende
Gesicht dieses Erdenlebens, nicht der Gedanke der ewigen
Belohnungen „vom Bösen zurückruft", so möge man sich das
Purgatorium und „die ewigen Strafen" vorhalten, so möge
„die Furcht vor der Hölle dich im Zaum halten"; denn „was
wird jenes Feuer anders verzehren ausser deinen Sünden? Je
mehr du deiner selbst schonest und dem Fleische dienest,
desto härter wirst du es hernach büssen und desto grösseren
Stoff bewahrest du zum Verbrennen auf". Th. malt dieses
Feuer, auf das sich die Meditation richten solle, oft recht
grell-sinnlich aus.

Fast so häufig als die Meditation empfiehlt er die S t i l l e,
die E i n s a m k e i t, die S a m m l u n g, die I n n e r l i c h k e i t,
ohne die eine rechte Meditation überhaupt kaum möglich sei.
Er warnt vor Auslaufen, dem zerstreuenden Geräusch der
Welt, dem voreiligen Richten, (den „rauschenden" Worten
Taulers), vor der Weltneugierde, „daraus wir selten ohne
Verletzung des Gewissens zur Stille zurückkehren". Man solle
die Andern, die uns nichts angehen, lassen, ihre Thaten nicht
durchforschen, nicht vorwitzig sie richten wollen. Er erinnert
an das Mahnwort des Herrn: „Folge du m i r nach (Joh. 21).
Jeder sei sich selbst „eine hinreichende Last". „Was nützt's,

dass du dich in Fremdes einmischest und mehr aufhebst, als
du zu tragen vermagst? (s. Th. u. die Welt). . . . Was geht es
dich an, ob Jener so oder so ist, oder er so oder so spricht
und handelt? Du hast ja nicht für Andere zu antworten, sondern für dich selbst Rechenschaft zu geben? Was verwickelst
du dich also? Lasse die Menschen gehen, so werden sie dich
wohl auch gehen und machen lassen. . . . Es sprach ein frommer Klostermann: wer von allem Fremden schweigt, hat von
Allem Frieden. . . . Seitdem es dich ergötzt, zuweilen Neuig-
keiten zu hören, seitdem musst du auch Beunruhigungen des
Herzens ertragen. . . . Je mehr sich Einer nach Aussen zerbreitet, um so kleiner wird er nach Innen". Diese innere Stille
und Sammlung sei für Jeden Bedürfniss, da so viel Stoff zur
Zerstreuung in der Aussenwelt und in dem Leben in ihr und
der Beschäftigung mit ihr liege. Auch finde Jeder Zeit dazu,
wenn er nur (s. o.) sein Leben recht ordnen wolle. Sie sei
aber von unberechenbarem S e g e n. „In der Stille und Ruhe
nimmt die fromme Seele zu, und lernt sie die Geheimnisse der
Schrift. Dort findet sie Fluthen der Thränen, worinnen sie
jede Nacht sich waschen und reinigen mag, auf dass sie mit
ihrem Schöpfer um so vertrauter werde, je ferner sie von allem
weltlichen Tumulte lebt. . . . Besser ist es, verborgen sein und
für sich Sorge tragen, als auf Kosten seiner selbst Wunder
thun. . . . Ist man allein und liest und betet man, so will Jesus
der Zweite sein; lesen oder singen ihrer zwei zusammen, so
will Jesus der Dritte sein". Th. erinnert daran, wie Moses in
der Einsamkeit auf dem Berge gewürdigt worden sei, das
Gesetz des Herrn zu empfangen. Er lässt es auch nicht an
Bildern aus dem täglichen Leben und der Natur fehlen. „Kostbare Gewürze in einer Büchse wohl verschlossen duften stärker; offen und frei verlieren sie eher die Kraft ihres Geruchs.
Blumen von den Händen berührt werden versehrt, eingeschlossen im Blumengarten werden sie erhalten, und durch
hohe Mauern geschützt sind sie gesichert. Rosen im Zwinger
verschlossen wachsen ungestört, auf den Weg geworfen ver-
dorren sie und werden von den Füssen zertreten. Eine brennende Kerze wird bald vom Winde ausgeblasen, in der Laterne verborgen wird sie brennend erhalten".

Nicht bloss die innere Stille, sondern auch die ä u s s e r e Einsamkeit, Retraite, von der jene eine „Freundin" sei, die „Hut der Zelle". (für Mönche), empfiehlt Th. als Hülfsmittel. Selten werde auch die Stille, das Stillschweigen „gut bewahrt, ausser in der Einsamkeit"; und auch „da viel leichter, weil die Abwesenheit der Gelegenheit sehr oft schon ein Sieg über die Versuchung ist". „Kehre endlich zu d i r selbst z u - r ü c k, ob auch verunreiniget und zerstreut. Gewinne in der Einsamkeit wieder, was du draussen in der Oeffentlichkeit verloren hast". Th. rühmt es als ein ächtes Beispiel dieser Einsamkeit und Abstraktion an einem Klostermann, der auf die Frage, wie lange er im Kloster wohne, die Antwort gegeben habe: An die 40 Jahre, und während dieser Zeit habe er das vordere Thor nicht gesehen, durch das er das erste Mal hereingekommen. Nur dass Th. auf eine Einsamkeit ohne die innere Sammlung doch wenig gibt, denn jene sei nur Mittel für diese. „Einsamkeit des Herzens u n d des Leibes ist gleicherweise zu suchen und zu bewahren. Denn die des Leibes ist gut und sicher, aber die des Herzens besser und sicherer. Wer freilich die erste abweist, wird die zweite nicht finden, d e n n d i e e i n e i s t d i e H u t d e r a n - d e r n, und diese beiden beschützen sich freundlich". Wer aber in der innern Einsamkeit zu Hause sei, der höre, ob er auch äusserlich arbeite, dennoch nicht auf innerlich zu beten, und „scheint er auf eine Stunde zerstreut zu werden, so eilt er, bald ins Innere zurück zu kehren". Doch, meint Th., der müsse „sehr stark und wohlbehütet sein, der draussen unter den Menschen wandelt und innerlich durch schädliche Dinge nicht gehindert wird", wiewohl er stets dazu räth, „sich im Herzen ein verschlossenes Plätzchen zu machen, damit, wo man. auch sei, die Einsamkeit die Begleiterin sei".

Die innere Stille, Sammlung, wird dem aszetisch-monastischen Th. dann zum ä u s s e r e n S t i l l s c h w e i g e n; und viel Gutes weiss er auch über diese „Hut ʻdes Mundes". Er nennt Stillschweigen eine „Nährmutter der Andacht, eine Tilgerin des Streits, eine Verscheucherin alles eitlen Wesens". Er fragt sich, warum „wir so gern mit einander reden, da wir doch selten ohne Verletzung des Gewissens zum Still-

schweigen zurückkehren". Der Grund, meint er, sei der,
„dass wir durch gegenseitiges Zwiegespräch von einander getröstet zu werden suchen, und das durch verschiedene Gedanken bewegte Herz zu erleichtern wünschen". Aber, sagt
er, leider sei das oft „fruchtlos und vergeblich", denn dieser
äussere Trost sei „ein nicht geringer Schaden für den inneren
und göttlichen". Er beruft sich auf das Wort eines Mannes
von Erfahrung: „was ich durch Stillschweigen Gutes sammle,
zerstreue ich beinahe alles wieder im Reden mit den Menschen"; er kann es nicht oft genug sagen, was besonders das
unnöthige leichtsinnige Schwätzen für Unsegen schaffe innner-
lich im Menschen und in seinen Verhältnissen
zum Nebenmenschen. Er sagt daher von den Schwei-
genden: „sie reden schon gut, weil sie nicht schaden, und bewahren sich vor vielem Bösen". Leichter sei es, ganz und gar
zu schweigen, als im Worte nicht zu übertreiben; sehr erbaulich müsse das Wort sein, das das Stillschweigen „ver-
bessere". Wenn man nicht „weise sprechen" könne, so solle
man doch „demüthig schweigen". Aber auch erst im Schweigen, meint er, lerne man gut reden. Wie „Niemand, sagt er,
sich sicher öffentlich zeigt, ausser wer gern verborgen ist,
Niemand sicher vorsteht, ausser wer gern unter dem Gehorsam steht; Niemand sicher befiehlt, ausser wer gelernt hat,
wohl zu gehorchen", so „erscheint auch öffentlich Niemand
sicher, ausser wer gern schweigt". Doch verlangt er natürlich
kein Stillschweigen überhaupt. „Es wolle das Stillschweigen nicht einfach an sich gelobt werden, als wäre es immer
zu halten, noch auch das Reden überhaupt getadelt werden,
als wäre es immer überflüssig; denn in allen Dingen ist Besonnenheit die schönste Tugend, welche, vor den Schlingen
zur Rechten und zur Linken sich hütend, den vollkommensten Weg zeigt". Er anerkennt daher auch das Recht des
Redens, des Gesprächs; „schweigen und sprechen, wie es sich
geziemt", sagt er, sei das Beste; „eine Pforte kann aufgethan und geschlossen werden; aufgethan werde sie nothwendigen, geschlossen eitlen Dingen". Wenn man rede, so solle
man aber mit weltlichen, anders gesinnten Menschen oder
Grossen dieser Welt (ganz wie Groot und Florentius) nur sel-

ten verkehren; solle man überall und stets wenig, kurz, diess
Wenige zur Zeit, gut, überdacht und erbaulich sprechen,
sich nie geben lassen, selbst gegen Vertraute nicht „so, dass
man vor ihnen minder ehrbar und tugendhaft sich betrage".
Th. erkennt auch den Segen guter Gespräche an. „Eine
fromme Unterredung über geistliche Dinge nützet nicht wenig
zum geistigen Fortgang, zumal unter Gleichgesinnten"; auch Weltereignisse will er nicht ausschliessen
aus Betrachtnng und Gespräch, z. B. „Pest, Hungersnoth,
Feuersbrünste, Feldschlachten und andere schwere Kalamitäten". „Derlei Beispiele erwecken Zerknirschung des Herzens,
Thränen der Busse, Besserung des Lebens, Vorbereitung zum
Tode"; von „Strafen dieser Art" lese man auch in der h. Schrift
und in der Kirchengeschichte. Nur dass man es nicht wie die
unandächtigen, plauderhaften Menschen mache, „die solches
in leeren Stoff zu ihren Geschwätzen verkehren".

Eine weitere geistliche Uebung, mit dem Gebet und der
Demuth verwandt, ist ihm die „Kompunktion", die Zerknirschung des Herzens, welche offenbar mit der Busse zusammenfällt, — Th. hat ein eigenes kleines, aber ernstes
Büchlein darüber geschrieben. Das Gefühl seiner Sünden, und
dass er „verworfen ist vor dem Angesicht Gottes", drückt ihn
darnieder. Was thun? Fliehen? Wo aber Gott nicht seie?
„Kehre also auf einem andern Weg zurück in die Heimath
des Himmels, den Gott dir zeigt; der Weg ist: thue Busse".
Denn „hättest du, o Gott, deine Hand ausstrecken wollen
gegen die Gottlosen und gegen Alle, die gesündiget haben,
so hättest du Viele verloren, die jetzt deine Freunde geworden
sind und unter den Ersten bei dir eine Stelle fanden. Du
hättest jetzt keinen Petrus, der dazumal verleugnend gesündigt hat; keinen Paulus, der lästernd verfolgt hat; keinen
Matthäus, den Zöllner, der nach irdischem Gewinn gegiert
hat; ja nicht Einen deiner grossen Apostel, die du zu Richtern
über den ganzen Erdkreis verordnet hast". Dieser „Quell der
Huld und Erbarmung" fliesse noch immerdar für Alle, die
zerknirscht ihm nahen.

Nicht den geringsten Platz in diesen aszetischen Räthen
und Ermahnungen nimmt die Anweisung des Th. zu einer be-

stimmten Lebens- und Tagesordnung (ganz im
Geiste des Groot) und überhaupt zur strengsten Zeitbenutzung ein. Nichts sei „kostbarer als die Zeit, in welcher du verdienen kannst, wovon du ewiglich lebest"; von jedem unnütz verlorenen Augenblick müsse man wie von jedem
unnützen Worte Rechenschaft gehen, verloren kehre sie nicht
wieder. Daher mahnt er, keinen Augenblick in eitlem Geschwätze, keinen „ohne Frucht" vorübergehen zu lassen,
immer etwas Gutes zu meditiren, zu lesen, zu sprechen, zu
schreiben, oder „etwas Gemeinnütziges" zu arbeiten. „Ach!
wie viel Gutes verlieret man zu jeder Stunde durch Müssiggang und Geschwätze, das man durch Arbeit, Stillschweigen
und Gebet gewinnen könnte!... Es wird (eine Zeit) kommen,
wo du einen Tag oder Stunde zur Besserung verlangen wirst,
und ich weiss nicht, ob du sie erlangen wirst". — Die Tagesordnung selbst besteht ihm vornehmlich im geordneten
Wechsel von äusserlicher Arbeit und innerer Sammlung, Gebet, Lesen und Betrachtung der h. Schrift, „so dass du weisst,
wann du lesen, wann du beten, wann wirken, wann du meditiren, wann du schweigen, wann du sprechen, wann du
allein, wann du mit Andern sein sollst, so dass du Alles zu
seiner Zeit und mit guter Ueberlegung thuest". Wenn „du es
nicht vermagst, dich beständig zu sammeln, so thu' es wenigstens zuweilen, und mindestens einmal im Tage, früh nämlich
oder Abends. Am Morgen fasse deinen Vorsatz, ... wie du
den gegenwärtigen Tag am fruchtbarsten anwenden könnest,
... am Abend prüfe deinen Wandel, wie du heute in Wort,
Werk und Gedanken warest". Auf diese Selbstprüfung am
Tagesschlusse dringt er ernst. Viele, sagt er, „berechnen ihr
Geld und ihre Ausgaben, und so Wenige sichten ihr Gewissen
und die Versäumniss der Zeit". Es sei „wunderbar und er-
schrecklich, wie Einer es wage, schlafen zu gehen, ohne die
Sünde, mit der er belastet sei, weder schmerzlich bereut
noch bekannt zu haben"! Er spricht auch einmal von einer
Art Tagebuch (vergl. Groot, S. 616), dahinein man seine innere Lebens-Geschichte verzeichnen solle. „Darein blicke oftmals, auf dass dir dein innerer Fort- oder Rückschritt desto
klarer bekannt werde". Gott sich befehlend, solle man ein-

schlafen, „auf dass dein Schlaf nicht viehisch, sondern nüchtern, keusch und ruhig sei". „Zu einem nüchternen Schlaf hilft die gute Hut des Herzens und der Sinne den Tag durch. Denn was während des Wachens geübt wird, davon erscheinen gerne die Bilder im Schlafe. Bezeichne Stirne, Mund und Brust (mit dem Kreuzeszeichen), dass Gott dein Herz vor allem Bösen bewahre. Es sei dein Bett dir wie ein Grab, darin du etwas ruhen sollst, um bald darnach wieder aufzuerstehen zur Feier des Lobes Gottes (Metten). Je bereiteter du schlafen gehest, je frischer wirst du sein zum Aufstehen.... Ordne deine Glieder züchtig und schamhaft, ... liege ruhig und bewahrt, eingedenk Christi, der am Kreuze hängend nicht in einem weichen Bette entschlief".

Diess sind die aszetischen Regeln und Mahnungen, die Th. nicht müde wird überall zu wiederholen. Er verlangt, dass sie nicht nur einmal, sondern stets sollen beobachtet werden, weil stets zu kämpfen sei im Leben, damit, was anfänglich Last schien, zur Lust, und Gewohnheit durch Gewohnheit vertrieben werde.

Uebrigens will er auch nicht für Alle dasselbe Verhalten: die Uebungen seien individuell. „Bedenke Jeder, was heilsamer für ihn ist; ... ob Diess oder Jenes ihn mehr anregt, z. B. Christi Leiden oder das Gericht; ... Einigen z. B. frommt es mehr, dem Stillschweigen abzuwarten, Anderen dagegen, der tiefen Stille sich nicht allzusehr hinzugeben"; auch schicken sich die einen Uebungen mehr für diese, andere für eine andere Zeit. Ueber den innerlichen und individuellen Uebungen solle man indess die (äusserlichen) und gemeinschaftlichen nie hintansetzen noch vernachlässigen, „nicht wegen Privat-Andacht aus der Gemeinde heraustreten". Sein Grundsatz ist überhaupt: „das Allgemeine setze immer dem Eigenen und Privaten vor".

Die Mystik (des Thomas).

Was wir bis hieher betrachteten, kann man mehr das aszetische Element in der Welt- und Lebensanschauung

des Th. nennen. Er bleibt aber dabei n i c h t stehen; er hat
auch, und zwar stark hervortretend, ein religiös - m'ysti-
sches Element, das sich am reinsten in seiner „Nachfolge"
und seinem „Alleingespräche" ausspricht, und in der Union
durch die „Liebe" ihren Mittelpunkt hat.

Einmal hat Th. aber auch einen r e i n k o n t e m p l a t i v -
mystischen Ton angeschlagen. Es ist diess in der kleinen
Schrift „über die Erhebung der Seele zu Gott", welche in
Einigem an Rusbroek erinnert, und abgefasst sein muss in
der Periode des „Alleingesprächs", also in seinen jüngern Jahren. Er spricht da von einem Suchen, Erkennen Gottes „nicht
durch körperliche Sinne, noch durch sinnliche Bilder"; auch
„über Vernunftgründen"; von einem Finden in „ihm", in seinem „Intellektus, dem die ewige Wahrheit leuchte". Dieser
Intellektus ist offenbar der „Funke" Taulers (vergl. T. S. 67),
das „Bild" des Rusbroek, denn in der kleinen Abhandlung
spricht Th. auch von diesem Bilde, das Gott fähig, die ewige
Wahrheit zu fassen (capax), gemacht habe. Auch das sagt
Th. mit den andern Mystikern, dass, wenn der Mensch in ihm,
in seinem Bilde Gott fassen wolle, diess nur möglich sei durch
vorausgehende theoretische und praktische Abstraktion und
Reinigung. „Vertreibe aus mir, betet er, alles, was dein
Bild beflecken oder verdunkeln kann, auf dass es nicht unwürdig deines Anschauens werde und die Augen deiner Majestät beleidige". Wenn der Geist, sagt er, „alles Irdische
lässt und übersteigt, so verdient er das Licht der ewigen
Wahrheit zu schauen. Und je weiter er von dem geschaffenen
Lichte und von der Erkenntnissweise erschaffener Dinge sich
entfernt, um so herrlicher wird er über sich in das Geheimste
der göttlichen Klarheit gerissen". „Bereite dich also, ruft er
seiner Seele zu, und thu, was du vermagst; sitze allein,
schweige von allem sündlichen Geräusch: nichts bewege dich
von Aussen, nichts störe dich im Innern. Wende dich ganz
nach Innen, steige ein wenig höher hinauf, erhebe dich über
dich, übersteige alles, was in der Zeit ist, schliesse alles aus,
was Maass hat oder Grad, welchen hohen auch immer, auf
dass du das unerschaffene, über alle Erkenntniss der Kreatur
erhabene Wort findest".

In diesem gereinigten „Intellekt“, „Bilde“, in dem der Mensch Gottes fähig ist, offenbart sich Gott selbst, „das Wort“ ohne Bild, so dass man „das Licht im Lichte“ schaut, — „dich selbst, Gott, in mir selbst“. Das ist ihm das Höchste. Vielfältig, sagt er, spreche das Wort zur Seele; „durch Schriften, durch Engel, durch Predigten, und durch geheime Offenbarungen“; aber „weit lieblicher und erhabener, wenn die Wahrheit durch sich dem Geiste frei sich einsenket“. Doch bleibt Th. dabei, dass Gott in seinem reinen „An-Sich“ und „In-Sich“ nicht zu umfassen sei; er spricht von einer „unbegreiflichen Klarheit Gottes, die über alle kreatürliche Fassungskraft hinausgehe, alle Sehkraft des Geistes zurückschlage“ (vgl. Rusbroek S. 519), und nach ihrer „Washeit über alle himmlischen Geister sich unbekannt halte“. Wohl aber theile er sich „nach der Fassungskraft jedes seligen Geistes ganz mit und offenbare jedem Einzelnen die unbegrenzte Glorie seiner Gottheit und die überwesentliche Substanz seiner Natur“.

Diess ist eine Spur rein kontemplativer Mystik, die sich aber in andern Schriften des Th. nirgends mehr findet. Ueberall sonst hat er es, wie gesagt, nur mit der Mystik zu thun, deren Herzschlag die Liebe ist, und zu der die Askese eine Art Vorstufe und Reinigung bildet; denn nur „so weit der Mensch aus sich selbst ausgehen kann, kann er in Gott übergehen“.

Diese Liebe zu Gott, zu Christus — bis zur geistigen Union — ist der Schlusspunkt von allem dem, was wir als Voraussetzungen der Thomas'schen Weltanschauung kennen.

Ihm ist Gott nur das Einzige, Wahre und Gute; die Gottes-Liebe ebendarum das Höchste, Beste und Nothwendigste. „Weder Himmel, Erde noch Meer noch alles, was darin ist, verlange ich — nur dich! ... Zu gering ist mir Alles. ... Gott ist die Seligkeit der Seele, und durch kein geschaffenes Gut wird die Seele selig noch wahrhaft weise, als wenn sie Gott über alles liebt und Alles unter Gott von Herzen gering schätzt“. Wenn daher „alle Saitenspiele erklängen und aber nicht vom Lobe Gottes, so rauschten sie ins Leere und könnten die h. Seele nicht erquicken noch sättigen.

... Gott lässt es zu, dass man um seinetwillen Vieles b r a u c h t
(Mittel), aber er will nicht, dass man irgend Etwas statt seiner geniesse (Zweck)".

Dieser Gott — und diess ist ihm noch mehr — ist „unser
Bruder" geworden zu unserem Heil, — „ein gar tiefer Grund
und ein göttliches Meer" (von „Liebe und Herablassung"),
das „nicht durchschwommen werden" könne; und doch
„schwimmen darin viel grosse und kleine geistige Fische";
daher ist Gottes- und Christusliebe — und diese beiden sind
unserem Th. etwas Identisches — doppelt Pflicht, Bedürfniss,
Seligkeit der Erlösten. „Ich habe, lässt er den Herrn zur Seele
sprechen, das Ganze gegeben, ich will dich ganz haben, und
mit grosser Strenge fordere ich Danksagungen.... O wie bin
ich verpflichtet, ruft Th. aus, dich zu lieben,... nach meinem
ganzen Vermögen dir zu dienen"!

Diese Liebe beschreibt nun Th. nach ihren B e d i n g u n-
g e n, ihrem W e s e n, ihrer K r a f t und ihren A e u s s e-
r u n g e n. Möglich, sagt er, sei sie (s. o. u. die Aszese) nur
in einem blossen, von Welt- und Kreaturliebe freien Herzen.
„Wie Wasser und Feuer einander widerstreben, eben so
wenig lassen sich Liebe Gottes und Liebe der Welt mit einander vereinigen". Ganz wie die andern Mystiker. „Selig, wer
da weiss, was es heisst, Jesum lieben und sich selbst um Jesu
willen verachten! Für den Geliebten muss man das Geliebte
verlassen, weil Jesus allein über Alles will geliebt werden....
Dein Geliebter ist solcher Natur, dass er nicht will einen
Fremden zulassen, sondern allein will er dein Herz haben
und als ein König auf eigenem Throne sitzen.... Wolle nicht,
dass irgend Eines sich mit dir in seinem Herzen beschäftige,
und auch du beschäftige dich nicht mit der Liebe irgend Eines, sondern Jesus sei in dir und in jedem guten Menschen.
Wenn du aller Geschöpfe dich wohl zu entleeren wüsstest,
so sollte Jesus wohl gerne bei dir wohnen. Beinahe alles wirst
du verloren finden, was immer du ausserhalb Jesu auf die
Menschen setzest.... Du musst nackt und bloss sein und ein
reines Herz zu Gott tragen, wenn du ungestört schauen willst,
wie süss der Herr ist ... Du musst Alles für Alles geben und
dir selbst nichts sein,... denn in Christo sind alle Schätze der

Weisheit Gottes verborgen und ausser ihm ist Keinem, der
da lebt, Heil, und Keinem, der da stirbt, Hoffnung des ewigen Lebens!... Wer da glaubt, nichts könne ihm genügen
als das höchste Gut, das Gott ist, von dem alles Gute, in dem
alle Güter im Himmel und auf Erden, im Meer und in allen
Abgründen; wer ihn einzig allein und über alles sucht und
stets im Herzen trägt, wer sich selbst um seinetwillen verachtet und ihn rein um seinetwillen liebt", der, meint Th., sei
der rechte Mystiker: der könne aber auch nicht anders als
Gott lieben, fühle sich immer aufs Neue und mit aller Macht
zu ihm gezogen.

Das ist die Bedingung aller wahren Gottesliebe, — ganz
konsequent nach den Voraussetzungen des Thomas. Als ihr
eigentliches reines. Wesen bezeichnet er aber diess: Gott
rein, Gott um sein selbst willen, Gott unmittelbar, ohne ver-
mittelndes Hinderniss, Gott ganz zu lieben.

Die wahre Liebe zu Gott sei uneigennützig, „lieben
solle man Alle (Gottes) Jesu wegen, (Gott) Jesum aber um
seiner selbst willen". Gott solle man lieben „nicht um zeitlicher oder ewiger Güter, nicht um Trostes willen, und um
Belohnung", sondern „schliesslich und gänzlich" ihn allein um
„seinetwillen", „um seiner unendlichen Güte, um seiner ganz
einzigen Würde willen". „Nichts sucht Gott mehr, als dass
er umsonst (ohne Rücksicht auf Belohnung) geliebt werde".
Ebendarum sei auch die wahre Liebe „andächtig und immerdar
vertrauend und hoffend auf Gott", auch wenn sie „keinen Geschmack" von ihm fühle, „dieweil sichs ohne Schmerz
in der Liebe nicht lebt". Oft brenne das Feuer, aber
„nicht immer ohne Rauch". So sei es auch mit manchen
Menschen, die nicht rein um der Ehre Gottes willen thun,
was sie so sehnsüchtig von ihm begehren. „Verlange nicht,
lässt Th. den Herrn zur Seele sprechen, was dir angenehm ist und vortheilhaft, sondern was mir annehmlich und
ehrenvoll ist.... Schon wolltest du in der Reinheit der Glorie
der Kinder Gottes sein; dich erfreut die ewige Wohnung und
das himmlische freudenreiche Vaterland, aber noch ist nicht
diese Stunde gekommen, sondern es ist noch eine andere
Zeit, die Zeit des Kampfes, der Arbeit und der Prüfung....

Ich bin das höchste Gut, erwarte mich, spricht der Herr, bis
das Reich Gottes kommt. ... Ein e d l e r Lieber ruht nicht
in der Gabe, sondern in mir über alle Gaben. ... Das auf
mich gerichtete Auge muss rein und einfältig sein; aber in
vielen Dingen dunkelt es, denn gar bald wird auf etwas Aeus-
serliches gesehen, das ihm begegnet. Denn selten wird Einer
ganz frei gefunden von dem Makel eigener Auswahl. So waren
auch die Juden nach Bethanien zu Maria und Martha gekommen, nicht um Jesu willen allein, sondern auch um Lazarus
zu sehen. Darum ist das Auge, das auf mich gerichtet wird,
zu reinigen, auf dass es sei einfältig und recht, und ist über
alle verschiedenen Mittel auf mich zu richten".

Die wahre Liebe sei auch eine u n m i t t e l i c h e. „N i c h t s
s o l l z w i s c h e n m i r u n d d i r m i t t e l n, das die Einigung
hindert, oder die Liebe mindert, oder die Freiheit raubt, oder
die Reinheit befleckt, oder das Geheimste des Innern beunruhigt".

Sie sei endlich eine r ü c k h a l t l o s e, eine v ö l l i g e.
„Durch sie glüht die Seele innerlich, und wie Wachs, das zer-
schmilzt vor dem Angesicht des Feuers, weiss sie kein Maass
zu halten, sondern fliegt über alle Lichter des Himmels, um
ihren einzigen Geliebten zu finden, den Herrn aller Dinge,
um in ihm sich selig zu freuen und sicher zu ruhen". „Selig,
ruft Th. aus, wer nichts für sich zurück behält, sondern alles
Gott frei zurück gibt, was er von Gott empfangen hat". Denn
„von wannen die Flüsse entspringen, dorthin sollen sie auch
zurückkehren". Er sagt es mit den Mystikern, seine Seele
möchte „zerfliessen im Lob und in der Liebe Gottes, ... bis
auf den Grund von ihm verzehrt und verschlungen werden,
auf dass ihrer unersättlichen Liebe Genüge geschehe und sie
gar nicht mehr ihr eigen sei, sondern ganz desjenigen, dessen
diess Feuer und Liebeshitze sei, ... auf dass sie Ein Geist mit
ihm werde". Zwar könne Gott nicht erschöpfend geliebt werden, zu ihm könne man nicht bis auf den Grund kommen, „da
er selbst alle in Liebe verschlingt, besiegt und übertrifft", aber
doch gefalle es ihm, wenn ein Mensch ihn von Grund aus zu
lieben begehre.

Wie der Liebe Bedingung und Wesen, eben so beschreibt

Th. auch ihre **Kraft, ihren Segen und ihre Wirkungen.** Sie „gibt Sättigung". Sie reinigt. „Gleichwie das Feuer
das Holz verzehrt, so tilgt die Liebe die Laster durch Reue,
Beicht, Gebet". Sie macht „frei" von jeder weltlichen Neigung
und „reich", denn sie „hat Alles in Allem", „Niemand ist
freier, Niemand reicher, als wer sich und alle Dinge Gott gegeben hat, und Christum durch Liebe kauft, der die Welt
durch sein Kreuz erkauft hat.... Immer elend (aber) und
arm ist, was er auch hat, wer Gott zum Freund nicht hat".
Sie vereinigt Getrenntes, sie erhebt über alle himmlischen
Dinge, sie hat eine umbildende Kraft; sie zieht nach oben
und erfüllt mit wunderbarer Süssigkeit. „Sie macht aus Sündern Gerechte, aus Sklaven Freie, aus Feinden Freunde, aus
Pilgern Bürger, aus Unbekannten Vertraute, aus Bestandlosen
Ständige, aus Hoffärtigen Demüthige, aus Traurigen Fröhliche,
aus Verkehrten Sanftmüthige, aus Lauen Eifrige, aus Geizigen
Freigebige, aus Irdischen Himmlische, aus Ungelehrten Weise.
... Sie vereinigt das Höchste mit dem Niedrigsten, schreitet
durch das Mittlere und kehrt zum Höchsten wieder zurück
und macht Eins aus Vielem". Sie „erweitert alle Kräfte",
macht jede Last leicht, das Bittere süss. „Wenn Jesus da ist,
ist alles gut, und nichts scheint schwer; wenn aber Jesus nicht
da ist, ist alles hart.... Wenn Jesus nicht innerlich spricht,
ist der Trost schlecht; wenn aber Jesus nur ein Wort spricht,
wird grosser Trost empfunden". Sie „bringt Dinge zu Stande,
wo der Nichtliebende erliegt und seine Kraft ausgeht". „Ermüdet wird sie nicht matt, bedrängt nicht eingeengt, erschreckt nicht verwirrt, sondern wie eine lebendige Flamme
und eine brennende Fackel bricht sie aus und dringt sicher
durch". Alles ist möglich in ihr, alles „erfüllt" in ihr. „Komm,
o komm, ruft Th. zu Gott, dem Gegenstand seiner Liebe,
denn ohne dich wird kein froher Tag noch Stunde sein, denn
du bist meine Freude, und ohne dich ist leer mein Tisch....
Mögen Andere Anderes statt deiner suchen, was ihnen beliebt,
mir gefällt indess nichts Anderes, noch wird mir gefallen, als
du, mein Gott, meine Hoffnung, mein ewiges Heil". So voll
dieser Liebe ist Thomas, dass er wünscht und betet, alle Welt
möchte dieser Liebe voll werden, Gott alle Welt an sich

ziehen, auf dass Er allein geliebt, gelobt und verherrlicht
werde; wie Tauler, Suso, Rusbroek möchte er Alles in diese
Liebe hineinziehen, die „Himmel und Erde, Meer und Fest-
land umgeht" und alles, „was sie sieht und hört in den
Kreaturen, auf das Lob und die Ehre Gottes bezieht". Er
möchte sich mit Allem und Alles mit ihm Gott opfern, sich,
„als einen ewigen Knecht zum Dienst und Opfer seines immer-
während Lobes"; seine Sünden und Vergehungen — „dass
sie Gott auf seinem Sühnungsaltare (Abendmahle) alle zumal
entzünde und verbrenne in dem Feuer s e i n e r ' Liebe";
all sein Gutes, „obwohl dasselbe sehr wenig und auch diess
unvollkommen ist, dass Gott es bessere, heilige und es angenehm mache"; alle Seufzer der Frommen, die Anliegen seiner
Eltern, Freunde, Brüder, Schwestern und aller séiner Lieben;
aller derer, die ihm oder Anderen um der Liebe Gottes willen
Gutes gethan haben, „ob sie noch im Fleische leben oder
schon aus dieser Welt abgeschieden sind, auf dass sie alle
die Hülfe göttlicher Gnade erfahren"; endlich auch „die Anliegen Jener, die ihn in Etwas beleidiget, betrübt oder ge-
schmäht oder Schaden oder Beschwerde zugefügt haben",
oder „die er selbst einst betrübte, beschwerte und ärgerte
durch Worte, Thaten, wissentlich oder unwissentlich, dass
Gott Allen gleicherweise die Sünden und gegenseitigen Beleidigungen verzeihe". Th. möchte so voll und rein (wiederum
wie die andern Mystiker) Gott loben, dass er Gott mit Gott
lobete, dass in Wahrheit Gott sich selbst in ihm lobete. „Ich
bitte dich, o Jesus, dass du selbst dein Lob seiest, denn wofern nicht du selbst dich lobest, wirst du nie und nimmer
vollkommen und würdig gelobt".

Wir müssen aber diese Liebe zu Gott auch noch in ihren
F r ü c h t e n betrachten. Allerdings hat Th. verlangt, dass man
alle Liebe lasse, eigene und fremde, um Gottes willen; denn
die Gottesliebe sei ganz exklusiv; aber er meint es doch nur
so, dass man Nichts lieben solle ohne und ausser Gott. In
Gott dürfe man wohl lieben; in der Liebe Gottes sei schon
die rechte Liebe zur Welt und zur eigenen Person gegeben:
„hast du das Eine, in dem Alles besteht, so hast du in diesem
Einen auch das Viele". Th. sagt geradezu, wie die Liebe

Gottes Alles fordere, so gebe sie auch wieder Alles, — in der rechten Ordnung. Sie gebe den Menschen sich selbst. „Böse mich liebend, verlor ich mich, und ... aber alles verlassend ... dich allein suchend und rein liebend, habe ich mich und dich zugleich gefunden“. „Hier (sagt er in seinen Adventsbetrachtungen über Jesu in der Krippe) werde ich mein Herz finden, hier mich ganz zurücklassen; denn besser ist es, dass Jesus mein Herz habe, als ich, denn bei ihm ist es in Friede, bei mir aber in Unruhe“. Sie gehe aber auch den Menschen dem Menschen: die rechte Liebe zu den Mitmenschen; denn nur der Gottliebende liebt wahrhaft die Menschen und liebt sie zugleich in der rechten Ordnung. Auch die Natur werde dann zu einem Spiegel, „in dem der Mensch nicht das Bild, das da vorübergeht, sondern den, dessen diess Bild und Ueberschrift ist, betrachtet“; denn „keine Kreatur ist so klein und gering, die nicht Gottes Güte darstellte“; und „wenn dein Herz gerade wäre, dann würde jedes Geschöpf dir ein Spiegel des Lebens und ein Buch heiliger Lehre sein“; während umgekehrt, „wenn nicht alles, was man sieht (oder hört) auf das Lob des Schöpfers zurückgeführt wird, alle Anschauung des Sehenden (alles, was man sehen kann) leer und eitel ist“. Auch alle Begegnisse und alle äusseren Dinge würden dem Menschen dann „dienen“, und zum Guten ausschlagen. Er wäre über den Dingen, ihrer und seiner in Gott gewaltig. „Denn desshalb beunruhigt dich so Vieles, weil du dir selbst noch nicht vollkommen erstorben noch auch von allem Irdischen gesondert bist“. Gefreit aber in Gott „ein wahrer Hebräer“ betrachte man die vorübergehenden Dinge mit dem linken Auge und mit dem rechten die himmlischen und „ordnet sie dazu, wozu sie von Gott geordnet und von dem höchsten Werkmeister bestimmt wurden, der nichts ungeordnet liess in seiner Schöpfung“. Dieses Sieh-lassen der gottliebenden Seele in alle Wege Gottes fasst Th. nach seiner Weise in ein Gebet. „Herr, du weisst, wie es besser ist, es geschehe Diess oder Jenes, wie du willst! Gib, was du willst und wie viel du willst, und wann du willst! Thu mit mir, was du willst und wie es dir mehr gefällt und deine grössere Ehre ist! Stelle mich, wohin du willst, und

schalte mit mir frei in allen Dingen! In deiner Hand bin ich,
wende und kehre mich um und um! Siehe dein Knecht bin
ich, bereit zu Allem; denn ich verlange nicht mir zu leben,
sondern dir, und möchte ich diess doch würdig und vollkommen"!

Hieber gehört auch, was Th. über das Verhältniss
von Liebe und Werke sagt, denn statt des rechtferti-
genden Glaubens hat er die (johanneische) Liebe. „Aus einem
reinen Herzen, sagt er, geht die Frucht eines guten Lebens
hervor. Wie viel Einer gethan hat, wird gefragt, aber aus
was für einer tugendhaften Gesinnung er handelt, wird (leider!) nicht so sorgfältig erwogen.... Ausserhalb der Liebe
Gottes und des Nächsten fruchten aber keine Werke, wie
sehr sie auch von den Menschen gelobt werden, denn sie sind
gleich leeren Gefässen, die kein Oel enthalten, gleich Lampen,
die im Finstern nicht leuchten". Umgekehrt aher adele die
Liebe jedes Werk und mache es „fruchtbringend, wäre es
auch noch so gering und verachtet". Gott „bringt mehr in
Anschlag, aus welchem Grunde Einer wirkt, als das Werk,
das er wirkt. Viel (multum) thut, wer viel liebt". Wie
so keine Werke ohne Liebe, so keine Liebe ohne Werke;
die Werke beweisen, „wessen Knecht Jemand ist". „Nimmer
lässt sich sagen, dass da Liebe sei, wo weder Eifer zur Gerechtigkeit noch zur Zucht ist". Th. betont daher das thätige
Leben so sehr, als das beschaulich-liebende; nur lässt er jenes,
ächt mystisch, in diesem wurzeln. „Die Liebe, sagt er wie
die andern Mystiker, ist niemals müssig"; ja gerade „zu ver-
achteten Werken" neige sie sich am liebsten: „die Wunden
der Kranken zu berühren, ihnen die Füsse zu waschen, ihr
Bett zu machen".

Uebrigens erkennt Th. auf der Leiter des aszetisch-mysti-
schen Lebens verschiedene Sprossen, auf denen man auf- und
absteige. Nicht bloss, dass die verschiedenen Menschen verschiedene Standpunkte haben, sondern auch der eine Mensch
sei jetzt mehr Martha, jetzt mehr Maria. Es sind diess die Oszillationen, die Pole des Lebens, denen wir bei den andern
Menschen vielfach begegnet sind: Kontempliren und Wirken,
Eingehen und Ausgehen, Christi Gottheit und Christi Mensch-

heit. „Mein Sohn, du vermagst es nicht immer in glühende-
rem Verlangen der Tugenden zu stehen, noch auf einer höheren Stufe der beschaulichen Betrachtung Stand zu halten,
sondern nothwendig ist es dir zuweilen, wegen der ursprünglichen Verderbniss zu Niedrigerem herabzusteigen und die Last
des verweslichen Lebens, wenn auch mit Widerwillen und
Verdruss, zu tragen, dann ist es dir gut, zu niedrigen und
äusserlichen Werken Zuflucht zu nehmen und in guten Handlungen dich zu erholen, meine Ankunft und die himmlische
Heimsuchung mit fester Zuversicht zu erwarten, deine Verbannung und Gemüthstrockenheit geduldig zu ertragen, bis
du wiederum von mir heimgesucht wirst und von allen Aengsten befreiet. Denn ich werde deiner Arbeiten dich vergessen
machen und innerer Ruhe dich geniessen lassen. Ausbreiten
werde ich vor dir die Auen der Schriften, dass du mit erwei-
tertem Herzen den Weg meiner Gebote zu laufen beginnst....
Kannst du nicht mit dem h. Evangelisten Johannes erhabene und
göttliche Dinge betrachten, so sinke mit Marien Magdalenen
zu den Füssen des Herrn, bitte demüthig um Verzeihung und
beweine deine Sünden; vermagst du es nicht, mit dem h.
Paulus bis zum dritten Himmel emporzufliegen, so bleibe bei
Jesu Christo dem Gekreuzigten, und kreuzige dein Fleisch
sammt den Lüsten und Begierden. Hast du nicht die Flügel
des Adlers, zu den Gestirnen des Himmels dich aufzuschwingen, so habe das Gefieder der einfachen Taube, die in den
Felsenritzen nistet, und betrachte täglich die Wundmaale Jesu
Christi". Es sei überhaupt „nicht gut aufzusteigen, wenn
nicht die Gnade zuvorkommt, welche die Seele über alle niedrige Lust erhebt"; dann aber solle man dem Zuge der Gnade
folgen bis zur endlichen Union mit Gott und da ruhen, bis
man wiederum auf Gottes Befehl zu Werken der Liebe herabsteigt. „Also geschah dem h. Moses, zur Anzeige, dass Jeder,
der erhaben und süss in Gott geruht, nützlich und demüthig
wieder zu guten Werken zurückkehren soll. Und so auf-
steigend und absteigend wirst du immer deinen
Gewinn finden, so dass du niemals müssig bleibst, sondern
entweder innerlich Gott oder äusserlich dem Nutzen des
Nächsten dienest."

Th. drückt auch die Einsicht aus, dass je das Eine gerade zu dem Andern führe; dass das getreue Obliegen des
Martha-Dienstes oft Maria-Erquickungen herbeiführe und
die Maria-Erquickungen sich fruchtbar erweisen in Martha-
Diensten (s. v. Haushalten S. 689).

Die Nachfolge Christi.

Alles was die Aszese und Mystik in sich befasst, ist unserm Th. identisch mit Christus, mit Christi Lehre und Leben.
Die aszetischen Tugenden sind die Tugenden der Lehre und
des Lebens Christi (was er Alles aus dem Leben Christi und
seiner Lehre und den Lehren und dem Leben der Männer des
alten und neuen Bundes belegt); das beschauliche, mystische
Leben, diess Leben in der Liebe, ist und war stets Christi Wort
und Leben. Die Nachfolge Christi ist daher die Uebung alles
dessen, was diese Aszese und Mystik in sich schliesst, die wir
bereits kennen. Diese Nachfolge nennt er ein „Nachahmen“
Christi, ein Sich-ähnlich, Sich-„gleichförmig“ mit ihm machen;
denn er ist der „geradeste“, „sicherste“, „festeste“ Weg zur
Vollkommenheit, dem du folgen sollst, die Wahrheit, die
höchste, der du glauben sollst; das Leben, das wahre, selige,
unerschaffene, das du hoffen sollst. Die Nachfolge ist somit
eine Reproduktion des urbildlichen, gottmenschlichen Lebens
von Seite des menschlichen Individuums. Das Verhältniss
selbst aber zwischen dem einzelnen Christen und seinem Thun
und Christo und seinem Werk ist bei Th. bald mehr dargestellt als ein überwiegend sittlich-freithätiges Nachbilden, als
ein Ergreifen des Bildes Christi, bald mehr als ein Ergriffenwerden von Christo, der mit seiner Gnade im Menschen wirkt,
als ein Aneignen des Verdienstes Christi. Beide Seiten findet
man gleich stark vertreten in Thomas, und die Vermittlung
liegt ihm vornehmlich in der Liebe und in der liebenden
Aneignung der gläubigen Seele; darin, dass „Christus durch
den Glauben und die Liebe in deinem Herzen wohnt“, welche
Liebe (als Gegenliebe und „Dankbarkeit“ gegen den, der
uns zuerst geliebet) Thomas den „feurigen Wagen des

Elias" nennt, „der gen Himmel emporfährt". „Wende die
Augen deines Gemüths nie von seiner Anschauung, strebe immer nach seinem Wohlgefallen, ziehe seiner Liebe nichts vor;
Alles was du Gutes hörest oder thust, beziehe gänzlich und
letztlich auf ihn, denn er selbst ist die Quelle der Weisheit,
des Lebens, der Zucht.... Bilde dich nach seinem allerheiligsten Leben.... Bedenke, wie er von Anbeginn seiner h. Geburt bis zum Ausgang seines Todes am Kreuze für dich arbeitete, für dich litt und sich dir gänzlich aufopferte, was Keiner
der Heiligen noch der Engel gethan hat.... Wem Christus
Alles in Allem ist, wer mehr in Christo als in sich selbst lebt,
nichts für sich behaltend, sondern in Christo auf süsse und
geniessende Weise ruhend, — so leben heisst Christo leben,
das heisst, sich selbst sterben, das heisst, den Tod verlieren
und das ewige Leben finden in Christo". Darin findet Th.
die rechte nachfolgende Kraft. Darum fliesst auch das sittliche und religiöse Moment in des Thomas Schriften unmerk-
bar in einander. Im Kreuze Christi sich rühmen heisst ihm
ebenso sehr das Kreuz Christi, die aszetischen Tugenden,
Uebungen nachahmen, als das versöhnende Verdienst des Todes Christi gläubig sich aneignen. Wenn er daher den Schwerpunkt auf das Leben legt, das innerliche und äusserliche,
so ist diess ein Leben ebensowohl nach Christo als aus Christo
heraus in Meditation, Andacht (besonders zum Kreuze
Christi), Glaube, Liebe.

Die Nachfolge aus Christo heraus und nach Christo bezeichnet er, wie schon gesagt, auch als ein Verhältniss vom
Gliede zum Haupt (s. S. 732). Aus dieser Anschauung
heraus sagt er, dass dem Christen Alles was er thut, empfindet, leidet, ein Nachleiden, Nachempfinden, Nachthun Christi
sei. „Bist du in Trübsal und Herzenstrauer, dann bist du mit
Jesus am Kreuze; musst du harte Worte hören, dann wird
dir aus dem Kelch des Herrn zu trinken gegeben, zur Heilung
deiner Seele. Fühlst du dich innerlich im Gebete getröstet
durch die Gnade des h. Geistes, dann erstehest du gleichsam
mit Christo von den Todten und feierst Ostern in der Neuheit
des Lebens mit Jesu im Herzen jubilirend". Aus dieser Anschauung ist es auch, wenn er sagt, dass das Haupt auch die

Glieder leite, stärke, befreie u. s. w. „Der süsse Jesus macht
alles süss" (vrgl. was Th. von der Liebe gesagt hat). Aber
auch, dass man in den Gliedern dem Haupt wehe oder wohl
thue. „Wer einen Andern durch Wort oder That beleidiget,
der beleidiget Christum". Umgekehrt (nach Matth. 25, 35):
„wer dem bedürftigen Bruder zu Hülfe kommt, der hält Jesum bei der Hand. Wer eines Andern Schulden beweint, und
für ihn um Vergebung bittet, der wascht und trocknet Jesu
die Füsse ab.... Wer für die verstorbenen Gläubigen bétet,
geht mit Jesu zum Grabmal des Lazarus und bittet, dass der
Herr die Seelen barmherzig von ihren Strafen befreie". In
solcher und ähnlicher Weise hat diess Th. durchgeführt. —
Aus d i e s e r Anschauung heraus ist es endlich, wenn Th.,
als Gegenbild zu dem, was Christus für uns gethan, gelitten,
von einem Thun, Leiden „für Christo", von einem „Ersatz",
einer „Vergeltung" für das, was der Herr für und an uns
gethan, spricht. „Welchen Ersatz willst du geben für deine
Seele? Er hat seine Seele für dich eingesetzt, womit willst
du ihm vergelten"? Aber zugleich sagt er: „Welche Ehre
kann ich ihm bezeugen? welchen Dank ihm darbringen, der
mir unzählige Erbarmungen erwiesen hat"? Wenn er auch
„Etwas fände", das er Gott geben könnte, es wäre ja sein,
schon ehe er es gäbe. „Wenig oder nichts habe ich; kann ich
von Nichts ein Opfer bringen"? Er kennt nur das eine Opfer:
das Opfer „der Niedrigkeit, Armuth, Nichtsheit". Was denn
nun weiter? „Lesen will ich von dir, mein süssester Jesus,
schreiben von dir, denken von dir, sprechen von dir, wirken
für dich, leiden für dich; frohlocken will ich in dir, dich preisen, dich verherrlichen". Mit e i n e m Worte: S i c h wolle er
Gott, Christo geben; damit habe man A l l e s gegeben; das
sei die theuerste Vergeltung, die der Mensch Christo erzeigen
könne. „Siehe, ganz bin ich dein, und all das Meinige ist
dein, nur die Sünde ist noch mein eigen".

Allerdings hören wir daher Th. sieh verschieden ausdrücken über Verdienst Christi und eigenes Verdienst durch
Werke. Er spricht davon, dass wir durch Werke den Himmel,
die Gnade Gottes verdienen sollen; anderseits und noch viel
nachdrücklicher spricht er vom alleinigen Verdienste, der

„überfliessenden Prärogative der Verdienste" Jesu Christi,
von der freien Gnade Gottes. „Vertraue mehr auf Gottes
Barmherzigkeit und die Verdienste der Heiligen, als auf dein
Gebet und deine guten Werke.... Schreibe das Leiden und
die Wunden Jesu in dein Herz wie in ein Buch". Seine ganze
Hoffnung und sein Trost „besteht und ruht in dem Preis des
kostbaren Blutes Jesu, denn ich weiss, dass mein Leben und
Wandel nicht also ist, dass ich wagen dürfte, auf mich selbst
Etwas zu vertrauen". Der „huldreichste" Jesus möge die
Liebe seines Herzens annehmen, nicht weil es dessen würdig sei,
sondern „weil du so gütig bist, der du es nicht verschmähest
von Unwürdigen dich berühren und lieben zu lassen". Diese
scheinbaren Widersprüche gleicht Th. auch wohl so aus, dass
er sagt, „durch Christi G n a d e werde das Leben nun gar
sehr v e r d i e n s t l i c h".

In der Darstellung der Aszese, Mystik und Nachfolge
Christi ist die sittlich religiöse Lebensansicht des Thomas in
ihren Hauptzügen abgeschlossen und zusammengefasst. Aber
nur in ihren Hauptzügen. Um das Bild zu vollenden, lassen
wir nun noch die b e s o n d e r n Beziehungen, die mit jener
allgemeineren Ansicht allerdings zusammenhängen und aus
ihr theilweise sich ergeben, folgen.

»Der königliche Weg des Kreuzes.«

Das Erdenleben schaut Th. besonders als ein Kreuzesle-
ben an (s. o.). „Da das Leben Christi ein Kreuz war, muss
auch das Leben des Christen ein Kreuz sein". — Er nennt
verschiedene Kreuze: leibliche Kreuze, Kreuz von aussen, von
der Welt. „Du musst oft thun, was du nicht willst, und was
du willst, musst du lassen. Was Andere wünschen, wird Fortgang haben, was du gern wünschtest, wird nicht ·vorwärts
kommen. Was Andere sagen, wird angehört, was du sagst, für
nichts geachtet werden. Andere fordern und empfangen; du wirst
fordern und nicht empfangen. Andere werden gross sein im

Munde der Menschen, von dir aber wird geschwiegen werden.
Anderen wird diess oder das übertragen werden, du aber
wirst zu nichts nützlich geachtet werden". Noch schwerer sei
das Kreuz von innen, innere Versuchungen, Anfechtungen,
Kämpfe, der Kampf mit sich selbst — „den Willen brechen
ist ein Kreuz, und vielleicht gibt es kein grösseres". Niemand sei davon frei, nicht König, nicht Papst, kein Orden,
keine Stätte, kein Heiliger, der Herr selbst war es nicht.

Ueber diese Kreuzessignatur dieses Lebens sucht uns nun
Th. zu verständigen. Es seien stets gute göttliche Absichten
dabei: uns zu reinigen, gleich wie im Feuer, und zum Himmelreich zu bereiten; unsere Verdienste zu mehren; uns zu prüfen (denn nichts Grosses sei es, fromm zu sein, wenn's gut
gehe); uns in uns selbst zurückzurufen, zur Selbst- und Welt-
Kenntniss, zur Demuth, zum Verlangen nach göttlicher
Gnade. „Wenn ein Mensch von gutem Willen (s. S. 667)
bedrängt wird oder versucht oder von bösen Gedanken geplagt,
dann findet er, dass ihm Gott nothwendiger ist, ohne den er
nichts Gutes vermögen könne.... Woher soll deine Geduld
gekrönet werden, wenn nichts Widerwärtiges dir begegnet?...
Wäre es unserer Seele nicht nützlich und heilsam, Trübsal
zu leiden in der Welt, so würde Gott nicht zulassen, dass es
geschehe, der höchst gut und gerecht in allen seinen Wegen
ist". Th. spricht wohl auch davon, dass die geduldig ertragene
Trübsal eine „Genugthuung für unsere Sünden" sei.

Von der Betrachtung dieser Zwecke gehen dann auch seine
Räthe und Ermahnungen aus; denn es sei „eine grosse Kunst,
eine grosse Tugend, Gutes und Uebels wohl zu benutzen".
„Halte dich geduldig, ruft er, wenn du es nicht freudig kannst;
wenn du es ungern trägst, so machst du dir eine Last und
beschwerst dich selbst noch mehr und dennoch musst du aushalten. Wenn du ein Kreuz abwirfst, wirst du ohne Zweifel
ein anderes finden, und vielleicht ein schwereres. Mehr gefallen Gott Geduld und Demuth in Widerwärtigkeiten als viel
Trost und Andacht im Wohlergehen". Ein weiterer Rath ist:
von seinen Leiden aus auf die Leiden Anderer zu blicken.
„Gering ist was du leidest, im Vergleich mit jenen, die so
Vieles gelitten haben, so stark versucht, so schwer bedrängt,

so vielfältig geprüft und geübt wurden". Auch solle man nie
sich daran hängen, von w e m man leide, ob von einem guten
oder schlechten Menschen, sondern „Alles nimmt der Fromme
von der Hand Gottes dankbar an, und achtet es für sehr
grossen Gewinn, da nichts von Gott ist, wie gering es auch
sei, das, wenn anders es Gottes wegen gelitten wird, ohne
Verdienst hingehen kann". Endlich solle man mit jeden Leiden gleich zu Gott fliehen. „Was ist's, was am meisten den
himmlischen Trost verhindert? Dass du dich so spät zum Gebete wendest. Denn ehe du Mich ernstlich bittest, suchst du
indessen viele Tröstungen und erholest dich in äusserlichen
Dingen; und daher geschieht es, dass Alles dir wenig frommt,
bis du merkest, dass Ich es bin, der diejenigen errettet, die
auf mich hoffen; und ist ausser mir keine kräftige Hülfe,
kein nützlicher Rath, auch kein dauerhaftes Heilmittel". Besonders solle man auch auf den leidenden Christus hinblicken.
Es sei ein Sprüchwort: im Unglück sei es Trost, einen Gefährten zu haben. „Wer ist aber dieser so gute und milde Gefährte, der mit Armen und Elenden Mitleid zu haben weiss?
Unser Herr J. Christus, der für uns gekreuzigt ward....
Schonte Gott nun seines eigenen Sohnes nicht, wer bist du,
dass du es wagest, seinen Streichen zu widersprechen, du,
so ein Schuldiger in so vielen Sünden?... Gar sehr wird die
Last des Knechts erleichtert in Betrachtung der schwerern
Last seines unschuldigen Herrn.... Gross und ehrenvoll ist
es dem armen Diener, wenn er selbst mit demselben Tuch
seines Herrn bekleidet und mit dem Purpur des königlichen
Sohnes geschmückt wird, mit dem er verdient, zur Hochzeit
des ewigen Königs einzugehen. Das Tuch Jesu ist Demuth
des Herzens, Armuth im Nothdürftigen, Geduld in Trübsal,
Beharrlichkeit in Tugenden". Wie viel erträglicher, meint Th.
überhaupt, und wie viel lichtreicher sei das Leben seit Christus nun geworden, als unter dem alten Gesetz — gerade
auch mit Rücksicht auf Leiden und zukünftige Herrlichkeit.

    Es ist ein schönes Wort, wenn Th. sagt: so getragen
„würde das Kreuz den Menschen tragen und zum ersehnten
Ziele führen, wo nämlich des Leidens ein Ende sein wird,
wiewohl diess hienieden nicht sein wird". So getragen werde

jedes Kreuz schmackhaft und „wandle sich in lauter Segen und Trost"; man möchte nicht einmal ohne Kreuz sein und man sage Gott noch Dank dafür.

Ueber die innern „Bekorungen" und die Entbehrung inneren Trostes und des Gefühls der göttlichen Gegenwart stossen wir bei Thomas fast auf dieselben Gedanken, wie bei den Mystikern. Ueber die Versuchungen, die in jedem Menschen seien, freilich verschieden nach Massgabe seines Verhaltens zur Welt, zu sich selbst und zu Gott, beruhigt er insoweit, als die Regungen aus unserer Natur kommen; nur sollen wir ihnen mit unserem W i l l e n s o f o r t und zu Anfang widerstehen und steten Kampf unterhalten, so werden wir überwinden.

Was den innern Trost betrifft, so sei, sagt er, Trost fühlen allerdings süss; „sanft reitet, den die Gnade Gottes trägt". Man solle ihn mit Dank annehmen, dabei sich aber stets vorhalten, dass er „Gottes Gabe, nicht eigenes Verdienst" sei; und um der Gnade willen „um so demüthiger, behutsamer und ängstlicher in allen seinen Handlungen sein, dieweil diese Stunde vorübergehen und die Versuchung folgen wird". Aber das Höchste sei dieser Trost nicht; Gott müsse u m s e i n s e l b s t w i l l e n (s. o.) geliebt werden, in Lieb wie in Leid, wenn er Trost gebe, wie wenn er ihn entziehe. Etwas „Grosses, ja sehr Grosses ist es, sowohl menschlichen als göttlichen Trost entbehren zu können und zu Gottes Ehre gerne Verbannung im Herzen ertragen zu wollen und in nichts sich selbst zu suchen noch auf eigenes Verdienst zurückzusehen.... Die Jesum w e g e n J e s u und nicht wegen irgend eines eigenen Trostes lieben, die preisen ihn in Herzensangst und im höchsten Trost. Ja, wenn Gott ihnen auch niemals Trost gehen wollte, so würden sie ihn dennoch immer loben und immer Dank sagen wollen.... Die Verdienste sind nicht darnach zu schätzen, ob Einer mehrere Erscheinungen oder Tröstungen hat, oder ob er bewandert ist in der Schrift, oder auf eine höhere Stufe gestellt wird, sondern ob er in der wahren Demuth begründet und von göttlicher Liebe erfüllt ist, ob er bloss und rein immer die Ehre Gottes sucht, ob er sich selbst für nichts hält...." „Miethlinge" nennt Th. diejenigen, „die

immerfort Tröstungen suchen"; es sei „ein Zeichen einer geheimen Hoffarth", wenn man verlange, „grosse Andacht oder
Offenbarung zu haben". „Nicht alles Erhabene, sagt er, ist
heilig, noch alles Süsse gut, noch alles Verlangen rein, noch
alles Geliebte Gott angenehm". Dagegen nennt er es eine
„k e n s c h e" Liebe, „wenn die Seele nicht um ihrer selbst
willen, noch um eines zeitlichen Vortheils, noch um geistlichen
Trostes willen Gott liebt, sondern ihn rein um seinetwillen
und sich selbst um Gottes willen, ohne irgend Etwas von ihm
zu hoffen". In Wohlthaten Gott lieben und loben, d a s
können auch „die Sünder" thun, einer vollkommenen Seele
komme aber Mehreres zu. „Wenn daher Gott seine Andacht
dir entzieht, so wundere dich dessen nicht, denn Vielen wider-
fährt diess, damit sie diese Gnade nicht sich selbst zuschreiben". Um uns zur Demuth zu führen, damit wir erkennen, wie
nichts wir ohne ihn seien, dazu lasse uns Gott oft in diese
„innere Trockenheit" kommen; auch dass wir Geduld lernen
und „mit Andern" Geduld und Mitleid haben, und „dass wir
zur Zeit der Andacht und des Jubels nicht allzuviel auf uns
selbst uns verlassen". Sei also „nicht vermessen, wenn du
wohl dran bist und wirf dich nicht weg, wenn du in Aéngsten
bist, sondern wie es vor den Augen des Herrn wohlgefällig ist,
so sei zufrieden mit Allem, ... und fasse dich mehr auf Geduld als auf Tröstung". Auch daran erinnert er, dass der
Trost naeh der Entbehrung um so süsser schmecke. „Weisst
du nicht, dass mühsam erworbene Reichthümer um so gewissenhafter bchütet werden? Wem ist die Ruhe so erwünscht,
als dem Ermüdetcn? Wem ist die Liebe so lieblich, als dem,
in dem der Schmerz um den Geliebten vorangegangen ist?
Und ist ein Schatz, der wiedergefunden ward, nicht zweimal
theurer?" Diesen W e c h s e l — Th. nennt ihn mit den übri-
gcn Mystikern wohl auch ein „Spiel" der Liebe — hätten
übrigens auch alle Heiligen erfahren; „es ward Keiner so hoch
entzückt oder erleuchtet, der nicht früher oder hernach wäre
versucht worden". Man möge sich daher ganz in Gott lassen,
auch hierin. „Seine Weise ist zu gehen und zu kommen....
Ueber ein Kleines wird er gehen und über ein Kleines wird
er kommen.... Im Sommer sind die Tage heller, im Winter

dunkler, so ist es auch mit einer andächtigen Seele.... Die vorangehende Versuchung pflegt ein Vorzeichen des nachfolgenden Trostes zu sein, wie auf die Stunde des Trostes oft die Versuchung folgt".

. Ganz wie Tauler unterscheidet Thomas übrigens auch die Gegenwart Gottes und das Gefühl der Gegenwart Gottes. „Der Herr ist immer da, nur nicht immer auf dieselbe Weise. ... Zuweilen eröffnet er uns sein Gericht durch die Geissel der Trübsale, zuweilen offenbart er uns seine Barmherzigkeit durch die Abnahme der Widerwärtigkeiten, und die Zurückgabe des Friedens.... Und wenn er sich wieder entfernt, ist er auch dann zugegen und zwar auf sehr nützliche und fruchtbare Weise, ob es auch dem Duldenden hart und unlieblich ist.... Und siehst du mich auch nicht, so wirst du doch von mir gesehen, dem du dich selbst und all das Deinige anheimstellen sollst". Auch hier hat Th. wieder sein Gebet: „Willst du, dass ich in Finsterniss sei, so sei gebenedeiet, und willst du, dass ich im Lichte sei, so sei abermals gebenedeiet. Würdigest du mich des Trostes, so sei gebenedeiet, und willst du, dass ich angefochten sei, so sei gleichermassen immer gebenedeiet".

Das »Seligkeitsgefühl« (der Nachfolge).

„Wenn Freude in der Welt ist, sagt Th., so besitzt sie allerdings der Mensch, der reines Herzens ist; und ist irgendwo Angst und Trübsal, so kennt ein böses Gewissen diess am besten". Wie das Hingegebensein an die äusseren Dinge und an die eigenen Leidenschaften die Strafe selbst in sich trage in dem Unfrieden und in den Gewissensbissen, so sei wahrer Friede, „der Trost des h. Geistes", der stete Begleiter dessen, der die Welt verachte, Leidenschaften widerstehe, Alles in rechter Ordnung brauche, und Alles als von Gott annehme und auf Gott beziehe. „Wenn der Mensch dahin kommt, dass er bei keinem Geschöpfe seinen Trost sucht, dann erst fängt er an, vollkommenen Geschmack an Gott zu finden, dann auch wird er mit jedem Ausgang der Sache wohl zufrieden sein. Dann wird er weder über Grosses sich erfreuen, noch über Kleines sich betrüben, sondern er steht gänzlich und mit Vertrauen in Gott, der ihm Alles in Allem ist, und dem allerdings nichts zu Grunde geht noch stirbt, sondern Alles lebt ihm und dient unverzüglich auf seinen Wink". Dieser innere Friede sei darum auch ganz ein anderer als der aus irdischen Dingen geschöpfte. „Edler ist ein Tropfen göttlicher Süssigkeit als ein Brunnen voll irdischer Lüste". Er bestehe auch mit dem königlichen Weg des Kreuzes, ja gerade auf ihm. „Ich will, dass du nicht allein solchen Frieden suchest, dem es an Versuchungen mangelt, oder der das Widrige nicht empfindet, sondern dann gerade glaube du Frieden gefunden zu haben, wenn du durch mannigfache Trübsale geübt und in vielen Widerwärtigkeiten erprobt sein wirst". Doch sei diess Seligkeitsgefühl mehr nur ein Vorschmack. „Die Seele hat wohl den Trost dieses gegenwärtigen Lebens, doch keine volle Freude; sie empfing die Vorgabe des Bräutigams, doch nicht ihn selbst. Sie liest den Verlobungsbrief, doch noch ist ihre Stunde nicht gekommen.... Bald aber wird er selbst kommen und sprechen: Steh' auf und komm".

Eben daher sagt auch Thomas, „die Sicherheit der Heiligen" hienieden sei zu allen Zeiten „voll der Furcht Gottes" gewesen; in diesem Sinne ermahnt er auch die Seinigen. „Gute Hoffnung sollst du beibehalten, dass du zur Palme gelangen werdest; aber Sicherheit musst du nicht fassen, dass du nicht erlauest oder hochmüthig werdest". Die Sicherheit der Prädestination kennt Th. nicht, aber was praktisch in ihr liegt, das hat und übt er. Er erzählt einmal von einem Bruder, der vor dem Altar niedergestreckt ausgerufen habe: „o wenn ich wüsste, dass ich noch ausharren würde"! Da hätte er sofort die göttliche Antwort gehört. „Wenn du nun das wüsstest, was wolltest du thun? Thue nun, was du dann thun wolltest, und du wirst wohl sicher sein" (s. Th. und die Wissenschaft). Eben desswegen lasse es Gott auch nie an Versuchungen fehlen, womit die Menschen angefochten werden, dass sie sich nicht für allzu sicher halten und in Hoffart sich erheben. Th. kannte auch keine Rechtfertigung aus dem Glauben, welche die Sicherheit und Gewissheit der Seligkeit so rein aus dem Verdienste Christi schöpft, dass sie ganz von

sich und dem eigenen Thun absieht. E r sucht eine Durch-
dringung beider, wiewohl nicht ohne Schwankungen; daher
denn auch seine Gewissheit der Seligkeit, um in seiner eigenen
Sprache zu reden, stets eine „keusche" ist, mit Furcht und
Zittern, und nur das Unmittelbare, was Noth thut, vor Augen
behaltend.

Thomas und die Welt.

Th. war kein Mann der Welt. Wir wissen, wie er sich
von ihr zurückzog, wie er warnte vor dem Umgang mit Weltlichen, besonders Grossen, vor Einmischung in weltliche Händel, selbst wenn sie in schlichter Absicht geschähe. Er selbst
sagt von sich: „ich wollte, ich hätte öfters geschwiegen und
wäre nicht unter den Menschen gewesen". Die Mahnung und
Warnung geht freilich zunächst auf seine Klostergenossen,
dann aber auch jeden Frommen an. Liebe solle man „zu Allen" haben; „Vertraulichkeit mit Allen" sei „nicht gut".
Diese solle man nur mit Einfältigen, Andächtigen, Frommen
pflegen; nur — in Gott. Andere w a h r e Freundschaft kennt
er überhaupt keine. „Die Liebe Gottes macht einen treuen
Freund; ohne die Liebe Gottes kann keine Freundschaft bestehen.... Sei getreu und gut und du wirst einen getreuen
Freund finden". Den Segen s o l c h e r Freundschaft und Gemeinschaft in Gott erkennt er an. „Wie die kalte Kohle, ins
glühende Feuer gebracht, warm und glühend wird, so wird
der Laue, wenn er zu einem Eifrigen und Andächtigen sich
gesellt, oft selbst eifrig und glühend. S o sind die Apostel,
die Christo anhingen, heilige, mit dem h. Geiste erfüllte Männer geworden". Doch eigentliche P r i v a t - Freundschaften
kennt Th. auch kaum in seinen eigenen Kreisen. Man sollte
alles dessen entbehren können, meint er. Sein Herz ist nur
vertraut mit seinem Gott und Heiland. „Nur mit Gott allein
und seinen Engeln wünsche vertraulich zu sein, der Menschen
Kundschaft aber weiche aus". Wie sehr er strenge über sich
war, dass er ja Anderen kein. böses Beispiel, keine Veranlassung zu Aergerniss gebe, wissen wir. Eben diess macht ihn
aber auch milde gegen den Nebenmenschen; denn je strenger

gegen sich selbst — es ist ein altes Wort — je milder ist
man in seinem Verhältniss zu Anderen. „Von sich selbst nichts
halten und von Andern immer eine gute und hohe Meinung
haben, ist grosse Weisheit und Vollkommenheit". Wenn man
die Andern sündigen sehe, solle man nicht sich für besser halten; „du weisst nicht, wie lange du stehen wirst". Was an
Andern missfalle, das solle man an sich selbst am meisten
verhüten und überwinden; das sei die beste Art, zu richten,
so erfasse man „überall seinen Nutzen". Nur schon leichtsinnig
das Böse von Andern g l a u b e n, findet er nicht in der Ordnung. „Leider wird oft Böses leichter als Gutes von einem
Andern geglaubt und gesagt. So schwach sind wir! Doch
vollkommene Männer glauben nicht leicht jedem Erzählenden,
weil sie die menschliche Schwäche kennen, die zum Bösen
geneigt und in Worten gebrechlich ist". Zur Weisheit gehöre
aber auch, „das Gehörte oder Geglaubte nicht sogleich vor
A n d e r e r O h r e n zu ergiessen". Weit besser sei es, gänzlich zu schweigen. „Folge du Jesu nach und lass die Todten
ihre Todten begraben". Das R i c h t e n A n d e r e r sei eben
so verkehrt. „Zu dir selbst wende deine Augen und hüte dich
Anderer Thaten zu richten. In der Beurtheilung Anderer arbeitet der Mensch fruchtlos, irrt oft und sündigt leicht; richtet
und durchforscht er aber sich selbst, so arbeitet er immer
fruchtbar.... Habe zuerst Eifer über dich selbst und dann
magst du auch gerecht über deinen Nächsten eifern". Christliches Ertragen Anderer sei Pflicht. „Was der Mensch in sich
und Andern nicht zu bessern vermag, das soll er geduldig ertragen, bis Gott es anders ordnet. Bedenke, dass es vielleicht
so besser ist für deine Prüfung und Geduld, ohne welche unsere Verdienste nicht von grossem Gewichte sind.... Trage
Anderer Gebrechen, denn auch du hast Vieles, was von Andern muss ertragen werden. Wenn du dich selbst nicht so
machen kannst, wie du willst, wie wirst du einen Andern
nach deinem Wohlgefallen haben können! Wir haben Andere
gern vollkommen, und doch bessern wir unsere eigenen Fehler nicht.... Bedenke, dass Gott in vielen Dingen dich trug
und noch täglich trägt, und doch besserst du dich nicht, wie
du oft sagst und dir vornimmst; er aber trägt dich mild und

wirket, dass du Busse thust und deine Schwäche mehr erkennest und demüthig um Verzeihung bittest und Niemand ver-
achtest noch vermessen richtest. Trage also deinen Bruder in
Wenigem, wie dich Gott trägt in Vielem. Wenn Alle vollkommen wären, was hätten wir dann von Andern für Gott zu
leiden?... Wenn du willst ertragen werden, so ertrage auch
du einen Andern. Wie du gegen deinen Nächsten bist, so
wirst du hernach (nach rechtem Gericht) einen Andern gegen
dich finden.... Wer das Seinige gut und recht erwägen
möchte, der hätte nicht, wesshalb er einen Andern schwer
beurtheilte". Sei doch Niemand ohne Fehler, ohne Last;
Niemand genüge sich selber, sei weise genug; und eben darum habe es Gott „also geordnet, dass wir einander tragen,
trösten, helfen, belehren und ermahnen sollen". Wenn man
recht richten wolle und den Andern zu bessern sich bemühe,
so fange man bei sich selbst an. „Und dann geh zu Werke,
nicht heftig, sondern bescheiden und besonnen. Wenn du den
Nebenmenschen aufrichtig und brüderlich liebst, so habe Mitleiden mit ihm wie mit dir selbst, und bete für ihn. Wer einen Andern zurechtweist und für ihn nicht betet noch Mitleid
mit ihm hat, ist ein grausamer Feind; kein milder Arzt, sondern ein lästiger Schwätzer.... Jeder ist dem Andern
entweder eine lieblich duftende Rose oder ein
stechender Dorn."
      So milde ist Th.; darum aber auch wieder so stark gegen
die (oft so ungerechten) Urtheile der Menschen. Wie er
überall auf das Wesentliche sieht, das Richten der Menschen
meidet, so weiss er hinwiederum auch die Urtheile der Welt
auf ihren wahren Werth zurückzuführen. Er hat das schöne
Wort des Franziskus im Munde: „so viel ist der Mensch werth
und nicht mehr, als er vor Gott gilt" (s. Franziskus S. 479).
Wie er sich nicht auf den „gebrestlichen" Menschen stützt,
so können auch gegnerische Menschen ihn nicht erschrecken.
„Die heute mit dir sind, die können morgen wider dich sein,
und umgekehrt ändern sie sich wie der Wind (vrgl. Groot
S. 643).... Der Ruhm der Guten ist in ihrem Gewissen und
nicht in dem Munde der Menschen. Die Fröhlichkeit der Gerechten ist von Gott und in Gott und ihre Freude von der

Wahrheit. Wer nach dem wahren und ewigen Ruhm verlangt, den kümmert das Zeitliche nicht, und wer zeitlichen
Ruhm sucht oder ihn nicht von Herzen verschmäht, der ist
überwiesen, dass er den himmlischen minder liebt. Grosse
Herzensruhe hat, wen weder Lob noch Tadel kümmert. Du
bist nicht heiliger, wenn du gelobt, noch schlechter, wenn du
getadelt wirst. Was du bist, das bist du, und magst
auch nicht grösser genannt werden, als du nach Gottes Zeugniss bist. Nicht immer ist Gold, was vor den Menschen glänzt
wie Gold, auch nicht immer Spreu oder verworfenes Silber,
wer Gewalt leidet und Geisselstreiche aushalten muss....
Wenn du aufmerkest, was du bei dir innerlich bist, wird es
dich nicht kümmern, was die Menschen von dir sprechen.
Der Mensch sieht ins Angesicht, Gott aber ins Herz; der
Mensch betrachtet die Thaten, Gott aber erwägt die Absichten.... Wer nicht verlangt, den Menschen zu gefallen, noch
sich fürchtet, ihnen zu missfallen, der wird vielen Frieden geniessen.... Um was ist der Mensch desshalb besser, weil er
von den Menschen grösser geachtet wird? Der Betriegliche
betrügt den Betrieglichen, der Eitle den Eitlen, der Blinde
den Blinden, der Schwache den Schwachen, indess er ihn
erhebt, und wahrlich mehr beschämt er ihn, da er auf eitle
Weise ihn lobt.... Mein Sohn steh' fest und hoffe auf Gott.
Was sind Worte anders als Worte? Durch die Luft fliegen
sie, aber sie verletzen keinen Stein. Wenn du schuldig bist,
so denke, dass du gern dich bessern wollest, bist du dir nichts
bewusst, so denke, du wollest diess Gott zu Liebe gerne aus-
stehen. Es ist wenig genug, dass du zuweilen Worte ertra-
gest, der du es noch nicht vermagst, starke Streiche zu ertragen. Schau dich besser an und erkennen wirst du, dass die
Welt noch in dir lebt und die eitle Begierde, den Menschen
zu gefallen. Da du dich scheuest, erniedrigt und deiner Fehler wegen beschämt zu werden, ist es allerdings offenbar, dass
du weder wahrhaft demüthig noch der Welt erstorben bist,
und dass auch die Welt dir nicht gekreuziget ist. Doch höre
mein Wort und nicht kümmern werden dich zehntausend
Worte der Menschen. Wiewohl Paulus sich befliss, Allen im
Herrn zu gefallen, und Allen Alles ward, so achtete er es

dennoch auch als das Geringste, dass er von dem menschlichen
Tage gerichtet würde". Zugleich verweist Th. auf den Segen
eines solchen Verkannt- und Verachtetwerdens von der Welt;
denn dann, sagt er, „suchen wir besser den innern Zeugen
(Gott), wenn wir draussen von den Menschen gering geachtet
werden und man uns nicht wohl trauet". Nach seiner Art
fasst das Thomas wieder in ein Gebet: „Gib mir, Herr, das zu
wissen, was zu wissen, das zu lieben, was zu lieben ist, das
zu loben, was dir aufs Höchste gefällt, das zu achten, was dir
kostbar erscheint, und das zu schmähen, was deinen Augen
schändlich ist. Lass mich nicht nach dem äusserlichen Augen-
schein richten, und nach dem Hörensagen unerfahrner Menschen urtheilen".

Thomas und das Klosterleben.

Alles, was die Aszese an Pflichten, Tugenden, geistlichen
Uebungen (Kreuz) in sich schliesst: Gehorsam, Demuth, Geduld, Selbstverläugnung, Armuth, Keuschheit, Sinnenzucht,
Herzenshut, Kampf mit dem eigenen Fleisch, der Welt und
dem Teufel — alles diess findet Th. im Klosterleben konzentrirt wie in einem Fokus; aber auch Alles, was er vom S e g e n
der Aszese und Mystik gesprochen. Denn hier lebe der Mensch
stets unter einer bestimmten Ordnung, festen Regel, durch
welche „die schlechten Sitten in Schranken gehalten und gleichsam wie junge Füllen an den Stamm des h. Kreuzes um des
Namens Jesu willen gebunden werden". Besonders weist er —
und diess mit vieler Wahrheit — auf die Kraft und den Segen der religiös-aszetischen G e m e i n s a m k e i t (in den Klöstern) hin: wie schön es sei, wenn Brüder beisammen wohnen, „die in Einem Hause versammelt, durch das Gelübde
Einer Regel verbunden, unter Einem Obern wohl in Ordnung
gehalten zugleich aufstehen, zugleich zusammenkommen zu
den kanonischen Stunden, zugleich singen, lesen, zugleich
dem Gottesdienst obliegen". Die Zusammenwohnung „vieler
Frommen in Einem Hause" nennt er „ein grosses Gut", denn
„dort lebt der Mensch gesicherter, wo er von Vielen unter-
stützt, und wenn er bisweilen von Einem betrübt, von Vielen

getröstet wird. Wer guten Willens ist und Gott sucht, wird unter Gottsuchenden mehr zunehmen und fester stehen; dort wird der Mensch mehr in der Tugend geprüft und geübt; dort wird er oft wegen seiner Nachlässigkeit zurechtgewiesen; dort wird er durch Wort und Beispiel zu Besserem gezogen; dort wird er angetrieben, seine Unvollkommenheit zu bedecken und zu beweinen; dort wird er durch den Eifer der Einen gereizt, durch die Demuth der Andern belehrt, durch den Gehorsam von Diesem angeregt, durch die Geduld von Jenem erbaut; dort schämt er sich, schlechter zu sein; dort erröthet er, langsamer erfunden zu werden; dort findet er, die er fürchtet; dort hat er, die er liebt; und so zieht er aus Allen Gewinn. Dort wird ihm die Zurechtweisung der Andern zur Ermahnung für ihn, die fremde Gefahr zum eigenen Spiegel; dort ist der Eine die Wacht des Andern, und der Eine prüft den Andern in Geduld; dort trägt der Mensch und wird getragen;... dort wird der Schwache vom Stärkern gestützt; dort erfreut sich der Gesunde, Christo zu dienen, wenn er den Kranken besucht; dort ersetzt, wenn Einer fehlt, ein Anderer die Stelle desselben; dort sind die gesunden Glieder für die schwachen besorgt; dort arbeitet der Thätige für den Betenden, dort betet der Beter für den Arbeiter;... dort hat der Mensch Viele, die für ihn beten und in der letzten Stunde gegen den Teufel ihn beschützen; dort findet er so viele Helfer als er Gefährten zählt, die ihm in seinen Nöthen beistehen; dort entschläft er selig im Herrn; dort wird er durch die Fürbitte Vieler schneller aus dem Reinigungsfeuer erlöst; dort hinterlässt er nach dem Tode zu Erben die Diener Gottes, die seiner allerdings zuweilen eingedenk sind, deren frommer Eifer seine Freude im Himmel sein wird;... dort sehnen sich, die noch hienieden sind, zu ihren vollendeten Brüdern zu kommen, und die bereits mit Christo herrschen, beten für die noch Pilgernden, dass sie im Guten beharren; dort wird das einzelne Gut zum Gemeingut; dort wandelt sich das Zeitliche ins Ewige". „Bist du also, schliesst Th., gut, so bleibe und erbaue die Andern; bist du aber schwach und ein Sünder, so bleibe, dass du von den Andern erbauet werdest". Er nennt daher das Klosterleben bald „einen Hafen der Ständig-

keit und des Heils", bald ein „salziges Meer", das „keine todten
Leiber in sich behalten könne, sondern die in Fäulniss über-
gehenden alsbald ans Ufer werfe, die gesunden aber und die
lebendigen nähre"; die wahrhaften Klosterleute nennt er die
„wahren Israeliten, welche aus Aegypten und den Finsternis-
sen des weltlichen Lebens ausgewandert, um Christi willen
Eltern und Freunde verlassen" hätten. Er stellt sie auch den
Märtyrern an die Seite, sofern sie, auf leichterem Wege allerdings als diese, ihre Leiber, ihre sinnliche Natur, ihr
Ich, ganz Gott und um Gottes willen opfern. Er meint sogar,
das Mönchsleben sei ächt apostolisch, besonders auch in der
„Entsagung alles zeitlichen Eigenthums, in der brüderlichen
Liebe, in der Gleichförmigkeit in guten Sitten, in der strengen
Zurechtweisung für Uebertretungen, in der Herablassung zu
den Schwachen, in der gehörigen Ordnung in den einzelnen
Aemtern". Von den h. Aposteln und ihren Anhängern hätten,
sagt er, einst die heiligen Einsiedler zuerst die Form der vollkommenen Weltentsagung empfangen. Durch diese apostolischen Männer und Einsiedler sei Augustinus „zur Weltverachtung gekommen", und habe dann als Bischof ein Kloster
von Klerikern errichtet.

Er selbst fühlt sich ganz glücklich als Klostermann und
dankt Gott, dass er ihm „einen Ort ersehn, da nun ein Weniges zu ruhen", so lange er in diesem gebrechlichen Leibe
lebe, einen Ort, der, wenn auch „noch nicht die wahre
Ruhe", doch „in seiner Art eine liebliche Erquickung der
nach Gott seufzenden Seele" sei. Aehnlich beglückwünscht
er auch in einem Briefe einen ins Kloster tretenden Bruder,
dass er einen Ort gefunden habe, Gott zu dienen, dass ihn
Gott aus Barmherzigkeit der Eitelkeit der Welt entrissen und
in eine von ihr abgesonderte Gemeinde geführt habe. „Bedenke, wo nun diejenigen sind, die einst mit dir studirten,
mit welchen zu leben und zu spielen nach dem Fleische dir
süss war! Viele derselben sind bereits todt, viele blieben irrend
in der Welt. Du hörtest, dass Einige nach Rom reisten und
um Präbenden sich bemühen, Andere sich zu Paris aufhalten,
und nach dem Magistergrad streben, Andere im Besitz von
Würden und Prälaturen bereits vor allem Volke hoch erhöht

sind". Th. meint aber, sein Freund habe ein viel herrlicheres, wesentlicheres Loos erwählt. „Was bist du geworden"? ruft er ihm zu. „Danke Gott, dass du nichts der Art angestrebt hast und dass du um Christi willen diese weltlichen Ehrenstufen und Freuden wie Koth achtend auch das noch hinzugefügt hast: dich selbst zu verachten.... Fürwahr du hast heute Gott den Herrn zu deinem Vater gewählt, dem dienen — herrschen ist, für den sich demüthigen in dieser Welt dir Ursache der ewigen Erhöhung sein wird". — Nicht dass Th. die Welt ausschliessen will vom Heil, aber er sieht nicht die Möglichkeit in ihr, sich doch frei von ihr zu erhalten. Er ist so sehr Klostermann, dass es ihm identisch ist, von Gott abziehen und vom Klosterleben.

Uebrigens lässt er es auch nicht an Ermahnungen und Warnungen fehlen. Z. B. man solle nicht mehr zurückblicken (gleich Lot's Weib) auf die Welt, auf die Vergangenheit, bald dahin, bald dorthin ziehen, nicht den Ort, nicht den Orden ändern; jeder Orden sei gut, in keinem aber könne man ohne die rechten (aszetischen) Tugenden bestehen.

Von reichen Klöstern ist er kein Freund, doch lässt er sie sich gefallen. „Wünsche nicht, schreibt er einem Chorherrn, dass dein Kloster Ueberfluss habe an Reichthümern und hohen Gebäuden, wohl aber, dass alle Brüder an guten Sitten und heiligen Tugenden blühen. Und wenn du irgendwo Prächtiges und Kostbares siehest, so kannst du es entschuldigen und tragen als zur Ehre Gottes und aus Ehrfurcht vor dem Ort; aber du sollst nichts Aehnliches verlangen".

Thomas und die Wissenschaft.

Von Groot (S. 620, 643) und Florentius (S. 664) wissen wir, dass sie auf die Wissenschaft an sich nicht viel gegeben haben; sie hatten auch nicht den reinen Begriff derselben; es war der eitle, todte Scholastizismus oder das aggregatmässige empirische Wissen, gegen das sie Opposition machten. Ganz ähnlich finden wir es bei Thomas. In der Regel, wenn er von der Wissenschaft spricht, meint er die Manier der Gelehrsamkeit seiner Zeit, ein eitles scholastisches Definiren und

Disputiren über alles Mögliche, Unnöthige, oft über das Ent-
legenste, auch Höchste, ohne höheren Wahrheitstrieb, losgelöst vom Leben und ohne Rückwirkung auf dasselbe, ohne
Beziehung aufs Heil der eigenen Seele, eine Wissenschaft,
die eben desswegen werthlos vor Gott sei, das Gemüth eher
zerstreue als fördere, von dem Einen, das Noth thue, abziehe,
es zur Eitelkeit und zu wissenschaftlichem Hochmuth verführe,
gegen den Th. eben so sehr eifert, als gegen den Heiligkcits-
Hochmuth, und dem er die Schlichtheit des einfältigen, aber
rechtschaffen lebenden Bauern weit vorzieht. Wir wollen hiefür eine Reihe von Stellen anführen. „Lies nie ein Wort dazu,
dass du gelehrter oder weiser s c h e i n e n könntest.... Was
nützt es dir, erhaben von der Dreieinigkeit zu d i s p u t i r e n,
wenn du der Demuth ermangelst, wodurch du der Dreieinigkeit missfällst? Wahrlich, erhabene Worte machen nicht heilig und gerecht, sondern ein tugendhaftes Leben macht Gott
angenehm. Ich wünsche mehr die Zerknirschung des Herzens
zu empfinden, als ihre D e f i n i t i o n zu wissen. Wenn du
die ganze Bibel a u s w e n d i g wüsstest, und die Sprüche aller
Philosophen, was nützte das Ganze ohne die Liebe Gottes
und die Gnade?... Wissenschaft ohne Gottesfurcht, was trägt
sie ein? Besser fürwahr ist ein demüthiger Bauer als ein
stolzer Philosoph, der mit Vernachlässigung seiner selbst den
Lauf des Himmels betrachtet.... Lass ah von übertriebener
Wissbegier, denn grosse Zerstreuung und Täuschung wird
darin gefunden. Vielwisser wollen gerne gesehen und weise
genannt werden. Es gibt viele Dinge, die zu wissen der
Seele wenig oder gar nichts nützen. Viele Worte ersättigen
die Seele nicht.... Je mehr und Besseres du weisst, um so
strenger wirst du davon gerichtet werden, wenn du nicht
heiliger lebst. Erhebe dich nicht ob irgend einer Kunst oder
Wissenschaft, sondern fürchte vielmehr wegen der dir verliehenen Kenntniss. Wenn dich bedünkt, dass du Vieles wissest, und gar wohl verstehest, so wisse doch, dass es noch
viel Mehreres gibt, das du nicht weisst.... Willst du etwas
mit Nutzen wissen, so wolle, dass man von dir nichts wisse
(s. S. 703) und du für nichts geachtet werdest.... Was hilft
grosse Klügelei über verborgene und dunkle Punkte, wegen

deren wir beim Gerichte auch nicht zur Rechenschaft werden gezogen werden, dass wir sie nicht gewusst haben?... Was
kümmern uns Gattungen und Geschlechter? (Streit der Nomi-
nalisten und Realisten) ... Und wenn ich Alles wüsste, was in
der Welt ist, was würde es mir helfen vor Gott, der mich
richten wird nach der That? ... O wenn sie doch so grossen
Fleiss anwendeten, ihre Fehler auszurotten und Tugenden
sich einzupflanzen, wie sie es sind, um (gelehrte) Fragen auf-
zuwerfen, es gäbe nicht so viele Aergernisse im Volke!...
O wie schnell geht die Herrlichkeit der Welt vorüber! Wollte
Gott, ihr Leben hätte mit ihrer Wissenschaft übereingestimmt!
Dann hätten sie gut studiret und gelesen. ... Wie viele gehen
durch eitle Gelehrsamkeit in der Welt zu Grunde, die sich
wenig um den Dienst Gottes kümmern"!

Ueber alles diess wissenschaftlich-unnütze oder selbstische
Treiben lässt Th. dasselbe Wort hingehen, wie über Reichthum, Ehre, langes Leben u. s. w. und das Streben darnach:
„Vanitas"! Allerdings zeigt sich aber in diesen Aeusserungen
nächst dem allem Wissenschafts-M i s s b r a u c h abgeneigten
Sinne denn doch der ⸗Alles überhaupt aufs unmittelbare
Seelenheil beziehende praktisch-ernste Thomas. Alle Fragen,
die etwas weiter darüber hinausgehen, lässt er bei Seite; man
solle sie nicht ergrübeln wollen; sie helfen nicht; es seien
diess Punkte, die Gott sich vorbehalten. Er nennt einige solcher Fragen: die Frage von der Erwählung (Matth. 20 u. 22).
„Diess zu ergründen steht dir nicht zu, diese Scheidung ist
Gottes Sache allein; wende die Augen auf dich, und wie viel
dir von Gott gegeben ist, fasse ins Auge und verharre nach
deiner Berufung und Erleuchtung in steten Danksagungen,
so viel dir möglich" (s. o. S. 773). Aehnlich spricht er sich
über die Frage aus, warum der Eine es so gut habe, ein Anderer so viel leiden müsse. „Meine Gerichte, lässt er den
Herrn sprechen, sind zu fürchten, nicht zu erörtern, weil sie
dem menschlichen Verstand unbegreiflich sind". Eine ähnliche
unnütze Frage war ihm diejenige „über die Verdienste der
Heiligen; welcher heiliger als der andere oder wer grösser im
Himmelreiche sei"? Die elenden (Mönchs-) Parteiungen auf Erden sollten, wie man aus jener Zeit weiss, auch noch bis in den

Himmel getragen werden. „I c h aber bins, lässt Th. wiederum
Gott sprechen, der ich alle Heiligen erschaffen habe; i c h habe
ihnen die Gnade geschenkt, ich die Glorie gegeben; ich bin
ihnen zuvorgekommen in den Segnungen meiner Süssigkeit;
ich habe sie vor der Zeit vorauserkannt, sie aus der Welt aus-
erwählt, durch meine Gnade berufen, durch meine Barmherzigkeit angezogen, durch verschiedene Versuchungen hin-
durchgeführt, ihnen die Beharrlichkeit gegeben, ihre Geduld
gekrönt.... I c h bin (dàrum) zu loben in allen meinen Heiligen.... Wer also einen meiner Geringsten verachtet, ehrt
auch keinen Grossen, denn das Kleine und das Grosse ist
mein Werk. Und wer einem der Heiligen die Ehre schmälert,
schmälert sie auch mir und allen Uebrigen im Reiche der
Himmel. Alle sind Eins durch das Band der Liebe, dasselbe
fühlen, dasselbe wollen sie, und alle lieben sich gegenseitig.
Dazu aber, was weit höher ist, lieben sie mehr mich, als sich
und ihre Verdienste. Denn über sich entzückt und über alle
Eigen-Liebe gezogen gehen sie ganz in die Liebe zu mir ein,
worin sie auch gemeinsam ruhen. Schweigen sollen daher über
den Stand der Heiligen fleischliche und sinnliche Menschen,
die nur von eigenen, besondern Freuden wissen. Sie nehmen
und thun hinzu je nach ihrer Neigung, nicht wie es der ewigen Wahrheit gefällt“.

Solche Fragen ungefähr waren es, die Th. unter den
„höheren“, welche zu seiner Zeit viel ventilirt wurden, versteht, und vor welchen er so sehr abräth, nicht bloss, weil
sie in der Regel so falsch gelöst würden, weil sie, die meisten,
auch über menschliche Fassungskraft gingen, sondern auch
weil, selbst wenn richtig gelöst, sie doch nichts nützten ohne
das Leben. „Gesetzt, es wüsste Einer, wer heiliger wäre als
der Andere, oder für grösser im Reiche Gottes gehalten
würde, was würde diese Kenntniss ihm nützen, wenn er
nicht kraft dieses Gedankens sich vor Gott demüthigte und zu
lebendiger Gottesliebe sich erhöbe“?

In seinem praktischen Sinne kennt Th. zunächst nur e i n e
Weisheit und Wissenschaft: die Kenntniss des Willens Gottes und das Leben darnach. Er hält es mit der Wissenschaft
wie mit den Lebensbedürfnissen. Wie er abräth, „Etwas

über das Nothwendige hinaus zu verlangen, so solle man auch nichts wissen wollen „über das Erlaubte hinaus". Frage man aber, was der Wille Gottes sei, so antworte Paulus deutlich: „das ist der Wille Gottes, eure Heiligung" (1 Thess. 4). „Was ist aber diese Heiligung anders, als dass man vom Bösen sich enthalte und täglich im Guten sich übe". Um diese Weisheit und das Ueben dieser Weisheit solle sich der Mensch bemühen. Th. drückt sich hierin, wie verschieden auch im Einzelnen, doch in der Hauptsache immer gleich aus. Christus, das Kreuz Christi, die Nachfolge Christi, die Verachtung der Welt, seiner selbst, die Selbstkenntniss, die praktische Reinigung des Herzens, die Liebe Gottes, das Verlangen nach dem himmlischen Reiche, kurz alles, was er unter seiner Aszese und Mystik versteht, das, sagt er, sei die wahre Weisheit, das solle unser Studium sein. „Zachäus, ruft er die weltlich Wissenschaftlichen an, steige herab von der weltlichen Wissenschaft. Komm' und lerne in der Schule Gottes den Weg der Demuth, der Sanftmuth, der Geduld, durch die du vermagst unter Christus, dem Lehrer, zur Glorie der ewigen Seligkeit sicher zu gelangen". Er meint aber, wie gesagt, nicht bloss das Wissen des Praktischen, sondern das Uehen desselben im Leben sei die wahre Weisheit. Sagt er doch selbst einmal: „Es ist eine grosse Gabe Gottes, die Wissenschaft der Schriften (heiliger Schriften?) haben, aber noch vorzuziehen scheint, die Ordenszucht (dem Th. identisch mit vollkommener Aszese) zu halten. „Wer gut lebt, der lehrt gut.... Gut ist die Lesung von Gott, besser das Gebet zu Gott, am besten das Wirken um Gottes willen". Auch der Jugend hält er das in seinem „Lehrbuche" vor. „Es ist ein grosser Fehler in den Schulen, ein schlechtes Latein zu sprechen, aber ein grösserer Fehler ists, Gott zugleich vor den Engeln durch Sünden zu beleidigen und sich darüber nicht zu betrüben".

Es finden sich indessen bei Th. doch auch Aeusserungen, die über das Wegwerfen der falschen Wissenschaft, auch über den unmittelbar praktischen Standpunkt hinausgehen. Da anerkennt er den wissenschaftlichen Trieb: „Jeder Mensch wünscht von Natur zu wissen"; auch eine Berech-

tigung der Wissenschaft: „nicht tadelhaft ist die Wissenschaft oder irgend eine einfache Kenntniss eines Dings, die,
an sich betrachtet, gut ist und von Gott geordnet“, — wiewohl er das Leben doch immerhin vorzieht. Er anerkennt
selbst eine Wissenschaft, und was er darüber sagt, erinnert an den platonisch-augustinischen Begriff von der Wahrheit, an die „Morgen-Erkenntniss“ Suso's (S. 398) und Tauler's. Gegenüber der scholastisch-dialektischen Spalterei ist
sein wissenschaftliches Ideal eine in einer obersten Einheit
wurzelnde und sich bewegende Weltanschauung. „Zu wem
das einige Wort spricht, der wird vieler Meinungen los; aus
einem Wort sind alle Dinge, und alle Dinge sprechen diess
Eine und diess ist der Anfang (das Prinzipium), das auch zu
uns spricht. Ohne ihn versteht oder urtheilt Niemand recht.
Dem alle Dinge Eins sind, und den alle zu dem
Einen hinziehen, und der alle in dem Einen
sieht, der vermag es, ständigen Herzens zu sein.
O Wahrheit, Gott, mach mich Eins mit dir in beständiger
Liebe. Es verdriesst mich oft, so Vielerlei zu lesen
und zu hören; in dir ist alles, was ich will und verlange.
Schweigen sollen alle Doktoren, schweigen alle Kreaturen
vor deinem Angesichte; du allein sprich zu mir“. Je mehr
man sich (sibi) geeint und innerlich vereinfacht sei, „desto
Mehreres und Höheres begreift man ohne Mühe, weil man
das Licht der Erkenntniss von oben her empfängt“. Diesen
Ruf lesen wir öfters in seinen Schriften. „Es schweige vor dir
alle Kreatur, mein Gott! Du allein sprich zu mir und erleuchte
mich“! Das nennt er auch „von Gott gelehrt sein“. Da erkenne man die Dinge in Gott, wie sie seien. „Wer aber
alle Dinge schmeckt, wie sie sind, nicht wie sie heissen
oder geschätzt werden, der ist wahrhaft weise und mehr von
Gott gelehrt, als von den Menschen“.

Das ist der höchste Begriff, zu dem er sich in einzelnen
Aeusserungen erhebt. Von Durchführung ist freilich keine
Rede. Es ist Alles Intuition, Inspiration. „Ich bin's, lässt Th.
Gott sprechen, der ich den demüthigen Geist in einem Au-
genblick erhebe, dass er mehr Gründe der ewigen Weis-
heit erfasst, als wenn Einer zehn Jahre in den Schulen ge-

lernt hätte". Und auch hier wiederholt er doch, dass alles Erkennen nicht möglich sei ohne entsprechendes Leben, das ihm
vorausgehen, es begleiten und ihm nachfolgen müsse. Erst
dem Leben folge das Erkennen.

Von B ü c h e r n und Bücherabschreiben ist Th. ein grosser
Freund; er findet es höchst nothwendig, „weil des Menschen
Herz bestandlos und sein Gedächtniss gar unstät und schwach
ist; darum muss man der schwachen Seele gegen Vergessenheit und häufigen Irrthum ein nützliches Heilmittel reichen,
nämlich: dass die Worte Gottes in ein Buch geschrieben werden, auf dass die heiligen, mündlich vorgetragenen Samenkörner nicht verloren gehen.... Denn schnell verhallt die
ungehörte Stimme, der geschriebene Buchstabe aber bleibt
lange zum Lesen oder Predigen". Unter diesen Büchern versteht er natürlich „heilige" Bücher. Er nennt sie „die Waffen der Geistlichen, die Reichthümer und Schätze der Doktoren, die Posaunen der Priester, den Trost der Religiosen,
die Testamente der Heiligen, die Lichter der Gläubigen, die
Samenkörner von Tugenden, die Organe des h. Geistes". Es
erinnert an Zerbold (S. 653). Aber „wie unter den Wissenschaften nichts erhabener ist, als die Weisheit, so ist unter
den frommen Büchern nichts heilsamer, als das Leben Jesu
Christi (N. Testament)". Die Klöster sollten reich sein an solchen guten Büchern wie an erleuchteten Männern. „Gleichwie eine edle Stadt durch Mauern, Pforten und Schlösser
gefestiget wird, so wird auch ein Mönchskloster durch viele
fromme Brüder, heilige. Bücher und gelehrte Männer wie
durch Kleinodien und kostbare Edelsteine geschmückt zum
Lohe Gottes und zur Ehre aller seiner Heiligen". Aber auch
die Geistlichen will er gebildet wissen. „Wehe dem Kleriker,
der ungelehrt und ohne h. Bücher ist; er ist sich und Andern
oft eine Ursache des Irrthums. Denn ein Kleriker ohne heilige
Bücher ist wie ein Soldat ohne Waffen, ein Pferd ohne Zaum,
ein Schiff ohne Ruder, ein Schreiber ohne Federn, ein Vogel
ohne Flügel,... ein Wanderer ohne Stab, ein Blinder ohne
Führer". Ebenso ist „ein Kloster ohne h. Bücher wie eine
Küche ohne Töpfe, ein Tisch ohne Speisen, ein Brunnen
ohne Wasser, ein Bach ohne Fische, ein Garten ohne Blumen,

ein Beutel ohne Geld. . . ." Nur dass die Bücher todt seien
ohne das lebendige Buch, ohne den h. Geist, das wiederholt
er stets. „Du bist mein Lehrer, du mein Buch, denn ohne
dich bin ich ungelehrt und unnütz zu Allem".

Thomas und die h. Schrift.

Die h. Schrift ist des Thomas Lieblingslektüre gewesen.
In einer seiner ersten Schriften — dem Alleingespräch —
lesen wir das Gebet: „Heiliger Vater, gib mir, deinem geringen Knecht, Zeit und Stunde, um in den wahren Weiden
der Schriften zu verweilen, welche meine liebsten Wonnen
sind und bleiben werden, bis der Tag der Ewigkeit anbricht
und der Schatten der Sterblichkeit sich neigt". Und bis an
seinen Tod ist sie ihm sein Liebstes geblieben. In allen seinen
Büchern zeigt sich durchweg eine ausserordentliche Vertrautheit mit ihr; er zitirt ihre Aussprüche überall und für Alles.
„Nichts, sagt er den Novizen in seinem „Lehrbüchlein", ist
der h. Schrift vorzuziehen, nichts über Christo zu setzen, nichts
ihm gleichzustellen". Die Lehre Christi „übertrifft alle Lehren der Heiligen, und wer den Geist hätte, würde daselbst
verborgenes Manna finden"; hier „findet man alles Nützliche
und Nothwendige im Ueberfluss, und hat nicht nöthig, etwas
Besseres zu suchen". Besonders „die Zeugnisse des neuen Bundes" erkennt er „unbedenklich als Zeugnisse Gottes", als
„offene", „klare", im Gegensatz zu den „Sinnbildern und
Räthseln" des alten.
    Im Worte der Schrift, diess ist das Verhältniss, das
er zwischen ihr und Christus, dem lebendigen Worte,
feststellt, findet er (wie im Sakrament) den wahrhaftigen,
den gegenwärtigen Christus (anders sei er in diesem Leben für uns nicht möglich, nicht vorhanden), der durch sie zu
uns spreche. „Wenn nicht offenbarlich, doch unsichtbar und
geheim wird dich Christus in den Schriften trösten. . . . So oft
sendet er dir Brod vom Himmel, um deinen Geist zu erquicken, so oft du das Wort Gottes hörst und liesest und die
Menschwerdung und die Passion Christi andächtig betrach-
test". Th. vergleicht diess treffend mit der ernsten Lektüre

anderer Bücher. „Ist es dir nicht oft, wenn du den Augustinus
oder Gregorius liesest, als sähest du sie gleichsam vor dir?
Oder umfasstest du ihre Worte mit geringerer Liebe, weil
sie nicht mehr im Fleische sind, als wenn sie noch lebten und
ihre Schriften an dich gerichtet hätten"? So sei es nun auch
mit der h. Schrift. „Wenn man das Evangelium oder die
Propheten liest, scheint es da nicht, als wenn man gewissermassen ein Gespräch mit Jesu und seinen Aposteln oder den
alten Propheten halte"? Vielleicht (sage man) könnte aber
auch ihre leibliche Gegenwart Einem „mehr gehen"; doch
„der geistige Mensch, dem in Gott Alle leben und gegenwärtig sind, und der auch in heiligen Menschen nicht sowohl die leibliche Gegenwart als die göttliche Gnade in ihnen betrachtet, und sie überall geistig
liebt und verehrt", sei über diesen „Wunsch hinaus"; Christus selbst habe ja, wie er selbst es gesagt, und wie die Väter erinnern, seine leibliche Gegenwart uns darum entzogen,
„damit er mehr im Glauben als mit dem Auge, inniger im
Geist und Gemüth als durch Ansehen verehrt würde". Wo
daher immer „das Wort Gottes gelesen wird, da wirkt der
h. Geist geheim, der die Bösen ob ihrer Sünde rügt und
die Guten durch Hoffnung und Trost der Schriften stärkt". —
Th. kennt aber freilich auch, gleich den andern Mystikern
(doch finden sich die betreffenden Hauptäusserungen nur
in dem kleinen Schriftchen, „über die Erhebung der Seele
zu Gott", die überhaupt unter seinen andern Werken eine
besondere Stellung einnimmt), eine noch unmittelbarere Offenbarung des Wortes — „durch sich selbst" (s. o. S. 754).
Vielfach, sagt er, spreche das Wort zur Seele, „durch Schriften, durch Engel, durch Predigten und durch geheime Offenbarungen"; aber „viel lieblicher und erhabener, wenn die
Wahrheit frei durch sich selbst sich in den Geist einsenke".
Dasselbe ewige Wort, „aus dessen Erleuchtung alle heiligen
Worte kommen, alles Wahre und Gute und Heilige", das
„durch äussere Stimmen und Wortzeichen uns einen Weg
bereitet habe, ihn zu suchen und zu finden, auf dass wir, die
wir ihn schleierlos nicht fassen können, durch die Worte der
h. Schrift nach Weise des Geschöpfes allmählig erreichten",

diess Wort, „das die Engel ohne Mittel speise", mache die
Gläubigen zuweilen „durch innerliche Erleuchtungen zu sich
fliegen" und gebe ihnen „zu fühlen, was allen Verstand und
alles Maass übertrifft". Wir erinnern hiebei an die Aeusserung
des Thomas (S. 723) über die Offenbarung, die ein Bruder
gehabt hätte über das stellvertretende Opfer der Leiden
Christi. — Doch, wie gesagt, das sind vereinzelte Aussprüche.
Die h. Schrift ist und bleibt ihm „die Leuchte seiner Füsse";
und er lässt es nicht an Winken fehlen, wie man zu ihrem
Verständnisse gelangen könne. Zunächst verlangt er
fleissiges, unausgesetztes Forschen. „Es sei unser höchstes Studium, im Leben Jesu Christi zu betrachten". Man
solle „jedes einzelne Wort Christi aufmerksam erwägen". Dass
„so Viele im Unklaren, in Zweifeln stehen", davon, sagt
er, sei eben „die Blindheit ihrer Herzen und die Vernachlässigung des Studiums der h. Schrift schuld". Je fleissiger
man die evangelischen Worte lese, desto mehr schmecken sie,
desto mehr wachse man in Tugenden und desto fester stehe
das Haus der Seele. Man solle aber in der Schrift lesen nicht
um irgend eines fremdartigen Zweckes willen, sondern
rein zur Erbauung und Erleuchtung der Seele.
„Wahrheit ist in den h. Schriften zu suchen, nicht Beredsamkeit. ... Nutzen sollen wir viel mehr darin suchen, als Erhabenheit der Rede. Ebenso gern sollen wir die frommen und einfachen Bücher lesen, als die erhabenen und tiefsinnigen".
Dabei solle man zunächst der h. Schrift einfach glauben,
das sei das Sicherste. „Kannst du noch nicht Höheres fassen,
so lerne dann Kleines mit den Kleinen. ... Was dein Verständniss übersteigt, wolle nicht vermessen ergründen, sondern alles diess überlasse dem h. Geist, und glaube fest, dass
es wahr sei, weil der h. Geist der Lehrer aller Wahrheit ist
und kein Zeuge der Falschheit sein kann. ... Oftmalige Blitze
blenden das Auge, das Licht in der Laterne bewahrt die
Sehkraft. Tiefe Flüsse ertränken die, so unvorsichtig darin
schwimmen; die aber über die Brücke gehen, entgehen sicherer
den Gefahren des Wassers. Oft geht das Lamm frei und sicher
auf ebenem Wege, wo der Ochs fällt und geraubt und gebunden wird. Also findet, wer einfach glaubt und demüthig

gehorcht, Gnade; der aber auf sich selbst vertraut, verliert
was er hat. ... Unser Fürwitz hindert uns oft im Lesen der
Schriften, da wir verstehen und erörtern wollen, wo man
einfach vorübergehen sollte. ... Was du nicht verstehest, wenn du es liesest, wirst du am Tage der Heimsuchung erkennen". Auch Unterredungen mit andern Brüdern, um bei ihnen Belehrungen über dunkle Punkte zu holen, empfiehlt Th.; nicht wenig fördere, sagt er, „angelegent-
liches und einmüthiges göttliches Gespräch zweier Brüder,
die mit einander harmoniren". Ebenso weist er auf die „Erklärungen" der Gelehrten, die man zu Hülfe nehmen solle.
Indessen genügt ihm diess immer noch nicht; um die Schrift
recht zu verstehen, sagt er, müsse man darnach leben.
„Wer die Worte Christi völlig verstehen und Geschmack
daran finden will, muss sein ganzes Leben ihm gleichförmig
zu machen sich bestreben". Noch ein letztes Requisit, das aller-
wichtigste, ist ihm dann — der Geist Gottes selbst, die
göttliche, erleuchtende Gnade. Denn, sagt er, jede h. Schrift
müsse „mit demselben Geiste gelesen werden, mit dem sie
geschrieben worden sei". Der Geist Gottes selbst, der Herr
müsse daher die Buchstaben lebendig machen, ihren Sinn eröffnen; „sie wirken bloss von Aussen, du (Herr!) unterrichtest
und erleuchtest die Herzen; sie begiessen äusserlich, du aber
spendest Fruchtbarkeit; sie rufen mit Worten, aber du gibst
dem Gehör Verständniss". — Auf diese Weise, meint Th.,
werde, was in der h. Schrift noch harte Schale dünke, bald
einen süssen Kern offenbaren; auf diese Weise, sagt er, sei
es auch ihm ergangen. „Wie eine Mutter ihr Kindlein, hat
er mich geliebct, mir süsse Nüsse aufbrechend und die Kerne
mir in den Mund legend, weil sie süss zu essen waren. Forsche
nach, was sie bedeuten und wo solche gefunden werden.
Oeffne Jesaias, betrachte das Evangelium, diess Licht der
Lichter, und sieh, ob sie nicht aus sich die süssesten Kerne
hervorbringen. Was du in ihnen dunkel und schwer verständlich findest, ist ein Kern in der Schale. Hörest du's aber erklären und verstehest du, was du zuvor nicht konntest, dann
wird die Schale erbrochen, und die Süssigkeit des Kernes
schmeckt im Herzen".

Thomas und die Kirche seiner Zeit in Kultus und Dogma.

In den zahlreichen Schriften unseres Th. findet sich keine Aeusserung über die hierarchischen Institutionen der Kirche seiner Zeit; nicht über Papstthum, Episkopat, Rechte der Kirche, Verhältniss von Staat und Kirche: so ganz hat er es nur mit dem unmittelbaren inneren und praktischen Leben zu thun. Wo er des Papstes erwähnt, ist es nur, um zu sagen, dass auch der Papst ein sterblicher Mensch und seine bleierne Bulle wie Alles „nichts“ sei, dem Gesetz der Vergänglichkeit unterworfen; auch apostolische Briefe, meint er (sollte diess gegen den Ablass gehen?), schützen nicht vor dem Gerichte Gottes. — Als ein getreuer Sohn seiner Kirche gehorchte Th. übrigens, wie wir aus seiner Chronik sahen, mit seinen Ordensbrüdern dem Befehle Papst Martins (s. S. 686). Doch gibt er kein Urtheil ab. — Welch’ einen hohen Begriff vom Priesterthum er hatte, ist uns bekannt.

Den Kultus seiner Kirche nahm er andächtig auf. Doch hat ihm das Innere die wesentliche Bedeutung, dem das Aeussere nur als Hülfsmittel dient. Die Gemälde der Heiligen nennt er „die Schriften der Laien, dass sie sehen, was sie thun und wornach sie streben sollen“. Die „Orgeln“, die „Psalmengesänge“ entzünden, sagt er, die trockenen Herzen. So sieht er es auch nicht ungern, wenn, besonders an hohen Festen, die Diener der Kirche in glänzenden Gewändern erscheinen, wenn die Altäre und die geheiligten Stätten mit Blumen und Zweigen ausgeschmückt werden; durch diese äusserlichen Zeichen, hofft er, würden die Herzen der Lauen um so eher zur Betrachtung der himmlischen Güter erweckt. Nur soll in „derlei Ceremonien, gottesdienstlichen Weisen und Zierden nichts aus Eitelkeit vorgehen zu menschlichem Lob oder zu eigenem Wohlgefallen“.

In diesem Geiste betrachtet Th. auch die kirchlichen Feste, „durch die das Haus Gottes auf erhabene Weise gestärkt wird“. Die Andacht zu entzünden, den Glauben zu erwecken, die Liebe zu vermehren „ordnete unsere h. Mutter, die Kirche, an, dass jedes Jahr die Feste Christi und seiner Heiligen gefeiert werden sollen; aber die rechten Feste sind ihm doch die Feste „der Seele": wenn die Seele festlich gestimmt ist, „von Gott heimgesucht wird, aller gegenwärtigen Dinge und ihrer selbst vergisst, und frei von allen körperlichen Bildern in den Abgrund des göttlichen Lichts übergeht und Ewiges schaut". Die äusseren und zeitlichen Feste sind ihm daher mehr nur „Vorbilder" und Vorbereitungen zu diesen inneren oder zu „den Festen und Freuden im Himmel". „Wie laut auch gesungen oder geläutet wird, wie sehr auch die Seele sich innerlich freuen mag", sie seien doch nur „unvollkommen hienieden". „Wegen jenes Tags der Ewigkeit (auf den keine Nacht mehr folge, wo man Gott von Angesicht zu Angesicht sehe) werden, sagt er, diese Tage (die h. Weihnachten u. s. w.) gefeiert. —

Auch die Reliquien betrachtet Th. als solche Zierden der Kirche und zugleich als Darstellungsmittel höherer Ideen und Hüllen dazu für das Volk. „Zu grossem Troste und zur Zierde des Hauses Gottes" habe die heilige Mutter Kirche „viele, aller Ehren werthe Leiber von Heiligen in guter Hut". „Denn wo ist eine Kirche oder Kapelle, und sei sie auch noch so arm und gering, die nicht zur Zierde ihres Bethauses aus Andacht zu den Seelen derer, die nun mit Christo in der Herrlichkeit herrschen, einige h. Reliquien hat oder sich zu verschaffen sucht? Denn die h. Gebeine der Heiligen demüthig verehren, heisst Christum ehren, sofern in ihnen der h. Geist wohnte, der die Welt besiegte". Bei dem Anblick dieser Reliquien würden die Gläubigen „oftmals zum Lobe Gottes und zu Thränen angeregt" und flehen sehnsüchtig um die tägliche Fürbitte dieser Heiligen. Auch „kräftigen diese Gebeine der Heiligen den Glauben der Völker, dass sie sich nicht fürchten zu sterben, sondern fest vertrauen, mit den Auserwählten aufzuerstehen". Doch ist Th. kein Freund von dem fürwitzigen Wallfahren zu solchen „Heilthümern", da man das Göttliche so nahe, so gegenwärtig, zumal im Sakramente, habe. „Viele laufen an verschiedene Orte, um die Reliquien der Heiligen zu besehen; sie erstaunen, wenn sie von deren Thaten predigen hören; sie beschauen

die weiten Tempelgebäude und küssen die in Seide und Gold gefassten h. Gebeine. Und siehe, du mein Gott, der H e i l i g e der H e i l i g e n, der Schöpfer Aller, der Herr der Engel, du bist hier gegenwärtig bei uns, auf dem Altare. Oft ist es nur Neugierde der Menschen, wenn man solches (Reliquien) sehen will, und geringe Frucht der Besserung wird zurückgebracht, zumal wenn so leichtfertig ohne wahre Zerknirschung das Hin- und Herlaufen ist. Hier aber im Sakrament des Altars bist du ganz gegenwärtig, mein Gott, Mensch, Christus Jesus, wo auch reichliche Frucht des ewigen Heils erlangt wird, so oft du würdig und andächtig empfangen wirst". —
Der P r e d i g t hat Th. im Gottesdienst eine wesentliche Stelle eingeräumt: er nennt sie mit dem Gebet und den Sakramenten einen der „Leuchter des Tempels". „Ganz besonders schmückt und ziert das Haus Gottes, wenn das Wort Gottes von Priestern, Hirten und Doktoren dem geistlichen Volke, den Königen und Fürsten, den Greisen und Jünglingen, den Kleinen und Grossen mit Ernst geprediget wird". Dass er selbst ein gewissenhafter Prediger gewesen, hat uns schon seine Lebensbeschreibung gezeigt. Als das Ziel, das sich alle Predigt zu setzen habe, nennt er einfach: dass die Menschen dadurch besser würden. Eine arme Frau, die gerne das Wort Gottes gehört, sei, erzählt er einmal, als sie aus der Kirche gekommen, gefragt worden, was sie denn Gutes sich aus dieser Predigt gemerkt hätte. Hierauf hätte sie kurz geantwortet: „Ich kann euch nicht Vieles sagen, doch das habe ich wohl gehört und behalten, dass ich von jetzt an nicht mehr sündigen will". Th. erklärt, das sei die rechte Frucht einer guten Predigt und die rechte Benutzung derselben. —
Ueber die S a k r a m e n t e finden wir bei Th. keine Definition; nicht einmal finden wir sie aufgezählt. Einmal lesen wir die Aeusserung, dass ein Christ im Glauben und in den Sakramenten den Herrn „gegenwärtig" habe, auch dass sie Hülfs- und Heilmittel seien, sagt er.
Ueber die B e i c h t e äussert er sich hie und da. Wir sollen, sobald das Gewissen uns beschuldige, sofort zum „Heilmittel der Beichte" eilen, „damit das Bekenntniss unserer

Gebrechlichkeit ersetzt, woran es der Vollkommenheit unserer Heiligkeit gebricht".

Weitläuftiger (besonders im 4. Buche der „Nachfolge") hören wir Th. über das Abendmahl. Abendmahl und Wort Gottes sind ihm „Speise und Licht". „Ohne diese beiden könnte ich nicht wohl leben; denn das Wort Gottes ist das Licht meiner Seele, und das Sakrament ist das Brod des Lebens".

Im Sakrament des Abendmahles ist ihm der Gottmensch gegenwärtig, „nimmt" man „den hochherrlichen Leib Christi", „seinen Leib mit seinen unaussprechlichen Kräften", „den Herrn selbst". Er nennt das Sakrament auch „eine Nahrung der Unsterblichkeit". Ueber das Wie hat er sich aber nirgends ausgesprochen. Er sagt nur, „unter der geringen Gestalt des Brodes und des Weines sei der Gottmensch ganz enthalten und werde, ohne verzehrt zu werden, von den Empfangenden genossen" (nach der Hymne des Thomas von Aquin); auch hätten allein „die in der Kirche auf rechte Weise ordinirten Priester die Macht, den Körper Christi zu zelebriren und zu konsekriren"; der Priester sei freilich (nur) „der Diener Gottes, der das Wort Gottes auf Geheiss und nach Einsetzung Gottes brauche", Gott aber sei der „ursprüngliche (prinzipalis) Urheber und unsichtbare Wirker, dem alles, was er wolle, unterthan sein und gehorchen müsse". Wie gesagt, es ist einfach Gottes Macht, die man demüthig glauben muss. „Gesprochen hast du und es ist alles geworden, und auch das ist geworden, was du selbst befohlen hast. . . . Wie wunderbar ist dein Wirken, Herr, wie mächtig deine Kraft! . . . Hüten muss man sich vor vorwitziger und unnützer Nachgrübelung über diess tiefste Sakrament, wenn man nicht will in die Tiefe des Zweifels sich versenken. Mehr vermag Gott zu wirken, als der Mensch zu begreifen vermag. Selig die Einfalt, welche die schwierigen Wege der Streitfragen verlässt. . . . Was immer du nicht begreifen magst, das stelle dem allmächtigen Gott sicher anheim. . . . Alle Vernunft und natürliche Untersuchung muss dem Glauben folgen, nicht ihm vorangehen, noch ihn brechen. . . . Wären die Worte Gottes von der Art, dass sie leicht von der menschlichen Vernunft

begriffen würden, so wären sie nicht wunderbar, noch unaussprechlich zu nennen". Das sagt er Allen, die in Zweifelung über diess Sakrament kommen; denn deren muss es
Viele gegeben haben. Erzählt er doch von einem Bruder zu
S. Agnes, einem Priester, der während des Messelesens
vom Zweifel an die Gegenwart des Herrn im Sakramente befallen worden sei. Doch das seien nur „Einflüsterungen des
bösen Geistes", auf die man nur nicht achten, mit denen man
nicht einmal streiten solle. „Glaube einfach, und fliehen wird
vor dir der böse Feind". Das ist sehr karakteristisch für Th.
Er hat aber noch einen andern Beweis für die Gegenwart des
Herrn (freilich ebenso gut für die geistige), der nicht lieblicher sein könnte: das selige Gefühl. „Die erkennen in
Wahrheit ihren Herrn im Brodbrechen, deren Herz so gewaltig in ihnen brennt, indess Jesus mit ihnen wandelt".

Die Gegenwart Gottes im Abendmahle wäre, sagt Th.,
grosse Gnade, wenn diess Sakrament nur schon „an Einem
Orte gefeiert, nur von Einem Priester in der Welt konsekrirt
würde"; die Gnade und Liebe Gottes erscheine nun aber um
so grösser, „je weiter die h. Kommunion auf dem Erdkreise
ausgebreitet sei". Dass aber der im Sakrament gegenwärtige
Christus „unter fremder Gestalt verborgen" sei, findet er mit
Rusbroek (S. 602) dem Zustande dieses Lebens ganz entsprechend. „Denn in eigener und göttlicher Klarheit dich zu
schauen, könnten meine Augen nicht ertragen; nicht einmal
die ganze Welt könnte im Glanze deiner Majestät bestehen.
Darin also sorgst du für meine Schwäche, dass du dich unter
dem Sakramente verbirgst. Ich habe wahrhaftig und bete an,
den die Engel im Himmel anbeten, doch inzwischen im Glauben, sie aber in der Anschauung und ohne Schleier. Ich muss
zufrieden sein im Lichte des wahren Glaubens und in demselben wandeln, bis der Tag der ewigen Klarheit anbricht und
die Schatten der Bilder sich neigen. Wenn aber gekommen
sein wird, was vollkommen ist, wird der Gebrauch der Sakramente aufhören, weil die Seligen in der himmlischen Glorie
der sakramentalischen Arzenei nicht bedürfen, denn sie erfreuen sich ohne Ende in der Gegenwart Gottes, von Angesicht zu Angesicht seine Glorie schauend und von Klarheit in

Klarheit der abgründlichen Gottheit umgewandelt kosten sie
das Wort Gottes, das Fleisch geworden, wie es war von
Anfang und in Ewigkeit bleibt."

Den Segen des in Glaube und Liebe genossenen Abendmahls beschreibt Th. mannigfach. Man werde „aller Verdienste Christi theilhaftig", wirke „das Werk seiner Erlösung", dem Geniessenden werde „geistige Gnade verliehen",
die „verlorene Tugend in der Seele wieder hergestellt", die
„durch die Sünde entstellte Schönheit" kehre wieder. Und
„so gross ist zuweilen diese Gnade, dass aus der Fülle der
verliehenen Andacht nicht nur der Geist, sondern auch der
schwächliche Leib sich reichere Kräfte verliehen fühlt". Er
nennt das Abendmahl desshalb „das Heil der Seele und des
Leibes", eine „Arzenei gegen alle geistige Krankheit"; er vergleicht es mehrmals mit einem „Feuer": „wer steht dabei
und empfängt nicht ein wenig Wärme davon? ... Was
Wunder, wenn ich aus dir ganz feurig würde und in mir selbst
ganz verginge?"

Der Herrlichkeit des Sakraments und dessen, was darin
gegeben wird, gemäss soll aber, sagt Th., die Vorbereitung durch Reue und Beichte und der Empfang selbst
sein. Mit ganzer Demuth — „denn der Herr gibt dort seinen
Segen, wo er leere Gefässe findet" — aber auch mit ganzem
Glauben solle man herzutreten. „Wer bin ich, Herr, dass
ich mich vermesse, zu dir hinzuzutreten? ... Du aber befiehlst,
dass ich zutraulich zu dir hinzutrete, wenn ich Theil an dir
haben will". „Thu', was an dir ist, lässt Th. Gott zu ihm
sprechen, thu' es nicht aus Gewohnheit, nicht aus Noth. ...
Ich werde ersetzen, was dir fehlt. ... Du kommst nicht, mich
zu heiligen, sondern ich komme, dich zu heiligen und zu
bessern". — Während der Feier selbst, „wenn du Messe
liesest oder hörest" (als Priester oder als Laie), soll es „dir
so neu und erfreulich vorkommen, als wenn an demselben
Tag Christus zuerst in den Leib der Jungfrau gestiegen und
Mensch geworden wäre, oder am Kreuze hängend für das
Heil der Menschen litte und stürbe". Besonders dringt Th. —
und es ist diess ächt mystisch — darauf, dass man sich und
mit sich die ganze Welt zugleich mit dem Opfer

Christi, das man opfere, Gott opfern solle als Gegenopfer.
„Es gibt keine würdigere Opfergabe und grössere Genugthuung, die Sünden zu tilgen, als sich selbst rein und ganz
mit dem Opfer des Leibes Christi in der Messe und in der
Kommunion Gott zu opfern. Gleichwie sich Christus selbst
für die Sünden der Menschen freiwillig Gott dem Vater aufgeopfert hat, so dass nichts in ihm übrig blieb, das nicht
ganz in das Opfer der göttlichen Versöhnung überging, also
sollst auch du (der Priester) dich selbst freiwillig zu einem reinen und heiligen Opfer täglich in der Messe, so innig du es
vermagst, Gott opfern". Siehe, lässt Th. Christum sprechen,
„ganz habe ich meinem Vater mich aufgeopfert für dich, ich
habe auch meinen ganzen Leib und das Blut zur Speise gegeben, auf dass, ich ganz dein wäre und du mein verbliebest;
wenn du aber auf dir selbst stehest, und dich nicht freiwillig
meinem Willen aufopferst, so ist das Opfer nicht voll,
noch wird auch die Union zwischen uns ganz sein". Wie Th.
in dem Messopfer sich und seine Freunde und Feinde Gott
opferte, lasen wir oben. Nach dem Sakrament verlangt er
„eine gute Hut" — zugleich „die beste Vorbereitung, neue,
grössere Gnade zu erlangen".

, Wie oft man zum „Quell der Gnade" wiederkehren
solle, darüber hat sich Th. nicht ausgesprochen. „Oftmals",
sagt er allgemein; besonders an „gewissen, festgesetzten Tagen"; dagegen warnt er, „Beichte und Kommunion zu ver-
schieben", wie einige Laue und Ausgelassene thun, „damit sie
nicht gehalten werden, sich grösserer Hut hinzugeben"; oder
auch, wie Andere, „aus allzu grosser Aengstlichkeit und Be-
sorgniss eigener Unwürdigkeit". „Du bedarfst meiner, nicht
ich bedarf deiner, spricht der Herr". Doch wer „aus recht-
mässigen Gründen" abgehalten sei, der habe „den guten Willen und die fromme Absicht zu kommuniziren" gehabt, und
so werde er „der Frucht des Sakraments nicht verloren
gehen".

Uebrigens kennt Th. (wie die Mystiker) auch ein geistiges Abendmahl. „So oft kommunizirt man mystisch und
wird unsichtbar erquickt, so oft man das Mysterium der
Fleischwerdung Christi und die Passion andächtig erwägt und

in seiner Liebe entzündet wird". Und das könne man „alle
Tage, alle Stunden". —

In der Verehrung der Maria und der Heiligen geht
Th. ganz mit der Kirche seiner Zeit. Es ist aber nicht bloss
ihre Fürbitte, wesswegen er sie verehrt wissen will; er dringt
auch auf Nachfolge ihrer Tugenden. Die Maria nennt er mit
Jesus „das erhabenste Vorbild zur Nachahmung". Dass man
sie aber auch um ihre Fürbitte anrufen solle, dazu bestimme
einerseits ihre mütterliche Milde; sie sei „die Mutter der Barmherzigkeit", die auch „die Kleinen und Sünder nicht verschmähe"; anderseits ihr mütterlicher Einfluss bei ihrem Sohne.
Unzählige Stellen finden sich dafür in den Werken des Th.
„Meine Brüder, sehet euch nach solchen Freunden und Fürspre-
chern um, die für eure Vergebungen und Schulden ein gutes,
Gott angenehmes Wort sprechen, und euch nach den Kämpfen
dieses Lebens in ihre ewigen Hütten aufnehmen". Eine solche
sei Maria. „Es zweifle Keiner, dass diese milde und erbar-
mungsvolle Mutter, die Trösterin der Armen, die Helferin
der Waisen, gerne für ihren treuen Diener ein gutes und
liebliches Wort sprechen, und das Angesicht ihres geliebten
Sohnes durch ihre heilige Fürsprache versöhnen werde....
Der Hülfsbedürftigen sich nicht zu erbarmen, das ist jener
edlen Natur fremd, die dem ganzen Erdkreis die Barmherzigkeit gebar.... Wie Viele wären ewig verdammt oder in Verzweiflung geblieben, wenn nicht die gütigste Jungfrau Maria
für sie beim Sohne Fürsprache gethan hätte!... Sie steht Gott
am nächsten, sie ist die Vielgeliebte ihres gesegneten Jesu,
den sie gebar, des Sohnes Gottes.... Sie wird aufs schnellste
in jeder ihr anvertrauten Sache um ihrer ganz besondern Ehr-
würde erhört werden; denn ihr gütiger Sohn Jesus, der Urheber des Heiles des menschlichen Geschlechts, ehrt sie dadurch, dass er ihr nichts versagt.... Durch sie haben wir Zutritt zum Sohne, durch den Sohn zum Vater". — So mahnt
Th., so eifrig er kann, zum Marien-Kultus; auch zum Gebete
„Ave Maria" oder „Jesus Maria".

Wie mit der Maria hält er's auch mit den „Heiligen".
Man solle sich mit ihnen vertraut machen, sagt er. „Wie Jeder ist, solche Gefährten liebt er auch: der Fromme sucht ei-

nen Frommen, der Schamhafte einen Schamhaften, der Heilige einen Heiligen, der Umherschweifende einen Umherschweifenden, der Ausgelassene einen Ausgelassenen. Wenn du also wünschest, mit den Heiligen im Himmel zu herrschen, so fasse das Leben der Heiligen ins Auge, lies ihre Lehre (folge ihnen), auf dass du mit den Heiligen heilig, von den Heiligen unterrichtet, durch die Heiligen unterstützet, von den Heiligen erhört und mit den Heiligen gekrönet wirst". Das Gebet zu ihnen um ihre Fürbitte bei Gott motivirt Th. so: „Nicht vergeblich wird das Flehen zu den Heiligen sein; denn, die so eifrig für ihre Feinde gebetet haben, als sie noch von Widersachern gedrückt wurden, um wie viel lieber werden sie nun für diejenigen beten, die sich ihrem Schutze empfehlen, dass sie ihnen in den himmlischen Freuden aufs eheste zugesellt werden?... Grosses Vertrauen, die Heiligen anzurufen, gibt, dass auch sie einst sterbliche Menschen und Sünder waren,... nun aber durch die Gnade Gottes befreit und gerechtfertigt sind". Besonders mahnt er zum Kultus der h. Agnes, der Schutzherrin seines S. Agnes-Klosters, „die von unserm Herrn J. Christo und seiner gebenedeieten Mutter Maria so sehr geliebt und so freundlich erhört wird, wenn sie in was immer für einer Angelegenheit der Frommen bittet". Wie Th. jede besonders spezifisch klösterliche Ermahnung gern mit Beispielen belegt, so auch den Agnes-Kultus und die Hülfen, die man aus Anrufung der fürbittenden Agnes erfahren. Ein Bruder, der an Kopfschmerzen litt, streckte gläubig einmal seinen Kopf in eine Lade, wo einst die Reliquien der h. Agnes lange geruht hatten, und — ward gesund. Ein anderer Bruder, dem ein Fischgrath im Halse stecken geblieben, versuchte im Chor des Offizium der h. Agnes mitzusingen; „und wie er mit dem Konvent die Worte sang: Bitt für uns alle, fühlte er wie ein Schlucken im Schlunde, fing an ein wenig zu husten und spie im Augenblick ohne Schmerz mit dem Speichel seines Mundes den Fischgrath aus". Ein Pferd des Klosters, das von der Weide weggestohlen und schon eine Meile weit geführt war, kommt spornstreichs wieder dem Kloster zu. Auch diess schreibt Th. sehr naiv den Verdiensten der Agnes zu. Eine Feuersbrunst, die in der

Klosterscheune ausgebrochen war, ward sofort, ohne Schaden anzurichten, durch Dazwischenkunft eines Klosterknechts gelöscht; — auch wieder ein Verdienst der h. Agnes, der zu Ehren gerade eine Messe gelesen worden war! Fast zweideutig ist aber folgende Anekdote. Einem Bürger aus Zwoll, einem Freund des Klosters, der sich bei einem Aufstand ins Agnes-Kloster geflüchtet hatte, wurde daselbst über Mittag eine Summe Geldes entwendet; „von einem Unbekannten, sagt Th., der durch das offene Fenster in seine Kammer gestiegen war". Alles ist darüber erschrocken wegen der Schande, die darob auf das Kloster zurückfalle. Einige der Brüder suchten den Betrübten geduldiger zu stimmen. „Vielleicht will Gott, dass ihr euer Herz nicht länger an derlei Geld bänget. Machet aus der Noth eine Tugend und opfert die Summe Gott und der h. Agnes; und sollte es sich geben, dass ihr später wieder zum Besitze des Geldes kommet, so nehmt euch vor, es zum Dienste Gottes und zur Verehrung der h. Agnes zu verwenden (d. h. dem Kloster zu schenken).... Und siehe nach drei Tagen kam ein Bote vom Rektor der frommen Schwestern daselbst, sie möchten unbekümmert sein des Geldes halber; sie werden es bald wieder erhalten". Wer der Dieb gewesen, ob ein Kleriker oder ein Laie, das, sagt Th., habe man nie erfahren; wahrscheinlich hätten ihn Gewissenhafte gedrängt, unter Angelobung der Verschwiegenheit dem Rektor es wieder zuzustellen. Aus dem Gelde seien dann zu Ehren der h. Agnes zwei priesterliche Ornate und ein silberner und vergoldeter Kelch mit der Aufschrift des Schenkers — des Zwoller Bürgers — am Fusse angeschafft worden.

Ueber diesen Marien- und Heiligen-Kultus könnte man sich fast verwundern; denn wie oft sagt Th.: der Religiose finde alles Nothwendige in Christo, er habe nicht nöthig, ausser Christo etwas Besseres zu suchen; er suche keinen andern Trost ausser Jesum; Christi Tod habe für Alle genug gethan. Doch sucht er das mit seinem Marien- und Heiligendienst so zu vermitteln, dass er sagt, die „Mutter, die Heiligen ehren", sei „Christum ehren". Sie bilden seinen Hof. „Stelle Jesum zu deiner Rechten und Maria zur Linken, und alle Heiligen rings im Kreise umher". —

Auch der Teufel und die bösen Geister spielen eine bedeutende Rolle in seinen Schriften: jede Versuchung der Welt
und des Fleisches wird zu einer Versuchung des Teufels, jeder Sieg über jene zu einem Sieg über diesen. Besonders in
seinen spezifisch-mönchischen Schriften hat er diess. Wenn
der Mönch nicht zum nächtlichen Chorgebet aufsteht oder
schläfrig ist im Chor u. s. w., es ist der Böse, der ihm nach-
stellt; denn auch den Mönchen stellen die bösen Geister nach,
„versuchte doch der Teufel den Herrn sogar in der Wüste“;
ja ganz besonders den Mönchen „wegen der Erhabenheit
ihres Standes“. Ueberhaupt sei nichts so gut, der Teufel
komme dazu und wolle es verderben. — Allerdings findet man
aber d i e s e (etwas krasse) Weise viel weniger in seinen mehr
ideellen jüngern Schriften, z. B. in dem „Alleingespräch“. —
Die „letzten Dinge“ finden sich überall in den Schriften
des Th. behandelt. Es geht überhaupt ein mächtiger Zug,
eine tiefe Sehnsucht nach dem ewigen Leben, nach Vollendung durch sein Seelen-Leben. „O Herr Gott, du Heil meines Angesichts und m e i n Gott, wann wirst du mich in deinem Reiche durch dein klarstes Anschauen erfreuen? O wann
wirst du alle meine Finsterniss erleuchten durch den Glanz
des ewigen Lichtes? Wann wirst du alle meine Hindernisse
aus meinem Herzen nehmen, du wahrer Friede, höchste und
vollkommenste Seligkeit?… O wann werde ich dich mit meinen Augen klar schauen, ohne Spiegel, ohne Räthsel, ohne
Parabel, ohne Figuren, ohne Streitfragen, ohne Zweifel, ohne
Meinungen, ohne Fragen von Lehrern? O wann werde ich
Alles w i s s e n, was ich g l a u b e in den h. Schriften, und
in verschiedenen Büchern lese und mit meinen Ohren von
Lektoren (Lesemeistern?) an verschiedenen Orten von meinem
Gott, von den Engeln und allen Engel-Chören, von der Glorie
und Seligkeit des himmlischen Vaterlandes, vom Frieden und
der unaussprechlichen Freude der himmlischen Bürger höre?
… O wann werde ich dort sein?“ Es ist das u n m i t t e-
l i c h e Erkennen und Haben, ohne Aufhören, was
Th. dem Leben der Vollendung vorbehalten weiss und wonach
er sich sehnt. „Dort hat man, wornach man sich sehnt,
und was man hat, besitzt man s i c h e r. Dort s c h a u t man

Gott von Angesicht zu Angesicht, rein und ohne Räthsel,
nicht flüchtig nur, nicht nur auf eine Stunde, sondern ohne
Ende klar". Dort sei Christus s e l b s t der Seligen „Buch,
das Wort, das bei Gott im Anfang war, und sie über Alles
lehrt und Alles erfüllt, so dass ihnen nichts fehlt in der Glorie".
Diese Sehnsucht nach Vollendung, sagt Th., fühle er immer,
in allen Lagen, „nicht bloss wenn es ihm übel, sondern auch
wenn es ihm gut ergehe". Sein Verlangen nach Gott sei „un-
ersättlich", bis er diesen Leib ablege; „vollkommen befriedigt"
werde er nur „in der Erlangung des höchsten Gutes, im Anschauen des göttlichen Angesichtes". Dazu komme, sagt er,
dass er sich bewusst sei, wie wenig er hier zunehme. „Was
verweile ich länger hier? denn ich weiss nicht, zu was ich hier
gut bin? Nur langsam schreite ich vorwärts, und wollte Gott,
dass ich nicht vielmehr abnähme! Wie gut thätest du mir,
o Herr, wenn du mich bald von hier nähmest, damit es nicht
schlechter mit mir käme;... oder verleihe mir grössere Gnade
in diesem Leben.... Ach hättest du mich doch früher aus
dieser Welt genommen, als ich noch nicht ihre Befleckungen
kannte und mich fürchtete, auch im Kleinen zu sündigen"!
Das sind, um mit Th. zu reden, die beiden „Rosse", die ihn
treiben: das Verlangen nach Vollendung und das Gefühl der
Unzulänglichkeit seines irdischen Wandels. Aber er weiss sich in
die Ordnung Gottes zu fügen. Inzwischen müssen Thränen
sein Glutverlangen kühlen, und Meditationen über die himmlischen Dinge ihn beruhigen und ihn zugleich stets wieder
aufrichten und anfeuern. Süsse Thränen, sagt er, „die der
Liebende um dich weint, so lange er nicht haben kann, wornach ihn verlangt"! Von diesen Thränen werde die Seele
„mehr geweidet und gestärkt, als wenn sie alles Irdische be-
sässe". Denn „wenn sie dieses (das Irdische) liebte, würde
sie nicht nach dir und für dich weinen". Das seien ganz andere Thränen als diejenigen, so man weine wegen irdischer
Bedrängnisse, weil man krank sei oder unterdrückt oder Unrecht oder Widerspruch erfahre. Das seien Thränen „himmlischer Liebe".

In diesen Worten hat uns Th. nicht bloss seine Sehnsucht
nach Vollendung, sondern auch, was er unter dieser selbst

versteht, geschildert. Gott, sagt er ein andermal mit den andern Mystikern, sei der Frommen „wesentlicher Lohn". Wer
fände nicht in allen diesen Aeusserungen einen idealen Sinn?
Nun aber lesen wir, vorzugsweise allerdings in den aszetisch-
monastischen Schriften, auch krasse Vorstellungen bei ihm
besonders über die Strafen und Peinen jenseits, von Pech,
Schwefel u. s. w., und zwar werde dort Jeder darin, worin er
mehr gesündigt, auch mehr bestraft. Das lesen wir übrigens
auch bei Tauler. — Dass Th. das F e g f e u e r überall hervorhebt, hat er mit A l l e n seiner Zeit gemein; denn „nichts
kann ungerächt hingehen, weder eine grosse noch eine kleine
Sünde"; ebenso wenig „kann etwas Unreines in das himmlische Reich eingehen". Er kann daher nicht genug mahnen,
h i e r abzubüssen, da es hier viel leichter sei als dort. „Denn
wenn nicht hier, so wirst du sicher in der Zukunft dich strafen; aber viel besser hier, wo die Thräne fruchtbar, die Arbeit kurz, die Genugthuung annehmlicher und die Versöhnung
leichter ist"; dort aber werde „eine Stunde in der Pein schwerer sein, als hier hundert Jahre in der schwersten Busse".

Gegen den sündigen Menschen — es ist diess ein treffender Gedanke — lässt er am Gerichte Gottes die ganze
W e l t - und N a t u r - O r d n u n g als Zeugen aufstehen: die
h. Engel, „dass wir den göttlichen Geboten nicht gehorchten,
sondern vielmehr dem Fleisch und Blut oft über die Nothwendigkeit nachgaben"; die Dämonen, die Patriarchen und Propheten, „die uns vom ewigen Leben vorher verkündigten";
die Apostel und Evangelisten: „dass sie uns den Weg Christi
gelehrt und wir ihn nicht beobachtet hätten"; die Märtyrer,
Bekenner, Lehrer, Schriftsteller, selbst alle guten Bücher,
dass wir „so wenig Frucht von ihnen hatten"; die h. Einsiedler, die h. Jungfrauen und Wittwen, der Orden selbst (es
geht auf die Mönche), sogar die weltlichen Menschen, „dass
wir ihnen kein gutes Beispiel gegeben". Th. lässt nun aber
auch die Elemente auftreten, die uns nach dem Gebote des
Schöpfers gedient, während w i r, die vernünftigen Geschöpfe,
es nicht gethan. Er lässt ausführlich das Wasser, das Feuer,
die Luft, die Erde von ihren Diensten sprechen und wie sie
den Anordnungen Gottes folgen und dienen; und dann ihre An-

klage gegen den Menschen erheben. „Dort, schliesst endlich
Thomas, wird Keiner sich entschuldigen, noch an die Erhabenheit (Majestät) eines Kaisers appelliren, noch sich durch
a p o s t o l i s c h e B r i e f e noch königliche Privilegien gegen
den Ausspruch des allerhöchsten Richters schützen können".

Für die V e r s t o r b e n e n und nun im Fegfeuer sich
Befindenden empfiehlt Th. höchlich das Gebet besonders in
der Messe. „Wie du willst, dass dir nach dem Tode geschehe, also erzeige dich nun gegen verstorbene Freunde getreu in der Feier (der Messe) und im Gebet". Was wir immer
als „zu ihrer Absolution förderlich" erkennen, sollen wir ei-
lends thun, „erwägend, in wie schwerer Pein sie zurückge-
halten werden und dass sie, so lange sie nicht gereinigt sind,
nicht zur Ruhe übergehen können". Ihr Trost und ihre Befreiung liege vornämlich „in den Verdiensten Christi, in den
Fürbitten der Heiligen und in den Opfern der Gläubigen".
Besonders bei der Messe, wenn Christus auf dem Altare durch
die Hand des Priesters dem Vater aufgeopfert werde für das
Heil der Lebendigen und der Todten, „sollst du dich mit allen
in deinem Gebet Empfohlenen aufopfern, auf dass alle theilhaft werden dieses kostbaren Opfers, das, einmal am Kreuze
geopfert, ein zureichendes Lösegeld für die Sünden aller Welt
ist". Aber auch sonst, Frühe und Abends und während der
Arbeit, solle man seiner verstorbenen Lieben eingedenk sein.
Das sei auch schon heilsam für den Lebenden selbst, sofern
dadurch das Andenken an den Tod in ihm stets erneuert
werde, und er dann „kaum ohne die Gnade der Zerknirschung
zu seinen gewöhnlichen Geschäften zurückkehre". — Th. vergass d i e s e erhebende Pflicht nie. Er kenne die Gewohnheit
Einiger, sagt er, und wenn er in dieser Art von Einigen
spricht, so hat sich in der Regel der bescheidene Mensch selbst
darunter versteckt, die selbst vor Tisch, sobald das Zeichen
zur Mahlzeit gegeben werde, aller Geschäfte sich abthun und
„zur Erquickung der gläubigen Seelen (besonders auch der
Wohlthäter des Klosters) dem Gebet obliegen."

Karakteristik des Thomas.

Zu dem Bilde, das wir nach den Zügen, die uns Franziskus Tolensis und Badius mitgetheilt, oben schon (S. 696)
gezeichnet haben, wollen wir nun, da uns das Ganze dieses
Lebens vorliegt, zur Ergänzung noch Einiges nachholen.

Gewiss, es ist schwer zu sagen, was mehr an Th. hervorzuheben ist; ob die innig-beschauliche oder die praktisch-as-
zetische Natur, beides freilich in mönchischer Beschränkung,
denn ein Mönch, ein ganzer Mönch von Herz und Seele war
Th. von Anfang seines Eintritts ins Kloster bis zu Ende seines
Lebens. In seinen jüngern Jahren scheint das erstere, das be-
schaulich-i d e a l e Element, in ihm mehr vorgeherrscht zu
haben, wie wir diess aus seinem „Alleingespräch" und der
„Erhebung" ersehen, welche die idealsten Produkte seiner
Feder sind, während die mehr praktisch-aszetisch-monastischen
Arbeiten seiner spätern Zeit anzugehören scheinen; die „Nachfolge" aber in die Mitte, vielleicht bald nach dem „Alleingespräch" fällt. Das scheint seine Entwickelung gewesen zu
sein.

Seine Schriften hat Th. geschrieben die einen für Andere,
die andern mehr für sich zum eigenen Trost und zur strengeren Kontrolle seiner selbst (vrgl. S. 684, 687, 693). Sein
„Alleingespräch" hat Manches in sich, das an „Selbstbekennt-
nisse" erinnert; wie in keiner seiner andern Schriften lesen wir
da von der Inbrunst seines jugendlichen Herzens zu Gott, von
seinen Vorsätzen für sein späteres Leben und — seinen Kämpfen. Seine „erste Liebe" (zu Gott) schildert er also. „Als
ich von s e i n e r Liebe im Innersten getroffen war, da begann
ich im Herzen so sehr zu glühen, dass ich allen Kreaturen Urlaub gab, und nur seine keuscheste Umarmung erflehte, und
eine Vielen seltsame Stimme stiess ich aus, wie glühende Kohlen aus einem feurigen Ofen auswerfend" (ganz wie wir es
von andern Mystikern lesen; vrgl. S. 207, 401, 567). Es
sollte aber kein vorübergehendes Feuer sein. „N i e, redet er
Gott an, soll dein Lob aus meinem Munde schweigen. Ja,
sollte dein Diener viele Jahre leben, sollte er hundert oder

tausend Jahre leben, er wird darum nicht lau werden, dir in Demuth und Unterwerfung zu dienen, sondern so inbrünstig, so von ganzem Herzen will ich dir in allem dienen, wie zu der Stunde und an dem Tage, als mein Herz zum erstenmäle von dir ermahnt und gekräftiget ward, dir, dem Herrn allein, mit reiner und ganzer Seele zu folgen.... Nie soll es mich gereuen, das Gute angefangen zu haben (bezieht sich offenbar und nach dem ganzen Zusammenhang auf seinen Eintritt ins Klosterleben), sondern danken werde ich dir auch dafür, dass ich auch nur einmal von dir die Gnade empfing, meinen Willen darein zu geben, dir ewig zu dienen". Dass es freilich nicht ohne Kämpfe abgegangen ist, sagt er selbst in dieser Schrift an einem andern Orte. „Wie oft, wie mächtig die Versuchung mich hierhin, dorthin warf, weiss mein Herr und Gott am besten, dem kein Geheimniss verborgen, der Zeuge alles dessen ist, was in meinem Herzen vorging"! —

Dass Th. eine ausserordentliche Vertrautheit mit der Bibel an den Tag legt, haben wir schon gesagt. Sie ist ihm die Hauptquelle seiner Lehren — allerdings vielfach von ihm aufgefasst und angewendet von mönchisch-aszetischem Standpunkte aus. Er zitirt fast nur sie; zuweilen das Brevier, hie und da stossen wir, doch selten, auf andere Namen: auf Franziskus einigemale, auf Dominikus, auf Thomas, Bernhard, Benedikt und „die alten Kirchenlehrer", doch nur vorübergehend; in den Märtyrerlegenden ist er wohl bewandert, aber er kennt sie nur in der krassen unhistorischen Gestalt seiner Zeit; z. B. als man dem Ignatius das Herz aus dem Leibe gerissen, sei darauf der Namen Jesus Christus mit goldenen Buchstaben gestanden. Einmal stossen wir auf einen Ausspruch des Seneka: „So oft ich unter Menschen war, kehrte ich weniger als Mensch zurück"; ein andermal auf einen Vers von Ovid. Aber das alles ist ohne irgend einen Einfluss, nur äusserlich. — Noch auf eine andere Quelle (ausser der Bibel), aus der er seine Gedanken und Anschauungen schöpft, müssen wir hinweisen: auf den Kreis der Brüderschaft, auf die aszetisch-mönchische Atmosphäre, in der er lebte. Was wir von Groot, von Florentins und den andern Brüdern, wie sie uns Th. selbst geschildert hat, gelesen haben: vom Gehor-

sam, von der Armuth, von der Einfachheit, von der Abstraktion von der Welt, von weltlichen Wissenschaften, vom Suchen nach Ehrenstellen — wir finden das Alles wieder bei
ihm. Es ist ein Geist. Er selbst sagt im Vorwort zu den
„Gesprächen der Novizen“, dass er Ueberbleibsel, Brocken
geben wolle (Joh. 6), und er versteht darunter „die Mahn-
worte und Beispiele einiger seiner Vorfahren“. — Seine
ergiebigste Quelle ist ihm endlich sein eigenes Leben; offenbar sind seine schönsten Sprüche Perlen dem
Meere innerlicher Erfahrungen entnommen. Wie könnte auch
die höchste Bibelkenntniss ohne diese fruchtbar sein? wie
könnte, wer nicht selbst erfahren, auf Andere wirken? und
wer hat gewirkt durch seine Schriften, wenn nicht Thomas?

Zusammenhängende Entwickelungen gibt Thomas selten.
Doch im Selbstgespräch, in seinen Meditationen und Reden
findet sich längere Gedanken-Entwickelung. Seine Darstellung ist aber in den verschiedenen Schriften sehr verschieden. Man könnte einen dreifachen Styl herausfinden. In seinen Reden ist er rhetorisch und bilderreich.
Wenn er die h. Agnes feiert, da „leuchtet“ (in seiner Darstellung) Alles voll „Glanz“, „Farbe“; da „blüht“, „duftet“
Alles. Er überschüttet seine Heilige mit Blumen, welche die
Symbole ihrer Tugenden sind; da spricht er von „schnee-
weissen Lilien“ zur Bezeichnung ihrer jungfräulichen Keuschheit; von „Rosen“, die ihre Verachtung der Welt bedeuten sollen; von „lichtblauen Blumen“ — ihrer Sehnsucht nach dem
Himmel; von „safranfarbigen und dunklen“ — ihrem thätigen
Leben. Ein andermal vergleicht er ihre Tugenden mit dreierlei Gewanden — weiss, purpurfarben, golden — darein sie
gekleidet sei und die ihr Christus gegeben habe. Aehnlich
rhetorisch ist, wie er die Natur und sittliche Welt-Ordnung
als Ankläger am jüngsten Tage gegen die Gottlosen auftreten
lässt (s. S. 804); wie er Christus und das Kreuz, wie er die
Maria feiert; da ist ein unaufhaltsamer Strom, in den seine
Worte sich ergiessen. Hieher gehört auch die Vergleichung von
den zwei Rossen (S. 746); oder wenn er am Feste der Kirchweih von „fünf Leuchtern des Tempels“ spricht, womit er
„die gottesdienstlichen Weisen, womit die Kirche Gottes ge-

schmückt werde", bezeichnen will; oder von vier Bedingungen
zum Bau des Hauses Gottes: Fundament (Demuth); vier Wänden (die vier Evangelien); Fenstern (die Gaben des h. Geistes);
überwölbendem Dach (Beharrlichkeit u. s. w.). Dieser Styl
hat etwas Manierirtes, Gesuchtes; er findet sich besonders
in den Reden an die Novizen, und er scheint vornämlich auf
diese berechnet zu sein, um ihrer Phantasie in der Richtung auf
aszetisches Leben lebhafte und reizende Bilder vorzuhalten.
Von dieser seiner blumenreichen Symbolik zeugen übrigens
auch manche Titel seiner Schriften: Rosengärtchen; Lilienthal. „Wie jenes, sagt er in der Vorrede zu diesem, von vielen Tugenden handle, als von röthlichen Rosen, die im Gärt-
lein Jesu wachsen", so spreche dieses „von vielen Tugenden
als von weissen Lilien, die im Thale der Demuth von dem
Herrn Jesu gepflanzt und durch die innigste Bethauung des
h. Geistes süss besprengt seien". — Ein anderer Styl herrscht
in seinen Meditationen, besonders in seinen Weihnachtspredigten; da ist kein künstlicher Firniss; alles ist naiv, lieblich,
sinnig; aber es geht noch in e i n e m Zuge, in einem Zusammenhang fort. — Davon verschieden ist die Darstellung in den
Traktaten: da ist die Spruchweisheit; es ist alles konzis, markig, Satz an Satz, aber fast jeder für sich eine Welt; dazwischen treuherzige Mönchsreime, Assonanzen — ganz wie
wir diese Weise oben schon karakterisirt haben (S. 705).

In seine Darstellungen flicht Th. gern Gebete ein, worin
er meist seine zuvor entwickelten Anschauungen in einer An-
rede an Gott aushaucht, wie er denn überhaupt in seiner Innigkeit die Form eines Zwiegesprächs der Seele mit Gott und
Gottes mit der Seele liebt. Oefters auch mischt er Beispiele
ein (besonders in seinen „Reden" an die Novizen), die er
theils selbst erlebt, theils gehört hat. Es sind Kloster-Anek-
doten, oft kindlich einfach, z. B. über Gebets-Erhörung, oft
gar nicht zutreffend, ohne Zusammenhang von Ursache und
Folge (s. o.), oft sogar trivial, einige zweideutig (wie die Erzählung vom gestohlenen Gelde).

Mit den e i g e n t l i c h e n M y s t i k e r n hat Th. manches
g e m e i n. Wie diesen ist auch ihm das Endliche ein Nichtiges; wie diese verlangt auch er Abstraktion (theoretische und

praktische) von der Welt und von sich selbst; wie diese kennt
auch er als das Höchste (über aller Aszese hinaus) die Union
mit Gott. Er weiss a u c h von einem Jubiliren der gotttrun-
kenen Seele (s. o.), auch von inneren Erleuchtungen und Entzückungen, die zuweilen „gereinigten Gemüthern" zu Theil
werden; auch von der Gottheit Christi, als dem Höchsten christologischer Erkenntniss, sagt er, dass man nur
durch den Menschen-Christus zu dem Gott-Christus gelangen
könne. Der U n t e r s c h e i d zwischen beiden liegt nun aber
eben so auf der Hand. In den eigentlichen Mystikern begegneten wir einem unendlichen spekulativ-kontemplativen Trieb;
in ihrem Hunger nach dem Göttlichen wollen sie dieses unmittelbar in Geist und Herz, in Erkennen und Lieben haben.
Diesen Hunger nach Gott finden wir auch bei Thomas; aber
ihm genügt, Gott in der Liebe zu haben und durch thätig-
sittliche Uebung im Leben diese Liebe zu bezeugen und zu
nähren. Er hat nicht den geringsten spekulativen Trieb: wir
finden keine Spekulation über Gott und Trinität bei ihm; er
ist ferne von genaueren psychologischen Bestimmungen; nur
wie verloren hörten wir einmal Etwas an den „Funken" der
Mystiker anklingen (S. 754), lasen wir von einer reinen Intuition Gottes (ebend.), hörten wir von einem Drange Gottes,
Mensch zu werden (S. 716). Eine andere Differenz bezieht
sich auf Christus und Christi Werk. Während die eigentlichen Mystiker den historischen Christus allerdings stehen lassen, aber auf die objektiven Thatsachen doch weniger eingehen, sondern es lieben, dieselben zu Unterlagen, Symbolen
für die Geschichte des innern Lebens zu benutzen, den geschichtlichen Christus in den Christus in uns auflösend, hebt
Thomas ganz besonders jenen hervor. Nichts ist unterschei-
dender und bezeichnender als die Weihnachtspredigten des
Th., verglichen mit denen Taulers (vrgl. S. 281, 725). Während dieser das besonders betont, dass Christus i n uns geboren werde, findet sich bei Tauler nichts davon; dagegen
hat er jeden Zug der h. Geschichte kindlich naiv ins Aeusserliche noch mehr ausgemalt. — Wenn ferner die eigentlichen
Mystiker den Gegensatz von Endlichem und Unendlichem dadurch hauptsächlich lösen, dass sie diess endliche Leben mit

unendlichem Gehalt zu erfüllen suchen, ohne doch die Schranken zwischen Gott und Mensch, Diesseits und Jenseits aufzuheben und das Verlangen nach dem „ewigen" Leben abzuschneiden, gefällt sich Th. darin, — hierin fast modern sentimental — immer aufs Jenseitige hinüberzuweisen, von den Belohnungen und Bestrafungen jenseits als sittlichen Hülfsmitteln zu sprechen. — Seine ganze Weltanschauung ist überhaupt viel enger und knapper als diejenige der andern Mystiker. Zwar auch diese sind Mönche gewesen, aber Thomas ist doch weitaus mehr Mönch als sie alle in dem streng-gesetzlich-kirchlichen Style. Das sehen wir denn auch in seinem Verhältniss zu den kirchlichen Institutionen und Ordnungen. Ein Tauler lässt z. B. den Gehorsam gegen die Vorgesetzten, die Demuth gegen dieselben, „das Gebot der h. Kirche" durchbrechen von dem innern Menschen, in d e r Weise, dass der Mystiker zwar Alles hält, aber doch mehr im Wesentlichen, im Innern, „indem ihm alle äussere Weise entfallen ist", oder doch so, dass immer zuerst das Aeussere durch das Innere bedingt ist (vrgl. Tauler S. 250). Davon weiss aber Th. nichts. Er ist so sehr Mönch, dass ihm das Mönchische mit seinen Pflichten das Göttliche ist: er ist ein ganz u n b e d i n g t e r Mönch.

Ist so Th. in seinen Anschauungen viel enger, beschränkter als die andern Mystiker, so ist er aber in dem Kreise, den er sich gezogen, weit konkreter, weit individueller, weit praktischer als jene: da ist alles, was er sagt, handlich, anwendbar, zutreffend: unwillkürlich, wenn man seine Lebensregeln (das Spezifisch-mönchische abgezogen) liest, muss man sagen: s o i s t's; d a s ist aus dem Leben, ist aus der Erfahrung geschöpft. Und alle diese Sentenzen, deren sich eine Legion bei ihm findet, die doch aber auf einige Hauptgedanken sich zurückführen lassen, sind durchhaucht von reinster Gesinnung: es ist ein himmlisch-milder Friede, der auf der ganzen Landschaft liegt.

Ob Th. die eigentlichen germanischen Mystiker gekannt hat? Auf Kenntniss Rusbroek's scheint Einiges hinzudeuten: das „Steinchen", von dem er einmal spricht; auch dass er, wie dieser, wenn auch in etwas anderm Sinn, so oft des „Zachäus: steige herab" erwähnt; auch noch einiges Andere. Er selbst erwähnt indess keines dieser Mystiker in seinen Schriften.

Th. schrieb seine Schriften lateinisch, und er drückt sich leicht und fliessend aus, wenn auch nicht elegant und rein. Es finden sich Barbarismen und Germanismen. Wahrscheinlich aber hat er plattdeutsch vor dem Volke gepredigt. Hat er indess nicht germanisch geschrieben, so gehört er doch territorial und seinem innern Inhalt nach zu den „germanischen" Aszeten und Mystikern.

Belegstellen zu Tauler.

S. 3. »Gott selbst«: Bulle Johanns XXII. in den Extravag. Jo. XXII. Tit 5. — Lehens-Eid: Clementin. lib. II. Tit. 9.

11. »Hätte ich gewusst«. 19. Pr. nach Trinit. (Basler Ausgabe vom J. 1521.)

12. Sprüchwörtliche Redensart: cf. Nikolaus von Strassburg bei »Pfeiffer«: deutsche Mystiker des 14. Jahrhunderts, S. 273.

13. Königshoven: Elsäss. Kronik S. 128.

14. Venturini bei Quetif und Echard: scriptores ordinis prae-dicatorum Paris 1819 tom. I. p. 677 ff. — Heinrichs von Nördlingen Briefe: in Joh. Heumanni opusculis, quibus etc. Norimbergae 1747 S. 331—404.

15. Memoriale: siehe: Joh. Tauler von Schmid, Hamburg 1841; Anhang.

16. Historie: vor Taulers Predigten.

37. Sentenz gegen Martin von Mainz, bei Schmid: S. 237.

38. Man hat geschlossen: Wenigstens finde ich keinen Beweis bei Schmid. — Specklin: in Diepenbroks Suso, Vorrede von Görres, S. 35.

39. Kaufleute: 10. Sonnt. nach Trinit. 2 Pr.

41. Königshoven: S. 299. — Geisslergesänge: Wackernagel, das deutsche Kirchenlied, S. 605.

44. Judenverfolgung: Königshoven S. 296. — Rulmann Mers-win in Diepenbroks Suso S. 393. — Die Fürsten: 21. Sonnt. nach Trinit.

45. Apokalypse: h. Kreuzes-Erhebung, 3. Pred. — Es gehet leider daran: 10. Sonnt. nach Trinit. 2 Pr.

46. »Wolke«: Pr. am Allerheiligentag. — »Wisset«: 20. Sonnt. nach Trinit. 2. Pr. — Specklin bei Diepenbrok S. 36, und Schmid, S. 53.

50. Brief Heinrichs bei Heumann: S. 393.

51. Kölns: 4. Pr. auf unsers Herrn Fronleichnam; Pr. 4. Sonnt. nach Trinit.

54. Niderus, Formicarius Arg. 1519, fol. 40.

55. Nachfolgung: Ausgabe von Schlosser, Frankfurt 1833.

58. Das »Nichts«: 1. Pr. 13. Sonnt. nach Trinit. — »Lauteres Wesen«: drei Materien ohne Namen. — »Abgrund«: 3. Pr.

am h. Pfingstfest. — »Wüste«: drei Materien ohne Namen; Pr. am Montag vor dem Palmtag.

S. 59. »die göttliche Finsterniss ist«: 1. Pr. an der Kirchweihe. — »Vor Ueberflüssigkeit«: Pr. auf Weihnachten. — Ueber die Unzulänglichkeit aller Darstellung: 1. und 2. Pr. auf das Fest der h. Trinität. — »Unwissende Menschen«: 4. Sonnt.· nach Ostern.

60. Als das Produkt mystischer Erhebung: 2. Pr. auf das Fest der h. Dreieinigkeit.

61. »Schon Heiden«: 2. Pr. auf das Fest der h. Dreieinigkeit; 2. Pr. auf Joh. des Täufers Geburt. — Lebensprozess: Pr. auf Weihnachten.

62. »In ihrer wesentlichen Einigkeit«: 2. Pr. auf das Fest der h. Dreieinigkeit. — »Spiel«: 2. Pred. an der Kirchweih; 22. Sonnt. nach Trinit. — Ewig: Pr. 18. Sonnt. nach Trinit.

63. Bedeutung für die Welt: Pr. auf Weihnachten; Nachfolg. 2, 16; 2. Pr. auf das Fest der h. Dreieinigkeit. – Thue ab: drei kurze Materien ohne Thema. — Von der Länge, Breite u. s. w.: Pr. auf unserer l. Frauen Geburt; auf den 16. Sonnt. nach Trinit.

64. »Sein Wesen ist«: drei kurze Materien ohne Thema.

65. Gott ein Gut geflossen: Nachf. 2, 93. — Präexistenz: 2. Pr. auf h. 3 Könige-Tag. — Trichotomisch: 1. Pr. 13. Sonnt. nach Trin.; 1. Pr. S. Michaelistag; 2. Pr. auf des h. Kreuzes Erhebung.

66. »Hausgesinde«: Pr. auf den Freitag in der Palmwoche. — Die »niedern« Kräfte: Pr. auf unserer lieben Frauen Geburt. — Grundkräfte: Pr. auf Weihnachten.

67. Namen für den Grund: Dolde u. s. w., 2. Pr. am 13. Sonnt. nach Trinit.; 19. Sonnt. nach Trin. — »Inwendiger Mensch«: 5. Sonnt. nach der h. 3 Könige Oktave. — Syntheresis; Nachf. 2, 52. — Alle Kräfte der Seele gesammelt: 2. Pr. 13. Sonnt. nach Trin.;·19. Sonnt. nach Trin. — »Fern darüber«: ibid. — Da ist es so still: Pr. auf nächsten Sonnt. nach Weihnachten.

68. Gottes Stätte u. s. w. 2. Pr. auf Joh. B. Fest; 3. Pr. am 3. Sonnt. nach Trin.; 1. Pr. am h. Pfingstfest; 3. Pr. am 5. Sonnt. nach Trin. — »Rein, ohne Mittel«: 2. Pr. auf Joh. B. Geburt; Pr. nach Weihnachten; Pr. auf nächsten Sonnt. nach Weihnachten; Nachf. 2, 52.

69. »Steten Anhang«: 19. Sonnt. nach Trin. — »Trieb zu Gott«: 2. Pr. 13. Sonnt. nach Trin.; 19. Sonnt. nach Trinit.

70. Diess Quellen und Wogen: 2. Pr. am Fest Joh. Bapt. — Abyssus: ibid. und 2. Pr. am 5. Sonnt. nach Trin. — Albrecht u. s. w. 2. Pr. 13. Sonnt. nach Trin. — Heiden: 2. Pr. Joh. Bapt. Geburt; 2. Pr. am Fest der h. Trinität. 2. Pr. 13. Sonnt. nach Trin.

S. 71. »Geheimen Ursprung fliessen«: Pr. auf Weihnachten. — »Der inwendige, edle Mensch«: 5. Sonnt. nach h. 3 Könige Oktave. — »Alle Elemente«: Samstag vor der Palmwoche.

72. »Vollbracht«: 2. Pr. nach h. 3 Könige Tag. — »So selten«: 3. Pr. am Himmelfahrtstage. — »Gleichwie wenn die leibliche Speise«: 3. Pr. Fronl.

73. »Wer ein Becken«: 5. Sonnt. nach der h. 3 Könige Oktave. — »Nachziehende und zähmende Macht«: Nachf. 2, 90; 99.

74. Natürliche Ruhe: Nachf. 1, 91 ff.; 53; 55. — »Da Adams Geist«: Nachf. 1, 82.

75. »Natürliche Tugenden«: Nachf. 1, 60. — Heiden ib. 1, 60. Anders kein natürliches Verständniss möglich: N. 1, 4. — Nicht abzusprechen: Nachf. 1. 55.

76. »Nothwendiger Durchgang«: Nachf. 1, 54; 55. — Er kann es auch nicht: 5. Sonnt. nach der h. 3 Könige Oktave. — »Keine Natur mag«: Nachf. 1, 55 ; 67 ff.

77. Wiederbiegen: Nachf. 1, 61.

78. Engelische Bilder: Nachf. 1, 90 ff., 86. — Von Christus ib. 1, 93. — Die göttliche Stufe: Nachf. 1; 97.

79. Gleichniss an der Sonnen: N. 1, 53.

80. In Mittel; über Mittel: N. 2, 93; 101. — Zusammengesetzt: N. 1, 3.

81. »Sippschaft«: 1. Pr. auf Weihnachten. — »Seele und Leib«: N. 1, 3. — »Unnatürlich«: Nachf. 1, 64. — Die Natur entsetzt: N. 1, 62. — Man soll die Bosheit schelten und nicht die Natur: N. 1, 43; 63.

82. »Unrecht, dass man Vernunft schilt«: N, 2, 21. 20. — Seneka N. 1, 64. — Sunde vom Willen: N. 2, 104. 102. 2. Pr. 13. Sonnt. nach Trin.

83. »Man spricht: warum«: N. 2, 110; 111. — Grade: N..1, 66 ff.

84. Adam: N. 2, 110; 111. — »Vergiftigkeit«: Pr. auf unserer l. Frauen Himmelfahrt; 1. Pr. am Pfingstfest; N. 2, 68.

85. Alles verirrt: N. 2, 44. — »Böse Zacken«: Pr. auf unserer l. Frauen Geburt.

86. Niedergesunken: Pr. auf unserer l. Frauen Himmelfahrt. — »Unadel«: N. 1, 62. — »Es kehret«: Pr. auf Maria Himmelfahrt. — »Wovon kommt das?« Pr. auf S. Barbara Tag.

87. »Von dem an«: Pr. am 12. Sonnt. nach Trin. 13. Sonnt. nach Trin. — »Tödlichkeit«: N. 1, 111. — Der erste Tod: 1. Pr. am 1. Sonnt. in den Fasten.

88. »Beide Nichte«: 15. Sonnt. nach Trin. — Es ist wohl menschlich: N. 1, 62.

89. »Man spricht: die Heiden«: N. 1, 64. — »Nach der Weise«: N. 2, 16. — »Gott mag nichts«: 1. Pr. am Sonnt. zwischen der Oktave der h. 3 Könige. — »Gott muss es erfüllen« Pr. auf Weihnachten. — »Gott muss sich gemeinsamen«: N. 1, 16.

S. 90. »Noth nach uns«: 1. Pr. 15. Sonnt nach Trinit.; Dienstag
in den Pfingstfeiertagen. — »Tempel Gottes«: N. 1, 13 b.
— »Sündigen Menschen«: Dienstag in den Pfingstfeiertagen.
— »Empfänglich«: N. 2, 16. — »Kehret er sich«:¦N. 2,
121. — Das Maass: 2. Pr. h. Pfingsttag. — »Ohne Unterlass«: Pr. am S. Barbaratag.

91. »Selbst wenn«: 5. Sonnt. nach der h. 3 Könige Oktave. —
»Nein, liebes Kind«: Pr. Geburt Mariä. — »Gott begehrt«:
3. Pr. an der h. 3 Könige Tag.

92. »So viel du gelediget bist«: 2. Pr. h. Pfingstfest. — »Sind
sie blind«: 2. Pr. an S. Joh. Bapt. Geburt. — »Kinder, die
Ursache«: 3. Pr. Auffahrt.

93. »Von lebelicher Kraft«: N. 1, 137. — »Die nächste Bereitung«: 2. Pr. h. Pfingstfest. — »Wie der h. Geist«: Pr. am
Dienstag in den Pfingstfeiertagen. — Alles darauf angelegt:
1. Pr. 17. Sonnt. nach Trin. - Zweierhand Werke: N.
2, 19.

94. Die zwei Hauptstellen: N. 2, 19. 1, 6.

95. »Weide«: 11 Sonnt. nach Trin. - »Bereitet«: N. 2, 19.

96. »Temperirt«: Pr. am Samstag vor der Palmwoche. — »Der
Sohn hat aufgetragen«: Pr. am Mittwoch vor dem Palmsonntag. — Mitleidend: N. 2, 73.

97. »Wir haben einen Schenken«: N. 2, 48. - »Durch das
Kreuz«: 1. Pr. h. Kreuzes Erhebung. — Assimilirende Kraft:
N. 2, 54. — »Agtstein«: 3. Pr. Himmelfahrtsfest. — »Sin-
temal«: Pr. auf Mariä Geburt.

98. Ein Gleichniss: N. 1, 142. — Nun ist Gott inwendig: N.
2, 108.

99. »Widerlauf«: Pr. an Weihnachten. — »Der Mensch mag
‚nicht«: 2. Pr. am Sonnt. zwischen der Oktave der h. 3 Könige. — »Wenn der Mensch«: 15. Sonnt. nach Trin., 2. Pr.
— »Das, wovon man sich abkehren solle«: N. 2, 41.

100. »Soll Gott«: 1. Pr. auf Mariä Geburt. N. 1. 92.

101. »So die Seele«: N. 1, 127. — »Erstorben allen«: 1. Pr. an
der Kirchweihe. - »Die Weisen, Wirkungen«: 4. Sonnt.
nach Ostern.

102. »Er thue recht«: Pr. am Laurentiustage. — Liebe der Kreaturen: 2. Pr. Himmelfahrt. — »Gezimmer«: 2. Pr. am 20.
Sonnt. nach Trin. — Das Leben in den Klöstern: 4. Pr.
am Fronleichnam. — Entschuldigungen: ibid. — Glossen:
19. Pr. nach Trinit.

103. Die Sinne nicht auskehren: N. 1, 52; 2, 122. — Einziehen: N. 2, 113; 114. - »Sinnelos«: N. 2, 45. — »Nicht
empfänglich«: N. 2, 109.

104. »Eingezogen«: N. 2, 113; 114. — »Das andere Gefängniss«:
2. Pr. am Himmelfahrtsfest.

105. »Die Dinge, damit du«: 5. Sonnt. nach der h. 3 Könige

Oktave. — Weizenkorn: 2. Pr. h. Kreuzes Erhebung. — »Böse«: 4. Sonnt. nach Trin. – »Abgott«: 19. Sonnt. nach Trinit. — »Dornen essen«: and. Sonnt. in den Fasten.

S. 106. Wissenslust: Samst. vor der Palmwoche; auf unserer l. Frauen Geburt; Nachf. 2, 20. — Wissenshochmuth: 2. Pr. am Himmelfahrtsfest; Nachf. 1, 161. — Almosen: 8. Sonnt. nach Trin.

107. »O was ist dieses«: 13. Sonnt. nach Trin. 3. Pr. — Innerlicher Pharisäismus: ibid.

108. »Spreu — Korn«: Pr. Mariä Geburt. — »Des Verirrens«: Pfingstfest 2. Pr. – Bis an den Himmel langte: Matth Fest. -- Falsche Lust an den Gaben: Pr. auf Mariä Geburt; 2. Pr. 15. Sonnt. nach Trin. – Wurmstichig: 8. Sonnt. nach Trin.

109. »Die Dinge werden in euch geprüft«: Pr. auf unserer l. Frauen Geburt. – Schoosshaare: ibid. — Kanon: 4. Pr. Fronl.

110. Vernunftiges Ueben: 2. Pr. am Sonnt. zwischen der Oktave der h. 3 Könige. — Positive Ueberwindung: Nachf. 2, 4; 1, 133. — Bewahrung: N. 1, 47. – Jüngere Leute: 8. Sonnt. nach Trin.

111. Uebergang: 2. Pr. 17. Sonnt. nach Trin.

112. Sammlung: Nachf. 2, 13; 20. Sonnt. nach Trin. 2 Pr. — Innigkeit: Nachf. 2, 125; 1 Sonnt. nach Weihnachten. — Des Höchsten empfänglich: 2. Pr. h. 3 Könige Abend; 1. Pr. am Sonnt. zwischen der Oktave der h 3 Könige. — »Schütze«: Pr. Weihnachten.

113. Archimedes: die and. Pr. auf der h. 3 Könige Tag. — Potenzirt: 2. Pr. h. 3 Könige Abend.

114. Gott allein wirken: Nachf. 2. 125; 13. — »Das Gehör«: N. 2, 42. – »Wer sich versäumet«: N. 2, 109.

115. »Auf der Warte«: N. 2, 89; 98; 57. — »Wir haben hie eine Frage«: 1. Pr. am Sonnt. zwischen der Oktave der h. 3 Könige. 2. Pr. h. Kreuzes Erhebung. — Inwendige Armuth: Pr. Freit. nach dem Sonnt. Jnvokavit. – Kein Bild: Sonnt nach Weihnachten.

116. Unwissen sein selbst u. s. w.: Pr. nach Weihnachten. Nachf. 2, 94; 95.

117. »Sässe Gott«: 2. Pr. am Himmelfahrtstage. — Entthun: 2. Pr. Fronl. — Lauter: 2. Pr. Pfingstfest. — »Reichheit«: N. 2, 42. – »Gezeuge«: N. 1, 137; 2, 125. — Lautere blosse Materie: Pr. am Matthäustage.

118. »Da Gott alle«: Pr. an Mariä Himmelfahrt. — »Die Gottheit hat«: Matth. Fest. — Verwerden; Holzheit u. s. w.: 1. und 2. Fronl. Pr.; Pr. an Mariä Geburt.

119. »Mancher Tod«: N. 1, 102; 107; 2, 30. Pr. am Palmsonntag. 2. Pr. 20. Sonnt. nach Trinit. — Schweigen:

1. Pr. nach Weihnachten; N. 1, 134, 135; 2, 114, 115. – Elias u. s. w.: 1. Pr, 17. Sonnt. nach Trin.; 2. Pr. 10. Sonnt. nach Trin.; 3. Pr. 8. Tag der Geburt Mariä.

S. 120. Gott leiden: 1, Pr. am Sonnt. zwischen der Oktave der h. 3 Könige. – Zeichen der unmässigen Liebe: 2. Pr. h. 3 Könige Abend; Pr. an Allerheiligen.

121. »Die Möglichkeit ruhet nimmer«: 1. Pr, am Sonnt. zwischen der Oktave der h. 3 Könige. – »Die Seele muss auch«: N. 1, 144.

122. Ueberschwung: 16. Sonnt. nach Trin. – »Angaffen«: N. 2, 8. – Abgrund: 2. Pr. 5. Sonnt. nach Trin. – Aus seinem Brunnen: Mittwoch vor dem Palmtag. – »Verbirg dich«: 3 Materien. – »Ausgeburt«: N. 2, 95.

123. »In einem leidenden«: and, Pr. am Sonnt. zwischen der Oktave der h. 3 Könige. – »Die väterliche Kraft«: 2. Pr. nach Trin. – So denn die Blicke: 2. Pr. 17. Sonnt. nach Trin. – Ahasverus: 1. Pr. 4. Sonnt nach Trin.; 1. Pr. 17. Sonnt. nach Trin.

124. »Wenn die Natur«: 1. Pr. Fest der h. Trin. – Innere Erfahrungen: and. Pr. an der h. 3 Könige Abend.

125. »Du möchtest gerne«: 1. Pr. am Sonnt, zwischen der Oktave der h. 3 Könige.

126. Damit des Menschen Geist: N. 1, 117. – Bekleiden: N. 1, 145; 2, 43, 45.

127. »Was wähnet man«: N. 1, 118. – Nachfolgung des armen Lebens: N. 1, 119. – Das Thun: N. 1, 117.

128. »Nimm«: Pr. am Palmsamstag. – Innere Betrachtung: N. 2, 46. – »Schleifstein«: N. 2, 57. – »Saugen«: N. 2, 54. »Einen Pfahl«: Pr. auf Mariä Geburt. – »Gleicher Kauf«: 1. Pr. an Kreuzes Erhebung. – »Setze«: 1. Pr. 15. Sonnt. nach Trin.

129. Eine Kraft: N. 1, 124. – »Wer sich tödtet«: N. 1, 125. – »Denn es ist kein Mittel«: N. 2, 8, 12, 14, 44. – Schnee: N. 1, 128.

130. Der Wille: N. 2, 49. – Normale Lebensordnung: N. 2, 46, 48. – Bronnenrinse: N. 4, 47.

131. »Wie du zuvor«: N. 1, 124. – Jetzt erst lieben: 3. Pr. 13. Sonnt. nach Trin. – »Nimmer soll«: 1. Pr. 15. Sonnt. nach Trin. – »Mörder«: Pr. am Matthäusfest.

132. »Die Menschen, die nicht so zugehen«: N. 1, 123. – Zu ihm, in ihn: N. 1, 130. – »Ein Nichts«: 13. Sonnt. nach Trin., 1. Pr. – »Ueberformet«: N. 2, 95, 128. – Schriftsteller: N. 2, 95. – »Fliegt in seinen Ursprung«: Kirchweihe 1. Pr.

133. »Vergottet«: Pr. am Sonntag, so man das Alleluja singt. – Verliere allen Unterschied: Pr. Mont. vor dem Palmtag. – »Tropfen Wassers«: Sonnt. Alleluja. – »Sonne«: 19. Sonnt. nach Trin. – Für Gott angesehen: 19 Sonnt. nach Trin.

S. 134. Gott in ihr, Gottes Reich: 2. Pr. 15. Sonnt.; S. Matthäusfest; Pfingstfest 3. Pr. — »Gott ist, der da wirket«: N. 1,
116.

135. »Ein Grund«: Matth. Fest — »Ueberbleiben«: N. 2, 82. —
Nicht Verwandlung in göttliche Natur: 3. Pr. Fronl Fest
— »Die in diese Weise«: Matth. Fest. — »Wenn die bösen
Geister«: 21. Sonnt. nach Trin.

136. Wiedergebracht: N. 2, 95; 2. Pr. h. 3 Könige Tag. - Göttliche Geburt: N. 2, 19; 29; 37; 94 Pr. auf Weihnachten.
2. Pr. auf Trin.

137. Sprechen des Wortes: N. 2, 15; 1, 97. — Gnadelicher
Sohn Gottes: N 1, 141. — Sein Wirken: N. 1, 139. —
Wiedersprechen: N. 2, 115. — »Kein Ding also eigen«: Pr.
auf Weihnachten.

138. Analogien: 3. Pr. 3. Sonnt. nach Trinit; 19. Sonnt. nach
Trin.; Palmsonntag. — Adel der menschlichen Natur: 1.
Sonnt. nach Weihnachten — »Dünne«: Sonnt. Alleluja.

139. Das Wirken Gottes: N. 1, 153; Sonnt. nach Weihnachten.
— Moses: nächsten Sonnt. nach Weihnachten.

142. Bewähren: 2. Pr. 13. Sonnt. nach Trin. — Blitz; schnell:
2. Pr. auf Trin.; Pr. auf S. Matth. Fest; Pr. 8. Tag nach
Mariä Geburt. - Hochbegnadigt: 2. Pr. auf h. Dreifaltigkeit.
— Ueberwältigend: Pr. 8. Tag nach Mariä Geburt. — Der
Papst gewähren: 2. Pr. 13. Sonnt. nach Trin.

143. Bewusstsein: 2. Pr. Fronl. Fest. — Flegel: 1. Pr. 10. Sonnt.
nach Trin. — »In diesem Abgrund«: 3. Pr. h. Pfingstfest.
— »Allewege«: 2. Pr. am Sonnt zwischen der Oktave der
h. 3 Könige. — Jählings: 18. Sonnt. nach Trin.

144. Wegen des Leibes: 2. Pr. zwischen der Oktave der h. 3
Könige. - »So wenig ein Stein«: N. 2, 13. — »Das gehet
nicht eines Tages zu«: Mittwoch vor Palmtag; 2. Pr. h.
Kreuzes Erhebung; 2. Pr. 17. Sonnt. nach Trin.

145. Nächtliche Stille: 2. Pr. 13. Sonnt. nach Trin.; 2. Pr. 17. S.
nach Trin. — »Thäte der Mensch«: Pr. 8. Sonnt. nach
Trin.

146. Jüngere: 16. Sonnt. nach Trin.; 1. Pr. 15. Sonnt nach Trin.;
2. Pr. Fronl. — Junge Tochter: Pr. am and. Sonnt. in den
Fasten.

147. A poena: N. 2, 96.

148. »In demselben Nu«: N. 2, 5. — Gemeinschaft mit der Zeit:
N. 2, 84. — »Unsere Natur«: N. 2, 27 — „Vergisst sein
selbst«: N. 2, 104.

149 Volle Reue: N. 1, 27. — In den finstern Willen werfen:
19. Sonnt nach Trin. — Sprung: h. Kreuzes Erhebung,
3. Pr. — »Die Seele, so sie einen Inschlag«: N. 1, 17.

150. »Wohl haben«: 2. Pr. h. 3 Könige Tag. - „Ist, dass sie
fallen«: N. 2, 100. — Der Wille Gottes über sie: N. 2, 105;
2, 84; 2, 37.

173. Nicht alle Dinge lehren: 1. Pr. Sonnt. nach Ostern. —. Gewissen: N. 1, 64; 2, 89; 1, 83.

174. »Seher«: N. 1, 170.

175. Gegenüber den Visionären: N. 1, 42; 2, 27; 126.

176. Jene Seite hervorhebend als: Pr. 16. Sonnt. nach Trin. — »Jedes Ding, wie es ist«: N. 2, 89. — H. Schrift: N. 1, 59 ff.

177. Liebe: N. 2, 116; 118. — Ganz Gott: N. 2, 82. — Istigkeit: ibid.

178. »Bewege sich«: N. 2, 82. — Ein Beispiel: 22. Sonnt. nach Trin. — Bisslen: ibid. — »Wirkende und ruhende«: N. 2, 178.

179. Auswendig: 22. Sonnt. nach Trin. — Gemeine Liebe: Pr. Mariä Geburt. — »Entfliesse«: Pr. an Allerheiligen.

180. Nicht allein zu den Deinen: 2. Pr. 12. Sonnt. nach Trin. — Joachim: Pr. Mariä Geburt. — Auswendig: 2 Pr. 12. Sonnt. nach Trin.; 4. Sonnt. nach Trin.

181. »Tragende Geduld«: Pr. am Allerheiligentag; 22. Sonnt. nach Trin. — Selbst in die Hölle: Pr. 16. Sonnt. nach Trin.

182. »Mehr wünschen als wir selbst«: 22. Sonnt. nach Trin. — Opfere das alles auf: 2. Pr. 4. Sonnt. nach Trin. — In alle Noth: Sonnt. nach der Himmelfahrt.

183. »Was wähnet man«: N. 2, 35. — Insofern sie sich gemeinsamet: N. 1, 44; 2, 81.

185. Vollkommener Wille: N. 1, 55; 159—161. - Frei: N. 1, 15. 14. — Eingeholet: N. 2, 100; 123. — Gottgebundener: N. 1, 17; 2, 13, 14; 79.

186. Paradoxe Ausdrücke: N. 2, 50.

187. Unbeweglicher: N. 1, 155; 157. — Ob diess möglich sei: N. 1, 158, — »Wenn der Mensch«: N. 1, 42.

188. Vom Guten auf das Böse: N. 1, 158. — »Man findet viel Menschen«: N. 2, 50. — Wesentliches Wirken: N. 1, 48; 153; 154 ff. N. 2, 46; 96.

189. »Nu«: N. 44; 165. — Ein Werk alle: N. 2, 50. — Allezeit: N. 1, 8. — Wie Gott: N. 1, 7.

192. »Zufall«: N. 1, 8. — Kreatürliche: N. 1, 6. 7; 2, 22.

193. »Alle Dinge an sie gelegt«: N. 1, 9; 165. — Beispiel: 2, 23. — Franke von Köln: s. Basler Ausgabe von T's. Predigten: (Eckartischer Anhang), S. 232. — So viel nun Wesen edler: N. 1, 44. — »Eine Tugend alle«: N. 1, 9.

194. Oszilliren: 1. Pr. 20. Sonnt. nach Trin.

195. »Nehmet keine Weise«: Pr. 16; 19; 20. Sonnt. nach Trin. — Was der Werke er wirket: Pr. am Sonnt. zwischen der Oktave der h. 3 Könige. — Es hat der Mensch innerlich wahrzunehmen: 10. Sonnt. nach Trin. — Den Menschen ruft zuweilen: 2. Pr. 20. Sonnt. nach Trinit. — Tagesordnung: N. 1, 33.

196. »So der Mensch«: 19. Sonnt. nach Trin. — »Ein einziger Anblick«: N. 1, 162. — Magdalenen Müssigkeit«: N. 2, 32. —

Rücksicht auf den Nebenmenschen: N. 1, 24. 25. — Rücksicht auf sich: N. 1, 24.

198. Nothdurft — Gegenwurf: N. 2, 65. — Nicht zu reichen Leuten: N. 1, 28.

199. Ohne Unterschied: 1, 31. — Unterschied: N. 2, 32. — So
lange er Materien habe: N. 1, 163 ff ; 2, 31.

200. Ein schauend Leben — ein ausgewirktes: N. 2, 41.

201. In Gott so: N. 1, 48.

202. Wirklichkeit in der Abgeschiedenheit: 26. Sonnt. nach Trin.
2. Pr. — Möchtest du fragen: Pr. am Sonnt. zwischen der
Oktave der h. 3 Könige.

203. Wäre ich nicht: 1. Pr. 20. Sonnt. nach Trin.

204. Willst du Fleiss haben: 3. Pr. Fronl. — Ackersmann: 1 Pr.
10. Sonnt. nach Trin. — Drei Stände: 17. Sonnt. nach Trin.

205. Dazu alle verbunden: 2 Pr. 4. Sonnt. nach Trin.

206. Baum: Pr. Augustinustag. — Bronn aller Wonne: N. 1, 37.
— Freude der Traurigkeit: N. 2, 75.

207. Entsinken: Barbaratag. — Stufen: Joh. Bapt. Geburt: 1 Pr.
— Jubilirende Freude: Montag vor dem Palmtag.

208. Vorgeschmack: Pr. am Augustinustag; Heimsuchung Mariä.

209. »Kinder wisset«: h. Kreuzes Erhebung 3 Pr. — »Rauschende
Worte«: 2. Pr. Fronl. — »Jagdhunde«: ibid. — »Vor Zeiten«:
Allerheiligen Tag. — »Es haben die Menschen«: 1. Pr. am
h. 3 Könige Tag.

210. Zwei Gedrange: Pr. auf den andern Sonntag in der Fasten.
— Das Leiden der alten Ehe: 1. Pr. 12. Sonnt. nach Trin. —
»Geburtswehen«: and. Fronl.-Pr.

211. »Zu sehr aber«: Neander K.-G. 5 B. 1. Abth. S. 461. — Sym-
pathetisches Leiden: N. 2, 73; 84. — »Gleiches liebet uns«:
N. 2, 58; 59.

212. »Geurtheilet«: N. 2, 60 ff

213. Von der geistlichen Welt her: 19. Sonnt. nach Trinit. —
Bild vom Thier: 2. Pr. Fronl. — »Gewahr werden«: Montag vor dem Palmtag.

214. »Um des Leidens willen«: h. 3 Könige Tag 1. Pr. — »Ich
sage euch, Kinder«: Kirchweihe 2. Pr.

215. »Stehe fest«: 2. Pr. Fronl. — »Ist's der Widerstreit«: Pr,
von der kananäischen Frau. — Das alttest. Gewissen: 1. Pr.
12. Sonnt. nach Trin. — »Die Wehen der neuen Geburt«:
2. Pr. Fronl,

216. Zu Nicodemo: 1. Pr. zwischen der Oktave der h. 3 Könige.
— »Unsere Zeit«: Dienstag in der Palmwoche.

217. Dass die Natur über sich schwimmt: 19. Sonnt. nach Trin. —
So geniessig: 1. Pr. 15. Sonnt. nach Tr. — Fundament:
4. Pr. Himmelfahrtsfest. — »So der Mensch das Seine thut«:
Kreuzes Erhebung 1. Pr. — »Welches Ding«: and. Fronl.-
Pr. — Kein Auslaufen: 1 Pr. 15. Sonnt. nach Trin. — »Lasset

das gemeine Volk«: 1. Pr. 12. Sonnt. nach Trin. – Mit natürlicher Behendigkeit: 1. Pr. h. 3 Könige Tag.

218. Tausend Ruthen: 2. Fronl.-Pr. — Ohne Belebung: 2. Pr.
Fronl. — 12. Sonnt. nach Trin.

220. Nach seinem Adel: 1. Pr. h. 3 Könige Tag; 2. Pr. Pfingsttag.
— Gott gemeiner: N. 2, 72. — Ungleich — gleich: 1. Pr.
Fest der h. Trinit. — Sühnende Kraft: N. 2, 58. — Urtheil:
N. 2, 60. — Leiden bringe Leben: N. 2, 69.

221. Willenskraft: N. 2, 77. — Erleuchtete: ibid. - Myrrhe: 1. Pr.
h. 3 Könige Tag.

222. Konszientia: N. 2, 73. — Vorzug: N. 2, 69; 71. – Die Lösung: 5. Sonnt. nach der h. 3 Konige Oktave. — Nach der
Aehnlichkeit Christi! 2. Pr. 15. Sonnt. nach Trin.

223. »Eine Seele voll Gottes«: 3. Pr. 13. Sonnt. nach Trin. –
»Fleuchst du den Reif«: 5. Sonnt. nach der h. 3 Könige
Oktave. — Simonis Geschlecht: 1. Pr. 15. Sonnt. nach Trin.
— »So der Mensch«: N. 2, 78; 80.

224. Segen des sympathetischen Leidens: N. 2, 80. — » Verdingte Knechte«: 8. Sonnt. nach Trin.

225. »Aufgreifig«: 1. Pfingst-Pr.; 1. Kirchweih-Pr. — Weltliche:
Samstag vor der Palmwoche. — Auf die Vernunft: 3. Pr.
h. 3 Könige; Samstag vor dem Palmtag.

226. »Frage nicht«: 4. Sonnt. nach Ostern. – » Gleich als ob es
Gott sei«: 1. Pr. Joh. Geburt. — Wissen nicht Wesen: 20.
Sonnt. nach Trin. 2. Pr.

227. Auf das Thun: Mariä Himmelfahrt; Dienstag in den Pfingstfeiertagen. — Pharisäismus: S. Kordulatag; 1. Pr. 20. Sonnt.
nach Trin. — Simonie: 2. Pr. 15. Sonnt. nach Trin.

228. Individualität: Pr. am Laurentiustag — Richten: 4. Sonnt.
nach Ostern; Dienstag in den Pfingstfeiertagen: 19. Sonnt.
nach Trin.

229. Aufs Gefuhl: 4. Pr. Auffahrt; Dienstag in den Pfingstfeiertagen; Freitag nach dem Sonntag Invokavit; 2. Pr. 20. Sonnt.
nach Trin.

230. S. Peter: Sonnt. nach der Himmelfahrt. — Unrechte Freiheit:
ibid. — Sentimentale Betrachtung Christi: 3. Pr. 13. Sonnt.
nach Trin.

231. Geselle: Sonntag nach Himmelfahrt; Sonntag, so man das
Hallelujah singt. — Reizungsmittel: 19. Sonnt. nach Trin.

233. Menschenkenntniss: 1. Pr. 10. Sonnt. nach Trin. — N. 2, 57;
87. — Mitgefühl: Lätare; 1. Pr. 13. Sonnt. nach Trin.

234. »Wenn der Mensch«: 22. Sonnt. nach Trin. — »Säulen«:
21. Sonnt. nach Trin. — »Perlen«: Sonntag, so man das
Hallelujah singt.

235. Holz des Weinstocks: Sonnt., so man das Hallelujah singt.
— Unerkannt: N. 2, 56; 160.

236. Schweigsam: N. 1, 149; 2, 46. — Eines Begharden Rede:
2 Pr. 3. Sonnt. nach Trin. —

S. 237. Sich an die Gottesfreunde zu hängen : N. 2, 56 ; Samstag vor der Palmwoche. — »Wäre es nicht ein besonderer« : 1. Pr. auf Mariä Geburt.

241. »In etlichen Landen« : Pr am Augustinustag. — Gegen falsche Freiheit : N. 1, 35 ; 41 ff. — »Ungeübte Tugenden« : 10. Sonnt. nach Trin.

242. In ihrem blossen ledigen Grunde : S. Joh. Bapt. Geburt, 1. Pr. — »Keinen Durchbruch« : 2 Pr. 13. Sonnt. nach Trin. ; Matthäi-Fest.

243. Die Schreiber und Pharisäer : Pr. am and. Sonnt. Fasten ; Pr. von der kanan. Frau ; N. 1 , 35.

244. Da es blösslich herausquellen sollte : 1. Pr. Auffahrt. — »Wild und theuer« : Samstag vor der Palmwoche. — »Offenheit« : 1. Pr. Kirchweihe. — Diese grossen Pfaffen : N. 2, 3. — Hohen Freitag in der Palmwoche.

245. Falsche Aszetiker : R. 1, 40 ; 145. — Zisterne : 1 P. Auffahrt. — »Armleidige Natur« : P. auf den andern Sonntag in den Fasten.

246. Voll Urtheils : 1 P. Auffahrt ; and. P. in den Fasten.

247. Visionen : 2 Fronl.-Pr. ; 16. S. nach Trin.

248. Gegen die Visionäre : R. 1, 42 ; 2, 126.

250. » Ich sage dir « : 16. S. nach Trin. — Kirchliche Leitung : R. 1, 169.

251. Er gäbe allen Priestern Unterscheid : 2 P. h. Fest der Trin. — Autonomie : R. 2, 46 ; 1 , 22 ff.

252. Zweierhand Sprechen : N. 1 , 135 ff. 138 ff. — Ich sage euch, Kinder : 1 P. 12. S. nach Trin.

254. Bleibende Bedeutung : N. 1 , 35.

255. Sein Gehorsam : P. S. Matthäi-Fest ; an der h. drei Könige Abend. — Gott leben : 3 P. Fronl. — »Ein einiger Gedanke« : 2 P. 15 S. nach Trin.

256. Dom : 5 Sonnt. nach Trin. , am Palmsonntag. - Alte Ehe : Dienstag in der Palmwoche.

257. »Ich meine nicht« : P. am Mittwoch vor dem Palmtag. — »Wisset, dass« : 1 P. 4 S. nach Trin.

258. Das Innere über das Aeussere : and. P. am Sonnt. zwischen der Oktave der h. drei Könige. - 16. S. nach Trin. - 2. P. am 4. S. nach Trin.

259. Ob nicht Unordnung in den Werken : P. in der Kreuz- oder Betwoche.

260. Beides zusammen : 2. P. 4. S. nach Trin. — Untugend tödten : 21. S. nach Trin. — Weingärtner : 1. P. 20. S. nach Trin.

261. Ueber das Ordenswesen : P. Dienstag in der Palmwochen. 1 P. uns. l. Frauen Geburt. — 2. P. 10. S. n. Trin. — 2. P. h. Kreuzes-Erhebung.

262. Gebet : Sonnt. nach der Auffahrt. — Vollbracht : Palmsamstag Abends. -- Gnadenmittel : 3. P. 8. Tag der Geburt Mariä,

S. 263. Bricht denn aus der edle Rauch: P. an der h. drei Könige
Tag. — »Hier fallet ab«: P. Sonnt. Septuag. — Gebet
schade: P. in der Kreuzwoche.

264. »Kauf«: P. am Palmsamstag Abend. — Anbetung der Heiligen: Sonnt., so man das Hallelujah singt.

265. »Ich weiss eine junge Tochter«. P. am andern Sonntag in
der Fasten. — »Niemand in diesem Leben»: P. auf unserer
l. Frauen Himmelfahrt.

266. Pönitenz: P. auf Dienstag in der Palmwoche. — »Kinder,
ich werde unrecht begriffen«: P. auf unserer l. Frauen Himmelfahrt.

267. Ohne Reue hilft keine Beichte: Ibid.; P. auf des h. Kreuzes
Erhebung; P. in der Kreuzwoche. — P. 8 Tage vor der
Geburt Maria. —

269. Nicht Alles beichten: 11. Sonnt. nach Trin. — Fremde
Glossen: 1. P. h. Pfingstfest. — »Entfallen dir deine Gebrechen«. P. h. Kreuzes Erhebung.

270. Grobe Priester: P. auf uns. l. Frauen Geburt.

271. Unwortlich: P. 3. Fronl. — Von seiner Gottheit schweige:
1. Fronl.-Pr. — Speise — Speiser: 3. P. Fronl.

272. Gesicht: 3. Fronl.-Pr. — Assimilation: 1. Fronl.-Pr.

273. Die Gnade: 3. Fronl.-Pr. — »Wo der Mensch in sich findet«: 1. Fronl.-Pr.

274. »Ihr sollet wissen«: 2. Fronl.-Pr. — »Gott allein mit ihm
selber«: N. 2, 10. — Väterlich Erbe: N. 2, 66; 2. Fronl.-Pr.
— Köln, ibid. Nothdurft büssen. 274. — Vor Hunger sterben: N. 2, 11.

276. Messopfer: P. am andern Sonnt. nach der h. Dreieinigkeit.
— Erzählung: 4. Fronl.-Pr. — Innerliches Priesterthum:
1. Pr. S. Job. Geburt.

277. Aufzählung der Sakramente: Samstag vor der Palmwoche.
— Laulich: Freit. nach d. Sonnt. Invokavit; 1. P. Himmelfahrt; 2. Pr. 20. Sonnt. nach Trin.

278. Taxe: 4. P. Fronl. — Wessen die Ueberschrift: P. an Laurentius. — »Sehet euch vor«: P. an uns. l. Frauen Emp-
fängniss. — Geistige Hölle: 13. Sonnt. nach Trin. 2. Pr.
3. Pfingstpredigt. P. vom Kanan. Weibe.

279. Teufel: 2. Fronl.-Pr. — Vorgespielt: 3. Pr. nach Trin. —
Beda: P. in der Kreuzwoche.

280. Heraklius: 2. P. h. Kreuzes Erhebung. — Wigmann: P. auf
uns. l. Frauen Himmelfahrt.

281. Euch meine ich nicht: P. am Matth.-Fest.

291. Sechstagewerk: Nächste Predigt nach Weihnachten.

295. Seine Demuth: P. 19. Sonnt. nach Trin.

Belegstellen zu Suso.

Suso's Schriften: zitirt nach der 2. Ausgabe von Diepenbrock.

S. 297, Der Vater Berg: D. XVII.: Murer: Helvetia h. S. 315. — Vater, Mutter: D. S. 16; 126.

298. Der Mutter Tod: S. 127.

299. Lage des Klosters: Murer, S. 345. — Ihm ward gesagt: D. S. 51. — Sein inneres Leben: S. 2; 287.

300. Beichte: S. 86.

301. Vorstreiter: S. 2.

302. Geselle: S. 127. — Weisheit: S. 6 ff. — Blühender Muth: S. 89; 95.

303. Bild der Weisheit: S. 8.

304. Maler: S. 89.

305. Morgengruss: S, 11; 355. — Tischsitzen: S. 16. — Das angehende Jahr: S. 18,

306. Mai: S. 25. — Sommer: S. 96.

307. Kleid: S. 95,

308. Jesu Namen einzeichnen: S. 9.

309. Seinem Studienfreund: S. 127. — E. Stäglin: S. 354.

310. Verwöhnt: S. 26. — An der Neue: S. 310. — Kreuzgang: S. 310.

311. Drei Kreise: S. 89. — Zehn Jahre abgeschieden: S. 48. — Schweigen: S. 470.

312. »Ausbrüchig mit Reden«: S. 29. — Unterkleid: S. 30. — Ungeziefer: S. 31.

313. Kreuz: S. 32. — Geissel: S. 34. — Nachtlager: S. 35.

314. Trinken: S. 37. — Wein: S. 41. — Armuth: S. 37. — Vom 18.–40. Jahre: S. 42.

315. Kritik: S. 92.

316. Innere Leiden: S. 50 ff.

317. Geister: S. 50. — Vergangenheit: S. 87; 98. — Agnesentag: S. 4.

318, Leuchten des Jesusnamens: S. 11.

319. Engel: S. 12; 13; 53; 96, — Sein Vater: S. 16. — Der Tukrer: ibid.

320. Zwei fromme Personen: S. 126. — Dessgleichen: S. 16. — Kundschaft: S. 15.

321. Ein andermal: S. 12. — Sie hingen ihm das Herz auf: S. 124. — Sie fallen ein: S. 97. — So süss u. s. w. S. 23; 96; 97; 124. — Tanzen: S. 14.

322. Denn seiner Seele: S. 96.

323. Erdbeeren: S. 24 — Knöllen: S. 40.

324. Der Maler: S. 49. — Wunder-Trank: S. 125. — Das Pferd: S. 123.

Belegstellen zu Rusbroek.

D i e Citate, die n u r die Seiten angeben, beziehen sich auf A r n s -
w a l d „vier Schriften von Joh. Rusbroek , in niederdeutscher
Sprache ; Hannover 1848." — Die andern Citate auf die Schriften Rusbroek's in der Surius'schen Uebersetzung.

S. 442. „Nichts thut«: vrgl. die alte Biographie vor Surius.

455. „Der neue Name": S. 197.

460. Grundlose See: S. 82. — Fruchtbarkeit: S. 96. — Sich
nicht immer enthalten : „Königreich der Gottliebenden" 28 K.
— »Der Vater im Anbeginn«: S. 120. — „Alles, das da":
S. 154. — „Die Weisheit und Alles«: S. 145.

461. „Der Sohn erkennet": S. 95. — Der h. Geist: S. 13; 83. —
Indem der Vater im Sohn: S. 97. — »Umfang«: S. 83. -
„Er befähet«: S. 145. — »Gottes Natur ist«: S. 283. — Ein
Edelstes : „Von der wahren Beschaulichkeit« K. 30. — Wiedertragungen: S. 83. — Väterlichkeit; S. 144. — In der Einheit leben und regieren die Personen : »Beschaulichkeit«
28. K.

462. Gebrauchen und Wirken: „Beschaulichkeit" Kap. 44. — In
sich selbst lebende: „Besch.« 30. K. — Hierin müssen die
Personen weichen: S. 146.

463. „Die hohe unbegreifliche«: S. 52. — Nadelspitze: »Von 12
Tugenden« K. 12. — „Behalter«: S. 39.

464. Macht: „Königreich« 1. K. — Ewige Schöpfung: S. 42.

465. In dieser Weisheit: S. 143. — „Er erkennt sich selber«:
S. 290. — Im Beginne der Welt: S. 194. — Von Freiheit
seines Willens: S. 291. — Diess ewige Ausgehen, Grund
des Zeitlichen: S. 143, 261. — Die Reichheit: S. 12. —
Ordnung, Mass: S. 283.

466. Umfang der Schöpfung: »das Königreich« K. 4; »von der
Beschauung« K. 30 ff. und Arnswald S. 97.

467. Oberster Himmel: S. 97. - Denn in dieser Einigkeit:
S. 98.

468. Dienst; Weg: »Königreich« K. 4. — Wir haben alle: S. 290.
— Ewiglich erkannt: S. 292. — Diess ewige Ausgehen :
S. 143. — Aus dem lebenden Leben: S. 290 ; 291.

469. Das Warum: S. 12.

470. Zu so hoher Würde : »Tugenden« K. 1. — Nebenher: ibid.
— Unterschied im Denken: S. 84. — Nach Allheit seiner
Substanz: S. 45. — Anthropol. Eintheilung: »7 Bewahrungen«
17. K.; »Königreich« 6. K. ; 18. K.

471. Tag des Herrn: »Königreich« 27. K. — Einigkeiten: S. 45.

472. Eigendom: S. 46 ; 107. — Seele als Seele: S. 46. — Geist:
ibid. — Weselich und wirklich: S. 105.

S. 517. Verständniss: S. 82, 117 ff. — Mögen auch: S. 118. — Schriftkenntniss u. s. w.: S. 85. — Willen: S. 85 ff.; 120.

518. Dritte Stufe: S. 99; 122.

519. Draussen bleiben; falgiert: S. 102; 122.

520. Nur diejenigen: S. 101. — Ursprung: S. 100. — Letztes Mittel: S. 100; 121. - Hunger, Streit: S. 101; 122.

521. Blitze: S. 194; 296. — Reue: S. 102.

522. Schauende, göttliche Weise: S. 104. — Sieben Gaben: S. 113 ff.; vrgl. »Königreich der Gottliebenden« S. 20 ff.

525. »Uebrigens hat«: so im »Königreich der Gottliebenden« K. 29; »Stiftshutte« K. 24. - Tauler: 3. Pr. am Pfingsttag. — Die drei theol. Tugenden: S. 46. - Namen: S. 185. — Wenige: S. 139.

526. Diese zwei Partieen: S. 183 ff.

527. »Gott wirket sich hier selber«: S. 141. — Nicht durch Kunst: S. 138.

528. Wo des Menschen Weise: »Sieben Bewahrungen« K. 19. - Nur auf Grund der früheren: S. 138; 140. — Zierde: S. 138.

529. Sich in seine Einheit: S. 141; 172; 188; 198; 295. Cfr. »von den 7 Stufen der Liebe« K. 13 und 14.

530. So Jemand: »Besch.« K. 30. — Langheit u. s. w.: S. 172. Entsinnen: S. 201. — »Selig sind«: S. 187.

531. Erfolgendes Bild: S. 143; 145; 199. — Minne: ib. 145; 173; 293. — Gottes Einziehen: ib. 173; 188; 304.

532. »Dasselbe Ein«: S. 138. — Getauft: ib. 220. — Luft, Licht: ib. 188. — Zusammengeflossen: ib. 143.

533. Kein Heischen: S. 303. — Sterbend Leben: ib. 304. — Gewissheit: ib. 185. - Auge des Geistes: ib. 141; 188. — Getransformiret; ib. 144.

534. Der minnende Geist: S. 173. — Die drei Weisen: »7 Bewahrungen« K. 19. — Vater: S. 302; 262; 296.

535. In die entsunkene Verborgenheit: S. 139; 140. — Weder Weg noch Steg: ib. 301. — Die Weise des h. Geistes: ib. 302; 262; 296.

536. See: S. 146. — Eine Liebe, Geniessung, Seligkeit: »7 Stufen der Liebe« K. 14.

537. »Möchten wir uns«: S. 147. - Zu diesen: ib. 139.

538. Nun versteht ihr: S. 172; 174; 300. — Gerson; opera ed. Dupin T. I., p. 59 ff.

540. Unterschied in der Reflexion: S. 173; 193. — Dagegen: ib. 198; 200. — Nur das, dass: ib. 189. - Nicht zu Nichte: ib. 303.

541. Einerseits, anderseits: S. 189; 190; 191, 305. — »Wir fühlen, dass Gott«: ib. 194.

542. Gottes Berühren: S. 197. — Sonder Uebung: ib. 189; 191. - In diesem Zusammenfügen: »7 Bewahrungen« K. 14. — »Der Mensch, der aus der Hohheit«: S. 202.

S. 543. Jenseitig: S. 195 ff.

544. Vierzigstes Jahr: S. 217.

545. Individualität: »Königreich der Liebhaber Gottes« K. 31.

546. Nachfolge Christi: S. 230; 231; 232; 243. — Erbkinder:
ib. 299.

547. Wenn wir der Menschheit »Stiftshütte«: K. 69. — Christus
Gott und Mensch; Eingehen; Ausgehen: 1. Brief.

548. »Staub auf den Wind«: »Haupttugenden« K. 1. — Christus:
ibid. — Wenn der Mensch: S. 25. — Inwendige Beugung:
»Tugenden« K. 24; »Königreich der Gottliebenden« K. 14.
— Fusstuch: »7 Stufen der Liebe« K. 4.

549. Gehorsam: »Tugenden« K. 3; »Königr. der Gottliebenden«
K. 14; S. 25. -- Verläugnung: S. 26. — Geduld: ib. 27;
»Haupttugenden« K. 5.

551. Kompassion, Mildigkeit: S. 30. - Karitas im eigenen Leben: ib. 86 ff. Cfr. »Königreich der Gottliebenden« K. 16.

554. Tugenden aus der Gerechtigkeit: S. 31 ff. — Soberheit:
ib. 32; cfr. »Königr.« K. 18; 14. — Reinigkeit: S. 34.

555. Pfenning: S. 36. — Vier Tugenden: ib. 37 ff.

556. Wille: Haupttugenden K. 9. — Wer alle seine Willenskraft: Stiftshütte K. 5. — Aller: ib. K. 7.

557. Gebräuchliche Neigung: S. 123.

558. Odem: »7 Stufen der Liebe« K. 14. — Bald spricht er: S.
170; 273; 276. — Leib und Seele: »Samuel« K. 5.

559. Beide mit einander: S. 117; 118; 119; 126; 127; 128; 273.
Cfr. »7 Bewahrungen« K. 14.

560. Athem holen: 2. Brief.

561. Ergebniss der Uebung: S. 237 — Sich selbst besitzen: ib.
118. — Nicht in einer Uebung: ib. 124. — Christus: ib.
110. - Dreieinigkeit: ib. 118; 138.

562. Mit dem neuen Leben u. s. w.: »Haupttugenden« K. 10
und 11.

563. Aeussere Aszese: ib. K. 13.

564. Verhältniss zu den äusseren Dingen: S. 53, 34, 33; 238;
»Haupttugenden« K. 6, »7 Stufen der Liebe« K. 2; »7 Bewahrungen« K. 8.

566. Seligkeitsgefühl; Welde: S. 58; 239.

567. Reif und Nebel: S. 59.

568. Biene: S. 60.

569. Wort; S. 65. — Kindsnöthen: ib. 66. — Obwohl er sicher
gut stirbt: ib. 66.

570. Sie sollen sein stark: S. 68. — Revelazionen: ib. 64.

571. Warnungen: S. 67.

572. Heilige Schrift: S. 65. — Keine solchen Offenbarungen
mehr: ib. 81 ff. - Bekorungen: ib. 116: 69; 240; 70.

573. »Manche Menschen«: S. 75.

574. Gute Menschen suchen: S. 70. — Christi Bild: ib. 240. —
Hochzeitkleid: »7 Stufen der Liebe« K. 4.

Belegstellen zu Gerhard Groot.

S. 614. Zwei Präbenden: ein Schreiben des Dr. Wilhelm von Salvarville bei Thomas, Anhang. — Er nahm an: K. 11, 7. —
Der Barmherzige: K. 3, 1. — Krankheit: K. 13; 18, 52.

615. Aeger: K. 4. — Seine Bücher verbrannte er: K. 13, 5. —
Aus einem Reichen: K. 5, 2.

616. Du sollst dir auch: Beschlüsse K. 17. — Entgegengesetztes:
K. 11, 1.

618. Der Magister Gerhard, K. 13, 5.

625. »Gut wäre«: K. 8, 1.

626. Nicht um meinen Hut: Appendix 3. K. (zur Chronik des
Agnesklosters). — Er setzte die Axt: K 8, 2. — Oefters
hielt er: K. 15, 1. — Macht der Worte: K. 13, 3. — Mit
Erlaubniss des Bischofs: v. Gs. Schreiben an.den Bischof.
— Nach der Beschaffenheit: Leben des Florentius: K. 6, 2.
— Keinen Nutzen: K. 14, 4.

627. Sein Beispiel: Florentius Leben K. 6, 1. — In Städten:
K 8, 2. — Allgemein: K. 15, 1. — So gross war; K. 15, 1.
— Chronik: S. 1.

628. Posaune des Heils: K. 8, 1. — Einer der Angesehensten:
Chronik von S. Agnes K. 1. — Gewisse Prälaten: K. 8, 3.

629. Bettelmönch: K. 9, 3. — Abschriften: K. 13. 3. 4. — Es
wäre ein Langes; K. 9, 1. — »Viele umstehen mich«: K.
8, 3. — Lasset auch nicht: K. 9, 1.

632. Keinen Aufstand: K. 9, 1. — Reise zu Rusbroek: K. 10. —
Nach neuen Forschungen: Arnswald S. XLII

633. Keiner solle: K. 15, 2.

634. Nun waren zu Zwoll: Chronik K. 1. — G. liess auch:
K. 9, 2.

637. Brinkerink: K. 12, 1. — Gegenseitiges Bekenntniss: K.
12, 2.

638. Ich boffe: K. 12, 5. — S. Tod: K. 16; cfr. Anhang der
Chronik zu S. Agnes.

639. Häusliche Ordnung: K. 11.

640. Mir begegnet: K. 12, 1. — Cilicium: K. 7, 2. — Bücher:
K. 12, 1.

641. Als ihn einst ein Freund: Anhang zur S Agnes-Chronik
N. 3. — Uebersetzungen: ib. — Gegen die Fokaristen: Ar-
chiv für niederländische Kirchengeschichte Th. 1, S. 363. —
Auch diejenigen zu unterrichten: K. 13, 3. — Karakteristik:
K. 14, 4.

643. Er hat unser Vaterland: K. 1, 2; K. 14.

Belegstellen zu Florentius.

645. Erschüttert: Thomas Leben des Florentius K. 6. 2.
646. Priester: K. 10, 2.

S. 647. Denn, sagt Thomas: K. 16, 4.

648. Im alten Hause: s. Leben des Arnold von Schönhofen — Spiegel: L. des Fl. K. 2, 3.

649. Lobwürdige Gewohnheiten: L. des A. v. Schönhofen K. 6. — Lubbert: cfr. sein Leben bei Thomas. — Siehe überhaupt über die Genannten die betreffenden Biographieen von Thomas.

652. Ueber Zerbold: s. Kempis über seine Schriften. Revius: Daventria illustrata p. 36 — 60.

653. Dem Jakobus von Viana: dessen Leben K. 4. — Gerhard: Leben K. 4.

654. Priester: Leben des Jakob von Viana K. 3. — In Utrecht u. s. w.: L. Fl. K. 27, 4.

655. Rathsherren: K. 10 und 22. — Stets ermahnte er: K. 24. — Kollation: K. 23.

656. Rabbiner: K. 13, 4.

657. Tod des Florentius: L. K. 28.

658. Einfachheit: K. 9, 3. — Strasse: K. 11, 1.

659. Enthaltsamkeit: K. 17, 1. — Krankheit: K. 18.

660. Meister: K. 11. — Nur ins Angesicht sehen: K. 15. — Tadeln: K. 24. — Zudrang: K. 14. — Unterscheidung der Geister: K. 24.

661. Linirte: K. 14. — Küche: K. 13, 2. — Chor: K. 11, 2.

662. Barmherzigkeit: K. 15, 16.

668. Schon Groot: L. des Flor. K. 14, 1. — Einige: S. Agnes-Chronik, K. 3.

669. Gerade jene Dinge: K. 13, 1.

670. Schilfrohr: S. Agnes-Chronik K. 3. — Lubbert: dessen Leben K. 8; 18; 20.

672. Rede des Lubbert: L. Lubberts K. 25 — Todeskampf: ib. K. 30.

674. Schule Christi: L. des Fl. K. 23. — Predigt von Brinkerink: Leben desselben K. 2.

Belegstellen zu Thomas von Kempen.

678. Gobelinus: s. Delprat: die Brüderschaft des gemeinsamen Lebens S. 37.

679. Auf dessen Anrathen: Leben Gronde's K. 2. — Das letzte Jahr: Leben Arnold's von Schönhofen K. 3. — »Wenn auch Alle schwiegen«: Leben des Fl. K. 16.

680. Chor: Leb. des Fl. K. 11. — Tisch: ibid. K. 13. Schönhofen: K. 3. — Eberhard Elza: Anhang zur Agnes-Chronik K. 12.

682. Chronik: K. 10.

838

S. 684. O wie gross u. s. w.: Nachfolge 4 B. 5. K.
685. Strafruthe Gottes: Chronik K. 27. – Pest: ibid. K. 26. –
Grabow: Gerson's Werke 1. B. S. 467 ff. — Friedrich von
Blankenheim: Chronik K. 19.
686. Ach! guter Gott: Chronik K. 20.
687. Zu Vianen: Chronik K. 29. – Liebe: »über den getreuen
Haushalter« 3. B. 1. K. — Gehorsam; ib. — Lohn in der
Zukunft: 2, 3. – Zelle: 3, 4.
688. Herr: ib. B. 3, K. 7. — Für die Anderen: 3, 4; 2, 2, 5.
689. Die Tugend, welche: 3, 9. 4 — Zur Selbsterkenntniss: 1, 6
— Marienstand: 3, 6. 7. 11; 1. 30.
690. Petrus: 3, 8. — Mosis: 3, 9. – Fuss rühren: 2, 4.
691. Gehorsam: 1, 5. 6. – Glaube: ibid.
692. Das Mass deiner Möglichkeit: 1, 7. — Maria: 2. 6; 3, 4
695. Behutsamkeit in der Vertraulichkeit: Nachf. 3, 45.
696. Die Züge aus der Biographie des Franziskus (an der Spitze
der Werke des Thomas).
711. Was es auch sei: Nachf. B. 3, K. 31. – Alles vergeht: N.
3, 27. — Weltlust u. s. w.: N. 1, 1. — Fluch: N. 3, 26.
— Das Auge: N. 1, 1. — Wenn du Alles: N. 1, 20.
712. O des armen: Alleingespräche K. 5. — Tod und Seuchen:
N. 3, 20. — Komm h. Verworfenheit: Alleingespräche K. 6.
– Ein Nichts: N. 3, 8. 40. — Die uns an jedem Orte: Reden an die Novizen: 1. B. 5. K. — Wisse, dass: N. 3, 27.
713. Vielartig: Reden an die Nov. 1, 8. — Rebellion: Reden
an die Nov. 2, 10. — So dass sie, die von Natur gut und
recht: N 3, 55. — Ueber welches hinaus: Alleingespräche
K. 12.
714. Mein Gott und Alles: N. 3, 34. – Und wenn auch Anderes: Alleingespräche K. 1. — Wo war mir wohl: Nachf.
3, 59. – Wer vermöchte zu sagen: Alleingespräche K. 1.
– Wer nicht liebt: ib. 2. — O kurzes: ib. 1. — So lange
noch: N. 3, 31. — Unähnlich: N. 3, 34.
715. Darum bitte Gott: N. 3, 37. – Nicht auf der nämlichen:
Med. 16. – Darin hast du mir: N. 3, 10 — Du o gnädiger: N. 3, 52. — Gar sehr: Red. an die Nov. 1, 5.
716. Sieh, Himmel: N. 3. 10. - Freue dich: Med 1. – O Liebe:
Med. 8. — Nicht emporsteigen: Med. 10. — O Weisheit:
Med. 2. — Keiner der Heiligen: Med. 10.
721. Person Christi: Med. 10. – Zweck der Menschwerdung:
Med. 3. — Der vorbildliche Christus: Med. 20; an die Novizen 1, 3.
722. Gezeigt: Med. 13. — Ein Religioser: N. 1, 25. — Ganz aufgeopfert: N. 4, 8. - Für unsere Sünden: Med. 29; 33.
723. Denn wie einem Religiosen: ib. – Weil er: ib. — Siehe
daher: Med. 10. - Das Haupt für die Glieder: Med. 29. —
Sieh dein: Med. 3.

S. 724. »Kommt, lasset uns«: Med. 5. -- Kind: Med. 9.

725. Er bittet: Med. 6.

726. Betrachte hier: Med. 7. — Füsse, Hande u. s. w. Med. 9.

727. Geistig: Med. 9.

728. Keine Auswahl: Med. 12.

730. Keines Unterrichts bedurft. Med. 20. — Passion: Med. 12, 27.

731. So lange man: Med. 4.

732. Selig die Seele: Med. 26. — Baum: An die Nov. 3, 1.

733. O Kreuz: Med. 26.

734. Das Herz ist: Nov. 1, 8, 4. — Die Liebe zum Schöpfer: Med. 17.

735. Nur nicht unordentlich: 1. Rede an die Brüder, an die Novizen 2, 4; uber die Einsamkeit, 1, 16. - O wenn doch nichts anderes: N. 1, 25; 22. - Alles abzuwerfen: N. 3, 26; 4. — Besonnenheit: 5. Rede an die Bruder; Med. 19.

736. Sinnenzucht: An die Nov. 2, 3, 10; 3, 8. — Draussen hüte: Geistl. Uebungen, K. 4. - Hund: Rosengarten, K. 4. — Zur Flucht: An die Brüder, 5. R. — Was das Auge nicht: Lilienthal, K. 18. — Herzensblut: An die Nov. 1, 1. An die Bruder, 5. Rede.

737. Wenn der Mensch alle: N. 2, 11. — Einige betreten zwar: An die Brüder, 1. — Axt: N. 1, 11. — Du musst durch Feuer: N. 1, 22. - Immer sucht die Natur: Von der Ertödtung seiner selbst.

738. Auch die Apostel seien: Med. 35. — Wie schwere Arbeiten: 1. Brief. - Keine Arzenei: Klosterzucht K. 5. —

739. Um einer Prabende: Nachf. 3, 3. - Jeder habe eben: Nachf. 1, 25. — Grosse Freiheit: Rosengärtlein K. 8. — Wer Sieger: von der Erkenntniss eigener Gebrechlichkeit. K. 6. — Seiner selbst gewaltig: Klosterzucht: K. 10. — Geduld: R· an die Nov. 1, 5; von den 3 Hutten: 1, 1.

740. Unser ganzer Friede: N. 2, 3, — Gehorsam: Nov. 1, 7; 3, 1; N. 1, 9; Herberge der Armuth, K. 5. Auch spreche Gott oft: von der Demuth. — Nichts für sich zurückbehalten wollen: Klosterzucht, K. 4.

741. Nichts ist ruhiger: Nov. 1, 7. - Selbst wenn die eigene Meinung: N. 1, 9. — Demuth: Nov. 1, 8, 9. — Ein Baum der: Gespräche der Nov. K. 2. — Wenn Gott aus: Nov. 1, 9.

742. Aus jenem Doppelten: Nov. 2, 7. — Glückliche Stunde: Alleingespräch, K. 3. — Auch das: N. 2, 2.

743. Sittlicher Segen: Rosengärtlein, K. 16. Von den 3 Hutten, K. 2. — In der wahren: N. 3, 52. — Loskaufen, besänftigen: Med. 21.

744. Zusammenhängen: 3 Hütten 1, 15. — Ein Diener Gottes: Klosterzucht, K. 9. — Mässigung, ibid. K. 12. — Das Gebet: Herberge, K. 17; 18; 19.

745. Feuer, Keil: Rosengärtlein, K. 4, 3. Brief. — Heilige Worte:

Handbüchlein der Kleinen, K. 6. — Habet immer etwas:
Nov. 1, 7. — Alles ist fürwahr: Med. 2. — Das sei: Nov.
2, 4; 3, 1. — In allen Dingen: N. 2, 24. — Zweifacher Stachel: An die Brüder, R. 3.

S. 746. Kennetet ihr: Nov. 1, 2. — Gott lasse sein Schäflein: Rosengarten, K. 16. — Was wird jenes Feuer: N. 1, 24. — Daraus
wir selten: N. 3, 24.

748. Was geht es dich an: N. 2, 21. — Er sprach: Nov. 2, 3. —
In der Stille und Ruhe: N. 1, 20. — Seitdem es dich: N.
1. 20. — Moses: Klosterzucht, K. 7. — Ist man allein: Nov.
1, 4. — Kostbare Gewürze: Lilienthal, K. 18.

749. Beispiel von einem Klostermann: Nov. 2, 15.

750. Stillschweigen: Nov. 1, 4. — Er fragt sich: N. 1, 10. —
Wenn nicht weise sprechen: Nov. 1, 7. — Wie Niemand
sich sicher: N. 1, 20. — Sehr erbaulich müsse: Lilienthal,
K. 18. — Schweigen und Sprechen: Ueber das Stillschweigen, K. 9. — Pforte: ibid. K. 8. — Er wollte: ibid. K. 26,

751. Kurz, erbaulich: Nov. 1, 4. — Eine fromme: N. 1, 10. —
Pest: Vom getreuen Haushalter, 1, 16.

752. Wie viel Gutes: Nov. 1, 9. — Tagesordnung: Geistliche Uebungen: K. 1.; vom getreuen Haushalter, 1, 11.; von der
Klosterzucht, K. 5. — Es wird eine Zeit: N. 1, 23. — Nichts
ist kostbarer: Alphabet, K. 14. — Wenn du es nicht vermagst: N. 1, 19. — Es sei wunderbar: Geistl. Uebungen,
K. 10. — Tagebuch: Geistl. Uebungen, K. 1.

753. Schlaf: Geistl. Uebungen, K. 11. — Individuell: An die
Brüder, 8 R. — Das Allgemeine: Klosterzucht, K. 10; andere geistl. Uebungen, K. 8.

755. »Weder Himmel«: Med. 10. — Saitenspiele: Rosengärtlein,
K. 18. — Zu gering: Alleingespräch, K. 1.

756. Gott lässt es zu: Alleingespräch, K, 10. — Meer: Alleingespräch, K. 25. — Ich habe Alle: N. 3, 9. — Wie Wasser:
Klosterzucht, K. 11. — Selig, wer: N. 2, 7. — O wie bin ich
verpflichtet: Med. 8. — Wolle nicht: N. 2, 8. — Du musst:
N. 2, 8; 3, 27.

757. Gott um seiner selbst willen liebend: N. 2, 8; Rosengärtlein, K. 4, K. 5. — Verlange nicht: N. 3, 49. — Der Liebende: N. 3, 5. 6.

758. Das Auge auf Gott gerichtet: N. 3, 32. — Nichts soll: Med.
10. — Rückhaltslos: Alleingespräch, K. 8; K. 25. — Lilienthal: K. 4.

759. Kraft der Liebe: N. 2, 8; 3, 5; 9. Med. 8. Das Alphabet,
K. 20. Rosengarten, K. 13.

760. Sie umgeht: Rosengarten, K. 13. — Sich mit Allem Gott
opfern: N. 4, 9. Klosterzucht, K. 3. — Ich bitte dich: Med. 8.
— Hast du das Eine: Selbstgespräch, K. 12.

761. Böse mich liebend: N. 3, 7, Von der Ertödtung seiner selbst.

S. 804. Wesentlicher Lohn : Nov. 3, 8. — Krass : N. 1, 24. – Denn nichts kann : Alleingespräch, K. 3; 6. — Dort schwer : N. 1, 24. — Anklage : Nov. 2, 7; an die Brüder R. 6.

805. Gebet: Geistl. Uebungen : K. 6; Brief 5.

806. Selbstbekenntniss : Alleingespräch : K. 25. K. 1. — Kämpfe ; ibid. K. 16.

807. Seneka , Ovid : N. 1, 20 ; 13. – Ignatius : Med. 1. — Märtyrerlegenden ; Nov. 3, 8 ; Geistl. Uebungen : K. 11. — Dominikus : Von der Klosterz. K. 6.

808. Reden auf die Agnes : Nov. 3, 8. — Kirchweihpredigten : Nov. 3, 9.

810. Innere Erleuchtung : Med. 12.

D r u c k f e h l e r.

Seite	3	Zeile	17	v. u.	lies:	Italien sei	statt	sei.
–	13	–	15	– –	–	1337	–	1339.
–	19	–	9	– –	–	Königshofen	–	Königshofer,
–	65	–	3	– o.	–	nur	–	nun.
–	98	–	13	– u.	–	den	.	der.
–	103	–	8	– o.	–	etwas mit	–	das mit.
–	107	–	12	– –	–	Weise	–	Reise.
–	108	–	12	– –	–	versehe	–	verstehe.
–	111	–	10	– –	–	S. 78	–	S. 18.
–	199	–	13	– –	–	denn	–	denen.
–	295	–	18	– –	–	ebenso sehr	–	aber sehr.
–	545	–	16	– u.	–	gewähren	–	gebähren.

Lightning Source UK Ltd.
Milton Keynes UK
UKHW020411090119
334943UK00009B/1393/P